《中国货币政策执行报告》增刊

U1068964

2012年
中国区域金融运行报告

中国人民银行货币政策分析小组

中国金融出版社

责任编辑：吕冠华
责任校对：刘　明
责任印制：毛春明

图书在版编目(CIP)数据

2012年中国区域金融运行报告(2012 Nian Zhongguo Quyu Jinrong Yunxing Baogao)/中国人民银行货币政策分析小组编.—北京：中国金融出版社，2013.10
ISBN 978-7-5049-7116-6

Ⅰ.①2… Ⅱ.①中… Ⅲ.①区域金融－研究报告－中国－2012 Ⅳ.①F832.7

中国版本图书馆CIP数据核字(2013)第201811号

出版
发行　中国金融出版社
社址　北京市丰台区益泽路2号
市场开发部　(010)63266347，63805472，63439533 (传真)
网上书店　http://www.chinafph.com (010)63286832，63365686 (传真)
读者服务部　(010)66070833，62568380
邮编　100071
经销　新华书店
印刷　天津银博印刷技术发展有限公司
尺寸　210毫米×285毫米
印张　35.75
字数　960千
版次　2013年10月第1版
印次　2013年10月第1次印刷
定价　218.00元
ISBN 978-7-5049-7116-6/F.6676
如出现印装错误本社负责调换　联系电话 (010)63263947

本书执笔人

负责人：胡晓炼　李东荣

总　纂：张晓慧　张翠微

统　稿：李　斌　张　蓓

参与此项工作（以姓氏笔画为序）：王秀丽　付竞卉　李文喆　张　朋
郑志丹　谢光启　董迪斌　管　化
穆争社

主报告执笔：中国人民银行货币政策分析小组
中国人民银行武汉分行货币政策分析小组

分报告执笔：中国人民银行上海总部，各分行、营业管理部、省会（首府）城市中心支行、深圳市中心支行货币政策分析小组

目 录

《2012年中国区域金融运行报告》主报告

表

图

《2012年中国区域金融运行报告》分报告

《2012年中国区域金融运行报告》主报告

内容摘要

2012年，各地区经济保持稳中有进的良好发展态势，城乡居民收入稳定增长，消费对经济增长的贡献增强，固定资产投资增长较快，出口市场呈现多元化，主要价格指标涨幅回落。全年东部、中部、西部和东北地区生产总值加权平均增长率分别为9.3%、11.0%、12.5%和10.2%；居民消费价格涨幅分别为2.7%、2.5%、2.9%和2.8%。

区域发展的协调性进一步增强。东部地区稳步推进产业转型升级，战略性新兴产业、服务业加快发展，第三产业比重比上年提高1.3个百分点，“走出去”稳步推进。中西部地区城镇化和产业承接步伐加快，工业增速较高，工业增加值在全国占比提升；中部地区对外资吸引力增强，利用外资占全国的比重进一步提高；在外向型企业内迁及外商投资规模扩大的推动下，中西部地区外贸保持较快增长。东北振兴战略实施效果进一步显现，第一产业稳步发展，工业支撑作用增强，固定资产投资保持较高增速。长三角、珠三角、京津冀经济圈区域经济金融一体化进程加快。

各地区货币信贷平稳适度增长，融资结构更趋多元，金融支持实体经济的质量和效率有所提高。各地区贷款投放节奏总体较为均衡，中、西部本外币贷款余额增速高于东部地区，贷款重点投向先进制造业、战略性新兴产业、经济薄弱环节和民生工程等领域。农村金融产品和服务方式创新步伐加快，各地区因地制宜，通过积极推广多样化的小额信贷产品、创新贷款担保方式、积极支持农村产权要素流转等方式有效满足“三农”领域多样化金融需求。各地区贷款利率总体下行，民间借贷利率逐渐回落。融资结构更趋多元，直接融资比重进一步提升，西部和东北地区债券融资增长较快，一定程度上有助于提高资金配置效率、降低实体经济融资成本。

各地区金融业运行总体稳健。中西部地区银行业金融机构资产总额占比有所提升。商业银行运营总体平稳，经营利润增速有所放缓；地方法人金融机构运营状况继续改善，不良贷款率下降、资本充足率上升。证券业平稳发展，期货交易品种更加丰富，“新三板”试点有序推进。保险业保费收入和赔付支出平稳增长，农业保险覆盖面持续扩大。各地区金融生态环境建设扎实推进，社会信用意识增强，征信系统覆盖面和使用面扩大，农村地区支付结算环境进一步改善。但也要看到，部分行业、领域和地区的信用风险有所显现，理财产品、表外业务、具有融资功能的非金融机构和民间借贷风险要持续关注。

当前区域经济增长格局正在发生变化。地区发展差距有所收敛，区域经济增长极不断涌现，欠发达地区自我发展能力增强，区域合作广度、深度不断拓展。但区域发展仍存在一些突出矛盾和问题，一些地区的产业转型和可持续发展水平有待进一步提升，内生增长动力还需增强，部分区域存在过度开发的问题，经济社会活动的过度集聚超出了资源环境承载能力，经济金融领域潜在风险值得关注。2013年，各地区在发挥比较优势，深入实施区域发展总体战略和主体功能区战略，深化区域合作，促进生产要素合理流动，推动区域经济协调发展方面还大有可为。

2013年，各地区金融机构将继续贯彻落实稳健的货币政策，处理好稳增长、调结构、控物价和防风险的关系，保持货币信贷总量和社会融资规模平稳适度增长，进一步优化信贷资源配置，拓宽实体经济融资渠道，加强对金融创新和业务发展中潜在风险的监测，牢牢守住不发生系统性、区域性金融风险的底线。

第一部分　区域金融运行情况

2012年，全国各地区①金融业按照党中央、国务院的统一部署，继续认真贯彻落实稳健货币政策，不断优化信贷资源配置，较好地满足了实体经济发展的合理资金需求。全年各地区金融运行总体平稳，金融机构改革稳步推进，融资结构继续优化，地区间金融发展更趋协调，金融生态环境进一步改善。

一、各地区银行业

2012年，全国各地区银行业金融机构个数、从业人员稳步增加，资产规模增长较快。年末，银行业金融机构网点共计20.2万个，从业人员337.8万人，分别比上年增加0.2万个和18.7万人；资产总额达124.5万亿元，同比增长17.7%②。分地区看，东部地区银行业金融机构网点个数、从业人员和资产总额在全国占比最高（见表1），其中，广东、北京、江苏、上海、浙江和山东6个省（直辖市）银行业资产总额合计占全国的比重为49.4%；中部和西部地区资产总额占比有所提升；东部、中部、西部和东北地区银行业资产总额分别同比增长16.3%、19.5%、21.3%和16.1%。

外资银行稳步发展。截至2012年年末，全国共有27个省（自治区、直辖市）有外资银行入驻，外资银行机构网点总数839家，比上年增加5.4%；资产总额为2.4万亿元，同比增长13.1%。外资银行82.5%的机构网点和93.5%的资产集中在东部。中部地区对外资银行的吸引力增强，外资银行机构网点数和资产总额比上年分别增长18.2%和37.9%。西部和东北地区外资银行机构网点和资产总额稳步增长，增速均高于全国平均水平。

农村金融机构快速发展，农村金融体系进一步完善。2012年年末，全国小型农村金融机构③资产总额合计15.6万亿元，同比增长21.9%。分地区看，48.8%的小型农村金融机构资产集中在东部；西部和东北地区小型农村金融机构资产总额增长较快，分别同比增长27.4%和28.4%。新型农村机构加快发展。年末，包括村镇银行、农村资金互助社、贷款公司和小额贷款公司在内的各类新型农村机构共计6 923家，其中小额贷款公司数量占比87.8%，比上年年末新增1 798家。

表1　2012年年末银行业金融机构地区分布

单位：%

	营业网点			法人机构个数占比
	机构个数占比	从业人数占比	资产总额占比	
东部	39.5	44.3	59.5	33.4
中部	23.4	21.1	14.9	23.3
西部	27.7	24.1	18.5	33.6
东北	9.4	10.6	7.1	9.7
合计	100.0	100.0	100.0	100.0

注：1. 各地区金融机构营业网点不包括国家开发银行和政策性银行、大型商业银行、股份制商业银行等金融机构总部数据。

2. 部分数据因四舍五入的原因，存在与分项合计不等的情况（下同）。

数据来源：中国人民银行上海总部、各分行、营业管理部、省会（首府）城市中心支行。

①全国各地区包括东部地区、中部地区、西部地区和东北地区。东部地区10个省（直辖市），包括北京、天津、河北、上海、江苏、浙江、福建、山东、广东和海南；中部地区6个省，包括山西、安徽、江西、河南、湖北和湖南；西部地区12个省（自治区、直辖市），包括内蒙古、广西、重庆、四川、贵州、云南、西藏、陕西、甘肃、青海、宁夏和新疆；东北地区3个省，包括辽宁、吉林、黑龙江。

②全国各地区银行业金融机构包括国家开发银行、政策性银行、大型商业银行、股份制商业银行、城市商业银行、农村商业银行、农村合作银行、农村信用社、新型农村金融机构、邮政储蓄银行、外资银行和非银行金融机构。各地区金融机构汇总数据不包括大型商业银行、股份制商业银行、国家开发银行和政策性银行金融机构总部的相关数据。根据中国银行业监督管理委员会统计，2012年年末银行业资产总额为133.6万亿元（本外币合计）。

③小型农村金融机构包括农村商业银行、农村合作银行、农村信用社。

（一）各地区存款平稳增长，储蓄存款增速回升

2012年年末，全国金融机构本外币各项存款[①]余额增速为14.1%，比上年年末提高0.6个百分点。东部、中部、西部和东北地区本外币各项存款余额分别为53.8万亿元、14.8万亿元、17.4万亿元和6.5万亿元，同比分别增长13.7%、17.9%、18.5%和15.0%，增速较上年年末分别提高1.6个、1.5个、1.9个和4.1个百分点。东部地区本外币存款余额占全国的比例超过一半，中西部地区存款增速相对较快。分省份看，本外币各项存款增速最低的为9.2%，最高的为24.8%，分别比上年年末提高2.5个和降低3.4个百分点（见图1）。

受金融机构季末考核等因素影响，存款“季末冲高、季后回落”现象较为明显。2012年，全国金融机构人民币存款季末月份平均增加2.3万亿元，而季初月份平均减少5 115亿元。其中，东部地区3月、6月、9月和12月新增存款分别达到1.9万亿元、1.8万亿元、1.3万亿元和1.5万亿元，而1月、4月、7月和10月则分别减少9 932亿元、6 025亿元、6 575亿元和3 888亿元。

表2　2012年年末各地区金融机构人民币存贷款余额增速

单位：%

	东部	中部	西部	东北	全国
人民币各项存款	12.6	17.6	18.2	14.8	13.3
其中：储蓄存款	14.6	18.5	19.6	15.6	16.3
单位存款	9.8	16.4	17.0	12.9	11.7
人民币各项贷款	12.5	16.5	17.8	14.4	15.0
其中：短期贷款	18.3	20.3	31.8	17.6	22.2
中长期贷款	6.4	12.9	12.0	12.2	9.0
票据融资	42.3	41.5	36.3	19.5	35.1
其中：消费贷款	11.0	20.5	17.8	17.1	17.6

注：各地区存贷款汇总数据不含全国性商业银行总行直存直贷数据。
数据来源：中国人民银行上海总部、各分行、营业管理部、省会（首府）城市中心支行。

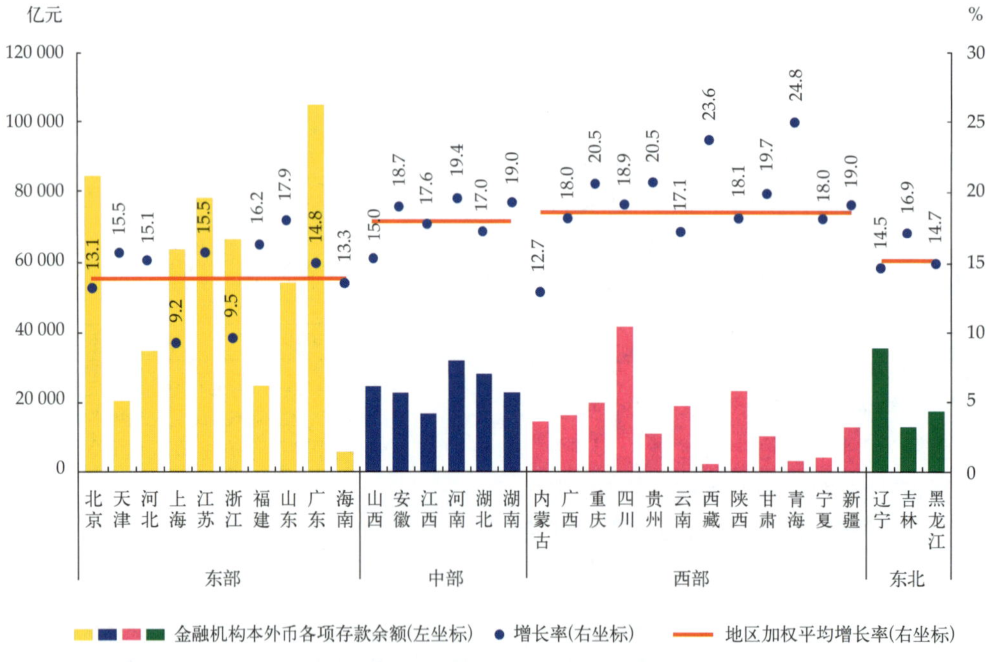

数据来源：中国人民银行上海总部、各分行、营业管理部、省会（首府）城市中心支行。

图1　2012年年末各地区金融机构本外币各项存款余额及增长率

①全国金融机构本外币各项存贷款数据包含各商业银行总行直存直贷数据，与各省份加总数据不一致。2012年，全国金融机构本外币存款和贷款余额分别为94.3万亿元和67.3万亿元，各省份本外币存款和贷款余额加总数据分别为92.5万亿元和64.4万亿元。

各地区储蓄存款增速回升，单位存款呈定期化趋势。受物价涨幅回落、居民收入增加等因素影响，储蓄存款增速回升。2012年年末，东部、中部、西部和东北地区人民币储蓄存款余额增速分别为14.6%、18.5%、19.6%和15.6%，较上年年末分别提高2.7个、2.9个、1.7个和2.8个百分点(见表2)。单位存款增速平稳，定期化趋势明显。分地区看，东部地区人民币单位存款余额增速比上年年末下降0.1个百分点，中部、西部和东北地区分别上升0.6个、1.7个和4.0个百分点；分期限结构看，东部、中部、西部和东北地区单位存款中定期存款余额占比较上年年末分别提高1.8个、2.8个、3.1个和2.0个百分点。

表3　2012年年末各地区金融机构本外币存贷款余额结构

单位：%

	东部	中部	西部	东北	全国
	本外币存贷款余额结构				
人民币存款占比	96.4	99.2	99.1	98.4	97.5
外币存款占比	3.6	0.8	0.9	1.6	2.5
人民币贷款占比	92.0	97.5	97.4	95.5	94.1
外币贷款占比	8.0	2.5	2.6	4.5	5.9
	本外币存款余额结构				
储蓄存款占比	39.6	51.1	45.8	52.9	43.5
单位存款占比	53.3	43.7	49.6	42.5	50.3
其他存款占比	7.1	5.2	4.6	4.6	6.1
	本外币贷款余额结构				
短期贷款占比	42.3	39.0	30.0	38.0	39.1
中长期贷款占比	51.1	57.1	66.4	58.0	55.5
票据融资占比	3.2	3.1	2.2	3.2	3.0
其他贷款占比	3.4	0.8	1.3	0.8	2.4

注：各地区存贷款汇总数据不含全国性商业银行总行直存直贷数据。
数据来源：中国人民银行上海总部、各分行、营业管理部、省会（首府）城市中心支行。

表4　2012年年末金融机构本外币存贷款余额地区分布

单位：%

	东部	中部	西部	东北	全国
本外币各项存款	58.2	16.0	18.8	7.0	100.0
其中：储蓄存款	53.0	18.7	19.8	8.5	100.0
单位存款	61.7	13.9	18.5	5.9	100.0
其中：外币存款	83.6	4.9	6.9	4.5	100.0
本外币各项贷款	58.6	14.9	19.4	7.1	100.0
其中：短期贷款	63.3	14.9	14.9	6.9	100.0
中长期贷款	54.0	15.3	23.2	7.4	100.0
其中：外币贷款	79.9	6.3	8.4	5.4	100.0

注：各地区存贷款汇总数据不含全国性商业银行总行直存直贷数据。
数据来源：中国人民银行上海总部、各分行、营业管理部、省会（首府）城市中心支行。

外币存款快速增长。受人民币走势预期出现分化和主要发达经济体宽松货币政策等因素影响，2012年年末，外币存款余额同比增长47.8%。分地区看，东部、中部、西部和东北地区外币存款余额比年初分别增加1 107.0亿美元、64.3亿美元、93.1亿美元和42.4亿美元。东部地区经济外向度高，外币存款在本外币各项存款中的比重明显高于其他地区。

从资金来源的地区分布看，中部和西部地区本外币存款余额占全国的比重比上年年末分别上升0.4个和0.5个百分点，东部地区占比下降0.9个百分点，东北地区与上年持平（见表4）；从资金来源的币种结构看，外币存款占比上升，年末，东部地区外币存款余额占比较上年年末提高1.0个百分点，中部、西部和东北地区均提高0.2个百分点；从资金来源的类型看，储蓄存款占比提高，单位存款占比下降，年末，东部、中部、西部和东北地区单位存款余额占比较上年分别下降0.9个、0.3个、0.4个和0.5个百分点（见表3）。

（二）各地区贷款平稳适度增长，对经济结构调整和经济薄弱环节支持力度进一步加大

2012年，全国本外币贷款保持平稳增长，余额增速比上年略低0.1个百分点。年末，东部、中部、西部和东北地区本外币贷款余额分别为37.7万亿元、9.6万亿元、12.5万亿元和4.6万亿元，同比分别增长13.3%、16.9%、18.4%和15.1%，增速分别回落0.4个、0.1个、1.1个和2.4个百分点（见图2）。

各地区贷款投放节奏总体较为均衡。从全国季度新增人民币贷款占比来看，2012年四个季度的新增人民币贷款占全年新增人民币贷款的比例分别为29.9%、29.2%、22.8%和18.1%，增量占比大体为3：3：2：2。分地区看，东部、中部、西部和东北地区上半年新增人民币贷款占全年新增人民币贷款的比例分别为60.6%、60.8%、59.8%和66.8%。

中资区域性中小型银行人民币贷款占比提升。从新增人民币贷款机构占比来看，2012年年末，中资全国性大型银行和中资全国性中小型银行新增贷款占比比上年分别下降3.6个和2.4个百分点，中资区域性中小型银行和小型农村金融机构新增贷款占比分别提高5.7个和0.4个百分点，外资银行占比小幅下降0.1个百分点。

中长期贷款增速放缓，短期贷款占比明显提高。2012年年末，东部、中部、西部和东北地区本外币中长期贷款余额分别同比增长6.5%、12.9%、11.8%和12.1%，增速比上年年末分别低0.5个、2.8个、4.6个和4.7个百分点。在经济形势复杂的情况下，企业和银行资金安排倾向于短期化。年末，东部、中部、西部和东北地区本外币各项贷款中，短期贷款余额占比分别为42.3%、39.0%、30.0%和38.1%，比上年年末分别提高2.3个、1.2个、3.2个和1.3个百分点。从新增贷款情况来看，除东北地区中长期贷款略高于短期贷款外，其他地区短期贷款均多于中长期贷款，其中东部地区新增短期贷款为中长期贷款的2.3倍。

个人消费贷款增长较快。2012年年末，东部、中部、西部和东北地区人民币个人消费贷款余额增速分别为11.0%、20.5%、17.8%和17.1%。6个省份人民币消费贷款增量超过500亿元，分布在东部地区和西部地区，其中广东、江苏、福建分列前三。个人住房贷款增长平稳。年末，个人住房贷款增速为12.9%，比上年年末低1.9个百分点，差别化住房信贷政策得到严格执行。

信贷结构继续改善，贷款投放重点突出。2012年，各地区贷款重点投向先进制造业、战略性新兴产业、文化产业、科技创新等实体经济领域，有效地促进了产业结构调整和区域经济发展。广东、江苏、河南、广西等省份贷款主要投向先进制造业、批发零售业、交通运输业等支柱产业；北京市中资银行投向文化创意产业和高新技术产业人民币贷款余额同比分别增长20.6%和35.8%；上海投向第三产业的贷款占全部境内企业贷款增量的60%以上；天津金融支持科技型企业贷款余额增长87.9%，高于各项贷款增速72.4个百分点；浙江“十一大转型升级产业”新增贷款占各项贷款增量的35.3%；山东蓝黄“两区”（山东半岛蓝色经济区、黄河三角洲高效生态经济区）

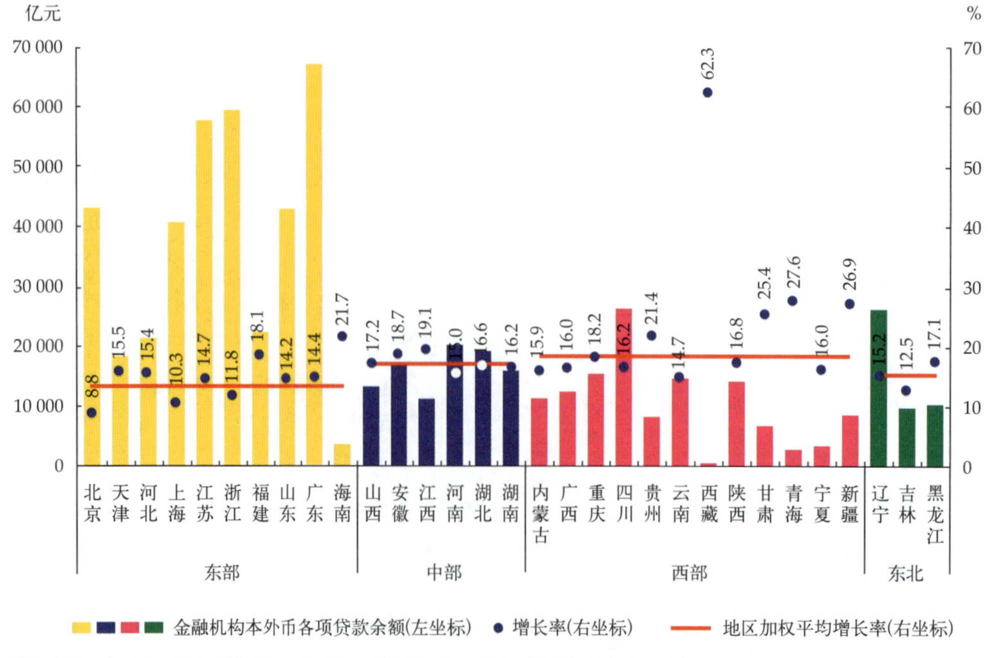

数据来源：中国人民银行上海总部、各分行、营业管理部、省会（首府）城市中心支行。

图2　2012年年末各地区金融机构本外币各项贷款余额及增长率

新增贷款占全省比例比上年提升5.8个百分点；安徽皖江城市带承接产业转移示范区新增人民币贷款占全省的比例为71.1%。

各地区进一步加大对经济薄弱环节和民生工程的信贷支持。2012年年末，湖北中小企业、涉农和县域贷款余额同比增速分别高于全省各项贷款增速3.2个、5.3个和4.8个百分点；福建涉农和小微企业贷款增速均高于其各项贷款增速，河北、四川、贵州、陕西等省份涉农和小微企业贷款也保持较快增长；宁夏民贸民品优惠利率贷款余额同比增长40.4%，高于各项贷款增速23.3个百分点；重庆秦巴山和武陵山扶贫开发片区贷款增速分别高于全市各项贷款增速15.6个和2.8个百分点；新疆推动妇女小额担保贷款业务成效显著，三年共计支持35.4万名城乡妇女创业就业，山东小额担保贷款发放金额同比增长159.1%，扶持带动就业人数同比增长125.8%；江西省保障性住房开发贷款余额增长79.4%，高于全省各项贷款增速60.3个百分点，湖南、天津、吉林等省份保障性住房开发贷款也保持较快增长。

外币贷款增长较快。2012年年末，全国各地区银行业外币贷款余额同比增长26.9%，增速比上年年末提高了7.3个百分点，比同期人民币贷款增速高11.9个百分点。其中，青海、重庆、贵州外币贷款增速排名前三。分地区看，全年东部、中部、西部和东北地区新增外币贷款分别为953.8亿美元、93.1亿美元、167.7亿美元和81.2亿美元，比上年分别多增486.9亿美元、1.5亿美元、42.2亿美元和13.2亿美元。东部地区外币贷款余额和增量在本外币各项贷款余额和增量中的占比均高于其他地区。

（三）金融机构贷款利率整体下行，存款利率定价差异化程度提高

2012年6月和7月，中国人民银行连续两次下调存贷款基准利率，并小幅扩大利率浮动区间。金融机构利率定价能力进一步提高，利率定价机制和配套体系更加完善，存贷款利率浮动定价权得到合理运用，分层有序的定价格局初步形成，Shibor在金融机构利率定价中的基准性地位进一步巩固。

从利率变动趋势看，金融机构贷款利率进一步下降。12月，贷款加权平均利率比年初下降1.23个百分点，高于全年贷款基准利率累计下调幅度。全年各地区贷款利率主要分布在6.41%至9.27%之间，东部地区贷款利率水平整体低于其他地区。从利率浮动情况来看，金融机构执行下浮利率的贷款占比有所上升，执行基准利率和上浮利率的贷款占比下降。12月，全国金融机构执行下浮利率的贷款占比为14.2%，比年初上升7.1个百分点；执行基准利率和上浮利率的贷款占比分别为26.1%和59.7%，比年初分别下降0.9个和6.3个百分点。

人民币存款利率差异化定价特征初步形成。中国人民银行扩大利率浮动区间后，金融机构并没有全部“一浮到顶”，而是根据自身实际和存款规模等因素制定差异化、精细化定价策略。就上浮幅度而言，全国性大型商业银行最小，股份制银行居中，地方法人金融机构最大。

受国际市场利率走低和境内外汇资金供求变动等因素的影响，各地区外币存贷款利率总体波动下行。12月，3个月以内大额美元存款加权平均利率和1年期美元贷款加权平均利率分别为0.51%和2.73%，比年初分别下降2.78个和1.74个百分点。12月，上海市3个月以内美元大额存款加权平均利率和1年期美元贷款加权平均利率分别为0.39%和3.04%，比年初分别下降2.86个和0.81个百分点。

民间借贷利率逐渐回落。2012年，在人民币贷款基准利率下调等因素的带动下，民间借贷利率总体逐步下降。分省份看，浙江省2012年年末民间借贷利率比年初下降了1.03个百分点。山东、河北、江西、云南、黑龙江等省份民间借贷利率也不同程度地下降；少数中西部省份民间借贷利率水平有所上升。

专栏1 金融机构存款定价行为分析

在完善市场化利率形成机制的基础上逐步放松利率管制，是利率市场化改革的核心内容之一。2012年，中国利率市场化改革迈出了重要步伐，金融机构人民币存款利率上限由基准利率调整为基准利率的1.1倍。对全国2 471家存款类金融机构[①]存款定价行为的分析表明：金融机构存款定价策略逐步到位，利率定价行为趋于理性，挂牌利率浮动区间基本保持稳定，差异化、精细化的定价特征初步形成。利率市场化对推动金融机构完善定价机制、提高风险管理能力、转变经营发展方式的作用逐步显现，但金融机构适应利率市场化改革的能力仍有待进一步提升。

一、金融机构存款利率差异化定价特征初步形成

存款利率定价行为趋于理性。自2012年扩大存款利率浮动区间以来，存款利率经历了一个逐步调整到企稳的过程。初期部分金融机构尤其是地方法人金融机构，曾将存款利率简单"一浮到顶"，但随后又根据市场竞争和自身实际特点逐步下调部分期限档次的利率。目前，金融机构存款定价策略已逐步形成，利率定价行为趋于理性。

存款挂牌利率浮动区间保持稳定。经过最初一轮普遍调整后，2012年7月初至年末，多数金融机构存款挂牌利率浮动区间保持稳定，仅有22.6%的金融机构对存款挂牌利率浮动区间进行了调整，且调整对象多为定期存款利率，此类机构以小型农村金融机构和股份制银行为主。

各类型金融机构存款定价策略出现分化。中资全国性大型商业银行实行"两端基准，中段上浮"定价，即活期和1年期以上定期存款执行基准利率，半年、1年期定期存款利率上浮。大部分股份制银行、部分城商行和少数小型农村金融机构采取"短期上浮，长期基准"定价策略，即1年期以内执行上浮1.1倍，1年期以上执行基准利率。多数小型农村金融机构及财务公司等中小金融机构普遍采取各期限存款"一浮到顶"的定价策略。外资银行短期存款利率多执行上浮，长期存款多执行基准利率，少量存款定价低于基准利率。

银行对不同客户实施精细化、差异化定价策略。截至2012年年末，部分银行针对客户类型和存款规模制定了差异化存款挂牌利率。多数银行虽未在挂牌利率中体现客户差异，但实际操作中采取灵活定价方式，实际执行利率普遍高于挂牌利率，实际执行利率分档也多于挂牌利率。差别定价主要参考因素为客户贡献度、经营成本及同业竞争。

二、多种因素影响金融机构存款定价行为

所处发展阶段决定金融机构存款定价策略。全国性大型商业银行处于发展成熟期，存款定价追求盈利目标，其存款挂牌利率均未"一浮到顶"。为防止占比较高的短期存款流失对业务经营产生冲击，对该类存款利率实行上浮；对中长期存款利率未实行上浮。多数城商行处于发展初期，普遍面临经营领域较窄、业务手段单一等问题，其存款定价服务于业务拓展，多选择将存款挂牌利率上浮到顶。

金融机构资产负债结构影响存款定价灵活性。中资银行多以人民币存贷款业务为主，非利息收入占比近两年基本徘徊在20%左右。相对单一的盈利模式、依然可观的利差空间使中资银行定价灵活性略显不足。而外资银行资产负债结构相对多样化，对人民币存款依赖度低，

①存款类金融机构包括：5家全国性大型商业银行、12家全国性股份制商业银行（以下简称股份制银行）、22家经营人民币存款业务的外资银行、144家城市商业银行（以下简称城商行）、346家农村商业银行（以下简称农商行）、575家村镇银行、1 295家农村信用社（以下简称信用社）、72家财务公司。

制定存款价格的灵活性相对较高。

金融机构规模影响存款定价浮动区间稳定性。全国性大型商业银行规模庞大，利率浮动区间调整对业务影响较大，因此倾向稳定定价。小型农村金融机构自身规模小、灵活性强，愿意对定价浮动区间进行反复试探调整，以得出量价最佳结合点。

金融市场产品创新有助于提高存款定价能力。保本型银行理财等金融创新产品与存款类似，收益率可作为存款定价参考。近年来，银行通过对理财产品定价和管理，提升了存款定价能力，有利于适应存款利率浮动带来的影响。

同业竞争推高存款定价的同时也促使价格趋于均衡。在存贷比考核下，金融机构对存款的争夺较为激烈，促使城商行、小型农村金融机构及财务公司将存款利率上浮到顶。股份制银行在竞争中也逐步转向存款利率上浮到顶。长期来看，有效竞争将促使存款价格趋于合理，有利于反映真实的资金供求关系。

三、金融机构多策并举应对存款利率市场化

完善存款利率定价机制。全国性大型商业银行及股份制银行充分发挥内部资金转移定价（FTP）的引导作用调节存款期限，降低负债成本。城商行则结合自身实际，根据存款期限、账户余额、客户类型等开展差异化定价测算。财务公司也开始着手构建符合自身特点的利率定价模型。同时，金融机构加快建设利率定价配套系统。加快数据平台、客户关系管理等系统建设，根据贡献度对客户进行有效区分，把握客户的差异化需求，实现对目标客户的准确定位和价值客户的深度挖掘。

提高资产负债和风险管理能力。存款利率浮动加大了利率波动性，考验金融机构风险管理能力。在平衡风险收益关系的前提下，科学配置资产，增强负债主动性。探索建立风险溢价测评体系，为利率定价提供风险溢价参考值和风险管理方案。

加快业务结构调整。随着存款利率浮动，全国性大型商业银行更多地着眼于多元化经营，中小银行则探索特色发展之路。部分中小银行对业务结构进行调整：将资产业务向拥有较强定价权的领域倾斜，提升小微企业贷款、消费信贷等业务对利润的贡献度；通过FTP定价调整存款结构，引导业务部门增加小额、活期存款。挖掘新的盈利增长点。大力发展金融同业、资金托管等中间业务，努力提高非利息收入占比。

四、进一步培育和提高金融机构存款定价能力

总体来看，尽管金融机构存款定价已经初步体现了差异化和精细化特征，但仍有部分地方法人金融机构存在自主定价能力不高、定价信息系统不健全、专业化人才储备不足等问题。金融机构应适应利率市场化改革的要求，进一步增强财务硬约束和利率风险管理，完善定价机制，加强利率管理队伍建设，提高定价精细化程度，探索科学的差异化定价方法。中国人民银行将通过加快培育市场基准利率体系、推动金融市场规范发展和产品创新等方式，进一步建立健全市场化利率形成和传导机制，引导金融机构加强定价机制建设，改进定价技术，科学评估利率风险，提高风险定价能力，用好利率浮动定价权合理定价。同时，中国人民银行将继续加强利率政策监督管理，密切跟踪监测利率政策执行过程中的新情况和新变化，引导金融机构理性定价，提高定价透明度，自觉维护定价秩序。

（四）银行业金融机构改革稳步推进，农村金融服务持续改善

大型商业银行改革深入推进，积极实施“走出去”战略。2012年，大型商业银行跨国经营取得重要进展，中国工商银行收购东亚银行（美国）和设立巴西子行、中国农业银行设立纽约分行、中国银行设立芝加哥分行的申请均获得境外监管当局批准。中国农业银行各分行继续深化体

制机制改革，“三农金融事业部”改革稳步推进。

政策性金融机构改革平稳开展。国家开发银行按照商业化改革要求加快推进业务模式和经营机制转型。中国农业发展银行改革工作全面启动，建立了相关工作协调机制，明确了改革重点和任务分工。中国出口信用保险公司稳步落实改革方案，第一届董事会于2012年12月顺利召开。

城市商业银行改革稳步实施。部分城市商业银行整合重组步伐加快，安徽、贵州、广东等省份城市商业银行股份制改革取得积极进展；山西、河北等省份部分城市商业银行完成更名改制；贵州银行正式开业；湖北银行完成增资扩股。随着宁波象山绿叶城市信用社2012年4月6日改制为宁波东海银行，全国城市信用社改制为城市商业银行的工作全面完成。

农村信用社改革成效显著，资金支持政策进一步落实。截至2012年年末，中国人民银行共计对全国2 408个县（市）农村信用社发行专项票据1 699亿元，对2 402个县（市）农村信用社兑付专项票据1 694亿元，兑付进度达到99%以上；对新疆等3省（自治区）发放专项借款17亿元。农村信用社经营财务状况明显改善。年末，全国农村信用社不良贷款率比上年年末下降1.0个百分点，资本充足率提高1.1个百分点，资产利润率基本持平。同时，农村信用社产权制度改革逐步推进，内控管理不断加强。截至2012年年末，全国共组建以县（市）为单位的统一法人农村信用社1 804家，农村商业银行337家，农村合作银行147家。内蒙古农村合作金融机构资产质量和资本约束能力显著提高，2012年年末，不良贷款率同比下降1.2个百分点，资本充足率同比上升2个百分点。安徽农村信用社改制工作加快推进，全年新组建农村商业银行19家。

表5　2012年年末新型农村机构地区分布

单位：%

	东部	中部	西部	东北	全国
村镇银行	32.2	25.0	29.6	13.2	100.0
贷款公司	22.2	22.2	44.4	11.1	100.0
农村资金互助社	26.5	20.4	32.7	20.4	100.0
小额贷款公司	27.2	23.6	33.1	16.1	100.0

数据来源：各省（自治区、直辖市）银监局和金融办，中国人民银行工作人员计算。

新型农村机构快速发展。2012年，村镇银行、农村资金互助社、贷款公司、小额贷款公司等新型农村机构快速发展。各地村镇银行和小额贷款公司增长迅速，西部地区新型农村机构占比最高（见表5）。村镇银行数量增加1倍以上的地区有4个，分别为湖南1.2倍、云南1.6倍、福建1.8倍、宁夏2倍；小额贷款公司数量增加1倍及以上的地区有4个，分别为陕西1倍、青海1.2倍、四川和西藏均为2倍。

农村金融产品和服务方式创新步伐加快。山东金融机构创新16种金融产品支持农村和农业产业化，受益农户和受益企业分别达176.4万户和8 000余户；陕西“订单+金融”支持现代农业加快发展，全年累计发放订单抵押贷款324笔、1 986万元，覆盖订单养殖总户数的69%；内蒙古大力推进“一县一品”（即一个县创新一个金融产品）工程，全区县域金融机构共创新信贷产品81个，金融服务方式10项，2012年，涉农贷款和小企业贷款余额分别增长26.8%和21.0%，均超过全区贷款平均增速；甘肃搭建支农“四大平台”，构建农村金融服务创新“甘肃模式”，共推出农村金融创新产品和服务方式30种，带动全省涉农贷款余额达到2 640.3亿元，占全省各项贷款余额的36.7%。

专栏2　深入开展农村金融产品和服务方式创新　不断提升农村金融服务水平

农业、农村、农民问题事关党和国家事业发展全局。近年来，针对农村地区金融产品少、服务方式单一、服务质量和效率较低、金融发展难以满足农村经济发展的多元化需求等问题，中国人民银行联合中国银监会、中国证监会、中国保监会等部门大力推动农村金融产品和服务方式创新，着力改善农村金融服务水平。在各级党委、政府和相关部门的大力支持下，农村金融产品和服务方式创新工作取得了良好成效，有力地支持了农业增效和农民增收。

一、多措并举，积极构建推动农村金融创新的长效机制

相关部门及地方各级政府通过加强政策指导和组织协调，努力构建农村金融创新工作的长效机制。中国人民银行充分利用差别化存款准备金率、支农再贷款以及涉农信贷政策导向效果评估等政策和方法，鼓励和支持金融机构加大对“三农”的信贷投放；中央和各级地方财政利用农业保险保费补贴、县域金融机构涉农贷款增量奖励、新型农村金融机构定向费用补贴加强激励引导；银监、证监和保监部门在新型农村金融机构市场准入、扩大农业保险覆盖范围、支持企业通过资本市场融资等方面，不断加大对农村地区的支持力度，各项政策的协同效应不断增强。湖北、广西、宁夏、重庆等省（自治区、直辖市）成立了专门的工作领导小组，为推动农村金融创新工作提供组织和制度保障；吉林、云南等省（自治区、直辖市）政府转发中国人民银行分支机构牵头制定的推动农村金融创新工作意见，统筹规划，加强对土地收益转让保证贷款、林权抵押贷款等重点创新领域的政策扶持和项目指导；2012年，中国人民银行和浙江省人民政府决定采取“行省共建”模式，在浙江省丽水市开展农村金融改革试点工作，探索农村金融服务的新途径和新模式；中国人民银行郑州中心支行会同20个部门在河南省范围内组织开展农村金融创新示范县（市）创建活动，加强省、市、县三级联动，深入推动农村金融创新工作有序开展。

二、因地制宜，有效满足“三农”领域多样化金融需求

一是积极推广多样化的小额信贷产品，着力提高农村金融普惠程度。金融机构利用“惠农卡”、“好借好还”等循环授信模式发放小额贷款，并针对农村创业群体推出农村妇女小额担保贷款、农民工回乡创业贷款、大学生“村官”创业富民贷款等信贷产品，有效满足农户小额、分散的资金需求。如贵州省农村信用社自2008年开办“致富通”贷款以来，通过利率优惠等累计让利于民20余亿元。

二是推动完善订单农业贷款管理模式，着力满足新型农业生产经营主体大额资金需求。金融机构围绕农民专业合作社、种养殖大户和家庭农场等新型农村生产经营主体发展的金融需求，开发、推广“公司+基地+农户”、“协会+农户”、“专业合作社+农户”等多样化订单农业信贷产品，并利用担保、保险期货、政府风险补偿基金分散风险，支持和促进现代农业加快发展。如黑龙江省克山县推出“昆丰模式”（“信贷+保险+担保+公司+合作社+协会”）贷款，2012年年末全省“昆丰模式”贷款余额达到62.4亿元，惠及农户35万多户、县域企业612家。

三是创新贷款担保方式，着力缓解农户和县域中小企业融资担保难。金融机构针对地方特色产业，不断探索扩大贷款抵（质）押物范围，如广东潮州市的“潮州陶瓷贷”、湖南耒阳的油茶林贷款、宁夏的绒毛动产抵押贷款等；吉林省探索开办以农户粮食直补和农资综合补贴资金为担保的“直补资金担保贷款”，并实行利率优惠，截至2012年年末已累计发放贷款115亿元，为农民节省利息支出4.8亿元；河北、辽宁、山东、浙江等省份金融机构办理专利权质押贷款业务，截至2012年年末累计支持200余家农业科技型企业。

四是积极支持农村产权要素流转，促进农村土地流转和规模化经营。各地积极开展基于农村产权的抵押贷款试点，如吉林、四川、重庆、河南、贵州、山东等省份探索推出农村土地承包经营权和宅基地使用权抵押贷款业务；辽宁、浙江、湖北等省份推出海域（水域）承包经营权抵押贷款；福建、江西等10多个省份推出林权抵押贷款，有效地盘活了农村集体资源、资金、资产，促进了集约化经营和特色农业发展。

五是拓展业务种类，优化服务流程，着力提高农村金融服务水平。如中国农业银行山西省分行以户为单位发放"惠农卡"、实施以村为单位布放转账电话、以县为单位代理政府各类惠农资金的"村村通"工程，使农民足不出村就能享受刷卡消费、转账结算、小额取现等服务。

三、协力推进，不断提升金融支农工作的整体成效

一是涉农信贷投放大幅增长。据统计，2012年年末全国金融机构涉农贷款余额为17.63万亿元，比2008年年末增长1.6倍，2012年涉农贷款增速比同期各项贷款增速高出5.1个百分点。涉农信贷投放的增加也带动了农业增产、农民增收，全国粮食产量实现了"九连增"，农民人均纯收入持续较快增长，城乡、区域发展协调性增强。

二是创新产品和服务方式种类明显增加。农村金融产品和服务方式创新工作已由试点初期的88个县（市）拓展到全国范围内的所有县（市）。创新产品和服务方式种类明显增加，据不完全统计，各地开展的具有一定影响力的农村金融创新产品500余种，创新服务方式近200项，全国有近千万农户、数万家企业从中直接或间接受益。

三是农村地区金融基础设施和支付环境明显改善。据不完全统计，截至2012年年末，全国农村地区银行卡发卡量12亿张，农村地区布放ATM16.7万台、POS机236万台，基础设施建设明显提速；农民工银行卡特色服务交易4 231.3万笔、金额360.3亿元，支付环境进一步改善。

四、开拓思路，推动农村金融创新再上新台阶

当前农村金融产品和服务方式创新工作已取得阶段性成效，但仍存在一定的问题和不足，主要表现为：与"三农"发展的多元化、多样化资金需求相比，农村金融创新的深度仍然不够，可复制性偏低，相关配套制度建设仍显滞后。

下一步，中国人民银行将联合银监、证监、保监以及财政、农业、林业等部门，在继续积极培育多元化、适度竞争的农村金融体系的同时，开拓创新工作思路、方法和机制，推动农村金融产品和服务方式创新取得新突破。探索开展农村金融产品和服务方式创新示范县（市）创建工作，宣传普及一批特色鲜明、效果突出的创新金融产品；着力推动基于订单农业的农村金融产品创新，健全订单农业贷款抵押担保机制；探索以农村改革试验区为平台，研究金融支持新型农业生产经营主体的有效途径和商业可持续模式；积极配合地方政府开展各类农村产权的抵押贷款创新试点；积极推动农村支付结算、信用体系等金融服务基础设施建设，提升"三农"金融服务水平。

（五）商业银行运营总体平稳，地方法人金融机构运营状况继续改善

商业银行运营平稳，资产质量总体保持稳定。截至2012年年末，全国商业银行①不良贷款率为0.95%，比上年年末下降0.01个百分点；流动性较为充裕，流动性比率为45.8%，比上年年末上升2.7个百分点；经营利润继续增长，但增速放缓。平均资本利润率为19.8%，比上年年末下降0.6个百分点；资本充足率稳步上升，加权平均资本充足率为13.3%，比上年年末上升0.5个百分点。

地方法人金融机构运营状况继续改善。截至2012年年末，全国地方法人金融机构不良贷款率平均比上年年末下降0.3个百分点，其中，东部、中部、西部均有不同程度的下降；流动性比率平均较上年年末上升0.7个百分点，其中，东部地区

①全国商业银行包括大型商业银行、股份制商业银行、城市商业银行、农村商业银行和外资银行。

表6　2012年地方法人金融机构部分运营指标

单位：%

	各省份2012年比2011年平均增速				
	东部	中部	西部	东北	全国
资本充足率	0.5	1.3	0.7	0.7	0.6
资本利润率	0.0	0.1	0.1	0.1	0.0
流动性比率	-0.4	1.9	2.7	3.6	0.7

数据来源：中国人民银行上海总部、各分行、营业管理部、省会（首府）城市中心支行，各省（自治区、直辖市）银监局，中国人民银行工作人员计算。

平均下降0.4个百分点，中部、西部和东北地区分别上升1.9个、2.7个和3.6个百分点；资产利润率与上年年末基本持平，中部和西部地区小幅上升；资本充足率比上年年末提高0.6个百分点，各地区均不同幅度地提高。

二、各地区证券业

2012年，证券市场保持平稳发展态势。市场基础性制度体系不断健全，新股发行体制改革继续深化；“新三板”试点扩容，多层次资本市场建设稳步推进；上市公司数量持续增加，证券经营机构公司治理和内控机制更加规范；期货交易趋于活跃，期货机构经营趋向好转。

（一）上市公司数量持续增加，治理结构逐步改善

上市公司数量持续增加。截至2012年年末，境内上市公司总数(A、B股) 2 494家，比上年年末增加152家。其中，创业板上市公司355家，中小板上市公司701家。分地区看，东部、中部、西部和东北地区境内上市公司数量占全国的比重分别为65.0%、14.9%、14.6%和5.6%（见表7），东部地区境内和境外上市公司数量在全国的占比保持在60%以上，近三年占比逐年提高。

上市公司经营状况良好，治理结构逐步改善。2012年年末，沪、深两市A股加权平均市盈率分别从上年年末的13.4倍和23.5倍下降至12.3倍和22.2倍。全年沪、深A股共有1 681家上市公司实现分红，占全部A股上市公司总数的68.5%，比上年提高10.2个百分点。其中，创业板和中小板均有80%以上公司实现分红。

表7　2012年年末各地区证券业分布

单位：%

	东部	中部	西部	东北	全国
总部设在辖内的证券公司数	68.4	10.5	15.8	5.3	100.0
总部设在辖内的基金公司数	97.4	0.0	2.6	0.0	100.0
总部设在辖内的期货公司数	71.4	10.6	9.9	8.1	100.0
年末境内上市公司数	65.0	14.9	14.6	5.6	100.0
年末境外上市公司数	75.2	15.9	8.7	0.2	100.0
当年国内股票(A股)筹资额	66.9	11.6	17.1	4.4	100.0
当年发行H股筹资额	87.2	3.8	9.0	0.0	100.0
当年国内债券筹资额	72.6	10.8	12.4	4.2	100.0
其中：短期融资券筹资额	75.1	9.0	12.4	3.4	100.0
中期票据筹资额	70.0	11.8	13.5	4.6	100.0

数据来源：各省（自治区、直辖市）证监局，中国人民银行工作人员计算。

（二）股票市场筹资规模减少，证交所债券筹资额增加

股票市场筹资规模减少。2012年，各类企业和金融机构在境内外股票市场上通过发行、增发、配股等方式累计筹资3 862亿元，比上年减少33.4%。其中，A股累计筹资3 128亿元，H股累计筹资734亿元。北京、广东、上海A股筹资额居全国前三位，合计占当年国内A股筹资总额的40.1%，比上年提升4.2个百分点。2012年首次在国内A股市场、H股市场上公开发行股票筹资的上市公司数量分别为154家和10家，筹资额分别为1 034.3亿元和518.6亿元。全年公开发行创业板股票74只，筹资351亿元，比上年下降55.6%。

证券交易所债券筹资规模增加。沪、深证券交易所全年债券累计筹资2 722.8亿元，比上年增长59.5%。从债券种类看，公司债、可转债和中小企业私募债筹资额占比分别为90.8%、5.8%和3.4%。从地区分布看，西部和东北地区国内债券筹资额占比较上年分别提升2.7个和0.7个百分点；东部和中部地区占比较上年分别降低3.1个和0.3个百分点。

（三）股票市场成交量萎缩，证券经营机构平稳发展

股票市场成交量下降。2012年，沪、深股市累计成交金额31.5万亿元，比上年少成交10.7万亿元，下降25.4%。其中，创业板累计成交2.3万亿元，增长23.4%。年末，沪、深两市股票总市值为

23万亿元，增长7.3%；股票流通市值为18.2万亿元，增长10.1%。创业板流通市值为3 335亿元，增长33.2%。年末，上证综合指数和深证成份指数分别收于2 269.1点和9 116.5点，比上年年末分别上涨69.7点和197.7点。

证券经营机构平稳发展。截至2012年年末，全国共有114家证券公司，比上年增加5家；总资产为1.7万亿元，增长9.6%；净资本为4 971亿元，增长7.3%。全年实现营业收入和净利润分别为1 294.7亿元和329.3亿元，比上年分别下降4.8%和16.4%。全年共有99家公司实现盈利，占证券公司总数的86.8%，比上年提高3.8个百分点。年末，全国共有基金管理公司77家，比上年增加8家；注册资本130亿元，增长22.2%；证券投资基金1 173只，比上年增加258只，交易所上市证券投资基金成交金额为1 137.4亿元。

（四）期货市场交易趋于活跃，交易品种更加丰富

期货市场交易趋于活跃。2012年，全国期货市场累计成交期货合约14.5亿手，成交金额为171.1万亿元，比上年分别上升37.6%和24.4%。其中，沪深300股指期货累计成交10 506.2万手，成交金额75.8万亿元，占全年期货市场成交总额的44.3%，比上年提高12.5个百分点；已上市的商品期货品种累计成交134 546.4万手，成交金额为95.3万亿元，占全年期货市场成交总额的55.7%。从成交金额看，上海期货交易所、郑州商品交易所、大连商品交易所和中国金融期货交易所四大交易所占比分别为26.1%、10.1%、19.5%和44.3%。中国金融期货交易所股指期货交易活跃，成交金额占比在四大交易所中稳居第一，占比较上年提高12.5个百分点。

2012年，期货市场成功推出白银、玻璃、油菜籽和菜籽粕4个商品期货新品种，年末中国商品期货交易品种达到30个，大宗商品期货品种进一步增加。其中，焦炭、甲醇、豆粕、强麦的交易量和交易金额增幅均超过190%；铝、锌、铅、棉花以及燃料油的交易量和交易金额降幅均超过60%。黄金交易规模有所减少，累计成交量和成交金额分别为6 350.2吨和2.15万亿元，比上年分别下降14.6%和13.2%。

（五）证券业加快改革创新步伐，“新三板”试点有序推进

2012年，多层次资本市场建设、新股发行、退市等重点领域改革稳步推进，投资者保护机制逐步健全、信息披露和规范公司治理取得新进展。各地区上市公司按要求进一步修订完善内部管理制度和规范公司运作，有效地提高了信息披露的及时性和准确性，增强了上市公司经营管理水平和风险防范能力；各地区证券经营机构业务发展多元化，创新业务不断推出，内部控制水平提高，规范经营与风险管理意识增强。天津、吉林等省份积极推进上市公司股改工作，加快上市公司重大资产重组步伐，进一步促进上市公司提高规范运作水平；广东积极推进证券公司治理结构和业务发展改革创新，促进证券公司增资扩股和股权转让；浙江、湖北、湖南、贵州各证券公司积极创新，整体抗风险能力提高；辽宁、宁夏等省（自治区）证券公司加强稳健经营，创新金融产品，积极开展融资融券、IB业务（为期货公司提供中间介绍业务）等新业务，综合实力和区域影响力明显增强。

非上市股份公司股份转让（以下简称“新三板”）试点扩大。2012年5月，全国场外市场筹建工作启动；2012年9月，“新三板”试点扩大，除北京中关村科技园区外，新增上海张江高新产业开发区、武汉东湖新技术产业开发区、天津滨海高新区。截至2012年年末，挂牌的园区企业已达200家。

三、各地区保险业

2012年，保费收入和赔付支出平稳增长，农业保险覆盖面持续扩大，经济补偿作用有效发挥。

（一）保险业机构规模稳步扩张，保费收入持续增长

2012年年末，全国保险法人公司合计153家，较上年年末增加13家；保险公司分支机构1 536

个，增加66个。东部地区保险法人公司占全国的86.9%（见表8），比上年提高0.5个百分点。保险业总资产保持平稳增长，年末资产总额为7.4万亿元，增长22.3%。其中，银行存款增长32.2%，投资类资产增长19.5%。保险收入增速放缓，全年实现保费收入（指原保险保费收入，下同）1.5万亿元，增长8.0%，增速较上年有所下降。东部、中部、西部和东北地区保费收入分别增长9.0%、4.1%、8.8%和6.9%；东部地区保费收入占比较高，达到54.5%。在全国31个省（自治区、直辖市）中，广东、江苏、山东3个省保费收入继续位列前三。

表8 2012年年末各地区保险业分布

单位：%

项目	东部	中部	西部	东北	全国
总部设在辖内的保险公司数	86.9	3.3	5.2	4.6	100.0
其中：财产险经营主体	78.7	4.9	9.8	6.6	100.0
人身险经营主体	90.1	2.8	2.8	4.2	100.0
保险公司分支机构数	46.5	18.7	23.8	10.9	100.0
其中：财产险公司分支机构	45.4	18.5	26.2	9.9	100.0
人身险公司分支机构	47.5	18.9	21.7	11.9	100.0
保费收入	54.5	19.1	19.0	7.4	100.0
其中：财产险保费收入	55.5	16.6	20.7	7.2	100.0
人身险保费收入	54.0	20.5	18.1	7.5	100.0
各类赔款给付	54.9	18.0	19.5	7.6	100.0

数据来源：各省（自治区、直辖市）保监局，中国人民银行工作人员计算。

（二）人身险业务增速趋缓，财产险和农业险业务发展较快

人身险业务增速趋缓。2012年，全国人身险保费收入1.0万亿元，增长4.5%，增速比上年下降2.3个百分点。其中，寿险、健康险和意外伤害险保费收入分别为8 908.1亿元、862.8亿元和386.2亿元，分别增长2.4%、24.7%和15.6%。中资人身保险公司保费收入市场份额为95.2%，比上年下降0.8个百分点。分地区看，在全国人身险保费收入中，东部、中部、西部和东北地区占比分别为54.0%、20.5%、18.1%和7.5%；东部、西部和东北地区人身险保费收入分别增长6.8%、6.7%和5.1%，中部地区人身险保费收入下降0.4%。广东、江苏、山东人身险保费收入位居全国前三；西藏、内蒙古、青海人身险保费收入增速位居全国前三。

财产险业务继续保持较快发展。2012年，财险公司实现保费收入5 330.9亿元，比上年增长15.4%；占全国保险业总保费收入的34.4%，比上年提高2.2个百分点。中资财险公司保费收入市场份额为98.8%，占比较上年略有下降。分地区看，在全国财产险保费收入中，东部、中部、西部和东北地区占比分别为55.5%、16.6%、20.7%和7.2%；东部、中部、西部和东北地区财产险保费收入分别增长13.4%、16.6%、12.6%和10.7%。广东、浙江、江苏财产险保费收入位居全国前三；天津、四川、河南财产险保费收入增速位居全国前三。

农业保险的保费规模和保险覆盖面持续扩大。2012年，农业保险保费收入240.6亿元，比上年增长38.3%，为1.8亿户次提供9 006亿元风险保障，向2 818万受灾农户支付赔款148.2亿元。吉林积极推动农村保险服务体系建设，在乡镇、村屯设立“三农”服务站点，覆盖全省624个乡镇；重庆稳步推进秀山土鸡养殖、黔江自然灾害公众责任保险等地方特色险种，生猪、奶牛、柑橘保险实现全覆盖；青海加快完善农业保险服务网络，截至2012年年末，在各级乡镇共设立“三农”保险营销服务部11家、保险服务站（点）92家。

（三）保险赔付支出较快增长，经济补偿作用有效发挥

2012年，保险业原保险赔付支出4 716.3亿元，比上年增长20%。其中，财产险、人身险各类赔款及给付分别为2 816.3亿元和1 900亿元，分别增长28.8%和9.0%。分地区看，东部、中部、西部和东北地区各类赔款给付占比分别为54.9%、18.0%、19.5%和7.6%，同上年相比，西部地区占比上升1.8个百分点，东部、中部和东北地区占比分别下降1.3个、0.2个和0.3个百分点。全国有30个省份各类赔款给付支出增速达到两位数。在北京“7·21”暴雨、“布拉万”台风等重大灾害事故中，保险业较好地履行了赔付责任。

（四）保险密度继续提升，保险深度保持稳定

2012年，保险密度为1 144元/人，较上年提高82元/人。地区间保险密度差异较大，东部地区保险密度处于较高水平，东北地区次之，中部和西部地区保险密度总体水平偏低，但提升速度有加快趋势。北京、上海、浙江位居前三，排名较上年略有变化。2012年保险深度为3.0%，与上年大致持平，部分省份保险深度出现下降。

（五）保险业改革创新继续推进，保障功能持续提升

2012年，保险监管制度改革不断推进，寿险销售误导和车险理赔难等问题得到有效治理。各地保险业在加强完善现有机构网点建设、提升服务质效的基础上，继续推进改革创新，不断扩大保险覆盖面，保险业承担风险责任和服务经济社会的能力增强，保障功能进一步提升。上海“夏淡”绿叶菜综合成本价格保险工作取得成效，2012年累计承保蔬菜面积12.9万亩；河北积极推广环境污染责任保险，累计为113家企业提供风险保障1.3亿元；山东特种设备责任险、环境污染责任险试点启动；新疆在大力发展农业保险、农村新型合作医疗保险的基础上，积极创新推动小额信贷保险，着力构建多层次的农村保险网络；陕西试点农村供水工程保险，筹建西北首家外资农业保险公司——法国安盟农业保险；湖南大力推动职业院校学生实习责任险，在长沙、株洲等8个地市开展火灾公众责任保险试点。

四、资金流向和融资结构

（一）货币市场交易活跃，地区间资金保持从东部向其他地区流动态势

2012年，银行间回购、拆借市场交易活跃，成交量快速增长。银行间市场累计成交263.6万亿元，比上年增长34.2%。其中，债券回购累计成交141.7万亿元，增长42.4%；同业拆借累计成交46.7万亿元，增长39.8%；现券成交75.2万亿元，增长18.2%。

地区间资金保持从东部地区向其他地区流动的态势，东部地区经济金融发达，资金流动较其他地区活跃。从资金流向看，全年东部地区资金净融出17万亿元，比上年增加1.2万亿元，上海改变过去一直为资金净融出地区的状况，自2008年以来首次成为资金净融入地区。中部和西部地区资金需求增加，东北地区资金需求减少。中部地区资金净融入10.4万亿元，比上年增加2.1万亿元，其中，江西资金净融入显著增加（比上年增加1.4万亿元）；西部地区资金净融入3.5万亿元，比上年增加1.3万亿元；东北地区资金净融入5.1万亿元，比上年减少0.4万亿元。分省份看，北京为主要的资金融出地区，净融出资金49.7万亿元；江苏、广东为主要的资金融入地区，净融入资金合计24.2万亿元（见图3）。

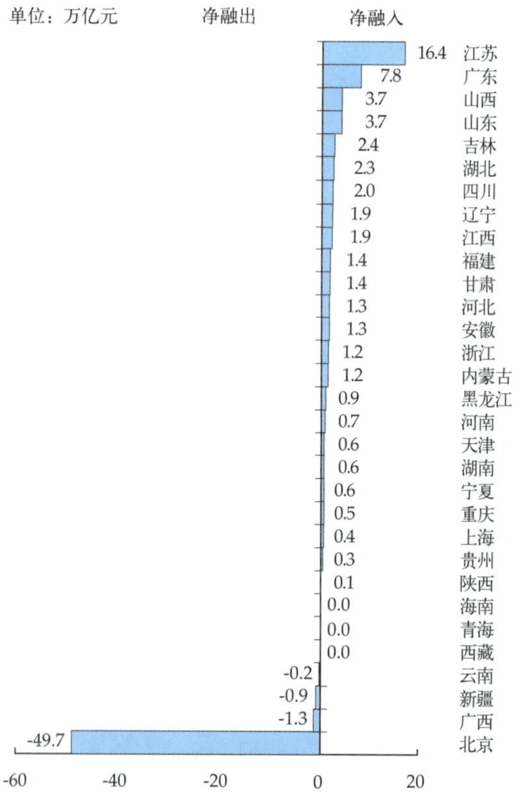

数据来源：中国外汇交易中心。

图3　2012年货币市场资金净融入（净融出）情况

（二）票据融资较快增长，市场利率总体走低

票据承兑业务稳定增长。2012年，企业累计签发商业汇票17.9万亿元，比上年增长18.8%；年末商业汇票未到期金额8.3万亿元，增长25.4%；年末承兑余额比年初增加1.7万亿元。分地区看，东部地区银行承兑汇票承兑余额和累计发生额占比最高，但近三年以来银行承兑汇票承兑余额占比呈逐年下降趋势；西部地区银行承兑汇票余额增速最高，东北地区银行承兑汇票累计发生额增速最高，分别为36.5%和48.7%。从行业结构看，企业签发的银行承兑汇票余额主要集中在制造业、批发和零售业。从企业结构看，由中小型企业签发的银行承兑汇票约占2/3。

票据贴现业务较快增长。2012年，金融机构累计贴现31.6万亿元，比上年增长26.4%；年末贴现余额为2.0万亿元，比上年增长35.1%。从地区分布看，除中部地区票据贴现累计发生额减少以外，其他地区票据贴现业务均呈增长态势。

受货币市场利率和票据市场供求变化等多种因素影响，2012年票据市场利率总体走低。12月，票据融资加权平均利率为5.64%，比年初下降3.42个百分点。全年各地区银行承兑汇票和商业承兑汇票贴现加权平均利率分别在4.84%～9.73%和4.73%～9.45%，买断式和回购式票据转贴现加权平均利率分别在4.07%～7.44%和3.75%～6.89%，平均利率水平均低于上年。各地区银行承兑汇票贴现、买断式、回购式票据转贴现加权平均利率的水平和走势稍有差异，总体趋势基本一致。

表9　2012年年末票据业务地区分布

单位：%

	东部	中部	西部	东北	全国
银行承兑汇票承兑余额	64.4	14.9	14.6	6.0	100.0
银行承兑汇票承兑累计发生额	66.3	14.6	13.2	5.9	100.0
票据贴现余额	58.7	14.0	20.2	7.1	100.0
票据贴现累计发生额	57.8	11.8	16.8	13.6	100.0

数据来源：中国人民银行上海总部、各分行、营业管理部、省会（首府）城市中心支行。

（三）融资结构更趋多元，债券融资快速增长

2012年，全国各地区非金融机构部门融资总额[①]稳步扩大，直接融资和间接融资总体增速平稳，融资结构更趋多元。贷款融资仍占主导地位，在融资总额中占比为67.2%，比上年下降3.2个百分点。直接融资比重有所提升。其中，主要是债券融资快速增长，债券融资在融资总额中占比为29.2%，同比提高6.7个百分点；股票融资在融资总额中占比为3.6%，同比下降3.5个百分点。直接融资比重上升的省份有24个，比上年增加3个。分地区看，融资总额增速从高到低的地区依次为西部、中部、东部、东北地区；东部、中部、西部和东北地区贷款融资额增速分别为10.9%、16.1%、12.1%和0.4%（见表10），占全国贷款融资总额的比重分别为53.1%、16.7%、23.1%和7.2%（见表11）。西部和东北地区债券融资增长较快，分别增长92.4%和87.8%。从区域分布看，各种融资方式中地区占比从高到低均依次为东部、西部、中部、东北地区。

各地区继续深入推进金融创新，直接融资快速发展，融资方式趋向多元化，融资渠道进一步拓宽。山东在全国率先开展中小企业私募债券试点、区域股权交易市场建设工作，中小企业集合票据全年发行23.4亿元，同比增加11.6亿元，区域集优债务融资试点稳步推进，14家企业发行区域集优票据13.3亿元。河北首次成功发行中小企业集

表10　2012年各地区非金融机构部门贷款、债券、股票融资额增速

单位：%

	东部	中部	西部	东北
贷款	10.9	16.1	12.1	0.4
债券(含可转债)	44.3	49.5	92.4	87.8
其中：短期融资券	-0.2	-5.5	31.9	3.2
中期票据	0.8	2.0	49.4	91.8
中小企业集合债	57.6	116.5	-7.4	—
股票	-42.6	-41.0	-26.6	-55.9

注：债券和股票融资按当年发行数计算，贷款按新增额计算。

数据来源：中国人民银行上海总部、各分行、营业管理部、省会（首府）城市中心支行。

①融资总额=贷款新增额+债券发行额+股票发行额。

表11 2012年非金融机构部门贷款、债券、股票融资额地区分布

单位：%

	东部	中部	西部	东北	合计
贷款	53.1	16.7	23.1	7.2	100.0
债券(含可转债)	72.6	10.8	12.4	4.2	100.0
其中：短期融资券	75.1	9.0	12.4	3.4	100.0
中期票据	70.0	11.8	13.5	4.6	100.0
中小企业集合债	78.1	18.4	3.5	0.0	100.0
股票	66.0	13.4	15.8	4.8	100.0

数据来源：中国人民银行上海总部、各分行、营业管理部、省会（首府）城市中心支行。

合票据2.8亿元、定向债务融资工具50亿元。湖北区域集优债务融资实现“零”的突破，襄阳率先在全省推出区域集优中小企业集合票据。安徽实现中小企业集合票据、中小企业集合债券、中小企业私募债和非公开定向债务融资工具4种创新型融资产品的首次发行，徽商银行发行小微企业专项金融债的工作稳步推进。江西“12赣水投债”的发行成为省级水利融资平台通过债券融资的全国首例。广西新增定向债务融资工具和资产支持票据两个融资券种，累计融资27亿元，国有高峰林场成功发行4亿元中期票据，成为全国首家发行中期票据融资的国有林场。青海成功发行首期保障房私募债，募集资金50亿元，实现非公开定向债务融资工具的首次应用。

专栏3 区域融资结构分析

随着金融改革的持续推进和金融市场的发展完善，金融产品和工具创新不断涌现，直接融资尤其是债券融资快速增长，区域融资结构更趋多元，对支持实体经济发展发挥了积极作用。

一、近年来区域融资结构多元化发展

近年来，各地融资量①保持平稳较快增长的同时，债券和股票融资等直接融资占总融资量的比重上升，从2009年的15.9%提高至2012年的32.7%。从区域分布看，东部、中部、西部和东北各地区债券和股票融资占本区域融资量的比重明显上升，2012年较2009年分别上升了10.7个、12.0个、13.4个和14.3个百分点。其中，债券融资增多是直接融资占比上升的主要力量。贷款、债券和股票融资量均呈现“东部最高，西部、中部、东北依次降低”的格局，但近年来东部地区在全国的占比呈下降趋势。2012年东部地区贷款、债券和股票的融资额在全国占比较2009年分别下降6.4个、6.3个和10.2个百分点。

融资结构多元化发展，是多种因素推动的综合结果。一是随着经济的发展，非金融企业对融资的需求呈现多样化格局，直接融资产品设计灵活，成本相对较低，能够较好地契合企业需求。二是近年来居民收入增加，投资需求明显上升，加之金融机构迅速发展，金融产品日益丰富，直接融资产品的市场需求较为旺盛。三是金融改革持续推进，有关部门大力推动直接融资发展，多层次金融市场逐步建立，为直接融资发展提供了有利环境。

二、融资结构多元化发展有助于提高资本配置效率

直接融资依靠市场机制，使资金流向边际效率较高的地区或行业，提高了资本配置效率，进而更有效地促进实体经济发展。资本配置效率可用资本变化对实体经济指标变化的反应程度来衡量。如果更多的资金向利润率提高的企业和地区流入，则意味着资本的配置效益较高。考察2009年和2012年各省份直接融资额与工业企业成本费用利润率（以下简称工业利润率）的关系，可以看出，2009年，直接融资增长率与工业利润率变化之间的关系非常松散，而随着直接融资的发展，2012年直接融资额的增长开始对工业利润率的变化产生反应，

①包括贷款、债券融资和股票融资，不同于社会融资规模。

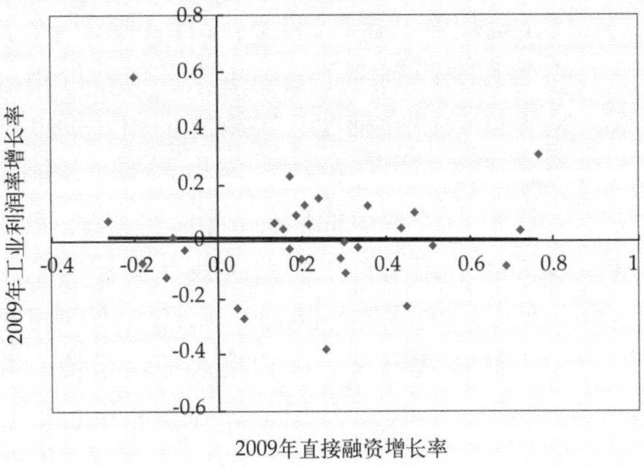

图4　2009年各省份直接融资与工业利润率

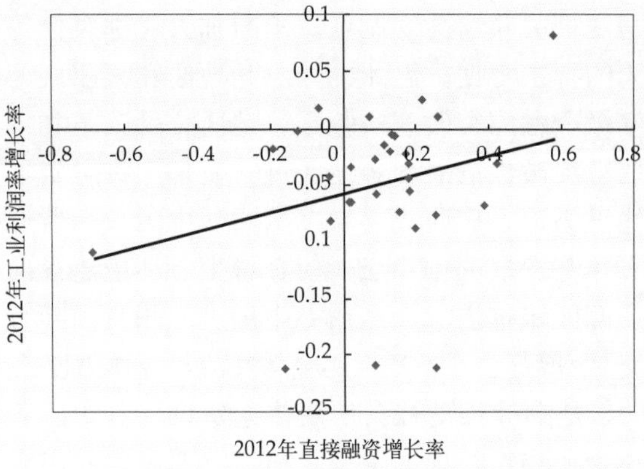

图5　2012年各省份直接融资与工业利润率

弹性系数提高，意味着工业利润率提高的省份可以得到更多的直接融资，地区间资本配置效率有所提高。

三、直接融资发展提高了金融支持实体经济的质量

一是有效降低实体经济融资成本。据测算，银行间债券市场发行利率一般比同期限实际银行贷款利率低2个百分点左右，2005～2012年，银行间债券市场累计发行额达8.3万亿元，若债券期限均按1年期计算，粗略估计可为企业节约融资成本约1 680亿元。

二是支持了中小企业和“三农”融资。一方面，中小企业可以直接从股票和债券市场融资，2009年10月第一批创业板公司挂牌，截至2012年年末已有上市公司355家，累计筹资2 274亿元；中小企业集合票据于2009年推出，已累计发行220多亿元，为中小企业再添新的融资渠道。另一方面，在优质大型企业更多通过直接融资获取资金后，商业银行等金融机构可以投入更多金融资源重点支持中小企业和“三农”领域。受此带动，近年来，各地区小微企业贷款和涉农贷款余额增速均高于各项贷款增速。以中小企业众多的浙江省为例，2012年年末，直接融资占比由2010年的12.4%上升至20.4%，中小微企业贷款余额同比增长16.4%，高于全部贷款增速4.6个百分点。

四、进一步优化融资结构，充分发挥支持实体经济发展的积极作用

近年来，直接融资发展较快，但在市场规模、产品种类等方面尚不能完全满足市场主体投融资需求。下一步，应继续大力发展直接融资，推动金融产品创新，不断丰富产品种类，优化产品结构，充分发挥其支持实体经济发展的积极作用。同时注重风险防范，加快市场机制建设，强化市场约束和风险分担机制，提高市场运行透明度；逐步提高微观主体风险防范意识，着力培育多元化投融资主体，提升其风险定价和风险对冲能力。

五、金融生态环境建设

2012年，全国各地区扎实推进金融生态环境建设，工作机制日趋健全，社会信用意识持续增强，评价体系建设加快推进，司法环境有效改善，金融基础设施不断完善，支付结算服务水平进一步提升。

一是有效发挥政府职能，加快金融改革发展和投融资环境建设步伐。河北出台《关于着力改善发展环境的实施意见》，在政策环境、市场环境、法治环境等方面，制定了一系列政策措施，着力优化金融发展环境。内蒙古出台《关于促进内蒙古金融业发展的指导意见》，加大对金融业的政策扶持力度。四川、西藏建立金融机构与地方司法机关联席会议制度，不断加大对逃废债等行为的打击力度。温州、珠三角地区和泉州成为国家级金融综合改革实验区，地区金融改革和创新取得突破性进展。各地区进一步加大投融资环境建设力度，广西成功举办第四届中国—东盟金融合作与发展领袖论坛，使金融生态环境建设向更广阔区域推进。广东创办中国（广州）国际金融交易•博览会，不断强化金融交流与合作力度。

二是继续推动社会信用体系建设，着力改善中小企业和农村地区融资环境。陕西制定并出台《陕西省公共信用信息条例》，公共信息征集、使用、披露和共享步入法制化轨道。江西出台《江西省社会信用体系建设“十二五”规划》，提出了“十二五”时期江西社会信用体系建设十项主要任务和五项重大工程。青海推动和实施“信用工程”，信用体系建设覆盖经济社会的各个领域。新疆制定印发《2012年新疆中小企业信用体系建设实施意见》及《2012年新疆农村信用体系建设实施意见》，为全面推进新疆社会信用体系建设奠定坚实基础。天津积极推进滨海高新区中小企业信用体系试验区建设，初步建成包括中小企业政策环境扶持、融资平台对接、信用担保评级增信、金融资源支持、信用激励机制在内的中小企业信用体系建设框架。重庆首创互联网平台架构、商誉积累和多功能信用培育模式，开发建设了企业信用培育系统，并建立了西南首个农村征信系统，开拓信用村镇建设新途径。贵州“农户信用建档+评定信用等级+小额信用贷款”的农村信用体系建设模式成效显著。陕西、湖南、广东等积极开展中小企业和农村信用体系示范园、实验区建设，促进中小企业和农村地区融资环境改善，取得了良好的社会效果。

三是加快推进金融生态评价体系建设，不断扩大征信系统覆盖面和使用面。江苏引入金融生态县动态管理机制，首次将2个金融生态示范县降格为金融生态达标县，并对2个金融生态达标县提出警示。湖北、湖南、四川、河北等继续开展“金融生态县（市、区）”以及“金融安全区”创建工作，并对贡献突出的市县进行表彰和奖励。西藏将金融生态评价扩展至乡镇、村一级，全年评定信用乡（镇）251个、信用村2 214个。河南、安徽和陕西制定了金融生态环境评价指标体系，完善县域评价制度、实施意见和评价办法，县域金融生态环境评价体系逐步完善。各地区不断扩大征信系统覆盖面和使用面，金融生态基础进一步夯实。云南首次将法院执行案件信息、担保公司代偿信息采集纳入征信系统。浙江将村镇银行和小额贷款公司等机构接入征信系统，并将法院、环保、社保、公积金等各类非银行信息采集入库。

四是继续加强司法环境建设，严厉打击金融领域违法犯罪行为。西藏开展“9·16平安西藏”、“12·4法制宣传日”等活动，广泛宣传金融法律法规和金融安全知识，营造良好的金融法制氛围。重庆、安徽、山西、海南、山东继续推进金融消费者权益保护工作，设立金融消费者申诉处理中心，其中安徽、山西处理申诉的社会满意度达到100%。北京、广东、河北、安徽、海南严厉打击制贩假币、洗钱及外汇违法违规行为。2012年，广东成功破获洗钱案件29宗、地下钱庄非法买卖外汇案件30宗，有力地维护了金融市场秩序。山东制定完善打击和处置非法集资工作综合治理考评体系，妥善处理了省内重大和涉及山东省的13起全国性非法集资案件。

五是进一步加强金融基础设施建设，大力改善农村地区支付结算环境。天津创新发展金融IC卡，在全国率先推出“津通卡”、社保金融IC卡，实现银行卡在交通、医疗等领域的广泛应用。陕西省信用联社成功发行具有金融功能的社保IC卡，成为全国首家取得金融社保IC卡发行资格的省级农村合作金融机构。河南农民工银行卡特色服务交易量连续五年居全国第一。江苏在全国率先实现100%自动柜员机支付纸币冠字号码记录存储功能全覆盖。深圳率先上线运行财税库关行横向联网MIS刷卡缴税系统，大大地便利了企业缴税。云南完成了财税库银横向联网全省全覆盖目标，成为全国首个实现国有资本经营预算收益金通过横向联网系统收缴的省份。江苏、广东、黑龙江实现金融支付终端行政村覆盖率100%，昆山成为全国首个ATM机具“村村通”的县级市。湖北推广“三公里”金融服务圈、“村级金融服务站”等创新服务模式，电子机具乡镇覆盖率100%。吉林、安徽、湖南、四川、甘肃、陕西、青海、宁夏积极推动银行卡助农取款服务，业务量和覆盖率进一步扩大。北京、黑龙江、福建稳步推进农村地区手机支付试点，有力地改善了农村支付环境。

六是加强监测，有效防范和化解潜在金融风险隐患。目前，部分行业、领域和地区的信用风险有所显现，商业银行流动性管理面临挑战，理财产品、表外业务风险不容忽视，具有融资功能的非金融机构和民间借贷风险需要持续关注。鉴于此，各部门相互配合，加强对重点领域的风险监测和防范。在地方政府融资平台贷款清理上实行“降旧控新”，提高现金流覆盖率，有效缓解释放平台贷款风险。密切防范房地产行业的潜在风险。加强表外业务风险防范和管理，各金融机构理财业务发展逐步规范，信息披露、风险提示、资本和拨备计提均有所改进。重庆建立防范区域金融风险工作机制，督促各金融机构加强融资平台、房地产和产能过剩行业贷款风险防范。福建妥善处理多家返利购物网站资金链断裂、企业崩盘并引发群众排队取现等事件，维护金融稳定。青海健全政府、金融监管部门和金融机构协调联动的金融风险防范处置机制，切实加强金融业的风险防范工作。河北将防范和打击非法集资纳入对各地社会管理综合治理目标考核体系，逐年进行考核，并研发涉嫌非法集资监测系统，实现了关口前移。

第二部分 区域经济运行情况

2012年，中国经济总体运行平稳，前三个季度经济增速有所放缓，第四季度以来，在国内稳增长政策效应逐步显现以及外需略有改善等因素带动下，经济出现企稳回升态势。区域发展更趋协调、均衡，东部地区战略性新兴产业、服务业快速发展，产业转型升级稳步推进；中西部地区城镇化和产业承接步伐加快，经济保持较快发展；东北振兴战略实施效果显著，工业支撑作用增强。2012年，东部、中部、西部和东北地区分别实现地区生产总值29.6万亿元、11.6万亿元、11.4万亿元和5.0万亿元，地区生产总值加权平均增长率分别为9.3%、11.0%、12.5%和10.2%。中部和西部地区生产总值占比稳步上升，分别较上年提高0.1个和0.6个百分点（见表12）。

表12 2012年各地区生产总值比重和增长率

单位：%

	占比		加权平均增长率	
		比上年增减		比上年增减
东部	51.3	-0.7	9.3	-1.2
中部	20.2	0.1	11.0	-1.8
西部	19.8	0.6	12.5	-1.6
东北	8.7	0.0	10.2	-2.3

注：各省份地区生产总值加权平均增长率为10.3%，比国家统计局公布的国内生产总值增速（7.8%）高2.5个百分点。

数据来源：《中国统计摘要》，中国人民银行工作人员计算。

一、消费、投资、净出口和政府支出

2012年，最终消费、资本形成和净出口对经济增长的贡献率分别为51.8%、50.4%和-2.2%，消费对经济增长的贡献继续超过投资。

（一）城乡居民收入增长较快，消费需求平稳增长

2012年，在就业形势稳定、国家各项惠民政策等积极因素推动下，各地区城乡居民收入实现较快增长。全年城镇居民人均可支配收入和农村居民人均纯收入分别达到24 564.7元和7 916.6元，扣除价格因素，分别实际增长9.6%和10.7%，农村居民人均纯收入实际增速连续第三年快于城镇居民人均可支配收入增速。

各地区城镇居民收入差距进一步缩小，中部、西部及东北地区收入增长较快。2012年，城镇居民人均可支配收入超过2万元的省份由上年的11个增加到23个，其中，中部、西部及东北地区省份由3个增加到13个。中部、西部及东北地区城镇居民人均可支配收入增速连续两年快于东部地区，全国城镇居民人均可支配收入增速前10位的省（自治区、直辖市）有6个来自西部。2012年，中部、西部和东北地区城镇居民人均可支配收入水平分别是东部地区的67.1%、65.2%和67.0%（见表13）。

西部地区农村居民人均纯收入增长15.1%，增速跃居各地区之首（见表14）。其中，11个省（自治区）增速超过14%，新疆、西藏和青海增长最快，比上年分别增长17.5%、16.6%和16.4%。中部、西部和东北地区农村居民人均纯收入分别是东部地区的56.9%、47.3%和68.3%，地区收入差距进一步缩小。农村居民人均纯收入超过6 000元的省份由上年的21个增加到25个。

农村居民消费倾向高于城镇居民。2012年，各地区农村居民平均消费倾向为74.6%，比城市居民高6.7个百分点。分地区看，东部地区城镇居民平均消费倾向最低，东北地区最高；西部地区农

表13 2012年各地区城镇居民人均可支配收入

单位：元、%

	城镇居民人均可支配收入		各地区与东部之比	
		加权平均增长率		比上年增减
东部	30 812.9	11.9	100.0	—
中部	20 660.4	13.0	67.1	0.9
西部	20 082.2	13.3	65.2	1.0
东北	20 641.6	13.4	67.0	1.1

数据来源：《中国统计摘要》，中国人民银行工作人员计算。

表14　2012年各地区农村居民人均纯收入

单位：元、%

	农村居民人均纯收入		各地区与东部之比	
		加权平均增长率		比上年增减
东部	12 992.9	12.6	100.0	—
中部	7 395.5	13.8	56.9	0.9
西部	6 152.1	15.1	47.3	1.1
东北	8 877.3	13.6	68.3	0.9

数据来源：《中国统计摘要》，中国人民银行工作人员计算。

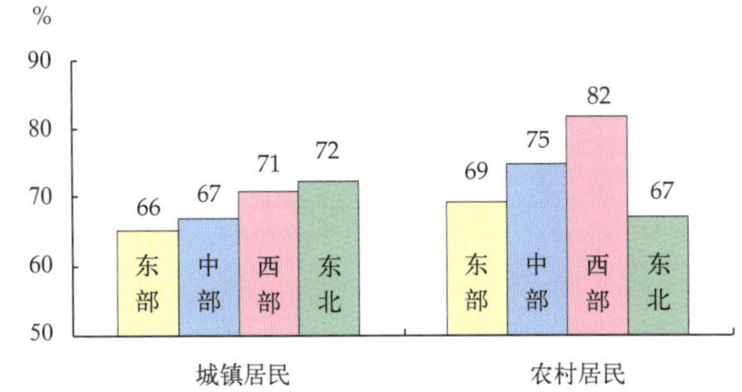

数据来源：《中国统计摘要》，中国人民银行工作人员计算。

图6　2012年各地区居民平均消费倾向

村居民平均消费倾向最高，东北地区最低（见图6）。与上年相比，各地区城镇居民消费倾向均出现不同程度的下降；东部和西部地区农村居民消费倾向保持不变，中部地区略有提升，东北地区农村居民消费倾向比上年下降2个百分点。

消费需求保持平稳增长。2012年，在国家扩大内需政策及居民收入稳定增长等因素作用下，消费需求平稳增长，全社会消费品零售总额为21.0万亿元，比上年增长14.3%，扣除价格因素，实际增长12.1%。通讯器材、家具类、建筑及装潢材料类等热点商品消费增长较快。网络销售成为发展最快的业态之一，全年销售额突破1万亿元。分城乡看，全年城镇消费品零售总额增长14.3%，增速比乡村消费品零售总额低0.2个百分点。分地区看，中部、西部及东北地区占全国消费品零售总额的比重均有所上升，东部地区占比和增速持续下降（见表15）。

城乡居民恩格尔系数呈下降趋势。在消费结构升级的推动下，食品支出比重稳步下降。2012年，城镇居民恩格尔系数为36.2%，较上年略降0.1个百分点；农村居民恩格尔系数为39.3%，较上年下降1.1个百分点（见图8）。分地区看，西部地区恩格尔系数最高，东北地区恩格尔系数最低（见图8）。

表15　2012年各地区社会消费品零售总额比重和增长率

单位：%

	占比		加权平均增长率	
		比上年增减		比上年增减
东部	52.6	-0.5	13.7	-2.8
中部	20.3	0.2	15.8	-2.2
西部	17.8	0.2	16.0	-2.2
东北	9.3	0.1	15.8	-1.7

数据来源：《中国统计摘要》、《中国经济景气月报》，中国人民银行工作人员计算。

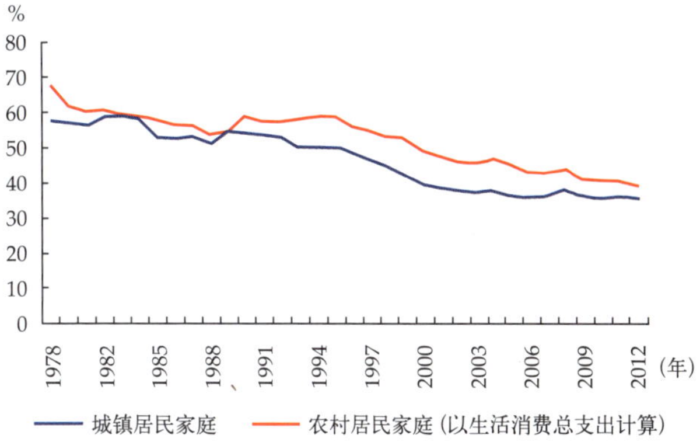

数据来源：《中国统计摘要》，中国人民银行工作人员计算。

图7　1978～2012年城乡居民家庭恩格尔系数变动趋势

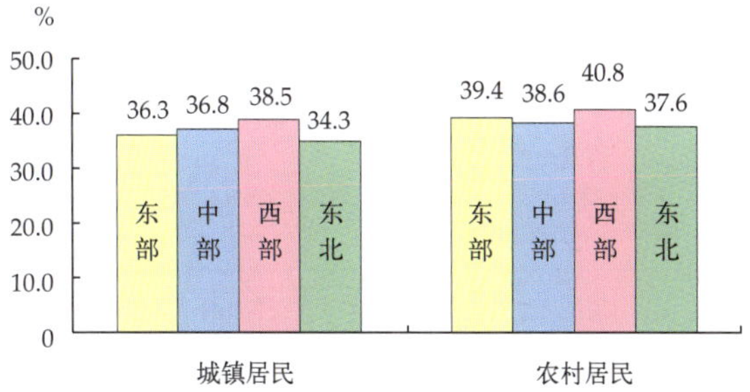

数据来源：《中国统计摘要》，中国人民银行工作人员计算。

图8　2012年各地区恩格尔系数

（二）固定资产投资平稳较快增长，第三产业投资占比进一步提升

2012年，全社会固定资产投资37.5万亿元，比上年增长20.3%，扣除价格因素，实际增长

19.0%，实际增速比上年提高3.1个百分点。其中，固定资产投资（不含农户）36.5万亿元，增长20.6%。2012年三次产业固定资产投资（不含农户）增速分别为32.2%、20.2%和20.6%。第三产业投资占比进一步提升，超过第二产业10.5个百分点。分地区看，中部、西部和东北地区固定资产投资（不含农户）增速继续高于东部地区，东北地区增速继续位居各地区首位（见表16）。中部、西部和东北地区固定资产投资（不含农户）占全国的比重进一步提升，分别比上年提高1.0个、0.9个和0.6个百分点。分省份看，贵州、新疆、吉林、黑龙江、甘肃、江西6个省（自治区）的固定资产投资（不含农户）增速超过30%，北京、天津、上海、广东、内蒙古5个省（自治区、直辖市）固定资产投资（不含农户）增速低于20%。

民间投资保持较快增长，2012年同比增长24.8%，高于全部投资增速4.5个百分点；全年民间投资占固定资产投资（不含农户）的比重达到61.4%，比上年提高3.2个百分点。

表16　2012年各地区固定资产投资（不含农户）比重和增长率

单位：%

	占比		加权平均增长率	
		比上年增减		比上年增减
东部	41.2	-0.7	18.9	-1.7
中部	23.6	1.0	25.7	-2.5
西部	23.9	0.9	24.9	-4.5
东北	11.2	0.6	26.8	-4.2

数据来源：《中国经济景气月报》，中国人民银行工作人员计算。

（三）中西部地区外贸保持较快增长，东部地区海外投资稳步推进

2012年，受欧债危机等因素影响，中国外贸进出口增速总体呈现回落态势。全年进出口总值3.9万亿美元，同比增长6.2%，增速较上年回落16.3个百分点。从进出口结构看，机电产品、劳动密集型产品出口稳定增长，能源和资源性产品进口量增加。分地区看，在外向型企业内迁及外商投资规模不断扩大的推动下，中部、西部地区外贸保持快速增长，进出口总额分别增长18.8%和28.5%，全国进出口增速前十位的省（自治区、直辖市）全部位于中西部地区（见表17、表18）。在传统出口市场外需疲软的形势下，各地区继续实施多元化战略，大力拓展新兴市场，积极培育周边市场。2012年，中国对东盟、俄罗斯和南非出口分别增长20.1%、13.2%和14.7%，增速比上年分别高12.2个、5.3个和6.8个百分点。

表17　2012年各地区出口总额比重和增长率

单位：%

	占比		加权平均增长率	
		比上年增减		比上年增减
东部	83.0	-2.5	4.9	-13.1
中部	5.9	1.0	33.4	-16.3
西部	7.3	1.6	46.7	-14.6
东北	3.8	-0.1	8.1	-7.5

数据来源：《中国经济景气月报》，中国人民银行工作人员计算。

表18　2012年各地区进口总额比重和增长率

单位：%

	占比		加权平均增长率	
		比上年增减		比上年增减
东部	86.3	-0.6	3.9	-20.1
中部	4.0	0.0	13.2	-21.0
西部	4.8	0.4	22.2	-16.0
东北	4.8	0.1	6.3	-43.6

数据来源：《中国经济景气月报》，中国人民银行工作人员计算。

贸易顺差有所扩大，经常项目收支继续保持基本平衡。分地区看，2012年东部、中部和西部地区分别实现贸易顺差1 320亿美元、477亿美元和611亿美元，比上年分别增加229亿美元、244亿美元和292亿美元；东北地区保持贸易逆差状态，全年贸易逆差96亿美元，比上年增加5亿美元。分省份看，北京、上海、天津、吉林等10个省（自治区、直辖市）为贸易逆差，逆差规模与上年基本持平。货物贸易顺差较快增长，服务贸易逆差进一步扩大，收益项目逆差有所收窄。2012年，经常项目顺差与国内生产总值之比为2.3%，保持在国际公认的合理范围之内。

各地区实际利用外资规模增速均有所回落。

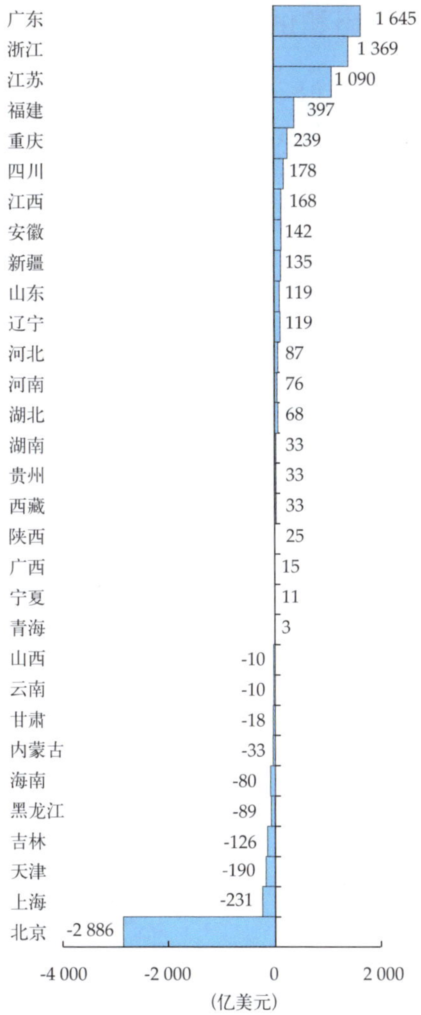

数据来源：《中国经济景气月报》。

图9 2012年各地区进出口差额

2012年，全国非金融领域新批外商直接投资企业24 925家，实际使用外商直接投资金额为1 117亿美元。外资利用质量不断改善，信息传输、计算机服务和软件业利用外商直接投资增长最快，同比增长24.4%。分地区看，中部地区实际利用外资增长最快，占全国的比重进一步提高（见表19）。分省份看，西藏、贵州、安徽3个省（自治区）实际利用外资增长最快。辽宁、吉林第二产业实际利用外资增长较快。云南、贵州、新疆等西部省份外商直接投资领域逐步向第三产业拓展，其中，云南第三产业实际利用外资占比达到近七成。

表19 2012年各地区实际利用外资比重和增长率

单位：%

	占比		加权平均增长率	
		比上年增减		比上年增减
东部	55.9	-1.3	12.4	-1.9
中部	17.6	1.6	21.0	-12.9
西部	13.2	-0.5	8.0	-42.6
东北	13.2	0.2	11.6	-5.9

数据来源：各省（自治区、直辖市）《国民经济和社会发展统计公报》和中国人民银行工作人员计算。

各地区“走出去”步伐进一步加快。2012年，在世界经济增长总体乏力的情况下，中国对外投资逆势上扬并稳步增长，全国累计实现非金融类对外直接投资772亿美元，同比增长28.6%，增速比上年提高26.8个百分点。东部地区仍是对外投资的主力。分省份看，广东、山东、江苏、辽宁、浙江等对外直接投资继续位居前列。跨国并购投资日益成为对外投资的重要方式，2012年以并购方式实现的直接投资金额达426.2亿美元，在对外投资总额中的比重为55.2%，比上年提高18.2个百分点。对外投资行业分布更趋多元化，商业服务、文化娱乐等行业投资快速增长，租赁和商务服务业投资占比达49%。

跨境人民币结算业务全面推开。全年累计办理跨境贸易人民币结算业务2.9万亿元，同比增长41%。其中，货物贸易结算金额占同期海关货物进出口总额的8.4%，比上年上升1.8个百分点。跨境人民币收付平衡状况进一步改善，结算收付比由上年的1:1.7上升至1:1.2。跨境人民币直接投资结算业务快速发展，全年累计办理人民币跨境直接投资结算业务2 840.2亿元，增长156.2%。人民币合格境外机构投资者（RQFII）境内证券投资规模逐步扩大，全年共批准RQFII 28家，人民币投资额度为563亿元。安徽、重庆、甘肃、贵州、江西跨境人民币结算金额增长3倍以上，福建、湖北跨境人民币结算业务基本实现在银行机构、业务品种和外经贸重点企业的全覆盖，黑龙江中俄本币结算业务中人民币结算金额首次超过卢布，广东率先开展经常项目下个人跨境人民币双向业务，深圳前海获准开办跨境人民币贷款业务。

（四）中西部地区财政收入增速相对较高，各地区重点增加民生领域财政投入

2012年，受经济增长放缓、实施结构性减税政策等因素影响，全国财政收入增速有所放缓，全年公共财政收入11.7万亿元，同比增长12.8%，增速比上年回落12.2个百分点。全年税收收入同比增长12.1%，增速比上年回落10.5个百分点。分地区看，各地区地方本级财政收入增速较上年均有所下降，降幅均超过10个百分点，中部、西部地区财政收入增速高于其他区域，占全国财政收入的比重较上年分别提高0.9个和0.3个百分点（见表19）。分省份看，西藏、贵州、江西3个省（自治区）的财政收入增长最快；地方本级财政收入超过3 000亿元的省份集中在东部和东北地区，其中辽宁省首次突破3 000亿元。

表20　2012年各地区财政收入和财政支出情况

单位：%

	地方本级财政收入				地方本级财政支出			
	占比		加权平均增长率		占比		加权平均增长率	
		比上年增减		比上年增减		比上年增减		比上年增减
东部	53.5	-1.3	13.8	-11.3	39.1	-0.6	12.6	-9.6
中部	16.9	0.9	21.6	-11.3	21.1	0.3	17.8	-9.2
西部	20.9	0.3	20.8	-16.3	30.2	0.4	18.0	-10.4
东北	8.7	0.1	18.2	-15.3	9.5	-0.2	14.5	-8.5

数据来源：各省（自治区、直辖市）《国民经济和社会发展统计公报》，中国人民银行工作人员计算。

2012年，各地区继续落实积极的财政政策，支出结构更趋均衡。全年公共财政支出12.6万亿元，同比增长15.1%，重点增加了对保障性安居工程、农业水利、节能环保等民生领域的投入。分地区看，中部、西部地区财政支出占全国比重继续提高，增速连续两年高于东部及东北地区（见表20）。分省份看，财政支出增速超过20%的省（自治区、直辖市）集中在西部地区。贵州省的一般公共服务、教育、农林水务、社会保障和就业、医疗卫生方面的支出占财政总支出的62.5%。云南省教育、社会保障和就业、农林水事务医疗卫生支出保持快速增长，支出额占财政总支出的53.1%。

二、产出和供给

2012年，全国三次产业平稳发展，结构更趋优化。第一产业稳步发展，第三产业的比重进一步提高。分地区看，东部地区第三产业比重比上年提高1.3个百分点，中部和西部第二产业增速分别比各地区平均水平高1.1个和3.4个百分点，东北地区第一产业增速比各地区平均水平高0.8个百分点（见图10）。

（一）粮食生产实现“九连增”，农业发展方式加快转变

各地区农业生产稳步发展。2012年，全国农业气候条件总体良好，没有发生大范围的旱涝灾害，各地农业保持较高增速。东部、中部、西部和东北地区农业增加值分别增长4.1%、4.5%、5.9%和5.7%，占全国的比重分别为35.0%、

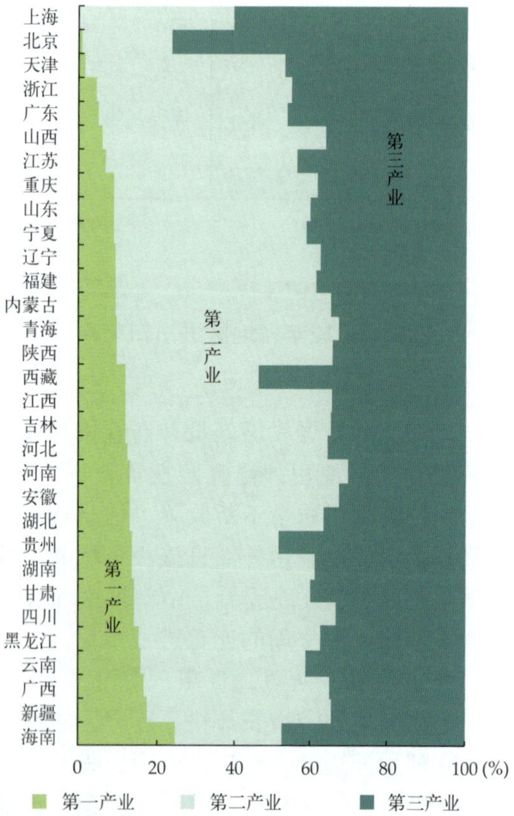

数据来源：各省（自治区、直辖市）《国民经济和社会发展统计公报》，中国人民银行工作人员计算。

图10　2012年各省份三次产业结构

26.8%、27.4%和10.8%，西部和东北地区占比较上年均提高0.5个百分点（见表21）。分省份看，山东、河南、江苏、四川、河北、湖南农业增加值均超过3 000亿元，贵州、新疆、甘肃、云南、黑龙江、海南农业增加值增速均超过6.0%。

表21　2012年三次产业的地区分布和各地区三次产业的比重和增长率

单位：%

	东部	中部	西部	东北	地区合计
三次产业的地区分布					
第一产业	35.0	26.8	27.4	10.8	100.0
第二产业	49.2	21.6	20.1	9.1	100.0
第三产业	57.4	17.1	17.6	7.9	100.0
各地区三次产业的比重					
第一产业	6.2	12.0	12.6	11.3	9.1
第二产业	47.9	53.3	50.9	51.9	49.9
第三产业	45.9	34.7	36.6	36.8	41.0
地区生产总值	100.0	100.0	100.0	100.0	100.0
各地区三次产业的增长率					
第一产业	4.1	4.5	5.9	5.7	4.9
第二产业	9.8	12.6	14.9	10.9	11.5
第三产业	9.4	10.5	11.1	10.4	10.0
地区生产总值	9.3	11.0	12.5	10.2	10.3

注：各省份三次产业加权平均增长率分别比国家统计局公布的三次产业增长率高0.4个、3.4个和1.9个百分点。

数据来源：各省（自治区、直辖市）《国民经济和社会发展统计公报》，中国人民银行工作人员计算。

粮食等主要农产品全面增产，市场供应充足。2012年，大部分农区气候条件较好，粮食作物单产提高，多数地区粮食播种面积保持稳定或略有增长。全年全国粮食产量达到58 957万吨，比上年增长3.2%，实现了连续九年增产，其中，主产区增产较多，13个主产省（区）粮食产量合计为44 610万吨，增产量占全国总增产量的64.7%。主要粮食品种中，玉米跃升为第一大粮食品种。畜牧业稳步发展，全年肉类总产量为8 384万吨，比上年增长5.4%。棉花、油料、糖料等经济作物全面增产。

农业生产结构逐步优化升级。各地农产品加工业快速发展，农业产业化水平显著提升。福建省规模以上农业产业化龙头企业达1.1万家，带动全省57%的农户发展生产。广东农业产业化龙头企业达到2 500家，销售收入突破2 200亿元，带动农户400多万户。四川现代农业产业基地面积达到2 950万亩，各类农业产业化龙头企业达8 238家，农民专业合作经济组织发展到28 677个。湖北农产品加工业产值突破9 000亿元，食品工业成为第一大支柱产业。云南高原特色农业产业快速发展，种植结构不断优化，特色经济作物增效显著，咖啡、橡胶、茶叶、烟叶、甘蔗等种植面积和产量均居全国前列。

强农惠农政策继续实施。2012年，中央进一步加大对粮食生产的扶持力度，继续开展全国粮食稳定增产行动，扩大农业“四补贴”规模，提高并及早公布小麦、水稻最低收购价，释放鼓励粮食生产的积极政策信号。首次实施“农业防灾减灾稳产增产关键技术补助政策”，使增产关键技术落实到位。农业基础设施支撑作用不断提升。吉林省主要农作物耕种收全程农机化作业水平达到69.6%，高出全国平均水平12.6个百分点。山东省农田有效灌溉面积达到499.7万公顷。农业科技服务能力进一步增强。新疆农作物良种覆盖率达到95%，高产、优质、高效农牧业发展势头强劲。安徽农业机械化率为64.6%，农业科技贡献率为55.5%，分别比上年提高2.6个和1.5个百分点。

（二）区域间产业转移加快，工业生产区域协调性进一步增强

2012年，全国规模以上工业增加值按可比价格计算比上年增长10.0%，增速回落3.9个百分点。工业增速从2011年下半年开始呈现放缓趋势，随着中央“稳增长”政策的有效实施，2012年下半年以来，积极因素有所增多，工业同比增速自8月之后逐步回升，工业生产呈现企稳态势。

工业生产区域协调性进一步增强。2012年，东部、中部、西部和东北地区工业增加值分别增长9.8%、12.6%、14.9%和10.9%，西部和中部地区增速明显快于东部地区。中部、西部地区占全国工业增加值的比重分别为21.6%和20.1%，较上年分别提高0.3个和0.6个百分点，中部、西部地区对全国工业经济增长的拉动作用有所提升。区域间产业转移加快。湖南对接“长三角”首次签约项目投资总额达75.4亿元，全年承接产业转移项目3 079个，转移企业新增税收37.9亿元，新增就业

人员33.5万人。甘肃出台承接产业转移扶持政策，全省续建、新建承接产业转移项目985项，全年引进到位资金1 432.1亿元。

2012年10月以来，全国规模以上工业企业利润增速有所加快，全年实现利润5.6万亿元，同比增长5.3%。分地区看，东部、中部、西部和东北地区工业企业利润分别增长5.1%、5.2%、6.9%和3.3%。全国工业企业平均销售利润率为6.1%，比上年下降0.4个百分点。天津、河南等15个省份工业企业销售利润率高于全国平均水平（见图11）。2012年，全国规模以上工业企业产销率达到98.0%，比上年低0.5个百分点。

各地工业结构调整升级加快。天津市高端装备制造、新一代信息技术、节能环保等国家级新型工业化示范基地达到6个，产业聚集效应进一步显现。上海市战略性新兴产业实现较快发展，新一代信息技术、高端装备制造等七大领域重点项目加快推进，大规模集成电路、物联网、云计算等15个专项工程启动实施。山东自主创新能力不断增强，国家超级计算济南中心、海洋科考船、济南国家新药研发综合大平台等项目基本建成。广东形成新型显示、软件、生物医药、新材料、新一代通信和半导体照明6个产值超千亿元的新兴产业集群。

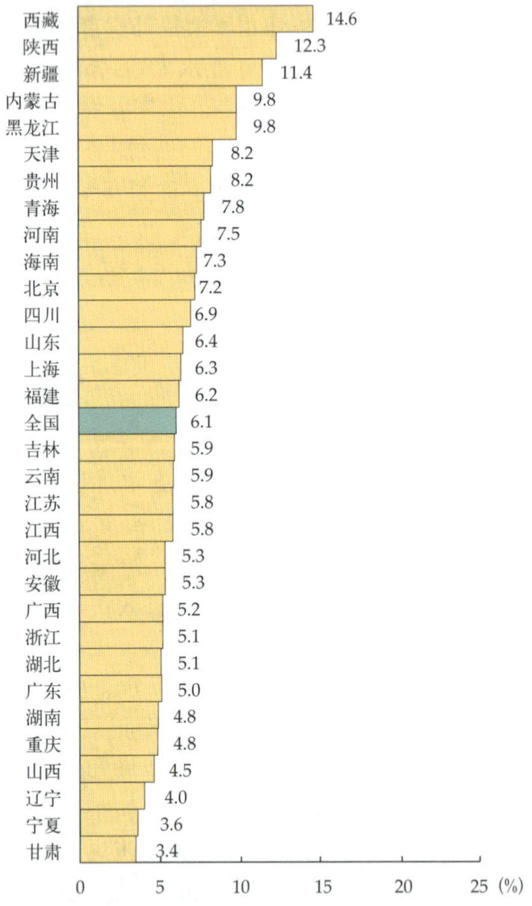

数据来源：国家统计局《中国经济景气月报》，中国人民银行工作人员计算。

图11　2012年各省（自治区、直辖市）工业企业平均销售利润率

（三）第三产业比重提高，现代服务业加快发展

2012年，第三产业发展态势良好，第三产业增加值比上年增长8.1%，占国内生产总值的比重比上年提高1.2个百分点。分地区看，东部、中部、西部和东北地区第三产业增加值加权平均增长率分别为9.4%、10.5%、11.1%和10.4%。31个省（自治区、直辖市）中，29个省份第三产业增加值占地区生产总值的比重有所上升，增速加快的省份有14个。

各地现代服务业快速发展。天津全年服务外包执行额12.3亿美元，比上年增长1倍。江苏服务业区域特色显著，苏南电子商务、服务外包、文化创意等现代服务业加快集聚。河南省金融业增加值首次突破千亿元大关，比上年增长17.5%。国内首个网商产业园落户重庆，助推全市电子商务交易额增长四成。全球服务外包前100强企业中，有21家落户成都，服务业已成为四川省利用外资主导产业。陕西文投艺术品投资基金成立，文化产业已成为全省最具优势和潜力的服务行业之一。湖南省张家界国家旅游综合改革试点稳步推进，全省旅游产业总收入达2 234.1亿元，实现了三年翻番。

各地支持服务业加快发展的政策举措成效显著。上海"营改增"试点推动以服务经济为主的产业结构加快形成，2012年第三产业占全市生产总值的比重达到60%，比上年提高2.1个百分点。

山东两个国家级服务业改革试点项目[①]进展顺利，11个省级综合改革试点全面推进。辽宁省成为现代服务业综合试点省份，全年实现服务业增加值9 306.8亿元，比上年增长9.9%，增速九年来首次超过GDP，十年来首次高于第二产业。

三、各地区生态文明建设

2012年，各地区把发展节能环保产业、节能减排及循环经济作为推进生态文明建设、促进产业结构调整、转变经济增长方式的重要手段，节能减排、节能降耗工作取得一定成效。广东省碳排放交易试点工作全面启动，广州和深圳市碳排放权交易所正式揭牌。青海省《三江源国家生态保护综合试验区总体方案》获得国务院批准实施，正式上升为国家战略，三江源一期工程完成年度投资15.4亿元，沙化土地治理等8项工程全部完成。贵州举办了生态文明贵阳国际论坛，搭建生态文明建设国际交流平台。

各地区能耗稳步下降。2012年，各地区加大产业结构调整力度，工业能耗稳步下降。全年能源消费总量36.2亿吨标准煤，全国万元GDP能耗下降3.6%。天津市积极发展可再生能源，全市万元GDP能耗比上年下降4%，规模以上工业单位增加值能耗下降13.2%。河北省大力实施“3255”循环经济示范工程[②]，全年规模以上工业单位增加值能耗比上年下降9.8%，降幅同比扩大3.1个百分点；安徽省加速淘汰小煤炭、小钢铁、小水泥产能，全年规模以上工业单位增加值能耗下降9.6%，主要污染物减排超额完成年度任务。

生态保护力度不断加大。七大水系的571个水质监测断面中，Ⅰ～Ⅲ类水质断面比重为63.9%，比上年提高7.6个百分点。近岸海域301个海水水质监测断面中，达到国家一类、二类海水水质标准的监测点占比69.4%，比上年提高6.6个百分点。全年完成造林面积601万公顷，其中人工造林410万公顷。林业重点工程完成造林面积274万公顷，占全部造林面积的45.6%。

也要看到，2012年以来多次出现持续大范围雾霾天气，水污染、土壤污染、食品安全等问题比较突出，生态文明建设的任务仍很艰巨。

四、价格和劳动力成本

2012年，主要价格指标延续回落走势，9月以后，经济缓中趋稳势头进一步明显，主要价格指标有所回升。全年居民消费价格上涨2.6%，工业生产者出厂价格下降1.7%，工业生产者购进价格下降1.8%，农业生产资料价格上涨5.6%。分地区看，居民消费价格涨幅地区差异较小；东部地区工业生产者购进价格降幅最大；东部、中部地区工业生产者出厂价格降幅较大；东北地区农业生产资料价格涨幅最大（见图12）。

居民消费价格涨幅明显回落。2012年，全国居民消费价格涨幅比上年回落2.8个百分点。居民消费价格涨幅地区差异较小，东部、中部、西

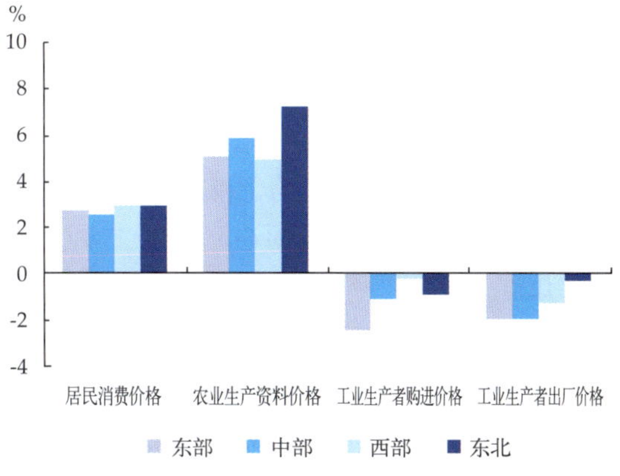

数据来源：各省（自治区、直辖市）《国民经济和社会发展统计公报》，中国人民银行工作人员计算。

图12　2012年各地区各类价格同比涨幅

①分别是济南“五大区域性服务业中心”建设和青岛“六大产业”改革试点项目。济南“五大区域性服务业中心”指区域性信息服务中心、现代物流中心、金融服务中心、文化旅游中心和商务会展中心；青岛“六大产业”指金融、现代物流、旅游、科技、信息和文化创意。

②“3255”循环经济示范工程：河北省力争到“十二五”末，建设3个循环经济示范市、20个示范县（市）、50个示范园区和企业、滚动实施50个示范项目。

部和东北地区涨幅分别为2.7%、2.5%、2.9%和2.8%，其中新疆、西藏、北京等8个省份涨幅居前，上涨均超过3%。

工业生产价格下降。2012年，受全球经济复苏乏力、国内外需求增长放缓、部分行业产能过剩等多重因素影响，全国工业生产者出厂价格比上年下降1.7%。分地区看，东部、中部、西部和东北地区降幅分别为2.0%、2.0%、1.4%和0.3%。受能源和国际大宗商品价格总体下跌、企业去库存等因素影响，全国工业生产者购进价格比上年下降1.8%。分地区看，东部、中部、西部和东北地区降幅分别为2.5%、1.2%、0.3%和1.0%。在31个省（自治区、直辖市）中，22个省份工业生产者出厂价格和工业生产者购进价格下降，13个省份工业生产者出厂价格降幅大于工业生产者购进价格，其中山西、宁夏和甘肃两项价格降幅差异较大，分别达到3.6个、2.1个和1.9个百分点。

农产品生产价格涨幅低于农业生产资料价格涨幅。2012年，粮食等主要农产品全面增产，市场供应充足，价格总体稳定。农产品生产价格同比上涨2.7%，涨幅比上年回落13.8个百分点；农业生产资料价格同比上涨5.6%，涨幅比上年回落5.7个百分点。分地区看，东部、中部、西部和东北地区农业生产资料价格涨幅分别为4.9%、5.8%、4.9%和7.2%。分省份看，全国所有省份的农业生产资料价格均表现为上涨，15个省份涨幅超过5%，最高的青海省涨幅达8.7%，主要受产品畜、化肥和农业生产服务价格涨幅较大影响。

就业人员工资较快增长，最低工资标准持续提高。2012年全国城镇非私营单位就业人员年平均工资为46 769元，同比增长11.9%，扣除物价因素，实际增长9.0%。分地区看，西部地区增长率最高，增幅高出全国平均水平1.2个百分点（见表22）。2012年全国城镇私营单位就业人员年平均工资为28 752元，同比增长17.1%，扣除物价因素，实际增长14.0%。分地区看，东部城镇私营单位就业人员年平均工资及其增长率均高于其他地区（见表23）。各地区城镇私营单位就业人员年平均工资增幅均高于非私营单位就业人员年平均工资增幅，东部地区增速差距最大，东北地区差距最小。全年共有25个省份调整了最低工资标准，平均增幅达20.2%；23个省份发布了2012年工资指导线，基准线提高幅度多在14%以上。河南省全年企业用工成本普遍上涨10%～30%。北京市最低工资标准比上年提高8.6%；浙江省最低月工资标准调整为1 470元、1 310元、1 200元和1 080元四档，最高档增幅为12.2%；山东省城镇最低工资标准平均上调16%。

表22　2012年各地区城镇非私营单位就业人员年平均工资

单位：万元、%

	职工平均工资		加权平均增长率	
		比上年增减		比上年增减
全国	4.7	0.5	11.9	—
东部	5.3	0.5	10.9	—
中部	4.0	0.4	12.3	—
西部	4.2	0.5	13.1	—
东北	3.9	0.4	12.8	—

注：2012年起，国家统计局对外公布各地区城镇非私营单位就业人员年平均工资。

数据来源：国家统计局网站，中国人民银行工作人员计算。

表23　2012年各地区城镇私营单位就业人员年平均工资

单位：万元、%

	职工平均工资		加权平均增长率	
		比上年增减		比上年增减
全国	2.9	0.4	17.1	-1.2
东部	3.2	0.5	17.8	-0.2
中部	2.4	0.3	14.9	-5.0
西部	2.6	0.4	17.7	-2.0
东北	2.5	0.3	14.3	-4.5

数据来源：国家统计局网站，中国人民银行工作人员计算。

资源性产品价格改革继续推进。2012年，国家解除对发电用煤的临时价格干预措施，取消对合同电煤价格涨幅和市场交易电煤最高限价的有关规定，电煤由供需双方自主协商定价。各地区积极稳妥推进水、电、气等价格改革，进一步理顺了资源性产品价格形成机制。湖北在全省范围内实施阶梯电价。四川省推进天然气价格形成机制改革，实行天然气综合价格。山西省积极推进居民生活用水阶梯式计价改革，对高耗能、高污染等企业实行差别水价政策，规范污水处理收费行为。

五、主要行业发展

（一）房地产销售增速有所下降，保障性安居工程建设力度加大

2012年，为促进房地产市场平稳健康发展，国家坚持房地产宏观调控政策不动摇，通过严格实施差别化住房信贷政策、税收政策和限购措施，抑制投资投机性需求，支持合理自住用房需求；加大保障房建设力度，增加市场有效供给。房价同比上涨城市个数先降后升，商品房销售增速有所下降，房地产开发投资增速继续回落，保障性安居工程建设快速推进，房地产贷款增速整体回落，金融对保障性住房建设的支持力度进一步增强。

房价同比上涨城市个数自年初逐步回落，11月后有所增加。12月，全国70个大中城市中，新建商品住宅价格同比上涨的有40个，比1月减少13个，但比10月增加28个（见图13）。少数一线城市房价上涨压力增大，受库存压力增大及前期涨幅较快影响，部分二线、三线城市销售相对缓慢，房价出现一定幅度下降。

商品房销售增速较上年有所下降。2012年，全国商品房销售面积为11.1亿平方米，同比增长1.8%，比上年回落2.6个百分点；商品房销售额6.4万亿元，同比增长10%，比上年回落1.1个百分点。各地区销售面积增速差异较大，东部地区商品房销售面积为4.4亿平方米，同比增长5.2%；中部地区商品房销售面积为2.4亿平方米，同比增长1.2%；东北地区商品房销售面积为1.5亿平方米，同比增长12.9%；西部地区商品房销售面积为2.8亿平方米，同比下降3.9%，其中，内蒙古、青海、新疆、河北下降幅度超过10%。

房地产开发投资增速继续回落。2012年，全国共完成房地产开发投资7.2万亿元，同比增长16.2%，增速比上年回落11.9个百分点。分地区看，西部地区增长最快，全年房地产投资增速为24.3%，占全国房地产投资的比重为21.6%；东部、中部和东北地区房地产开发投资分别增长13.4%、18.6%和20.4%。分省份看，北京、上海、河北、吉林、内蒙古、广西6个省(自治区、

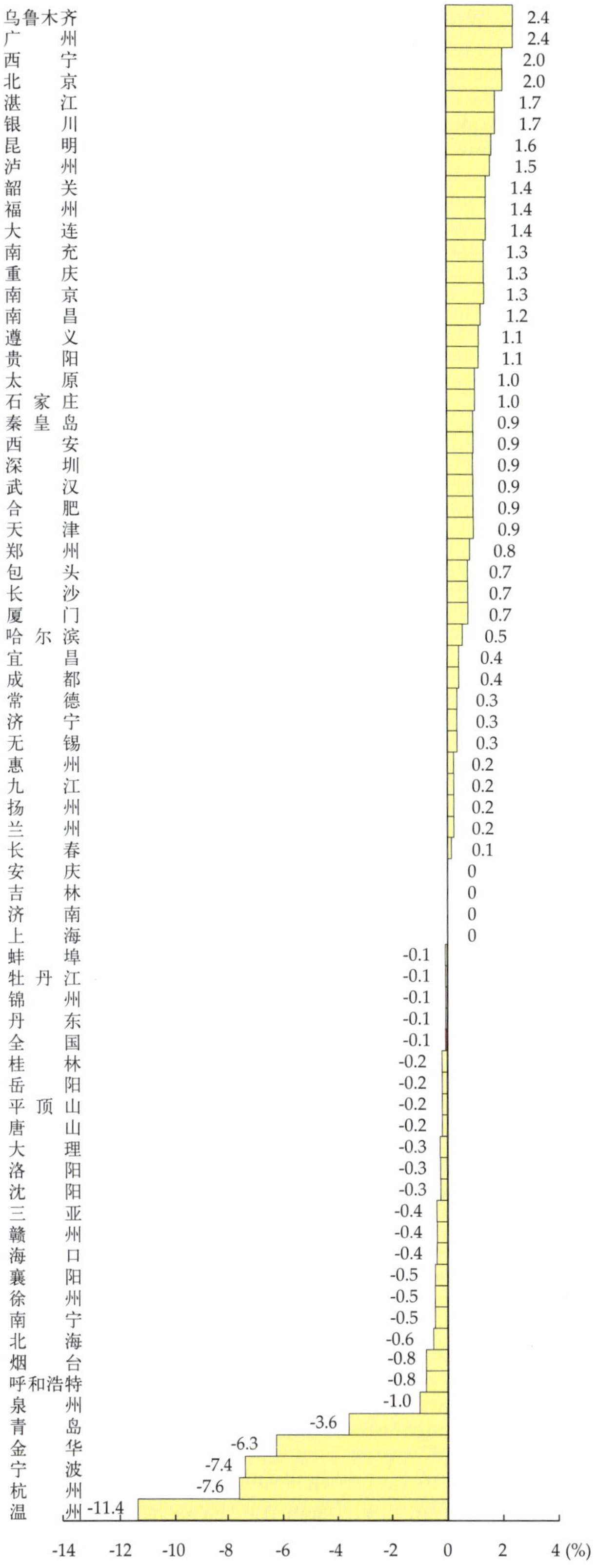

数据来源：国家统计局《中国经济景气月报》。

图13　2012年12月房屋销售价格同比涨幅

表24　2012年各地区房地产开发投资比重和增长率

单位：%

	占比		加权平均增长率	
		比上年增减		比上年增减
东部	48.9	-1.5	13.4	-13.5
中部	18.0	0.5	18.6	-5.0
西部	21.6	0.6	24.3	-8.5
东北	11.6	0.5	20.4	-11.0

数据来源：国家统计局《中国经济景气月报》，中国人民银行工作人员计算。

表25　2012年各地区房地产贷款比重和增长率

单位：%

	占比		加权平均增长率	
		比上年增减		比上年增减
东部	62.3	-2.0	9.6	-1.5
中部	13.1	1.0	21.8	-0.9
西部	17.9	0.8	18.0	-2.7
东北	6.7	0.3	18.7	-3.7

数据来源：中国人民银行。

直辖市)房地产开发投资增速低于10%，其中，内蒙古同比下降18.8%（见表24）。

房地产开发资金增速放缓。2012年，全国房地产开发企业资金来源为9.7万亿元，同比增长12.7%，增速较上年回落4.8个百分点。其中，国内贷款为14 778亿元，增长13.2%；利用外资402亿元，下降48.8%；自筹资金39 083亿元，增长11.7%；其他资金42 275亿元，增长14.7%。在其他资金中，定金及预收款26 558亿元，增长18.2%；个人按揭贷款为10 524亿元，增长21.3%。自筹资金和定金及预收款成为房地产开发重要资金来源，两者合计占比为68.0%，较上年提高1.1个百分点。

房地产金融运行平稳。2012年，中国人民银行引导金融机构进一步落实差别化住房信贷政策，重点支持首套、自住、普通商品房购房者信贷需求，抑制投机和投资性购房需求，房地产贷款增速总体回落。年末，主要金融机构（含外资）房地产贷款余额为12.1万亿元，增长12.8%，较上年末回落1.1个百分点。分地区看，东部地区房地产贷款增速最低，全年增长9.6%，比上年回落1.5个百分点；中部、西部和东北地区贷款增速高于东部地区，分别比上年回落0.9个、2.7个和3.7个百分点；东部地区房地产贷款占全国的比重较上年回落2.0个百分点；中部、西部和东北地区贷款占比较上年分别提高1.0个、0.8个和0.3个百分点（见表25）。

保障性安居工程建设加快推进。2012年，中央和地方不断完善体制机制，从资金、土地、金融支持等方面全力推进保障房建设工作。全年全国共开工建设城镇保障性住房和棚户区改造住房781万套，基本建成601万套；支持农村危房改造及游牧民定居工程572.7万户。各地因地制宜，大胆探索，不断创新保障房建设资金筹集模式。陕西积极探索“社保基金扶持模式”和“国企增信模式”，将社保资金引入保障房建设，利用国企整体信用优势为保障房建设提供融资担保。江苏常州采取“建储并举模式”，通过收储社会房源，使得有限的资金发挥最大的保障效应。

保障性安居工程金融支持力度继续加大。2012年年末，全国保障性住房开发贷款余额为5 710.8亿元，比年初增长45.9%，占房地产开发贷款余额的14.7%，较上年提高2.2个百分点。2012年，保障性住房开发贷款新增1 796.1亿元，占同期全部住房开发贷款新增额的89.3%。金融支持保障房建设的渠道日益多元化，截至2012年年末，全国各地为支持保障房建设共发行各类债券总额为1 029亿元；发放用于保障性住房建设的公积金贷款581亿元，通过信托、融资租赁、私募基金等融资渠道获取资金822亿元。

（二）旅游业加快转型升级，金融支持方式更趋多样

旅游业产业关联度广、经济拉动力强，是调整优化经济结构、促进发展方式转变、推动区域协调发展、改善人民生活的重要行业之一。2012年，面对复杂的国内外经济环境，旅游业保持了健康发展态势，转型升级步伐加快，逐步由观光旅游向休闲、度假旅游转变，旅游业与其他产业加快融合并不断催生出新产品、新业态。

旅游业收入平稳较快增长。2012年，旅游业实现总收入2.6万亿元，比上年增长15.3%，旅游

收入占国内生产总值的比重为5.0%，较上年提高0.2个百分点。国内旅游市场发展较为稳定，全年国内旅游收入达2.3万亿元，占全部旅游收入的87.8%。出境游人次增幅达18.4%，但受国际经济不景气影响，入境游人次下降2.2%，旅游外汇收入增长3.2%。东部地区A级景区较为集中，星级饭店和旅行社数量较多，旅游市场份额显著高于中部、西部和东北地区。中部、西部和东北地区旅游业基础设施不断完善，旅游产业综合竞争力进一步提高，旅游收入增速显著高于全国平均水平，尤其是西部地区旅游收入增速明显高于其他地区。

旅游服务配套设施逐步完善。交通运输基础设施不断完善，运输能力进一步提高，为旅游度假提供了便捷的交通网络。尤其是乡村公路和高速铁路建设，带动乡村旅游和城际短途旅游加快发展。满足多样化需求的旅游接待设施逐步完善，定位高端旅游消费的星级酒店数目稳步增长，各类经济型连锁酒店快速发展，农居型、公寓型等特色酒店初步兴起。自由行、游轮旅游和签证游等新型服务产品增长较快，出境游、国内游和票务预订等传统旅行社服务项目占比下降。旅游景区发展呈现特色化、主题化特征。安徽省重点开发"皖南国际旅游文化示范区"，陕西、贵州两省借助山水生态旅游资源加大自然景观开发力度，黑龙江省积极打造一批旅游名镇景区。一批老景区加快升级改造，自然资源类、文化类、温泉度假类等主题鲜明的景区不断涌现。

旅游业转型升级步伐加快。伴随大众旅游消费市场的兴起，旅游业逐步呈现与农业、工业、文化等产业相融合的发展趋势，产业形态由观光旅游向休闲、度假旅游等转变，旅游产品更趋多样化，质量和档次明显提升。如河南省投入1 500万元资金支持旅游与农业结合，带动85个乡村旅游项目建设。贵州省推动旅游与原生态民族文化融合，形成具有地域特色的苗、侗、布依等少数民族文化旅游产品。江西省结合中国革命史，打造一系列红色旅游产品。旅游产业布局由传统旅游城市为核心的"点线结构"向旅游集散中心城市为核心的"板块结构"转变。北京、上海、杭州等城市围绕游客食、住、行、游、购、娱六大需求，整合交通运输、旅行代理、信息服务等行业，组建旅游散客服务中心，提供综合型服务，形成了具有地域特色的京津唐、长三角等区域性旅游板块。旅游业发展模式由以产品开发为主向产业链构建转变。全国形成了近6 000个A级旅游景区、1万多家星级饭店，大部分省区市建立起自主旅游商品研发和生产基地，旅游景区和旅游目的地城市的旅游演艺、娱乐等服务业发展较快，一批有代表性的综合性旅游集团在整个旅游产业链中发挥出资源整合作用。

旅游业金融服务水平进一步提高。旅游业融资更趋多样，银行贷款增长较快，各类创新性信贷产品和直接融资加快发展。中国人民银行对全国31个省（自治区、直辖市）的调查数据显示，截至2012年年末，旅行社、3星级以上饭店、旅游汽车公司、旅游游轮公司、景点景区建设和管理企事业单位贷款余额同比增长31.9%，增速较上年提高15.1个百分点。金融机构结合地方旅游特色资源创新个性化信贷产品支持旅游业发展。安徽省金融机构开发"非物质文化遗产贷"、"手艺保"、"徽艺贷"等信贷产品，陕西省金融机构针对餐饮企业推出"短贷宝"。各地积极推动债券、股票等直接融资手段支持旅游业发展。短期融资券、中期票据、中小企业集合票据等成为部分旅游企业融资的首选工具，旅游企业上市融资力度进一步加大。中国人民银行调查数据显示，

表26 2012年各地区旅游业贷款余额增速及新增额占比

单位：%

	贷款余额加权平均增长率	比上年增减	新增额占各项贷款比重	比上年增减
东部	27.6	15.0	1.8	1.1
中部	40.7	7.8	1.3	0.4
西部	44.2	23.2	1.2	0.7
东北	34.1	-1.7	0.8	0.2
合计	31.9	15.1	1.4	0.7

注：统计范围包括旅行社、3星级以上饭店、旅游汽车公司、旅游游轮公司、景点景区建设和管理企事业单位。

数据来源：中国人民银行上海总部、各分行、营业管理部、省会（首府）城市中心支行。

2012年，旅游业债券和股票融资额较上年翻番。旅游业支付结算服务进一步完善。旅游景区的POS系统、ATM的布局和密度合理优化，银行卡刷卡支付范围进一步扩大，支持乡村旅游的金融服务网络逐步健全。

六、主要经济圈发展

2012年，面对复杂的国际经济形势和自身结构调整的要求，长三角、珠三角、京津冀经济圈①加快转变经济发展方式，努力提高自主创新能力，区域经济金融一体化进程加快，经济保持平稳健康发展。

经济平稳增长，产业结构继续优化。2012年，长三角、珠三角、京津冀经济圈实现地区生产总值21.4万亿元，加权平均增长率为9.4%。从产业结构看，服务业对经济增长的支撑作用进一步加强，三大经济圈第三产业增加值比重和增速均高于全国平均水平。依靠投资驱动经济增长的模式正在改变，三大经济圈投资增速均低于全国平均水平；受外部环境冲击，三大经济圈对外贸易增长放缓，外向型程度较高的长三角经济圈进出口增速明显回落。

产业集群建设和分工合作加快推进，产业结构进一步优化升级。长三角地区加快发展现代服务业和先进制造业，推动上海国际金融中心建设，积极培育信息服务、文化创意、旅游会展等服务业发展，推进电子信息、石油化工、汽车和船舶制造业等传统工业高端化，加快战略性新兴产业发展步伐。珠三角地区加快产业集群建设，优化产业和外贸结构。支持广州、深圳成为技术创新基地，建设以广州、深圳、东莞、惠州为主体的电子信息产业集群区和以佛山、中山、江门、珠海等地为主体的电器产业集群区。在高端产业、关联产业、技术合作、服务贸易、社会事业等方面加强外资引进，以引资结构的优化促进产业和外贸结构的升级。京津冀地区通过分工合作形成区域发展合力。北京以发展第三产业特别是生产性服务业和文化创意产业为重点，天津以发展先进制造业、高新技术产业和现代物流业为重点，河北近年来重点发展了“十大支柱产业”。

区域经济金融一体化进程加快，体制机制不断完善。长三角加大金融改革力度，促进三地金融联动发展。上海正式启动跨国公司资金运作便利化试点，促进对外贸易投资便利化；江苏颁布

表27　2012年三大经济圈产业结构

单位：%

	长三角	珠三角	京津冀	全国
产业结构				
第一产业	4.8	2.1	6.1	10.1
第二产业	48.1	46.3	43.2	45.3
第三产业	47.1	51.6	50.7	44.6
增长率				
第一产业	3.7	8.1	3.9	4.5
第二产业	8.5	4.2	11.8	8.1
第三产业	9.7	13.6	9.0	8.1

数据来源：国家统计局网站、相关省（自治区、直辖市）统计局网站，中国人民银行工作人员计算。

表28　2012年三大经济圈主要经济指标

单位：%

	长三角	珠三角	京津冀	全国
占全国比重				
地区生产总值	20.9	9.2	11.0	100.0
固定资产投资	14.4	3.7	9.4	100.0
社会消费品零售额	18.6	7.9	6.7	100.0
地方财政收入	11.1	3.5	6.1	100.0
实际利用外资	57.3	19.2	25.9	100.0
进出口总额	33.5	24.4	14.8	100.0
增长率				
地区生产总值	8.9	9.6	10.0	7.8
固定资产投资	18.9	12.3	18.1	20.3
社会消费品零售额	13.3	12.1	13.8	14.3
地方财政收入	11.2	12.4	15.7	12.8
实际利用外资	13.3	10.2	14.5	-3.7
进出口贸易	0.8	7.9	5.2	6.2

数据来源：国家统计局网站、相关省(自治区、直辖市)统计局网站，中国人民银行工作人员计算。

①长三角经济圈指上海市、江苏省和浙江省；珠三角经济圈指广东省珠江三角洲区域的9个地级市，分别是广州市、深圳市、珠海市、佛山市、惠州市、肇庆市、江门市、中山市和东莞市；京津冀经济圈指北京市、天津市和河北省。

《江苏省促进金融业创新发展若干意见》，努力打造成为与上海国际金融中心互动的直接融资、科技金融创新区，民生金融、低碳金融示范区，服务外包、创业投资集聚区；浙江实施《浙江省温州市金融综合改革试验区总体方案》。此外，《电子商业汇票转贴现合作协议》在长三角金融机构中的应用逐步扩大，长三角票据市场规范化和标准化程度显著提高。珠三角利用国际合作平台推进战略转型升级。充分发挥“窗口”作用，以粤港澳合作、泛珠江三角洲区域合作、中国—东盟合作为重要平台，积极参与国际分工；《广州南沙新区发展规划》获国务院批准，深圳前海优惠政策获国家批复，珠海横琴和中新（广州）知识城等一批重要高端产业集聚区和重大平台建设加快推进；城市间轨道交通、公交线路、通信资费、水利建设等方面的一体化取得新进展。京津冀经济金融合作继续深化。首部京津冀蓝皮书《京津冀区域一体化发展报告（2012）》发布；北京市与河北省共同签署区域金融合作协议，从推动金融机构跨区域发展等九个方面开展合作；京津冀交通运输主管部门联席会议召开，促进区域综合交通运输体系建设；中国·廊坊国际经济贸易洽谈会京津冀名企名品展举办，推进京津冀产业对接与区域合作，着力打造“立足环渤海、突出京津冀、面向海内外”的国际投资贸易促进平台。

专栏4　长江中游城市集群区域金融合作探索

打造长江中游城市集群，是落实国家中部崛起战略的重要举措，对于加快中部地区工业化和城镇化进程、培育中国新的经济增长极具有重要战略意义。近年来，长江中游城市集群区域金融合作逐步深化并展现广阔前景。

一、长江中游城市集群的由来及历史渊源

长江中游城市集群又称“中三角”，是指以位于长江中游的武汉城市圈、长株潭城市群和环鄱阳湖城市群为核心，通过整体规划和集成发展而形成跨省域的区域经济一体化城市集群。三个城市群（圈）在2010年12月国务院发布的《全国主体功能区规划》和2011年3月全国人大通过的《国民经济和社会发展第十二个五年规划纲要》中均被列为国家层面的重点开发或建设区域。2012年8月，国务院出台《关于大力实施促进中部地区崛起战略的若干意见》，明确提出“鼓励和支持武汉城市圈、长株潭城市群和环鄱阳湖城市群开展战略合作，促进长江中游城市群一体化发展”，长江中游城市集群逐步进入国家战略视野。

赣鄂湘三省在经济金融合作上有着深厚的历史渊源。在经济合作方面，近代著名的“汉冶萍”煤铁厂矿有限公司由汉阳铁厂、大冶铁矿和江西萍乡煤矿组成，是中国钢铁工业的摇篮；1987年成立的武汉经济协作区囊括赣鄂湘三个城市群中的所有城市，是当时中部地区最大的经济合作组织。在金融合作方面，湘鄂赣省苏维埃政府工农银行早在1931年就发行三省流通纸币，原交通银行武汉分行和招商银行武汉分行也都曾在赣鄂湘区域实行跨省域经营，法国兴业银行武汉分行业务地域范围至今仍旧涵盖华中及西部地区。目前设在武汉的华中电网、长江水利委员会、外国驻汉总领事馆等机构业务管辖范围也覆盖三省。

二、长江中游城市集群经济金融合作进展

2012年2月，赣鄂湘三省在武汉签订《加快构建长江中游城市集群战略合作框架协议》，战略合作和区域协作的领域包括加强综合交通枢纽建设、产业分工协作，加强农业、水利、生态环境保护、旅游区域、商务和市场合作，深化文化、教育、科技等领域合作等九个方面内容。其中，区域金融合作成为长江中游城市集群建设的重要内容。随后，三省交通、旅游、商务、工商等部门负责人签订了相关领域的合作协议并逐步开展实质性合作。2012年上半年，中国人民银行赣鄂湘三省分支机构共同提出“长江中游城市集群金融合作共建区”的设想，并于同年8月发布《关于金融支持长江中游城市集群发展的指导意见》。该意见提出金融合作共建区要遵循“多级带动、高层推进、整体布局、互利互惠”的原则，力争用五年左右的时间将长江中游城市集群建设成为中国重要的金融资源集聚区、金融创新改革试验区、经济金融良性互动的金融生态示范区。

毗邻地区由于地缘相邻，经贸合作、人员交往较为频繁，具有开展跨区域经济金融合作的现实基础和实际需求，是长江中游城市集群金融合作的突破口。湖南省龙山县和湖北省来凤县是全国县城间毗邻最近的两个县，2011年国务院批复两县共同设立武陵山龙山来凤经济协作示范区。为推动该示范区支付结算一体化，2012年12月，中国人民银行批复中国邮政储蓄银行发行主题银行卡“龙凤卡”，中国人民银行武汉分行与长沙中心支行联合出台《龙凤示范区个人支付结算业务同城化实施方案》。湖北省黄冈市黄梅县小池镇地处鄂赣皖三省交界之处，与江西九江市仅一江之隔。自长江中游城市集群战略实施以来，黄冈、九江两地金融部门合作推进小池开放开发，共同推动九江地方法人金融机构在小池设立分支机构，加大对小池开放开发的信贷投入。

三、推动长江中游城市集群金融合作的努力方向

目前，长江中游城市集群金融合作还主要集中在三省毗邻地区，尚属于起步阶段。三省未来可在以下几个方面加强金融合作。一是在金融机构跨区域合作方面，进一步加强赣鄂湘三省金融资源对接整合，共同培育统一、开放、有序的金融市场体系。加快吸收多样化的金融机构进驻区域中心城市，引导民间资本参股区域内地方法人金融机构，并鼓励其以多种形式实现跨地区发展。二是在金融基础设施的合作方面，开展支付清算、发行基金跨区调拨的合作和创新，降低资金流通成本；引导商业银行开展区域内银行卡受理市场环境建设，扩大银行卡使用范围；借鉴华东三省一市（江苏、浙江、安徽三省和上海市）银行汇票业务经验，促进长江中游城市集群票据资金融通。三是在金融资金跨区域流动方面，引导金融机构在整个集群内对重点企业和建设项目发放银团贷款，引导区域内产业链融合，促进资金在区域内的跨省流动，实现资本的优化配置。四是在改善区域金融发展环境方面，开展以企业、社区、乡镇、区域为主题的四大信用工程创建，通过优化金融信用和生态环境，促进区域金融的融合发展。

2012年12月，国务院在九江召开由长江沿线部分省份及城市负责人参加的区域发展与改革座谈会，提出把安徽纳入长江中游城市集群，长江中游城市集群由此从三省携手走向四省共襄。2013年2月，长江中游城市群四省会城市首届会商会在武汉召开，四市市长共同签署《长江中游城市群暨长沙、合肥、南昌、武汉战略合作协议（武汉共识）》，将在区域发展战略、自主创新、工业分工协作、扩大内需和市场开放等九个方面深入开展协作。随着区域经济金融合作不断深化，未来长江中游城市集群的合作机制将日趋完善，发展空间将更为广阔。

第三部分 区域经济与金融展望

当前，中国仍处于可以大有作为的重要战略机遇期，工业化、城镇化空间还很广阔，国内市场潜力巨大，生产要素综合优势较为明显，国内经济有望继续保持平稳较快增长的基本态势。但同时也要看到，国际金融危机深层次影响持续显现，世界经济增长前景仍有不确定性，主要发达经济体超宽松货币政策加码，各种形式的贸易保护主义抬头。中国经济发展中不平衡、不协调、不可持续问题依然突出，经济内生增长动力仍待增强，经济发展与资源环境的矛盾凸显，结构调整和转变经济发展方式任务艰巨。

从区域经济发展看，区域经济增长格局正在发生变化，地区发展差距有所收敛，区域经济增长极不断涌现，欠发达地区自我发展能力增强，区域合作广度深度不断拓展。但区域发展仍存在一些突出矛盾和问题，一些地区的产业转型和可持续发展水平有待进一步提升，部分区域存在过度开发问题，经济社会活动的过度集聚超出了资源环境承载能力，经济金融领域潜在风险值得关注。2013年，各地区在发挥比较优势，深入实施区域发展总体战略和主体功能区战略，深化区域合作，促进生产要素合理流动，推动区域经济协调发展方面还大有可为。

东部地区拥有良好的区位优势和产业优势，京津冀经济圈、长三角经济圈和珠三角经济圈带动作用和辐射功能日益增强，沿海11个省、市、自治区海洋功能区划悉数获批、合理开发利用海洋资源，有效保护海洋生态环境，大力发展循环经济，加大生态环境建设投入力度，提升产业层次和经济增长质量，将进一步推动东部地区发展，促进经济转型升级。从发展趋势看，东部地区可在更高层次上参与国际合作和竞争，不断提升外向型经济水平和整体竞争力。着力提高科技创新能力，加速自主创新和科研成果的转化。积极培育产业竞争新优势，加快发展战略性新兴产业、现代服务业和先进制造业。东部地区与中西部地区的区域合作进一步加强，有助于促进区域优势互补、良性互动，既可以带动中西部地区发展，又可以为自身发展提供更大的空间和更广阔的市场。

随着国际国内产业分工的加快调整，中部地区工业化和城镇化的深入发展以及扩大内需战略的全面实施，中部地区巨大的市场潜力和承东启西的区位优势得以发挥，有利于进一步壮大优势产业，发展现代产业体系，加快促进中部地区崛起。从未来发展趋势看，"三基地、一枢纽"①建设，以武汉城市圈、长株潭城市群、鄱阳湖经济圈和江淮城市群为主的长江中游城市群建设，以及中原经济区发展战略的实施，将有助于增强中部地区发展的整体实力和竞争力。同时，继续支持老工业基地调整改造和资源型城市转型，增加扶贫资金投入，深入推进集中连片特困地区扶贫开发攻坚工程。2013年，中部地区可进一步加快产业结构调整步伐，积极发展现代服务业，进一步壮大产业规模。深入推进资源节约型和环境友好型社会建设，大力推进节能减排。促进城乡一体化，推动城乡之间公共资源均衡配置和生产要素自由流动。全方位扩大开放，大力发展内陆开放型经济，不断深化区域合作，加快区域一体化发展。

西部大开发战略被放在区域发展总体战略的优先位置，国家给予了特殊的政策扶持，为西部地区经济发展创造良好环境。西部地区基础设施建设仍有一定空间，可扩大铁路、公路、民航、水运网络，建设一批骨干水利工程和重点水利枢纽，加快推进油气管道和主要输电信道及联网工

①粮食生产基地、能源原材料基地、现代装备制造和高技术产业基地和综合交通枢纽。

程。加快建立生态补偿机制，实施以退耕还林、退牧还草为主的重点生态工程，从源头上扭转生态环境恶化趋势。发挥资源的比较优势，深入实施以市场为导向的资源优势转化战略，加快建设国家能源、资源深加工、装备制造业和战略性新兴产业基地。加强与中东部地区的合作，有序承接产业转移。西部地区地域辽阔，在认真贯彻落实中央支持西藏、新疆跨越式发展的各项政策的同时，可坚持以线串点、以点带面，推动重点经济区率先发展，培育新的经济增长极，加快推进重点口岸、重点开发开放实验区以及特殊经济区建设，推进沿边地区开发开放。

振兴东北地区等老工业基地战略实施以来，东北地区老工业基地建设取得重要的阶段性进展，发展动力增强。东北地区可继续发挥产业和科技基础较强的优势，完善现代产业体系，推动装备制造、原材料、汽车、农产品深加工等优势产业升级，大力发展金融、物流、旅游以及软件和服务外包等服务业。巩固和发展现代农业，以保障国家粮食安全为首要目标，大力发展粮食生产和特色农业，强化农业科技和装备支撑，创新农业经营机制。着力保护好黑土地、湿地、森林和草原，推进大小兴安岭和长白山林区生态保护和经济转型。促进资源枯竭地区转型发展，增强资源型城市可持续发展能力。继续推进辽宁沿海经济带、沈阳经济区、长吉图经济区、哈大齐工业走廊和牡绥地区加快发展，强化区域增长极的辐射带动作用。采取开发式扶贫、专项扶贫、行业扶贫、社会扶贫多种措施，支持沿边、民族、贫困地区和革命老区加快发展。大力推进东北东部地区经济一体化进程，扩大沿边开放，加快推进蒙东地区和东北三省经济融合发展。同时，全面提升对外开放水平和层次，发挥地缘和区位优势，积极参与东北亚区域合作。

2013年，各地区金融机构将紧紧围绕主题主线，以提高经济增长质量和效益为中心，继续贯彻落实稳健的货币政策，处理好稳增长、调结构、控物价和防风险之间的关系，保持货币信贷总量和社会融资规模平稳适度增长。进一步优化信贷资源配置，加强存量信贷资产结构调整，加大对国家重点在建续建项目、“三农”、小微企业、服务业和战略性新兴产业等信贷支持。积极创新金融产品和服务方式，探索建立与城镇化发展相适应的融资模式。不断提升对节能环保领域的金融服务水平，重点支持循环经济发展和环境保护。配合国家区域发展政策，继续做好区域经济协调发展的金融支持工作。拓宽实体经济融资渠道，进一步提升服务实体经济水平。加强金融风险监测和排查，牢牢守住不发生系统性、区域性金融风险的底线。

中国人民银行武汉分行货币政策分析小组
负责人：殷兴山　赵　军
统　稿：王佑元　熊川伟　张　朋
执　笔：王一飞　胡修林　朱　峰　梁　剑　徐佳佳　余小川　邓　森　王溪岚　郭怡轩　王　伟
汤　玲
提供材料的还有：杜蔚红　胡小芳　刘　军　胡红菊　陈　翔　王　岗

专栏、行业及经济圈部分执笔人（排名不分先后）：
中国人民银行营业管理部货币政策分析小组　张英男
中国人民银行郑州中心支行货币政策分析小组　秦向辉　宋　杨
中国人民银行杭州中心支行货币政策分析小组　余　牛
中国人民银行武汉分行货币政策分析小组　张　朋
中国人民银行广州分行货币政策分析小组　周俊英
中国人民银行西安分行货币政策分析小组　骆昭东　宋　星
中国人民银行上海总部货币政策分析小组　李冀申

2012年各地区主要经济金融指标比较表

2012年各地区主要经济指标比较表(I)

地区	地区生产总值(亿元)				固定资产投资额(不含农户)(亿元)		社会消费品零售总额(亿元)	外贸进出口(亿美元)				外商实际直接投资(万美元)	地方财政收支(亿元)		
		第一产业	第二产业	第三产业		房地产开发投资		总额	进口	出口	差额(出口－进口)		差额(收入－支出)	财政收入	财政支出
北　京	17 801.0	150.3	4 058.3	13 592.5	6 064.1	3 153.4	7 702.8	4 079.2	3 482.7	596.5	-2 886.2	804 160.0	-370.4	3 314.9	3 685.3
天　津	12 885.2	171.5	6 663.7	6 050.0	7 913.3	1 260.0	3 921.4	1 156.2	673.1	483.1	-189.9	1 501 600.0	-352.2	1 760.0	2 112.2
河　北	26 575.0	3 186.7	14 001.0	9 387.3	19 104.6	3 086.5	9 254.0	505.5	209.4	296.0	86.6	580 486.0	-1 934.7	2 084.2	4 018.9
山　西	12 112.8	697.9	7 009.1	4 405.9	8 584.9	1 010.5	4 506.8	150.4	80.3	70.2	-10.1	250 379.0	-1 245.1	1 516.4	2 761.5
内蒙古	15 988.3	1 447.4	9 032.5	5 508.4	11 732.2	1 291.4	4 572.5	112.6	72.9	39.7	-33.2	394 300.0	-1 873.2	1 552.8	3 426.0
辽　宁	24 801.3	2 155.8	13 338.7	9 306.8	21 535.4	5 455.8	9 346.6	1 039.9	460.4	579.5	119.1	2 679 000.0	-1 446.5	3 103.7	4 550.2
吉　林	11 937.8	1 412.1	6 374.5	4 151.3	9 462.1	1 310.0	4 772.9	245.7	185.9	59.8	-126.1	164 900.0	-1 429.9	1 041.3	2 471.2
黑龙江	13 691.6	2 113.7	6 456.4	5 121.4	9 376.1	1 535.8	5 491.0	378.2	233.9	144.4	-89.5	389 996.0	-2 008.3	1 163.2	3 171.5
上　海	20 101.3	127.8	7 912.8	12 060.8	5 114.6	2 381.4	7 412.3	4 365.4	2 298.0	2 067.4	-230.5	1 518 500.0	-440.3	3 743.7	4 184.0
江　苏	54 058.2	3 418.3	27 121.9	23 518.0	30 427.2	6 206.1	18 331.3	5 480.9	2 195.6	3 285.4	1 089.8	3 576 000.0	-1 135.9	5 860.7	6 996.6
浙　江	34 606.3	1 669.5	17 312.4	15 624.4	17 001.0	5 226.3	13 588.3	3 122.3	876.7	2 245.7	1 369.0	1 306 926.0	-720.7	3 441.2	4 161.9
安　徽	17 212.1	2 178.7	9 404.0	5 629.3	14 902.3	3 151.6	5 736.6	393.3	125.7	267.5	141.8	864 000.0	-2 144.0	1 792.7	3 936.7
福　建	19 701.8	1 776.5	10 288.6	7 636.7	12 165.6	2 824.1	7 256.5	1 559.3	580.9	978.4	397.4	633 774.0	-824.9	1 776.2	2 601.1
江　西	12 948.5	1 520.2	6 967.5	4 460.8	11 388.9	969.6	4 027.2	334.1	83.0	251.1	168.1	682 400.0	-1 642.6	1 371.9	3 014.5
山　东	50 013.2	4 281.7	25 735.7	19 995.8	30 319.8	4 708.3	19 651.9	2 455.4	1 168.1	1 287.3	119.2	1 235 000.0	-1 842.3	4 059.4	5 901.7
河　南	29 810.1	3 772.3	17 020.2	9 017.6	20 870.2	3 035.3	10 915.6	517.5	220.7	296.8	76.1	1 211 800.0	-2 965.4	2 040.6	5 006.0
湖　北	22 250.2	2 848.8	11 190.5	8 210.9	15 162.2	2 539.46	9 562.5	319.6	125.6	194.0	68.4	566 600.0	-1 978.7	1 823.1	3 801.8
湖　南	22 154.2	3 004.2	10 506.4	8 643.6	13 966.3	2 210.5	7 921.9	219.4	93.4	126.0	32.6	728 000.0	-2 309.9	1 776.0	4 085.9
广　东	57 067.9	2 848.9	27 825.3	26 393.7	18 248.0	5 352.8	22 677.1	9 838.2	4 096.8	5 741.4	1 644.6	2 354 900.0	-1 039.5	6 228.2	7 267.7
广　西	13 031.0	2 172.4	6 333.1	4 525.6	9 345.2	1 554.9	4 516.6	294.7	140.1	154.7	14.6	74 900.0	-1 799.2	1 166.0	2 965.2
海　南	2 855.3	711.5	803.7	1 340.1	2 045.4	886.6	870.8	143.3	111.9	31.4	-80.4	164 119.0	-509.1	409.4	918.6
重　庆	11 459.0	940.0	6 172.3	4 346.7	8 606.5	2 508.4	4 033.7	532.0	146.3	385.7	239.4	1 053 300.0	-1 351.7	1 703.5	3 055.2
四　川	23 849.8	3 297.2	12 587.8	7 964.8	16 526.9	3 266.4	9 268.6	591.3	206.6	384.6	178.0	986 800.0	-3 009.8	2 421.3	5 431.1
贵　州	6 802.2	890.0	2 655.4	3 256.8	5 304.9	1 467.6	2 027.6	66.3	16.8	49.5	32.7	104 582.0	-1 738.9	1 014.1	2 752.9
云　南	10 309.8	1 654.6	4 419.1	4 236.1	7 553.5	1 782.1	3 511.6	210.0	109.9	100.2	-9.7	218 896.0	-2 235.4	1 338.0	3 573.4
西　藏	695.6	80.4	241.7	373.5	670.5	6.9	254.6	34.2	0.7	33.6	32.9	17 402.0	-818.8	86.6	905.3
陕　西	14 451.2	1 370.2	8 075.4	5 005.6	11 705.8	1 835.9	4 383.8	148.0	61.5	86.5	25.1	293 600.0	-1 726.2	1 600.7	3 326.9
甘　肃	5 650.2	780.4	2 600.6	2 269.2	5 040.5	561.0	1 906.5	89.0	53.3	35.7	-17.6	6 110.0	-1 542.6	520.9	2 063.4
青　海	1 884.5	176.8	1 092.0	615.8	1 773.7	189.7	476.0	11.6	4.3	7.3	3.0	20 600.0	-1 001.6	186.4	1 188.0
宁　夏	2 326.6	200.2	1 158.6	967.9	2 033.0	429.2	548.8	22.2	5.8	16.4	10.7	21 820.0	-608.2	264.0	872.2
新　疆	7 466.3	1 320.6	3 560.8	2 585.0	5 857.6	606.1	1 858.6	251.7	58.2	193.5	135.2	40 800.0	-1 810.6	909.1	2 719.7

数据来源：国家统计局《中国经济景气月报》，各省、自治区、直辖市《国民经济和社会发展统计公报》及统计局。

2012年各地区主要经济指标比较表(II)

地区	地区生产总值同比增长(%)				工业增加值同比增长(%)	固定资产投资(不含农户)同比增长(%)		社会消费品零售总额同比增长(%)	外贸进出口同比增长(%)			外商实际直接投资同比增长(%)	地方财政收支同比增长(%)		各类价格指数同比增长(%)			
		第一产业	第二产业	第三产业			房地产开发投资		总额	进口	出口		收入	支出	居民消费价格指数	农业生产资料价格指数	工业生产者购进价格指数	工业生产者出厂价格指数
北京	7.7	3.2	7.5	7.8	7.0	9.9	3.9	11.6	4.7	5.4	1.1	14.0	10.3	13.6	3.3	—	-1.3	-1.6
天津	13.8	3.0	15.2	12.4	16.1	18.5	16.6	15.5	11.8	14.3	8.6	15.0	21.0	19.2	2.7	—	-2.9	-3.0
河北	9.6	4.0	11.5	8.4	13.4	21.1	1.0	15.5	-5.7	-16.3	3.6	24.0	19.9	13.6	2.6	8.2	-3.8	-5.3
山西	10.1	6.0	10.9	9.5	11.9	25.6	27.9	16.0	2.0	-13.9	29.3	20.8	25.0	16.6	2.5	5.4	-1.9	-5.5
内蒙古	11.7	5.8	14.0	9.4	14.8	19.2	-18.8	14.9	-5.6	0.6	-15.3	2.7	14.5	14.6	3.1	4.9	2.0	0.2
辽宁	9.5	5.1	9.8	9.9	9.9	23.5	21.6	15.7	8.3	2.3	13.5	10.4	17.4	16.5	2.8	6.9	-1.0	-0.1
吉林	12.0	5.3	14.0	11.0	14.1	30.9	9.6	16.0	11.4	8.9	19.7	11.3	22.5	12.2	2.5	6.8	-0.7	-0.9
黑龙江	10.0	6.5	10.2	10.7	10.5	30.3	25.1	15.9	-1.8	12.2	-18.3	20.1	16.6	13.5	3.2	7.8	-1.2	0.0
上海	7.5	0.5	3.1	10.6	2.9	3.1	5.7	9.0	-0.2	0.8	-1.4	20.5	9.2	6.9	2.8	—	-5.3	-1.6
江苏	10.1	4.6	11.0	9.6	12.6	20.5	11.5	15.0	1.6	-3.3	5.1	11.3	13.8	12.5	2.6	4.6	-4.2	-2.9
浙江	8.0	2.0	7.3	9.3	7.1	21.6	26.3	13.5	0.9	-5.8	3.8	12.0	9.2	8.3	2.2	4.2	-3.3	-2.7
安徽	12.1	5.5	14.4	11.0	16.2	24.2	20.7	16.0	25.6	-11.6	56.6	30.3	22.5	19.2	2.3	5.3	-1.8	-1.7
福建	11.4	4.2	14.6	8.5	15.2	25.7	17.4	15.9	8.6	14.6	5.4	2.2	18.3	18.3	2.4	3.3	-2.3	-1.3
江西	11.0	4.6	13.1	9.5	14.7	30.1	11.8	15.9	6.2	-13.5	14.8	12.6	30.2	18.9	2.7	6.6	-1.7	-3.5
山东	9.8	4.7	10.5	9.8	11.4	20.5	14.6	15.0	4.1	6.0	2.4	10.7	17.5	18.0	2.1	5.9	-0.8	-1.6
河南	10.1	4.5	11.7	9.2	14.6	23.2	15.6	15.7	58.6	64.9	54.3	20.2	18.5	17.8	2.5	5.4	-0.8	-0.6
湖北	11.3	4.7	13.2	10.8	14.6	27.9	22.9	16.0	-4.8	-10.6	-0.7	21.7	19.4	18.3	2.9	7.2	-1.1	0.3
湖南	11.3	3.0	12.8	12.2	14.6	25.0	13.7	15.4	15.8	3.3	27.2	18.4	17.1	16.1	2.0	4.7	0.1	-0.9
广东	8.2	3.9	7.6	9.2	8.4	11.0	11.3	12.0	7.7	7.4	7.9	8.0	13.0	8.2	2.8	4.0	-0.5	-0.5
广西	11.3	5.6	14.4	9.5	15.9	23.8	2.5	15.9	26.2	28.5	24.2	-26.2	23.0	16.5	3.2	3.9	-0.8	-2.2
海南	9.1	6.3	10.9	9.4	8.9	27.9	36.2	15.0	12.3	9.5	23.7	7.8	20.4	17.9	3.2	4.3	-0.4	0.8
重庆	13.6	5.3	15.6	12.0	16.3	20.6	24.5	16.0	82.2	56.1	94.5	0.0	14.5	19.9	2.6	—	-0.5	-0.1
四川	12.6	4.5	15.4	11.2	16.1	20.7	15.9	16.0	23.9	10.5	32.5	3.6	18.4	16.2	2.5	4.7	0.0	-1.4
贵州	13.6	8.5	16.8	12.1	16.2	31.8	68.0	16.0	35.7	-11.7	65.9	55.4	31.2	22.4	2.7	0.7	2.3	1.0
云南	13.0	6.7	16.2	11.4	15.6	27.3	39.2	15.9	31.0	67.6	5.8	26.0	20.4	22.0	2.7	4.6	-0.7	-2.1
西藏	11.8	3.4	14.4	12.0	15.1	29.9	33.8	16.6	152.1	-60.7	183.6	169.4	58.1	19.4	3.5	1.6	—	-0.3
陕西	12.9	6.0	14.9	11.5	16.6	28.5	30.1	16.0	1.0	-19.3	23.0	24.7	24.9	13.5	2.8	5.4	0.0	0.7
甘肃	12.6	6.8	14.2	12.5	14.6	30.2	52.9	16.0	2.0	-18.9	65.5	-13.0	19.7	15.2	2.7	5.2	-1.3	-3.2
青海	12.3	5.2	14.1	11.1	14.8	29.9	31.1	15.8	25.6	64.2	10.3	21.8	22.8	22.8	3.1	8.7	-1.4	-3.1
宁夏	11.5	5.6	13.8	9.7	13.8	27.9	27.6	14.9	-3.0	-16.1	2.6	8.0	20.0	22.7	2.0	7.6	-0.5	-2.6
新疆	12.0	7.0	13.7	12.3	12.7	31.8	17.4	15.5	10.3	-2.8	15.0	21.8	26.2	19.1	3.8	6.2	-2.1	-3.1

数据来源:国家统计统计局《中国经济景气月报》、《中国统计摘要》，各省、自治区、直辖市《国民经济和社会发展统计公报》及统计局。

注：西藏统计公报未出，无法获取外商实际直接投资同比增长。

2012年全国35个大中城市新建住宅销售价格指数同比增长

地区	1月	2月	3月	4月	5月	6月	7月	8月	9月	10月	11月	12月
北　京	0.1	-0.4	-0.8	-1.0	-1.2	-1.0	-0.7	-0.6	-0.5	-0.2	0.7	1.6
天　津	0.2	-0.7	-1.2	-1.6	-1.1	-1.0	-1.1	-0.8	-0.6	-0.4	0.4	0.8
石家庄	1.3	1.1	0.1	-0.2	-0.4	-0.4	0.0	0.2	0.3	0.6	1.2	1.0
太　原	0.9	1.4	1.0	0.8	0.3	0.1	-0.1	0.1	0.0	0.0	0.3	1.0
呼和浩特	2.2	1.5	1.1	0.3	-0.2	-0.5	-0.8	-1.2	-1.6	-1.6	-1.1	-0.8
沈　阳	1.9	1.7	1.0	0.3	-0.4	-0.8	-1.0	-1.4	-1.4	-1.7	-0.7	-0.3
大　连	2.1	1.7	0.9	0.2	-0.1	0.1	0.2	0.6	0.6	0.9	1.1	1.4
长　春	1.4	1.6	0.6	0.1	-0.3	-0.8	-1.0	-1.0	-1.0	-0.7	-0.8	0.1
哈尔滨	0.0	0.4	0.0	0.2	0.1	-0.3	-0.2	-0.2	-0.2	-1.0	-0.2	0.5
上　海	0.7	-0.4	-0.8	-1.3	-1.6	-1.5	-1.5	-1.5	-1.6	-1.3	-0.8	0.0
南　京	-1.3	-1.9	-2.6	-2.7	-2.7	-2.4	-1.9	-1.6	-1.4	-0.8	-0.1	1.0
杭　州	-0.7	-1.7	-5.9	-9.2	-9.8	-9.5	-9.1	-8.8	-8.4	-8.4	-8.2	-7.3
宁　波	-1.5	-2.1	-3.0	-5.5	-7.3	-7.6	-7.8	-8.1	-8.2	-8.0	-7.5	-7.1
合　肥	-0.1	-0.7	-0.9	-1.3	-1.0	-1.2	-1.0	-0.9	-0.9	-0.6	0.0	0.8
福　州	1.8	0.2	-0.4	-0.9	-1.0	-0.9	-0.2	0.0	0.0	-0.1	0.2	1.4
厦　门	1.6	0.0	-0.5	-1.0	-1.3	-1.1	-0.7	-0.6	-0.6	-0.5	-0.1	0.7
南　昌	0.1	-0.9	-0.9	-1.8	-2.0	-2.1	-1.7	-1.3	-1.0	-0.5	0.0	1.1
济　南	0.6	0.2	-0.5	-1.6	-1.9	-2.2	-2.1	-1.5	-1.5	-0.9	-0.6	0.0
青　岛	-0.2	0.0	-1.5	-3.6	-3.9	-4.1	-4.4	-4.3	-4.8	-4.5	-4.2	-3.4
郑　州	1.6	0.1	0.1	-0.5	-0.7	-1.0	-0.7	-0.7	-0.8	-0.6	-0.1	0.8
武　汉	1.2	0.5	0.0	-0.5	-0.8	-0.9	-1.0	-1.1	-1.2	-0.8	-0.2	0.8
长　沙	2.4	1.3	0.9	0.3	-0.3	-0.7	-0.7	-0.7	-1.0	-0.8	0.1	0.7
广　州	1.1	0.3	-0.3	-1.2	-1.6	-1.6	-1.3	-1.0	-0.7	-0.1	0.7	2.3
深　圳	1.0	-0.2	-0.6	-1.6	-2.3	-2.5	-2.4	-2.2	-2.1	-1.6	-0.7	0.8
南　宁	0.2	0.0	-1.1	-1.7	-1.7	-1.4	-1.2	-1.3	-1.0	-0.7	-0.6	-0.5
海　口	-1.2	-1.4	-1.3	-1.5	-1.6	-1.7	-1.5	-1.3	-1.3	-1.1	-0.3	-0.3
重　庆	-0.7	-1.1	-1.5	-1.8	-1.9	-1.9	-1.5	-0.9	-0.5	-0.1	0.6	1.3
成　都	-0.2	-0.7	-0.9	-0.9	-1.5	-1.3	-0.7	-0.8	-0.6	-0.7	-0.1	0.4
贵　阳	2.5	2.0	1.4	0.9	0.9	0.9	0.8	0.9	0.9	1.0	0.8	1.0
昆　明	1.3	0.8	0.5	0.4	0.1	-0.1	0.3	0.3	0.2	0.1	0.8	1.3
西　安	2.2	1.6	0.5	-0.1	-0.2	-0.1	-0.3	0.1	0.1	0.3	0.5	0.8
兰　州	0.5	0.0	0.5	0.4	0.3	0.0	-0.1	0.1	-0.1	-0.3	0.1	0.1
西　宁	2.0	1.8	1.8	1.7	1.4	1.1	1.0	1.3	1.2	1.5	1.7	2.0
银　川	2.1	2.3	1.6	1.0	0.8	0.3	0.3	0.7	0.8	0.9	1.3	1.6
乌鲁木齐	3.8	2.7	1.9	1.6	1.1	0.8	0.9	0.9	1.0	1.4	2.0	2.3

注：从2011年1月起，国家统计局开始实施《住宅销售价格统计调查方案》，对数据来源渠道、指标设置、计算方法等影响价格指数计算的主要因素都进行了调整。

数据来源：国家统计局《中国经济景气月报》，各省、自治区、直辖市统计局。

2012年年末各省、自治区、直辖市主要存贷款指标

地区	本外币						人民币							
	金融机构各项存款		金融机构各项贷款				金融机构各项存款				金融机构各项贷款			
	余额(亿元)	比年初(亿元)	余额(亿元)			比年初(亿元)	余额(亿元)			比年初(亿元)	余额(亿元)			比年初(亿元)
				短期	中长期			储蓄存款	单位存款			个人消费贷款	房地产贷款	
北 京	84 837.3	9 843.8	43 189.5	12 808.1	26 333.5	3 508.1	81 389.6	21 644.9	49 443.1	8 742.6	36 441.4	4 875.0	8 719.9	3 053.3
天 津	20 293.8	2 725.6	18 396.8	5 126.6	10 700.3	2 466.3	19 675.7	7 055.4	11 591.0	2 496.9	17 392.1	1 642.8	3 066.8	2 144.1
河 北	34 257.2	4 505.8	21 318.0	9 123.3	11 453.5	2 849.8	34 013.0	20 665.1	12 180.0	4 447.4	20 850.9	2 803.3	3 439.4	2 699.3
山 西	24 157.0	3 154.7	13 211.3	5 275.3	7 170.9	1 935.2	24 050.6	11 997.0	10 785.1	3 131.1	13 106.2	513.9	624.3	1 926.4
内蒙古	13 673.0	1 541.0	11 392.5	4 421.2	6 807.7	1 566.1	13 612.7	6 597.2	6 200.6	1 549.5	11 284.2	1 333.5	1 493.4	1 541.7
辽 宁	35 303.5	4 473.4	26 306.5	9 819.4	15 415.6	3 465.7	34 567.4	17 785.9	15 032.2	4 353.3	24 730.2	3 101.2	5 075.6	3 100.2
吉 林	12 812.1	1 850.9	9 270.5	3 341.4	5 649.4	1 029.6	12 706.1	6 875.1	5 204.7	1 832.7	9 155.6	1 084.8	1 526.6	1 029.5
黑龙江	16 540.7	2 125.1	10 259.9	4 279.1	5 497.9	1 498.8	16 326.6	9 269.2	6 491.5	1 998.9	9 906.7	1 260.1	1 536.1	1 358.0
上 海	63 555.3	5 379.2	40 982.5	12 991.3	23 595.7	3 818.3	59 892.8	19 506.7	34 889.7	4 630.1	36 485.9	6 147.4	10 092.4	3 142.8
江 苏	78 109.0	10 474.1	57 657.8	27 973.0	27 492.5	7 381.0	75 481.5	30 057.2	42 146.4	9 761.8	54 417.3	8 511.4	12 132.5	6 555.7
浙 江	66 679.1	5 789.6	59 509.1	36 796.4	20 766.0	6 266.6	64 886.3	26 406.8	34 697.4	5 162.0	56 982.6	9 168.6	9 076.0	5 702.9
安 徽	23 211.5	3 664.7	16 795.2	6 326.6	9 594.0	2 649.6	22 977.3	11 178.6	10 679.1	3 573.6	16 294.3	2 887.4	3 577.7	2 565.2
福 建	25 057.8	3 486.6	22 427.5	10 237.0	11 424.8	3 435.6	24 283.7	10 507.4	12 026.8	3 228.6	21 209.8	4 682.0	4 774.7	3 035.6
江 西	16 839.0	2 517.4	11 080.2	4 646.3	6 178.4	1 778.7	16 715.9	8 471.9	7 373.7	2 476.0	10 924.6	1 945.9	2 284.3	1 749.9
山 东	55 386.4	8 401.7	42 899.9	22 369.4	17 006.9	5 345.1	54 301.5	26 343.3	25 601.0	7 957.9	40 021.5	5 291.5	6 356.0	4 809.6
河 南	31 970.4	5 195.7	20 301.7	9 977.5	9 608.4	2 650.8	31 648.5	17 469.0	12 945.7	5 002.4	20 031.4	2 471.5	2 859.2	2 523.2
湖 北	28 257.9	4 110.3	19 032.2	6 448.6	11 717.0	2 707.1	28 006.4	13 419.7	12 497.5	4 057.9	18 004.5	2 588.9	3 671.3	2 412.2
湖 南	23 147.2	3 703.9	15 648.6	4 771.8	10 539.3	2 184.5	23 037.1	12 578.3	9 395.0	3 703.2	15 336.5	2 200.4	2 786.8	2 148.3
广 东	105 099.6	13 511.9	67 077.1	21 642.9	40 987.0	8 463.0	99 934.6	45 533.8	46 863.6	10 767.5	59 967.3	13 741.4	17 009.1	6 556.6
广 西	15 966.7	2 439.0	12 355.5	3 467.8	8 537.7	1 708.4	15 856.0	7 900.8	7 385.7	2 403.2	11 941.4	2 246.9	2 380.7	1 532.2
海 南	5 109.7	599.7	3 889.6	515.2	3 137.0	694.7	5 048.1	2 172.7	2 600.2	595.7	3 390.7	331.1	757.0	592.6
重 庆	19 423.9	3 298.5	15 594.2	4 028.6	10 976.9	2 401.1	18 934.8	8 361.6	9 851.1	3 104.3	15 131.2	3 207.6	4 238.8	2 131.9
四 川	41 576.8	6 607.4	26 163.3	8 152.8	17 542.1	3 652.4	41 130.8	19 438.3	19 264.2	6 397.9	25 560.4	4 527.6	5 452.9	3 530.5
贵 州	10 567.8	1 797.1	8 350.2	1 802.5	6 406.1	1 470.5	10 540.1	4 806.1	5 219.9	1 797.9	8 274.8	1 380.6	1 425.3	1 428.9
云 南	18 061.5	2 633.3	14 169.0	4 126.5	9 644.4	1 814.9	17 978.2	7 744.7	9 440.1	2 615.2	13 869.8	1 856.3	2 117.7	1 733.3
西 藏	2 054.3	391.8	664.1	126.8	464.7	255.0	2 050.6	403.9	1 474.5	389.3	663.8	77.9	40.5	255.0
陕 西	22 843.4	3 497.7	14 138.2	4 060.7	9 539.7	2 030.9	22 657.7	10 770.1	11 103.2	3 433.7	13 865.6	2 113.0	2 542.1	1 990.4
甘 肃	10 129.7	1 668.8	7 196.6	2 527.0	4 220.7	1 457.4	10 033.4	5 050.1	4 652.8	1 639.4	6 829.4	490.6	465.8	1 357.6
青 海	3 537.9	703.1	2 868.4	652.6	1 994.2	620.4	3 527.9	1 275.3	1 985.8	702.1	2 791.7	97.4	225.8	551.2
宁 夏	3 507.2	534.5	3 372.1	1 296.5	1 960.9	465.0	3 495.4	1 679.4	1 672.4	534.3	3 339.6	311.8	372.7	479.1
新 疆	12 423.5	1 980.5	8 386.0	2 787.7	4 694.9	1 779.7	12 330.9	5 281.8	6 588.7	1 943.7	7 914.0	752.9	849.4	1 640.9

数据来源：中国人民银行各分行、营业管理部、省会（首府）城市中心支行。

《2012年中国区域金融运行报告》分报告

2012年北京市金融运行报告

中国人民银行营业管理部货币政策分析小组

[内容摘要] 2012年，北京市认真贯彻落实中央决策部署，坚持“稳中求进”的总基调，统筹“稳增长、控物价、转方式、调结构、惠民生”等各项工作，着力推进中关村国家自主创新示范区建设，加快推动产业结构调整和经济发展方式转变。在复杂的国内外形势下，北京市经济在调整中温和回升，呈现出逐渐向好的态势，实现了持续健康发展。

中国人民银行营业管理部认真传导和执行稳健的货币政策，积极开展窗口指导和信贷政策导向评估，着力优化信贷结构，推动非金融企业利用债券市场融资，努力提高金融机构的各项金融服务水平。总体看，北京市融资渠道不断拓宽，融资结构调整加快，信贷结构持续优化，资金成本有所降低，金融支持首都经济发展力度不断增强。

展望2013年，虽然北京市经济发展依然面临较多的困难和挑战，但推动经济增长的长期动力并未发生根本变化。金融业将继续贯彻落实稳健的货币政策，保持合理的社会融资规模，全面提升金融服务水平，更有针对性、前瞻性地支持实体经济发展。

一、金融运行情况

2012年，北京市金融机构认真贯彻落实稳健的货币政策，银行业、证券业、保险业稳步协调发展，金融机构改革继续深入，金融服务水平显著提高，金融生态环境建设成效突出。

（一）银行业健康发展，信贷资源配置效率提升

1. 银行业金融机构稳步发展，资产质量不断改善。2012年，北京市银行业金融机构资产规模持续扩大，年末资产总额同比增长17.2%；利润增速有所下降，同比增长2.5%；资产质量不断改善，不良贷款率比2011年年末回落0.1个百分点。银行业金融机构持续增加，年末机构网点总数同比增长2.8%，法人金融机构数量同比增长14.5%（见表1），新增法人金融机构包括2家外资法人银行、1家村镇银行、5家财务公司和1家汽车金融公司。银行支付业务平稳发展，全年银行卡业务金额为14.9万亿元，同比下降2%，年末银行发卡量累计达到1.5亿张，同比增长11%。

表1　2012年北京市银行业金融机构情况

机构类别	营业网点			法人机构（个）
	机构个数（个）	从业人数（人）	资产总额（亿元）	
一、大型商业银行	1 720	49 439	60 911.0	0
二、国家开发银行和政策性银行	17	757	12 534.0	0
三、股份制商业银行	424	17 272	27 735.0	0
四、城市商业银行	227	10 713	15 055.0	1
五、农村合作机构	693	7 032	4 251.0	1
六、财务公司	38	1 558	4 790.0	38
七、信托公司	3	341	72.0	3
八、邮政储蓄银行	537	2 023	1 550.0	0
九、外资银行	100	4 819	3 140.0	9
十、新型农村金融机构	6	470	89.0	9
十一、其他	10	2 085	1 312.0	10
合　计	3 775	96 509	131 436.0	71

注：营业网点不包括国家开发银行和政策性银行、大型商业银行、股份制银行等金融机构总部数据；大型商业银行包括中国工商银行、中国农业银行、中国银行、中国建设银行和交通银行；小型农村金融机构包括农村商业银行、农村信用社、农村合作银行；新型农村金融机构包括村镇银行、贷款公司和农村资金互助社；“其他”包含金融租赁公司、汽车金融公司、货币金融公司、消费金融公司等。

数据来源：中国人民银行营业管理部、北京银监局、北京市金融工作局。

2. 存款增长形势逐渐好转，定期存款占比先升后降。2012年年末，北京市金融机构本外币存款同比增长13.1%，比2011年年末上升0.2个百分点。其中，人民币存款同比增长12.0%，比2011年年末下降1.1个百分点（见图1、图3）。上半年，受集团企业向异地成员单位划拨资金增多，

以及财务公司增多导致的存款同业化等因素影响，人民币存款增长有所放缓，下半年货币政策预调微调措施效果逐步显现，人民币存款增长逐渐加快。定期存款占比先升后降，在前三个季度定期存款占比不断提升后，第四季度定期存款占比呈现下降趋势，反映出第四季度经济活跃程度有所回升。北京市金融机构人民币单位存款中定期存款占比为36.8%，比第三季度末下降2.9个百分点；活期存款占比为35.5%，比第三季度末上升5.3个百分点。受人民币双向波动特征增强和北京市银行结售汇逆差扩大影响，外汇存款增长较快，2012年年末北京市金融机构外币存款同比增长47.3%，比2011年年末上升32.5个百分点。

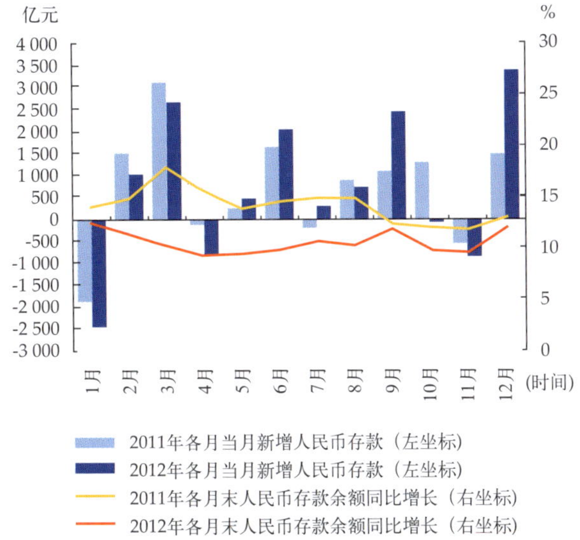

数据来源：中国人民银行营业管理部。

图1　2011～2012年北京市金融机构人民币存款增长

3. 信贷增长有所放缓，信贷资源配置效率不断提升。2012年年末，北京市金融机构本外币贷款同比增长8.9%，比2011年年末下降0.4个百分点。其中，人民币贷款同比增长9.2%，比2011年年末下降4.4个百分点（见图2、图3）。2012年，在债券市场发展加快和信贷有效需求不足等因素影响下，北京市人民币贷款增长整体有所放缓，其中中长期贷款增速放缓较多，短期贷款依然保持较快增速。从政策因素看，政府融资平台贷款监管约束增强、债券融资替代和利率政策调整对中长期贷款增长形成明显的影响。从经济因素看，当经济处于放缓周期，企业投资增速下降，盈利预期减弱，企业的借贷主要是满足流动性需要，而非借中长期贷款进行投资，从而表现为短期贷款增加较多，而中长期贷款增长放缓。

信贷资金继续发挥优化调整经济结构的作用。2012年，中国人民银行营业管理部继续加强对金融机构支持实体经济的引导，着力优化信贷

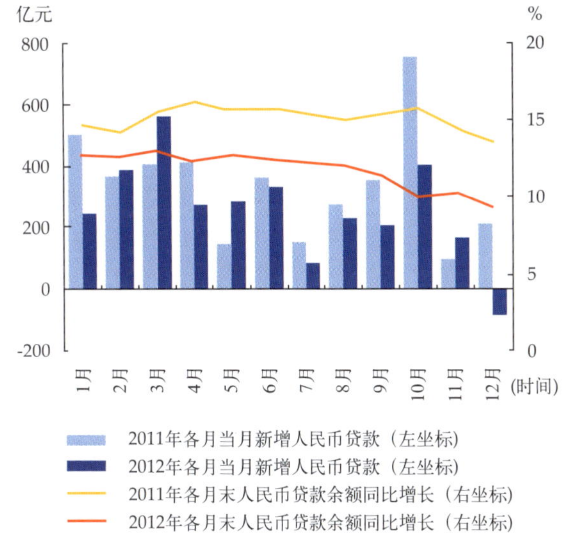

数据来源：中国人民银行营业管理部。

图2　2011～2012年北京市金融机构人民币贷款增长

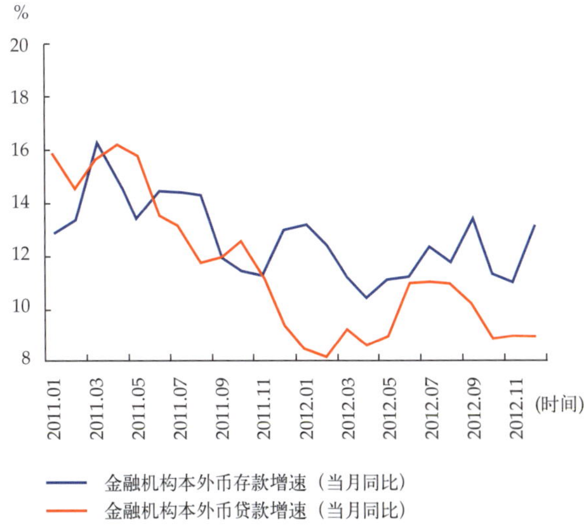

数据来源：中国人民银行营业管理部。

图3　2011～2012年北京市金融机构本外币存、贷款增速

结构，不断加大对小微企业、“三农”等重点领域和经济薄弱环节的支持力度。2012年年末，北京市中资银行文化创意产业人民币贷款（不含票据贴现）同比增长20.6%，高新技术产业人民币贷款（不含票据贴现）同比增长35.8%；北京市金融机构本外币保障性住房开发贷款同比增长19.0%，中、小微企业人民币贷款（不含票据贴现）增速分别比大型企业高出8.8个和5.7个百分点，本外币涉农贷款比年初增加115亿元。

4. 本外币贷款利率整体趋降，存款利率差异化程度提高。2012年，受人民币存贷款基准利率下调、存贷款利率浮动区间调整和宏观审慎管理政策实施等综合因素影响，金融机构下浮利率贷款占全部人民币贷款的比重上升，上浮利率和基准利率贷款占比下降（见表2），人民币存款利率差异化程度提高，金融机构自主定价能力有所提升。受境内外汇资金供求变化等影响，金融机构美元存贷款利率震荡下行，整体利率水平低于2011年（见图4）。

表2　2012年北京市金融机构人民币贷款各利率区间占比

单位：%

	月份	1月	2月	3月	4月	5月	6月
	合计	100.0	100.0	100.0	100.0	100.0	100.0
	[0.9，1.0)	13.4	15.5	6.5	9.5	10.2	32.8
	1.0	41.4	43.8	54.1	51.3	49.1	40.0
上浮水平	小计	45.2	40.7	39.4	39.2	40.7	27.2
	(1.0，1.1]	27.8	23.3	23.1	20.0	21.4	13.6
	(1.1，1.3]	12.7	11.1	12.5	14.2	13.5	10.0
	(1.3，1.5]	3.7	4.8	2.7	3.3	3.8	2.4
	(1.5，2.0]	0.9	1.3	1.0	1.5	1.8	1.0
	2.0以上	0.1	0.2	0.1	0.2	0.2	0.2
	月份	7月	8月	9月	10月	11月	12月
	合计	100.0	100.0	100.0	100.0	100.0	100.0
	[0.9，1.0)	39.1	40.2	46.0	40.7	35.8	56.9
	1.0	30.0	29.7	25.3	34.9	36.9	23.4
上浮水平	小计	30.9	30.1	28.7	24.4	27.3	19.7
	(1.0，1.1]	16.0	12.1	12.5	11.9	10.2	8.3
	(1.1，1.3]	9.5	11.9	9.7	7.8	10.6	6.5
	(1.3，1.5]	3.6	3.8	3.4	2.1	3.0	2.4
	(1.5，2.0]	1.2	1.6	2.6	2.3	3.0	3.1
	2.0以上	0.6	0.7	0.5	0.3	0.5	0.4

数据来源：中国人民银行营业管理部。

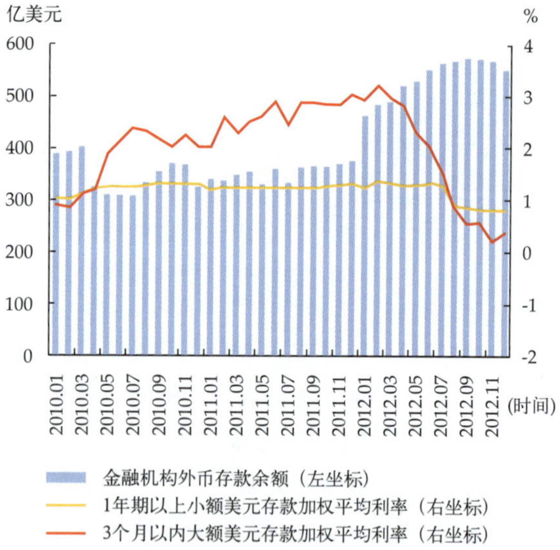

数据来源：中国人民银行营业管理部。

图4　2010～2012年北京市金融机构外币存款余额及外币存款利率

5. 银行业金融机构改革继续深入，金融服务水平不断提升。政策性银行资产负债总量稳步增长，各项业务运行平稳，管理制度逐步完善。2012年，国家开发银行北京市分行继续加大对中小企业、涉农、环保及节能减排、保障房项目建设等领域的信贷支持，中国进出口银行北京市分行继续支持进出口发展，中国农业发展银行北京市分行加大对首都新农村建设的支持，在信贷资金安排上加大向粮食收购、储备贷款倾斜力度。

五家已改制大型商业银行北京市分行稳步推进内部改革，各项业务全面协调发展，流动性较为充裕，不良贷款低位“双降”。2012年，受利差收窄影响，大型商业银行盈利增幅有所放缓，但收入结构进一步改善，中间业务收入占比比2011年提高1.2个百分点，利息收入占比比2011年下降5.9个百分点。

两家地方主要的中资法人银行盈利水平进一步提高，风险抵补能力保持良好水平。2012年，北京银行主动调整资产负债期限结构，积极进行产品创新，年末不良贷款率比2011年年末虽有上升，但仍处于较低水平。北京农商银行各项业务持续向好，涉农贷款增速高于全部贷款平均增速4.3个百分点，法人治理结构不断完善。

2012年，门头沟珠江村镇银行开业，辖内营业的村镇银行数目增至9家，村镇银行盈利能力稳步提高，监管指标趋于稳定，为农村地区金融服务增添了活力。

6. 跨境人民币业务稳步增长。2012年，辖内银行办理跨境人民币实际收付额4 452.3亿元，居全国前列，同比增长16.5%。其中，经常项目人民币实际收付额同比增长12.6%，资本与金融项目人民币实际收付额同比增长82.9%。市场参与度显著提升，全年辖内银行共为4 690户企业办理跨境人民币结算业务，同比增加1 757户；共办理业务24 367笔，同比增加11 870笔。

专栏1 商业银行积极探索同业存款定价机制

随着利率市场化进程的不断推进，同业存款在各项存款中率先实现了市场化定价。同业存款定价能力反映了商业银行未来适应利率市场化的能力。2012年，在中国人民银行营业管理部的指导下，北京市商业银行对同业存款定价机制进行了积极探索，适应利率市场化的能力进一步提高。

一是Shibor已成为商业银行同业存款定价中最主要的参考指标。调查显示，商业银行对Shibor的重视程度不断提升，目前绝大多数商业银行已将Shibor作为同业存款定价的主要依据。同业存款累计发生额中，占比最高的7天至3个月（含）短期同业定期存款多以Shibor加减点进行定价，3个月以上同业定期存款和同业活期存款定价除依据Shibor外，还参考了一般存款利率。

二是收益性和流动性是商业银行同业存款定价的重要参考因素。商业银行在进行同业存款定价时，还考虑了另外两个重要因素，即整体业务收益和自身流动性水平。整体业务收益为同业存款资金运用收益与吸收同业存款成本之差。商业银行在根据Shibor和一般存款利率确定基本价格后，还会根据自身流动性水平，以及在确保同业存款资金运用收益的前提下，适度调整定价水平。

三是商业银行内部资金转移定价（FTP）体系日趋完善。FTP价格通过影响客户的财务价值和分行的业务收益为同业存款定价设置了上限，成为分析同业存款定价水平的重要指标。全额FTP价格体系可以使FTP价格与同业存款利率进行及时有效的联动和协调，并根据市场形势灵活调整。调查显示，辖内大部分商业银行已经建立FTP价格体系，只有少数城市商业银行FTP价格体系正在建设中。

四是客户综合贡献度逐步纳入商业银行同业存款的定价体系。客户综合贡献度分析是分析客户财务价值、计算同业存款基础利率的重要环节，也体现了以客户为中心的先进定价理念，辖内部分商业银行已将客户综合贡献度纳入同业存款的定价分析体系，并不断探索两者的定量对应关系。

（二）证券业务活跃性下降，上市公司筹资总额有所下降

1. 证券业机构数量略有增加，市场交易活跃程度下降。2012年年末，北京市法人证券公司数量同上年持平；各地证券公司在京营业部比上年增加4家；中外合资基金公司比上年增加2家；期货公司营业部比上年增加9家。证券公司营业部客户交易结算资金余额同比下降14.2%；全年股票基金交易额同比下降28.2%，法人证券机构利润总额同比增长5.6%。

2. 上市公司总数位居全国前列，筹资总额有所下降。2012年年末，北京市上市公司比上年增加23家，总数位居全国第二；总市值同比增长3.8%。全年通过A股市场筹资总额同比下降46.4%。

表3　2012年北京市证券业基本情况

项目	数量
总部设在辖内的证券公司数（家）	18
总部设在辖内的基金公司数（家）	15
总部设在辖内的期货公司数（家）	20
年末国内上市公司数（家）	217
当年国内股票（A股）筹资（亿元）	705
当年发行H股筹资（亿元）	—
当年国内债券筹资（亿元）	16 969
其中：短期融资券筹资额（亿元）	9 027

数据来源：中国人民银行营业管理部、北京证监局。

（三）保险业务稳步发展，保障功能不断增强

1. 保险业务稳步发展，业务结构进一步优化。2012年年末，北京市保险公司总资产为3 608.7亿元，同比增长15.2%。全年实现保费收入居全国第五位，其中财产险保费收入同比增长14.8%，人身险保费收入同比增长11.5%。同上年相比，财产险中车险保费收入占比下降0.1个百分点，人身险中普通寿险占比上升0.8个百分点。

2. 财产险公司经营效益下降，人身险公司退保率低于全国水平。受"7·21"特大自然灾害影响，财产险公司支付赔款同比增长28.4%，行业承保利润率比上年下降4.3个百分点。人身险公司退保率为2.3%，低于全国0.4个百分点。

表4　2012年北京市保险业基本情况

项目	数量
总部设在辖内的保险公司数（家）	50
其中：财产险经营主体（家）	13
人身险经营主体（家）	27
保险公司分支机构（家）	91
其中：财产险公司分支机构（家）	37
人身险公司分支机构（家）	54
保费收入（中外资，亿元）	923.0
其中：财产险保费收入（中外资，亿元）	267.0
人身险保费收入（中外资，亿元）	656.0
各类赔款给付（中外资，亿元）	286.0
保险密度（元/人）	4 269.0
保险深度（%）	5.0

数据来源：中国保监会官方网站、北京保监局。

3. 保险业社会保障功能进一步增强。2012年，北京市保险密度比上年增加144元/人，保险深度比上年上升0.1个百分点。北京市政策性农业保险已开办农业险种类19种，实现保费收入同比增长20.1%。商业健康险及新农合"共保联办"项目均取得新进展。

（四）直接融资发展提速，金融市场交易活跃

1. 债券市场成为主要融资渠道，直接融资占比超过七成。2012年，北京地区非金融机构直接融资占比持续提高，企业通过债券市场融资积极性提高，发行债券金额合计1.7万亿元。超短期融资券、短期融资券和中期票据是北京地区企业通过债券市场融资的主要方式，三者在发行总额中的占比合计达到72.9%。融资产品的类型、期限不断丰富，市场参与者的数量稳定增长（见表5）。

表5　2001～2012年北京市非金融机构部门融资结构

单位：亿元、%

年份	融资量	比重		
		贷款	债券（含可转债）	股票
2001	1 476.0	82.1	4.4	13.5
2002	2 117.4	84.8	7.8	7.4
2003	2 843.7	83.5	7.8	8.7
2004	2 184.4	88.4	8.5	3.1
2005	3 174.6	60.3	39.6	0.1
2006	4 089.1	69.9	25.8	4.3
2007	6 200.0	38.8	17.6	43.6
2008	8 531.0	38.0	47.5	14.5
2009	16 553.9	47.6	43.3	9.1
2010	11 701.7	46.4	47.4	6.2
2011	10 009.9	33.6	57.7	8.7
2012	11 735.8	29.9	64.1	6.0

注：贷款、债券融资量均以当年新增额口径计算。
数据来源：中国人民银行营业管理部、北京证监局、中国债券网。

2. 货币市场交易活跃，净融出资金规模大幅增加。2012年，北京地区金融机构同业拆借和债券回购双向累计成交172.7万亿元，同比增长42.9%，占全国交易量的45.8%；通过同业拆借和债券回购累计净融出资金47.5万亿元，同比增长91.9%。

3. 票据市场业务增长较快，票据贴现利率降中趋稳。2012年，辖内金融机构累计签发银行承兑汇票5 471亿元，同比增长16.3%。年末辖内金融机构银行承兑汇票贴现余额同比增长18.9%，商业承兑汇票贴现余额同比增长69.6%。2012年，在信贷有效需求偏弱的背景下，金融机构出于维持规模和盈利性考虑，持票意愿明显增强，同时稳健的货币政策适时适度预调微调使得金融体系流动性趋于宽松，票据贴现利率降中趋稳。

表6　2012年北京市金融机构票据业务量统计

单位：亿元

季度	银行承兑汇票承兑		贴现			
			银行承兑汇票		商业承兑汇票	
	余额	累计发生额	余额	累计发生额	余额	累计发生额
1	1 838.3	1 176.0	1 018.5	2 406.1	71.5	117.0
2	2 073.8	2 604.5	1 393.1	5 907.2	76.2	334.0
3	2 213.7	4 061.5	1 660.6	9 601.0	70.6	405.0
4	2 174.9	5 471.0	1 279.4	13 306.3	74.5	707.1

数据来源：中国人民银行营业管理部。

表7　2012年北京市金融机构票据贴现、转贴现利率

单位：%

季度	贴现		转贴现	
	银行承兑汇票	商业承兑汇票	票据买断	票据回购
1	7.1840	6.8703	6.7545	5.3386
2	5.4741	5.8097	4.9042	4.4740
3	5.1581	6.0435	4.7818	4.3688
4	5.5259	6.4388	4.7722	4.5666

数据来源：中国人民银行营业管理部。

4. 金融市场创新继续深化，银行理财业务压力增大。2012年，北京地区银行业金融机构累计发行理财产品4.6万亿元，同比下降2.8%。理财产品收益率下降和证券公司、信托公司等创新性产品竞争是银行理财产品发行量下降的主要原因。银行理财业务压力加大，促使银行在产品销售策略、产品研发等方面的创新继续深化。

（五）金融生态环境建设继续推进，支持实体经济健康发展

2012年，中国人民银行营业管理部出台《关于做好2012年金融服务工作支持首都实体经济健康发展的意见》，从服务科技文化创新双轮驱动、支持小微型企业、夯实金融服务基础等七个方面提出28条政策措施和工作意见，提高金融服务实体经济水平。多部门联合启动“文化金融服务年”活动，大力推进文化产品、机构、机制、人才等方面创新。制定18项科技金融具体工作措施，推动金融与科技资源融合。大力推动跨国公司外汇资金集中运营管理，顺利启动北京地区货物贸易外汇管理制度改革。稳步推进银行卡助农取款服务和农村地区手机支付试点，改善农村金融支付环境。严厉打击制贩假币、洗钱以及外汇违法违规行为，有力维护首都金融市场秩序。开展金融安全、反假货币、农村支付等宣传活动，加强金融知识宣传和普及，提高社会公众金融意识。

二、经济运行情况

2012年，北京市坚持“稳中求进”的工作总基调，认真落实“稳增长”政策，扎实推进调结构、转方式，经济增速虽比2011年略有回调，但年内呈现温和回升态势，总体运行平稳。初步核算，2012年实现地区生产总值17 801亿元，按可比价格计算，同比增长7.7%（见图5）。

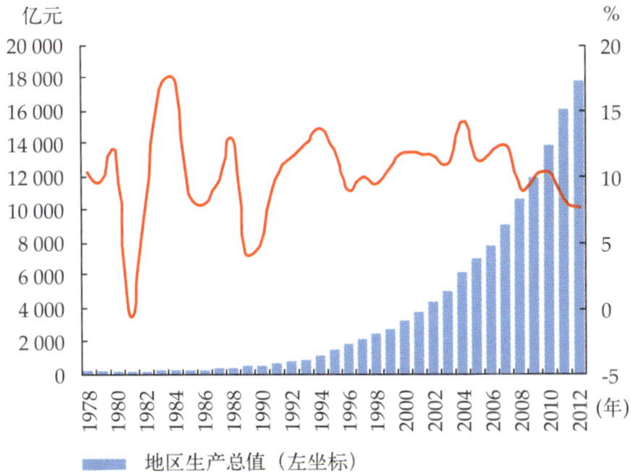

数据来源：北京市统计局。

图5　1978～2012年北京市地区生产总值及其增长率

（一）三大需求协调发展，经济在调整中温和回升

2012年，北京市经济在调整中呈现温和回升态势，第一季度增长7%，上半年增长7.2%，前三个季度增长7.5%，全年增速进一步提高。从三大需求看，2012年，北京市投资增长稳健，消费增速有所提高，进出口增速呈现一定下降。

1. 投资稳健增长，国有部门投资比重上升。2012年，北京市完成全社会固定资产投资6 462.8亿元，同比增长9.3%（见图6）。在投资构成中，基础设施投资同比增长27.8%，占全社会投资比重为27.7%，比2011年提高4个百分点；建安投资同比增长19%，增速超过全社会固定资产投资9.7个百分点。房地产开发投资同比增长3.9%；政策性住房投资同比增长14.9%。受经济环境影响，民间投资增速较低，全年完成民间投资同比增长4.9%，增速低于全社会固定资产投资4.4个百分点。国有部门投资比重上升，对北京市投资形成了重要支撑。北京市国有及国有控股单位全年完成投资3 972.6亿元，同比增长15%，占全社会投资比重为61.5%，比2011年提高3.1个百分点。

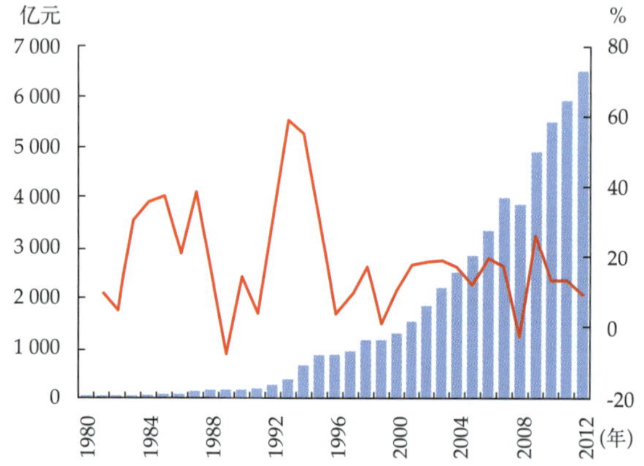

数据来源：北京市统计局。

图6　1980～2012年北京市固定资产投资及其增长率

2. 居民收入持续增长，消费增速有所提高。2012年，北京市城镇居民人均可支配收入同比增长10.8%；扣除价格因素后，实际增长7.3%，增幅高于2011年0.1个百分点。农村居民人均纯收入同比增长11.8%，扣除价格因素后，实际增长8.2%，增幅高于2011年0.6个百分点。在网上销售快速增长等因素带动下，北京市居民消费保持稳健增长，增速比2011年有所提高，全年实现社会消费品零售额同比增长11.6%。在消费价格涨幅比2011年回落2.3个百分点的情况下，零售总额增幅仍高出2011年0.8个百分点，表现出消费增长的内在动力（见图7）。与居民消费结构升级相关的商品销售增长较快，通讯器材类零售额同比增长57.9%，书报杂志类零售额同比增长26%。

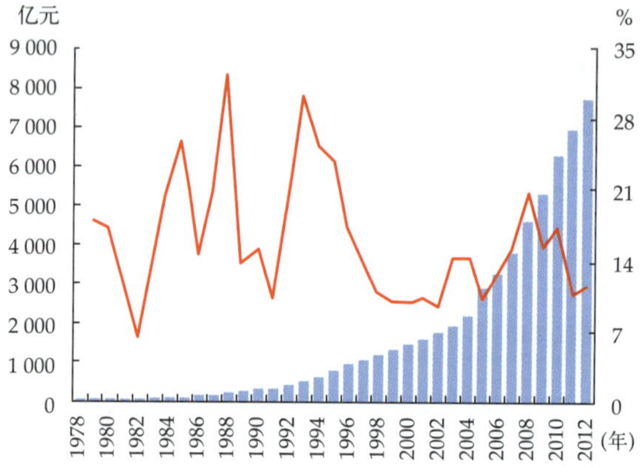

数据来源：北京市统计局。

图7　1978～2012年北京市社会消费品零售总额及其增长率

3. 对外贸易低速增长，利用外资增长较快。受总体经济环境影响，北京地区对外贸易增速下降，其中进口增速下降尤为明显。2012年，北京地区进出口总值同比增长4.7%。其中，出口同比增长1.1%；进口同比增长5.3%（见图8）。在全国实际利用外资连续数月下降的情况下，2012年北京市实际利用外资达到80.4亿美元，创历史新高，同比增长14%，增幅比2011年提高3.1个百分点。其中，服务业成为外商投资重点领域，实际利用外资69.1亿美元，占实际利用外资总额的85.9%；大项目拉动作用显著，千万美元以上大项目117个，实际入资61.3亿美元；城市功能拓展区为吸收外资主要区域，实际利用外资49.5亿美元。

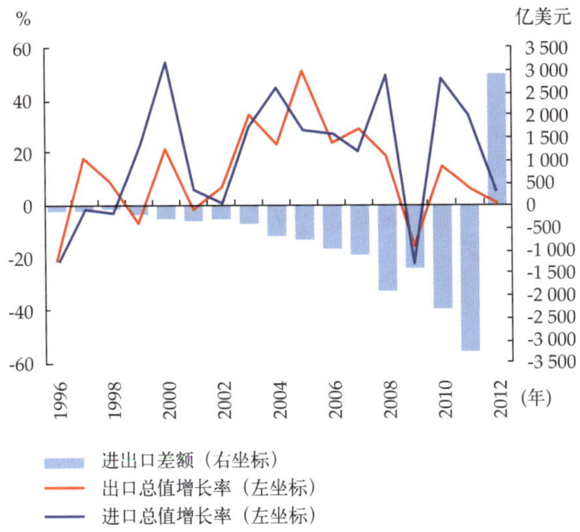

数据来源：北京市统计局。

图8 1996～2012年北京市外贸进出口变动情况

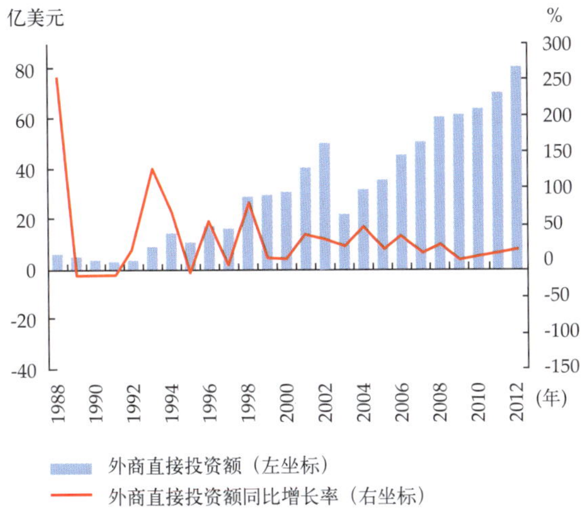

数据来源：北京市统计局。

图9 1988～2012年北京市外商直接投资额及其增长率

（二）产业结构调整持续深入，经济结构进一步优化

2012年，北京市持续促进产业结构优化升级，强化政策引导，丰富支持手段，取得多方面成效，三次产业结构由2011年的0.9: 23.4:75.7进一步调整为0.8:22.8:76.4。

1. 农业生产增势稳定，都市型农业稳步发展。2012年，北京市第一产业增加值按可比价格计算，同比增长3.2%，增幅比2011年提高2.3个百分点，平原造林工程的推进是主要带动力量。2012年，北京市粮食总产量同比下降6.6%；但亩产基本稳定，同比增长0.9%。同时，都市型农业继续稳步发展。全年设施农业收入52亿元，同比增长14%；农业观光园和民俗旅游户收入同比分别增长23.8%和4.3%。农业投资增速较快，2012年北京市第一产业完成投资同比增长2.1倍。

2. 工业生产运行平稳，企业效益有所改善。2012年，受市场需求乏力影响，北京市工业生产低位开局，在“稳增长”政策的作用下，增速小幅回升。全年规模以上工业增加值按可比价格计算，同比增长7%。从重点行业看，电力、热力的生产和供应业，医药制造业保持较快增长，同比分别增长19.6%和14.9%；计算机、通信和其他电子设备制造业同比增长9.9%；汽车制造业同比增长8%；装备制造业仍呈降势，通用设备制造业、专用设备制造业同比分别下降8.6%和3.4%。受经济环境好转、货币政策调整等因素影响，企业效益有所改善。北京市规模以上工业企业利润在7月止跌回升后保持增势；规模以上工业企业实现主营业务收入同比增长6.8%；实现利润1 216.6亿元，同比增长6.4%。但受投资信心仍然不足等因素影响，第二产业投资同比有所下降。2012年，北京市第二产业完成投资同比下降5.6%。

3. 服务业发展较快，带动产业结构进一步优化。2012年，北京市加快推动服务业发展，金融

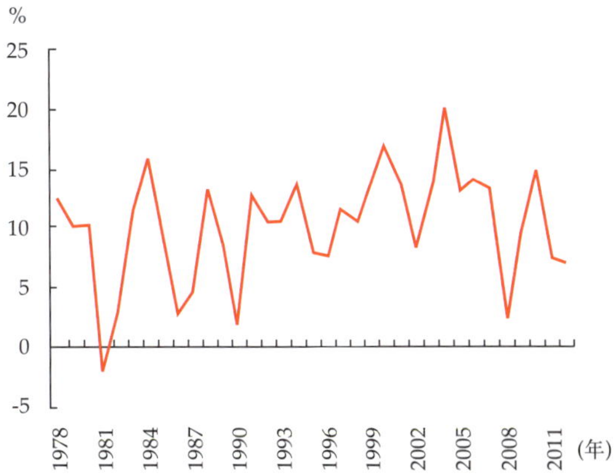

数据来源：北京市统计局。

图10 1978～2012年北京市规模以上工业增加值同比增长率

中心城市功能不断增强，信息服务、商务服务、科技服务带动作用更加突出。北京市第三产业增加值按可比价格计算，同比增长7.8%。从增加值占比较大的行业看，金融业，批发和零售业同比分别增长14.4%和5.9%；信息传输、计算机服务和软件业，租赁和商务服务业同比分别增长6.2%和7.2%；房地产业，科学研究、技术服务和地质勘察业同比分别增长13.7%和5.8%。

（三）价格涨幅得到有效控制，通货膨胀压力减轻

1. 居民消费价格涨幅整体回落。北京市继续做好稳定物价工作，全面推进保供应、抓流通、重监管、稳预期等各项措施，保持物价总水平基本稳定。2012年，北京市居民消费价格同比上涨3.3%，高于全国居民消费价格涨幅0.7个百分点，涨幅比2011年回落2.3个百分点。价格月度同比涨幅呈现先降后升态势，8月以来，受服务项目价格较快上涨影响，涨幅有所扩大。食品类与居住类价格涨幅较大仍是全年居民消费价格上行的主要原因，其中食品类价格同比上涨6.6%，居住类价格同比上涨3.9%，共拉动总指数同比上涨2.8个百分点。

2. 工业生产价格涨幅由升转降。2012年，1～4月北京市工业生产者出厂价格指数单月同比涨幅不断缩小；5月起同比呈下降态势，8月降幅达到3.2%的阶段性低点；之后降幅缓慢缩小，12月当月降幅为2.7%。北京市工业生产者出厂价格全年同比下降1.6%，与全国平均水平基本持平。北京市工业生产者购进价格指数单月同比涨幅也在1～4月不断缩小；5～8月降幅不断扩大，达到4.3%的阶段性低点；12月当月降幅缩小至2.9%。北京市工业生产者购进价格指数全年同比下降1.3%，低于全国平均水平0.5个百分点。

3. 劳动力成本平稳增长。2012年，北京市实现城镇新增就业36万人、21万登记失业人员再就业和农村劳动力转移就业。在制订居民收入倍增计划、推行工资集体协商、建立工资正常增长机制政策背景下，年城镇居民家庭人均工资性收入达到27 962元，同比增长11.1%；人均养老金或离退休金为10 102元，同比增长12.4%。2012年，北

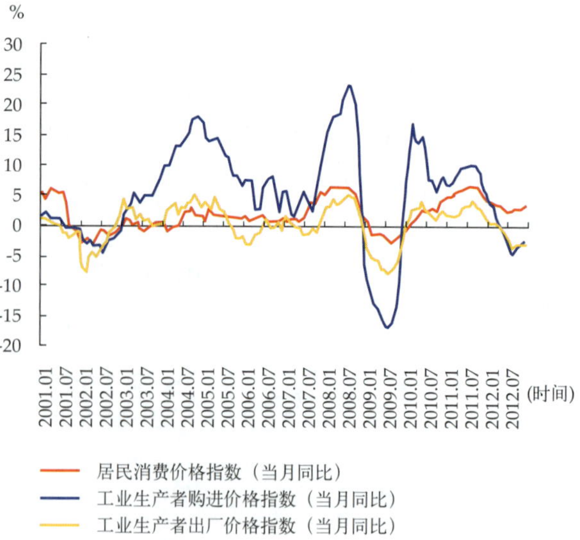

数据来源：北京市统计局。

图11　2001～2012年北京市居民消费价格和生产者价格变动趋势

京市最低工资标准同比提高8.6%，城镇居民最低生活保障标准同比提高4%，中低收入群体收入水平得以提升。农村居民人均工资性收入为10 843元，同比增长13.2%，收入增速快于城镇居民。

4. 资源性产品价格改革继续深化。2012年，北京市在水电、天然气、供热等方面进一步优化资源价格形成机制，居民生活用电阶梯电价正式施行，引导节约用电正效应初现；管道天然气居民用气售价适时上调，成品油价格继续实行与国际油价联动机制。同时，北京着力抓好重点领域节能减排，支持清洁生产，启动低碳改造，增强水资源水环境承载能力，逐步发挥资源性产品价格的调节作用。

（四）财政收支增速回落，财政支出结构进一步优化

2012年，北京市财政收入增速有所回落，市与区县分税制财政管理体制继续完善，营业税改征增值税试点顺利推进。受经济增长速度放缓、结构性减税等因素影响，全年完成地方公共财政预算收入3 314.9亿元，同比增长10.3%，增速比2011年下降17.4个百分点。从主要税种看，增值税和营业税同比分别增长32.1%和7.6%；企业所得税和个人所得税同比分别增长10.1%和3.1%。财政

支出增速也有所回落，但支出结构进一步优化，保障和改善民生、稳定经济增长和调整经济结构等领域投入增加较快。全年地方公共财政预算支出为3 685.3亿元，同比增长13.6%。其中，文化体育与传媒、交通运输、教育、社会保障和就业、农林水事务支出同比分别增长61.7%、22.4%、20.9%、19.2%、18.9%。

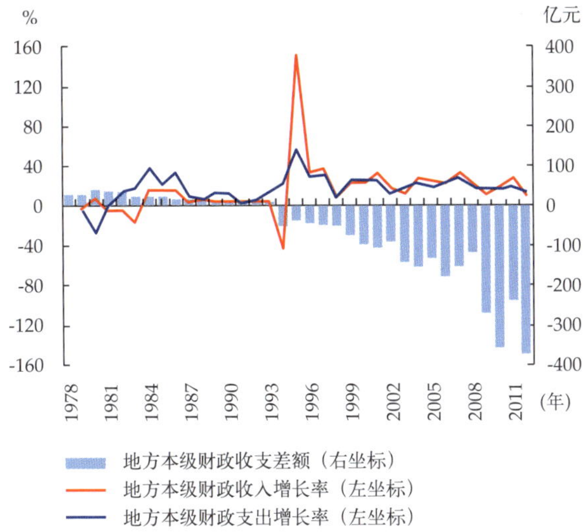

数据来源：北京市统计局。

图12　1978～2012年北京市财政收支状况

（五）地区生态文明建设取得成效，城市建设管理不断加强

2012年，北京市继续实施“人文北京、科技北京、绿色北京”的发展战略。在生态文明建设方面，增强大气环境、水环境治理，节能减排走在全国前列，综合发展指数连续多年排名第一。空气中主要污染物浓度平均下降29.3%，生活垃圾焚烧和生化处理比重由10%提高到50%，污水处理率、再生水利用率分别达到83%和61%。大力实施平原地区百万亩造林绿化，建成开放一批森林公园和郊野公园，完成京津风沙源治理、三北防护林工程阶段任务，北京市森林覆盖率达到38.6%。城市建设管理不断加强。2012年，建成轨道交通300公里，通车总里程达到442公里。南水北调中线北京段、城市电网改造等一批重大项目建成使用，资源能源保障能力明显增强。但总体看，北京市作为资源输入型城市，近年来人口资源环境压力不断加大，防治污染、加强节能减排、发展循环经济的任务仍十分繁重，推动经济与人口资源环境协调发展已成为十分紧迫的问题。

专栏2　建立健全金融支持文化产业工作机制　促进首都文化创意产业发展

北京市是全国文化中心，科教文化资源丰富，创意人才荟萃。发展文化创意产业是北京市推动经济结构调整、提高自主创新能力、转变经济发展方式的重要战略选择。近几年，中国人民银行营业管理部不断探索研究，建立健全文化产业金融支持工作机制，促进首都文化创意产业发展。

一是完善政策推动机制，探索有利于金融服务文化产业发展的制度办法。2009年出台《关于金融支持首都文化创意产业发展的指导意见》，2010年、2011年继续出台《2010年文化金融工作安排》、《2011年科技金融和文化金融工作实施意见》，不断进行金融支持文化产业发展政策探索。2012年，进一步出台《关于做好文化金融工作 支持北京建设中国特色社会主义先进文化之都的意见》，从加快创新、完善配套、拓宽领域、培养人才四个方面提出15项具体要求，着力改善辖内银行文化金融服务水平。

二是健全考核激励机制，激发银行发展文化金融业务的内在动力。在中国人民银行系统内率先将文化产业信贷业务开展情况纳入商业银行信贷政策导向效果评估体系，连续三年组织辖内商业银行文化创意产业信贷工作评比表彰活动，不断完善金融支持首都文化产业发展的外部激励机制。建立北京市文化金融专家智库，充分发挥文化金融专家的辐射和带动作用，促进金融机构培养文化金融人才。

三是形成创新成果推广机制，增强首都文化金融的品牌效应。通过编撰中小企业信贷创新产品汇编和“文化金融服务年”活动专刊等信息材料，为文化企业提供更新的融资资讯，为辖内银行创新成果的推广提供更有利的机会。在中国人民银行营业管理部和相关部门的共同推动下，辖内银行加快建立并完善文化金融专项营销审批机制、绩效考核机制、差别化定价机制，积极开展组织、机制、产品和服务方式创新，在多个领域成为国内文化金融工作先行先试的代表。

四是构建政银企合作机制，打造有利于文化金融融合发展的外部环境。联合多部门共同召开中小企业融资专题培训会议，特别面向文化创意型中小企业介绍相关优惠政策、金融产品、担保业务以及办理融资相关流程和问题，便利文化创意企业融资。召开金融服务文化创意企业推进工作会，发挥了良好的政策聚集效应和典型示范效应。联合政府相关部门和辖内银行多次举办金融服务走进文化创意产业集聚区活动，为政银企有效对接、深入合作奠定良好基础。

五是建立信息共享机制，打造提供文化金融咨询的专业平台。不断充实和完善自主开发的北京市中小企业金融服务网络平台，专门开设文化金融服务专栏，汇集政府部门的政策信息、银行的产品信息和中介机构的服务信息，为辖内银行和文化创意企业搭建信息共享平台。

（六）主要行业分析

1. 房地产市场调控取得积极效果。2012年，北京市房地产市场运行总体平稳，住房成交量同比明显增加，但低于2008～2011年平均水平；在房地产市场调控不放松的政策背景下，投机投资性购房需求被有效遏制。新房均价同比下降，二手住房价格及租金涨幅回落。房地产贷款上半年增长相对放缓，下半年，随着市场成交量变化逐步回升，信贷对保障性住房建设支持力度加大。

（1）房地产开发投资增速回落，开发商自筹资金同比下降。2012年，北京市完成房地产开发投资同比增长3.9%，比2011年下降6.2个百分点；占全社会固定资产投资的48.8%，比2011年下降2.6个百分点。房地产开发项目本年到位资金同比增长14.1%。其中，自筹资金同比下降6.9%；定金及预收款、金融贷款、利用外资同比分别增长37.5%、28.3%、62.1%。

（2）商品住宅新增供应低位回升，保障性住房建设加快推进。2012年，北京市商品住宅竣工面积同比增长15.7%，2011年为同比下降12.2%。全年完成各类保障性住房投资同比增长14.9%，占北京市房地产开发投资的27.2%，占比比2011年提高2.6个百分点；全年建设、收购各类保障性住房18万套，基本建成10万套，配租配售9.3万套。

（3）商品住房成交量大幅增长，中等户型占比提升。2012年，北京市商品房销售面积同比增长35%（见图1）。其中，新建商品住宅销售面积同比增长43.3%，改善性需求推动中等户型新房成交比重提升。

（4）新建商品住房成交均价下降，二手住房价格与租金涨幅回落。2012年，受新建商品住房市场重心外移因素影响，北京市新建商品住房成

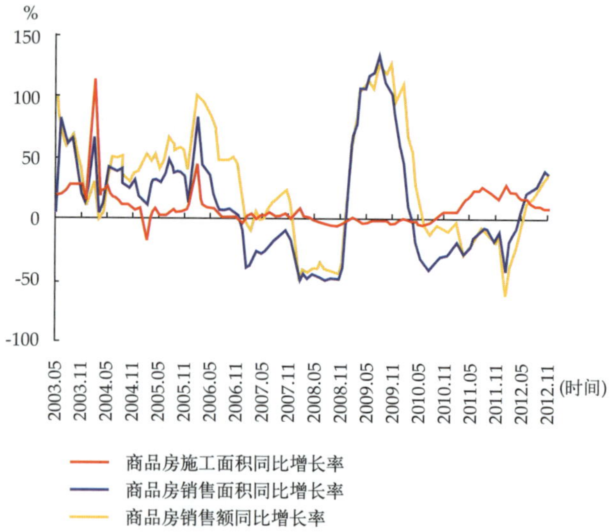

数据来源：北京市统计局。

图13　2003～2012年北京市商品房施工和销售变动趋势

交均价同比下降7.6%，为近年来的首次下降；二手住房成交均价同比上涨7.1%，涨幅比2011年回落1.3个百分点；住房平均租金同比上涨8.5%，增幅比2011年回落2.5个百分点。

（5）房地产贷款恢复增长，信贷对保障性住房建设支持力度不断加大。2012年年末，北京市金融机构本外币房地产贷款同比增长5.3%，比2011年同期提高4.3个百分点。其中，房地产开发贷款同比增速自7月起恢复为正增长，年末同比增速为6.2%；个人住房贷款在第一、第二季度呈现一定程度萎缩，随着购房需求在第三季度的逐步释放，累计放款量逐步回升，年末同比增速为2.3%，比2011年年末提高0.2个百分点。银行保障性住房开发贷款同比增长18.9%，辖内银行结合保障性住房投资及资金需求特点积极通过产品创新为保障性住房项目提供信贷支持，公租房中长期贷款取得突破性进展。

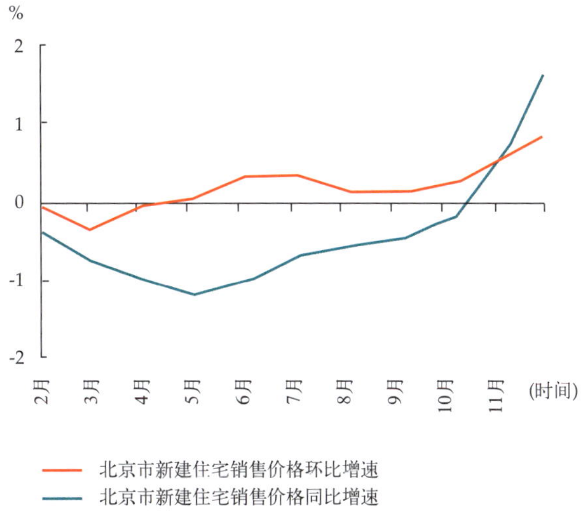

数据来源：北京市统计局。

图14　2012年北京市新建住宅销售价格变动趋势

2. 文化创意产业发展总体呈现稳定向好态势，信贷支持文化创意产业力度持续加大。2012年，北京市文化创意产业在第一季度低位开局，第二季度开始企稳向好，新兴文化业态快速成长，文化消费拉动作用增强，集聚效应进一步突出。辖内银行积极参加中国人民银行营业管理部组织的“2012文化金融服务年”活动，通过组织、机制、产品和服务领域创新，不断加大信贷支持力度，提升金融服务水平。2012年，北京市中资银行文化创意产业人民币贷款累计发放额同比增长28.5%，各子行业贷款均保持较快增长。

3. 高新技术产业已经成为北京经济发展的主要支柱，中关村国家自主创新示范区在提升自主创新能力、建设创新型国家中的示范引领和辐射带动作用显著。2012年，北京市规模以上高技术制造业工业增加值同比增长11.3%；全年实现收入3 446.8亿元，占规模以上工业收入的20.5%。中关村国家自主创新示范区拥有高新技术企业近2万家，每年新创办企业超过3 000家。

2012年，中国人民银行营业管理部继续推动辖内金融机构先行先试，积极创新，促进科技资源与金融资源融合发展。18家银行在中关村设立了专门为科技企业服务的信贷专营机构或特色支行；各银行累计为企业提供信用贷款160亿元；信用保险及贸易融资试点进展顺利，累计为60多家次企业提供近200亿元的信用保险和10亿元的贸易融资贷款；中关村信用贷款试点和股权质押贷款工作快速推进，信用贷款试点银行增至24家；18家中关村企业在创业板上市，年末创业板上市的中关村企业达到62家。

三、预测与展望

2013年是全面深入贯彻落实“十八大”精神的开局之年，是实施“十二五”规划承前启后的关键之年，也是北京市在新的起点上推动科学发展，向着建设中国特色世界城市迈出更大步伐的重要一年。展望2013年，虽然首都经济发展依然面临较多的困难和挑战，但推动经济增长的长期动力并未发生根本变化。

从国际环境看，虽然在发达经济体超宽松货币政策刺激下，全球经济形势有望较2012年略有改善，但同时金融危机的影响呈现长期化趋势，欧元区主权债务危机尚未得到有效解决，发达经济体量化宽松政策又引发了新一轮全球货币竞争性贬值，加上贸易投资保护主义倾向上升，世界经济增长前景仍存在较大不确定性。从国内环境看，近年来国家实施的稳增长、促转型政策的累积效应正在逐渐显现，城镇化、产业转型、贸易升级的深入推进以及城乡居民收入不断提高都为内需增长创造有利条件，未来一段时期国内经济持续增长的动力依然较强。从北京自身看，科技创新、文化创新成为国家战略发展的核心，有利于充分发挥首都的资源优势、总部优势和服务优势；"营改增"试点、中关村扩区、新三板市场建立和新机场建设等重大政策和重点项目落地，为北京经济发展提供了新的重大机遇；"六高四新"高端产业功能区发展格局初步形成，将显著提高中关村国家自主创新示范区的高端引领作用，持续增强首都经济的发展动力和竞争力。

2013年，推动北京经济持续增长的内生动力仍然较为充足。消费需求方面，教育、医疗和住房保障等公共服务质量的不断提高，将有效改善居民消费预期，增强居民的消费能力；随着城乡发展一体化的推动和居民收入持续增长，健康养老、教育培训、文化娱乐和旅游休闲等新型服务性消费需求进入高增长阶段；小额消费信贷公司快速发展和15万个小微商户便民金融服务设施建设，家电节能补贴、家具以旧换新、72小时落地免签和加大保障房供给等各项政策的有机结合，也将加速释放潜在的消费需求，预计2013年北京市消费仍将保持较快增长。投资需求方面，国家和北京市"十二五"规划重点建设项目还将陆续开工建设；传统优势产业转型升级和技术改造，增加基本公共服务供给，加大节能减排和环境治理等方面也会产生较大的投资需求；同时，国家鼓励引导民间投资细则和北京市配套办法的落实，将进一步激发民间投资活力。

价格方面，国内总需求趋于稳定，粮食连续九年增产，工业生产和供给能力充足，人民币汇率接近均衡水平，这些因素都有利于物价保持基本稳定。但影响物价稳定的不确定因素也在增加，国际宽松的货币政策对流动性的注入将推动大宗商品价格上升，未来输入型通胀压力较大；在劳动年龄人口减少，供求结构矛盾突出与大城市生活成本高、劳动力素质提升和诉求提高的综合作用下，劳动力成本上升已成长期趋势；此外资源性产品价格形成机制有待理顺，2012年年末房价和房租出现较快上涨，都增大了通胀预期管理的难度。综合考虑各相关因素影响，预计2013年北京市物价水平仍将呈现上涨态势，并可能继续高于全国，但出现大幅上涨的可能性不大。

从金融运行情况看，2013年北京市金融业综合竞争力将继续提高，服务首都经济发展和世界城市建设的能力有望进一步增强。国家科技金融创新中心加快建设，全国性场外交易市场落户金融街，中国水权交易所在北京设立，都将进一步强化首都的总部金融特征，有利于充分发挥金融市场配置资源的基础性作用。2013年，北京市金融部门将切实把握更好地服务实体经济的要求，加大对国家重点在建续建项目、现代服务业、新兴产业的信贷支持，推进涉农及小微企业金融服务创新，完善就业、助学等民生金融服务。积极推动社会融资多元化发展，强化利用银行间市场及其他债务融资渠道，支持首都各功能区建设。配合首都科技创新与文化创新"双轮驱动"发展战略进一步实施，着力推进科技金融、文化金融机制建设，促进科技、文化资源与金融的有效融合。落实好差别化住房信贷政策，加大对中小套型普通商品住房和保障房建设的支持力度。

2013年，中国人民银行营业管理部将按照中央经济工作会议和中国人民银行工作会议的部署，继续贯彻落实稳健的货币政策，探索创新机制与手段，努力提升金融服务水平，为北京市经济平稳健康发展提供有效的金融支持。

中国人民银行营业管理部货币政策分析小组
总　纂：李　超　姜再勇
统　稿：赵　宏　李瑞敏
执　笔：张　丹　张英男　魏海滨　蒋湘伶　朱　睿　张向军　黄美娟　王新宇　张宝航　张笑尘
周　翔　单　方　吕潇潇　齐　川　贺　杰　杨　进　李　甲　吴逾峰　尹兴中　赵晓英
王　瑞　姚　刚
提供材料的还有：邓凯宏　徐海勇　邱　震　张素敏

附录

（一）2012年北京市经济金融大事记

2月21日，北京市金融工作会议在北京国际饭店会议中心召开。

3月29日，中国人民银行营业管理部与北京市文化局、北京市广播电影电视局、北京市文化创意产业促进中心联合举办的“文化金融服务年”活动正式启动。

5月28日至6月1日，首届中国（北京）国际服务贸易交易会（简称京交会）在国家会议中心成功举办。

7月27日，2012年度北京市金融安全知识宣传活动正式启动。

8月1日，北京地区正式开始实施货物贸易外汇管理制度改革。

9月1日，北京市正式启动交通运输业和部分现代服务业营业税改征增值税试点改革。

9月20日，全国中小企业股份转让系统有限责任公司(“新三板”)在京设立。

10月11日，普华永道和纽约合作组织面向全球发布的《机遇之都2012》研究报告显示，北京2012年在全球的经济影响力从2011年的第9位首次跃居第1位。

11月30日至12月3日，以“金融服务实体经济、支持首都创新发展”为主题的第八届北京国际金融博览会在北京展览馆成功举办。

12月1日，北京地区跨国公司总部外汇管理改革试点工作正式启动。

（二）2012年北京市主要经济金融指标

表1 2012年北京市主要存贷款指标

		1月	2月	3月	4月	5月	6月	7月	8月	9月	10月	11月	12月
本外币	金融机构各项存款余额（亿元）	73 118.2	74 261.5	76 922.2	76 268.1	76 827.6	79 008.0	79 359.2	80 099.5	82 569.1	82 464.9	81 556.1	84 837.3
	其中：储蓄存款	19 502.7	19 493.6	20 262.7	20 025.5	20 262.1	21 273.8	20 887.9	21 093.1	21 596.1	21 367.6	21 507.3	22 298.6
	单位存款	44 378.3	45 366.2	46 992.6	46 409.0	46 963.1	48 105.3	47 856.3	48 842.1	50 816.8	50 853.2	50 062.6	51 580.8
	各项存款余额比上月增加（亿元）	-1 875.3	1 143.3	2 660.7	-654.1	559.5	2 180.5	351.2	740.3	2 469.6	-104.2	-908.8	3 281.2
	金融机构各项存款同比增长（%）	13.2	12.4	11.1	10.3	11.0	11.2	12.3	11.7	13.4	11.3	10.9	13.1
	金融机构各项贷款余额（亿元）	39 905.1	40 215.7	41 063.3	41 314.0	41 633.0	41 981.8	42 028.8	42 265.6	42 378.0	42 839.8	43 071.2	43 189.5
	其中：短期	11 348.2	11 561.1	11 795.1	11 905.1	11 938.6	12 091.0	11 981.5	12 008.8	12 069.9	12 380.0	12 742.2	12 808.1
	中长期	25 056.8	25 149.5	25 577.1	25 537.7	25 522.5	25 742.3	25 748.4	25 897.8	26 013.3	26 219.1	26 174.2	26 333.5
	票据融资	762.1	777.0	957.1	1 117.8	1 427.8	1 363.3	1 512.6	1 573.8	1 471.1	1 438.2	1 355.0	1 145.8
	各项贷款余额比上月增加（亿元）	223.6	310.6	847.7	250.6	319.0	348.8	47.0	236.8	112.4	461.8	231.4	118.3
	其中：短期	178.6	212.9	234.0	110.0	33.4	152.4	-109.5	27.4	61.1	310.0	362.2	65.9
	中长期	131.9	92.7	427.6	-39.3	-15.2	219.8	6.2	149.4	115.5	205.7	-44.9	159.3
	票据融资	-56.6	14.8	180.2	160.7	310.0	-64.5	149.3	61.2	-102.8	-32.8	-83.2	-209.2
	金融机构各项贷款同比增长（%）	8.5	8.2	9.2	8.5	8.9	10.9	11.0	10.9	10.1	8.8	9.0	8.9
	其中：短期	20.0	19.3	18.4	18.0	16.7	16.5	15.0	14.6	13.4	13.5	17.5	14.4
	中长期	9.0	8.7	9.4	7.9	7.8	8.7	8.2	8.1	7.8	5.5	5.0	5.8
	票据融资	0.3	13.6	65.1	72.4	111.3	75.1	99.7	92.0	68.9	85.0	58.7	40.0
	建筑业贷款余额（亿元）	1 424.4	1 438.2	1 485.4	1 525.9	1 536.6	1 551.6	1 536.1	1 527.6	1 471.4	1 518.4	1 496.6	1 465.5
	房地产业贷款余额（亿元）	4 756.2	4 759.2	4 774.8	4 744.8	4 702.9	4 741.7	4 779.9	4 841.5	4 877.4	4 862.2	4 818.9	4 826.3
	建筑业贷款同比增长（%）	45.6	39.9	38.8	39.2	33.9	30.5	26.3	23.9	17.8	20.9	18.8	14.3
	房地产业贷款同比增长（%）	3.4	2.3	3.2	2.1	2.4	3.0	3.7	5.3	5.9	4.9	3.7	4.7
人民币	金融机构各项存款余额（亿元）	70 219.6	71 230.5	73 847.2	73 030.5	73 496.3	75 534.9	75 804.6	76 509.4	78 952.0	78 864.3	78 001.9	81 389.6
	其中：储蓄存款	18 940.7	18 944.5	19 700.9	19 458.7	19 690.6	20 696.4	20 307.0	20 503.8	20 991.6	20 740.5	20 871.1	21 644.9
	单位存款	42 907.3	43 825.3	45 374.0	44 650.2	45 157.8	46 166.1	45 771.8	46 643.7	48 648.7	48 622.4	47 805.7	49 443.1
	各项存款余额比上月增加（亿元）	-2 427.4	1 010.9	2 616.6	-816.7	465.8	2 038.6	269.7	704.8	2 442.6	-87.7	-862.4	3 387.8
	其中：储蓄存款	-185.4	3.8	756.3	-242.2	231.9	1 005.8	-389.4	196.8	487.8	-251.1	130.6	773.9
	单位存款	-2 942.9	918.0	1 548.7	-723.9	507.6	1 008.3	-394.2	871.8	2 005.0	-26.3	-816.7	1 637.4
	各项存款同比增长（%）	12.6	11.5	10.2	9.3	9.5	9.9	10.6	10.2	12.0	9.9	9.5	12.0
	其中：储蓄存款	9.9	10.5	11.5	11.2	12.4	15.5	15.8	16.6	17.7	17.8	17.5	13.2
	单位存款	7.8	8.4	7.6	6.3	6.6	6.7	6.7	5.8	8.7	6.5	5.5	8.2
	金融机构各项贷款余额（亿元）	33 630.5	34 014.8	34 570.1	34 842.6	35 124.1	35 452.3	35 534.1	35 764.4	35 965.9	36 369.8	36 534.2	36 441.3
	其中：个人消费贷款	4 503.1	4 493.0	4 514.5	4 483.9	4 512.9	4 564.4	4 582.1	4 651.8	4 722.6	4 758.8	4 823.0	4 875.0
	票据融资	760.7	775.9	956.2	1 117.0	1 426.9	1 362.2	1 511.2	1 572.7	1 470.9	1 438.1	1 354.9	1 145.7
	各项贷款余额比上月增加（亿元）	242.4	384.3	555.3	272.6	281.5	328.1	81.9	230.3	201.5	403.9	164.4	-92.8
	其中：个人消费贷款	24.1	-10.1	21.5	-30.6	29.0	51.5	17.7	69.7	70.8	36.2	64.2	52.0
	票据融资	-56.1	15.1	180.3	160.8	309.9	-64.7	148.9	61.5	-101.8	-32.7	-83.3	-209.1
	金融机构各项贷款同比增长（%）	12.6	12.5	12.8	12.2	12.6	12.4	12.1	11.9	11.3	10.0	10.2	9.2
	其中：个人消费贷款	10.6	10.2	10.8	10.0	10.8	12.0	12.5	14.0	15.6	16.4	17.9	18.9
	票据融资	0.5	14.0	66.0	73.0	111.9	75.5	100.2	92.6	69.5	85.8	59.1	40.3
外币	金融机构外币存款余额（亿美元）	459.3	481.7	488.5	515.6	525.8	549.1	561.4	565.8	570.4	571.5	565.1	548.5
	金融机构外币存款同比增长（%）	35.6	45.1	42.6	47.1	61.0	54.2	70.1	57.9	57.4	58.2	53.9	47.3
	金融机构外币贷款余额（亿美元）	994.2	985.5	1 031.6	1 030.7	1 027.4	1 032.4	1 025.7	1 024.6	1 011.2	1 027.0	1 039.4	1 073.6
	金融机构外币贷款同比增长（%）	-5.3	-6.4	-3.0	-4.5	-5.1	5.9	7.1	6.5	4.1	3.2	3.6	7.5

数据来源：中国人民银行营业管理部。

表2　2001～2012年北京市各类价格指数

单位：%

年/月	居民消费价格指数		农业生产资料价格指数		工业生产者购进价格指数		工业生产者出厂价格指数	
	当月同比	累计同比	当月同比	累计同比	当月同比	累计同比	当月同比	累计同比
2001	—	3.1	—	2.0	-0.9	0.5	-1.7	-0.6
2002	—	-1.8	—	-7.6	-1.0	-2.9	1.6	-3.4
2003	—	0.2	—	2.4	8.3	4.7	0.4	1.5
2004	—	1.0	—	6.2	17.0	14.2	2.7	3.0
2005	—	1.5	—	2.9	6.3	11.4	-2.0	1.3
2006	—	0.9	—	-0.9	5.5	5.5	-1.0	-0.9
2007	—	2.4	—	14.4	12.2	5.0	2.0	-0.3
2008	—	5.1	—	12.3	-5.2	15.8	-1.4	3.3
2009	—	-1.5	—	-1.7	7.5	-11.4	0.1	-5.6
2010	—	2.4	—	6.5	6.8	10.5	1.8	2.2
2011	4.4	5.6	7.3	10.7	5.6	8.4	1.4	2.3
2012	3.5	3.3	1.3	4.7	-2.9	-1.3	-2.7	-1.6
2011　1	4.8	4.8	—	—	6.8	6.8	1.6	1.6
2	5.3	5.0	—	—	7.1	6.9	1.3	1.5
3	5.5	5.2	10.3	10.3	8.7	7.5	1.6	1.5
4	5.8	5.3	—	—	9.5	8.0	2.0	1.6
5	5.5	5.4	—	—	9.4	8.3	2.6	1.8
6	6.2	5.5	11.7	11.1	9.8	8.6	3.2	2.1
7	6.4	5.6	—	—	10.1	8.8	3.3	2.2
8	6.6	5.8	—	—	10.1	9.0	3.8	2.4
9	6.5	5.9	16.5	12.6	9.6	9.0	3.1	2.5
10	5.9	5.9	—	—	8.4	9.0	2.8	2.5
11	4.6	5.7	—	—	5.7	8.7	1.6	2.4
12	4.4	5.6	7.3	10.7	5.6	8.4	1.4	2.3
2012　1	4.8	4.8	—	—	3.8	3.8	0.8	0.8
2	3.5	4.1	—	—	3.1	3.4	0.6	0.7
3	3.7	4.0	11.6	11.6	1.0	2.6	0.2	0.5
4	3.5	3.9	—	—	0.4	2.1	0.0	0.4
5	3.2	3.7	—	—	-1.2	1.4	-0.3	0.1
6	2.6	3.5	4.3	7.0	-1.8	0.8	-1.8	-0.3
7	2.6	3.4	—	—	-3.8	0.2	-2.5	-0.6
8	2.7	3.3	—	—	-4.3	-0.4	-3.2	-0.9
9	3.0	3.3	2.3	6.1	-3.6	-0.8	-3.0	-1.2
10	2.9	3.2	—	—	-2.9	-1.0	-3.0	-1.3
11	3.2	3.2	—	—	-2.7	-1.1	-2.8	-1.5
12	3.5	3.3	1.3	4.7	-2.9	-1.3	-2.7	-1.6

数据来源：北京市统计局。

表3 2012年北京市主要经济指标

	1月	2月	3月	4月	5月	6月	7月	8月	9月	10月	11月	12月
绝对值（自年初累计）												
地区生产总值（亿元）	—	—	3 761.5	—	—	8 348.6	—	—	12 678.1	—	—	17 801.0
第一产业	—	—	17.3	—	—	59.2	—	—	101.4	—	—	150.3
第二产业	—	—	833.7	—	—	1 766.3	—	—	2 737.5	—	—	4 058.3
第三产业	—	—	2 910.5	—	—	6 523.1	—	—	9 839.2	—	—	13 592.4
工业增加值（亿元）	—	—	—	—	—	—	—	—	—	—	—	—
固定资产投资（亿元）	—	452.1	935.5	1 387.4	1 945.6	2 625.1	3 178.7	3 821.8	4 513.3	5 189.6	5 890.1	6 462.8
房地产开发投资	—	187.6	451.7	654.4	940.9	1 298.3	1 624.4	1 876.2	2 203.7	2 518.6	2 902.9	3 153.4
社会消费品零售总额（亿元）	—	1 235.4	1 836.1	2 406.1	3 020.3	3 651.7	4 262.5	4 891.2	5 592.1	6 259.7	6 944.5	7 702.8
外贸进出口总额（万美元）	3 174 563.0	6 553 984.0	10 243 848.4	13 692 013.0	17 487 871.2	20 869 052.8	24 092 275.5	27 121 464.8	30 415 585.3	33 596 121.5	37 128 329.3	40 791 626
进口	2 748 099.0	5 730 993.0	8 930 294.0	11 922 388.0	15 217 998.4	18 075 291.2	20 795 645.9	23 284 140.9	26 016 860.3	28 696 021.9	31 714 420.6	34 826 588
出口	426 464.0	822 991.0	1 313 554.0	1 769 625.0	2 269 872.9	2 793 761.7	3 296 629.5	3 837 324.0	4 398 725.0	4 900 099.6	5 413 908.7	5 965 038
进出口差额(出口－进口)	-2 321 635.0	-4 908 002.0	-7 616 740.0	-10 152 763.0	-12 948 125.5	-15 281 529.5	-17 499 016.4	-19 446 816.9	-21 618 135.2	-23 795 922.3	-26 300 512.0	-28 861 549
外商实际直接投资（万美元）	75 949.0	142 614.0	213 430.0	284 144.0	366 308.0	444 976.0	524 682.0	599 525.0	683 084.0	741 213.0	783 257.0	804 160
地方财政收支差额（亿元）	208.1	271.6	153.7	296.6	396.5	291.9	298.1	270.6	191.4	364.4	159.4	-370.4
地方财政收入	455.4	650.2	837.3	1 186.2	1 495.8	1 742.4	2 092.0	2 314.8	2 525.8	2 886.3	3 092.9	3 314.9
地方财政支出	247.3	378.5	683.6	889.6	1 099.3	1 450.5	1 793.9	2 044.2	2 334.4	2 521.9	2 933.5	3 685.3
城镇登记失业率(%)(季度)	—	—	1.5	—	—	1.5	—	—	1.5	—	—	1.3
同比累计增长率（%）												
地区生产总值	—	—	7.0	—	—	7.2	—	—	7.5	—	—	7.7
第一产业	—	—	1.1	—	—	9.8	—	—	4.2	—	—	3.2
第二产业	—	—	5.6	—	—	6.1	—	—	6.7	—	—	7.5
第三产业	—	—	7.4	—	—	7.5	—	—	7.7	—	—	7.8
工业增加值	—	2.4	4.5	4.6	5.2	5.7	5.7	6.0	6.2	6.6	6.8	7.0
固定资产投资	—	14.2	15.2	9.2	10.2	11.0	9.6	9.8	8.3	9.0	9.7	9.3
房地产开发投资	—	-4.6	8.7	1.4	2.8	4.7	3.9	-0.3	-2.7	-2.6	2.2	3.9
社会消费品零售总额	—	15.8	14.3	13.1	13.1	13.0	12.4	11.8	11.7	11.6	11.6	11.6
外贸进出口总额	-1.7	13.0	12.3	11.0	12.3	12.3	11.1	8.0	6.6	5.8	5.1	4.7
进口	-1.6	13.7	13.6	12.2	13.6	13.8	12.5	8.9	7.2	6.5	5.8	5.3
出口	-2.4	8.5	4.0	2.9	4.4	3.5	3.2	2.7	3.2	1.9	1.4	1.1
外商实际直接投资	3.4	25.2	18.8	16.2	17.2	16.1	15.2	14.9	12.9	13.1	13.5	14.0
地方财政收入	-3.1	-2.2	1.6	2.0	3.8	5.3	7.9	8.9	9.6	9.7	10.4	10.3
地方财政支出	69.1	9.8	29.1	18.0	16.3	23.4	38.4	37.5	29.3	13.3	17.7	13.6

数据来源：北京市统计局。

2012年天津市金融运行报告

中国人民银行天津分行货币政策分析小组

[内容摘要] 2012年，天津市认真贯彻中央宏观调控政策，从实施国家重大发展战略和中央对天津城市定位的战略任务出发，坚持稳中求进、稳中求好、稳中求快的工作基调，深入开展“调结构、惠民生、上水平”活动，经济呈现逐步企稳的运行态势，三次产业全面增长，经济结构继续优化，消费市场交易活跃，新型贸易方式较快增长，主要经济指标增幅继续保持全国前列，经济实现了平稳较快增长。

金融业按照“总量适度、节奏合理、结构优化、定向支持、防范风险”的总体工作要求，认真贯彻落实稳健的货币政策，金融业保持平稳运行，银行业金融机构综合实力不断提升，证券市场创新步伐加快，保险业经营水平稳步提高，金融生态环境不断优化。

2013年，天津将全面贯彻落实党的十八大和中央经济工作会议精神，积极开展“促发展、惠民生、上水平”活动，继续发挥滨海新区强大引擎作用，推动三个层面联动协调发展；做大做强先进制造业，推动服务业快速发展，加快发展现代农业；实施创新驱动发展战略，推进智慧天津建设。全市金融业将认真落实稳健的货币政策，着力优化信贷结构，着力拓展金融服务的广度和深度，有效防范和化解金融风险，大力支持天津经济高质量、高效益发展。

一、金融运行情况

2012年，天津市金融业认真贯彻落实稳健的货币政策，突出更好地服务实体经济这一重点，把稳增长放在更加重要的位置，着力稳定和增加存款，不断拓展金融服务的广度和深度，进一步构建和谐良好的金融发展环境，有力地支持了天津经济平稳较快发展。

（一）银行业综合实力不断提升

1. 2012年年末，天津市银行业金融机构资产总额3.5万亿元，同比增长24.9%，增速较上年提高7.5个百分点；负债总额为3.4万亿元，同比增长25.1%，增速较上年提高8.3个百分点。银行业金融机构不断强化服务功能建设，资产规模较快增长，构建了功能健全、服务高效、竞争有序、效益良好、安全稳健的现代银行业体系，服务实体经济的能力进一步增强。

2012年，银行业金融机构累计实现营业收入达903.5亿元，同比增长20.9%，累计实现净利润456.0亿元，同比增长21.9%，增速均较上年回

表1　2012年天津市银行业金融机构情况

机构类别	营业网点			法人机构（个）
	机构个数（个）	从业人数（人）	资产总额（亿元）	
一、大型商业银行	1 148	27 138	10 407.4	0
二、国家开发银行和政策性银行	13	459	2 344.8	0
三、股份制商业银行	291	9 955	10 463.5	1
四、城市商业银行	274	6 391	4 641.5	1
五、小型农村金融机构	588	7 570	2 707.2	2
六、财务公司	3	91	153.8	3
七、信托公司	2	257	47.4	2
八、邮政储蓄银行	415	2 396	791.3	0
九、外资银行	24	1 956	901.1	3
十、新型农村金融机构	7	391	102.2	7
十一、其他	3	413	2 554.6	3
合　计	2 768	57 017	35 114.8	22

注：营业网点不包括国家开发银行和政策性银行、大型商业银行、股份制银行等金融机构总部数据；大型商业银行包括中国工商银行、中国农业银行、中国银行、中国建设银行和交通银行；小型农村金融机构包括农村商业银行、农村信用社、农村合作银行；新型农村金融机构包括村镇银行、贷款公司和农村资金互助社；“其他”包含金融租赁公司、汽车金融公司、货币金融公司、消费金融公司等。

数据来源：中国人民银行天津分行。

落。不良贷款继续低位“双降”，截至2012年年末，不良贷款余额为125.1亿元，同比减少15.8亿元；不良贷款率为0.6%，同比下降0.2个百分点。信托投资公司较快增长，年末信托资产余额达到上年年末的2.1倍。

2. 存款形势明显好转，增速稳步回升。本外币各项存款余额超过2万亿元大关，截至2012年年末，达到20 293.8亿元，这是继2009年1月存款余额首次突破1万亿元后的又一跨越。存款增加较多，同比多增1 631.2亿元，全年新增存款是上年的2.5倍，新增存款比新增贷款多259.3亿元，改变了2011年新增存款低于新增贷款的局面。年末存款增速达到15.4%，比上年年末和2012年上半年分别上升8.7个和2.7个百分点。分项目看，个人存款保持较快增长，增加额及增速均高于上年；单位存款增长趋稳，新增1 649.6亿元，同比多增1 288.4亿元，同比增长15.8%，比上年年末提高了13.3个百分点，扭转了增长缓慢的局面。

3. 贷款平稳适度增长，信贷结构更趋合理。全市信贷运行符合国家宏观调控要求，截至2012年年末，本外币各项贷款余额为18 396.8亿元，同比增长15.5%，低于上年0.2个百分点，贷款比年初新增2 466.3亿元，同比多增303.3亿元。分机构看，除外资银行贷款同比少增外，其他类型机构贷款均同比多增；全国性中小型银行新增贷款占比比上年上升较多，其他类型机构占比下降。分项目看，短期贷款增速回落8.0个百分点，但仍保持较快增长；中长期贷款平稳增长，增速同比提高0.1个百分点，但低于短期贷款增速14.7个百分点；票据融资快速增长，年末增速达到59.1%，同比上升44.0个百分点。

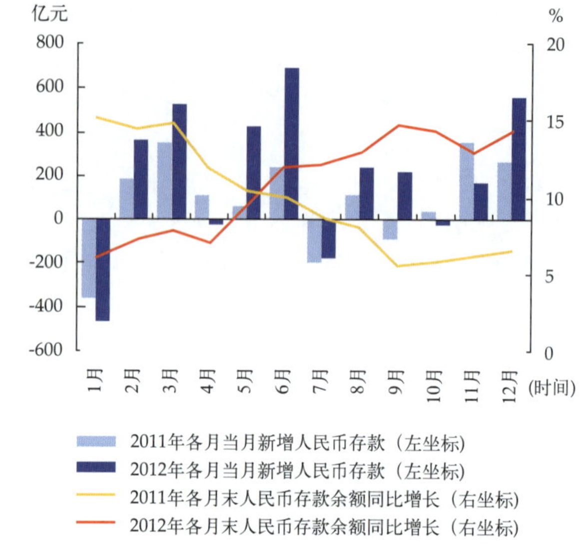

数据来源：中国人民银行天津分行。

图1 2011～2012年天津市金融机构人民币存款增长

专栏1 金融支持科技型企业实现快速发展

近年来，天津从发挥财政资金倍增效应、创新产品及服务和基础性机制建设等多方面探索出解决科技型企业融资难题的道路。截至2012年年末，全市经认定的科技型企业已达3.4万家，科技“小巨人”企业1 700余家。全市金融支持科技型企业贷款余额为1 396亿元，增长87.9%，高于各项贷款增速72.4个百分点；涉及企业3 169户，增长62.4%。

一、充分发挥财政资金带动信贷资金投入的倍增效应

（一）有效发挥科技型企业创新资金的带动示范效应。自2009年开始，天津市开展了科技计划项目与商业贷款结合打包贷款的发放工作。对列入天津市科技型企业创新资金的项目企业，在给予财政资金支持的同时，由企业提出需求，签约的打包贷款合作银行根据企业融资需要，对其发放无需抵押担保的贷款。

企业首先申请创新资金，通过审批后，提交办理贷款所需材料；经审核后，经办银行为企业办理打包贷款，企业在经办银行开立专户；根据经办银行反馈的贷款落实情况，市科委拨付下一年度科技项目经费。在这一模式下，平均每个项目可以获得1年期40万元商业贷款。据监测，截至2012年年末，通过这种模式共落实了508家科技型企业的2.04亿元打包贷款和16.9亿元商业贷款，贷款不良率始终保持为0。

（二）改进奖励办法，进一步发挥财政资金的拉动倍增作用。自2012年起，改进了各类融资机构向小微企业提供融资服务的财政奖励政策。政策规定从2012年起三年内，各类融资机构向全市小微企业发放的本外币贷款（含票据贴现）由财政按照当年年末余额比上年年末增加部分给予奖励。奖励标准较之前实施的小企业贷款奖励标准提高了1倍，达到每增加1亿元奖励30万元。

二、深化科技型企业金融产品和服务方式创新

（一）根据科技型企业特点，打造特色抵质押贷款业务。科技型企业属性决定了其主要资产集中在各类无形资产上，各有关部门联合制定了符合科技型企业特点的专利权、商标权、股权质押贷款管理办法，拓宽企业抵质押资产类型。截至2012年年末，贷款余额已达739亿元，是2010年年末的4.6倍，当年增长113.6%，继续保持高速增长，已经成为推动科技型企业融资的重要力量。

（二）探索新的银企信息沟通机制，积极化解信息不对称矛盾。将科技计划项目论证与项目融资路演相结合，邀请银行、担保、保险等金融机构参与科技计划项目论证会，使成长期、壮大期的科技企业可以直接面对各类金融机构，提出自己的融资需求，并且直接听取技术专家、管理专家和财务、投资专家对申报项目的评价，改变了以往单一项目评审或是单一项目推介形式。到2012年年末，通过这种形式共为18家路演科技型企业融资2.3亿元。

三、切实加强科技型企业金融配套制度建设工作

（一）在统计制度建设上打基础。结合天津市对科技型企业的认定，印发全市3万余家科技型企业名单，在全市金融机构范围内建立了科技型企业金融统计制度，按季度统计汇总全市金融机构对科技型企业的分类报表，对金融支持科技型企业的动态进行全面监测。同时建立了科技型企业名单动态调整制度。

（二）在信用体系建设上做文章。2011年以来，选取天津滨海高新技术产业开发区开展了中小企业信用体系试验区建设。定期对试验区有融资需求的企业和项目进行筛选，向试点银行进行发布推荐，目前，已发布了五批281家优质企业名单。截至2012年年末，8家试点银行累计为滨海高新区科技型企业提供信贷资金26.6亿元，涉及企业123家，其中，信用贷款13.9亿元。

（三）在激励评估建设上促实效。不断完善信贷政策导向效果评估制度，连续多年将科技型企业贷款指标纳入评估内容；同时，紧密结合对金融机构的综合评价工作，及时将信贷政策导向效果评估结果作为综合评价意见的重要组成部分，通过将评估结果抄送其上级行和在全市同业通报等措施鼓励先进、督促后进。

信贷投放符合政策导向。服务业和制造业等重点领域信贷增加较多。批发和零售业、制造业以及水利环境和公共设施管理业贷款位于行业新增贷款的前3名，3个行业共新增贷款1 162.9亿元，占全部行业新增贷款的53.8%。中小微企业贷款增加较多。全市中小微企业贷款余额达到7 347.1亿元，比年初增加1 093.8亿元，增加额占全部企业贷款增加额的61.5%。保障性住房开发贷款稳步增长，比年初增加92.4亿元，增速高于房地产贷款平均增速1.9个百分点。

外币贷款多增较多，增速大幅回升。截至2012年年末，外币贷款余额为159.9亿美元，比年初增加51.5亿美元，同比多增43.3亿美元，增速达到47.6%，比上年上升39.3个百分点。主要是境内短期贸易融资和中长期单位经营贷款多增较多，增速分别达到93.5%和182.2%。

数据来源：中国人民银行天津分行。

图2　2011～2012年天津市金融机构人民币贷款增长

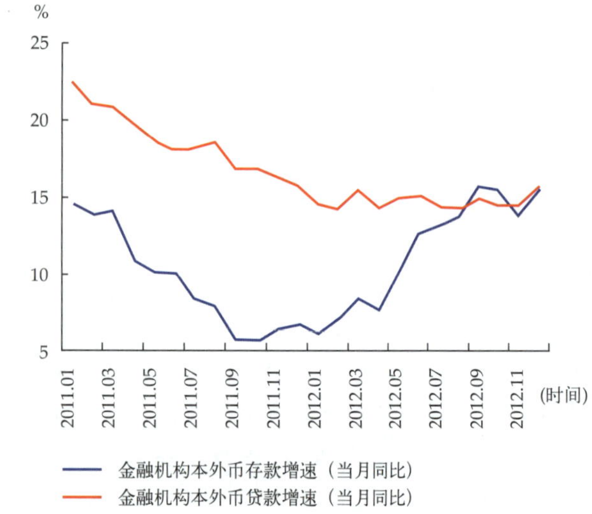

数据来源：中国人民银行天津分行。

图3　2011～2012年天津市金融机构本外币存、贷款增速

4. 表外融资大幅增加。2012年天津市银行业金融机构表外融资1 302亿元，比上年多671亿元。从结构上看，委托贷款全年增加312亿元，未贴现银行承兑汇票增加467亿元，信托贷款一改上年下降37亿元的情况，全年大幅增加523亿元。

表2　2012年天津市金融机构人民币贷款各利率区间占比

单位：%

月份		1月	2月	3月	4月	5月	6月
合计		100.0	100.0	100.0	100.0	100.0	100.0
[0.9，1.0)		7.9	4.8	3.9	5.3	6.1	5.8
1.0		27.8	30.1	22.8	28.0	21.9	22.4
上浮水平	小计	64.3	65.1	73.4	66.7	71.9	71.9
	(1.0，1.1]	31.1	38.1	38.6	33.6	31.8	40.8
	(1.1，1.3]	27.3	23.2	29.6	27.8	32.3	25.7
	(1.3，1.5]	5.2	2.9	3.5	4.1	4.9	3.4
	(1.5，2.0]	0.6	0.6	0.8	1.1	1.3	1.8
	2.0以上	0.1	0.3	0.9	0.1	1.7	0.2
月份		7月	8月	9月	10月	11月	12月
合计		100.0	100.0	100.0	100.0	100.0	100.0
[0.9，1.0)		11.3	6.8	8.6	10.6	12.9	11.9
1.0		30.4	37.6	33.6	37.1	34.7	34.3
上浮水平	小计	58.4	55.6	57.8	52.2	52.3	53.8
	(1.0，1.1]	26.2	26.7	34.0	27.7	27.0	27.7
	(1.1，1.3]	27.1	25.3	20.3	21.0	19.9	21.3
	(1.3，1.5]	4.2	2.5	2.8	3.0	4.2	3.1
	(1.5，2.0]	0.6	1.0	0.4	0.5	1.0	1.0
	2.0以上	0.2	0.1	0.4	0.1	0.3	0.7

注：2012年8～12月统计数据的下浮区间为[0.7，1.0)。
数据来源：中国人民银行天津分行。

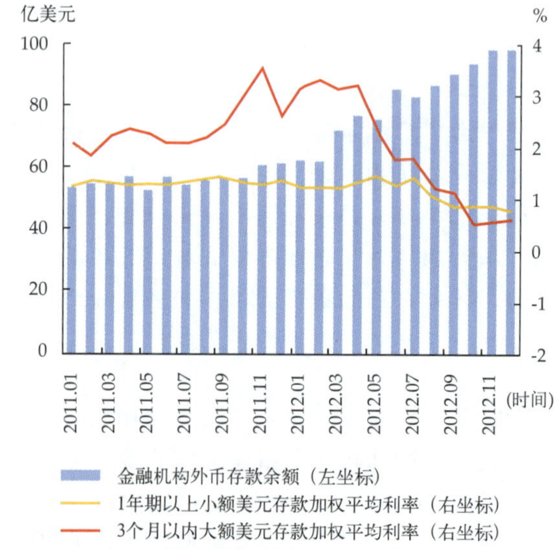

数据来源：中国人民银行天津分行。

图4　2011～2012年天津市金融机构外币存款余额及外币存款利率

5. 贷款利率先升后降。全年贷款加权平均利率为6.89%，比上年小幅微升0.04个百分点。全年四个季度全市金融机构人民币贷款利率水平呈先升后降走势，第二季度利率水平最高，第四季度利率水平最低。全部贷款中，执行上浮利率的贷款占比增加。民间借贷利率总体水平略有上升，全市民间借贷利率水平比上年上升0.56个百分点。

6. 大型银行改革持续深化，法人银行可持续发展能力增强。大型银行天津市分行进一步深化内部管理。积极推进机构调整，不断优化网点结构；深入落实内部控制要求，按照操作风险变化趋势，细化运行管理专业制度建设；逐步提高基层机构精细化管理，增强对基层机构的管控。法人银行继续深化机构改革，专业化运营程度进一步提高，竞争能力不断增强。法人银行资本充足水平保持稳定，资产质量良好，流动性总体较为充足，盈利水平持续提升。

7. 跨境人民币业务保持较快增长。全市银行全年累计办理跨境人民币结算金额632.6亿元，同比增长46.8%。共有1 006家企业办理跨境人民币业务，同比增长1倍多，结算量主要集中在批发业、物流业、金属矿产销售、棕榈油类加工、生产和租赁业五个主要行业的部分重点企业。

（二）证券期货市场创新步伐加快

截至2012年年末，天津市共有法人证券公司1家，证券分公司2家，证券营业部105家；证券投资咨询公司2家，资信评级公司1家；基金管理公司1家；期货公司6家，期货营业部21家；上市公司38家。

法人证券公司不断扩大业务范围。先后取得融资融券、债券质押式回购试点和约定购回业务资格；积极参与新三板和中小企业私募债试点，研究参与区域性股权交易市场，做好多层次市场建设。

期货公司运营平稳。全年代理交易量为2 455.9万手，代理交易额为2.4万亿元，手续费收入为9 679.7万元，同比分别增长22.4%、5.8%和12.3%。截至年末，全市共有4家公司和21家营业部具有金融期货业务资格。

表3　2012年天津市证券业基本情况

项目	数量
总部设在辖内的证券公司数（家）	1
总部设在辖内的基金公司数（家）	1
总部设在辖内的期货公司数（家）	6
年末国内上市公司数（家）	38
当年国内股票（A股）筹资（亿元）	37.4
当年发行H股筹资（亿元）	0.0
当年国内债券筹资（亿元）	612.5
其中：短期融资券筹资额（亿元）	131.0
中期票据筹资额（亿元）	144.5

数据来源：天津证监局、中国人民银行天津分行。

上市公司股改工作基本完成。2012年，全市有1家公司实现首发上市、4家公司（5家次）完成再融资和重大资产重组，境内累计融资额57.4亿元。SST天海股权分置改革方案获得股东大会审核通过，正式进入实施阶段，全市上市公司即将全部完成股改工作。

（三）保险业保持良好的发展势头

保险业经营主体稳步增加，资产规模持续扩大。全市保险市场共有总、分公司53家，基本形成了种类齐全、布局合理的保险市场体系。截至2012年年末，天津市保险公司总资产为880.7亿元，同比增长19.6%。

保险市场保费收入稳步增长，产品结构不断优化。2012年全市保险业共实现保费收入238.2亿元，同比增长12.5%。其中，人身险市场对银行代理渠道的依赖程度逐步降低。全年银行代理渠道实现保费收入41亿元，占保费收入的比例为28.2%，同比下降2.8个百分点。财产险业务结构小幅调整。全年车险业务占财产险保费收入的比例为71.5%，同比下降3.4个百分点，特殊风险保险、工程保险和保证保险比例同比分别上升1.2个、1.2个和0.6个百分点。

保险保障覆盖面不断扩大，承担风险责任和服务社会的能力提升。全年保险业累计新增承保保单696.1万件，同比增长34.6%。全年累计赔付81亿元，同比增长22.4%，保险业保障功能凸显，在解决医患纠纷、弥补经济损失、提高社会保障

表4　2012年天津市保险业基本情况

项目	数量
总部设在辖内的保险公司数（家）	5
其中：财产险经营主体（家）	2
人身险经营主体（家）	3
保险公司分支机构（家）	53
其中：财产险公司分支机构（家）	24
人身险公司分支机构（家）	29
保费收入（中外资，亿元）	238.2
其中：财产险保费收入（中外资，亿元）	90.8
人身险保费收入（中外资，亿元）	147.4
各类赔款给付（中外资，亿元）	81.0
保险密度（元/人）	1 685.3
保险深度（%）	1.8

数据来源：天津保监局。

水平以及加强社会管理等方面发挥了积极作用。全市保险业积极推进政策性农业保险，为约40万农户提供了73亿元的风险保障，累计支付赔款5 900万元；引入医疗责任保险机制解决医患纠纷，全市所有二级以上医院均投保医疗责任险，提供风险保障1.07亿元；探索保险资金支持保障性住房建设，募集保险资金投资于天津市公租房建设。

（四）金融市场健康发展

2012年，天津市金融市场总体运行平稳。直接融资规模加速扩大，货币市场保持活跃，票据市场增长较快，黄金市场交易稳步发展。

1. 直接融资规模加速扩大。2012年天津市直接融资规模和品种进一步拓宽。全年债券发行额为612.5亿元，股票融资37.4亿元。直接融资与间接融资的比例约为1：3.8。全年，天津企业通过银行间债券市场直接融资额达到531.5亿元，是2011年的2.3倍，在全市直接融资额中所占比重达到86.8%。

表5　2001～2012年天津市非金融部门融资结构

单位：亿元、%

年份	融资量	比重		
		贷款	债券（含可转债）	股票
2001	313.6	89.5	0.0	10.5
2002	397.2	96.3	0.0	3.7
2003	924.4	99.5	0.0	0.5
2004	524.5	94.3	2.3	3.4
2005	648.9	100.0	0.0	0.0
2006	862.3	90.5	8.2	1.3
2007	1 621.5	66.9	5.9	27.2
2008	1 391.1	90.0	3.9	6.1
2009	3 744.4	92.5	6.1	1.4
2010	3 037.3	86.4	11.3	2.3
2011	2 518.2	85.9	12.8	1.3
2012	3 116.2	79.1	19.7	1.2

数据来源：天津证监局、中国人民银行天津分行。

专栏2　助推天津市银行间市场直接融资创新发展

近年来，天津市企业通过银行间债券市场融资发展迅速。2007～2012年，全市企业累计通过银行间债券市场融资1 270.5亿元，融资金额逐年递增，为拓宽企业融资渠道，降低融资成本，发挥了重要作用。

一、企业通过银行间债券市场进行融资的优势明显

一是企业通过银行间债券市场进行融资有助于帮助发债企业实现信用增级。通过积极的正反馈效应，在银行间债券市场进行直接融资可以实现企业信用的良性循环，进一步推动企业信用增级和后续发展。企业在银行间市场发行债券是一种主要以企业信用作为支撑的直接融资，评级较好的企业在银行间市场成功发行债券，意味着发行前该企业资质经过承销商、评级机构等层层把关，从而得到市场投资者的认可；发行中企业会按照监管机构的要求对企业和债券发行情况进行披露，信息更加透明，更便于社会公众对发债企业的了解；发行后承销商等中介机构和债券投资者会对该企业进行后续跟踪和监督，有助于监督该企业的资质和及时了解企业状况，更便于发展潜在的业务合作。二是有助于企业优化融资结构。通过银行间债券市场进行融资有助于进一步拓宽企业直接融资渠道，改变企业对以银行信贷为代表的间接融资的过度依赖，缓解资金供求矛盾。

二、企业通过银行间市场融资的市场环境更加优良

天津充分把握金融改革先行先试的机遇，进一步加大对金融债券、短期融资券、中期票据等的宣传力度，积极培育市场主体，推广银行间市场的创新产品，为企业利用银行间市场发行债务融资工具提供便利和支持，通过扩大直接融资来满足实体经济的需求。2012年5月21日，推动中国银行间市场交易商协会与中国人民银行天津分行、天津市人民政府金融服务办公室在天津共同签署《借助银行间市场助推天津市经济发展合作备忘录》，对进一步在天津发挥银行间市场优化金融资源配置、有效扩大企业融资规模、缓解企业融资难题、优化企业融资结构等起到了积极的助推作用。

三、银行间债券市场对天津经济的支持作用不断加强

一是对经济发展的支撑力度不断加大。近五年来，天津市经济始终保持两位数的增长，2012年全市生产总值为12 885.2亿元，是2007年的2.4倍。与此同时，天津企业通过银行间债券市场的融资量在全市生产总值中的占比不断上升，由2007年的1%提高到2012年的4.1%。二是融资规模和品种逐步扩大，拓宽了企业融资渠道。天津市企业2012年通过银行间债券市场直接融资额达已到2011年的2.3倍，融资品种也扩展到企业债券、短期融资券、中期票据、非公开定向债务融资工具、资产支持票据和中小企业集合票据等多个品种，充分满足了不同行业、不同类型企业的资金需求，金融市场资源服务地方实体经济的功能进一步增强。三是对重点行业和产业升级的支持作用明显。通过银行间债券市场进行融资的天津企业主要集中在医药、环保、高新技术以及大型基础设施建设等天津近年来集中发展的行业企业。2012年2月，天津市首单中小企业集合票据——“天津滨海高新技术中小企业集合票据”成功发行，集中为五家高新技术型的中小企业提供了1亿元的资金支持。8月，天津房地产信托集团成功发行了全国第一单保障房资产支持票据。

2. 货币市场保持活跃。2012年，天津市银行间同业拆借市场累计完成信用拆借2 134笔，累计拆借金额达9 421.5亿元，与上年同期基本持平。其中，拆入金额为6 205.4亿元，同比下降22%；拆出金额为3 216.1亿元，是上年同期的1.9倍。债券回购交易量继续保持稳步增长，累计成交额达到40 541.1亿元，同比增长14.1%。从期限结构看，交易期限仍以短期为主。全年同业拆借和债券回购中，期限在7天以内的交易品种在全部成交额中的占比达到93.6%。

3. 票据市场增长较快。2012年，天津市承兑汇票累计发生额为8 163.1亿元，同比增长35%；票据贴现累计发生额为4 159.8亿元，同比增长54.7%。票据市场总体上呈现较快增长的态势。从利率水平看，市场利率变化幅度较大。12月，3～6个月银行承兑汇票加权平均利率为5.70%，较1月下降了2.85个百分点。

表6　2012年天津市金融机构票据业务量统计

单位：亿元

季度	银行承兑汇票承兑		贴现			
			银行承兑汇票		商业承兑汇票	
	余额	累计发生额	余额	累计发生额	余额	累计发生额
1	2 748.9	1 360.4	593.7	628.7	10.5	8.5
2	3 091.4	3 294.8	765.4	1 499.5	12.1	117.0
3	3 802.3	5 848.0	828.5	2 709.6	16.3	261.1
4	3 835.6	8 163.1	817.6	3 787.8	7.3	372.0

数据来源：中国人民银行天津分行。

4. 实物黄金和“纸黄金”交易量呈现此消彼长的态势。2012年，天津市黄金市场总体运行平稳。实物黄金交易量为11 763.2公斤，同比增长2.6%；“纸黄金”交易量为23 234公斤，同比下降14.1%。

表7　2012年天津市金融机构票据贴现、转贴现利率

单位：%

季度	贴现		转贴现	
	银行承兑汇票	商业承兑汇票	票据买断	票据回购
1	7.35	7.01	6.47	4.72
2	5.39	5.33	5.53	4.56
3	5.39	5.69	5.28	4.50
4	5.71	5.99	5.00	4.79

数据来源：中国人民银行天津分行。

（五）金融生态环境不断优化

2012年，天津市积极采取有效措施，大力推动金融生态环境建设。征信基础设施建设日趋完善。截至2012年年末，国家金融信用信息基础数据库共收录天津市21万户企业和927万自然人的基本信息和信用信息，2012年系统查询量337万次，比2011年增加15万次，为金融机构信贷决策提供了不可或缺的信息参考。中小企业和农村信用体系建设成效显现。推进天津滨海高新区中小企业信用体系试验区建设，初步建成包括中小企业政策环境扶持、融资平台对接、信用担保评级增信、金融资源支持、信用激励机制在内的中小企业信用体系建设框架。支付工具丰富，应用日益广泛。全市积极推动非现金支付工具发展，推出电子票据、网上支付、电话支付、移动支付等多种新兴支付工具，满足客户的不同需求。积极发展公务卡，增加公务支出的透明度。创新发展金融IC卡，在全国率先推出“津通卡”、社保金融IC卡，实现银行卡与交通、医疗、公用事业缴费领域等的有效结合，实现“一卡多用，一功多效”。推出“医达通”项目，有效地缓解了百姓挂号、缴费排队难的问题，被评为百姓的“民心工程”。

二、经济运行情况

2012年，天津市坚持稳中求进、稳中求好、稳中求快的工作总基调，深入开展“调结构、惠民生、上水平”活动，积极推进转型发展，努力克服国内外市场需求不足的困难，主要经济指标增幅继续保持全国前列。全市生产总值为12 885.2

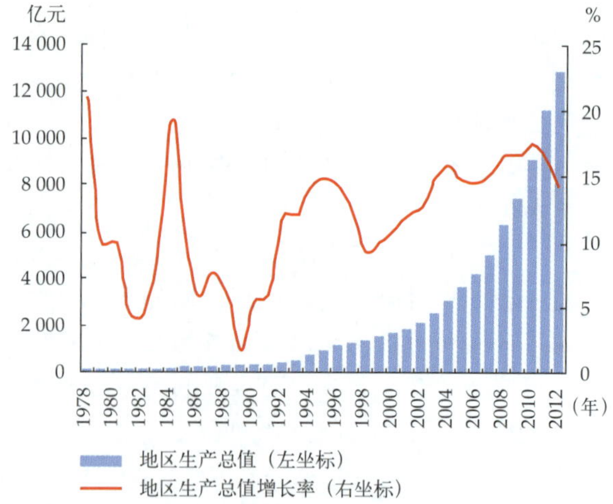

数据来源：天津市统计局。

图5　1978～2012年天津市地区生产总值及其增长率

亿元，按可比价格计算，比上年增长13.8%。

（一）经济增长动力结构改善

受经济增速放缓影响，2012年投资、消费、出口增速均出现不同程度下降，但“三驾马车”拉动经济增长的动力结构有所改善，主要表现在投资增速稳中趋缓，投资“一家独大”的局面有所改善，但重点行业和优势产业投资支撑作用明显；随着城乡居民可支配收入提高，消费需求保持平稳增长，特别是服务性消费需求增长较快，成为拉动消费需求的主要动力。

1. 投资需求增长放缓。全年全社会固定资产投资8 871.3亿元，增长18.1%，增速比上年降低13个百分点。民间投资增势强劲，完成投资4 105.5亿元，增长32.8%，占全社会投资的46.3%。

重点行业投资支撑作用明显。房地产业实现投资1 775.9亿元，同比增长25.0%，占全市城镇投资比重为21.3%。城市基础设施完成投资1 913.7亿元，同比增长14.5%，占全市城镇投资比重为22.9%。工业、房地产业和城市基础设施投资占全市城镇投资的比重合计为85.6%，支撑着全市城镇投资总量。

工业优势产业全年实现投资3 274.3亿元，增长20.5%，高出全市城镇投资增速2.3个百分

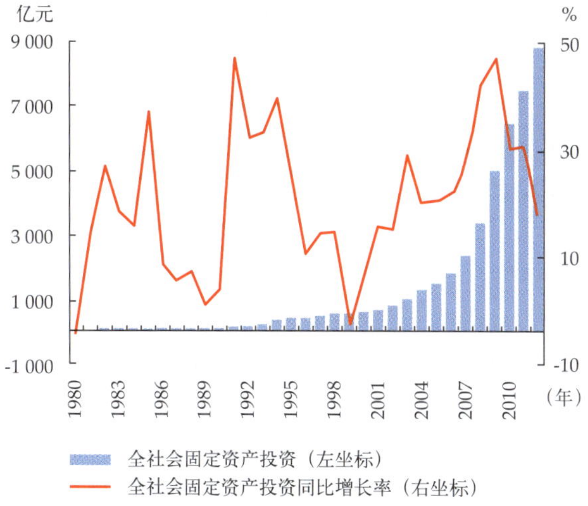

数据来源：天津市统计局。

图6　1980～2012年天津市固定资产投资及其增长率

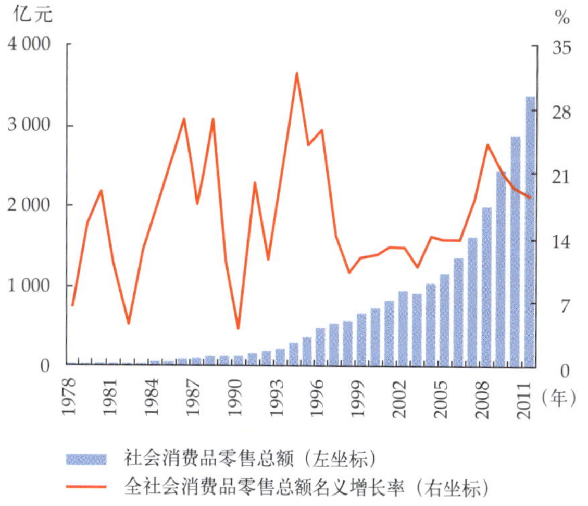

数据来源：天津市统计局。

图7　1978～2012年天津市社会消费品零售总额及其增长率

点。优势产业投资结构向均衡化方向发展，传统优势产业中的石油和汽车工业分别下降18.5%和30.3%，新兴工业产业中的航空航天、生物医药、新能源新材料产业投资分别增长150%、39.5%、46.4%。

2. 消费升级趋势明显。城镇和农村居民可支配收入分别上涨10.1%和14.1%，并带动消费需求持续上涨，全年社会消费品零售总额为3 921.4亿元，增长15.5%。服务性消费增长快于商品性消费，居民的消费方式更加注重精神消费、服务性消费，美容保健、体育健身、大众娱乐等逐渐成为消费的新趋势。全年人均服务性消费支出同比增长13.2%，高于商品性消费6.0个百分点。主要商品对销售市场拉动作用明显。在限额以上批零企业销售额中，汽车销售额增长77.9%，金属材料增长25.3%，石油及制品增长10.4%，三类商品合计完成销售额占全市销售额的72.2%，对全市销售额增长的贡献率达到73.9%。

3. 外贸进出口增速高于全国平均水平，新型贸易方式增长较快。2012年，天津外贸进出口总额为1 156.2亿美元，同比增长11.8%，其中，出口为483.1亿美元，同比增长8.6%，进口为673.1亿美元，同比增长14.3%。进出口、出口、进口增速分别高于全国平均水平5.8个、0.7个和10个百分点。

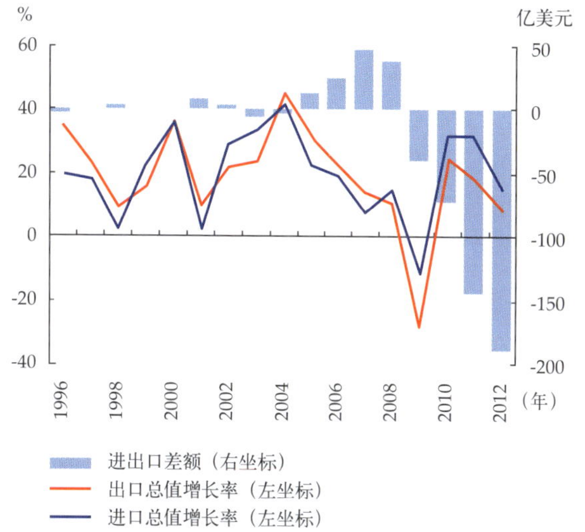

数据来源：天津市统计局。

图8　1996～2012年天津市外贸进出口变动情况

贸易逆差为190.0亿美元，同比扩大31.9%。在特殊经济区域和航空航运产业的发展带动下，转口贸易、租赁贸易等新型贸易方式增长较快，累计出口40.2亿美元，同比增长30%，占全市出口总额的8.4%。欧盟作为天津第二大贸易伙伴，受欧债危机影响对其出口下降明显。全年对欧盟贸易逆差为46.4亿美元，占全市逆差的24.4%。

外商直接投资稳步增长，企业“走出去”步

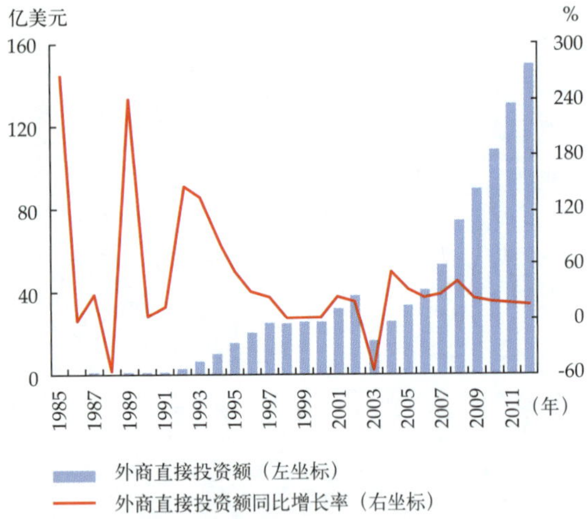

数据来源：天津市统计局。

图9　1985～2012年天津市外商直接投资额及其增长率

伐加快。2012年，天津新批外商投资企业632家，实际直接利用外资金额为150.2亿美元，同比增长15.0%。其中，制造业实际利用外资76.2亿美元，同比增长33.7%。房地产业吸引外资增速放缓，实际利用外资19.4亿美元，同比增长4.7%。企业对外直接投资步伐加快，全年对外投资资本金售汇10.6亿美元，同比增长76.8%。

（二）产业结构进一步优化

三次产业实现全面增长，第一产业增加值为171.5亿元，增长3.0%；第二产业增加值为6 663.7亿元，增长15.2%，其中，工业增加值为6 122.9亿元，增长15.8%，拉动全市经济增长7.8个百分点，贡献率达到56.3%；第三产业增加值为6 050.0亿元，增长12.4%，服务业比重达到47.0%，比上年提高0.8个百分点。经济结构进一步优化，现代农业、战略性新兴产业和新兴服务业实现较快增长。

1. 粮食生产保持稳定，都市型现代农业加快发展。2012年粮食全年总产量为161.76万吨，与上年基本持平。启动实施了设施农业提升和农业科技创新工程，5万亩种植业设施、11个畜牧养殖示范园区、17个水产养殖示范园区加快提升，农业科技进步率达到60.4%。农业专业合作组织达到3 000家，农业龙头企业发展到440个，进入产业化体系的农户达到90%，休闲农业直接从业人员超过4万人。

2. 工业保持平稳较快增长，战略性新兴产业快速发展。全年规模以上工业总产值为23 250.54亿元，增长14.9%，工业增加值增长16.1%。航空航天、石油化工、装备制造、电子信息、生物医药、新能源新材料、轻纺和国防八大优势产业完成工业总产值21 085.08亿元，占规模以上工业的90.7%，增长14.8%，拉动全市工业增长13.4个百分点，贡献率达到90.0%。高端装备制造、新一代信息技术、节能环保等，国家级新型工业化示范基地达到6个，产业聚集效应进一步显现。

自主创新能力不断提升。全年新增科技型中小企业13 923家，累计达到34 963家，其中新增科技小巨人企业780家，累计达到1 828家；高新技术产业完成工业总产值6 951.7亿元，增长14.3%，占规模以上工业的29.9%；国家级科研院所、国家及部委级重点实验室分别达到64家和53个；专利申请4.15万件、授权2.0万件；全社会研发经费支出占生产总值的比重提高到2.7%。

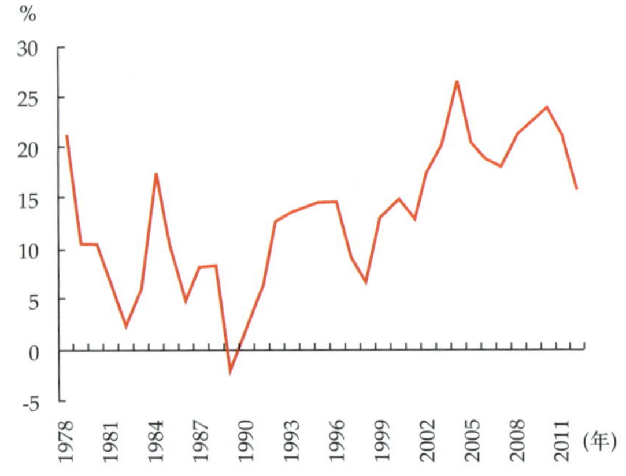

数据来源：天津市统计局。

图10　1978～2012年天津市规模以上工业增加值同比增长率

3. 服务业增势较好，新兴服务业发展驶入快车道。主要服务行业持续增长，全年批发零售业商品销售总额增长22.0%，住宿餐饮业营业额增长17.3%。新兴服务业快速壮大，全市税收超亿元的楼宇预计达到90座；全年服务外包执行额为12.3亿美元，增长1.0倍；国际环保节能暨新能源新材料博览会、第19届津洽会和首届中国天津国际建筑石材产品及设备博览会、首届国际汽车工业博览会等203个大型展会相继举办。

（三）价格指数涨幅逐步走低

受全球经济复苏乏力和经济增速放缓等因素的影响，2012年，天津市主要价格指数涨幅呈现逐渐走低的态势。

1. 居民消费价格涨幅持续走低。2012年，天津市居民消费价格持续走低，全年累计同比上涨2.7%，涨幅较2011年减少2.2个百分点。从构成居民消费价格的八大类商品变化来看，呈“六升两降”格局，食品类及衣着类价格是推动2012年物价上涨的主要因素。

2. 工业生产者价格指数全年负增长。工业生产者出厂价格和购进价格指数均下降，降幅呈现前三个季度大幅下降，年末降幅收缩、尾部抬高的走势。全年天津市工业生产者购进价格累计同比下降3%，工业生产者出厂价格同比下降3%，与上年同期分别为9.8%和3.8%的涨幅相距甚远。工业生产者出厂价格指数中，生产资料同比下降3.9%，生活资料同比上涨0.6%。

3. 劳动力成本稳步提高。天津市单位从业人员人均劳动报酬为60 682元，比上年增长10.6%。

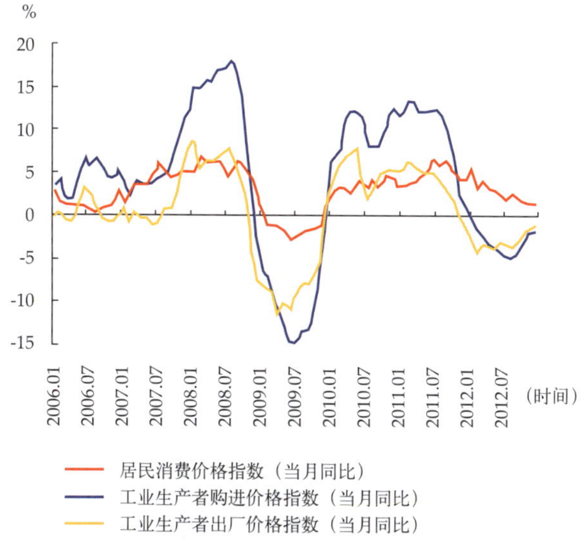

数据来源：天津市统计局。

图11　2006～2012年天津市居民消费价格和生产者价格变动趋势

天津自4月1日起调整最低工资标准，最低工资标准由每月1 160元、每小时6.7元，调整为每月1 310元、每小时7.5元。非全日制用工劳动者最低小时工资标准由每人每小时11.6元调整为每人每小时13.1元。

（四）财政收入继续保持平稳较快增长

2012年，天津市一般预算收入为1 760.0亿元，增长21%，主要是企业效益持续向好，为税收增长提供了坚实基础；税源结构进一步优化，现代服务业、先进制造业对税收的支撑作用不断增强。民生保障能力进一步增强。天津积极调整优化支出结构，大力压缩一般性、消耗性支出，严格控制“三公”经费和行政经费，集中财力优先保障民生领域等重点支出需要。进一步加大社会事业投入，财政资金用于民生领域的支出占全部财政支出七成以上。

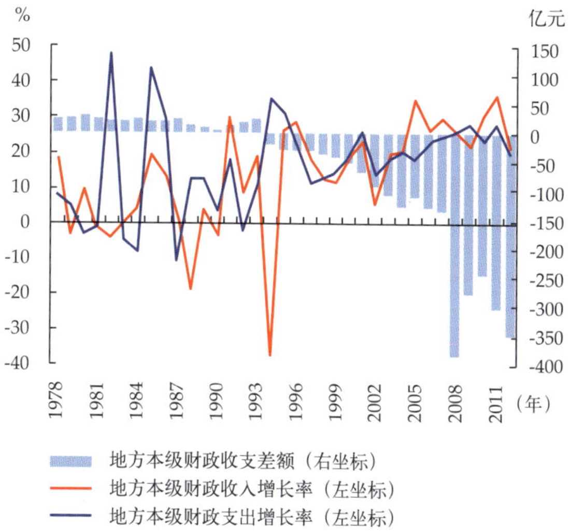

数据来源：天津市统计局。

图12　1978～2012年天津市财政收支状况

（五）地区生态环境持续改善

2012年天津市继续把推进结构节能作为降低能耗的主要方向，加快建设高端产业基地，不断提高战略新兴产业和现代服务业比重，通过煤改燃，供热锅炉并网，提高外购电比例，发展风能、太阳能、生物质能等可再生能源改善用能结构，加速淘汰小高炉、小机焦等落后产能，GDP能耗节能降耗扎实推进。全市万元GDP能耗比上年下降4%，规模以上工业单位增加值能耗下降13.2%。黑色金属冶炼和压延加工业、化学原料和化学制品制造业、电力热力的生产供应业三大高耗能行业低速增长。

（六）主要行业增长放缓

1. 房地产业平稳发展。2012年，天津市房地产市场呈现投资建设保持增长、房价涨幅有效抑制、信贷总量增长放缓的局面。

（1）房地产开发投资规模持续增长，企业自筹投资稳步提高。2012年，天津市完成房地产开发投资1 260.0亿元，同比增长16.7%。房地产企业开发投资资金来源合计2 980.4亿元，同比增长9.3%。其中，国内贷款为570.4亿元，同比增长9.4%；自筹资金831.7亿元，同比增长28.9%。

（2）土地供应总量减少，房屋市场供给保持平稳。2012年，天津市土地供应总量为1 912.1万平方米，同比下降27.2%；保障住宅用地供应为526.3万平方米，同比增长14.0%，比上年同期下降36.8个百分点。同时，房屋累计施工面积、竣工面积和新开工面积分别为9 020万、2 551万和2 623万平方米，同比分别增长了6.1%、21.2%和-25.5%。

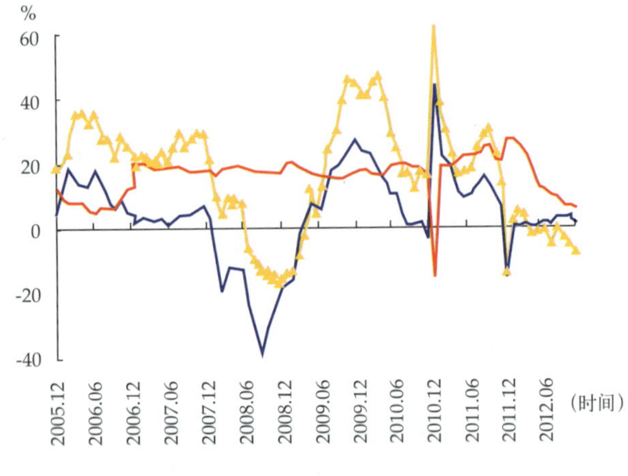

数据来源：天津市统计局。

图13　2006～2012年天津市商品房施工和销售变动趋势

（3）房地产市场销售有所回升。2012年，天津市普通商品房累计销售面积为2 332.6万平方米，同比增长4.9%。其中，二手房累计销售面积则为670.9万平方米，同比增长15.4%；交易金额为528.1亿元，同比增长21.7%。

（4）房地产价格涨幅全年得到有效抑制，下半年有所提高。2012年，天津市1～12月新建住宅及二手房销售价格同比指数分别为99.4和98.8，较上年同期分别减少了4.7和2.4。但从7月开始，月度新建住宅环比价格指数均处于100以上、同比价格指数逐月提高。

（5）房地产贷款增幅放缓。截至2012年年末，天津市房地产贷款余额为3 066.8亿元（不含政策性住房贷款），同比增长7.4%，涨幅较上年同期下降8.6个百分点。其中，房地产开发贷款涨幅较上年同期下降12.6个百分点。个人住房贷款涨幅较上年同期下降4.3个百分点。

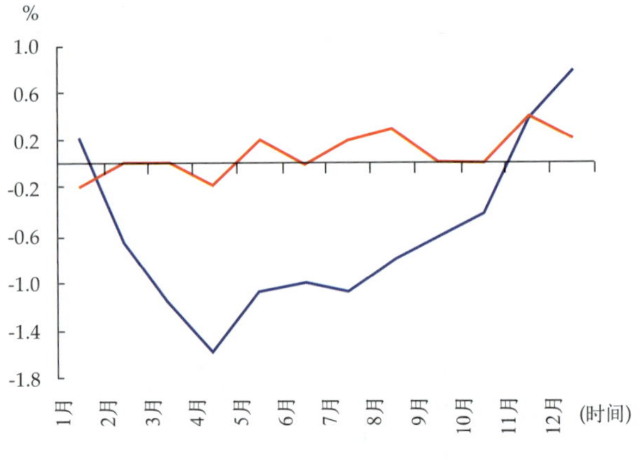

数据来源：天津市统计局。

图14　2012年天津市新建住宅销售价格变动趋势

2. 石油化工产业较快发展。“十一五”期间，天津市石油化工产业紧紧把握历史机遇，依托传统的工业基础及油气资源、得天独厚的区位优势、完善的港口设施，突出以石油和天然气开采业为发展重点，将产业链上游行业优势发挥出来，带动中下游行业发展，进而逐步完善产业链，实现了用现代石油化工提升改造传统化学工业，使石油化工产业发展步入良性轨道，形成了以石油化工为主体、涵盖从石油勘探开发到炼油、乙烯、化工完整的产业链条，逐步成为国家级石油化工基地和我国重要的海洋化工基地。

快速发展的石油化工产业成为天津经济发展的重要支撑，原油开采量达到3 600万吨，炼油能力达到2 200万吨，乙烯生产能力120万吨，聚乙烯、聚丙烯、聚酯、ABS等七大合成树脂生产规模和技术水平居国内前列。2011年，天津规模以上石化工业企业427户，占全市规模以上工业企业数的8.5%，实现工业总产值 4 226.9亿元，比2010年增长28.7%，对全市工业增长的贡献率达到 22.9%。石化产业工业总产值占全市比重达到20.3%。

2012年，受经济下行压力影响，国内石油消费增速回落，石油化工产业出现了多年来少见的复杂局面，天津石油化工产业也受到影响，石油化工重点企业效益出现多年来的首次下滑，2012年天津市石油化工产业实现工业总产值3 941.59亿元，仅增长2.7%，占全市工业总产值的比重下降到17.0%，这对天津市石油化工产业在“十二五”时期进一步深化结构调整、优化产业升级提出了更高的要求。

三、预测与展望

2013年是全面贯彻落实党的十八大精神的开局之年，是为全面建成小康社会奠定基础的重要一年。天津市将深入开展“促发展、惠民生、上水平”活动，调整优化经济结构，狠抓高水平大项目好项目，大力发展科技型中小企业，着力解决企业生产经营难题，增强经济活力，发挥滨海新区龙头带动作用，加快中心城区整合提升，积极稳妥地推进郊区城镇化，促进多点支撑、多元发展格局。这一系列措施将促进天津经济实现又好又快发展。

2013年，天津市金融业将继续优化信贷结构，着力加强对实体经济的金融服务，着力提升金融管理水平和金融风险防范能力，保持良好的金融生态环境。

中国人民银行天津分行货币政策分析小组
总　纂：林铁钢　苏东海
统　稿：杨红员　闫　芳
执　笔：魏昆利　郝慧刚
提供材料的还有：王贵鹏　钟　辉　李晓迟　梁景宗　宁　悦　周中明　赵希林　李稳立　姚雪丹
徐　力　于　琦　安瑞萍　唐　浩　刘振斌　于海欢　刘酉鸣　苗润雨　侯玉玲
李衍陶　马玉珊

附录

（一）2012年天津市经济金融大事记

4月17日，天津市科技金融促进会成立。

5月11日，中国·天津第十九届投资贸易洽谈会暨第八届PECC国际贸易投资博览会在天津梅江会展中心隆重开幕。

5月21日，中国银行间市场交易商协会、中国人民银行天津分行、天津市金融办共同签署了《借助银行间市场助推天津市经济发展合作备忘录》，此次合作备忘录的签署为天津市企业利用银行间市场发行债务融资工具提供了便利和支持。

5月31日，由中国银行业协会、天津市人民政府和中国外商投资企业协会联合主办的第三届中国金融租赁高峰论坛在津召开。

6月11日，作为国内融资租赁行业首次大型专业性论坛，由滨海新区政府和中国国际商会租赁委员会主办的2012天津滨海新区融资租赁发展论坛在梅江会展中心举行。

6月21日，世界经济论坛天津合作伙伴城市圆桌会议在南开大学召开。

7月13日，天津市新农村建设宣传促进会成立揭牌仪式暨首届天津新农村发展论坛在津举行。

9月11日，2012天津夏季达沃斯论坛在梅江会展中心隆重举行。本届论坛主题为“塑造未来经济”。

11月27日，2012年天津消费金融论坛在天津宾馆举行。论坛以“促进国内消费，助力经济转型——消费金融如何响应‘十二五’规划”为主题。

12月25日，中国中小企业协会与滨海新区政府签署战略合作框架协议，与北塘经济区管委会、中国民生银行天津分行签署三方战略合作协议，将以北塘经济区为试点，设立其项目管理服务中心及天津发展服务中心，并建立全国唯一的中国中小企业总部基地。

（二）2012年天津市主要经济金融指标

表1　2012年天津市主要存贷款指标

		1月	2月	3月	4月	5月	6月	7月	8月	9月	10月	11月	12月
本外币	金融机构各项存款余额（亿元）	17 105.8	17 465.6	18 041.9	18 042.6	18 463.3	19 224.0	19 029.6	19 299.1	19 540.4	19 534.2	19 728.3	20 293.8
	其中：储蓄存款	6 294.1	6 259.0	6 409.6	6 320.6	6 409.2	6 707.4	6 578.8	6 643.6	6 872.1	6 780.1	6 793.7	7 135.4
	单位存款	9 891.7	10 158.9	10 545.6	10 580.2	10 882.8	11 305.4	11 188.5	11 430.5	11 570.6	11 549.1	11 747.4	12 110.8
	各项存款余额比上月增加（亿元）	-462.4	359.8	576.2	0.8	420.7	760.7	-194.5	269.8	241.3	-6.3	192.7	565.5
	金融机构各项存款同比增长（%）	6.1	7.1	8.4	7.7	10.0	12.7	12.9	13.7	15.7	15.4	13.9	15.4
	金融机构各项贷款余额（亿元）	16 089.2	16 265.4	16 613.6	16 688.4	16 970.4	17 260.9	17 370.1	17 531.0	17 706.4	17 855.1	18 081.9	18 396.8
	其中：短期	4 201.6	4 272.1	4 389.3	4 384.8	4 476.9	4 534.3	4 495.7	4 541.7	4 669.2	4 766.4	4 808.2	5 126.8
	中长期	10 022.1	10 046.6	10 199.0	10 218.4	10 297.7	10 375.3	10 366.3	10 443.1	10 558.5	10 598.1	10 650.2	10 700.3
	票据融资	514.4	560.8	604.2	658.9	719.6	777.5	917.5	926.4	844.9	812.1	870.5	825.0
	各项贷款余额比上月增加（亿元）	158.3	176.2	348.1	74.8	282.0	290.5	109.2	161.0	175.4	148.7	225.3	314.9
	其中：短期	25.2	70.5	117.2	-4.5	92.1	57.4	-38.6	46.0	127.5	97.2	40.9	318.5
	中长期	109.2	24.5	152.4	19.4	79.3	78.9	-9.0	78.8	117.3	39.6	51.9	53.1
	票据融资	-4.1	46.4	43.5	54.7	60.6	58.0	139.9	9.0	-81.5	-32.8	58.0	-45.6
	金融机构各项贷款同比增长（%）	14.6	14.2	15.4	14.3	14.9	15.1	14.4	14.2	14.9	14.4	14.5	15.5
	其中：短期	29.0	27.1	28.1	26.3	26.5	23.1	19.8	19.4	19.8	20.1	17.7	22.7
	中长期	6.8	6.1	7.0	6.1	6.3	7.0	6.3	6.9	7.8	7.6	7.8	8.0
	票据融资	6.2	23.6	36.9	48.9	53.6	58.5	81.8	58.7	63.5	52.8	61.9	59.1
	建筑业贷款余额（亿元）	551.4	577.9	593.8	582.7	587.3	579.8	587.7	592.0	620.4	617.0	644.5	662.9
	房地产业贷款余额（亿元）	1 288.9	1 293.0	1 322.6	1 337.2	1 341.1	1 361.4	1 330.4	1 339.3	1 366.3	1 367.2	1 365.5	1 354.3
	建筑业贷款同比增长（%）	2.0	8.5	14.0	10.9	23.3	12.8	14.9	17.2	24.3	20.7	23.7	20.5
	房地产业贷款同比增长（%）	12.3	11.3	15.1	21.5	20.3	19.3	15.6	14.4	16.9	18.1	19.3	16.7
人民币	金融机构各项存款余额（亿元）	16 707.6	17 071.3	17 586.3	17 560.7	17 987.5	18 681.3	18 501.6	18 747.1	18 965.7	18 943.1	19 106.5	19 675.7
	其中：储蓄存款	6 223.3	6 190.0	6 337.7	6 248.5	6 335.4	6 632.9	6 504.5	6 569.4	6 797.6	6 703.1	6 715.4	7 055.4
	单位存款	9 587.8	9 858.3	10 187.0	10 186.1	10 500.1	10 882.1	10 754.1	10 971.4	11 087.4	11 051.4	11 220.7	11 591.0
	各项存款余额比上月增加（亿元）	-471.2	363.6	515.1	-25.6	426.8	693.8	-179.7	245.8	218.6	-22.6	162.0	569.1
	其中：储蓄存款	100.7	-19.9	147.7	-89.1	86.9	297.5	-128.5	64.9	228.2	-94.5	12.0	340.0
	单位存款	-570.7	270.5	328.7	-0.9	314.1	382.0	-128.0	217.6	116.0	-36.0	168.1	370.3
	各项存款同比增长（%）	6.0	7.1	8.0	7.1	9.4	11.9	12.1	12.8	14.8	14.3	12.9	14.4
	其中：储蓄存款	9.4	9.2	9.3	9.3	10.2	11.5	12.7	13.5	14.6	16.3	15.7	15.2
	单位存款	3.3	4.7	5.3	3.9	6.9	10.0	8.9	9.8	13.6	12.6	10.7	14.1
	金融机构各项贷款余额（亿元）	15 421.8	15 591.7	15 882.3	15 962.5	16 208.0	16 495.6	16 582.1	16 715.1	16 882.8	16 975.5	17 160.5	17 392.1
	其中：个人消费贷款	1 459.8	1 456.5	1 465.2	1 467.4	1 479.1	1 502.6	1 517.6	1 542.2	1 567.0	1 586.7	1 614.1	1 642.8
	票据融资	514.4	560.8	604.2	658.9	719.6	777.5	917.4	926.3	844.8	812.1	870.5	824.9
	各项贷款余额比上月增加（亿元）	173.9	169.9	290.6	80.2	245.5	287.6	86.5	133.0	167.7	92.7	183.5	231.5
	其中：个人消费贷款	5.8	-3.4	8.7	2.2	11.7	23.6	15.3	24.6	24.7	19.7	27.4	28.6
	票据融资	-4.0	46.4	43.5	54.7	60.6	57.9	139.9	9.0	-81.5	-32.8	58.1	-45.6
	金融机构各项贷款同比增长（%）	14.9	14.5	15.4	14.4	14.9	15.4	14.6	14.0	14.8	13.9	13.7	14.1
	其中：个人消费贷款	15.1	13.1	11.7	10.2	9.5	9.9	10.1	10.8	11.2	11.5	11.9	13.0
	票据融资	6.2	23.7	37.0	49.0	53.7	58.5	81.9	58.7	63.5	52.8	61.9	59.1
外币	金融机构外币存款余额（亿美元）	63.1	62.7	72.4	76.8	75.1	85.8	83.4	87.0	90.6	93.8	98.9	98.3
	金融机构外币存款同比增长（%）	17.3	11.8	33.8	34.9	41.9	49.0	52.5	54.5	59.0	64.0	61.7	59.1
	金融机构外币贷款余额（亿美元）	105.7	107.1	116.2	115.6	120.3	121.0	124.4	128.6	129.9	139.6	146.5	159.9
	金融机构外币贷款同比增长（%）	12.9	13.1	20.4	17.0	17.6	10.7	12.2	18.0	15.6	26.3	33.4	47.6

数据来源：《天津市金融统计月报》。

表2 2001～2012年天津市各类价格指数

单位：%

年/月	居民消费价格指数		农业生产资料价格指数		工业生产者购进价格指数		工业生产者出厂价格指数	
	当月同比	累计同比	当月同比	累计同比	当月同比	累计同比	当月同比	累计同比
2001	—	1.2	—	—	—	-1.2	—	-4.1
2002	—	-0.4	—	—	—	-4.1	—	-4.2
2003	—	1.0	—	—	—	8.7	—	2.5
2004	—	2.3	—	—	—	15.4	—	4.1
2005	—	1.5	—	—	—	4.9	—	0.1
2006	—	1.5	—	—	—	4.7	—	0.6
2007	—	4.2	—	—	—	5.7	—	1.5
2008	—	5.4	—	—	—	12.9	—	4.1
2009	—	-1.0	—	—	—	-9.8	—	-7.5
2010	—	3.5	—	—	—	10.0	—	5.1
2011	—	4.9	—	—	—	9.8	—	3.8
2012	—	2.7	—	—	—	-3.0	—	-3.0
2011 1	3.3	3.3	—	—	11.5	11.5	5.2	5.2
2	3.9	3.6	—	—	13.2	12.3	6.5	5.8
3	3.7	3.6	—	—	13.4	12.7	6.0	5.9
4	4.5	3.9	—	—	12.2	12.6	5.6	5.8
5	4.8	4.0	—	—	12.1	12.5	4.9	5.6
6	5.5	4.3	—	—	12.1	12.4	4.9	5.5
7	6.4	4.6	—	—	12.3	12.4	4.9	5.4
8	5.8	4.7	—	—	11.6	12.3	4.0	5.3
9	6.3	4.9	—	—	9.7	12.0	2.9	5.0
10	5.5	5.0	—	—	6.7	11.4	2.0	4.7
11	4.3	4.9	—	—	2.5	10.6	0.0	4.3
12	4.4	4.9	—	—	1.1	9.8	-1.3	3.8
2012 1	5.3	5.3	—	—	0.0	0.0	-2.9	-2.9
2	3.3	4.3	—	—	-1.5	-0.8	-4.0	-3.4
3	3.9	4.1	—	—	-2.4	-1.3	-3.4	-3.4
4	3.3	3.9	—	—	-3.1	-1.8	-3.6	-3.5
5	3.1	3.8	—	—	-3.5	-2.1	-3.9	-3.6
6	2.6	3.6	—	—	-4.0	-2.4	-3.0	-3.5
7	2.0	3.3	—	—	-4.7	-2.8	-3.3	-3.4
8	2.6	3.2	—	—	-4.9	-3.0	-3.6	-3.5
9	2.0	3.1	—	—	-4.3	-3.2	-3.1	-3.4
10	1.7	2.9	—	—	-3.0	-3.1	-2.1	-3.3
11	1.6	2.8	—	—	-1.8	-3.0	-1.5	-3.1
12	1.6	2.7	—	—	-1.8	-3.0	-1.1	-3.0

数据来源：《天津统计月报》。

表3　2012年天津市主要经济指标

	1月	2月	3月	4月	5月	6月	7月	8月	9月	10月	11月	12月
绝对值（自年初累计）												
地区生产总值(亿元)	—	—	2 582.6	—	—	5 864.9	—	—	9 188.5	—	—	12 885.2
第一产业	—	—	18.6	—	—	73.6	—	—	109.5	—	—	171.5
第二产业	—	—	1 450.0	—	—	3 181.2	—	—	4 964.5	—	—	6 663.7
第三产业	—	—	1 114.0	—	—	2 610.1	—	—	4 114.4	—	—	6 050.0
固定资产投资(亿元)	—	579.5	1 358.7	2 230.7	3 147.7	4 364.4	5 110.3	5 910.0	6 795.6	7 558.2	8 153.5	8 871.3
房地产开发投资	—	68.7	198.6	318.4	451.0	675.8	757.1	858.1	980.8	1 043.0	1 128.6	1 260.0
社会消费品零售总额(亿元)	—	644.7	941.0	1 251.9	1 582.6	1 893.0	2 210.9	2 550.8	2 897.7	3 253.5	3 578.8	3 921.4
外贸进出口总额(万美元)	783 000.0	1 686 100.0	2 692 500.0	3 603 900.0	4 609 500.0	5 598 200.0	6 657 400.0	7 699 500.0	8 786 600.0	9 696 900.0	10 646 900.0	11 562 300.0
进口	448 900.0	995 800.0	1 567 200.0	2 103 900.0	2 695 500.0	3 245 900.0	3 880 200.0	4 466 500.0	5 084 300.0	5 624 500.0	6 155 300.0	6 730 900.0
出口	334 100.0	690 200.0	1 125 300.0	1 499 900.0	1 914 000.0	2 352 400.0	2 777 200.0	3 232 900.0	3 702 300.0	4 072 400.0	4 491 600.0	4 831 400.0
进出口差额(出口−进口)	-114 800.0	-305 600.0	-441 900.0	-604 000.0	-781 500.0	-893 500.0	-1 103 000.0	-1 233 600.0	-1 382 000.0	-1 552 100.0	-1 663 700.0	-1 899 500.0
外商实际直接投资(万美元)	113 900.0	235 700.0	432 500.0	525 500.0	651 300.0	832 000.0	885 400.0	988 600.0	1 093 000.0	1 200 500.0	1 336 900.0	1 501 600.0
地方财政收支差额(亿元)	39.9	27.1	27.9	4.9	-7.5	3.5	-13.8	-27.2	-63.1	-7.5	-93.0	-352.2
地方财政收入	171.1	282.6	412.3	573.8	713.9	890.4	1 044.4	1 160.2	1 305.3	1 477.8	1 596.8	1 760.0
地方财政支出	131.3	255.5	384.4	568.9	721.4	886.9	1 058.2	1 187.3	1 368.4	1 485.3	1 689.8	2 112.2
城镇登记失业率(%)(季度)	—	—	3.6	—	—	3.6	—	—	3.6	—	—	3.6
同比累计增长率（%）												
地区生产总值	—	—	14.7	—	—	14.1	—	—	13.9	—	—	13.8
第一产业	—	—	3.2	—	—	3.0	—	—	2.6	—	—	3.0
第二产业	—	—	16.8	—	—	15.7	—	—	15.3	—	—	15.2
第三产业	—	—	12.1	—	—	12.3	—	—	12.4	—	—	12.4
工业增加值	—	—	17.8	—	—	16.7	—	—	16.2	—	—	16.1
固定资产投资	—	25.9	26.5	26.7	26.4	26.6	26.4	26.2	25.2	23.2	20.3	18.1
房地产开发投资	—	26.8	29.7	27.4	28.5	25.4	23.1	21.9	22.4	20.7	18.5	16.7
社会消费品零售总额	—	16.9	16.6	16.2	15.8	16.0	15.5	14.9	15.2	15.4	15.5	15.5
外贸进出口总额	-1.8	21.5	21.0	19.1	19.9	19.9	19.3	17.7	17.3	15.8	13.4	11.8
进口	-4.7	23.9	21.7	22.6	23.6	23.3	24.0	20.8	19.8	18.5	15.3	14.3
出口	2.4	18.2	20.0	14.6	15.2	15.4	13.4	13.6	14.1	12.2	10.8	8.6
外商实际直接投资	13.8	16.5	21.7	15.6	15.1	15.0	15.1	15.1	15.0	16.2	15.1	15.0
地方财政收入	30.2	30.1	30.1	27.3	27.3	27.0	23.3	21.2	23.7	23.5	22.2	21.0
地方财政支出	28.3	43.8	30.8	36.2	31.5	28.3	31.1	25.4	23.1	21.4	20.3	19.2

数据来源：《天津统计月报》。

2012年河北省金融运行报告

中国人民银行石家庄中心支行货币政策分析小组

[内容摘要] 2012年，河北省积极应对复杂局面，突出主题主线，坚持稳中求进，大力实施"一产抓特色、二产抓提升、三产抓拓展"的经济发展战略，全力做好稳增长、控物价、调结构、抓创新、惠民生、促和谐的各项工作，全省经济社会发展呈现出稳中有进的良好态势，建设经济强省、和谐河北实现预期开局。

2013年，河北省金融系统将继续按照"稳中求进"的宏观调控总要求，认真贯彻落实稳健货币政策，促进信贷平稳增长，保持合理的社会融资规模，着力优化信贷结构，加快推进金融改革，充分发挥金融服务实体经济的助推作用，促进经济社会平稳较快和谐发展。

一、金融运行情况

2012年，河北省金融系统认真贯彻落实稳健的货币政策，处理好保持经济平稳较快增长、调整经济结构和管理通胀预期之间的关系，深入推进各项金融改革与创新，全力维护金融安全稳定，不断提升金融服务和管理水平，促进了经济发展方式转变和经济结构战略性调整，巩固了河北经济健康平稳发展的良好势头。

（一）银行业金融机构综合实力稳步增强，宏观审慎管理效果显现

1. 综合实力稳步增强，组织体系进一步完善。2012年年末，河北省银行业金融机构资产总额为41 431亿元，比上年增加5 900亿元。信贷结构优化，盈利能力和资产质量进一步提高，资本充足率和风险抵补能力增强。组织体系日趋完善，"引银入冀"有新突破，相继引进汇丰银行唐山分行、渤海银行石家庄分行。

金融服务广度和深度显著提升，有效地支持了经济增长。河北钢铁集团财务公司开业，河北建投集团财务公司筹建顺利；机构转型取得重大进展，网点布局更趋合理，农村信用社改制为农村商业银行新批筹建10家，另有28家达到改制条件。

2. 存款增长较快，月度间波动大。2012年年末，人民币各项存款余额为34 013亿元，比年初增加4 447亿元，同比增长15.1%，比上年同期提高1.8个百分点，比全国平均水平高1.7百分点。个人存款增速快于单位存款增速。个人存款余额为20 843亿元，较年初增加2 974亿元，同比多增785亿元，增速高于全部存款平均增速1.6个百分点。单位存款为12 180亿元，比年初增加1 338亿元，增速低于

表1　2012年河北省银行业金融机构情况

机构类别	营业网点			法人机构（个）
	机构个数（个）	从业人数（人）	资产总额（亿元）	
一、大型商业银行	3 187	75 636	19 950.3	0
二、国家开发银行和政策性银行	164	3 652	2 497.6	0
三、股份制商业银行	145	6 056	3 798.4	0
四、城市商业银行	464	12 902	4 316.7	11
五、小型农村金融机构	4 610	51 906	8 251.5	183
六、财务公司	0	113	152.5	4
七、信托公司	0	96	28.3	1
八、邮政储蓄银行	1 409	8 591	2 265.9	0
九、外资银行	2	73	17.0	0
十、新型农村金融机构	2	653	80.5	24
十一、其他	0	80	71.9	1
合　计	9 983	159 758	41 430.7	224

注：营业网点不包括国家开发银行和政策性银行、大型商业银行、股份制银行等金融机构总部数据；大型商业银行包括中国工商银行、中国农业银行、中国银行、中国建设银行和交通银行；小型农村金融机构包括农村商业银行、农村合作银行和农村信用社；新型农村金融机构包括村镇银行、贷款公司和农村资金互助社；"其他"包含金融租赁公司、汽车金融公司、货币金融公司、消费金融公司等。

数据来源：河北银监局。

全部存款增速2.7个百分点。

从存款的走势变化看，月度间波动明显，受个人理财产品发行等因素影响，呈现出明显的逢季末上冲、季后大幅下滑的典型特点。存款增长波动和经济形势、金融机构业务发展、同业竞争等因素密不可分。

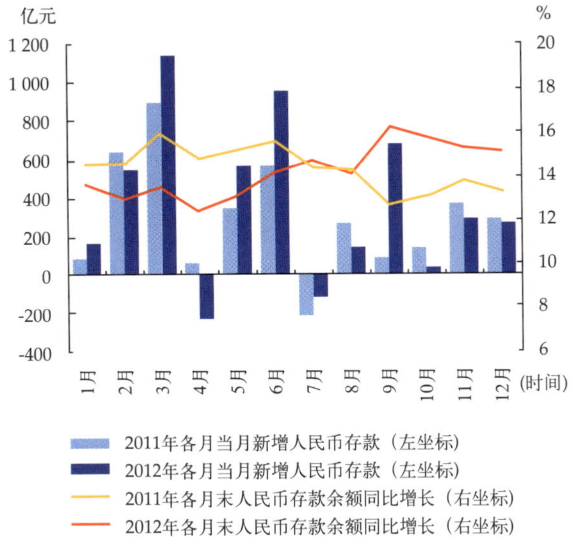

数据来源：中国人民银行石家庄中心支行。

图1　2011～2012年河北省金融机构人民币存款增长

3. 贷款投放合理适度，信贷结构明显优化。2012年年末，全省金融机构人民币各项贷款余额20 851亿元，同比增长14.9%，比年初增加2 699亿元，同比多增276亿元，信贷投放实现了总量适度、节奏平稳。

在2012年新增贷款中，短期贷款增加1 833亿元，同比多增488亿元；中长期贷款增加701亿元，同比少增425亿元。主要原因：一是金融机构贯彻执行货币政策成效显著，信贷资金对实体经济、中小企业、县域经济建设等短期资金需求大的领域给予了大力支持；二是工业经济仍然低迷，大型项目建设，开发投资项目减少，对信贷资金有效需求不足。

2012年，全省地方法人金融机构新增贷款919亿元，增速24.7%，高于全部贷款增速9.8个百分点。地方法人金融机构新增贷款占全部新增贷款的比重达34%，比2011年提高4.8个百分点，最大限度地支持了全省经济平稳较快发展。地方法人金融机构各项经营指标持续向好，对“三农”、小微企业等弱势领域投入稳步增长。2012年，全省县域、涉农新增贷款分别为1 161亿元、1 592亿元，占全部新增贷款的43%和59%，小微企业全年

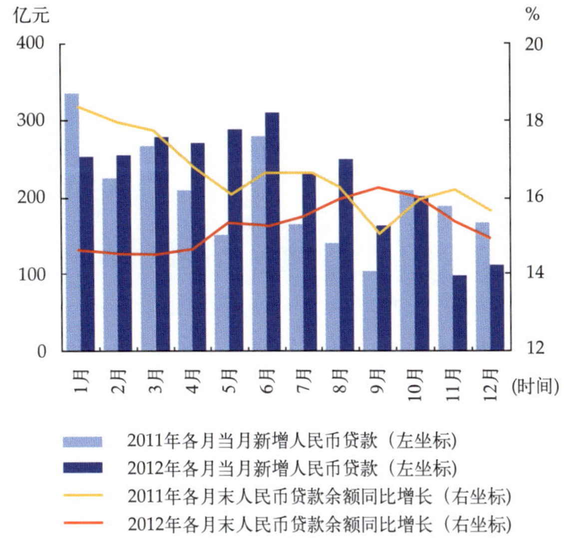

数据来源：中国人民银行石家庄中心支行。

图2　2011～2012年河北省金融机构人民币贷款增长

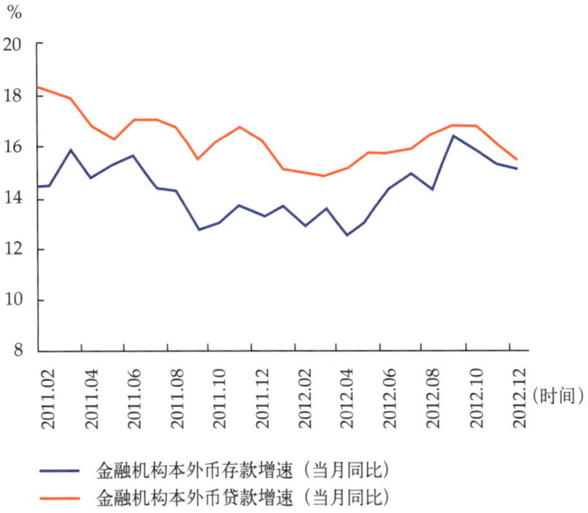

数据来源：中国人民银行石家庄中心支行。

图3　2011～2012年河北省金融机构本外币存、贷款增速

新增贷款916亿元，占企业全部新增贷款的49%，信贷投向实现了结构优化、重点突出。

2012年，全省中国人民银行系统充分运用再贷款、再贴现等政策工具，积极引导农村信用社合理调整信贷结构，加大对涉农、小微企业信贷资金投放力度。全年累计发放支农再贷款43亿元，同比增加10亿元；累计办理再贴现167亿元，同比增加40亿元，其中，中小企业票据占96%，涉农票据占73%，对“三农”、小微企业的扶持引导作用充分。

表2　2012年河北省金融机构人民币贷款各利率区间占比

单位：%

月份		1月	2月	3月	4月	5月	6月
合计		100.0	100.0	100.0	100.0	100.0	100.0
[0.9，1.0)		7.0	4.3	4.7	4.1	6.9	7.9
1.0		24.6	24.5	21.8	16.5	18.1	23.9
上浮水平	小计	68.4	71.2	73.5	79.4	75.0	68.2
	(1.0，1.1]	14.6	17.7	15.3	15.3	13.0	11.5
	(1.1，1.3]	20.5	22.1	22.3	25.4	23.0	22.7
	(1.3，1.5]	10.1	9.0	11.0	15.6	14.0	11.7
	(1.5，2.0]	13.6	13.0	16.1	16.6	15.8	15.8
	2.0以上	9.6	9.4	8.8	6.5	9.2	6.5
月份		7月	8月	9月	10月	11月	12月
合计		100.0	100.0	100.0	100.0	100.0	100.0
[0.9，1.0)		7.1	5.9	6.2	3.5	6.3	7.3
1.0		23.3	24.2	24.1	22.6	25.1	23.3
上浮水平	小计	69.6	69.9	69.7	73.9	68.6	69.4
	(1.0，1.1]	14.1	16.4	17.5	19.0	17.5	17.6
	(1.1，1.3]	22.5	18.4	22.5	19.9	18.9	16.0
	(1.3，1.5]	10.2	10.0	7.9	8.4	7.4	7.2
	(1.5，2.0]	15.6	18.4	14.3	17.1	14.0	19.1
	2.0以上	7.2	6.7	7.5	9.5	10.8	9.5

注：2012年6月统计数据的下浮区间为[0.8，1.0)，2012年7～12月统计数据的下浮区间为[0.7，1.0)。

数据来源：中国人民银行石家庄中心支行。

4. 利率水平比上年下降，金融机构定价能力稳步提升。2012年，受人民币存贷款基准利率及浮动区间调整影响，河北省金融机构人民币贷款利率比上年下降。金融机构利率定价差异化、精细化程度提高，部分金融机构区分客户和业务实行存款差别化定价。实行上浮利率的贷款占比高

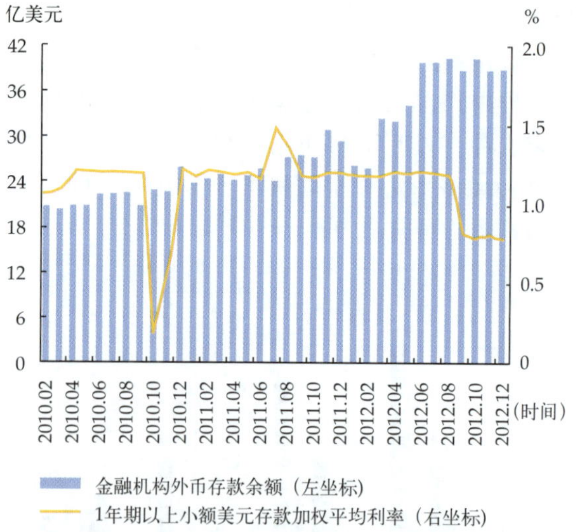

数据来源：中国人民银行石家庄中心支行。

图4　2010～2012年河北省金融机构外币存款余额及外币存款利率

于上年，实行下浮利率和基准利率的贷款占比下降（见表2）。自9月起，1年期以上小额美元存款加权平均利率有所下降（见图4）。从抽样监测情况来看，2012年河北省民间借贷利率水平低于上年，全年走势相对平稳。

5. 机构改革和创新成效显著。河北省农业银行“三农金融事业部”全面深化“三农”金融服务，对“三农”和县域的支持力度进一步加大，服务水平和服务能力显著提升，并促进了农村金融环境的进一步优化，惠农卡对农户覆盖率达到21.8%，助农取款服务点乡镇覆盖率达到88.9%。全省农村信用社股份制改造稳步推进，农村信用合作机构（除蠡县外）投资股占比达到100%，提前三年完成银监会工作目标，农村信用社股份制改革在全国处于领先地位。城市商业银行转型加快，河北银行省管体制调整到位，城市商业银行跨市区设立省内分行11家，省外分行3家。新型农村金融机构发展迅速，截至2012年年末，全省新型农村金融机构24家，其中村镇银行23家、农村资金互助社1家，3家村镇银行获批筹建，20家村镇银行正在报批过程中，河北省已经基本实现了乡镇基础金融服务全覆盖。

6. 跨境人民币结算量稳步增长。2012年，河北省累计办理跨境人民币结算176亿元。实际收入

83亿元，实际支出93亿元，收付比为1:1.12。其中，货物贸易为107亿元，服务贸易及其他经常项目为31亿元，资本项下人民币跨境投融资为38亿元，开立跨境人民币保函19亿元。6月12日，河北省启动出口货物贸易人民币结算之后，出口结算快速增长，带动下半年月度结算量连创新高。业务品种日趋多元化，业务范围已从初期单一的进口贸易结算拓展到经常项下全覆盖以及资本项下外商直接投资、股东贷款、贸易融资、跨境担保等领域。银企积极性日益高涨，境内外地域不断拓展，2012年，业务覆盖全省11个地市，已与境外118 个国家和地区发生了跨境人民币实际收付。

（二）证券期货业依然低迷，资本市场与经济发展的匹配度仍有差距

2012年，河北省证券市场平稳运行，但由于行情低迷，四成以上的证券营业部亏损，证券经营机构净利润降至2006年以来的年度最低。期货市场趋于活跃，期货机构经营趋向好转，但仍有过半经营机构和七成交易客户亏损。上市公司直接融资额较上年锐减，资本市场服务实体经济的能力有待提升。

1. 证券市场活跃程度有所下降，证券机构经营效益明显下滑。2012年，证券账户数、A股日均开户数和资金账户数同比分别增长3.8%、4.7%和4.8%，投资者账户数量增幅趋缓。证券交易额继2009年达到峰值后逐年下降，2012年实现证券交易额9 940亿元，同比下降10.2%。年末融资融券余额达7.8亿元，同比增长1.6倍。证券机构经营效益明显下滑，全年证券营业收入为12.9亿元，同比下降近三成；利润总额为2.8亿元，同比下降56.3%；净利润为2.6亿元，同比下降近六成，创2006年以来的年度新低。河北省逾45%的营业部亏损，74家营业部亏损额达1.3亿元。

2. 期货市场趋于活跃，但仍有过半经营机构和七成交易客户亏损。期货市场较上年趋于活跃，全年代理交易量和代理交易额分别为2 528万手和24 871亿元，同比增长48.1%和30.2%。股指期货业务平稳开展，全年代理交易量为142万手，代理交易额为10 199亿元，交易额占河北省期货交易额的逾四成。河北省期货经营机构经营趋向好转，全年营业收入为9 931万元，同比增长16.7%；净利润为394万元，同比增长76.3%，但仍有过半经营机构亏损。年末期货客户数3.6万户，有近三成客户参与交易，参与交易的客户七成亏损。

3. 上市公司直接融资额较上年锐减，但仍处历史较高水平。截至2012年年末，河北省共有48家在境内上市的公司，占全国境内上市公司规模的1.9%，市值为3 508亿元。境内上市公司直接融资达164.3亿元，同比下降62.9%。直接融资中，7家境内上市公司通过沪深股市进行股权融资，融资额为91.5亿元（IPO融资3.7亿元、定向增发融资87.8亿元），占全国股权融资的2.9%；4家境内上市公司通过沪深股市发行公司债券，融资额72.8亿元，占全国公司债券融资的1.8%。

表3　2012年河北省证券业基本情况

项目	数量
总部设在辖内的证券公司数（家）	1
总部设在辖内的基金公司数（家）	0
总部设在辖内的期货公司数（家）	1
年末国内上市公司数（家）	48
当年国内股票（A股）筹资（亿元）	91.5
当年发行H股筹资（亿元）	1.2
当年国内债券筹资（亿元）	543.1
其中：短期融资券筹资额（亿元）	94.1
中期票据筹资额（亿元）	168.6

数据来源：河北证监局、河北省金融办。

（三）保险业综合实力提升，服务保障作用加强

1. 保险市场主体不断增多，保险业整体实力不断增强。2012年，河北省保险市场新增中资保险公司和外资保险公司各2家，专业代理、保险经纪、兼业代理等保险中介机构数量不断增加，各类机构营业网点遍布城乡，保险从业人员近21万人。保险业总资产达1 839.6亿元，增长15.9%。其中：财产保险公司总资产109.9亿元，比年初增加21.9亿元；人身保险公司总资产为1 729.8亿元，比年初增加230亿元。

2. 保险业务平稳发展，保费收入增速趋缓。2012年，河北省保险业原保险保费收入同比增长4.5%，增速较2011年同期回落1.6个百分点，低于全国增速3.5个百分点；累计实现原保险保费收入766.2亿元。财产险业务原保险保费收入为258.7亿元，同比增长16.0%；人身保险业务原保险保费收入由增转降，共实现507.5亿元，较2011年减少2.5亿元，同比下降0.5%。全年累计赔付支出223.9亿元，较2011年增加40.4亿元，同比增长22%。

3. 风险保障作用得以加强，保险服务范围不断拓展。2012年，河北省保险业累计承担风险总额10.4万亿元，较2011年增加2.6万亿元，同比快速增长32.5%。2012年年末，农业保险实现保费收入12.9亿元，同比快速增长69.2%，省内135个县（市）全部开办治安保险业务，“三农”保险实现中央补贴险种全覆盖，政策性农房保险试点工作有效开展；积极推广环境污染责任保险，累计为113家企业提供风险保障1.3亿元，已决赔款5万元；积极服务社会保障体系建设，小额人身保险覆盖人数达到300余万人次，大额补充医疗保险业承保人数达到1 500余万人次；推动企业年金管理，受托管理基金规模为26亿元，涉及企业178家次，投资管理基金规模为29亿元，涉及企业157家次，账户管理企业49家次，个人账户22 493户。保险深度为2.9%，保险密度为1 051.3元/人。

表4　2012年河北省保险业基本情况

项目	数量
总部设在辖内的保险公司数（家）	0
其中：财产险经营主体（家）	0
人身险经营主体（家）	0
保险公司分支机构（家）	57
其中：财产险公司分支机构（家）	25
人身险公司分支机构（家）	32
保费收入（中外资，亿元）	766.2
其中：财产险保费收入（中外资，亿元）	258.7
人身险保费收入（中外资，亿元）	507.5
各类赔款给付（中外资，亿元）	223.9
保险密度（元/人）	1 051.3
保险深度（%）	2.9

数据来源：河北保监局。

（四）金融市场交投活跃，融资能力不断增强

1. 融资结构逐步优化。2012年年初以来，全省企业债务融资保持良好的增长态势，新增注册金额为307.9亿元，发行金额为265.5亿元，特别是成功发行中小企业集合票据2.8亿元，定向债务融资工具为50亿元，均实现全省“零”的突破。中长期融资为主、短期融资为辅的多元化融资结构，有效地满足了企业经营发展的资金需求，在落实国家产业政策、推进行业调整振兴等方面发挥了显著作用。

表5　2001～2012年河北省非金融机构部门融资结构

单位：亿元、%

年份	融资量	比重		
		贷款	债券（含可转债）	股票
2001	407.6	96.8	0.0	3.2
2002	588.0	94.9	0.0	5.1
2003	677.0	92.8	3.0	4.2
2004	682.7	90.4	1.0	8.7
2005	701.8	95.8	2.8	1.3
2006	1 090.0	91.7	4.6	3.7
2007	1 233.5	81.9	7.9	10.3
2008	1 544.3	90.3	5.6	4.1
2009	4 010.7	94.1	3.8	2.1
2010	3 104.9	85.8	10.2	4.0
2011	3 572.7	71.3	18.3	10.4
2012	3 509.2	81.2	15.5	3.3

数据来源：中国人民银行石家庄中心支行、河北省发展改革委、河北省金融办。

2. 货币市场交投活跃。2012年，全省货币市场活跃程度逐步提高，融资能力不断增强，市场参与度不断提升，银行间市场参与机构发展至34家。同业拆借市场共发生435笔拆借交易，累计拆借金额为847.4亿元，同比增长108.1%；银行间债券市场累计交易5.6万亿元，同比增长20.2%。

3. 票据市场成交量增幅较大，市场利率持续下行。2012年，全省累计签发商业汇票6 135.1亿元，同比增长15.2%；累计办理票据贴现业务6 735.7亿元，同比增长30.7%。受基准利率、存款准备

表6　2012年河北省金融机构票据业务量统计

单位：亿元

季度	银行承兑汇票承兑		贴现			
			银行承兑汇票		商业承兑汇票	
	余额	累计发生额	余额	累计发生额	余额	累计发生额
1	2 589.9	1 308.8	540.5	1 320.2	5.3	12.3
2	2 813.0	2 865.1	703.6	2 943.6	8.5	38.2
3	3 185.1	4 537.7	772.5	4 623.7	6.4	76.6
4	3 285.5	6 128.4	636.2	6 623.0	6.8	112.7

数据来源：中国人民银行石家庄中心支行。

表7　2012年河北省金融机构票据贴现、转贴现利率

单位：%

季度	贴现		转贴现	
	银行承兑汇票	商业承兑汇票	票据买断	票据回购
1	7.37	8.24	6.59	5.41
2	5.66	6.94	5.34	4.56
3	5.55	6.52	4.92	4.37
4	5.70	7.62	5.41	4.87

数据来源：中国人民银行石家庄中心支行。

金率下调影响，全年票据市场贴现及转贴现利率总体呈下行走势，直贴和转贴利率分别由年初的8.6%、7.12%降至年末的5.96%、5.08%，分别降低2.64个和2.04个百分点。

（五）金融基础设施建设稳步推进，金融生态环境持续改善

2012年，河北省委、省政府出台了一系列对金融支持的政策、措施，加强对金融工作的统筹协调，完善金融生态环境建设，积极营造有利于河北金融产业发展的环境和氛围，制定并印发《关于着力改善发展环境的实施意见》，从改善政务环境、政策环境、市场环境、法治环境、政治生态环境、社会环境、硬件环境等方面，制定了一系列政策措施。继续开展“金融贡献奖”和“金融生态市”评选工作，对贡献突出的金融机构和地市进行表彰和奖励。良好的行政环境促进地方金融机构进一步发展壮大，银行业、证券期货业、保险业、财务公司等各类金融机构不断增加，小额贷款公司等具有融资功能的非金融机构发展迅速，为河北省金融组织体系的不断完善提供了有力保障。

征信体系建设稳步推进。截至2012年年末，企业和个人征信系统已收录河北省34.1万户借款企业和2 584.2万自然人信用信息，向金融机构、政府部门及社会各界提供信用报告查询服务。征信系统作用不断提升，已成为金融机构贷前审查的必经环节，有效地防范了信贷欺诈；政府相关部门也在有关工作审查中查询使用企业和个人信用报告，提高了金融监管的有效性和行政管理效能。中小企业和农村信用体系建设初见成效。截至2012年年末，河北省累计为5.36万户中小企业建立信用档案，其中6 507户中小企业获得信贷支持，累计获得贷款2 087亿元，贷款余额为1 048亿元；累计为1 211万户农户建立信用档案，其中202万户农户获得信贷支持，提供贷款1 350亿元，贷款余额达490亿元。2012年，石家庄无极县、邢台威县、沧州肃宁县、廊坊文安县4个县被确定为河北省第一批农村信用体系试点县，通过为农户建立电子信用档案、开展信用评价，破解农村“贷款难”和信息不对称问题，引导金融机构加大对“三农”信贷投入，改善农村融资环境。

支付清算体系安全高效。2012年是河北省支付清算体系建设加速推进的一年，在完善基础设施建设、推动小额支付系统业务创新、推广非现金支付工具、大力改善农村地区支付服务环境、加强支付领域规范管理等方面取得显著成效。初步建立起能够适应当前经济金融发展的支付体系架构，呈现组织体系完善、支付工具多样、支付安全高效的总体格局。形成以大、小额支付系统为核心，功能互补、统一、安全、高效的支付清算体系，系统稳健运行，功能不断拓展，业务量持续增长，为深化金融改革、发展金融市场、改善金融服务和维护金融稳定发挥了基础性、保障性的功能。全年共处理往来业务7 823万笔、金额54.32万亿元，是河北省同期地区生产总值的27倍，促进了全社会资金的流转，有力地支持了全省经济金融发展。

反假币工作持续深入。2012年，中国人民银行石家庄中心支行在全省范围内对银行业金融机

构反假货币机具设备使用、反假人民币工作情况开展检查，净化货币流通市场。组织反假货币宣传活动，利用多种形式加强反假宣传，举办河北省反假货币业务培训班，创办“反假货币培训流动学校”，提高反假知识普及程度。加强电子化反假宣传站建设，目前全省建立了860多个宣传站，促进了反假货币宣传常态化。通过宣传和培训，增强社会公众反假意识，提高识假技能，构建反假“防火墙”。

反洗钱工作卓有成效。2012年，河北省充分发挥反洗钱工作联席会议成员单位的监管合力，加强对金融机构反洗钱工作的监管，维护了金融体系稳健运行的发展环境。中国人民银行石家庄中心支行运用金融机构反洗钱风险评估系统对22家金融机构实施反洗钱风险评估，对6家银行业金融机构的28个营业网点、5家证券业金融机构的20个营业网点、19家保险业金融机构的27个营业网点反洗钱工作情况进行现场检查，促进金融机构反洗钱工作效力的发挥。2012年，金融机构发现34条可疑交易线索，向河北省公安厅报案5起，协助公安机关调查公安部、省政府督办的大案、要案3起。

外汇管理体制改革顺利推进。推广实施货物贸易外汇管理制度改革，取消了进出口逐笔核销，简化了报关流程和退税凭证；初步建立了以“总量核查、动态监测、分类管理”为核心内容、贸易便利化与风险管理相结合的全新货物贸易外汇管理体系。加快推进资本项目外汇管理改革，落实直接投资外汇管理简政放权，简化管理流程，放松资金运用限制，促进了投资便利化；全面实施外债转贷款管理方式改革，实现了外债转贷款登记、结汇和购付汇“三统一”，提高了资金使用效率，为全省涉外经济健康发展营造良好环境。

金融监管水平进一步提升。2012年，中国人民银行石家庄中心支行会同河北省金融工作办公室及各金融监管部门协调和督促各金融机构加强内控管理，维护资产安全，加强社会信用体系建设，不断改善和优化金融生态环境。调整充实了省打击和处置非法集资工作领导小组，组织开展了覆盖全省、贯穿全年的宣传教育活动，将防范和打击非法集资纳入对各地社会管理综合治理目标考核体系，逐年进行考核。抓好重点案件处置和维稳工作，研发了涉嫌非法集资监测系统，实现关口前移。有效地防范和化解了金融风险，切实维护了区域金融安全稳定。

专栏1　河北省农村支付环境建设取得阶段性成果

2009年以来，中国人民银行石家庄中心支行将改善农村支付环境列为重点工作，加强领导，全力推动，切实发挥省、市、县三级人民银行、各银行机构的合力优势，以面向农村、创新支付、提升品质、引领市场为导向，全方位、多层次地推进了农村支付服务环境改善工作。

一、支付系统覆盖面延伸乡镇，促进农村地区汇路畅通

中国人民银行石家庄中心支行积极推动现代支付网络向农村延伸，督导占全省乡镇银行网点总数80%的河北省农信联社加快系统改造整合，顺利上线综合业务处理系统，实现一点集中接入大、小额支付系统和全国支票影像交换系统，全面打通农村地区资金汇路，有效地提升了农村支付服务水平；中国农业银行河北省分行加大电子设备投入，实现了全部基层网点数据采用光纤传输，使农村机构网点加入了信息化“高速公路”；中国邮政储蓄银行在贫困落后地区、偏远山区增设16个金融服务网点，延伸了农村金融服务，填补了金融服务空白。截至2012年年末，全省6 461家县域银行机构网点中已有4 997家接入大、小额支付系统，系统覆盖面由2009年年初的38%提升至77%；1 774 家银行网点接入支票影像交换系统，比2009年年初增长84%。

二、金融基础设施建设日益完善，银行卡支付终端下沉乡村

从改善农村金融基础设施建设入手，中国人民银行石家庄中心支行积极引导各金融机构多措并举，加大对农村地区的资金、设备投入，全力打造农村银行卡支付的“黄金通道”。截至2012年年末，全省县域发展银行卡特约商户54 270家，安装ATM6 758台、POS机58 073台、转账电话21.8万部，分别是2009年年初的12.2倍、4倍、8.1倍和3.2倍，基本搭建起了以银行卡受理市场为主体的现代农村金融支付体系，有效地提升了农村支付效率和水平。

三、推广普及电子支付，便捷农村生产经营

针对河北省农村地区金融网点资源相对不足的现状，引导各银行转变农村支付环境改善工作受制于农村地区银行机构数量的观念，深入分析农村多元化支付需求，创新农村支付服务，有针对性地拓展以银行卡为载体的手机银行、电话银行、网上银行等新型电子支付业务，有效提升农村地区服务效率和水平，取得了显著成效。截至2012年年末，全省在县城以下村镇发展电子支付用户1 487万户，办理支付业务13 739万笔，结算资金44 088亿元，分别是2009年的4.9倍、3.1和3倍，畅通了农村支付结算渠道，为地方经济发展作出了有益的贡献。

四、开拓特色农村金融服务，助力“三农”政策贯彻落实

一是发挥典型驱动效应，打造刷卡无障碍示范区。截至2012年年末，全省共建立了“银行卡刷卡无障碍示范街（区、市场）”92个，极大地发挥了针对农民的示范引导作用，有力地带动了农村地区银行卡业务的迅猛发展。截至2012年年末，全省县域发放银行卡5 900万张，人均持卡量已由2009年年初的0.38张提升到1.01张，全年持卡消费2 420万笔、金额为1 354亿元，占社会消费品零售总额的23.8%，比2009年年初增长14.2%。二是推广助农取款服务业务，拓展银行卡业务范围。中国人民银行石家庄中心支行督导河北省农信联社充分发挥在农村点多面广优势，推动其在全省启动“农信村村通”工程，在村一级布放EPOS(自助服务)终端，为广大农民客户办理银行卡消费、行内转账、跨行汇款、助农取款等业务，为全省助农取款服务的深入推进奠定了坚实基础。2012年加大推广力度，全省银行卡助农取款服务点快速增至4.9万个，增长738%，已覆盖3.75万个行政村，占河北省行政村总数的78.1%；全年共办理银行卡助农取款业务302.7万笔、金额为11.6亿元。初步满足了偏远农村的各项惠农补贴资金支取、日常小额取现、余额查询等基本金融需求。三是惠农补贴银行卡发放比例攀升，惠农政策畅通无阻。2012年全省共发放各类财政惠农补贴资金135.6亿元，全部通过银行账户发放，其中通过银行卡发放73.3亿元，银行卡支付比例由2009年的18%提升到54%。四是推广农民工银行卡特色服务，培育农村地区银行卡市场。截至2012年年末，河北省开通农民工银行卡特色服务银行机构网点5 752个，全年共发生农民工银行卡特色服务交易笔数133.5万笔、金额为16.78亿元，分别是2009年交易量的2.65倍和3.06倍，为农村地区打通了一条连接城乡的金融汇路。

二、经济运行情况

2012年，河北经济承受了较大的下行压力，经济增长受多种因素制约，特别是工业经济低位徘徊，投资需求减弱，进出口增长乏力。各级各部门积极应对复杂局面，战胜各种困难挑战，进入第四季度，随着世界经济环境略有好转和稳增长政策逐步发挥效应，全省经济出现回暖迹象。初步核算，全省生产总值达26 575.0亿元，同比增长9.6%。

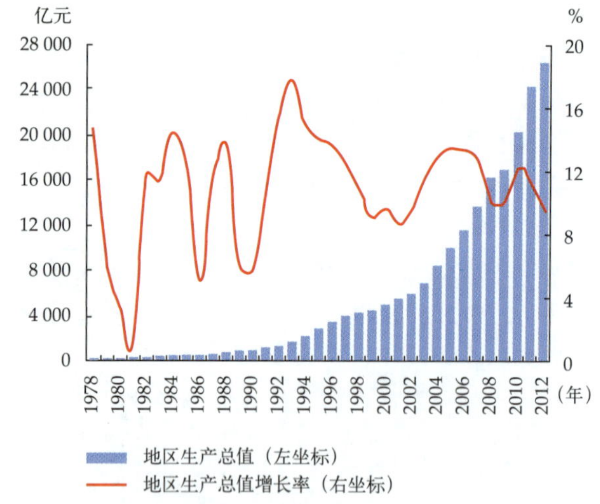

数据来源：河北省统计局。

图5　1978～2012年河北省地区生产总值及其增长率

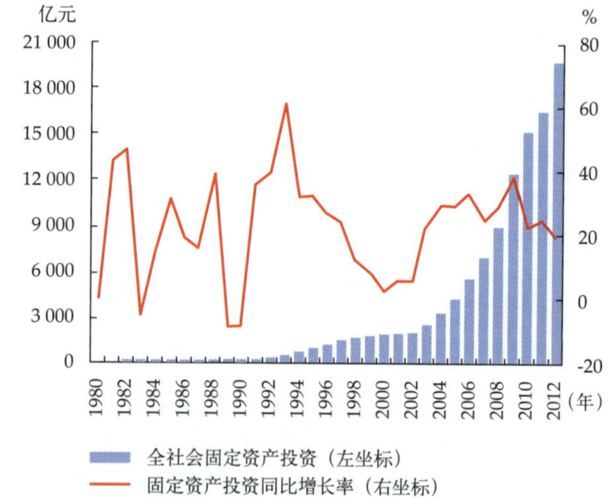

数据来源：河北省统计局。

图6　1980～2012年河北省固定资产投资及其增长率

（一）经济增长仍然主要靠投资拉动，外需依旧乏力

1. 固定资产投资平稳增长，投资结构继续优化。全社会固定资产投资完成1.97万亿元，增长20.0%，其中固定资产投资（不含农户，下同）1.91万亿元，增长21.1%。从三次产业看，第一产业投资增长52.2%，第二产业投资增长26.1%，第三产业投资增长14.6%。工业投资和技改投资较快增长，比重提高，工业投资完成9 330.3亿元，增长26.1%，占固定资产投资的48.8%，同比提高1.9个百分点；工业技改投资完成5 891.4亿元，增长35.2%，占工业投资的63.1%，同比提高4.2个百分点。民间投资比重提高，完成投资14 717.2亿元，增长27.5%，占固定资产投资的77%，同比提高3.9个百分点。亿元以上在建项目投资快速增长，亿元以上在建项目5 419个，增长19.8%；完成投资10 634亿元，增长37.8%，占全省固定资产投资（不含农户）的55.7%，同比提高6.8个百分点。

2. 消费品市场运行平稳，城乡市场同步增长。全年社会消费品零售总额实现9 154亿元，比上年增长15.5%。其中，限额以上企业（单位）消费品零售额为2 517.2亿元，同比增长18.1%。城镇消费品零售额为7 001.4亿元，增长15.8%；乡村消费品零售额为2 152.6亿元，增长14.7%。主要

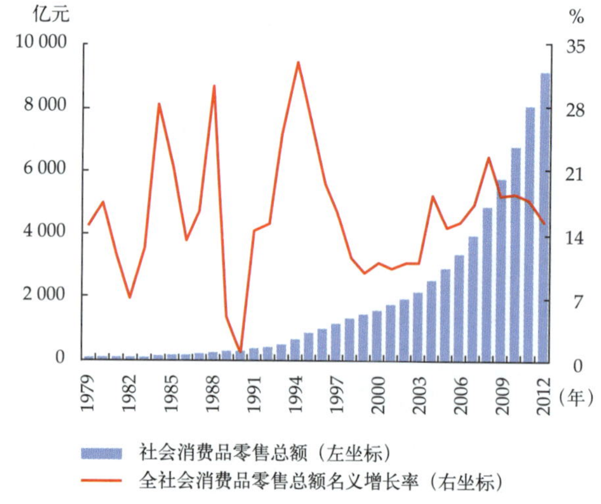

数据来源：河北省统计局。

图7　1979～2012年河北省社会消费品零售总额及其增长率

商品销售较快增长，在限额以上批发和零售企业（单位）商品零售额中，粮油食品饮料烟酒类增长25.5%，服装鞋帽针纺织品类增长22.2%，日用品类增长22.5%，家具类增长25.5%。

3. 外贸出口增速放缓，利用外资结构继续优化。2012年，河北省进出口总值完成505.5亿美元，同比下降5.7%。其中，出口总值为296亿美元，同比增长3.6%；进口总值为209.4亿美元，同

比下降16.3%(见图8)。对美国、东盟、俄罗斯等主要出口贸易增长较快，增速超过12%，占比提高1个百分点以上；对欧盟出口下降24.1%，占比减少6.2个百分点。纺织服装、钢材、轻工、医药化工出口分别增长5.7%、9.8%、8.9%和3.3%，机电、高新技术产品出口分别下降0.5%和18.9%。

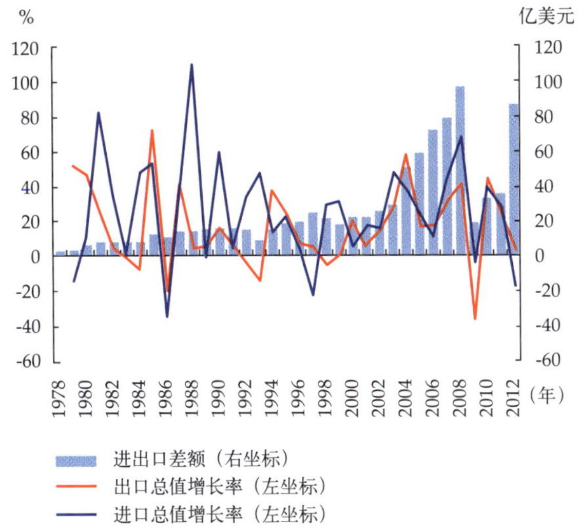

数据来源：河北省统计局。

图8　1978～2012年河北省外贸进出口变动情况

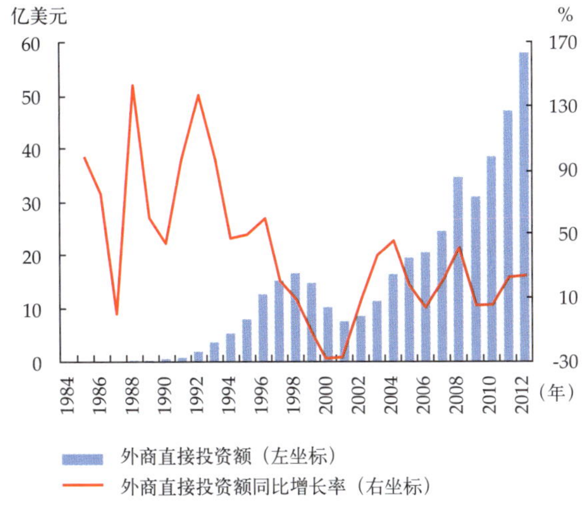

数据来源：河北省统计局。

图9　1984～2012年河北省外商直接投资额及其增长率

利用外资结构继续优化。2012年，河北省实际利用外资60.3亿美元，同比增长14.7%。其中，外商直接投资58亿美元，增长24%。合同外资额1 000万美元以上的大项目外商直接投资48.5亿美元，增长29.8%，占外商直接投资的比重为83.6%，同比提高3.7个百分点；高新技术产业外商投资14.9亿美元，增长28.4%，占外商直接投资的比重比上年提高2.2个百分点。香港作为最大的外资来源地，外商直接投资保持较快增长，2012年来自香港的到位外资36.5亿美元，增长35.4%，占全省外商直接投资的比重达62.8%。

（二）三大产业平稳增长，效益好转

1. 农业保持稳定增长，粮食生产再获丰收。全年粮食播种面积为630.2万公顷，比上年增加1.6万公顷，增长0.3%；总产量为3 246.6万吨，增长2.3%，实现“九连增”。棉花播种面积为57.8万公顷，比上年减少8.6%；总产量为56.4万吨，下降13.6%。油料播种面积为45.4万公顷，增长0.2%；总产量为142.8万吨，增长0.7%。蔬菜播种面积为120.3万公顷，比上年增长3.9%；总产量为7 695.1万吨，增长4.2%。林业和渔业生产较快增长；畜牧、蔬菜、果品三大优势产业产值占农林牧渔业总产值比重达到69.7%，同比提高了1.3个百分点。

2. 工业生产增速平稳。规模以上工业增加值完成11 069.6亿元，比上年增长13.4%，增速比上半年和前三个季度加快0.4个和0.8个百分点。从登记注册类型看，国有及国有控股企业增加值增长5.6%，集体企业增长18.2%，股份制企业增长13.9%，外商及港澳台商投资企业增长5.5%。从轻重工业看，重工业增长13.0%，轻工业增长14.8%。从行业看，40个行业大类中有37个行业实现同比增长，10个行业增长20%以上。工业结构不断改善。规模以上工业高新技术产业增加值为1 301.0亿元，增长15.6%；装备制造业增加值增长15.0%，比全省规模以上工业快1.6个百分点。工业产销衔接较好，工业产品产销率为97.8%，比前三个季度提高0.3个百分点。企业效益由降转升。规模以上工业利润自10月扭转下降局面，增速逐步加快，全年实现利润2 296.9亿元，同比增长5.3%。在40个行业大类中，27个行业实现利润同比增长。

3.服务业平稳发展。全年服务业增加值为9 387.3亿元，增长8.4%。服务业总体呈现“四慢两快”的特征：交通运输、仓储和邮电业、住宿和餐饮业、房地产业及其他服务业增速低于服务业总体增速，而金融业、批发和零售业高于平均增速，尤其是金融业增速达15.7%，同比提高了11.7个百分点。

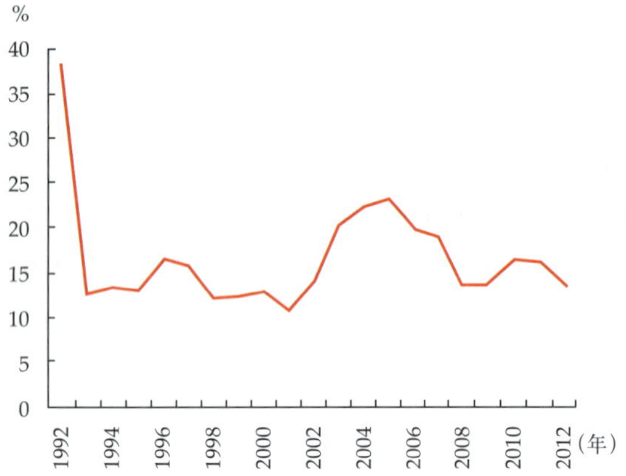

数据来源：河北省统计局。

图10　1992～2012年河北省规模以上工业增加值同比增长率

（三）居民消费价格涨幅回落，工业生产者价格下降

1. 居民消费价格涨幅比上年回落。2012年，河北省居民消费价格同比上涨2.6%，涨幅比2011年回落3.1个百分点。其中，城市上涨2.7%，农村上涨2.5%；工业品价格上涨2.4%，服务项目价格上涨1.5%。分类别看，八大类商品及服务价格全部上涨。其中，食品上涨3.8%，烟酒上涨4.7%，衣着上涨4.7%，家庭设备用品及维修服务上涨2.8%，医疗保健和个人用品上涨2.4%，交通和通信上涨0.3%，娱乐教育文化用品及服务上涨0.6%，居住上涨1.7%。

2. 工业生产资料价格以降为主，农资价格涨幅收窄。2012年以来，市场需求不足，部分产品市场价格低迷，工业生产者出厂价格指数一直为负数。全年工业生产者出厂价格同比下降5.3%；工业生产者购进价格指数自2010年以来3月首次出

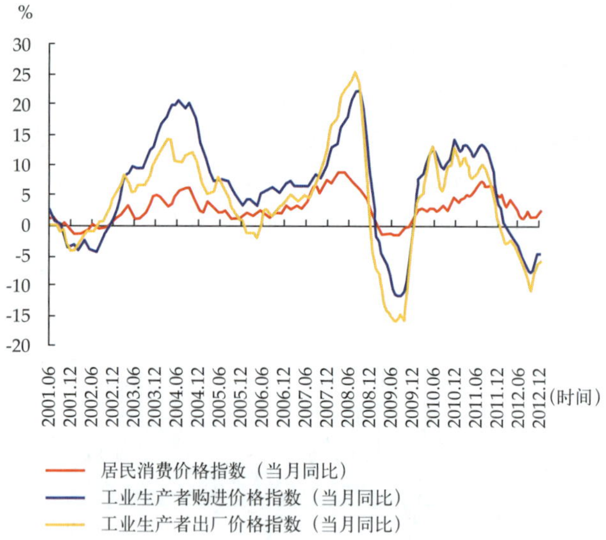

数据来源：河北省统计局。

图11　2001～2012年河北省居民消费价格和生产者价格变动趋势

现负增长后一直呈下降趋势，全年工业生产者购进价格下降3.8%。2012年农业生产资料价格涨幅一直呈下降趋势，12月农业生产资料价格同比上涨了5.2%。比1月降低了8.6个百分点，全年农业生产资料价格同比上涨8.2%。

3. 劳动力成本继续上升。河北省努力促进职工工资收入增长，尤其是一线职工工资收入增长。当前，河北省执行的最低工资标准是2011年7月1日提高后标准，其中月工资一档、二档、三档分别提高200元，调整后河北省适用一档标准的地区，月最低工资达到1 100元，在全国居上游。小时最低工资标准分别为11元、10.4元、9.6元、8.6元。石家庄市、保定市、廊坊市、唐山市、秦皇岛市市区及郊区、涿州市、三河市等经济较发达地区均适应一档标准。2012年城镇非私营单位和私营单位就业人员年平均工资分别同比增长9.5%和15.8%。

4. 资源类价格改革从“探路”走向“提速”。2012年，以阶梯电价和城市水价调整为标志，中国资源类价格改革从“探路”走向“提速”。7月1日起，居民生活用电阶梯电价正式施行。实施后，一些地区居民用电增幅放缓，阶梯

电价引导节约用电正效应初现；国内汽柴油价格经历了四升四降八次调整。可见随着国内通胀水平整体回落，酝酿多年的资源性产品价格改革已经迎来了“窗口期”。

（四）财政收支增幅明显回落，民生支出创历史最高

2012年，河北省财政收入总体实现平稳增长，财政支撑能力进一步增强。全省全部财政收入完成3 479.3亿元，占年初计划的102.2%，同比增长15.3%。其中公共财政预算收入突破2 000亿元，达到2 084.2亿元，占年初预算的106.4%，同比增长19.9%。受经济增幅回落、政策性减收以及价格涨幅回落因素影响，地方公共财政预算收入增速较2011年回落10.5个百分点。税收收入同比增长15.7%，增幅较上年回落9.8%。非税收入完成523.7亿元，增长34.5%，对全部财政收入和公共财政预算收入增长贡献率分别达29.1%和38.8%，比2011年同期分别提高7.5个和6.4个百分点，非税收入对财政收入增长的带动作用增强。受房地产降温影响，全省国有土地使用权出让收入同比减少211.9亿元，使政府性基金收入明显下降。全省政府性基金预算收入累计完成1 216.6亿元，完成预算的106.3%，同比下降12.4%。

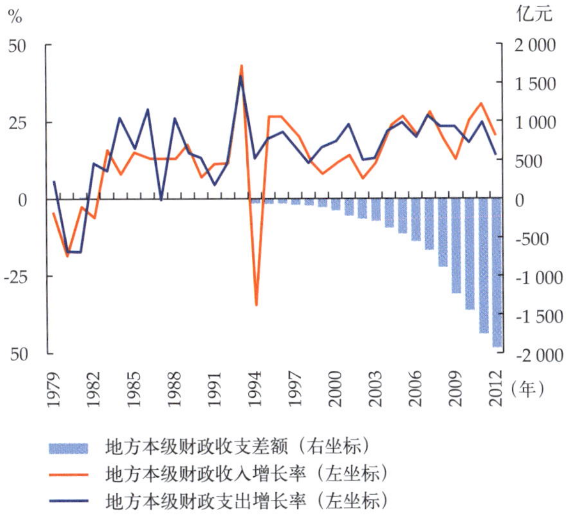

数据来源：河北省财政厅。

图12　1979～2012年河北省财政收支状况

全省公共财政预算支出完成4 018.9亿元，完成调整预算的94.6%，同比增长13.6%，增幅较2011年回落10.8个百分点。公共财政预算收支比例达到近1：2，财政收支压力加大。在财政收支矛盾突出、财力紧张的情况下，严格控制一般性支出、“三公”经费和预算追加，集中财力办好惠民利民的实事。全省财政用于民生支出3 115.5亿元，占全部支出的77.5%，比2011年提高0.3个百分点，创历史最高。大幅增加教育投入，圆满完成财政教育支出占比18%的任务。进一步提升社会保障水平，企业退休人员基本养老金(达1 745元、增加174元)、新农合和城镇居民医保财政补助标准(达240元、增加40元)、人均基本公共卫生服务经费(达25元、增加10元)及城乡低保标准继续提高，城乡居民社会养老保险实现全覆盖。推动社会事业健康发展，全省医改投入305.9亿元，支持建设1.6万个标准化村卫生室，公立医院改革试点扩大到11个。落实政府投资213.9亿元，开工建设保障房和棚户区改造住房28.8万套。

（五）围绕促进发展方式转变，节能减排见成效

2012年，河北省制订了节能减排及循环经济、节能环保等7个发展规划和实施意见，选定新“双三十”单位并与老“双三十”单位一并考核推进，开展重点用能企业能耗对标行动和能效领跑企业创建活动，大力实施“3255”循环经济示范工程；争取国家资金26.6亿元，集中支持北戴河及周边地区近岸海域综合整治工程和242个重点项目建设，节能减排完成情况好于上年。全年规模以上工业单位增加值能耗1.8吨标准煤/万元，比上年下降9.8%，降幅同比扩大3.1个百分点；规模以上工业能耗增长2.3%，增幅同比回落6.1个百分点。

专栏2 创新金融业务 支持渤海新区发展

2007年2月15日，河北省委、省政府批准成立沧州渤海新区。自新区成立以来，紧密围绕港口建设、产业聚集、黄骅新城建设，新区开发取得重大进展。特别是2011年10月27日，国务院批准了《河北沿海地区发展规划》，标志着沧州渤海新区发展正式上升为国家战略，而河北省第八次党代会更是进一步明确了举全省之力打造渤海新区重要增长极。随着渤海新区战略地位的提升，河北省各金融机构创新金融业务，提高金融服务水平，有力地支持了渤海新区发展。

金融机构广泛设立。渤海新区核心区包括黄骅市、中捷产业园区、南大港产业园区和化工产业园区。截至2012年年末，除中国人民银行黄骅市支行、中国银监会黄骅办事处等金融监管部门外，中国工商银行、中国农业银行、中国银行、中国建设银行、中国农业发展银行、中国邮政储蓄银行、河北省农村信用社、沧州银行、中国民生银行、融信农村商业银行、河北银行在渤海新区共设有支行级机构19家，经营网点87个。另外，民间金融机构稳步发展，现已建立2家典当公司，3家小额贷款公司，5家担保公司。

金融业务不断创新。围绕服务渤海新区发展，各金融机构都在不断创新金融业务。如2012年中国银行河北省分行已把渤海新区确定为“金融创新特区”，未来五年将向渤海新区投放200亿元贷款。同时，中国银行河北省分行还积极推动中银国际、中银投资、中银基金等相关机构来渤海新区开展各类业务，大力引进信托投资、金融租赁、海外直投等融资新途径。中国民生银行沧州分行贷款总额中的60%投向了渤海新区基础设施和临港企业发展，尤其是2010年年末中国民生银行牵头组建银团贷款36亿元成功支持了沧州港务集团有限公司综合大港航道回购项目，开创了渤海新区成立以来最大单笔项目信贷投放，有力地支持了政府“地主港模式”顺利开展。2011年年末，中国民生银行石家庄分行与渤海新区签订了金额达100亿元的战略合作协议。2012年3月，中国民生银行总行把渤海新区列为总行级港口特色金融的试验田，在授信政策和产品创新方面将给予重大倾斜政策。另外，中国工商银行河北省分行将沧州渤海新区支行升为计划单列支行管理，明确对渤海新区机构业务重点支持，资源方面给予倾斜。本土银行沧州银行根据行业运行模式、企业经营特征，先后推出了“存货质押贷款”、“保理贷款”、“联贷通”、“速贷通”等一系列信贷新品种，目前与渤海新区的187家企业发生信贷业务，贷款余额为31.0亿元，比2012年年初增长了8.0亿元，增速34.7%。

金融服务持续优化。银行授信效率是企业获得快速融资的关键所在，为提高服务效率，各金融机构制定了严格的授信限时办结制度。当地工商银行要求单个部门的审批不得超过一个营业日，并且在企业授信到期前应主动办理好再授信的相关手续；沧州市联社扩大了黄骅联社及其港口信用社，融信农村商业银行的信贷审批权限，缩短审批链条，建立高效快捷的贷款“绿色通道”，黄骅联社每周定期召开2次贷款会议，企业贷款从申请到放款，一般不超过5个营业日；中国建设银行对于渤海新区重点项目，成立由基层行客户经理和负责人、事业部客户团队和分行领导组成的项目营销“任务型团队”，指定专人对引资、验资、办证等部门进行上门跟踪服务，大力拓展国内保理、动产质押等供应链融资产品和融资租赁、委托贷款、票据理财等投行产品，拓宽企业融资渠道，满足客户融资需求。

融资规模稳步提高。截至2012年年末，渤海新区各项存款余额为276.1亿元，比年初增加53.4亿元，增长24.0%。全辖金融机构人民币各项贷款余额为228.6亿元，比年初增加45.6

亿元，增长24.9%，存贷比例为82.8%，贷款规模位居沧州各县（市）首位。直接融资取得突破，舜天富民饲料股份有限公司于2011年12月6日登陆天津股权交易所，成为黄骅市首家上市公司，并且还有10家企业与天津股权交易所达成上市意向，2家企业即将进入上市程序。

（六）主要行业分析

1. 房地产市场平稳发展。2012年，河北省房地产开发投资持续回落。全年完成房地产开发投资3 086.5亿元，同比增长1%，较上年下降34.5个百分点，投资增速低于全国15.1个百分点。从全省11个设区市情况看，秦皇岛、邯郸、邢台、石家庄、唐山增速高于全省平均水平，包括廊坊在内的5个设区市为负增长。房地产开发资金链条紧缩，但来源结构较稳定。2012年1～12月，河北省房地产开发资金来源合计3 713亿元，同比增长6.1%，较上年下降20.7个百分点。开发企业资金来源中，开发企业自筹资金2 195亿元，同比增长8.2%。在资金来源构成中，自筹资金来源占比为59 %，其他资金占比略有上升，资金来源结构较为稳定。

房地产开发建设规模稳中有降，保障安居工程建设稳步推进。房屋施工面积增速持续放缓，新开工规模下降较快。2012年1～12月，河北省商品房施工面积为27 577.8万平方米，同比增长3.4%，较上年减少26.2个百分点，其中新开工面积为7 641.8万平方米，同比减少31.7%。商品房供给面积减少。2012年1～12月，商品房竣工面积为4 894万平方米，同比减少5.5%，较上年少竣工251万平方米。2012年河北省计划新开工保障性安居工程项目915个，总套数28.6万套，续建项目1 368个，总套数44.2万套。截至2012年年末，保障性安居工程完成投资841.2亿元，保障性安居工程开工套数28.8万套，完成全年计划的100.5%，已竣工套数19.9万套。

房地产销售市场较为低迷。2012年1～12月，全省商品房销售面积为5 145万平方米，较上年减少756万平方米。商品房销售额为2 303.9亿元，较上年减少41.3亿元。

遏制房价快速上涨效果明显。从对全国70个大中城市监测情况看，河北省的石家庄、唐山、秦皇岛三个监测城市的新建住宅销售价格同比指数在100%上下浮动，幅度不超过1.3%，房价保持平稳状态。

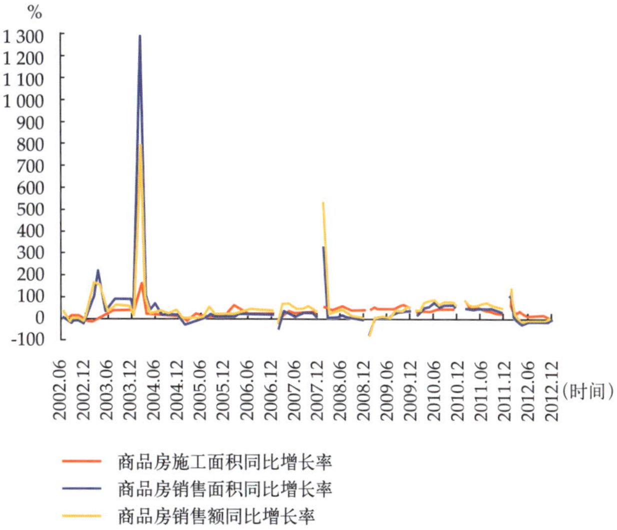

数据来源：河北省统计局。

图13　2002～2012年河北省商品房施工和销售变动趋势

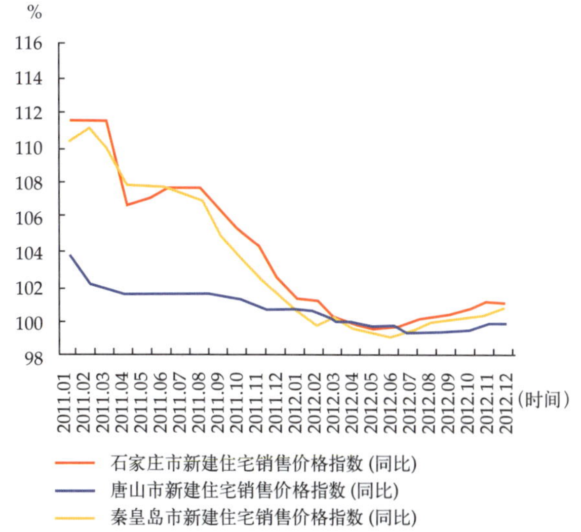

注：同比以上一年度同月价格为100。

数据来源：国家统计局网站。

图14　2011～2012年河北省主要城市新建住宅销售价格指数变动趋势

房地产贷款业务保持低速增长，金融支持保障性安居工程建设力度不断加大。截至2012年年末，河北省房地产贷款余额为3 439.4亿元，同比增长18.5%，增速较上年下降1.8个百分点。房地产开发贷款同比增长8.8%，增速较上年下降3.2个百分点；个人住房贷款同比增长21%，增速较上年下降2个百分点。2012年1～12月，河北省累计支持保障安居工程项目26个，累计发放贷款67.1亿元。截至2012年年末，保障性安居工程贷款余额为129.4亿元，较年初增加18.5亿元，比上年多增1.6亿元，保障性安居工程贷款质量良好，没有不良贷款。

2. 河北省是中国钢铁第一大省，钢铁业是全省重要的支柱产业。河北省钢铁产量连续十二年保持全国第一，2012年生铁、粗钢、钢材等三大类产品产量占全国比重均在1/4左右，且产量年均增速高于全国平均水平。2012年钢铁业增加值占全省工业比重约30%，居全省40个大类行业首位。2012年世界经济缓慢复苏，中国经济增速放慢，钢铁需求增速放缓，而钢铁业多年投资的累积效应使得钢铁产能不断扩大，钢铁供大于求的矛盾短期内难以缓解，国内钢价持续走低。而河北省高技术含量、高附加值的产品产量不高，竞争力不强，使得“结构性产能过剩”问题尤为突出。同时，铁矿石、煤炭、电力等钢铁生产用原燃料价格高位运行，原材料运输价格上涨，生产线技术升级、用工成本上升、财务费用增加，使钢铁企业成本压力继续增大。受上述多重因素影响，河北省2012年钢铁业增加值增长了16.6%，而利润总额不升反降，下降了7.8%，亏损面扩大。在此背景下，河北省钢铁业竞争力亟待提升，迫切需要调整结构实现由钢铁大省向钢铁强省转变。

目前，河北省钢铁行业缺乏直接融资手段，对外融资来源大部分依靠金融机构的信贷资金，且信贷资金向钢铁大企业、大项目聚集的现象较为严重，导致潜在风险加大。从贷款担保形式来看，由于钢铁行业“一家独大”，作为政府重点支持企业，在银行的信用评级中等级较高，银行为吸引优质客户，在放款条件等方面给予优惠，银行为节约抵押物评估转移费用成本，所以，金融机构对钢铁企业的信贷担保以信用和保证为主，存量贷款中抵押和质押比率不足10%。同时，伴随钢铁企业重组整合，地方钢铁集团相继组建，金融资源跨企业、跨区域流动更加普遍，金融机构与企业之间的信息不对称程度加深，这种信息不对称也增加了银行的信贷风险。从贷款利率看，各商业银行从2011年以来基本上对钢铁行业实行贷款利率上浮政策。高额的融资成本加大了钢铁企业财务成本，一定程度上影响了其经营效益，从而增加了偿还贷款难度。另外，淘汰落后产能使一些缺乏竞争力的中小钢铁企业将被迫关停，这些中小钢铁企业贷款风险加大。

（七）区域发展面临新机遇，区域合作取得新成效

2012年，冀中南地区列入国家重点开发区域，邯郸、邢台纳入中原经济区规划，国家启动首都经济圈发展规划和实施意见的编制。省政府召开全省扶贫开发暨环首都扶贫攻坚示范区建设工作会议，深入推进环首都扶贫开发工作。出台并实施着力改善发展环境和着力改善生态环境（以下简称“两个环境”）的两个实施意见，对“两个环境”建设作出新部署，努力突破发展的瓶颈约束。北京市金融工作局与河北省金融办签署区域金融合作协议，从推动金融机构跨区域发展等九个方面助推地区金融合作。

河北沿海地区发展规划启动实施，国家和省都安排了专项资金予以支持。国务院批准设立曹妃甸区、曹妃甸综合保税区和国家级经济技术开发区，顺利完成撤县设区工作，曹妃甸区、渤海新区和北戴河新区亿元以上重点项目922个、总投资21 397.8亿元。制定新十年扶贫开发纲要实施意见，共投入各类资金210亿元，支持贫困地区建设了一大批基础设施、公共服务和产业项目。

“双百工程”取得新成效，区域合作、对接工作迈上新台阶。百家央企进河北取得重大成果，共与56家央企签署96项合作协议，119个项目开工建设或建成投产，全年累计完成投资1 151.2亿元；百家院所校进河北签约项目中有187项进入

实施阶段。举办访美经贸活动、香港投洽会、廊坊经洽会，组织企业参加韩国丽水世博会等重大经贸活动，成功承办第十四届中国科协年会。

三、预测与展望

当前，河北经济金融面临着良好的发展机遇，中国仍处于重要战略机遇期的基本判断没有变，经济社会基本面长期向好，国家继续实施积极的财政政策和稳健的货币政策，加大对符合产业结构调整的项目和企业扶持力度。河北省沿海地区发展规划上升为国家战略后，国务院又正式批复了《中原经济区规划》，标志着河北省冀南地区发展也提到了国家战略层面。

2013年是全面贯彻落实党的十八大精神的开局之年，是实施“十二五”规划承前启后的关键一年，是为全面建成小康社会奠定坚实基础、加快建设经济强省、和谐河北的重要一年。全省金融系统将全面贯彻落实党的十八大、中央经济工作会议精神、中国人民银行工作会议和河北省经济工作会议精神，坚持稳中求进的工作总基调，继续实施好稳健的货币政策，深化金融改革，加快发展金融市场，提升服务水平，有效防范风险，以此巩固河北经济健康平稳发展的良好势头。预计2013年全省经济仍将保持平稳较快增长，全省生产总值增长9%左右，全社会固定资产投资增长20%左右，社会消费品零售总额增长15%左右，出口总值增长5%左右，实际利用外资增长10%左右，单位生产总值能耗下降约3%，城镇居民人均可支配收入和农民人均纯收入增长9%以上。居民消费价格涨幅控制在3.5%左右，城镇登记失业率控制在4.5%以内，保持合理的社会融资规模和节奏。

中国人民银行石家庄中心支行货币政策分析小组

总　纂：张文汇　王彦青

统　稿：郑雪然　杜文忠　王建中

执　笔：张皓阳　任珍珍　高东胜

提供材料的还有：薛秀丽　尹　洁　高　远　李婕琼　岳永丽　李　莉　贾　宁　范宪忠　鲍文改　李　鹏　孟会娟　杜彦尊　李　媛　王　超　董雪丽　卢杰峰　张双英　高宏业　孙刚强　黄艳霞　王治宇

附录

（一）2012年河北省经济金融大事记

2月29日至3月1日，河北省委、省政府召开全省扶贫开发暨环首都扶贫攻坚示范区建设工作会议，吹响了举全省之力攻贫困之坚的号角。

3月22日，中国工商银行河北省分行为“特易购商业（河北）有限公司”办理一笔4 000万元人民币增资业务，标志着河北省跨境人民币业务范围由经常项目延伸到资本项目。

4月12日，北京市金融工作局与河北省金融工作办公室签署区域金融合作协议，拉开了加强京冀区域金融合作的序幕。

5月10日，河北四方通信设备有限公司与交通银行河北省分行战略合作签约仪式隆重举行，这是河北首家民营企业与银行进行战略合作。

6月18日，河北首个获得国家财政注资的新材料创业投资基金——河北信产新材创业投资有限公司正式成立，首期规模为2.5亿元人民币。

7月17日，赵县农村信用联社股份有限公司正式挂牌开业，河北首家股份制农村信用联社宣告成立。

7月23日，曹妃甸综合保税区获得国务院批复。这是河北设立的首个综合保税区。

8月，河北首家银行系寿险公司工银安盛人寿河北分公司正式营业。

9月27日，河北省政府正式印发《河北沿海地区发展规划实施意见》。

10月，河北省委、省政府出台《关于着力改善发展环境的实施意见》和《关于着力改善生态环境的实施意见》。

11月30日，《中原经济区规划(2012～2020年)》（以下简称《规划》）获国务院正式批复，邯郸市、邢台市纳入《规划》，标志着河北省冀南地区发展正式上升为国家战略。

12月13日，由石家庄宝德中小企业担保公司担保、中国投资担保公司增信的“2012年石家庄高新技术产业开发区中小企业集合债券”上市发行，开创了河北中小企业融资新模式。

（二）2012年河北省主要经济金融指标

表1　2012年河北省主要存贷款指标

		1月	2月	3月	4月	5月	6月	7月	8月	9月	10月	11月	12月
本外币	金融机构各项存款余额（亿元）	29 891.8	30 438.6	31 616.3	31 381.3	31 966.1	32 956.2	32 839.8	32 994.4	33 670.4	33 713.2	33 992.1	34 257.2
	其中：储蓄存款	18 660.1	18 778.8	19 373.2	19 204.3	19 427.2	19 938.0	19 898.1	20 012.5	20 407.5	20 278.3	20 459.7	20 723.6
	单位存款	10 007.0	10 371.2	10 917.8	10 798.3	11 115.9	11 637.4	11 573.6	11 679.7	11 857.5	12 065.1	12 171.1	12 359.3
	各项存款余额比上月增加（亿元）	140.4	546.8	1 177.8	-235.1	584.8	990.1	-116.4	154.6	676.0	42.8	279.0	265.0
	金融机构各项存款同比增长（%）	13.6	12.9	13.5	12.5	13.2	14.4	14.9	14.3	16.3	15.9	15.3	15.2
	金融机构各项贷款余额（亿元）	18 734.4	18 981.0	19 270.0	19 536.9	19 844.8	20 169.0	20 389.2	20 645.0	20 835.2	21 070.1	21 195.5	21 318.0
	其中：短期	7 356.2	7 515.8	7 790.9	7 932.9	8 109.1	8 373.8	8 456.9	8 542.6	8 631.1	8 840.9	8 968.5	9 123.2
	中长期	10 796.6	10 842.5	10 874.0	10 916.9	10 965.5	10 990.8	11 077.2	11 206.9	11 331.9	11 384.7	11 423.2	11 453.5
	票据融资	529.9	566.6	545.8	625.5	699.3	712.1	767.0	803.7	778.9	747.8	702.0	640.1
	各项贷款余额比上月增加（亿元）	266.2	246.6	289.0	266.9	307.8	324.3	220.2	255.8	190.2	234.9	125.5	122.4
	其中：短期	150.3	159.6	275.1	141.9	176.2	264.7	83.1	85.7	88.4	209.8	127.6	154.8
	中长期	88.4	45.9	31.5	42.9	48.4	25.2	86.4	129.7	125.0	52.8	38.5	30.3
	票据融资	24.4	36.6	-20.8	79.7	73.8	12.7	54.9	36.7	-24.9	-31.1	-45.8	-61.9
	金融机构各项贷款同比增长（%）	15.1	15.0	14.8	15.1	15.8	15.7	15.9	16.4	16.8	16.7	16.0	15.5
	其中：短期	22.9	23.7	25.3	25.3	26.2	26.2	26.3	26.1	25.5	25.8	25.3	24.2
	中长期	11.7	10.6	9.1	8.4	8.1	7.6	7.7	8.3	9.2	8.8	8.4	8.5
	票据融资	-11.9	-5.2	-3.6	14.6	27.8	27.0	31.0	39.0	40.8	40.5	30.3	26.6
	建筑业贷款余额（亿元）	467.4	473.2	480.1	493.5	501.0	517.4	519.0	521.6	532.8	543.2	550.8	549.3
	房地产业贷款余额（亿元）	776.5	772.1	757.3	749.2	762.2	756.8	773.0	754.5	761.1	765.2	768.5	797.0
	建筑业贷款同比增长（%）	12.5	26.7	24.6	22.3	22.0	20.9	20.8	19.5	21.6	23.6	24.3	19.7
	房地产业贷款同比增长（%）	8.6	7.4	4.7	3.7	5.3	4.1	4.1	1.6	1.8	1.7	1.1	5.2
人民币	金融机构各项存款余额（亿元）	29 726.9	30 275.1	31 412.2	31 181.4	31 750.3	32 704.3	32 587.1	32 738.3	33 424.7	33 459.3	33 747.5	34 013.0
	其中：储蓄存款	18 608.7	18 730.6	19 321.2	19 151.4	19 371.4	19 882.3	19 843.6	19 959.8	20 355.6	20 223.1	20 404.3	20 665.1
	单位存款	9 901.5	10 263.4	10 773.4	10 660.7	10 963.5	11 452.0	11 386.2	11 483.9	11 673.1	11 874.5	11 991.4	12 180.0
	各项存款余额比上月增加（亿元）	161.3	548.2	1 137.1	-230.8	569.0	954.0	-117.3	151.3	686.3	34.6	288.2	265.5
	其中：储蓄存款	783.7	121.9	590.6	-169.9	220.1	510.9	-38.7	116.2	395.8	-132.5	181.2	260.8
	单位存款	-940.4	361.9	509.9	-112.7	302.9	488.5	-65.8	97.7	189.2	201.4	116.8	188.6
	各项存款同比增长（%）	13.7	13.0	13.5	12.4	13.1	14.2	14.7	14.1	16.2	15.7	15.3	15.1
	其中：储蓄存款	14.9	14.3	14.9	14.7	15.2	15.4	16.4	16.6	16.8	17.4	17.4	15.9
	单位存款	10.1	10.0	9.7	8.2	7.9	10.1	11.8	10.7	13.6	12.5	10.5	12.4
	金融机构各项贷款余额（亿元）	18 404.6	18 658.7	18 932.4	19 200.2	19 489.0	19 798.9	20 027.2	20 276.4	20 439.7	20 641.3	20 739.2	20 850.9
	其中：个人消费贷款	2 333.3	2 356.0	2 409.3	2 438.6	2 475.6	2 509.6	2 552.9	2 617.2	2 664.6	2 712.9	2 761.5	2 803.3
	票据融资	529.9	566.5	545.8	625.5	699.3	712.0	767.0	803.7	778.9	747.7	701.9	640.0
	各项贷款余额比上月增加（亿元）	253.1	254.1	273.7	267.8	288.8	309.9	228.3	249.2	163.3	201.7	97.9	111.6
	其中：个人消费贷款	22.1	29.6	81.0	41.7	55.1	66.8	65.8	90.5	86.3	64.1	58.3	46.1
	票据融资	24.4	36.6	-20.8	79.7	73.8	12.7	54.9	36.7	-24.9	-31.1	-45.8	-61.9
	金融机构各项贷款同比增长（%）	14.6	14.6	14.4	14.6	15.3	15.2	15.5	16.0	16.2	16.0	15.4	14.9
	其中：个人消费贷款	31.2	23.6	23.1	21.9	21.5	20.5	20.2	21.2	21.7	22.0	22.0	22.1
	票据融资	-11.9	-5.2	-3.6	14.6	27.9	27.0	31.0	39.0	40.8	40.5	30.3	26.6
外币	金融机构外币存款余额（亿美元）	26.1	26.0	32.4	31.8	34.0	39.8	39.9	40.4	38.8	40.3	38.9	38.8
	金融机构外币存款同比增长（%）	9.5	6.1	30.0	31.1	37.7	53.8	63.5	47.1	40.1	47.0	26.0	31.8
	金融机构外币贷款余额（亿美元）	52.2	51.2	53.6	53.6	56.1	58.5	57.2	58.1	62.4	68.0	72.6	74.3
	金融机构外币贷款同比增长（%）	58.6	55.5	48.3	52.5	52.0	48.8	48.7	47.3	56.0	65.8	60.9	47.9

数据来源：中国人民银行石家庄中心支行。

表2 2001～2012年河北省各类价格指数

单位：%

年/月		居民消费价格指数		农业生产资料价格指数		工业生产者购进价格指数		工业生产者出厂价格指数	
		当月同比	累计同比	当月同比	累计同比	当月同比	累计同比	当月同比	累计同比
2001		—	0.5	—	0.2	—	1.0	—	-0.2
2002		—	-1.0	—	0.4	—	-2.8	—	-0.6
2003		—	2.2	—	-0.2	—	9.4	—	7.1
2004		—	4.3	—	6.7	—	18.4	—	11.6
2005		—	1.8	—	6.8	—	7.0	—	4.4
2006		—	1.7	—	1.6	—	5.0	—	0.8
2007		—	4.7	—	6.9	—	7.8	—	6.9
2008		—	6.2	—	18.6	—	15.9	—	16.7
2009		—	-0.7	—	0.6	—	-6.5	—	-10.9
2010		—	3.1	—	4.4	—	10.9	—	9.0
2011		—	5.7	—	12.6	—	10.9	—	7.7
2012		—	2.6	—	8.2	—	-3.8	—	-5.3
2011	1	4.2	4.2	4.9	4.9	12.3	12.3	10.1	10.1
	2	5.0	4.6	5.9	5.4	13.6	13.0	11.5	10.8
	3	5.3	4.8	7.7	6.2	13.4	13.1	10.3	10.7
	4	5.1	4.9	9.9	7.1	12.4	12.9	8.0	10.0
	5	5.6	5.0	11.6	8.0	11.6	12.7	8.2	9.6
	6	7.0	5.3	14.7	9.1	12.9	12.7	9.3	9.5
	7	7.4	5.6	16.6	10.2	13.8	12.9	10.6	9.7
	8	6.6	5.8	16.8	11.0	12.8	12.8	9.5	9.7
	9	6.9	5.9	17.3	11.7	11.6	12.7	8.2	9.5
	10	6.1	5.9	16.7	12.2	9.7	12.4	5.7	9.1
	11	4.7	5.8	14.5	12.4	4.7	11.7	1.6	8.4
	12	4.7	5.7	13.8	12.6	3.3	10.9	0.1	7.7
2012	1	5.2	5.2	13.8	13.8	1.6	1.6	-1.1	-1.1
	2	3.3	4.2	13.1	13.5	-0.1	0.7	-2.9	-2.0
	3	4.0	4.2	12.6	13.2	-1.0	-0.1	-2.3	-2.1
	4	3.4	4.0	11.3	12.7	-2.5	-0.5	-2.8	-2.3
	5	2.7	3.7	10.4	12.2	-3.2	-1.1	-4.0	-2.6
	6	1.7	3.4	7.6	11.4	-4.4	-1.6	-5.2	-3.1
	7	1.2	3.1	5.7	10.5	-5.4	-2.2	-6.0	-3.5
	8	2.1	2.9	5.7	9.9	-6.7	-2.8	-8.3	-4.1
	9	1.6	2.8	5.0	9.3	-7.6	-3.3	-10.4	-4.8
	10	1.4	2.6	4.6	8.8	-6.6	-3.6	-8.0	-5.1
	11	2.0	2.6	5.3	8.5	-4.8	-3.7	-6.4	-5.3
	12	2.7	2.6	5.2	8.2	-4.7	-3.8	-5.6	-5.3

数据来源：河北省统计局、《中国经济景气月报》。

表3　2012年河北省主要经济指标

	1月	2月	3月	4月	5月	6月	7月	8月	9月	10月	11月	12月
绝对值（自年初累计）												
地区生产总值（亿元）	—	—	4 920.0	—	—	12 219.2	—	—	19 581.9	—	—	26 575.0
第一产业	—	—	534.6	—	—	1 236.7	—	—	2 611.0	—	—	3 186.7
第二产业	—	—	2 869.3	—	—	6 868.9	—	—	10 539.5	—	—	14 001.0
第三产业	—	—	1 516.1	—	—	4 113.7	—	—	6 431.4	—	—	9 387.3
工业增加值（亿元）	—	1 386.3	2 340.4	3 201.5	3 985.7	5 145.9	6 088.0	7 022.2	8 068.9	9 076.7	10 078.9	11 069.6
固定资产投资（亿元）	—	498.3	2 186.8	3 769.2	5 672.3	7 955.1	9 953.8	11 933.1	13 944.7	16 016.7	17 857.0	19 104.6
房地产开发投资	—	125.0	413.0	645.3	944.9	1 370.9	1 621.9	1 949.9	2 286.8	2 602.9	2 912.3	3 086.5
社会消费品零售总额（亿元）	—	—	2 090.0	—	—	4 139.5	—	—	6 365.2	—	—	9 154.0
外贸进出口总额（万美元）	384 678	760 612	1 218 940	1 656 057	2 123 342	2 534 781	2 938 949	3 379 379	3 800 462	4 180 877	4 603 732	5 054 790
进口	168 640	359 729	531 574	723 819	922 043	1 067 676	1 238 477	1 401 784	1 571 334	1 716 342	1 882 448	2 094 405
出口	216 038	400 883	687 366	932 238	1 201 299	1 467 106	1 700 472	1 977 595	2 229 128	2 464 535	2 721 284	2 960 384
进出口差额(出口－进口)	47 398	41 154	155 792	208 419	279 256	399 430	461 995	575 811	657 794	748 193	838 836	865 979
外商实际直接投资（万美元）	23 235	44 648	104 665	119 716	156 894	307 567	369 443	390 473	419 526	471 238	530 282	580 486
地方财政收支差额（亿元）	82.5	-59.3	-203.5	-248.4	-387.5	-627.6	-761.0	-935.7	-1 061.7	-1 242.5	-1 419.2	-1 934.7
地方财政收入	240.4	360.1	570.8	727.1	909.8	1 153.0	1 292.1	1 411.8	1 610.6	1 754.9	1 906.4	2 084.2
地方财政支出	157.9	419.4	774.3	975.5	1 297.3	1 780.6	2 053.1	2 347.5	2 672.3	2 997.4	3 325.6	4 018.9
城镇登记失业率(%)(季度)	—	—	3.7	—	—	3.7	—	—	3.7	—	—	3.7
同比累计增长率（%）												
地区生产总值	—	—	9.7	—	—	9.5	—	—	9.3	—	—	9.6
第一产业	—	—	4.1	—	—	4.2	—	—	4.0	—	—	4.0
第二产业	—	—	11.9	—	—	11.2	—	—	11.2	—	—	11.5
第三产业	—	—	7.6	—	—	8.4	—	—	8.1	—	—	8.4
工业增加值	—	12.5	13.5	13.2	13.1	13.0	12.8	12.6	12.6	12.9	13.2	13.4
固定资产投资	—	25.6	23.2	22.2	21.5	22.5	22.0	21.4	21.4	21.4	21.2	21.1
房地产开发投资	—	36.5	-3.6	-6.1	-4.3	-4.3	-5.9	-3.0	-2.1	0.3	1.3	1.0
社会消费品零售总额	—	—	15.5	—	—	15.2	—	—	15.0	—	—	15.5
外贸进出口总额	-20.9	-3.8	-1.4	-2.5	1.2	-0.6	-2.4	-2.9	-3.7	-5.2	-6.2	-5.7
进口	-35.3	-14.3	-15.7	-13.7	-9.6	-11.3	-12.3	-14.0	-14.8	-16.4	-18.2	-16.3
出口	-4.2	8.0	13.6	8.5	11.3	8.9	6.2	6.8	6.1	4.6	4.4	3.6
外商实际直接投资	-12.7	-22.3	28.4	-6.7	-2.7	32.5	50.4	50.0	29.8	28.4	29.6	24.0
地方财政收入	10.0	8.9	15.5	15.3	16.5	18.1	16.9	15.2	18.2	18.5	20.5	19.9
地方财政支出	8.6	62.5	41.8	25.9	14.5	11.6	15.5	17.3	16.1	9.3	8.8	13.6

数据来源：河北省统计局。

2012年山西省金融运行报告

中国人民银行太原中心支行货币政策分析小组

[内容摘要] 2012年，面对复杂严峻的外部环境，山西省始终坚持以科学发展观为指导，着力转变发展方式，深入推进生态环境和民生领域建设，保持了经济平稳较快发展。全年地区生产总值实现稳步增长，三大产业协调发展，生态环境持续改善。全省金融运行平稳，社会融资规模稳步增加，存贷款增速稳中有升，信贷结构继续优化，信贷重点向民生和重点领域倾斜，金融环境和服务水平继续改善。

2013年，山西省将继续以深入推动转型综改试验区建设为统领，以提高经济增长质量和效益为中心，深入推进工业新型化、农业现代化、市域城镇化、城乡生态化，加快产业转型升级，倡导创新发展，推进城乡发展一体化，大力保障和改善民生，力促全省转型综改试验区建设事业取得全面进步。全省金融机构在贯彻落实稳健的货币政策的同时，将继续深化金融体制改革，加快金融创新，推动山西经济转型跨越发展。

一、金融运行情况

2012年，山西省金融机构认真贯彻落实稳健的货币政策，支持实体经济能力显著提升。银行业经营状况继续向好，证券业、保险业发展总体平稳。

（一）银行业运行状况良好，服务能力进一步提升

2012年，山西省银行机构积极调整经营策略、改善金融服务，持续加大对重点行业和薄弱领域的信贷支持，取得良好效益。

1. 银行机构经营状况继续向好。2012年，全省银行机构自身实力持续增强，网点布局更加合理，服务半径继续延伸，资产质量稳步改善（见表1）。截至2012年年末，全省银行机构资产总额为28 915.6亿元，同比增长15.4%，不良贷款率下降至3.3%，贷存比达到57.1%，较2011年提高0.9个百分点。地方法人银行业机构资本充足率10.3%，核心资本充足率8.5%，流动性比率64.1%。

表1　2012年山西省银行业金融机构情况

机构类别	营业网点			法人机构（个）
	机构个数（个）	从业人数（人）	资产总额（亿元）	
一、大型商业银行	1 678	46 746	12 049.8	0
二、国家开发银行和政策性银行	81	1 902	1 976.5	0
三、股份制商业银行	126	5 258	4 012.4	0
四、城市商业银行	184	6 732	1 940.6	6
五、小型农村金融机构	2 856	37 792	6 364.3	29
六、财务公司	4	172	517.8	4
七、信托公司	1	177	16.8	1
八、邮政储蓄银行	1 207	6 491	1 872.9	0
九、外资银行	1	28	16.4	0
十、新型农村金融机构	29	509	126.9	29
十一、其他	1	45	21.4	1
合　计	6 168	105 852	28 915.6	70

注：营业网点不包括总部。主要农村金融机构含农村商业银行、农村信用社、农村合作银行；小型农村金融机构包括农村商业银行、农村信用社、农村合作银行；“其他”包含金融租赁公司、汽车金融公司、货币金融公司、消费金融公司等。

数据来源：中国人民银行太原中心支行、山西银监局。

2. 各项存款增速快速回升，资金稳定性增强。2012年，山西省金融机构本外币各项存款余额24 157.0亿元，同比增长15.0%，较上年高2.1个百分点。单位存款受企业资金周转速度减慢的影响，新增活期存款占比较上年下降17.7个百分点。受居民收入增长、资本市场调整下行及房地产调控政策等因素影响，个人存款增幅提高，同比增长15.6%（见图1）。

3. 各项贷款增速较快，支持重点领域力度不

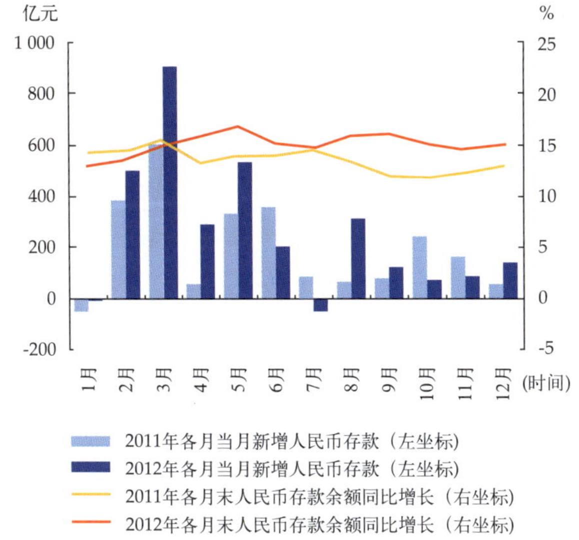

数据来源：中国人民银行太原中心支行。

图1　2011～2012年山西省金融机构人民币存款增长

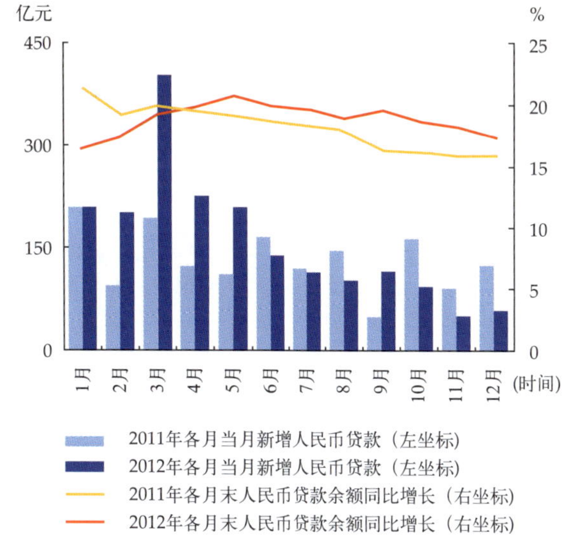

数据来源：中国人民银行太原中心支行。

图2　2011～2012年山西省金融机构人民币贷款增长

断加强。2012年，山西省金融机构本外币各项贷款余额为13 211.3亿元，同比增长17.3%，比上年提高0.8个百分点，全年新增贷款1 935.2亿元。全省农村合作金融机构贷款增速高于各项贷款增速5.4个百分点。

信贷投向重点突出。一是支持山西省国家资源型转型综合配套改革试验区建设。截至2012年年末，全省银行机构投入转型综改“四大领域、十二大项目”的贷款余额达到8 206.8亿元，占到全部贷款余额的62.1%。二是重点行业和薄弱领域的支持力度加大。2012年，全省煤炭、电力等重点行业和支柱产业贷款余额同比增长20.5%；全省涉农贷款、中小企业贷款、保障房开发贷款余额同比分别增长25.8%、17.0%、31.7%；下岗失业人员贷款和大学生助学贷款累计发放达到8.6亿元（见图2、图3）。

4. 贷款利率按季环比下降，存款利率差异化特征明显。2012年，山西省银行机构贷款利率环比呈下行趋势，四个季度的人民币贷款加权平均利率分别为8.590%、8.424%、8.164%和8.201%。贷款下浮区间扩大后，执行下浮利率的贷款占比提高了9.2个百分点。存款利率方面，大中型商业银行定价策略相对成熟，不同期限档次利率上浮

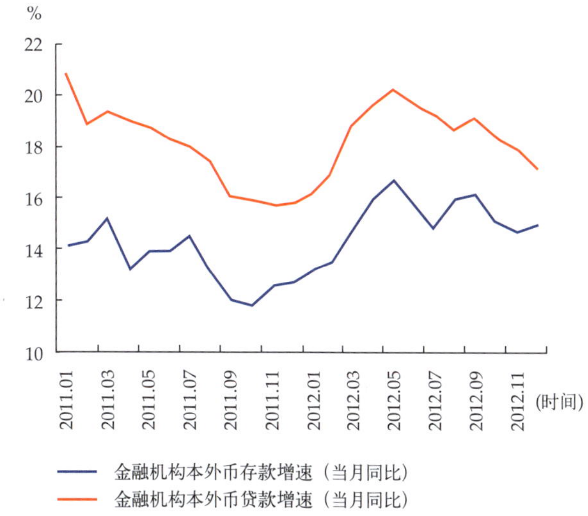

数据来源：中国人民银行太原中心支行。

图3　2011～2012年山西省金融机构本外币存、贷款增速

倍数不尽相同；地方性金融机构存款定价能力有待提升，为保持市场份额，存款利率全部“一浮到顶”（见表2、图4）。

5. 农村信用社改革继续推进，效益稳步提高。2012年，山西省有5家农村信用社成功改制为农村商业银行。至此，全省已有12家农村商

表2 2012年山西省金融机构人民币贷款各利率区间占比

单位：%

月份		1月	2月	3月	4月	5月	6月
合计		100.0	100.0	100.0	100.0	100.0	100.0
[0.9，1.0)		2.2	2.5	3.0	2.7	3.2	4.5
1.0		27.0	27.5	32.8	24.1	29.3	19.8
上浮水平	小计	70.8	70.0	64.3	73.3	67.6	75.7
	(1.0，1.1]	22.0	20.8	30.5	17.8	18.8	18.8
	(1.1，1.3]	21.0	17.5	23.9	22.9	19.8	24.6
	(1.3，1.5]	7.0	8.0	5.3	10.8	7.1	8.2
	(1.5，2.0]	10.5	7.3	1.3	6.9	6.7	10.6
	2.0以上	10.3	16.4	3.4	14.8	15.3	13.5
月份		7月	8月	9月	10月	11月	12月
合计		100.0	100.0	100.0	100.0	100.0	100.0
[0.9，1.0)		7.9	12.7	7.2	13.8	16.4	15.0
1.0		23.4	21.9	25.3	22.9	22.0	24.6
上浮水平	小计	68.7	65.4	67.5	63.3	61.6	60.4
	(1.0，1.1]	18.0	18.5	11.9	9.3	10.5	9.1
	(1.1，1.3]	18.7	16.8	21.0	18.9	16.0	16.1
	(1.3，1.5]	8.0	4.1	6.0	4.8	5.0	3.7
	(1.5，2.0]	9.1	13.2	13.2	12.6	12.8	12.7
	2.0以上	14.9	12.7	15.4	17.6	17.3	18.7

注：2012年8～12月统计数据的下浮区间为[0.7，1.0)。

数据来源：中国人民银行太原中心支行。

业银行。农村金融机构公司治理逐步完善。主要农村金融机构全年实现利润44.6亿元，同比增长45.3%。

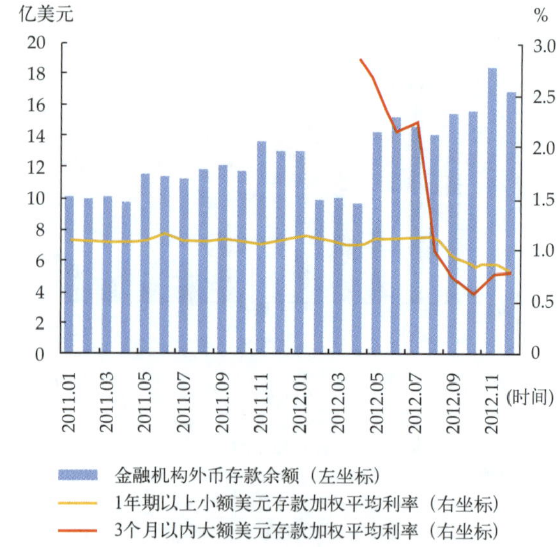

数据来源：中国人民银行太原中心支行。

图4 2011～2012年山西省金融机构外币存款余额及外币存款利率

6. 跨境人民币结算业务快速发展。“山西省跨境人民币业务宣传月”的火热开展以及相关政策意见的出台，推动跨境人民币业务发展进入快车道。截至2012年年末，全省共有13家符合条件的商业银行开办了跨境人民币结算业务，交易地域已拓展至美国、香港等23个国家和地区。自试点开始以来，累计结算额达到88.3亿元，其中，2012年办理结算业务64.6亿元，同比增长941.3%。

专栏1 金融助推山西省转型综改试验区加快发展

山西省作为全国重要的能源省份，在为国家建设提供能源服务的同时，也付出了生态、安全乃至生命的代价。长期资源开发带来的生态破坏、水资源污染，产业结构单一等问题，极大地限制了今后的发展空间。同时，资源的有限性也决定了资源开发不可持续。对山西来说，不转型没有出路，只有通过转型，才能开辟一片新的发展空间。2012年8月，《山西省国家资源型经济转型综合配套改革试验总体方案》获得国务院批复，标志着山西正式跨入转型跨越发展的新阶段。“转型综改，金融助力”。为探索建立与资源型经济转型发展相适应的现代金融服务体系，山西省金融部门加快金融服务创新，不断增加资金投入，着力优化信贷结构，倾力支持山西转型综改试验区建设。截至2012年年末，山西省金融机构贷款余额为13 211.3亿元，比年初新增1 935.2亿元，同比多增340.1亿元，为山西转型跨越发展提供了强劲动力。

一是多种措施并举，形成金融支持转型综改试验区建设合力。自山西省申报综改试验区之初，中国人民银行太原中心支行就制定、编制完成了山西转型综改金融专项实施意见，提出建设五大金融体系的目标。2010～2011年，实施支持山西转型发展的“138”金融工程，顺利实现了全省新增贷款不低于上年、各项贷款增幅不低于全国水平的目标。2012年，出台了推进金融改革、支持农村经济发展和文化产业发展三个指导意见，提出了全省货币信贷“十项重点推进工作”，组织召开了金融支持转型综改、文化旅游、债券市场风险管理等工作会议。在中国人民银行的引导下，全省金融机构充分发挥比较优势，根据省情地情，优化机构设置，创新融资模式，加强风险控制，全方位提升服务水平，金融支持的合力初步形成。截至2012年年末，已有8家银行与山西省政府签订了战略合作协议。

二是加大支持力度，满足转型综改试验区建设资金需要。2012年以来，围绕全省货币信贷“十项重点推进工作”，各金融机构加大对转型综改试验区建设信贷投入力度。截至2012年年末，转型综改领域贷款余额达到8 206.8亿元，比年初增加1 092.0亿元，占到各项贷款新增额的62.1%，有力地支持了山西产业转型。在社会薄弱环节的投入有新突破，其中，生态治理、新农村建设、保障性住房领域的贷款余额分别达到438.2亿元、205.2亿元、84.5亿元，分别比年初增加30.5亿元、17.2亿元、12.0亿元，薄弱环节贷款难的问题得到有效缓解。

三是拓宽融资渠道，打造差异化金融服务模式。全省金融机构加大了融资机制的创新力度，打造适合山西转型跨越发展需要的“山西模式”。2012年，中国人民银行太原中心支行在全省金融机构中总结推广了九大融资模式，如中国农业银行农户小额贷款和“金农超”业务模式，招商银行通过“1+N”贷款模式，晋城银行小微企业贷款模式等。重点涵盖煤炭资源整合、大型企业技术改造、中小企业融资创新、民营企业信用贷款等领域，体现了差异化金融服务，满足了市场需求。截至2012年年末，中国农业银行小额农户贷款余额为5.97亿元、“金农超”法人贷款余额为11.96亿元，招商银行通过“1+N”业务累放贷款3.8亿元，均较上年同期有较大幅度的增长。

四是突出支持重点，深入推动文化产业和生态环境建设。全省各金融机构优先扶持了一批转型标杆项目、标杆工程、标杆园区和标杆企业建设。如国家开发银行省分行在支持煤炭资源整合、基础设施、高校园区以及文化旅游等重大项目工程中发挥了重要作用；交通银行大力推广短融、中票、金融债业务；省联社加大支持“一村一品”、“一县一业”工程项目等。在产业转型方面，大力扶持煤炭资源整合、煤矿兼并重组，以及先进装备制造、文化旅游、节能环保等新兴产业；在生态修复方面，大力支持绿色生态工程，严格控制“两高一低”项目信贷；在城乡统筹方面，支持推进“一核一圈三群”建设，支持实施大县城战略和百镇建设工程，支持新农村建设项目；在民生改善方面，支持教育、医疗、就业和再就业、保障性住房工程。

（二）证券机构服务能力增强，上市公司质量提升

2012年，山西省证券机构加强稳健经营、创新金融产品，提升服务效能，实现了融资规模稳步扩大和上市公司质量提高并举的良好局面。全年证券、期货在晋营业部新增11家；法人证券、期货公司资产总额达157.5亿元，实现净利润2.5亿元。全年资本市场累计交易额为41 959.1亿元，上市公司市值达到4 502.9亿元（见表3）。

表3　2012年山西省证券业基本情况

项目	数量
总部设在辖内的证券公司数（家）	2
总部设在辖内的基金公司数（家）	0
总部设在辖内的期货公司数（家）	4
年末国内上市公司数（家）	34
当年国内股票（A股）筹资（亿元）	52.6
当年发行H股筹资（亿元）	0
当年国内债券筹资（亿元）	818.0
其中：短期融资券筹资额（亿元）	80.0
中期票据筹资额（亿元）	92.0

数据来源：山西证监局、山西省发展改革委、中国人民银行太原中心支行。

（三）保险业经营布局日趋合理，服务半径明显扩大

2012年，山西保险市场稳步发展，服务经济社会能力明显提高。全年新增保险公司各级机构118家；总资产为911.3亿元，同比增长14.6%。全年共实现保费收入384.7亿元，同比增长5.5%；赔款赔付119.3亿元，同比增长15.3%。机构稳健发展的同时，保险业务覆盖面显著扩大：农业保险覆盖农户达23.6万户，同比增长143.1%；出口信用保险一般贸易渗透率提高10.9%，客户覆盖率达22%；环境污染责任险保费收入增长105.6%，同比提高66.6个百分点（见表4）。

表4　2012年山西省保险业基本情况

项目	数量
总部设在辖内的保险公司数（家）	1
其中：财产险经营主体（家）	1
人身险经营主体（家）	0
保险公司分支机构（家）	42
其中：财产险公司分支机构（家）	23
人身险公司分支机构（家）	19
保费收入（中外资，亿元）	384.6
其中：财产险保费收入（中外资，亿元）	127.8
人身险保费收入（中外资，亿元）	256.9
各类赔款给付（中外资，亿元）	119.0
保险密度（元/人）	1 065.3
保险深度（%）	3.2

数据来源：山西保监局。

（四）金融市场运行平稳，融资能力稳步增强

2012年，山西省金融市场平稳运行，金融机构参与市场意识增强，货币市场交易活跃。

1. 银行间债券市场融资大幅增加。2012年，全省企业实现直接融资923.2亿元，其中，银行间债券市场融资发展迅速，全年融资569亿元，占到全部融资额的61.6%（见表5）。

2. 市场参与主体增多，交易量增加。银行间市场成为金融机构调节流动性的重要方式。截至2012年年末，山西省加入全国银行间市场的金融机构为60家，累计成交22 329.3亿元，同比上升6.3%。

表5　2001～2012年山西省非金融机构部门融资结构

单位：亿元、%

年份	融资量	比重		
		贷款	债券（含可转债）	股票
2001	278.7	97.8	0.0	2.2
2002	476.1	99.6	0.0	0.4
2003	667.2	97.3	0.0	2.7
2004	563.4	99.6	0.0	0.4
2005	436.3	97.7	2.3	0.0
2006	971.1	59.2	15.0	25.8
2007	758.8	79.9	15.5	4.6
2008	875.8	85.8	8.7	5.5
2009	2 226.8	84.2	15.0	0.8
2010	2 321.9	78.2	12.2	9.6
2011	2 303.9	69.2	26.0	4.8
2012	2 805.8	69.0	29.2	1.9

数据来源：中国人民银行太原中心支行、山西证监会。

3. 票据市场交易活跃，增速较快。截至2012年年末，全省各金融机构累计签发银行承兑汇票3 551.6亿元，同比增长38.4%；累计办理贴现3 700.3亿元，同比增长30.9%（见表6、表7）。

表6　2012年山西省金融机构票据业务量统计

单位：亿元

季度	银行承兑汇票承兑		贴现			
			银行承兑汇票		商业承兑汇票	
	余额	累计发生额	余额	累计发生额	余额	累计发生额
1	1 403.1	743.0	704.2	872.3	29.4	20.6
2	1 595.2	1 646.9	746.2	1 777.9	3.3	15.6
3	1 761.6	2 536.7	802.0	2 795.5	1.4	30.4
4	1 851.3	3 551.6	633.9	3 700.3	2.6	104.9

数据来源：中国人民银行太原中心支行。

表7　2012年山西省金融机构票据贴现、转贴现利率

单位：%

季度	贴现		转贴现	
	银行承兑汇票	商业承兑汇票	票据买断	票据回购
1	7.569	6.220	6.889	5.384
2	5.466	6.863	5.548	4.700
3	5.589	6.441	5.184	4.619
4	5.951	5.984	5.217	4.898

数据来源：中国人民银行太原中心支行。

（五）金融环境进一步优化，服务保障能力不断增强

征信系统服务能力进一步增强。截至2012年年末，累计为全省21万户企业和1 408万自然人建立了信用档案，为205万农户申请2 855亿元的信贷支持、4 059户中小企业申请2 842.4亿元银行融资提供了信用证明；累计为社会各阶层提供查询1 700余次。

金融消费权益工作保护取得新进展。2012年，山西省人民银行系统共有71家分支机构开展了金融消费权益保护试点工作，成立金融消费权益保护中心22个，共受理消费者投诉366件，社会满意度达100%。

二、经济运行情况

2012年，山西省地区生产总值为12 112.8亿元，同比增长10.1%，快于全国2.3个百分点。其中，第一产业增加值为697.9亿元，增长6.0%；第二产业增加值为7 009.1亿元，增长10.9%；第三产业增加值为4 405.9亿元，增长9.5%（见图5）。

（一）内需增长较快，外需增速回落

2012年，山西省固定资产投资增长较快，居民消费需求平稳增长，对外贸易受到外需萎缩影响增速回落。

1. 固定资产投资增长较快。2012年，全省固定资产投资完成8 584.9亿元，同比增长25.6%，增速高于全国5.0个百分点。其中，民间固定资产投资完成4 568.4亿元，同比增长33.1%；第一产业投资增长40.5%，比上年加快15.7个百分点（见图6）。

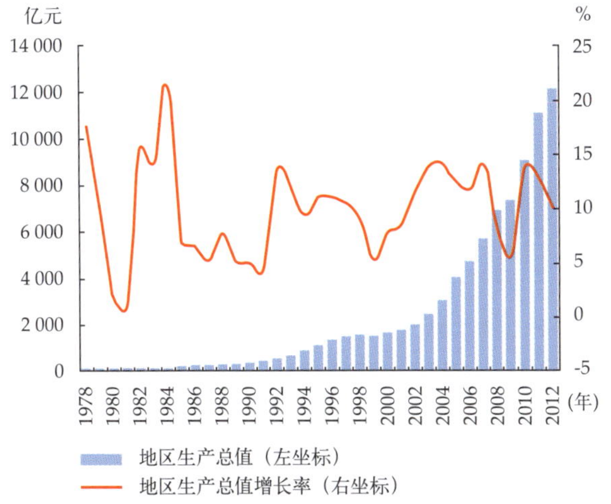

数据来源：山西省统计局。

图5　1978～2012年山西省地区生产总值及其增长率

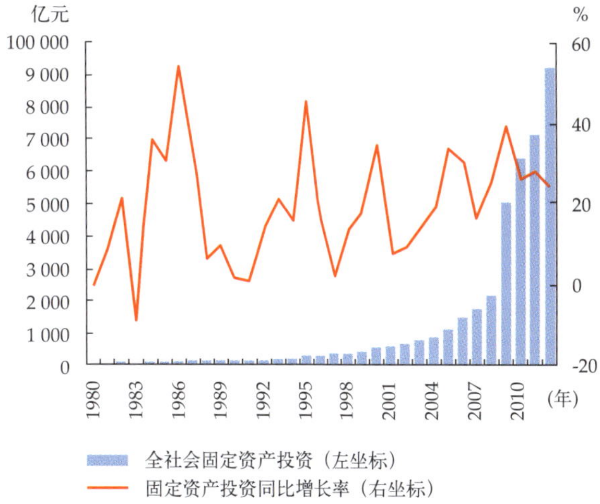

数据来源：山西省统计局。

图6　1980～2012年山西省固定资产投资及其增长率

2. 消费品市场保持平稳增长。2012年，实现社会消费品零售总额4 506.8亿元，同比增长16.0%，比全国平均增幅高 1.7个百分点。受益于家电下乡、节能产品推广等惠民政策的实施，乡村消费增速明显加快（见图7）。

3. 外贸进出口增速放缓。2012年，受到全球经济增速放缓、能源类产品外需不足的影响，全省主导产品的进出口总额全面下滑，总体表现为出口增长、进口收窄、总额持平的态势。全省进出口总值为150.4亿美元，同比增长2%。其中，出口为70.2亿美元，同比增长29.4%；进口为80.2亿美元，同比减少13.9%；逆差为10亿美元，同比减少74.3%（见图8）。直接投资方面，流入8.4亿美元、流出2.9亿美元、净流入5.7亿美元（见图9）。

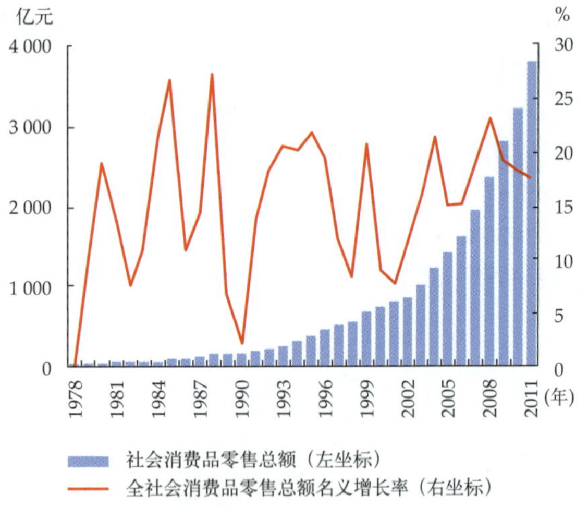

数据来源：山西省统计局。

图7 1978～2012年山西省社会消费品零售总额及其增长率

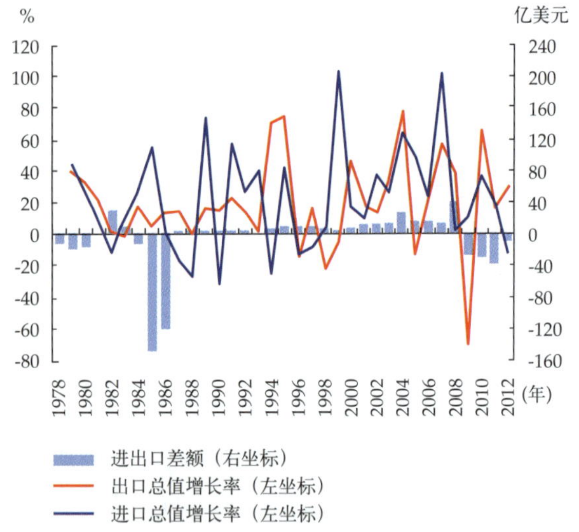

数据来源：国家外汇管理局山西省分局、山西省统计局。

图8 1978～2012年山西省外贸进出口变动

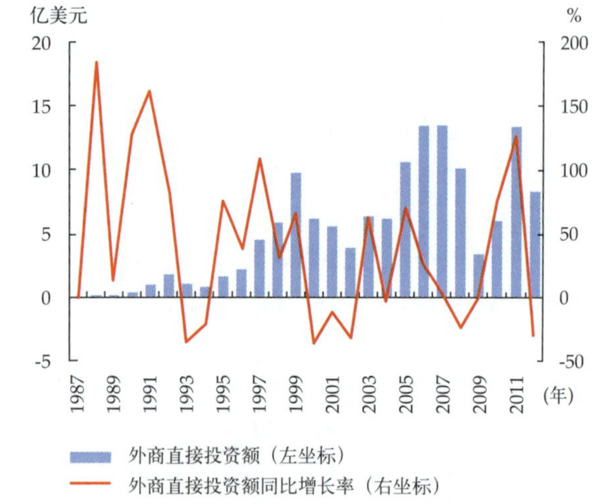

数据来源：山西省统计局。

图9 1987～2012年山西省外商直接投资及其增长率

2. 工业增加值稳步增长。2012年，山西省规模以上工业增加值增长11.9%，快于全国平均水平1.9个百分点。资源价格方面，受外需不振、煤炭价格走弱影响，山西省工业企业利润同比下降29.8%（见图10）。

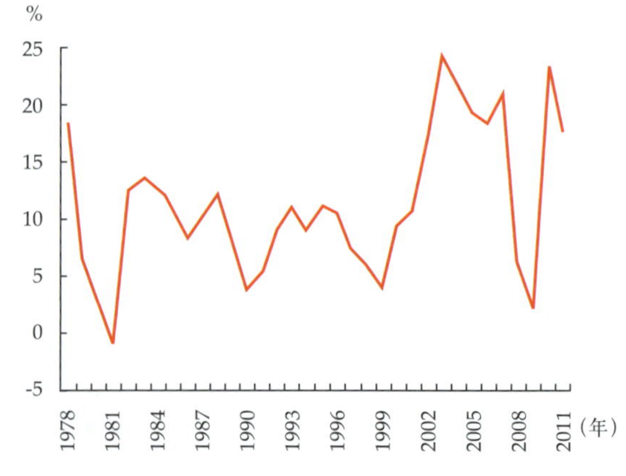

数据来源：山西省统计局。

图10 1978～2012年山西省规模以上工业增加值同比增长率

（二）社会供给稳步增长，产业结构更趋合理

2012年，山西省呈现出农业稳步增长、工业活力增强、服务业快速发展的良好态势。

1. 农业基础稳步提升。随着"双十强农惠农工程"的推进和农业科技的广泛应用，粮食产量再创新高。全年粮食总产量为127.4亿公斤，增长6.8%；粮食亩产258.0公斤，增长6.6%。粮食播种面积为4 937.3万亩，比上年增加5.4万亩。

3. 服务业持续快速发展。2012年，第三产业完成增加值4 405.9亿元，增速9.5%。随着"晋善晋美"、打造印象山西等旅游品牌的推广，全省旅游业加快发展，全年实现旅游总收入1 813.0亿元，同比增长35%。

（三）价格指数明显回落，就业人数大幅增加

1. 居民消费价格指数、工业生产者出厂价格指数双双回落。2012年，全省居民消费价格指数上涨2.5%，分别低于上年同期和全国平均水平2.7个和0.1个百分点，其中食品价格累计上涨4.2%，成为推动物价上涨重要因素。工业生产者购进价格指数、出厂价格指数分别下降1.9%、5.5%，分别回落10个和13个百分点（见图11）。

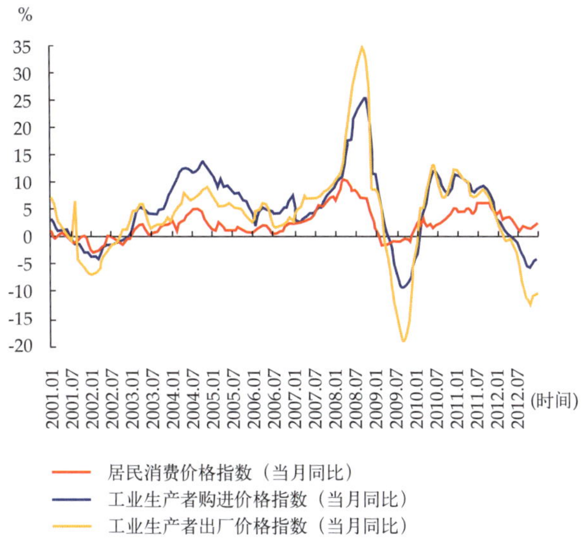

数据来源：山西省统计局。

图11　2001～2012年山西省居民消费价格和生产者价格变动趋势

2. 居民收入快速增长，劳动力就业形势向好。2012年，山西省城镇居民人均可支配收入为20 411.7元，增长12.6%；农民人均纯收为6 356.6元，增长13.5%。城镇新增就业为51万人，超出计划11万人，城镇登记失业率控制在3.4%左右，低于4.2%的年度目标。全省高校毕业生就业率达到90%，创业带动就业10.6万人，转移农村劳动力42.5万人。

3. 资源性产品价格改革深入推进。2012年，山西省继续大力实施差别电价和水价，逐步理顺价格形成机制。继续加大差别电价、惩罚性电价实施力度，继续加强电煤价格监测和监管，实施居民生活用电阶梯电价制度；积极推进居民生活用水阶梯式计量水价改革，对高耗能、高污染等企业实行差别水价政策，规范污水处理收费行为。

（四）财政收入持续增长，支出重点向民生领域倾斜

2012年，全省财政总收入为2 650.4亿元，同比增长17.2%，其中，一般预算收入为1 516.4亿元，同比增长25.0%；全省财政支出为2 761.5亿元，同比增长16.6%。分结构来看，非税收入完成872.7亿元，同比增长26.0%，对收入稳定增长的拉动作用明显。分税种来看，企业所得税、营业税对税收收入增长的贡献较大。2012年，山西省财政支出继续向与广大群众切身利益密切相关的教育、文化、社会保障和就业、医疗卫生等领域倾斜，支出规模占到全省财政支出的58.0%（见图12）。

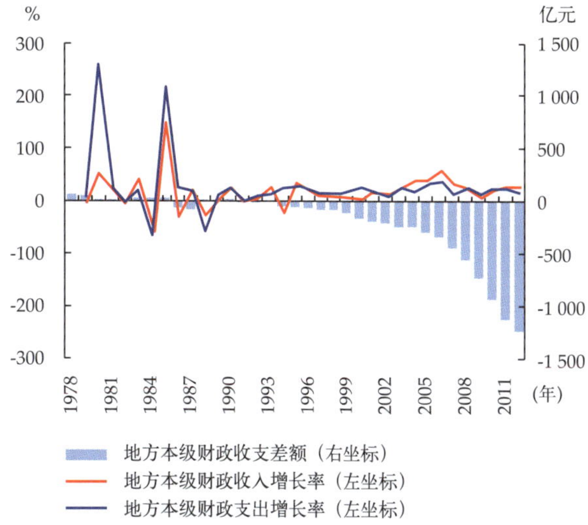

数据来源：山西省统计局。

图12　1978～2012年山西省财政收支状况

（五）大力推进节能减排工作，倾力建设生态山西

2012年，山西省严格限制高耗能工业发展，全年六大高耗能工业同比增长7.3%，低于全省工业增速4.6个百分点；煤焦冶电增长10.6%，低于亿元以上工业增速1.3个百分点。全省造林绿化共完成六大工程460.4万亩，完成年度任务452万亩的

101.8%。

山西省11个城市环境空气质量均达国家二级标准，空气质量优良平均天数达到348天。全省地表水99个监测断面中，水质优良断面占比较上年提高3.1%；化学需氧量和氨氮平均浓度分别同比下降24.2%和22.5%。

取得成绩的同时，仍应看到，目前山西省二氧化硫、氮氧化物、烟尘和工业粉尘排放量仍居全国前列；山西省水资源贫乏和水土流失严重依然突出。下一步，山西省将继续深入推进生态环境建设，严格限制高耗能、高污染行业发展，加大水土保护力度，不断提升经济发展效益。

专栏2　金融支持山西省旅游产业逐步优化

山西省作为旅游资源秉赋得天独厚的省份，大力发展旅游业是转型跨越发展的重要途径。在煤炭、钢铁等资源产品价格持续走低，靠出售资源发展经济的传统模式难以持续的背景下，山西省旅游业“逆市”高速发展，已成为全省新的经济增长点。“十一五”期间，山西旅游业总收入年均增长37%，2012年实现旅游总收入1 813亿元，同比增长35%，“晋善晋美”旅游品牌，已在全国初步打响。旅游业的快速发展，离不开资金支持，特别是信贷资金支持。全省金融机构以此为契机，找准资金支持旅游业发展的切入点和结合点，逐步优化金融产品和服务，不断加大信贷投入力度，推动旅游业发展迈上新台阶。目前，山西省银行业金融机构基本都建立了高效的旅游项目贷款审批机制，在风险可控的前提下开设了绿色通道，对旅游产业的信贷支持基本涵盖了山西省重点项目和景区。

一、主要做法和成效

一是信贷投入不断增大。为支持旅游业快速发展，连续出台了《关于金融支持山西资源型经济转型发展的实施意见》、《山西省金融支持文化旅游产业发展指导意见》，引导和鼓励金融机构大力创新和优化信贷产品。二是创新融资机制。积极创新担保模式，尝试开办对商业性开发景区的经营权和门票收入等质押贷款业务，积极探索中小旅游企业和乡村旅游经营户以互助联保方式申请的担保贷款业务。晋商银行推出“信义贷”、“义融通”等多样化的贷款金融产品，贷款定价机制相对灵活。三是改善金融服务方式。简化授信审批程序，改进旅游业支付结算服务。例如，浦发银行为旅行社量身定制了涵盖个金、公金的一揽子金融服务方案，支持发展旅游消费信贷业务。四是加强与旅游业的深度合作。例如，国家开发银行建立起与行业主管部门的长效合作机制，对国家旅游局项目库中的重点项目给予持续支持。截至2012年年末，全省金融机构旅游业贷款余额为34.0亿元，较年初增加11.7亿元，增长52.1%，增速比上年加快31.7个百分点。

二、存在的问题与建议

当前，山西省旅游业发展面临的主要问题：一是旅游产业发展程度不高。旅游产业发展规划系统性有待提升，旅游资源整合不到位，专业化发展程度不高，旅游品牌、商品、人才等专业化建设不足。二是旅游业投融资主体缺乏，缺少与银行对接的承贷主体。三是旅游企业担保难、抵押难。山西省旅游业企业实力普遍较弱，自身抵押担保能力不足，又很难找到合适的企业、财产为其提供担保抵押，制约了相关企业获得贷款的能力。为破解难题，应从以下三个方面加以改进：一是改进信贷管理，加强对旅游业的信贷支持。鼓励金融机构制定和细化符合旅游业经营规律的授信标准，改进和完善风险评价体系，根据旅游项目的风险和经营情况，合理确定贷款利率、期限和还款方式。二是创新发展符合旅游业特点的信贷产品和模式。鼓励金融机构积极开展旅游景区经营权质押和门票收入权质押业务，企业建设用地使用权抵押、林权抵押等抵质押贷款业务。加快完成各项资产和权益的抵质押登记和评估工作。三是充分发挥旅游产业项目融资平台和产业发展基金的引领、保障作用。建议政府搭建旅游产业投融资平台，引导民间资金、外资和金融资金投向旅游产业。同时，建立旅游产业发展基金或风险补偿基金，为旅游企业在融资中提供担保、贴息、风险补偿等服务。

（六）房地产市场发展平稳，保障房建设进度加快

2012年，山西省房地产市场总体运行平稳，房地产开发投资保持较快增长，建设规模继续增加，销量稳步增长，价格上涨温和。

1. 开发投资保持较快增长。2012年，山西省房地产开发企业完成投资1 010.5亿元，同比增长27.9%，增幅高于全国平均水平11.7个百分点。全省土地购置面积、土地成交价、房屋施工面积、新开工面积分别同比增长3.0%、8.4%、25.9%、46.2%。全省建设保障性安居工程开工和投资分别超过国家下达任务1.17万套和36.8亿元。

2. 商品房销售量增速加快。2012年，山西省商品房销售面积、商品房销售额分别增长16.6%和31.5%，比上年加快7.8个和24.4个百分点。太原市2012年新建商品住宅价格同比上涨1.0%，环比上涨0.6%，前10个月新建商品住宅销售价格平稳，11月和12月相比上年略有上涨（见图13、图14）。

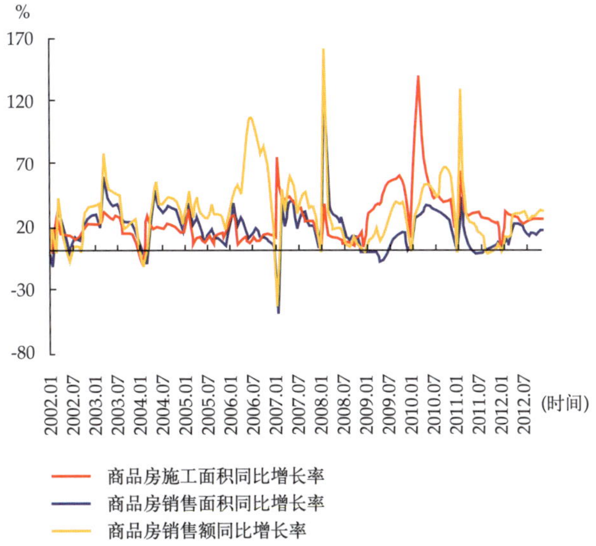

数据来源：《中国经济景气月报》。

图13　2002～2012年太原市商品房施工和销售变动趋势

3. 房地产贷款增速回落，差别化住房信贷政策效应显现。2012年，山西省房地产贷款增幅同比回落19.7个百分点，其中，房地产开发贷款和个人购房贷款增幅同比分别下降52.5个和2.5个百分点。个人购房贷款用于90平方米以下的套数占比和购买首套住房占比不断提高。

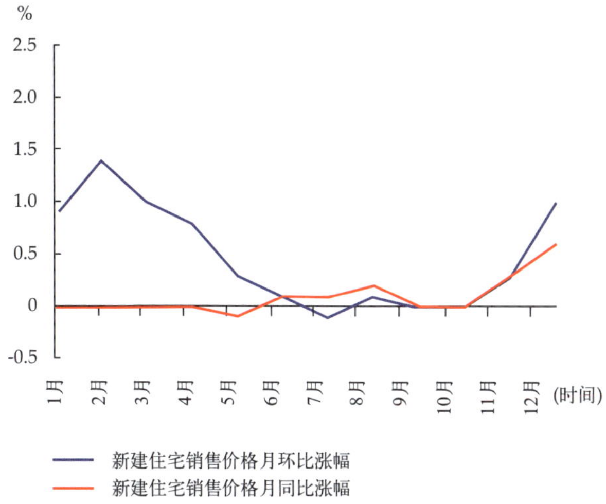

数据来源：《中国经济景气月报》。

图14　2012年太原市新建住宅销售价格变动趋势

三、预测与展望

2013年，山西省经济发展将面临更加复杂多变的形势。世界经济低速增长态势仍将延续，各种形式的保护主义明显抬头，潜在通胀和资产泡沫的压力加大，结构改革不到位和需求增长乏力等问题难以根本改观，金融危机的影响呈现长期化趋势。从国内看，我国仍处于重要战略机遇

期，经济社会发展基本面长期趋好，虽然能源资源土地环境约束、不可持续问题依然突出，经济增长下行压力和产能相对过剩的矛盾有所加剧，企业生产经营成本上升和创新能力不足的问题并存，但是国内市场潜力巨大，社会生产力基础雄厚，新兴工业化、信息化、城镇化和农业现代化的同步快速发展，将会源源不断地释放出巨大的消费和投资需求。从省内形势看，经济总体上保持了平稳较快发展势头，三次产业增长协调性进一步增强，投资消费持续发力，结构调整成效显著，质量效益继续向好，民生改善力度不断加大，转型跨越发展的动力和活力进一步激发，全省上下对经济社会发展充满信心。预计2013年山西省地区生产总值将增长10.0%左右，全社会固定资产投资增长22.0%，社会消费品零售总额增长15.0%，居民消费价格涨幅控制在3.5%。预计全年信贷总量将会平稳适度增长，直接融资规模继续扩大。

中国人民银行太原中心支行货币政策分析小组
总　纂：赵志华　毛德君
统　稿：高旭升　郝建军　王晓千
执　笔：王　东　武　洋
提供材料的还有：张晓红　孙树恩　宋晓瑞　马　丽　郭立平　秦晓霞　杨　堃　袁永宏　孙　晶
张旭梅　李　强　王充生　郭向阳　范晓霞　李建辉　赵红梅

附录

（一）2012年山西省经济金融大事记

1月30日，山西省委、省政府组织召开全省转型综改试验区先行先试推进大会。

2月24日，山西省开展辖区各类资本交易场所专项清理整顿工作，全省将搭建统一的股权托管融资平台，积极对接“新三板”，拓展中小企业融资渠道。

3月5日，中国人民银行太原中心支行印发《2012年全省货币信贷“十项重点推进”工作》，作为全年货币信贷工作的指导性文件，旨在提高货币政策执行效能，增强对地方经济发展的支持力度。

5月30日，山西省跨境人民币业务宣传月活动在太原启动。

8月30日，《山西省国家资源型经济转型综合配套改革试验总体方案》获得国务院批复，标志着山西省转型综改试验区建设进入新阶段。

9月16日，以“绿色能源与转型跨越”为主题的第四届中国（太原）国际能源产业博览会在中国（太原）煤炭交易中心隆重开幕，来自39个国家和地区的192家企业1.2万名客商参会。

（二）2012年山西省主要经济金融指标

表1　2012年山西省主要存贷款指标

		1月	2月	3月	4月	5月	6月	7月	8月	9月	10月	11月	12月
本外币	金融机构各项存款余额（亿元）	20 992.9	21 496.8	22 416.2	22 708.1	23 246.8	23 457.9	23 406.7	23 717.3	23 848.6	23 920.7	24 026.1	24 517.0
	其中：储蓄存款	10 896.7	11 004.9	11 391.1	11 242.3	11 354.0	11 648.4	11 565.8	11 622.2	11 894.0	11 783.7	11 876.0	12 039.2
	单位存款	8 852.2	9 228.1	9 727.0	10 079.8	10 369.6	10 377.1	10 308.9	10 506.5	10 484.5	10 585.5	10 702.2	10 844.8
	各项存款余额比上月增加（亿元）	-9.4	503.8	919.4	292.0	538.6	211.1	-51.2	310.6	131.3	72.1	105.4	130.8
	金融机构各项存款同比增长（%）	13.2	13.6	14.8	15.9	16.7	15.7	14.9	16.0	16.1	15.1	14.7	15.0
	金融机构各项贷款余额（亿元）	11 480.8	11 678.4	12 071.3	12 286.2	12 488.4	12 623.9	12 738.5	12 837.7	12 963.0	13 068.4	13 131.3	13 211.3
	其中：短期	4 347.4	4 404.2	4 528.7	4 622.1	4 741.1	4 896.0	4 976.1	4 976.1	5 088.8	5 069.0	5 127.0	5 275.3
	中长期	6 525.6	6 569.1	6 692.2	6 752.3	6 824.1	6 823.4	6 950.3	6 950.3	6 993.2	7 072.1	7 104.8	7 170.9
	票据融资	585.6	682.3	827.2	886.6	895.3	877.2	883.9	883.9	853.1	899.1	869.8	733.1
	各项贷款余额比上月增加（亿元）	204.8	197.5	392.9	215.0	202.1	135.5	114.6	99.2	125.3	105.3	62.9	80.0
	其中：短期	57.5	56.9	124.5	93.4	119.0	154.9	50.3	50.3	112.7	-19.7	58.0	148.3
	中长期	89.6	43.6	123.1	60.1	71.8	-0.7	55.2	55.2	42.9	78.9	32.8	66.1
	票据融资	57.5	96.7	144.9	59.4	8.7	-18.2	-6.2	-6.2	-30.8	46.0	-29.3	-136.7
	金融机构各项贷款同比增长（%）	16.2	17.1	18.8	19.6	20.3	19.6	19.3	18.6	19.1	18.4	17.9	17.3
	其中：短期	15.3	16.5	17.2	18.3	20.0	21.9	24.4	23.9	24.7	22.9	22.3	22.9
	中长期	15.0	13.9	14.4	14.0	14.3	13.4	14.1	13.0	13.0	12.0	11.6	11.6
	票据融资	38.4	67.2	92.6	107.0	102.1	76.3	57.0	39.4	45.9	55.3	56.7	38.8
	建筑业贷款余额（亿元）	177.1	185.3	200.8	220.5	223.7	235.5	259.9	263.7	267.3	259.2	262.1	269.5
	房地产业贷款余额（亿元）	561.8	563.8	559.7	559.9	559.2	577.1	581.7	591.0	599.8	604.6	612.9	624.3
	建筑业贷款同比增长（%）	22.7	25.4	34.7	39.3	35.8	40.7	54.9	49.7	51.9	46.0	46.6	45.4
	房地产业贷款同比增长（%）	29.8	28.5	24.2	22.4	21.4	21.8	19.4	20.6	17.0	15.4	12.7	12.5
人民币	金融机构各项存款余额（亿元）	20 910.5	21 415.0	22 329.2	22 620.0	23 156.1	23 261.2	23 311.9	23 628.5	23 749.7	23 821.8	23 909.0	24 050.6
	其中：储蓄存款	10 858.2	10 968.2	11 352.6	11 203.5	11 313.3	11 607.7	11 525.7	11 582.9	11 855.2	11 743.2	11 835.3	11 997.0
	单位存款	8 813.6	9 187.7	9 683.5	10 035.4	10 325.1	10 326.7	10 262.1	10 462.2	10 429.7	10 532.5	10 630.5	10 785.1
	各项存款余额比上月增加（亿元）	-9.0	504.5	914.2	290.8	536.1	205.1	-49.3	316.6	121.1	72.2	87.2	141.6
	其中：储蓄存款	402.7	117.5	384.4	-149.1	109.8	294.4	-82.1	316.6	272.3	-112.0	92.1	161.8
	单位存款	-525.0	374.1	495.9	351.9	289.6	1.6	-64.6	200.1	-32.5	102.8	98.0	154.6
	各项存款同比增长（%）	13.1	13.5	14.7	15.9	16.6	15.1	14.8	16.0	16.1	15.1	14.6	15.0
	其中：储蓄存款	13.9	13.5	14.0	13.9	14.0	14.4	14.8	15.6	15.8	16.0	16.2	14.7
	单位存款	11.7	14.3	16.4	18.8	19.1	17.5	16.4	18.2	18.5	15.9	14.5	15.5
	金融机构各项贷款余额（亿元）	11 386.7	11 590.5	11 992.6	12 217.9	12 425.6	12 565.0	12 678.8	12 780.6	12 899.7	12 994.3	13 045.5	13 106.2
	其中：个人消费贷款	406.4	407.3	416.7	420.8	427.9	444.6	452.3	465.7	479.0	486.7	506.4	513.9
	票据融资	585.6	682.3	827.2	886.6	895.3	877.2	890.0	883.9	853.1	899.1	869.8	733.1
	各项贷款余额比上月增加（亿元）	206.9	203.7	402.2	225.3	207.8	139.4	113.8	101.8	119.1	94.6	51.2	60.7
	其中：个人消费贷款	7.9	1.0	9.4	4.1	7.1	16.7	7.7	13.3	13.3	7.7	19.6	7.5
	票据融资	57.5	96.7	144.9	59.4	8.7	-18.2	12.9	-6.2	-30.8	46.0	-29.3	-136.7
	金融机构各项贷款同比增长（%）	16.4	17.3	19.1	19.9	20.6	19.9	19.7	19.0	19.5	18.6	18.1	17.3
	其中：个人消费贷款	23.8	21.8	22.0	22.2	22.9	-88.8	25.0	26.3	27.5	27.9	29.0	29.0
	票据融资	38.4	67.2	92.6	107.0	102.1	-85.3	58.1	39.4	45.9	55.3	56.7	38.8
外币	金融机构外币存款余额（亿美元）	13.1	13.0	13.8	14.0	14.3	15.3	14.0	14.0	15.6	15.7	18.6	16.9
	金融机构外币存款同比增长（%）	28.8	30.1	36.8	44.8	22.9	35.2	24.3	17.4	27.6	33.3	36.1	28.8
	金融机构外币贷款余额（亿美元）	14.9	14.0	12.5	10.9	9.9	9.3	9.0	9.0	10.0	11.8	13.6	16.7
	金融机构外币贷款同比增长（%）	0.5	-3.7	-7.1	-12.0	-18.5	-24.1	-31.0	-29.3	-28.3	-13.9	-4.2	9.5

数据来源：中国人民银行太原中心支行。

表2 2001～2012年山西省各类价格指数

单位：%

年/月		居民消费价格指数		农业生产资料价格指数		工业生产者购进价格指数		工业生产者出厂价格指数	
		当月同比	累计同比	当月同比	累计同比	当月同比	累计同比	当月同比	累计同比
2001		—	-0.5	—	1.9	—	1.8	—	0.3
2002		—	-2.2	—	0.9	—	3.0	—	3.6
2003		—	1.6	—	-1.6	—	7.8	—	2.2
2004		—	4.1	—	7.3	—	14.5	—	16.1
2005		—	2.3	—	13.3	—	8.2	—	10.2
2006		—	2.0	—	3.6	—	2.6	—	1.0
2007		—	4.6	—	6.2	—	5.3	—	7.4
2008		—	7.2	—	18.7	—	18.3	—	22.4
2009		—	-0.4	—	1.6	—	-3.4	—	-8.0
2010		—	3.0	—	2.0	—	9.0	—	9.5
2011		—	5.2	—	9.4	—	8.1	—	7.5
2012		—	2.5	—	5.4	—	-1.9	—	-5.5
2011	1	4.9	4.9	5.0	5.0	10.7	10.7	10.8	10.8
	2	4.9	4.9	5.7	5.4	10.4	10.6	10.4	10.6
	3	5.1	5.0	5.5	5.4	10.1	10.4	9.9	10.4
	4	4.5	4.8	8.6	6.2	8.9	10.0	7.6	9.7
	5	5.0	4.9	9.9	7.0	8.1	9.6	7.2	9.2
	6	5.9	5.0	11.5	7.7	8.7	9.5	7.4	8.9
	7	6.2	5.2	12.7	8.4	9.2	9.4	8.4	8.8
	8	5.9	5.3	12.4	8.9	9.1	9.4	8.9	8.8
	9	6.2	5.4	12.4	9.3	8.6	9.3	7.6	8.7
	10	5.7	5.4	11.4	9.5	7.6	9.1	6.7	8.5
	11	4.2	5.3	9.0	9.5	4.1	8.6	3.9	8.0
	12	4.2	5.2	8.2	9.4	2.9	8.1	2.3	7.5
2012	1	4.8	4.8	8.6	8.6	2.2	2.2	1.1	1.1
	2	2.9	3.8	8.7	8.7	1.8	2.0	0.4	0.8
	3	3.5	3.7	6.5	7.9	0.7	1.6	-0.9	0.2
	4	3.4	3.7	7.8	7.9	0.1	1.2	-0.6	0.0
	5	2.8	3.5	6.3	7.6	-0.6	0.8	-2.2	-0.4
	6	1.9	3.2	4.6	7.0	-1.4	0.4	-3.4	-0.9
	7	1.2	2.9	2.9	6.4	-2.4	0.0	-6.1	-1.7
	8	1.8	2.8	2.5	5.9	-3.8	-0.5	-9.1	-2.6
	9	1.7	2.7	4.1	5.7	-5.3	-1.0	-11.8	-3.6
	10	1.7	2.6	4.4	5.6	-5.5	-1.5	-12.4	-4.5
	11	1.9	2.5	4.6	5.5	-4.4	-1.7	-11.0	-5.1
	12	2.5	2.5	4.3	5.4	-4.2	-1.9	-10.4	-5.5

数据来源：山西省统计局。

表3 2012年山西省主要经济指标

	1月	2月	3月	4月	5月	6月	7月	8月	9月	10月	11月	12月
						绝对值（自年初累计）						
地区生产总值（亿元）	—	—	2 494.1	—	—	5 785.9	—	—	8 712.9	—	—	12 112.8
第一产业	—	—	96.4	—	—	292.2	—	—	546.9	—	—	697.9
第二产业	—	—	1 430.3	—	—	3 277.6	—	—	4 929.7	—	—	7 009.1
第三产业	—	—	967.3	—	—	2 216.1	—	—	3 236.3	—	—	4 405.9
工业增加值（亿元）	—	883.6	1 436.2	1 952.8	2 525.5	3 170.6	3 667.1	4 154.4	4 698.5	5 234.7	5 835.9	6 421.8
固定资产投资（亿元）	—	137.1	581.1	1 094.2	1 769.6	2 751.5	3 862.0	4 648.7	5 651.4	6 640.6	7 566.7	8 584.9
房地产开发投资	—	16.3	65.4	124.8	202.5	320.1	416.8	523.4	637.5	740.1	847.7	1 010.5
社会消费品零售总额（亿元）	—	—	1 030.6	—	—	2 077.4	—	—	3 172.4	—	—	4 506.8
外贸进出口总额（万美元）	83 751	171 047	268 264	361 196	474 712	588 352	727 757	898 819	1 037 873	1 160 471	1 307 462	1 504 325
进口	50 408	109 862	166 294	223 646	288 432	354 974	437 759	518 827	597 975	660 863	725 131	802 706
出口	33 343	61 185	101 970	137 551	186 281	233 378	289 997	379 992	439 898	499 608	582 331	701 620
进出口差额(出口－进口)	-17 065	-48 677	-64 324	-86 095	-102 151	-121 596	-147 762	-138 835	-158 077	-161 255	-142 800	-101 086
外商实际直接投资（万美元）	—	—	32 646	40 068	58 866	101 035	108 862	128 045	148 481	188 232	215 638	250 379
地方财政收支差额（亿元）	28.5	-32.6	-52.3	-93.2	-164.6	-336.2	-381.0	-410.8	-600.5	-660.9	-818.0	-1 245.1
地方财政收入	140.4	223.4	403.5	539.4	663.3	821.8	935.4	1 091.7	1 216.1	1 310.4	1 397.7	1 516.4
地方财政支出	111.9	256.1	455.8	632.7	828.0	1 158.0	1 316.4	1 502.4	1 816.6	1 971.3	2 215.7	2 761.5
城镇登记失业率 (%)(季度)	—	—	3.5	—	—	3.5	—	—	3.5	—	—	3.4
						同比累计增长率（%）						
地区生产总值	—	—	10.3	—	—	10.1	—	—	10.0	—	—	10.1
第一产业	—	—	4.4	—	—	5.7	—	—	5.3	—	—	6.0
第二产业	—	—	11.8	—	—	11.0	—	—	10.7	—	—	10.9
第三产业	—	—	8.6	—	—	9.2	—	—	9.6	—	—	9.5
工业增加值	—	13.7	12.7	11.3	11.7	11.8	11.7	11.4	11.4	11.4	11.6	11.9
固定资产投资	—	31.2	22.2	22.7	22.9	24.1	25.2	25.5	25.8	26.1	26.1	25.6
房地产开发投资	—	35.5	22.3	25.1	27.1	27.7	26.1	27.1	28.8	29.0	29.2	27.9
社会消费品零售总额	—	—	16.0	—	—	15.2	—	—	15.3	—	—	16.0
外贸进出口总额	-32.2	-17.9	-25.3	-25.3	-20.7	-17.6	-12.1	-5.8	-4.5	-3.5	-1.0	2.0
进口	-41.9	-19.6	-28.7	-27.7	-22.7	-19.4	-13.9	-11.4	-11.4	-12.4	-13.3	-13.9
出口	-9.3	-14.7	-18.9	-20.9	-17.4	-14.7	-9.3	3.0	6.8	11.3	20.1	29.3
外商实际直接投资	—	—	2.3	-17.7	-10.3	15.5	7.5	12.6	14.1	26.9	31.8	20.8
地方财政收入	25.8	26.7	26.1	28.9	27.2	21.3	18.2	21.3	23.7	22.0	22.7	25.0
地方财政支出	-8.1	46.2	28.1	30.6	33.0	34.6	30.6	29.5	26.7	23.4	22.1	16.6

数据来源：山西省统计局、山西省人力资源和社会保障厅。

2012年内蒙古自治区金融运行报告

中国人民银行呼和浩特中心支行货币政策分析小组

[内容摘要] 2012年，面对经济下行压力加大的严峻形势，内蒙古认真贯彻中央“稳中求进”的工作总基调，着力稳增长、调结构、转方式、扩内需、惠民生，经济运行呈现稳中有进、转型加快、重点突破、物价稳定、民生改善的良好态势。

金融业保持平稳运行，银行业金融机构整体实力不断增强，存款增速放缓，信贷结构持续优化；证券业健康发展，保险保障功能不断增强；社会融资结构持续改善，金融创新更趋活跃；金融生态环境建设深入推进，金融基础设施进一步改善。

2013年，内蒙古将以提高经济增长质量和效益为中心，进一步优化经济结构，加快转变经济发展方式；进一步深化改革开放，不断增强经济发展的内在活力和动力；进一步保障和改善民生，实现社会和谐稳定。金融业将继续贯彻落实稳健的货币政策，不断优化信贷结构，积极拓宽融资渠道，创新金融服务，为内蒙古经济社会发展提供多样化、宽领域、多层次的金融服务。

一、金融运行情况

2012年，内蒙古金融业按照“稳中求进”的总基调，认真贯彻落实稳健的货币政策，积极支持地方经济社会发展，金融业保持良性发展态势。金融机构改革继续推进，整体服务水平有所提升，金融市场交易活跃，金融生态环境建设成效进一步巩固。

（一）银行业健康发展，存贷款平稳运行

1. 银行业资产规模稳步扩大，质量效益持续提高。2012年，银行业资产规模稳步增长，经营效益持续向好，资产和利润分别增长15.4%和25.5%（见表1）；不良贷款保持“双降”，同比分别下降0.5亿元和0.3个百分点。新型农村金融机构发展迅速，村镇银行法人机构数达到56家。

表1　2012年内蒙古自治区银行业金融机构情况

机构类别	营业网点			法人机构（个）
	机构个数（个）	从业人数（人）	资产总额（亿元）	
一、大型商业银行	1 624	41 178	7 575.3	0
二、国家开发银行和政策性银行	85	2 136	2 293.1	0
三、股份制商业银行	56	2 331	1 880.8	0
四、城市商业银行	278	10 338	3 191.9	4
五、小型农村金融机构	2 294	28 800	2 961.9	93
六、财务公司	2	41	44.0	1
七、信托公司	2	288	29.3	2
八、邮政储蓄银行	792	7 556	624.5	0
九、外资银行	1	25	8.9	0
十、新型农村金融机构	97	2 257	203.4	60
合　计	5 231	94 950	18 813	160

注：营业网点不包括总部。小型农村金融机构含农村商业银行、农村合作银行、农村信用社。新型农村金融机构包括村镇银行、贷款公司和农村资金互助社三类机构。

数据来源：中国人民银行呼和浩特中心支行、内蒙古银监局、内蒙古金融办。

2. 存款增速低位运行，新增存款“两少一多”。2012年，内蒙古金融机构人民币各项存款余额为13 616.6亿元，增长12.9%，同比下降4.5个百分点（见图1）。年初以来，存款增速逐月回落，在8月达到最低点10.9%，之后开始小幅回升，全年持续低位运行。新增存款同比少增215.4亿元，分类别看，单位存款、财政性存款和个人存款新增额占比呈“两少一多”的态势。存款变化的主要原因是：内蒙古整体经济增长放缓，市场需求下降，企业库存占压资金增多，加之财政对民生领域的投入加大，导致单位存款和财政性存款同比少增。新增存款季节性波动依然存在，季末商业银行表外理财产品到期而新理财产品下月初起计息，导致储蓄存款季节性波动明显。

3. 信贷总量适度增长，结构持续优化。金融机

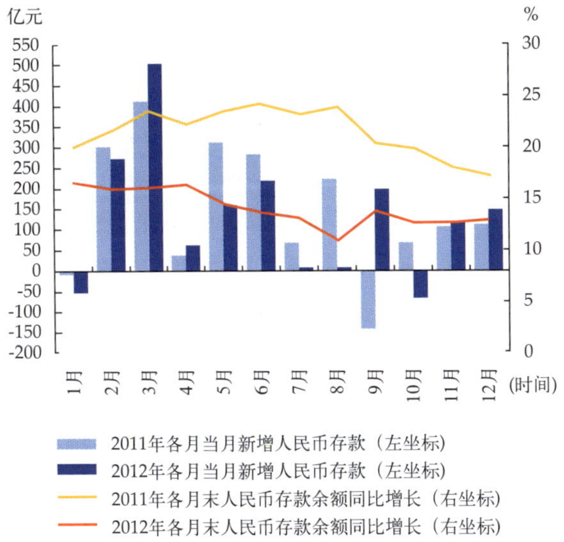

数据来源：中国人民银行呼和浩特中心支行。

图1　2011～2012年内蒙古自治区金融机构人民币存款增长

构积极调整信贷投放规模和节奏，全年贷款增速平稳。2012年年末，内蒙古金融机构各项人民币贷款余额为11 284.2亿元，增长16.0%，同比下降7.6个百分点（见图2、图3），全年新增人民币贷款1 541.7亿元，同比少增324.5亿元，占全国贷款新增额的1.9%，同比下降0.5个百分点。主要原因：一是受国内外经济形势影响，部分企业由于产能过剩减少了投入和产出，导致企业有效资金需求增长放缓。二是受存贷比考核制约，存款增速放缓直接影响贷款的投放量。

贷款增速放缓的同时，结构进一步优化，地区间增长趋于协调，表现为“三多”：一是流动性贷款多增，全年新增流动性贷款（包括短期贷款和票据融资）占全部新增贷款的55%，占比同比提高5.3个百分点。二是中小企业贷款多增，全年新增中小微企业贷款占全部企业贷款增加额的72.9%，同比提高8.6个百分点。三是涉农贷款多增，全年新增涉农贷款814.9亿元，同比多增174.6亿元。

4. 银行承兑汇票基数较大，保函和跟单信用证快速增长。2012年年末，表外业务余额为2 558.7亿元，增长6.2%，占人民币贷款余额的22.7%，其中，银行承兑汇票业务基数较大，余额占表外业务余额的59.6%，保函和跟单信用证增长较快，分别增长90.0%和100.1%。

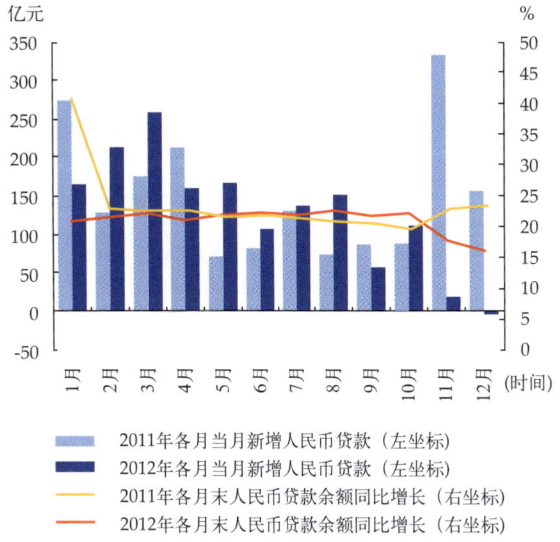

数据来源：中国人民银行呼和浩特中心支行。

图2　2011～2012年内蒙古自治区金融机构人民币贷款增长

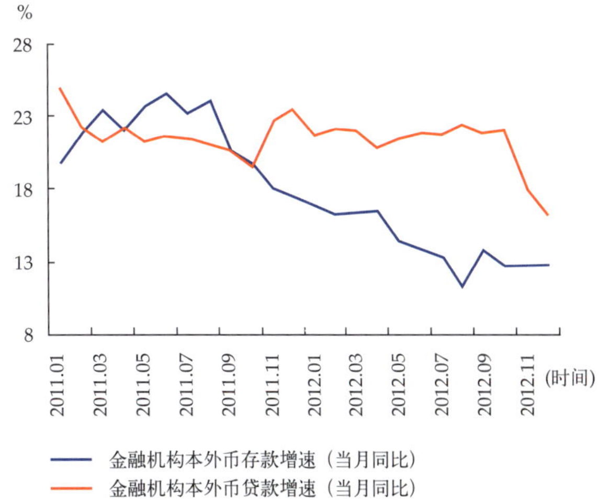

数据来源：中国人民银行呼和浩特中心支行。

图3　2011～2012年内蒙古自治区金融机构本外币存、贷款增速

5. 贷款利率小幅走低，金融机构定价能力增强。2012年，受两次下调金融机构存贷款基准利率、扩大存贷款利率浮动区间及两次下调存款准备金率等因素影响，商业银行贷款总量有所增加，实际贷款利率走低。全年金融机构贷款加权平均利率9.3%，较上年小幅下降。金融机构综合考虑贷款成本、收益和风险及市场供求关系，实行差别的贷款

表2　2012年内蒙古自治区金融机构人民币贷款各利率区间占比

单位：%

月份		1月	2月	3月	4月	5月	6月
	合计	100.0	100.0	100.0	100.0	100.0	100.0
	[0.9，1.0)	1.5	2.7	0.3	1.4	0.6	1.6
	1.0	29.9	26.9	22.0	25.0	31.0	23.5
上浮水平	小计	68.6	70.4	77.7	73.6	68.4	74.9
	(1.0，1.1]	21.1	16.5	13.4	10.4	15.4	20.0
	(1.1，1.3]	19.0	11.2	13.2	12.9	13.7	12.0
	(1.3，1.5]	9.2	4.7	5.1	8.4	8.5	8.1
	(1.5，2.0]	8.1	14.2	17.6	20.7	16.8	13.7
	2.0以上	11.2	23.8	28.4	21.4	14.9	21.2
月份		7月	8月	9月	10月	11月	12月
	合计	100.0	100.0	100.0	100.0	100.0	100.0
	[0.9，1.0)	1.6	0.8	2.6	3.6	5.2	4.2
	1.0	25.4	27.6	24.8	31.0	29.5	24.5
上浮水平	小计	73.1	71.7	72.6	65.4	65.3	71.4
	(1.0，1.1]	17.5	15.5	12.7	11.6	7.8	10.8
	(1.1，1.3]	14.1	16.7	15.8	13.5	14.6	15.6
	(1.3，1.5]	7.6	6.8	7.3	6.0	8.7	7.6
	(1.5，2.0]	12.6	11.9	10.0	9.7	9.2	14.2
	2.0以上	21.2	20.8	26.8	24.7	25.0	23.0

注：2012年8～12月统计数据的下浮区间为[0.7，1.0)。

数据来源：中国人民银行呼和浩特中心支行。

定价能力进一步提高，下浮利率贷款占全部人民币贷款的比重下降，上浮利率和基准利率贷款占比上升（见表2）。

6. 金融组织体系不断完善，农村金融改革扎实推进。地方法人金融机构实现快速发展，城市商业银行加快网点布局。服务于农村及中小企业的多层次、多功能地方金融组织较快发展，体系不断完善。2012年年末，小额贷款公司法人机构533家，融资性担保法人机构212家，有效填补了银行服务的空白。农村信用社改革试点工作取得明显成效，通过对已完成专项票据兑付的93家小型农村金融机构后续监测，进一步巩固前期成果，资产质量和资本约束能力显著提高，不良贷款率下降1.2个百分点，资本充足率上升2个百分点。

7. 跨境人民币业务稳步推进，业务领域不断拓展。2012年，内蒙古共完成跨境人民币结算业务197.4亿元，增长43.5%，557家进出口企业参与跨境人民币结算业务，增长75%。业务领域逐步扩展，内蒙古企业参与的人民币结算业务领域已涵盖了贸易结算、跨境融资、跨境担保、直接投资等多个领域。跨境人民币结算地域范围拓展至香港、俄罗斯和蒙古等44个国家和地区，涉及境外参加行百余家。

专栏1　大力推进"一县一品"工程　支持县域经济发展壮大

近年来，中国人民银行呼和浩特中心支行认真贯彻落实中国人民银行、中国银监会《关于加快推进农村金融产品和服务方式创新的意见》，结合辖区实际，以大力推进"一县一品"工程为抓手，积极推动农村牧区金融产品和服务方式创新工作，支持县域经济发展壮大。

一、多措并举，大力推进"一县一品"工程

（一）明确目标，多方联动，推动"一县一品"工程有序开展。围绕县域经济、"三农三牧"、小微企业及民生领域开展信贷政策产品化工作，实现一个县创新一个金融产品（"一县一品"）的工作目标。2009年以来，中国人民银行呼和浩特中心支行先后三次组织县域金融机构召开"一县一品"金融产品和服务方式创新工作现场推动会，总结了县域金融机构开展"一县一品"金融产品和服务方式创新工作经验，实现了区域间、行际间金融产品和服务方式创新产品交流，推广了具有普遍意义的创新成果。

（二）加强指导，积极协调，建立促进"一县一品"工程良好发展的长效机制。一是建立激励长效机制。近年来，内蒙古各级人民银行积极协调当地政府及相关部门，对开展"一县一品"信贷政策产品化创新工作成效突出的金融机构给予奖励。二是强化考核监测机制。中国人民银行呼和浩特中心支行会同相关部门制订了《内蒙古自治区深化"一县一品"信贷政策产品化工作实施方案》，进一步明确了工作目标和具体措施，逐步建立了完善的“一县一品”工作监测考核机制。同时将该项工作纳入内蒙古信贷政策导向效果评估，对县域金融机构针对贯彻落实国家宏观调控政策和产业政策，特别对支持“三农三牧”、中小微企业、民生领域方面开展的信贷产品创新工作做重点评估，定期通报评估结果。三是完善宣传交流机制。充分利用电视台、电台、报纸、现场会等多种形式，推动金融机构对信贷政策产品化工作开展多层次、宽领域、广覆盖的宣传。

（三）搭建平台，鼓励创新，探索金融产品和服务方式创新工作新模式。内蒙古各级人民银行加强与当地政府及相关部门的联系，积极搭建政银企合作平台，鼓励金融机构创新探索金融产品和服务方式新模式。2010年以来，先后召开“金融支持非公经济融资对接会”、“银企项目对接会”、“金融产品推介会”等座谈会50多次，签约金额达2 170亿元。通过搭建交流平台，一是促使金融机构深入了解政府政策导向和发展规划，及时摸清企业和农户金融需求，有针对性地设计信贷产品和进行信贷投放，有效缓解“三农三牧”和中小微企业融资难、融资贵等问题。二是金融机构因地制宜，根据农区、林区、牧区、口岸“四大区域”及“三少民族”地区经济发展特色，在牧业旗（市）结合“草原生态保护补助奖励机制”的实施，积极推动“牧户贷款+草原生态保护补助（奖励）+草场证”的信贷模式；在农业旗（市）继续推进“政府贴息+小额信贷”、林权证、“专业合作社+信贷”、“订单农业+信贷”等抵押贷款模式；在“三少民族”县域继续推动“乡村游+培训+担保+贷款”民俗风情游贷款模式，不断拓宽中小微企业和“三农三牧”多元化的融资渠道。

二、“一县一品”工程取得明显成效，县域金融服务水平显著提升

近年来，内蒙古各级人民银行在大力推进“一县一品”工程方面取得明显成效，促进县域金融服务水平显著提升。一是涉农贷款和小企业贷款保持快速增长。2012年，涉农贷款和小企业贷款分别增长26.8%和21.0%，均超过内蒙古贷款增速。二是农村牧区金融创新产品及服务不断丰富。2012年，内蒙古县域金融机构共创新信贷产品81个，创新金融服务方式10项。各类金融创新产品贷款余额为177.9亿元，占涉农贷款的4.5%。产品覆盖全部旗县，乡镇覆盖率达到73.2%，52万农牧户及2.3万家小微企业及个体工商户获得了金融创新产品服务。三是县域金融服务明显改善，县域经济不断发展壮大。2012年，内蒙古县域贷款余额为2 829.2亿元，增长18.6%，县域地区生产总值占内蒙古总量的59%，县域规模以上工业增加值占内蒙古总量的64%。

三、深入推进“一县一品”工程，不断完善县域金融服务

中国人民银行呼和浩特中心支行将继续推动农村牧区金融产品和服务方式创新工作。一是鼓励县域内法人金融机构和金融机构的分支机构将新增存款主要留在当地使用，支持县域经济发展。二是各地要认真梳理现有的涉农信贷产品和信贷管理制度，结合自身实际以及各地经济发展特点，选择具有特色的、创新型涉农信贷产品和信贷管理模式，进行重点研究、开发。

（二）证券机构健康发展，股票融资大幅增加

1. 证券业经营稳步发展，股票交易有所回升。2012年，证券期货经营机构内部控制水平明显提高，规范经营与风险管理意识明显增强，客户服务能力和水平进一步提高。内蒙古设有2家法人证券公司和56家证券营业部（见表3）。股市交易量、经营效益逐步回升，证券交易额增长8.3%，实现利润1.8亿元。

2. 股票融资大幅增加，后备上市公司资源培育

成效显著。截至2012年年末，24家境内上市公司累计募集资金679.3亿元，总市值增长16.7%。其中，金河生物、蒙草抗旱IPO融资9亿元，伊泰煤炭增发H股融资57亿元。上市公司后备资源发展加快，3家企业申报了IPO发行材料，5家企业进入上市辅导期。

表3　2012年内蒙古自治区证券业基本情况

项目	数量
总部设在辖内的证券公司数（家）	2
总部设在辖内的基金公司数（家）	0
总部设在辖内的期货公司数（家）	0
年末国内上市公司数（家）	24
当年国内股票（A股）筹资（亿元）	123.3
当年发行H股筹资（亿元）	57.0
当年国内债券筹资（亿元）	481.7
其中：短期融资券筹资额（亿元）	118.0
中期票据筹资额（亿元）	120.0

数据来源：内蒙古证监局。

（三）保险业持续稳定发展，保险保障功能不断增强

1. 市场规模不断扩大，整体实力有效提升。2012年，保险公司省级机构由32家增加到36家（见表4），保险从业人员由8.3万人增加到8.6万人。保险总资产增长19.6%，赔付支出增长19.9%，保费收入增长7.8%。保险业对国民经济的渗透率和融合度不断提高，保险密度同比提高29元/人。

表4　2012年内蒙古自治区保险业基本情况

项目	数量
总部设在辖内的保险公司数（家）	0
其中：财产险经营主体（家）	0
人身险经营主体（家）	0
保险公司分支机构（家）	36
其中：财产险公司分支机构（家）	20
人身险公司分支机构（家）	16
保费收入（中外资，亿元）	247.7
其中：财产险保费收入（中外资，亿元）	119.8
人身险保费收入（中外资，亿元）	127.9
各类赔款给付（中外资，亿元）	85.4
保险密度（元/人）	995.0
保险深度（%）	1.6

数据来源：内蒙古保监局。

2. 保险保障功能不断健全，农业保险覆盖面扩大。人身险快速增长，保费收入排名全国第三，其中健康险表现突出，对保费增长贡献率达18%。财产险持续低迷，保费收入增长3.2%，农业险成为财产险增长主力。农业险覆盖面扩大，保费增长13%，2012年累计为274.9万农民提供253亿元风险保障，赔付支出增长9.5%。

（四）社会融资结构持续改善，金融创新更趋活跃

内蒙古金融市场继续保持快速增长态势，市场规模扩大，融资结构优化，非金融企业债务融资方式取得新突破，2012年年末，内蒙古非金融机构通过贷款、债券和股票共融资2 171.1亿元。

1. 直接融资占比创历史新高，融资结构显著改善。2012年，在信贷投放趋缓的背景下，内蒙古直接融资大幅增长，区内企业共利用短期融资券、中期票据、企业债以及股票市场融资605亿元，增长1.7倍，创历史新高（见表5）。

2. 货币市场交易活跃，利率在波动中下行。2012年，内蒙古银行间市场成员累计债券回购成交金额为27 971.9亿元，增长1.4倍；同业拆借市场成交金额为1 082.9亿元，增长6.7%。随着人民币存款

表5　2001～2012年内蒙古自治区非金融机构部门融资结构

单位：亿元、%

年份	融资量	比重		
		贷款	债券（含可转债）	股票
2001	166.4	77.3	2.4	20.4
2002	200.1	91.0	0.0	9.0
2003	274.2	97.1	0.0	2.9
2004	389.5	86.2	9.3	4.6
2005	464.4	92.5	6.5	1.0
2006	664.8	94.0	6.0	0.0
2007	690.0	81.6	3.8	14.6
2008	1 025.5	85.9	7.9	6.2
2009	1 935.9	95.0	5.0	0.0
2010	1 776.1	90.5	9.2	0.3
2011	2 105.7	89.1	9.4	1.5
2012	2 171.1	72.1	22.2	5.7

数据来源：中国人民银行呼和浩特中心支行、内蒙古证监局。

准备金率及人民币存贷款基准利率的下调，市场流动性得到释放，银行间市场的资金面逐渐宽松，利率从1月的相对高位显著回落。

3. 票据市场交易节奏放缓，贴现利率下降明显。2012年累计签发银行承兑汇票2 993.6亿元，增长3.3%；办理银行承兑汇票贴现1 742.4亿元，增长37.2%（见表6），股份制商业银行和地方性商业银行仍是内蒙古票据业务的主要经营机构。贴现、转贴现利率下降幅度明显，特别是12月，银行承兑汇票3个月以内直贴加权平均利率和3～6个月贴现加权平均利率分别低于上年同期3.5个和3.7个百分点（见表7）。

表6 2012年内蒙古自治区金融机构票据业务量统计

单位：亿元

季度	银行承兑汇票承兑		贴现			
			银行承兑汇票		商业承兑汇票	
	余额	累计发生额	余额	累计发生额	余额	累计发生额
1	1 458.2	825.2	146.8	297.4	0.2	0.1
2	1 537.9	1 603.6	125.6	689.7	0.1	0.3
3	1 391.7	2 283.9	161.9	1 156.7	0.0	0.3
4	1 326.5	2 993.6	139.2	1 742.4	0.0	5.3

数据来源：中国人民银行呼和浩特中心支行。

表7 2012年内蒙古自治区金融机构票据贴现、转贴现利率

单位：%

季度	贴现		转贴现	
	银行承兑汇票	商业承兑汇票	票据买断	票据回购
1	7.72	8.40	7.29	5.90
2	5.98	7.37	5.30	4.72
3	5.94	6.74	4.92	4.27
4	6.32	7.34	5.14	4.96

数据来源：中国人民银行呼和浩特中心支行。

专栏2 积极拓宽融资渠道 扩大直接融资规模

近年来，中国人民银行呼和浩特中心支行将扩大企业直接融资作为一项重点工作，借助银行间市场平台，积极引导企业充分利用直接融资工具，有效地缓解了内蒙古经济社会发展中的资金供需矛盾，为促进经济结构调整和发展方式转变营造了良好的金融环境。

一、明确目标，加大直接融资工作力度

（一）加大宣传推介，夯实前期准备工作。近三年来，先后4次举办非金融企业债务融资工具培训班，使政府、银行和企业进一步了解熟悉债务融资工具的规则和要求，并对内蒙古企业的市场融资能力进行摸底调查，建立了优质企业储备库。同时，及时向金融机构和企业宣传人民银行对银行间市场管理的新政策、债务融资工具管理的新规定和市场推出的新产品，充分调动各方扩大融资的积极性。

（二）加强协调合作，建立健全保障措施。2012年，呼和浩特中心支行联合自治区金融办、发展改革委等部门，在内蒙古组织实施了以“推介金融市场产品，增强直接融资能力；推进融资方式创新，增大直接融资规模”为主要内容的“双推双增”融资工程，制订并印发了实施方案，成立了领导小组，引导各职能部门充分发挥各自优势，帮助企业拓宽直接融资渠道。

二、拓宽渠道，直接融资保持良好发展态势

（一）直接融资占比上升。2012年，内蒙古非金融机构通过贷款、债券和股票共融资2 146.7亿元，其中，直接融资额达605亿元，同比增长1.7倍，创历史新高；直接融资和间接融资比为28.2∶71.8，直接融资占比同比上升17.3个百分点，直接融资已成为内蒙古企业融资的重要渠道。

（二）直接融资方式呈多元化。2012年，内蒙古共发行短期融资券118亿元，中期票据120亿元，中小企业集合票据1.1亿元，企业债143亿元，公司债67.1亿元，非公开定向债务融资工具30亿元，中小企业私募债2.5亿元，内蒙古也成为西部首个中小企业私募债试点省区。债券融资在全部融资中的比例从2011年的12.4%

提高到2012年的22.4%。

（三）融资项目倾向经济发展薄弱环节。2012年，债券融资重点支持了中小企业、保障安居工程等项目。赤峰市2家企业发行了1.1亿元中小企业集合票据，乌海市建设投资公司、通辽市天诚城市建设公司发行了26亿元企业债，用于保障性安居工程、工矿棚户区改造。

（四）融资理念发生根本改变。通过实施扩大债券融资的一系列措施，地方政府逐步树立了间接融资与直接融资并重的融资理念，中小企业基本上逐步树立了多元化的融资理念，商业银行也普遍加大了融资方式创新力度，助推银行战略转型。

三、找准差距，加快推进直接融资发展

由于起步较晚、经济基础薄弱，对银行间市场的深度和广度认识还不够充分，内蒙古企业利用非金融企业债务融资工具融资规模整体偏小，市场份额不高，迫切需要通过各方发债参与主体加强合作，加快推进企业债券融资快速发展。2013年，中国人民银行呼和浩特中心支行将继续按照“双推双增”融资工程实施方案的部署，加强金融市场管理，增强风险防范意识，为债券推广提供良好的市场环境；搭建沟通协调和政策支持平台，畅通企业发债渠道；召开推介会与加强媒体宣传，扩大企业和政府职能部门获知面，力争内蒙古金融市场债务融资工作取得新进展。

（五）金融生态环境建设深入推进，金融基础设施进一步改善

2012年，内蒙古金融生态环境建设不断深入。内蒙古人民政府及时出台《关于促进内蒙古金融业发展的指导意见》，加大政策扶持力度。“担保+风险补偿+贴息+奖励”四位一体的财政补贴体系已基本形成，财政直接奖补和贴息金额达3.1亿元。信用体系建设成果进一步扩大，为19.3万户企业和1 086万个自然人建立了信用档案。稳步推进中小企业和农村信用体系建设，征集中小企业信用信息36 630户，共为244万农户建立了信用档案。农村牧区支付服务环境得到进一步改善，POS机数量、ATM数量分别达到14.3万台、7 248台，分别增长56.8%、27.1%。通过“一卡通”发放补贴资金240.2亿元，增长1.2倍。

二、经济运行情况

2012年，面对经济下行压力加大的严峻形势，内蒙古认真贯彻中央“稳中求进”的工作总基调，统筹推进保增长、调结构、转方式、扩内需、惠民生，经济发展实现缓中企稳、稳中有进。全年实现地区生产总值增长11.7%（见图4），人均地区生产总值达64 319元，增长11.3%。

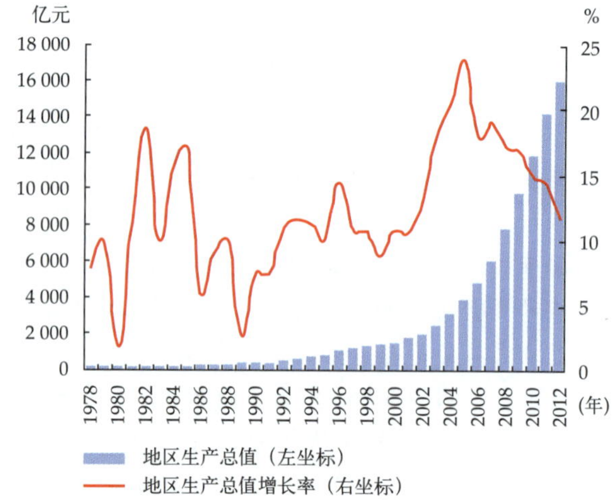

数据来源：内蒙古统计局。

图4　1978～2012年内蒙古自治区地区生产总值及其增长率

（一）经济增长平稳回落，对外开放不断扩大

1. 投资增速同比下降，结构调整力度加大。2012年，内蒙古全社会固定资产投资额完成13 112亿元，增长20.3%，低于上年1.2个百分点（见图5）。其中，第一、第二、第三产业分别增长33.7%、26.6%和13%。投资结构调整力度不断加

大，工业、冶金、装备制造业等传统产业稳步发展，其固定资产投资分别增长57.7%、34.5%和36%，占工业投资总量的55.9%；风电装机、光伏、云计算产业等新兴产业加快发展，建设规模居全国前列；新增百亿元企业10户、园区7个。

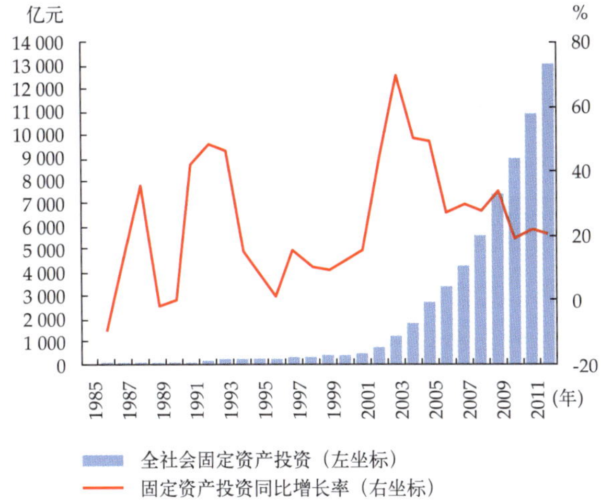

数据来源：内蒙古统计局。

图5　1985～2012年内蒙古自治区固定资产投资及其增长率

2. 消费增长有所减缓，城乡收入差距缩小。2012年，内蒙古社会消费品零售总额为4 534.6亿元，增长14.9%，同比下降3.1个百分点（见图6）。城乡收入差距缩小，2012年，内蒙古城镇居民可支配收入和农牧民人均纯收入分别为23 150元和7 611元，扣除价格因素，同比分别增长9.8%和11.8%，农牧民收入增幅继续超过城镇居民。城乡消费市场协调发展，乡村实现社会消费品零售额566.6亿元，占全部消费品零售总额的12.5%，增长16.7%，高于城镇2.1个百分点。

3. 进出口总量下降，对外开放不断扩大。2012年，受世界经济低迷的影响，内蒙古外贸增长明显放缓，全年进出口总值为112.6亿美元，同比下降4.9个百分点（见图7）。其中，出口总值为39.7亿美元，同比下降15.3%；进口总值为72.9亿美元，同比增长1.9%。对外开放不断扩大，与多个省签订多项合作协议，实施招商引资项目2 722项，实际使用外商直接投资39.4亿美元（见图8），蒙港经贸周

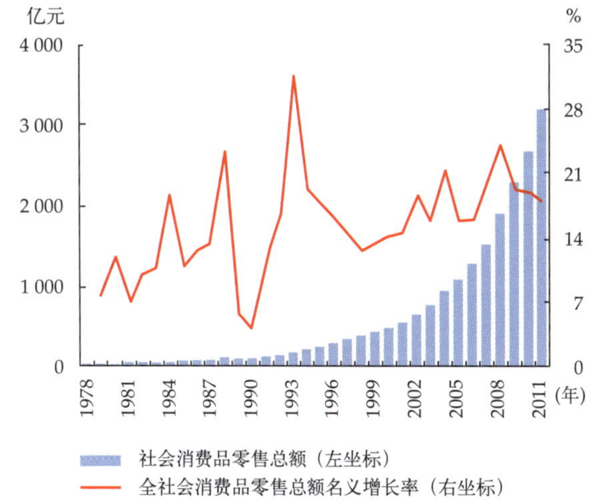

数据来源：内蒙古统计局。

图6　1978～2012年内蒙古自治区社会消费品零售总额及其增长率

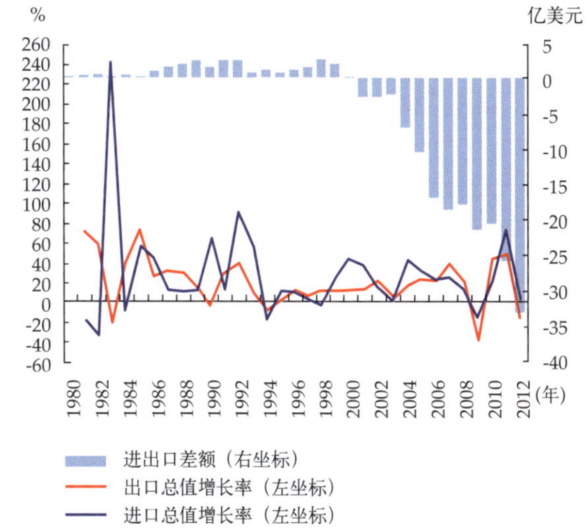

数据来源：内蒙古统计局。

图7　1980～2012年内蒙古自治区外贸进出口变动情况

签订合同投资额为460亿美元。口岸开放数量继续增加，全年新批准开放3个公路口岸，满洲里重点开发开放试验区实施方案获国家批复。

（二）三次产业协调发展，产业结构继续调整

2012年，内蒙古加大产业结构调整力度，第

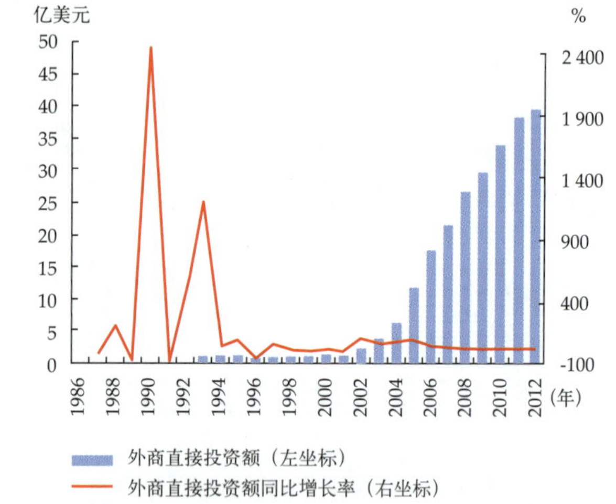

数据来源：内蒙古统计局。

图8　1986～2012年内蒙古自治区外商直接投资额及其增长率

一、第二、第三产业增加值分别增长5.8%、14%和9.4%，三次产业结构由上年的9.1∶56.0∶34.9调整为9.1∶56.5∶34.4，第二产业比重继续提高（见图9）。

1. 农畜产品产量稳定增长，农牧业产业化顺利推进。2012年，内蒙古农畜产品产量稳定增长。全年粮食总产量505.7亿斤，居全国第十位。内蒙古牲畜存栏达到1.1亿头只，连续八年稳定在1亿头只以上，内蒙古羊肉、猪肉和牛肉产量分别为88.6万吨、73.9万吨和51.2万吨，分别增长1.6%、3.6%和3%。

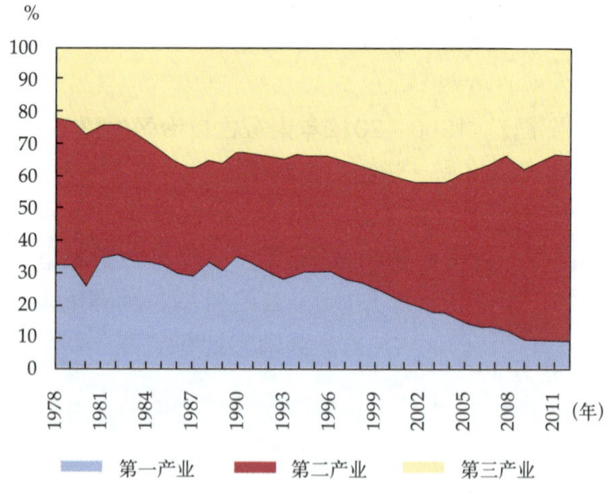

数据来源：内蒙古统计局。

图9　1978～2012年内蒙古自治区三次产业结构分布

2. 工业经济保持平稳增长。2012年，内蒙古规模以上工业增加值增长14.8%，高于全国平均增速4.8个百分点（见图10）。工业运行呈现“内源动力增强、区域发展协调性增强”的特点。私营企业、非公有工业增加值分别增长21.3%和16.9%，均高于全部规模以上工业增加值增速；沿黄沿线经济带的22个重点工业园区、集中区实现工业总产值7 236亿元，增长12.6%，占西部地区工业园区的81%；东部五盟市规模以上工业增加值增长19.8%，高于内蒙古平均水平5个百分点。

3. 服务业稳步发展。2012年，内蒙古服务业增加值为5 508.4亿元，增长9.4%，对GDP的贡献率达28.6%。其中，交通运输业增长9.6%，完成货运量19.4亿吨，增长12.5%；旅游业蓬勃发展，接待旅游人数和旅游业总收入增速连续五年保持在20%以上；金融业快速发展，产业增加值增长18.3%，同比提高9.4个百分点。

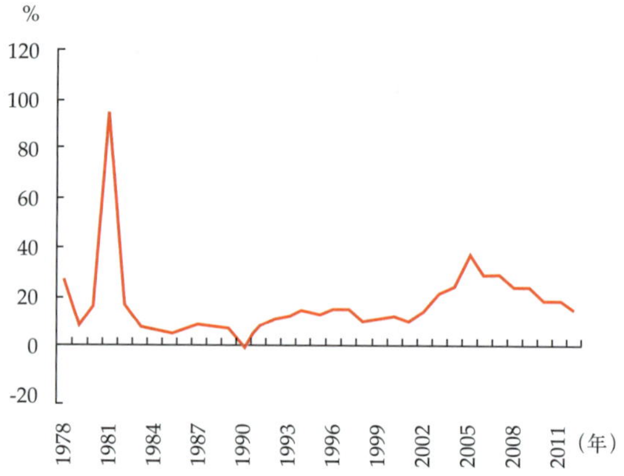

数据来源：内蒙古统计局。

图10　1978～2012年内蒙古自治区工业增加值同比增长率

（三）物价涨幅回落，通胀压力减缓

1. 居民消费价格稳步回落。2012年，内蒙古居民消费价格指数在1月达到5.3%之后逐月下降。2012年年末，在经济企稳回升、季节因素以及春节临近等因素的影响下，出现了周期性反弹，全年累计上涨3.1%，但仍同比回落了1.8个百分点（见图11）。其中，食品价格仍是推高CPI的主要动力，全年拉动CPI上涨1.7个百分点，对CPI的影响程度达54.1%，较上年有所下降。

2. 生产者价格涨幅回落。2012年，内蒙古工业生产者购进价格、工业生产者出厂价格月度涨幅快速回落，下半年呈现负增长。全年工业生产者购进价格、工业生产者出厂价格分别上涨2%和0.2%，其中，生活资料出厂价格上涨3.3%（见图11）。

3. 就业形势基本稳定，劳动力价格继续上升。2012年，内蒙古城镇新增就业26.5万人，失业人员实现再就业10.2万人，安排就业困难人员6.9万人，保持了就业的基本稳定，城镇登记失业率3.7%，同比下降0.1个百分点。劳动力价格继续上升。城镇居民工资性收入增长14.2%，农牧民家庭经营性收入增长11.2%。城乡居民最低生活保障水平再提高，城市低保月均保障标准达到385元，农牧区低保年均保障标准达到2 583元。

4. 资源性产品价格改革继续推进。2012年，内蒙古先后实施了电价补贴、峰谷电价、扩大电力多边交易、“一厂一策”电价扶持、临时性容量电费减免、降低化成箔行业电价等一系列综合政策，切实起到了降成本、促生产、稳负荷、增税收的综合效应。同时，实施居民生活用电阶梯电价政策，对蒙西电网和蒙东地区分盟（市）用电实现同网同价。

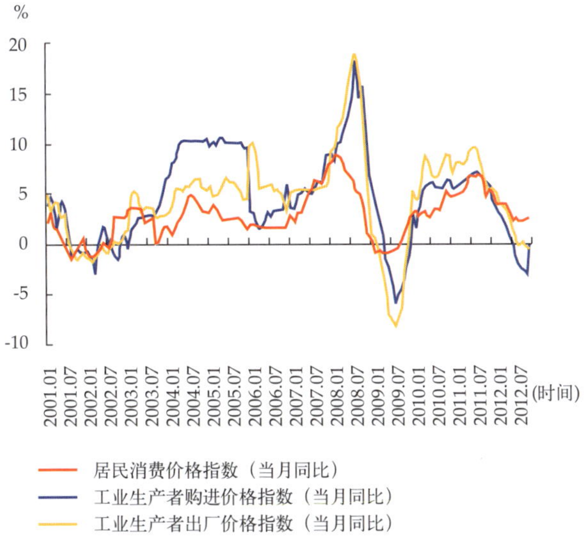

数据来源：国家统计局内蒙古调查总队。

图11　2001～2012年内蒙古自治区居民消费价格和生产者价格变动趋势

（四）财政收支增长放缓，民生支出力度加大

2012年，受内蒙古经济增速下滑的影响，内蒙古财政总收入增长10.4%，同比下降19.7个百分点；财政支出增长14.7%，同比下降16.8个百分点（见图12）。财政对民生的支出力度加大，全年用于草原生态保护补助奖励方面的资金达44.1亿元，137.9万户农牧民受益；用于教育、医疗卫生、社会保障和就业、住房保障、文化方面的民生支出增长16.1%，高于同期公共财政预算支出增幅。

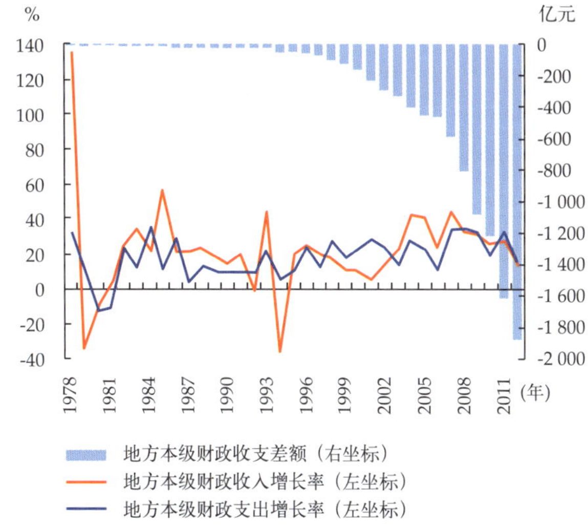

数据来源：内蒙古统计局。

图12　1978～2012年内蒙古自治区财政收支状况

（五）生态文明建设平稳推进

2012年，内蒙古认真实施草原生态保护补助奖励机制和京津风沙源治理、退牧还草等重点生态工程，将10.2亿亩可利用草原全部纳入生态保护补助范围，对严重退化的4.4亿亩草原实行禁牧、退耕还林、退草还牧、休牧轮牧，内蒙古草原平均植被盖度达到43.1%，比上年提高5个百分点；完成林业生态建设面积1 172万亩，集体林权制度改革确权到户任务基本完成。同时，强化节能减排工作，制定出台了多项政策文件，加强重点行业用能管理和重点领域污染治理，全年单位地区生产总值耗能下降3.9%。24个乡镇新入榜“国家级生态乡镇”名单，截至2012年年末，内蒙古共有56个乡镇获此殊荣。

（六）房地产宏观调控成效明显

2012年，随着国家一系列房地产市场调控政策的持续实施，内蒙古房地产市场继续向着积极的方向发展。

1. 房地产开发投资持续回落。2012年，内蒙古完成房地产开发投资1 291.4亿元，下降21.7%，增速下降69个百分点。其中，住宅完成投资845.6亿元，下降24%。

2. 房屋销售同比下降。2012年，房屋施工面积为15 582.5万平方米，下降4.9%。商品房销售增速逐渐放缓，销售额和销售面积分别下降24.8%和30.3%，分别较上年下降51.2个和48.7个百分点。呼和浩特市和包头市新建住宅销售价格分别下降0.8%和上涨0.6%（见图13和图14）。

3. 房地产贷款平稳增长。2012年年末，房地产开发贷款为292.1亿元，增长7.6%，其中，保障性住房开发贷款占比为49.4%，同比上升12.1个百分点。个人住房贷款为974.4亿元，增长21.3%。首套房贷款占比在90%以上，平均利率水平维持在略高于基准利率，差别化住房信贷政策执行较好。

三、预测与展望

2013年是全面深入贯彻落实党的十八大精神的开局之年。经济发展环境仍然比较复杂，国际经济形势充满变数，我国经济发展也仍面临不少风险和挑战。我国城镇化进程将进一步加快，从投资和消费两个方面带动内需的提升。国内经济企稳后，对能源的需求将恢复到一定的增长水平，转变经济发展方式、推进生态文明和环境保护，对内蒙古资源优势带来的机遇与挑战并存。2013年内蒙古经济的基本面会稳中向好，经济发展方式转变将持续推进，经济回升势头进一步巩固，预计内蒙古地区生产总值增长12%，单位地区生产总值能耗下降3.2%，为全面建成小康社会打下坚实的基础。

2013年，内蒙古将继续贯彻落实稳健的货币政策，灵活运用多种货币政策工具加强流动性管理，引导信贷合理投放，适时适度进行预调微调，推动

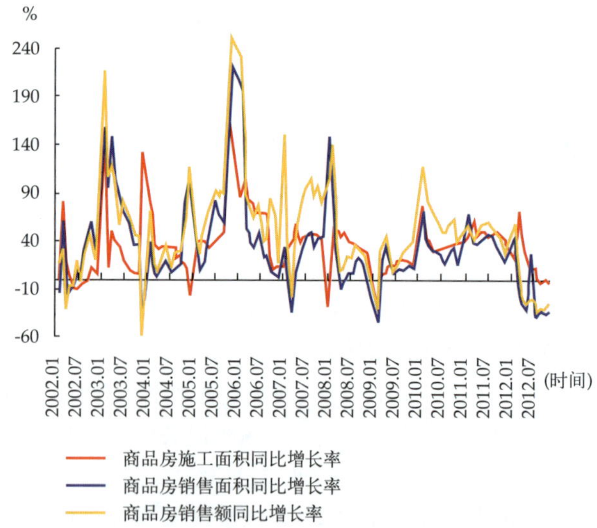

数据来源：内蒙古统计局。

图13　2002～2012年内蒙古自治区商品房施工和销售变动趋势

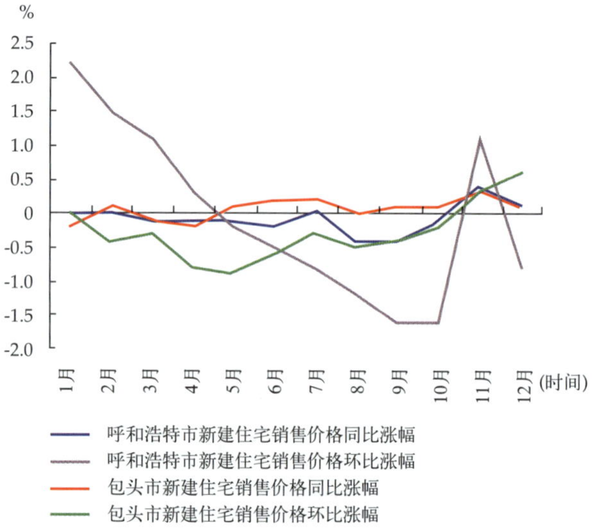

数据来源：内蒙古统计局。

图14　2012年呼和浩特市和包头市新建住宅销售价格变动趋势

金融改革创新，注重信贷政策与产业政策的协调配合，加快信贷产品和服务方式创新，全面提升信贷政策导向力，加强金融市场管理和监督，促进经济增长长期平稳较快发展。

中国人民银行呼和浩特中心支行货币政策分析小组
总　纂：余文建　高兰根
统　稿：韩向国　王晓中
执　笔：伊丽琪　赵　平　付作忠　赵　婧　陈利军　刘效禹　乔海滨　杨铁牛　张海波　张宇薇
提供材料的还有：王禹人　赵　琳　李　岩　李晓霞　闵德明　王　璐　张佳伟　吴晓灵　李杰夫

附录

（一）2012年内蒙古自治区经济金融大事记

3月24日，边疆少数民族地区首个国家级广告产业园区落户包头。

4月10日，2012年内蒙古·香港经贸合作周开幕，蒙港两地签署了14个重点项目协议，总投资金额达112.6亿美元。

6月5日，鄂尔多斯市出台《鄂尔多斯市规范民间借贷暂行办法》，我国首部系统规范民间借贷的规范性文件在内蒙古诞生。

7月12日，伊泰煤炭H股在香港联交所主板上市，开创了全国纯B股企业及煤炭企业（B+H）的先河。

7月9日，《满洲里重点开发开放实验区建设实施方案》正式获国务院批准，标志着内蒙古重点开发开放实验区建设进入实质性的实施阶段。

7月30日，内蒙古自治区政府出台了《关于促进小型微型企业持续健康发展的意见》。

11月13日，内蒙古首支中小企业私募债券在深圳证券交易所成功发行，发行总额为2.5亿元。

12月19日，内蒙古自治区政府出台了《关于进一步加快金融业发展的若干意见》。

2012年，中国人民银行呼和浩特中心支行积极稳妥推进信贷政策“三评两奖”工程、“双推双增”融资工程、“民生金融支持富民强区工程”和推进县域经济“一县一品”金融产品和服务创新工程，加强信贷政策与产业政策的协调配合，先后制定了金融支持经济增长等9个指导意见，有效地落实了自治区党委、政府提出的“科学发展、富民强区”的中心任务。

2012年，中国人民银行呼和浩特中心支行先后组织召开银企对接会6次，积极为企业和金融机构搭建信息交流和项目对接平台。全年共帮助企业与金融机构签署合作项目506项，签约总金额为1 223亿元，其中，合同金额为175亿元，达成意向贷款为1 048亿元。

（二）2012年内蒙古自治区主要经济金融指标

表1　2012年内蒙古自治区主要存贷款指标

		1月	2月	3月	4月	5月	6月	7月	8月	9月	10月	11月	12月
本外币	金融机构各项存款余额（亿元）	12 068.6	12 357.5	12 851.6	12 913.0	13 070.4	13 299.6	13 301.2	13 311.8	13 492.0	13 416.4	13 532.8	13 673.0
	其中：储蓄存款	5 785.2	5 812.4	6 046.9	6 009.7	6 071.0	6 171.5	6 027.8	6 267.8	6 405.3	6 331.7	6 413.3	6 618.1
	单位存款	5 266.8	5 441.9	5 758.5	5 898.4	6 014.7	6 155.6	6 044.0	6 110.4	6 196.4	6 099.7	6 132.5	6 238.5
	各项存款余额比上月增加（亿元）	-63.4	288.9	494.1	61.4	157.4	225.2	1.7	10.5	180.2	-75.6	119.4	140.2
	金融机构各项存款同比增长（%）	16.8	16.2	16.3	16.5	14.5	13.7	13.2	11.1	14.0	12.8	12.7	12.7
	金融机构各项贷款余额（亿元）	9 988.9	10 200.6	10 457.3	10 615.6	10 777.3	10 902.0	11 043.0	11 196.0	11 255.5	11 372.2	11 394.1	11 392.5
	其中：短期	3 692.8	3 823.4	3 949.4	4 056.1	4 116.9	4 205.9	4 239.5	4 287.3	4 324.8	4 363.6	4 391.2	4 421.0
	中长期	6 203.4	6 268.7	6 346.4	6 393.2	6 488.6	6 540.8	6 626.7	6 699.6	6 731.1	6 792.2	6 804.9	6 807.7
	票据融资	85.0	97.4	136.4	142.6	147.0	123.7	144.5	173.1	165.1	179.3	162.4	133.6
	各项贷款余额比上月增加（亿元）	162.4	211.7	256.7	158.3	161.7	124.7	141.0	153.1	59.4	116.8	21.9	-1.6
	其中：短期	79.0	130.6	126.0	106.7	60.8	83.0	33.4	47.7	37.5	38.8	27.7	29.8
	中长期	81.8	65.3	77.7	46.8	95.4	58.2	86.0	72.9	31.5	61.1	12.7	2.8
	票据融资	0.0	12.4	39.0	6.2	4.3	-23.2	20.8	28.6	-8.1	14.2	-16.8	-28.8
	金融机构各项贷款同比增长（%）	21.6	22.2	22.0	20.7	21.5	21.8	21.7	22.3	21.8	22.0	18.1	16.1
	其中：短期	30.0	30.7	30.2	28.2	28.5	30.6	29.6	30.2	30.1	31.0	26.7	22.3
	中长期	17.3	17.5	16.2	15.1	15.8	15.5	15.6	15.9	15.4	15.0	11.8	11.5
	票据融资	-4.7	10.0	80.8	98.6	148.1	88.1	103.2	138.6	107.5	135.7	82.2	57.2
	建筑业贷款余额（亿元）	258.9	283.1	1 203.7	270.6	280.4	295.8	302.7	302.7	306.2	306.2	315.5	307.6
	房地产业贷款余额（亿元）	228.3	227.0	216.2	220.5	219.6	210.0	210.4	208.9	217.3	217.3	214.4	224.7
	建筑业贷款同比增长（%）	54.9	61.9	534.2	32.4	35.2	48.4	48.0	45.4	44.0	36.0	34.7	22.7
	房地产业贷款同比增长（%）	-3.7	-3.9	-8.6	-6.4	-5.2	-7.9	-9.8	-9.5	-3.4	-5.5	-6.1	-0.3
人民币	金融机构各项存款余额（亿元）	12 010.8	12 284.2	12 789.7	12 850.6	13 006.1	13 226.3	13 229.1	13 230.2	13 427.6	13 357.6	13 471.5	13 612.7
	其中：储蓄存款	5 766.7	5 789.7	6 027.0	5 989.2	6 049.6	6 150.2	6 187.7	6 248.6	6 386.7	6 311.8	6 393.5	6 579.2
	单位存款	5 229.1	5 406.7	5 718.9	5 858.1	5 975.2	6 105.6	5 994.9	6 051.7	6 152.1	6 061.9	6 092.9	6 200.6
	各项存款余额比上月增加（亿元）	-52.4	273.4	505.5	60.9	155.5	216.2	2.9	1.1	197.4	-70.0	116.9	141.2
	其中：储蓄存款	335.6	23.0	237.3	-37.8	60.5	103.4	37.5	60.9	138.0	-74.9	81.7	259.2
	单位存款	-568.3	177.6	312.1	139.2	117.1	123.7	-110.7	56.7	100.5	-90.3	31.0	107.8
	各项存款同比增长（%）	16.8	16.0	16.2	16.4	14.6	13.7	13.0	11.0	14.0	12.8	12.7	12.8
	其中：储蓄存款	17.9	17.9	19.0	19.9	20.9	21.6	23.6	23.7	24.9	24.7	23.6	21.3
	单位存款	12.0	11.3	10.9	11.8	9.9	9.8	9.3	6.4	9.5	9.0	7.7	6.9
	金融机构各项贷款余额（亿元）	9 907.0	10 121.3	10 380.8	10 539.4	10 706.7	10 811.5	10 948.4	11 100.1	11 156.9	11 268.9	11 287.3	11 284.2
	其中：个人消费贷款	1 167.1	1 174.1	1 202.3	1 216.6	1 229.7	1 238.0	1 253.2	1 272.0	1 292.0	1 306.2	1 325.2	1 333.5
	票据融资	85.0	97.4	136.4	142.6	147.0	122.9	144.5	173.1	165.1	179.3	162.1	131.3
	各项贷款余额比上月增加（亿元）	164.5	214.2	259.5	158.6	167.3	104.7	136.9	151.7	56.9	111.9	18.5	-3.1
	其中：个人消费贷款	14.4	6.9	28.2	13.5	13.1	7.4	15.2	18.9	20.0	14.2	18.9	8.4
	票据融资	0.0	12.4	39.0	6.2	4.3	-24.0	21.6	28.6	-8.1	14.2	-17.2	-30.8
	金融机构各项贷款同比增长（%）	21.6	22.3	22.2	21.0	22.0	22.0	21.8	22.5	21.9	22.0	17.9	16.0
	其中：个人消费贷款	34.0	32.1	29.6	27.4	24.7	22.5	21.1	21.2	20.7	19.6	17.8	15.7
	票据融资	-4.7	10.0	80.8	98.6	148.1	86.9	103.2	138.6	107.5	135.7	81.7	54.4
外币	金融机构外币存款余额（亿美元）	9.2	11.7	9.8	9.9	10.2	11.6	11.4	12.9	10.2	9.3	9.7	9.6
	金融机构外币存款同比增长（%）	35.5	78.1	41.5	58.9	8.3	28.8	62.1	45.9	22.4	18.9	17.2	-12.1
	金融机构外币贷款余额（亿美元）	13.0	12.6	12.2	12.1	11.1	14.3	14.9	15.1	15.5	16.4	17.0	17.2
	金融机构外币贷款同比增长（%）	22.8	14.2	4.1	-5.8	-21.7	2.5	10.7	11.4	13.9	27.9	44.4	29.3

数据来源：中国人民银行呼和浩特中心支行。

表2　2001～2012年内蒙古自治区各类价格指数

单位：%

年/月	居民消费价格指数		农业生产资料价格指数		工业生产者购进价格指数		工业生产者出厂价格指数	
	当月同比	累计同比	当月同比	累计同比	当月同比	累计同比	当月同比	累计同比
2001	—	1.3	—	1.4	—	-0.1	—	-0.7
2002	—	0.2	—	2.6	—	-0.1	—	-0.7
2003	—	2.1	—	1.2	—	2.9	—	3.2
2004	—	2.9	—	9.5	—	9.2	—	5.1
2005	—	2.4	—	8.3	—	9.8	—	5.1
2006	—	1.5	—	1.1	—	5.9	—	3.0
2007	—	4.6	—	3.0	—	4.8	—	5.7
2008	—	5.7	—	14.9	—	11.7	—	12.5
2009	—	-0.3	—	-0.3	—	-0.9	—	-3.8
2010	—	3.2	—	2.0	—	5.0	—	6.7
2011	—	5.6	—	6.3	—	6.1	—	7.8
2012	—		—		—		—	
2011　1	4.5	4.5	1.7	1.7	5.2	5.2	6.8	6.8
2	4.7	4.6	2.2	1.9	5.5	5.3	7.8	7.3
3	4.8	4.7	5.3	3.1	5.7	5.5	8.0	7.6
4	5.0	4.7	6.0	3.8	6.0	5.6	7.6	7.6
5	5.4	4.9	6.6	4.3	6.3	5.7	8.0	7.7
6	6.5	5.1	7.5	4.9	6.3	5.8	8.6	7.8
7	6.8	5.4	7.7	5.3	6.8	6.0	9.4	8.1
8	6.6	5.5	7.8	5.6	7.0	6.1	9.5	8.2
9	6.9	5.7	8.7	5.9	7.0	6.2	8.8	8.3
10	6.3	5.8	7.7	6.1	6.4	6.2	7.5	8.2
11	4.6	5.6	7.5	6.2	5.8	6.2	6.0	8.0
12	4.9	5.6	7.5	6.3	5.6	6.1	5.3	7.8
2012　1	5.3	5.3	7.7	7.7	5.4	5.4	4.4	4.4
2	4.0	4.7	7.4	7.5	5.0	5.2	3.5	4.0
3	4.1	4.5	6.4	7.1	4.4	4.9	3.1	3.7
4	3.8	4.3	5.8	6.8	3.6	4.6	2.3	3.3
5	3.6	4.2	5.4	6.5	3.2	4.3	1.8	3.0
6	2.9	4.0	4.3	6.1	2.4	4.0	0.6	2.6
7	2.2	3.7	4.0	5.8	1.4	3.6	-0.2	2.2
8	2.3	3.5	4.0	5.6	0.5	3.2	-1.5	1.7
9	2.2	3.4	3.6	5.3	-0.3	2.8	-2.4	1.3
10	2.1	3.2	3.7	5.2	-0.1	2.5	-2.5	0.9
11	2.4	3.2	3.8	5.1	-0.4	2.2	-3.0	0.5
12	2.4	3.1	3.6	4.9	-0.6	2.0	-3.0	0.2

数据来源：国家统计局内蒙古调查总队、《中国经济景气月报》。

表3 2012年内蒙古自治区主要经济指标

	1月	2月	3月	4月	5月	6月	7月	8月	9月	10月	11月	12月
绝对值（自年初累计）												
地区生产总值(亿元)	—	—	2 774.0	—	—	6 673.2	—	—	10 803.3	—	—	15 988.3
第一产业	—	—	110.0	—	—	253.5	—	—	463.6	—	—	1 447.4
第二产业	—	—	1 540.0	—	—	3 921.1	—	—	6 485.9	—	—	9 032.5
第三产业	—	—	1 120.0	—	—	2 498.5	—	—	3 853.8	—	—	5 508.4
固定资产投资(亿元)	—	68.5	518.6	1 442.4	2 909.1	5 159.0	6 829.5	8 530.6	10 413.3	12 023.5	1 2 808.5	1 3 112.0
房地产开发投资	—	1.5	34.1	112.0	256.4	442.1	605.0	821.9	1 006.6	1 174.5	1 263.7	1 291.4
社会消费品零售总额(亿元)	—	261.7	1 061.7	549.9	699.1	2 090.3	983.3	1 132.6	3 227.8	1 439.4	1 591.4	4 534.6
外贸进出口总额(万美元)	—	159 400	254 300	342 500	447 400	566 800	667 500	755 500	839 600	924 500	1 029 800	1 125 700
进口	—	117 000	176 700	233 900	296 600	369 600	430 900	480 900	526 400	581 300	657 900	728 600
出口	—	42 400	77 600	108 600	150 700	197 300	236 600	274 600	313 200	343 200	371 800	397 000
进出口差额(出口-进口)	—	-74 600	-99 100	-125 300	-145 900	-172 300	-194 300	-206 300	-213 200	-238 100	-286 100	-331 600
外商实际直接投资(万美元)	—	9 400	37 200	37 300	76 700	80 600	85 500	95 800	117 300	128 900	191 500	394 300
地方财政收支差额(亿元)	—	-13.5	-182.1	-265.5	-379.5	-559.5	-673.3	-833.6	-1 042.9	-1 169.7	-1 356.0	-1 873.2
地方财政收入	—	271.2	400.9	530.6	656.7	819.9	948.0	1 049.3	1 144.5	1 261.0	1 376.9	1 552.8
地方财政支出	—	284.7	583.0	796.1	1 036.2	1 379.4	1 621.3	1 882.9	2 187.4	2 430.6	2 732.9	3 426.0
城镇登记失业率(%)(季度)	—	—	—	—	—	—	—	—	—	—	—	3.7
同比累计增长率（%）												
地区生产总值	—	—	13.0	—	—	12.0	—	—	11.6	—	—	11.7
第一产业	—	—	4.8	—	—	5.5	—	—	4.2	—	—	5.8
第二产业	—	—	15.0	—	—	14.0	—	—	13.8	—	—	14.0
第三产业	—	—	11.0	—	—	9.5	—	—	8.8	—	—	9.4
工业增加值	—	12.6	15.4	13.6	13.8	14.2	13.9	13.9	14.0	14.3	14.5	14.8
固定资产投资	—	31.3	18.2	14.5	19.8	22.5	21.0	20.6	20.0	20.9	21.2	20.3
房地产开发投资	—	1.5	-1.2	-18.3	-17.6	-26.9	-28.7	-25.4	-25.5	-25.3	-22.6	-21.7
社会消费品零售总额	—	14.9	15.5	16.2	14.9	14.5	12.0	12.7	14.2	13.2	21.2	14.9
外贸进出口总额	—	5.2	-5.5	-7.0	-4.8	0.4	-1.0	-2.9	-4.6	-5.4	-4.5	-4.9
进口	—	9.0	-1.9	-2.2	-0.4	6.5	6.7	4.0	1.0	0.8	1.8	1.9
出口	—	-4.1	-12.8	-15.9	-12.5	-9.3	-12.4	-13.1	-12.8	-14.3	-13.8	-15.3
外商实际直接投资	—	203.0	-4.2	-17.0	38.0	-26.0	-33.0	-29.0	-24.0	-20.0	-29.0	2.7
地方财政收入	—	26.2	25.2	21.0	19.4	17.0	12.3	10.2	9.3	9.4	11.2	14.5
地方财政支出	—	21.5	38.3	40.0	36.8	38.1	37.0	24.4	20.4	20.8	14.5	14.6

数据来源：内蒙古统计局、《中国经济景气月报》。

2012年辽宁省金融运行报告

中国人民银行沈阳分行货币政策分析小组

[内容摘要] 2012年，在各项“稳增长”政策推动下，辽宁省经济企稳回升，扭转了上半年持续下滑的局面。民间投资增速高于全部投资平均增速；居民收入增长快于GDP增速，消费需求增长较快；进出口和利用外资增长放缓。农业产出稳定增长，工业结构调整稳步推进，服务业实现提速发展。地区生态环境继续改善。在稳健货币政策背景下，辽宁省银行机构经营状况总体稳健，贷款增量和结构变化较好地体现了宏观调控政策意图。证券机构在盈利水平下降的情况下，加快业务创新步伐。保险业稳步发展，保险市场秩序进一步规范。金融业各项改革顺利推进。

2013年是辽宁省继续加快转方式、调结构的重要一年。各项政策对辽宁省工业发展的影响将进一步深化，城区经济和服务业将实现较快发展。2013年将继续实施稳健的货币政策，预计贷款增速将继续小幅放缓。金融管理部门将继续引导银行优化信贷结构，加大对实体经济的支持力度。

一、金融运行情况

在稳健的货币政策背景下，辽宁省银行机构经营状况总体稳健，贷款增量和结构变化能较好地体现宏观调控政策意图。证券机构在盈利水平下降的情况下，加快业务创新步伐。保险业实现稳步发展，保险市场秩序进一步规范。金融业各项改革顺利推进。

（一）银行体系健康发展，贷款投放基本符合政策预期

2012年，辽宁省银行业金融机构深入贯彻落实稳健的货币政策，资产规模平稳增长，盈利水平稳步上升。贷款合理增长，为“稳增长”提供良好的货币环境；信贷结构不断优化，金融支持实体经济的力度加大。利率政策调整取得良好效果，农村信用社改革向纵深推进。

1. 银行经营状况稳健，贷款质量有所下降。2012年年末，辽宁省银行业金融机构资产总额为46 887亿元（见表1），比上年同期增长17%；负债总额为45 297亿元，比上年同期增长16.8%。在宏观经济下行的背景下，连续八年不良贷款余额和比例“双降”的局面被打破，年末不良贷款余额797亿元，比年初增加234亿元；不良贷款率3.0%，比年初上升0.6个百分点。2012年，辽宁省银行机构实现利润497亿元，较同期增加53亿元，增长11.9%。不同机构间盈利差异较大。村镇银行、农村商业银行等机构和邮政储蓄银行盈利增幅较大，外资银行盈利下降，其他银行机构总体平稳。

表1 2012年辽宁省银行业金融机构情况

机构类别	营业网点			法人机构（个）
	机构个数（个）	从业人数（人）	资产总额（亿元）	
一、大型商业银行	3 099	74 998	16 894.5	0
二、国家开发银行和政策性银行	81	2 285	4 690.9	0
三、股份制商业银行	393	11 816	8 563.8	0
四、城市商业银行	954	22 506	9 788.1	15
五、小型农村金融机构	2 364	28 951	3 730.4	69
六、财务公司	2	143	294.6	2
七、信托公司	1	123	56.9	1
八、邮政储蓄银行	866	10 484	2 044.3	0
九、外资银行	41	1 278	503.9	0
十、新型农村金融机构	32	1 727	319.6	59
合 计	7 833	154 311	46 887.0	146

注：营业网点不包括总部；小型农村金融机构包括农村商业银行、农村合作银行和农村信用社；新型农村金融机构包括村镇银行、贷款公司和农村资金互助社三类机构。

数据来源：辽宁银监局、大连银监局。

2. 各项存款增速回升，季末冲高现象明显。2012年年末，辽宁省金融机构本外币各项存款余额为35 303亿元，同比增长14.5%，增速同比提高

4.5个百分点（见图3）。全年本外币各项存款新增4 473亿元，比上年同期多增1 630亿元。存款大幅增加的主要原因包括：股票市场低迷，对存款分流效应明显减弱；企业投资意愿不强，大量资金沉淀在银行；房地产调控深化以及实际利率水平改善，使居民资金从房地产市场回流至银行。存款季末冲高、季初回落的特征明显（见图1），1月、4月、7月存款均净下降超百亿元，而季末月份新增量均同比多增超百亿元。

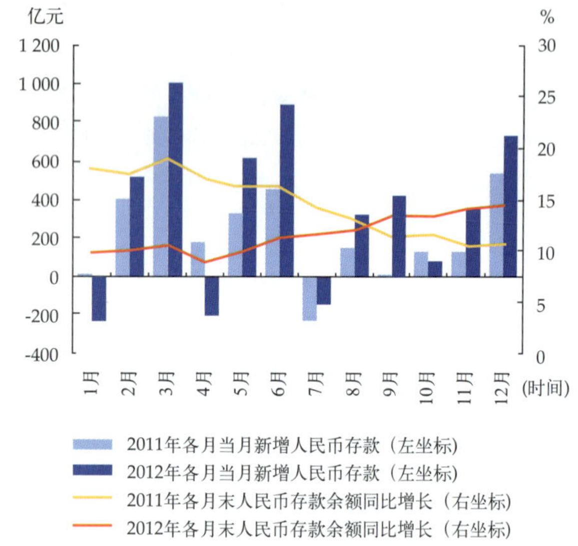

数据来源：中国人民银行沈阳分行。

图1　2011～2012年辽宁省金融机构人民币存款增长

3. 贷款增量与上年基本持平，增速小幅回落，贷款投向结构进一步优化。2012年年末，辽宁省金融机构本外币各项贷款余额为26 306亿元，同比增长15.2%，增幅比上年回落2个百分点（见图3）。全年贷款增速稳步下行。在中央银行连续两次降息、国家发展改革委加快项目审批等因素推动下，下半年银行压缩了票据融资规模，以保障一般性贷款需求。

分期限看，中长期贷款结束下滑走势保持低位运行。2012年年末，本外币中长期贷款余额为15 419亿元，同比增长12.1%，增速较上年回落3.7个百分点。全年本外币中长期贷款新增1 645亿元，同比少增234亿元。短期贷款增速探底后快速回升。年末本外币短期贷款余额同比增长20.9%；全年短期贷款新增1 705亿元，同比多增110亿元。票据融资整体保持多增。

分机构看，全国性大型银行本外币各项贷款同比少增123亿元。中小银行在短期贷款大量投放的带动下，信贷投放力度较同期增强。全年全国

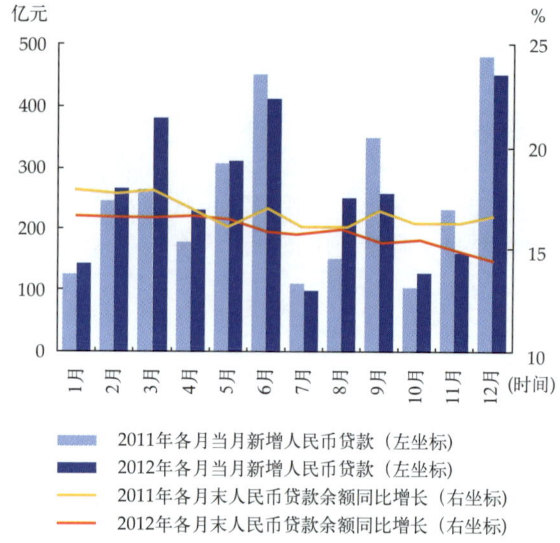

数据来源：中国人民银行沈阳分行。

图2　2011～2012年辽宁省金融机构人民币贷款增长

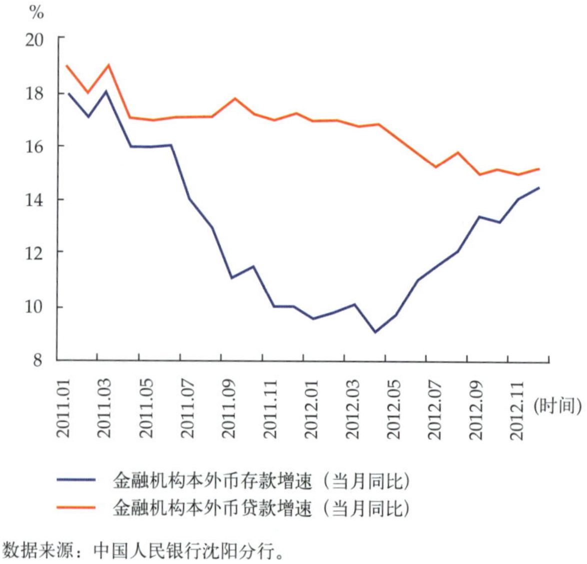

数据来源：中国人民银行沈阳分行。

图3　2011～2012年辽宁省金融机构本外币存、贷款增速

性中小银行本外币贷款同比多增115亿元，区域性中小银行和农村信用社同比多增120亿元。

从投向上看，年末全省本外币涉农贷款余额为4 800亿元，比年初增加894亿元；中小企业人民币贷款增量占全部企业贷款增量的65.4%，比上年提高7个百分点。

4. 表外业务发展迅速。在利润增长放缓的压力下，辽宁省商业银行大力发展表外业务，打造新的盈利增长点。表外业务品种不断丰富，业务量及收入增长较快，年末表外业务余额为7 173亿元，同比增长13.7%。理财产品发行量快速增长，年内全省自主发行的理财产品达387亿元，同比增长125.5%。

5. 贷款基准利率下调惠及实体经济，存款利率浮动区间调整带来存款定价行为的差异化。随着贷款基准利率的下调，2012年辽宁省金融机构各期限贷款利率水平整体下降，下浮利率贷款占比呈上升趋势（见表2）；民间借贷利率波动下行。允许存款利率上浮至基准利率1.1倍的政

表2　2012年辽宁省金融机构人民币贷款各利率区间占比

单位：%

月份		1月	2月	3月	4月	5月	6月
合计		100.0	100.0	100.0	100.0	100.0	100.0
[0.9，1.0)		3.2	7.1	3.1	5.9	5.4	7.5
1.0		35.2	35.5	28.3	23.6	24.9	24.4
上浮水平	小计	61.6	57.4	68.6	70.5	69.6	68.1
	(1.0，1.1]	19.7	18.8	22.2	18.2	16.1	19.5
	(1.1，1.3]	22.3	23.7	25.9	30.5	29.8	26.1
	(1.3，1.5]	9.6	6.4	10.0	10.2	12.8	12.1
	(1.5，2.0]	8.8	7.2	9.3	9.8	9.4	9.1
	2.0以上	1.3	1.2	1.2	1.7	1.6	1.2
月份		7月	8月	9月	10月	11月	12月
合计		100.0	100.0	100.0	100.0	100.0	100.0
[0.9，1.0)		8.8	7.6	12.3	9.0	13.0	14.6
1.0		22.1	18.8	18.4	25.2	17.3	23.9
上浮水平	小计	69.1	73.6	69.3	65.8	69.7	61.5
	(1.0，1.1]	20.2	21.0	17.5	19.9	18.3	15.2
	(1.1，1.3]	27.8	29.0	27.2	22.7	28.0	22.8
	(1.3，1.5]	11.7	11.4	11.7	10.4	11.9	10.6
	(1.5，2.0]	7.8	10.8	10.6	11.1	10.2	11.9
	2.0以上	1.5	1.5	2.2	1.7	1.3	0.9

注：2012年8～12月统计数据的下浮区间为[0.7，1.0)。

数据来源：中国人民银行沈阳分行。

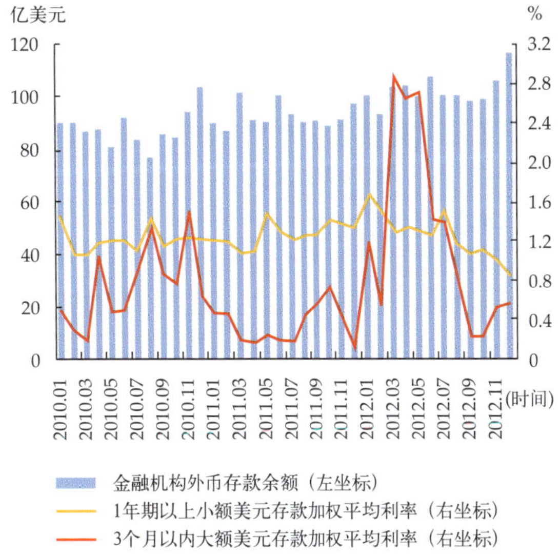

数据来源：中国人民银行沈阳分行。

图4　2010～2012年辽宁省金融机构外币存款余额及外币存款利率

策出台后，全省各银行机构存款定价策略出现分化，主要期限存款在各银行间至少有两种不同的报价，表明各银行已具备一定的存款自主定价能力。

6. 农村信用社改革向纵深推进。2012年6月21日组建成立大连农村商业银行。铁岭市9家由城市信用社更名改制的农村信用社并入当地农村信用社。2012年年末，辽宁省共有县级机构67家，其中：农村商业银行7家，统一法人农村信用社60家。股本金总额为217亿元，投资股比例达到99.7%，其中，法人投资股比例达到32.2%。

7. 跨境人民币业务快速发展。2012年，辽宁省积极推进出口货物贸易人民币结算企业管理方式改革，全省具有进出口经营资格的企业均可开展出口货物贸易人民币结算。出台《辽宁省跨境货物贸易人民币结算银行审核流程优化试点的指导意见》。建立人民币资本项目“绿色通道”。全年跨境人民币结算金额为631亿元，是上年的2.3倍，为企业节约成本约为10亿元；业务范围涵盖所有经常项目和资本项目，全省54家境内结算银行的306个分支机构开办了跨境人民币业务，参与企业达1 350家，境外地域涉及93个国家和地区。人民币境外项目贷款实现了零的突破。

专栏1 金融支持盘锦老城区棚户区改造取得阶段性成果

盘锦市是国家资源型经济转型试点城市。加快老城区棚户区改造，既是盘锦经济转型的迫切需要，也是促进经济平稳增长的有效举措，同时更是改善民生的重大工程。为加快盘锦老城区棚户区改造进度，中国人民银行沈阳分行会同地方政府，统筹研究金融支持棚户区改造的政策措施，着力满足棚户区改造项目的融资需求。

一是当好“参谋”和“中介”，积极为贷款的供需双方牵线搭桥。在现场考察的基础上，中国人民银行盘锦市中心支行积极推动盘锦市政府科学规划项目方案，完善承贷主体、抵押担保等要素，使项目条件能大体符合贷款要求。同时，积极组织银行机构对有关项目进行考察，深入了解项目资金需求，对项目贷款可行性进行论证。二是召开现场推进会，构建金融支持长效机制。2012年9月14日，中国人民银行沈阳分行会同盘锦市政府组织召开“金融支持盘锦老城区棚户区改造现场推进会”。会上，12家商业银行省级机构与盘锦市政府签署《金融支持资源枯竭城市老城区棚户区改造战略合作备忘录》，为双方的合作进行了长远规划；7家银行机构与20个项目承贷主体签订了《项目承接意向书》，涉及金额63亿元。三是灵活运用政策工具，加强政策引导。对于承接棚户区改造项目多、额度大的银行机构，中国人民银行盘锦市中心支行通过优先办理再贷款和再贴现、安排增加再贷款和再贴现等方式给予支持，有效地增强了商业银行支持老城区棚户区改造的信贷投放能力。与此同时，盘锦市政府采取一系列措施，着力落实贷款的还款保障，大大提高了信贷资金的安全性。

目前，金融支持盘锦老城区棚户区改造取得了阶段性成果。截至2012年年末，盘锦市老城区棚户区改造开发贷款余额为13.7亿元，同比增长21.8%；保障性住房开发贷款余额为17.0亿元，同比增长20.1%。推进会对接成功的20个项目中，3个项目已全部或部分放款，贷款金额为7.4亿元；6个项目商业银行省级机构已审批，正在落实贷前条件，额度为23.95亿元；其余项目均已上报商业银行省级机构审批。下一步，中国人民银行沈阳分行将进一步完善银企协作机制，推动商业银行拓宽盘锦市老城区棚户区改造融资渠道，根据盘锦市老城区棚户区改造的实际需求，稳步提高保障性安居工程的金融服务水平。

（二）证券机构经营压力增大，业务创新动力增强

1. 证券机构盈利水平下降，上市公司治理水平提高。由于年内证券市场总体低迷，市场竞争愈加激烈，全省证券经营机构经营业绩大幅下滑。2012年，辽宁省上市公司修订完善了内部管理制度，有效地提高了信息披露的及时性和准确性，公司运作进一步规范，企业经营管理水平和风险防范能力得到提高。

2. 证券机构积极开展业务创新，上市公司并购重组工作进展顺利。2012年，中国证监会出台了一系列支持证券机构业务创新的制度和政策。辽宁省证券公司抓住机遇，在融资融券、IB业务（为期货公司提供中间介绍业务）、“单客户、多银行”存管模式等方面积极开展业务。目前，辽宁省（不含大连）共有114家营业部备案开展融资融券业务，49家营业部获准进行IB业务，92家营业部备案开展“单客户、多银行”业务。证券公司自身经纪业务也逐步向专业化、服务化方向转变。继辽宁百科集团完成重大资产重组、方大锦化化工科技股份有限公司完成重整重组后，深圳和光现代商务股份公司的债务剥离和资产注入也已接近完成。

表3　2012年辽宁省证券业基本情况

项目	数量
总部设在辖内的证券公司数（家）	3
总部设在辖内的基金公司数（家）	0
总部设在辖内的期货公司数（家）	7
年末国内上市公司数（家）	70
当年国内股票（A股）筹资（亿元）	148.4
当年发行H股筹资（亿元）	0
当年国内债券筹资（亿元）	1 097.5
其中：短期融资券筹资额（亿元）	232.6
中期票据筹资额（亿元）	297.9

数据来源：中国人民银行沈阳分行、辽宁证监局、大连证监局。

（三）保险机构经营状况良好，业务保持平稳发展

1. 保险机构总体经营状况良好。2012年，辽宁保监局修订了《辽宁省保险公司分支机构市场准入工作指引》，对保险机构实施准入规划指标管理，以强化风险防控；制定出台《汽车保险专业中介机构管理指引》，推动相关中介机构专业化、规模化发展。总体上看，辽宁省保险业保持了平稳发展态势，机构数量相对稳定，资产总额、保费收入稳步增长，总体风险可控。

2. 农险、责任险发展较快，市场秩序进一步规范。2012年辽宁省保险深度、保险密度基本与上年持平（见表4）。全省（不含大连）农险保费收入6.9亿元，同比增长26.6%，参保农户达217.1万户；责任险保费收入4.3亿元，同比增长17.2%。通过重点治理，车险理赔服务有所改善，人身保险市场销售行为得到明显改观。

表4　2012年辽宁省保险业基本情况

项目	数量
总部设在辖内的保险公司数（家）	4
其中：财产险经营主体（家）	1
人身险经营主体（家）	3
保险公司分支机构（家）	102
其中：财产险公司分支机构（家）	43
人身险公司分支机构（家）	59
保费收入（中外资，亿元）	563.0
其中：财产险保费收入（中外资，亿元）	200.9
人身险保费收入（中外资，亿元）	362.2
各类赔款给付（中外资，亿元）	182.9
保险密度（元/人）	1 323.0
保险深度（%）	2.3

数据来源：辽宁保监局、大连保监局。

（四）债券融资增长较快，货币市场交易量减少，票据、期货市场交易活跃

1. 债券融资增长较快，融资结构进一步改善。2012年年初，中国人民银行沈阳分行与辽宁省政府金融工作办公室联合下发了《关于加快发展全省非金融企业债务融资工具的指导意见》。全省企业在银行间市场融资701亿元，融资额为上年的2倍多。受股市低迷、新股发行体制改革以及IPO暂停的影响，辽宁省股票融资额下降幅度较大。贷款在辽宁企业融资量中的比重同比小幅下降（见表5）。

表5　2001～2012年辽宁省非金融机构部门融资结构

单位：亿元、%

年份	融资量	比重		
		贷款	债券（含可转债）	股票
2001	381.9	96.1	0.0	3.9
2002	644.4	99.6	0.0	0.4
2003	1 070.9	95.8	3.8	0.4
2004	761.5	99.1	0.9	0.0
2005	1 079.2	99.3	0.7	0.0
2006	1 242.0	95.5	3.5	1.0
2007	1 678.6	77.8	3.9	18.3
2008	2 340.7	89.2	7.9	2.9
2009	4 353.5	89.9	9.4	0.7
2010	4 200.8	80.9	11.9	7.2
2011	4 371.0	76.8	13.1	10.1
2012	4 711.6	73.6	23.3	3.1

数据来源：中国人民银行沈阳分行、辽宁证监局、大连证监局。

2. 货币市场交易量减少。2012年，辽宁省金融机构在全国银行间市场累计拆借资金560笔、累计拆借金额2 241.2亿元，同比减少910亿元，同比下降28.9%。受两次下调存款准备金率、两次下调存贷款基准利率等因素影响，金融机构资金紧张状况逐渐有所缓解，拆借利率总体呈下降趋势。债券市场整体保持小幅震荡走势，交易量小幅上升2.6%。

3. 票据市场交易活跃。票据签发量快速增加。2012年年末，辽宁省票据签发余额为3 431亿元，增长36.5%；当年累计签发7 367亿元，增长41.0%。票据贴现利率总体呈下行趋势。再贴现业务量大幅增长。2012年年末，辽宁省再贴现余额为38.2亿元，同比增加17亿元；全年累计发放再贴现144.6亿元，同比增加34.2亿元；累计办理再贴现票据4 411张，比上年增加1 474张。中国人民银行沈阳分行通过再贴现业务引导金融机构加大对"三农"和中小企业的资金投入，取得明显成效。2012年年末，全省再贴现余额中，中小企业和涉农的票据占了绝大多数。

表6　2012年辽宁省金融机构票据业务量统计

单位：亿元

季度	银行承兑汇票承兑		贴现			
			银行承兑汇票		商业承兑汇票	
	余额	累计发生额	余额	累计发生额	余额	累计发生额
1	2 932.5	1 511.6	686.9	3 133.9	12.8	39.1
2	3 294.0	2 063.9	873.9	4 156.6	25.2	139.1
3	3 347.3	1 657.7	856.7	4 116.4	29.5	134.1
4	3 428.1	2 097.8	795.9	4 485.2	10.2	110.3

数据来源：中国人民银行沈阳分行。

表7　2012年辽宁省金融机构票据贴现、转贴现利率

单位：%

季度	贴现		转贴现	
	银行承兑汇票	商业承兑汇票	票据买断	票据回购
1	6.7390	6.7859	7.0175	5.9176
2	5.4100	6.0280	5.7361	4.5798
3	5.4522	5.5945	5.2000	4.7227
4	5.7884	5.7410	5.0972	4.7859

数据来源：中国人民银行沈阳分行。

4. 期货交易大幅增长。2012年，大连商品交易所期货交易量比上年翻了一番多，平均交易价格略低于上年，年度价格走势总体上前高后低。分品种看，豆粕交易量大幅增长6倍以上，交易价格有所上升；聚乙烯、聚氯乙烯交易量分别下跌超过两成，成交价格低于上年（见表8）。

表8　2012年大连商品交易所交易统计

交易品种	累计成交金额（亿元）	同比增长（%）	累计成交量（万手）	同比增长（%）
玉米	18 118.5	43.7	7 564.9	40.9
豆一	42 903.3	88.8	9 095.1	80.2
豆二	9.9	-2.8	2.1	-2.5
豆粕	231 733.6	612.2	65 175.3	549.5
豆油	128 614.9	11.3	13 771.7	18.7
棕榈油	64 828.9	60.5	8 662.0	91.7
聚乙烯	72 851.0	-26.7	14 374.3	-24.5
聚氯乙烯	4 664.8	-37.8	1 380.0	-26.9
焦炭	102 697.4	1 396.9	6 583.2	2 075.9
合计	666 422.3	97.5	126 608.6	119.0

数据来源：大连商品交易所。

（五）金融生态环境建设继续稳步推进，金融基础设施不断完善

2012年，机构信用代码推广应用工作扎实开展。征信系统已为辽宁33.9万户企业和2 936万人建立了信用档案，全省开通查询用户19 736个，月均查询量54万次。中小企业和农村信用体系建设深入开展，已为61 042户未与银行发生信贷关系的中小企业和459万户农户建立了信用档案。全年开展评级业务923笔，同比增长31.3%，其中担保机构、小额贷款公司评级业务增长较快，信用评级市场监管机制进一步完善。

第二代支付系统建设工作有序推进，大、小额支付系统，支票影像交换系统，网上支付跨行清算系统运行稳定，业务量稳步增长。农村支付环境进一步改善。截至2012年年末，农村地区银行卡发卡量2 857万张，同比增长24.1%。农村地区人均持卡1.2张，持卡消费金额占社会消费品零售总额的比重为16.3%。助农取款服务点4 470户，布放受理终端6 441台。《十二届全运会支付环境建设的指导意见》和《十二届全运会支付环境建设工作方案》正式出台，第十二届全运会支付环境建设工作启动。

二、经济运行情况

在稳增长相关政策的推动下，2012年下半年辽宁经济出现积极变化，经济增速持续下滑的局面得到改观。全年实现地区生产总值24 801.3亿元，增长9.5%（见图5）。

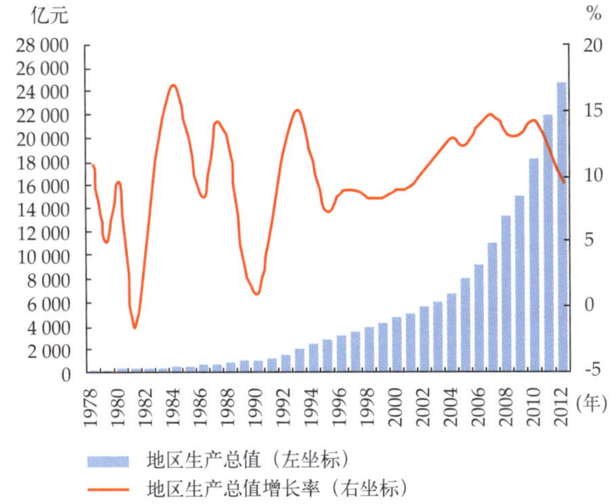

数据来源：辽宁省统计局。

图5　1978～2012年辽宁省地区生产总值及其增长率

（一）内需相对平稳，外需对经济的拉动作用减弱

1. 固定资产投资快速增长，民间投资增速高于全省各类投资平均水平。全年全社会固定资产投资为21 836亿元，增长23.2%（见图6）。其中，民间投资为14 388亿元，增长26.9%，比全省平均水平高3.7个百分点。三次产业中，第二产业投资增速最快，达26.3%；第三产业投资占比最高，达53.8%。

2. 居民收入增速高于GDP增速，消费需求增长较快。全年城镇居民人均可支配收入为23 223元，农村居民人均纯收入为9 384元，二者实际增速均为10.3%。全年社会消费品零售总额为9 257亿元（见图7），实际增长12.9%，增速比上年提高0.6个百分点。

3. 外贸增速回落，利用外资增长放缓。受世界经济持续低迷的影响，2012年辽宁省进出口总额增速较上年回落10.6个百分点。其中，出口回落

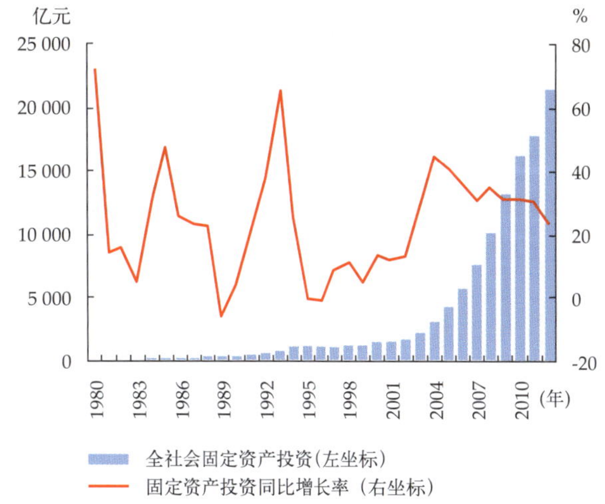

数据来源：辽宁省统计局。

图6　1980～2012年辽宁省固定资产投资及其增长率

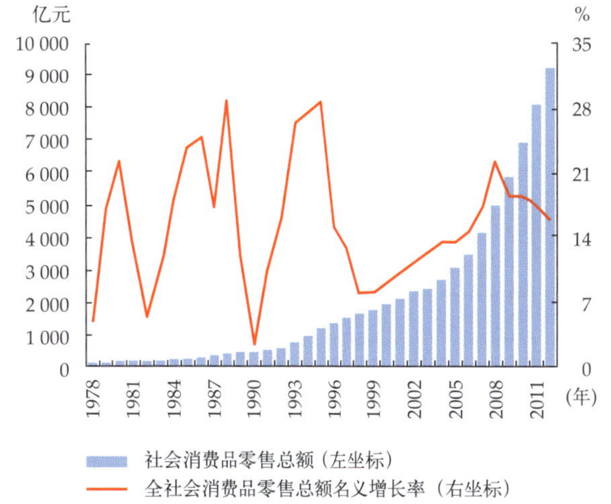

数据来源：辽宁省统计局。

图7　1978～2012年辽宁省社会消费品零售总额及其增长率

4.9个百分点，进口回落17.1个百分点（见图8）。全年实际使用外商直接投资268亿美元，增长10.4%，增速比上年回落6.6个百分点（见图9）。

（二）农业产出稳定增长，工业结构调整稳步推进

2012年辽宁省第一、第二、第三产业增加值同比增速分别为5.1%、9.8%、9.9%，第一、第二、第三产业增加值占地区生产总值比重分别为

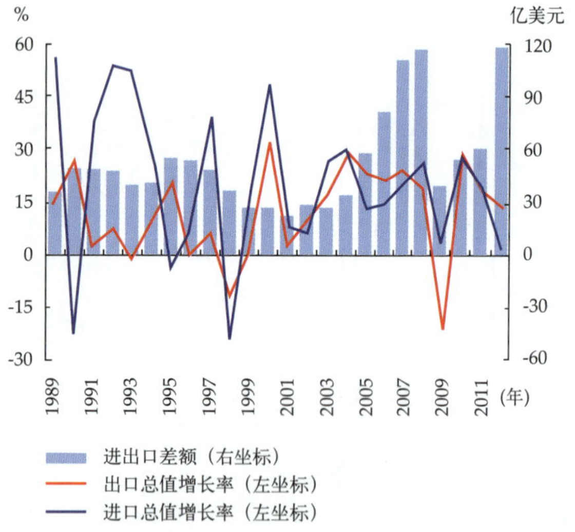

数据来源：辽宁省统计局。

图8 1989～2012年辽宁省外贸进出口变动情况

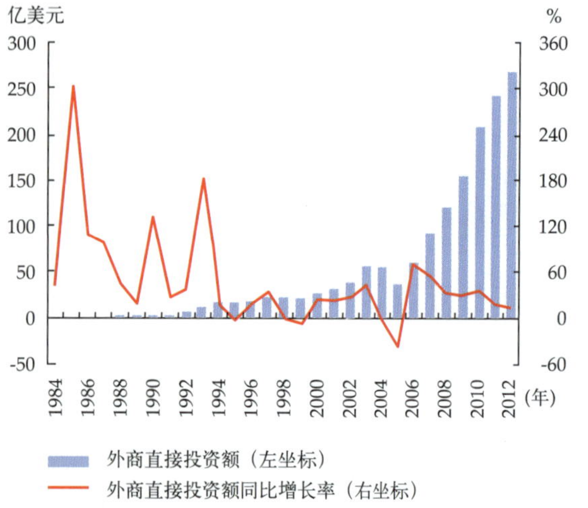

数据来源：辽宁省统计局。

图9 1984～2012年辽宁省外商直接投资额及其增长率

8.7%、53.8%、37.5%，第三产业比重较上年提高了1.4个百分点。

1. 农业产出稳定增长。全年实现农业增加值930亿元，增长6.7%；粮食作物播种面积为3 217千公顷，比上年增长1.5%；粮食总产量为2 071万吨，比上年增产35万吨。

2. 工业增速回落，工业结构调整稳步推进。规模以上工业增加值按可比价格计算增长9.9%，增速同比回落5个百分点（见图10）。受产业结构调整政策影响，四个支柱行业发展走势明显分化。农产品加工业增加值增长12.6%，利润大幅增长34.9%；装备制造业增加值增长9.8%，增速回落9.1个百分点，利润增长10.3%；冶金工业增加值增长10.6%，利润同比减少35.7%；石化工业增加值比上年增长7.6%，利润大幅减少58.3%。

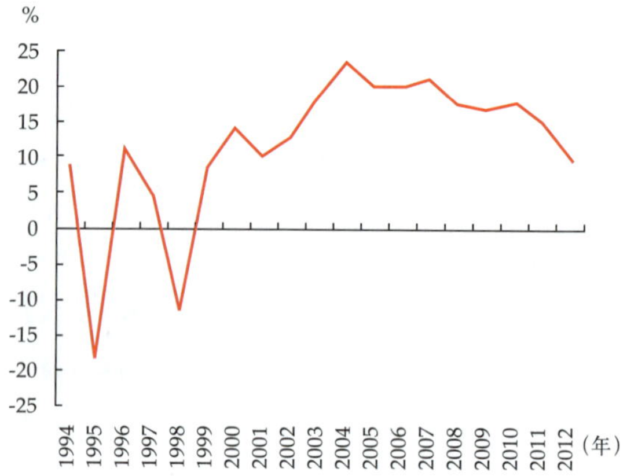

数据来源：辽宁省统计局。

图10 1994～2012年辽宁省规模以上工业增加值同比增长率

3. 服务业实现提速发展。2012年，辽宁省成为现代服务业综合试点省份，实施了服务业9项重点工作方案，推行了服务业10个行业的“提速计划”，出台《关于加快发展服务业的若干意见》。全年实现服务业增加值9 307亿元，增长9.9%，增速九年来首次超过GDP增速，十年来首次高于第二产业增速。

（三）物价涨幅总体回落

全年辽宁省居民消费价格水平同比上涨2.8%，增速低于上年2.4个百分点。全年固定资产投资价格比上年上涨1.0%，工业生产者出厂价格下降0.1%，工业生产者购进价格下降1.0%，农产品生产价格上涨6.6%，农业生产资料价格上涨6.9%。

（四）财政收入增长放缓，教育、节能环保、农林水事务支出增长较快

全年公共财政预算收入为3 104亿元，增长17.4%，增速较上年回落14.3个百分点。其中，增

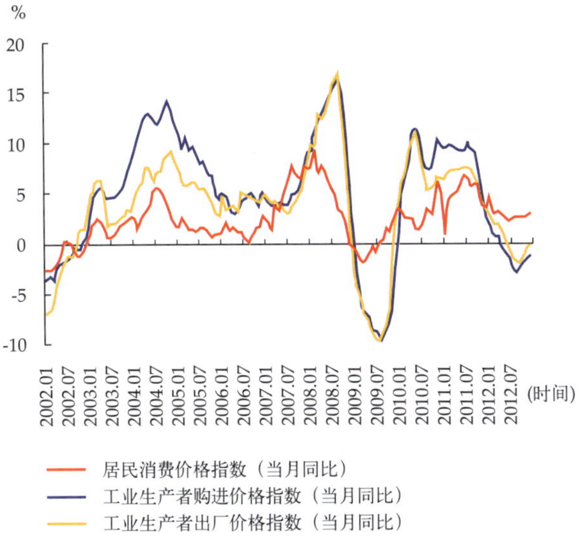

数据来源：《中国经济景气月报》。

图11　2002～2012年辽宁省居民消费价格和生产者价格变动趋势

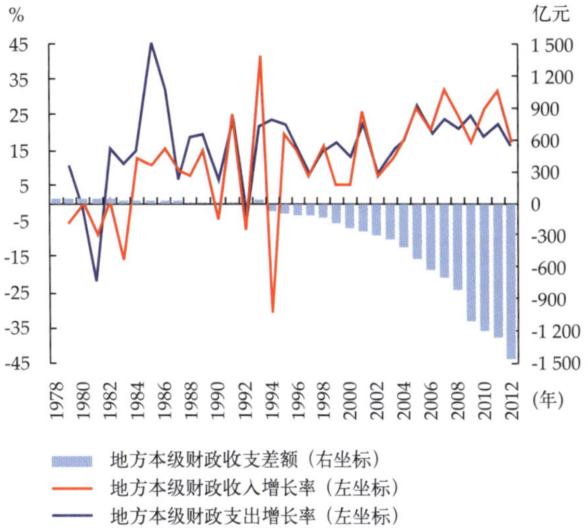

数据来源：辽宁省统计局。

图12　1978～2012年辽宁省财政收支状况

值税收入减少0.7%；个人所得税减少20.8%；资源税大幅增长60.4%。全年公共财政预算支出为4 550亿元，比上年增长16.5%。其中，教育支出为727亿元，增长33.7%；节能环保支出为94亿元，增长26.1%；农林水事务支出为400亿元，增长21.7%（见图12）。

（五）地区生态环境继续改善

2012年辽宁省城市生活垃圾无害化处理率由上年的80.5%提高到85%，人均公园绿地面积由10.6平方米增加到11.3平方米，建成区绿化覆盖率由39.8%提高到40.4%。城市环境空气中可吸入颗粒物、二氧化硫和二氧化氮的年均浓度均符合国家二级标准。城市功能区噪声总达标率为85.6%。监测的42个集中式生活饮用水水源地的水质总达标率为97.5%。

专栏2　产业链的中小企业融资

——以营口港、辽河油田为例

产业链融资集上中下游企业为一体，以产业集群中核心企业的资金链为线索，为核心企业及其上下游企业提供融资服务。产业链融资对上下游企业融资的准入评价，不是孤立地对单个企业进行评估，而是基于产业链的重要性以及上下游企业与核心企业的往来记录。与传统贷款模式相比，产业链背景下的中小企业融资模式具有较大优势。为进一步发挥产业链融资对破解中小企业融资困境的作用，中国人民银行沈阳分行对营口港、辽河油田产业链上的中小企业融资情况进行了调查。

一、营口港、辽河油田产业链背景下的中小企业融资现状

由于起步较晚，营口港、辽河油田产业链的中小企业融资（以下简称产业链融资）规模仍然较小。截至2012年6月末，前者融资余额为5.2亿元，仅占其全部贷款余额的11.2%；后者融资余额为28.4亿元，仅占其全部贷款余额的22.2%。

银行参与程度较高，产品覆盖上下游企业，但融资产品品种较少。截至2012年6月末，营口市和盘锦市8家金融机构为营口港和辽河油田产业链

表9　营口港、辽河油田上下游产业链中小企业融资产品情况

单位：亿元

产品名称	余额	产业链中位置
存货质押融资	9.9	上下游均有
货权担保下信用证融资	3.5	上游
应收账款融资	1.0	下游
保理	19.3	上游

40余家中小企业提供了4类融资产品（见表9）。

银行机构是产业链融资的主导。由于产业链融资起步较晚、核心企业对其认识不充分，目前营口港、辽河油田产业链融资基本上由银行主导，银行决定着产业链融资的发展方向和水平。作为核心企业的营口港、辽河油田，仅负责向银行推介内部评级优质企业，协助银行做好业务真实性确认、应收账款确认、资金回款等工作，尚未参与产业链融资的塑造过程。

融资活动参与主体缺乏信息交流平台，产业链融资活动仍处于初级阶段。相关主体对产业链融资的认识，大多停留在企业贸易融资层面，以满足产业链企业资金需求为主要诉求，缺乏专门的银企对接信息平台、高效的融资处理平台以及对上下游企业一揽子金融服务方案的整体规划和设计。

二、银行为中小企业提供产业链融资所面临的风险分析

一是行业风险。向整个产业链上的中小企业提供融资服务，容易造成贷款的行业集中，不利于分散信贷风险。二是贸易背景的真实性风险。产业链融资模式中，银行对风险的评估不再只针对借款主体，更多的是对交易对手的风险评估。一旦交易合同缺乏真实性，银行将面临巨大的风险。三是信用风险。产业链融资事实上的借款对象仍然是中小企业。中小企业普遍存在的管理制度不健全、财务活动不规范、主观上不愿充分披露信息等问题，以及由此产生的逆向选择和道德风险，都将损害银行利益。

三、进一步发展中小企业产业链融资的思路

中小企业应根据现代企业管理制度的要求强化企业管理，规范财务活动和信息披露制度，积极为成功申请贷款创造条件。银行应加强对产业链核心企业有关信息的核查，并提高对中小企业管理的参与度，加强对订单、存货、销售、应收账款回收等经营活动的跟踪与管理，改善信息不对称状况。同时，借鉴吸收外国经验，并根据产业链特点及中小企业的实际融资需求，大力开展产业链融资产品创新。有关部门应建立和完善有关担保物权的界定与转移、银行与中小企业及物流企业之间的权利义务关系等方面的法律法规，为中小企业产业链融资的发展提供有力的法律保障。

（六）房地产市场调控效果继续显现，建筑业整体实力增强

1. 调控政策持续影响房地产市场，保障性住房建设速度加快。在国家持续深化房地产市场调控的背景下，2012年辽宁省房地产开发投资增速同比下滑，保障房建设超额完成任务，商品房销售有所回暖，年内商品房销售价格小幅震荡调整。房地产贷款增速继续回落，保障性住房建设贷款大幅增长。

（1）房地产开发投资增速回落。2012年，辽宁省房地产开发投资为5 456亿元，同比增长21.6%，增速回落7.9个百分点。其中，90平方米以下住宅投资2 062亿元，同比增长33.7%，投资占比达37.8%，同比提高3.3个百分点。从资金来源看，国内贷款为851亿元，占比13.4%，较上年低0.4个百分点；利用外资118亿元，同比下降38.6%；自筹资金3 310.5亿元，同比增长19.3%，占比提高2.4个百分点；其他资金来源2 050亿元，占比32.4%，同比下降0.5个百分点。

（2）房地产市场供给基本保持稳定，保障房建设超额完成国家任务。2012年，辽宁省购置

土地面积为3 200万平方米，同比下降7.2%。房屋新开工面积为13 829万平方米，增长11.1%，增速同比提高12.9个百分点。竣工面积为6 438万平方米，增长1.8%，增速同比回落39.6个百分点。待售面积为2 348万平方米，同比增长14.2%，增幅比上年回落5.7个百分点。2012年，辽宁省基本建成各类保障性住房25.4万套，年末实际竣工19.2万套，超额完成国家下达的建设任务。

（3）商品房销售有所回暖。2012年，辽宁省商品房销售面积为8 828万平方米，同比增长17.1%，增速比上年提高5.9个百分点。分城市看，沈阳市商品房销售面积同比增长14.1%，增速回落10.3个百分点；大连市商品房销售面积同比增长18.3%，增速比上年提高43.4个百分点。

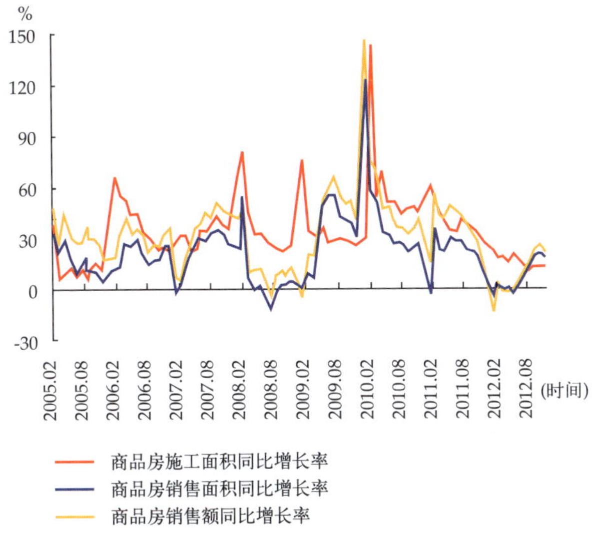

数据来源：《中国经济景气月报》。

图13　2005～2012年辽宁省商品房施工和销售变动趋势

（4）主要城市商品房销售价格小幅震荡调整。根据国家统计局数据，2012年辽宁省沈阳、大连、丹东、锦州等监测城市房价指数波动较小，新建商品住房价格同比涨幅在年中均一度出现了负增长。12月，沈阳、大连新建商品住房价格同比增速分别为-0.3%、1.4%，环比增速分别为0.2%、0.2%（见图14）。

（5）房地产贷款增速回落。受调控政策及房地产市场环境影响，辽宁省房地产贷款投放增速持续回落。2012年年末，人民币房地产贷款余额为5 076亿元，增长15.6%，增速同比回落3.4个百分点。金融机构继续加大对保障性住房建设的支持力度，年末全省保障性住房建设贷款余额为203亿元，同比增速高达82%。

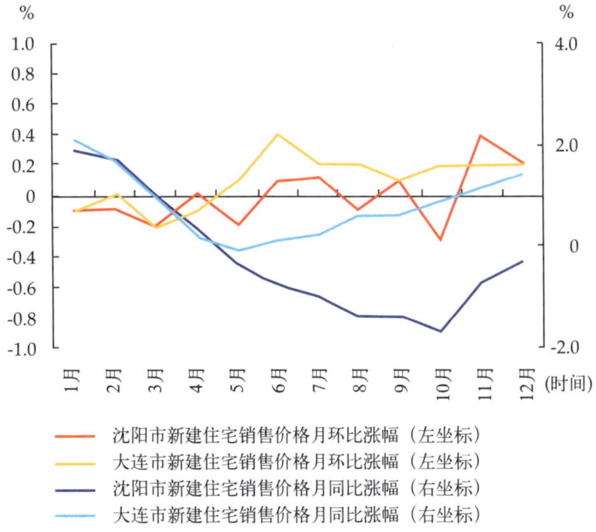

数据来源：《中国经济景气月报》。

图14　2012年沈阳市、大连市新建住宅销售价格变动趋势

2. 建筑业整体实力增强。近年来，辽宁省建筑业发展步伐不断加快。2012年辽宁省建筑业总产值达到7 508亿元，比上年增长20.7%。全省具有资质等级的建筑业企业完成总产值逐年递增，2012年是2007年的3.6倍。同时，建筑业吸纳了大量就业。截至2012年年末，全省建筑业总承包和专业承包企业平均从业人员为287万人，与建筑业关联的部门直接和间接吸纳的就业人数超过了建筑业本身的就业人数。

当前，辽宁省建筑业存在以下不足之处。一是建筑业扩张主要是依靠加大资本、劳动力等要素投入，企业自主创新意识和能力不强，技术革新、设备更新等方面投入较少。二是与外地建筑企业相比，辽宁本土建筑企业在机械化水平、技术进步、施工技术和管理水平等方面有明显不足，在大工程、大项目的竞争中处于劣势。三是目前建筑业仍处在以劳动密集型为主的产业发展低级阶段，劳动效率偏低，经济效益不理想。

近年来，辽宁省金融机构持续加大对建筑业的信贷支持力度，并在以公司理财、网上银行、物流金融等创新金融产品支持建筑业发展方面进行有益的探索，在支持企业兼并重组、重大项目建设等方面也发挥了重要作用。截至2012年年末，全省建筑业贷款余额为906亿元，同比增长35.4%。

三、预测与展望

2013年是辽宁经济继续加快转方式、调结构的重要一年。辽宁工业四大支柱行业中，与产能扩张密切相关的制造业，以及能耗、环保成本相对较高的冶金、化工行业，发展速度预计将小幅放缓；农产品加工业则将继续较快增长。城区经济和服务业在政策引领下也将实现较快发展。《中国东北地区面向东北亚区域开放规划纲要（2012～2020年）》的实施，将为辽宁经济发展提供重要机遇和强大动力。预计2013年：辽宁省地区生产总值增长9.5%，全社会固定资产投资增长20%，社会消费品零售总额增长15%，居民消费价格上涨3.5%。

2013年将继续实施稳健的货币政策。辽宁省企业融资方式进一步多元化，通胀压力并未完全消除，预计贷款增速将继续小幅放缓。金融机构将继续加大对实体经济的支持力度。金融管理部门将引导银行贷款优先投向“三农”、中小微企业、节能环保、科技创新、城镇化建设等领域以及服务业、文化产业、服务外包、旅游业、家庭服务业等政策支持行业。

中国人民银行沈阳分行货币政策分析小组
总　纂：王　顺　闫　力
统　稿：高　兵　姚　勇　陈宁波
执　笔：于松涛　卢心慧　高　霞　李振铭　王　可　许　胜　李丽丽　吴新宇
提供材料的还有：赵　越　高新宇　张　博　马　笛　刘承洋　张冬梅　陈立兴　刘　杰　郭宝华
苗丽光　刘昊然　李士涛　李璐媚　陈秀龙　罗　勇　孙　洋

附录

（一）2012年辽宁省经济金融大事记

1月9日，国务院总理温家宝主持召开国务院振兴东北地区等老工业基地领导小组会议，讨论通过《东北振兴“十二五”规划》。

4月10日，中国人民银行沈阳分行、中国银监会辽宁监管局、辽宁省政府金融办联合举办“金融支持辽宁实体经济发展活动”启动仪式，达成意向金额超过1 000亿元。启动仪式上发布了《金融支持辽宁实体经济发展的指导意见》、《关于加快发展全省非金融企业债务融资工具的指导意见》。

5月2日，辽宁省政府下发《辽宁省人民政府关于支持小微型企业发展的若干意见》，进一步加大扶持力度，支持小微型企业发展。

5月15日，由辽宁省中小企业厅、财政厅、人社厅等单位主办的“辽宁2012创办小企业服务年活动”在铁岭市正式启动。

6月29日至7月3日，中共中央政治局常委李长春先后到辽阳、鞍山、营口、盘锦、沈阳等地，就贯彻落实党的十七届六中全会精神、加快转变经济发展方式、推进文化改革发展等进行调研。

8月1日，国家外汇管理局辽宁省分局在辽宁省全面推广实施货物贸易外汇管理制度改革，构建贸易便利化和风险管理相结合的新型管理模式，进一步提高贸易便利化水平。

8月17日至18日，中国人民银行沈阳分行、辽宁省政府金融办联合在朝阳市组织召开“辽宁省金融支持县域经济发展工作推进会议”。

9月14日，中国人民银行沈阳分行、盘锦市政府联合组织召开金融支持盘锦市老城区棚户区改造建设现场推进会，12家金融机构与盘锦市政府签署《金融支持资源枯竭城市老城区棚户区改造战略合作备忘录》。

12月1日，哈尔滨至大连高速铁路正式通车运营，有力地促进了东北地区的人流、物流、信息流集聚，为东北区域经济共同发展提供更加有力的交通保障。

12月6日，中国银行间市场交易商协会、中国人民银行沈阳分行、辽宁省人民政府共同举办“借助银行间市场助推辽宁省经济发展合作备忘录”签署仪式。

（二）2012年辽宁省主要经济金融指标

表1　2012年辽宁省主要存贷款指标

		1月	2月	3月	4月	5月	6月	7月	8月	9月	10月	11月	12月
本外币	金融机构各项存款余额（亿元）	30 575.0	31 071.7	32 147.9	31 947.2	32 550.1	33 484.3	33 301.1	33 624.1	34 024.4	34 106.0	34 515.4	35 303.5
	其中：储蓄存款	15 999.4	16 087.1	16 569.5	16 402.1	16 662.7	17 161.9	17 033.3	17 175.2	17 516.3	17 382.0	17 558.0	17 967.4
	单位存款	12 983.2	13 277.9	13 859.5	13 818.8	14 065.1	14 498.9	14 333.5	14 535.5	14 644.5	14 740.6	14 937.9	15 566.6
	各项存款余额比上月增加（亿元）	-255.1	496.6	1 076.5	-200.7	603.0	934.1	-183.2	323.0	400.3	81.6	409.5	788.0
	金融机构各项存款同比增长（%）	9.6	9.8	10.1	9.0	9.8	11.1	11.5	12.1	13.4	13.2	14.1	14.5
	金融机构各项贷款余额（亿元）	22 972.4	23 238.0	23 646.3	23 897.7	24 203.4	24 657.5	24 721.8	25 011.3	25 288.9	25 457.5	25 688.1	26 306.5
	其中：短期	8 204.5	8 346.5	8 507.3	8 567.2	8 659.0	8 825.5	8 770.9	8 848.2	9 107.6	9 263.6	9 386.9	9 819.4
	中长期	13 934.2	14 019.7	14 200.6	14 319.4	14 451.4	14 670.3	14 805.1	14 946.7	15 061.2	15 164.9	15 277.7	15 418.8
	票据融资	658.3	693.9	757.9	820.3	898.8	956.6	938.2	1 002.2	899.2	805.9	773.5	820.3
	各项贷款余额比上月增加（亿元）	131.7	265.6	408.3	251.4	305.7	454.1	64.3	289.5	277.6	168.5	230.7	618.3
	其中：短期	90.4	142.0	160.9	65.9	91.8	166.4	-54.5	77.3	259.4	156.0	123.3	432.5
	中长期	160.6	85.4	181.0	112.8	132.7	218.9	134.8	141.6	114.5	103.7	112.8	141.1
	票据融资	-120.9	35.6	64.0	62.4	78.5	57.9	-18.5	64.0	-103.0	-93.4	-32.4	46.8
	金融机构各项贷款同比增长（%）	16.9	16.9	16.7	16.8	16.3	15.7	15.3	15.8	15.0	15.2	15.0	15.2
	其中：短期	22.9	22.8	21.9	20.5	20.1	19.6	17.5	16.6	18.3	18.9	18.7	20.9
	中长期	15.0	13.9	13.4	12.8	12.2	11.9	12.2	12.7	12.5	12.0	12.2	12.1
	票据融资	-12.7	1.8	16.3	49.9	51.0	41.6	48.7	68.4	22.6	36.6	20.9	5.3
	建筑业贷款余额（亿元）	679.3	691.6	723.9	738.3	754.6	789.8	801.7	825.6	842.4	859.0	877.4	905.5
	房地产业贷款余额（亿元）	1 994.8	1 981.2	1 992.2	2 001.0	2 038.0	2 079.7	2 122.9	2 196.0	2 235.2	2 270.6	2 325.5	2 310.1
	建筑业贷款同比增长（%）	43.8	46.7	46.7	44.9	41.4	39.0	37.0	36.9	33.2	33.4	36.0	35.3
	房地产业贷款同比增长（%）	17.5	15.0	13.6	12.3	12.9	12.4	15.2	19.8	20.0	20.2	22.0	21.3
人民币	金融机构各项存款余额（亿元）	29 972.9	30 485.9	31 496.3	31 292.5	31 913.5	32 803.8	32 666.4	32 984.7	33 400.8	33 481.5	33 843.2	34 567.3
	其中：储蓄存款	15 836.8	15 927.0	16 406.9	16 238.3	16 496.4	16 994.8	16 867.9	17 008.1	17 346.9	17 206.4	17 377.5	17 785.9
	单位存款	12 567.7	12 881.3	13 398.9	13 352.1	13 618.6	14 015.6	13 890.3	14 088.4	14 215.4	14 315.1	14 472.3	15 032.2
	各项存款余额比上月增加（亿元）	-241.2	513.0	1 011.0	-203.8	621.0	890.2	-137.4	318.3	416.1	80.7	361.7	724.1
	其中：储蓄存款	471.2	104.0	479.9	-168.6	258.1	498.5	-127.0	140.3	338.8	-140.5	171.1	408.3
	单位存款	-886.8	313.6	172.4	-46.7	266.5	396.9	-125.0	198.1	127.1	99.7	157.1	560.0
	各项存款同比增长（%）	9.8	10.0	10.4	9.0	9.9	11.2	11.6	12.1	13.5	13.3	14.0	14.4
	其中：储蓄存款	12.6	12.4	12.6	12.3	13.2	14.1	14.8	15.3	16.1	16.6	16.9	15.8
	单位存款	6.2	7.0	6.7	3.9	4.6	6.6	6.8	7.4	9.6	9.2	9.7	11.9
	金融机构各项贷款余额（亿元）	21 772.9	22 038.1	22 421.6	22 652.8	22 966.1	23 377.7	23 479.0	23 729.6	23 986.9	24 115.9	24 278.2	24 730.2
	其中：个人消费贷款	2 733.7	2 743.1	2 767.0	2 786.0	2 815.5	2 853.8	2 886.6	2 927.8	2 977.9	3 015.4	3 068.6	3 101.5
	票据融资	658.3	693.9	757.9	820.3	898.8	956.6	938.2	1 002.2	899.2	805.9	773.5	820.3
	各项贷款余额比上月增加（亿元）	142.9	265.1	383.5	231.2	313.3	411.7	101.3	250.6	257.3	129.0	162.2	452.0
	其中：个人消费贷款	35.9	9.2	24.0	18.7	29.7	38.2	32.9	41.0	50.1	37.5	53.2	32.7
	票据融资	-120.8	35.6	64.0	62.3	78.5	57.8	-18.5	64.0	-103.0	-93.4	-32.3	46.8
	金融机构各项贷款同比增长（%）	16.6	16.5	16.5	16.6	16.4	15.8	15.7	16.0	15.3	15.4	14.9	14.4
	其中：个人消费贷款	23.0	21.3	19.1	17.6	17.1	16.3	15.6	15.4	15.6	15.3	15.3	14.9
	票据融资	-12.7	1.8	16.3	49.9	51.0	41.6	48.7	68.4	22.6	36.6	20.9	5.3
外币	金融机构外币存款余额（亿美元）	95.4	93.1	103.5	104.3	100.5	107.6	100.2	100.8	98.3	99.1	106.9	117.1
	金融机构外币存款同比增长（%）	5.7	6.5	2.4	14.3	10.9	6.8	6.9	11.4	8.0	10.6	17.6	19.8
	金融机构外币贷款余额（亿美元）	190.0	190.7	194.6	198.3	195.3	202.3	196.3	202.0	205.3	212.9	224.2	250.8
	金融机构外币贷款同比增长（%）	28.2	30.2	26.4	24.5	17.0	16.3	10.7	11.8	10.5	13.4	18.8	30.5

数据来源：中国人民银行沈阳分行。

表2 2001～2012年辽宁省各类价格指数

单位：%

年/月		居民消费价格指数		农业生产资料价格指数		工业生产者购进价格指数		工业生产者出厂价格指数	
		当月同比	累计同比	当月同比	累计同比	当月同比	累计同比	当月同比	累计同比
2001		—	0	—	0.5	—	0	—	-1.4
2002		—	-1.1	—	1.7	—	-1.7	—	-2.2
2003		—	1.7	—	-1.6	—	5.1	—	3.6
2004		—	3.5	—	13.3	—	21.1	—	7.1
2005		—	1.4	—	10	—	8.1	—	5.1
2006		—	1.2	—	0.5	—	4.2	—	4.1
2007		—	5.1	—	14.2	—	4.8	—	4.4
2008		—	4.6	—	28.1	—	11.5	—	10.9
2009		—	0.0	—	-3.3	—	-6.7	—	-6.0
2010		—	3.0	—	3.7	—	8.6	—	7.4
2011		—	5.2	—	12.8	—	8.3	—	6.5
2012		—	2.8	—	6.9	—	-1.0	—	-0.1
2011	1	1.0	1.0	6.5	6.5	9.5	—	6.6	—
	2	4.6	4.5	7.5	7.0	9.7	—	7.1	—
	3	4.8	4.6	10.8	8.3	9.7	—	7.4	—
	4	5.0	4.7	11.6	9.1	9.6	—	7.5	—
	5	5.7	4.9	12.2	9.7	9.1	—	7.4	—
	6	6.8	5.2	14.1	10.5	9.2	—	7.6	—
	7	6.7	5.4	16.0	11.3	9.9	—	7.7	—
	8	5.6	5.5	15.4	11.8	9.5	—	7.4	—
	9	5.9	5.5	16.9	12.4	9.1	—	6.9	—
	10	5.2	5.5	16.0	12.7	7.4	—	5.6	—
	11	3.6	5.3	14.1	12.8	4.5	—	4.0	—
	12	3.6	5.2	12.7	12.8	2.9	—	3.2	—
2012	1	4.3	5.2	9.3	9.3	1.9	—	2.5	—
	2	2.9	3.6	9.3	9.3	0.8	—	2.0	—
	3	3.3	3.5	8.9	9.1	0.5	—	1.8	—
	4	3.0	3.4	9.7	9.3	-0.2	—	1.3	1.9
	5	2.7	3.2	10.1	9.5	-0.8	—	0.4	1.6
	6	2.2	3.1	8.4	9.3	-1.6	—	-0.5	1.2
	7	2.3	3.0	5.0	8.6	-2.4	—	-1.6	0.8
	8	2.7	2.9	5.2	8.2	-3.0	—	-2.0	0.5
	9	2.5	2.9	4.4	7.7	-2.7	—	-2.1	0.2
	10	2.6	2.9	4.3	7.4	-1.9	—	-1.4	0.0
	11	2.6	2.8	4.5	7.1	-1.6	—	-0.6	0.0
	12	2.9	2.8	4.8	6.9	-1.2	-1.0	-0.3	-0.1

数据来源：《中国经济景气月报》、辽宁省统计局。

表3 2012年辽宁省主要经济指标

	1月	2月	3月	4月	5月	6月	7月	8月	9月	10月	11月	12月
绝对值（自年初累计）												
地区生产总值（亿元）	—	—	4 811.7	—	—	11 228.1	—	—	17 643.7	—	—	24 801.3
第一产业	—	—	218.5	—	—	670.2	—	—	1 168.4	—	—	2 155.8
第二产业	—	—	2 583.6	—	—	6 085.3	—	—	9 653.6	—	—	13 338.7
第三产业	—	—	2 009.6	—	—	4 472.6	—	—	6 821.7	—	—	9 306.8
工业增加值（亿元）	—	—	—	—	—	—	—	—	—	—	—	—
固定资产投资（亿元）	—	406.5	1 659.6	3 258.6	5 745.1	9 238.4	11 706.8	13 931.1	17 391.6	18 971.4	19 966.2	21 535.4
房地产开发投资	—	111.2	392.0	718.5	1 044.5	2 242.8	2 776.1	3 371.3	4 057.9	4 659.4	5 126.0	5 455.8
社会消费品零售总额（亿元）	—	—	2 237.1	—	—	4 444.1	—	—	6 777.4	—	—	9 256.6
外贸进出口总额（亿美元）	87.1	165.8	262.1	341.6	436.9	524.0	613.3	699.3	774.1	847.4	948.8	1 039.9
进口	33.9	77.7	122.7	161.3	206.6	240.3	278.3	314.5	346.5	379.2	420.0	460.4
出口	53.2	88.1	139.3	180.3	230.3	283.7	335.0	384.9	427.6	468.2	528.7	579.5
进出口差额(出口－进口)	19.3	10.4	16.6	19.0	23.7	43.4	56.7	70.4	81.1	89.0	108.7	119.1
外商实际直接投资（亿美元）	—	36.7	65.5	70.2	90.7	131.8	141.0	153.6	183.3	202.6	235.2	267.9
地方财政收支差额（亿元）	—	29.9	-14.2	-43.3	-89.4	-197.3	-261.3	-409.8	-531.8	-605.5	-1 001.3	-1 446.5
地方财政收入	—	476.3	778.6	1 015.3	1 276.6	1 679.9	1 899.0	2 105.2	2 406.8	2 645.8	2 819.5	3 103.7
地方财政支出	—	446.4	792.8	1 058.6	1 366.0	1 877.2	2 160.3	2 515.0	2 938.6	3 251.3	3 820.8	4 550.2
城镇登记失业率(%)(季度)	—	—	—	—	—	—	—	—	—	—	—	3.6
同比累计增长率（%）												
地区生产总值	—	—	10.2	—	—	9.2	—	—	9.3	—	—	9.5
第一产业	—	—	5.3	—	—	5.0	—	—	4.9	—	—	5.1
第二产业	—	—	11.1	—	—	9.9	—	—	9.6	—	—	9.8
第三产业	—	—	9.5	—	—	8.7	—	—	9.4	—	—	9.9
工业增加值	—	11.4	11.1	10.8	9.8	9.8	9.8	9.6	9.6	9.6	9.7	9.9
固定资产投资	—	28.1	28.6	29.4	29.6	28.1	28.2	27.6	26.9	25.8	25.4	23.5
房地产开发投资	—	21.3	25.6	21.8	22.8	19.9	18.9	19.6	19.4	21.5	22.1	21.6
社会消费品零售总额	—	—	15.5	—	—	15.3	—	—	15.5	—	—	15.7
外贸进出口总额	4.1	22.3	20.5	15.4	15.9	14.1	12.2	11.1	7.9	6.3	6.5	8.3
进口	-12.1	20.5	22.7	18.3	19.4	14.0	11.6	8.9	5.2	2.6	1.0	2.3
出口	18.1	24.0	18.6	12.9	12.9	14.1	12.7	13.0	10.2	9.5	11.3	13.5
外商实际直接投资	—	23.3	19.4	11.2	8.8	9.9	8.6	5.9	19.8	28.7	20.5	10.4
地方财政收入	—	19.2	23.8	22.3	21.1	21.4	19.9	19.7	22.8	21.6	19.8	17.4
地方财政支出	—	23.6	24.5	16.9	14.7	20.1	17.0	19.2	20.7	16.8	17.9	16.5

数据来源：《中国经济景气月报》、辽宁省统计局。

2012年吉林省金融运行报告

中国人民银行长春中心支行货币政策分析小组

[内容摘要] 2012年，吉林省深入贯彻落实科学发展观，统筹推进工业化、城镇化和农业现代化，实施投资拉动、项目带动和创新驱动战略，在宏观经济下行压力较大的情况下，经济仍然保持较快增长。投资和消费持续旺盛增长，经济发展内生动力进一步增强；粮食生产达到历史最高水平，经济发展基础更加稳固；工业利润稳定在较高水平，节能减排实现预期目标。

金融业保持稳健发展，银行业组织体系日臻完善，各项存款较快增长，各项贷款投放合理适度；证券业保持平稳运行，市场融资功能切实增强；保险业风险保障作用不断提升，农业保险覆盖面不断扩大；金融市场快速发展，金融生态环境持续改善。

2013年，吉林省将继续以老工业基地建设和长吉图开发开放先导区建设为依托，加快产业结构调整、城镇化建设和农业现代化发展步伐，实现经济平稳较快发展。金融业将继续贯彻落实稳健的货币政策，保持信贷合理适度增长，大力发展直接融资，有效管控潜在金融风险，保障区域金融健康稳定发展。

一、金融运行情况

2012年，吉林省金融机构认真贯彻落实稳健的货币政策，着力优化信贷结构，切实深化产品和服务创新，积极提升金融服务水平，有效加强风险防范，在自身实现稳健经营、持续发展的同时，有力地支持了吉林经济平稳较快发展。

（一）银行业稳健发展，信贷投放合理适度

2012年，吉林省银行业平稳健康发展，各项存款持续快速增长，贷款期限结构和投向结构不断优化，机构改革持续推进。

1. 银行业机构规模持续扩大。2012年，吉林省银行业机构数量和从业人数稳步增加（见表1），金融网点覆盖面不断扩大，金融服务能力切实增强。资产总额同比增长25.3%，不良贷款实现“双降”，本年利润同比增长33.9%。法人金融机构稳健经营，年内新开业法人机构网点18个，资产总额同比增加1 298.0亿元。

表1　2012年吉林省银行业金融机构情况

机构类别	营业网点			法人机构（个）
	机构个数（个）	从业人数（人）	资产总额（亿元）	
一、大型商业银行	1 555	44 545	6 932.1	0
二、国家开发银行和政策性银行	60	1 902	2 447.7	0
三、股份制商业银行	61	2 244	2 338.8	0
四、城市商业银行	352	7 353	2 010.9	1
五、城市信用社	0	0	0	0
六、小型农村金融机构	1 556	21 511	3 089.8	55
七、财务公司	0	162	297.0	2
八、信托公司	0	125	38.7	1
九、邮政储蓄银行	1 076	9 099	1 085.1	0
十、外资银行	0	28	12.2	1
十一、新型农村金融机构	28	1 420	153.0	29
十二、其他	0	361	92.3	1
合　计	4 688	88 750	18 497.6	90

注：营业网点不包括国家开发银行和政策性银行、大型商业银行、股份制银行等金融机构总部数据；大型商业银行包括中国工商银行、中国农业银行、中国银行、中国建设银行和交通银行；小型农村金融机构包括农村商业银行、农村合作银行、农村信用社；新型农村金融机构包括村镇银行、贷款公司和农村资金互助社；“其他”包含金融租赁公司、汽车金融公司、货币金融公司、消费金融公司等。

数据来源：吉林银监局。

2. 各项存款持续快速增长。2012年，吉林省本外币各项存款呈现强势回升态势，结束了2009年年末以来持续两年的增速下行趋势。年末，本外币各项存款同比增长16.9%（见图1），增速同比提升4.0个百分点。分币种看，人民币和外币存款分别增长16.9%和21.1%。分类型看，单位存款和个人存款均同比多增。存款较快增长的原因，

一是股市持续低迷，楼市降温，银行理财产品收益率普遍下降，个人闲置资金向储蓄存款回流。二是宏观经济增速放缓背景下，企业扩大再生产意愿降低，部分企业资金以定期存款形式留存银行。三是部分省外债券、信托及票据资金沉淀形成存款。

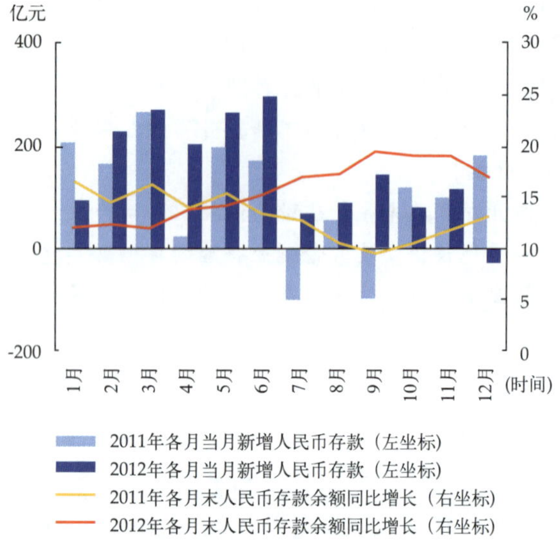

数据来源：中国人民银行长春中心支行。

图1 2011～2012年吉林省金融机构人民币存款增长

3. 信贷投放合理适度。剔除中国农业发展银行粮食收购贷款政策性因素，2012年，吉林省本外币各项贷款同比多增27.5亿元，贷款增速略高于地区生产总值增速，较好地满足了吉林经济发展的合理资金需求。四个季度本外币各项贷款增量占全年贷款增量的比重分别为40.2%、31.2%、18.5%和10.2%，贷款投放节奏与包括农业在内的吉林省经济生产周期相符。贷款期限结构进一步优化，新增中长期贷款占全部贷款增量的比例由上年的65.7%降至56.2%。

信贷对吉林省实体经济和社会经济薄弱环节的支持力度持续增加。一是“三农”信贷需求得到较好满足，全年新增涉农贷款占全部新增贷款增量的比重同比提高8.2个百分点。二是中小微企业贷款实现“两个不低于”，增速高于贷款平均增速8.4个百分点，增量高于上年37.3亿元。三是

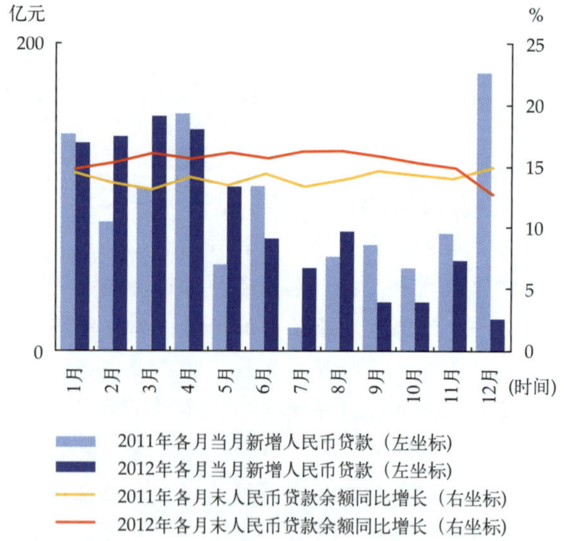

数据来源：中国人民银行长春中心支行。

图2 2011～2012年吉林省金融机构人民币贷款增长

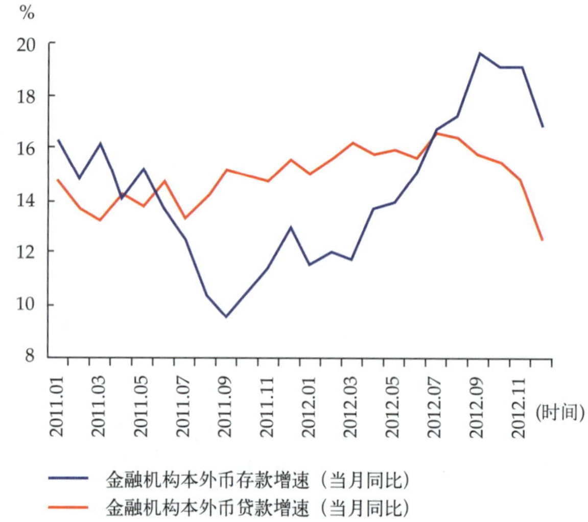

数据来源：中国人民银行长春中心支行。

图3 2011～2012年吉林省金融机构本外币存、贷款增速

支持居民扩大消费，个人消费贷款增速高于贷款平均增速11.2个百分点。四是保障性住房开发贷款同比增长81.4%。

4. 表外业务较快增长。年末，吉林省金融机构表外授信余额为2 463.8亿元，同比增长19.7%。其中，新增银行承兑汇票占表外业务增量的六成。

5. 贷款利率水平总体下行。受两次存贷款基准利率下调等因素影响，吉林省人民币贷款加权平均利率持续回落，12月达到7.47%，较上年同期降低0.22个百分点。地方法人金融机构利率定价能力进一步提高，积极适应中国人民银行存、贷款利率浮动区间的调整，根据自身实际确定不同的存、贷款定价策略，利率市场化进程加快。

表2　2012年吉林省金融机构人民币贷款各利率区间占比

单位：%

月份		1月	2月	3月	4月	5月	6月
合计		100.0	100.0	100.0	100.0	100.0	100.0
[0.9，1.0)		1.7	5.2	1.9	3.0	1.3	3.1
1.0		42.5	40.9	44.5	35.4	37.4	37.3
上浮水平	小计	55.9	53.9	53.5	61.7	61.3	59.6
	(1.0，1.1]	22.8	26.9	16.6	22.9	22.8	22.6
	(1.1，1.3]	22.7	20.1	29.1	29.2	27.1	27.3
	(1.3，1.5]	4.0	2.7	5.9	6.7	7.0	5.2
	(1.5，2.0]	5.9	3.8	1.6	2.3	3.7	4.4
	2.0以上	0.4	0.3	0.3	0.6	0.8	0.1
月份		7月	8月	9月	10月	11月	12月
合计		100.0	100.0	100.0	100.0	100.0	100.0
[0.9，1.0)		3.1	3.2	5.3	5.6	7.5	7.4
1.0		37.3	22.0	24.4	22.0	33.2	29.0
上浮水平	小计	59.6	74.8	70.4	72.4	59.4	63.6
	(1.0，1.1]	22.6	24.0	30.2	23.0	26.0	18.8
	(1.1，1.3]	27.3	36.5	29.0	40.6	24.1	31.9
	(1.3，1.5]	5.2	11.1	7.5	6.1	6.0	9.8
	(1.5，2.0]	4.4	2.9	3.1	2.6	2.7	2.8
	2.0以上	0.1	0.3	0.5	0.2	0.7	0.2

注：2012年8～12月统计数据的下浮区间为[0.7,1.0)。

数据来源：中国人民银行长春中心支行。

6. 银行业改革扎实推进。2012年，吉林省银行业金融机构进一步完善了分层次的中小微企业专营体系建设，在一级分行和二级分行设立小企业金融服务中心，配备小企业专职服务团队，实施有别于大企业的利率定价机制和考核激励机制，并立足吉林省中小微企业特点，创新信贷产品和融资方式，大大提升了对中小微企业金融支持力度。

银行体系日臻完善。吉林银行和吉林九台农村商业银行成功发行次级债27亿元，资本实力得到切实增强。辽源、双阳、蛟河农村商业银行相继开业，农合机构股份制改革进入新阶段。年内新开业村镇银行4家，小额贷款公司144家，针对小微企业、个体商户和个人的小额信贷投放能力进一步增强。

7. 跨境人民币业务实现较快发展。2012年，吉林省跨境人民币业务持续了2011年的迅猛发展势头，全年累计办理跨境人民币业务271.2亿元，是2011年的3.3倍，占全省同期对外贸易总额的16.6%，高于全国平均水平7.7个百分点。

专栏1　土地流转收益保证贷款有效破解农村融资瓶颈

2012年8月，吉林省在梨树县试点，通过土地流转收益保证贷款有效地破解了农村融资难、融资贵的难题。农村土地流转收益保证贷款是指不改变土地承包经营制度、不改变土地的农业用途、不附带各种政策补贴的前提下，农民等主体将一部分土地承包经营权转让给具有农业经营能力的物权融资农业发展有限公司（在本专栏内简称农业发展公司），农业发展公司再将土地转包给借款人经营，同时农业发展公司向金融机构出具愿意承担连带保证责任的书面承诺，金融机构按照约定的贷款利率向借款人提供的贷款。截至2012年年末，共流转土地面积近2万亩，银行机构为1 327户农民发放贷款3 674.1万元。

一、基本情况

（一）成立融资平台

农业发展公司是由政府成立的国有独资公司，其主要职责就是为金融机构向农民贷款“架桥铺路”。当农民正常归还金融机构借款后，农业发展公司与农民达成的土地流转合同可以解除。当农民没有按时偿还金融机构贷款时，农业发展公司将获得的农民土地承包经营权另行发包，将发包获得的款项归还金融机构贷款，待新的承包人承包期限届满后，土地承包经营权再退还给土地承包人。

（二）贷款限定范围

土地流转收益保证贷款的对象是已经取得土地承包经营权证的农户；贷款主要用于农户种植、养殖和生活消费；贷款额度不超过土地收益评估价值的70%；贷款利率按现行基准利率上浮30%，执行固定利率；贷款期限综合考虑贷款额度、用途、偿还能力和生产经营周期、"土地承包经营权证"剩余承包期等因素，与贷款人协商确定，最长不超过五年。

（三）贷款主要特点

一是简便易行。农户可随时申请贷款，最快2个小时资金就能到账，最迟不超过2天。

二是利率优惠。在中国人民银行同期限档次贷款基准利率基础上，试点金融机构统一上浮30%。

三是风险可控。贷款风险全部由承贷人所有的土地收益承担。

二、具体操作流程

农户申请→贷前调查→土地价值评估→额度核对→村委会决议→农业发展公司流转登记→当地经济管理站变更土地承包经营权→农业发展公司出具保证承诺→贷款审查→贷款审批→签订合同→贷款发放。

三、取得的成效

（一）真正将农民手中的土地资源有效地转化为信贷担保资源。土地流转收益保证贷款业务通过破解农村物权的确权、估值和流转等难题，合理规避了《中华人民共和国担保法》和《中华人民共和国物权法》不允许农村土地承包经营权抵押的法律限制，将土地流转与银行信贷"嫁接"，有效地解决了农村有效抵押担保物不足的问题。

（二）有效地满足了农民日益多样化的融资需求。目前发放的3 674.1万元贷款多用于种植业、养殖业、购建蔬菜大棚和购买农业机械，大大地促进了农民增收。同时，由于土地流转收益保证贷款期限灵活，更适合种养业生产经营周期特点。

（三）切实降低了农户的融资成本。"按照减轻农民负担，兼顾金融机构收益"的原则，土地流转收益保证贷款的利率统一按照基准利率上浮30%的水平执行，与目前吉林省农户贷款利率水平一般为基准利率上浮80%相比，农户每万元1年期土地流转收益保证贷款支付利息较同期一般农户贷款少300元。

（四）进一步扩大了涉农金融机构的信贷市场。由于有土地流转收益作为保障，农村信贷市场得到拓展，也降低了涉农金融机构的信贷风险，实现了贷款银行和借款农户双赢。按2011年吉林省耕地面积553万公顷，留1/3的口粮田，每公顷土地按平均最低年收益1万元、收益70%的比例发放贷款计算，全省可增加农村信贷资金200亿元。

（二）证券业稳步发展，资本市场融资能力切实增强

2012年，吉林省资本市场融资功能进一步增强，法人证券公司资本补充机制取得新进展，行业整体抗风险能力得到提升。

1. 证券业经营机构持续增加。2012年，吉林省各证券公司和期货公司分别新设营业部6家和2家。受股票指数震荡下行影响，吉林省证券交易总额和股票基金交易额分别同比减少11.2%和29.2%。东北证券股份有限公司顺利完成非公开股票增发，抗风险能力提升（见表3）。

表3　2012年吉林省证券业基本情况

项目	数量
总部设在辖内的证券公司数（家）	2
总部设在辖内的基金公司数（家）	0
总部设在辖内的期货公司数（家）	3
年末国内上市公司数（家）	38
当年国内股票（A股）筹资（亿元）	59.6
当年发行H股筹资（亿元）	0
当年国内债券筹资（亿元）	92.6
其中：短期融资券筹资额（亿元）	0
中期票据筹资额（亿元）	18.7

数据来源：吉林证监局。

2. 资本市场融资功能有效发挥。2012年，吉林省直接融资超过历史水平，全年实现资本市场融资75.5亿元。吉视传媒股份有限公司首发上市，东北证券股份有限公司非公开增发股票募集资金近40亿元，欧亚集团等3家上市公司发行公司债募集资金15.9亿元，资本市场融资功能得到切实提升。上市公司规范运作水平进一步提高，领先科技、石岘纸业等上市公司完成重大资产重组和破产重整，通葡股份、领先科技借力重组摘掉“ST”帽子，盈利能力和经济效益得到恢复和提升。

（三）保险业持续稳定发展，农业保险支农作用有效发挥

2012年，吉林省保险机构组织体系不断完善，保费收入规模平稳增长，风险保障功能有效发挥。财产险公司服务领域不断拓宽，人身险公司结构调整逐步推进，法人保险公司偿付能力水平明显改善，抗风险能力持续提升。

1. 保险机构组织体系进一步完善。2012年，吉林省新增保险分公司2家，法人保险公司鑫安汽车保险公司正式开业。保费收入平稳增长，全年保费收入同比增长4.1%。法人保险公司都邦保险完成增资27亿元，安华农业保险公司偿付能力充足率同比提高，法人保险公司抗风险能力进一步增强（见表4）。

表4　2012年吉林省保险业基本情况

项目	数量
总部设在辖内的保险公司数（家）	2
其中：财产险经营主体（家）	2
人身险经营主体（家）	0
保险公司分支机构（家）	27
其中：财产险公司分支机构（家）	12
人身险公司分支机构（家）	15
保费收入（中外资，亿元）	232.5
其中：财产险保费收入（中外资，亿元）	78.1
人身险保费收入（中外资，亿元）	154.4
各类赔款给付（中外资，亿元）	71.5
保险密度（元/人）	845.5
保险深度（%）	1.9

数据来源：吉林保监局。

2. 农业保险支农力度显著提高。2012年，吉林省农业保险承保面积、保费收入和参保农户数均创历史新高。全省参保县（市、区）60个，实现县域全覆盖；参保农户占全省农户的64.6%，同比提高3.2个百分点。

（四）社会融资结构持续改善，金融市场实现快速发展

1. 融资量小幅回落，间接融资占比高位趋降。2012年，吉林省融资量同比下降7.3%，间接融资仍为主要融资渠道，占融资量的87.1%，直接融资占比有所提升，股票融资占比提升较多（见表5）。

表5　2001～2012年吉林省非金融机构部门融资结构

单位：亿元、%

年份	融资量	比重		
		贷款	债券（含可转债）	股票
2001	190.5	93.9	0.0	6.1
2002	201.8	100.0	0.0	0.0
2003	232.9	100.0	0.0	0.0
2004	301.1	100.0	0.0	0.0
2005	268.5	100.0	0.0	0.0
2006	543.0	96.5	3.5	0.0
2007	461.5	94.5	0.0	5.5
2008	791.2	96.9	1.3	1.8
2009	1 503.2	91.7	8.0	0.3
2010	1 036.5	94.4	4.1	1.5
2011	1 274.6	88.6	9.9	1.5
2012	1 181.8	87.1	7.8	5.0

数据来源：中国人民银行长春中心支行。

2. 货币市场交易活跃，利率水平有所回落。2012年，吉林省金融机构利用货币市场交易额创历史新高。金融机构在全国银行间市场拆借成交472.9亿元，同比下降14.2%，融资意愿有所降低；现券交易30 094.5亿元，同比增长23%，回购交易33 349.8亿元，同比增长25.2%，现券交易和回购交易额均创历史新高。市场流动性较为宽松，带动利率水平下行。

3. 票据融资量增加，票据市场利率震荡下

行。2012年，吉林省票据承兑、贴现业务大幅上升(见表6)，商业汇票承兑累计发生额同比上升65.1%，累计贴现额是上年的2.0倍。主要是农村合作金融机构票据融资业务出现井喷式增长，其累计发生额占全省票据累计发生额的比重高达63.2%。受存款准备金率和利率下调政策影响，票据贴现、转贴现利率总体下行(见表7)。

表6　2012年吉林省金融机构票据业务量统计

单位：亿元

季度	银行承兑汇票承兑		贴现			
			银行承兑汇票		商业承兑汇票	
	余额	累计发生额	余额	累计发生额	余额	累计发生额
1	413.4	274.4	266.8	3 501.9	0.0	12.1
2	522.9	378.6	319.0	4 432.0	0.0	75.0
3	584.8	373.1	315.4	3 711.6	0.0	51.1
4	632.3	440.8	250.2	6 406.8	0.5	55.0

数据来源：中国人民银行长春中心支行。

表7　2012年吉林省金融机构票据贴现、转贴现利率

单位：%

季度	贴现		转贴现	
	银行承兑汇票	商业承兑汇票	票据买断	票据回购
1	6.36	8.40	6.17	6.28
2	5.48	6.16	5.23	5.12
3	5.43	6.30	4.96	4.80
4	5.37	6.37	4.91	5.08

数据来源：中国人民银行长春中心支行。

4. 外汇市场平稳运行，黄金市场快速发展。2012年，吉林省全年银行结售汇规模为232.2亿美元，同比增长6.0%，2家地方性金融机构开始参与银行间即期外汇市场业务。2012年，吉林省2家上海黄金交易所会员企业产销稳定，全年通过上海黄金交易所销售黄金3 716.2公斤，同比增长6.6%；商业银行黄金业务品种不断丰富，对投资者吸引力增强，全年商业银行纸黄金人民币业务和美元业务分别同比增长14.8%和8.6%。

（五）金融生态环境持续改善，农村支付环境建设取得新进展

2012年，吉林省以完善金融基础设施建设、提高金融服务水平为着力点，不断优化金融生态环境。征信系统收录信息数量不断增加，全年共收录吉林省14.8万户企业和1 696万个自然人的信用信息，为省内金融机构提供查询服务314万次。中小企业和农村信用体系建设继续深入推进，中国人民银行长春中心支行开发“吉林省中小企业融资超市”和“吉林省农村信用信息数据库”，全年累计为4.5万户中小企业建立信用档案，其中1.2万户企业取得了银行授信意向；累计为389万户农户建立了信用档案，评定信用户168万户，为金融机构加大对中小微企业和农户信贷投放提供了信息支持。

农村支付环境建设取得新进展，继续推动粮食收购非现金结算工作，全省243家大中型粮食企业粮食收购非现金结算比例达到76%，节约银企现金管理费用1 300万元。全省设立助农取款服务点9 324个，消除基础金融服务空白村屯4 617个，农村金融服务覆盖率提升至49.4%，农村金融服务能力得到切实提升。

二、经济运行情况

2012年，吉林省全力推进“三化”建设，积极实施“三动”战略，加快经济发展方式转变，推进经济结构战略性调整，实现了经济持续健康

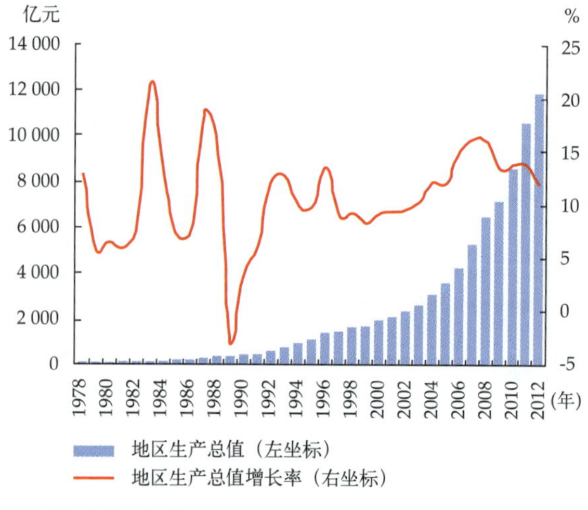

数据来源：吉林省统计局。

图4　1978～2012年吉林省地区生产总值及其增长率

较快发展。地区生产总值达11 937.8亿元，同比增长12%（见图4），人均地区生产总值达到43 412元，经济发展步入了富民与强省同频共振的崭新阶段。

（一）三大需求协调发展，经济增长内生动力增强

2012年，吉林省投资快速增长，居民消费稳步提高，对外贸易增速放缓，三大需求结构日趋协调。

1. 投资保持高位平稳增长，结构继续优化升级。2012年，吉林省实现社会固定资产投资9 711.4亿元，同比增长30.5%（见图5）。从产业情况看，固定资产投资（不含农户）中第一、第二、第三产业投资分别增长16%、30.4%和32.6%，“强三优二稳一”态势更趋明显。从项目情况看，亿元以上项目完成投资增速快于全部投资增速6.3个百分点，大项目投资持续高增长。民间投资继续保持投资的绝对主导地位，增速高于全部投资增速2.4个百分点，占全部投资的比重达71.2%。

2. 居民消费稳步增长，城乡市场均衡发展。2012年，吉林省城乡居民收入稳定增加，城镇居民人均可支配收入同比增长13.6%，农民人均纯收入同比增长14.5%，推动城、乡市场消费额分别增长15.4%和20.4%，城乡消费差距逐步缩小。实现社会消费品零售总额4 772.9亿元，同比增长16%（见图6），高于全国平均增速1.7个百分点。其中，金银珠宝、体育娱乐用品、通讯器材等时尚化、个性化、生活享受型商品仍是市场销售的热点，家具、建材类商品销售额保持平稳增长，汽车、石油及其制品类商品销售额增速下滑。

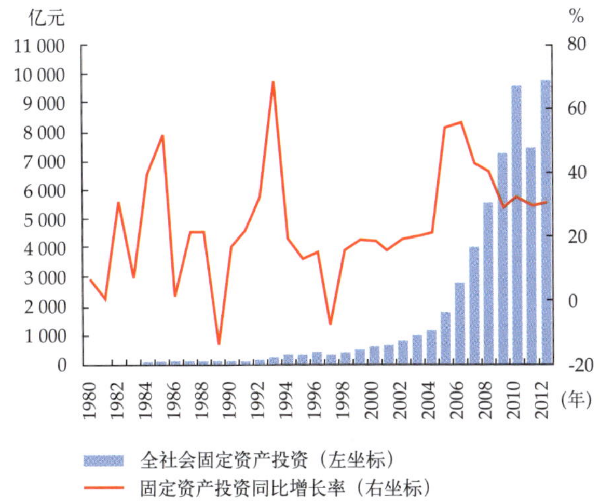

数据来源：吉林省统计局。

图5　1980～2012年吉林省固定资产投资及其增长率

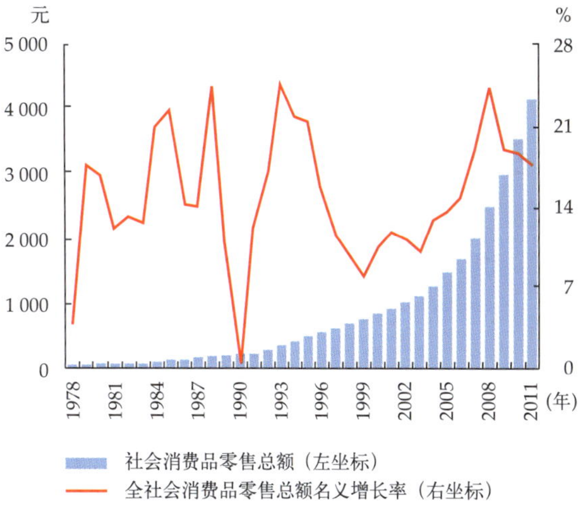

数据来源：吉林省统计局。

图6　1978～2012年吉林省社会消费品零售总额及其增长率

3. 对外贸易增速放缓，利用外资呈现快速发展态势。2012年，吉林省完成外贸进出口额245.7亿美元，同比增长11.4%，比上年回落19.5个百分点。其中，出口增长19.7%，进口增长8.9%，贸易逆差扩大4.6个百分点（见图7）。一般贸易、加工贸易进出口额增长，边境小额贸易进出口额下降。对欧美市场出口低速增长，对新兴市场出口增速迅猛。

2012年，吉林省实际利用外资58.2亿美元，同比增长17.6%。其中，外商直接投资同比增长11.3%（见图8）。从资金来源看，一汽大众汽车有限公司增资6亿美元，带动德国对吉林省直接投资实现较大增幅。从产业投向看，境外资金主要投向以交通运输设备制造业、化工原料及化学制品制造业、农副食品加工业为主的第二产业，占比达84.4%。境外投资实现新跨越，全年完成境外投资17亿美元，同比增长184.1%。境外投资主要

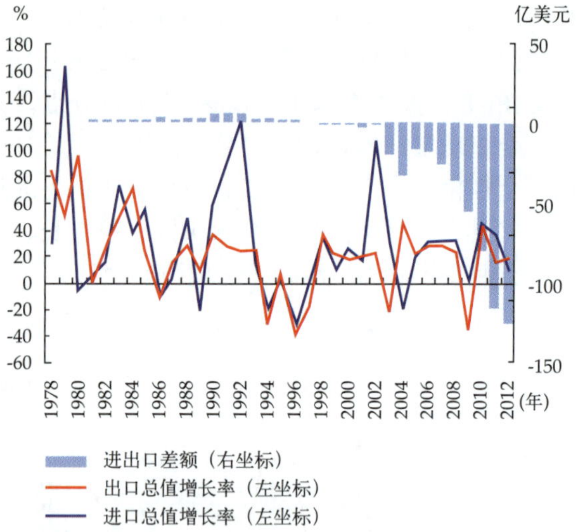

数据来源：吉林省统计局。

图7　1978～2012年吉林省外贸进出口变动情况

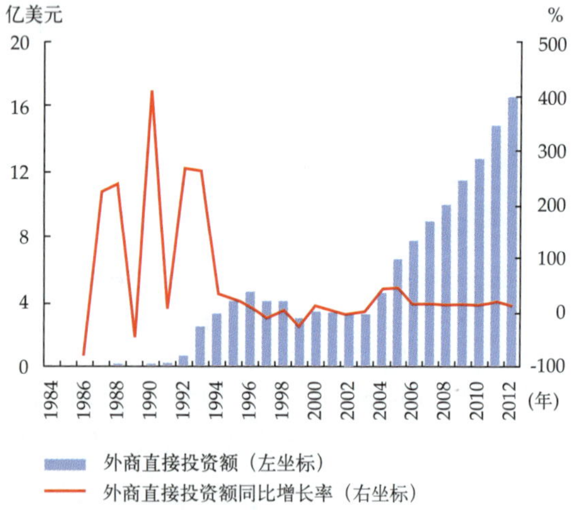

数据来源：吉林省统计局。

图8　1984～2012年吉林省外商直接投资额及其增长率

投向矿产开发、金属冶炼和农业种植等行业。

（二）三次产业均衡增长，结构调整效果显著

2012年，吉林省实施产业提升计划，以增量调整带动结构优化，三次产业的结构比例为11.8∶53.4∶34.8，第二产业比重提高 0.3个百分点，工业增长对整体经济发展的支撑作用进一步增强。

1. 粮食生产再创历史新高，农业发展水平不断提高。2012年，吉林省粮食总产达到668.6亿斤，比上年增产34.4亿斤，接近全国增量的十分之一。畜牧业产值实现1 139亿元，同比增长6%。人参产业产值突破200亿元，同比增长53.8%。农产品加工业保持了超常规发展态势，国家级和省级重点龙头企业分别达到47户和451户，销售收入超亿元的176户。农业基础设施建设取得重大进展，主要农作物耕种收全程农机化作业水平达到69.6%，高出全国12.6个百分点。农村金融改革迈出新步伐，进一步扩大直补资金担保贷款覆盖面，继续拓展畜牧业贷款中心业务，顺利启动土地收益保证贷款试点工作。

2. 工业生产呈现稳中有升态势，转变发展方式取得积极进展。2012年，吉林省规模以上工业实现增加值5 477.3亿元，同比增长14.1%（见图9），增速高于全国平均水平4.1个百分点；工业产销率98.4%，同比提高0.2个百分点，高于全国平均水平0.4个百分点；工业企业利润实现较快增长，净利润增速高于全国平均水平2.6个百分点。结构调整扎实推进，轻工业增速高于重工业2.9个百分点。支柱产业平稳增长，汽车、食品和石化三大产业增加值占比达到55%，拉动全省工业增长8个百分点。技术创新工程稳步发展，新产品产值率达到24.6%，同比提高0.2%。重点推动的百种重大新产品中，78个新产品实现规模化生产，14个产品产值过亿元。

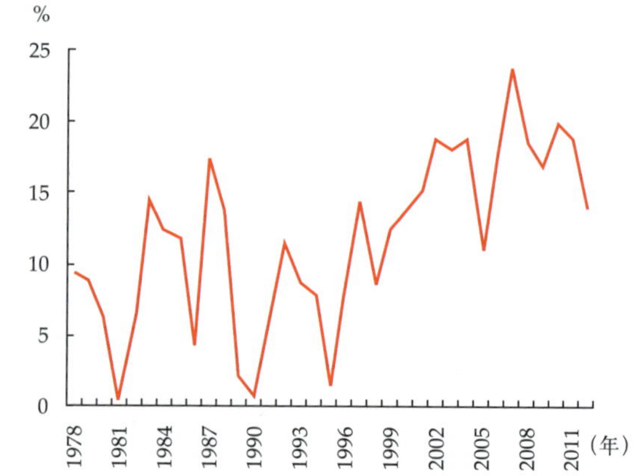

数据来源：吉林省统计局。

图9　1978～2012年吉林省规模以上工业增加值同比增长率

3. 服务业规模继续扩大，主要行业平稳增长。2012年，吉林省服务业增加值为4 151.3亿元，同比增长11%，增速高于全国平均水平2.9个百分点。其中，非营利性服务业、批发零售业和营利性服务业增加值较高，保证了服务业的整体稳定。

（三）价格水平涨幅趋缓，劳动成本稳步提高

1. 居民消费价格涨幅平稳回落。2012年，吉林省CPI走势与全国基本保持一致，同比上涨2.5%（见图10），涨幅低于上年水平2.7个百分点，低于全国平均水平0.1个百分点，为近三年来的最低涨幅。在构成CPI的八大类商品中，食品价格上涨4.9%，推动总指数上涨1.6个百分点，对CPI上涨的贡献率为64%。

2.工业生产者价格持续回落。2012年，吉林省工业生产者出厂价格指数和购进价格指数分别下降0.9%和0.7%，小于当期全国平均降幅0.8个百分点和1.1个百分点。农业生产资料价格涨幅明显趋缓，但仍然保持较高水平，全年累计上涨6.8%，涨幅同比回落4.6个百分点；农产品生产价格总水平累计上涨5.1%，其中玉米价格上涨10.9%，涨幅在各种粮食产品中居首位。

3. 劳动力成本稳步增长。2012年，吉林省提高了最低工资标准，平均增幅达16%。农民人均年劳务收入达到2 480元，同比增长17.3%。

4. 资源性产品价格改革稳步推进。2012年，吉林省为应对煤炭等一次能源价格高涨、抑制能源不合理消耗，采取按年用电量为计价周期划分档次试行阶梯电价，有效地改善了电价结构，建立了公平合理的电费负担机制。

（四）财政收入再上新台阶，民生改善支出持续增加

2012年，吉林省地方级财政收入完成1 041.3亿元，增长22.5%，首次跨上千亿元台阶。其中，税收收入和非税收入同步增长，增速分别达到21.8%和24.2%。全省经济平稳较快运行、重点税源行业和重点企业效益稳定增长是财政收入保持较快增长的主要原因。2012年，吉林省地方级财政支出完成2471.2亿元，增长12.2%（见图11），其中，用于民生方面的支出占比78.4%，自2007年以来连续六年将新增财力的70%用于民生，有力地保证了教育、“三农”、就业、医疗、“八路安居”等一大批民生实事和重点民生工程支出需要。

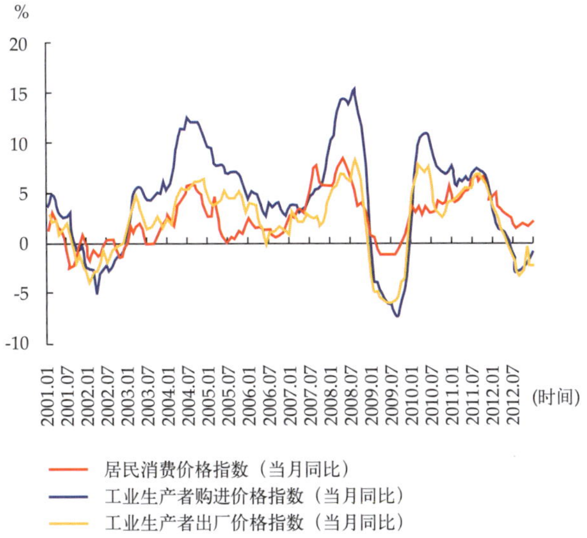

数据来源：吉林省统计局。

图10　2001～2012年吉林省居民消费价格和生产者价格变动趋势

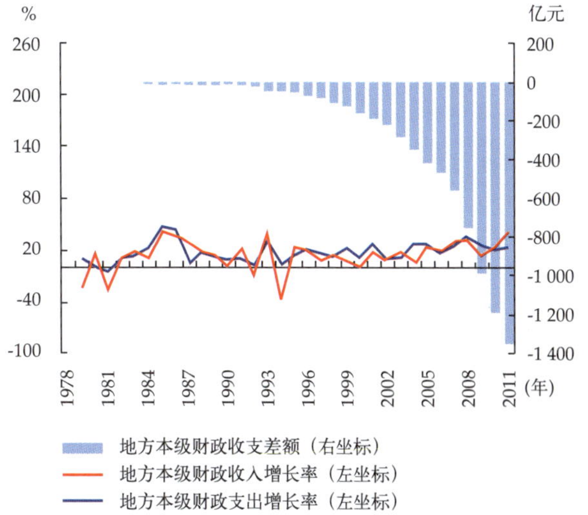

数据来源：吉林省统计局。

图11　1978～2012年吉林省财政收支状况

（五）节能减排目标实现，生态环境不断改善

2012年，吉林省节能减排全面完成年度目标任务，全省化学需氧量、氨氮、二氧化硫和氮氧化物排放量分别同比下降4.5%、3.2%、2.4%和4.8%。全年共完成造林总量217.6万亩，绿化村屯2 236个，城市、县城新增绿地面积1.2万亩，新增湿地有效保护面积2万公顷，完成沙化土地治理面积3.2万公顷，森林生态服务功能显著提高。

专栏2 吉林省推进粮食收购非现金结算成效显著

吉林省作为中国重要的商品粮基地，多年来受传统交易习惯等因素影响，现金结算始终是粮食购销结算的主要方式，“现金搬家”现象普遍存在，“假币坑农”问题时有发生。2010年10月以来，中国人民银行长春中心支行切实履行央行社会管理责任，努力发挥支付服务“三农”职能，推进粮食收购非现金结算，并将其作为改善农村地区支付服务环境的突破口，形成了“政府支持、银行受益、企业欢迎、农民认可”的良好格局。

一、主要做法

（一）把握一条主线，坚持三个原则，稳中求进拓宽粮食收购非现金结算应用范围。始终把握“实事求是、因地制宜、灵活多样、务求实效”工作主线，坚持三个原则稳步拓宽粮食收购非现金结算范围。一是试点先行原则。从粮食主产区粮食龙头企业、收购商、国家/地方储备粮库、专业合作社、经纪人、农户等多个突破点入手，创建“博来德”①、“三井子”②等五个渠道全覆盖、方式可复制、方法便推广的试点模式，在全省两市三县开展试点工作。二是稳步推进原则。按照“试点不成功不推广，成熟一个推广一个”要求，确立了以龙头企业带动收购点、经纪人、农户非现金结算模式，在全省选取国家级和省级粮食加工（收购）龙头企业稳步推广成功试点工作经验。三是自愿为主原则。在积极宣传、引导售粮人使用非现金结算工具的同时，尊重售粮人意愿，允许售粮人自由选择现金和非现金结算方式，不搞一刀切。

（二）突出一个中心，抓好四个环节，破解粮食收购非现金结算难点问题。以推广粮食收购非现金结算实现多方共赢为中心，突出抓好四个环节，采取多种措施破解推广工作中遇到的问题。一是抓好宣传引导环节，破解社会认知度低问题。多次组织深入乡镇、村屯，采取“一对一”讲解、举办业务培训、召开推介会等方式，提高广大农户对非现金结算认知度。组织粮食收购龙头企业赴试点单位现场考察，逐步消除企业对银行卡结算的抵触情绪。二是抓好优化服务环节，破解购销双方不信任的问题。组织涉农金融机构设立专门服务窗口，为收购各方量身定做非现金支付产品和服务，为收购企业再造非现金结算流程。充分发挥金融机构现有基础设施作用，综合运用网点柜台服务、网银和机具自助服务、现场查询与短信提示相结合等多种方式，增强购销双方的信任度。三是抓好创新激励环节，破解粮食收购参与方不积极问题。协调政府相关部门出台奖励政策，提高银行、企业主动性和积极性。协调金融机构调增转账电话、网上银行等支付方式的日结算金额上限，实行调减收费标准、

① “博来德”模式：金融机构为博来德公司开通网上银行，为博来德所属收购点和每个合作社、经纪人及其较大的村屯布放POS机、转账电话。将售粮农户惠农卡与手机绑定，经博来德公司验等、检斤后，通过网上银行、账户转账和转账电话等方式将卖粮款转账到关联企业、收购点、经纪人或农户账户，并以短信形式通知售粮人。

② “三井子”模式：在东北地区最大的杂粮交易市场——三井子镇，为杂粮收购大户布放转账电话，将自助机具布放到收购大户，延伸到村屯，通过转账电话实现收购户与农户、经纪人与农户之间非现金结算。

返还手续费等激励机制鼓励粮食收购各方使用非现金结算的积极性。四是抓好农村银行卡受理环境建设，积极破解卡内售粮款难使用问题。开展银行卡助农取款服务，建设银行卡受理环境示范村和农业生产资料刷卡结算示范店，推进惠农服务“村村通”工程，将支付服务向农户生活紧密的领域和基础金融服务空白乡镇、村屯延伸，保证农民银行卡内的售粮资金“有处可用、方便灵活”。

二、取得的成效

（一）发挥模式带动效应，提升金融服务水平。2010年以来累计实现非现金结算516亿元，其中2012年吉林省243家粮食加工企业实现非现金结算213.46亿元，非现金结算比例超过76%，较好地解决了粮食收购“现金搬家”的难题；同时，非现金结算方式打破了时间、空间限制，保证企业7×24小时不间断服务和实现售粮资金实时入账。

（二）参与方各取所需，形成和谐共赢格局。测算结果显示，仅2012年非现金结算工作为银行和企业节约现金押运、整点、安保等运营成本超过1 300万元，同时降低银行、企业、农民现金收取、保管和使用风险，让农民从中体验到非现金结算带来的安全性和便利性。

（三）以粮食收购非现金结算为突破，改善农村支付环境。在粮食收购非现金结算工作的带动下，2012年，吉林省农村地区实现非现金支付量1.93万亿元，累计发行银行卡1 865万张，人均持卡1.38张；发展特约商户1.05万家，布放各类转账电话、POS机3.63万部，布放ATM 2 120台；农村银行卡受理环境不断优化，国家各项补贴全部实现通过银行卡发放。

（六）房地产市场筑底回升，农产品加工成新引擎

1. 房地产市场呈现筑底回升态势。2012年，吉林省房地产市场运行基本平稳，第一季度进入调控的谷底，第二、第三季度略有回升，第四季度持续好转，房地产开发投资适度增长，商品房销售量持续增加，商品房平均价格小幅上涨，房地产贷款增速同比提升，保障性安居工程建设取得显著成效。

（1）房地产开发投资适度增长。2012年，吉林省完成房地产开发投资1 310.0亿元，同比增长9.6%，增速同比回落16.9个百分点。从资金来源看，房地产开发企业获得资金同比增长20.3%。其中，自筹资金和其他资金为主要资金来源，分别占61.4%和30.9%，国内贷款占比同比上升3.2个百分点，利用外资占比同比下降0.3个百分点。

（2）房地产市场供给明显增加。2012年，吉林省商品房施工面积和竣工面积分别增长19.9%和2.6%（见图12）。可售商品房库存同比增长25%，库存压力较大。全省保障性安居工程已开工建设41.5万套，开工率达到117.2%；实际竣工29.7万套，竣工率达129.2%。

（3）商品房销售量先降后升。2012年，吉林省商品房销售额同比减少4.2%，商品房销售面积同比增长0.8%，增速比上年提高1.5个百分点。2012年年初，商品房销售缓滞。进入6月，房地产

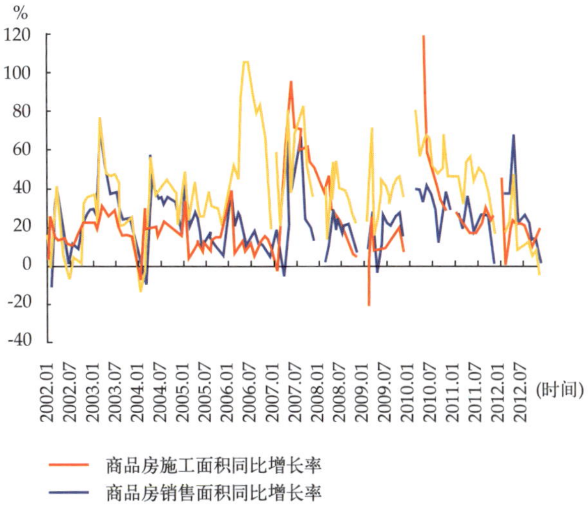

数据来源：吉林省统计局。

图12　2002～2012年吉林省商品房施工和销售变动趋势

项目集中发力，特价房、低起价房源等优惠活动较多，积压的刚性需求纷纷出手，商品房销量连续7个月保持同比增长，商品房销量增速由1月的同比下降62.2%上升到全年的同比增长9.1%。

（4）商品房价格稳中有升。2012年，吉林省商品房价格保持稳中有升态势，前5个月，基本以消化尾盘、库存为主，商品房价格在4 100元/平方米左右，6月后，新盘上市量逐步增多，商品房价格小幅上涨，全年商品房平均价格为4 497元/平方米（见图13），同比增长7.8%，低于前四年商品房价格平均增速的15.9%，市场发展较为健康。

（5）房地产贷款业务发展态势良好。2012年，吉林省房地产贷款余额为1 526.6亿元，同比增长23.4%，增速高于上年同期2个百分点。其中：房地产开发贷款同比增长19.5%，增速呈逐月上升趋势；个人住房贷款同比增长25.4%，增速先降后稳。全省保障性住房开发贷款余额占全部房地产开发贷款余额的29.7%，增量占同期房地产开发贷款新增额的81.7%。

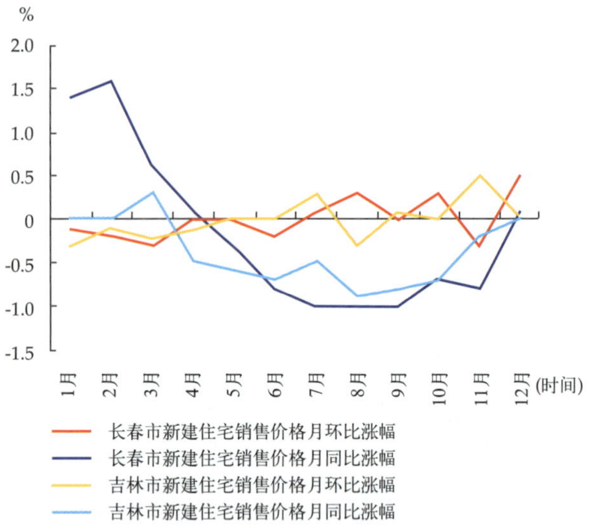

数据来源：吉林省统计局。

图13　2012年吉林省主要城市新建住宅销售价格变动趋势

2. 农产品加工业成为新的增长引擎。吉林省依托丰富的农产品资源，以大力发展农产品加工业为突破口，破解“三农”问题取得了积极成效，经济效益明显提升，带动功能显著增强，农产品加工业已经壮大为全省经济中与汽车、石化“三足鼎立”的支柱产业。

吉林省农产品加工业在结构升级、市场开拓和技术创新等方面实现了新的突破。一是总量规模不断扩大。2012年，农产品加工业销售收入实现3 545亿元，同比增长14.9%，增速再创历史新高，农产品加工品种发展到3 800多个，形成了粮油、畜产品、特产品等龙头型加工企业集中区。二是优势主导产业地位凸显。围绕优势农产品基地已经形成了以玉米等为主的粮食加工、以生猪等为主的畜禽屠宰加工、以参茸等为主的特产品加工的三大主导产业。三是科技创新水平不断提高。拥有自主知识产权的创新成果数量增加，部分成果处于世界领先水平，成为农产品加工业快速发展的强力支撑。四是品牌建设扎实深入。吉林黄玉米、绿色有机大米、食用菌、参茸、中药材和有机杂粮杂豆等都形成了各具特色的地方品牌，大成、皓月、修正、敖东和天景等企业在国内外有较高知名度。五是利益联结机制不断完善。龙头企业积极创新组织方式，不断发展企业与农户利益联结机制，龙头企业、中介组织、基地农民之间已结成互为依存、互为补充的利益共同体，延伸了农业产业链条。吉林省农产品加工业依然存在原料短缺等方面的不足，原料基地建设问题已经成为今后农产品加工业能否持续发展的重大制约因素。

金融对农产品加工业支持力度不断加大。金融机构结合吉林省农产品加工产业发展实际，以大成玉米、皓月牛肉等大型企业为依托，积极发展供应链和产业链融资，有力地支持了农产品加工业发展壮大。

三、预测与展望

2013年是全面贯彻落实党的十八大精神的第一年，“稳中求进”将是经济社会发展的总基调，提高经济增长质量和效益将成为经济发展的中心目标。

从经济运行情况看，虽然世界经济复苏步伐缓慢，且中国经济进入个位数增长阶段，但经济筑底回升势头已经显现，经济金融发展的积极因素进一步增多，吉林省经济发展的外部环境将会继续改善。当前，吉林省正处于工业化、城镇化和农业现代化加快发展的时期，蕴含着巨大的需求潜力，且在2012年经济下行压力加大的背景下，地区生产总值仍达到增长12%的预期目标，为2013年经济发展奠定了较好的基础。2013年，在投资拉动、项目贷款和创新驱动的战略指导下，吉林省经济有望保持较快的增长速度，预计地区生产总值增长12%左右。从投资看，在当前吉林省产业转型升级步伐加快、城镇化快速推进和现代农业加快发展的背景下，基础设施、产业提升等方面存在较大的投资发展空间。从消费看，随着居民人均可支配收入的持续增长，城乡居民消费能力将会进一步增强，社会消费品零售总额预计增长15%。从物价形势看，尽管2012年物价持续回落，但翘尾因素以及劳动力、土地等要素价格上涨等影响物价上行的因素依然存在，预计吉林省居民消费价格涨幅在3.5%左右。

从金融运行情况看，随着宏观经济形势的转好，吉林省金融运行将继续保持平稳健康的发展态势。全省货币信贷将保持合理适度增长，金融对经济发展重点领域和薄弱环节的支持力度将进一步加大，直接融资持续发展，社会融资规模逐渐扩大。

2013年，吉林省金融机构将深入贯彻落实稳健的货币政策，保持货币信贷合理适度增长，着力优化信贷期限结构和投向结构，大力开展金融产品和服务方式创新，全面提升金融服务水平，更好地促进吉林经济平稳健康发展。

中国人民银行长春中心支行货币政策分析小组
总　纂：张启阳　付　裕
统　稿：孙维仁　丁树成　杨　珩　连　飞
执　笔：赵欣新　安立环　刘　镇　袁春旺　赵　锋　赵文瑞　周飞虎　曹　楠　刘鸿鹄　王春萍
白云峰　王宇光　孟　夏
提供材料的还有：郑凯元　张建平

附录

（一）2012年吉林省经济金融大事记

2月23日，吉视传媒在上海主板上市，成为吉林省近十年来首家在上海主板上市的企业。

4月13日，国务院正式批准在吉林省珲春市设立“中国图们江区域（珲春）国际合作示范区”。

6月31日，吉林银行资产总额达2 021亿元，吉林省地方性法人金融机构首次资产超过2 000亿元。

7月15日至22日，第九届中国（长春）国际汽车博览会在长春举行。展会期间共销售各类车辆12 380辆，实现购车交易额30亿元。

8月，吉林省首创土地收益保证贷款模式在四平市试点运行，截至2012年年末，共为1 327户农户发放贷款3 674.1万元。

9月6日至11日，第八届东北亚博览会在长春成功举行。展会期间，吉林省与国内外投资客商共签订投资合作合同项目259个，总投资额达2 265.9亿元人民币，比第七届增加近428亿元人民币。

9月7日，由中朝罗先经济贸易区管委会、中朝黄金坪、威化岛经济区管委会主办，吉林省经合局承办的中朝罗先经贸区暨黄金坪、威化岛经济区投资说明会在长春举行。此举意味着这一备受世界瞩目的合作项目正式进入到实质性开发阶段。

12月1日，世界上第一条投入运营的高寒地区高速铁路哈大高铁正式开通，东北三省省会城市形成一小时交通圈。

2012年，欧亚集团、华微电子和吉林高速通过发行公司债券，累计募集资金15.9亿元，这是吉林省上市公司首次通过发行公司债券在资本市场融资。

2012年，吉林省粮食产量再创历史新高，达到668.6亿斤，占全国增量的9.4%。

（二）2012年吉林省主要经济金融指标

表1　2012年吉林省主要存贷款指标

		1月	2月	3月	4月	5月	6月	7月	8月	9月	10月	11月	12月
本外币	金融机构各项存款余额（亿元）	11 062.4	11 285.4	11 557.7	11 765.2	12 029.4	12 332.0	12 400.0	12 495.8	12 638.9	12 723.7	12 846.1	12 812.1
	其中：储蓄存款	6 153.4	6 207.9	6 377.9	6 377.4	6 480.9	6 620.0	6 638.2	6 697.5	6 767.5	6 747.1	6 777.0	6 927.4
	单位存款	4 259.9	4 440.2	4 491.1	4 670.7	4 802.9	4 909.9	4 837.6	4 909.1	4 910.2	5 031.0	5 175.4	5 254.6
	各项存款余额比上月增加（亿元）	101.2	223.0	272.3	207.5	264.2	302.6	68.0	95.8	143.1	84.8	122.3	-33.9
	金融机构各项存款同比增长（%）	11.6	12.0	11.8	13.6	14.0	15.0	16.7	17.2	19.6	19.1	19.1	16.9
	金融机构各项贷款余额（亿元）	8 367.5	8 513.9	8 654.8	8 802.6	8 896.6	8 975.6	9 050.8	9 118.8	9 165.9	9 207.2	9 254.9	9 270.5
	其中：短期	3 048.3	3 079.6	3 164.4	3 247.0	3 247.2	3 268.9	3 281.9	3 247.4	3 272.0	3 248.3	3 265.9	3 341.4
	中长期	5 101.1	5 186.9	5 204.7	5 247.6	5 311.2	5 362.2	5 420.3	5 493.8	5 550.1	5 617.1	5 647.0	5 649.4
	票据融资	202.1	231.5	266.8	289.0	312.7	319.0	323.2	352.1	315.4	313.2	311.3	250.7
	各项贷款余额比上月增加（亿元）	126.6	146.5	140.9	147.7	94.1	79.0	75.2	68.0	47.1	41.2	47.8	15.6
	其中：短期	80.7	31.3	84.8	82.6	0.2	21.7	13.0	-34.5	24.6	-23.6	17.5	75.5
	中长期	30.2	85.8	17.8	43.0	63.6	51.0	58.0	73.5	56.2	67.1	29.9	2.4
	票据融资	15.7	29.4	35.2	22.3	23.7	6.3	4.1	28.9	-36.7	-2.2	-2.0	-60.5
	金融机构各项贷款同比增长（%）	15.0	15.5	16.1	15.8	15.9	15.6	16.5	16.4	15.7	15.4	14.8	12.5
	其中：短期	10.9	10.8	11.4	12.3	12.1	13.4	15.4	13.4	14.5	12.4	11.4	12.2
	中长期	15.7	16.2	16.0	14.9	14.6	13.3	13.8	14.0	13.0	13.0	12.6	11.6
	票据融资	77.0	95.0	119.9	100.6	114.4	115.4	102.7	136.6	107.0	164.7	184.5	34.5
	建筑业贷款余额（亿元）	270.8	272.2	265.3	263.1	266.3	270.9	279.0	285.6	292.4	293.5	298.5	303.2
	房地产业贷款余额（亿元）	417.8	426.5	413.9	415.4	424.8	430.0	443.5	452.3	448.6	465.2	467.2	464.3
	建筑业贷款同比增长（%）	80.5	26.0	25.0	22.0	19.5	27.8	31.0	32.6	19.9	9.2	10.7	12.9
	房地产业贷款同比增长（%）	7.5	10.8	8.8	9.0	14.4	14.2	15.1	15.6	19.3	21.5	21.9	21.4
人民币	金融机构各项存款余额（亿元）	10 968.9	11 195.3	11 467.2	11 669.6	11 932.5	12 229.4	12 300.1	12 391.1	12 531.9	12 615.8	12 732.1	12 706.1
	其中：储蓄存款	6 104.4	6 159.4	6 327.6	6 326.1	6 428.7	6 567.6	6 586.8	6 646.5	6 717.6	6 695.8	6 725.2	6 875.1
	单位存款	4 220.8	4 403.4	4 454.2	4 631.0	4 763.6	4 864.1	4 793.5	4 861.5	4 857.3	4 978.8	5 116.5	5 204.7
	各项存款余额比上月增加（亿元）	95.4	226.4	271.9	202.4	262.9	296.8	70.7	91.0	140.8	83.9	116.3	-26.0
	其中：储蓄存款	269.0	58.4	168.2	-1.6	102.7	138.8	19.2	59.8	71.0	-21.8	29.4	149.9
	单位存款	-298.5	182.6	50.7	176.9	132.6	100.5	-70.6	68.0	-4.2	121.4	137.7	88.2
	各项存款同比增长（%）	11.8	12.3	12.1	13.8	14.2	15.1	16.9	17.2	19.6	19.1	19.1	16.9
	其中：储蓄存款	13.4	13.5	11.8	12.9	14.5	15.4	17.0	18.4	19.0	20.5	20.3	17.8
	单位存款	8.7	11.6	10.3	13.3	12.8	15.4	14.2	13.6	16.3	17.7	16.9	15.0
	金融机构各项贷款余额（亿元）	8 262.0	8 402.1	8 555.2	8 698.5	8 805.3	8 878.9	8 931.9	9 009.2	9 041.2	9 073.3	9 134.0	9 155.6
	其中：个人消费贷款	892.1	894.4	909.0	920.0	934.9	948.0	970.7	1 003.7	1 036.0	1 042.4	1 071.8	1 084.8
	票据融资	202.1	231.5	266.8	289.0	312.7	319.0	323.2	352.1	315.4	313.2	311.3	250.7
	各项贷款余额比上月增加（亿元）	135.9	140.1	153.0	143.3	106.8	73.6	53.1	77.3	32.0	32.1	60.8	21.6
	其中：个人消费贷款	16.2	2.4	14.6	11.0	14.9	13.0	22.8	33.0	32.2	6.5	29.4	13.0
	票据融资	15.7	29.4	35.2	22.3	23.7	6.3	4.1	28.9	-36.7	-2.2	-2.0	-60.5
	金融机构各项贷款同比增长（%）	14.7	15.3	16.1	15.6	16.1	15.8	16.3	16.3	15.7	15.3	15.0	12.7
	其中：个人消费贷款	22.5	21.8	21.2	20.5	20.9	21.2	21.7	23.2	24.2	22.7	23.6	23.7
	票据融资	77.0	95.0	119.9	100.6	114.4	115.4	102.7	136.6	107.0	164.7	184.5	34.5
外币	金融机构外币存款余额（亿美元）	14.8	14.3	14.4	15.2	15.3	16.2	15.8	16.5	16.9	17.1	18.1	16.9
	金融机构外币存款同比增长（%）	-8.5	-12.8	-13.6	-1.0	0.5	2.5	-0.1	21.7	16.2	19.9	22.2	21.1
	金融机构外币贷款余额（亿美元）	16.7	17.8	15.8	16.6	14.4	15.3	18.8	17.3	19.7	21.3	19.2	18.3
	金融机构外币贷款同比增长（%）	39.7	40.2	26.2	35.3	-3.3	0.8	43.8	20.3	13.8	18.5	6.6	0.4

数据来源：中国人民银行长春中心支行。

表2　2001～2012年吉林省各类价格指数

单位：%

年/月		居民消费价格指数		农业生产资料价格指数		工业生产者购进价格指数		工业生产者出厂价格指数	
		当月同比	累计同比	当月同比	累计同比	当月同比	累计同比	当月同比	累计同比
2001		—	1.3	—	-1.0	—	1.8	—	0.3
2002		—	-0.5	—	0.4	—	-2.2	—	-1.4
2003		—	1.2	—	1.0	—	4.8	—	2.5
2004		—	4.1	—	6.3	—	10.5	—	5.0
2005		—	1.5	—	9.2	—	7.0	—	4.5
2006		—	1.4	—	-2.8	—	3.8	—	1.7
2007		—	4.8	—	6.0	—	5.2	—	2.7
2008		—	5.1	—	27.3	—	11.3	—	4.9
2009		—	0.1	—	-3.6	—	-4.7	—	-3.9
2010		—	3.7	—	-0.9	—	8.6	—	5.2
2011		—	5.2	—	11.4	—	6.1	—	5.4
2012		—	2.5	—	-100.0	—	-100.0	—	-0.9
2011	1	4.0	4.0	0.4	0.4	5.4	5.4	4.3	4.3
	2	4.1	4.1	6.2	3.3	6.2	5.8	4.8	4.6
	3	4.8	4.3	8.8	5.1	6.1	5.9	5.2	4.8
	4	4.9	4.4	10.4	6.6	6.4	6.0	5.4	4.9
	5	5.4	4.6	11.0	7.5	6.0	6.0	5.3	5.0
	6	6.2	4.9	13.8	8.5	6.7	6.1	5.5	5.1
	7	6.6	5.1	13.7	9.2	7.2	6.3	6.9	5.4
	8	6.1	5.3	14.1	9.8	7.3	6.4	6.8	5.5
	9	6.5	5.4	15.8	10.5	7.1	6.5	6.3	5.6
	10	6.0	5.4	15.2	10.9	6.6	6.5	5.9	5.6
	11	4.1	5.3	13.8	11.2	4.9	6.4	4.4	5.5
	12	4.5	5.2	13.7	11.4	3.3	6.1	3.8	5.4
2012	1	4.9	4.9	12.2	12.2	2.1	2.1	2.8	2.8
	2	3.6	4.2	6.6	9.4	1.5	1.8	2.5	2.6
	3	3.2	3.9	6.9	7.9	1.3	1.6	1.5	2.2
	4	2.8	3.6	8.5	8.7	0.7	1.4	0.2	1.7
	5	2.6	3.4	8.7	8.7	0.1	1.1	-0.6	1.2
	6	1.9	3.1	6.3	8.3	-1.2	0.7	-1.6	0.7
	7	1.6	2.9	5.6	7.9	-2.8	0.2	-2.6	0.2
	8	1.8	2.8	5.8	7.6	-2.9	-0.2	-3.2	-0.2
	9	1.9	2.7	4.6	7.3	-2.4	-0.4	-2.8	-0.5
	10	1.8	2.6	5.0	7.0	-2.2	-0.6	-0.5	-0.7
	11	1.8	2.5	5.6	6.9	-1.8	-0.7	-2.1	-0.8
	12	2.1	2.5	5.8	6.8	-1.0	-0.7	-2.2	-0.9

数据来源：吉林省统计局。

表3 2012年吉林省主要经济指标

	1月	2月	3月	4月	5月	6月	7月	8月	9月	10月	11月	12月
绝对值（自年初累计）												
地区生产总值（亿元）	—	—	1 972.5	—	—	4 438.0	—	—	7 382.6	—	—	11 937.8
第一产业	—	—	110.7	—	—	257.0	—	—	620.5	—	—	1 412.1
第二产业	—	—	1 194.7	—	—	2 740.2	—	—	4 355.5	—	—	6 374.5
第三产业	—	—	667.1	—	—	1 440.7	—	—	2 406.5	—	—	4 151.3
工业增加值（亿元）	338.1	721.4	1 205.3	1 594.7	2 117.7	2 650.5	3 093.0	3 569.7	4 061.8	4 532.6	5 027.9	5 477.3
固定资产投资（亿元）	—	64.7	272.9	624.9	1 459.6	2 980.8	4 410.3	5 985.4	7 603.4	8 802.3	9 252.9	9 462.1
房地产开发投资	—	—	7.6	45.4	187.9	417.2	579.3	750.7	935.3	1 075.5	1 223.4	1 310.0
社会消费品零售总额（亿元）	—	—	1 099.8	—	—	2 247.4	—	—	3 465.1	—	—	4 772.9
外贸进出口总额（万美元）	204 738.0	381 280.0	595 748.0	776 152.0	1 010 110.0	1 213 924.0	1 417 295.0	1 648 666.0	1 868 297.0	2 028 420.0	2 226 734.0	2 457 200.0
进口	153 324.0	297 640.0	464 464.0	603 426.0	787 822.0	947 001.0	1 106 254.0	1 289 442.0	1 461 265.0	1 578 190.0	1 729 143.0	1 858 900.0
出口	51 414.0	83 640.0	131 284.0	172 726.0	222 288.0	266 923.0	311 041.0	359 224.0	407 032.0	450 230.0	497 591.0	598 300.0
进出口差额(出口－进口)	-101 910.0	-214 000.0	-333 180.0	-430 700.0	-565 534.0	-680 078.0	-795 213.0	-930 218.0	-1 054 233.0	-1 127 960.0	-1 231 552.0	-1 260 600.0
外商实际直接投资（万美元）	3 695.0	8 644.0	32 127.0	45 118.0	69 742.0	103 350.0	113 864.0	118 209.0	127 409.0	142 954.0	156 221.0	164 900.0
地方财政收支差额（亿元）	-149.0	-207.9	-283.8	-326.7	-402.0	-492.3	-549.8	-664.3	-793.3	-900.0	-1 064.7	-1 429.9
地方财政收入	101.8	172.1	267.9	363.6	437.3	540.4	628.2	696.3	804.9	883.6	951.9	1 041.3
地方财政支出	250.9	380.0	551.7	690.4	839.3	1 032.6	1 178.1	1 360.6	1 598.2	1 783.6	2 016.6	2 471.2
城镇登记失业率(%)(季度)	—	—	3.7	—	—	3.6	—	—	3.6	—	—	3.7
同比累计增长率（%）												
地区生产总值	—	—	12.4	—	—	12.1	—	—	12.1	—	—	12.0
第一产业	—	—	4.0	—	—	5.7	—	—	3.3	—	—	5.3
第二产业	—	—	15.3	—	—	13.5	—	—	13.8	—	—	14.0
第三产业	—	—	8.6	—	—	10.5	—	—	11.0	—	—	11.0
工业增加值	2.0	14.5	16.0	13.9	14.0	14.0	14.0	14.0	14.0	13.9	14.0	14.1
固定资产投资	—	30.7	29.5	28.7	28.8	29.9	29.8	31.0	31.0	31.0	30.9	30.9
房地产开发投资	—	—	83.3	30.1	30.2	-3.5	0.5	1.5	-0.9	-1.9	6.3	9.6
社会消费品零售总额	—	—	16.1	—	—	15.6	—	—	15.8	—	—	16.0
外贸进出口总额	1.9	17.7	12.9	11.1	15.2	14.7	13.3	13.3	13.8	12.0	8.8	11.4
进口	-4.6	15.7	10.3	9.3	14.6	14.2	13.6	13.4	14.1	12.0	8.9	8.9
出口	27.7	25.4	23.4	18.1	17.5	16.4	12.3	12.8	12.9	12.0	8.3	19.7
外商实际直接投资	-62.6	-54.3	9.0	7.5	24.9	46.3	48.6	39.0	20.9	17.8	17.5	11.3
地方财政收入	12.3	20.5	23.7	23.8	21.8	22.1	21.8	21.4	22.1	20.6	21.1	22.5
地方财政支出	13.7	41.2	38.6	34.8	21.6	18.4	16.4	12.5	15.4	16.8	6.9	12.2

数据来源：吉林省统计局。

2012年黑龙江省金融运行报告

中国人民银行哈尔滨中心支行货币政策分析小组

[内容摘要] 2012年，黑龙江省牢牢把握“稳中求进”的工作总基调，把“稳增长”放在更突出位置，深入推进“八大经济区”、“十大工程”和“十大重点产业”建设，经济运行呈现稳中有升、结构优化、质量和效益向好、民生显著改善的良好态势。全年地区生产总值连续十一年保持两位数增长；粮食产量“九连增”，全国第一产粮大省地位得以巩固；产业项目建设带动作用明显，固定资产投资持续快速增长；市场物价稳中有降，通胀压力明显缓解。全省银行业、证券业和保险业稳健发展，信贷结构和融资结构持续优化，金融支持实体经济健康发展力度增强。

2013年，黑龙江省将深入贯彻落实科学发展观，以加快转变经济发展方式为主线，以提高经济增长质量和效益为中心，促进经济持续健康发展。金融业将继续贯彻落实稳健的货币政策，保持信贷总量和社会融资规模合理适度增长，加大金融产品创新，支持全省现代农业、产业项目、小微企业、战略性新兴产业、现代服务业、科技创新、民生和生态文明建设等重点领域发展。

一、金融运行情况

2012年，黑龙江省银行业、证券业、保险业稳健发展，信贷支持实体经济力度增强，金融市场交易活跃，融资结构持续优化，金融生态环境建设有序推进。

（一）银行体系稳健运行，信贷支持实体经济力度增强

2012年，全省银行业规模继续壮大，抗风险能力不断提升，存款适度增长，信贷支持实体经济重点突出，市场利率水平下降，跨境人民币业务向纵深推进。

1. 银行业规模效益持续提升，机构体系日趋完善。年末全省银行业金融机构资产总额为23 501.8亿元，增长22.2%；负债总额为22 802.8亿元，增长18.1%；实现净利润254.7亿元，同比多增41.6亿元。成功引进汇丰银行和法国兴业银行两家外资银行。村镇银行继续呈现快速扩张态势，当年新增5家，年末达到21家，金融服务体系覆盖全省城乡（见表1）。

表1 2012年黑龙江省银行业金融机构情况

机构类别	营业网点			法人机构（个）
	机构个数（个）	从业人数（人）	资产总额（亿元）	
一、大型商业银行	2 162	55 817	9 365.3	0
二、国家开发银行和政策性银行	90	2 591	3 185.1	0
三、股份制商业银行	91	2 953	1 742.2	0
四、城市商业银行	456	11 205	4 729.0	2
五、城市信用社	0	0	0.0	0
六、小型农村金融机构	1 960	25 085	2 399.2	81
七、财务公司	3	78	55.4	2
八、信托公司	1	1 232	62.3	1
九、邮政储蓄银行	1 672	14 111	1 854.4	0
十、外资银行	6	107	36.6	0
十一、新型农村金融机构	43	764	72.4	27
十二、其他	0	0	0.0	0
合　计	6 484	113 943	23 501.9	113

注：营业网点不包括国家开发银行和政策性银行、大型商业银行、股份制银行等金融机构总部数据；大型商业银行包括中国工商银行、中国农业银行、中国银行、中国建设银行和交通银行；小型农村金融机构包括农村商业银行、农村合作银行和农村信用社；新型农村金融机构包括村镇银行、贷款公司和农村资金互助社；“其他”包含金融租赁公司、汽车金融公司、货币金融公司、消费金融公司等。

数据来源：黑龙江银监局。

2. 存款适度增长，定期化和季节波动趋势明显。年末全省本外币各项存款余额同比增长14.7%，增速高于上年年末3.5个百分点。受工业经济效益下滑、企业中长期投资意愿减弱、金融市场投资风险加大等因素影响，单位和个人的定期存款增量高于活期存款645.3亿元。受金融机构季末考核影响，人民币存款“季末冲高、季后回

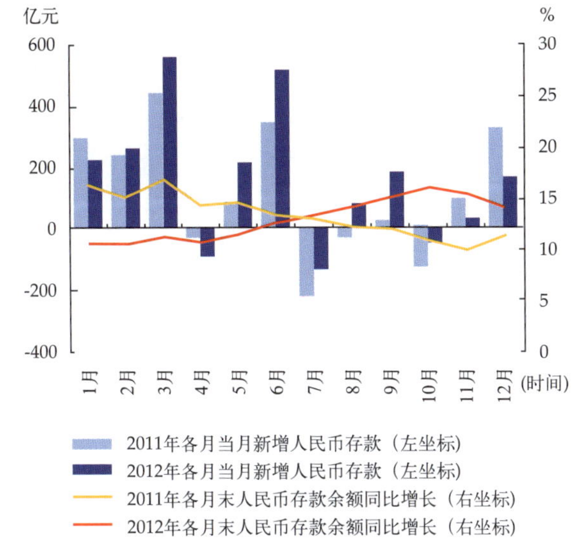

数据来源：中国人民银行哈尔滨中心支行。

图1　2011～2012年黑龙江省金融机构人民币存款增长

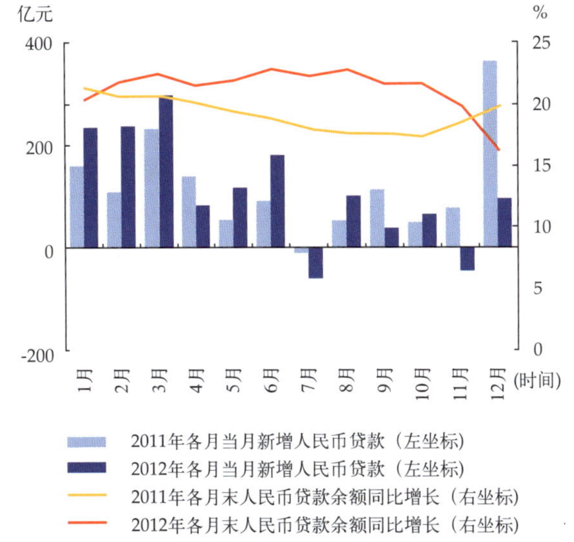

数据来源：中国人民银行哈尔滨中心支行。

图2　2011～2012年黑龙江省金融机构人民币贷款增长

落”现象明显（见图1）。

3. 贷款投向实体经济重点领域，短期贷款增势强劲。年末全省本外币各项贷款新增1 498.8亿元，与上年基本持平（见图2、图3）。现代农业、重点产业项目、中小企业、文化旅游、保障房建设等领域贷款增速均高于全部贷款增速，涉

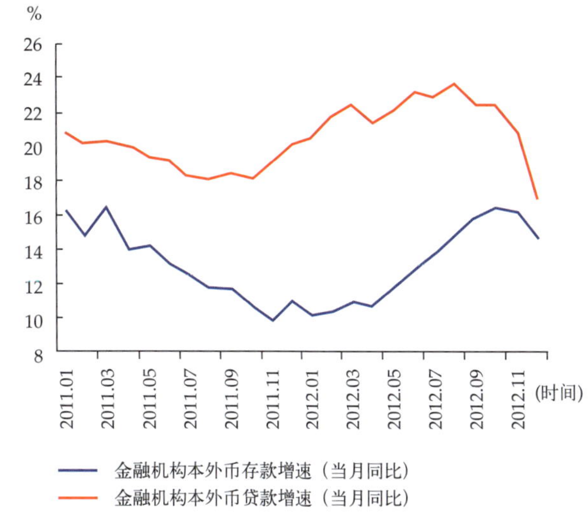

数据来源：中国人民银行哈尔滨中心支行。

图3　2011～2012年黑龙江省金融机构本外币存、贷款增速

农和产业项目新增贷款分别占全年新增量的40.4%和1.4%。全省年末融资平台贷款余额为1 981.9亿元，同比增长9.1%，贷款主要投向交通运输和市政建设。由于实体经济流动资金需求增长，全年短期贷款增速高于中长期贷款增速7.9个百分点。

4. 表外融资业务发展较快。2012年，受传统存贷款业务利润空间收窄、企业融资需求多元化等因素影响，银行业表外融资业务快速增长。其中，委托代理类业务同比增长72.8%；承兑汇票、保函、跟单信用证等担保类业务同比增长30.3%；衍生金融工具类业务同比增长184.2%。

5. 利率下行趋势明显，融资成本有所下降。年内中国人民银行2次下调存贷款基准利率，全省金融机构人民币贷款加权平均利率为8.41%，较年初下降0.82个百分点。年末金融机构执行基准利率下浮的人民币贷款占比较年初提升1.9个百分点（见表2）。存款利率浮动区间扩大后，法人金融机构根据自身条件确定上浮产品期限及浮动幅度。由于人民币汇率双边波动走势加剧，美元流动性增多，美元存、贷款利率小幅下行（见图4）。全省民间借贷全年加权平均利率同比下降1.3个百分点。

6. 县域金融改革深化，银行业抗风险能力增强。年末全省每县平均拥有7家银行机构、47家网

表2　2012年黑龙江省金融机构人民币贷款各利率区间占比

单位：%

月份		1月	2月	3月	4月	5月	6月
合计		26.26	23.34	15.06	27.04	24.11	34.43
[0.9，1.0)		6.79	5.31	1.24	3.81	1.32	8.07
1.0		19.47	18.03	13.82	23.23	22.79	26.36
上浮水平	小计	67.59	76.66	84.93	72.96	67.69	65.57
	(1.0，1.1]	14.67	14.21	13.05	12.93	21.50	17.55
	(1.1，1.3]	12.37	12.32	13.14	16.64	6.01	21.25
	(1.3，1.5]	7.93	13.86	17.54	11.36	10.85	6.84
	(1.5，2.0]	32.29	29.94	33.46	26.99	25.03	19.29
	2.0以上	6.48	6.33	7.74	5.04	4.30	0.64
月份		7月	8月	9月	10月	11月	12月
合计		38.39	35.61	38.32	40.86	36.78	32.89
[0.9，1.0)		12.75	10.47	8.38	13.88	12.64	8.70
1.0		25.64	25.14	29.94	26.98	24.14	24.19
上浮水平	小计	61.61	64.40	61.68	59.13	63.22	67.11
	(1.0，1.1]	10.31	11.05	10.75	10.84	9.55	7.83
	(1.1，1.3]	15.06	18.93	19.19	15.09	15.55	10.71
	(1.3，1.5]	4.46	6.19	5.15	5.46	4.40	3.79
	(1.5，2.0]	29.91	25.24	23.71	23.71	28.57	39.31
	2.0以上	1.87	2.99	2.88	4.03	5.15	5.47

注：2012年8～12月统计数据的下浮区间为[0.7，1.0)。

数据来源：中国人民银行哈尔滨中心支行。

点，在县域范围内形成了各类银行机构并存的金融组织体系，在全国率先实现银行机构乡镇全覆盖。农行“三农金融事业部”改革的管理架构和机制建设基本完成，县域经营活力、风险防控能力、金融服务能力明显增强。

银行业抗风险能力提升。全省银行业核心资本充足率为10.38%，同比上升1.47个百分点；流动比率为52.97%，同比上升6.69个百分点；不良贷款率为4.76%，同比下降1.6个百分点；资产利润率为1.38%，同比上升0.2个百分点。

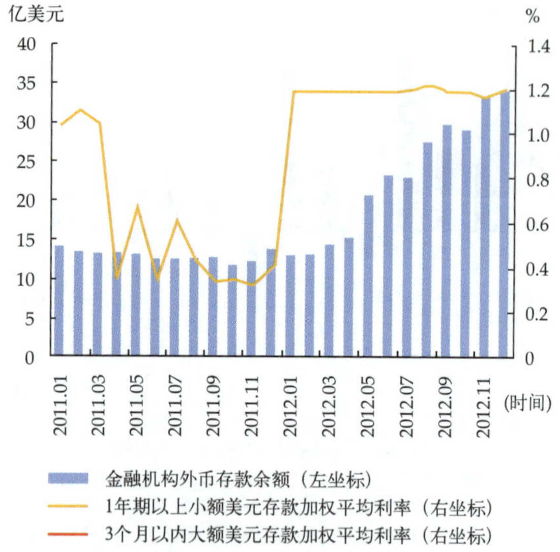

数据来源：中国人民银行哈尔滨中心支行。

图4　2011～2012年黑龙江省金融机构外币存款余额及外币存款利率

7. 跨境人民币业务向纵深推进。年末全省共有11个地（市）的14家银行和500多家企业开办跨境人民币业务，与黑龙江省发生跨境人民币实际收付业务的国家和地区达到43个，全省跨境人民币结算量累计达445.7亿元。全年本币结算中人民币结算量大幅上升，首次超过卢布达到30.8亿元，同比增长168%，占中俄本币结算总量的57%，比上年增长32.2个百分点，改变了长期以来中俄本币结算中卢布“一边倒”的局面。

专栏1　黑龙江省拓宽支农再贷款适用范围　全力助推现代农业发展

2012年，黑龙江省成为全国首批拓宽支农再贷款适用范围两家试点地区之一。中国人民银行哈尔滨中心支行深入开展调研，在全面了解掌握辖区特点和实际情况基础上，精心组织、全面部署，力争把支农再贷款推广到位、投放到位、创新到位、服务到位，经过努力，黑龙江省拓宽支农再贷款适用范围试点取得了良好成效。

一是与粮食收购相结合，确保农民增产变现。2012年，黑龙江省粮食生产获得“九连丰”，粮食产量为1 152亿斤。秋粮收购资金需求达到历史高峰，收购资金缺口日益凸显。哈尔滨中心支行积极发挥货币政策工具优势，灵活调整支持重点、整合存量资源，首次将支农再贷款专项投放于市区秋粮收购，全省6个农信社累计运用支农再贷款发放粮食收购贷款6亿元，有效地缓解了收购资金紧缺状况，确保了农民粮食及时变现和增收。

二是与科技创新相结合，推进农业科技示范推广。为贯彻落实中央1号文件精神、推进农业科技创新，哈尔滨中心支行将支农再贷款重点支持了哈尔滨市以城郊农业为特色的国家级农业科技园区，根据示范区开发项目及辐射区农民的资金需求，陆续投放3 000万元支农再贷款，用于大棚蔬菜种植，既带动了农民致富，又满足了哈尔滨市居民“菜篮子”需求，实现了经济效益和社会效益双丰收。

三是与金融产品创新相结合，促进农业生产方式转变。围绕全省现代农业发展战略，针对试点地区农业发展特点，哈尔滨中心支行积极组织全辖推广以农村合作组织为依托的土地承包经营权、大型农机具抵押贷款、粮食供应链贷款等信贷产品，全省运用支农再贷款投放市区水稻、养殖、大型农机等各类农村合作社近7亿元，助推农业生产方式转变。

四是与特色农业相结合，促进绿色农业做大做强。近年来，黑龙江省大力发展无公害农产品、绿色食品和有机食品生产和加工，全省绿色食品认证面积、国家级绿色食品原料标准化生产基地分别占全国约1/4和1/2。试点政策实施以来，支农再贷款优先支持绿色农业，全额满足市区绿色农业的信贷需求。在哈尔滨市等四地区累计运用支农再贷款发放绿色农业贷款3亿元，为黑龙江省绿色农业的产业化生产提供了有力支撑。

拓宽支农再贷款适用范围试点政策启动以来，中国人民银行哈尔滨中心支行在全省4个市区、6家机构投放了支农再贷款22亿元，既有效地提高了市区涉农金融机构资金的充裕度，引导信贷资金向现代农业领域转移，同时也积累了可交流推广的试点经验。

（二）证券机构平稳发展，经营效益同比下滑

2012年，黑龙江省证券业运行平稳，市场资源配置功能继续完善，市场主体经营实力进一步提升，整体盈利能力减弱。

1.证券业规模扩张。全省A股上市公司共计31家（见表3），同比增加1家，总市值为1 592.5亿元，同比增长14.6%。全省证券期货经营机构共计136家，同比增加5家；从业人员共计4 739人，同比增加839人；投资者开户数为230万户，同比增加10万户。

2.证券机构经营效益有所下降。受股市低迷影响，全年证券经营机构累计营业收入为10.7亿元，同比减少25.2%；累计净利润为1.8亿元，同比减少51%；累计交易额为10 499.3亿元，同比下降2.6%，其中，股票累计成交额为6 826.9亿元，同比下降29.5%。

表3　2012年黑龙江省证券业基本情况

项目	数量
总部设在辖内的证券公司数（家）	1
总部设在辖内的基金公司数（家）	0
总部设在辖内的期货公司数（家）	3
年末国内上市公司数（家）	31
当年国内股票（A股）筹资（亿元）	5.3
当年发行H股筹资（亿元）	0
当年国内债券筹资（亿元）	344.0
其中：短期融资券筹资额（亿元）	49.0
中期票据筹资额（亿元）	101.5

数据来源：中国人民银行哈尔滨中心支行、黑龙江证监局。

（三）保险市场运行良好，农业保险发展较快

2012年，全省保险业稳步增长，市场秩序持续向好，保险渗透率和保障水平不断提高，涉农保险业务积极推进。

1. 保险业主要指标增势良好。保险业省级以上保险公司机构达到39家，分支机构2 455家（见表4）。全年实现保费收入344.2亿元，同比增长8.3%；发生赔付98.3亿元，同比增长13.3%。保险深度为2.5%，保险密度为897.6元。

2. 全省农业保险增长较快。全年全省农业险实现保费收入22.2亿元，同比增长35.1%，高于上年同期17.8个百分点。

表4 2012年黑龙江省保险业基本情况

项目	数量
总部设在辖内的保险公司数（家）	1
其中：财产险经营主体（家）	1
人身险经营主体（家）	0
保险公司分支机构（家）	39
其中：财产险公司分支机构（家）	17
人身险公司分支机构（家）	22
保费收入（中外资，亿元）	344.1
其中：财产险保费收入（中外资，亿元）	99.3
人身险保费收入（中外资，亿元）	244.9
各类赔款给付（中外资，亿元）	98.3
保险密度（元/人）	897.6
保险深度（%）	2.5

数据来源：黑龙江保监局。

（四）金融市场交易活跃，融资结构逐步优化

2012年，全省金融市场交易活跃，融资产品日益丰富，直接债务融资发展迅速，金融市场在改善融资结构和加强资金融通中的作用有效发挥。

1. 融资结构进一步优化。全年非金融企业直接融资规模大幅提高，直接融资占比较同期上升10.1个百分点（见表5）。非公开定向债务融资工具在银行间债券市场首次发行。中国银行间市场交易商协会与黑龙江省政府、中国人民银行哈尔滨中心支行签订了《借助银行间市场助推黑龙江省经济发展合作备忘录》，在东北三省首先建立了推动企业直接债务融资发展的稳固平台和长效机制。

2. 同业拆借和债券市场交易活跃。全年同业拆借市场完成拆借1 634.7亿元，同比增长104.8%，

表5 2001～2012年黑龙江省非金融机构部门融资结构

单位：亿元、%

年份	融资量	比重		
		贷款	债券（含可转债）	股票
2001	214.8	100.0	0	0
2002	156.7	88.8	0	11.2
2003	264.1	100.0	0	0
2004	99.1	100.0	0	0
2005	138.3	82.6	17.4	0
2006	323.8	97.3	2.7	0
2007	339.0	89.4	8.3	2.3
2008	760.9	93.8	1.6	4.6
2009	1 619.4	96.7	3.0	0.3
2010	1 407.1	88.4	1.8	9.8
2011	1 626.5	91.2	7.3	1.5
2012	1 848.1	81.1	18.6	0.3

数据来源：中国人民银行哈尔滨中心支行。

其中，拆出资金同比增长273.8%。全年债券市场共交易债券77 265.9亿元，同比增长95.4%，其中，融出资金同比增长134.2%。

3. 票据市场融资规模大幅增长。受中长期信贷需求不足、票据融资成本降低等因素影响，全省票据融资业务量快速攀升（见表6）。贴现、转贴现利率下行趋势明显（见表7）。中国人民银行再贴现投放增长36.3%，票据支持“三农”及中小企业占比上升。

（五）征信系统运行平稳，金融基础设施建设有序推进

1. 全省征信系统覆盖面继续扩大。年末企业征信系统已收录全省企业及其他组织15.7万户，同比增长4.7%；接入企业征信系统金融机构网点共计2 634个，开通查询用户2 466个；个人征信系统共收录2 499万自然人信息，同比增长2.4%。

2. 中小企业信用体系建设稳步推进。推广大庆市中小企业信用体系试验区经验，强化信用信息在促进中小企业融资中的作用。年末全省已采集入库中小企业信用档案3.3万户，其中3 696户累计获得银行贷款933.3亿元。

表6　2012年黑龙江省金融机构票据业务量统计

单位：亿元

季度	银行承兑汇票承兑		贴现			
			银行承兑汇票		商业承兑汇票	
	余额	累计发生额	余额	累计发生额	余额	累计发生额
1	735.9	623.7	385.1	988.2	1.4	16.2
2	856.3	945.6	544.3	2 309.0	4.4	24.5
3	909.9	1 254.1	486.3	3 507.1	3.9	43.9
4	994.0	1 562.8	387.3	5 142.4	8.7	46.5

数据来源：中国人民银行哈尔滨中心支行。

表7　2012年黑龙江省金融机构票据贴现、转贴现利率

单位：%

季度	贴现		转贴现	
	银行承兑汇票	商业承兑汇票	票据买断	票据回购
1	6.97	8.37	7.26	6.05
2	5.27	6.37	5.41	4.89
3	5.30	4.73	5.43	4.78
4	5.72	5.72	4.88	4.76

数据来源：中国人民银行哈尔滨中心支行。

3. 农村信用体系建设步伐加快。推动以县域为基础、农民专业合作社为依托的农村信用体系建设模式。年末全省涉农金融机构共为388万农户建立了信用档案，其中178万农户录入农户电子信用档案信息管理及评分系统，128万信用评分良好的农户得到贷款支持，贷款余额为440亿元。

4. 金融基础设施建设扎实推进。年末全省共有支付系统直接参与者45家、间接参与者2 749家、代理间接参与者68家、无户特许参与者1家；全省银行卡发卡总量达到8 126万张，布放POS机10.6万台、ATM9 174台，福农卡发卡机构数量位列全国第一。农村支付环境建设成效显著，形成了"政府支持、央行推动、银行参与，农民受益"的工作机制，年末农村居民人均持有1.1张银行卡，全省实现金融支付终端行政村覆盖率100%。全国标准模式的助农取款服务在黑龙江省率先上线，年末全省共有助农取款服务点7 576个。全省已有6个地区成为全国首批农村手机支付推广应用试点地区。

二、经济运行情况

2012年，面对全球经济复苏乏力、国内经济增速趋稳的复杂形势，黑龙江省继续推进"八大经济区"和"十大工程"建设，加大产业项目建设，经济总体呈现企稳上行的发展态势。全年实现地区生产总值13 691.6亿元，同比增长10%（见图5）。

（一）内需拉动作用明显，外需疲弱逆差扩大

内需仍然是经济增长的主要推动力，外需受国际金融危机的持续影响走势疲软，市场需求总体呈现内强外弱态势。

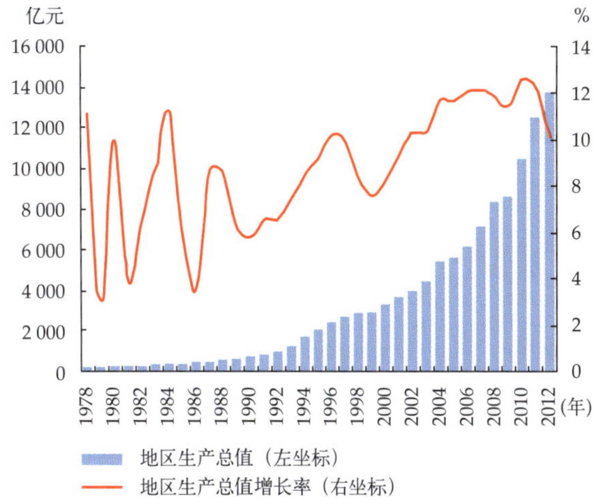

数据来源：《黑龙江统计年鉴》、《黑龙江统计月报》。

图5　1978～2012年黑龙江省地区生产总值及其增长率

1. 投资保持较高增幅。受产业项目建设带动作用，全年完成固定资产投资9 695.4亿元，增长30.0%（见图6）。其中，民间投资为5 561.2亿元，增长50.5%，占全省投资的56.9%。固定资产投资主要投向装备制造等主导产业以及新能源、新材料等新兴产业。

2. 消费保持平稳增长。全年城镇和农村居民人均可支配收入同比增长分别是13.1%和13.3%，不断提高的城乡居民收入水平进一步增强了居民消费能力。同时，在文化娱乐、网上购物、信用

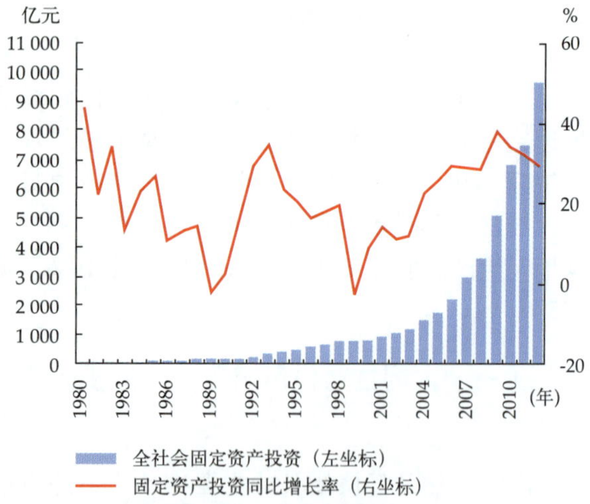

数据来源：《黑龙江统计年鉴》、《黑龙江统计月报》。

图6　1980～2012年黑龙江省固定资产投资及其增长率

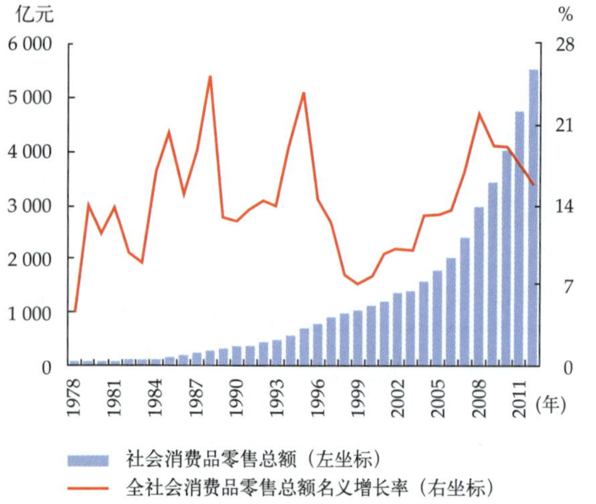

数据来源：《黑龙江统计年鉴》、《黑龙江统计月报》。

图7　1978～2012年黑龙江省社会消费品零售总额及其增长率

消费等促销活动带动下，全年实现社会消费品零售总额5 491.0亿元，同比增长15.9%（见图7）。城镇居民仍然是消费的主体，占据消费市场近90%的份额。用品类、食品类等基本生活消费仍然是消费重点。

3. 外贸逆差扩大。受全球经济增势放缓、外需疲软等因素影响，全年实现进出口总值378.2亿美元，增速同比下降1.8个百分点，低于全国进出口增速8个百分点。全年贸易逆差为89.4亿美元，比上年增加57.7亿美元（见图8）。受俄罗斯“入世”、中俄经贸合作扩大等因素影响，全年实现对俄进出口额213.1亿美元，增长12.2%。

利用外资稳步增长，全年实际利用外资39.9亿美元，增长15.5%。其中，外商直接投资为39亿美元，增长20.1%（见图9）。境外投资以俄罗斯为主，集中投向石油、天然气、木材加工等资源型行业。

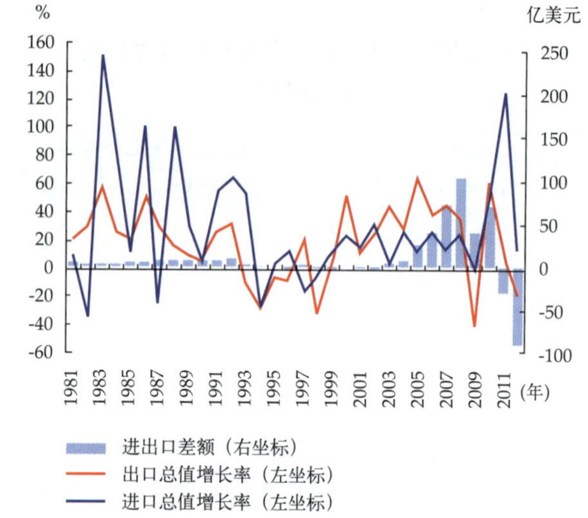

数据来源：《黑龙江统计年鉴》、《黑龙江统计月报》。

图8　1981～2012年黑龙江省外贸进出口变动情况

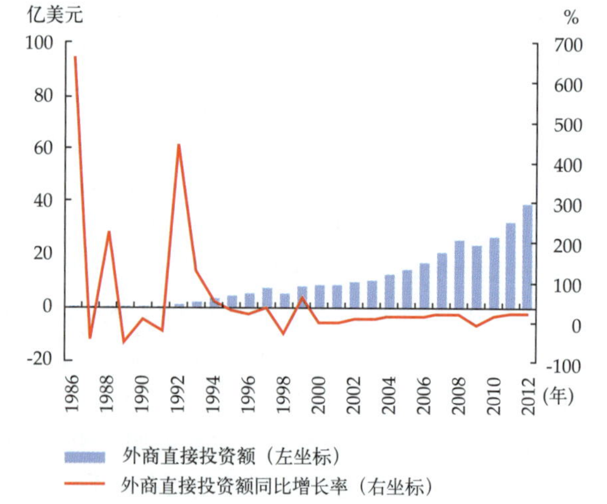

数据来源：《黑龙江统计年鉴》、《黑龙江统计月报》。

图9　1986～2012年黑龙江省外商直接投资额及其增长率

（二）工业生产企稳回升，农业和服务业稳步增长

2012年，全省把稳增长放在更加重要的地位。第一、第二、第三产业增加值同比分别增长6.5%、10.2%、10.7%。农业再获丰收，工业生产逐月回升，服务业稳步发展。

1. 农业生产顺利进行。2012年，全省积极落实各项惠农政策，粮食生产再获丰收，总产量实现了“九连增”，达到1 152亿斤，较上年增加38亿斤，粮食增量、总产量、商品量和调出量四项指标全国第一，全国第一产粮大省地位进一步巩固。

2. 工业生产增速逐月回升。年初受外需低迷、订单减少、成本上升等因素影响，全省工业生产低速开局，之后积极调整结构，工业增加值增速持续上行。全年实现工业增加值4 759.9亿元，同比增长10.5%（见图10）。新兴产业成为亮点，六大战略性新兴产业实现增加值455.7亿元，同比增长15.1%，高于全省规模以上工业增加值增速4.6个百分点。

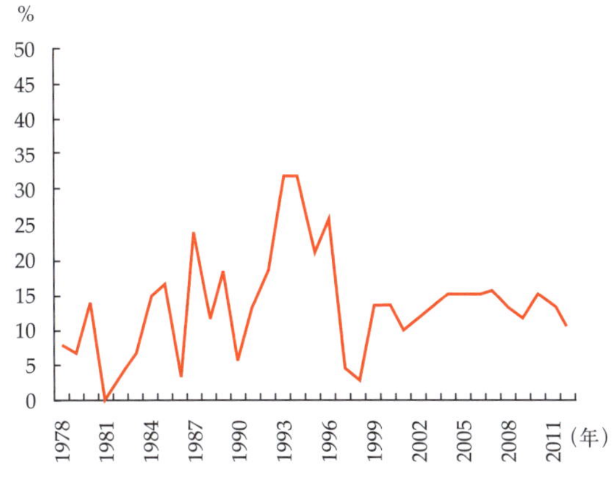

数据来源：黑龙江省统计局。

图10　1978～2012年黑龙江省规模以上工业增加值同比增长率

3. 服务业稳步发展。传统服务业稳步发展。旅游业加快发展，实现接待国内旅游者数量和国内旅游收入双增长，增速分别达到24.4%和20.9%。金融业地位进一步增强，全年实现增加值431.8亿元，同比增长20.7%。

（三）市场物价稳中有降，通胀压力明显缓解

2012年，受国家货币政策和房地产市场调控以及财政补贴增加、市场规范等措施推动，全省物价涨幅稳中有降。

1. 居民消费价格涨幅回落。居民消费价格指数比上年上涨3.2%，涨幅同比回落2.6个百分点。其中，食品类价格增长5.5%，涨幅同比回落6.9个百分点，仍是拉动CPI上涨的主要因素。

2. 生产价格平稳运行。受外需不振、企业订单减少、工业生产低速开局等因素影响，全省工业生产者购进价格指数同比下降1.2%，工业生产者出厂价格指数与上年同期基本持平（见图11）。

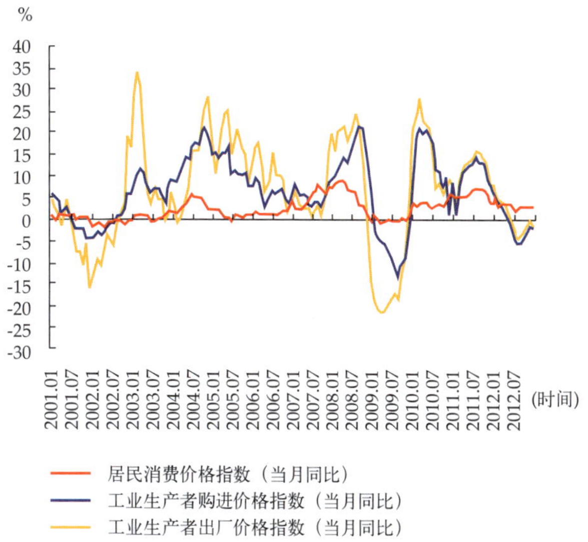

数据来源：黑龙江省统计局。

图11　2001～2012年黑龙江省居民消费价格和生产者价格变动趋势

3. 劳动力价格持续上涨。受最低工资标准调高、重体力劳动供给不足等因素影响，全年城镇非私营单位就业人员平均工资达到36 406元，同比增长16.3%。

4. 资源性产品价格下跌。受钢铁、电力等下游行业经营陷入低迷影响，煤炭价格第二季度开始大幅下跌，全年煤炭销量同比下降9.6%，煤炭综合平均价格同比下降约33%。全年大庆油田原油平均

价格为5 862元/吨，比上年下降148元/吨。全年成品油共调整八次价格，全年均价为8 356元/吨。

（四）财政收入低速增长，财政支出突出“稳增长”和“保民生”

2012年，受工业经济增速放缓、结构性减税和房地产调控政策影响，全省地方财政收入为1 630.0亿元，仅增长0.6%，其中，公共财政收入为1 163.2亿元，增长16.6%（见图12）。地方财政支出为3 696.2亿元，同比增长8.8%，其中，公共财政支出为3 171.5亿元，增长13.5%，主要向稳增长、保民生方向倾斜，教育、社会保障和就业、农林水事务、住房保障支出大幅增长。

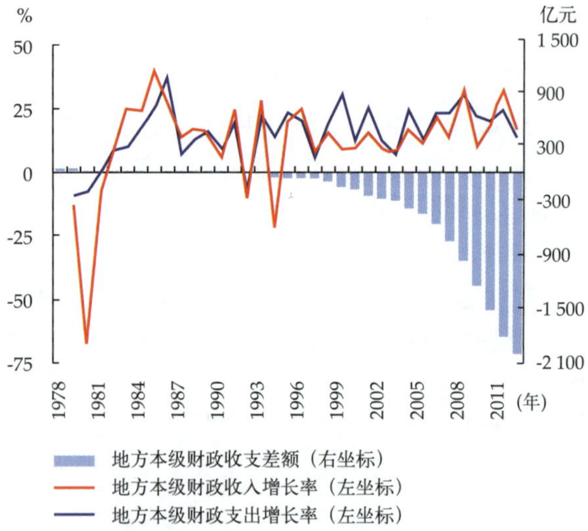

数据来源：《黑龙江统计年鉴》、《黑龙江统计月报》。

图12　1978～2012年黑龙江省财政收支状况

（五）生态文明积极推进，环境治理成效突出

2012年，全省生态文明建设进一步推进，单位生产总值综合能耗下降3.5%，化学需氧量、氨氮、二氧化硫和氮氧化物排放量分别下降4.9%、3.9%、1.5%和0.4%。污染减排取得新成效，建成污水处理厂107座，污水日处理能力达到377.9万吨，同比增加30万吨。松花江流域水质持续改善。完成植树造林351万亩，新增湿地保护区3万公顷，完成水土流失治理270万亩，治理“三化”草原22万亩，各类自然保护区达到212个，总面积为658万公顷。

专栏2　金融支持黑龙江省保障房建设成效显著

保障性安居工程建设是近年来黑龙江省委、省政府全力推进的“一号民生工程”。2012年年初，全省确定全年保障性安居工程新开工任务达到52万套、保障性安居工程建设任务达到98万套，资金筹措的压力与日俱增。中国人民银行哈尔滨中心支行着力发挥信贷政策窗口指导作用，通过下发指导意见、组织召开政银企对接会和金融机构座谈会等多种形式，鼓励和引导全省银行业金融机构在风险可控的前提下，形成了齐心协力集中信贷资金支持保障性安居工程建设的良好局面。

一是金融机构参与度较高。全省共有包括政策性银行、国有商业银行、股份制商业银行、城市商业银行和农村信用社在内的12家银行机构为住房保障项目提供了信贷支持。其中，政策性银行是金融支持全省保障性住房建设的主力军。另外，由于新建住宅中需要配建一定比例的保障性住房，各金融机构在发放房地产开发贷款的同时，也间接支持了保障性住房建设。

二是金融支持覆盖面较广。2012年，各金融机构累计支持了包括棚户区改造、经济适用住房、限价商品房、廉租住房、公共租赁住房以及农村危房改造在内的6类86个保障性住房建设项目，范围涵盖全省12个市（地）以及农垦、森工和铁路系统，覆盖面较广。其中，各类棚户区改造项目是信贷支持的重点。2012年末，此类贷款余额占全部保障性住房建设贷款的89%。

三是借款主体以政府融资平台为主。国家

开发银行黑龙江省分行采取以省级综合类融资平台为借款人的统贷模式和以地市级融资平台为借款人的直贷模式，先后支持了全省11个市(地)的保障性住房建设项目。中国农业发展银行黑龙江省分行通过为市、县两级平台发放贷款，支持了城市周边地区棚户区改造项目和农村危房改造项目。其他金融机构则通过直接发放项目贷款方式，支持了保障性住房建设。

2012年，黑龙江省投放保障性安居工程贷款共计127.7亿元，比上年多投35亿元，同比增长37.8%，创历史新高；共支持了全省12个地区以及农垦、森工等6大类86个保障性住房项目建设，实现了区域和类型的全覆盖；参与金融机构数量达到了12家，形成了以政策性金融机构为主，国有商业银行、股份制商业银行和地方性金融机构多点开花的信贷投放格局。在银行信贷的大力支持下，全省全年保障性安居工程开工54.6万套，开工率达到104.4%，竣工48万套，完成投资811.9亿元，超额完成了年度总目标，保障性安居工程建设总量实现连续五年全国第一。

（六）房地产业放缓趋稳，房地产贷款增速回落

2012年，受国家房地产调控政策影响，全省商品房销售势头持续放缓，房地产价格涨幅进一步趋缓，保障性住房开发投资进一步加快，房地产贷款增速持续回落，全省房地产市场呈现量平价缓的趋势。

房地产开发投资增速放缓。全省全年完成房地产开发投资1 535.8亿元，同比增长25.1%，增速比上年下降19.5个百分点。保障性住房开发投资进一步加快，全年保障性安居工程投资811.9亿元，超额完成全年建设任务。

房地产开发规模大幅下降。全年购置土地面积为780.6万平方米，同比下降46.1%。房屋新开工面积为5 074.3万平方米，同比下降30.2%。全年房屋竣工面积为3 245.7万平方米，同比仅增长0.4%，其中，住宅竣工面积为2 646.2万平方米。

商品房销售势头持续放缓。销售面积和销售额增速自2011年以来持续下降。全年商品房销售面积为3 806.8万平方米，同比增长10.9%，增速比上年下降13.9个百分点。商品房销售额为1 548.3亿元，同比增长13.7%，增速比上年下降20.4个百分点（见图13）。

房地产价格涨幅趋缓。受国家房地产市场调控政策影响，房地产市场供求关系发生变化，商品房销售价格涨幅趋缓，全年商品房销售价格同比上涨1.7%，涨幅比上年回落5.9个百分点（见图14）。

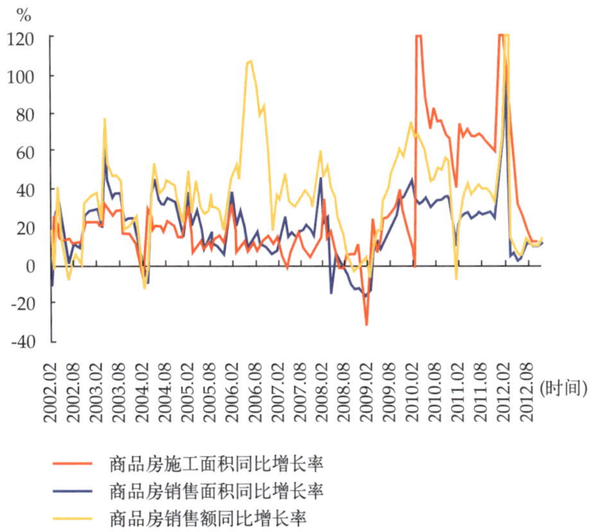

数据来源：《中国经济景气月报》。

图13　2002～2012年黑龙江省商品房施工和销售变动趋势

房地产贷款增速回落。年末全省房地产贷款余额为1 536.1亿元，同比增长24.1%，增速比上年下降11.4个百分点。房地产开发贷款余额为480.1亿元，同比增长38.2%，其中，保障性住房开发贷款余额为204.8亿元，同比增长74.7%。个人住房贷款余额为969.2亿元，同比增长18.2%，增速比上年回落13.4个百分点。

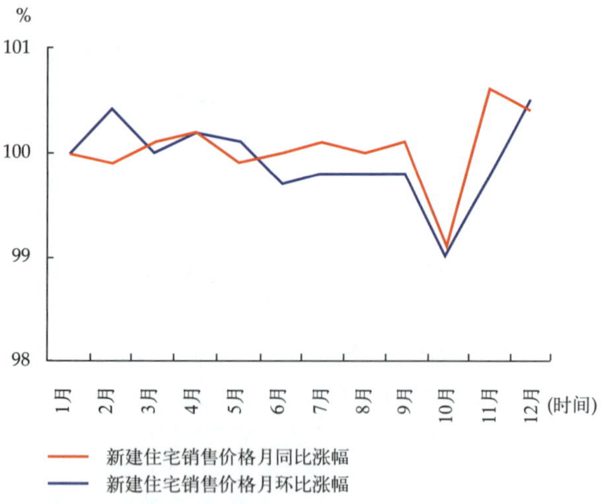

数据来源：《中国经济景气月报》。

图14　2012年哈尔滨市新建住宅销售价格变动趋势

三、预测与展望

2013年是全面贯彻落实党的十八大精神的开局之年，黑龙江省有望保持稳中有进的发展态势。一方面，国内外经济形势依然错综复杂，全球经济继续缓慢复苏带来市场需求增长乏力，主要经济体持续超宽松的货币政策带来的输入性通胀压力和国内要素成本上升带来的成本通胀压力不可忽视；另一方面，国家大力推进城镇化、信息化、工业化和农业现代化建设，保持对稳增长、调结构、促改革、惠民生的支持强度，为黑龙江省加快发展提供了有力的政策支撑。

2013年，黑龙江省将围绕科学发展的主题和加快转变经济发展方式的主线，以提高经济增长质量和效益为中心，继续扎实推进“八大经济区”、“十大工程”建设，全力构建“十大重点产业”为主体的现代产业体系。全年将以推进600个重点产业项目建设为契机，拉动投资和消费；以改造提升“老字号”、深层次开发“原字号”、培育壮大“新字号”为途径，加快工业结构调整；以深抓粮食生产和农业产业化、培育新型经营主体和多渠道增加农民收入为落脚点，发展现代化大农业；以抓好基础设施建设为引擎，推进城镇化建设；以实施创新驱动和生态建设发展战略为指引，加快转变发展方式。预计2013年黑龙江省地区生产总值增长11%，居民消费价格增长3.5%。

2013年，全省金融机构将认真贯彻落实稳健的货币政策，服务实体经济的融资需求。贷款总量和社会融资规模将保持合理适度增长，直接融资占比提升，信贷投向结构进一步优化，融资结构趋于多元化，金融产品创新加快，更好地服务地方经济发展和经济结构调整大局。

中国人民银行哈尔滨中心支行货币政策分析小组
总　纂：王　迅　张会元
统　稿：管公明　王　舵　高　磊
执　笔：刘　畅　周　锐　杜志文　何延伟　马　辉　张　杰　海　平　黄海洋　刘福军　王　迟
李婷婷　常云峰　周媛媛　何小川　杨　捷　孙丽颖　李　丹　孟丽丽　卢　刚　刘　恕
提供材料的还有：甘　雨　孙　杨　孙晓丹　杜艳艳

附录

（一）2012年黑龙江省经济金融大事记

6月15日至18日，第23届中国哈尔滨国际经济贸易洽谈会在哈尔滨举行，共签订各类涉外合同137.6亿美元，签订合作项目总额达2 636.8亿元人民币。

11月26日，黑龙江省金融消费权益保护工作新闻发布会暨金融消费权益保护承诺发布仪式在哈尔滨举行，全省金融消费权益保护工作正式拉开帷幕。

12月1日，位于全国最北端、贯穿东北三省、全长921公里的哈大高铁正式开通运营，成为世界上第一条正式运营的穿越高寒地区的高速铁路。

12月5日，中国银行间市场交易商协会、中国人民银行哈尔滨中心支行、黑龙江省人民政府金融办三方联合签署了《借助银行间市场助推黑龙江省经济发展合作备忘录》，在东北三省首家建立了推动企业直接债务融资的稳固平台和长效机制。

2012年，黑龙江省粮食产量达到1 152亿斤，比上年增加38亿斤，连续九年获得大丰收，粮食增量、总产量、商品量和调出量四项指标全国第一，全国第一产粮大省地位进一步巩固。

2012年，黑龙江省保障性安居工程建设完成投资811.9亿元，开工54.6万套、竣工48万套，工程总量连续五年居全国第一。

2012年，黑龙江省产业项目建设成效显著，全年建设产业项目超过6 000个，省级重点产业园区累计21个。

2012年，黑龙江省实现新型农村社会养老保险和城镇居民社会养老保险制度全覆盖。

2012年，“龙江乡村便捷支付”工程取得突破性进展。全省农村地区人均持卡量超过1张，金融支付终端行政村覆盖率达到100%。

（二）2012年黑龙江省主要经济金融指标

表1　2012年黑龙江省主要存贷款指标

		1月	2月	3月	4月	5月	6月	7月	8月	9月	10月	11月	12月
本外币	金融机构各项存款余额（亿元）	14 631.8	14 898.5	15 468.9	15 385.3	15 638.6	16 174.6	16 044.9	16 153.8	16 350.7	16 300.2	16 365.6	16 540.7
	其中：储蓄存款	8 554.9	8 697.3	8 962.6	8 869.3	8 881.7	9 091.4	8 921.9	8 953.8	9 078.8	8 973.8	9 014.3	9 325.0
	单位存款	5 304.7	5 560.5	5 899.5	5 807.9	5 954.5	6 252.8	6 060.8	6 101.3	6 244.1	6 227.9	6 262.7	6 646.0
	各项存款余额比上月增加（亿元）	216.3	266.7	570.4	-83.6	253.3	536.0	-129.8	109.0	196.9	-50.6	65.4	175.1
	金融机构各项存款同比增长（%）	10.2	10.4	10.9	10.6	11.8	12.9	13.7	14.8	15.9	16.5	16.2	14.7
	金融机构各项贷款余额（亿元）	8 987.8	9 227.9	9 536.3	9 628.9	9 779.0	9 998.0	9 942.2	10 083.6	10 140.3	10 201.2	10 157.9	10 259.9
	其中：短期	3 671.6	3 813.3	4 024.0	4 038.9	4 055.8	4 155.9	4 070.3	4 090.6	4 143.8	4 138.0	4 109.6	4 279.1
	中长期	4 935.0	4 968.3	5 033.1	5 069.0	5 141.9	5 200.3	5 227.5	5 313.8	5 379.4	5 467.5	5 486.5	5 497.9
	票据融资	333.1	398.4	431.2	473.1	528.3	576.8	579.2	600.0	537.0	515.9	482.5	403.8
	各项贷款余额比上月增加（亿元）	226.7	240.2	308.4	92.5	150.1	219.1	-55.9	141.5	56.7	60.9	-43.3	102.1
	其中：短期	131.4	141.7	210.7	14.9	16.9	100.1	-85.6	20.3	53.2	-5.8	-28.5	169.6
	中长期	53.4	33.3	64.9	35.9	72.9	58.4	27.3	86.3	65.6	88.1	19.0	11.4
	票据融资	42.7	65.3	32.8	41.9	55.2	48.5	2.4	20.9	-63.0	-21.2	-33.3	-78.8
	金融机构各项贷款同比增长（%）	20.4	21.8	22.5	21.6	22.3	23.4	22.9	23.8	22.7	22.5	21.0	17.1
	其中：短期	23.4	25.3	25.3	24.0	23.4	24.9	24.3	25.3	24.2	23.6	24.9	20.6
	中长期	17.7	16.7	16.1	14.4	14.6	14.2	13.3	14.0	14.0	14.3	13.3	12.8
	票据融资	28.1	64.6	113.0	144.1	184.3	214.7	261.6	232.4	214.3	240.8	127.1	39.0
	建筑业贷款余额（亿元）	101.8	101.7	101.5	103.8	116.0	123.6	127.1	130.7	143.6	143.8	137.3	140.3
	房地产业贷款余额（亿元）	211.0	231.6	240.2	238.2	244.0	250.6	269.2	291.1	324.6	341.1	336.7	338.9
	建筑业贷款同比增长（%）	0.6	0.6	0.6	0.6	0.8	0.8	0.9	0.6	0.8	0.8	0.6	0.3
	房地产业贷款同比增长（%）	0.3	0.3	0.3	0.3	0.4	0.3	0.4	0.5	0.6	0.7	0.7	0.7
人民币	金融机构各项存款余额（亿元）	14 550.5	14 818.0	15 377.6	15 289.5	15 507.1	7 386.5	15 898.2	15 978.4	16 161.2	16 117.5	16 155.0	16 326.6
	其中：储蓄存款	8 505.2	8 648.7	8 912.0	8 818.1	8 828.9	3 199.2	8 870.4	8 902.7	9 027.6	8 920.7	8 959.9	9 269.2
	单位存款	5 277.4	5 532.8	5 862.9	5 767.8	5 880.4	3 613.9	5 970.7	5 984.0	6 110.3	6 102.7	6 113.3	6 491.5
	各项存款余额比上月增加（亿元）	222.9	267.5	559.6	-88.2	217.6	281.8	-128.3	80.3	182.8	-43.7	37.5	171.6
	其中：储蓄存款	357.8	143.5	263.3	-93.9	10.8	117.6	-168.2	32.3	125.0	-107.0	39.2	309.3
	单位存款	-440.8	255.4	330.2	-95.1	112.6	175.2	-191.2	13.3	126.3	-7.7	10.6	378.2
	各项存款同比增长（%）	10.4	10.4	11.0	10.6	11.5	12.5	13.3	14.1	15.2	15.9	15.4	14.0
	其中：储蓄存款	12.2	13.0	12.4	12.8	13.3	13.8	14.0	15.3	15.0	15.6	15.0	13.8
	单位存款	5.2	8.4	8.9	6.6	6.9	7.6	7.4	6.0	8.6	10.5	10.9	13.5
	金融机构各项贷款余额（亿元）	8 781.9	9 022.1	9 322.7	9 409.9	9 529.4	5 385.8	9 652.1	9 756.0	9 793.4	9 857.4	9 811.5	9 906.7
	其中：个人消费贷款	1 084.0	1 083.9	1 094.4	1 097.6	1 112.2	611.3	1 135.4	1 158.1	1 192.5	1 212.2	1 243.7	1 260.1
	票据融资	333.1	398.4	431.2	473.1	528.3	440.6	579.2	600.0	537.0	515.9	482.5	403.8
	各项贷款余额比上月增加（亿元）	233.2	240.2	300.6	87.2	119.5	138.5	-61.0	103.8	37.4	64.0	-45.9	95.2
	其中：个人消费贷款	4.6	-0.1	10.5	3.2	14.7	5.5	10.3	22.7	34.4	19.8	31.5	16.4
	票据融资	42.7	65.3	32.8	41.9	55.2	44.3	2.4	20.9	-63.0	-21.2	-33.3	-78.8
	金融机构各项贷款同比增长（%）	20.4	21.8	22.4	21.5	22.0	22.9	22.3	22.8	21.6	21.6	19.9	15.9
	其中：个人消费贷款	25.0	24.0	21.5	19.6	18.8	17.5	16.7	16.9	17.4	16.5	16.8	16.7
	票据融资	28.1	64.6	113.0	144.1	184.3	214.7	261.6	232.4	214.3	240.8	127.1	39.0
外币	金融机构外币存款余额（亿美元）	12.9	12.8	14.5	15.3	20.8	23.4	23.2	27.7	29.9	29.0	33.5	34.1
	金融机构外币存款同比增长（%）	-10.7	2.0	8.9	14.8	58.4	81.0	94.6	139.1	125.6	114.2	145.2	144.1
	金融机构外币贷款余额（亿美元）	32.6	32.7	33.9	34.9	39.4	45.1	45.8	51.7	54.7	54.6	55.1	56.2
	金融机构外币贷款同比增长（%）	27.5	27.2	32.0	28.3	34.6	43.3	46.1	60.9	64.1	54.3	65.5	66.7

数据来源：中国人民银行哈尔滨中心支行。

表2 2001～2012年黑龙江省各类价格指数

单位：%

年/月	居民消费价格指数		农业生产资料价格指数		工业生产者购进价格指数		工业生产者出厂价格指数	
	当月同比	累计同比	当月同比	累计同比	当月同比	累计同比	当月同比	累计同比
2001	—	0.8	—	-1.1	—	-0.5	—	-4.0
2002	—	-0.7	—	-0.3	—	-0.7	—	-2.2
2003	—	0.9	—	1.8	—	7.6	—	11.9
2004	—	3.8	—	12.0	—	15.2	—	13.1
2005	—	1.2	—	8.6	—	11.8	—	16.7
2006	—	1.9	—	1.9	—	5.6	—	9.9
2007	—	5.4	—	9.4	—	5.0	—	5.3
2008	—	5.6	—	22.7	—	14.1	—	14.0
2009	—	0.2	—	-5.8	—	-6.6	—	-12.6
2010	—	3.9	—	5.6	—	14.5	—	15.0
2011	—	5.8	—	10.2	—	11.1	—	12.0
2012	—	3.2	—	7.8	—	-1.2	—	0.0
2011 1	5.4	5.4	4.6	4.6	7.7	7.7	8.2	8.2
2	5.4	5.4	6.0	5.3	8.7	8.2	9.1	8.6
3	5.4	5.4	10.0	6.9	11.8	9.4	12.0	9.8
4	5.7	5.5	10.9	7.9	11.9	10.0	13.2	10.6
5	5.9	5.6	11.2	8.6	12.7	10.6	13.4	11.2
6	6.9	5.8	12.6	9.3	12.8	10.9	13.7	11.6
7	7.1	6.0	11.8	9.6	14.0	11.4	15.6	12.2
8	7.2	6.1	10.9	9.8	13.4	11.6	15.7	12.6
9	7.0	6.2	11.9	10.0	13.0	11.8	14.3	12.8
10	6.3	6.2	11.3	10.2	11.4	11.7	12.9	12.8
11	4.2	6.0	10.4	10.2	8.0	11.4	8.2	12.4
12	3.7	5.8	10.2	10.2	7.6	11.1	8.1	12.0
2012 1	4.5	4.5	10.1	10.1	4.9	4.9	5.4	5.4
2	3.2	3.9	10.8	10.4	3.9	4.4	4.6	5.0
3	3.7	3.8	7.7	9.5	2.5	3.7	4.4	4.8
4	3.7	3.8	6.8	8.8	1.1	3.0	3.2	4.4
5	3.4	3.7	7.4	8.5	-1.7	2.1	0.0	3.5
6	2.5	3.5	5.5	8.0	-3.1	1.2	-1.7	2.6
7	2.2	3.3	5.7	7.6	-5.1	0.3	-4.3	1.6
8	2.9	3.3	6.7	7.5	-5.7	-0.5	-4.8	0.8
9	3.1	3.2	7.3	7.5	-3.9	-0.9	-2.6	0.4
10	2.9	3.2	8.5	7.6	-2.9	-1.1	-1.7	0.2
11	2.8	3.2	8.8	7.7	-1.4	-1.1	-0.2	0.1
12	3.2	3.2	8.5	7.8	-2.2	-1.2	-1.5	0.0

数据来源：黑龙江省统计局、《中国经济景气月报》。

表3 2012年黑龙江省主要经济指标

	1月	2月	3月	4月	5月	6月	7月	8月	9月	10月	11月	12月
绝对值（自年初累计）												
地区生产总值（亿元）	—	—	2 461.3	—	—	5 471.7	—	—	8 391.8	—	—	13 691.6
第一产业	—	—	—	—	—	—	—	—	—	—	—	2 113.7
第二产业	—	—	—	—	—	—	—	—	—	—	—	6 456.4
第三产业	—	—	—	—	—	—	—	—	—	—	—	5 121.4
工业增加值（亿元）	—	662.8	1 095.2	1 498.9	1 817.7	2 260.4	2 613.5	2 997.6	3 401.7	3 827.6	4 269.9	4 759.9
固定资产投资（亿元）	—	30.9	191.5	496.1	1 058.7	2 126.4	3 055.4	3 944.2	5 087.9	6 391.5	7 540.4	9 695.4
房地产开发投资	—	8.3	27.2	83.0	198.3	378.2	568.5	805.3	999.5	1 196.8	1 343.5	1 535.8
社会消费品零售总额（亿元）	—	879.9	1 271.7	1 611.1	2 036.8	2 478.9	2 881.5	3 318.7	3 814.6	4 323.5	4 843.6	5 491.0
外贸进出口总额（万美元）	245 033.8	505 413.0	861 619.8	1 165 919.3	1 481 470.3	1 785 023.9	2 075 280.5	2 400 384.3	2 689 685.6	2 984 670.6	3 278 973.6	3 782 146.1
进口	162 035.6	355 634.7	590 815.5	806 491.7	1 036 092.3	1 226 703.7	1 390 469.3	1 578 122.7	1 746 450.3	1 943 325.0	2 108 041.2	2 338 532.1
出口	82 998.3	149 778.3	270 804.3	359 427.6	445 378.0	558 320.2	684 811.2	822 261.6	943 235.3	1 041 345.6	1 170 932.4	1 443 614.0
进出口差额(出口－进口)	-79 037.3	-205 856.5	-320 011.2	-447 064.1	-590 714.2	-668 383.4	-705 658.2	-755 861.0	-803 214.9	-901 979.5	-937 108.9	-894 918.1
外商实际直接投资（万美元）	8 110.0	23 661.0	64 672.0	87 239.0	121 402.0	196 870.0	220 609.0	239 801.0	274 689.0	310 463.0	362 887.0	389 996.0
地方财政收支差额（亿元）	-17.6	-209.4	-367.5	-419.0	-489.6	-576.7	-846.5	-966.0	-1 049.8	-1 113.6	-1 360.0	-2 008.3
地方财政收入	136.1	222.7	329.5	420.7	515.4	643.9	735.9	812.4	880.9	953.7	1 023.7	1 163.2
地方财政支出	153.7	432.1	697.0	839.7	1 005.0	1 220.6	1 582.4	1 778.4	1 930.7	2 067.3	2 383.7	3 171.5
城镇登记失业率(%)(季度)	—	—	—	—	—	—	—	—	—	—	—	—
同比累计增长率（%）												
地区生产总值	—	—	10.1	—	—	10.3	—	—	10.4	—	—	10.0
第一产业	—	—	—	—	—	—	—	—	—	—	—	6.5
第二产业	—	—	—	—	—	—	—	—	—	—	—	10.2
第三产业	—	—	—	—	—	—	—	—	—	—	—	10.7
工业增加值	—	6.9	8.4	8.8	8.9	9.1	9.2	9.2	9.5	10.0	10.3	10.5
固定资产投资	—	30.5	30.5	30.1	30.8	30.6	30.1	30.2	30.0	30.0	30.1	30.3
房地产开发投资	—	0.0	156.6	48.7	46.6	27.5	32.1	39.2	32.9	34.0	32.8	26.0
社会消费品零售总额	—	15.3	15.8	15.4	15.1	15.5	15.3	15.3	15.6	15.7	15.8	15.9
外贸进出口总额	24.7	21.7	28.8	13.4	6.6	2.2	-6.2	-10.1	-8.6	-9.3	-9.4	-1.8
进口	193.9	87.0	77.6	47.3	39.1	34.0	28.5	23.8	21.6	15.5	10.3	12.2
出口	-41.3	-33.3	-19.5	-25.2	-30.8	-32.8	-39.4	-41.1	-37.4	-35.3	-31.5	-18.3
外商实际直接投资	19.0	59.7	65.8	63.4	49.8	21.6	21.7	20.3	19.5	18.8	23.7	20.1
地方财政收入	14.9	22.7	12.8	8.0	4.5	2.1	2.1	1.6	0.2	-1.8	-1.9	0.6
地方财政支出	4.3	76.9	32.5	25.4	20.7	8.8	18.6	9.5	3.7	3.5	5.9	8.8

数据来源：黑龙江省统计局、《中国经济景气月报》。

2012年上海市金融运行报告

中国人民银行上海总部货币政策分析小组

[内容摘要] 2012年，上海市积极应对严峻外部环境和自身结构调整压力增大的双重挑战，经济企稳回升态势逐步巩固，现代服务业快速发展，对战略性新兴产业等新增长点的培育力度逐步加大，经济结构得到明显改善。贷款增速企稳回升，贷款结构持续优化。证券机构运行平稳，保险市场稳步发展。社会融资结构继续改善，金融市场体系建设稳步推进。

展望2013年，支持经济发展的三大需求中，消费增长对上海经济平稳发展至关重要，投资增速将比上年有所提高，出口仍面临较大压力。为支持上海市经济发展和结构转型，需认真做好以下各项金融工作：一是保持货币信贷平稳增长，把握信贷投放节奏。二是促进信贷资源的优化配置，提高金融服务实体经济的质量和水平。三是继续推进金融改革开放，进一步扩大人民币跨境使用。四是加强金融风险监测和排查，提高对利率市场化的适应与应对能力。

一、金融运行情况

2012年，中国人民银行上海总部和上海市各金融机构继续认真贯彻落实稳健的货币政策，按照“稳中求进”的总基调，配合推进上海国际金融中心建设，不断优化金融资源配置，着力增强对实体经济的支持力度，有效地缓解了信贷资金供求结构性矛盾，为上海创新驱动、经济转型发展创造了适宜的货币金融环境。

（一）各项存款平稳增长，贷款增速企稳回升

2012年，上海市中外资金融机构本外币资产总额为9.1万亿元，同比增长14.8%；各项存款余额6.4万亿元，同比增长9.2%；各项贷款余额为4.1万亿元，同比增长10.2%。实现净利润1 018.5亿元，同比增长6.7%。全市金融机构不良贷款率为0.66%，同比上升0.06个百分点。

1. 银行业金融机构平稳发展。2012年年末，上海市共有中资银行法人4家，村镇银行法人9家，银行业金融机构从业人员10.6万人；外资银行法人22家，外资银行本外币存贷款规模占全国外资银行的40%（见表1）。

表1　2012年上海市银行业金融机构情况

机构类别	营业网点			法人机构（个）
	机构个数（个）	从业人数（人）	资产总额（亿元）	
一、大型商业银行	1 548	43 425	32 815	0
二、国家开发银行和政策性银行	14	531	2 940	0
三、股份制商业银行	619	23 642	24 696	2
四、城市商业银行	307	10 670	9 169	1
五、农村商业银行	370	5 654	3 562	1
六、财务公司	15	1 023	2 248	15
七、信托公司	7	1 008	218	7
八、邮政储蓄银行	460	3 063	1 320	0
九、外资银行	200	17 400	10 860	22
十、新型农村金融机构	9		134	9
十一、其他	12		2 341	12
合　计	3 561	106 416	90 304	69

注：大型商业银行包括中国工商银行、中国农业银行、中国银行、中国建设银行和交通银行；新型农村金融机构包括村镇银行、贷款公司和农村资金互助社；“其他”包含金融租赁公司、汽车金融公司、货币金融公司、消费金融公司等。

数据来源：中国人民银行上海总部。

2. 各项存款平稳增长，季末冲高以及存款定期化特征明显。2012年，全市本外币各项存款增加5 379.2亿元。从存款期限结构看，受通胀预期减弱、降息预期增强等因素影响，存款定期化趋势明显。2012年上海市本外币单位和个人定期存款与活期存款分别增加4 324.6亿元和801.7亿元，占单位和个人新增存款的比例分别为84.4%和

15.6%。

从存款增长节奏看，存款增长季末冲高的特征更加明显。上海市2012年四个季度末月份的存款共增加6 564亿元，占全年存款增量的122%（见图1）。在2012年存款增速放缓的背景下，各商业银行普遍加大对季末存款的绩效考核力度，通过季末贷款投放增加派生存款、表外理财产品季末到期以及吸收股市回流资金等方式来冲高存款。存款大幅波动加大了商业银行资产负债期限结构的匹配难度，存款稳定性亟须提高。

从存款币种看，外汇存款增加较多。2012年，上海市金融机构外汇存款增加120.3亿美元，同比多增13亿美元，同比增长26%。总体上看，外汇存款走势主要受人民币升值预期的影响，在人民币升值预期减弱甚至出现贬值预期时，外汇存款增长较快。在人民币升值预期增强时，外汇存款增长放缓。进入10月后，随着人民币即期汇率升值加快，人民币升值预期上升，外汇存款增长再度放缓。12月，上海市外汇存款减少38.3亿美元。

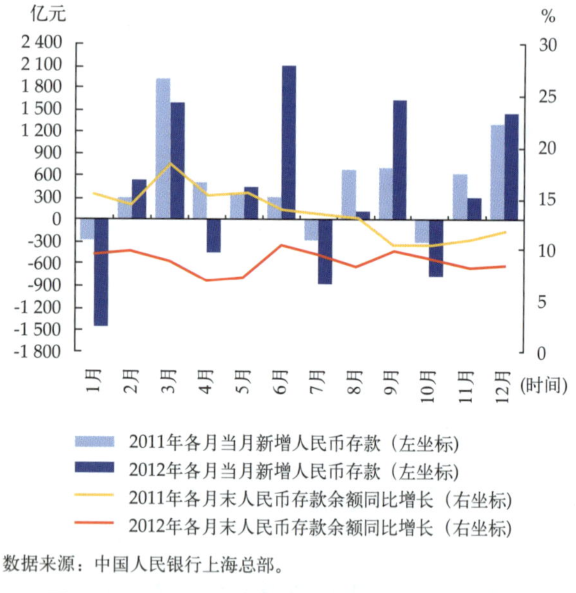

数据来源：中国人民银行上海总部。

图1 2011～2012年上海市金融机构人民币存款增长

3. 贷款增速企稳回升，贷款结构持续优化。2012年，上海市中外资金融机构本外币各项贷款增加3 818.3亿元，同比多增163.9亿元（见图2）。2012年上半年贷款增长率总体呈下降态势，下半年开始企稳回升，到2012年年末，上海市本外币各项贷款同比增长10.2%，较最低点的7月末回升1.4个百分点（见图3）。

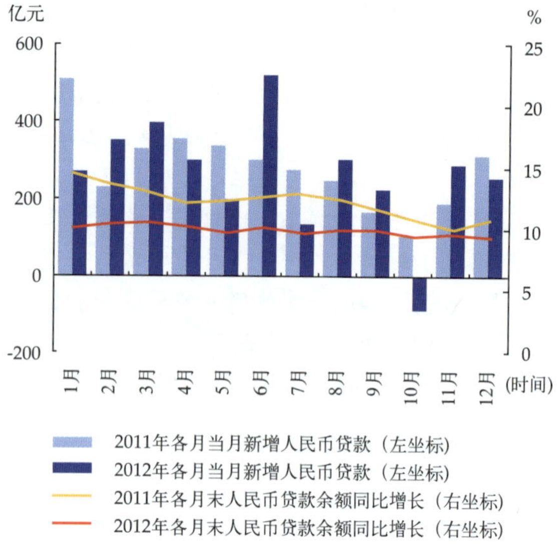

数据来源：中国人民银行上海总部。

图2 2011～2012年上海市金融机构人民币贷款增长

从信贷主体上看，外资银行信贷开始止跌回升。由于受国际国内环境变化、监管指标约束以及经营战略调整影响，2012年前7个月，外资银行信贷一度出现明显收缩迹象。1～7月，上海外资银行本外币贷款累计减少162.6亿元。但从8月开始，随着外资企业经营状况好转、外资银行贷存比压力趋于缓解，信贷投放能力有所增强。外资银行贷款逐步回升，下半年共增加了近60亿元。

票据融资支撑贷款数量的现象正在改变。2012年上半年，在票据贴现利率持续走低的情况下，票据融资反而同比大幅多增532亿元，这反映出上半年信贷有效需求明显不足。但下半年票据融资仅增加26.5亿元，其中第四季度减少79.9亿元。信贷结构的这一转变反映了上海真实信贷需求有所回升。

贷款投向进一步优化。2012年，上海市新增的本外币企业贷款（不含票据融资）中，投向第三产业的贷款占全部境内企业贷款（不含票据融资）增量的61.2%。各商业银行继续加大对中小型企业的信贷倾斜力度。2012年，上海市中外资银行投放大、中、小和微型企业本外币贷款分别增加396.8亿元、929.9亿元、266.6亿元和54.4亿元；中小微企业贷款余额占比由年初的63.3%上升至年末的64.1%。中国人民银行上海总部银行家问卷调查显示，2012年对小企业贷款审批收紧的银行占比逐季下降，第四季度为4.3%，比上年同期下降11.4个百分点，小微企业贷款难问题得到一定缓解。积极发展贸易融资业务，2012年贸易融资增加1 236.2亿元，同比多增926.0亿元，促进外贸进出口的稳定增长。

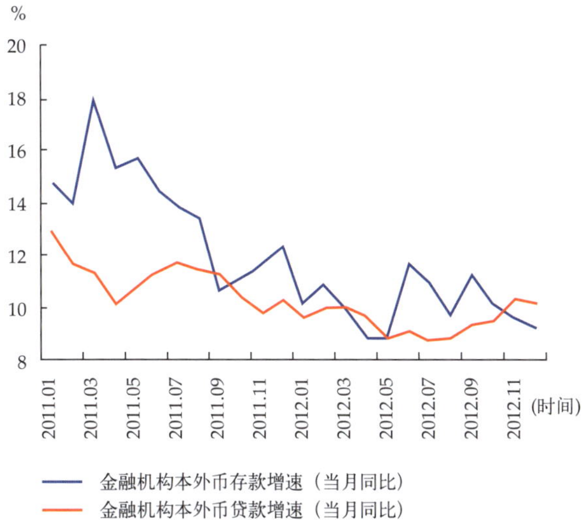

数据来源：中国人民银行上海总部。

图3　2011～2012年上海市金融机构本外币存、贷款增速

4. 人民币贷款利率水平下降，短期存款定价趋同。2012年，各金融机构取消各项不合理收费，合理确定贷款利率浮动幅度，减轻了实体经济的融资成本。上海市商业银行下浮利率贷款占比持续上升。2012年12月，全部商业银行实行下浮利率的人民币贷款占比为27.0%，比6月和上年同期分别上升4.5个和7.4个百分点。12月，上海各期限新发放贷款加权平均利率为6.41%，比5月降低0.81个百分点，远大于同期基准贷款利率的下调幅度（见表2）。

活期和一年期（含）以内的存款定价趋同，中长期限存款品种定价出现差异。大型商业银行相对稳健，活期存款利率与基准持平，一年期（含）以内定期存款利率普遍上浮8%～9%，二年期（含）以上定期存款利率略高于或等于基准；股份制商业银行作为大型商业银行的定价追随者，采取防御策略，各期限存款利率略高于大型商业银行，一年期（含）以内定期存款利率基本达到基准1.1倍的价格上限；城市商业银行除个别期限外，大部分期限的利率均一浮到顶；法人机构方面，中资地方法人商业银行在活期和一年期（含）以内定期存款利率为基准利率的1.1倍，二年期（含）以上略高于基准利率；多数外资法人商业银行各期限存款利率略高于基准利率但远未封顶，但也有个别外资法人商业银行出于融资成本考虑，二年期（含）以上存款利率远低于基准利率。

美元存贷款利率双降。2012年人民币汇率走势波动加剧，市场主体持有美元意愿有所增强，企业和居民呈现出存款及资产外币化的新动向，

表2　2012年上海市金融机构人民币贷款各利率区间占比

单位：%

月份		1月	2月	3月	4月	5月	6月
	合计	40.7	43.6	44.3	44.2	44.4	49.4
	[0.9，1.0)	16.2	15.1	16.4	16.4	17.6	22.5
	1.0	24.5	28.5	27.9	27.8	26.8	27.0
上浮水平	小计	59.3	56.4	55.7	55.8	55.6	50.6
	(1.0，1.1]	21.8	23.0	24.5	23.0	22.1	21.6
	(1.1，1.3]	24.7	23.5	22.8	21.4	23.7	21.8
	(1.3，1.5]	4.8	3.5	3.2	3.7	4.0	6.0
	(1.5，2.0]	7.8	6.3	5.0	7.7	5.7	1.2
	2.0以上	0.2	0.0	0.1	0.0	0.0	0.0
月份		7月	8月	9月	10月	11月	12月
	合计	49.2	55.2	55.3	47.3	52.4	54.9
	[0.9，1.0)	25.6	30.2	30.9	25.2	25.4	27.0
	1.0	23.7	25.0	24.4	22.0	26.9	27.9
上浮水平	小计	50.8	44.8	44.7	52.7	47.6	45.1
	(1.0，1.1]	17.7	16.7	17.7	18.1	18.6	18.9
	(1.1，1.3]	16.9	18.0	17.0	21.8	18.5	16.8
	(1.3，1.5]	4.4	5.4	8.8	6.9	5.3	5.3
	(1.5，2.0]	7.4	4.6	1.2	5.9	5.1	4.1
	2.0以上	4.4	0.0	0.0	0.0	0.0	0.0

注：2012年8～12月统计数据的下浮区间为[0.7，1.0)。

数据来源：中国人民银行上海总部。

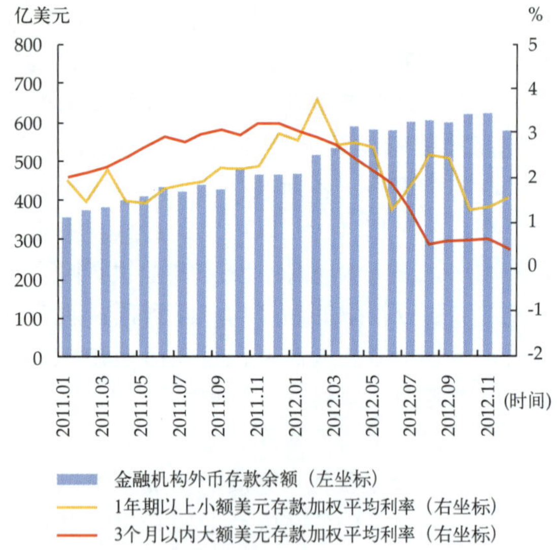

数据来源：中国人民银行上海总部。

图4　2011～2012年上海市金融机构外币存款余额及外币存款利率

美元流动性增多，存款利率大幅下降。2012年年末一年期美元大额存款利率为2.09%，同比下降1.86个百分点。人民币汇率双边波动的走势使外汇贷款需求减弱，美元贷款利率小幅下行。2012年年末上海市场一年期美元贷款加权平均利率为3.04%，较上年年末下降0.81个百分点（见图4）。

5. 跨境人民币业务向纵深开展。2012年，上海市跨境人民币业务继续保持快速发展态势，实现人民币跨境结算4 919亿元，同比增长48.5%。其中，贸易结算业务总量居全国第三位，占全国的12.6%；资金交易量继续保持全国首位。随着跨境人民币业务各项政策逐步完善，上海市以市场需求为导向积极推动业务创新，促进跨境人民币业务向纵深开展，人民币国际金融服务水平持续提升。

专栏1　上海金融结构调整取得成效

2012年，中国人民银行上海总部在加强总量调控，确保金融支持实体经济力度不断增强的同时，更加注重发挥信贷政策在促进上海市转型发展中的结构优化作用，取得良好效果。

一、信贷政策创新力度加大

（一）强化再贷款工具的定向支持作用。建立再贷款授信审批制度，与相关银行签订中小金融机构再贷款总体框架协议，共同组成资金池重点支持文化产业和战略性新兴产业，通过杠杆化运作最大限度地发挥再贷款工具对实体经济的定向支持作用。

（二）加强信贷政策和产业政策的对接。发布《2012年上海市信贷投向指引》和《上海市银行业金融机构货币信贷政策导向效果综合评估办法》，对上海市180多家机构完成了首次年度评估，并根据评估结果适时调整部分法人机构的差别准备金政策参数，支持符合政策导向的机构扩大信贷投放。

（三）大力发展直接融资。与上海市政府有关部门、中国银行间市场交易商协会建立工作协调机制，探索利用银行间市场创新工具支持民生工程建设，推动在沪非金融企业发行债务融资工具，同时积极联系在沪金融机构，宣传银行间债券市场政策法规，摸底调研金融债券发行需求，鼓励金融机构通过债券市场筹集资金。

（四）加快金融改革发展。组织成立“上海市推广银行卡助农取款服务工作领导小组”，推动区（县）国库直接支付改革。制定《上海市支付机构支付业务监督管理暂行办法》和《上海市支付机构重大事项报告管理办法(试行)》，促进支付服务产业健康发展。试点小额贷款公司评级，稳步扩大借款主体信用评级市场规模，促进评级市场规范发展。在全国率先开展经常账户人民币结算银行审核流程优化试点工作。

二、融资结构继续优化

上述各项措施的实施强化了金融结构调整对经济结构转型的促进作用，取得了显著成效。

（一）贷款投向进一步优化。2012年，上海市新增的本外币企业贷款（不含票据融资）中，投向第三产业的贷款增加1 570.1亿元，占全部境内企业贷款（不含票据融资）增量的61.2%。各商业银行继续加大对中小型企业的信贷倾斜力度。2012年，全市中外资银行投放大、中、小和微型企业本外币贷款分别增加396.8亿元、929.9亿元、266.6亿元和54.4亿元；中小微企业贷款余额占比由年初的63.3%上升至年末的64.1%，小微企业贷款难问题得到一定缓解。积极发展贸易融资业务，2012年贸易融资增加1 236亿元，同比多增926亿元，有力地促进了外贸进出口的稳定增长。

（二）融资方式不断拓宽。2012年，债券发行量明显提高。一方面，非金融企业债券融资额大幅增加，在地区社会融资规模中占比明显上升。2012年，上海市非金融企业累计发行各类债务融资工具筹资净额（发行额减去兑付额）为764.3亿元，较上年大幅增长37.1%；债券融资占社会融资总规模的13.4%，同比提高2.8个百分点。另一方面，上海市金融机构通过发行次级债券、金融债券、资产支持证券、次级定期债务等各类金融债券770.3亿元，夯实资本基础，拓宽资金来源，提高服务实体经济的能力。此外，支票授信业务的推广也有效地拓宽了中小企业融资渠道，2012年上海市共有4家商业银行开办支票授信业务。

（三）金融服务水平明显提高。保障房建设等民生领域的金融支持力度不断增强，2012年，金融机构的保障房开发贷款增加204.3亿元，占全部房地产开发贷款的一半。上海市农村地区银行卡助农取款服务在崇明县成功启动试点。推动上海市成为银行卡产业资源集聚高地和国际银行卡交易清算中心，加大金融IC卡受理市场改造力度，2012年已有16家银行推出金融IC卡，全市几乎所有POS机具、ATM机具均可受理金融IC卡。2012新增获牌第三方支付机构17家，总获牌机构51家，占全国的26%。政府补助资金直接支付业务快速发展，2012年“服务三农”国库直接支付业务累计完成金额7.3亿元，同比增长19倍；服务中小企业国库直接支付业务累计完成笔数和金额同比分别增长43倍和94%。经常项目下的跨境人民币结算业务继续快速发展，2012年实现人民币跨境结算4 919亿元，同比增长48.5%。其中，贸易结算业务总量居全国第三位，占全国的12.6%；资金交易量继续保持全国首位。在国内率先开展外商投资企业人民币资金池境外放款业务，满足了跨国公司人民币全球调配的需求。

三、继续推动优化金融结构

面对新的形势和政策环境，中国人民银行上海总部将围绕金融服务实体经济，继续支持上海经济持续健康发展。一是继续执行稳健的货币政策，综合运用各项流动性管理工具，发挥差别准备金动态调整的双向调节作用，评估和调节有关参数，引导信贷平稳增长。二是促进信贷资源优化配置，加强信贷政策与产业政策的协调配合，加大对经济结构调整和科技创新的信贷支持，提高金融服务实体经济的质量和水平。三是继续推进金融改革开放，进一步扩大人民币跨境使用，简化跨境人民币结算手续和审核流程，积极推动跨国公司总部外汇资金集中运营管理试点，支持引导更多符合条件的跨国公司参与试点，深化上海国际贸易结算中心试点。

（二）证券机构运行平稳，盈利水平下降

1. 证券机构运行平稳。2012年年末，上海市证券公司总资产为3 884.2亿元、净资产为1 592.5亿元、净资本为1 139.9亿元，分别较年初增长18.3%、16%和14.5%。期货公司客户权益达438.5亿元，占全国的24.8%；代理交易额为79.2万亿元，占全国的23.2%，市场份额较上年同期所有提高。2012年，发行新基金117只，募集资金2 598亿元，分别占全国的54%和39%；管理公募基金524只，占全国的44.5%，总净值占全国的31.8%，

占比较上年年末略有提高。

2. 证券公司和期货公司盈利水平出现分化。证券公司盈利水平下降。2012年，上海市证券公司累计实现营业收入259.2亿元，净利润为82.8亿元，较上年同期有所下降。从收入结构看，经纪和投资银行业务的收入占比分别为37.7%和11.4%，较上年同期分别下降9.3个和2.8个百分点。期货公司盈利能力显著提升。2012年，期货公司累计实现手续费收入24.2亿元、净利润7亿元，同比分别增长37.8%和58.5%。

表3　2012年上海市证券业基本情况

项目	数量
总部设在辖内的证券公司数（家）	20
总部设在辖内的基金公司数（家）	37
总部设在辖内的期货公司数（家）	30
年末国内上市公司数（家）	203
当年国内股票（A股）筹资（亿元）	139.5
当年发行H股筹资（亿元）	501.0
当年国内债券筹资（亿元）	1 432.5
其中：短期融资券筹资额（亿元）	466.5
中期票据筹资额（亿元）	507.2

数据来源：上海证监局。

3. 债券市场融资功能有效发挥。2012年，上海市非金融企业累计发行各类债务融资工具筹资净额（发行额减去兑付额）764.3亿元，较上年大幅增长37.1%（见表3）。股票市场融资额有所下降。2012年，上海市非金融企业股票（A股）融资总额为139.5亿元，较上年减少32.3亿元。

（三）保险市场平稳发展，为实体经济发展提供保障

1. 保险市场平稳发展。2012年年末，上海市共有保险公司122家（见表4），比年初增加7家。2012年，上海市保险保费累计收入820.6亿元，同比增长9%。其中，财产险公司保费收入271.7亿元，人身险公司保费收入548.9亿元，同比分别增长11.1%和7.9%。保险赔付支出累计255.8亿元，同比下降1.9%。其中，财产险赔付支出138.6亿元，人身险赔付支出88亿元，健康险赔付支出25.1亿元，意外险赔付支出4亿元。

2. 保险业大力支持农业、中小企业和对外贸易发展。“夏淡”绿叶菜综合成本价格保险工作取得成效，2012年累计承保蔬菜面积12.9万亩，保险保障金额1.2亿元，已支付赔款17.6万元。积极发展短期贷款履约保证保险，自2010年以来累计为各类科技型中小企业提供约4.8亿元贷款保障。出口信用保险服务上海外贸发展成效提升，2012年出口信用保险的出口渗透率（承保额占出口额的比重）达10.6%，同比提高2.9个百分点；企业覆盖率（支持服务企业数占全市出口企业数的比重）达4.7%，同比提高1.3个百分点。

表4　2012年上海市保险业基本情况

项目	数量
总部设在辖内的保险公司数（家）	49
其中：财产险经营主体（家）	17
人身险经营主体（家）	22
保险公司分支机构（家）	79
其中：财产险公司分支机构（家）	39
人身险公司分支机构（家）	38
保费收入（中外资，亿元）	820.6
其中：财产险保费收入（中外资，亿元）	271.7
人身险保费收入（中外资，亿元）	548.9
各类赔款给付（中外资，亿元）	255.8
保险密度（元/人）	3 447.3
保险深度（%）	4.1

数据来源：上海保监局。

（四）社会融资结构继续改善，金融市场成交活跃

1. 融资结构继续改善。2012年，上海市非金融机构部门贷款、债券和股票融资共5 223亿元（见表5），比上年多融资706亿元。其中，本外币贷款为3 818亿元，比上年增加164亿元。从结构看，2012年，上海市债券、股票融资占总融资量的26.9%，比上年提高7.8个百分点。

企业债券融资呈现“券种增多，规模增大”特征。2012年，上海市非金融企业债券净融资构成中，短期融资券净融资109亿元，比上年多融资157.5亿元；中长期非公开定向融资工具净融资82亿元，是上年的4.1倍；企业债净融资77.2亿元，是上年的4.3倍。2012年，上海市新发行了四个企

表5　2001～2012年上海市非金融机构部门融资结构

单位：亿元、%

年份	融资量	比重		
		贷款	债券（含可转债）	股票
2001	1 251.8	97.6	0.0	2.4
2002	1 852.8	95.4	1.4	3.2
2003	2 712.6	95.3	2.2	2.5
2004	2 041.0	96.4	0.0	3.6
2005	2 410.1	74.1	11.2	14.7
2006	2 390.5	77.7	13.9	8.4
2007	4 729.0	65.8	11.1	23.1
2008	3 411.5	75.1	17.2	7.6
2009	6 746.2	71.4	15.7	13.0
2010	5 432.4	82.7	6.7	10.5
2011	4 517.4	80.9	12.3	6.8
2012	5 223.0	73.1	14.6	12.3

数据来源：中国人民银行上海总部。

表6　2012年上海市金融机构票据业务量统计

单位：亿元

季度	银行承兑汇票承兑		贴现			
			银行承兑汇票		商业承兑汇票	
	余额	累计发生额	余额	累计发生额	余额	累计发生额
1	2 824.2	1 513.4	1 198.08	2 145.1	401.34	595.2
2	2 951.1	1 825.4	1 436.70	3 370.2	520.17	659.7
3	3 128.9	1 623.8	1 578.89	3 762.6	544.73	552.9
4	2 804.1	1 795.8	1 657.19	4 492.9	484.37	571.7

数据来源：中国人民银行上海总部。

表7　2012年上海市金融机构票据贴现、转贴现利率

单位：%

季度	贴现		转贴现	
	银行承兑汇票	商业承兑汇票	票据买断	票据回购
1	7.32	7.84	6.98	5.48
2	4.93	5.97	5.10	4.45
3	5.32	6.22	5.01	4.60
4	5.48	5.93	5.28	4.99

数据来源：中国人民银行上海总部。

业债券品种，分别是超短期融资券80亿元、短期非公开定向融资工具31亿元、中小企业私募债5.3亿元和资产支持票据5亿元。

2. 银行间同业拆借市场和债券市场交易活跃。2012年，上海市金融机构同业拆入拆出合计21.8万亿元；质押式和买断式回购分别成交28.2万亿元和1.0万亿元，分别占银行间债券市场回购总交易量的20.6%和20.4%。现券买卖合计35.5万亿元，占现券交易总量的47.2%。

3. 票据转贴现、回购业务量有所减少，贴现业务显著增加。2012年，上海市金融机构累计承兑银行汇票6 758.4亿元（见表6），同比基本持平；累计办理企业直接贴现4 743.3亿元，同比大幅增长44.2%；累计办理买断式转贴现转入11 407.1亿元，同比减少6.3%；累计买入返售票据6 756.0亿元，同比大幅下降42.1%。2012年年末，上海市金融机构票据贴现余额为2 141.6亿元，较年初明显增加39.5%；年末再贴现余额为38.8亿元，同比大幅增长198.9%；2012年累计发生再贴现业务148.2亿元，同比大幅增长76.5%。

票据市场利率整体下行。2012年第四季度，上海市场银票和商票贴现加权平均利率为5.48%和5.93%（见表7），同比分别下降了3.12个和2.91个百分点。票据转贴现利率走势与市场总体流动性相关，2012年下半年，中国人民银行加快了逆回购的操作频率并逐步将其作为常态化工具，货币市场流动性保持相对宽松，资金价格逐步走低，票据转贴现利率同步下行。第四季度，上海买断式与回购式转贴现加权平均利率分别为5.28%和4.99%，同比分别下降了2.91个和1.64个百分点。

4. 股票指数略有上涨，交易额和融资额有所下降。2012年，上证综指年初开盘2 212点，年末收于2 269.1点，较上年年末上涨3.2%。上海证券交易所股票交易累计成交16.5万亿元，同比减少30.7%。沪市股票累计筹资总额为2 890亿元，较上年减少9.7%。其中，首发筹资金额为334亿元，较上年减少67.1%；再融资金额为2 556亿元，较上年有所增加。

5. 商品期货交易量有所回升，股指期货交易十分活跃。2012年，上海期货交易所累计成交44.6万亿元（单边计算，下同），同比增加2.6%（见表8），占全国期货成交总额的26.1%。大多数品种成交额明显下降，其中，燃料油、铅、锌、铝、线材、黄金和天然橡胶成交额分别较上年减少97.5%、79.3%、65.1%、63.7%、28.8%、20.8%和6.5%，仅有螺纹钢和铜成交额有所增加，分别增长81.3%和9.4%，2012年新上市的白银期货累计成交2 126.5万手、成交金额为2.1万亿元。中国金融期货交易所沪深300股指期货成交十分活跃，2012年共成交1.05亿手，较上年大幅增长108.4%，成交金额为75.8万亿元，较上年增长73.3%，占全国期货成交总额的44.3%。

表8　2012年上海市期货交易所交易统计

交易品种	累计成交金额（亿元）	同比增长（%）	累计成交量（万手）	同比增长（%）
铜	163 744.7	9.4	5 728.5	17.0
铝	3 094.9	-63.7	394.3	-60.4
锌	16 131.9	-65.1	2 110.1	-60.7
黄金	20 182.2	-20.8	591.7	-18.1
天然橡胶	154 493.5	-6.5	7 517.6	-27.9
燃料油	23.7	-97.5	0.9	-99.5
螺纹钢	67 385.6	81.3	18 056.3	120.5
线材	1.1	-28.8	0.3	-16.2
铅	265.0	-79.3	6.9	-76.6
白银	20 654.3	—	2 126.5	—
合计	445 976.9	2.6	36 532.9	18.5

数据来源：上海期货交易所。

6. 黄金市场成交额有所下降，金价涨幅收窄。2012年，上海黄金交易所黄金累计成交6 350.2吨，合计21 506.3亿元，同比分别下降14.6%和13.2%。主要品种Au99.95年初以326.8元/克开盘，年内最高价为362.5元/克，12月末收于334.3元/克，较上年年末上涨4.6%，涨幅与上年相比有所收窄。

7. 金融改革创新力度加大，金融产品工具不断推出。中国外汇交易中心启动人民币对日元直接交易。银行间黄金询价业务正式上线。白银期货在上海期货交易所成功上市，国债期货、原油期货相关工作顺利推进。华泰柏瑞沪深300ETF、嘉实沪深300ETF等跨市场ETF产品推出，首只跨境ETF产品（易方达恒生中国企业ETF）公开发行并在上海证券交易所上市。中小企业私募债券业务试点推出，资产支持票据业务启动。上海清算所推出人民币远期运费协议（FFA）中央对手方清算业务。实施货物贸易外汇管理制度改革，正式启动跨国公司资金运作便利化试点，继续深化上海国际贸易结算中心试点，促进对外投资贸易便利化。

（五）金融市场体系建设稳步推进，国际金融中心建设不断推进

金融市场体系日益健全。上海市张江高新区企业进入全国中小企业股份转让系统取得突破（试点扩大后首批企业中有2家在张江挂牌），上海股权托管交易中心正式开业运营，为中小企业提供了融资新渠道。截至2012年年末，上海股权托管交易中心挂牌企业达到48家。

功能性金融机构加快聚集。保险交易所筹建工作稳步推进。中国银行上海人民币交易业务总部、韩国中央银行上海代表处、银联国际有限公司、台湾银行上海分行、中国信托商业银行上海分行、浦发硅谷银行正式在沪成立。截至2012年年末，在沪的银行类功能性总部持牌专营机构总计七大类12家，非持牌专营机构34家；证券类功能性总部58家，保险类功能性总部14家。新型金融机构加快集聚，2012年年末，上海市有51家企业获得第三方支付牌照，位列全国首位；有5家独立基金销售机构获批，超过全国半数。

二、经济运行情况

2012年，上海市积极应对严峻外部环境和自身结构调整的双重挑战，经济企稳回升态势逐步巩固。2012年，上海市地区生产总值突破2万亿元，同比增长7.5%，增速同比回落0.7个百分点（见图5）。上海市积极推进创新驱动和转型发展战略，现代服务业快速发展，对战略性新兴产业等新增长点的培育力度逐步加大，对重化工业、房地产业和加工型产业的依赖持续减小，经济结构明显改善。

（一）投资和消费平稳增长，外贸形势依然严峻

1. 固定资产投资平稳增长。从2012年5月开始，上海市全社会固定资产投资扭转了一年多以

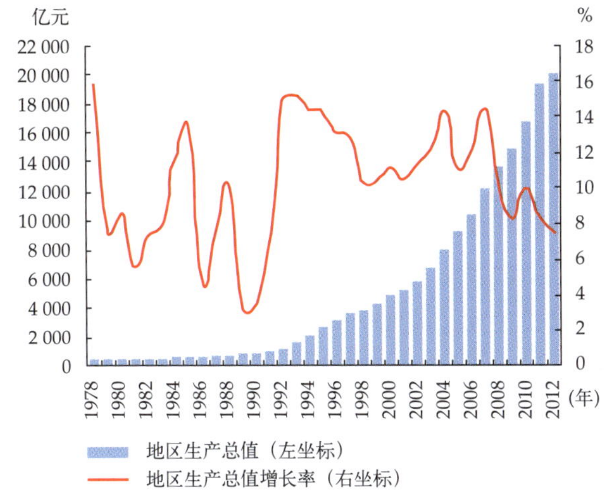

数据来源：上海市统计局、《上海统计年鉴》。

图5　1978～2012年上海市地区生产总值及其增长率

来的负增长或零增长局面，2012年完成投资总额为5 254亿元，同比增长3.7%，增速比上年提高3.4个百分点（见图6）。三大投资领域“两升一降”。一是在保障房、商用房建设力度不断加大的推动下，房地产开发投资同比增长9.7%，占固定资产投资额的比重达到45.3%。二是工业投资同比增长1.1%。三是在临港、虹桥及郊区新城等重大项目建设以及交通运输投资的拉动下，城市基础设施投资同比下降9.8%，降幅比上半年收窄6.6个百分点。

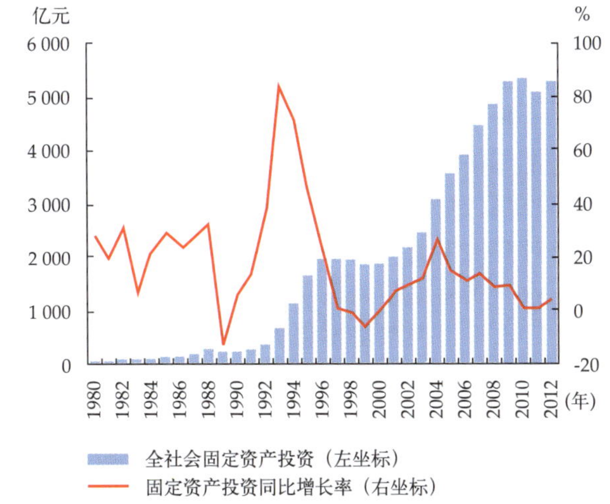

数据来源：上海市统计局、《上海统计年鉴》。

图6　1980～2012年上海市固定资产投资及其增长率

增长动力趋于平衡。一方面，随着鼓励和引导民间投资健康发展“新36条”实施细则的出台，民间投资更趋活跃，投资增长内生动力逐步增强。2012年，全市民间投资增长13.2%，快于国有经济投资14.3个百分点。另一方面，随着转型发展战略的持续推进，经济增长对投资的依赖下降，资本形成总额占地区生产总值的比重从1996年最高的66.2%降至2011年的40.3%。

2. 消费增长基本稳定。2012年，上海市社会消费品零售总额同比增长9%，增幅比上半年小幅回落0.4个百分点（见图7）。从年中变化看，限额以上消费品零售额增速在连续三个季度放缓后，第四季度开始企稳回升，全年呈“V”形走势。从零售业态看，在金融和物流业的助力下，无店铺销售、网络销售成为发展最快的业态之一。从商品类别看，受益于通讯产品更新速度加快和平板电脑普及，通讯器材类、文化用品类商品销售快速增长；受物价上涨和品牌升级等因素影响，服装鞋帽针纺织品类商品销售较快增长；受房地产调控影响，家具类、家用电器和音像器材类商品销售增长有所放慢。

消费平稳增长加快了经济结构调整。上海市加快国际贸易中心建设，鼓励境内外企业在上海市设立贸易型总部，批发贸易市场持续活跃。

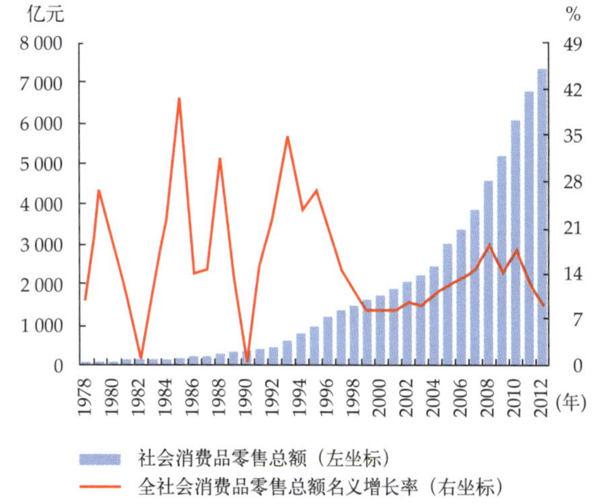

数据来源：上海市统计局、《上海统计年鉴》。

图7　1978～2012年上海市社会消费品零售总额及其增长率

2012年，商品销售总额达到5.4万亿元，同比增长16.8%，其中限额以上商品批发销售额同比增长21.3%。随着贸易环境、服务环境和法制环境的不断优化，上海市消费基本保持平稳增长，消费增速连续7年领先投资增速，消费连续三年超过投资，2011年消费率达到56.4%，高出投资率16.1个百分点，消费对稳定经济增长起到了重要作用。

3. 外贸形势依然严峻。2012年，上海市实现进出口总额4 367.6亿美元，基本与上年持平。其中，出口为2 068.1亿美元，同比下降1.4%；进口为2 299.5亿美元，同比增长1%，贸易逆差为231.4亿美元（见图8）。外贸增长乏力，既受欧债危机影响下欧盟市场需求疲软、国际贸易壁垒增多的影响，也与劳动力成本上升等导致产品竞争力下降、部分劳动密集型加工业向内地转移等因素有关。

外贸结构转型有所加快。一是贸易方式结构持续改善。2012年，一般贸易出口增速比加工贸易高出9.2个百分点。二是贸易主体格局更趋合理。2012年，私营企业进、出口分别增长12.1%和10.2%，均保持两位数增长，明显高于国有企业和外商投资企业。三是出口商品结构优化。2012年，生物技术、生命科学技术和航空航天技术产品出口同比分别增长29%、29.3%和42.4%。四是消费层次提升推动高档消费品进口增长。2012年，医药品、汽车、眼镜和服装进口分别增长28%、20.1%、21.1%和19.3%。

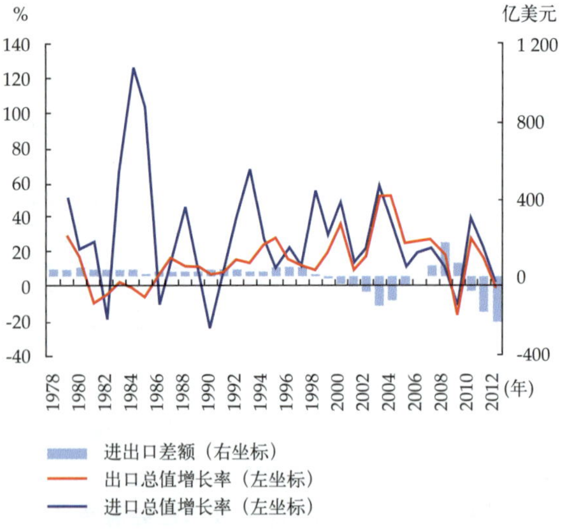

数据来源：上海市统计局、《上海统计年鉴》。

图8　1978～2012年上海市外贸进出口变动情况

利用外资形势良好。2012年，上海市实际利用外商直接投资151.9亿美元，同比增长20.5%，增速比上年提高7.2个百分点（见图9）。其中，外资投向第三产业的比重持续提高，全年达到83.5%。但值得注意的是，根据上海市国际收支统计，2012年上海市外商直接投资资本金净流入为159.5亿美元，同比下降11.2%。

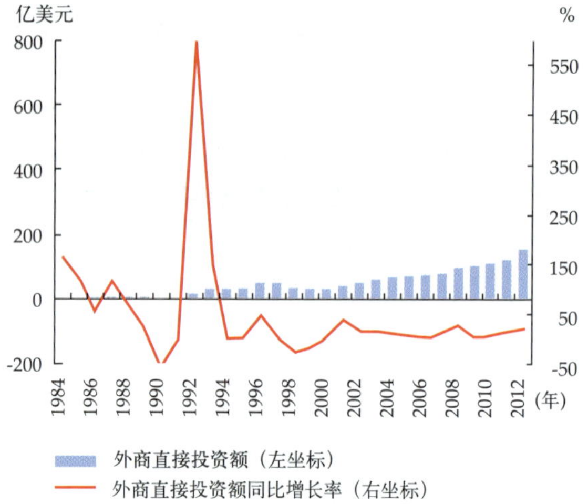

数据来源：上海市统计局、《上海统计年鉴》。

图9　1984～2012年上海市外商直接投资额及其增长率

（二）工业生产有所恢复，现代服务业加快发展

1. 工业生产有所恢复。2012年，上海市规模以上工业增加值同比增长2.9%（见图10），当月同比连续4个月正增长；规模以上重工业产值同比下降0.9%，降幅比全市平均水平快0.6个百分点，经济对重化工业的依赖正在减少。目前来看，工业企业产成品库存调整幅度基本达到2008年金融危机后水平，调整基本完成。同时，随着投资对工业品需求的拉动，工业生产者出厂价格降幅开始收窄，工业生产有所恢复。

战略性新兴产业加快培育。在创新驱动发展战略的推动下，战略性新兴产业发展较快，新一代信息技术、高端装备制造、生物等七大领域重点项目加快推进，大规模集成电路、物联网、云计算等15个专项工程启动实施，上海市产业结构

和科技创新能力进一步提升。2012年，战略性新兴产业制造业产值为7 581亿元，占上海市工业总产值的22.8%。战略性新兴产业发展与高科技产品进出口增长形成良性互动。2012年，生命科学、光电技术和航空航天等高新技术产品进出口增速均在20%以上。

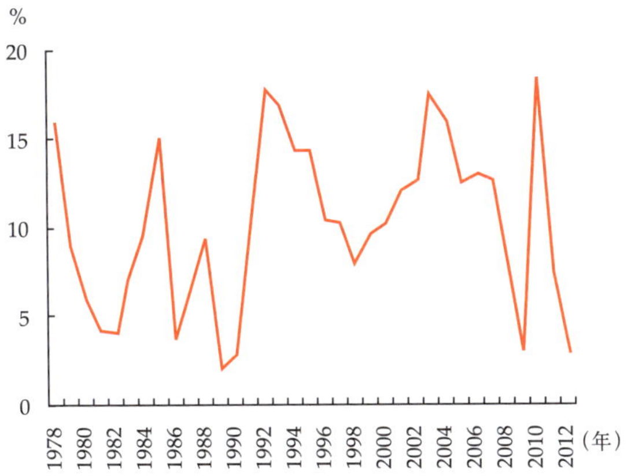

数据来源：上海市统计局、《上海统计年鉴》。

图10　1978～2012年上海市规模以上工业增加值同比增长率

2. 现代服务业加快发展。2012年，上海市第三产业增加值同比增长10.6%，增速领先第二产业7.5个百分点；第三产业增加值占上海市地区生产总值的比重达到60%，比上年提高2.1个百分点。上海市产业布局进一步优化，服务行业营业税改征增值税试点为经济转型提供了有力支撑，以服务经济为主的产业结构正在形成。一方面，国际航运中心功能进一步增强。上海港货物吞吐量、国际标准集装箱吞吐量分别连续八年和连续三年保持全球第一。另一方面，总部经济保持良好发展势头。上海市制定出台了鼓励跨国公司设立地区总部、鼓励外商设立研发中心等政策意见，2012年新设投资性公司25家，跨国公司地区总部50家；截至2012年年末，共吸引投资性公司265家，跨国公司地区总部403家。

（三）消费价格涨幅回落，生产价格降幅收窄

1. 消费价格涨幅回落。2012年，上海市居民消费价格累计上涨2.8%，涨幅同比回落2.4个百分点，比上半年回落0.8个百分点（见图11）。随着物价涨幅的总体回落，居民对物价满意度持续回升。中国人民银行上海总部储户问卷调查显示，第四季度，当前物价满意指数为22.8%，同比提高9.8个百分点。其中，认为“物价高，难以接受”的居民占比同比回落18个百分点。短期来看，夏粮连续九年增收，加之市场需求还处于恢复阶段，物价上涨压力不大。但2012年年末蔬菜、猪肉价格明显上涨，大宗商品价格有所回升，中期物价压力值得关注。

2. 生产者价格降幅收窄。2012年，上海市工业生产者出厂价格累计下跌1.6%，工业生产者购进价格累计下跌5.3%。其中，工业生产者出厂价格和购进价格月同比降幅连续3个月收窄。随着工业企业生产开始恢复，工业品价格下行压力明显减小，部分产品价格出现较快回升。中国人民银行上海总部银行家问卷调查显示，第四季度，工业品价格预期指数为56.4%，比上季度大幅回升16.4个百分点。

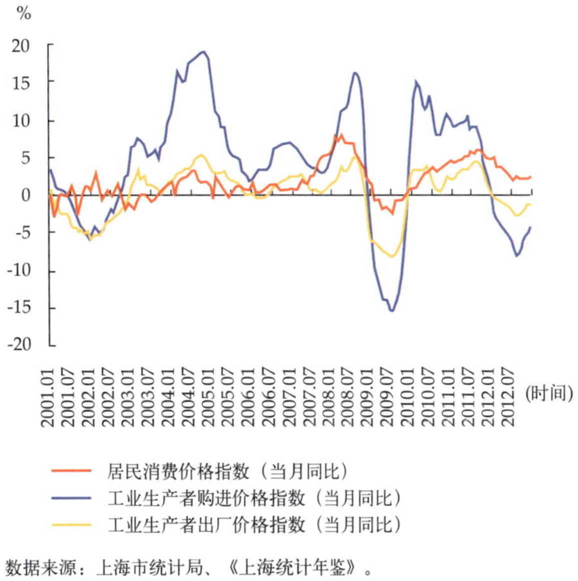

数据来源：上海市统计局、《上海统计年鉴》。

图11　2001～2012年上海市居民消费价格和工业生产者价格变动趋势

（四）财政收入增长放缓，收入分配更趋合理

1. 地方财政收入增长放缓。2012年，上海市

地方财政收入完成3 743.7亿元，同比增长9.2%，增速同比回落10.2个百分点（见图12）。分税种看，由于部分服务业营业税改征增值税试点，增值税出现较快增长，同比增长60.1%，营业税同比下降13.8%；企业利润下滑导致企业所得税增长放缓，同比增长10.4%，比上年同期下降10.2个百分点；受个税起征点上调的影响，个人所得税同比增长1%；受房地产成交量下滑影响，契税同比下降19.2%。

财政支出保障民生改善和结构调整。2012年，上海市地方财政支出为4 184亿元，同比增长6.9%。其中，教育和城乡社会事务支出分别增长18.2%和8.3%。

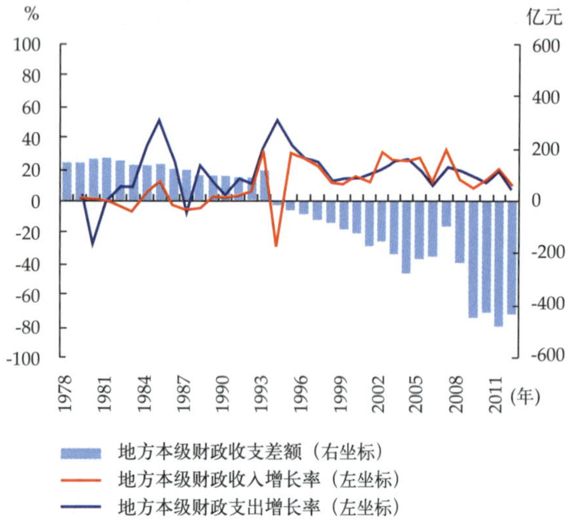

数据来源：上海市统计局、《上海统计年鉴》。

图12　1978~2012年上海市财政收支状况

2. 工业企业效益有所改善。2012年，上海市规模以上工业企业主营业务收入同比下降1.8%；利润总额同比下降2.8%，降幅比上半年收窄1.3个百分点。从行业看，汽车制造业、生物医药制造业等重点行业利润较快增长，分别增长5.7%和14.7%。

3. 居民收入增长领先财政和企业。2012年，上海市城市、农村居民家庭人均可支配收入同比分别增长10.9%和11.2%，不仅高于地区生产总值增速，还高于地方财政收入和工业企业利润增速，收入分配更趋合理。同时，社会保障制度不断完善。2012年企业退休人员平均养老金增幅达15%，最低工资、城乡低保等标准上调幅度均超过10%。随着居民收入持续增长和收入分配趋于合理，消费层级出现明显提升，消费在拉动经济增长、调整经济结构中的作用越来越重要。

（五）扎实推进生态文明建设，节能环保工作取得新成效

节能减排成效显著。上海市污染减排重点工程加快推进，石化脱硫、石洞口第二电厂低氮燃烧改造、松江东北部污水处理厂等工程相继建成。第五轮环保三年行动计划开局良好，配套出台了鼓励黄标车淘汰更新、燃煤电厂脱硫硝超量削减、城镇污水处理厂主要污染物超量削减等补贴政策。主要污染物排放量进一步下降，城镇污水处理率、绿化覆盖率分别达到85%左右和38%左右。

专栏2　上海经济转型发展取得显著成效

2012年，上海市围绕“创新驱动、转型发展”工作要求，扎实推进稳增长、调结构、抓改革、惠民生各项工作，经济运行总体呈现稳中有进态势，经济转型发展取得明显成效。

一、结构调整升级加快推进

（一）经济结构调整升级加快推进。上海市第三产业呈现“5、6、7、8”发展格局，即第三产业从业人员占比50%以上，第三产业增加值占比60%以上，第三产业地方财政收入占比70%以上，第三产业利用外资占比80%以上。

（二）国际金融、航运、贸易中心建设全面推进。国际金融中心资源配置功能进一步增强，金融要素市场体系不断健全，证券市场、货币市场、金融期货市场交易较快增长。国际航运中心服务功能进一步提升，国际航运发展

综合试验区政策试点取得重要突破，上海港货物吞吐量、国际标准集装箱吞吐量分别连续八年和连续三年保持全球第一。国际贸易中心集聚辐射效应进一步显现，试点建立贸易便利化“一站式”服务中心，跨境贸易人民币结算规模突破4 000亿元。

（三）着力推进创新型城市建设。战略性新兴产业加快培育，信息技术、高端装备制造等七大领域加快推进，大规模集成电路、物联网、云计算等15个专项工程启动实施。科技创新能力进一步提升，张江国家自主创新示范区加快建设，杨浦国家创新型试点城区、紫竹国家级高新区建设加快推进。创新创业型人才队伍持续壮大，海外高层次人才“千人计划”顺利实施，高技能人才占技能劳动者比重达27%左右。

二、下阶段经济转型发展方向

在外贸进出口和房地产业快速发展的带动下，上海经济处于快速增长阶段，2001～2011年地区生产总值年均增速达到11.3%。2012年，上海市人均生产总值已经超过12 000美元，劳动力、能源和环境的约束日益明显，经济发展正由数量型向质量和效益型转变。目前，经济结构调整已经取得一定效果，但经济转型是一个长期过程，这将对上海金融的改革、发展和稳定提出更大的挑战。

下阶段，上海市将继续调整优化产业结构，抓住营业税改增值税试点新一轮扩大范围的机遇，深化服务业综合改革试点，加快培育和发展战略性新兴产业，继续推进临港产业区等重大产业基地建设。深化国际金融中心创新开放，全面推进国际贸易中心建设，加快总部经济和平台经济集聚发展。同时，大力实施创新驱动发展战略，强化张江国家自主创新示范区引领带动作用，加快构建以企业为主体的技术创新体系。

（六）房地产交易量逐步回升，价格企稳走高

住房成交量逐步回升，土地市场下半年复苏加快。从2012年第二季度开始，受自住房贷款利率政策导向及开发商“以价换量”策略影响，上海市住房成交量逐步回升；第四季度，市场对房价上涨预期增强，成交量进一步放大。2012年上海市商品房销售面积为1 898.46万平方米，同比增长7.2%（见图13），其中，住宅销售面积为1 592.63万平方米，同比增长8.1%。据统计，2012年，上海市经营性用地成交面积呈现前低后高的态势，全年共成交802.38万平方米，同比下降39.97%，为近三年来首次下降。下半年，房地产销售量回升，房企拿地动力增加，土地市场复苏明显加快。第三、第四季度土地分别成交198.1万平方米和487.5万平方米，共占全年成交量的85.4%。

房地产供给逐渐趋紧。随着需求上升，上海市住宅空置面积逐月递减，中小面积商品住宅供应更加紧张。2012年12月，上海市可售商品住宅的去库存化月数已由上年同期的9.2个月下降到5.8个月。随着房地产市场供求平衡的转变，二手房

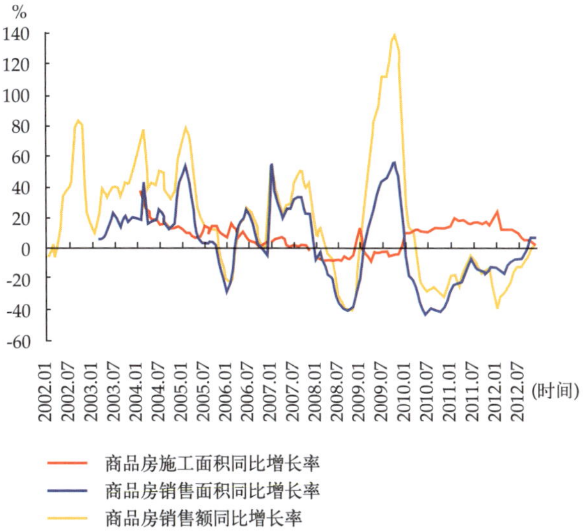

数据来源：上海市统计局、《上海统计年鉴》。

图13　2002～2012年上海市商品房施工和销售变动趋势

卖方跳价撤单现象日益增多，开发商捂盘问题也开始出现。同时，2012年3月以来，上海市住宅新开工面积连续10个月出现负增长，且跌幅逐步扩大，全年商品住宅新开工面积同比减少36.8%。

住房价格企稳走高。从2012年第二季度开始，上海市房地产市场销售趋暖，住房价格止跌企稳，并逐步影响消费者对房价走势的预期。年末，“改善”与“刚需”购房者集中入市，以及局部地区的供需矛盾，促使住房价格再次上扬。从月度环比数据看，全市新建住房价格指数自6月开始环比上升，8～10月环比持平，11月再次上升；二手存量住房价格指数自3月开始连续9个月环比上升（见图14）。与此同时，上海市住宅租赁市场价格继续保持增长，尤其是年初和年末上涨较快。2012年第一至第四季度，上海市住宅租赁价格指数同比分别上涨7.5%、6%、4.2%和7.5%。

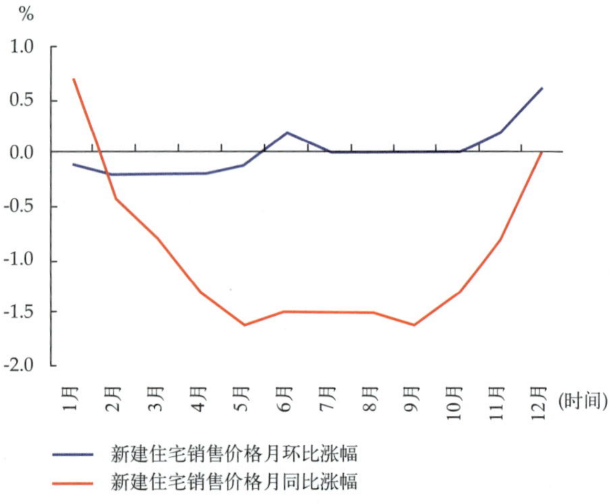

数据来源：上海市统计局、《上海统计年鉴》。

图14　2012年上海市新建住宅销售价格变动趋势

房地产贷款增速有所回落。2012年年末，上海市中资商业银行人民币房地产贷款余额为9 699.9亿元，同比增长7.1%，增幅同比回落1.6个百分点。个人首套房贷款支持力度加大，2012年商业银行发放的个人住房贷款中首套房贷占比达82.2%；首套房贷平均利率为基准利率的0.9倍，利率下浮占比为94.6%。房地产开发贷款投向集中于保障房领域，2012年，上海市中资商业银行保障性住房开发贷款增加204.6亿元，在房产开发贷款新增额中的占比高达73.2%。

三、预测与展望

2013年是实施“十二五”规划承前启后的重要一年，上海市经济具有很多保持平稳发展的有利条件，但也将继续面临不少结构转型压力与困难。从三大需求看，保持消费的稳定增长对上海经济的平稳发展至关重要，房地产开发投资的增长有望使固定资产投资增速比上年有所提高，出口在2013年仍难以有明显改善。综合考虑各方面的因素，预计2013年上海市经济增长速度将与2012年基本持平。贷款供需方面，供需基本保持平衡。受房地产市场趋于活跃、经济企稳等因素影响，贷款需求有望小幅回升；受存款增长、资本监管等因素影响，银行大幅扩张贷款的能力受到限制。

为支持上海市经济发展和结构转型，需认真做好以下各项金融工作：一是保持货币信贷平稳增长，合理把握信贷投放节奏。二是促进信贷资源的优化配置，提高金融服务实体经济的质量和水平。三是继续推进金融改革开放，进一步扩大人民币跨境使用。四是加强金融风险监测和排查，提高对利率市场化的适应与应对能力。

中国人民银行上海总部货币政策分析小组
总　纂：顾铭德
统　稿：刘　斌　童士清
执　笔：刘　斌　李冀申　王　晟
提供材料的还有：颜永嘉　张国文　郭　芳　王布衣　沈　骏　金艳平　白　龙　施　恬　邵　珺　王慧娟　邹丽华　张挽虹

附录

（一）2012年上海市经济金融大事记

1月17日，中国人民银行上海总部出台《加强和改进金融服务 支持上海实体经济发展的指导意见》，要求上海市各金融机构推动金融支持上海实体经济发展。

2月15日，上海股权托管交易市场在浦东张江正式启动，首批19家企业成功挂牌。

6月1日，银行间外汇市场人民币对日元正式开始直接交易。

6月11日，首只中小企业私募债券正式在上海证券交易所所挂牌。

6月28日至30日，“2012陆家嘴论坛”在上海市召开，主题为“金融治理改革与实体经济发展”。时任中共中央政治局委员、上海市委书记俞正声，中国人民银行行长周小川等出席并讲话。

6月29日，易方达恒生中国企业ETF作为国内首批跨境ETF获批，内地个人投资者可借此直接投资香港市场。

8月15日，国内首家专注科技企业的独立法人银行——浦发硅谷银行在上海市开业成立。

11月2日，中国海运完成跨国公司总部外汇资金集中运营管理试点第一笔交易，标志着上海市率先启动此项业务试点。

12月26日，上海期货交易所发布了有色金属期货价格指数，是国内首个期货交易所发布的商品指数。

12月26日，中国人民银行金融消费权益保护局成立会议在上海市召开。

（二）2012年上海市主要经济金融指标

表1　2012年上海市主要存贷款指标

		1月	2月	3月	4月	5月	6月	7月	8月	9月	10月	11月	12月
本外币	金融机构各项存款余额（亿元）	56 757.1	57 597.6	59 286.1	59 209.3	59 634.6	61 716.8	60 961.6	61 121.3	62 707.4	62 046.1	62 348.6	63 555.3
	其中：储蓄存款	18 174.6	18 180.2	18 623.8	18 426.6	18 525.5	19 524.2	19 099.4	19 369.8	19 837.5	19 603.7	19 635.2	20 247.2
	单位存款	32 992.7	33 746.3	34 830.0	34 799.9	34 895.0	36 121.5	35 649.2	35 799.3	36 661.3	36 036.1	36 481.1	37 555.7
	各项存款余额比上月增加（亿元）	-1 418.9	840.5	1 688.5	-76.8	425.3	2 082.2	-755.2	159.8	1 586.1	-661.3	302.5	1 206.7
	金融机构各项存款同比增长（%）	10.1	10.9	10.0	8.8	8.8	11.6	11.0	9.7	11.3	10.1	9.6	9.2
	金融机构各项贷款余额（亿元）	37 418.5	37 842.3	38 293.6	38 572.2	38 727.9	39 251.7	39 433.3	39 787.2	40 185.7	40 305.2	40 779.9	40 982.5
	其中：短期	11 316.9	11 589.5	11 843.2	11 843.1	11 846.5	12 035.6	11 995.4	12 017.9	12 333.6	12 500.7	12 823.8	12 990.0
	中长期	22 992.5	23 060.8	23 095.3	23 081.6	23 095.6	23 199.3	23 244.4	23 365.4	23 503.9	23 489.2	23 581.1	23 595.7
	票据融资	1 488.5	1 542.1	1 606.6	1 819.7	1 918.5	2 019.2	2 131.7	2 269.9	2 125.6	2 038.7	2 064.2	2 045.7
	各项贷款余额比上月增加（亿元）	254.3	423.8	451.3	278.6	155.8	523.8	181.2	357.8	398.5	120.1	474.7	202.6
	其中：短期	119.2	272.8	253.7	-0.1	3.3	189.2	-40.6	23.2	315.7	167.1	323.1	166.3
	中长期	154.6	68.3	34.5	-13.7	11.0	102.7	45.0	124.2	138.2	-14.1	91.8	15.6
	票据融资	-40.2	53.6	64.5	213.1	98.8	100.7	112.5	138.2	-144.3	-86.9	25.5	-18.5
	金融机构各项贷款同比增长（%）	9.6	10.0	9.9	9.7	8.8	9.1	8.8	8.9	9.3	9.5	10.3	10.2
	其中：短期	12.7	13.2	13.9	13.3	10.3	10.3	9.2	8.8	11.1	11.8	13.8	15.3
	中长期	7.2	6.5	5.8	4.9	4.8	4.6	4.2	4.1	4.2	3.6	3.8	3.5
	票据融资	12.1	27.8	28.8	38.6	37.3	39.8	40.9	45.2	33.9	40.4	44.1	33.8
	建筑业贷款余额（亿元）	993.2	1 019.2	1 036.7	1 052.3	1 055.0	1 038.1	1 053.5	1 074.9	1 106.2	1 102.4	1 095.9	1 060.0
	房地产业贷款余额（亿元）	4 859.5	4 888.8	4 993.0	5 004.9	5 052.0	5 114.6	5 101.1	5 127.5	5 142.2	5 171.2	5 216.0	5 162.5
	建筑业贷款同比增长（%）	13.4	15.4	15.1	14.2	14.6	10.6	13.4	13.6	16.5	17.0	14.0	11.1
	房地产业贷款同比增长（%）	4.0	3.6	5.1	4.7	4.6	4.8	5.4	6.9	7.4	10.1	11.3	8.4
人民币	金融机构各项存款余额（亿元）	53 794.6	54 343.5	55 928.5	55 488.6	55 937.4	58 026.2	57 155.9	57 261.3	58 896.0	58 135.7	58 442.9	59 892.8
	其中：储蓄存款	17 505.4	17 516.3	17 952.0	17 751.7	17 842.6	18 832.8	18 403.7	18 670.0	19 121.1	18 882.8	18 910.3	19 506.7
	单位存款	30 878.9	31 379.3	32 354.6	31 972.3	32 108.0	33 393.4	32 784.1	32 873.2	33 783.3	33 081.1	33 528.3	34 889.7
	各项存款余额比上月增加（亿元）	-1 468.0	548.9	1 585.1	-440.0	448.8	2 088.8	-870.3	105.3	1 634.8	-760.3	307.2	1 449.8
	其中：储蓄存款	216.9	11.0	435.6	-200.2	90.9	990.2	-429.1	266.3	451.1	-238.3	27.5	596.4
	单位存款	-2 059.5	500.4	975.2	-382.2	135.7	1 285.3	-609.3	89.2	910.1	-702.3	447.2	1 361.4
	各项存款同比增长（%）	9.4	9.9	8.9	7.0	7.2	10.5	9.5	8.3	9.9	9.0	8.4	8.4
	其中：储蓄存款	6.4	9.1	5.3	6.1	6.9	9.5	11.0	12.5	12.2	14.0	13.3	12.8
	单位存款	8.2	8.9	9.3	7.3	6.7	10.4	8.4	6.7	9.7	6.6	6.2	6.2
	金融机构各项贷款余额（亿元）	33 611.5	33 957.0	34 353.1	34 653.5	34 855.8	35 374.1	35 505.3	35 803.1	36 028.4	35 940.1	36 230.4	36 485.9
	其中：个人消费贷款	5 968.9	5 958.7	5 976.2	5 957.5	5 979.2	6 008.0	6 045.0	6 109.3	6 184.1	6 213.8	6 281.0	6 341.4
	票据融资	1 484.4	1 538.3	1 603.6	1 816.7	1 915.5	2 016.1	2 130.8	2 269.1	2 124.6	2 037.4	2 062.8	2 044.9
	各项贷款余额比上月增加（亿元）	268.4	345.6	396.1	300.4	202.3	518.3	131.1	297.9	225.3	-88.4	290.3	255.5
	其中：个人消费贷款	54.5	-10.2	17.4	-18.7	21.7	28.8	37.0	64.3	74.8	29.7	67.2	60.4
	票据融资	-39.9	54.0	65.2	213.1	98.8	100.6	114.7	138.2	-144.5	-87.2	25.4	-17.9
	金融机构各项贷款同比增长（%）	10.1	10.4	10.5	10.2	9.7	10.3	9.8	9.8	10.0	9.4	9.6	9.4
	其中：个人消费贷款	9.6	9.0	8.5	7.9	7.8	7.2	6.8	6.8	7.2	6.8	7.1	7.2
	票据融资	12.2	28.0	29.2	39.1	37.5	39.9	41.2	45.5	34.1	40.6	44.2	34.2
外币	金融机构外币存款余额（亿美元）	469.4	517.2	533.4	592.6	583.6	583.5	601.0	608.4	601.1	620.7	621.0	582.7
	金融机构外币存款同比增长（%）	30.3	37.3	37.6	50.0	43.8	34.5	43.2	37.8	39.1	30.0	32.6	26.0
	金融机构外币贷款余额（亿美元）	603.2	617.5	626.0	624.1	611.2	613.1	620.3	627.9	655.6	692.9	723.4	715.4
	金融机构外币贷款同比增长（%）	9.4	10.7	9.2	9.0	4.1	2.0	2.5	1.5	4.3	10.7	17.3	17.5

数据来源：中国人民银行上海总部。

表2 2001～2012年上海市各类价格指数

单位：%

年/月	居民消费价格指数		农业生产资料价格指数		工业生产者购进价格指数		工业生产者出厂价格指数	
	当月同比	累计同比	当月同比	累计同比	当月同比	累计同比	当月同比	累计同比
2001	—	0.0	—	—	—	-1.3	—	-3.3
2002	—	0.5	—	—	—	-2.3	—	-3.6
2003	—	0.1	—	—	—	6.4	—	1.4
2004	—	2.2	—	—	—	16.4	—	3.6
2005	—	1.0	—	—	—	6.8	—	1.7
2006	—	1.2	—	—	—	4.8	—	0.6
2007	—	3.2	—	—	—	4.1	—	1.2
2008	—	5.8	—	—	—	10.3	—	2.2
2009	—	-0.4	—	—	—	-10.2	—	-6.2
2010	—	3.1	—	—	—	11.2	—	2.3
2011	—	5.2	—	—	—	7.5	—	2.9
2012	—	2.8	—	—	—	-5.3	—	-1.6
2011 1	4.3	4.3	—	—	8.7	8.7	2.1	2.1
2	4.7	4.5	—	—	9.3	9.0	2.5	2.3
3	4.7	4.6	—	—	9.5	9.2	3.2	2.6
4	5.1	4.7	—	—	9.7	9.3	3.3	2.8
5	5.3	4.8	—	—	10.4	9.5	3.1	2.8
6	5.9	5.0	—	—	8.7	9.4	3.7	3.0
7	5.6	5.1	—	—	9.1	9.3	4.1	3.1
8	5.8	5.2	—	—	8.9	9.3	4.4	3.3
9	5.7	5.2	—	—	7.9	9.1	3.8	3.4
10	5.6	5.3	—	—	4.7	8.7	2.6	3.3
11	4.9	5.2	—	—	2.8	8.1	1.3	3.1
12	4.5	5.2	—	—	0.8	7.5	0.2	2.9
2012 1	4.9	4.9	—	—	-2.2	-2.2	-0.2	-0.2
2	3.9	4.4	—	—	-3.2	-2.7	-0.7	-0.4
3	3.8	4.2	—	—	-3.7	-3.0	-0.9	-0.6
4	3.6	4.0	—	—	-4.5	-3.4	-1.1	-0.7
5	3.0	3.8	—	—	-5.1	-3.8	-1.5	-0.9
6	2.4	3.6	—	—	-6.0	-4.1	-2.0	-1.1
7	2.1	3.4	—	—	-7.1	-4.6	-2.4	-1.3
8	2.2	3.2	—	—	-8.2	-5.0	-2.9	-1.5
9	2.0	3.1	—	—	-7.6	-5.3	-2.6	-1.6
10	2.0	3.0	—	—	-5.5	-5.3	-1.9	-1.6
11	2.0	2.9	—	—	-5.5	-5.3	-1.5	-1.6
12	2.2	2.8	—	—	-4.4	-5.3	-1.4	-1.6

数据来源：上海市统计局、《上海统计年鉴》。

表3 2012年上海市主要经济指标

	1月	2月	3月	4月	5月	6月	7月	8月	9月	10月	11月	12月
绝对值（自年初累计）												
地区生产总值（亿元）	—	—	4 594.0	—	—	9 552.0	—	—	14 374.0	—	—	20 101.0
第一产业	—	—	18.8	—	—	42.0	—	—	68.6	—	—	127.8
第二产业	—	—	1 879.8	—	—	3 744.6	—	—	5 826.8	—	—	7 912.8
第三产业	—	—	2 695.0	—	—	5 766.0	—	—	8 479.0	—	—	12 061.0
工业增加值（亿元）	607.4	1 107.5	1 714.4	2 300.6	2 675.5	3 183.7	3 713.1	4 256.2	4 855.1	5 384.6	5 921.6	6 446.1
固定资产投资（亿元）	—	571.0	906.0	1 224.0	1 631.0	2 065.0	2 496.0	2 889.0	3 380.0	3 927.0	4 526.0	5 254.0
房地产开发投资	—	316.0	472.0	613.0	821.0	1 042.0	1 232.0	1 449.0	1 665.0	1 895.0	2 150.0	2 381.0
社会消费品零售总额（亿元）	—	—	1 790.0	—	—	3 564.0	—	—	5 425.0	—	—	7 387.0
外贸进出口总额（万美元）	318.0	638.0	1 024.0	1 370.0	1 768.0	2 145.0	2 529.0	2 898.0	3 281.0	3 631.0	3 999.0	4 368.0
进口	151.0	338.0	552.0	734.0	943.0	1 136.0	1 338.0	1 532.0	1 736.0	1 917.0	2 103.0	2 300.0
出口	167.0	299.0	472.0	636.0	825.0	1 009.0	1 191.0	1 366.0	1 545.0	1 714.0	1 896.0	2 068.0
进出口差额(出口－进口)	15.0	-39.0	-80.0	-98.0	-118.0	-128.0	-146.0	-167.0	-191.0	-203.0	-207.0	-234.0
外商实际直接投资（亿美元）	8.6	20.0	33.0	47.0	61.0	74.0	90.0	106.0	123.0	135.0	144.0	152.0
地方财政收支差额（亿元）	415.7	390.0	314.1	417.9	412.9	213.1	419.2	443.9	312.0	485.2	-24.8	-440.3
地方财政收入	566.5	866.9	1 103.7	1 514.0	1 884.3	2 158.5	2 560.3	2 799.4	3 013.3	3 392.5	3 599.8	3 743.7
地方财政支出	150.8	476.9	789.6	1 096.1	1 471.4	1 945.4	2 141.1	2 355.5	2 701.3	2 907.4	3 624.6	4 184.0
城镇登记失业率(%)(季度)	—	—	—	—	—	—	—	—	—	—	—	4.2
同比累计增长率（%）												
地区生产总值	—	—	7.0	—	—	7.2	—	—	7.4	—	—	7.5
第一产业	—	—	-4.0	—	—	-3.2	—	—	-0.9	—	—	0.5
第二产业	—	—	4.4	—	—	3.0	—	—	2.6	—	—	3.1
第三产业	—	—	8.9	—	—	10.3	—	—	10.9	—	—	10.6
工业增加值	-3.6	4.0	3.8	4.0	3.5	2.6	2.5	2.1	2.4	2.7	2.7	2.9
固定资产投资	—	0.0	-2.8	-0.4	5.6	4.5	5.0	5.5	5.2	4.8	4.0	3.7
房地产开发投资	—	9.5	0.7	-0.1	7.9	12.7	10.7	12.4	12.2	8.5	7.7	9.7
社会消费品零售总额	—	—	10.6	—	—	9.4	—	—	9.1	—	—	9.0
外贸进出口总额	-9.6	7.0	3.9	2.1	3.8	3.2	2.2	1.2	1.2	0.6	0.3	-0.2
进口	-19.3	4.9	4.5	2.9	4.5	3.6	3.7	2.5	2.3	2.1	1.4	1.0
出口	1.4	9.4	3.1	1.2	3.1	2.7	0.6	-0.2	-0.1	-1.0	-0.9	-1.4
外商实际直接投资	8.5	20.2	29.2	25.0	21.3	22.6	20.1	20.2	22.1	21.4	19.7	20.5
地方财政收入	7.5	6.9	6.7	6.5	6.7	6.8	6.9	7.2	7.2	9.0	9.5	9.2
地方财政支出	-37.9	21.7	22.3	19.2	23.3	15.7	15.5	14.5	16.8	15.7	15.7	6.9

数据来源：上海市统计局、《上海统计年鉴》。

2012年江苏省金融运行报告

中国人民银行南京分行货币政策分析小组

[内容摘要] 2012年，面对严峻的国际国内经济形势，江苏省认真贯彻党中央、国务院决策部署，统筹抓好稳增长、控物价、调结构、惠民生各项工作，全省经济呈现总体平稳、稳中有进的良好态势，在加快转型升级中实现了经济平稳较快发展，民生得到持续改善。2012年全省实现地区生产总值5.4万亿元，同比增长10.1%，人均地区生产总值为68 347元。金融健康平稳运行，全省金融部门切实按照宏观调控要求，认真执行稳健的货币政策，信贷总量合理适度增长，信贷结构继续优化，融资利率趋势性回落。直接融资占比稳步提高，金融市场创新活跃。

展望2013年，尽管面临世界经济复苏不稳定、资源趋紧等问题，但江苏实体经济基础雄厚，扩大投资和消费仍有很大空间，经济有望继续保持平稳较快增长，在稳健的货币政策的背景下，信贷总量将保持平稳适度增长，融资结构将进一步趋于多元化。

一、金融运行情况

2012年，江苏省金融业认真贯彻落实稳健的货币政策，金融运行总体良好，融资结构继续改善，金融服务水平明显提升。金融市场交易活跃，各项改革持续推进，金融服务地方经济发展的能力继续增强。

（一）银行业运行稳健，存贷款增长适度

1. 银行业规模稳步增长，总体运行稳健。截至年末，全省金融机构资产总额达9.7万亿元，同比增长18.0%。年末金融机构本外币存贷款余额分别达到7.8万亿元和5.8万亿元。盈利水平稳步提升，利润总额同比增长7.6%。受经济下行压力影响，不良贷款率略有上升，2012年年末，江苏省金融机构不良贷款率为1.09%，比年初提高0.15个百分点，不良贷款率总体仍处低位。

2. 人民币存款恢复增长。存款在经历2011年大幅缓增后，2012年重新恢复增势。2012年年末，全省金融机构人民币存款余额为75 481.5亿元，同比增长14.9%，增速较上年年末提高3.4个百分点；比年初增加9 761.8亿元，同比多增3 031.0亿元，较2007～2011年年均增量多1 796.2亿元。

受存款利率上浮、理财产品收益率走低以及经济主体投资意愿较弱等因素影响，存款期限结构倾向定期。2012年年末，人民币单位定期存款余额为1 1787.1亿元，比年初增加2 460.2亿元，同比多增983.8亿元，余额占单位存款余额的比例较上年年末提升3.0个百分点；人民币个人定期存款余额为19 262.0亿元，比年初增加3 021.2亿元，同比多增1 224.1亿元，余额占个人存款余额的比例较上年年末提升1.0个百分点。

表1　2012年江苏省银行业金融机构基本情况

机构类别	营业网点			法人机构（个）
	机构个数（个）	从业人数（人）	资产总额（亿元）	
一、大型商业银行	4 768	99 346	43 760.7	0
二、国家开发银行和政策性银行	93	2 254	4 136.5	0
三、股份制商业银行	832	30 973	18 519.5	0
四、城市商业银行	707	19 359	11 638.2	4
五、小型农村金融机构	3 032	41 498	12 881.2	62
六、财务公司	9	227	371.1	7
七、信托公司	4	285	118.1	4
八、邮政储蓄银行	2 499	8 418	3 899.0	0
九、外资银行	52	1 832	726.3	1
十、新型农村金融机构	81	1 813	386.1	52
十一、其他	1	112	145.8	1
合　计	12 078	206 117	96 582.5	136

注：营业网点不包括总部；小型农村金融机构包含农村信用社、农村合作银行及农村商业银行；新型农村金融机构包括村镇银行、贷款公司和农村资金互助社三类机构；“其他”包含金融租赁公司、汽车金融公司、货币金融公司、消费金融公司等。

数据来源：中国人民银行南京分行，江苏银监局。

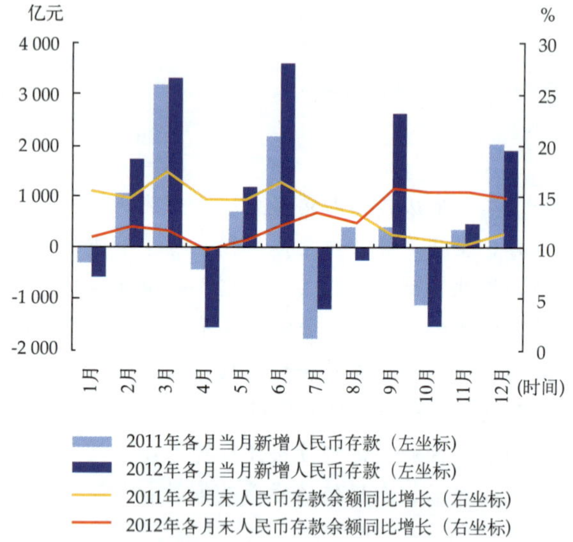

数据来源：中国人民银行南京分行。

图1　2011～2012年江苏省金融机构人民币存款增长

3. 贷款增长合理适度，贷款结构持续优化。2012年年末，全省人民币贷款余额为5.4万亿元，同比增长13.7%，增速较上年同期回落0.1个百分点。全年新增人民币贷款6 550.7亿元，同比多增759.1亿元。贷款节奏均衡。第一至第四季度人民币新增贷款分别占全年新增贷款的32%、28%、23%、18%。贷款期限以短期为主，短期贷款和票据融资占贷款新增额的68.4%，中长期贷款占贷款新增额的30.2%。

信贷支持重点突出。一是实体经济领域的金融支持力度进一步增强。江苏是制造业大省，2012年年末，全省本外币制造业贷款（不含票据融资）余额为15 821.3亿元，同比增长18.5%，较同期全部贷款（不含票据融资）增速高出3.6个百分点；全年新增本外币制造业贷款2 214.1亿元，较2007～2011年年均增量多503.7亿元，占全部新增贷款的31.9%，位居各行业贷款增量首位。二是“支农支小”力度进一步加大。2012年年末，全省中小微企业贷款和涉农贷款增速分别比全部贷款增速高2.8个和1.8个百分点。

外币贷款增长较快。2012年年末，全省外汇各项贷款余额为515.6亿美元，比年初增长132.2亿美元，同比多增59.9亿美元。新增外汇贷款主要集中于贸易融资，全年增量为120.1亿美元，占新增外汇贷款总量的90.8%。

4. 贷款利率趋势性回落。2012年以来，受降息及扩大利率浮动区间的影响，江苏金融机构贷款利率明显回落。第四季度人民币贷款加权平均利率较第一季度下降0.78个百分点，降幅大于贷款

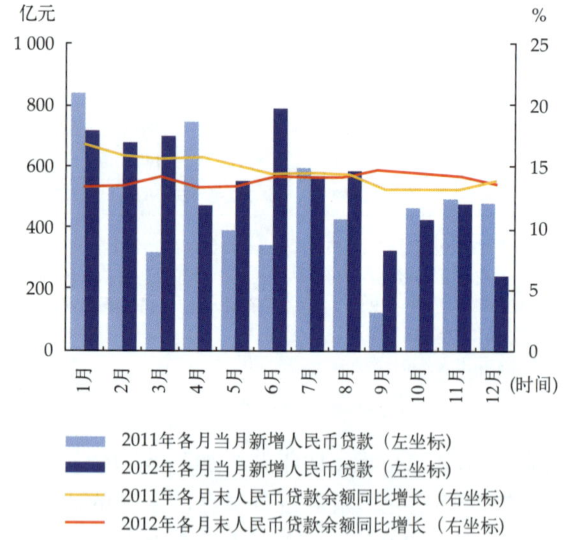

数据来源：中国人民银行南京分行。

图2　2011～2012年江苏省金融机构人民币贷款增长

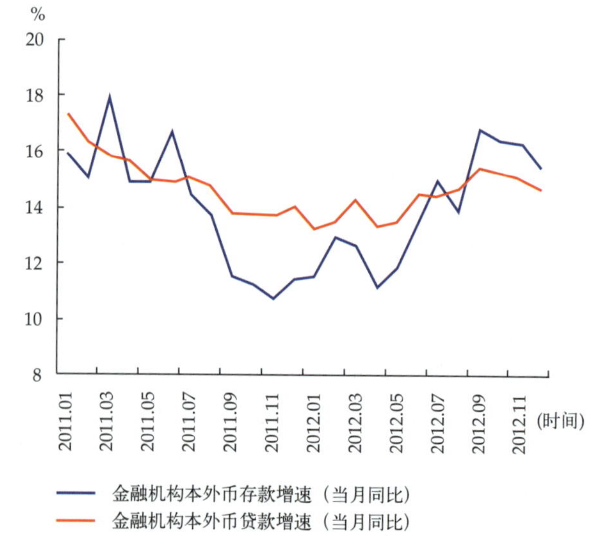

数据来源：中国人民银行南京分行。

图3　2011～2012年江苏省金融机构本外币存、贷款增速

基准利率降幅0.22个百分点。从期限结构来看，呈现“两端低、中间高”的特征。各期限贷款利率中，6个月到1年期贷款利率最高。

表2　2012年江苏省金融机构人民币贷款各利率区间占比

单位：%

月份		1月	2月	3月	4月	5月	6月
	合计	100.0	100.0	100.0	100.0	100.0	100.0
	[0.9，1.0)	3.3	4.4	4.0	3.8	3.4	4.7
	1.0	22.2	23.3	19.5	17.1	19.8	21.6
上浮水平	小计	74.5	72.3	76.5	79.1	76.8	73.6
	(1.0，1.1]	25.7	27.6	25.4	24.6	23.6	25.7
	(1.1，1.3]	31.3	28.6	33.6	36.0	36.5	33.3
	(1.3，1.5]	7.9	7.1	8.6	9.5	8.8	7.5
	(1.5，2.0]	7.1	6.4	6.7	6.7	5.7	5.5
	2.0以上	2.5	2.5	2.2	2.3	2.1	1.7
月份		7月	8月	9月	10月	11月	12月
	合计	100.0	100.0	100.0	100.0	100.0	100.0
	[0.9，1.0)	7.1	5.6	6.1	6.8	5.2	5.6
	1.0	19.5	19.7	21.9	24.8	23.7	24.5
上浮水平	小计	73.4	74.7	72.0	68.4	71.1	69.9
	(1.0，1.1]	25.5	27.4	24.6	26.6	25.6	27.0
	(1.1，1.3]	32.7	31.7	32.9	28.1	30.2	29.9
	(1.3，1.5]	7.3	7.3	7.0	6.2	7.0	6.3
	(1.5，2.0]	6.1	6.0	5.6	5.4	5.9	5.0
	2.0以上	1.9	2.3	2.0	2.2	2.4	1.6

注：2012年8～12月统计数据的下浮区间为[0.7，1.0)。
数据来源：中国人民银行南京分行。

5. 银行业改革扎实推进。大型银行改革进一步深化，国家开发银行江苏省分行深入推进信贷结构调整，充分发挥“投、贷、债、租、证”综合金融服务优势，积极向省内重点建设项目、社会民生、外汇及“走出去”等领域提供融资支持。中国工商银行江苏省分行全面完成授信审批

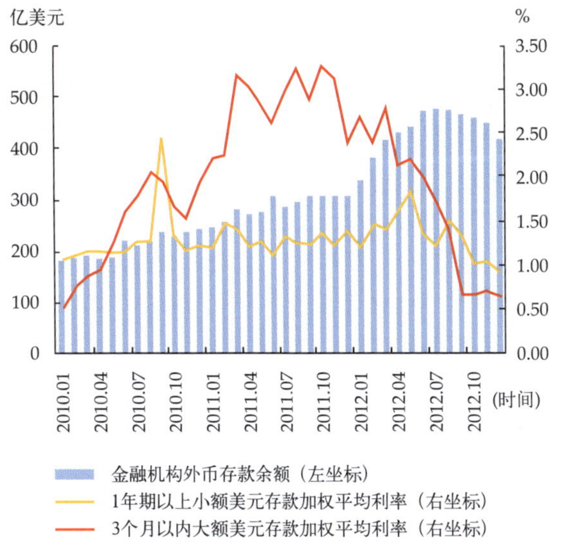

数据来源：中国人民银行南京分行。

图4　2010～2012年江苏省金融机构外币存款余额及外币存款利率

集中改革，有效统一风险偏好。坚持大户分析制度，建立大额贷款到期预警机制，高度重视并妥善处置表外垫款、欠息等苗头性问题。在系统内率先实施违约贷款集中催收和不良贷款集中管理。

农村金融改革稳步推进。江苏省农村信用社系统继续加快改制进程，股权结构更趋合理。2012年全省有11家农村信用社、农村合作银行改制为农村商业银行，通过增资、改制，农村信用社资本实力增强，股权结构得到优化。新型农村金融组织稳步扩展，农村金融服务主体进一步增加。截至2012年年末，江苏省累计成立村镇银行52家，累计成立小额贷款公司485家，从全国范围看，除从业人员外，江苏省小贷公司的机构数量、实收资本金和贷款余额均跃居全国第一。

专栏1　江苏省小额贷款公司发展情况

自江苏省开展小额贷款公司试点以来，全省小额贷款公司得到了快速发展，截至2012年年末，纳入中国人民银行统计的江苏省小额贷款公司数量为485家，比年初增加158家；实收资本金为798.4亿元，比年初增加 238.6亿元；从业人员为4 614人，比年初增加1 595人；贷款余额为1 036.642亿元，比年初增加231.5亿元。从全国范围看，除从业人员外，江苏省小额贷款公司的机构数量、实收资本金和贷款余额均跃居全国第一。

分地区看，苏州以80家机构、307.3亿元贷款余额位列全省第一，无锡以62家机构、173.7亿元贷款余额位列全省第二，与2011年年末排名相同。苏南五市机构数量、贷款余额分别为256家、734.0亿元，占全省的52.8%、70.8%。

截至2012年年末，全省小额贷款公司实收资本为798.4亿元，贷款余额为1 036.6亿元，为实收资本的1.3倍。统计数据显示，全省485家小额贷款公司中贷款余额等于或超过实收资本的达407家，占83.9%，目前小额贷款公司的自有资金基本用足。

由于资金来源不足、不良贷款率有所上升等原因，2012年小额贷款公司贷款增长相对往年明显减缓，截至2012年年末，江苏省小额贷款公司各项贷款余额为1 036.6亿元，比年初增加231.5亿元，同比少增199.4亿元。与此同时，资金周转速度有所加快，2012年，全省小额贷款公司累计发放贷款2 507.0亿元，累计收回贷款2 287.8亿元，分别比上年同期多573.5亿元、787.8亿元。说明小额贷款公司在资金来源不足的情况下，贷款期限缩短，资金周转速度有所加快。

（二）证券业运营平稳，经营结构逐步优化

1. 证券业总体实力进一步增强。2012年年末，全省共有6家法人证券公司，证券营业部365家，营业部同比增长5%，保持了稳步扩张的态势。受二级市场持续低迷的影响，证券公司经营业绩同比有所下滑。在传统业务利润空间逐步减小的背景下，全省证券公司加快了业务创新步伐，在中小企业私募债等新业务领域进行突破，传统经纪业务占比减少，经营结构逐步优化。

2. 股票融资有所放缓。受市场低迷影响，2012年全省股票融资同比减少。2012年，全省共有22家公司实现首发，首发融资额为135.1亿元，同比下降71.7%；再融资为208.5亿元，同比增长6.0%。全年新增上市公司总数位列全国第三，首发募集资金额位列全国第四。年末，全省上市公司总数已达到236家。

表3　2012年江苏省证券业基本情况

项目	数量
总部设在辖内的证券公司数（家）	6
总部设在辖内的基金公司数（家）	0
总部设在辖内的期货公司数（家）	11
年末国内上市公司数（家）	236
当年国内股票（A股）筹资（亿元）	343.6
当年发行H股筹资（亿元）	0
当年国内债券筹资（亿元）	2 287.3
其中：短期融资券筹资额（亿元）	542.8
中期票据筹资额（亿元）	452.7

数据来源：中国人民银行南京分行、江苏证监局、江苏省金融办。

3. 期货业发展较快。2012年年末，全省共有期货公司11家，营业部101家，营业部同比增长16%，进入快速发展阶段。2012年，全省有3家期货公司增加注册资本，1家期货公司获得资产管理业务资格，市场主体资本实力和抗风险能力进一步提升。期货公司通过积极开展投资咨询、资产管理等各类创新业务，保持业绩的快速增长，全年11家期货公司利润总额同比增长48.6%。

（三）保险业稳步发展，机构实力不断增强

1. 市场主体进一步充实。2012年，江苏省新开业一家法人保险公司，截至年末，省内拥有紫金产险、乐爱金产险、利安人寿、东吴人寿等四家法人保险机构。

2. 各项业务平稳增长。保费规模在全国各省（市）中列第二位，2012年，全省累计实现保费收入1 301.3亿元，同比增长8.4%。其中，财产险保费收入440.9亿元，同比增长16.1%；人身险保费收入860.1亿元，同比增长4.9%。

3. 农业保险发展较快。2012年，全省农险保收入及农险基金共计23.1亿元，为全省农户提供468亿元的农业生产风险保障。全年全省支付各类农险赔款10.3亿元，397万户次农民从中受益。

表4　2012年江苏省保险业基本情况

项目	数量
总部设在辖内的保险公司数（家）	4
其中：财产险经营主体（家）	2
人身险经营主体（家）	2
保险公司分支机构（家）	90
其中：财产险公司分支机构（家）	39
人身险公司分支机构（家）	51
保费收入（中外资，亿元）	1 301.3
其中：财产险保费收入（中外资，亿元）	440.9
人身险保费收入（中外资，亿元）	860.4
各类赔款给付（中外资，亿元）	387.0
保险密度（元/人）	1 643.0
保险深度（%）	2.4

数据来源：江苏保监局。

（四）直接融资占比稳步提高，融资结构继续改善

2012年，随着银行间债务融资工具发行量的提速，江苏省直接融资占比进一步提高，融资结构明显改善。

1. 银行间市场直接债务融资工具加快发展。2012年，江苏省抓住债务融资工具市场加快发展的契机，实施推进2012年江苏省“债务融资工具双速计划”。截至年底，取得了“百企融资超千亿元”的历史性突破，全省132家企业累计发行各类债务融资工具1 280.5亿元，剔除央企后发行企业家数和发行金额分别跃居全国第一位、第二位。直接债务融资工具存续余额达到1 745.8亿元，是2011年年末的2.2倍，连续第二年实现余额翻番。

2. 直接融资比例进一步提升。2012年，江苏省累计发行各类债券2 287.3亿元，占全部融资量的22.9%，比重较2011年提高10.1个百分点；累计从股票市场融资343.6亿元，占全部融资量的3.4%；两者合计占融资总量的26.3%，同比提高5.1个百分点。

3. 同业拆借大幅增长，债券交易活跃。2012年，全省银行间市场成员累计同业拆借交易量为2.2万亿元，同比增长73.3%，净融入资金1.6万亿元。债券交易量继续扩大，2012年，市场成员累计完成债券回购12.9万亿元，同比增长70.9%；累计完成现券交易5.7万亿元。

表5　2001～2012年江苏省非金融机构部门融资结构

单位：亿元、%

年份	融资量	比重		
		贷款	债券（含可转债）	股票
2001	758.0	93.6	0.4	6.0
2002	1 719.5	95.9	2.0	2.1
2003	3 480.5	97.4	1.1	1.5
2004	2 407.5	98.3	0.4	1.3
2005	2 408.8	92.5	4.5	3.0
2006	3 430.9	93.8	3.1	3.1
2007	4 252.4	91.3	5.8	2.9
2008	4 448.3	91.5	6.2	2.3
2009	10 610.7	92.0	5.4	2.5
2010	8 787.0	83.5	7.8	8.7
2011	7 804.6	78.8	12.8	8.4
2012	10 006.9	73.7	22.9	3.4

数据来源：中国人民银行南京分行、江苏省发展改革委、江苏证监局。

4. 票据业务平稳发展，市场利率稳步下降。2012年，全省累计签发银行承兑汇票4.9万亿元，全年累计贴现票据1.6万亿元，票据融资规模持续增长，短期融资功能稳定。票据贴现利率稳步下

表6　2012年江苏省金融机构票据业务量统计

单位：亿元

季度	银行承兑汇票承兑		贴现			
			银行承兑汇票		商业承兑汇票	
	余额	累计发生额	余额	累计发生额	余额	累计发生额
1	11 345.6	6 503.3	1 454.7	7 344.3	74.7	195.3
2	12 883.8	7 122.6	1 861.7	9 830.4	89.2	355.6
3	12 696.6	6 743.7	1 878.2	10 084.1	76.5	296.0
4	12 368.2	6 669.1	1 669.4	10 065.9	86.3	593.3

数据来源：中国人民银行南京分行。

表7　2012年江苏省金融机构票据贴现、转贴现利率

单位：%

季度	贴现		转贴现	
	银行承兑汇票	商业承兑汇票	票据买断	票据回购
1	7.1149	8.2442	6.9354	5.8065
2	5.3678	6.3311	5.4227	4.6465
3	5.4214	6.3200	5.1466	4.4965
4	5.6669	6.4604	5.0506	4.8959

数据来源：中国人民银行南京分行。

降，全年票据贴现加权利率为5.95%，较2011年下降2.1个百分点。

5. 金融创新有效推进。因应实体经济融资需求，全省金融机构在产品、流程、机制等方面加大创新力度，加强对科技型企业、小微企业的金融支持。一批富有特色的中小微企业金融产品和服务模式影响力不断扩大。“金融顾问”、“金融帮办”、“金融走访”、“金融超市”等特色金融服务深入县域。知识产权质押、股权质押、应收账款质押、订单融资等抵押担保方式在多个地市进一步推广。

专栏2 扩大直接债务融资规模 助推江苏实体经济发展

近年来，江苏紧紧抓住债务融资工具市场扩容、创新加快、效率提升的时机，分别在2011年、2012年成功实施“债务融资工具余额倍增计划”、“债务融资工具余额双速计划”（双倍于同期人民币贷款余额增速），实现了直接债务融资跨越式发展。

一是直接债务融资总量迅速扩大，对江苏经济发展的贡献度大幅提升。2012年年末，江苏省债务融资工具存续余额达到1 745.8亿元，是2009年年末的8.5倍；年发行企业家数达到132家，发行金额达到1 280.5亿元，分别是2009年的10.2倍、7.6倍；债务融资工具年度净融资额（发行额减到期额）达到941.6亿元。

二是直接债务融资支持优势企业做优做强，对促进江苏经济结构调整作用明显。对于优势企业、优势产业而言，发行债务融资工具与贷款、信托等融资方式相比融资成本低、用款方式灵活、融资品种多样、资金使用效率高。从债务融资工具发行的主体结构看，机械、造船、钢铁、电子、制药、纺织、文化、建筑等江苏支柱产业2012年累计融资477.9亿元，占全部发行额的37.3%。

三是直接债务融资降低了实体经济发展的融资成本，提升了江苏企业融资效率。一方面，由于债务融资工具发行实行完全市场化的定价，优质企业发行债务融资工具，相对于贷款等融资方式而言成本较低。另一方面，直接债务融资加快发展，改善了江苏信贷市场、票据贴现市场供需矛盾，提高了江苏企业及消费信贷客户的议价能力，企业一般贷款利率、票据贴现利率和消费信贷利率均较2011年明显下行。

四是直接债务融资带动金融服务转型，为金融支持薄弱环节营造了空间。虽然债务融资工具的发行人多为大型企业，但民生领域和中小企业也是江苏直接债务融资工作的重要着力点。南京安居集团、河西国资集团两家保障房企业定向发行200亿元债务融资工具的方案已获认可并正式启动，“区域集优”债务融资模式成为江苏中小企业直接融资的重要创新模式。此外，大企业转向直接债务融资，客观上也推动了银行贷款向中小企业倾斜。

（五）金融生态环境建设深入推进，金融基础设施不断改善

金融生态建设扎实推进。进一步强化金融生态考核工作，引入金融生态县动态管理机制，首次将2个金融生态示范县降格为金融生态达标县，并对2个金融生态达标县提出警示，大大地促进了金融生态县的长效建设。金融消费者权益保护工作深入推进，在全国较早地对银行业金融机构客户个人金融信息保护、消费者现金业务权益保护、储蓄国债业务权益保护等方面予以系统规范，进一步提升了消费者金融权益保护工作层次。

金融基础设施建设和服务水平有了新的提升，对实体经济的支持作用、对社会民生的改善效果大大增强。支付结算服务加速向农村覆盖，农村地区支付“快通工程”步伐加快，银行卡助农取款服务在江苏辖区覆盖所有行政村，昆山成为全国首个ATM机具“村村通”的县级市。人民

币流通满意工程深入推进，启动商业银行代理发行库试点，江苏辖区在全国率先实现100%自动柜员机支付纸币冠字号码记录存储功能全覆盖，网点柜面也已经实现87%的覆盖面，大大增强了反假币能力。中小企业和农村信用体系建设深入推进，江苏辖区为117万户企业和93万户农村青年建立了信用档案。

二、经济运行情况

2012年，江苏经济在转型升级中平稳增长，结构调整和转型升级步伐加快，发展质量稳步提高，民生不断改善。全年实现地区生产总值54 058.2亿元，同比增长10.1%，人均生产总值为68 347元，比上年增加6 057元。

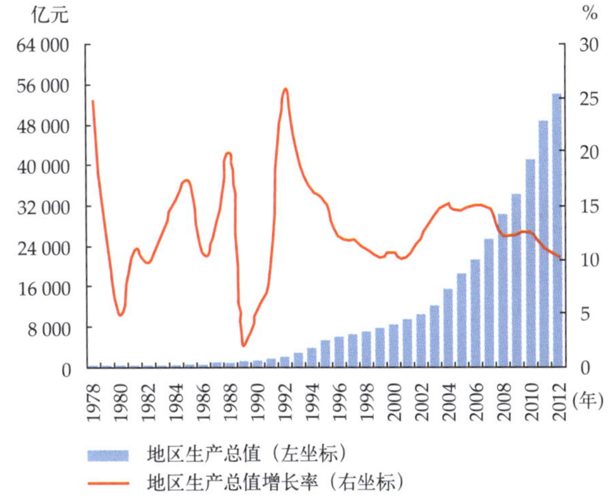

数据来源：江苏省统计局。

图5　1978～2012年江苏省地区生产总值及其增长率

（一）三大需求协调增长，内需拉动逐步增强

1. 投资增长平稳，结构不断优化。2012年，江苏省积极推进交通、能源、水利等重大基础设施项目，加快200个省级重点项目推进，鼓励高新技术产业、重要装备制造业、新能源项目建设，全省固定资产投资同比增长20.5%。

投资结构不断优化。主要工业行业投资中，化学原料及化学制品制造业、通用设备制造业、专用设备制造业均增长30%以上，第三产业中水利环境、文化、教育等民生相关基础设施投资保持较快增长。民间投资增长22.6%，高出全部投资2.1个百分点，民间投资占固定资产投资的比重达67.2%，占比较上年提高1.2个百分点。

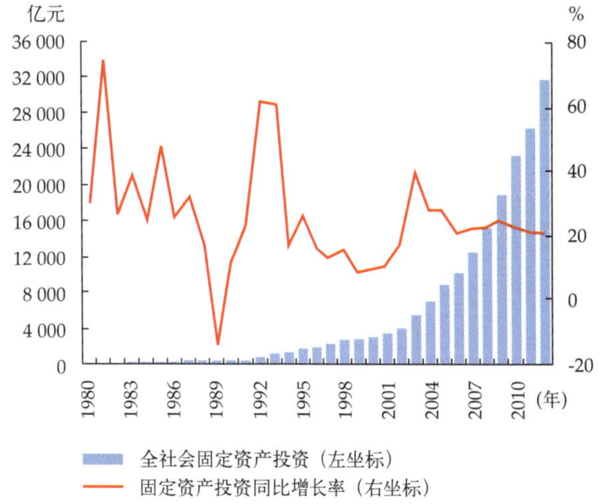

数据来源：江苏省统计局。

图6　1980～2012年江苏省固定资产投资及其增长率

2. 居民收入稳步提高，消费增速有所加快。全省扎实推进民生幸福工程，实施居民收入七年倍增计划，城乡居民收入稳步增长。全年城镇居民人均可支配收入达29 677元，人均消费性支出18 825元；全省农村居民人均纯收入达12 202元，人均生

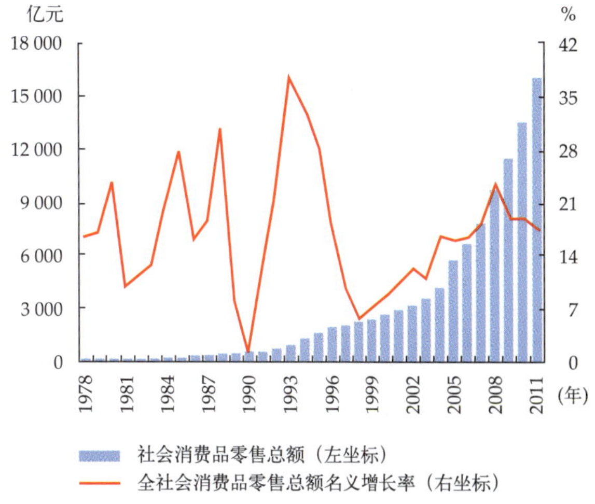

数据来源：江苏省统计局。

图7　1978～2012年江苏省社会消费品零售总额及其增长率

活消费支出8 655元。

得益于城乡居民收入较快增长对消费需求的拉动，2012年，全省社会消费品零售总额同比增长15.0%，剔除价格因素后，实际消费增速呈逐步上升态势。消费结构优化升级，食品、饮料和烟酒消费增长平稳，通讯器材、家具等消费增长较快，全年家具消费同比增长34.1%，通讯器材增长33.6%。

3. 进出口规模继续扩大，增速明显回落。2012年，全省进出口总额为5 480.9亿美元，同比增长1.5%。出口和进口总额分别为3 285.4亿美元和2 195.5亿美元。其中，进口同比下降3.3%，进口增速自2009年以来第二次出现负增长。

出口结构进一步优化。一般贸易出口额为1 395.5亿美元，比上年增长10.5%；加工贸易出口额为1 602.0亿美元，下降6.9%，一般贸易增速比加工贸易快17.4个百分点。

利用外资规模保持全国领先。全年新批外商投资企业4 156家，新批协议外资571.4亿美元；实际到账外资357.6亿美元，比上年增长11.3%。新批及净增资9 000万美元以上的大项目245个。企业“走出去”步伐加快，全年新批境外投资项目572个，比上年增长13.3%；中方协议投资50.5亿美元，增长40.1%。

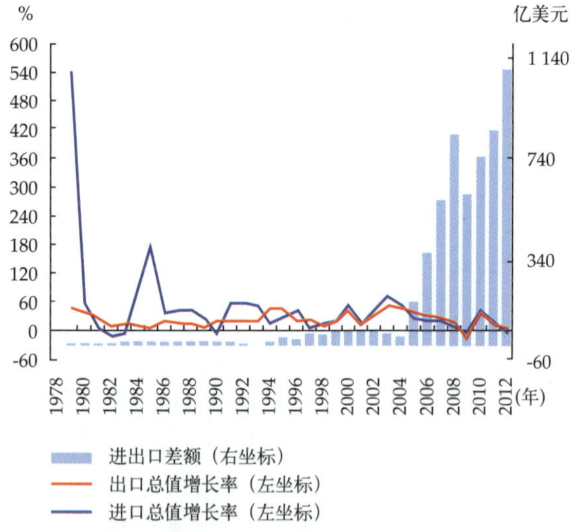

数据来源：江苏省统计局。

图8 1978～2012年江苏省外贸进出口变动情况

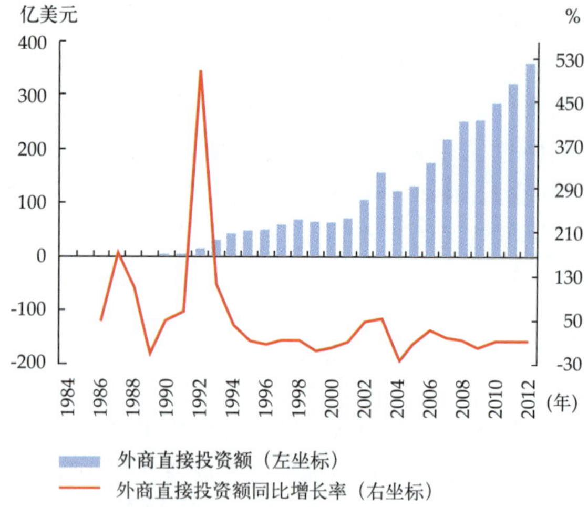

数据来源：江苏省统计局。

图9 1984～2012年江苏省外商直接投资额及其增长率

（二）三次产业稳步发展，产业结构持续优化

2012年，江苏省三次产业增加值比例为6.3：50.2：43.5，第三产业比重提高1.3个百分点，产业结构更趋合理。

1. 农业生产稳定增长。2012年，全省强化农业生产基础，积极培育现代农业经营主体，农林牧渔业发展稳定。粮食连续九年增产，全年总产量达3 372.5万吨，比上年增产64.7万吨。

农业发展方式加快转变。全省大力提升农业组织化水平，农民专业合作社个数、成员数、入社农户比例和出资额均居全国第一位。生产条件显著改善，全省农田新增有效灌溉面积6.1万公顷，新增节水灌溉面积14.8万公顷；年末农业机械总动力4 214.6万千瓦，比上年年末增长2.6%。

2. 工业生产稳步增长，结构调整持续推进。全年规模以上工业增加值比上年增长12.6%，工业企业利润同比增长5.8%，全年呈缓慢回升态势，四个季度工业增加值累计增速分别为12.0%、12.2%、12.3%、12.6%。

工业结构持续调整。与外需相关的电子、计算机、通讯设备增长相对放缓，而汽车、医药等增长相对较快，汽车、医药制造业产值同比分别增长22.3%和25.9%。产品结构继续优化，工业新产品产值比上年增长13.7%。

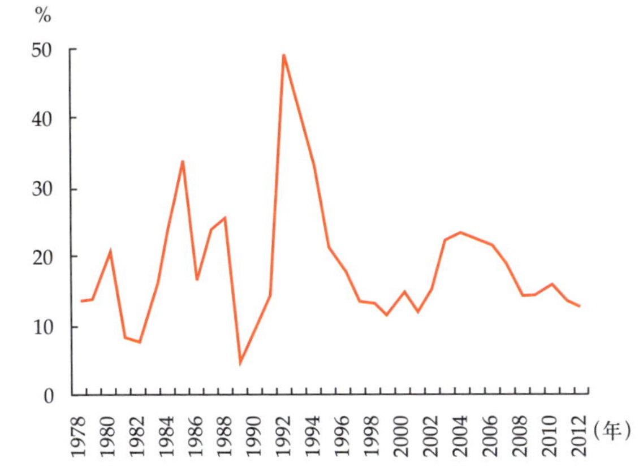

数据来源：江苏省统计局。

图10　1978～2012年江苏省工业增加值同比增长率

3. 服务业发展水平稳步提升。服务业占比稳步提高，全年服务业增加值达2.4万亿元，占GDP比重达43.8%，同比提高1.2个百分点。传统服务业稳定发展，以物流、服务外包、软件业为代表的新兴服务业快速发展。区域特色显著，苏南电子商务、服务外包、文化创意等现代服务业加快集聚。

（三）物价涨幅明显回落，生产类价格回落较快

居民消费价格明显回落。2012年，全省居民消费价格同比上涨2.6%，涨幅较上年回落2.7个百分点。构成CPI的8个分项中，食品价格涨幅相对较大，全年上涨4.7%，有两项出现下跌，分别是交通和通信下跌0.2%，娱乐教育文化用品及服务下跌0.1%。

生产类价格较快回落。工业生产者出厂价格、工业生产者购进价格全年分别下跌2.9%和4.2%。部分行业受销售不畅、产能过剩等影响，出厂价格持续低迷，化纤、金属冶炼等行业尤为明显，全年化学纤维制造业出厂价格下跌12.3%，黑色金属冶炼及压延加工业下跌9.7%。

劳动力报酬继续提高。2012年，江苏省城镇居民人均工资性收入和农民工资性收入分别增长13.2%和12.7%。最低月工资标准稳步提高，全省一类、二类、三类地区最低工资标准分别为

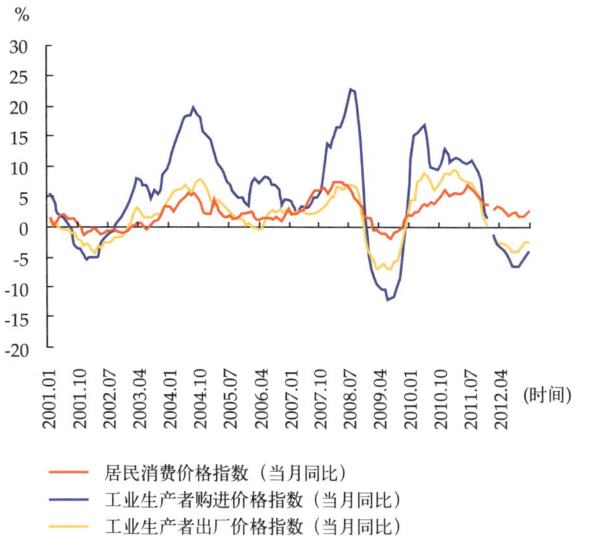

数据来源：江苏省统计局。

图11　2001～2012年江苏省居民消费价格和生产者价格变动趋势

1 320元/月、1 100元/月、950元/月，比上年增长15.8%、18.3%和18.8%。

（四）财政收入保持增长，支出结构持续优化

财政收入保持增长。全省一般财政预算收入为5 860.7亿元，同比增长13.8%。受经济增长放

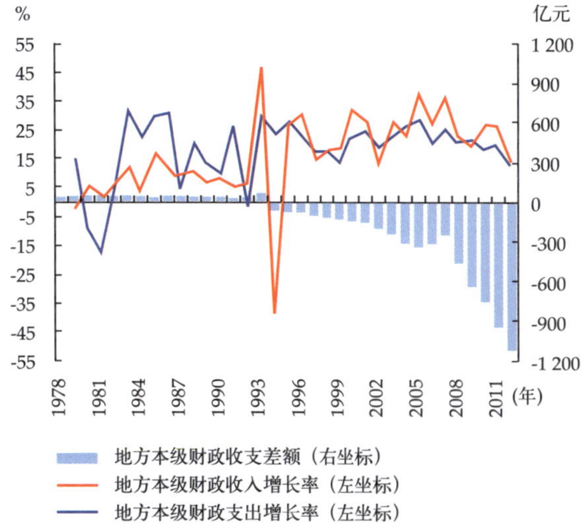

数据来源：江苏省统计局。

图12　1978～2012年江苏省财政收支状况

缓，企业效益下降以及结构性减税等因素影响，增值税、企业所得税增长放缓，全年分别增长5.8%和2%。营业税增长31.7%成为支撑地方财政收入增长的主要支柱。

财政支出结构持续优化。2012年，全省地方财政一般预算支出为6 996.6亿元，同比增长12.5%。其中，教育、社会保障与就业、医疗卫生等重点民生领域得到有效保障，占总支出的比重进一步提高。

（五）节能降耗持续推进，生态建设成效明显

节能减排取得新成效。2012年，全省大力实施节能减排重点工程，鼓励发展循环经济，严格控制高耗能项目，加快淘汰落后产能，节能减排完成国家下达的任务。全省电力行业淘汰落后产能82.8万千瓦。全省承担淘汰落后产能目标任务的122家企业按时完成淘汰任务。

深入实施“清水蓝天”工程，污水日处理总能力已突破1 300万吨，太湖水质进一步改善，大气污染防治取得积极进展。组织实施美好城乡建设行动，大力推进村庄环境整治，城乡人居环境继续改善。扎实推进绿色江苏建设，森林覆盖率提高到21.6%，国家生态市（县、区）达到22个，比上年年末新增5个。

（六）房地产市场走势总体平稳，房价涨幅放缓

2012年以来，随着国家房地产调控政策的贯彻落实，江苏省房地产市场走势平稳，房价涨幅明显放缓，房地产贷款回落趋稳，贷款质量总体良好。

房地产投资放缓。2012年，全省完成房地产投资6 206.1亿元，同比增长11.5%，增速较上年回落17.7个百分点。房地产投资占全社会固定资产投资的19.6%，占比较上年下降0.5个百分点。

房地产销售有所回暖。2012年，全省商品房销售面积同比增长13.2%，销售额同比增长16.1%。销售以3月为拐点，3月以后销售逐步加快。成交价格小幅回升，全年商品房成交均价同比上升4.1%。房地产价格地区差异显著，13个省

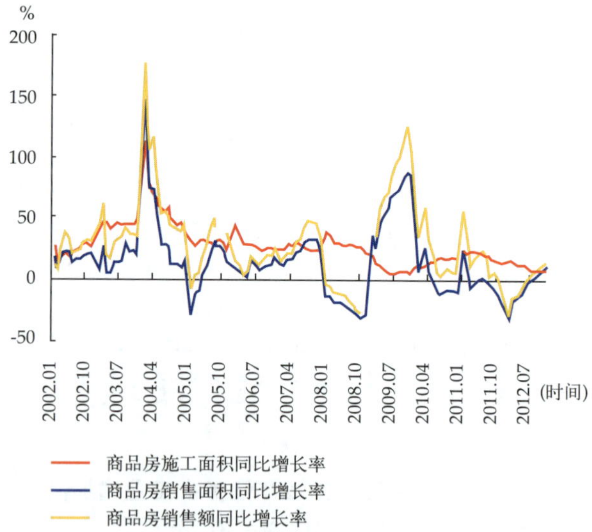

数据来源：江苏省统计局。

图13　2002～2012年江苏省商品房施工和销售变动趋势

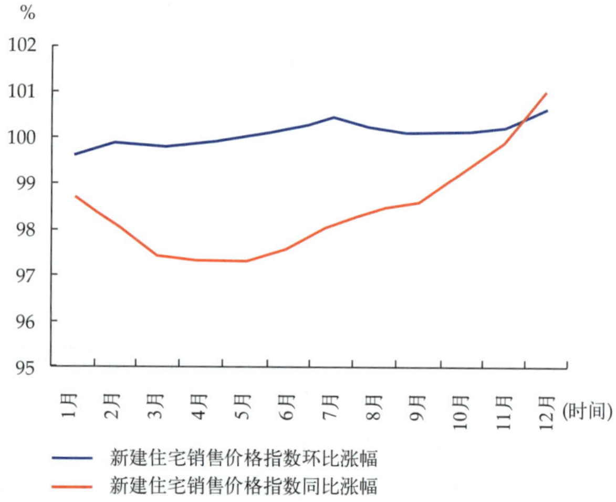

数据来源：江苏省统计局。

图14　2012年南京市新建住宅价格指数

辖市中，6个城市成交均价同比正增长，7个城市房价不同程度地下降，其中，无锡和扬州降幅分别达10.6%和9.2%。

房地产贷款增速呈现回落趋稳态势，7月后小幅回升，全年房地产贷款同比增长11.6%。保障性住房开发贷款增长较快，2012年年末全省保障性住房开发贷款余额同比增长55.6%。个人住房贷款发放呈平稳上升趋势，5月之后，单月批准贷款笔数逐步上升至4.3万笔左右，月度发放也同步上升

至接近200亿元。房地产贷款质量总体良好，不良贷款率保持在1%以下。

三、预测与展望

2013年是全面贯彻落实党的十八大精神的开局之年，是实施“十二五”规划承前启后的关键一年，尽管面临世界经济复苏不稳定、资源趋紧等问题，但江苏实体经济基础雄厚，扩大投资和消费仍有很大空间，经济有望继续保持平稳较快增长，预计全省地区生产总值增长10%左右。

投资将保持增长态势。一方面，2011年第四季度以来企业投资意愿有所增强；另一方面，随着城镇化战略的实施，将带动基础设施建设较快增长。消费需求平稳提升，扩大内需政策的出台、城乡居民收入持续增长和消费升级都将推动消费持续增长。在全球经济预期回升的带动下，未来出口将逐步企稳。

价格将小幅上行。国际输入型通胀压力有所增大，国际大宗商品的价格可能波动上行。非食品价格涨幅将随着经济增速企稳回升而加快。国内投资需求的上升和工业去库存化加快，都会增加总需求，导致通胀压力加大。此外，江苏劳动力成本上升趋势明显，食品价格尤其是猪肉价格上涨压力加大，都将推动物价上行。预计全年居民消费价格总水平涨幅在3.5%左右。

从金融运行看，随着城镇化建设加快，基础设施建设项目信贷需求将有所加快，信贷需求较2012年旺盛，但受资本约束、风险上升等因素制约，银行信贷投放将较为谨慎，预计贷款将保持适度增长。融资结构有望趋于多元化，债券融资将继续较快增长，社会融资渠道进一步拓宽。

中国人民银行南京分行货币政策分析小组
总　纂：周学东　李文森
统　稿：戴　俊　谢　宁　陈　实
执　笔：李晓斌　张　明　王琦玮　戴国海　李　伟　马军伟
提供材料的还有：戴晓东　王远华　李　艳　张　辉　孙良涛　万　秋　卜建明　张　曦

附录

（一）2012年江苏省经济金融大事记

8月1日，国家决定扩大营业税改征增值税试点范围，江苏省成为10个试点省（市）之一。

8月8日，南京公用控股有限公司发行全国首批资产支持票据（ABN），发行规模为10亿元。

8月31日，南京银行发行“南京银行股份有限公司2012金融债券”，发行总额为50亿元，全部用于支持小微企业。

9月19日，2012海峡两岸企业家紫金山峰会在南京举行。

12月21日，江苏省经济工作会议在南京举行。会议强调：抓住用好“扩大内需、提高创新能力、促进经济发展方式转变”的新机遇，以提高经济增长质量，全力推动经济持续健康发展。

12月21日，华泰证券成为全国首批10家获得银行间市场非金融企业债务融资工具主承销商业务资质的券商。

（二）2012年江苏省主要经济金融指标

表1 2012年江苏省主要存贷款指标

		1月	2月	3月	4月	5月	6月	7月	8月	9月	10月	11月	12月
本外币	金融机构各项存款余额（亿元）	67 282.7	69 319.2	72 899.0	71 416.4	72 661.7	76 451.8	75 276.7	75 038.2	77 599.6	76 015.3	76 428.3	78 109.0
	其中：储蓄存款	27 965.4	27 589.0	28 674.3	27 661.8	27 938.2	29 527.7	28 778.2	28 966.0	30 117.5	29 176.1	29 318.5	30 285.4
	单位存款	36 439.5	38 231.2	40 813.7	40 269.6	41 398.5	43 402.1	42 776.1	42 729.5	44 032.8	43 225.5	4 3580	44 510.9
	各项存款余额比上月增加（亿元）	-352.3	2 036.6	3 579.7	-1 482.5	1 245.2	3 790.1	-1175	-238.6	2 561.4	-1 584.3	413	1 680.7
	金融机构各项存款同比增长（%）	11.6	12.9	12.6	11.2	11.9	13.5	15.0	13.9	16.9	16.4	16.4	15.5
	金融机构各项贷款余额（亿元）	50 967.0	51 727.1	52 576.0	52 986.2	53 587.0	54 572.0	55 166.0	55 786.6	56 484.4	56 896.6	57 392.2	57 652.8
	其中：短期	23 631.4	24 056.8	24 671.2	24 685.4	24 882.4	25 753.5	25 936.0	26 179.9	26 948.6	27 114.2	27 455.8	27 967.9
	中长期	25 770.9	25 923.7	26 086.2	26 198.9	26 397.8	26 540.2	2 6729	26 975.5	27 232.5	27 434.8	27 526.8	27 492.5
	票据融资	1 270.0	1 448.5	1 529.5	1 806.1	2 001.7	1 952.9	2 179.2	2 296.4	1 953.2	1975	2 002.6	1 757.7
	各项贷款余额比上月增加（亿元）	690.1	760.1	848.9	410.2	600.8	984.9	594.1	620.5	697.8	412.2	495.6	260.7
	其中：短期	502.6	425.4	614.4	14.2	197	871.1	182.5	243.9	768.7	165.6	341.6	512.1
	中长期	565.1	152.9	162.4	112.7	199	142.4	188.7	246.5	257	202.4	92.0	-34.3
	票据融资	-188.3	178.5	81.1	276.6	195.6	-48.8	226.2	117.3	-343.2	21.8	27.6	-245
	金融机构各项贷款同比增长（%）	13.2	13.5	14.3	13.3	13.5	14.5	14.4	14.7	15.5	15.3	15.1	14.7
	其中：短期	19.0	19.0	20.2	18.2	17.7	19.5	19.3	19.3	21.4	20.7	20.6	20.3
	中长期	7.3	7.1	6.9	6.0	6.2	6.5	6.5	6.9	7.6	7.7	7.8	8.0
	票据融资	25.8	45.8	78.7	90.7	100.2	104	95.3	94.7	74.9	76.8	58.8	35.1
	建筑业贷款余额（亿元）	1 875.2	1 902.8	1 954.2	1 984.4	2 035.0	2 113.5	2 167.7	2 217.2	2 271.2	2 299.2	2 328.4	2 374.6
	房地产业贷款余额（亿元）	3 451.8	3 484.3	3 549.4	3 582.6	3 565.2	3 592.6	3 652.1	3 675.9	3 725.4	3 748.2	3 751.7	3 749.1
	建筑业贷款同比增长（%）	39.0	37.1	36.5	34.5	34.6	38.2	38.2	37.8	38.6	36.6	36.0	34.2
	房地产业贷款同比增长（%）	10.9	10.9	11.7	11.4	10.1	10.7	13.4	13.8	14.8	14.9	14.6	14.1
人民币	金融机构各项存款余额（亿元）	65 173.8	66 937.0	70 271.5	68 696.5	69 862.1	73 453.9	72 247.5	72 022	74 634.8	73 118.2	73 594.4	75 481.5
	其中：储蓄存款	27 767.4	27 405.6	28 482.0	27 467.8	27 733.3	29 321.6	28 576	28 764.9	29 915.8	28 961.4	29 096.4	30 057.2
	单位存款	34 575.8	36 087.9	38 418.4	37 790.8	38 858.3	40 682.1	40 010.9	3 9975	41 324.4	40 610.2	41 028.1	42 152.6
	各项存款余额比上月增加（亿元）	-546	1 763.3	3 334.4	-1 575	1 165.6	3 591.8	-1 206.4	-225.5	2 612.8	-1 516.6	476.2	1 887.1
	其中：储蓄存款	1 852.7	-361.8	1 076.5	-1 014.2	265.5	1 588.3	-745.6	188.9	1 150.9	-954.4	135.0	960.8
	单位存款	-2 730.3	1 512.1	2 330.5	-627.6	1 067.5	1 823.7	-671.1	-35.9	1 349.4	-714.2	417.9	1 124.5
	各项存款同比增长（%）	11.0	12.0	11.7	9.9	10.6	12.4	13.6	12.5	15.8	15.5	15.6	14.9
	其中：储蓄存款	13.5	10.4	10.2	10.1	11.3	12.7	14.3	15.3	16.6	17.3	17.3	16.0
	单位存款	6.6	10.0	10.2	7.8	8.7	9.9	11.3	9.8	14.1	13.7	14.2	13.0
	金融机构各项贷款余额（亿元）	48 580.4	49 257.9	49 956.8	50 428.4	50 980.4	51 773	52 347.7	52 931.8	53 260.9	53 693.4	54 172.2	54 412.3
	其中：个人消费贷款	7 595.4	7 610.6	7 688.9	7 703.7	7 774.8	7 868.3	7 951.1	8 078.7	8 222.7	8 322.7	8 436.9	8 512.7
	票据融资	1 269.4	1 447.9	1 529.1	1 805.3	2 000.5	1 951.7	2178	2 295.2	1 952.3	1 974.5	2 002.3	1 757.4
	各项贷款余额比上月增加（亿元）	718.8	677.5	699	471.6	552	792.5	574.8	584.1	329.2	432.5	478.8	240.1
	其中：个人消费贷款	56.6	15.1	78.4	14.8	71.1	93.5	82.8	127.6	144	100	114.2	75.8
	票据融资	-31.2	178.6	81.1	276.3	195.1	-48.8	226.3	117.2	-342.8	22.1	27.8	-244.8
	金融机构各项贷款同比增长（%）	13.2	13.4	14	13.2	13.4	14.3	14.1	14.3	14.7	14.5	14.3	13.7
	其中：个人消费贷款	11.8	11.0	10.3	8.7	9.2	9.4	9.3	10.2	11.4	11.7	12.4	12.9
	票据融资	25.8	45.8	78.8	90.7	100.2	104.1	95.3	94.7	75.0	76.8	58.8	35.1
外币	金融机构外币存款余额（亿美元）	334.1	378.6	417.4	433.2	441.9	474	478.4	475.4	467.6	459.8	450.6	418
	金融机构外币存款同比增长（%）	37.0	49.1	50.2	60.8	60.9	54.9	68.8	61.6	50.7	47.3	45	37.5
	金融机构外币贷款余额（亿美元）	378.1	392.4	416.1	407.4	411.4	442.5	445.1	449.9	508.4	508.4	512	515.6
	金融机构外币贷款同比增长（%）	18.5	21.6	24.7	20.5	17.5	20.6	23.4	23.3	30.5	31	31.6	34.5

数据来源：中国人民银行南京分行。

表2　2001～2012年江苏省各类价格指数

单位：%

年/月	居民消费价格指数		农业生产资料价格指数		工业生产者购进价格指数		工业生产者出厂价格指数	
	当月同比	累计同比	当月同比	累计同比	当月同比	累计同比	当月同比	累计同比
2001	—	0.8	—	-3.2	—	-0.5	—	-0.9
2002	—	-0.8	—	-0.7	—	-1.4	—	-2.4
2003	—	1	—	1.9	—	6.5	—	2.3
2004	—	4.1	—	12.3	—	16.3	—	6.5
2005	—	2.1	—	6.9	—	7.6	—	2.6
2006	—	1.6	—	1.7	—	6.4	—	1.5
2007	—	4.3	—	6.9	—	5.0	—	2.6
2008	—	5.4	—	17.3	—	15.0	—	4.6
2009	—	-0.4	—	-2.4	—	-8.1	—	-4.8
2010	—	3.8	—	4.2	—	12.8	—	7.3
2011	—	5.3	—	12.6	—	8.9	—	6.2
2012	—	2.6	—	4.6	—	-4.2	—	-2.9
2011　1	5.1	5.1	8.2	8.2	10.3	10.3	8.5	8.5
2	5.6	5.4	8.3	8.3	11.2	10.8	9.3	8.9
3	5.6	5.5	10.9	9.1	11.4	11.0	9.0	8.9
4	5.3	5.4	12.2	9.9	11.2	11.0	8.0	8.7
5	5.7	5.5	12.3	10.4	10.4	10.9	7.6	8.5
6	6.9	5.7	15	11.1	10.3	10.8	7.4	8.3
7	6.4	5.8	16.5	11.9	10.7	10.8	7.4	8.2
8	6	5.8	15.6	12.4	10.3	10.7	6.8	8.0
9	5.4	5.8	15.3	12.7	9.3	10.6	5.8	7.7
10	4.8	5.7	14.9	12.9	7.2	10.2	3.8	7.3
11	3.5	5.5	11.3	12.8	3.5	9.6	1.1	6.8
12	3.6	5.3	10.7	12.6	1.3	8.9	0.1	6.2
2012　1	3.9	3.9	8.9	8.9	—	—	-1.0	-1.0
2	2.9	3.4	8.0	8.5	-1.5	-0.8	-1.9	-1.4
3	3.5	3.4	6.1	7.6	-2.8	-1.5	-2.5	-1.8
4	3.3	3.4	6.1	7.3	-3.8	-2.0	-2.6	-2.0
5	2.8	3.3	5.6	6.9	-4.1	-2.5	-2.9	-2.2
6	1.9	3.1	4.1	6.4	-5.0	-2.9	-3.4	-2.4
7	2.0	2.9	2.3	5.8	-6.1	-3.3	-3.9	-2.6
8	2.3	2.8	2.6	5.4	-6.7	-3.8	-4.0	-2.8
9	1.9	2.7	2.6	5.1	-6.5	-4.1	-4.0	-2.9
10	1.8	2.6	2.9	4.8	-5.4	-4.2	-3.2	-2.9
11	2.1	2.6	3.6	4.7	-4.7	-4.2	-2.7	-2.9
12	2.4	2.6	3.7	4.6	-4.1	-4.2	-2.5	-2.9

数据来源：《中国经济景气月报》。

表3　2012年江苏省主要经济指标

	1月	2月	3月	4月	5月	6月	7月	8月	9月	10月	11月	12月
绝对值（自年初累计）												
地区生产总值（亿元）	—	—	10 881.46	—	—	25 382.81	—	—	38 796.36	—	—	54 058.22
第一产业	—	—	420.6	—	—	1 101.0	—	—	1 721.3	—	—	3 418.3
第二产业	—	—	6 115.73	—	—	13 877.46	—	—	21 092.02	—	—	27 121.92
第三产业	—	—	4 345.17	—	—	10 404.38	—	—	15 983.04	—	—	23 517.96
工业增加值（亿元）	—	3 934.98	6 341.08	8 624.18	10 504.55	12 937.02	15 128.96	17 351.72	19 619.41	21 859.33	24 213.36	26 606.14
固定资产投资（亿元）	—	3 583.43	6631.4	9 113.67	11 974.53	14 270.87	17 234.87	19 723.84	22 451.28	25 366.81	28 352.31	3 1707.2
房地产开发投资	—	755.29	1 306.63	1 764.34	2 291.73	2 902.25	3 450.85	3 996.98	4 502.88	4 979.22	5 553.56	6 206.1
社会消费品零售总额（亿元）	—	—	4 557.2	—	—	8 892.3	—	—	13 308.2	—	—	18 215.3
外贸进出口总额（万美元）	—	7 409 300	12 151 100	16 485 700	21 057 700	26 081 200	30 736 000	35 320 800	40 504 200	44 923 600	49 631 400	54 809 300
进口	—	3 171 100	5 148 300	6 905 700	8 758 900	10 729 700	12 609 300	14 450 600	16 438 500	18 119 400	19 963 200	21 955 500
出口	—	4 238 200	7 002 800	9 580 000	12 298 700	15 351 500	18 126 800	20 870 200	24 065 700	26 804 300	29 668 300	32 853 800
进出口差额(出口 – 进口)	—	1 067 100	1 854 500	2 674 300	3 539 800	4 621 800	5 517 500	6 419 600	7 627 200	8 684 900	9 705 100	10 898 300
外商实际直接投资（万美元）	—	661 200	958 600	1 173 400	1 406 100	1 769 700	2 033 500	2 299 600	2 564 700	2 564 700	2 773 800	3 576 000
地方财政收支差额（亿元）	—	216.12	137.02	142.98	94.38	65.83	78.85	-14.38	-233.47	-116.63	-333.95	-1 135.9
地方财政收入	—	1 020.69	1 459.64	1 980.17	2 408.91	2 975.6	3 499.77	3 894.67	4 282.12	4 843.22	5 258.78	5 860.69
地方财政支出	—	804.57	1 322.62	1 837.19	2 314.53	2 909.77	3 420.92	3 909.05	4 515.59	4 959.85	5 592.73	6 996.59
城镇登记失业率 (%)(季度)	—	—		—	—		—	—		—	—	3.14
同比累计增长率（%）												
地区生产总值	—	—	9.8	—	—	9.9	—	—	10.1	—	—	10.1
第一产业	—	—	4.1	—	—	4	—	—	3.9	—	—	4.6
第二产业	—	—	10.7	—	—	10.9	—	—	11	—	—	11
第三产业	—	—	8.8	—	—	9.1	—	—	9.4	—	—	9.6
工业增加值	—	11	12	11.8	11.8	12.2	12.3	12.3	12.3	12.4	12.5	12.6
固定资产投资	—	22.6	22	21.1	20.6	20.6	20.7	20.6	20.6	20.6	20.6	20.5
房地产开发投资	—	24.6	19.3	15	14.9	16.2	15.7	16	14	11.9	12.7	11.5
社会消费品零售总额	—	—	15.2	—	—	14.9	—	—	14.8	—	—	15
外贸进出口总额	—	0.3	0.3	-1	-0.7	1.3	0.7	0	1	1.2	1.2	1.5
进口	—	-2.8	-3	-4.5	-4.4	-2.4	-2.2	-3	-3	-3	-3	-3.3
出口	—	2.8	2.8	1.7	2	4.1	2.7	2.2	4	4.1	4.2	5.1
外商实际直接投资	—	13.1	6.7	5.4	0.4	6	4.5	2.8	3	3	1.6	11.3
地方财政收入	—	12.9	12.8	12.6	12.5	12.9	13	13.4	13.5	14.5	15.8	13.8
地方财政支出	—	30.8	22.9	29.4	25.9	22.2	23.9	23	22.6	21.8	20.8	12.5

数据来源：江苏省统计局。

2012年浙江省金融运行报告

中国人民银行杭州中心支行货币政策分析小组

[内容摘要] 2012年，面对复杂严峻的外部环境，浙江省深入贯彻落实科学发展观，围绕建设“物质富裕、精神富有”的现代化浙江目标，坚持“稳中求进、转中求好”的工作基调，促发展、抓转型、惠民生，经济企稳回升，转型升级步伐加快，物价涨幅持续回落。全省生产总值同比增长8.0%，居民消费价格上涨2.2%。

浙江省金融运行总体平稳，信贷结构继续优化，金融支持实体经济力度加大。证券业发展稳健，保险保障功能有效发挥，直接融资规模扩大，金融市场创新活跃，温州、丽水金融改革有序推进。2012年年末，全省金融机构本外币存贷款余额分别增长9.5%和11.8%。

2013年，浙江经济有望继续平稳发展，更加注重经济增长的质量，加快经济结构调整和转型升级。全省金融机构将认真落实稳健的货币政策，保持社会融资总量合理适度增长，继续优化信贷结构，大力发展直接融资，助推浙江实体经济发展与转型升级。

一、金融运行情况

2012年，浙江省金融运行平稳，融资结构持续改善，各项改革深入推进，金融对实体经济发展和转型升级的支持力度不断加大。

（一）银行业总体稳健，货币信贷运行平稳

全省银行业按照宏观调控的要求，认真落实稳健的货币政策，改革发展各项工作有效推进。信贷总量适度增长，结构不断优化，利率水平下行，对实体经济和重点领域支持力度不断加大。

1. 银行业规模稳步扩大，经营效益有所下滑。2012年，银行业金融机构资产总额同比增长11.2%，全年新设7家法人金融机构（见表1）。银行业经营效益有所下滑，全年累计实现税后利润1 193.1亿元，同比下降13.8%。

2. 存款增长放缓，波动特征明显。2012年年末，全省金融机构本外币各项存款余额同比增长9.5%，增速较上年回落2.5个百分点（见图1）。单位存款较上年少增574.5亿元，占存款少增额的80%。存款稳定性减弱，季末冲高、季初回落特征明显。

3. 贷款增长合理适度，支持重点突出。2012年，全省本外币各项贷款比年初新增6 266.7亿元，余额增速比上年降低2.1个百分点（见图2、图3）。投放节奏较均衡，四个季度贷款增量之比为2.7：2.7：2.4：2.2。

表1　2012年浙江省银行业金融机构情况

机构类别	营业网点			法人机构（个）
	机构个数（个）	从业人数（人）	资产总额（亿元）	
一、大型商业银行	3 866	91 029	34 632.8	0
二、国家开发银行和政策性银行	60	2 097	3 765.4	0
三、股份制商业银行	623	27 289	18 578.7	1
四、城市商业银行	727	30 006	11 627.6	13
五、小型农村金融机构	4 179	47 750	12 554.6	82
六、财务公司	5	154	288.2	4
七、信托公司	5	398	113.2	5
八、邮政储蓄银行	1 645	7 454	2 122.4	0
九、外资银行	33	1 180	308.2	2
十、新型农村金融机构	113	2 687	445.9	57
十一、其他	3	166	531.6	1
合　计	11 259	210 220	84 969.0	165

注：营业网点不包括总部数据；小型农村金融机构包括农村商业银行、农村合作银行和农村信用社；新型农村金融机构包括村镇银行、贷款公司和农村资金互助社；“其他”包括金融租赁公司、汽车金融公司、货币金融公司、消费金融公司。

数据来源：中国人民银行杭州中心支行、浙江银监局。

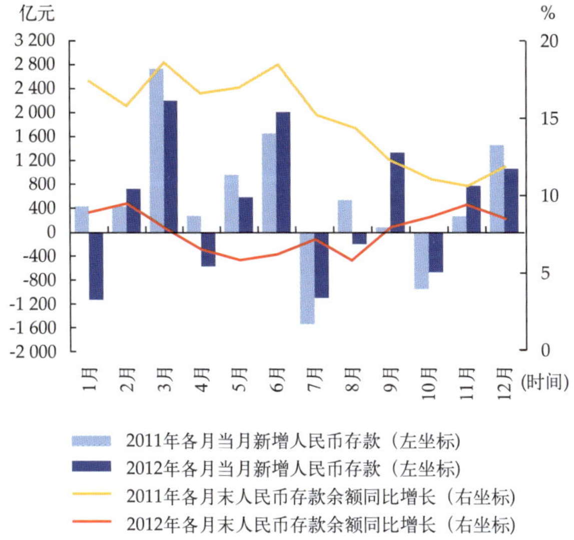

数据来源：中国人民银行杭州中心支行。

图1　2011～2012年浙江省金融机构人民币存款增长

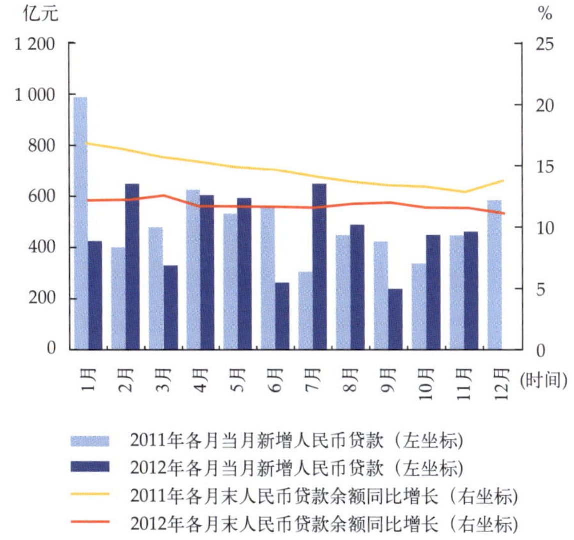

数据来源：中国人民银行杭州中心支行。

图2　2011～2012年浙江省金融机构人民币贷款增长

金融支持实体经济发展成效明显。2012年，中国人民银行杭州中心支行出台金融支持实体经济发展指导意见，灵活运用货币政策工具，大力推进直接融资，有效引导全省金融机构加大对实体经济重点领域和转型升级的金融支持。一是投向制造业、批发和零售业、交通运输、仓储和邮政业等领域的贷款占全部新增贷款的87%。满足企业流动资金需求的短期贷款新增4 560.3亿元，余额增速比中长期贷款高出8.9个百分点。二是“支农支小”力度加大，涉农贷款增速比全部贷款增速高6.3个百分点，小微企业贷款新增占全部企业贷款增量的35.7%，比重逐季上升。三是积极支持经济转型，全省“十一大转型升级产业”贷款占各项贷款增量的35.3%。四是房地产信贷增长放缓，产能落后行业贷款得到控制。

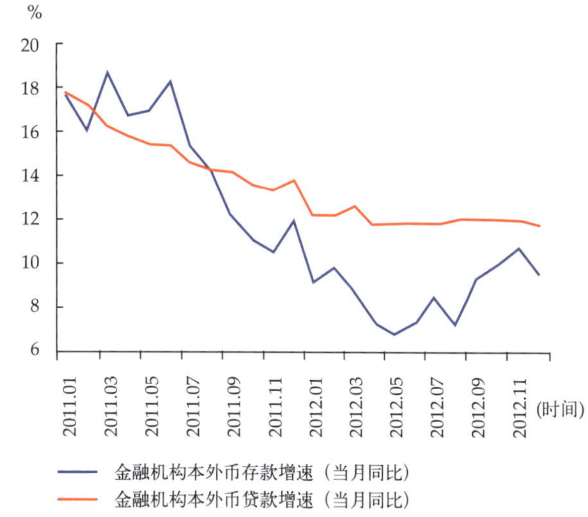

数据来源：中国人民银行杭州中心支行。

图3　2011～2012年浙江省金融机构本外币存、贷款增速

4. 贷款利率下行，民间借贷量缩价跌。全省一般性贷款加权平均利率逐季走低，四个季度利率分别为7.99%、7.89%、7.26%和7.16%。利率重心下移，利率上浮贷款占比为78.7%，较上年年末下降4 .3个百分点。由于部分企业经营效益下滑，投资品市场热度降低，市场主体借贷行为趋于谨慎，民间借贷逐步降温，监测的民间借贷量缩价跌，第四季度利率较年初下降1.03个百分点。

5. 银行业改革稳步推进，农村金融机构改革成效显著。大型商业银行在浙江的分支机构改革创新工作有序推进，经营业绩稳步提高。中国邮储银行改革持续深化，36家二类支行启动改革，正式开业12家。宁波市象山绿叶城市信用社成功改制为宁波东海银行。农村金融机构改革取得新成果，8家农村商业银行开业，超过1/3的农村金

表2　2012年浙江省金融机构人民币贷款各利率区间占比

单位：%

月份		1月	2月	3月	4月	5月	6月
	合计	100.0	100.0	100.0	100.0	100.0	100.0
	[0.9，1.0)	2.4	2.2	2.2	3.2	2.4	3.1
	1.0	13.6	12.9	11.5	11.3	10.8	12.5
上浮水平	小计	84.0	84.9	86.3	85.5	86.8	84.4
	(1.0，1.1]	22.6	24.7	16.1	20.6	22.0	22.8
	(1.1，1.3]	36.4	37.7	40.4	42.7	44.3	43.5
	(1.3，1.5]	11.4	12.3	14.2	13.3	12.2	10.2
	(1.5，2.0]	9.3	8.6	8.5	7.4	6.7	6.4
	2.0以上	4.4	1.7	1.6	1.6	1.6	1.4
月份		7月	8月	9月	10月	11月	12月
	合计	100.0	100.0	100.0	100.0	100.0	100.0
	[0.9，1.0)	3.9	3.4	3.0	4.1	4.7	3.7
	1.0	12.6	14.1	16.5	15.8	15.0	17.6
上浮水平	小计	83.5	82.5	80.5	80.1	80.3	78.7
	(1.0，1.1]	22.5	24.6	24.3	24.5	24.8	23.1
	(1.1，1.3]	41.8	39.7	37.3	37.4	36.9	34.4
	(1.3，1.5]	10.3	9.3	9.2	8.7	9.1	8.8
	(1.5，2.0]	7.2	7.3	7.7	7.2	7.4	7.1
	2.0以上	1.8	1.8	2.0	2.3	2.1	5.3

注：2012年8～12月统计数据的下浮区间为[0.7,1.0)。

数据来源：中国人民银行杭州中心支行。

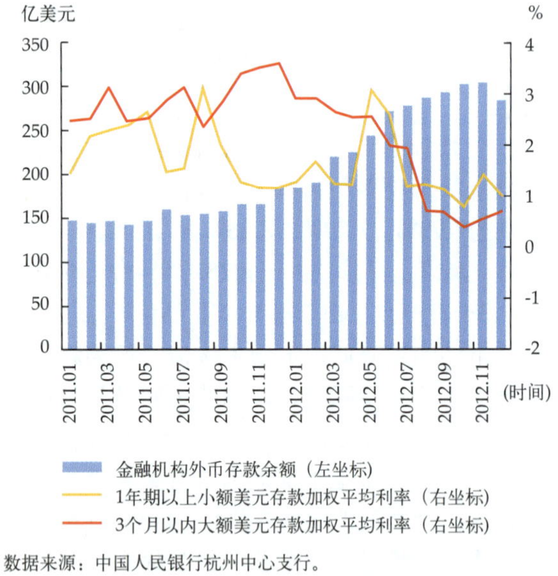

数据来源：中国人民银行杭州中心支行。

图4　2011～2012年浙江省金融机构外币存款余额及外币存款利率

融机构已经启动或完成股份制改革。外资银行地域布局不断优化，澳新银行、华侨银行两家外资银行分别在杭州、绍兴设立分行。浙江省工商信托完成重新登记，浙江省交通投资集团财务公司获批成立。

6. 跨境人民币业务发展迅速，率先试点个人跨境人民币业务。2012年，全省跨境人民币累计结算量为4 766亿元，同比增长124%。全省累计有43家银行、7 623家企业与165个国家和地区开展跨境人民币业务，参与主体范围和地区分布更加广泛。跨境人民币贸易累计融入资金690亿元，有效地满足了出口企业的融资需求。义乌市率先开展个人跨境人民币结算试点。

（二）证券业稳步发展，市场交易有所萎缩

2012年，受国内资本市场环境影响，浙江省证券市场交易萎缩。期货经营机构业务发展总体平稳，证券机构创新发展取得成效，公司债融资较为活跃。

1. 证券期货业稳步发展。2012年年末，全省法人证券公司3家，证券营业部385家，证券投资咨询机构4家（见表3）。证券经营机构全年累计代理交易额8.9万亿元，实现利润16.3亿元。各法人证券公司继续推动证券经纪业务转型和产品创新。期货业发展总体平稳，期货经营机构代理交易额39.2万亿元，实现利润8.0亿元，同比增长22.4%。

表3　2012年浙江省证券业基本情况

项目	数量
总部设在辖内的证券公司数（家）	3
总部设在辖内的基金公司数（家）	1
总部设在辖内的期货公司数（家）	11
年末国内上市公司数（家）	246
当年国内股票（A股）筹资（亿元）	237
当年发行H股筹资（亿元）	0
当年国内债券筹资（亿元）	1 368
其中：短期融资券筹资额（亿元）	453
中期票据筹资额（亿元）	317

数据来源：中国人民银行杭州中心支行、浙江证监局。

2. 上市公司融资有所萎缩。2012年年末，全省共有境内上市公司246家，居全国第二位。其中，中小板块上市公司119家，创业板上市公司36家。资本市场累计融资338.2亿元，较上年减少220.4亿元。其中，IPO融资142.2亿元，较上年减少206亿元。上市公司治理机制更趋完善。资本市场体系不断丰富，浙江省股权交易中心挂牌成立。

（三）保险业健康发展，市场体系日益完善

2012年，浙江省保险业积极推进改革创新，市场体系日益完善，资产规模稳步增长，服务领域继续拓宽，经济补偿和风险保障功能有效发挥。

1.市场体系日益完善。截至2012年年末，全省共有各类保险机构112家，行业从业人员18.7万人，新增保险市场主体3家。保险机构、中介机构、行业社团共同发展的市场格局更趋成熟（见表4）。

2. 规模和效益平稳增长。2012年，全省保险公司资产规模同比增长15.5%，保费收入同比增长12.0%。其中，财产险保费收入增长14.8%，人身险保费收入增长9.7%。保险业经营效益继续保持平稳较快增长，财产险公司利润总额为23.5亿元，居全国第三位。法人机构偿付能力有所改善，投资收益情况良好。

表4　2012年浙江省保险业基本情况

项目	数量
总部设在辖内的保险公司数（家）	3
其中：财产险经营主体（家）	1
人身险经营主体（家）	2
保险公司分支机构（家）	112
其中：财产险公司分支机构（家）	58
人身险公司分支机构（家）	54
保费收入（中外资，亿元）	984.6
其中：财产险保费收入（中外资，亿元）	444.5
人身险保费收入（中外资，亿元）	540.1
各类赔款给付（中外资，亿元）	342.6
保险密度（元/人）	1 797.7
保险深度（%）	2.8

数据来源：浙江保监局。

3. 保障功能有效发挥。政策性农业保险平稳推进，参保规模提升，新险种开发加快，全年共为211万户参保农户提供319亿元的农业自然灾害风险保障。政策性农房保险实现承保全覆盖，参保率为98.5%，1.9万户农户获得赔款6 735万元。出口信用保险保障作用有效发挥，企业通过保险追偿、赔付挽回损失1.9亿美元。小额贷款保证保险工作不断扩面。

（四）市场融资不断扩大，融资结构继续优化

2012年，金融市场继续保持平稳健康发展态势，融资规模扩大，市场利率回落，金融资源配置继续优化。

1. 直接融资比例继续提高，融资渠道不断拓宽。全省非金融部门以贷款、债券、股票三种方式融入资金总额的占比分别为79.6：17.4：3.0。贷款融资占比下降3.7个百分点，债券融资占比上升7.9个百分点，带动直接融资比例提高至20.4%（见表5）。企业债务融资工具发行836.2亿元，同比增长近1倍。

2. 同业拆借交易增速放缓，资金融入规模缩小。2012年，全省银行间市场成员累计拆借1.5万

表5　2001～2012年浙江省非金融机构部门融资结构

单位：亿元、%

年份	融资量	比重		
		贷款	债券（含可转债）	股票
2001	1 103.5	96.5	0.0	3.5
2002	2 162.1	99.0	0.0	1.0
2003	3 681.1	98.6	0.3	1.1
2004	2 509.1	97.1	0.6	2.3
2005	2 209.9	96.9	2.9	0.2
2006	3 962.5	95.2	2.3	2.5
2007	4 783.0	87.5	3.7	8.8
2008	5 211.0	90.9	4.4	4.7
2009	10 357.5	92.6	4.6	2.8
2010	8 801.5	87.6	4.3	8.1
2011	7 778.4	83.3	9.5	7.2
2012	7 871.7	79.6	17.4	3.0

数据来源：中国人民银行杭州中心支行、浙江省发展改革委、浙江证监局。

表6　2012年浙江省金融机构票据业务量统计

单位：亿元

季度	银行承兑汇票承兑		贴现			
			银行承兑汇票		商业承兑汇票	
	余额	累计发生额	余额	累计发生额	余额	累计发生额
1	10 688.8	5 696.5	560.6	3 180.2	113.6	908.3
2	11 688.5	12 236.9	879.0	7 054.5	201.5	2 188.1
3	10 874.9	17 783.1	962.8	12 410.2	208.5	4 073.6
4	10 287.6	23 179.6	858.9	17 448.1	143.8	6 000.0

数据来源：中国人民银行杭州中心支行。

表7　2012年浙江省金融机构票据贴现、转贴现利率

单位：%

季度	贴现		转贴现	
	银行承兑汇票	商业承兑汇票	票据买断	票据回购
1	8.01	8.67	6.85	5.39
2	5.52	6.30	5.63	4.79
3	5.54	5.79	5.26	4.59
4	5.87	6.11	5.19	4.97

数据来源：中国人民银行杭州中心支行。

亿元，同比增长5.2%，增速较上年降低28个百分点。净拆入资金明显下降，同比少增3 772.8亿元。

3. 票据业务平稳发展，市场利率明显回落。2012年，全省累计签发银行承兑汇票2.4万亿元，贴现票据1.8万亿元，同比增加9 099.3亿元（见表6）。票据贴现余额前三个季度逐月攀升，第四季度有所回落。票据利率回落，全年银票直贴利率和买断式转贴现利率分别为6.33%和5.13 %，同比分别下降0.11个和 0.16个百分点（见表7）。

4. 黄金市场交投平稳，外汇市场稳步发展。2012年，全省黄金成交量为63.1万公斤，同比小幅增长1.3%。截至2012年年末，全省共有11家法人金融机构开办黄金业务，4家企业成为上海黄金交易所成员单位。全省市场成员在银行间即期外汇市场的交易金额同比增长32.5%，全部采用询价交易方式。

专栏1　积极推动企业债务融资　有效改善融资结构

扩大直接融资，强化市场配置资源功能，是我国金融改革一直坚持的方向。近年来，中国人民银行杭州中心支行大力推动浙江企业在银行间市场发行债务融资工具，在深化改革创新的同时，进一步加大对实体经济的支持力度。

一、企业债务融资工具实现跨越式发展

近年来，浙江省企业债务融资工具发展迅速，发行规模扩大，融资成本优势明显，带动融资结构发生明显变化。一是发债规模快速扩容。2012年，全省实际发行债务融资工具836.2亿元，同比增长96%。自2005年银行间市场债务融资工具推出以来，全省企业在银行间市场累计发行债务融资工具已超过2 000亿元。二是融资成本优势明显。2012年，全省企业在银行间债券市场发行利率比全省同期实际贷款利率低2.5个百分点左右，融资成本优势明显。2012年，债务融资工具为企业节约财务成本约20亿元；2005年以来累计为企业节约财务成本约50亿元。三是中小企业直接融资渠道拓宽。中小企业债券发行取得突破，2012年浙江省共发行8单总计23.6亿元的集合票据，惠及企业29家。积极推进“区域集优”模式，杭州、湖州等地取得阶段性成果，首单区域集优中小企业集合票据成功发行，3家企业融资5亿元，为中小企业融资新添了渠道。四是直接融资比例不断提高。债券融资占比明显上升，特别是债务融资工具发行规模迅速攀升，推动浙江直接融资比例达到20.4%，较2005年提高17.3个百分点。居于主导地位的贷款融资占比逐步下降，贷款融资占比从2005年的96.9%下降至2012年的79.6%。

二、金融部门多措并举扩大债务融资规模

在中国人民银行杭州中心支行的引导下，全省金融部门大力拓展直接融资渠道，扩大债务融资规模。以签署《借助银行间市场助推浙江省经济发展合作备忘录》为契机，加强债务融资工具发展的宣传引导，密切各方沟通，推动市场规范发展。按季通报债务融资工具发行情况，对承销业务量大，特别是中小企业集合票据承销比例较高、创新活跃的金融机构给予政策支持。中国人民银行杭州中心支行联合省财政厅和省金融办下发《浙江省直接债务融资奖励暂行办法》，每年安排专项资金对承销债券的金融机构进行奖励，激励金融机构加大项目储备和承销发行力度。

（五）信用建设不断深化，金融生态持续改善

2012年，浙江省以机构信用代码推广应用为重点，完善征信系统建设和管理，深化中小企业和农村信用体系建设，推动浙江金融生态环境持续改善。

1. 征信系统建设不断深化，服务范围日益拓展。全年开通查询用户3.5万个，系统月均查询量376.4万次，同比增长35.1%，征信系统成为金融机构风险管理的重要基础设施。全省依托征信系统为153.6万个有经济活动的组织配发了机构信用代码，为金融机构增添了识别客户身份的新手段。村镇银行和小额贷款公司等机构陆续接入征信系统，法院、环保、社保、公积金等各类非银行信息相继采集入库，征信系统信息增量扩面，服务范围不断扩大，服务功能有效提升。

2. 中小企业和农村信用体系建设加速推进，融资环境继续改善。2012年，浙江省继续深化中小企业信用体系试验区建设，结合中小微企业信用评价、征信宣传等措施促进银企对接，加大信用建设成果的转化力度。全省累计为18.5万户中小企业建立了信用档案，其中约4.3万户企业获得了银行贷款。创新推动农村信用体系建设，全省累计为712万农户建立了信用档案，共有355万农户获得银行贷款10 185亿元。

二、经济运行情况

2012年，面对较为复杂的国内外经济形势，浙江经济实现平稳增长，结构调整和转型升级步伐加快，内生动力有所增强，民生进一步改善，节能降耗成效显著。全年实现地区生产总值34 606.3亿元，同比增长8.0%（见图5）。人均地区生产总值为63 266元，首次突破1万美元。

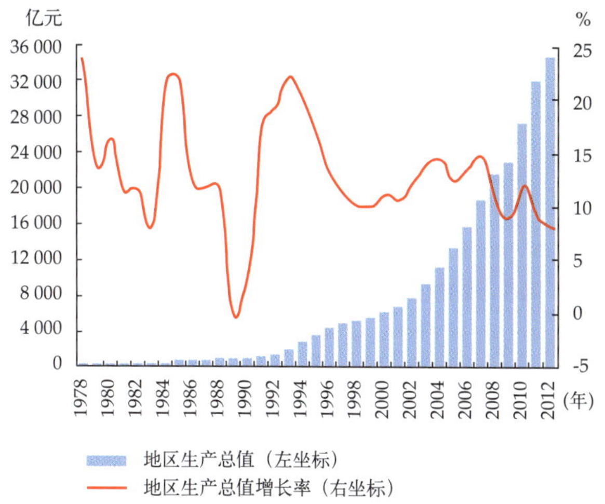

数据来源：浙江省统计局。

图5　1978～2012年浙江省地区生产总值及其增长率

（一）三大需求增长不一，内生动力有所增强

2012年，投资增长较快，消费稳中趋升，出口增速回落，内需对浙江经济的拉动力增强。

1. 投资保持较快增长，结构调整成效明显。2012年，浙江省及时出台一系列稳增长、扩投资措施。固定资产投资增速稳步回升，同比增长21.4%（见图6）。制定并实施支持浙商创业创新政策，浙商回归引进项目1 426个，到位资金1 298亿元，同比增长43%。

投资结构调整取得新进展。战略性新兴产业、高新技术产业和装备制造业占规模以上工业投资的比重均有所上升。民间投资同比增长22.5%，占全部固定资产投资的61.9%，比重较上年提高0.6个百分点，对固定资产投资的贡献率为66%。

2. 消费稳中有升，居民收入稳步增长。消费市场呈现平稳增长态势。2012年，全省社会消费

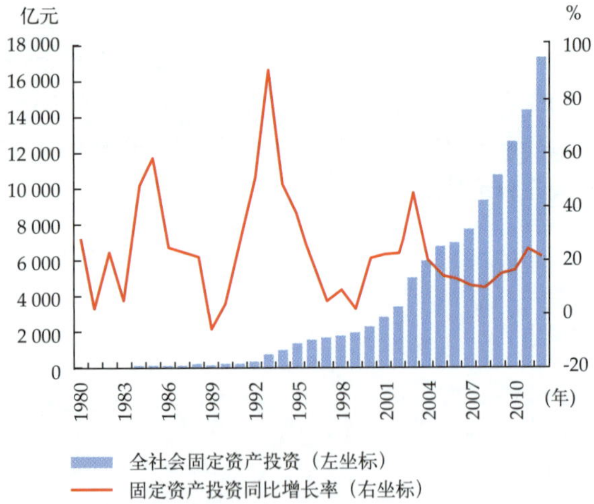

数据来源：浙江省统计局。

图6 1980～2012年浙江省固定资产投资及其增长率

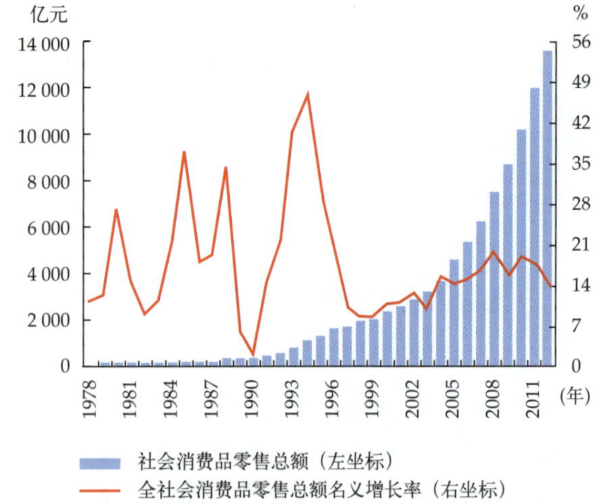

数据来源：浙江省统计局。

图7 1978～2012年浙江省社会消费品零售总额及其增长率

品零售额实际增长11.4%（见图7）。食品、衣着类消费快速增长，居住类、家用电器和音像器材、汽车消费增长有所趋缓。新兴业态零售快速增长，2012年全省网络零售额同比增长89.5%，占全国的16.2%，占比较上年上升3.2个百分点。

2012年，全省城镇居民人均可支配收入为34 550元，连续十二年居全国各省（区）第一，比全国平均水平高出40.6%。农村居民人均纯收入为14 552元，连续二十八年居全国各省（区）第一，比全国平均水平高出近1倍。扣除价格因素，城镇居民和农村居民收入分别同比增长9.2%和8.8%，高于全省地区生产总值增速。衢州、丽水、舟山等欠发达地区和海岛地区加快发展，居民收入增速高于全省平均水平。

3. 进出口增速明显回落，引进外资质量提高。2012年，受世界经济增长低迷，欧、美、日等主要出口市场需求疲软，贸易保护主义抬头等不利因素影响，全省进出口贸易增速大幅下滑。进出口总额为3 122.4亿美元，同比增长0.9%。出口为2 245.7亿美元，同比增长3.8%，增速较上年下降16.1个百分点；进口为876.7亿美元，同比下降5.8%（见图8）；贸易顺差为1 369亿美元。

2012年，全省新设外商投资企业1 597家，实际利用外商直接投资130.7亿美元，同比增长12.0%，增速较上年加快6个百分点（见图9）。引进外资质量进一步提高，新批准世界500强企业投资项目28个，单个投资项目金额均超过5 000万美元。投资结构持续优化，其中高技术行业新批项目数和实际利用外资分别占总数的10.3%和6.8%，现代服务业实际利用外资同比增长19.7%。

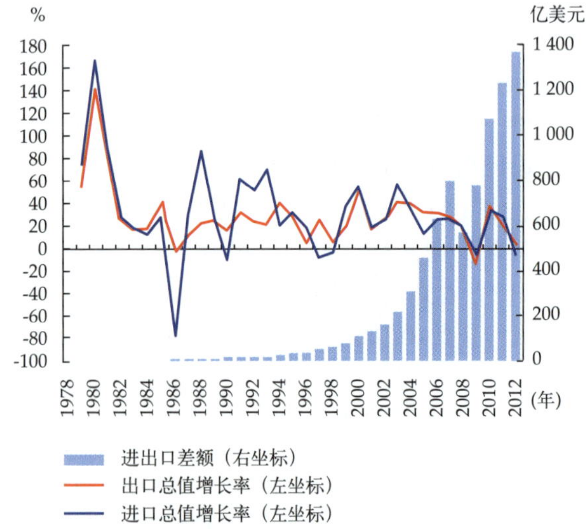

数据来源：浙江省统计局。

图8 1978～2012年浙江省外贸进出口变动情况

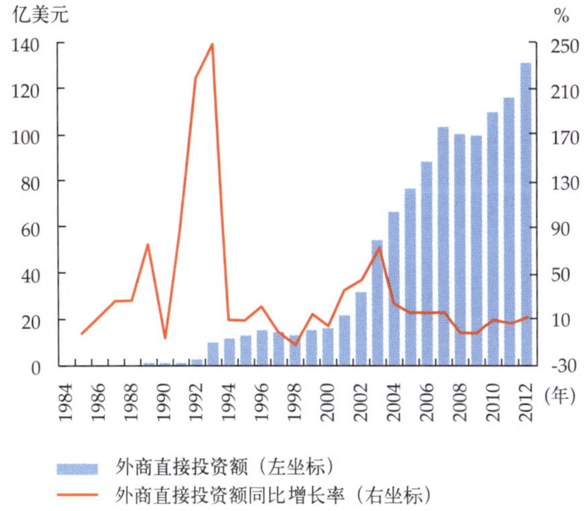

数据来源：浙江省统计局。

图9　1984～2012年浙江省外商直接投资额及其增长率

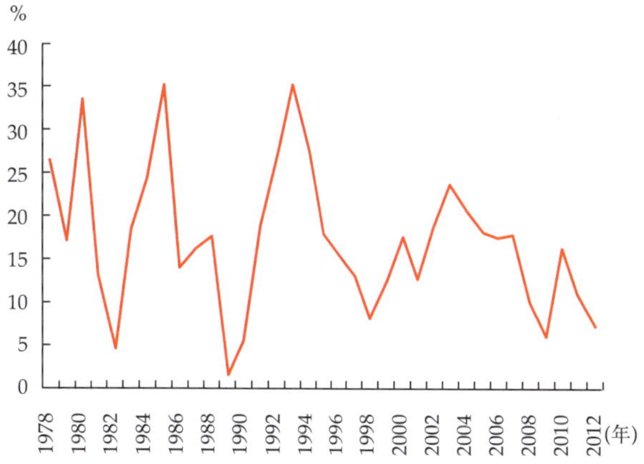

数据来源：浙江省统计局。

图10　1978～2012年浙江省规模以上工业增加值同比增长率

（二）三次产业协同发展，产业结构调整优化

2012年，浙江省三次产业比例为4.8∶50.0∶45.2，第二产业比重下降1.2个百分点，第三产业比重提高1.3个百分点，产业结构继续朝合理、协调、可持续方向迈进。

1. 农林牧渔业平稳发展，产量稳定增长。2012年，浙江省加大支农惠农力度，发展高效生态农业，有效保障农产品供给，农林牧渔业总产值同比增长1.8%。新建粮食生产功能区111万亩、各类现代农业园区54万亩，粮食和主要农产品生产供应保持稳定。大力推广优质高产粮食品种，粮食总产量和单产均实现增长。花卉苗木、茶叶等效益农业稳中有升，造林面积超计划完成，肉类和渔业产品总产量稳步增长。

2. 工业经济企稳回升，结构调整取得进展。2012年，全省规模以上工业增加值同比增长7.1%（见图10）。工业生产增速呈现逐月上升企稳态势，全年增速比第一季度、上半年和前三个季度分别上升2.3个、1.9个和1.2个百分点。工业企业利润月度增速从9月开始由降转升，累计降幅逐步缩小。

工业结构调整取得新进展。战略性新兴产业、高新技术产业和装备制造业成为工业经济发展的新增长点，增加值同比分别增长9.2%、9.9%和6.9%，占规模以上工业增加值的比重均有所提高。

3. 服务业总量持续扩大，对外开放步伐加快。2012年，全省服务业增加值同比增长9.3%，占全省地区生产总值比重较上年提高1.3个百分点，拉动经济增长4.1个百分点，贡献率为51.1%。服务业从业人员占全省就业人数的35%。各行业均保持平稳增长，其中住宿和餐饮业、批发和零售业、金融业增加值同比分别增长11.9%、10.3%和9.7%。服务业集聚区建设稳步推进，对外开放步伐加快，服务贸易累计出口额增长18.9%，高于货物贸易增幅15.1个百分点。

（三）物价涨幅平稳回落，工资水平持续提高

2012年，宏观调控效应逐步显现，全省物价涨幅得到有效控制，总体呈回落态势（见图11）。

1. 居民消费价格涨幅回落。2012年，全省居民消费价格同比上涨2.2%，比上年降低3.2个百分点，年中连续11个月下降。八大类消费品及服务项目价格六涨二跌，其中，食品类价格上涨5.3%，成为推动居民消费价格上升的首要因素，交通和通信、娱乐教育文化用品类价格分别下跌

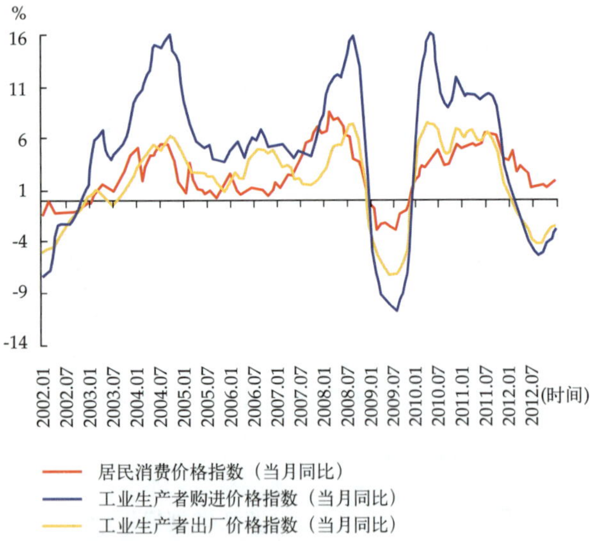

数据来源：浙江省统计局。

图11　2002～2012年浙江省居民消费价格和生产者价格变动趋势

0.3%和0.6%。

2. 生产者价格有所回落。2012年，全省工业生产者出厂价格和购进价格同比分别下降2.7%和3.3%，而上年分别为上涨5.5%和8.3%。1～8月工业品价格降幅持续加大，受经济回暖影响，9月以后有所回升。

3. 劳动力报酬持续提高。2012年，浙江省全社会单位在岗职工年平均工资为35 266元，同比增长12.0%。全省最低月工资标准调整为1 470元、1 310元、1 200元和1 080元四档，最高档增幅为12.2%，新标准工资水平居全国前列。

（四）财政收支增速回落，支出结构继续优化

2012年，全省地方公共财政预算收入为3 441.2亿元（见图12），同比增长9.2%，增速较上年回落11.6个百分点。从走势看，上半年地方公共财政预算收入同比增幅持续回落，6月降至4.4%的全年最低点，下半年逐渐回升。营业税、增值税、企业所得税分别增长16.1%、9.9%和7.7%，对地方公共财政预算收入贡献率为80.2%，个人所得税同比下降3.6%。

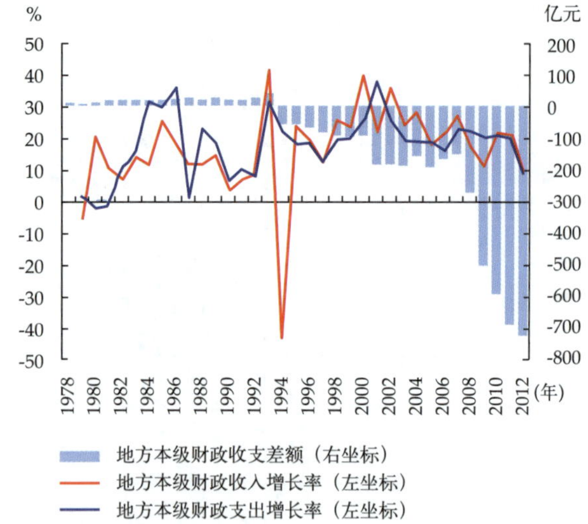

数据来源：浙江省统计局。

图12　1978～2012年浙江省财政收支状况

全省地方公共财政预算支出为4 161.9亿元，同比增长8.3%，较上年回落11.5个百分点。教育、医疗卫生、社会保障与就业、住房保障等民生领域支出合计2 648.1亿元，占总支出的55.5%，较上年提高了1.1个百分点，支出结构进一步优化。

（五）节能降耗扎实推进，生态建设成效明显

2012年，浙江省继续实施资源节约和环境保护行动计划，积极推进生态省和生态文明建设。节能减排成效明显，全年单位地区生产总值能耗比上年降低6.0%，全面完成化学需氧量、二氧化硫的减排目标。规模以上工业增加值能耗下降7.6%，38个工业行业大类中，34个行业单位地区生产总值能耗下降。

实施能源消费总量和能耗强度双控制度，加强主要污染物排放总量控制，地表水水质达到三类以上的比例为64.3%，较上年提高1.4个百分点。县级以上城市空气质量达到二级标准的占98.6%，较上年提高5.8个百分点。淘汰落后水泥产能731万吨、印染5.3亿米、铅酸蓄电池179万千伏安时。

专栏2 温州、丽水两项金融改革取得阶段性成效

2012年3月28日，国务院决定设立温州市金融综合改革试验区。3月30日，中国人民银行和浙江省人民政府联合发文，决定在丽水市开展农村金融改革试点。在两项改革总体方案的框架下，温州和丽水金融改革有序推进，取得了阶段性成果。

一、温州金融综合改革试验区工作进展情况

温州金融综合改革在引导民间融资规范化和阳光化、推进金融机构和产品服务创新等方面取得积极进展。

积极引导民间融资阳光化和规范化。建立民间融资登记服务平台，已开业运营4家登记服务中心，全年借贷总成交金额为4.2亿元。开展民间资本管理公司试点，6家民间资本管理公司向155个项目投放资金5.6亿元。温州市中心支行按季度发布温州市民间借贷监测利率，社会反响较好。

大力推进金融机构和产品服务创新。温州辖内商业银行设立小微企业专营机构106家。2家农村合作银行改制为农村商业银行，开业村镇银行6家，实现县域范围机构布局全覆盖。设立小微企业融资综合服务中心，拓宽抵质押担保范围，发展设备融资租赁，深化小额贷款保证保险试点。

多渠道破解中小企业融资问题。建立温州金融改革广场，打造以产权交易为基础、集各类权益交易为一体的综合型金融服务平台。拓展多元化融资渠道，2012年新增4家上市企业，募集资金34.5亿元，成功发行4只企业债券筹集资金38亿元。银行间市场债券融资实现突破，成功发行中期票据12亿元、短期融资券5亿元和中小企业集合票据1.7亿元。

加快金融基础设施建设。金融业综合统计制度建设稳步推进，初步完成金融业综合统计信息平台和温州金融监测报数平台两大系统建设，首批40家融资性担保公司、46家保险公司、12家证券公司及14家典当行进入数据试报阶段。加快推动社会信用体系建设，将征信查询服务延伸至温州市民间借贷登记中心，7家小额贷款公司接入征信系统，2家村镇银行完成接入征信系统的数据测试工作。培育、推动和监督评级市场发展，完成130家借款企业、融资性担保公司的评级工作。制订第三方支付发展工作方案和实施细则，建立温州辖内第三方支付机构孵化库。

二、丽水农村金融改革进展情况

丽水农村金融改革着力深化“林权抵押贷款、农村信用体系建设、便农取款”三大亮点，初步形成了金融支农惠农的“丽水模式”。

深化信贷支农工程。依托市县两级的“三中心一机构”（林权管理中心、森林资源收储中心、林权交易中心和森林资源调查评价机构）的森林资源流转服务平台，创新信贷支农模式，推动林权抵押贷款扩面增量。2012年年末，丽水市林权抵押贷款余额为30.2亿元，居全省首位，惠及林农20余万人，不良贷款率仅为0.17%。以林权抵押为突破口，丽水还创新推出以茶园、生态公益林等为抵押担保的支农产品。

深化信用惠农工程。稳步推进农户、社区居民和中小企业“三位一体”的社会信用体系建设。全面开展农户信用评价工作，将38万多户农户信用信息纳入农户信用信息系统，基本实现了全市农户信用信息的共享，并建立了农户信用信息动态管理机制。2012年年末，行政村和农户信用评价面分别为100%和92%；17.7万信用农户累计获得159.7亿元贷款，同比增长52.4%。

深化支付便农工程。依托全市助农取款服务点网络，实施农村反假货币、国债宣传服务、民间借贷监测、金融知识普及和金融消费权益保护工作机制建设，农村金融生态环境持

续优化。通过“POS机+验钞机+保险箱”模式，率先实现“银行卡助农取款服务”在所有行政村的全覆盖。2012年年末，已在2 114个行政村设立了助农取款服务点，累计办理小额取现54.6万笔、金额1.1亿元。

下阶段，温州市金融综合改革试验区建设方面，将引导民间资本进入金融业，推动直接融资扩面增量，完善民间借贷和融资服务平台，有序加快小额贷款公司、村镇银行等机构接入征信系统，指导并支持资质良好的民营企业申请互联网支付等业务许可。丽水市农村金融改革试点方面，将通过农村金融机构、产品和服务、管理等体制机制创新，加快完善农村金融基础服务体系的步伐。

（六）房地产运行平稳，软件行业亮点纷呈

1. 房地产市场运行平稳，差别化信贷政策有效落实。2012年，浙江省房地产市场调控成效进一步显现，开发投资及居民购房更趋理性。

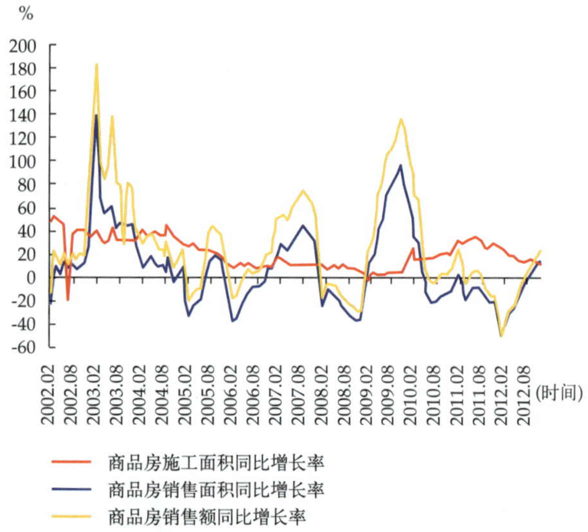

数据来源：浙江省统计局。

图13 2002～2012年浙江省商品房施工和销售变动趋势

房地产投资放缓。2012年，全省房地产开发投资5 226亿元，同比增长16.8%，较上年下降31.7个百分点。施工面积、新开工面积和竣工面积同比分别增长11.7%、-23.4%、-5.2%（见图13），增速继续回落。保障性住房建设进度加快，全年新开工16.2万套，完成计划任务的114.6%，完成农村住房改造41.2万户。

商品房成交量稳价跌。2012年，商品房销售面积同比增长13.4%，销售额同比增长22.7%，其中住宅销售面积及销售额同比分别上涨20.3%和31.1%。2012年，主要城市房价指数回落，12月杭州、宁波、温州新建商品住宅销售价格指数同比分别下降7.6%、7.4%和11.4%（见图14），降幅居70个大中城市前三位。

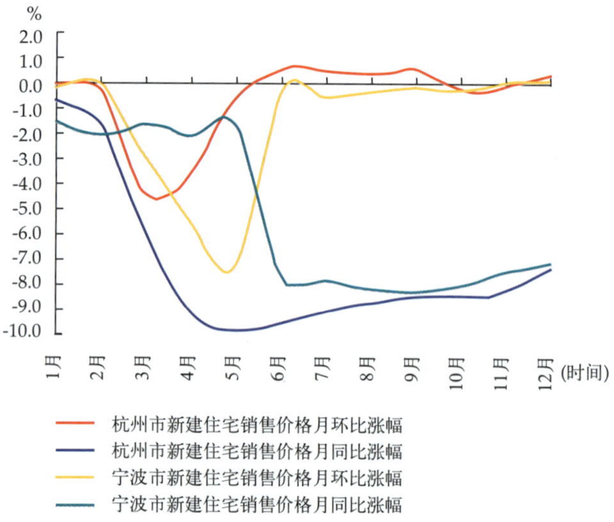

数据来源：浙江省统计局。

图14 2012年浙江省主要城市新建住宅销售价格变动趋势

房地产贷款增速趋缓。2012年年末，全省房地产贷款余额同比增长6.3%。全省保障性住房开发贷款余额同比增长145.9%，较上年上升36.3个百分点。差别化住房信贷政策成效明显，重点支持中小套型、中低价位普通住宅的购房需求，90平方米以下住宅套数占比36.6 %，比上年提高

1.6个百分点。个人首套房贷款平均首付款比例为38.8%、平均利率为基准利率的0.92倍；二套房贷款的平均首付比例为62.7%、平均利率为基准利率的1.1倍。

2. 软件产业快速发展，金融支持力度加大。2012年，全省软件和信息技术产业业务收入为1 411亿元，利税总额为444.6亿元，同比分别增长13%和18%，实现收入、结构、效益和出口持续增长，促进全省经济转型升级。

全省软件产业发展呈现以下特点：一是信息技术服务引领增长。2012年，软件服务收入同比增长59.2%，成为全省软件产业增长的重要支撑。二是龙头企业贡献突出。2012年，十强企业收入和利润增幅分别高出本行业增速15.3个和13.9个百分点，淘宝、网新科技等一批行业龙头企业带动效应突出。三是软件产业集聚效应显著。杭州、宁波、嘉兴和金华等市以软件园或产业园为依托，大力推进产业集聚发展。

金融支持软件产业力度加大。一是信贷支持有力。2012年全省软件产业贷款余额同比增长17.3%，高于各项贷款余额增速5.5个百分点。二是金融产品不断创新。2012年年末，全省知识产权质押贷款余额为9.2亿元，为中小软件企业盘活无形资产提供支持。三是融资渠道拓宽。2012年，浙大网新科技公司成功发行4亿元短期融资券，累计发行15亿元。

三、预测与展望

2013年是全面贯彻落实党的十八大精神的开局之年，也是实施“十二五”规划承前启后的关键一年。浙江经济发展趋势总体向好，有望保持平稳增长。

2013年，浙江经济发展仍然具备难得的机遇。城镇化建设的积极推进、“四大国家战略举措”、“四大建设”和“四化同步发展”的深入实施，以及一系列鼓励浙商创业创新、扩大有效投资、优化发展环境等政策的出台，都将为浙江经济的长远发展提供强大动力。预计2013年全省地区生产总值增长8%以上；物价温和上涨，CPI涨幅在3.5%左右。

但是，在复杂多变的宏观形势和转型升级的考验下，浙江经济仍处于周期性和结构性因素共同交织的局面，经济发展依然面临挑战，突出表现在：需求持续增长动力不足，稳增长面临压力；经济结构产业层次较低，企业创新驱动能力不足；部分行业订单需求不旺，综合成本高企，生产经营依然困难。

从金融层面看，保持浙江金融平稳运行也面临不少困难：存款市场波动性较大，资金来源约束加剧；新一轮投资周期来临，实体经济有效需求增强，信贷保障难度增加；部分地区企业经营困难引发的金融风险尚未得到根本扭转，防范和化解金融风险的任务依然艰巨。

2013年，中国人民银行杭州中心支行将认真贯彻落实稳健的货币政策，保持社会融资规模和信贷合理适度增长，积极推动金融创新，深化金融重点领域改革，切实防范金融风险，促进浙江经济健康发展和转型升级。

中国人民银行杭州中心支行货币政策分析小组
总　纂：张健华　方志敏
统　稿：陆巍峰　王　强　张晓霞　余　牛
执　笔：余　牛　翁　磊　刘轩昊　吴　云　胡虎肇　吴振宏　宋瑞晰　宋　玮　郭舒萍　李　青
杨　曦　陈楠希　周宇晨　吴良荣
提供材料的还有：周　擎　汪正红　童红坚　吕芙蓉

附录

（一）2012年浙江省经济金融大事记

1月30日，浙江省召开民营经济大会，全面推进民营经济在“十二五”期间大发展大提升。

3月28日，国务院常务会议决定设立温州市金融综合改革试验区，批准实施《浙江省温州市金融综合改革试验区总体方案》。

3月30日，中国人民银行和浙江省政府决定在丽水市开展农村金融改革试点工作，着力破解“三农”发展的资金瓶颈。

5月10日，中国银行间市场交易商协会、中国人民银行杭州中心支行、浙江省金融办签署《借助银行间市场助推浙江省经济发展合作备忘录》。全年债务融资工具发行836.2亿元，同比增长近1倍，推动直接融资比例创新高。

6月16日，浙江省委、省政府出台《关于加快金融改革发展的若干意见》，推动浙江“十二五”期间金融业改革发展。

8月6日，浙江省政府出台《关于改善金融服务实体经济发展的若干意见》，引导和鼓励金融机构改善金融服务，加大金融对实体经济的支持力度。

9月19日，浙江省政府举行浙江省金融控股有限公司成立大会暨海洋产业投资基金启动仪式，为打造区域金融中心、建设金融强省服务。

10月18日，浙江股权交易中心暨区域性股权交易市场成立，为省内企业提供股权债权的转让和融资服务，并积极培育企业进入证券市场。

2012年，浙江省生产总值为34 606.3亿元，同比增长8.0%。人均生产总值为63 266元，首次突破1万美元。

2012年，浙江金融机构认真贯彻稳健的货币政策，全省各项存款余额为66 679.1亿元，新增5 789.6亿元。各项贷款余额为59 509.2亿元，新增6 266.7 亿元。

（二）2012年浙江省主要经济金融指标

表1 2012年浙江省主要存贷款指标

		1月	2月	3月	4月	5月	6月	7月	8月	9月	10月	11月	12月
本外币	金融机构各项存款余额（亿元）	59 770.1	60 543.2	62 931.7	62 416.0	63 143.1	65 345.2	64 288.0	64 167.1	65 561.1	64 945.2	65 739.9	66 679.1
	其中：储蓄存款	25 138.4	24 588.8	25 249.4	24 574.3	24 780.3	25 756.6	25 203.7	25 506.5	26 427.0	25 800.6	26 197.9	26 902.4
	单位存款	30 971.7	32 072.5	33 636.1	33 749.2	34 109.8	35 228.8	34 826.8	34 749.6	35 130.2	34 947.1	35 299.5	35 955.4
	各项存款余额比上月增加（亿元）	-1 119.4	773.2	2 388.4	-515.8	727.0	2 202.1	-1 057.2	-120.8	1 394.0	-615.9	794.7	937.3
	金融机构各项存款同比增长（%）	9.2	9.8	8.7	7.3	6.8	7.4	8.5	7.2	9.4	10.0	10.8	9.5
	金融机构各项贷款余额（亿元）	53 738.3	54 196.8	54 957.6	55 269.4	55 958.6	56 641.0	56 899.8	57 553.5	58 177.0	58 436.8	58 978.5	59 509.2
	其中：短期	32 612.5	32 961.6	33 576.9	33 651.4	33 974.2	34 440.5	34 534.6	34 880.4	35 492.0	35 710.4	36 110.1	36 796.5
	中长期	19 930.5	19 977.2	20 054.6	20 143.9	20 240.7	20 359.9	20 437.1	20 552.5	20 685.5	20 763.0	20 801.3	20 766.0
	票据融资	617.4	659.2	683.2	801.0	1 024.5	1 070.8	1 135.7	1 293.6	1 152.9	1 074.3	1 144.0	1 061.7
	各项贷款余额比上月增加（亿元）	495.8	458.5	760.8	311.9	689.1	682.4	258.8	653.8	623.5	259.7	541.7	539.6
	其中：短期	376.4	349.1	615.3	74.5	322.7	466.3	94.1	345.8	611.6	218.4	399.7	691.9
	中长期	112.9	46.7	77.5	89.2	96.8	119.3	77.2	115.4	133.0	77.6	38.3	-35.2
	票据融资	-22.7	41.8	23.9	117.9	223.4	46.4	64.8	158.0	-140.8	-78.5	69.6	-82.3
	金融机构各项贷款同比增长（%）	12.2	12.1	12.6	11.8	11.8	11.9	11.7	12.0	12.1	12.0	12.0	11.8
	其中：短期	17.7	17.6	18.2	16.7	15.8	15.1	14.5	14.2	14.5	14.1	14.1	14.0
	中长期	4.0	3.3	3.0	2.6	2.9	3.4	3.6	3.9	4.5	4.5	4.6	5.1
	票据融资	5.6	19.3	32.3	42.3	73.5	87.7	95.6	114.8	85.1	94.0	88.4	65.9
	建筑业贷款余额（亿元）	1 884.9	1 891.3	1 925.9	1 943.7	1 966.5	2 001.0	2 033.9	2 052.1	2 084.1	2 109.1	2 119.0	2 160.2
	房地产业贷款余额（亿元）	2 218.4	2 245.6	2 269.1	2 269.7	2 308.4	2 329.2	2 319.3	2 306.8	2 309.1	2 296.5	2 276.3	2 291.1
	建筑业贷款同比增长（%）	1.9	2.3	4.2	5.1	6.4	8.2	10.0	11.0	12.7	14.1	14.6	16.8
	房地产业贷款同比增长（%）	0.0	1.3	2.3	2.4	4.1	5.0	4.6	4.0	4.1	3.6	2.7	3.3
人民币	金融机构各项存款余额（亿元）	58 600.4	59 332.2	61 551.8	60 993.1	61 592.8	63 619.0	62 516.7	62 339.5	63 688.9	63 037.7	63 813.1	64 886.3
	其中：储蓄存款	24 666.0	24 132.6	24 776.9	24 109.9	24 305.0	25 262.9	24 706.2	25 003.4	25 923.3	25 259.9	25 644.2	26 406.8
	单位存款	30 321.2	31 362.8	32 769.1	32 837.3	33 077.1	34 051.8	33 606.1	33 477.7	33 809.7	33 634.8	33 978.4	34 697.4
	各项存款余额比上月增加（亿元）	-1 124.0	731.8	2 220.3	-558.8	599.7	2 026.2	-1 102.3	-177.1	1 349.3	-662.1	775.4	1 073.1
	其中：储蓄存款	1 195.8	-525.8	644.3	-667.1	195.1	957.8	-556.7	297.2	919.9	-663.4	384.3	762.6
	单位存款	-2 579.9	1 041.5	1 406.3	68.2	239.8	974.7	-445.7	-128.4	332.0	-174.9	343.6	719.0
	各项存款同比增长（%）	8.9	9.5	8.1	6.6	5.9	6.3	7.3	5.9	8.1	8.7	9.5	8.6
	其中：储蓄存款	10.6	9.3	8.2	8.0	8.3	8.3	11.1	12.2	13.1	13.4	14.2	12.5
	单位存款	13.7	7.6	5.3	3.9	2.5	2.7	4.1	2.1	4.9	5.6	6.0	5.5
	金融机构各项贷款余额（亿元）	51 787.1	52 217.8	52 874.1	53 204.3	53 818.9	54 414.8	54 679.6	55 332.3	55 826.4	56 067.8	56 521.2	56 982.7
	其中：个人消费贷款	8 671.2	8 627.5	8 639.5	8 587.2	8 611.0	8 657.4	8 697.4	8 791.4	8 907.9	8 976.9	9 080.3	9 168.6
	票据融资	617.2	659.1	683.1	800.9	1 024.3	1 070.6	1 135.4	1 293.5	1 152.7	1 074.2	1 143.8	1 061.6
	各项贷款余额比上月增加（亿元）	507.3	430.8	656.2	330.2	614.6	596.0	264.8	652.7	494.1	241.4	453.4	461.5
	其中：个人消费贷款	-27.2	-43.7	12.0	-52.4	23.8	46.4	40.0	94.0	116.5	69.0	103.4	88.3
	票据融资	-22.7	41.8	24.0	117.9	223.4	46.3	64.8	158.1	-140.8	-78.5	69.6	-82.3
	金融机构各项贷款同比增长（%）	12.3	12.3	12.5	11.7	11.8	11.7	11.6	11.8	11.9	11.6	11.5	11.1
	其中：个人消费贷款	4.6	3.3	3.0	1.7	1.3	1.0	1.4	1.9	2.7	3.4	4.5	5.4
	票据融资	5.6	19.3	32.3	42.4	73.5	87.7	95.7	114.8	85.1	94.0	88.4	65.9
外币	金融机构外币存款余额（亿美元）	185.3	192.5	219.2	226.6	244.7	272.9	279.7	288.0	295.3	302.8	306.4	285.2
	金融机构外币存款同比增长（%）	26.4	31.5	47.9	58.2	65.9	69.6	81.2	83.8	86.4	83.6	83.4	54.2
	金融机构外币贷款余额（亿美元）	309.2	314.5	331.0	328.9	337.7	352.0	350.6	350.1	370.7	376.0	390.7	402.0
	金融机构外币贷款同比增长（%）	13.6	13.1	18.3	16.3	16.0	18.3	18.8	16.0	18.4	21.1	27.2	29.0

数据来源：中国人民银行杭州中心支行。

表2　2001～2012年浙江省各类价格指数

单位：%

年/月	居民消费价格指数		农业生产资料价格指数		工业生产者购进价格指数		工业生产者出厂价格指数	
	当月同比	累计同比	当月同比	累计同比	当月同比	累计同比	当月同比	累计同比
2001	—	-0.2	—	-0.3	—	-0.4	—	-1.7
2002	—	-0.9	—	-0.5	—	-2.5	—	-3.1
2003	—	1.9	—	2.9	—	5.8	—	0.6
2004	—	3.9	—	3.2	—	13.4	—	5.0
2005	—	1.3	—	5.8	—	5.4	—	2.3
2006	—	1.1	—	-0.4	—	5.6	—	3.8
2007	—	4.2	—	7.3	—	5.3	—	2.4
2008	—	5.0	—	18.9	—	10.6	—	4.3
2009	—	-1.5	—	-4.1	—	-7.4	—	-5.1
2010	—	3.8	—	2.9	—	12.0	—	6.2
2011	—	5.4	—	10.8	—	8.3	—	5.0
2012	—	2.2	—	4.2	—	-3.3	—	-2.7
2011　1	5.1	5.1	5.4	5.4	10.0	10.0	6.0	6.0
2	5.2	5.2	7.1	6.2	10.2	10.1	6.5	6.2
3	5.3	5.2	8.1	6.9	10.2	10.0	6.6	6.4
4	5.2	5.2	9.3	7.5	9.9	10.1	5.9	6.2
5	5.3	5.2	10.9	8.2	9.6	10.0	5.8	6.2
6	6.4	5.4	12.8	8.9	10.0	10.0	6.2	6.2
7	6.3	5.5	14.1	9.7	10.3	10.0	6.4	6.2
8	6.2	5.6	14.9	10.3	10.0	10.0	5.9	6.2
9	6.2	5.7	15.6	10.9	8.7	9.9	5.1	6.0
10	5.5	5.7	12.9	11.1	6.6	9.5	3.7	5.8
11	4.0	5.5	9.6	11.0	3.5	9.0	1.5	5.4
12	3.9	5.4	8.5	10.8	1.6	8.3	0.6	5.0
2012　1	4.6	4.6	8.2	8.2	0.0	0.0	-0.3	-0.3
2	2.7	3.7	7.7	8.0	-0.8	-0.4	-1.1	-0.7
3	3.4	3.6	6.9	7.6	-1.8	-0.9	-1.8	-1.1
4	2.9	3.4	6.4	7.3	-2.8	-1.3	-2.3	-1.4
5	2.6	3.2	5.1	6.9	-3.7	-1.8	-2.7	-1.7
6	1.3	2.9	3.4	6.3	-4.2	-2.2	-3.5	-2.0
7	1.2	2.7	1.9	5.6	-4.9	-2.6	-4.1	-2.3
8	1.5	2.5	1.5	5.1	-5.4	-3.0	-4.3	-2.5
9	1.4	2.4	1.4	4.6	-5.1	-3.2	-4.1	-2.7
10	1.2	2.3	2.1	4.4	-4.1	-3.3	-3.2	-2.8
11	1.6	2.2	3.1	4.3	-3.7	-3.3	-2.7	-2.8
12	1.9	2.2	4.1	4.2	-2.8	-3.3	-2.4	-2.7

数据来源：浙江省统计局。

表3　2012年浙江省主要经济指标

	1月	2月	3月	4月	5月	6月	7月	8月	9月	10月	11月	12月
绝对值（自年初累计）												
地区生产总值（亿元）	—	—	6 724.6	—	—	15 790.4	—	—	24 214.8	—	—	34 606.3
第一产业	—	—	242.6	—	—	655.7	—	—	1 029.4	—	—	1 669.5
第二产业	—	—	3 344.2	—	—	8 005.9	—	—	12 269.0	—	—	17 312.4
第三产业	—	—	3 137.8	—	—	7 128.8	—	—	10 916.5	—	—	15 624.4
工业增加值（亿元）	—	1 399.1	2 304.0	3 191.0	4 101.2	5 073.5	5 977.4	6 894.7	7 852.6	8 799.2	9 804.2	10 875.3
固定资产投资（亿元）	—	1 409.3	2 738.1	4 017.8	5 462.0	7 568.1	8 753.4	10 499.2	12 194.5	13 844.8	15 398.9	17 096.0
房地产开发投资	—	540.9	960.3	1 327.0	1 791.0	2 335.1	2 804.0	3 269.4	3 792.1	4 282.2	4 747.2	5 226.3
社会消费品零售总额（亿元）	—	—	3 185.0	—	—	6 373.5	—	—	9 763.5	—	—	13 546.3
外贸进出口总额（亿美元）	264.4	437.7	699.5	948.3	1 231.4	1 496.5	1 769.0	2 041.8	2 328.5	2 590.3	2 849.7	3 122.4
进口	64.1	142.7	226.1	295.4	372.5	440.0	514.4	586.0	661.1	726.9	802.3	876.7
出口	200.3	295.0	473.5	652.9	858.9	1 056.5	1 254.6	1 455.9	1 667.3	1 863.4	2 047.4	2 245.7
进出口差额(出口－进口)	136.3	152.3	247.4	357.6	486.5	616.5	740.2	869.9	1 006.2	1 136.5	1 245.1	1 369.0
外商实际直接投资（万美元）	107 089.0	228 923.0	323 207.0	400 832.0	484 621.0	629 378.0	689 159.0	774 990.0	858 627.0	920 578.0	1 013 833.0	1 306 926.0
地方财政收支差额（亿元）	150.5	190.2	122.8	238.6	240.9	133.1	160.7	105.5	-35.4	-9.2	-247.3	-720.7
地方财政收入	489.4	748.4	1 013.8	1 357.7	1 654.9	1 957.5	2 284.9	2 520.7	2 759.4	3 063.1	3 255.4	3 441.2
地方财政支出	338.9	558.2	891.0	1 119.2	1 414.0	1 824.3	2 124.1	2 415.1	2 794.8	3 072.3	3 502.7	4 161.9
城镇登记失业率 (%)(季度)	—	—	3.1	—	—	3.0	—	—	3.0	—	—	3.0
同比累计增长率（%）												
地区生产总值	—	—	7.1	—	—	7.4	—	—	7.7	—	—	8.0
第一产业	—	—	0.8	—	—	2.1	—	—	2.1	—	—	2.0
第二产业	—	—	6.4	—	—	6.5	—	—	6.8	—	—	7.3
第三产业	—	—	8.2	—	—	8.8	—	—	9.2	—	—	9.3
工业增加值	—	2.9	4.8	5.1	5.0	5.2	5.5	5.7	5.9	6.4	6.8	7.1
固定资产投资	—	14.5	15.6	17.8	20.6	23.9	24.6	23.8	23.5	22.8	21.8	21.4
房地产开发投资	—	32.7	24.5	23.7	26.0	25.8	24.6	22.3	22.3	20.9	18.5	16.8
社会消费品零售总额	—	—	13.2	—	—	13.0	—	—	13.2	—	—	13.5
外贸进出口总额	-2.6	3.4	5.2	3.1	4.1	3.5	2.0	0.8	0.9	1.7	1.3	0.9
进口	-18.9	5.3	3.5	0.7	1.4	-0.4	-1.3	-3.1	-4.1	-4.6	-4.9	-5.8
出口	4.1	2.5	6.1	4.2	5.3	5.2	3.4	2.5	3.0	4.4	3.9	3.8
外商实际直接投资	0.7	26.7	8.0	4.7	6.0	0.2	-2.9	-0.3	0.1	1.0	1.7	12.0
地方财政收入	13.8	10.5	7.1	5.2	4.7	4.4	4.5	5.1	6.0	7.3	8.2	9.2
地方财政支出	9.2	20.3	19.6	16.8	13.8	10.8	11.3	11.8	12.2	11.8	9.3	8.3

数据来源：浙江省统计局。

2012年安徽省金融运行报告

中国人民银行合肥中心支行货币政策分析小组

[内容摘要] 2012年，在国内外经济面临较大下行压力的复杂形势下，安徽省坚持以科学发展为主题，以全面转型、加速崛起、兴皖富民为主线，稳中求进，开拓进取，全面推进经济强省、文化强省和生态强省建设，经济社会发展呈现“稳中求进、结构优化、民生改善、社会和谐”的良好态势。

全省金融机构认真落实稳健的货币政策，信贷总量适度增长、结构进一步优化，证券期货业运行平稳，保险业服务能力日益增强，社会融资规模稳步扩大，金融生态环境建设持续推进，金融服务实体经济的能力不断提升。

2013年，安徽省金融系统将以党的十八大精神为指导，坚持稳中求进的工作总基调，继续贯彻稳健的货币政策，保持信贷总量和社会融资规模合理适度增长，促进经济持续健康发展，在建设美好安徽的道路上迈出新的步伐。

一、金融运行情况

2012年，安徽省金融业继续保持良好的发展态势，综合实力有效提升，金融机构体系建设更趋健全，市场融资能力逐步增强，金融生态环境持续优化，金融运行总体稳健。

（一）银行业运行稳健，货币信贷合理增长

1. 银行业稳健发展，机构体系建设有序推进。2012年，安徽省银行业资产总额增长21.6%，较上年提高1.5个百分点，利润总额增长19.7%。资产质量进一步提升，不良贷款率2.1%，较上年末下降0.4个百分点。银行业法人金融机构达131个，较上年增加7个。

表1 2012年安徽省银行业金融机构情况

机构类别	营业网点			法人机构（个）
	机构个数（个）	从业人数（人）	资产总额（亿元）	
一、大型商业银行	2 293	47 081	12 476.0	0
二、国家开发银行和政策性银行	90	2 335	3 287.2	0
三、股份制商业银行	196	4 487	2 967.2	0
四、城市商业银行	208	4 843	3 311.7	1
五、城市信用社	—	—	—	—
六、小型农村金融机构	2 946	30 737	5 030.5	83
七、财务公司	4	136	222.5	4
八、信托公司	2	286	92.9	2
九、邮政储蓄银行	802	13 546	2 092.0	0
十、外资银行	3	90	40.6	0
十一、新型农村金融机构	66	1 230	161.7	39
十二、其他	2	267	114.5	2
合　计	6 612	105 038	29 796.7	131

注：营业网点不包括总部；小型农村金融机构包括农村商业银行、农村合作银行和农村信用社；新型农村金融机构包括村镇银行、贷款公司和农村资金互助社三类机构；“其他”包含金融租赁公司、汽车金融公司、货币金融公司、消费金融公司等。

数据来源：安徽银监局。

2. 各项存款稳定增长，金融机构资金来源充足。2012年年末，全省本外币各项存款余额为23 211.5亿元，同比增长18.7%；全年增加3 664.7亿元，同比多增630.3亿元（见图1）。单位存款余额同比增长15.6%，全年增加1 471.9亿元，同比多增81.3亿元；储蓄存款余额同比增长21.1%，全年增加1 948.1亿元，同比多增494.3亿元。

3. 各项贷款适度增长，信贷结构持续优化。2012年年末，安徽省本外币各项贷款余额为16 795.2亿元，同比增长18.7%，较上年年末回落个2.2百分点（见图2、图3）。全省银行业金融机构认真落实稳增长要求，全年本外币贷款增加2 649.6亿元，同比多增193.5亿元。贷款投放节奏较为均衡，季度占比分别为23%、32%、23%、22%。

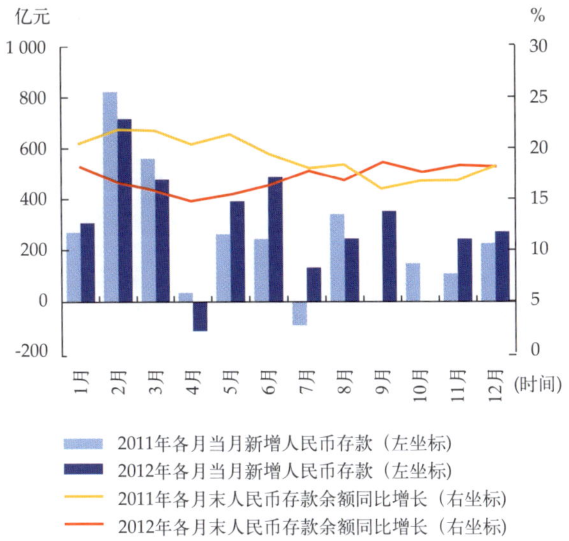

数据来源：中国人民银行合肥中心支行。

图1　2011～2012年安徽省金融机构人民币存款增长

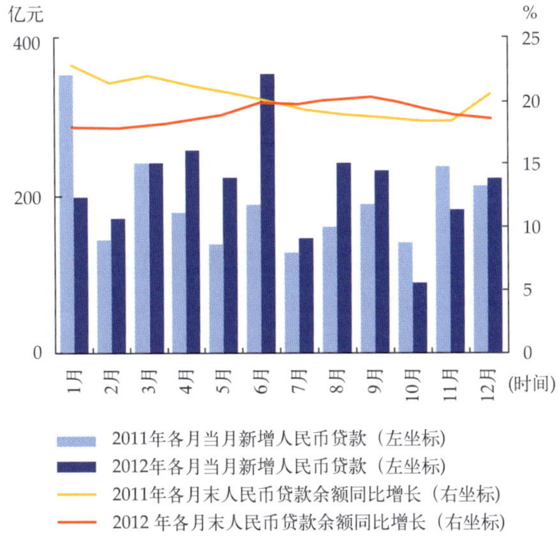

数据来源：中国人民银行合肥中心支行。

图2　2011～2012年安徽省金融机构人民币贷款增长

一是信贷资金向重点区域集中。全年皖江城市带承接产业转移示范区人民币贷款增加1 823.5亿元，同比多增26.4亿元，合芜蚌自主创新试验区人民币贷款增加1 322.1亿元，同比多增153.4亿元，增量分别占全省的71.1%和51.5%。二是高耗能行业贷款占比下降。2012年年末，全省石化、

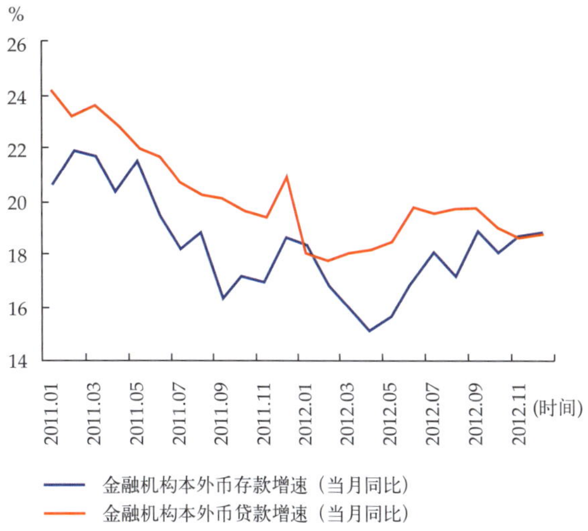

数据来源：中国人民银行合肥中心支行。

图3　2011～2012年安徽省金融机构本外币存、贷款增速

化工、水泥、钢铁、有色、电力六大高耗能行业中长期贷款余额为822.6亿元，占全部中长期贷款的比重为9.5%，较上年下降1个百分点；全年增加25.2亿元，同比少增23.7亿元。三是社会薄弱环节的信贷支持力度加大。2012年，全省小微企业贷款增长20.1%，高于大中型企业5.2个百分点，其中，微型企业贷款增长34.9%。涉农贷款增长26.5%，县域金融机构贷款增长22%，分别高于各项贷款增幅7.8个百分点和3.3个百分点。再贴现政策导向作用得到发挥，年末中小微企业、涉农企业票据再贴现余额占比分别达到88.8%、22.4%。四是民生领域金融服务水平提升。制定促进安徽省民生金融发展的指导意见，督促和引导银行业金融机构落实小额担保贷款和助学贷款政策。全年累计发放小额担保贷款4.9万笔，合计金额51.1亿元；累计发放助学贷款10.5亿元，同比多发放0.8亿元。

4. 表外业务增长放缓。2012年，全省信托贷款、委托贷款、未贴现的银行承兑汇票合计增加544.3亿元，占同期人民币贷款增量的21.2%，比上年下降7.4个百分点。

5. 贷款利率水平平稳，存款差别定价能力提升。2012年，安徽省银行业金融机构人民币贷款加权平均利率为7.82%，较上年略升3个基点，执

行下浮和基准利率贷款占比较上年下降4.8个百分点（见表2）。1年期以上小额美元存款利率走势平稳，3个月以内大额美元存款利率水平较上年明显下降（见图4）。

表2　2012年安徽省金融机构人民币贷款各利率区间占比

单位：%

月份		1月	2月	3月	4月	5月	6月
合计		100.0	100.0	100.0	100.0	100.0	100.0
[0.9，1.0)		2.0	3.3	2.9	6.2	5.1	7.0
1.0		23.3	26.2	20.5	27.7	27.0	26.0
上浮水平	小计	74.7	70.5	76.6	66.1	67.9	67.0
	(1.0，1.1]	21.7	22.7	19.4	16.9	16.2	16.0
	(1.1，1.3]	24.1	22.8	26.7	23.8	24.3	23.3
	(1.3，1.5]	11.7	9.2	11.9	10.3	11.3	13.2
	(1.5，2.0]	14.5	12.6	15.1	12.4	13.5	12.0
	2.0以上	2.7	3.2	3.5	2.7	2.6	2.5
月份		7月	8月	9月	10月	11月	12月
合计		100.0	100.0	100.0	100.0	100.0	100.0
[0.9，1.0)		9.2	8.9	8.8	10.3	10.4	8.8
1.0		24.7	22.6	20.6	31.0	25.1	25.2
上浮水平	小计	66.1	68.5	70.6	58.7	64.5	66.0
	(1.0，1.1]	14.4	14.9	18.3	15.5	13.6	13.3
	(1.1，1.3]	24.4	25.6	24.3	21.9	24.3	25.5
	(1.3，1.5]	11.0	11.2	11.7	8.6	11.2	13.0
	(1.5，2.0]	13.3	13.9	13.5	10.2	12.5	11.6
	2.0以上	3.0	2.9	2.8	2.5	2.9	2.6

注：2012年8～12月统计数据的下浮区间为[0.7,1.0)。

数据来源：中国人民银行合肥中心支行。

2012年，中国人民银行扩大了人民币存贷款利率浮动范围，利率市场化明显提速，存款竞争加剧，农村金融机构存款利率普遍高于其他金融机构，但存款份额却不升反降；贷款利率浮动区间扩大影响有限，仅个别优质客户获得基准利率的0.9倍以下的贷款。

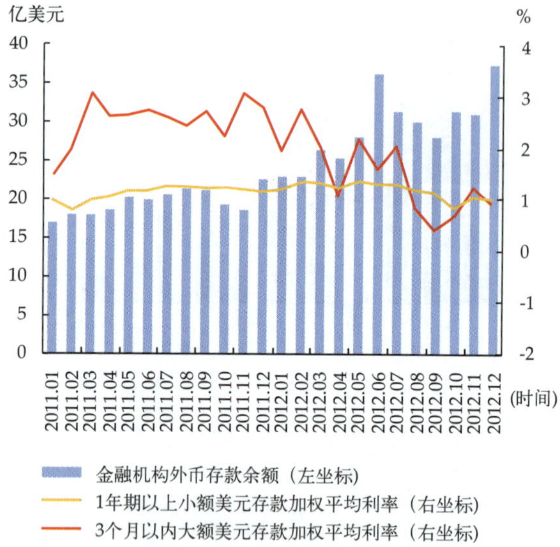

数据来源：中国人民银行合肥中心支行。

图4　2011～2012年安徽省金融机构外币存款余额及外币存款利率

6. 农村合作金融机构改革深化。安徽省农村信用联社改革启动，2012年12月，省政府撤销省联社13个办事处，新设5个区域审计中心，淡化了省联社对法人行（社）的行政管理职能，强化了其服务职能。农村信用社改制工作加快推进，组建农村商业银行19家。

7. 跨境人民币业务快速发展。2012年，全省跨境人民币实际收付量达145.4亿元，是上年结算量的14倍，有力地支持了全省涉外经济发展。其中，货物贸易跨境人民币结算量为84.2亿元，是上年的21.9倍，占同期海关进出口总额的比例由上年的0.5%上升到3.4%。资本项下跨境人民币实际收付51.9亿元，是上年的9.3倍。跨境人民币业务辐射范围不断拓宽，往来国家和地区由上年年末的12个增加到107个。企业参与度大大提高，全年共有419家企业办理了跨境人民币业务，是上年的7.8倍。

专栏1　探索农村金融服务易推广、可复制的“金寨模式”

金寨县位于大别山腹地，是典型的贫困山区和著名的革命老区。2012年6月，时任全国人大常委会委员长吴邦国同志深入金寨县考察调研扶贫开发工作，提出在金寨县试点农村金融综合改革。经过半年多的改革实践，金寨县主要金融指标实现大幅增长，2012年年末，全县贷款余额47.9亿元，同比增长29.1%，位于六安市各县区首位，高于全省平均增幅10.2个百分点；比年初净增10.8亿元，同比多增4.4亿元。金寨县农村金融综合改革取得显著成效的同时，也积累了一些易推广、可复制的好经验、好做法。

一、制定科学、合理的实施方案

充分实现顶层设计与基层实际的结合。金寨县农村金融综合改革是自下而上的改革，充分体现基层的意愿，在全国人大常委会的关心下，该方案也得到国家相关部委的认可和支持。

充分吸收了先行试点地区的经验和教训。金寨县充分吸收了广西田东、浙江丽水等先行试点地区的经验和教训，方案更全面、更务实、更具操作性。

充分体现各相关部门意志。农村金融综合改革不仅仅是金融管理部门的事，还牵涉财政、税务、发展改革委、农委等部门。方案充分体现各相关部门意志，从而得到各相关部门的鼎力支持。

二、建立高效、有力的工作机制

重视组织领导。安徽省专门成立了“抓金寨、促全省”领导小组，省政府主要负责同志任组长，统一领导、督促、协调推进各项工作。省直相关部门、各金融管理和监管机构、各金融机构以及六安市、金寨县也相继成立相应机构，专门负责工作落实，形成了省、市、县三级联动的工作格局。

逐级分解任务。省政府将目标任务分解到各部门和相关市县，明确工作要求、完成时间并建立考核机制。其中，中国人民银行主抓工作19项，参与工作13项，为主抓和参与最多的部门。

加强工作协调。由于方案设计考虑到各部门的意愿，在工作推进中，各部门之间密切配合、同频共振。在金融组织体系、信用体系、支付体系、教育培训体系和风险防控体系建设中，人民银行均发挥主导、牵头作用，并注重加强与相关部门的协调配合。

三、找准可操作、见效快的工作抓手

推进金融组织体系建设。试点工作启动以来，金寨县农村信用社成功改制成农村商业银行，2家村镇银行正在筹备中，中粮公司发起设立贷款公司已启动，3家资金互助社正进行前期论证。交通银行、中国银行、国元农保等机构已增设或正在增设经营网点。

推进农村信用体系建设。及时将金寨县纳入全省农村信用体系建设试验区，建立健全农户和企业信用信息评价机制，广泛开展“信用户、信用村组、信用乡镇”创建活动。2012年年末，金寨县已完成农户信用信息采集和录入工作，录入系统农户信息13.7万户，占全县农户数的87%。金寨县目前已建立以中国人民银行征信系统为基础，覆盖全县所有乡镇农户的信用信息数据库。

推进农村支付体系建设。推广银行卡等非现金支付工具，积极争创全国“改善农村支付结算服务环境示范县”。加强“金寨县银行卡工作示范县”建设，2012年年末基本实现人均一卡。增设ATM、POS机、存款机、自助缴费机等硬件设施，助农取款服务点实现了金融空白行政村全覆盖。

推进农村金融产品和服务方式创新。引导金融机构结合金寨实际创新金融产品和服务方式，推广应用“信贷+担保”、“信贷+保险”、“公司+专业市场+农户”等贷款产品。中国农业发展银行安徽分行联合安徽省信用担保集团推出“担保机构+金融机构+政策性支农机构+龙头企业+农户”的“五位一体”信贷模式。徽商银行、金寨农村商业银行相继推出商标抵押和“水电站抵押”等新品种。

推进再贷款、再贴现、存款准备金等货币政策工具的灵活运用。积极争取中国人民银行总行的支持，扩大再贷款、再贴现的限额，将该县支农再贷款限额提高到3亿元，再贴现限额提高到2亿元。灵活运用存款准备金政策，对刚改制的金寨农村商业银行实行存款准备金过渡期优惠政策，按季度上浮0.5个百分点逐步调整到位。

（二）证券期货法人机构经营稳健，股票市场融资规模下降

1. 证券期货法人机构经营稳健。2012年年末，全省共有证券经营网点158家，较上年增加4家，实现利润总额3.5亿元，较上年回落48.5%；两家法人证券公司实现利润总额6.5亿元。三家法人期货公司盈利改善，实现营业利润8 847万元，创历史新高。

2. 股票融资同比下降。2012年年末，全省境内上市公司78家；全年新增1家上市公司，6家企业增发新股，9家企业发行公司债；全年非金融企业境内股票融资41.6亿元，发行公司债99.5亿元（见表3）。受股市低迷、企业股票融资意愿下降、IPO审批速度放缓等影响，全省股票融资企业数量和融资规模均较上年有所下降。

表3　2012年安徽省证券业基本情况

项目	数量
总部设在辖内的证券公司数（家）	2
总部设在辖内的基金公司数（家）	0
总部设在辖内的期货公司数（家）	3
年末国内上市公司数（家）	78
当年国内股票（A股）筹资（亿元）	41.6
当年发行H股筹资（亿元）	0
当年国内债券筹资（亿元）	872.2
其中：短期融资券筹资额（亿元）	197.8
中期票据筹资额（亿元）	317.8

数据来源：安徽证监局、中国人民银行合肥中心支行。

（三）保险业务平稳增长，保险服务能力不断提升

1. 保险业经营机构稳步发展。2012年末，全省各类保险公司省级分支机构47家，比上年增加6家。保险代理公司、保险经纪公司、保险公估公司分别达36家、3家、10家；保险兼业代理机构和保险营销员分别达5 744家和137 810人（见表4）。

2. 保险业务平稳增长。2012年，全省财产险和人身险保费收入合计453.6亿元，同比增长5%。其中，财产险保费收入同比增长18.4%，人身险保费收入同比下降1.7%。财产险结构进一步改善，非车险业务保费收入同比增长22.1%。寿险业务下滑导致人身险保费收入下降，寿险保费收入同比下降3.6%。

表4　2012年安徽省保险业基本情况

项目	数量
总部设在辖内的保险公司数（家）	1
其中：财产险经营主体（家）	1
人身险经营主体（家）	0
保险公司分支机构（家）	47
其中：财产险公司分支机构（家）	22
人身险公司分支机构（家）	25
保费收入（中外资，亿元）	453.6
其中：财产险保费收入（中外资，亿元）	169.1
人身险保费收入（中外资，亿元）	284.6
各类赔款给付（中外资，亿元）	152.7
保险密度（元/人）	757.5
保险深度（%）	2.6

数据来源：安徽保监局。

3. 保险服务能力不断提升。全年保险业以基础设施建设和重大工程项目为重点，共为各类经济实体提供保额为8 934亿元的企财险风险保障和574亿元的工程险风险保障。小微企业承保数量同比增长375%，短期贸易险支持企业出口额同比增加近30%。2012年年末，保险资金运用在安徽的投资金额突破300亿元。

（四）融资结构不断改善，金融市场交易活跃

1. 直接融资占比创新高，融资结构显著改善。2012年全省非金融机构直接融资额达913.7亿元，同比增长21%；直接融资在融资总额中的占比创新高，较上年提高3.2个百分点（见表5）。受国家加快债券市场发展和债券融资成本较低等影响，全年全省直接债务融资额为872.2亿元，同比增长70.2%。其中，发行债务融资工具515.6亿元，发行企业数、发行金额分别是上年的2倍、1.9倍。

2. 同业拆借和债券交易业务活跃，净融入格局明显。2012年，全省银行间市场成员债券回购和同业拆借交易量分别突破6.1万亿元和0.2万亿元，净融入资金近1.2万亿元。债券交易量稳步扩大，全年现券交易额为3万亿元，同比增长

表5　2001～2012年安徽省非金融机构部门融资结构

单位：亿元、%

年份	融资量	比重		
		贷款	债券（含可转债）	股票
2001	240.5	89.8	0.0	10.2
2002	368.4	92.2	0.0	7.8
2003	519.0	94.1	2.9	3.0
2004	608.2	94.4	1.4	4.1
2005	598.8	91.9	7.8	0.3
2006	987.1	84.1	14.1	1.8
2007	1 166.8	79.1	8.8	12.1
2008	1 488.7	81.3	6.8	11.9
2009	2 803.0	85.8	8.4	5.8
2010	2 797.6	82.1	12.5	5.4
2011	3 170.9	77.5	16.3	6.2
2012	3 563.4	74.4	24.5	1.1

数据来源：中国人民银行合肥中心支行、安徽省发展改革委、安徽证监局。

21.9%。受中央银行下调准备金率和逆回购操作等因素影响，银行间市场融资成本下降幅度较大。

3. 票据交易总体活跃，利率回落明显。2012年年末，全省金融机构银票承兑余额为1 759亿元，同比增长11.7%（见表6）。受人民银行两次下调存款准备金率和存贷款基准利率影响，全年票据贴现加权平均利率为5.63%，较上年下降246个基点（见表7）。

4. 民间借贷活跃。2012年，全省民间借贷监测点样本发生额同比增长35.5%。民间借贷加权平均利率为18.1%，同比提高6个百分点，从走势看，第一季度上行较快，自第二季度开始保持平稳。

5. 债券品种创新取得积极进展。2012年，全省实现了中小企业集合票据、中小企业集合债券、中小企业私募债和非公开定向债务融资工具4种创新型融资产品的首次发行，各品种发行额分别为6.6亿元、5.9亿元、1.2亿元和145亿元。徽商银行发行小微企业专项金融债已获审批。

（五）金融生态环境建设进一步加强

1. 中国人民银行合肥中心支行发布《关于进一步加强金融生态环境建设的意见》，并经安徽省政府转发执行。修改完善了安徽省金融生态县建设实施意见和金融生态县创建评价办法。做好包括非法黄金交易在内的各类交易场所的清理整顿工作，并顺利通过国家验收。

2. 农村支付结算环境有效改善。2012年年末，全省共设置银行卡助农服务点18 004个，实现在金融服务空白行政村全覆盖；累计交易笔数271.3万笔、金额3.9亿元，较上年年末分别增长了3.7倍和5.4倍。

3. 金融消费者权益保护工作有序推进。全省人民银行系统有65家分支机构开展金融消费者权益保护工作，成立金融消费者保护中心51个，全年受理金融消费者投诉562件，处理完毕546件，处理满意度为100%。

4. 反洗钱水平持续提升。全年完成对83家金融机构的反洗钱现场检查。开展反洗钱行政调查与协查，推动“汪谦益等洗钱案”宣判，支持公安机关“破案会战”，协助破获案件27起。

表6　2012年安徽省金融机构票据业务量统计

单位：亿元

季度	银行承兑汇票承兑		贴现			
			银行承兑汇票		商业承兑汇票	
	余额	累计发生额	余额	累计发生额	余额	累计发生额
1	866	735	520	814	8.3	15.8
2	1 663	1 605	745	1 784	14.0	33.0
3	1 835	2 430	817	3 510	16.6	72.5
4	1 759	3 542	730	4 816	17.7	101.8

数据来源：中国人民银行合肥中心支行。

表7　2012年安徽省金融机构票据贴现、转贴现利率

单位：%

季度	贴现		转贴现	
	银行承兑汇票	商业承兑汇票	票据买断	票据回购
1	6.91	7.96	6.81	5.15
2	5.28	5.58	5.26	4.54
3	5.31	5.92	5.07	4.40
4	5.51	6.00	5.07	4.79

数据来源：中国人民银行合肥中心支行。

二、经济运行情况

2012年，安徽省把稳增长放在更加重要的位

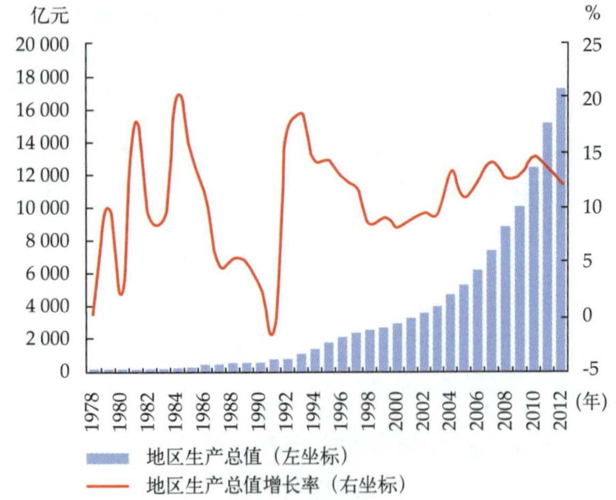

数据来源：安徽省统计局。

图5　1978～2012年安徽省地区生产总值及其增长率

置，全力应对经济下行形势，实现了第二、第三季度经济运行筑底企稳、第四季度明显回升的良好态势。初步核算，全省地区生产总值为17 212.1亿元，增长12.1%，虽较上年回落1.4个百分点，但仍连续九年保持两位数增长（见图5）。

（一）投资、消费、出口三大需求的较快增长，拉动了经济持续较快健康增长

1. 投资较快增长，结构持续优化。2012年，全省固定资产投资14 902.3亿元，增长24.2%，高于全国3.6个百分点（见图6）。第一、第三产业投资增幅比全部投资分别高47.7个和8.3个百分点；第二产业中通用设备制造业、专用设备制造业投资增幅分别比全部投资高7.4个和35.1个百分点。产业转移规模持续扩大，亿元以上省外投资项目实际到位资金5 283亿元，增长26.4%。

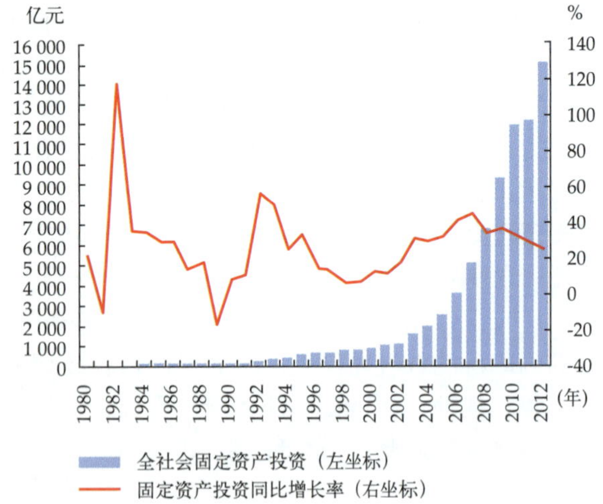

数据来源：安徽省统计局。

图6　1980～2012年安徽省固定资产投资及其增长率

2. 消费平稳增长，城乡统筹协调发展。全年社会消费品零售总额为5 736.6亿元，增长16%（见图7）。农村消费品零售额增长16.3%，首次快于城市。新增乡镇商贸中心、农村商品配送中心各40个。家电下乡产品销售876.5万台、销售额256.2亿元，均居全国前列。全年农村居民人均纯收入比上年增长14.9%，收入增幅连续三年超过城镇居民。

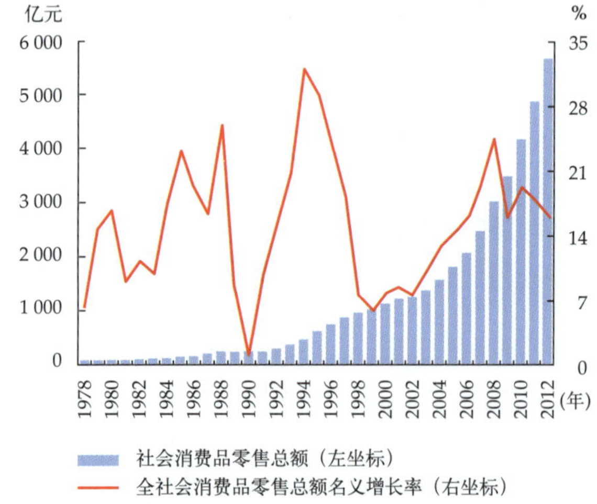

数据来源：安徽省统计局。

图7　1978～2012年安徽省社会消费品零售总额及其增长率

3. 外贸出口逆势上扬，对外开放合作水平提高。全年进出口总额为393.3亿美元，增长25.6%，增幅比全国高19.4个百分点（见图8）。其中，出口为267.5亿美元，增长56.6%，比全国高48.7个百分点；机电产品出口额为112.6亿美元，增长51.6%。

全年实际利用外商直接投资86.4亿美元，增长30.3%（见图9）。新批境外投资企业56家，协议对外投资额为10.7亿美元，分别增长19%、55%；对外投资范围扩展到51个国家和地区。总

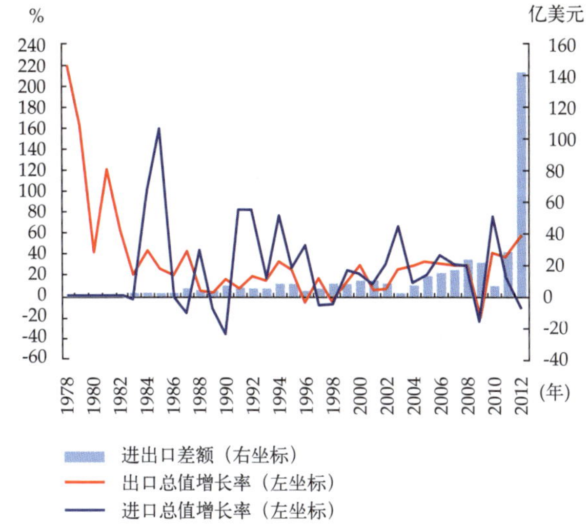

数据来源：安徽省统计局。

图8　1978～2012年安徽省外贸进出口变动情况

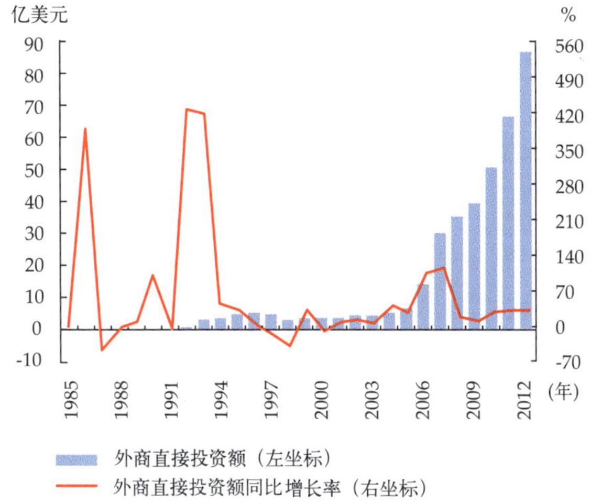

数据来源：安徽省统计局。

图9　1985～2012年安徽省外商直接投资额及其增长率

投资17.2亿美元的铜陵有色海外铜矿开发项目获得国家核准。

（二）转方式调结构取得新成效，经济运行质量提升

2012年，安徽省第二、第三产业比重略有上升，三次产业结构由上年的13.2∶54.3∶32.5调整为12.7∶54.6∶32.7。

1. 粮食产量再创新高，农业产业化步伐加快。全年粮食总产量为657.8亿斤，实现“七年增、九连丰”。农业机械化率为64.6%，农业科技贡献率为55.5%，分别比上年提高2.6个和1.5个百分点。农产品加工业产值增长24.7%。农村土地规模经营进一步扩大，耕地流转率达到20.5%，比上年提高2.6个百分点。农民专业合作社发展到2.9万个，增加8 862个。

2. 工业生产稳定增长，企业效益逐步回升。全年规模以上工业增加值增长16.2%，比全国高6.2个百分点（见图10）。全年规模以上工业利润增长呈现“U”形走势，由1～7月的最低点0.1%回升至全年增长11.3%，比全国高6个百分点。战略性新兴产业产值增长33.1%，高于规模以上工业15.9个百分点。六大高耗能行业增加值增长13.6%，低于全部工业增加值增速2.6个百分点。

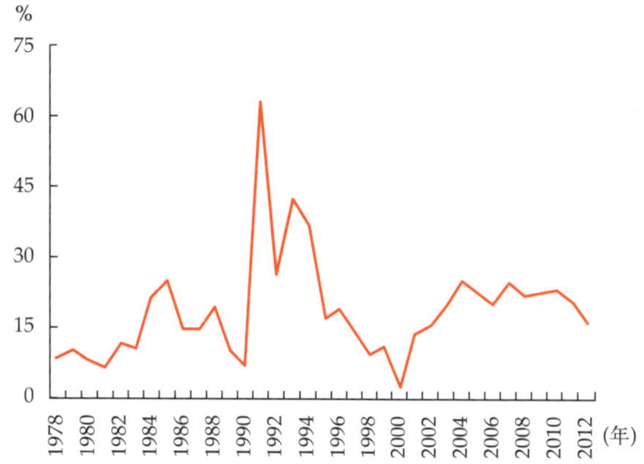

注：1998年以前的数据为工业总产值及其增速。

数据来源：安徽省统计局。

图10　1978～2012年安徽省工业增加值同比增长率

3. 服务业发展步伐加快，新兴行业发展迅速。全省服务业增加值同比增长11%，增速创三年来新高。以动漫创意、出版发行、广电传媒等为代表的新兴文化产业发展势头良好，成为服务业发展新的增长点。合肥滨湖区域性金融综合服务中心建设步伐加快，引进的总部级金融机构后台服务中心达到14家。

（三）居民消费价格涨幅同比回落，生产类价格涨幅回落加快

1. 居民消费价格涨幅同比回落。2012年，全省居民消费价格累计上涨2.3%，涨幅同比回落3.3个百分点（见图11）。其中，食品价格上涨3.8%，烟酒及用品价格上涨3.3%，衣着价格上涨2.5%，娱乐教育文化用品及服务价格上涨1.7%，医疗保健和个人用品价格上涨1.5%，居住价格上涨1%。

2. 生产类价格涨幅快速回落。受世界经济持续疲软、国内经济增速放缓等因素影响，安徽省工业品价格下行压力加大。2012年，全省工业生产者出厂价格同比下降1.7%，工业生产者购进价格同比下降1.8%。

3. 资源性产品价格改革稳步推进。自2012年7月1日起，全省居民生活用电试行阶梯电价。调整合肥、马鞍山等六市居民生活用气价格，同时建立天然气上下游价格联动机制。扩大阶梯水价实施范围，淮北、蚌埠、黄山开征阶梯水价。

（四）财政收入较快增长，民生支出保障有力

2012年，全省地方财政收入为1 792.7亿元，

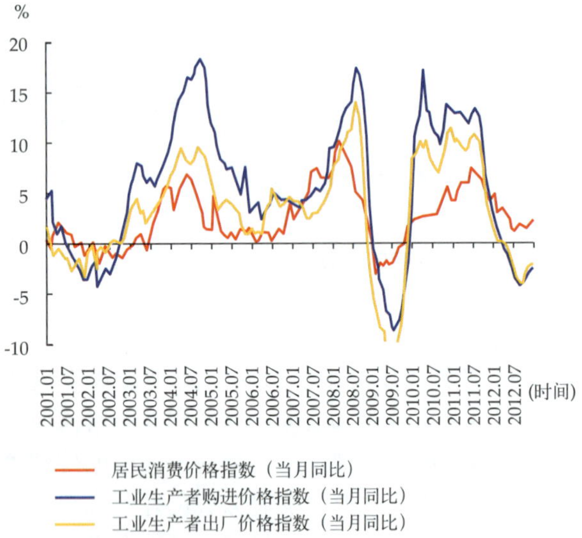

数据来源：安徽省统计局。

图11　2001～2012年安徽省居民消费价格和生产者价格变动趋势

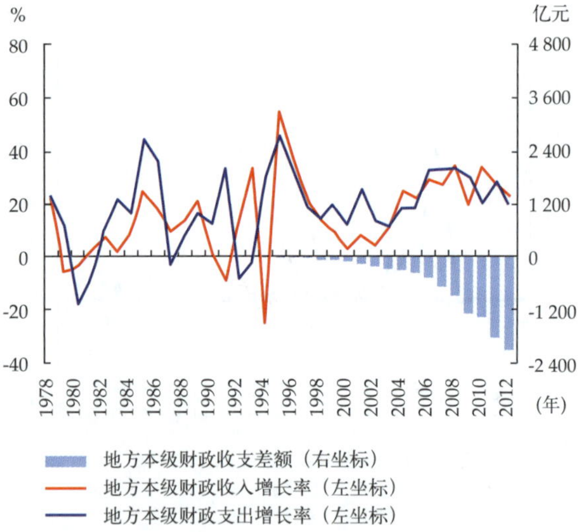

数据来源：安徽省统计局。

图12　1978～2012年安徽省财政收支状况

增长22.5%；财政支出为3 936.7亿元，增长19.2%（见图12）。社会保障与就业、城乡社区事务、医疗卫生、教育、住房保障等重点民生领域累计支出占总支出比重由上年的50.8%提高到52.4%。“营改增”试点顺利实施，减轻企业负担6.5亿元。

（五）“生态强省”建设扎实推进，节能减排目标任务完成

出台生态强省建设实施纲要，严格落实节能减排目标责任制，建立健全监测预警机制。全年规模以上工业单位增加值能耗下降9.6%，主要污染物减排超额完成年度任务。淘汰小煤炭、小钢铁、小水泥产能174万吨、25万吨和260万吨。加大重点流域水环境综合治理力度，加强城镇污水处理厂及配套管网建设，新增污水日处理能力29.5万吨。新安江流域生态补偿试点深入开展，千万亩森林增长工程启动实施，循环经济试点示范扎实推进。

（六）房地产调控效果明显，旅游业发展势头良好

1. 调控政策深入推进，保障房建设加速推进

（1）房地产投资增势放缓。全年全省房地产开发投资完成额为3 151.6亿元，增长20.7%，较上

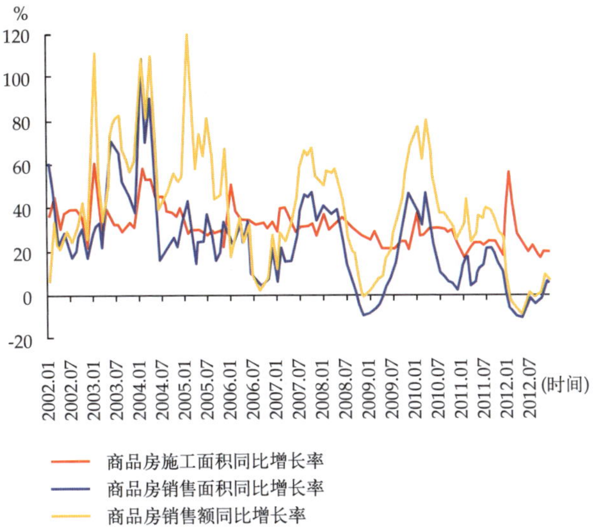

数据来源：安徽省统计局。

图13　2002～2012年安徽省商品房施工和销售变动趋势

年回落7.2个百分点；合肥增长3.8%，较上年回落6.6个百分点。房地产投资占固定资产投资比重为20.9%，较上年回落1.9个百分点。

（2）商品房销售增速回落。全年全省商品房销售面积增长4.9%，较上年回落6.5个百分点；商品房销售额增长5.9%，较上年回落20.1个百分点（见图13）。合肥商品房销售面积和销售额增速分别较上年回落0.3个和3.0个百分点。

（3）商品房供给增长乏力。全年全省商品房施工面积和竣工面积分别增长19.5%、9.3%，较上年分别提高1.2个、7.9个百分点。但从先行指标情况看，后续供给增长乏力，本年购置土地面积和新开工面积分别下降20.5%、9.1%。

（4）商品房价格得到有效控制。在房地产调控各项政策措施的综合作用下，房价保持平稳。全年商品房销售价格同比上涨1.3%，较上年回落11.8个百分点。合肥全年市区商品住宅销售价格同比上涨4.6%，自1月开始震荡回落，4月达到最低点后缓慢回升（见图14）。

（5）房地产贷款增速逐步回升，金融支持保障房力度增强。2012年年末，全省房地产贷款增长23.9%，较上年提高2.7个百分点。其中，个人住房贷款增长19.9%，较上年回落1.9个百分点；房地产开发贷款增长41.8%，较上年提高29.4个百分点，开发贷款增量的57.6%用于保障房建设。年末保障房贷款余额为202.3亿元，当年新发放138亿元。多地还积极通过其他融资渠道来支持保障房建设，截至2012年年末，共发行企业债券46.1亿元、利用公积金贷款余额21.2亿元、信托余额3亿元、金融租赁融资17亿元、私募基金1.9亿元等。

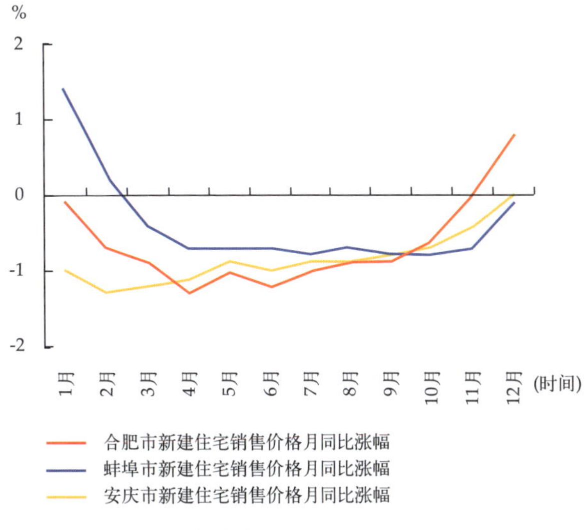

数据来源：国家统计局安徽调查总队。

图14　2012年安徽省主要城市新建住宅销售价格变动趋势

专栏2　安徽省保障房建设和金融支持模式的探索与实践

自2009年国家提出大规模开展保障性住房建设以来，安徽省积极探索保障性住房建设投融资模式，取得明显成效。2012年全省新开工43.5万套、3 178万平方米，是当年计划新开工的108.7%；基本建成34.4万套、2 678.9万平方米，当年完成投资447亿元。安徽省在加快保障性安居工程建设的同时，在体制机制上努力探索切合实际的住房保障模式，其中，铜陵市在分配制度上的探索和芜湖市在拓展融资渠道方面的实践值得借鉴。

一、住房保障分配制度创新——铜陵实践

一是并轨运行，全面覆盖。按照基本住房需求原则，将各类政策性住房并轨，通称为保障性住房，率先提出城乡一体化的住房保障举措，全面覆盖全市城乡户籍的中低收入家庭、新就业人员、外来务工人员、引进人才等住房困难群体，消除了“夹心层”。二是严格审核，合理轮候。在原有的申请、公示的基础上，建立个人住房信息系统和家庭财产比对系统，对两套信息进行联网审核、定期动态监管。对通过审核的家庭，按照申请登记的时间顺序和住房困难程度实行轮候。三是租补分离，分档补贴。政府根据保障对象的收入水平合理确定家庭租金支出，与市场租金差额部分由政府实行分档补贴，家庭收入提高后，降低补贴；不再符合保障条件的，停止发放补贴，从而形成灵活的退出机制。四是先租后售，共有产权。对于住满五年后，仍然符合保障条件的住户，可按同地段住房市场价格的80%购买，享有80%的产权，上市转让时，转让收入按产权比例分成。通过出售既可以回收投资成本，也增加了退出渠道，同时避免了套利问题。五是适度持有，保证供应。保障性住房持有量根据保障需求总量、市场租赁住房供应量、保障性住房轮候年限确定。当市场供应充足时，政府主要负责发放补贴；市场供应不足致使租金上涨时，由政府适当增加住房供应，保证保障对象轮候三年左右可以租到合适的住房。

二、打造统一融资平台进行多元化融资——芜湖实践

作为商品住房市场的重要补充，芜湖市在推动保障性住房建设方面既充分发挥政府公共财政的基本职能，同时也遵循市场化融资的基本规则，拓展和创新多元化融资渠道。

一是全力打造保障性住房融资新平台。2011年芜湖市专门成立了宜居集团，作为保障房项目融资、建设、运营的实施主体，对全市保障房项目实行统借统还，持有和运营保障房产权资产及其配套经营性资产，实现保障房项目滚动投入、滚动建设、动态平衡、保值增值。宜居集团注册资金80亿元，由市及县区两级建投公司共同出资组建，并在各县区成立保障房项目建设子公司。截至2012年年末，宜居集团签订正式融资合同金额59.5亿元，累计贷款41.5亿元，其中，银行贷款24.5亿元、融资租赁17亿元。二是充分发挥地方政府传统融资平台功能。市建投公司充分发挥自身在城建融资方面的传统优势和创新能力，利用保障房项目和棚户区改造项目积极与各金融机构沟通，多方位扩大融资渠道。截至2012年年末，先后获得各银行授信41.2亿元，另通过发行企业债券获得资金23亿元。目前正与各金融机构洽谈的新增棚户区改造项目授信约30亿元，同时以“芜湖市棚户区改造一期”项目向银行间市场交易商协会申请发行3年期20亿元中期票据，其中用于棚户区改造项目16亿元。三是积极争取住房公积金贷款和创设结构化融资产品支持保障性住房建设。2012年芜湖市通过申请已被纳入国家公积金贷款支持保障房建设试点市，目前已有5亿元贷款获批。2012年9月底，兴业银行为市建投公司承建的光华新村、旭日天都等安置房项目创设了结构化融资产品，现已陆续投放了5亿元，该融资产品为信用方式，期限两年，综合费率约为7%。四是通过高效运营保障房资产所形成的现金流覆盖抵偿到期负债。芜湖市偿付保障房债务的资金来源主要分为保障房出售收益、租金收益以及配套商业出售收益三块。经过预算该市在“十二五”末预计完全可以用项目本身的资产出售收益和每年的租金收入现金流覆盖保障房建设的负债及财务成本。

2. 旅游业发展势头良好

（1）游客接待量和旅游收入大幅增加。2012年，全省接待国内游客2.9亿人次，同比增长30.2%；入境游客331.5万人次，同比增长26.1%。旅游总收入为2 617.8亿元，同比增长38.6%。其中，国内旅游收入为2 519.1亿元，同比增长38.8%；旅游外汇收入为15.6亿美元，同比增长32.5%。

（2）皖南国际旅游文化示范区上升为国家战略。2012年11月，国务院批复设立皖南国际旅游文化示范区。示范区将发挥皖南地区的自然资源、文化特色和区域优势，扩大对外开放，改善基础设施条件，提升服务水平，提升皖南地区旅游发展水平，加快安徽旅游产业大省发展。

（3）金融支持旅游业力度持续增强。各银行业金融机构通过创新旅游业信贷产品，利用景点经营权质押贷款等方式加大对安徽省旅游业贷款力度，旅游业贷款规模稳步扩大，2012年年末，安徽省旅游业贷款余额为120.9亿元，同比增长34.7%，较上年提高10.2个百分点。与此同时，支持旅游企业通过发行债券、上市等方式融资。

（七）皖江城市带承接产业转移示范区建设取得初步成效

自2010年1月国务院正式批复以来，皖江示范区按照“一年打基础，三年见成效，五年大发展”建设目标，稳步推进示范区建设。

1. 发展速度快于全省。过去三年，示范区生产总值连续跨越5个千亿元台阶，于2011年突破万亿元，2012年进一步上升到11 396.7亿元，年均增长14.5%。

2. 产业承接成效显著。亿元以上省外投资项目到位资金三年累计达8 369亿元，占全省的61.9%。实际利用外商直接投资由2009年的29.5亿美元增加到2012年的60.8亿美元，年均增长27.2%。以投资600亿元的歌斐资产管理项目、175亿元的京东方光电科技有限公司、110亿元的香江商贸物流项目为代表的一大批新兴项目先后落户示范区。

3.发展后劲持续增强。2012年示范区固定资产投资突破1万亿元，达10 433.9亿元，三年累计超过2.7万亿元，年均增长28.4%。合肥京东方六代线、芜湖华强文化科技产业园、铜陵有色“双闪”、滁州长电科技半导体封装测试、池州高精度电子铜箔等一批重大项目先后建成或投产。

三、预测与展望

展望2013年，全省经济发展面临的机遇与挑战并存。有利因素主要有：工业化、城镇化等支撑全省中长期经济快速发展的基本面没有改变；国际经济有望缓慢复苏、国内经济企稳回升，经济发展的外部环境将进一步好转；随着皖北、皖南和大别山区相继上升国家战略层面，全省已经实现了区域国家战略全覆盖，经济发展的活力和动力持续增强。综合判断，2013年，安徽经济持续较快增长的趋势不会改变，地区生产总值增速有望继续保持10%以上。

同时也应当看到，影响全省经济稳定增长的风险也较多：一是小微型工业企业经营困难状况尚未明显改观、部分规模以上工业企业亏损严重等，影响工业持续较快增长；二是财政收支矛盾突出，政府投资资金缺口加大，民间投资动力不足，投资需求面临回落风险；三是发达国家为刺激经济增长可能进一步松动货币政策，输入型通胀风险加剧。

2013年，中国人民银行合肥中心支行将继续深入贯彻落实稳健的货币政策，保持货币信贷总量和社会融资规模适度增长，引导金融资源更多地投向实体经济，防范化解潜在金融风险，促进地方经济持续健康发展。

中国人民银行合肥中心支行货币政策分析小组
总　纂：刘伟建　戴季宁
统　稿：樊　军　吕　栋　周　麟
执　笔：汪守宏　沈　祥　季　军　周　浩　于　飞　方锡华　蒋　萍　汪昊旻　陈得文　贺　静　毛瑞丰
提供材料的还有：王春贤　姚　丰　李　雯　吴玮玮　陈　谊

附录

（一）2012年安徽省经济金融大事记

4月，安徽省政府出台《关于促进经济平稳较快发展的若干意见》，在企业帮扶、结构调整、金融服务等方面提出30条意见。

6月，时任全国人大常委会委员长吴邦国同志深入安徽省金寨县考察调研扶贫开发工作，提出在金寨县试点农村金融综合改革。

7月，芜湖市中小企业集合票据的成功发行，实现了安徽省中小企业集合票据历史性突破。

10月，中国银行间市场交易商协会、安徽省政府金融办和中国人民银行合肥中心支行签署三方合作框架协议，为安徽加速推进债务融资工具的发行工作创造良好的外部环境。

11月，皖北五市一县一区获批进入中原经济区规划，至此，安徽所有行政区域全部进入国家战略层面，初步形成了区域优势互补、主体功能定位清晰的发展格局。

2012年，安徽省铜陵有色集团有限公司销售收入突破1 000亿元，成为安徽省首家销售收入超千亿元的企业。

（二）2012年安徽省主要经济金融指标

表1　2012年安徽省主要存贷款指标

		1月	2月	3月	4月	5月	6月	7月	8月	9月	10月	11月	12月
本外币	金融机构各项存款余额（亿元）	19 864.2	20 580.9	21 088.3	20 974.0	21 385.9	21 930.0	22 036.3	22 283.0	22 623.7	22 643.8	22 893.4	23 211.5
	其中：储蓄存款	10 195.1	10 361.3	10 528.3	10 361.9	10 466.6	10 796.4	10 782.3	10 869.6	11 051.8	10 941.7	11 024.6	11 209.5
	单位存款	8 493.1	8 998.4	9 446.2	9 430.1	9 569.9	9 894.2	9 848.1	10 010.9	10 148.1	10 189.1	10 351.1	10 880.4
	各项存款余额比上月增加（亿元）	317.5	716.7	507.5	-114.3	411.9	544.1	106.3	246.8	340.7	20.0	249.7	318.0
	金融机构各项存款同比增长（%）	18.3	16.8	16.0	15.1	15.6	16.9	18.0	17.1	18.9	18.1	18.7	18.7
	金融机构各项贷款余额（亿元）	14 340.5	14 502.8	14 749.8	14 988.2	15 206.6	15 599.9	15 720.0	15 948.9	16 210.6	16 284.7	16 499.4	16 795.2
	其中：短期	5 358.6	5 427.4	5 503.9	5 563.4	5 570.6	5 765.1	5 824.2	5 868.5	6 011.9	6 008.1	6 123.7	6 326.6
	中长期	8 539.3	8 592.7	8 671.7	8 765.0	8 904.8	9 019.1	9 099.3	9 196.5	9 289.9	9 429.1	9 501.1	9 594.0
	票据融资	422.7	448.6	528.1	612.6	678.2	759.0	738.1	820.7	833.2	761.7	764.7	748.1
	各项贷款余额比上月增加（亿元）	194.9	162.3	247.1	238.4	218.4	393.3	120.1	228.8	261.7	74.1	214.7	295.8
	其中：短期	80.3	67.5	76.5	59.5	7.2	194.6	59.1	44.3	143.4	-3.8	115.6	202.9
	中长期	149.9	53.1	79.0	93.4	139.7	114.3	80.2	97.2	93.4	139.2	72.0	92.9
	票据融资	-37.5	25.8	79.6	84.5	65.6	80.8	-20.9	82.6	12.6	-71.5	3.0	-16.6
	金融机构各项贷款同比增长（%）	18.0	17.7	18.0	18.1	18.5	19.7	19.5	19.7	19.7	19.0	18.6	18.7
	其中：短期	22.4	21.9	23.5	23.0	21.3	22.7	23.0	22.3	21.4	19.5	19.7	19.8
	中长期	14.6	13.3	11.9	11.5	12.2	12.6	12.5	13.0	13.6	14.0	13.7	14.4
	票据融资	43.2	67.7	93.2	118.1	138.1	150.8	135.5	120.9	112.4	107.3	78.0	62.6
	建筑业贷款余额（亿元）	512.8	524.5	527.1	539.6	556.9	564.0	568.0	580.2	596.7	596.5	621.3	656.5
	房地产业贷款余额（亿元）	530.5	533.3	532.8	535.6	570.3	586.6	590.1	609.6	622.6	652.1	659.3	680.6
	建筑业贷款同比增长（%）	51.2	50.4	38.6	31.4	29.5	30.7	29.1	28.7	31.7	30.1	32.5	37.4
	房地产业贷款同比增长（%）	2.3	1.1	0.3	1.6	8.0	9.6	12.0	17.5	20.6	26.7	28.0	32.9
人民币	金融机构各项存款余额（亿元）	19 718.5	20 436.1	20 922.1	20 814.1	21 208.3	21 701.7	21 838.4	22 093.3	22 445.0	22 446.2	22 698.2	22 977.3
	其中：储蓄存款	10 168.3	10 336.3	10 501.4	10 334.8	10 437.9	10 767.7	10 754.1	10 842.2	11 024.7	10 912.9	10 995.2	11 178.6
	单位存款	8 378.8	8 879.7	9 309.6	9 299.4	9 424.0	9 696.7	9 682.2	9 851.9	10 003.6	10 023.1	10 187.0	10 679.1
	各项存款余额比上月增加（亿元）	314.8	717.6	486.0	-108.0	394.2	493.4	136.7	254.9	351.7	1.2	252.1	279.1
	其中：储蓄存款	934.6	168.0	165.1	-166.6	103.1	329.8	-13.6	88.1	182.5	-111.8	82.3	183.4
	单位存款	-916.2	500.9	429.9	-10.2	124.6	272.7	-14.5	169.7	151.7	19.5	163.9	492.1
	各项存款同比增长（%）	18.3	16.8	15.8	15.0	15.5	16.5	17.8	17.0	18.8	17.8	18.4	18.4
	其中：储蓄存款	22.3	18.4	17.8	18.4	19.0	19.8	21.0	20.9	21.1	21.8	21.4	21.1
	单位存款	9.5	11.1	11.2	9.6	8.2	10.8	11.7	11.5	12.6	11.1	13.1	14.9
	金融机构各项贷款余额（亿元）	13 927.7	14 100.1	14 342.8	14 601.1	14 822.7	15 177.3	15 325.3	15 566.6	15 797.6	15 886.9	16 070.2	16 294.3
	其中：个人消费贷款	2 485.2	2 500.0	2 534.6	2 557.0	2 585.1	2 613.1	2 658.5	2 710.0	2 765.4	2 812.0	2 861.2	2 887.4
	票据融资	422.7	448.6	528.1	612.6	678.2	759.0	738.1	820.7	833.2	761.7	764.7	748.1
	各项贷款余额比上月增加（亿元）	198.7	172.4	242.7	258.3	221.5	354.6	148.0	241.3	231.0	89.3	183.3	224.1
	其中：个人消费贷款	51.7	14.9	34.6	22.4	28.0	28.0	45.4	51.5	55.4	46.6	49.2	26.2
	票据融资	-37.5	25.8	79.6	84.5	65.6	80.8	-20.9	82.6	12.6	-71.5	3.0	-16.6
	金融机构各项贷款同比增长（%）	17.8	17.9	18.1	18.5	18.9	19.9	19.8	20.2	20.2	19.6	18.9	18.7
	其中：个人消费贷款	21.6	20.4	19.0	17.6	17.0	16.5	16.8	17.4	18.3	18.8	19.2	18.6
	票据融资	43.2	67.7	93.2	118.1	138.1	150.8	135.5	120.9	112.4	107.3	78.0	62.6
外币	金融机构外币存款余额（亿美元）	23.1	23.0	26.4	25.5	28.0	36.1	31.3	29.9	28.2	31.4	31.0	37.3
	金融机构外币存款同比增长（%）	35.1	26.7	45.3	36.3	38.4	80.9	52.2	37.2	31.1	60.5	65.8	64.3
	金融机构外币贷款余额（亿美元）	65.4	64.0	64.7	61.7	60.6	66.8	62.3	60.3	65.1	63.1	68.2	79.7
	金融机构外币贷款同比增长（%）	31.3	18.4	21.0	10.8	6.9	15.3	9.4	1.9	3.0	-2.1	9.0	20.6

数据来源：中国人民银行合肥中心支行。

表2 2001～2012年安徽省各类价格指数

单位：%

年/月	居民消费价格指数		农业生产资料价格指数		工业生产者购进价格指数		工业生产者出厂价格指数	
	当月同比	累计同比	当月同比	累计同比	当月同比	累计同比	当月同比	累计同比
2001	—	0.5	—	-2.1	—	0.2	—	-1.4
2002	—	-1.0	—	-0.1	—	-1.8	—	-0.2
2003	—	1.7	—	0.2	—	6.7	—	3.5
2004	—	4.5	—	12.0	—	15.0	—	8.2
2005	—	1.4	—	8.3	—	7.1	—	3.3
2006	—	1.2	—	0.0	—	3.9	—	3.1
2007	—	5.3	—	6.8	—	5.1	—	3.6
2008	—	6.2	—	23.9	—	12.4	—	8.4
2009	—	-0.9	—	-4.2	—	-4.7	—	-7.2
2010	—	3.1	—	2.0	—	11.8	—	9.0
2011	—	5.6	—	14.3	—	10.8	—	8.3
2012	—	2.3	—	5.3	—	-1.8	—	-1.7
2011 1	4.2	4.2	7.9	7.9	12.8	12.8	9.7	9.7
2	5.2	4.7	8.8	8.3	12.8	12.8	10.2	9.9
3	5.8	5.1	11.8	9.5	12.8	12.8	9.5	9.8
4	5.9	5.3	14.2	10.7	12.5	12.7	9.1	9.6
5	5.9	5.4	15.4	11.6	11.8	12.5	9.4	9.6
6	7.2	5.7	17.2	12.5	12.4	12.5	10.3	9.7
7	7.0	5.9	18.2	13.3	13.3	12.6	10.7	9.8
8	6.2	5.9	19.7	14.1	12.7	12.6	10.3	9.9
9	6.0	5.9	19.4	14.7	11.4	12.5	8.8	9.8
10	5.6	5.9	16.8	14.9	8.8	12.1	6.5	9.4
11	4.0	5.7	11.3	14.6	5.5	11.5	3.6	8.9
12	3.9	5.6	10.8	14.3	3.4	10.8	1.9	8.3
2012 1	4.7	4.7	0.3	8.1	1.7	1.7	0.8	0.8
2	2.9	3.8	1.2	8.1	0.9	1.3	0.1	0.5
3	3.3	3.6	9.4	10.2	0.1	0.9	0.0	0.3
4	2.8	3.4	0.7	8.1	-0.8	0.5	-0.2	0.2
5	2.5	3.2	8.1	9.5	-1.4	0.1	-0.9	0.0
6	1.4	2.9	5.8	8.9	-2.4	-0.3	-2.0	-0.4
7	1.1	2.7	3.4	8.0	-3.2	-0.7	-2.9	-0.7
8	1.7	2.5	1.4	7.2	-4.2	-1.2	-3.9	-1.1
9	1.6	2.4	1.3	6.5	-4.1	-1.5	-4.2	-1.5
10	1.4	2.3	1.2	5.9	-3.2	-1.7	-2.9	-1.6
11	1.7	2.3	2.4	5.6	-2.8	-1.8	-2.4	-1.7
12	2.1	2.3	2.5	5.3	-2.5	-1.8	-2.2	-1.7

数据来源：安徽省统计局、国家统计局安徽调查总队。

表3　2012年安徽省主要经济指标

	1月	2月	3月	4月	5月	6月	7月	8月	9月	10月	11月	12月
绝对值（自年初累计）												
地区生产总值（亿元）	—	—	3 289.4	—	—	7 781.9	—	—	12 562.3	—	—	17 212.1
第一产业	—	—	296.8	—	—	821.4	—	—	1 269.4	—	—	2 178.7
第二产业	—	—	1 864.1	—	—	4 478.4	—	—	7 364.5	—	—	9 404.0
第三产业	—	—	1 128.5	—	—	2 482.1	—	—	3 928.4	—	—	5 629.4
工业增加值（亿元）	—	1 071.8	1 719.1	2 348.9	2 842.9	3 480.4	4 053.7	4 668.0	5 305.7	5 943.1	6 661.7	7 550.5
固定资产投资（亿元）	—	1 302.3	2 634.3	3 916.6	5 388.9	6 775.3	8 012.7	9 446.3	10 951.6	12 206.9	13 451.3	14 902.3
房地产开发投资	—	375.2	609.9	863.1	1 127.1	1 436.0	1 669.9	2 012.0	2 314.4	2 572.6	2 894.6	3 151.6
社会消费品零售总额（亿元）	—	—	1 364.5	—	—	2 676.3	—	—	4 076.5	—	—	5 736.6
外贸进出口总额（亿美元）	25.3	44.5	71.4	95.1	126.0	159.1	202.3	257.5	304.1	335.1	362.1	393.3
进口	10.4	20.4	31.2	39.8	51.4	61.8	73.9	82.5	93.1	103.4	113.2	125.7
出口	14.9	24.1	40.2	55.3	74.6	97.3	128.4	175.0	211.0	231.7	248.9	267.5
进出口差额(出口－进口)	4.5	3.7	9.0	15.5	23.2	35.5	54.5	92.5	117.9	128.3	135.7	141.8
外商实际直接投资（亿美元）	7.3	13.5	20.5	26.3	33.6	46.7	53.6	60.7	66.6	72.6	80.1	86.4
地方财政收支差额（亿元）	-19.4	-189.0	-397.4	-483.9	-619.7	-836.2	-933.5	-1 112.9	-1 291.1	-1 390.2	-1 595.4	-2 144.0
地方财政收入	168.2	298.6	459.2	610.6	755.3	922.3	1 067.2	1 204.7	1 357.1	1 507.6	1 643.5	1 792.7
地方财政支出	187.6	487.6	856.6	1 094.5	1 375.0	1 758.5	2 000.7	2 317.6	2 648.2	2 897.8	3 238.9	3 936.7
城镇登记失业率(%)(季度)	—	—	3.8	—	—	3.7	—	—	3.7	—	—	3.7
同比累计增长率（%）												
地区生产总值	—	—	12.3	—	—	12.0	—	—	12.0	—	—	12.1
第一产业	—	—	3.1	—	—	4.3	—	—	5.1	—	—	5.5
第二产业	—	—	15.8	—	—	15.0	—	—	14.2	—	—	14.4
第三产业	—	—	9.0	—	—	9.2	—	—	10.0	—	—	11.0
工业增加值	—	17.0	17.1	16.5	16.6	16.5	16.5	16.2	16.0	16.1	16.2	16.2
固定资产投资	—	26.2	26.0	25.1	22.7	22.8	23.1	23.2	23.7	23.8	24.5	24.2
房地产开发投资	—	24.5	26.3	30.6	22.3	17.9	13.8	15.2	14.5	14.6	20.1	20.7
社会消费品零售总额	—	—	16.7	—	—	16.0	—	—	15.8	—	—	16.0
外贸进出口总额	1.8	7.8	9.7	4.4	8.5	10.9	17.4	26.5	32.1	31.6	28.4	25.6
进口	-10.3	0.4	-2.0	-10.4	-6.2	-8.5	-6.8	-12.1	-12.2	-11.4	-12.1	-11.6
出口	12.3	15.0	21.0	18.5	21.7	28.1	38.1	59.6	69.9	67.9	62.3	56.6
外商实际直接投资	14.7	42.6	34.3	25.3	15.3	21.4	25.5	30.5	30.3	29.9	28.8	30.3
地方财政收入	30.2	27.0	28.9	24.0	23.2	22.5	20.4	21.3	23.3	24.0	24.5	22.5
地方财政支出	-32.8	20.3	37.9	31.3	30.1	28.6	24.6	27.2	23.0	21.2	20.1	19.2

数据来源：安徽省统计局。

2012年福建省金融运行报告

中国人民银行福州中心支行货币政策分析小组

[内容摘要] 2012年，在世界经济错综复杂、国内经济下行压力增大的大环境下，福建经济先行企稳回升，增速虽比上年回落但仍处较高水平，内需尤其投资拉动作用明显，工业对经济的支撑作用仍占主导，消费和生产价格先抑后扬。2012年，福建金融机构认真贯彻落实稳健的货币政策，大力优化信贷结构，金融扶持实体经济力度不断加大。全年社会融资总量进一步扩大，贷款保持较快增长，债券融资规模成倍增长，保险保障与服务功能增强。金融改革和创新取得突破，金融生态环境建设持续推进。

2013年，福建经济可望稳中趋升，但内生增长动力不足与物价上涨压力加大等问题不容忽视。福建金融部门将继续加大对实体经济的支持力度，保持货币信贷总量和社会融资规模平稳适度增长，满足经济发展的合理资金需求。同时泉州市金融服务实体经济综合改革试验区、沙县农村金融制度改革试验区、厦门两岸区域性金融中心及平潭综合实验区等区域性经济金融改革有序推进，将为福建经济发展增添新动力。

一、金融运行情况

2012年，在稳健的货币政策环境下，福建金融扶持实体经济力度不断加大，社会融资总量较快增长，融资结构更为多元化。金融改革与创新取得突破，金融生态环境建设持续推进。

（一）银行业运行总体稳健，特色产业专营机构服务模式取得成效

2012年，福建存贷款增长先抑后扬，贷款保持较快增长，较好地满足了实体经济资金需求。随着竞争加剧和利率市场化推进，银行业转型压力增大，经营差异化特征日益显现，但资产质量下降问题不容忽视，风险管理面临挑战。

1. 银行业经营总体稳健，但资产质量有所下降。2012年年末，福建银行业金融机构资产总额为41 277.9亿元（见表1），较上年年末增长22.2%；从业人员增加6 901人，增长6.9%；实现本年利润增长16.0%，较上年下降15.2个百分点。全年法人银行业机构新增6家，其中5家为村镇银行。年末中资银行业金融机构不良贷款余额和不良贷款率比年初分别增加38.9亿元和提高0.07个百分点。

表1　2012年福建省银行业金融机构情况

机构类别	营业网点[①]			法人机构（个）
	机构个数（个）	从业人数（人）	资产总额（亿元）	
一、大型商业银行[②]	2 215	56 641	14 095.6	0
二、国家开发银行和政策性银行[③]	41	1 264	2 826.3	0
三、股份制商业银行[④]	335	17 705	16 399.0	1
四、城市商业银行	133	4 635	2 045.1	3
五、小型农村金融机构[⑤]	1 870	18 703	3 214.2	68
六、财务公司	4	74	105.5	3
七、信托投资公司	2	350	59.6	2
八、邮政储蓄银行	978	5 409	1 169.1	0
九、外资银行	41	1 471	1 327.0	2
十、新型农村金融机构[⑥]	13	354	36.5	10
合　计	5 632	106 606	41 277.9	89

注：①不包括国家开发银行和政策性银行、大型商业银行、股份制商业银行等金融机构总部数据。
②包括中国工商银行、中国农业银行、中国银行、中国建设银行和交通银行。
③包括国家开发银行、中国农业发展银行和中国进出口银行。
④包括中信银行、中国光大银行、华夏银行、招商银行、上海浦东发展银行、兴业银行、中国民生银行、恒丰银行等。
⑤包括农村信用社、农村合作银行和农村商业银行。
⑥包括村镇银行。
数据来源：中国人民银行福州中心支行、福建银监局。

2. 存款保持较快增长，季节性波动明显。2012年年末，福建本外币存款余额为25 057.8亿元，增长16.2%。全年存款增加3 486.6亿元，比

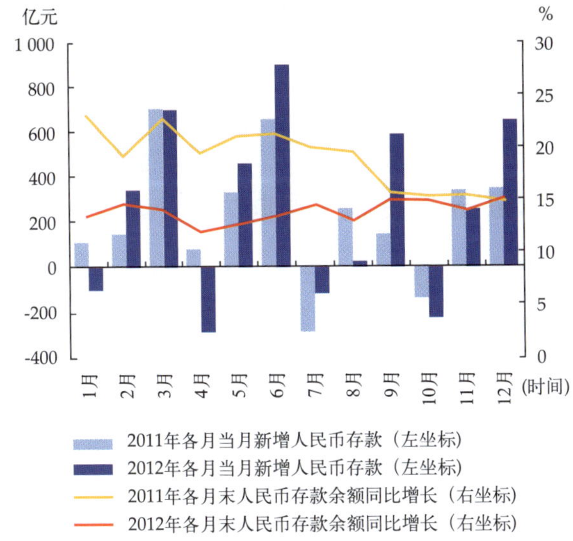

数据来源：中国人民银行福州中心支行。

图1　2011～2012年福建省金融机构人民币存款增长

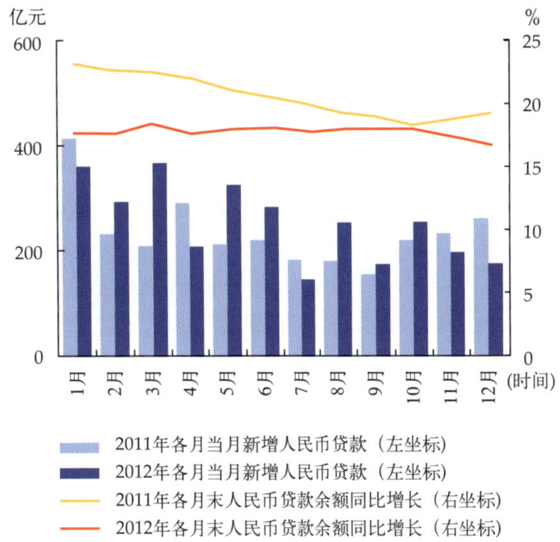

数据来源：中国人民银行福州中心支行。

图2　2011～2012年福建省金融机构人民币贷款增长

上年多增662.1亿元（见图1），其中，单位存款增加1 834.7亿元，比上年多增341.5亿元；个人存款增加1 687亿元，多增685.5亿元。受理财产品等其他具有较高收益的投资渠道分流及季末银行存贷比等指标考核影响，存款“季末冲高、季后回落”现象尤为明显，四个季末月份存款增量分别占各季度增量的74.8%、79.6%、103.7%和90.1%，而四个季末月份存款均出现减少。

3. 贷款保持较快增长，银行信贷与地方特色产业融合度提升。2012年年末，福建省本外币各项贷款余额为22 427.5亿元，增长18.2%。全年贷款增加3 435.6亿元，比上年多增540.5亿元（见图2、图3）。

分季度看，信贷投放节奏更趋均衡，四个季度增量比例大致为3：3：2：2。

分期限看，受经济增长回落、预期不甚乐观等影响，银行和企业资金安排倾向短期化，全年短期贷款增加1 923.6亿元，比上年多增620.1亿元，占全部贷款增量的比重上升11.0个百分点，达到56.0%。

分投向看，文化产业、涉农、小微企业、工业等领域贷款增速分别为35.8%、24.0%、18.6%和18.4%，均高于各项贷款增速；而基础设施贷

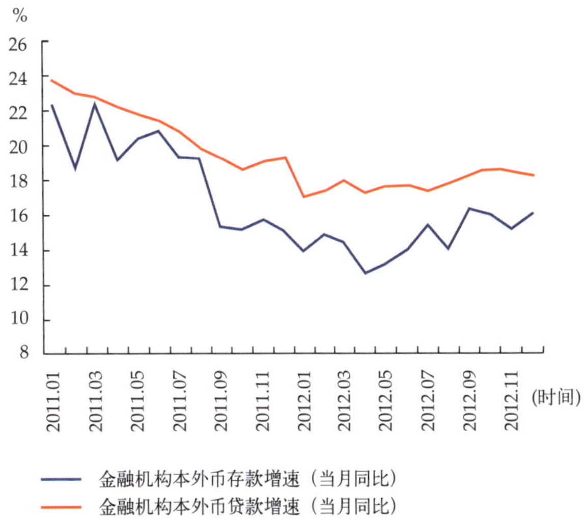

数据来源：中国人民银行福州中心支行。

图3　2011～2012年福建省金融机构本外币存、贷款增速

款比上年少增185.7亿元，主要原因是不少项目业主更偏好低成本的债券融资，全年基础设施企业发债融资比上年增加300.6亿元。此外，全年发放各类促就业小额贷款18.7亿元，比上年增加3.5亿元，年末余额增长32.4%。

分机构看，中国工商银行、中国农业银行、中国银行和中国建设银行新增贷款市场份额为

36.4%，比上年下降6.0个百分点；股份制商业银行、地方法人银行市场份额分别为39.6%、13.1%，分别比上年提高7.6个和0.9个百分点。同时各银行围绕特色产业建立专营机构，差异化经营特征日益明显，银行信贷与地方特色产业的融合度得到提升（见专栏1）。

专栏1　倡导特色产业金融服务专营机构模式，提升信贷政策导向力

近年来，小微企业金融服务专营机构在促进小微企业信贷政策落实方面发挥了积极作用。中国人民银行福州中心支行认真总结小微企业金融服务专营机构运作模式和经验，将其与专项信贷政策落实相结合，鼓励金融机构围绕特色产业建立专营机构，增强信贷政策导向力，取得了积极成效。中国农业银行福建省分行结合福建林产业发展优势，在三明永安建立系统内首家林业专业支行；福建海峡银行在全省设立首家科技专业支行，推动科技与金融融合；中国民生银行福州分行积极响应福建大力发展海洋经济和文化的产业发展战略，建立海洋产业金融部和文化产业金融部，不断提升金融与地方特色产业的融合度。专营服务机构有效地促进了银行服务水平提升，截至2012年年末，中国农业银行福建省分行在全省林业贷款市场份额超过16%，中国民生银行福州分行对海洋渔业和文化产业的贷款余额合计超过40亿元，占其全部贷款的15.9%，成为其自身转型和推动地方特色产业发展的核心业务。

专营机构在运作上针对特色产业设置单独的产品体系、授权体系、考核体系和信贷额度，其中以中国民生银行的专营服务机构的运作模式作为典型。一是围绕专营机构调整金融机构授信工作重点，该行先后制定《“海融通”海洋渔业全产业链金融开发方案》和《福建省文化产业金融开发方案》，整合系统资源支持两个重点行业发展。二是实行专营机构与特色支行相结合的管理架构。该行在福州历史文化街区三坊七巷设立文化产业专业支行，在福州连江、马尾等地设立6家海洋水产专业支行，其中海洋专业支行改变以往依公司、个人业务设立内设部门的模式，建立养殖捕捞金融部、加工流通金融部、售后服务团队等专业服务部门，提供更专业化金融服务。三是开展特色金融产品创新。该行推出“渔货通”鱼货冻品质押贷款、油补贷等涉海金融产品，并推动海洋渔业产业链上下游企业、商户、农户组建海洋产业专业合作社，依托合作社建立互助担保基金，深化海洋渔业全产业链金融服务。围绕工艺美术文化产业金融服务需求，该行推出红木原材料存货监管质押融资、红木行业订单融资、红木信托理财融资等特色金融产品，极大地促进了地方工艺美术业的发展。

2013年，中国人民银行强调信贷投放要在总量稳健的同时，着力促进结构优化，发挥信贷政策在经济“转方式、调结构”中的积极作用。建立金融服务专营机构可以兼顾信贷政策目标和金融机构利益，值得倡导和鼓励。一是建立金融服务专营机构，并配置专项资金，有助于将信贷资金直接投向信贷政策鼓励的领域。二是金融服务专营机构由于在管理上单独配置人力资源，单独考核和评估，有助于金融机构针对科技、文化、服务业等新兴领域建立单独的管理体系，更好地促进信贷政策落实。三是建立金融服务专营机构，有助于消除金融机构同质竞争的弊端，促进差异化经营，提升金融机构自身核心竞争力。

4. 银行表外融资大量增加，新型表外融资业务迅速发展。2012年，银行业机构通过银行承兑汇票、委托贷款、信托贷款、债券承销等形式为福建融资2 933.1亿元，比上年增加496.1亿元。其中，银行与信托、保险、证券等同业合作开发的新型表外融资产品不断涌现，据不完全统计，全年共为福建企业融资510亿元。

5. 贷款利率先扬后抑，市场化定价机制日益

完善。2012年，福建省各项人民币贷款[①]加权平均利率为7.6322%，比上年提高约18个基点。在6月、7月央行连续下调基准利率并扩大存贷款基准利率浮动区间后，下半年贷款利率水平明显下降，执行上浮利率贷款占比也降至75%左右（见表2），执行基准和下浮利率贷款占比均有所上升。

表2　2012年福建省金融机构人民币贷款各利率区间占比

单位：%

月份		1月	2月	3月	4月	5月	6月
合计		100.0	100.0	100.0	100.0	100.0	100.0
[0.9，1.0)		13.5	12.6	11.3	7.6	7.1	6.7
1.0		28.3	28.1	24.8	20.4	17.6	14.5
上浮水平	小计	58.3	59.3	63.9	72.1	75.3	78.8
	(1.0，1.1]	20.0	23.3	22.3	23.5	23.5	26.8
	(1.1，1.3]	23.6	23.3	27.9	32.9	35.0	36.0
	(1.3，1.5]	5.7	5.7	6.6	7.5	8.4	8.9
	(1.5，2.0]	6.6	5.3	5.3	6.3	6.8	5.5
	2.0以上	2.3	1.7	1.8	1.8	1.6	1.5
月份		7月	8月	9月	10月	11月	12月
合计		100.0	100.0	100.0	100.0	100.0	100.0
[0.9，1.0)		6.5	6.3	5.1	6.0	5.3	4.5
1.0		21.8	17.5	17.8	20.5	13.9	15.1
上浮水平	小计	71.6	76.2	77.1	73.5	80.8	80.4
	(1.0，1.1]	21.2	24.2	24.0	27.4	23.8	24.0
	(1.1，1.3]	32.9	32.6	34.6	29.9	35.8	34.8
	(1.3，1.5]	9.8	11.5	11.8	9.7	13.4	14.4
	(1.5，2.0]	5.5	5.7	4.7	4.6	5.8	5.3
	2.0以上	2.2	2.3	2.1	1.9	2.0	1.9

注：2012年8～12月统计数据的下浮区间为[0.7,1.0)。
数据来源：中国人民银行福州中心支行。

存贷款利率浮动区间有所扩大，各类型机构定价更趋市场化，全国性大型商业银行贷款加权利率水平基本低于小型银行，存款利率上浮比例也小于小型银行。

2012年，福建省美元大额定期存款加权平均利率2.5614%，比上年下降0.2347个百分点；美元贷款加权平均利率4.3194%，比上年下降0.7157个百分点（见图4）。美元存贷款利率明显下降的主

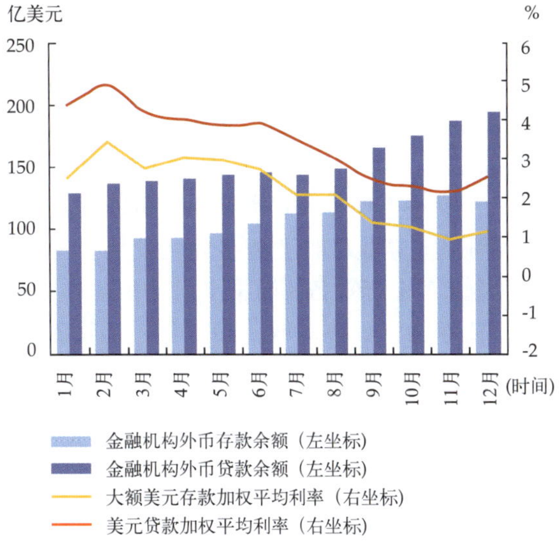

数据来源：中国人民银行福州中心支行。

图4　2012年福建省金融机构外币存贷款余额及利率

要原因是美国连续实施量化宽松政策，国际市场美元流动性泛滥，美元利率持续走低。

6. 银行业机构体系不断健全，改革创新持续深化。2012年，渣打银行、菲律宾首都银行、广发银行、中国电力财务公司等中外资机构入驻福建。同时银行业机构进一步向设区市和县域延伸，实现所有乡镇金融机构全覆盖。商业银行加强产品创新，不断扩大“三农”和小微企业客户基础，促进了经营模式和发展方式转型。农村信用社改制取得显著进展，设于区市的九个农村信用社全部改制为农村商业银行。

7. 人民币跨境结算业务快速推进，业务量成倍增长。2012年，福建省共办理各类跨境人民币业务1 064.9亿元，比上年增长101.9%，其中跨境贸易人民币结算额为812.1亿元，增长92.3%；资本项下人民币结算额为207.9亿元，增长167.0%。跨境人民币业务基本实现“四个全覆盖”：一是在辖内各银行机构的全覆盖，二是业务品种在省内全覆盖，三是在辖内重点外经贸企业的全覆盖，四是在全省各县全覆盖。

① 不含个人住房按揭、票据贴现和信用卡透支。

（二）证券业呈多元化发展，债券融资规模成倍增长

1. 证券业机构业务趋于多元化。2012年，福建省3家法人证券公司实现净利润6.8亿元，增长19.4%；5家法人期货公司实现净利润1.3亿元，增长30.0%。证券业机构业务多元化发展，融资融券、现金宝等创新业务不断推出。

2. 债券融资规模倍增。2012年，福建省非金融企业债券融资527.1亿元，为上年的3.5倍（见表3）。其中，在银行间债券市场发债融资459.4亿元，超过以往年份总和。同时，泉州银行10亿元小微企业贷款专项金融债券成功发行，宁德区域集优直接债务融资取得突破。全年福建非金融企业通过发行股票募集资金约67.1亿元，比上年减少143.2亿元。

表3　2012年福建省证券业基本情况

项目	数量
总部设在辖内的证券公司数（家）	3
总部设在辖内的基金公司数（家）	0
总部设在辖内的期货公司数（家）	5
年末国内上市公司数（家）	87
当年国内股票（A股）筹资（亿元）	46.9
当年发行H股筹资（亿元）	20.2
当年国内债券筹资（亿元）	527.1
其中：短期融资券筹资额（亿元）	76.0
中期票据筹资额（亿元）	262.9

注：当年国内股票（A股）筹资（不含兴业银行）增发236.7亿元，发行H股筹资为所有境外上市融资，国内债券筹资包括短期融资券、中期票据、中小企业集合票据、公司债和企业债。

数据来源：中国人民银行福州中心支行、福建证监局。

3. 上市公司经营状况良好。2012年，福建上市公司的平均每股收益、平均净资产收益率分别达0.74元和15.7%，均高于全国平均水平。

（三）保险市场运行正常，保障和服务功能增强

1.保险业主要指标增势良好。2012年，福建新增4家保险经营主体。全年保险业实现保费收入477.7亿元（见表4），增长10.5%；各类赔款给付149.8亿元，增长20.9%。保险对社会经济生活的渗透率基本稳定。全省保险密度比上年增长9.7%，保险深度与上年基本持平。

表4　2012年福建省保险业基本情况

项目	数量
总部设在辖内的保险公司数（家）	2
其中：财产险经营主体（家）	1
人身险经营主体（家）	1
保险公司分支机构（家）	51
其中：财产险公司分支机构（家）	23
人身险公司分支机构（家）	28
保费收入（中外资，亿元）	477.7
其中：财产险保费收入（中外资，亿元）	175.3
人身险保费收入（中外资，亿元）	302.4
各类赔款给付（中外资，亿元）	149.8
保险密度（元/人）	1 274.5
保险深度（%）	2.4

数据来源：福建保监局。

2. 保险助推经济发展作用增强。一是支持基础设施建设。保险资金参与铁路、电力等重点项目建设达30亿元。二是支持出口。全年出口信用保险提供风险保障185亿美元，增长27.4%；为企业提供融资53亿美元，增长49.0%；赔付支出2.8亿元，增长超过3倍。

3. 民生保障功能发挥。一是总体保障水平提高。全年为社会承担风险保障总额为13.7万亿元，增长33.8%，赔付支出149.8亿元，增长20.9%。二是农业保险持续增长。全年政策性农业保险保费收入为3.8亿元，增长7.5%，累计支付赔款近1.3亿元。三是社会保障体系建设持续推进。商业养老保险及健康保险持续发展，累计寿险责任准备金1 059亿元，是全省社会养老保险基金结余的4倍左右。

（四）金融市场平稳发展，直接融资比重大幅提升

1. 直接融资比重大幅提升。2012年，福建省非金融企业通过贷款、债券、股票融资约4 029.8亿元，同比增长23.9%。债券和股票等直接融资占比达到14.7%，较上年上升3.7个百分点。

2. 货币市场交易活跃。2012年，福建省同业拆借、债券回购、现券交易三项成交总额为119 545.8

表5 2001～2012年福建省非金融机构部门融资结构

单位：亿元、%

年份	融资量	比重		
		贷款	债券（含可转债）	股票
2001	429.2	96.0	0.0	4.0
2002	318.7	95.8	0.0	4.2
2003	858.5	97.5	0.0	2.5
2004	729.9	98.3	0.0	1.7
2005	794.7	94.1	3.8	2.2
2006	1 417.5	98.0	0.4	1.6
2007	1 954.7	89.0	4.4	6.6
2008	1 723.6	86.1	3.3	10.6
2009	3 340.5	90.2	3.4	6.3
2010	3 379.5	89.2	3.6	7.2
2011	3 252.9	89.0	4.5	6.5
2012	4 029.8	85.3	13.1	1.7

注：股票包括境内外非金融机构上市融资，国内债券筹资包括短期融资券、中期票据、中小企业集合票据、公司债和企业债。

数据来源：中国人民银行福州中心支行，福建证监局。

表6 2012年福建省金融机构票据业务量统计

单位：亿元

季度	银行承兑汇票承兑		贴现			
			银行承兑汇票		商业承兑汇票	
	余额	累计发生额	余额	累计发生额	余额	累计发生额
1	3 071.7	1 662.3	520.7	1 875.7	25.3	158.1
2	3 432.2	3 632.8	683.9	4 574.7	26.6	335.8
3	3 594.6	5 482.6	571.1	7 258.4	13.5	580.2
4	3 551.4	7 444.7	361.2	9 770.9	10.3	888.0

注：贴现余额含兴业银行总行数据。

数据来源：中国人民银行福州中心支行。

表7 2012年福建省金融机构票据贴现、转贴现利率

单位：%

季度	贴现		转贴现	
	银行承兑汇票	商业承兑汇票	票据买断	票据回购
1	7.97182	9.01448	6.8331	5.9544
2	5.45112	6.06691	5.2580	4.6274
3	5.38326	6.28723	5.1753	4.5515
4	5.69340	6.57875	4.9301	4.7480

数据来源：中国人民银行福州中心支行。

亿元，增长37.4%。资金价格波动下行，同业拆借和银行间债券回购利率明显低于上年。

3. 票据融资较快增长。2012年年末福建票据融资余额为3 922.9亿元（见表6），增长13.2%。利率明显下降，商业汇票贴现加权平均利率为6.8715%（见表7），比上年下降1.3064个百分点，主要是在：中国人民银行分别两次下调存款准备金率和存贷款基准利率等措施的综合作用下，银行体系流动性适度宽裕，货币市场利率总体走低，带动票据市场利率下行。

4. 黄金市场交易量总体下降。2012年，受黄金价格跌宕起伏影响，金融机构各品种黄金交易量减少。纸黄金、实物黄金、代理金交所黄金交易分别比上年下降20.8%、26.9%和53.7%。黄金租赁业务快速发展，全年交易量增长60%。

5. 外汇收支保持均衡状态。2012年，福建银行业累计收汇、结汇1 110亿美元和856.4亿美元，比上年分别增长6.5%和1.1%。

（五）金融改革与创新取得突破，金融生态环境建设持续推进

1. 金融改革试点取得重大突破。泉州成为继温州、珠江三角洲后第三个国家级金融综合改革试验区。沙县农村金融制度改革试验区成效显现（见专栏2）。平潭综合实验区农村商业银行实行较为优惠的存款准备金政策，多家金融机构在平潭增设分支机构。

2. 闽台金融合作取得新进展。厦台两地实现人民币直接代理清算，结束了厦门和台湾地区人民币绕道香港代理清算的历史。新台币现钞双向兑换业务办理机构已由中国银行扩大到8家商业银行及其外币代兑机构。平潭综合实验区澳前客货滚装码头和“海峡号”高速客滚轮上的外币代兑机构获批试点办理境内居民新台币兑出业务。

3. 金融生态环境建设持续推进。一是金融消费环境不断优化。实现全省人民银行县级支行金融消费者权益保护工作全覆盖；妥善处理多家返利购物网站相继爆出资金链断裂、企业崩盘并引发群众排队取现等事件，维护金融稳定。二是征

信体系建设不断完善，企业和个人征信系统日均查询量分别达到2.5万次和4.3万次，比上年分别增长38.9%和12.8%。三是农村支付服务水平不断提升，1.44万个行政村实现基础性金融服务基本全覆盖。农村地区手机支付试点稳步推进，5个试点地区手机支付金额成倍增长。

专栏2　沙县农村金融制度改革试验的成效和启示

2011年12月福建三明沙县获中国人民银行、农业部等4部委批准为全国6个农村金融制度改革试验区之一。中国人民银行各级机构上下联动，合力推动沙县农村金融制度改革，指导沙县按照“扶持三农、服务县域、先易后难、突出特色”的原则，选择实施农村金融制度改革“5432”工程，即在完善金融组织体系上选择筹建农村商业银行、村镇银行、小额贷款公司、村级融资担保基金、农村资金互助社五类组织形式；在金融产品创新上选择打造农村住房贷款、土地流转项目贷款、订单农业贷款、农民专业合作社贷款等四个支农信贷产品；在延伸金融服务上努力实现农村基础金融服务、农户经济档案建档、农户信用评级等三个“全覆盖”；在金融生态环境建设上致力打造民间融资管理服务平台、金融知识宣教平台等两个平台，为改革保驾护航。

沙县农村金融制度改革取得了积极成效。一是农村金融服务体系渐趋完善，沙县渝农商村镇银行正式开业；全县设立了6家村级融资担保基金，基金规模为455万元，已为110户农户提供贷款担保781万元；率先设立为农村土地流转项目贷款提供担保的沙县沃土农业担保公司，为全国首创。二是金融创新稳健推进，率先在全国探索设立源丰农村土地承包经营权信托有限公司，搭建农村土地流转的公共服务平台，并在此基础上嫁接金融机构土地流转项目贷款服务，截至2012年年末，沙县土地流转超过60%，金融机构累计发放土地流转项目贷款超过1亿元；统规统建农村住房项目建设贷款和农民购房按揭贷款成功试水，累计发放贷款2 183万元；依托农业产业化龙头企业的“1+N”订单农业贷款累计为270多户农户提供贷款1.06亿元。三是农村基础金融服务实现普惠，全县171个建制村全部设立助农取款服务点，农村基础金融服务实现“不出村”。四是农村信用体系建设有效推进，全县农户经济档案及信用等级评定实现“全覆盖”，“信用评定”逐渐成为支持农村经济发展的“金钥匙”。沙县农村金融制度改革的示范效应开始显现，福建省政府在沙县召开创新农村金融服务现场经验交流会，并出台《关于进一步加强农村金融服务十条措施的通知》，对全省农村金融服务形成良好促进。

沙县农村金融制度改革实践对深化农村金融创新的启示。一是重视整合政府政策资源。农村金融改革是系统性工程，沙县成立了以县长为组长，金融、发展改革、经贸、农业、法院、税务、国土、住建等多部门参加的农村金融制度改革试验区工作领导小组，为农村“金改”提供了机制保障。二是重视以农村信用体系建设为基础推进改革创新。风险防控是各项改革创新可持续发展的生命线，沙县在改革初期就将农村信用环境建设作为重要基础工作来抓，以“征信+担保+信贷”模式推进创新，取得实效。三是重视发挥农村基层组织的功能作用。村委会等农村基层组织具有信息优势，沙县在农村金融改革创新中高度重视发挥村级基层组织金融协管员、宣传员的角色，村委会在农村信用体系建设和村级担保基金组建中发挥了积极作用。四是重视因地制宜推进改革创新，沙县针对当地居民外出经营小吃业，土地流转需求旺盛和离三明城区近，城镇化速度快的实际，因地制宜选择农村土地流转项目贷款和统规统建农房建设和按揭贷款作为创新切入点，创新因此更具生命力。沙县“金改”的实践表明，只要制度设计合理、政策引导有力，中等发展水平或欠发达县农村金融改革发展作为空间巨大。

二、经济运行情况

2012年，福建经济发展呈现稳中有进的良好态势，经济增速虽有所回落但仍处较高水平。全年地区生产总值为19 701.8亿元，增长11.4%（见图5），增幅虽比上年回落0.9个百分点，但高于全国增速3.6个百分点。人均地区生产总值达52 763元。

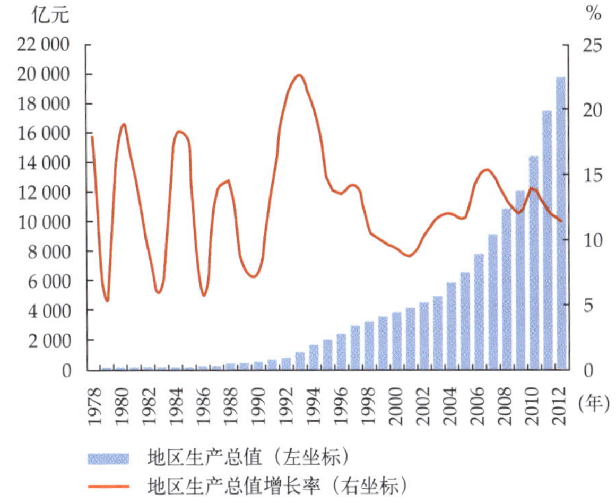

数据来源：福建省统计局。

图5　1978～2012年福建省地区生产总值及其增长率

（一）内需拉动作用明显，对外贸易低位增长

1. 投资较快增长，国有投资增速明显加快。2012年，福建全社会固定资产投资增长25.5%，较上年回落1.6个百分点（见图6）。其中，国有经济投资增长30.9%，比上年加快18.8个百分点。

2. 消费增势平稳，城乡消费增幅差距缩小。2012年，福建省社会消费品零售总额增长15.6%（见图7），较上年回落2.0个百分点。其中，城镇消费增幅（16.0%）与乡村（14.6%）差距由上年的4.9个百分点缩小至1.4个百分点。

3. 对外贸易低位增长。2012年，福建省进出口总值增长8.6%，增幅较上年回落23.4个百分点，其中出口增长5.4%，进口增长14.6%，进出口差额为397.5亿美元（见图8）。受国际市场萎缩影响，福建对美国、欧盟、日本等市场出口均呈负

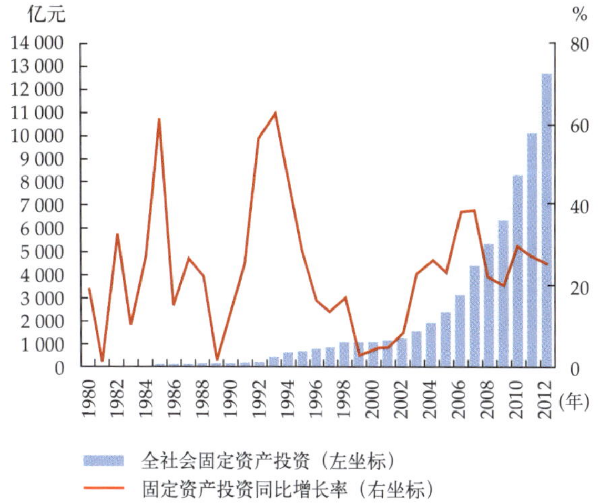

数据来源：福建省统计局。

图6　1980～2012年福建省固定资产投资变动情况

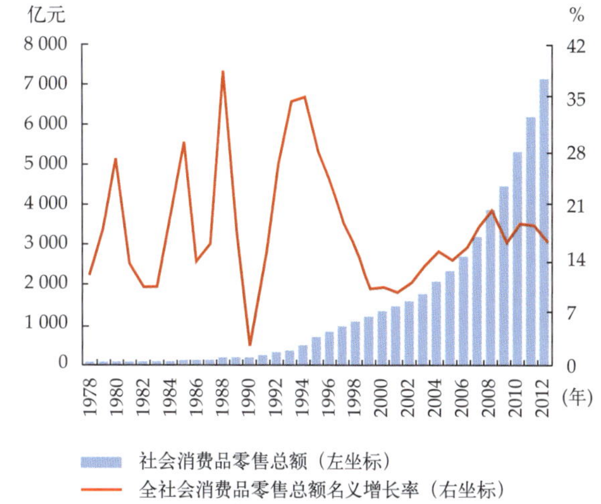

数据来源：福建省统计局。

图7　1978～2012年福建省社会消费品零售总额变动情况

增长。

外商直接投资意愿不强，合同外资为92.9亿美元，增长0.8%，实际利用外资63.4亿美元，增长2.2%（见图9）。

（二）三次产业平稳增长，工业支撑力仍占主导

1. 农业生产总体良好，粮食生产基本稳定。2012年，福建省第一产业增加值增长4.2%，低于

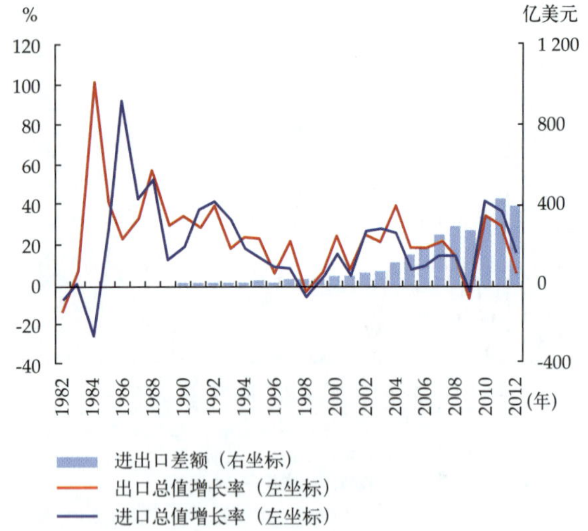

数据来源：福建省统计局。

图8　1982～2012年福建省外贸进出口变动情况

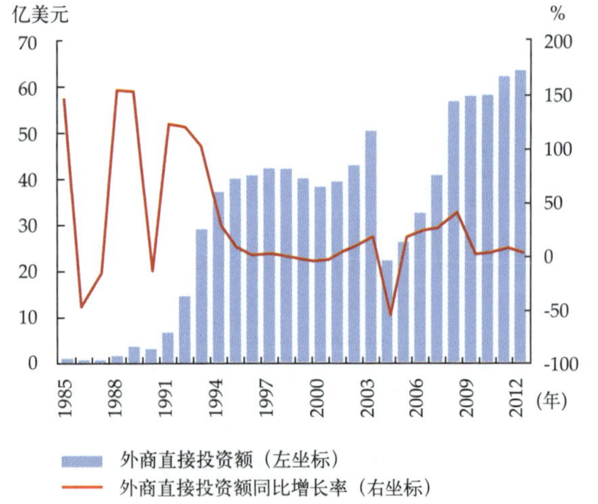

数据来源：福建省统计局，其中2002年和2003年实际利用外商直接投资额为历史可比口径，2004年之后为验资口径。

图9　1985～2012年福建省外商直接投资额及其增长率

上年0.2个百分点。全年粮食生产基本稳定，水产品产量持续增长，造林绿化任务超额完成。农业呈现规模化经营趋势，2012年年末全省规模以上农业产业化龙头企业1.1万家，带动全省57%的农户发展生产，百亩以上集中连片经营的耕地占全部耕地的10%，已批准创建9个农民创业园和10个农民创业示范基地，6个国家级台湾农民创业园已累计批办台资农业项目2 426个，合同利用台资32.5亿美元，实际到资18.4亿美元。

2. 工业增长略有回落，主导产业增长先抑后扬。2012年，福建省第二产业增加值增长14.6%，其中工业增加值增长14.2%，较上年回落2.5个百分点（见图10）。电子信息、机械设备和石油化工三大主导产业增加值增长逐月加快，增速由第一季度的11.6%上升至14.6%。全年工业对地区生产总值的贡献率为56.2%，比上年下降2.8个百分点。

工业经济效益有所改善，利润总额低位增长。2012年，福建省规模以上工业经济效益综合指数为243.5，比上年提高8.4个点；实现利润总额增长9.7%，较上年回落14.9个百分点。

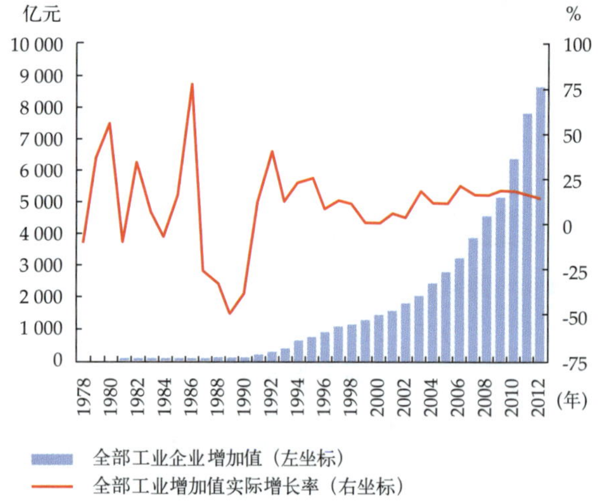

数据来源：福建省统计局。

图10　1978～2012年福建省工业增加值及其增长率

3. 服务业总体向好，金融业增速明显加快。2012年，福建省第三产业增长8.5%，较上年回落0.6个百分点。其中金融业增长14.0%，较上年加快7.4个百分点。

（三）消费价格涨幅回落，生产价格由涨转跌

1. 居民消费价格涨幅总体回落。2012年，福建省居民消费价格上涨2.4%，比上年回落2.9个百分点。前三个季度居民消费价格涨势逐月放缓，但年末有所上扬（见图11），食品和衣着类价格

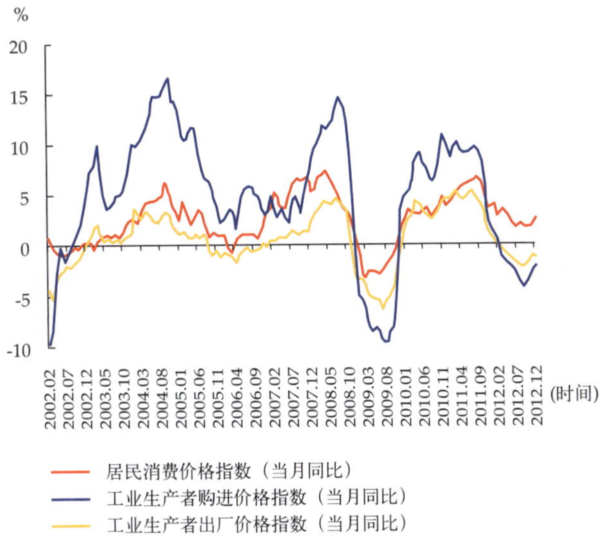

数据来源：福建省统计局。

图11　2002～2012年福建省居民消费价格和工业生产者价格变动趋势

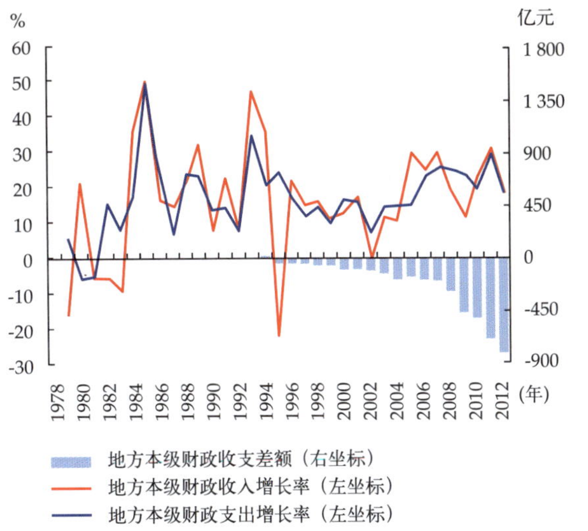

数据来源：福建省统计局。

图12　1978～2012年福建省财政收支状况

上涨是拉动居民消费价格上涨的最重要因素。

2. 工业生产者价格总体下降。2012年，福建省工业生产者出厂价格下降1.3%，而上年上涨3.9%；工业生产者购进价格下降2.3%，而上年上涨8.0%。分月看，出厂价格和购进价格降幅均在9月触底，10月后降幅收窄（见图11）。

3. 劳动力价格继续上升。2012年，福建省城镇单位在岗职工平均工资为44 979元，增长15.4%，增速较上年回落4.0个百分点。

（四）财政收入持续增长，财政支出重点突出

2012年，福建地方公共财政收入增长18.3%，较上年放缓12.1个百分点（见图12）。地方级税收收入增长14.8%，比上年回落15个百分点，其中企业所得税受工业增速放缓和企业效益下滑影响明显，增速较上年回落21个百分点。11月1日，福建省开始实施营业税改增值税试点改革，11～12月，全省营业税改征增值税收入2.6亿元，小规模纳税人税负普遍下降。

全年公共财政支出增长18.3%，较上年回落11.3个百分点，其中教育、文化体育与传媒、环境保护、城乡社区事务等支出增长较快。

（五）生态环境保持优良，空气质量居全国前列

福建生态环境多年来保持优良水平，森林覆盖率63.1%，继续位居全国首位。在2012年全国120个城市空气质量排名中，厦门以100%的优良率与全国其他8个城市并列第1位，福州、泉州与其他5个城市并列第14位。全省23个城市的空气质量均达到或优于二级标准。9个设区城市的31个集中式饮用水水源地水质达标率为100%；城市绿地率为37.4%，比上年提高1.1 个百分点；人均公园绿地面积为11.8 平方米，比上年增加0.7平方米。

（六）房地产开发投资放缓，房价重现上涨态势

1. 房地产开发投资明显回落。2012年，福建省房地产开发投资增长17.4%，较上年放缓14.7个百分点。全年保障性安居工程新开工16.2万套，开工率达102.5%，年末已建成11.8万套。

2. 房地产销售面积由降转增。2012年上半年，房地产市场较为低迷，销售面积呈现负增长态势，新开工面积也大幅下滑。下半年以来，房地产市场开始回暖，销售面积由降转增，销售额也随之增长。但房屋新开工面积和竣工面积仍持续下滑（见图13）。

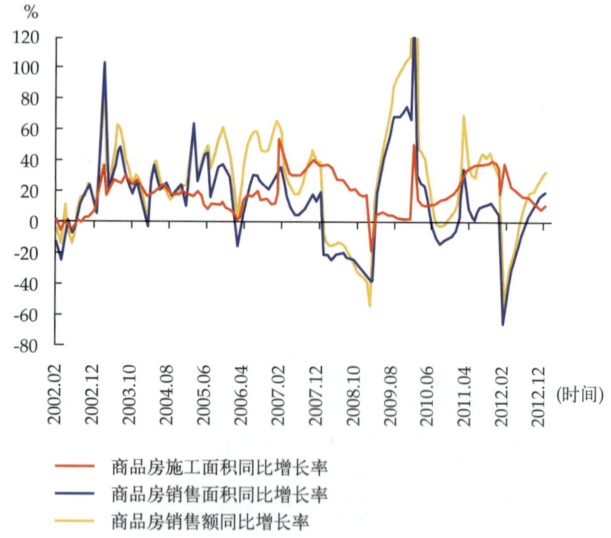

数据来源：福建省统计局。

图13　2002～2012年福建省商品房施工和销售变动趋势

3. 房价重现上涨态势。2012年上半年，福建中心城市房价在房地产宏观调控政策下由涨转跌，但下半年在市场回暖影响下降幅收窄，并出现上涨势头。12月，福州、厦门新建住宅销售价格同比分别上涨1.4%和0.7%（见图14）。

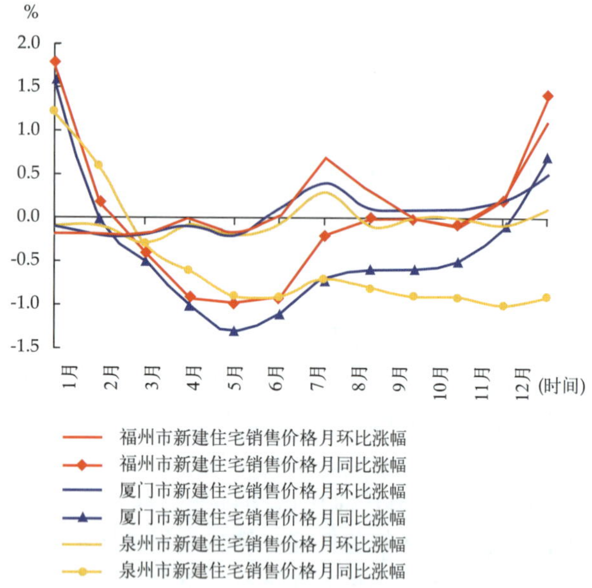

数据来源：福建省统计局。

图14　2012年福建省主要城市新建住宅销售价格变动情况

4. 房地产贷款保持较快增长。2012年年末福建省房地产贷款余额增长17.7%，比上年提高1.1个百分点。受房地产开发投资增速回落影响，住房开发贷款增长11.4%，增幅比上年下降2.2个百分点，但保障性住房开发贷款增长32.2%；个人住房贷款在下半年房地产销售回暖带动下，增长19.5%，增幅上升2.5个百分点。

三、预测与展望

2013年，在宏观政策和经济结构调整改革措施的助推下，福建经济可望稳中趋升，全年地区生产总值增速可能略高于2012年。从三大需求看，投资方面，财政和货币政策延续稳定、鼓励和引导民间投资的政策效应继续显现等将成为有利因素，但重点项目投资降温成为制约，预计投资增长将延续2012年的态势。消费方面，综合近年来城乡居民收入持续较快增长、社会保障体系建设不断健全、新的收入分配政策出台等因素，预计社会消费品零售额将保持平稳增长态势。出口方面，福建2012年出口减速，高基数影响逐步消退，如全球贸易复苏势头向IMF所预计的朝良性方向发展，福建出口增速有望高于2012年。物价方面，全球流动性宽松，国内劳动力成本、资源性产品价格上涨等将对物价形成上涨压力，但在中央银行流动性管理增强、消费品供应充足，农业稳定增长等因素的影响下，预计2013年福建省物价水平将呈现温和上涨的态势。

2013年，福建金融部门将在稳健的货币政策背景下，继续加大对实体经济的支持力度，保持货币信贷总量和社会融资规模平稳适度增长，满足福建省经济发展的合理资金需求，为福建经济发展提供稳定的货币环境。在信贷结构方面，金融部门继续优化信贷资源配置，缓解资金供求结构性矛盾。一是惠民生，引导信贷资金继续向“三农”、小微企业、促就业、扶贫、助学等领域倾斜；二是调结构，加强信贷政策与产业政策的协调配合，增加对事关全局、带动性强的重大项目和战略性新兴产业、企业技改、文化、旅游、消费、节能减排等领域的信贷支持；三是促协调，引导金融机构优化区域信贷资金配置，新增信贷资金向欠发达县域、重点发展区域倾斜，进一步促进区域协调发展。在直接融资方面，金融部门继续加强横向与纵向立体作业，进一步推动企业发债融资。在区域性金融改革方面，泉州市金融服务实体经济综合改革试验区的建设将按照改革总体方案全面推进，沙县农村金融制度改革试验区建设将继续取得实效，厦门两岸区域性金融中心建设将继续有序推进，平潭综合实验区的金融支持力度也将继续加大。此外，金融部门将加大风险监测和排查力度，牢牢守住不发生系统性、区域性风险的底线。

中国人民银行福州中心支行货币政策分析小组
总　纂：吴国培　杨长岩
统　稿：徐剑波　李春玉
执　笔：余　静　朱　敢　宋科进　刘闽浙
提供材料的还有：陈宝泉　傅燕宁　沈良辉　王丽红　林　勃　林　晋　杨　敏　赵晓斐　倪飞焱　陈仲光　黄月琴　陈　锋　李志林　陈　雄　杨　光　沈理明　方静琴　林　敦　宋　将　荣　杰

附录

（一）2012年福建省经济金融大事记

2月14日，福建省政府出台《福建省人民政府关于支持金融业发展九条措施的通知》。

5月3日，福建省政府出台《关于金融服务实体经济发展十一条措施的通知》。

6月18日至22日，第十届中国·海峡项目成果交易会在福州举行，共对接合同项目4 098项，总投资达980亿元。

6月16日至22日，第四届海峡论坛在厦门举办。中共中央台办、国务院台办宣布了惠及两岸民众的三大新举措。

9月25日，中国人民银行、国家外汇管理局批准平潭综合实验区澳前客货滚装码头和“海峡号”高速客滚轮上的外币代兑机构，试点办理境内居民新台币兑出业务。

9月28日，福建省政府常务会议通过了《福建省人民政府关于支持厦门建设两岸区域性金融服务中心的若干意见》。

10月12日，省委办公厅、省政府办公厅联合印发《关于积极推进城镇化发展的十二条措施》的通知，提出力争2015年全省城镇化率超过62.5%。

10月28日，福建省创新农村金融服务现场经验交流会在全国6个农村金融制度改革试验区之一的沙县召开，并出台《关于进一步加强农村金融服务十条措施的通知》。

11月1日，《福建海峡蓝色经济试验区发展规划》（以下简称《规划》）获国务院批准，以《规划》为依据制定的《福建海洋经济发展试点工作方案》也获得了国家发展改革委的批复。福建海洋经济发展上升为国家战略。

12月21日，国务院批准通过《福建省泉州市金融服务实体经济综合改革试验区总体方案》。泉州市成为第三个国家级金融综合改革试验区。

（二）2012年福建省主要经济金融指标

表1　2012年福建省主要存贷款指标

		1月	2月	3月	4月	5月	6月	7月	8月	9月	10月	11月	12月
本外币	金融机构各项存款余额（亿元）	21 485.8	21 827.9	22 590.2	22 311.6	22 806.4	23 751.4	23 686.6	23 728.3	24 375.8	24 162.4	24 443.2	25 057.8
	其中：储蓄存款	9 810.4	9 671.0	9 904.0	9 697.8	9 807.5	10 219.7	10 035.4	10 114.4	10 418.2	10 236.3	10 358.2	10 650.6
	单位存款	10 073.3	10 483.9	11 009.5	10 882.3	11 245.1	11 686.1	11 583.3	11 674.7	11 948.8	11 980.0	12 096.7	12 647.8
	各项存款余额比上月增加（亿元）	-85.4	342.2	762.3	-278.6	494.8	845.1	-64.8	41.7	647.4	-213.4	280.9	614.5
	金融机构各项存款同比增长（%）	13.9	14.8	14.4	12.6	13.2	14.0	15.4	14.0	16.3	16.0	15.2	16.2
	金融机构各项贷款余额（亿元）	19 348.9	19 689.1	20 063.1	20 285.6	20 638.8	20 933.9	21 071.5	21 360.5	21 633.7	21 942.0	22 212.3	22 427.5
	其中：短期	8 473.4	8 628.2	8 797.9	8 839.9	8 950.2	9 151.7	9 224.9	9 360.5	9 649.4	9 830.0	10 043.8	10 237.0
	中长期	10 330.1	10 440.4	10 531.2	10 631.6	10 769.7	10 874.4	10 944.2	11 064.8	11 180.6	11 288.1	11 362.7	11 424.8
	票据融资	399.8	430.4	546.0	624.6	724.0	710.5	700.2	724.7	584.6	598.7	573.3	525.8
	各项贷款余额比上月增加（亿元）	357.1	340.2	374.0	222.5	353.2	295.1	137.7	289.0	273.2	308.3	270.3	215.2
	其中：短期	160.0	156.1	169.7	42.0	110.3	201.5	73.2	135.6	288.8	180.7	213.7	193.3
	中长期	150.3	109.0	90.8	100.4	138.1	104.7	69.8	120.6	115.9	107.5	74.6	62.1
	票据融资	39.8	30.6	115.6	78.7	99.4	-13.4	-10.4	24.5	-140.1	14.1	-25.4	-47.5
	金融机构各项贷款同比增长（%）	17.0	17.4	18.0	17.2	17.6	17.6	17.3	17.8	18.3	18.6	18.5	18.2
	其中：短期	17.6	18.3	18.6	17.3	16.8	17.5	18.1	18.9	21.3	22.4	22.8	23.1
	中长期	15.6	15.0	14.1	13.3	13.4	13.1	12.8	12.9	13.5	12.9	12.6	12.3
	票据融资	42.7	51.9	130.3	128.9	161.4	155.1	116.8	111.8	67.2	76.7	66.4	46.1
	建筑业贷款余额（亿元）	323.2	339.2	352.5	358.6	366.6	376.5	375.1	382.1	386.5	392.2	395.9	404.0
	房地产业贷款余额（亿元）	1 285.5	1 300.4	1 324.8	1 330.4	1 351.1	1 362.3	1 364.5	1 377.8	1 380.2	1 387.2	1 396.8	1 416.6
人民币	金融机构各项存款余额（亿元）	20 957.1	21 299.3	21 997.3	21 720.2	22 187.0	23 081.2	22 970.3	23 002.7	23 598.1	23 379.2	23 633.5	24 283.7
	其中：储蓄存款	9 666.6	9 532.7	9 762.8	9 557.1	9 662.7	10 074.4	9 893.0	9 975.1	10 281.6	10 094.1	10 214.6	10 507.4
	单位存款	9 703.4	10 111.1	10 570.4	10 449.1	10 790.3	11 176.9	11 024.5	11 102.8	11 327.0	11 354.1	11 445.4	12 026.8
	各项存款余额比上月增加（亿元）	-98.0	342.3	698.0	-277.1	466.8	894.1	-110.9	32.4	595.4	-218.8	254.3	650.1
	其中：储蓄存款	598.0	-125.2	230.1	-205.6	105.6	411.7	-181.4	82.1	306.4	-187.5	120.5	292.8
	单位存款	-751.3	407.7	459.3	-121.3	341.2	388.5	-152.4	78.2	224.3	27.0	91.3	581.5
	各项存款同比增长（%）	13.8	14.6	14.1	12.1	12.6	13.4	14.5	13.1	15.2	14.8	14.1	15.3
	其中：储蓄存款	11.8	12.1	12.5	11.7	12.8	15.5	15.4	15.9	16.4	16.8	16.5	15.9
	单位存款	14.4	16.5	15.2	12.6	13.2	12.5	12.7	11.1	13.5	14.2	12.1	15.1
	金融机构各项贷款余额（亿元）	18 531.2	18 824.7	19 190.5	19 400.6	19 726.8	20 010.7	20 157.2	20 412.6	20 583.8	20 837.5	21 034.1	21 209.8
	其中：个人消费贷款	4 054.4	4 073.3	4 118.5	4 151.0	4 200.9	4 266.1	4 320.8	4 395.6	4 491.7	4 544.4	4 614.4	4 682.0
	票据融资	399.8	430.4	546.0	624.6	724.0	710.5	700.2	724.7	584.6	598.7	573.3	525.8
	各项贷款余额比上月增加（亿元）	357.0	293.5	365.8	210.0	326.2	283.9	146.5	255.4	171.2	253.7	196.6	175.7
	其中：个人消费贷款	66.2	18.6	45.2	32.6	49.8	65.3	54.7	74.9	96.1	52.7	70.0	67.6
	票据融资	39.8	30.6	115.6	78.7	99.4	-13.4	-10.4	24.5	-140.1	14.1	-25.4	-47.5
	金融机构各项贷款同比增长（%）	17.5	17.6	18.4	17.6	18.0	18.2	17.8	18.0	18.0	17.9	17.5	16.8
	其中：个人消费贷款	16.6	16.5	15.7	14.7	14.4	14.1	14.2	15.2	16.5	16.7	17.0	17.1
	票据融资	42.7	51.9	130.3	128.9	161.4	155.1	116.8	111.8	67.2	76.7	66.4	46.1
外币	金融机构外币存款余额（亿美元）	83.8	84.0	94.2	94.2	97.8	106.0	113.1	114.4	122.7	124.3	128.7	123.2
	金融机构外币存款同比增长（%）	25.0	26.2	31.1	37.6	41.3	38.7	58.6	50.2	67.4	65.5	58.3	50.4
	金融机构外币贷款余额（亿美元）	129.6	137.4	138.6	141.0	144.0	146.0	144.4	149.4	165.6	175.3	187.3	193.7
	金融机构外币贷款同比增长（%）	11.3	17.2	13.7	14.3	11.2	8.3	10.8	13.7	25.7	33.1	40.9	49.3

数据来源：中国人民银行福州中心支行。

表2　2001～2012年福建省各类价格指数

单位：%

年/月	居民消费价格指数		农业生产资料价格指数		工业生产者购进价格指数		工业生产者出厂价格指数	
	当月同比	累计同比	当月同比	累计同比	当月同比	累计同比	当月同比	累计同比
2001	—	-1.3	—	-1.3	—	-3.3	—	-1.9
2002	—	-0.5	—	-0.1	—	-2.4	—	-2.4
2003	—	0.8	—	1.8	—	6.3	—	0.7
2004	—	4.0	—	12.5	—	13.3	—	2.6
2005	—	2.2	—	8.1	—	8.1	—	0.2
2006	—	0.8	—	0.9	—	3.9	—	-0.8
2007	—	5.2	—	10.3	—	4.3	—	0.8
2008	—	4.6	—	23.6	—	10.2	—	2.7
2009	—	-1.8	—	-6.7	—	-6.8	—	-4.5
2010	—	3.2	—	2.4	—	7.7	—	3.2
2011	—	5.3	—	11.8	—	8.0	—	3.9
2012	—	2.4	—	3.3	—	-2.3	—	-1.3
2011　1	4.2	4.2	7.7	7.7	8.7	8.7	4.6	4.6
2	4.7	4.5	8.2	8.0	9.5	9.1	4.8	4.7
3	5.2	4.7	8.5	8.2	10.2	9.5	5.1	4.8
4	5.6	4.9	10.3	8.7	9.6	9.5	4.4	4.7
5	5.9	5.1	11.6	9.3	9.1	9.4	4.4	4.6
6	6.2	5.2	14.0	10.1	9.1	9.4	4.8	4.7
7	6.2	5.4	16.0	10.9	9.6	9.4	5.1	4.7
8	6.6	5.6	15.5	11.5	9.4	9.4	4.4	4.7
9	6.3	5.7	15.9	12.0	9.0	9.4	3.9	4.6
10	4.8	5.6	14.8	12.3	7.1	9.1	3.2	4.5
11	3.5	5.4	10.6	12.1	3.5	8.6	1.6	4.2
12	3.8	5.3	8.8	11.8	1.9	8.0	0.8	3.9
2012　1	3.8	3.8	9.0	9.0	1.1	1.1	0.2	0.2
2	2.7	3.3	8.0	8.5	0.0	0.6	-0.1	0.1
3	3.3	3.3	7.2	8.1	-1.2	0.0	-0.5	-0.1
4	3.1	3.2	6.5	7.7	-1.9	-0.5	-0.9	-0.3
5	2.8	3.2	5.4	7.2	-2.3	-0.9	-1.4	-0.5
6	1.8	2.9	3.4	6.5	-2.5	-1.1	-1.8	-0.8
7	1.7	2.8	0.8	5.7	-3.5	-1.5	-2.2	-1.0
8	2.0	2.7	0.6	5.0	-3.9	-1.8	-2.3	-1.1
9	1.8	2.6	-0.3	4.4	-4.4	-2.1	-2.4	-1.3
10	1.7	2.5	-0.5	3.9	-4.0	-2.3	-1.9	-1.3
11	1.8	2.4	0.1	3.5	-2.8	-2.3	-1.3	-1.3
12	2.5	2.4	0.9	3.3	-2.1	-2.3	-1.4	-1.3

数据来源：福建省统计局。

表3 2012年福建省主要经济指标

	1月	2月	3月	4月	5月	6月	7月	8月	9月	10月	11月	12月
绝对值（自年初累计）												
地区生产总值（亿元）	—	—	3 312.9	—	—	7 982.6	—	—	12 470.6	—	—	19 701.8
第一产业	—	—	265.2	—	—	603.7	—	—	1 019.0	—	—	1 776.5
第二产业	—	—	1 984.4	—	—	4 512.1	—	—	6 764.5	—	—	10 288.6
第三产业	—	—	1 063.3	—	—	2 866.9	—	—	4 687.1	—	—	7 636.7
固定资产投资(不含农户)（亿元）	488.1	1 056.8	2 063.1	2 965.8	4 074.3	5 531.1	6 433.3	7 487.5	8 820.9	10 012.3	11 265.9	12 452.2
房地产开发投资	153.9	283.0	586.9	776.1	1 036.7	1 335.9	1 520.2	1 742.9	2 016.1	2 225.1	2 495.2	2 824.1
社会消费品零售总额（亿元）	608.9	1 191.2	1 748.8	2 272.0	2 816.8	3 388.8	3 927.3	4 479.7	5 117.9	5 754.8	6 414.3	7 256.5
外贸进出口总额（亿美元）	121.6	213.0	332.7	452.7	585.0	705.5	836.9	971.1	1 112.8	1 268.2	1 410.9	1 559.3
进口	42.9	87.6	132.6	179.7	227.1	270.3	316.9	366.3	421.2	470.9	529.7	580.9
出口	78.8	125.4	200.0	273.0	357.9	435.2	520.0	604.8	691.7	797.3	881.2	978.4
进出口差额(出口－进口)	35.9	37.8	67.4	93.2	130.9	164.9	203.1	238.5	270.5	326.4	351.4	397.5
外商实际直接投资（万美元）	62 294	121 816	202 995	266 661	321 483	396 181	428 086	474 493	514 257	556 220	583 746	633 774
地方财政收支差额（亿元）	27.5	-35.5	-100.5	-86.2	-114.5	-174.1	-234.4	-310.1	-428.7	-426.6	-519.6	-824.9
地方公共财政收入	183.3	280.1	424.7	581.7	737.5	902.0	1 059.2	1 178.9	1 307.7	1 468.5	1 591.4	1 776.2
地方公共财政支出	155.8	315.6	525.2	667.8	852.0	1 076.1	1 293.6	1 489.1	1 736.4	1 895.1	2 111.1	2 601.1
城镇登记失业率(%)(季度)	—	—	3.70	—	—	3.70	—	—	3.70	—	—	3.63
同比累计增长率（%）												
地区生产总值	—	—	10.9	—	—	11.3	—	—	11.4	—	—	11.4
第一产业	—	—	3.6	—	—	4.2	—	—	4.2	—	—	4.2
第二产业	—	—	14.6	—	—	14.1	—	—	14.6	—	—	14.6
第三产业	—	—	6.5	—	—	8.1	—	—	8.1	—	—	8.5
规模以上工业增加值	8.6	14.1	14.9	14.7	14.7	14.6	14.8	14.7	14.9	15.1	15.2	15.2
固定资产投资(不含农户)	7.7	26.2	27.8	27.6	29.6	28.9	28.7	28.3	28.0	27.3	26.5	25.9
房地产开发投资	20.2	35.6	48.4	37.9	35.2	26.1	23.1	21.1	16.6	14.9	15.7	17.4
社会消费品零售总额	13.7	14.9	15.7	15.6	15.5	15.8	15.6	15.5	17.9	15.9	15.9	15.6
外贸进出口总额	6.1	16.5	14.8	12.3	13.6	12.2	11.6	10.3	9.1	10.2	8.5	8.6
进口	10.8	31.7	22.1	20.4	21.3	20.6	18.9	17.8	16.6	16.0	15.6	14.6
出口	3.8	7.8	10.4	7.6	9.3	7.6	7.6	6.3	4.9	7.1	4.6	5.4
外商实际直接投资	1.5	12.3	11.4	5.5	0.8	1.3	0.5	1.3	1.6	3.6	2.0	2.2
地方公共财政收入	16.0	15.4	18.5	14.7	15.2	17.6	16.3	16.7	17.7	17.9	18.6	18.3
地方公共财政支出	7.2	43.1	37.2	25.6	19.8	21.1	26.3	23.4	24.9	23.3	21.2	18.3

数据来源：福建省统计局。

2012年江西省金融运行报告

中国人民银行南昌中心支行货币政策分析小组

[内容摘要] 2012年，随着中部地区崛起、鄱阳湖生态经济区规划、赣南等原中央苏区振兴发展三大国家发展战略的实施，江西区域经济展现新活力。投资、消费、出口稳步增长，三次产业协同发展，居民消费价格涨幅可控，财政收支和城镇居民收入迈上新台阶，全省经济呈现出基础更实、结构更优、惠民更多、活力更强的良好局面。金融业把支持实体经济稳增长放在更加突出的位置，认真贯彻稳健的货币政策，积极推进融资渠道多元化，社会融资总量较快增长，融资结构持续优化，证券保险业稳健发展，为区域经济发展创造了良好的金融环境。

展望2013年，江西省将继续以“科学发展，绿色崛起”为主题，紧抓国家区域经济发展战略实施的有利机遇，以新型城镇化作为扩大内需、扩大投资的关键点，同步推进新型工业化、信息化、城镇化和农业现代化发展，加快构筑南昌、九江、吉泰和赣南等多极支撑，实现区域发展与均衡发展相结合，为全面建成小康社会奠定坚实基础。金融机构将继续贯彻稳健的货币政策，拓宽融资渠道，创新金融产品和服务，满足实体经济发展的合理融资需求，支持江西经济持续健康较快发展。

一、金融运行情况

2012年，江西省金融业全面贯彻落实稳健的货币政策，合理把握信贷投放总量、节奏和投向，着力优化社会融资结构，持续改善金融生态环境，为全省深入实施国家和省级区域发展战略，实现经济平稳发展提供了有力的金融保障。

（一）银行业稳健发展，存贷款平稳运行

2012年，江西银行业运行良好，资产规模突破2万亿元，贷款余额超过1万亿元，利率水平总体下降，市场体系不断完善，有效地满足了经济发展的合理融资需求。

1. 银行业稳健发展，经营效益回归常态。江西银行业稳步开拓市场，资产总额达到2.2万亿元，同比增长20.3%，连续五年保持20%以上的增速。其中，股份制和城市商业银行资产总额实现五年翻两番。累计实现税后利润增长26.5%，同比回落21.6个百分点。利率市场化改革推动存贷利差收窄是金融机构经营效益回归常态的重要原因。宏观经济增速放缓使中小金融机构信贷资产减值损失加大，银行业不良贷款总额近五年首次出现上升，其中法人金融机构增加较多。金融机构加强网点布局和渠道建设，营业网点和从业人数同比分别新增60个和4 101人（见表1）。

表1　2012年江西省银行业金融机构情况

机构类别	营业网点			法人机构（个）
	机构个数（个）	从业人数（人）	资产总额（亿元）	
一、大型商业银行	1 878	39 892	8 792.0	0
二、国家开发银行和政策性银行	96	2 225	1 833.6	0
三、股份制商业银行	75	3 023	2 407.0	0
四、城市商业银行	264	6 328	2 843.7	5
五、小型农村金融机构	2 517	22 591	3 775.6	89
六、财务公司	2	108	160.9	2
七、信托公司	2	381	62.5	2
八、邮政储蓄银行	1 449	12 444	1 503.6	0
九、外资银行	3	85	25.1	0
十、村镇银行	59	1 253	119.8	25
合　计	6 345	88 330	21 523.8	123

注：营业网点不包括总部；小型农村金融机构包括农村商业银行、农村信用社、农村合作银行。

数据来源：江西银监局。

2. 存款增长趋缓，县域存款比重上升。全年存款增速呈现小S形走势，年末本外币存款余额增长17.6%，同比下降2.7个百分点（见图1）。存

款增长乏力主要是受金融产品创新和理财产品大量发行影响。因企业应付账款占比增加、经营成本上升和财政性收入增势趋缓，对公存款来源减少。但得益于居民收入较快增长，个人存款增势较快，占各项存款增量比重为56.2%。县域存款占全部新增存款比重为48.6%，同比提高2.7个百分点，支农惠农政策效应凸显。存款季节性分布特征明显，各季存款增量之比为39：24：21：16。

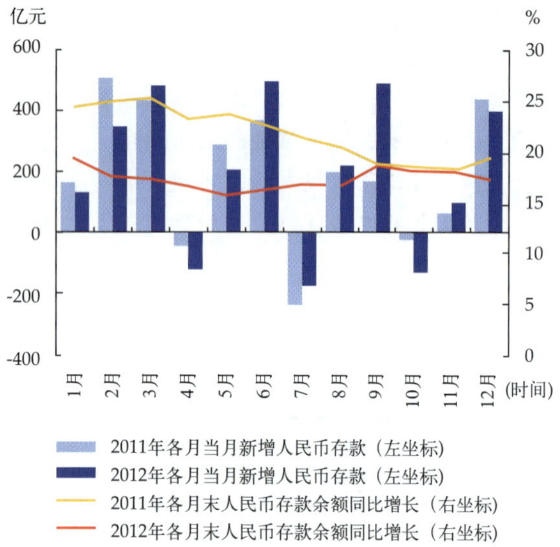

数据来源：中国人民银行南昌中心支行。

图1　2011～2012年江西省金融机构人民币存款增长

3. 贷款投放适时适度，结构调整步伐加快。全年各月本外币贷款增速总体保持在17%～20%的区间内平稳运行，增速的峰谷值差距较2011年缩小2个百分点；年末余额同比增长19.1%，同比上升0.1个百分点（见图2、图3）。全国性大型银行仍为信贷投放主力，占新增贷款比重50.4%，但地方法人金融机构贷款增速同比加快，贷款增量占比同比提升3个百分点，对区域经济的支持力度进一步增强。

信贷投放灵活有序。前三个季度，针对经济增速放缓的突出矛盾加大信贷投放，第四季度在经济形势好转的背景下运用差别准备金动态调整工具，引导地方法人金融机构信贷增长回归常态，各季度全省贷款增量比例为28：28：27：17。

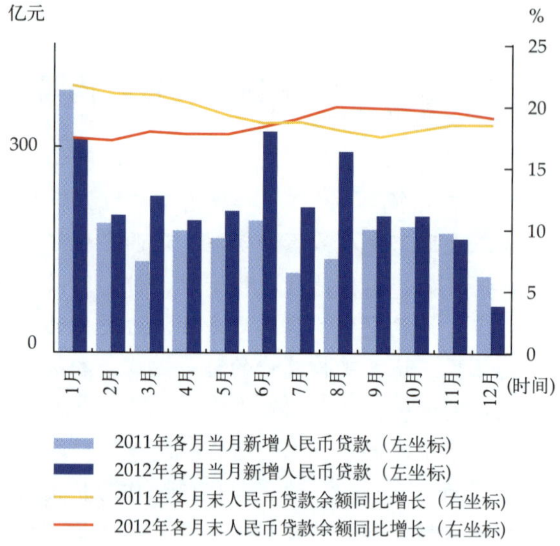

数据来源：中国人民银行南昌中心支行。

图2　2011～2012年江西省金融机构人民币贷款增长

贷款期限结构“短强长弱”。全民创业带动个人短期经营性资金需求旺盛，短期贷款同比多增105亿元；中长期贷款投放继续调整，同比少增17.5亿元。短期贷款和中长期贷款占新增人民币贷款①比重由上年的53.7%：48.3%调整为54.7%：39.9%。票据融资增量在8月达到顶峰167.3亿元后持续下降，年末增量为90.9亿元，体现了金融机构根据市场需求变化灵活调整资产结构的能力。

贷款结构持续优化。七成以上新增贷款投向鄱阳湖生态经济区和中央苏区县，战略性新兴产业占全部贷款余额比重超1/3，有力地支持了区域经济协调发展和产业转型升级。“百园千企”信贷监测制度②有效引导银企对接，小型微型企业贷

①新增贷款包括短期贷款、中长期贷款和票据融资，故短期贷款占新增贷款比重和中长期贷款占新增贷款比重之和不一定等于100%。

②为及时了解掌握中小企业信贷融资情况，中国人民银行南昌中心支行会同江西省中小企业局在全省98个工业园区1 100户企业中建立了百园千企信贷融资按季度监测制度。

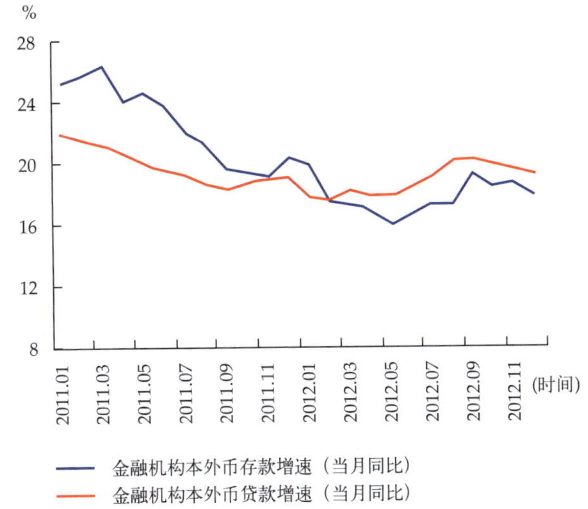

数据来源：中国人民银行南昌中心支行。

图3　2011～2012年江西省金融机构本外币存、贷款增速

款增速高于全部贷款增速10.3个百分点。对现代农业的支持力度进一步加大，涉农贷款增速高于全部贷款增速6.4个百分点，助推粮食产量连续九年创新高。民生领域信贷需求不断满足，小额担保贷款、助学贷款、个人消费贷款、保障性住房开发贷款分别增长50.6%、37.3%、21.2%、79.4%。小额担保贷款工作自2002年开办以来，连续十年居全国前列，至2012年年末余额和累计发放量分别突破100亿元和300亿元。

4. 表外融资持续发展，同业代付逐步规范。2012年，在降低资本消耗和提升综合收益的压力下，商业银行继续大力发展表外业务，年末信贷类理财产品、信贷资产证券化和委托贷款合计增长28.1%。而同业代付在年初掀起了表外业务的一番涨势后，随着8月下旬同业代付新规的发布，规模明显回落。

5. 贷款利率总体下行，自主定价能力增强。年初金融机构贷款利率下行，第二季度短暂回升后，受两次降息和有效信贷需求变化影响，下半年又再次回落。年末人民币贷款加权平均利率为7.43%，同比下降0.54个百分点，执行上浮利率贷款占比同比下降4.5个百分点（见表2）。在市场资金价格回落的背景下，民间借贷利率和住房贷款利率也进入下行通道，同比分别回落0.19个和1.20个百分点。

表2　2012年江西省金融机构人民币贷款各利率区间占比

单位：%

月份		1月	2月	3月	4月	5月	6月
合计		100.0	100.0	100.0	100.0	100.0	100.0
[0.9，1.0)		4.2	6.8	6.7	4.3	2.5	4.1
1.0		18.5	19.7	21.0	20.6	17.1	19.1
上浮水平	小计	77.3	73.5	72.3	75.1	80.4	76.8
	(1.0，1.1]	17.6	14.4	17.2	15.5	14.5	13.9
	(1.1，1.3]	18.6	20.3	22.2	19.6	23.3	21.4
	(1.3，1.5]	16.5	15.0	15.3	17.9	17.0	15.1
	(1.5，2.0]	19.3	17.9	14.0	17.5	20.0	23.2
	2.0以上	5.3	5.9	3.6	4.6	5.6	3.2
月份		7月	8月	9月	10月	11月	12月
合计		100.0	100.0	100.0	100.0	100.0	100.0
[0.9，1.0)		5.8	5.6	5.6	6.8	9.4	8.0
1.0		17.7	18.4	19.6	21.1	21.9	25.1
上浮水平	小计	76.5	76.0	74.8	72.1	68.7	66.9
	(1.0，1.1]	14.2	12.3	14.8	15.3	15.6	12.8
	(1.1，1.3]	21.0	24.8	21.1	23.5	19.4	20.8
	(1.3，1.5]	15.3	15.0	16.1	15.0	14.2	13.2
	(1.5，2.0]	23.7	21.4	20.0	16.2	17.1	16.1
	2.0以上	2.3	2.5	2.8	2.1	2.4	4.0

注：2012年8～12月统计数据的下浮区间为[0.7,1.0)

数据来源：中国人民银行南昌中心支行。

金融机构用好利率浮动定价权，加强主动负债管理和成本约束。除中国农业发展银行及地方法人金融机构将所有期限的存款利率一浮到顶外，其余金融机构对不同期限的存款利率执行不同的上浮幅度，资金价格市场化程度显著提高。存贷款平均利差较2011年收窄0.1个百分点，储户、企业和银行等资金供求方和中介方的利益在市场化改革中重新配置。

6. 银行业机构纵深发展，农村金融改革稳步推进。华夏银行南昌分行成功开业，城市商业银行省外分行达到5家，通过“请进来”、“走出去”，金融体系不断完善。农村金融体系建设稳步推进，2012年新成立6家村镇银行和7家农村商业银行，批准注册小额贷款公司47家，新型农村金融机构实现了县域全覆盖。新设融资性担保机构60家，全省总数达175家。南昌市加速推进全省金融商务区建设，52家金融机构入驻南昌红谷滩新区。

7.跨境人民币结算有序开展，业务品种全面推开。2012年江西省跨境人民币结算金额为195.8亿元，其中实际收付量达到124.8亿元，收付比由上年的2.7：1上升至3.7：1。业务范围进一步拓展，全省11个设区市实现了业务全覆盖，开办业务的银行增加到16家，企业增加到308户；累计与境外67个国家和地区发生业务。业务领域不断拓展，境外直接投资人民币结算业务取得零的突破，贸易和投资项下各类业务全面开展。

专栏1　发挥信贷政策导向实效　引导江西信贷结构调整

与货币政策着眼于调控货币总量相比，信贷政策着眼于调控银行信贷资金投向的比例、结构和期限，具有结构性更强的特点。为做好新形势下信贷政策工作，中国人民银行南昌中心支行自2008年以来，积极探索推进信贷政策导向效果评估工作，通过找准“三个支点”，念好“三字要诀”，有效地发挥了信贷政策导向评估促进信贷结构优化调整的作用。

一是抓好联动点，念好“建”字诀，构建“多方协作”的工作平台。充分整合现有统计监测、流动性监测、准备金监测、征信系统等数据，成立信贷政策导向效果评估小组，并加强与政府和银监等部门的信息交流，通过金融系统联席会、金融工作调度会、金融运行形势分析会、金融产品和服务方式创新推进会等方式和途径，及时总结辖区信贷政策贯彻实施情况，研究存在的问题及解决措施，形成“政府推动、部门联动、银行行动”的良性互动局面。

二是把握关键点，念好“评”字诀，突出“四面六点”的分析评价。在评估程序方面，实行评估基础数据的审核制，要求上报数据层层把关，确保准确无误。在评估内容方面，注重对“四面六点”的分析评价。“四面”，即注重四个方面：其一是突出对国家宏观调控政策的贯彻情况评估；其二是突出对支持基础农业生产的信贷指标评估；其三是突出对支持涉农企业及个体工商经营业的信贷指标评估；其四是突出对农户群体的“民生类”信贷指标评估。“六点”，即紧扣六个重点：一方面对定量评估指标，着重在涉农贷款增量、结构、市场份额三项指标进行评价；另一方面对定性指标，着重从政策实施、金融创新、外部评价三项指标进行评价，突出评估各金融机构在贯彻实施宏观调控政策中信贷投放的持续努力程度以及对信贷市场的份额贡献度，评价金融机构贯彻实施涉农信贷政策生产的经济效应和社会效应。

三是立足出发点，念好“用”字诀，发挥“正向激励”的运用效应。中国人民银行南昌中支每年对辖区金融机构信贷政策导向效果进行综合评估。对评估结果为高效及有效传导的金融机构，在货币政策、金融服务等方面给予积极支持；对评估结果为一般及低效传导的，采取削减再贷款额度、控制再贴现额度、控制同业拆借限额和比例等惩罚措施,通过“扶优限劣”增强信贷政策导向力。在实践中着重推动建立两大辅助支持制度：其一是信贷政策执行情况通报制度。定期向政府、金融机构及其上级行通报信贷政策执行情况，在各金融机构间形成比学赶超的氛围；其二是金融支持地方经济发展奖励制度。加强与政府部门的配合，积极建议将各金融机构执行中国人民银行信贷政策情况作为政府考核奖励的重要依据，并在贷款项目推荐、财政存款等方面给予优先支持。

信贷政策导向效果评估工作有效地促进了信贷政策的传导，引导江西信贷结构调整取得显著成效。一是信贷资金配置效率提高，有效地满足了重点项目和支柱产业的资金需求。二是中小企业和涉农贷款增长显著超过贷款平均增速，融资状况明显改善。三是保障房、再就业、助学、大学生村官等薄弱环节信贷规模显著扩张，民生领域信贷投入加大。四是南昌、赣州和九江成为江西信贷投放力度最大的三个地区，新增信贷占全省的比重达到60%，较好地策应了赣南振兴发展、打造南昌核心增长极、促进九江沿江开发等国家级、省级重大战略部署。

（二）证券市场平稳发展，资本市场融资功能有效提升

2012年，江西省股票市场交易规模有所缩小，证券机构盈利能力下降，但上市公司数量稳步增长，融资规模明显扩大，后备企业资源培育力度加大。

1. 股票市场成交量下降，证券经营机构收入回落。2012年，全省证券投资者在沪深股市累计成交量同比下降2.3%，客户保证金同比增长0.9%。受股市波动影响，全省证券经营机构收入和效益双双回落，实现营业收入和净利润同比下降14.3%和40.8%。期货经营机构运行良好，营业收入和净利润同比增长26.6%和95.9%。

2. 上市公司队伍不断壮大，股市融资稳步增长。全省新增境内外上市公司5家[①]，全年在境内A股市场融资80亿元，同比增长30%；其中首发融资19亿元，再融资61亿元。另有4家公司融资项目已通过中国证监会审核或核准，拟融资额超过34亿元，21家企业在江西证监局辅导备案，后备资源培育力度明显加大（见表3）。

表3　2012年江西省证券业基本情况

项目	数量
总部设在辖内的证券公司数（家）	2
总部设在辖内的基金公司数（家）	0
总部设在辖内的期货公司数（家）	1
年末国内上市公司数（家）	33
当年国内股票（A股）筹资（亿元）	80
当年发行H股筹资（亿元）	3.9
当年国内债券筹资（亿元）	251.9
其中：短期融资券筹资额（亿元）	49.6
中期票据筹资额（亿元）	28.0

数据来源：江西证监局、中国人民银行南昌中心支行。

（三）保险市场平稳运行，社会保障功能提升

2012年，江西省保险业平稳发展，保险服务机构稳步增加，业务结构不断优化，重点险种保障范围继续拓宽，保险创新扎实推进。

1. 保险服务体系完善，保险市场平稳发展。全年新增1家保险机构，保险公司省级机构数量达34家。全年保费收入增长7.7%，居中部六省首位，保险总资产和赔付支出分别增长12%和25.4%。受商业车险迅速发展等因素影响，产险公司业务快速增长，保费收入增长14.8%；寿险业务稳中有进，保费收入增长2.1%，增长方式由新单推动向新单续期联合拉动转变（见表4）。

2. 重点险种加快发展，保险创新取得突破。农业保险保费收入增长26.9%，为449万参保农户提供710.9亿元农业风险保障。三大农保险种覆盖面快速扩大，水稻保险覆盖全省各县域，保障了

表4　2012年江西省保险业基本情况

项目	数量
总部设在辖内的保险公司数（家）	0
其中：财产险经营主体（家）	0
人身险经营主体（家）	0
保险公司分支机构（家）	34
其中：财产险公司分支机构（家）	16
人身险公司分支机构（家）	18
保费收入（中外资，亿元）	271.7
其中：财产险保费收入（中外资，亿元）	97.5
人身险保费收入（中外资，亿元）	174.2
各类赔款给付（中外资，亿元）	93.2
保险密度（元/人）	603.3
保险深度（%）	2.1

数据来源：江西保监局。

①分别是深圳证券交易所中小企业板上市的煌上煌、创业板上市的博雅生物以及境外上市的从玉农业、中国白银、万国矿业。

全省水稻面积的55%；森林保险的保费规模、承保面积、保险覆盖率指标居全国前列；能繁母猪实现应保尽保。险种创新取得突破，农房保险、医疗责任保险和科技保险启动创新试点，特种设备责任保险在全省范围内开展。出口信用保险服务出口企业261家，其中小微企业达131家，同比增长86%。

（四）金融市场稳步发展，融资结构继续优化

2012年，江西省社会融资结构持续优化，金融市场总体活跃，金融创新日益丰富。

1. 债务融资加快发展，融资结构显著调整。随着全省加快建设多层次金融市场体系，企业对银行信贷的依赖程度有所减弱，信贷融资比重同比下降2.7个百分点。直接融资加快发展，债券融资规模明显扩大，全年发行企业债160亿元，增长122.2%，发行债务融资工具127.3亿元，增长44.7%，债券融资占全部融资的比重较上年提高1.8个百分点（见表5）。

表5　2001～2012年江西省非金融机构部门融资结构

单位：亿元、%

年份	融资量	比重		
		贷款	债券（含可转债）	股票
2001	153.8	87.9	0.0	12.1
2002	250.4	96.4	0.0	3.6
2003	427.6	98.4	0.0	1.6
2004	425.1	99.4	0.0	0.6
2005	374.1	94.6	0.0	5.4
2006	479.7	93.0	5.7	1.3
2007	710.5	82.1	4.8	13.1
2008	919.0	82.5	15.7	1.8
2009	1 890.1	95.4	3.4	1.3
2010	1 665.5	85.6	7.0	7.5
2011	1 715.0	87.0	10.1	2.9
2012	2 110.6	84.3	11.9	3.8

数据来源：中国人民银行南昌中心支行。

2. 货币市场子市场成交量分化，净融入资金意愿增强。2012 年，货币市场交易活跃，但各子市场交易量涨跌不一。其中，拆借成交金额增长3.7倍；质押式、买断式债券回购成交金额增长53.2%；现券成交下降18.1%。金融机构通过货币市场配置资金意识增强，全年资金流动以净融入为主，融入量增长1.5倍。年初银行间市场资金利率延续2011年高位运行格局，后受存款准备金率和存贷款基准利率下调等因素影响，利率明显回落。年末同业拆借利率同比下降2.13个百分点，买断式、回购式债券及现券利率分别下降1.13个、0.75个和0.45个百分点。

3. 票据贴现业务活跃，市场利率明显回落。随着保证金存款纳入准备金缴存范围，金融机构票据签发热情降温，银行承兑汇票累计签发规模增幅从上年的70.9%下降至3.2%。但票据贴现作为调节信贷投放总量和节奏的重要手段依旧活跃，发生额和余额分别显著增长64.7%和60%。其中，股份制银行累计票据贴现金额增长138.9%，市场占比快速提升。与金融市场利率走势趋同，辖内票据贴现利率水平在年初达到高点，随后明显回落，但第四季度又有小幅上升。年末银行承兑汇票贴现、转贴现加权平均利率同比分别下降4.43个

表6　2012年江西省金融机构票据业务量统计

单位：亿元

季度	银行承兑汇票承兑		贴现			
			银行承兑汇票		商业承兑汇票	
	余额	累计发生额	余额	累计发生额	余额	累计发生额
1	1 541.0	784.1	166.4	590.7	7.3	16.0
2	1 544.5	1 609.2	236.5	1 445.4	1.7	23.2
3	1 668.2	2 578.0	260.1	2 661.4	5.0	32.7
4	1 654.9	3 471.1	237.2	3 810.8	5.2	56.1

数据来源：中国人民银行南昌中心支行。

表7　2012年江西省金融机构票据贴现、转贴现利率

单位：%

季度	贴现		转贴现	
	银行承兑汇票	商业承兑汇票	票据买断	票据回购
1	7.71	7.02	7.28	5.74
2	5.31	6.30	5.69	4.76
3	5.45	6.50	5.03	4.65
4	5.77	6.86	5.05	4.74

数据来源：中国人民银行南昌中心支行。

和2.61个百分点（见表6、表7）。

4. 黄金交易规模稳中有降，交易品种日渐丰富。前三个季度，黄金市场交易规模基本平稳，但第四季度出现明显下降，全年交易量和交易金额分别减少12.4%和11.4%。2012年，除传统黄金业务外，江西辖内商业银行还推出黄金远期业务，交易种类进一步丰富。

5. 产品创新更趋丰富，金融服务不断改善。金融机构积极创新金融产品和服务方式，探索土地承包经营权抵押贷款、外出创业信用共同体贷款、赣南农村危旧土坯房改造贷款等新品种，在信用、抵（质）押、保证等七大类产品创新中均有成功实践。截至2012年年末，全省农村金融产品创新贷款新增138.3亿元，余额达到501.3亿元。丰城中小企业集合票据于2012年7月成功发行，实现了江西中小企业集合票据的零突破；“12赣水投债”的发行成为省级水利融资平台通过债券融资的全国首例。

（五）信用体系建设取得新进展，金融生态环境不断优化

2012年，江西省社会信用体系和金融生态环境建设有序推进。《江西省社会信用体系建设“十二五”规划》正式出台，明确了“十二五”时期江西社会信用体系建设的指导思想、基本原则和总体目标，提出了社会信用体系建设十项主要任务和五项重大工程。中国人民银行金融信用信息基础数据库稳定高效运行，全省近22.2万户企事业单位和2 542万个个人信息接入了中国人民银行金融信用信息基础数据库，查询量达460.9万次。机构信用代码推广应用工作全面开展，全省共发放机构信用代码证31.2万张，在反洗钱领域累计查询5.2万笔。中小企业和农村信用体系试验区建设深入推进，共征集中小企业信用档案53 568户，其中10 402户中小企业获得银行的信贷支持；共为457.6万农户建立了信用档案，贷款余额为934.8亿元，信息系统促进银行企业融资对接的作用不断发挥。

二、经济运行情况

2012年，全省牢牢把握“稳增长、调结构、转方式、惠民生”的总要求，经济运行稳中有进，结构调整扎实推进，质量效益继续提高，民生改善取得实效。全年地区生产总值达12 948.5亿元，增长11.0%（见图4）。

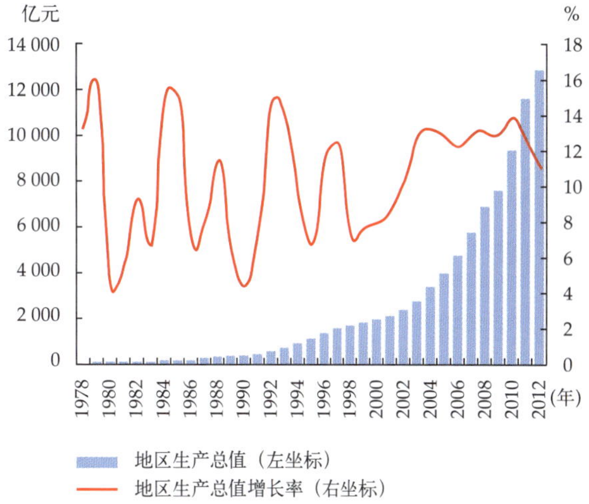

数据来源：江西省统计局。

图4　1978~2012年江西省地区生产总值及其增长率

（一）三大需求继续增长，投资结构更趋优化

2012年，全省投资、消费和出口均保持较快增长，需求结构进一步改善，经济增长动力更加协调。

1. 投资保持快速增长，投资结构继续优化。全省坚定不移地实施重大项目带动战略，积极调整优化投资结构，固定资产投资继续保持高位运行（见图5）。全年500万元以上固定资产投资完成1.1万亿元，同比增长30.1%，较上年同期提高2.5个百分点。民间投资完成7 871.2亿元，增长31.2%，占全省投资的比重为69.1%。民间投资趋于活跃，全省经济运行由政府主导的稳增长正在向市场主导的经济企稳转变。

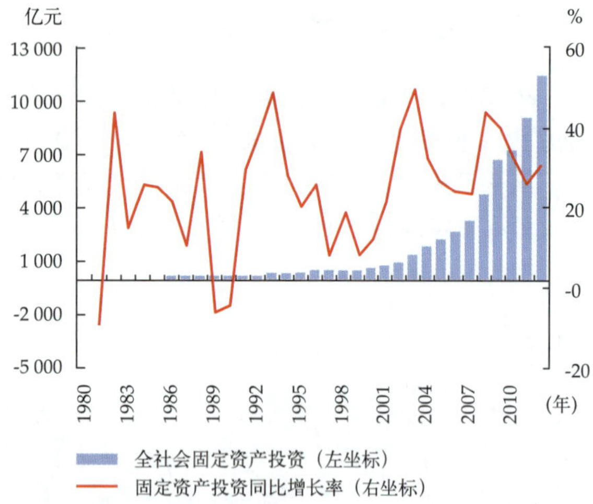

数据来源：江西省统计局。

图5　1980～2012年江西省固定资产投资及其增长率

2. 富民为先政策落实，消费总额稳步扩大。2012年，江西城镇居民人均可支配收入为19 860.4元，增长13.5%；农民人均纯收入为7 827.8元，城镇和农民人均收入扣除价格因素后分别增长10.6%和10.9%，实现了与地区生产总值同步增长。随着居民收入提高和家电下乡政策继续推进，居民消费意愿逐步增强。全年社会消费品零售总额达4 006.2亿元，增长15.9%（见图6）。城镇消费拉动作用显著，全年城镇市场实现社会消费零售总额占全省比重为83.2%。文化健康类商品销售活跃，体育娱乐用品类实现零售额增长41.9%。

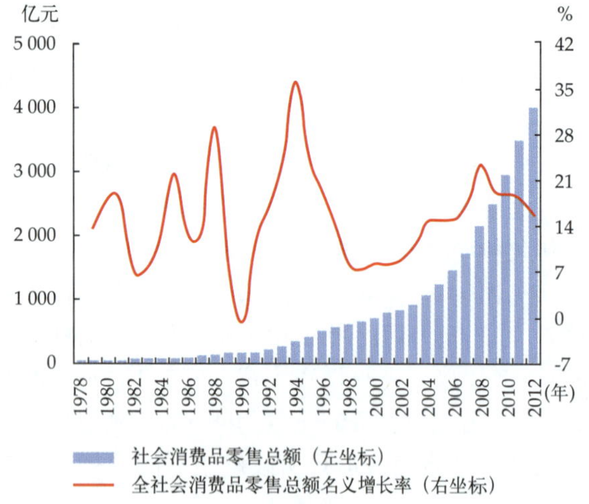

数据来源：江西省统计局。

图6　1978～2012年江西省社会消费品零售总额及其增长率

3. 外贸出口逆势增长，外向型经济水平提高。2012年，在世界经济持续低迷的严峻形势下，江西外贸进出口仍然实现了6.2%的正向增长。其中，实现出口额251.1亿美元，增长14.8%，对东盟、非洲和拉丁美洲等市场出口分别增长50.4%、67.7%和44.5%（见图7）。对外开放跃上新高度，全年累计新批外商投资企业789家，

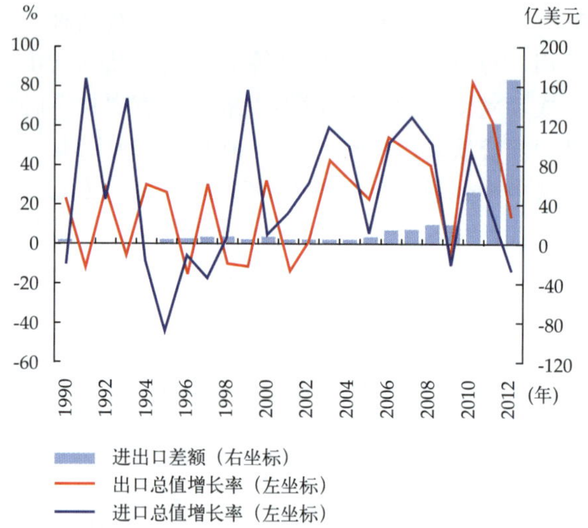

数据来源：江西省统计局。

图7　1990～2012年江西省外贸进出口变动情况

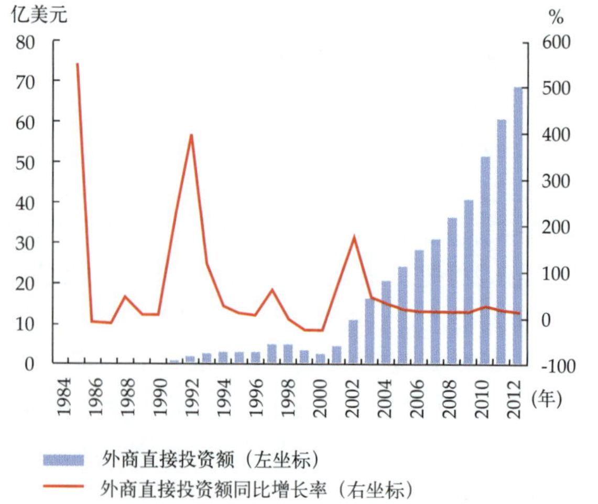

数据来源：江西省统计局。

图8　1984～2012年江西省外商直接投资额及其增长率

实际利用外商直接投资68.2亿美元，增长12.6%（见图8）。国际旅游业保持平稳发展势头，全年江西国际旅游人数突破150万人次，创旅游外汇收入增长16.8%。

（二）社会供给稳定增长，第三产业的带动作用明显增强

三次产业继续保持较快增长，结构比例由上年的12.0：56.9：31.1调整为11.7：53.8：34.5，第三产业对经济的贡献度明显提高。

1. 粮食生产九连丰，农业发展形势良好。2012年，全省农林牧渔业实现增加值1 520.2亿元，同比增长4.6%，较上年同期提高0.4个百分点。粮食生产连续九年夺得丰收，全年粮食总产达417亿斤，增长1.6%。畜牧业生产平稳发展，农村基础设施得到很大改善，金融支农力度持续增强。

2. 工业生产企稳回升，主营业务收入实现两个突破。2012年前三个季度，受世界经济持续走缓影响，江西省工业生产出现较快回落。进入第四季度，随着促生产稳增长政策效应的进一步显现，工业经济企稳回升。全年规模以上工业实现增加值4 885.2亿元，增速从前三个季度的同比增长14%逐月升高至年末的14.7%，38个工业行业大类全部实现增长。全省规模以上工业企业主营业务收入突破2万亿元，达到2 2267.6亿元，增长18.5%；战略性新兴产业主营业务收入突破万亿元，达到10 345.3亿元，增长15.5%。主营业务收入超千亿元产业总数达到6个，其中，有色产业主营业务收入达到5 085.2亿元，居全国第一（见图9）。

3. 服务业发展步伐加快，产业比重快速提升。全省认真实施省政府加快服务业发展的重要战略决策，服务业占地区生产总值的比重扭转了前三年递减的态势，全年实现增加值同比增长9.5%，占地区生产总值的比重为34.5%，比2011年提高3.4个百分点。其中包括金融保险在内的生产型服务业和商贸流通在内的生活型服务业全面增长。

（三）物价水平基本稳定，通胀压力依然存在

2012年上半年，受国家宏观调控政策影响，

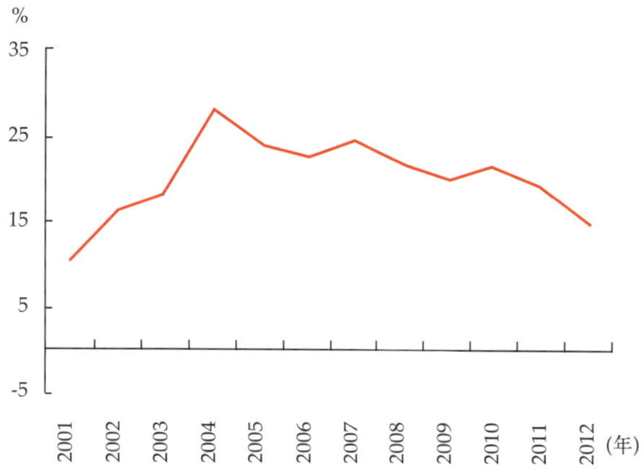

数据来源：江西省统计局。

图9　2001～2012年江西省规模以上工业增加值同比增长率

江西省居民消费价格低位运行，但基于国内部分农产品仍处于供求紧平衡以及全球主要货币宽松推动，下半年物价连续上升，物价上涨的压力仍然存在。

1. 居民消费价格前低后高，食品类价格涨幅最高。居民消费价格指数呈小“V”形震荡走势，1～7月同比涨幅基本保持逐月下降态势，最低为1.4%。但进入8月以后，受新一轮全球性宽松货币政策和大宗商品价格走高等因素影响，物价开始呈现出连续上升势头，12月达到2.7%。影响物价总水平上涨的因素中，食品类价格上涨是拉动价格总水平上涨的主要因素。

2. 生产价格回落趋稳，总体低位运行。受宏观经济变化影响，2012年全省工业生产者价格指数整体呈现回落的走势，但在第四季度回落幅度明显收窄。全年工业生产者购进价格下降1.7%，工业生产者出厂价格下降3.5%，农业生产资料价格上涨6.6%（见图10）。

（四）财政收支迈上新台阶，保障民生力度加大

1. 财政收入快速增长，主体税种贡献突出。2012年，全省财政总收入迈上2 000亿元台阶，完成2 046.0亿元，增长24.4%。其中，地方财政收入增长30.2%，增速在全国排名居前（见图11）。全年税收收入增长20.7%，其中，增值税、营业税、

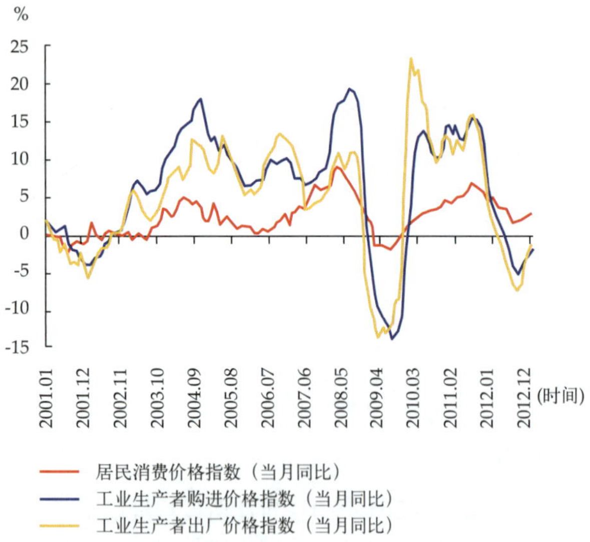

数据来源：国家统计局江西调查总队。

图10　2001～2012年江西省居民消费价格和工业生产者价格变动趋势

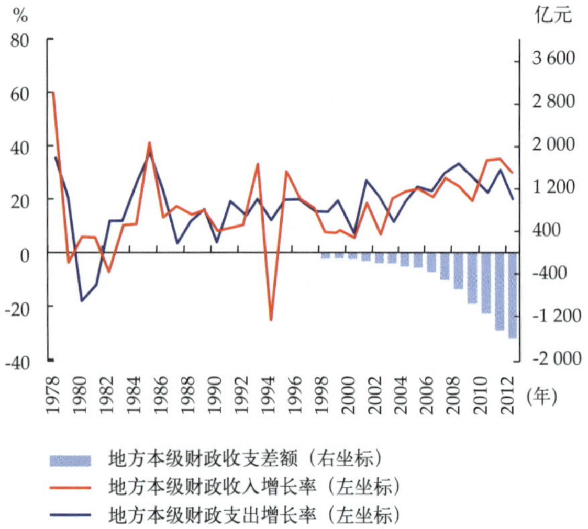

数据来源：江西省统计局。

图11　1978～2012年江西省财政收支状况变动趋势

企业所得税三大主体税种收入占财政总收入的比重达到54.3%。

2. 民生保障支出增加，社会事业扎实推进。全年财政支出越过3 000亿元大关，达3 014.5亿元，增长18.9%。一般公共服务、教育、社会保障和就业、住房保障等民生支出同比均增长20%以上。上调企业最低工资标准以及企业退休人员基本养老金水平，城乡居民社会养老保险试点范围扩大到全省，实现了城乡居民养老保险全覆盖。卫生服务能力建设工程效果明显，基层医疗卫生机构达标率达到90%以上。

（五）生态建设持续加强，环境质量有效改善

2012年，全省积极推进生态文明建设，全年造林绿化“一大四小”工程完成造林面积298.7万亩，鄱阳湖综合整治扎实推进，重金属防治取得成效。节能减排完成年度目标任务，单位GDP能耗预计下降5%，化学需氧量、氨氮、二氧化硫、氮氧化物排放量完成国家下达的减排任务，水和空气质量得到改善。

（六）房地产市场增势减缓，文化产业提速发展

1. 房地产市场销售回落，保障性住房政策完善。在江西区域发展战略带动下，全省房地产市场呈现开发投资增幅先降后增，销售趋于回落，价格稳中有涨，信贷平稳提高的特点。

房地产开发投资增幅先降后增。2012年前7个月，全省房地产开发投资增幅呈逐月下滑之势，7月达到9.1%的全年最低增速，8月开始回升。全年全省房地产开发投资完成969.6亿元，比上年增长11.8%。从资金来源看，房地产开发资金以企业自筹为主，银行贷款和利用外资比重下降。

房地产销售价涨量跌。面对持续攀升的房价，消费者的观望情绪加重，房地产市场成交量呈下降态势，全年商品房销售面积比上年下降0.8%，商品房待售面积比上年增长35.5%。2012年全省商品房平均每平方米销售额达4 744.7元，同比上涨16.2%，在房价高位作用下，商品房销售额比上年增长13.5%。全省商品房新开工面积和竣工面积分别比上年下降6.5%和8.3%（见图12、图13）。

房地产金融运行平稳。全省房地产贷款增长22.2%，比上年年末提高1.2个百分点。其中，地产开发贷款增速攀升至近两年新高，达到19.4%；住房开发贷款创近三年新高，增长25.5%。受消费

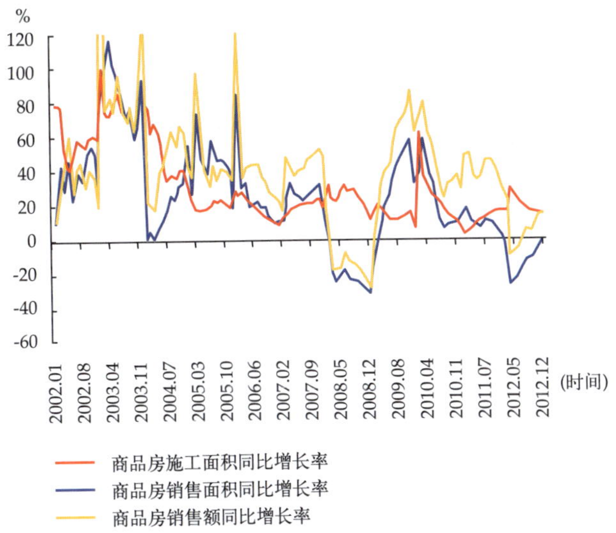

数据来源：江西省统计局。

图12　2002～2012年江西省商品房施工和销售变动趋势

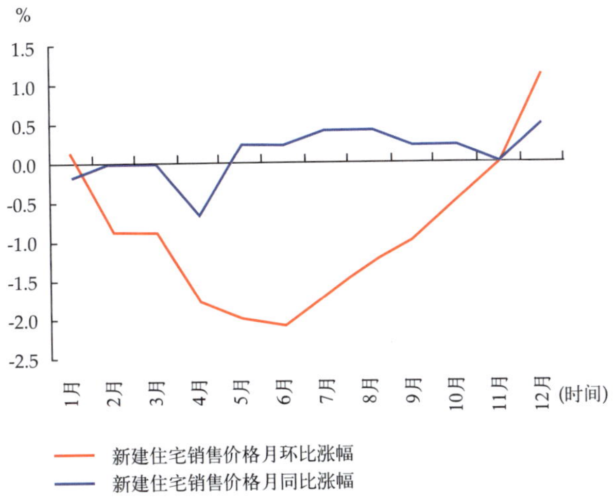

数据来源：《中国经济景气月报》。

图13　2012年南昌市新建住宅销售价格变动趋势

者购房意愿下降影响，个人住房贷款增速比上年减缓4.0个百分点。金融机构积极支持民生领域建设，信贷投放向保障性住房倾斜。保障性住房开发贷款余额占住房开发贷款的33.9%，比上年年末提高10.2个百分点，有力地支持了保障性住房建设。2012年全省开展保障性住房“三房合一”并轨、“租售并举”等制度改革，保障性安居工程新开工建设30.4万套，竣工30.9万套，为满足城镇居民安居需求发挥了积极作用。

2. 文化产业提速发展，金融助推作用明显。《江西省2013～2015年文化改革发展规划纲要》提出，江西将大力推动文化产业成为国民经济支柱性产业，到2015年江西省文化产业增加值占国民经济比重显著提高，全省文化产业增速高于地区生产总值增速，文化产业主营业务收入达2 000亿元以上。围绕这一目标，江西文化产业通过实施重大文化产业项目带动战略，加快构建现代企业制度，大力发展民营文化企业，推动文化与科技、旅游融合，扩大文化消费和出口，实现了较快发展。

文化产业总量和效益不断提高。2012年，江西文化产业主营业务收入1 400亿元，文化产业增加值排名在全国高于地区生产总值排名3个位次；文化产业从业人员自2008年以来年均增长24%，高于同期城镇就业人数增幅6.8个百分点。拥有国家级文化产业示范基地6家。目前江西已初步形成区域特色文化产业集群，如南昌的印刷文化用品制造、景德镇的陶瓷工艺美术品制造、赣州的玩具制造、新余的家用视听设备制造、鹰潭的旅游、工艺美术品制造等，综合文化产业发展空间格局基本形成。

金融支持文化产业力度加大。截至2012年年末，全省文化产业贷款余额为79.5亿元，同比增长19.4%。全省金融机构对文化产业贷款实行规模优先、利率优惠，并创新各类信贷模式满足不同文化企业的资金需求。如对文化创意企业采取“知识产权或版权质押+专业评估”模式、对大型文化企业集团实施“综合授信+银团贷款”模式、对文化企业直接融资积极发放并购贷款等，有力地支持了文化产业发展。

（七）鄱阳湖生态经济区引领江西经济转型，主要经济指标领跑全省

江西加快构建区域发展新格局，以鄱阳湖生态经济区建设为龙头，着重发展绿色产业，壮大生态经济实力，促进生态和经济协调发展。《鄱阳湖生态经济区规划》国家战略实施三年来，区

内主要经济指标增速保持高于全省平均水平，实现地区生产总值突破7 000亿元大关，实际利用外资、工业增加值等各项经济指标占全省的比重近六成，列入规划实施方案中的405个重大项目，2012累计完成投资超过7 500亿元。区内拥有能源、化工、冶金、建材、机械、汽车、纺织、食品八大产业基地，新兴的电子信息、生物制药、新材料等高新技术已成为生态经济区的主导产业。金融积极支持发展，区内38个县（市、区）存贷款余额分别增长17.2%和15.5%，绿色信贷余额为512.2亿元，增长38.3%。作为生态与经济和谐发展理念的象征，鄱阳湖生态经济区在全省发展中发挥了极强的示范作用。

专栏2　发挥财政金融合力　助推赣南农村危旧土坯房改造

住房涉及民生，安居才能乐业。由于自然、地理、历史等原因，赣南不少偏远山区的困难群众仍然生活在断壁残垣的住所，春漏冬寒，行宿皆难。《国务院关于支持赣南等原中央苏区振兴发展的若干意见》（国发[2012]21号）确定的“到2015年基本完成赣州市农村危旧土坯房改造”的三年近景目标，对提高赣南人民民生福祉，促进江西赣南苏区振兴发展具有重大意义。

据统计，赣州全市农户总数为156.4万户，其中危旧土坯房改造对象为69.5万户，涉及人口300多万。2012年拟完成9万户危旧土坯房改造，2012年改造资金总需求约28.6亿元。面对巨额资金需求，全省财政金融部门加大政策配合力度，完善融资服务机制，确定了“财政补助，信贷支持，分类管理，风险共担”的基本原则，全力支持赣南农村危旧土坯房改造工作，为打响振兴发展开局的首场民生攻坚战提供了坚强的资金保障。

一是财政补助。政府部门对于农村危旧土坯房改造确定了新建房屋和修缮加固房屋两类补助标准，新建房屋按改造对象和所在区域不同，每户可获得4万、2万和1.5万元不等的补助，修缮加固房屋可获得3 000元补助。农村危旧土坯房改造补助资金除中央、省财政补助外，补助标准范围内不足部分由市、县（市、区）财政按1：1比例配套。为支持赣州土坯房改造，中央财政还在原来农村危房改造计划外额外安排了2亿元土坯危房改造补助资金。

二是信贷支持。金融部门以涉农和地方法人银行业金融机构作为土坯房改造信贷支持的主体，面向区域内村镇提供对口信贷服务。对享受建房补助后仍然资金不足的困难群众，可采取联户担保等形式，向银行申请5万元的农村危旧土坯房改造贷款，贷款期限不超过两年。

三是分类管理。财政金融政策针对不同收入群体各有侧重。对于具有还款能力，信誉良好的农户，直接向银行申请办理信用等各类贷款；对于具有一定还款能力，基本符合贷款条件的农户，由当地国有担保公司提供贷款担保。而对于确实不具备还款能力，家庭收入较低的农户，由政府直接给予相应补助。

四是风险共担。鉴于土坯房改造面广量大，具有一定市场风险，对财政和信贷资金实行专款专户、专款专用、封闭管理，并建立了财政、担保和金融机构风险分担机制。银行按贷款基准利率予以放款，财政给予基准利率80%的贴息，贴息资金由市级财政、县级财政各承担40%，贴息期限为2年，担保公司提供必要的融资担保服务。

在财政性资金和金融资金的有效配合下，赣州市土坯房改造进展顺利。2012年，赣州市多个县市进行了大规模的连片农户拆迁，首批近10万农户完成了土坯房改造搬进新居，农民居住水平和安居环境得到明显改善。

三、预测与展望

近年来，江西保持着进位赶超的良好发展势头，经济增速持续明显快于全国增速。当前，江西正处于工业化、城镇化加速发展期，将有力支撑今后经济增长。同时，随着促进中部地区崛起、鄱阳湖生态经济区建设和赣南等原中央苏区振兴发展等国家战略的相继实施，江西经济发展正处于重要的发展机遇期。但经济运行中仍存在需求不足制约工业增长、成本增加降低企业盈利水平和居民增收等问题值得重点关注。预计2013年全省地区生产总值保持10%以上增速。

从经济运行情况看，在基础设施、城镇建设、“三农”领域、社会民生、生态环保等一系列重大项目建设带动下，重点领域和优势产业投资增势稳定，高耗能产业及传统产业投资继续回落，全省固定资产投资结构将进一步优化。消费方面，随着收入分配体制改革的不断深化、社会保障体系的进一步完善以及医疗卫生体制改革的不断推进，同时在城乡居民收入的提高、新消费领域的拓展、现代商贸流通体系的构建及消费环境的改善等因素驱动下，居民消费需求继续保持旺盛，预计2013年消费增速将快于2011年的水平，城乡居民年人均消费将首次超过1万元。物价方面，随着猪粮比①跌至较低水平以及2011年基数效应逐渐消退，食品类价格可能再次步入上升周期；受新一轮全球性宽松货币政策影响，大宗商品价格走高和短期资本回流，造成输入型通胀的影响不容忽视。同时，农产品价格结构性上涨、劳动力成本持续上升、资源品价格改革等因素将在中长期内推动CPI上行，2013年面临的价格上涨压力将有所加大。

金融方面，随着宏观经济持续稳健向好发展，江西省金融将保持平稳健康运行。金融机构对实体经济、薄弱环节和重点领域的支持力度将不断增强，信贷资金与区域发展战略、产业政策的协调配合度进一步提升。预计2013年信贷总量将继续保持适度增长，信贷结构进一步向战略新兴产业、民生工程、“三农”经济、中小企业等领域倾斜。江西省金融业将继续认真贯彻执行稳健的货币政策，做大直接融资规模，扩大融资工具的运用，保持各类融资机构、多种融资渠道齐头并进的发展局面，多元化满足实体经济发展的融资需要。同时，大力推进金融改革发展和创新，提高利率定价能力，切实降低中小企业融资成本，有效防范系统性金融风险，维护区域金融稳定运行，全面提升金融服务水平，以促进江西经济社会持续健康较快发展。

中国人民银行南昌中心支行货币政策分析小组
总　纂：高小琼　张智富
统　稿：罗志东　周积云　朱　锦　李　波
执　笔：袁晋华　贾　健　曹军新　郭　丽
提供材料的还有：徐展峰　黄春华　刘　强　吴　隽　刘伟平　许一涌　汪　颖　章　璇

①猪粮比指生猪价格和作为生猪饲料的玉米价格之比。

附录

（一）2012年江西省经济金融大事记

3月21日，中国人民银行南昌中心支行出台《关于支持江西实体经济发展的指导意见》，对金融支持江西实体经济发展出台了18条指导意见。

4月11日，中国人民银行南昌中心支行印发《江西省金融消费者权益保护工作指引》，以构建和谐金融消费关系，促进辖内金融业协调稳定发展。

4月25日，江西省人民政府印发《关于促进江西金融业发展的若干意见》，对进一步做大做强江西金融业提出35条意见。

6月5日，创建金融支持抚州金巢实体经济省级示范区启动仪式在抚州市举行，金巢成为全省首个金融支持实体经济发展的省级示范区。

6月12日，江西省人力资源和社会保障厅、省财政厅、中国人民银行南昌中心支行联合下发《关于完善小额担保贷款政策进一步推动创业促进就业的通知》，明确小额担保贷款的二次扶持政策。

6月21日，国家外汇管理局江西省分局召开全省货物贸易外汇管理改革推广动员会议，正式启动全省货物贸易外汇管理制度改革工作。

7月6日，中共江西省委、江西省人民政府印发《贯彻落实〈国务院关于支持赣南等原中央苏区振兴发展的若干意见〉的实施意见》。

7月24日，中国银行间市场交易商协会、中国人民银行南昌中心支行、省政府金融办在南昌共同签署了《借助银行间市场助推江西省经济发展合作备忘录》。

12月31日，中国人民银行南昌中心支行印发《江西省简化货物贸易跨境人民币结算业务流程试点方案》，以推动江西外向型经济建设。

(二)2012年江西省主要经济金融指标

表1　2012年江西省主要存贷款指标

		1月	2月	3月	4月	5月	6月	7月	8月	9月	10月	11月	12月
本外币	金融机构各项存款余额(亿元)	14 450.5	14 805.2	15 306.4	15 193.5	15 403.9	15 926.5	15 734.8	15 965.3	16 454.0	16 326.9	16 436.4	16 839.0
	其中:储蓄存款	7 692.9	7 736.4	7 939.3	7 752.7	7 808.0	8 126.1	8 016.6	8 102.9	8 332.8	8 195.5	8 253.3	8 502.9
	单位存款	5 928.2	6 183.3	6 510.1	6 513.3	6 584.6	6 932.2	6 790.6	6 822.8	7 071.1	6 993.1	7 086.7	7 464.5
	各项存款余额比上月增加(亿元)	128.8	354.7	501.2	-113.0	210.4	522.6	-174.4	230.5	488.7	-127.1	109.5	402.6
	金融机构各项存款同比增长(%)	19.6	17.6	17.4	16.8	15.9	16.5	17.2	17.1	19.1	18.4	18.6	17.6
	金融机构各项贷款余额(亿元)	9 507.5	9 639.2	9 798.3	9 926.6	10 067.1	10 282.5	10 430.7	10 636.9	10 787.0	10 908.1	11 025.3	11 080.1
	其中:短期	3 763.0	3 823.0	3 916.5	3 956.1	4 002.7	4 127.4	4 201.8	4 310.6	4 430.9	4 478.6	4 580.2	4 646.3
	中长期	5 577.5	5 638.8	5 700.9	5 774.1	5 835.9	5 905.9	5 944.7	5 995.2	6 076.0	6 149.9	6 180.9	6 178.4
	票据融资	156.1	167.5	173.6	188.2	216.7	238.2	272.0	318.8	265.1	263.1	247.4	242.4
	各项贷款余额比上月增加(亿元)	206.1	133.3	159.1	128.3	140.6	215.4	148.2	206.2	150.1	121.1	117.2	54.9
	其中:短期	101.0	61.3	93.5	39.6	46.6	124.7	74.4	108.8	120.2	47.7	101.6	66.1
	中长期	99.8	61.6	62.1	73.2	61.9	70.0	38.8	50.5	80.8	73.9	30.9	-2.4
	票据融资	4.6	11.4	6.1	14.6	28.5	21.5	33.8	46.8	-53.6	-2.0	-15.7	-5.1
	金融机构各项贷款同比增长(%)	17.4	17.0	18.1	17.8	17.8	18.4	19.0	20.1	20.1	19.8	19.5	19.1
	其中:短期	25.8	25.6	28.0	27.7	26.8	26.8	27.8	28.0	28.9	27.8	27.2	26.8
	中长期	13.3	12.7	12.2	11.7	11.4	12.0	11.9	12.5	13.1	13.2	13.2	12.9
	票据融资	-13.9	-9.6	15.8	22.8	48.6	58.0	75.2	112.5	57.2	62.8	61.0	60.0
	建筑业贷款余额(亿元)	272.3	272.0	284.9	288.0	297.7	314.3	319.1	329.0	341.1	347.1	350.9	354.7
	房地产业贷款余额(亿元)	457.5	466.0	466.4	459.1	461.1	461.5	456.1	461.3	474.9	472.7	472.7	475.9
	建筑业贷款同比增长(%)	57.6	57.3	62.2	61.2	61.2	67.3	70.6	74.7	81.3	76.0	78.6	73.4
	房地产业贷款同比增长(%)	3.8	4.7	6.3	4.4	5.9	4.9	4.9	6.4	9.5	10.8	9.7	10.1
人民币	金融机构各项存款余额(亿元)	14 374.2	14 728.3	15 212.6	15 096.6	15 304.7	15 802.7	15 615.1	15 837.7	16 328.3	16 204.7	16 309.2	16 715.9
	其中:储蓄存款	7 665.4	7 710.6	7 910.8	7 724.2	7 777.7	8 095.8	7 987.2	8 074.5	8 305.3	8 166.0	8 223.4	8 471.9
	单位存款	5 883.0	6 134.6	6 446.0	6 447.7	6 517.3	6 842.1	6 703.2	6 726.0	6 975.6	6 902.3	6 991.9	7 373.7
	各项存款余额比上月增加(亿元)	134.3	354.2	484.3	-116.0	208.1	497.9	-170.3	222.6	490.6	-123.6	104.5	406.7
	其中:储蓄存款	541.7	45.5	200.3	-186.7	53.5	318.1	-108.6	87.3	230.7	-139.3	57.4	248.4
	单位存款	-535.0	251.6	311.4	1.7	69.6	324.8	-121.6	22.8	249.6	-73.3	89.7	381.8
	各项存款同比增长(%)	19.6	17.6	17.2	16.7	15.7	16.2	16.8	16.7	18.8	18.0	18.2	17.4
	其中:储蓄存款	18.9	14.6	15.3	15.4	15.7	17.5	18.1	18.4	19.7	19.7	20.3	18.9
	单位存款	18.2	19.4	17.0	16.9	13.8	15.3	15.7	13.5	16.2	14.5	14.8	14.9
	金融机构各项贷款余额(亿元)	9 382.5	9 515.1	9 667.3	9 796.0	9 934.0	10 149.3	10 293.0	10 492.6	10 628.5	10 764.1	10 877.0	10 924.5
	其中:个人消费贷款	1 649.2	1 653.5	1 676.3	1 688.6	1 710.4	1 743.3	1 776.2	1 807.6	1 846.1	1 879.2	1 922.3	1 945.9
	票据融资	156.1	167.5	173.6	188.2	216.7	238.2	272.0	318.8	265.1	263.1	247.4	242.4
	各项贷款余额比上月增加(亿元)	207.8	134.3	152.2	128.7	138.1	215.3	143.7	199.6	135.9	135.6	112.9	47.5
	其中:个人消费贷款	31.0	4.3	22.8	12.4	21.8	32.9	32.9	31.3	38.5	33.1	43.1	23.6
	票据融资	4.6	11.4	6.1	14.6	28.5	21.5	33.8	46.8	-53.6	-2.0	-15.7	-5.1
	金融机构各项贷款同比增长(%)	17.1	16.9	17.9	17.8	17.9	18.6	19.2	20.2	20.0	19.9	19.6	19.1
	其中:个人消费贷款	21.3	20.3	19.2	18.3	17.5	17.7	18.3	19.0	19.2	19.8	20.8	20.0
	票据融资	-13.9	-9.6	15.8	22.8	48.6	58.0	75.2	112.5	57.2	62.8	61.0	60.0
外币	金融机构外币存款余额(亿美元)	12.1	12.2	14.9	15.4	15.7	19.6	18.9	20.1	19.8	19.4	20.2	19.6
	金融机构外币存款同比增长(%)	26.3	25.5	48.2	51.7	56.5	64.3	88.0	100.6	87.2	98.1	89.1	50.9
	金融机构外币贷款余额(亿美元)	19.8	19.7	20.8	20.8	21.0	21.1	21.7	22.7	25.0	22.9	23.6	24.8
	金融机构外币贷款同比增长(%)	45.6	34.0	35.3	23.9	15.9	7.9	12.4	18.5	21.3	11.6	19.0	23.0

数据来源:中国人民银行南昌中心支行。

表2 2001～2012年江西省各类价格指数

单位：%

年/月	居民消费价格指数		农业生产资料价格指数		工业生产者购进价格指数		工业生产者出厂价格指数	
	当月同比	累计同比	当月同比	累计同比	当月同比	累计同比	当月同比	累计同比
2001	—	-0.5	—	-0.4	—	-0.7	—	-1.9
2002	—	0.1	—	-0.2	—	-1.4	—	-1.5
2003	—	0.8	—	2.5	—	6.5	—	4.0
2004	—	3.5	—	10.7	—	14.5	—	9.7
2005	—	1.7	—	7.9	—	10.0	—	8.8
2006	—	1.2	—	1.1	—	8.6	—	9.7
2007	—	4.8	—	6.6	—	7.9	—	6.2
2008	—	6.0	—	19.9	—	14.2	—	6.4
2009	—	-0.7	—	-2.4	—	-9.3	—	-7.0
2010	—	3.0	—	1.9	—	11.8	—	15.3
2011	—	5.2	—	11.2	—	12.4	—	11.3
2012	—	2.7	—	6.6	—	-1.7	—	-3.5
2011 1	4.3	4.3	4.0	4.0	13.4	13.4	10.6	10.6
2	4.8	4.6	6.3	5.2	14.4	13.9	12.6	11.6
3	4.8	4.7	7.0	5.8	12.7	13.5	12.4	11.9
4	5.1	4.8	9.8	6.8	12.6	13.3	11.2	11.7
5	5.4	4.9	10.6	7.6	13.5	13.3	13.8	12.1
6	6.4	5.1	12.5	8.4	14.7	13.6	15.5	12.7
7	6.7	5.4	15.4	9.4	15.2	13.8	15.8	13.1
8	6.1	5.5	15.0	10.1	15.0	14.0	14.5	13.3
9	5.9	5.5	15.3	10.7	14.0	14.0	12.9	13.2
10	5.3	5.5	14.2	11.0	11.6	13.7	8.9	12.8
11	4.2	5.4	12.2	11.2	7.6	13.1	5.4	12.1
12	3.9	5.2	11.1	11.2	5.1	12.4	2.6	11.3
2012 1	5.0	5.0	10.6	10.6	3.5	3.5	0.8	0.8
2	3.5	4.3	9.4	10.0	2.0	2.8	-0.3	0.2
3	3.9	4.1	9.2	9.8	1.3	2.3	-0.9	-0.1
4	3.4	3.9	8.2	9.4	0.0	1.7	-2.5	-0.7
5	3.3	3.8	8.1	9.1	-1.7	1.0	-4.2	-1.4
6	2.1	3.5	6.5	8.7	-3.2	0.3	-5.8	-2.2
7	1.4	3.2	4.4	8.0	-4.2	-0.4	-6.7	-2.9
8	1.6	3.0	4.6	7.6	-5.2	-1.0	-7.5	-3.4
9	2.0	2.9	4.5	7.2	-4.4	-1.4	-6.7	-3.8
10	2.0	2.8	4.8	7.0	-3.5	-1.6	-3.9	-3.8
11	2.4	2.8	4.9	6.8	-2.7	-1.7	-2.7	-3.7
12	2.7	2.7	5.2	6.6	-1.8	-1.7	-1.4	-3.5

数据来源：江西省统计局。

表3　2012年江西省主要经济指标

	1月	2月	3月	4月	5月	6月	7月	8月	9月	10月	11月	12月
绝对值（自年初累计）												
地区生产总值（亿元）	—	—	2 455.5	—	—	5 403.6	—	—	9 004.2	—	—	12 948.5
第一产业	—	—	228.5	—	—	446.9	—	—	885.8	—	—	1 520.2
第二产业	—	—	1 412.2	—	—	3 051.2	—	—	4 886.2	—	—	6 967.5
第三产业	—	—	814.8	—	—	1 905.5	—	—	3 232.2	—	—	4 460.8
工业增加值（亿元）	—	670.4	1 029.1	1 336.5	1 645.1	2 076.6	2 491.9	2 905.7	3 374.7	3 878.1	4 356.2	4 885.2
固定资产投资（亿元）	—	600.1	1 419.2	2 369.6	3 466.7	4 741.8	5 903.4	6 839.6	8 099.4	9 238.6	10 280.1	11 388.9
房地产开发投资	—	87.7	165.4	248.3	339.8	431.1	507.2	589.4	701.7	784.1	875.5	969.6
社会消费品零售总额（亿元）	—	631.7	925.2	1 195.8	1 512.3	1 826.9	2 118.5	2 432.3	2 788.2	3 182.5	3 568.7	4 006.2
外贸进出口总额（万美元）	172 200.0	317 600.0	543 500.0	938 500.0	1 425 800.0	1 791 100.0	2 104 500.0	2 328 000.0	2 542 000.0	2 728 400.0	2 949 200.0	3 340 900.0
进口	45 300.0	111 200.0	171 600.0	234 100.0	326 200.0	407 500.0	490 100.0	564 200.0	628 700.0	686 200.0	754 200.0	829 900.0
出口	126 900.0	206 400.0	371 800.0	704 400.0	1 099 600.0	1 383 500.0	1 614 400.0	1 764 000.0	1 913 400.0	2 042 200.0	2 195 000.0	2 511 000.0
进出口差额(出口－进口)	81 600.0	95 200.0	200 200.0	470 300.0	773 400.0	976 000.0	1 124 300.0	1 199 800.0	1 284 700.0	1 356 000.0	1 440 800.0	1 681 200.0
外商实际直接投资（万美元）	56 500.0	94 600.0	155 500.0	198 100.0	273 300.0	375 000.0	408 500.0	457 400.0	510 100.0	549 200.0	615 200.0	682 400.0
地方财政收支差额（亿元）	-83.2	-139.0	-249.6	-305.0	-389.0	-501.3	-592.9	-700.1	-864.6	-942.4	-1 203.6	-1 642.6
地方财政收入	156.2	243.6	373.3	487.2	589.7	740.0	839.5	930.5	1 035.9	1 157.9	1 263.8	1 371.9
地方财政支出	239.4	382.6	622.9	792.3	978.7	1 241.3	1 432.4	1 630.6	1 900.6	2 100.3	2 467.3	3 014.5
城镇登记失业率 (%)(季度)	—	—	3.0	—	—	2.9	—	—	2.9	—	—	3.0
同比累计增长率（%）												
地区生产总值	—	—	11.0	—	—	10.5	—	—	10.6	—	—	11.0
第一产业	—	—	4.1	—	—	4.3	—	—	4.3	—	—	4.6
第二产业	—	—	14.6	—	—	13.4	—	—	12.8	—	—	13.1
第三产业	—	—	7.2	—	—	7.2	—	—	8.7	—	—	9.5
工业增加值	—	17.3	15.8	15.1	14.5	14.4	14.3	14.1	14.0	14.3	14.5	14.7
固定资产投资	—	29.9	30.1	30.2	30.0	31.3	31.4	30.2	31.2	31.4	30.5	30.1
房地产开发投资	—	34.8	32.7	27.3	25.4	16.2	9.1	9.8	13.6	14.6	17.9	11.8
社会消费品零售总额	—	15.3	16.2	15.9	15.7	15.7	15.5	15.3	15.6	15.6	15.7	15.9
外贸进出口总额	-9.3	2.7	-1.9	14.5	32.5	31.5	30.5	24.9	21.1	16.1	5.6	6.2
进口	-48.0	-20.9	-22.8	-24.7	-13.4	-12.2	-10.2	-10.9	-13.1	-15.4	-15.7	-13.5
出口	23.5	22.4	12.1	38.4	57.2	54.1	51.3	43.3	39.1	32.7	15.6	14.8
外商实际直接投资	6.1	32.2	24.8	14.3	16.8	15.9	11.0	11.9	12.9	12.9	12.8	12.6
地方财政收入	55.1	41.8	41.0	37.3	33.0	32.3	31.4	32.4	33.0	33.8	31.7	30.2
地方财政支出	24.6	41.8	45.3	40.5	38.5	33.5	28.7	24.7	23.1	21.5	21.7	18.9

数据来源：江西省统计局。

2012年山东省金融运行报告

中国人民银行济南分行货币政策分析小组

[内容摘要] 2012年，山东省深入贯彻落实科学发展观，加快转变经济增长方式，经济总体保持平稳健康发展。结构调整进展明显，三次产业结构持续优化，内外需协调增长，重点区域带动战略成效显著，保障和改善民生力度加大，物价涨幅总体回落，经济发展质量不断提高。金融平稳健康运行，社会融资规模保持较快增长，贷款投放增速平稳、结构优化，较好地满足了实体经济发展需求；证券融资功能有效发挥，保险保障功能不断增强，金融市场交易活跃，金融生态环境持续优化，金融、经济呈现良性互动、协调发展的态势。

2013年，山东省金融机构将认真贯彻落实稳健的货币政策，努力保持社会融资规模和信贷平稳适度增长，着力优化信贷结构，加快推进金融改革，进一步提升金融服务水平，有效防范金融风险，加大金融支持实体经济的力度，促进经济社会平稳、健康、和谐发展。

一、金融运行情况

2012年，山东省金融业稳健发展，金融运行态势良好，融资结构不断改善，各项改革深入推进，金融服务实体经济发展和支持“转调创”①的能力持续增强。

（一）银行业稳健发展，有力支持实体经济

2012年，全省银行业金融机构稳中求进，多渠道增加对实体经济的资金投入，信贷结构持续优化。组织体系更趋完善，运营质效同步提高，市场化定价能力逐步增强，改革创新步伐不断加快。

1. 综合实力稳步提升，组织体系更趋完善。2012年，全省银行业资产规模同比增长19.8%，不良贷款率总体下降，利润同比增长16.8%，整体拨备覆盖率同比上升26.5个百分点。机构县域布局步伐加快，法人金融机构资本充足率明显提高，新型农村金融组织加快发展。新增村镇银行27家，新设财务公司3家，3家省外银行入鲁设立分支机构，驻鲁外资金融机构达到14家，多元化金融发展格局逐步形成（见表1）。

表1　2012年山东省银行业金融机构情况

机构类别	营业网点			法人机构（个）
	机构个数（个）	从业人数（人）	资产总额（亿元）	
一、大型商业银行	4 316	97 240	28 755.4	0
二、国家开发银行和政策性银行	107	3 787	5 800.6	0
三、股份制商业银行	402	16 868	11 076.8	1
四、城市商业银行	633	18 132	6 980.9	14
五、小型农村金融机构	5 188	67 803	11 713.8	127
六、财务公司	11	456	39.9	9
七、信托公司	2	232	1 181.8	2
八、邮政储蓄银行	2 943	7 733	3 232.4	0
九、外资银行	18	989	414.7	0
十、新型农村金融机构	78	1 873	238.2	58
合　计	13 698	215 113	69 434.5	211

注：营业网点不包括总部；大型商业银行包括中国工商银行、中国农业银行、中国银行、中国建设银行和交通银行；小型农村金融机构包括农村商业银行、农村信用社、农村合作银行；新型农村金融机构包括村镇银行和农村资金互助社。

数据来源：山东银监局。

2. 各项存款快速增长，储蓄存款占比提高。2012年，全省本外币存款增量超过8 000亿元，是上年的1.6倍。受居民收入增长、资本市场低迷等因素共同影响，储蓄存款增长较快，占新增存

① 山东省提出的经济发展战略“转方式、调结构、创新驱动”。

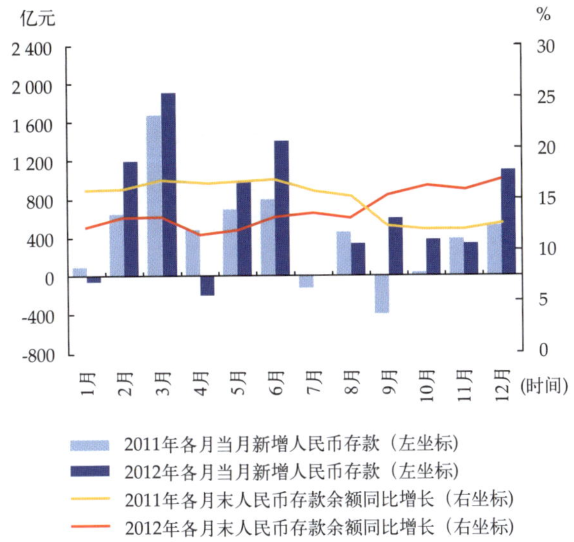

数据来源：中国人民银行济南分行。

图1　2011～2012年山东省金融机构人民币存款增长

款的比重同比提高2.1个百分点。单位存款增势稳定，保证金存款同比多增超200亿元。受前三个季度人民币贬值预期等因素的影响，企业和居民持汇意愿上升，外币存款增速同比提高48.9个百分点。

3. 各项贷款平稳增长，对实体经济支持力度进一步增大。2012年，全省本外币贷款增量连续四年超过5 000亿元，余额同比增长14.3%。短期贷款增量占比为近九年最高，增速超过全部贷款7.8个百分点。受项目投资建设力度加大等因素影响，前两个季度中长期贷款增速回落的势头在第四季度发生改变。外币贷款同比少增11.9亿美元，但第四季度增势明显加快，主要原因是同业代付业务纳入表内，短期贸易融资增加较多。差别准备金动态调控效果显著，地方法人金融机构信贷总量和投放节奏符合稳健货币政策调控要求，七成以上贷款投向“三农”和小微企业。支农再贷款累放同比多增21.2亿元，使用支农再贷款的农合机构和村镇银行涉农贷款新增占比分别高于同类机构平均水平19.2个和24.4个百分点。民族特需用品生产贷款发放量和贴息额居全国前列。

金融支持实体经济“转调创”的积极作用有效发挥。战略性新兴产业、“十大振兴产业”贷款增长迅速，服务业新增贷款超千亿元。新增中小微企业贷款占比近八成，涉农贷款增速高于全部贷款3.9个百分点。金融资源区域布局持续优化，蓝黄“两区”、县域新增贷款占比分别提升5.8个和6.4个百分点。民生领域信贷扶持力度继续加大，保障性住房开发贷款同比增长71.8%。

专栏1　创新订单融资模式　助推农业产业化加快发展

《国务院关于支持农业产业化龙头企业发展的意见》明确提出，要发展订单农业，通过订单稳定生产从而稳定价格。为破解订单农业融资难题、推动订单农业加快发展，中国人民银行济南分行在寿光市创新试点蔬菜订单融资模式，用金融支持订单、订单引导生产、生产稳定市场，助推蔬菜产业健康发展，进一步提高了农业产业化水平。

一、主要做法

一是加强政策扶持。推动潍坊市政府把蔬菜订单融资列入重点工作，协调寿光市政府出台《寿光市农产品订单质押贷款暂行办法》，承诺每年按订单融资新增额的1.5%给予风险补偿。同时，利用支农再贷款引导银行创新订单质押贷款，并视订单质押贷款发放情况适度增加支农再贷款额度。二是搭建金融支持平台。推动各涉农金融机构针对蔬菜生产订单质押贷款制定操作规程，积极创新金融产品和服务；中国出口信用保险公司山东省分公司对蔬菜订单提供信用保险，人保财险山东省分公司推出小额贷款保证保险、农作物种植保险和国内贸易信用保险，覆盖订单融资各个环节；开展期货交易服务，实现果蔬和大宗农产品的中远期电子交易。三是创新订单融资模式。根据不同农产品生产订单的主体，创新两种订单融资模式：第一种模式为“信用评定+农业保险+银行贷款”的法人与农户模式，包括农民专业合作社与农户订单融资和农业龙头企业与农户订单融资两种路径；第二种模式为“信用评级+履约保险+银行贷款”的法人与法人模式，涉及农民专业合作社与大型超市订单融资、农业龙头企业与大型农产品批发市场订单融资。

二、取得的主要成效

一是缓解了农产品供需的结构性矛盾，带动农业产业结构的调整优化。截至2012年年末，寿光市从事蔬菜订单生产的农户达到3.7万户，订单蔬菜种植面积达到55.1万亩；全市形成万亩辣椒、西红柿、韭菜、芹菜、胡萝卜、脱毒山药和3 000多亩无土栽培蔬菜等十几个蔬菜生产基地，年产蔬菜439.1万吨，产值89亿元；创建品牌蔬菜30多个，国家地理标志产品11个，发展蔬菜加工企业170多家，80%以上的农户进入产业化体系。二是切实满足了农户资金需求，支持蔬菜产业做大做强。订单融资模式将农户信贷的有效抵押物由原来的住房、宅基地、蔬菜大棚等扩展到蔬菜生产订单，增加了农民可用、金融机构认可的有效质押物，有效扩大了金融机构对农户的信贷支持范围。2012年，寿光市累计办理农产品订单质押融资贷款4.2亿元，涉及3户龙头企业、30户农民专业合作社和3 022户农户。同时，农户通过订单融资增强了资金实力，可以进一步加大对良种研发的资金投入，提高农产品科技含量。如菜香坊蔬菜专业合作社利用蔬菜订单质押贷款500万元，重点研发小西红柿、无刺黄瓜、大小黄瓜、彩椒等7个高附加值、高科技含量的苗种，大大地提高了蔬菜种植的经济效益。2012年，寿光市研发自主产权国产蔬菜良种10个，同比增加2种；国产蔬菜种苗市场占有率达到50.3%，同比提高8.7个百分点。三是实现企业与农户双赢，辐射带动作用增强。一方面，企业实现“三个可靠”，即加工企业有可靠原料、资本运营有可靠依托，企业发展有可靠保障，如燎原果菜专业合作社与317户农户签订种植收购合同，每年接受蔬菜收购订单7 000多万元，辐射带动全市1.5万户种植户创业和就业。另一方面，农户农产品有稳定的销售渠道，有效保障农户收入的增加。2012年，参与订单农户人均现金收入14 200元，同比提高13.6%，较寿光全市平均水平高26.8%。

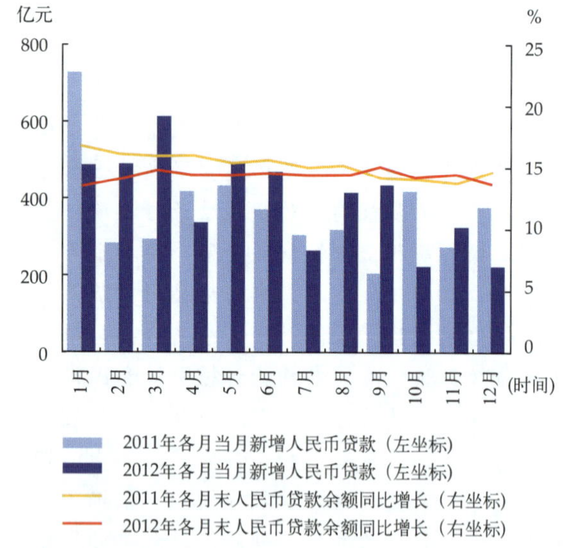

数据来源：中国人民银行济南分行。

图2　2011～2012年山东省金融机构人民币贷款增长

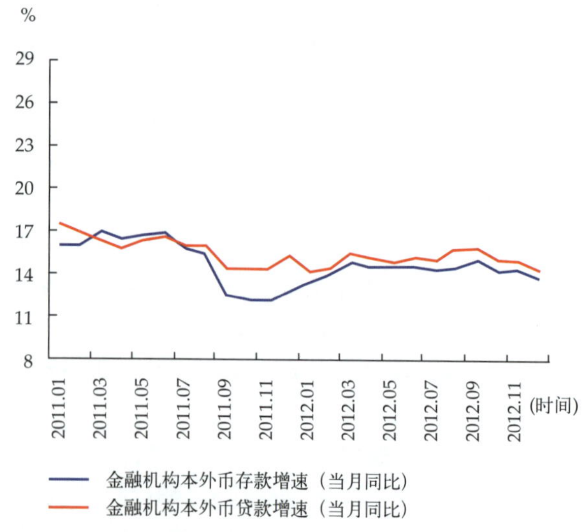

数据来源：中国人民银行济南分行。

图3　2011～2012年山东省金融机构本外币存、贷款增速

4. 表外融资稳定增长，资金运用渠道不断拓宽。2012年，全省表外融资规模继续扩大，相当于同期本外币贷款增量的44.1%，满足企业多元化的资金需求。全年累计开办委托贷款、信托贷款、银行承兑汇票等业务20 126.2亿元，同比多增2 906.9亿元。

5. 贷款利率总体稳定，市场化定价能力逐步增强。人民币一般性贷款（剔除票据融资和住房贷款）利率同比微升，年内呈先升后降走势；票据贴现利率总体下降，年内走势先降后升；固定利率贷款占比同比提高19.8个百分点，上浮利率贷款占比同比提高1个百分点。小企业贷款议价能力有所提高，下浮和基准利率的贷款占比同比提高0.2个百分点。首套房贷利率执行基准和下浮的比例达到三成，二套房贷严格执行1.1倍以上利率。利率浮动空间扩大后，市场运行平稳，存款挂牌利率相对稳定，差异化定价能力逐步提高。民间借贷趋于理性，监测样本发生额同比明显下降，

表2　2012年山东省金融机构人民币贷款各利率区间占比

单位：%

	月份	1月	2月	3月	4月	5月	6月
	合计	100.0	100.0	100.0	100.0	100.0	100.0
	[0.9，1.0)	1.3	1.6	1.8	3.2	2.0	2.6
	1.0	21.6	21.1	25.5	20.0	18.4	21.6
上浮水平	小计	77.1	77.4	72.7	76.8	79.6	75.8
	(1.0，1.1]	23.2	25.0	29.9	20.1	22.6	20.9
	(1.1，1.3]	27.0	26.1	27.3	24.5	27.6	26.1
	(1.3，1.5]	9.5	8.2	6.5	11.4	10.7	10.4
	(1.5，2.0]	13.1	12.8	7.9	15.3	13.9	13.4
	2.0以上	4.4	5.3	1.1	5.5	4.7	5.1
	月份	7月	8月	9月	10月	11月	12月
	合计	100.0	100.0	100.0	100.0	100.0	100.0
	[0.9，1.0)	5.2	6.1	4.6	7.2	5.2	5.1
	1.0	22.8	21.4	22.7	21.9	25.1	23.3
上浮水平	小计	72.1	72.4	72.7	70.9	69.8	71.7
	(1.0，1.1]	23.2	20.6	21.5	18.3	24.1	21.3
	(1.1，1.3]	23.5	24.5	26.0	25.7	27.9	24.7
	(1.3，1.5]	8.7	8.6	9.0	8.6	7.6	9.9
	(1.5，2.0]	11.5	12.9	12.1	12.8	9.1	11.4
	2.0以上	5.2	5.8	4.1	5.5	1.1	4.4

注：2012年8～12月统计数据的下浮区间为[0.7，1.0)。

数据来源：中国人民银行济南分行。

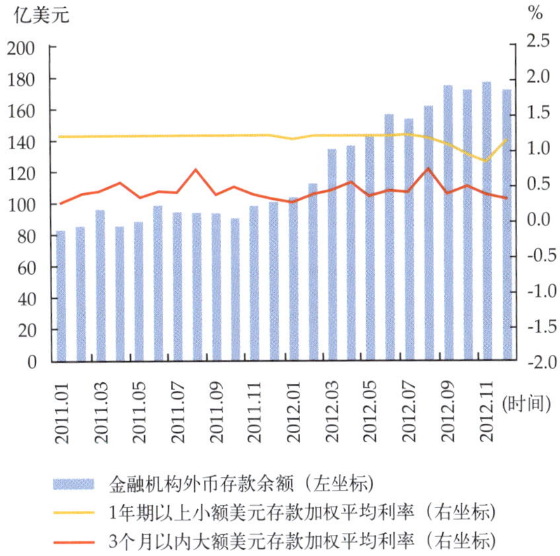

数据来源：中国人民银行济南分行。

图4　2011～2012年山东省金融机构外币存款余额及外币存款利率

利率水平呈下行态势。中小企业仍是民间借贷的主体，发生额占比94.4%。

6. 银行业改革步伐加快，多元化农村金融体系日臻完善。中国农业银行县级“三农金融事业部”改革继续深化，组织架构不断完善。县域金融机构覆盖面明显扩大，全国性金融机构新设县域支行44家，城市商业银行县域覆盖率达到91.2%。农村信用社改革深入推进，年内新组建13家农村商业银行。农村新型金融机构发展迅速，村镇银行达到56家，首家总部设在乡镇的村镇银行获批筹建。小额贷款公司试点数量达到296家，注册资本为325亿元，全年累计发放贷款超千亿元。

7. 跨境人民币业务向纵深推进，辐射面持续扩大。2012年，全省跨境人民币结算额同比增长76.2%，自试点以来累计结算额已达5 809亿元，位居全国前列，人民币作为第二大国际结算币种的地位进一步巩固。跨境业务辐射面进一步扩大，已有47家银行的700余家分支机构办理跨境人民币结算，涉及企业近3 200家，覆盖144个国家和地区。配套措施和金融服务逐步完善，各项业务均衡发展，月度流量规模稳定在300亿元左右。跨境人民币收付是同期涉外收支增速的12倍，跨境

货物贸易人民币结算占同期货物进出口结算额的比重显著提高。

（二）证券业平稳运行，上市融资取得新突破

2012年，全省证券市场融资和资源配置功能进一步增强，证券期货经营机构稳步发展，上市公司融资势头良好，中小企业私募债券试点稳步推进。

1. 市场主体实力进一步增强。证券公司分支机构规模继续扩大，2012年新设营业部17家，营业网点数增至219家。资产总额继续增长，全年实现盈利5.9亿元，管理客户资产总额达到3 096.8亿元。期货公司资本实力明显增强，3家期货公司的注册资本及净资本同比分别增长31.9%和57.9%。期货市场业务量稳步增长，代理交易量同比增长14.8%。

表3　2012年山东省证券业基本情况

项目	数量
总部设在辖内的证券公司数（家）	2
总部设在辖内的基金公司数（家）	0
总部设在辖内的期货公司数（家）	3
年末国内上市公司数（家）	153
当年国内股票（A股）筹资（亿元）	430.9
当年发行H股筹资（亿元）	32.6
当年国内债券筹资（亿元）	1 414.1
其中：短期融资券筹资额（亿元）	470.6
中期票据筹资额（亿元）	572.0

数据来源：中国人民银行济南分行、山东证监局。

2. 证券市场融资功能有效发挥。2012年，全省153家境内上市公司总市值占同期地区生产总值的17.6%。证券市场引导产业结构优化的作用显现，战略性新兴产业和先进制造业企业IPO融资额38.9亿元，占全省IPO融资额的七成以上。上市公司再融资家数和规模不断增加，24家次上市公司再融资233亿元。中小企业私募债券试点成功推进，11家企业备案预备案总金额达到17.7亿元，2家企业已成功发行4亿元。

（三）保险业务结构显著优化，社会保障功能不断增强

2012年，全省保险业发展水平继续全面提升，业务结构调整稳步推进，社会保障水平及效果明显提升。

1. 行业实力继续增强，市场体系更趋完善。2012年，全省保险业总资产同比增长15.4%，新增保险公司2家，驻鲁保险公司总数达77家。总部设在济南的中德合资德华安顾人寿保险公司获批筹建。保险业辐射能力大大增强，县域机构数量不断增加，增设县域分支机构206家，从业人数持续扩大达51.5万人。

表4　2012年山东省保险业基本情况

项目	数量
总部设在辖内的保险公司数（家）	1
其中：财产险经营主体（家）	1
人身险经营主体（家）	0
保险公司分支机构（家）	77
其中：财产险公司分支机构（家）	35
人身险公司分支机构（家）	42
保费收入（中外资，亿元）	1 128.0
其中：财产险保费收入（中外资，亿元）	382.6
人身险保费收入（中外资，亿元）	745.5
各类赔款给付（中外资，亿元）	324.6
保险密度（元/人）	1 170.0
保险深度（%）	2.3

数据来源：山东保监局。

2. 业务规模稳步扩大，市场创新日趋活跃。全省保费收入同比增长8.9%，高于全国0.9个百分点，稳居全国第3位；累计承担各类风险责任19.4万亿元，赔付金额同比增长19.7%。人身险业务结构持续优化，个人代理业务占比高于全国4.4个百分点。财产险公司承保利润增长15.6%，居全国首位。责任险发展迅速，保费增速高于整体水平18.6个百分点。出口信用保险快速发展，为近1 500亿元的外贸出口提供风险保障。安全生产责任险保持良好发展势头，特种设备责任险、环境污染责任险试点启动。涉农保险对弱势产业保障功能日益凸显，农业保险承保种植业面积、保障金额均

为上年的1.5倍，政策性农业保险保费收入同比增长168.6%。

（四）金融市场交易活跃，融资结构持续改善

2012年，全省金融市场资源配置功能有效发挥，多层次融资格局进一步优化。

1. 直接融资发展势头强劲，融资渠道更趋多元化。2012年，全省融资结构继续优化，直接融资规模增长较快，股票债券融资额为上年的1.4倍。银行间市场融资规模提高，中小企业集合票据发行量居全国第一。区域集优债务融资试点稳步推进，14家企业发行区域集优票据13.3亿元。率先开展中小企业私募债券试点、区域股权交易市场建设工作，齐鲁股权托管交易中心挂牌企业数量和市值居全国第二，累计实现私募融资15亿元。各资产管理公司通过直接融资、融资租赁等形式为全省重点项目提供资金近百亿元。

2. 银行间市场交易量稳步增长，市场利率略有下降。2012年，全省银行间市场成员累计成交13.0万亿元，现券成交量同比增加90%。短期头寸调节作用明显，14天以内回购交易与同业拆借业务占据市场绝对主力。市场成员持债余额增长较快，同比增长25.1%。同业拆借、质押式回购利率均有所下降，现券买卖加权到期收益率同比下降33个基点。

表5　2001～2012年山东省非金融机构部门融资结构

单位：亿元、%

年份	融资量	比重		
		贷款	债券（含可转债）	股票
2001	901.1	90.0	0.0	10.0
2002	1 571.9	96.6	0.0	3.4
2003	2 051.8	97.4	0.0	2.6
2004	1 695.8	91.6	2.9	5.5
2005	2 123.8	95.7	2.6	1.7
2006	2 820.4	89.8	6.5	3.7
2007	2 585.1	79.6	9.7	10.7
2008	3 574.5	87.1	6.5	6.4
2009	7 150.5	90.3	6.5	3.2
2010	6 015.6	85.6	7.4	7.0
2011	6 263.9	80.3	12.0	7.7
2012	7 222.7	74.0	19.6	6.4

数据来源：中国人民银行济南分行。

3. 票据市场趋于活跃，贴现利率下行。2012年，全省银行承兑汇票累计签发额、票据贴现累计发生额同比分别增长24.3%和44.3%。前三个季度票据融资同比多增832亿元，第四季度受实体经济信贷需求回升影响，金融机构压缩票据融资增加信贷投放空间，票据融资新增占比较前三个季度回落6.4个百分点。再贴现办理量与上年基本持平，有效加大对涉农和中小企业的融资支持。票据利率总体下行，年末银票直贴利率、买断式转贴现利率分别比年初下降5个和3个百分点。

表6　2012年山东省金融机构票据业务量统计

单位：亿元

季度	银行承兑汇票承兑		贴现			
			银行承兑汇票		商业承兑汇票	
	余额	累计发生额	余额	累计发生额	余额	累计发生额
1	7 507.3	4 068.5	1 478.0	2 978.4	118.6	206.6
2	8 412.1	8 859.3	1 870.0	6 730.8	174.2	550.6
3	8 758.1	12 687.7	2 085.2	10 576.9	156.9	797.2
4	8 598.3	17 335.6	1 985.1	13 987.1	117.9	1 241.0

数据来源：中国人民银行济南分行。

表7　2012年山东省金融机构票据贴现、转贴现利率

单位：%

季度	贴现		转贴现	
	银行承兑汇票	商业承兑汇票	票据买断	票据回购
1	7.4403	8.4377	7.0692	5.3939
2	5.4176	6.8763	5.5665	4.2949
3	5.4329	6.3453	5.0850	4.3409
4	5.7774	6.7378	5.0547	4.7496

数据来源：中国人民银行济南分行。

4. 银行间外汇市场增长较快，黄金市场较为低迷。2012年，全省银行间外汇市场成员成交量同比增长17.5%，“远期-全额”交易翻倍。13家黄金市场上交所会员单位累计成交量同比增长19%。自营量比例同比下降5.3个百分点，产金炼金企业仍是交易主力。纸黄金交易量较2011年同期下降2.7%，成交额及成交价格小幅上涨，分别

增加1.6%和1.9%。

（五）金融生态环境建设成效明显，金融服务覆盖面有效提升

2012年，全省金融生态环境建设全面推进，金融发展环境持续优化。继续强力推进农村支付环境建设，7月末在全国率先实现“双百目标”。建立社会信用体系建设省级联席会议制度，建立中小企业、农户信用档案16.2万和1 115万个。开发并试运行“金融机构管理与服务系统”，全省17市和92个县设立金融消费者申诉处理中心，共受理投诉611起，办结率为99.7%。全面启动“送金融知识进村社企校”活动，三年内争取走进80%以上村庄和社区、60%以上企业和学校。制定完善打击和处置非法集资工作综合治理考评体系，妥善处理涉及山东省全国性非法集资案件13起。

专栏2　山东省在全国率先实现行政村金融基础设施100%全覆盖

近几年，中国人民银行济南分行始终坚持将加强农村支付服务环境建设作为金融服务履职的重点，坚持市场培育和政策扶持双轮驱动，推进“以普惠制为核心，以‘三农’金融需求为导向，多层次、低成本、可持续的农村金融支付服务体系”建设。2012年，济南分行在山东省范围内开展农村支付环境建设“双百目标年”活动，以村域非现金受理环境建设为攻坚点，于7月31日实现了“全省71 073个行政村金融基础设施100%全覆盖、100%的县域以下各类银行机构参与农村支付环境建设”的“双百目标”，将现代化支付体系建设成果普惠至所有乡村。

一、以“一把手”工程为总揽，加大农村支付环境建设的组织推动力度

济南分行主要负责人担纲建设工作总指挥，抓建设目标规划，部署下发《关于开展山东省农村支付环境建设“双百目标年”活动的意见》；抓重大问题协调，通过人大代表提案等方式为农村支付环境建设争取扶持政策；抓工作督促落实，将建设工作确定为县支行履职能力建设的总抓手和中心支行年度考核“一票否决”事项。全省建设工作实现了从支付结算部门“单兵作战”到与货币信贷政策传导、农村社会信用体系建设等协同推进的转变。

二、以市场机制为基石，拓宽农村支付环境建设的普惠面

重视发挥市场机制在金融资源要素配置方面的基础性作用，引导县域所有银行参与农村支付服务市场。一是将建设工作成效纳入对金融机构的综合评价和考核表彰，引导其挖掘农村市场盈利点；二是支持相关机构开展支付结算业务协作，因地制宜培育推广了商河“三农”自助服务区模式、东营蒜薹收购结算模式等非现金结算模式，提高银行卡在农村的渗透率；三是注重激发各参与主体的竞争活力。各国有商业银行和股份制银行通过在县域增设网点、延伸电子服务渠道等方式渗透农村市场，村镇银行、支付机构等新兴组织也参与到细分市场竞争中。各涉农银行研发推广农民金融自助服务终端等创新型金融支付机具，加强乡村银行卡受理环境建设，三家涉农银行3年来在县域的金融支付机具投入超过20亿元。

三、以督导扶持机制为依托，增强农村支付环境建设的推进合力

一是建立建设数据统计及通报督促机制，了解全省建设进度，营造良性竞争氛围；二是建立农村支付环境建设正向激励机制，对建设工作有成效的银行在中国人民银行业务系统准入、支农再贷款等方面给予重点支持，仅在2012年就为957家县域银行举办专场支付系统准入考试19场；三是积极争取政府优惠扶持政策，为金融机构拓展农村支付服务市场向省委省政府争取补贴优惠，推动各地出台农村支付环境建设优惠支持政策，全省共有11个地市、24个县（市）以政府名义出台了加强农村支付

环境建设的专门文件。

四、以宣传教育和风险防控为着力点，营造农村地区安全支付的良好氛围

2012年在全省开展各类宣传活动880余次，发放宣传资料76万余份，宣传活动遍及全省所有乡镇；组织全国性及省市有关媒体分赴十余县（市）实地采访，《金融时报》多次以头版头条或专栏连载形式报道；组织相关机构在《大众日报》等报刊上刊登助农取款服务宣传文章；组织编撰出版《农村金融实用知识读本》、《汇通天下：支付结算知识漫谈》科普读物并在农村发放。下发农村支付服务风险防范专门文件，努力在农村营造安全支付氛围。

农村支付环境建设"双百目标"的实现，标志着山东省广覆盖、低成本、多层次、可持续的农村支付服务网络基本成型，现代化支付体系建设成果惠及全省8 170万名农村居民，全省城乡支付服务差距进一步缩小，金融支付服务城乡一体化的进程加快。

二、经济运行情况

2012年，全省经济呈现稳中有进的发展态势，三次产业持续优化，物价涨幅总体回落，节能降耗成效显著，经济总量和人均地区生产总值分别突破5万亿元和8 000美元，经济社会发展质量和效益进一步提高。

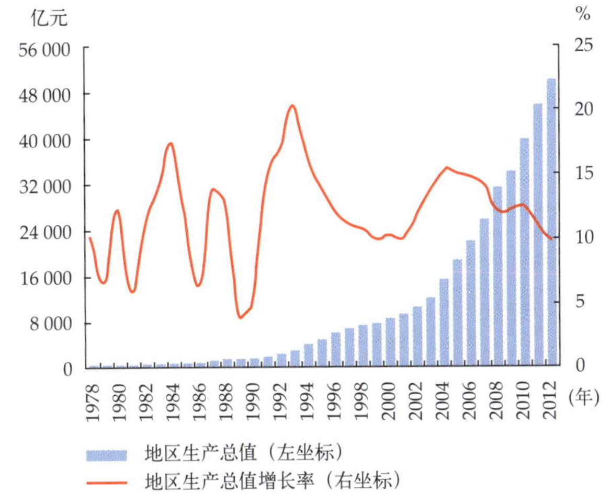

数据来源：山东省统计局。

图5　1978～2012年山东省地区生产总值及其增长率

（一）内外需求协调增长，经济平稳健康发展

2012年，全省固定资产投资增长较快，结构进一步优化，居民消费旺盛，对外贸易缓中企稳，经济增长的内外需动力更趋协调。

1. 投资结构更趋优化，产业转移有序推进。2012年，全省固定资产投资增速高位趋稳，同比回落1.3个百分点；三次产业投资比例持续发生积极变化，服务业投资占比超过50%。民间投资占比超过80%，经济内生活力不断增强。技术改造投资占工业投资比重超过60%，创新能力不断提高。重点区域投资带动作用突出，山东半岛蓝色经济区、黄河三角洲高效生态经济区、省会城市群经济圈、鲁南经济带等重点区域融合发展态势良好。产业转移实现新突破，淄博（宁夏石嘴山）工业园、海尔(成都天府新区)创新园区、山钢集团产业援疆等重点项目进展顺利。

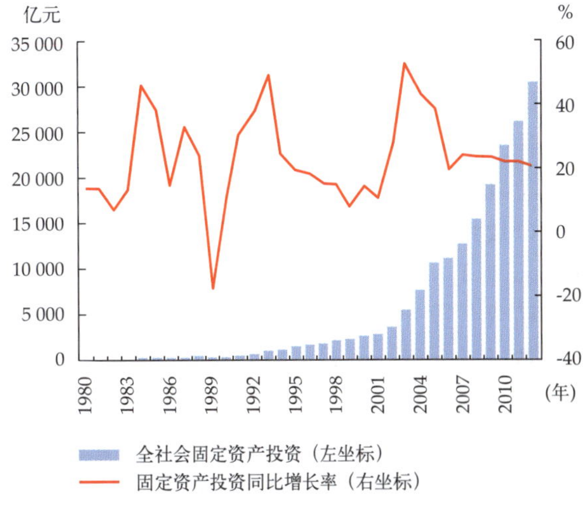

数据来源：山东省统计局。

图6　1980～2012年山东省固定资产投资及其增长率

2. 城乡消费稳中趋升，消费结构升级加速。2012年，全省城镇居民人均可支配收入实际增速和农村居民人均纯收入实际增速分别高于同期地区生产总值增速0.9个和1.2个百分点，为消费市场稳定增长提供了有力支撑，全省社会消费品零售额同比增速高于全国0.7个百分点。消费结构升级加速，汽车、家具、服装等热点商品销售旺盛。城乡市场协调发展，城乡消费增速差同比收窄1.8个百分点，农村消费市场潜力进一步激活。

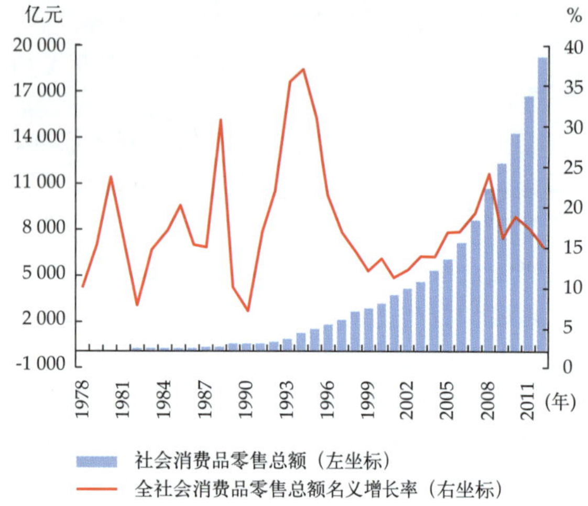

数据来源：山东省统计局。

图7　1978～2012年山东省社会消费品零售总额及其增长率

3. 对外贸易增速放缓，市场格局更趋多元化。2012年，受世界经济增长乏力、贸易保护主义等因素的影响，全省进出口总额增速同比回落20.7个百分点，贸易顺差额同比下降23.2%，延续近四年以来的下降趋势。对欧盟、韩国等传统市场出口放缓，对美、日出口保持平稳，对东盟、非洲、南美洲和大洋洲等新兴市场出口增长加快。私营企业外贸活力不断增强，进出口增速高于全省18.1个百分点，占全省贸易总额的比重为38.7%。

利用外资结构优化，对外经济合作进展顺利。全年新签合同外资额增长4.9%，实际到账外资增长10.7%。其中，新批服务业投资项目637个，实际到账44.7亿美元，世界500强企业投资项目53个，实际到账9亿美元。境外投资步伐加快，

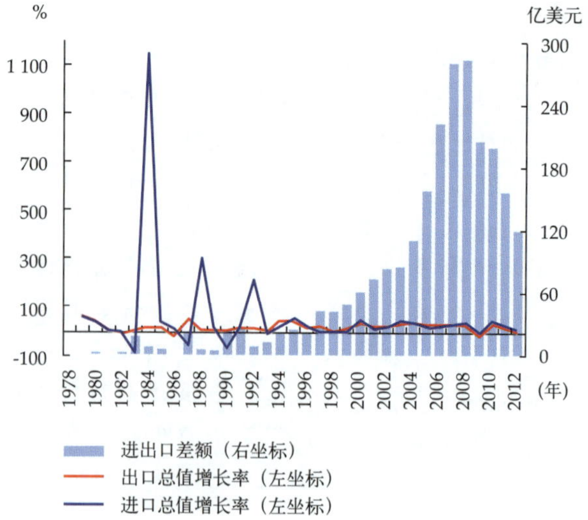

数据来源：山东省统计局。

图8　1978～2012年山东省外贸进出口变动情况

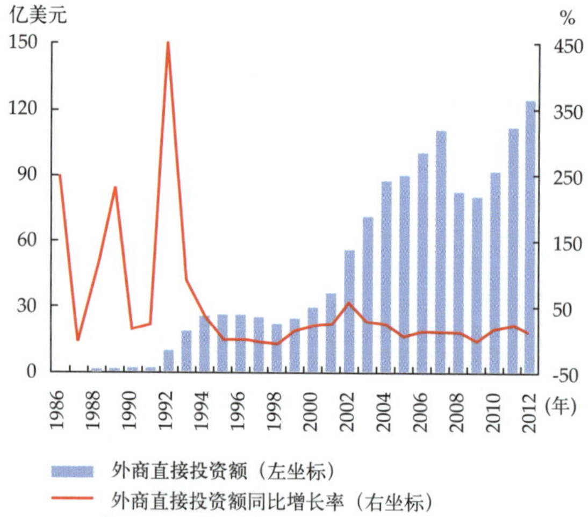

数据来源：山东省统计局。

图9　1986～2012年山东省外商直接投资额及其增长率

协议投资总额同比增长49.7%。对外承包工程和劳务合作稳步发展，完成营业额81.1亿美元，外派各类劳务人员51 425人。

（二）“转调创”成效显著，产业发展可持续性增强

2012年，全省加快经济发展方式转变步伐，突出“转调创”三项重点，三次产业协调发展，

产业结构更趋合理。三次产业比例由上年的8.8：52.9：38.3调整为8.6：51.4：40.0。

1. 农业生产稳定增长，基础地位更趋稳固。2012年，全省农业生产克服干旱、风雹、洪涝等多种灾害的不利影响，粮食总产量实现"十连增"。粮食生产机械化程度逐步提高，小麦和玉米的机收率分别达到98%和85%。农产品质量安全水平进一步提升，无公害产地认定面积为121.5万公顷，"三品一标"[①]产品5 740个，新登记为1 615个。农业科技支撑和服务能力进一步增强，农产品技术含量及附加值不断提高。农业基础设施建设扎实有效，农田有效灌溉面积为499.7万公顷。农村生产生活条件持续改善，农作物生产综合机械化水平达到78.2%，自来水普及率达到92%，新建农村户用沼气池12.3万户。新型农村合作医疗参合率达99.9%。

2. 工业生产缓中趋稳，质量效益同步提升。全年工业呈现低开高走、轻重工业协调发展的良好态势，工业增加值增速高于全国1.4个百分点，同比提高1.3个百分点。私营企业工业增加值增长16.7%，高于全省5.6个百分点。工业产销衔接良好，产销率高于全国0.8个百分点，主营业务收入增速高于东部地区[②]7个百分点。企业效益稳步提高，利税、利润总额均居全国首位。自主创新能力不断增强，国家超级计算济南中心、海洋科考船、济南国家新药研发综合大平台等项目基本建成。全年发明专利申请量增长57.6%，占全部专利申请量的比重同比提高8.0个百分点。

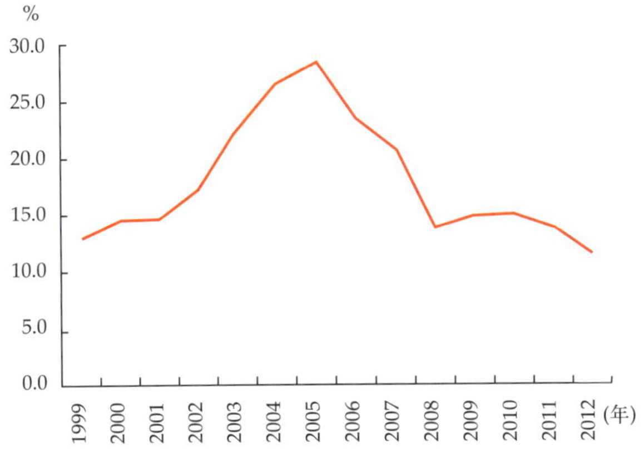

数据来源：山东省统计局。

图10　1999～2012年山东省规模以上工业增加值同比增长率

3. 服务业发展质效提高，改革实现新突破。2012年，全省服务业增加值增速高于全国平均水平1.7个百分点，占地区生产总值的比重同比提高1.7个百分点。服务业财政性投入持续增加，项目数量和资金规模位居全国前列。济南"五大服务业中心"建设[③]和青岛"六大产业"改革[④]两个国家级服务业改革试点项目进展顺利，11个省级综合改革试点全面推进。服务外包持续快速发展，离岸执行额实现连续四年"倍增"。登记承接服务外包合同、合同金额和执行金额分别同比增长47.7%、74.7%和93.5%。

（三）物价涨幅总体回落，就业形势基本稳定

2012年，全省积极巩固物价调控成果，物价涨幅总体回落，全年走势稳中趋降。

1. 居民消费价格逐季度走低，食品价格涨幅回落是主因。2012年，全省CPI涨势趋缓，涨幅同比回落2.9个百分点，为三年来最低，低于全国平均水平0.5个百分点。1月涨幅达到峰值4.7%，之后逐步回落；4月后全部低于3%，进入温和上涨区间。食品价格涨幅回落成为CPI下降的首要因素，城市价格涨幅高于农村0.1个百分点。

2. 工业生产者价格同比下降，农业生产资料价格明显回落。2012年，全省工业生产者价格累计涨幅低开低走，总体回落，出厂价格和购进价格分别同比下降1.6%和0.8%。购进价格回落速度快于出厂价格，购销"剪刀差"逐步缩小。轻工业价格相对稳定，重工业价格降势较为明显。初

①无公害农产品、绿色食品、有机农产品和农产品地理标志。
②包括北京、天津、河北、上海、江苏、浙江、福建、山东、广东、海南。
③区域性信息服务中心、现代物流中心、金融服务中心、文化旅游中心和商务会展中心。
④金融、现代物流、旅游、科技、信息、文化创意。

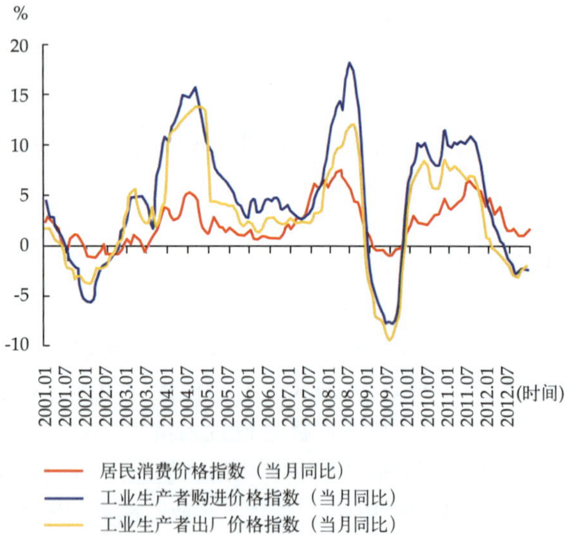

数据来源：山东省统计局。

图11　2001～2012年山东省居民消费价格和生产者价格变动趋势

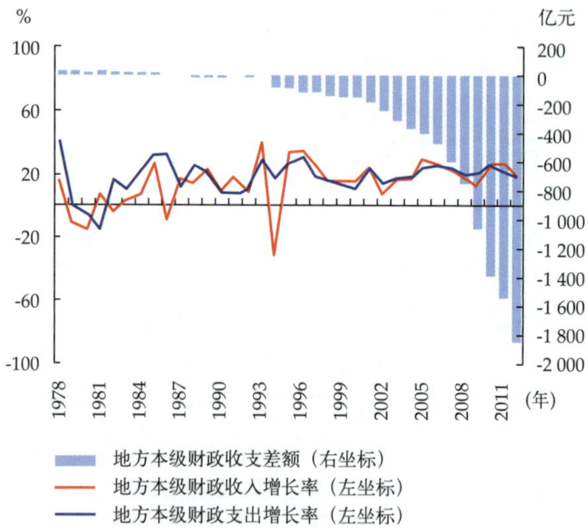

数据来源：山东省统计局。

图12　1978～2012年山东省财政收支状况

级、中间产品价格下降，最终产品价格上涨。农业生产资料价格涨幅同比缩小5.2个百分点，农业生产经营成本压力有所减轻。农产品生产价格平稳增长，棉花价格止跌回升，蔬菜价格涨幅较大。

3. 就业形势基本稳定，劳动力价格继续增长。2012年，全省连续第九年实现城镇新增就业和农村劳动力转移就业“双过百万”，均完成目标的110%以上。年末城镇登记失业率为3.3%，低于全国0.8个百分点。失业人员再就业55.6万人，零就业家庭全部实现动态消零。劳动力成本稳定增长。城镇最低工资标准平均上调16%，农村最低生活保障年人均为2 214元，同比增长30.8%。

（四）财政收入增势平稳，支出结构继续倾向民生

2012年，全省公共财政预算收入同比增长17.5%，税收收入占比略有下降。与经济高度关联的主体税种增长乏力，企业增值税、所得税增速分别为5.9%、10.9%，均为近三年来最低水平。支出结构不断优化，农业、教育、医疗卫生、社会保障、住房等民生领域支出增长较快，增速高于全省财政支出平均水平2.6个百分点，投入占比连续五年过半。财政资金支出更加均衡，12月支出占全年的比重为五年来的最低水平。营业税改增值税准备工作全面启动。

（五）环境质量有效改善，生态山东建设稳步推进

2012年，山东省启动“让江河湖泊休养生息的示范省、探索中国环境保护新道路的先行区”建设，节能降耗、环境保护工作加快推进。万元GDP能耗降低率超额完成年度和进度目标任务，实施完成中央、省级节能产业化和技改项目264个，455户企业完成落后产能淘汰。圆满完成国家第二批资源产出率统计试点任务，新培育国家级园区循环化改造示范试点2个、省级循环经济示范工程15个。逐步探索出“治用保”流域治污新模式，省控59条重点河流COD和氨氮年均浓度分别下降6.3%和18.3%。建立大气污染防治工作的长效机制，创造性提出“蓝天白云、繁星闪烁”空气能见度指标。新建省级自然保护区1个，新增国家级生态乡镇79个。湿地面积恢复增加到178.5万公顷，森林覆盖率达到23.5%，农村生态文明建设不断推进，生态文明水平进一步提升。

（六）房地产调控效果显现，旅游业快速发展

1. 房地产市场健康发展，房地产金融稳健运行。2012年，全省房地产市场整体运行平稳，房地产贷款增速下降，差别化房贷政策有效落实。

（1）开发投资增速呈“U”形走势，资金来源内生性增强。2012年，房地产开发投资增速低位运行，下半年筑底回升。住宅投资增速明显下滑，商业地产投资占比提高。开发企业自筹资金占比同比上升2个百分点，贷款占比同比下降18个百分点，开发投资到位资金增速同比降低13个百分点。

（2）市场供给增速回落，保障性住房建设加快。2012年，受销售下滑及资金紧张影响，房地产企业土地购置行为趋于谨慎，土地购置面积、新开工面积、竣工面积增速同比均回落。年末热点城市黄金地段的土地成交出现回暖，个别地块成交单价上涨较快。保障性安居工程加快实施，新开工34.3万套，开工完成率为116%，竣工20.5万套，竣工完成率为173.9%，提前完成国家下达的任务目标。

（3）市场需求低位回升，宏观调控效果显现。2012年，全省商品房销售面积、销售额增速

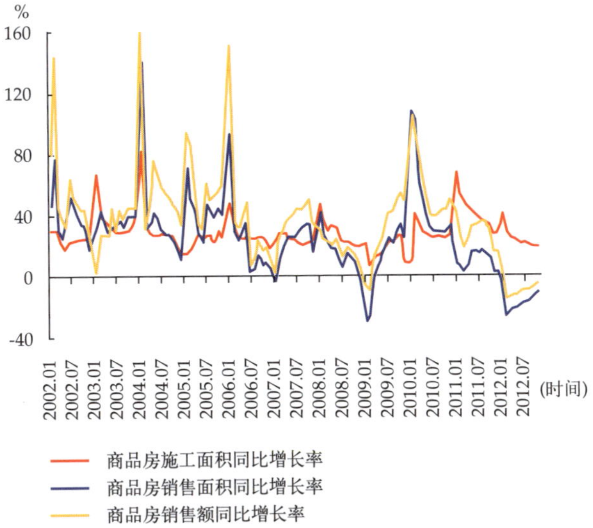

数据来源：山东省统计局。

图13　2002~2012年山东省商品房施工和销售变动趋势

3月降至低谷，后逐季度回升，全年增速分别比上年回落9.9个和3.5个百分点。住宅和商业营业用房销售不旺，办公楼销售较快。沿海限购城市房地产销售增速明显低于内陆城市。

（4）重点城市房价同比下降，个别二、三线城市涨幅较大。2012年，重点城市青岛新建住宅价格指数连续10个月同比下跌。但个别二、三线城市处于城镇化的快速上升期，房地产发展潜力较大，住房价格上涨较快。

（5）房地产金融运行平稳，保障性住房贷款增长较快。全省房地产贷款增速同比下降0.5个百分点，低于各项贷款增速1.4个百分点。个人住房贷款增速高于开发贷款，保障性住房开发贷款增长71.9%，高于全部房地产开发贷款增速74个百分点。

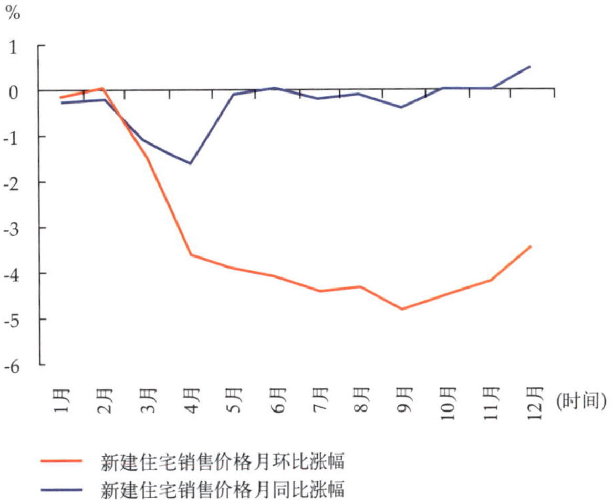

数据来源：山东省统计局。

图14　2012年青岛市新建住宅销售价格变动趋势

2. 旅游业快速发展，金融支持力度加强。2012年，全省旅游业加快建设步伐，产业环境和产业结构逐步优化，成为全省经济新的增长点。全年旅游总收入突破4 000亿元，占全省地区生产总值的9%。完成旅游投资1 300亿元，持续推进重点旅游项目建设，城市旅游目的地体系更加完善，“好客山东”品牌进一步唱响全国。台儿庄古城、烟台三仙山进入国家5A级景区行列，全省5A级旅游景区达到8家，规划建设的旅游小镇达到

120个，培育旅游强乡镇247个、特色村184个，农业旅游示范点380个、好客人家农家乐627个。

中国人民银行济南分行深入贯彻落实《关于金融支持旅游业加快发展的若干意见》，大力引导全辖金融机构把旅游业作为优先支持行业，加大信贷创新力度。在全国率先推出并成功运作“旅游景区门票收费权质押”业务，发行了“好客山东”中银信用卡、“蔚蓝青岛”中银信用卡、“阳光好客容易行联名信用卡”等，景点布放ATM、外币代兑点个数明显增加。

（七）蓝黄“两区”重点引领，区域经济协调互动

2012年，全省区域发展战略全面推进，蓝黄“两区”在产业集群、特色园区培育、生态保护、未利用土地开发等方面取得积极进展，生产总值增长率分别高于全省0.9个和2个百分点。按照“突出重点、培植优势”的要求，金融支持力度继续加大，全年“两区”新增贷款分别占全省的53.4%和15.3%，新发中小企业集合票据和区域集优债券17.8亿元；安排省级“两区”政府专项资金28亿元，合作贷款12.1亿元，扶持294个重点项目；产业投资基金总规模达350亿元；产权交易等资本服务市场率先试行，受理项目金额近60亿元。在“两区”重点带动下，省会城市群经济圈、鲁南经济带建设步伐加快，日照钢铁精品基地和青钢搬迁项目获得国家批准，聊城、菏泽两市及东平县纳入国家中原经济区规划，全省区域经济呈现协调、融合、联动的良好态势。

三、预测与展望

2013年，山东省经济将继续保持平稳健康发展态势，预计全省地区生产总值增速将高于全国。

从国际看，世界经济低速增长态势还在延续，欧美主权债务危机存在较大不确定性，全球经济增长动能仍显不足。从国内看，经济增长面临的积极因素增多，但经济发展中不平衡、不协调、不可持续的问题依然存在。从省内看，蓝黄“两区”的加快发展，传统产业升级和战略性新兴产业发展的“双轮驱动”以及民间资本积极参与建设，都将为经济发展注入持续动力；城镇化稳妥推进，铁路、公路、水利工程等一批基础设施和重点项目加快建设，将稳定投资增长；收入分配制度改革持续推进，新消费领域不断拓展，现代商贸流通体系和消费环境进一步改善将提升居民消费意愿，消费需求稳中有升。总体来看，2013年山东经济将实现持续平稳健康发展。

从物价走势看，总需求温和扩张、食品价格稳中有升、生产要素成本加速上升、全球流动性宽松等因素将推动价格上行。中央银行继续实施稳健货币政策、粮食产量稳定增长等因素，有助于物价保持基本稳定。

从金融形势看，2013年，山东省金融的资源配置功能将继续加强，货币信贷平稳运行的有利因素较多，但总量调控的压力依然较大，潜在金融风险需要引起关注。中国人民银行济南分行将按照“稳中求进”的总体要求，以优化信贷结构为着力点，认真贯彻落实稳健的货币政策，提高金融服务实体经济的质量和水平。保持地区货币信贷总量和社会融资规模平稳适度增长，把握信贷投放的节奏，加大对重点在建续建项目、“三农”、小微企业、现代服务业、新兴产业的支持力度，努力支持就业、扶贫、助学等民生工程。积极推进金融创新，深化金融改革，及时有效防范和化解潜在金融风险。

中国人民银行济南分行货币政策分析小组
总　纂：杨子强　肖龙沧
统　稿：孙华荣　谢　伟　向　珂　杨金栋　王俊豪
执　笔：孙欣华　平晓冬　曹妹娟　刘爱鹏　郑玉宝　孙　健
提供材料的还有：徐旭先　孔　哲　王兆旭　刘剑涛

附录

（一）2012年山东省经济金融大事记

1月17日，山东省“一行四局”（中国人民银行济南分行、山东银监局、证监局、保监局和外汇局山东省分局）创新开展金融统计数据联合通报，为公众一次性提供准确、及时、完整的金融数据。

5月8日，山东省文化体制改革工作会议和文化产业投资基金揭牌仪式在济南举行。

5月10日，山东省钢铁产业结构调整试点工作正式开始。

6月1日，山东省首张新开户企业机构信用代码证和首张存量企业客户机构信用代码证成功发放，标志着山东省机构信用代码推广工作正式开始。

7月31日，山东省作为全国首个省份，率先实现“71 073个行政村金融基础设施100%全覆盖、100%的县域以下各类银行机构参与农村支付环境建设”的农村金融支付服务环境建设工作“双百目标”。

10月1日，全国第一支海洋经济发展的产业投资基金——蓝色经济区产业投资基金在济南设立，首期募集的38.4亿元将投向山东半岛蓝色经济区的海洋产业项目。

11月23日，山东省正式印发《关于加快科技成果转化提高企业自主创新能力的意见(试行)》，允许和鼓励职务发明成果的所得收益按至少60%、最多95%的比例划归参与研发的科技人员及其团队拥有。

12月10日，山东省支付清算协会正式成立。

12月22日，金融风险定量计算与控制协同创新中心成立暨签约仪式在济南举行。

（二）2012年山东省主要经济金融指标

表1 2012年山东省主要存贷款指标

		1月	2月	3月	4月	5月	6月	7月	8月	9月	10月	11月	12月
本外币	金融机构各项存款余额（亿元）	46 938.2	48 193.5	50 225.9	50 041.4	51 044.9	52 558.3	52 543.8	52 915.1	53 593.5	53 948.5	54 313.0	55 386.4
	其中：储蓄存款	23 254.4	23 426.2	24 201.4	23 874.2	24 310.3	25 215.0	25 022.7	25 280.0	25 943.9	25 751.1	25 979.1	26 494.1
	单位存款	21 433.0	22 329.8	23 725.7	23 745.7	24 273.6	24 822.6	24 913.4	25 161.3	25 214.9	25 574.8	25 678.2	26 512.4
	各项存款余额比上月增加（亿元）	-46.6	1 255.3	2 032.3	-184.5	1 003.5	1 513.4	-14.5	371.3	678.5	354.9	364.6	1 073.4
	金融机构各项存款同比增长（%）	12.4	13.5	13.5	11.8	12.2	13.4	13.7	13.3	15.6	16.4	16.1	17.2
	金融机构各项贷款余额（亿元）	38 050.2	38 486.3	39 139.8	39 467.2	40 026.7	40 590.8	40 828.9	41 456.6	42 038.5	42 353.9	42 684.7	42 899.9
	其中：短期	18 675.1	19 038.3	19 578.2	19 770.6	20 038.3	20 515.0	20 662.6	20 943.8	21 460.1	21 791.7	22 083.2	22 369.4
	中长期	16 732.6	16 769.7	16 778.0	16 757.4	16 791.6	16 777.3	16 736.8	16 795.0	16 865.9	16 913.6	16 997.6	17 006.9
	票据融资	1 426.2	1 529.5	1 596.4	1 714.7	1 960.7	2 044.4	2 172.5	2 251.9	2 242.3	2 185.9	2 194.7	2 105.7
	各项贷款余额比上月增加（亿元）	495.4	436.1	653.4	327.4	559.5	564.1	238.1	627.7	581.9	315.4	330.7	215.2
	其中：短期	349.8	363.2	539.9	192.5	267.7	476.7	147.5	281.2	516.3	331.7	291.4	286.3
	中长期	84.0	37.1	8.3	-20.6	34.2	-14.4	-40.5	58.2	70.9	47.7	84.0	9.4
	票据融资	40.8	103.3	66.9	118.3	246.0	83.7	128.1	79.4	-9.6	-56.4	8.8	-89.0
	金融机构各项贷款同比增长（%）	14.2	14.5	15.5	15.2	14.8	15.2	15.0	15.8	15.9	15.1	14.9	14.3
	其中：短期	19.2	20.0	22.1	21.3	21.3	22.4	22.3	22.2	23.1	22.4	22.5	22.1
	中长期	6.9	5.9	4.6	3.5	3.1	2.4	1.6	1.7	2.1	2.1	2.1	2.3
	票据融资	11.6	24.7	40.8	53.3	67.3	72.6	74.6	71.0	77.5	71.6	73.0	52.0
	建筑业贷款余额（亿元）	985.9	994.6	1 030.0	1 046.1	1 074.5	1 119.8	1 142.9	1 167.6	1 185.1	1 209.0	1 220.3	1 218.8
	房地产业贷款余额（亿元）	1 694.3	1 696.8	1 684.0	1 665.0	1 682.0	1 664.5	1 657.0	1 654.6	1 663.6	1 658.9	1 666.6	1 684.2
	建筑业贷款同比增长（%）	26.3	25.7	26.5	23.4	24.6	26.7	26.9	28.6	29.4	30.0	28.5	23.8
	房地产业贷款同比增长（%）	6.2	6.0	5.2	2.4	2.1	0.0	-0.4	0.0	0.8	0.3	0.6	0.6
人民币	金融机构各项存款余额（亿元）	46 280.0	47 477.4	49 377.1	49 174.4	50 149.2	51 568.8	51 570.9	51 891.9	52 486.4	52 863.1	53 202.1	54 301.5
	其中：储蓄存款	23 126.6	23 303.1	24 069.4	23 740.8	24 166.7	25 075.2	24 886.4	25 145.3	25 811.0	25 609.3	25 834.5	26 343.3
	单位存款	20 935.9	21 764.9	23 051.4	23 042.0	23 555.6	24 018.0	24 126.3	24 313.8	24 271.7	24 673.7	24 748.7	25 601.0
	各项存款余额比上月增加（亿元）	-63.7	1 197.5	1 899.6	-202.7	974.8	1 419.6	2.1	321.0	594.5	376.8	338.9	1 099.4
	其中：储蓄存款	953.3	176.5	766.3	-328.6	425.9	908.6	-188.9	258.9	665.7	-201.7	225.2	508.8
	单位存款	-1234.1	829.0	1286.5	-9.4	513.5	462.4	108.3	187.5	-42.1	402.0	75.0	852.3
	各项存款同比增长（%）	12.4	13.5	13.5	11.8	12.2	13.4	13.7	13.3	15.6	16.4	16.1	17.2
	其中：储蓄存款	13.1	12.5	13.0	13.0	14.2	16.0	16.5	17.6	19.1	19.6	19.5	18.8
	单位存款	10.0	12.9	13.6	10.2	10.0	10.9	11.8	10.2	12.9	14.0	13.2	15.5
	金融机构各项贷款余额（亿元）	35 700.1	36 194.3	36 811.9	37 149.9	37 648.6	38 122.5	38 390.7	38 806.3	39 241.9	39 467.9	39 794.0	40 021.5
	其中：个人消费贷款	4 773.4	4 799.8	4 858.2	4 874.8	4 906.7	4 959.8	4 997.7	5 055.5	5 136.5	5 174.2	5 242.7	5 291.5
	票据融资	1 426.2	1 529.4	1 596.3	1 714.6	1 960.7	2 044.3	2 172.3	2 251.7	2 242.1	2 185.7	2 194.6	2 105.5
	各项贷款余额比上月增加（亿元）	488.2	494.2	617.5	338.0	498.7	473.8	268.3	415.6	435.6	226.0	326.1	227.5
	其中：个人消费贷款	62.4	26.4	58.4	16.6	31.9	53.1	38.0	57.8	81.0	37.7	68.4	48.9
	票据融资	40.8	103.3	66.9	118.3	246.0	83.6	128.1	79.4	-9.6	-56.4	8.9	-89.1
	金融机构各项贷款同比增长（%）	13.5	14.0	14.9	14.5	14.5	14.6	14.4	14.5	15.1	14.3	14.3	13.8
	其中：个人消费贷款	17.0	16.2	15.4	14.0	13.1	12.9	12.4	12.1	12.8	12.6	12.2	12.4
	票据融资	11.7	24.7	40.8	53.3	67.3	72.6	74.6	71.0	77.5	71.6	73.0	52.0
外币	金融机构外币存款余额（亿美元）	104.3	113.8	134.9	138.1	141.4	156.4	153.7	161.3	174.6	172.3	176.7	172.6
	金融机构外币存款同比增长（%）	23.9	31.3	40.2	59.2	58.0	57.0	60.6	71.9	85.2	86.8	78.9	69.6
	金融机构外币贷款余额（亿美元）	372.4	364.3	369.8	369.1	375.4	390.3	385.1	417.7	441.0	458.1	459.6	458.0
	金融机构外币贷款同比增长（%）	31.5	27.9	31.3	32.0	23.7	28.8	29.0	41.0	29.1	27.0	24.6	23.2

数据来源：中国人民银行济南分行。

表2　2001～2012年山东省各类价格指数

单位：%

年/月		居民消费价格指数		农业生产资料价格指数		工业生产者购进价格指数		工业生产者出厂价格指数	
		当月同比	累计同比	当月同比	累计同比	当月同比	累计同比	当月同比	累计同比
2001		—	—	—		—	—	—	—
2002		—	-0.7	—	0.3	—	-1.3	—	-1.2
2003		—	1.1	—	2.4	—	5.7	—	3.5
2004		—	3.6	—	10.2	—	13.4	—	6.4
2005		—	1.7	—	6.2	—	5.9	—	3.7
2006		—	1.0	—	3.0	—	4.3	—	2.3
2007		—	4.4	—	7.1	—	4.8	—	3.3
2008		—	5.3	—	19.3	—	13.1	—	8.6
2009		—	0.0	—	-3.7	—	-4.5	—	-5.9
2010		—	2.9	—	3.0	—	9.3	—	7.2
2011		—	5.0	—	11.1	—	9.2	—	6.0
2012		—	2.1	—	5.9	—	-0.8	—	-1.6
2011	1	3.7	3.7	5.1	5.1	9.9	9.9	7.7	7.6
	2	3.9	3.8	5.9	5.5	10.3	7.8	8.0	10.1
	3	4.4	4.0	7.1	6.1	10.1	10.1	7.9	7.8
	4	4.6	4.2	9.8	7.0	10.4	10.2	7.4	7.7
	5	5.1	4.3	11.3	7.8	10.1	10.2	6.9	7.6
	6	6.3	4.7	13.8	8.8	10.5	10.2	6.6	7.4
	7	6.5	4.9	14.0	9.6	10.9	10.3	7.1	7.4
	8	5.8	5.0	14.9	10.2	10.5	10.3	6.8	7.3
	9	5.9	5.1	15.5	10.8	9.9	10.3	6.3	7.2
	10	5.5	5.2	14.2	11.2	8.2	10.1	4.6	6.9
	11	4.4	5.1	11.3	11.2	5.4	9.6	2.0	6.4
	12	4.1	5.0	10.2	11.1	4.4	9.2	1.0	6.0
2012	1	4.7	4.7	9.9	9.9	2.9	2.9	0.3	0.3
	2	3.2	3.9	9.2	9.6	2.2	2.5	-0.3	0.0
	3	3.5	3.8	8.8	9.3	1.4	2.1	-0.5	-0.2
	4	3.9	3.6	8.2	9.0	0.4	1.7	-0.8	-0.4
	5	2.2	3.3	7.8	8.8	-0.2	1.3	-1.3	-0.5
	6	1.5	3.0	5.7	8.3	-1.2	0.9	-1.5	-0.7
	7	1.3	2.8	4.8	7.7	-2.0	0.5	-2.3	-0.9
	8	1.8	2.6	3.5	7.2	-2.8	0.1	-2.9	-1.2
	9	1.1	2.4	3.0	6.7	-2.9	-0.3	-3.1	-1.4
	10	0.9	2.3	3.5	6.4	-2.4	-0.5	-2.6	-1.5
	11	1.0	2.2	3.8	6.1	-2.1	-0.6	-2.1	-1.6
	12	1.6	2.1	4.0	5.9	-2.3	-0.8	-1.9	-1.6

数据来源：山东省统计局、《中国经济景气月报》。

表3 2012年山东省主要经济指标

	1月	2月	3月	4月	5月	6月	7月	8月	9月	10月	11月	12月
绝对值（自年初累计）												
地区生产总值（亿元）	—	—	10 089.1	—	—	24 118.1	—	—	36 235.2	—	—	50 013.2
第一产业	—	—	558.3	—	—	1 929.7	—	—	2 926.0	—	—	4 281.7
第二产业	—	—	5 710.5	—	—	13 008.1	—	—	19 374.6	—	—	25 735.7
第三产业	—	—	3 820.3	—	—	9 180.3	—	—	13 934.6	—	—	19 995.8
工业增加值（亿元）	—	—	—	—	—	—	—	—	—	—	—	—
固定资产投资（亿元）	—	1 542.2	4 187.3	6 726.7	9 613.2	12 734.5	15 899.8	18 705.0	21 647.4	24 626.3	27 334.5	30 319.8
房地产开发投资	—	335.2	745.1	1 063.8	1 492.8	2 039.8	2 467.3	2 922.1	3 374.3	3 788.6	4 251.4	4 708.3
社会消费品零售总额（亿元）	—	3 073.5	4 492.8	5 837.8	7 469.7	9 001.6	10 462.9	11 956.7	13 741.8	15 574.5	17 278.9	19 175.3
外贸进出口总额（万美元）	—	351.2	558.0	751.1	956.4	1 160.5	1 367.2	1 573.0	1 789.7	2 003.4	2 214.7	2 455.5
进口	—	174.6	275.7	364.9	464.2	559.1	656.6	752.5	855.2	948.8	1 045.5	1 168.1
出口	—	176.6	282.4	366.2	492.2	601.4	710.5	820.5	934.4	1 054.6	1 169.2	1 287.3
进出口差额(出口－进口)	—	2.0	6.7	1.3	28.0	42.2	53.9	68.0	79.2	105.8	123.7	119.2
外商实际直接投资（万美元）	7.0	12.0	25.4	34.8	44.8	64.2	70.9	79.4	91.0	99.3	111.1	123.5
地方财政收支差额（亿元）	108.6	22.9	-42.3	-32.7	-147.8	-250.5	-342.7	-489.3	-721.0	-817.4	-1 158.2	-1 842.3
地方财政收入	388.1	637.4	1 040.7	1 401.0	1 750.0	2 255.3	2 580.8	2 847.9	3 138.2	3 488.5	3 744.2	4 059.4
地方财政支出	279.5	614.5	1 083.0	1 433.7	1 897.8	2 505.8	2 923.5	3 337.2	3 859.2	4 305.9	4 902.4	5 901.7
城镇登记失业率 (%)(季度)	—	—	3.36	—	—	3.34	—	—	3.34	—	—	3.33
同比累计增长率（%）												
地区生产总值	—	—	9.7	—	—	9.7	—	—	9.7	—	—	9.8
第一产业	—	—	4.0	—	—	4.3	—	—	4.1	—	—	4.7
第二产业	—	—	11.2	—	—	10.7	—	—	10.7	—	—	10.5
第三产业	—	—	8.4	—	—	9.3	—	—	9.3	—	—	9.8
工业增加值	—	11.1	11.3	11.1	11.2	11.1	11.2	11.1	11.0	11.1	11.3	11.4
固定资产投资	—	20.8	20.6	20.2	20.1	20.4	20.5	20.4	20.2	20.3	20.4	20.5
房地产开发投资	—	29.9	17.7	13.1	11.6	10.1	10.3	12.6	13.2	13.6	15.0	14.6
社会消费品零售总额	—	14.8	15.4	15.3	15.1	14.9	14.7	14.7	14.8	14.9	15.0	15.0
外贸进出口总额	—	6.2	3.1	1.4	2.8	4.8	4.2	2.9	2.6	3.6	3.3	4.1
进口	—	7.8	5.0	3.3	6.6	8.4	8.7	6.5	5.8	6.2	4.7	6.0
出口	—	4.7	1.3	-0.3	-0.5	1.6	0.4	-0.2	-0.2	1.4	2.2	2.4
外商实际直接投资	8.3	7.6	3.8	5.0	3.1	5.3	6.5	7.8	8.3	8.2	8.9	10.7
地方财政收入	14.5	16.7	17.1	17.3	16.9	17.5	16.8	16.8	16.9	17.3	18.3	17.5
地方财政支出	-12.4	22.1	30.4	25.1	25.2	23.1	23.3	22.3	22.0	22.8	22.0	18.0

数据来源：山东省统计局。

2012年河南省金融运行报告

中国人民银行郑州中心支行货币政策分析小组

[内容摘要] 2012年，河南省深入贯彻落实科学发展观，全面实施建设中原经济区、加快中原崛起、河南振兴总体战略，着力扩需求、创优势、破瓶颈、惠民生，河南省经济保持了稳定、持续、向上的发展态势。富民强省迈出新步伐，发展方式取得新转变，社会民生实现新突破，区域竞争力得到新提升。金融运行稳中有进，银行业规模、效益同步提升，贷款结构持续优化，资本市场融资功能和保险服务民生功能得到更加有效的发挥。

2013年是全面贯彻落实党的十八大精神和实施《中原经济区规划》的开局之年，河南省将准确把握"稳中求进"总基调，以提高经济增长质量和效益为中心，进一步深化改革开放，强化创新驱动，努力实现经济社会持续健康较快发展。金融业将继续认真贯彻落实稳健的货币政策，保持信贷总量和社会融资规模合理适度增长，着力优化信贷结构和融资结构，改进对实体经济的金融服务，更好地发挥金融杠杆在转方式、调结构中的积极作用。

一、金融运行情况

2012年，河南省金融业发展稳中有进，社会融资规模较快增长，融资结构持续改善，金融生态环境不断优化，金融对实体经济的支持作用进一步增强。

（一）银行业稳健运行，货币信贷适度增长

2012年，河南省银行业有效贯彻落实稳健的货币政策，货币信贷适度增长，贷款结构更趋优化，市场利率平稳回落，有力地支持了地方经济的平稳较快发展。

1. 银行业规模、效益同步提升，服务重心不断下沉。2012年，河南省银行业金融机构资产规模和利润同比分别增长20.5%和21.0%，不良贷款继续"双降"。"引行入豫"成效明显，多家外资银行来豫考察，平安银行郑州分行、宇通集团财务有限公司相继开业。机构网点继续下沉，金融资源不断向县域和农村地区倾斜，全年城市商业银行新增设分支机构37家，县域覆盖率达89%；村镇银行新设支行39个，县域覆盖率增长至64%（见表1）。

表1　2012年河南省银行业金融机构情况

机构类别	营业网点			法人机构（个）
	机构个数（个）	从业人数（人）	资产总额（亿元）	
一、大型商业银行	3 202	77 138	15 884	0
二、国家开发银行和政策性银行	152	3 870	3 364	0
三、股份制商业银行	191	7 354	5 402	0
四、城市商业银行	618	13 547	3 736	17
五、城市信用社	0	0	0	0
六、小型农村金融机构	5 279	57 440	6 838	143
七、财务公司	5	165	423	3
八、信托公司	2	286	49	2
九、邮政储蓄银行	2 390	21 096	3 158	0
十、外资银行	2	72	48	0
十一、新型农村金融机构	107	2 321	284	52
十二、其他	0	0	0	0
合　计	11 948	183 289	39 186	217

注：营业网点不包括国家开发银行和政策性银行、大型商业银行、股份制银行等金融机构总部数据；大型商业银行包括中国工商银行、中国农业银行、中国银行、中国建设银行和交通银行；小型农村金融机构包括农村商业银行、农村合作银行、农村信用社；新型农村金融机构包括村镇银行和农村资金互助社。

数据来源：河南银监局。

2. 存款大量增加，波动特征明显。2012年，河南省本外币存款新增5 195.7亿元，创历史最高，增速同比提高3.2个百分点（见图1）。由于人民币升值预期减弱，企业持有外汇意愿增强，年

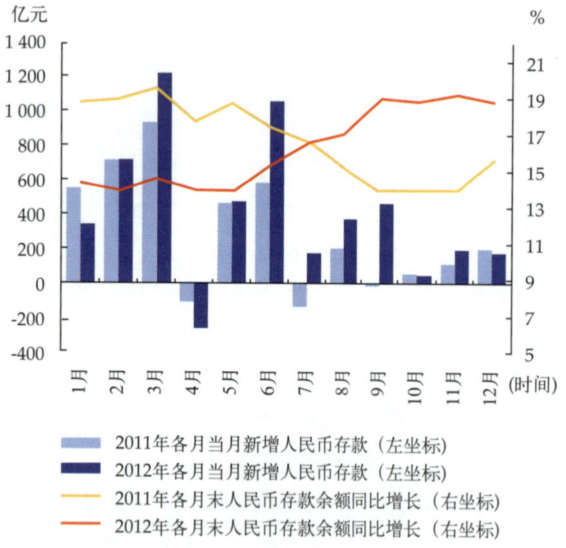

数据来源：中国人民银行郑州中心支行。

图1 2011～2012年河南省金融机构人民币存款增长

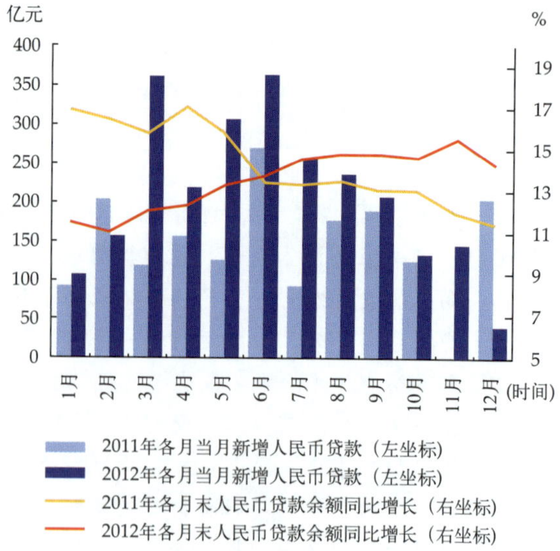

数据来源：中国人民银行郑州中心支行。

图2 2011～2012年河南省金融机构人民币贷款增长

末外币存款余额比上年增长1.5倍。但受市场流动性波动加剧、存贷比管理趋严以及民间借贷分流影响，各项存款“季末冲高、季初回落”现象明显。

3. 贷款适度增长，投向重点突出。2012年，河南省金融机构本外币和人民币贷款余额双双超过2万亿元大关，分别增长15.0%和14.4%（见图2、图3）。贷款期限结构变化明显，短期类贷款增加较多，增量占比达65%，中长期贷款受企业效益下滑，自主投资意愿下降影响，增量占比较上年回落14.2个百分点。

信贷在转方式、调结构中的积极作用得到强化。一是小微企业及“三农”金融服务不断改善。在“小巨人”企业信贷培育计划、农村金融产品和服务方式创新等措施推动下，河南省中小微型企业贷款和涉农贷款余额同比分别增长20.7%和16.2%，均高于全部贷款平均增速。二是实体贷款比重持续提升。全年制造业、批发零售业、交通运输仓储业和农林牧渔业贷款增量合计占全部行业的71.7%，同比提高9.4个百分点。三是存量贷款得到盘活。金融机构积极深化政府融资平台、“两高一剩”、房地产等领域风险防控，对于潜在风险较大、工艺落后的项目和客户不断加

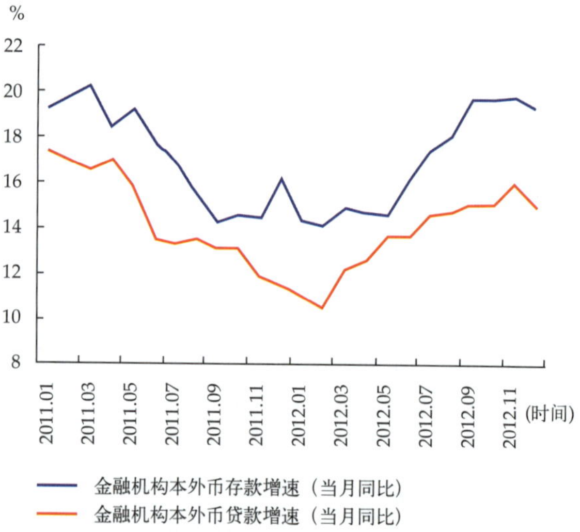

数据来源：中国人民银行郑州中心支行。

图3 2011～2012年河南省金融机构本外币存、贷款增速

大退出力度，将腾出的信贷资源重新投入到更符合政策要求的领域。

4. 表外业务较快增长，对经济支持方式更趋灵活。2012年，河南省金融机构继续加快业务转型，加大委托贷款、承兑、信用证、保函等表外业务的拓展力度。全年表外业务增加1 325.4亿

元，同比增长17 %，较好地满足了经济发展对资金的多元化需求。

5. 贷款利率平稳回落，企业融资成本逐步下降。人民币存款利率浮动区间上限扩大至基准利率的1.1倍后，存款市场竞争更趋激烈，金融机构各期限存款利率均有不同程度的上浮。受人民币贷款基准利率下调、宏观审慎政策的逆周期调节作用的综合影响，2012年12月河南省金融机构人民币贷款加权平均利率降至8.35%，同比回落0.49个百分点。其中，小微企业受益较大，2012年12月小微企业贷款执行基准或下浮利率的贷款发生额占比较2011年年末提高了22.9个百分点（见表2、图4）。

表2　2012年河南省金融机构人民币贷款各利率区间占比

单位：%

月份		1月	2月	3月	4月	5月	6月
合计		100.0	100.0	100.0	100.0	100.0	100.0
[0.9，1.0)		3.5	2.6	1.6	2.1	1.2	1.3
1.0		18.1	22.7	17.4	17.6	21.8	29.3
上浮水平	小计	78.5	74.8	81.0	80.3	77.0	69.4
	(1.0，1.1]	20.6	26.1	21.9	23.5	25.8	16.5
	(1.1，1.3]	21.0	22.4	23.6	22.2	18.3	18.2
	(1.3，1.5]	7.9	6.2	6.9	7.1	7.0	8.5
	(1.5，2.0]	22.0	14.5	21.2	19.8	19.7	17.4
	2.0以上	7.0	5.5	7.4	7.7	6.3	8.8
月份		7月	8月	9月	10月	11月	12月
合计		100.0	100.0	100.0	100.0	100.0	100.0
[0.9，1.0)		5.3	4.9	10.1	8.8	11.0	6.4
1.0		18.9	17.6	24.0	27.3	23.3	23.0
上浮水平	小计	75.8	77.5	65.9	63.9	65.7	70.6
	(1.0，1.1]	17.3	20.7	16.8	18.2	18.7	18.4
	(1.1，1.3]	23.6	23.2	22.1	20.5	20.5	20.6
	(1.3，1.5]	19.7	11.6	9.9	10.4	8.7	10.7
	(1.5，2.0]	10.6	15.9	12.2	10.2	11.3	13.8
	2.0以上	4.6	6.1	4.9	4.7	6.6	7.1

注：2012年8～12月统计数据的下浮区间为[0.7，1.0)。

数据来源：中国人民银行郑州中心支行。

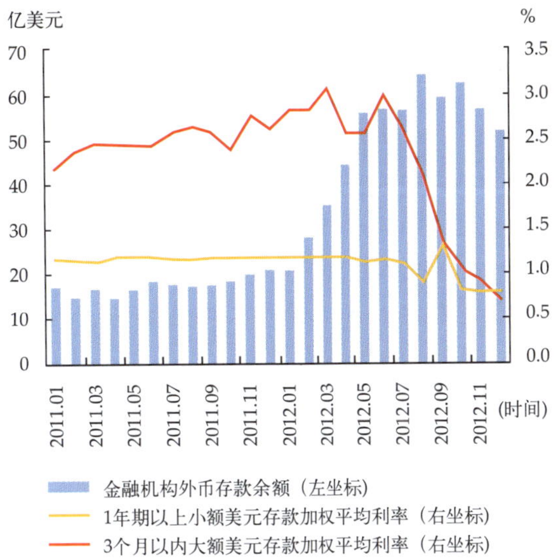

数据来源：中国人民银行郑州中心支行。

图4　2011～2012年河南省金融机构外币存款余额及外币存款利率

6. 农村金融改革成效显著。中国农业银行"三农金融事业部"改革顺利进行，中国邮政储蓄银行网点覆盖更加全面。农村信用社历史风险化解、股权改造工作取得实质性突破，年末，河南省143家县级行社全部实行股份制，农村商业银行数量达到19家，现代银行制度初步建立。

7. 跨境人民币结算稳步增长。2012年，河南省累计办理跨境人民币结算金额119.5亿元，境外项目人民币贷款实现零的突破。业务品种涉及货物贸易、服务贸易、收益及经常转移、投资、保函、跨境融资等多个领域。境外交易对手国（地区）达69个，是2011年的5倍，主要集中在中国香港、澳大利亚、英国、瑞士、英属维尔京群岛等。

专栏1　开展农村金融创新示范县（市）创建活动　推动农村金融服务水平持续提升

为深化推动农村金融产品和服务方式创新工作开展，着力改善"三农"金融服务，有效破解中原经济区"三化"协调发展资金瓶颈制约，2012年，中国人民银行郑州中心支行联合当地省级相关部门在河南省范围内开展了农村金融创新示范县（市）创建评比活动，取得了显著成效。

一、多策并举，推动农村金融创新示范县（市）工作有序开展

（一）加强组织协调，形成社会共识。结合国家《中原经济区规划》，提出研究设立农村金融改革试验区的新要求，加强与省财政厅、省政府金融办等部门沟通协调，形成共识，制订《河南省农村金融创新示范县（市）评选工作实施方案》，明确评选条件、申报程序、扶持政策等具体要求。经相关部门综合评估和省农村金融产品和服务方式创新工作联席会议研究，并报省政府同意后，最终确定了10个县（市）为河南省农村金融创新示范县（市）。

（二）结合实际，进一步明确创新重点。系统总结2008年以来农村金融产品与服务方式创新情况，围绕中原经济区建设、农村融资需求变化，进一步梳理创新的重点和方向。从城乡统筹发展、承接产业转移、农业产业化经营、集体林权改革发展、土地规模化经营、新型农村合作组织培育、农村产权要素盘活七大领域确定2～3个金融产品或服务模式作为创新的重点和突破点。

（三）完善配套政策，加强激励引导。帮助相关县级政府制订工作规划，明确目标和重点领域；引导地市、县级政府设立贷款风险补偿基金、奖励资金、发展基金；省级层面联合制定了对示范县（市）的专项支持政策，其中，中国人民银行郑州中心支行专门安排增加10亿元支农再贷款和10亿元再贴现额度，激励农村金融工作开展。

二、创新工作取得显著成效，农村金融服务水平持续提升

通过农村金融创新示范县（市）的争创活动，有效地激发了地方政府参与农村金融创新工作的热情，开拓了农村金融创新工作思路，优化了县域金融生态环境，促进了农村金融服务水平持续提升，有效地破解了中原经济区“三化”协调发展的资金瓶颈。截至2012年年末，河南省农村金融领域八大类产品和四大类服务模式在辖内1 874家涉农金融机构网点得以复制推广，初步实现了“金融产品多样化、服务对象层次化、参与主体多元化、支持政策组合化”的基本目标，涉农贷款余额比2008年年末实现翻一番，涉农贷款占比稳步上升。

三、继续深入推进创新工作，促进农村金融服务再上新台阶

下一阶段，中国人民银行郑州中心支行将继续深入推动争创活动开展，牵头制定创建和培育工作指导意见，建立梯度培育机制，整合省、市、县三级力量，强化配套政策支持，因地制宜、突出重点、持续推进、注重实效，务求示范县（市）充分发挥引领带动效应，逐步实现金融组织体系健全、产品创新充满活力、服务水平显著提升、金融生态环境不断优化的农村金融长远发展目标。

（二）证券业实力提升，资本市场融资功能增强

1. 机构发展势头良好，质量不断提高。2012年年末，河南省共有证券期货经营机构231 家，其中法人机构4 家。中原证券以业务转型应对资本市场的不利局面，经营效益逆势上扬，净利润同比增长75.2%，公司分类评价结果连续四年在BBB级以上。期货公司资本实力大幅提升，万达期货、国信期货等注册资本均实现翻番。

2. 上市公司数量继续增加，并购重组、再融资持续活跃。2012 年，在新股发行节奏明显放缓的情况下，河南省新增境内上市公司3 家，募集资金46.1亿元，分别居中部六省第2 位和第1 位。并购重组和再融资势头强劲，全年河南省上市公司实现资产注入和再融资共计434. 6 亿元，是2011年的2.5倍，有效地延长了产业链条，改善了财务结构，提高了公司质量（见表3）。

表3　2012年河南省证券业基本情况

项目	数量
总部设在辖内的证券公司数（家）	1
总部设在辖内的基金公司数（家）	0
总部设在辖内的期货公司数（家）	3
年末国内上市公司数（家）	66
当年国内股票（A股）筹资（亿元）	189.0
当年发行H股筹资（亿元）	20.2
当年国内债券筹资（亿元）	664.8
其中：短期融资券筹资额（亿元）	96.5
中期票据筹资额（亿元）	144.0

数据来源：河南省发展改革委、河南证监局。

（三）保险业运行平稳，保障功能继续提升

1. 市场主体不断丰富，结构更趋优化。2012年末，河南省共有省级保险分公司58家，保险从业人员35.5万人，机构和从业人数均居全国前列。全年引进了12家管理水平和技术能力较高的全国性代理公司入驻河南，2家法人机构的经营范围扩展至全国，专业中介主体结构更趋优化（见表4）。

表4　2012年河南省保险业基本情况

项目	数量
总部设在辖内的保险公司数（家）	0
其中：财产险经营主体（家）	0
人身险经营主体（家）	0
保险公司分支机构（家）	58
其中：财产险公司分支机构（家）	25
人身险公司分支机构（家）	33
保费收入（中外资，亿元）	841.1
其中：财产险保费收入（中外资，亿元）	195.8
人身险保费收入（中外资，亿元）	645.4
各类赔款给付（中外资，亿元）	199.6
保险密度（元/人）	797.8
保险深度（%）	2.8

数据来源：河南保监局。

2. 保障功能持续提升，服务范围不断拓宽。2012年，河南保险业围绕中原经济区建设的新需求，主动融入经济社会发展大局，保障能力进一步提升，全年提供经济补偿达199.6亿元，同比增长16.6%。积极服务粮食生产核心区建设，农业保险财政补贴险种从8个增加至12个，受益农户同比增长39.5%。新渠道和新产品发展成为亮点，车险电话销售业务和集团交叉销售业务实现快速增长。

（四）金融市场活力增强，直接融资创新高

1. 直接融资快速发展，融资结构继续改善。2012年，河南省非金融机构通过贷款、债券、股票三种方式共计融资3 524.8亿元，同比增长48.2%，其中，直接融资占比大幅提高至24.8%，创历史新高（见表5）。银行间市场直接债务融资发展加力。全年河南省26家企业在银行间市场发行短期融资券、中期票据、中小企业集合票据、非公开定向融资工具合计381亿元，同比增长52.4%。“区域集优”中小企业集合票据成功发行，首单发行金额2.7亿元。

表5　2001～2012年河南省非金融机构部门融资结构

单位：亿元、%

年份	融资量	比重		
		贷款	债券（含可转债）	股票
2001	505.8	93.1	0	6.9
2002	663.1	97.3	0	2.7
2003	881.6	96.8	0	3.2
2004	767.2	98.0	1.3	0.7
2005	805.3	99.5	0	0.5
2006	1 290.6	91.1	3.9	5.0
2007	1 170.0	83.7	4.2	12.2
2008	1 601.7	93.0	2.8	4.2
2009	3 310.2	92.7	6.9	0.4
2010	2 815.5	86.4	7.4	6.2
2011	2 377.8	75.9	12.8	11.3
2012	3 524.8	75.2	18.9	5.9

数据来源：中国人民银行郑州中心支行。

2. 银行间市场交易稳步增长，利率水平低位波动。2012年，河南省银行间市场交易结算量累计达58 360.4亿元，同比增长21.1%。其中，现券交易增长较快，回购交易保持稳定，同业拆借交

易小幅下降。全年成交利率呈现低位窄幅震荡行情，但在季末等关键时点，由于资金需求旺盛，利率水平出现阶段性走高。

3. 票据交易保持活跃，成交利率持续下降。2012年，河南省票据承兑余额和贴现余额同比分别增长38.8%和27.5%，较好地满足了企业短期资金需求。受货币市场利率走势、规模溢价等因素影响，贴现、转贴现利率持续下行，第四季度加权平均利率同比分别回落2.1个和1.6个百分点（见表6、表7）。

表6 2012年河南省金融机构票据业务量统计

单位：亿元

季度	银行承兑汇票承兑		贴现			
			银行承兑汇票		商业承兑汇票	
	余额	累计发生额	余额	累计发生额	余额	累计发生额
1	2 486.7	1 442.7	512.4	1 494.0	3.5	27.3
2	2 899.3	2 823.4	595.5	3 078.7	6.7	55.3
3	2 964.6	4 399.5	589.6	5 145.9	11.9	87.3
4	2 990.8	5 888.6	641.8	7 215.9	5.1	117.7

数据来源：中国人民银行郑州中心支行。

表7 2012年河南省金融机构票据贴现、转贴现利率

单位：%

季度	贴现		转贴现	
	银行承兑汇票	商业承兑汇票	票据买断	票据回购
1	6.4983	6.9391	6.2987	4.7051
2	5.0412	6.4654	4.7298	4.1672
3	4.9730	5.8872	4.8981	4.1770
4	5.2680	5.8253	5.0096	4.5553

数据来源：中国人民银行郑州中心支行。

4. 期货市场交易量下降，品种分化明显。2012年，主要受棉花产量增加和纺织工业需求放缓影响，棉花期货交易大幅下降，引起郑州商品交易所整体成交量和成交金额同比分别下降14.6%和48%。从市场热点看，白糖和PTA（精对苯二甲酸）交易相对活跃，全年成交量均超过2亿张，合计占郑州商品交易所成交总量的81.6%（见表8）。

5. 外汇收支快速增长，黄金市场交易放缓。2012年，在河南省扩大开放招商、加速承接产业

表8 2012年郑州商品交易所交易统计

交易品种	累计成交金额（亿元）	同比增长（%）	累计成交量（万张）	同比增长（%）
一号棉花	41 888.6	-88.0	4 206.7	-84.9
菜籽油	6 380.0	42.0	1 251.1	44.5
早籼稻	2 087.3	-31.0	767.7	-35.2
PTA	95 961.7	-17.0	24 252.8	0.6
优质强筋小麦	13 061.7	191.8	5 159.3	226.1
硬白小麦	43.8	-35.5	20.2	-34.1
白糖	168 190.0	-4.8	29 658.0	15.7
甲醇	10 769.9	1 084.6	759.5	1 101.3
合计	338 383.1	-49.3	66 075.3	-18.7

数据来源：郑州商品交易所。

转移的大背景下，河南省外汇收支快速增长，同比增速达53.8%。国际贵金属市场价格剧烈波动，引起黄金市场成员交易活跃程度降低，全年上海黄金交易所河南省会员（不含中金公司）黄金业务成交量同比增长6.1%，较上年下降20.9个百分点。

6. 民间融资规模快速扩张，利率小幅回落。2012年，河南省范围内监测的972个民间借贷样本点民间借贷累计发生额为17.1亿元，同比增长80%，主要是满足了小微企业流动资金需求。受市场利率稳步下行的影响，年末河南省民间借贷加权平均利率19.4%，同比下降了0.5个百分点。

7.小微企业金融产品创新成效显著。2012年，中国人民银行郑州中心支行积极推动河南省银行业创新小微企业贷款体制、流程、产品和服务方式，建立小微企业发展的全方位扶助体系。郑州、平顶山、三门峡等市商业银行引进微贷技术，开展“扫街式”服务，对商业集中区域商户进行逐户营销。省农村信用社联合社在整合原有小额贷款的基础上，推出“金燕快贷通”，小微企业、个体工商户、农户在授信额度内可随时贷款，并能享受贷款利率优惠，有力地支持了一大批小微企业发展。

（五）征信体系进一步完善，金融生态环境持续优化

2012年，河南省围绕“诚信河南”的建设目标，建立了由35个省级部门为成员单位的河南省

社会信用体系建设联席会议制度，制定省辖市金融生态环境评价指标体系，完善县域评价制度，统筹推进社会信用体系建设。截至2012年年末，河南省人民银行系统累计为43万户企业，4 429万名自然人建立了信用档案，征信体系进一步完善。农村地区支付环境明显改善，银行卡助农取款服务全面铺开，全年河南省实现交易5.1亿元，农民工银行卡特色服务交易量连续五年居全国第一，乡镇以上区域实现支付结算基础设施全覆盖。

专栏2　加强市场培育　不断扩大银行间市场直接债务融资规模

2012年，中国人民银行郑州中心支行认真贯彻落实《国务院关于支持河南省加快建设中原经济区的指导意见》，努力为中原经济区建设开辟新的融资渠道，把推动银行间市场直接债务融资作为破解“钱从哪里来”的重点工作，取得了较好效果。

一、采取多项市场培育措施，促进直接债务融资良好发展

（一）加强政策引导。制定下发了《关于金融支持实体经济发展 服务中原经济区建设的指导意见》、《关于加快推进银行间市场直接债务融资 服务中原经济区建设的若干意见》，从组织领导、宣传培训、监督管理、完善市场机制等方面，提出加快推进银行间债券市场业务发展的多项措施。

（二）强化协调推动。2012年6月8日，中国人民银行郑州中心支行会同中国银行间市场交易商协会、省政府金融办签署三方《借助银行间市场助推河南省经济发展合作备忘录》，并协调推动郑州、安阳、新乡、焦作四市政府与中国人民银行当地分支行、中债信用增进投资股份有限公司签署《区域集优合作框架协议》，为企业在银行间市场进行直接债务融资拓展空间。

（三）明确工作重点。采取“一大一小、两轮驱动”的策略推动市场融资总量快速增长。即支持大中型企业利用非公开定向方式在银行间市场发行中期票据、短期融资券，帮助省内7家企业共计募资金集134亿元，占2012年全年河南省直接债务融资总量的35.2%。组织小型企业运用“区域集优”模式发行融资票据，拓宽中小微企业融资渠道。

（四）完善激励机制。落实《河南省直接债务融资引导激励办法》，会同省财政厅、金融办审核发放2010年、2011年度直接债务融资工具发行承销补贴、奖励资金1 969.3万元，进一步调动了企业和承销银行的积极性。

（五）加强交流合作。搭建信息交流平台，促进市场成员深化交流合作，为省内银行发行金融债、企业发行直接债务融资工具，特别是“区域集优”票据创造条件。

上述措施实施后，取得显著成效。2012年，河南省26家企业在银行间债券市场成功发行债务融资工具381亿元，是2011年的1.5倍，新乡、郑州、安阳等市相继成功发行或注册区域集优中小企业集合票据，较好地发挥了金融市场服务实体经济发展的作用。

二、进一步加强市场主体培育，提高直接债务融资比例和规模

下一阶段，中国人民银行郑州中心支行将以培育市场主体为导向，加强市场环境建设为己任，推动扩大直接债务融资规模，优化社会融资结构。一是全面加强与中国银行间市场交易商协会、中债信用增进投资股份有限公司的对接合作。二是深入推动“区域集优”模式融资，支持更多地市多批次开展“区域集优”票据融资。三是建立发债后备企业培育机制，在河南省筛选信用等级BB级以上、成长性较好的企业，供承销商遴选、对接。四是开展银行间债券市场融资宣传普及工程，组织中国人民银行各市中心支行和各金融机构以多种形式开展债券市场业务宣传。五是完善《河南省直接债务融资引导激励办法》，优化流程，扩大范围，调动企业和承销商的积极性。

二、经济运行情况

2012年，河南省经济运行总体呈现增长稳定、结构优化、效益提升的良好态势，经济社会发展的内生性和可持续进一步增强，全年地区生产总值达2.98万亿元，同比增长10.1%，连续十三个季度保持两位数增长（见图5）。

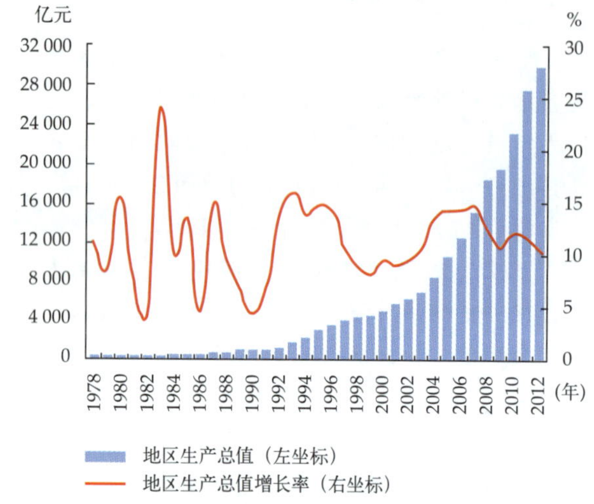

数据来源：河南省统计局。

图5　1978~2012年河南省地区生产总值及其增长率

（一）需求结构持续改善，经济增长内生动力进一步增强

2012年，河南省投资增速持续回落，消费增长企稳回升，对外贸易增势强劲，利用外资质量不断提高。

1. 投资增速回落，结构优化。2012年，河南省固定资产投资额达到20 870.2亿元，增长22.5%，同比回落4.4个百分点。投资重点继续向有利于促进产业结构调整的方向倾斜。民间投资对河南省投资增长的贡献率达90.5%，同比提高6.7个百分点，投资增长的内生动力进一步增强；六大高成长性产业[①]投资在河南省工业投资中的占比达到65.3%，六大高耗能产业[②]和四大传统优势产业[③]投资占比均继续下降；产业集聚区吸纳带动效应明显，全年完成投资突破1万亿元，对河南省固定资产投资增长的贡献率达68.3%（见图6）。

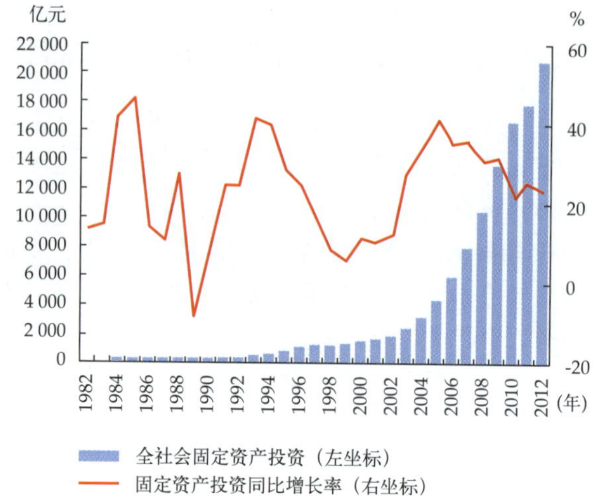

数据来源：河南省统计局。

图6　1982~2012年河南省固定资产投资及其增长率

2. 消费增长企稳回升，城乡居民收入差距缩小。在国家一系列刺激消费、扩大内需政策带动下，河南省社会消费品零售总额增速自2012年下半年以来快速回升，全年累计增长15.7%，总量首次超过1万亿元。乡村消费品零售总额同比增长27.3%，增速高于城镇8.3个百分点，农村消费市场潜力进一步激活。随着支农惠农政策有效落实，以及外出务工、种粮收入增加，农村居民人均纯收入达到7 524.9元，同比增长13.9%，增速高于城镇居民收入增速1.8个百分点（见图7）。

3. 对外贸易快速增长，利用外资质量提高。2012年，河南省对外贸易再上新台阶，进出口总值首次突破500亿美元，同比增长58.6%，进出口

① 河南省六大高成长性产业包括汽车、电子信息、装备制造、食品、轻工、新型建材六个市场空间大、增长速度快、转移趋势明显的产业。

②河南省六大高耗能行业包括化学原料及化学制品制造业、非金属矿物制品业、黑色金属冶炼及压延加工业、有色金属冶炼及压延加工业、石油加工炼焦及核燃料加工业、电力热力的生产和供应业。

③河南省四大传统优势产业包括化工、钢铁、有色金属、纺织产业。

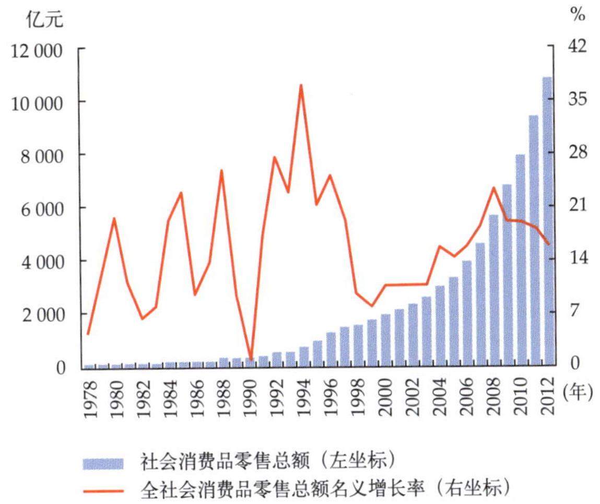

数据来源：河南省统计局。

图7　1978～2012年河南省社会消费品零售总额及其增长率

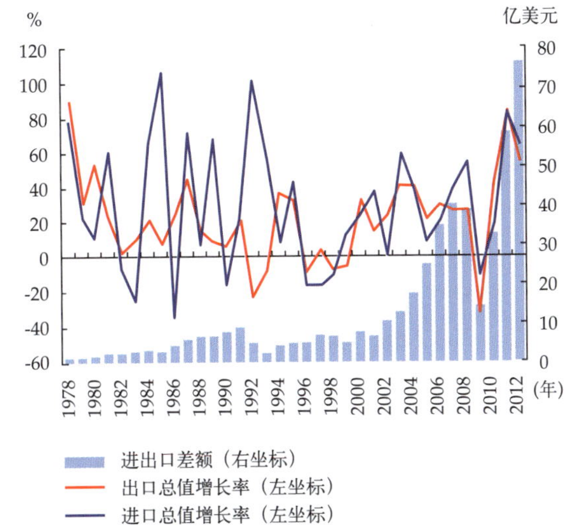

数据来源：河南省统计局。

图8　1978～2012年河南省外贸进出口变动情况

和进口增速均居中部六省第1位（见图8）。河南省机电、高新技术产品、加工贸易以及对美国、日本和中国香港出口快速增长。利用外资规模、质量同步提升，全年实际利用外资总额和增幅均居中部6省首位，年末，在豫投资的世界500强企业达到76家（见图9）。对外直接投资逐步摆脱以劳动密集型产业为主的状况，投资地域由非洲为主向欧盟及拉美市场扩展。

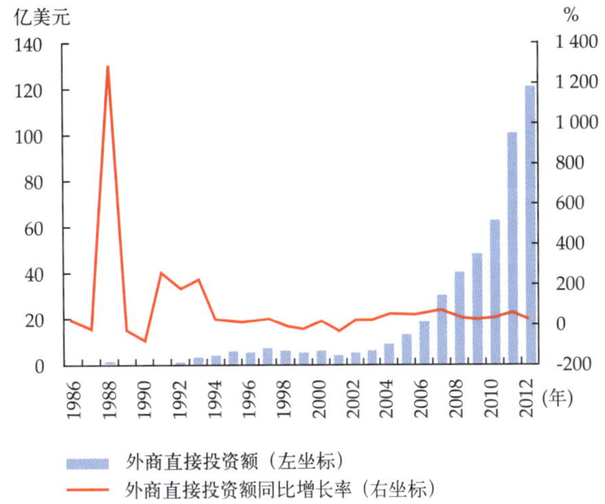

数据来源：河南省统计局。

图9　1986～2012年河南省外商直接投资额及其增长率

（二）产业结构调整加快，发展方式持续转变

2012年，河南省围绕中原经济区“三化”协调发展，加快推动发展方式转变，年末，三次产业比重调整为12.7：57.1：30.2，第三产业比重首次突破30%。

1. 粮食生产再获丰收。2012年，河南粮食生产连续第九年保持稳步增产态势，连续第7年超千亿斤，全年总产量达1 127.7亿斤，用全国1/16的耕地生产了占全国1/10左右的粮食。在国际粮食生产不景气的情况下，为全国粮食安全作出了积极贡献。农业现代化水平不断提高，河南省农机总动力首次突破1亿千瓦，耕种收综合机械化水平达73.5%，农机拥有量、农机专业合作社数量均居全国第1位。

2. 工业生产触底回升，结构调整取得新进展。受国内外不利环境影响，2012年前8个月，河南省规模以上工业增加值增速持续下滑，从9月开始稳步回升，全年增长14.6%，高于全国平均水平4.6个百分点（见图10）。产业结构调整成效明显，战略性新兴产业、高新技术产业逐渐替代传统产业、资源性行业成为支撑河南省工业经济发展的重要力量，全年河南省高新技术制造业增加值增长60.6%，六大高成长性产业对规模以上工业

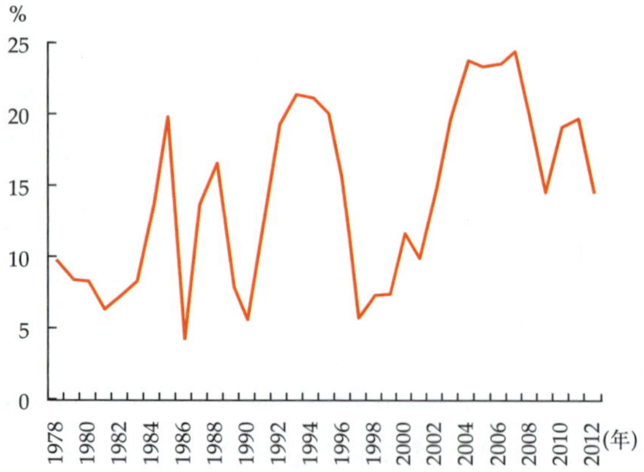

数据来源：河南省统计局。

图10　1978～2012年河南省规模以上工业增加值同比增长率

增加值增长的贡献率提升至67.2%。

3. 服务业稳定发展，对经济拉动作用显著提升。2012年，河南省第三产业对经济增长的贡献率达到26.7%，同比提高5.9个百分点。产业结构继续优化，国内外高端服务业知名企业加速在河南布局，河南省金融、现代物流、旅游、信息等现代服务业加快发展，传统服务业比重不断下降。其中，金融业增加值首次突破千亿元大关，同比增长17.5%；郑州航空口岸国际货运吞吐量逼近5万吨，同比增长288%。

（三）物价涨幅全面回落，劳动力成本继续上涨

1. 居民消费价格前高后低，食品类价格大幅回落。2012年，食品价格尤其是猪肉价格大幅回落，对CPI上涨起到了明显的抑制作用，全年河南省CPI上涨2.5%，同比回落3.1个百分点。食品类价格涨幅仍居八大类商品首位，但较上年大幅回落8.3个百分点；非食品类中烟酒及衣着类涨幅较大，服务和居住类价格上涨较为明显。

2. 生产者价格涨幅持续回落，价格传导压力减轻。2012年，受经济增速放缓、需求下降、产能过剩等多重因素作用，河南省工业生产者购进价格和出厂价格指数同比分别下降0.8%和0.6%，同比分别回落10.9个和7.8个百分点。工业生产者购进价格指数自2012年4月起低于出厂价格指数，结束了近三年的“高进低出”现象，价格向下游传导的压力逐渐减轻（见图11）。

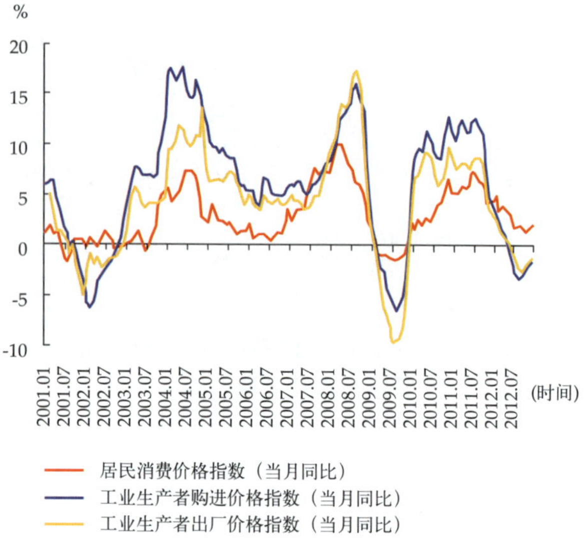

数据来源：河南省统计局。

图11　2001～2012年河南省居民消费价格和生产者价格变动趋势

3. 劳动力成本上涨明显，省内转移就业成为主流。2012年，受劳动力结构性供求矛盾加剧、薪酬水平期望值提高、劳动者权益保障力度加大等多种因素影响，河南省劳动力成本继续保持较快上涨势头，全年企业用工成本普遍上涨10%～30%。随着承接产业转移力度加大，河南省内就业岗位增多，省内外务工收入差距逐步缩小，农民工省内就业意愿明显增强，全年河南农民工省内转移就业1 451万人，超过省外转移332万人。

4.资源性产品价格改革有序推进。2012年，河南省根据国家有关政策，稳妥推进资源性产品价格改革，全面实施了居民阶梯电价、水价、气价，完善了脱硫电价和垃圾发电价格政策，并按照国家统一部署，8次调整成品油价格，有效地发挥了价格机制在引导资源品消费中的积极作用。

（四）财政收入平稳增长，民生保障重点突出

2012年，河南省预算收入增速总体呈现逐月回升态势，全年地方财政总收入达3 282.8亿元，同比增长15.1%。由于企业整体盈利水平下降，增值税、所得税等主体税种增长放缓，税收占比较上年有所下降。一般预算支出规模继续扩大，全年超过5 000亿元。用于教育、社会保障和就业、医疗卫生等民生领域的支出增长较快，合计占全部财政支出的七成以上；财政教育支出占公共财政支出的22.3%，居全国第1位（见图12）。

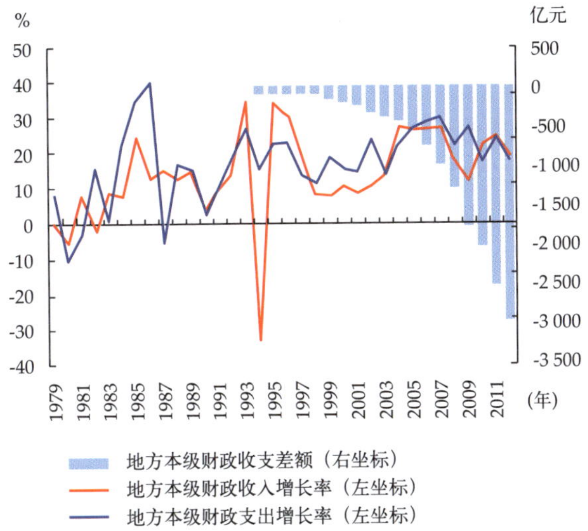

数据来源：河南省统计局。

图12　1979～2012年河南省财政收支状况

（五）地区生态文明持续改善，节能降耗成效明显

2012年，河南省积极推进“循环经济试点省”建设，重点创建了37个国家级生态示范区、100个省级生态乡镇和465个省级生态村。全年河南省饮用水源地取水水质累计达标率保持100%；城市环境空气二氧化硫、二氧化氮平均浓度分别下降6.3%、10.8%；实现节能130万吨标准煤；单位地区生产总值能耗五年累计下降22%以上，超额完成国家下达任务。

（六）房地产调控成效明显，旅游产业加速发展

1．房地产业继续朝着政策预期方向发展。2012年，在国家和地方坚持房地产调控不动摇的前提下，河南省房地产市场运行总体平稳，房地产开发、销售和价格增幅继续回落，市场供给保持平稳，保障性住房建设快速推进，金融对保障性安居工程的支持力度不断加强。

（1）房地产开发投资增速趋缓。2012年河南省房地产开发投资增长15.6%，同比回落8.3个百分点。从结构看，住宅投资减幅较大，商业地产投资增长偏快。下半年以来，房地产企业资金来源增速有所提高，但受调控政策、销售回落等因素影响，资金链条紧张状况未有明显缓解。企业资金来源构成中，自筹资金占比下降，但仍是企业资金来源的主渠道。

（2）房地产市场供给平稳增长。2012年，河南省房地产企业土地购置面积和成交价款小幅增加，房屋及住宅施工面积、新开工面积和竣工面积增长平稳。保障性安居工程进展良好，全年新开工保障性住房38.16万套，超额完成年度规划目标。

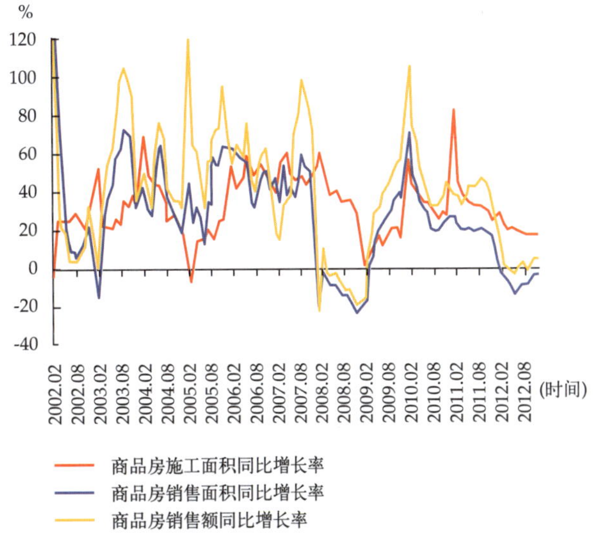

数据来源：河南省统计局。

图13　2002～2012年河南省商品房施工和销售变动趋势

（3）商品房销售继续回落。随着差别化住房信贷支持政策的深入实施，居民购房意愿继续下降，2012年，河南省商品房销售面积同比下降4.9%，增速低于全国和中部六省平均水平，其中商品住宅销售面积同比下降4.7%（见图13）。

（4）房价涨幅明显放缓。2012年，河南省三个重点监测城市郑州、洛阳、平顶山市新建住宅和二手住宅价格指数涨幅均逐月回落。在开发企业“以价换量”和政府部门加强市场监管等多重作用下，省会郑州新建商品住宅销售价格同比涨幅明显低于地区生产总值和城镇居民人均可支配收入增速（见图14）。

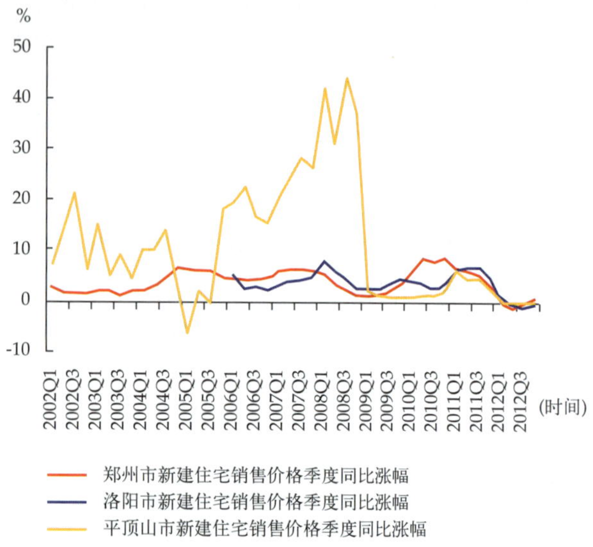

数据来源：河南省统计局。

图14　2002～2012年河南省主要城市新建住宅销售价格指数变动趋势

（5）金融对保障性安居工程支持力度加大。河南省根据2011-2013年公共租赁住房、廉租住房项目规划及资金需求特点，推进省级政府融资平台模式，加大对保障性住房支持力度。至2012年年末，河南省保障性住房开发贷款余额同比增长249.5%。

2.旅游业加速发展，带动效应凸显。河南省历史文化厚重，自然风光优美，旅游资源得天独厚。2012年，河南省着力推动旅游业发展壮大：一是顶层设计。参与南水北调中线工程、太行山、大别山等国家层面旅游规划编制，完成《河南省红色旅游发展规划》等。二是广泛宣传。在中央电视台《朝闻天下》播出“老家河南”宣传片，在网络播放河南旅游12星座微电影“让心回家”；赴13个国家进行航空旅游促销；举办第三届世界旅游城市市长论坛、认知中华从河南开始——河南旅游（香港）产品和项目推介活动、豫台旅游高峰论坛等系列活动，有效提升河南省旅游的影响力和地位。三是大力招商。赴长三角、港澳等地区招商，签约项目投资79亿元；利用第七届中国中部贸易博览会及旅游投融资洽谈会，签约旅游招商项目10个、金额292亿元。四是优化环境。云台山等5家单位成为首批“全国旅游标准化示范单位”。五是金融助力。金融机构对旅游业授信达1 000亿元；两次召开河南省旅游企业与金融机构深度合作对接会，44个项目签约贷款合同金额141.4亿元。

2012年，河南省旅游再创新高，全年共接待海内外游客3.6亿人次，旅游总收入达3 364.1亿元，增速分别高于全国平均水平8个和6个百分点。河南省旅游叫响海内外：联合国世界旅游组织专门来函，意与河南省开展深度合作；国家旅游局将重点支持河南省建设全国一流、世界知名旅游目的地，“一区两带”[①]和太行山、大别山旅游板块进入国家“十二五”旅游发展规划，大黄河之旅、丝绸之路成为国家重点推广的国际旅游线路；洛阳、郑州入选“国家智慧旅游试点城市”。各项旅游活动与经贸、文化有效结合，成为拉动消费和促进经济增长的重要力量。旅游业还成为新型城镇化和农村发展的支撑：2012年，河南省乡村旅游共投入建设资金87.1亿元，培育旅游特色村51个，发展农家乐12 784家，带动51.4万农民就业。焦作市修武县、平顶山市鲁山县等因旅游名闻天下，昔日贫困县旧貌换新颜；开封朱仙镇、洛阳龙门镇等10个乡镇成为旅游特色小镇。

① “一区”指中原历史文化旅游区；“两带”指黄河旅游带和南水北调中线旅游带。

（七）中原经济区建设加快推进，“三化”协调发展成效初步显现

2012年，《中原经济区规划》获得国务院正式批复，标志着中原经济区建设进入整体推进、全面实施的新阶段。规划进一步细化了中原经济区的空间布局，并确定了不以牺牲农业和粮食、生态和环境为代价，以新型城镇化为引领、新型工业化为主导、新型农业现代化为基础的“三化”协调的发展思路。

2012年，河南省抢抓机遇，着力加快中原经济区建设。一是不断完善发展载体。加快建设产业集聚区、城市新区、商务中心区、特色商业区和实施现代农业产业化集群培育工程，推动河南省经济集聚集约发展。二是大力改善基础设施条件。一批打基础、增优势的重大项目建成投产、开工建设或纳入国家规划。现代综合交通体系和物流中心建设加快推进，国际航空货运网络、连接周边省会城市的高铁“两小时交通圈”、河南省“一小时交通圈”框架加快形成。三是不断改进要素保障新机制。资金、土地、人力资源等要素保障机制创新深入推进，市场体系不断完善，年末河南省市场主体达到279.2万户、注册资本2.5万亿元，分别是2007年的1.6倍和2.7倍。

目前，中原经济区“三化”协调发展的成效已经初步显现。一是新型城镇化成效突出。郑州、洛阳等中心城市带动作用增强，城市群、组团式发展框架逐步铺开，中小城市发展加快，年末城镇化率达到42.4%，比2007年提高8个百分点。二是新型工业化引领作用不断增强。生物医药、生物能源、抗生素原料药、超硬材料等战略性新兴产业产品市场占有率居全国前列，实现了传统农业大省向新兴工业强省的转变。三是农业基础地位更加巩固。粮食产量实现九连增，建成高产稳产田248万亩，农业集约化、标准化、产业化水平不断提高，粮食保障能力持续增强。

三、预测与展望

2013年是河南省全面贯彻落实党的十八大精神和实施《中原经济区规划》的开局之年。尽管国际金融危机的影响继续向深层次蔓延，河南省经济运行仍面临不少困难，但经济全球化、国内市场一体化的趋势没有改变，国内外产业按照比较优势在世界范围内调整布局、加速向我国中西部地区转移的态势没有改变，中央“稳中求进”的经济工作总基调也没有改变，总体来看，未来一段时期河南省经济发展仍处在大有可为的重要战略机遇期。2013年，随着中原经济区国家战略的全面实施，随着新型城镇化、新型工业化、新型农业现代化的加速推进，河南省经济有望继续保持平稳较快发展势头。

2013年，河南省物价运行的不确定性较大。工业品供应充足、农业生产稳定、翘尾因素较低等都是有利于物价稳定的积极因素。但主要经济体多次量化宽松政策的持续影响、劳动力成本上升、资源价格调整等则会在一定程度上加大2013年物价上涨压力，需要引起高度关注。

2013年，中国人民银行郑州中心支行将把握好“稳中求进”总基调，认真贯彻落实稳健的货币政策，综合运用多种货币政策工具，引导货币信贷总量和社会融资规模合理适度增长，着力优化信贷资源配置，加大存量信贷资产的结构调整力度，引导金融机构更好地服务于实体经济，促进河南省经济持续健康发展。

中国人民银行郑州中心支行货币政策分析小组
总　纂：庞贞燕
统　稿：崔晓芙　翟向祎　刘海军　李智军
执　笔：李　伟　孙　芳　李玉欣　秦向辉　宋　杨　尹志刚　徐红芬　王淑云　尤江波
提供材料的还有：许艳霞　袁　灏　万　昉　沈志宏　刘祥谦　郑　方　韩其耘　张　铮
宋鹏飞　琚亚利　韩保恒　武松会　陈冰鑫　马琳琳　蒋靖亚

附录

（一）2012年河南省经济金融大事记

2月24日，中国人民银行郑州中心支行出台了《关于金融支持实体经济发展 服务中原经济区建设的指导意见》，明确金融支持中原经济区建设的重点领域，引导更多的信贷资金投向实体经济领域。

3月17日至18日，时任中共中央政治局常委、国务院总理温家宝深入河南省调研，考察春季农业生产。

3月28日，郑州宇通集团财务有限公司正式开业，标志着国内客车行业首家企业集团财务公司的诞生。

4月27日，摩根大通正式入股百瑞信托，持股比例为19.99%。百瑞信托成为全国第10家拥有外资股东的信托公司。

6月8日，中国银行间市场交易商协会、中国人民银行郑州中心支行、河南省人民政府金融办在郑州签署了《借助银行间市场助推河南省经济发展合作备忘录》。

7月17日，中国人民银行郑州中心支行货币信贷管理处荣获全国就业工作先进集体，被国务院通报表彰，并参加全国就业创业工作表彰大会。

9月7日，平安银行郑州分行正式落户郑州郑东新区，成为第9家入驻河南的股份制银行。

11月17日，国务院正式批复《中原经济区规划》，标志着中原经济区建设整体推进、全面实施的新阶段。

12月18日，中国人民银行郑州中心支行、省工信厅联合召开河南省“小巨人”企业信贷培育工作年度总结推进会，对“小巨人”企业信贷培育工作先进单位进行通报表彰。

12月26日，河南省新乡市2012年度第一期区域集优中小企业集合票据成功发行，金额为2.7亿元。

（二）2012年河南省主要经济金融指标

表1　2012年河南省主要存贷款指标

		1月	2月	3月	4月	5月	6月	7月	8月	9月	10月	11月	12月
本外币	金融机构各项存款余额（亿元）	27 111.7	27 871.4	29 137.5	28 944.7	29 495.3	30 565.4	30 738.8	31 173.1	31 605.8	31 671.4	31 836.9	31 970.4
	其中：储蓄存款	15 694.6	15 940.5	16 316.2	16 112.5	16 294.3	16 845.1	16 873.4	17 032.2	17 356.4	17 269.9	17 367.2	17 521.2
	单位存款	10 158.3	10 702.9	11 682.4	11 604.8	11 893.9	12 356.9	12 434.0	12 628.2	12 811.6	12 802.4	12 880.9	13 210.5
	各项存款余额比上月增加（亿元）	337.0	759.7	1 266.1	-192.8	550.6	1 070.1	173.4	434.3	432.7	65.6	165.5	133.6
	金融机构各项存款同比增长（%）	14.3	14.1	14.8	14.6	14.7	16.1	17.4	18.1	19.8	19.7	19.8	19.4
	金融机构各项贷款余额（亿元）	17 753.6	17 910.4	18 299.8	18 542.5	18 850.8	19 178.2	19 415.1	19 675.1	19 939.9	20 010.0	20 249.9	20 301.7
	其中：短期	8 368.2	8 460.4	8 751.6	8 853.3	8 951.5	9 208.7	9 401.0	9 504.7	9 741.9	9 846.9	9 909.6	9 977.5
	中长期	8 853.0	8 909.3	8 958.2	9 062.7	9 172.5	9 277.0	9 351.7	9 443.7	9 532.9	9 599.8	9 646.8	9 608.4
	票据融资	507.2	515.2	558.7	594.0	692.3	659.3	628.1	691.5	630.8	619.1	657.2	679.0
	各项贷款余额比上月增加（亿元）	102.6	156.9	389.4	242.7	308.3	327.5	236.8	260.1	264.8	160.1	149.9	51.8
	其中：短期	7.0	92.2	291.3	101.7	98.2	257.3	192.2	103.7	237.2	105.1	62.7	67.9
	中长期	121.8	56.3	48.8	104.5	109.8	104.5	74.7	92.0	89.2	66.9	47.1	-38.5
	票据融资	-25.6	8.0	43.5	35.4	98.3	-33.0	-31.1	63.4	-60.8	-11.7	38.2	21.8
	金融机构各项贷款同比增长（%）	11.4	10.9	12.1	12.6	13.6	13.8	14.5	14.8	15.1	15.1	16.1	15.0
	其中：短期	17.1	17.5	21.2	20.5	20.6	21.5	22.9	21.9	22.0	21.6	21.7	19.4
	中长期	10.3	9.6	8.3	8.4	8.7	9.0	8.7	9.2	10.1	10.5	10.8	10.0
	票据融资	-32.4	-35.1	-25.4	-20.3	-3.1	-14.2	-6.3	3.4	-3.8	-4.4	14.0	27.4
	建筑业贷款余额（亿元）	349.2	361.7	391.9	412.1	427.9	452.9	460.3	473.6	496.4	509.1	510.4	504.9
	房地产业贷款余额（亿元）	547.5	548.2	553.3	564.8	582.6	593.5	613.4	620.2	626.0	618.6	614.2	637.6
	建筑业贷款同比增长（%）	58.6	59.1	64.7	64.5	64.9	66.2	62.5	63.0	64.8	63.6	58.6	46.6
	房地产业贷款同比增长（%）	25.2	23.6	20.2	20.5	23.0	23.3	25.1	26.3	25.4	23.3	21.0	20.1
人民币	金融机构各项存款余额（亿元）	26 982.2	27 695.7	28 915.8	28 667.8	29 144.4	30 208.3	30 386.5	30 767.3	31 231.8	31 280.6	31 481.9	31 648.5
	其中：储蓄存款	15 642.1	15 891.2	16 263.5	16 060.1	16 239.2	16 789.5	16 819.2	16 978.7	17 302.9	17 213.1	17 309.9	17 469.0
	单位存款	10 086.5	10 582.4	11 518.9	11 385.0	11 603.2	12 064.1	12 141.8	12 281.9	12 495.9	12 473.9	12 588.2	12 945.7
	各项存款余额比上月增加（亿元）	336.1	713.5	1 220.1	-248.1	476.6	1 063.9	178.2	380.8	464.5	48.9	201.2	166.7
	其中：储蓄存款	993.7	257.2	372.3	-203.4	179.0	550.4	29.6	159.6	324.1	-89.8	96.9	159.1
	单位存款	-815.0	495.8	936.6	-133.9	218.1	461.0	77.7	140.1	213.9	-22.0	114.3	357.5
	各项存款同比增长（%）	14.3	13.9	14.5	14.0	13.8	15.3	16.5	17.1	18.9	18.8	19.1	18.8
	其中：储蓄存款	15.3	13.9	14.5	14.5	15.6	17.2	17.9	19.0	20.0	20.1	20.6	19.2
	单位存款	11.5	14.4	13.4	11.8	11.6	12.9	14.4	13.9	17.2	17.5	17.6	18.8
	金融机构各项贷款余额（亿元）	17 617.0	17 772.5	18 131.8	18 349.0	18 656.0	19 019.0	19 273.4	19 508.7	19 716.7	19 849.7	19 994.7	20 031.4
	其中：个人消费贷款	2 027.1	2 044.8	2 094.6	2 134.2	2 172.7	2 213.2	2 247.0	2 306.0	2 343.2	2 382.6	2 437.2	2 471.5
	票据融资	507.0	515.0	558.4	593.8	692.3	659.2	628.1	691.5	630.8	619.1	657.2	679.0
	各项贷款余额比上月增加（亿元）	108.7	155.5	359.3	217.2	306.9	363.1	254.4	235.3	208.0	133.1	145.0	36.7
	其中：个人消费贷款	44.5	17.7	49.8	39.6	38.5	40.5	33.8	59.0	37.2	39.4	54.7	34.3
	票据融资	-25.6	8.0	43.5	35.4	98.4	-33.0	-31.1	63.4	-60.7	-11.7	38.2	21.8
	金融机构各项贷款同比增长（%）	11.5	11.0	12.0	12.3	13.3	13.8	14.6	14.8	14.8	14.7	15.6	14.4
	其中：个人消费贷款	22.4	21.9	21.4	21.1	20.9	21.0	20.9	22.3	22.9	23.6	24.6	24.7
	票据融资	-32.3	-35.1	-25.3	-20.3	-3.0	-14.1	-6.2	3.4	-3.8	-4.4	14.0	27.5
外币	金融机构外币存款余额（亿美元）	20.5	27.9	35.2	44.1	55.4	56.5	55.6	64.0	59.0	62.0	56.5	51.2
	金融机构外币存款同比增长（%）	22.7	85.6	116.4	201.9	279.2	207.7	210.8	265.0	227.9	236.7	177.7	151.0
	金融机构外币贷款余额（亿美元）	21.6	21.9	26.7	30.8	30.8	25.2	22.4	26.2	35.2	39.7	40.6	43.0
	金融机构外币贷款同比增长（%）	5.2	1.2	25.5	50.2	49.9	13.2	2.0	14.7	52.0	63.8	80.0	89.9

数据来源：中国人民银行郑州中心支行。

表2 2001～2012年河南省各类价格指数

单位：%

年/月		居民消费价格指数		农业生产资料价格指数		工业生产者购进价格指数		工业生产者出厂价格指数	
		当月同比	累计同比	当月同比	累计同比	当月同比	累计同比	当月同比	累计同比
2001		—	0.7	—	-0.9	—	1.9	—	0.5
2002		—	0.1	—	0.9	—	-2.4	—	-1.4
2003		—	1.6	—	1.9	—	7.8	—	5.0
2004		—	5.4	—	11.4	—	15.7	—	10.2
2005		—	2.1	—	7.9	—	8.3	—	6.1
2006		—	1.3	—	1.2	—	5.3	—	4.3
2007		—	5.4	—	6.1	—	6.4	—	5.2
2008		—	7.0	—	20.9	—	11.9	—	12.1
2009		—	-0.6	—	-1.9	—	-2.9	—	-5.1
2010		—	3.5	—	3.1	—	10.2	—	7.8
2011		—	5.6	—	11.1	—	10.1	—	7.2
2012		—	2.5	—	5.4	—	-0.8	—	-0.6
2011	1	5.3	5.3	4.5	4.5	10.4	10.4	7.6	7.6
	2	5.2	5.3	5.6	5.1	11.9	11.1	8.1	7.9
	3	5.9	5.5	8.4	6.2	12.4	11.6	8.3	8.0
	4	5.6	5.5	9.8	7.1	11.3	11.5	8.0	8.0
	5	5.8	5.6	12.7	8.2	11.4	11.5	7.7	8.0
	6	7.2	5.8	14.1	9.2	12.4	11.6	8.2	8.0
	7	7.1	6.0	14.7	10.0	12.7	11.8	8.8	8.1
	8	6.3	6.1	15.3	10.6	11.8	11.8	8.7	8.2
	9	6.1	6.1	14.7	11.1	10.9	11.7	8.1	8.2
	10	5.2	6.0	12.4	11.2	8.0	11.3	6.4	8.0
	11	3.8	5.8	10.1	11.1	5.1	10.7	3.8	7.6
	12	4.1	5.6	10.3	11.1	4.0	10.1	3.2	7.2
2012	1	4.9	4.9	9.8	9.8	3.0	3.0	2.3	2.3
	2	3.2	4.1	9.1	9.4	1.9	2.5	1.5	1.9
	3	3.8	4.0	8.0	8.9	1.2	2.0	1.1	1.6
	4	3.5	3.9	7.9	8.7	0.6	1.7	0.7	1.4
	5	3.0	3.7	6.3	8.2	-0.4	1.3	0.0	1.1
	6	1.9	3.4	4.4	7.5	-1.7	0.8	-0.7	0.8
	7	1.7	3.1	3.0	6.8	-2.8	0.2	-1.5	0.5
	8	1.9	3.0	2.1	6.2	-3.3	-0.2	-2.5	0.1
	9	1.6	2.8	2.4	5.8	-3.1	-0.5	-2.8	-0.2
	10	1.4	2.7	3.3	5.5	-2.1	-0.7	-2.0	-0.4
	11	1.6	2.6	4.5	5.4	-1.8	-0.8	-1.6	-0.5
	12	2.2	2.5	4.6	5.4	-1.3	-0.8	-1.3	-0.6

数据来源：河南省统计局、《中国经济景气月报》。

表3　2012年河南省主要经济指标

	1月	2月	3月	4月	5月	6月	7月	8月	9月	10月	11月	12月
绝对值（自年初累计）												
地区生产总值(亿元)	—	—	6 428.7	—	—	13 530.6	—	—	22 171.5	—	—	29 810.1
第一产业	—	—	609.5	—	—	1 575.5	—	—	3 314.6	—	—	3 772.3
第二产业	—	—	3 980.0	—	—	7 978.2	—	—	12 586.4	—	—	17 020.2
第三产业	—	—	1 839.2	—	—	3 976.9	—	—	6 270.5	—	—	9 017.6
固定资产投资(亿元)	—	1 001.1	2 469.3	4 326.8	6 425.7	8 792.1	10 591	12 375.5	14 398.5	16 287.4	18 442.6	20 870.2
房地产开发投资	—	167.9	417.4	689.3	943	1 271.8	1 529.8	1 811	2 100.1	2 359.9	2 696.2	3 035.3
社会消费品零售总额(亿元)	—	1 818.5	2 633.7	3 466.8	4 301.6	5 161.8	5 980.2	6 835.4	7 772.8	8 714.9	9 679.1	10 915.6
外贸进出口总额(万美元)	—	760 000	1 142 900	1 484 000	1 838 200	2 171 000	2 526 000	2 876 600	3 386 700	3 857 000	4 632 000	5 175 027
进口	—	294 000	442 300	559 000	705 200	843 000	1 013 000	1 198 200	1 446 400	1 663 000	1 973 200	2 207 239
出口	—	466 000	700 500	925 000	1133 100	1 328 000	1 513 000	1 678 400	1 940 400	2 195 000	2 658 800	2 967 788
进出口差额(出口−进口)	—	172 000	258 200	366 000	427 900	485 000	500 000	480 200	494 000	532 000	685 600	760 549
外商实际直接投资(万美元)	—	147 150	318 600	403 900	511 000	658 200	739 600	805 771	906 800	1 021 000	1 117 300	1 211 800
地方财政收支差额(亿元)	-111.4	-307.0	-551.6	-673.3	-849.1	-1 118	-1 316.91	-1 486.7	-1 952.6	-2 154.4	-2 461.3	-2 965.4
地方财政收入	178.3	303.9	493.9	652.5	824.2	1 059.2	1 217.8	1 359.3	1 523.2	1 689.5	1 840.8	2 040.6
地方财政支出	289.7	610.9	1 045.4	1 325.9	1 673.3	2 177.2	2 534.7	2 846.0	3 475.8	3 843.8	4 302.0	5 006.0
城镇登记失业率(%)(季度)	—	—	3.1	—	—	3.1	—	—	3.1	—	—	3.1
同比累计增长率（%）												
地区生产总值	—	—	11.3	—	—	10.3	—	—	10	—	—	10.1
第一产业	—	—	4.1	—	—	4.2	—	—	3.7	—	—	4.5
第二产业	—	—	14.3	—	—	12.6	—	—	12.2	—	—	11.7
第三产业	—	—	7.6	—	—	7.9	—	—	8.9	—	—	9.2
工业增加值	—	19.6	17.3	16.4	15.9	15.4	15.2	14.9	14.7	14.6	14.6	14.6
固定资产投资	—	27.3	25.6	24.7	23.9	23.6	23.4	23.3	23.6	23.7	23.8	23.2
房地产开发投资	—	24.5	24.6	23.8	20.6	15.6	15.2	16	13.7	14.8	15.4	15.6
社会消费品零售总额	—	15.8	16.1	15.8	15.5	15.5	15.4	15.3	15.4	15.5	15.5	15.7
外贸进出口总额	—	140.8	111.8	102.9	93.5	84.6	73.5	64.3	63.4	58.5	62.8	58.6
进口	—	112.2	82.6	79.6	75.8	74.5	70.6	65.5	64.2	64.7	69.4	64.9
出口	—	163.1	135.5	120	106.4	91.6	75.5	63.4	62.8	54.1	58.2	54.3
外商实际直接投资	—	87.5	82.0	75.7	67.0	56.3	54.8	46.7	33.5	31.7	30.6	20.2
地方财政收入	11.5	15.1	21.6	15.7	15.2	16	16.7	16.9	16.5	17.0	17.6	18.5
地方财政支出	30.3	44.1	19.9	17.1	18.7	21.5	25.0	21.9	26.7	21.0	19.4	17.8

数据来源：河南省统计局。

2012年湖北省金融运行报告

中国人民银行武汉分行货币政策分析小组

[内容摘要] 2012年，在世界经济复苏放缓、国内经济困难和挑战增多的形势下，湖北省认真贯彻国家各项宏观调控政策，统筹处理好稳增长、调结构、控通胀、抓改革、惠民生的关系，经济呈现“筑底企稳、稳中有进、好中有快”的特点。

湖北省金融运行总体平稳。稳健的货币政策得到有效落实，信贷投放平稳适度，贷款结构继续优化。社会融资规模增长较快，融资方式更趋多元。金融改革创新持续推进，金融市场健康较快发展。金融业与经济的融合度进一步加深，金融与经济良性互动的格局正在形成。

2013年湖北省将按照“竞进提质”的总要求，坚持以提高经济增长质量和效益为中心，着力增强经济内生活力和动力，实现经济持续健康发展。全省金融部门将围绕地方经济社会发展战略，继续执行好稳健的货币政策，深入推进金融改革创新，有序加快金融市场建设，切实防控金融风险，更好地服务湖北经济社会科学发展。

一、金融运行情况

2012年，湖北省金融业综合实力有所提升，改革创新取得新进展，金融市场功能进一步增强，金融生态环境继续优化，对实体经济发展起到积极的促进作用。

（一）银行业发展稳健，信贷平稳合理增长，金融改革创新不断深化

2012年，湖北省银行业牢牢坚持稳健的货币政策导向，贷款总量稳步增长，信贷资金供求结构性矛盾有效缓解，表外融资继续扩大，利率水平合理浮动，金融改革有序推进，跨境人民币业务深入开展，银行业整体保持良好的运行态势。

1.银行业经营质量继续提高，组织体系日趋健全。2012年，湖北省银行业金融机构资产总额增长18.3%，增速比上年加快0.9个百分点，实现利润增长21.1%，不良贷款率实现“八连降”，比年初下降0.2个百分点，整体拨备覆盖率127.9%，同比上升26.7个百分点。武汉区域金融中心建设焕发新活力。湖北能源集团财务公司、航天科工财务公司武汉分公司开业运营，全省财务公司数量达9家，居中部六省之首；三菱东京日联和韩国企业银行武汉分行正式开业，湖北省外资银行数量达8家，位居中部第一。机构分布更加均衡、合理。

表1　2012年湖北省银行业金融机构情况

机构类别	营业网点			法人机构（个）
	机构个数（个）	从业人数（人）	资产总额（亿元）	
一、大型商业银行	2 776	63 273	15 122	0
二、国家开发银行和政策性银行	94	2 423	4 028	0
三、股份制商业银行	203	7 940	6 001	0
四、城市商业银行	207	5 339	2 625	2
五、城市信用社	—	—	—	—
六、小型农村金融机构	2 102	28 289	4 432	85
七、财务公司	9	525	775	5
八、信托公司	2	246	47	2
九、邮政储蓄银行	1 581	7 383	2 375	0
十、外资银行	12	341	136	0
十一、新型农村金融机构	48	1 154	100	34
十二、其他	1	67	135	1
合　计	7 035	116 980	35 776	129

注：营业网点不包括总部；大型商业银行包括中国工商银行、中国农业银行、中国银行、中国建设银行和交通银行；小型农村金融机构包括农村商业银行、农村信用社、农村合作银行；新型农村金融机构包括村镇银行、贷款公司和农村资金互助社；其他包含金融租赁公司、汽车金融公司、货币金融公司、消费金融公司等。

数据来源：中国人民银行武汉分行、湖北银监局。

武汉之外，股份制银行在4个市州新设7家分支机构，城市商业银行新设17家分支机构。县域、农村金融服务主体规模继续扩大。全省新增村镇银行6家，小额贷款公司99家（见表1）。

2. 存款增速有所加快，存款季度后回调特征明显，单位存款呈现活期化迹象。2012年，湖北省金融机构（含外资）本外币存款余额增长17%，增速比上年高2个百分点（见图1、图3）。受金融机构季末业绩考核、表外理财快速发展等因素影响，存款增长季末冲高、季后回落特征较为明显，3月、6月、9月当月新增存款分别达到960亿元、1 161亿元和600亿元，而季后存款均呈下降趋势，4月、7月和10月当月存款分别减少533亿元、127亿元和171亿元。年末单位活期存款余额占单位存款余额的比重为53%，比第三季度末提高2.2个百分点。

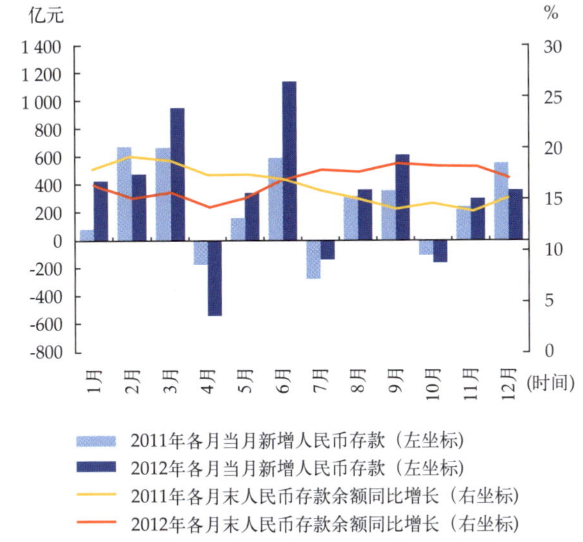

数据来源：中国人民银行武汉分行。

图1 2011～2012年湖北省金融机构人民币存款增长

3. 贷款增速持续回落，信贷支持转方式、调结构的力度进一步加大。2012年，湖北省金融机构（含外资）本外币贷款余额增速为17.2%，比上年低1个百分点（见图2、图3），增速连续三年实现回落。全年各月贷款增速保持在17%至20%的区间内，总体平稳。

信贷资源配置更趋优化。湖北省深入推进农村金融服务全覆盖，全面实施金融支持县域经济发展"五个一工程"，积极开展"金融服务早春行"等银企对接活动，促进中小企业、"三农"和县域贷款信贷投入快速增长。2012年，中小企业、涉农和县域贷款增幅分别高于全省全部贷款平均增幅3.2个、5.3个和4.8个百分点。重点产业获得较多信贷支持。年末，科学研究和技术服务业及信息传输、软件和信息技术服务业贷款余额占比均高于上年。同时，民生领域金融服务水平持续提高。小额担保贷款余额同比增长42.3%，较上年提高16.6个百分点。民品民贸企业流动资金贷

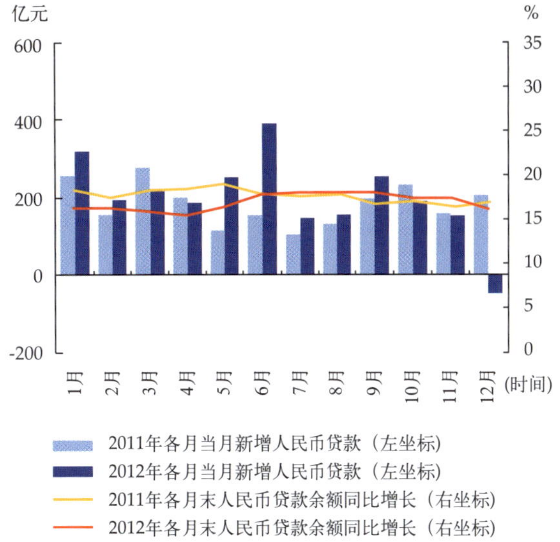

数据来源：中国人民银行武汉分行。

图2 2011～2012年湖北省金融机构人民币贷款增长

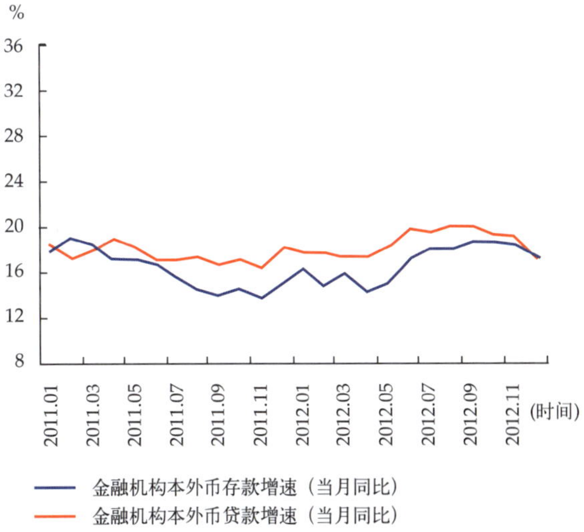

数据来源：中国人民银行武汉分行。

图3 2011～2012年湖北省金融机构本外币存、贷款增速

款余额及贴息额同比分别增长51%和53.5%。

4. 表外融资较快增长。2012年，湖北省以未贴现的银行承兑汇票、委托贷款和信托贷款方式合计的表外融资增加1 382.2亿元，比上年多增263.7亿元，增长23.6%。其中，未贴现的银行承兑汇票比上年多增61亿元；委托贷款少增358.4亿元；信托贷款多增561.1亿元，增长8.2倍，是表外融资规模较上年有所扩大的主要原因。

专栏1　湖北省金融支持县域经济发展“五个一工程”

县域经济与“三农”密不可分，是国民经济的重要基础。为解决湖北金融支持县域经济发展力度不够的问题，中国人民银行武汉分行积极探索推进农村金融服务“全覆盖”工作的有力抓手，在深入调研的基础上，形成了金融支持县域经济发展“五个一工程”的工作思路，并会同湖北省政府金融办、湖北银监局、湖北证监局、湖北保监局制定了《关于实施金融支持县域经济发展“五个一工程”的意见》，并由湖北省政府批转实施。

“五个一工程”着力解决金融支持县域经济发展中的五大制约因素，提出要“扶持组建一批县域中小法人金融机构，构建多元化的县域金融组织体系；在中小企业中培育一批市场信用主体，让更多符合条件的中小企业享受优质信贷服务；在每个县市推广一套适合当地特色的融资模式，进一步加大金融创新力度；开展一次融资服务性收费的全面清理规范，进一步降低县域融资成本；建立一种以贷存比为主要内容的县域金融考核机制，提高政策执行的约束力”。

“五个一工程”在支持“三农”和县域经济发展方面，与农村金融服务“全覆盖”工作相互支持、互为补充，实现协同共振的效应。在各方的支持和配合下，目前已取得阶段性进展：一是县域金融组织体系建设水平进一步提高。2012年，已有6家股份制银行机构在武汉以外设立营业性机构；新设村镇银行6家；有农村商业银行、农村合作银行挂牌36家，批筹8家；地处乡镇的83家邮政储蓄银行二类支行的改革也已顺利完成。二是中小企业信贷客户进一步发展壮大。“审批＋培植”的信贷工作模式得到推广，中小企业信贷客户培植工作延伸至审批前后的全过程。2012年，全省新培植中小企业客户2 491户，信贷支持金额1 230亿元，增幅分别为27.5%和23.1%。三是县域融资产品和服务模式日益丰富。金融机构创新金融支农产品和服务方式达70余种，涌现出“富迪模式”（金融机构与商贸流通企业合作，各项金融服务融入农村商品流通各环节，商融结合服务“三农“）、“京山模式”（银行+信用担保公司+农民专业合作社+农户+风险补偿基金）和“宜城模式”（行业协会+联保基金+银行）等创新品牌。全省融资性担保业务监管联席会议机制的建立，以及《湖北省融资性担保公司管理暂行办法》等规范性文件的出台，有效地促进了融资性担保业务规范发展。四是县域金融资源投入力度加大。县域金融机构贷存比定期通报制度及相关约束激励机制的推行，有效缓解县域信贷资源投入不足的问题。2012年年末，湖北省县域贷款增幅高于全省贷款增幅4.76个百分点，县域新增贷存比由上年的45.16%提高至46.18%。五是融资服务性收费更趋规范。2012年9月初，相关部门联合开展了对中介组织服务收费的专项清理工作。活动开展以来，全省31家银行机构收费项目减少55项，收费水平下降11.4%，清退不合理收费825万元。

5. 存款利率差异化定价特征初现，贷款利率总体走低。6月8日和7月6日，中国人民银行连续两次下调存贷款基准利率，同时调整金融机构存贷款利率浮动空间。金融机构存款利率差异化定价特征逐步显现。就存款利率上浮幅度而言，全国性大型商业银行最小，全国性股份制银行居中，地方中小法人银行最大，大部分村镇银行各期限存款利率均一浮到顶。贷款利率水平整体下行。12月，湖北省1年期贷款加权平均利率为7.08%，比5月下降0.68个百分点。分利率浮动情况看，执行下浮利率的贷款占比上升。12月，湖北省金融机构企业贷款中实行下浮利率的占比较年初提高4.1个百分点。但小型企业上浮利率贷款占比较年初提高1.4个百分点，表明小型企业融资成本有所上升（见表2）。

表2　2012年湖北省金融机构人民币贷款各利率区间占比

单位：%

月份		1月	2月	3月	4月	5月	6月
合计		100.0	100.0	100.0	100.0	100.0	100.0
[0.9，1.0)		12.5	13.2	15.0	10.3	20.0	14.0
1.0		32.6	34.7	28.4	26.9	28.1	34.3
上浮水平	小计	54.9	52.2	56.6	62.8	51.9	51.6
	(1.0，1.1]	19.4	18.0	16.6	22.4	16.4	13.2
	(1.1，1.3]	29.1	27.8	30.1	32.0	28.3	29.0
	(1.3，1.5]	4.6	4.4	6.9	6.1	5.2	7.0
	(1.5，2.0]	1.8	1.9	2.7	1.6	1.8	2.2
	2.0以上	0	0.2	0.2	0.6	0.2	0.2
月份		7月	8月	9月	10月	11月	12月
合计		100.0	100.0	100.0	100.0	100.0	100.0
[0.9，1.0)		13.1	13.2	14.7	17.6	14.5	16.6
1.0		35.0	37.2	36.4	32.0	33.1	32.6
上浮水平	小计	51.9	49.6	48.9	50.4	52.4	50.8
	(1.0，1.1]	13.0	15.3	15.8	15.6	17.9	18.3
	(1.1，1.3]	31.2	27.5	26.3	25.9	27.8	27.7
	(1.3，1.5]	5.9	4.6	3.8	6.0	4.2	3.3
	(1.5，2.0]	1.7	2.2	2.9	2.9	2.4	1.4
	2.0以上	0	0	0	0.1	0.1	0

注：2012年8～12月统计数据的下浮区间为[0.7，1.0)。

数据来源：中国人民银行武汉分行。

6. 银行机构改革取得新进展，地方法人金融机构运营较为稳健。2012年，农村信用社改革进一步深化，全省已组建农村商业（合作）银行38家。中国邮政储蓄银行以“直接变更”和“名行实所”方式进行的二类支行改革已全部完成；中国农业银行“三农金融事业部”改革试点取得阶段性成效，增量贷存比比上年提高20.4个百分点，服务“三农”能力得到增强。湖北银行完成增资

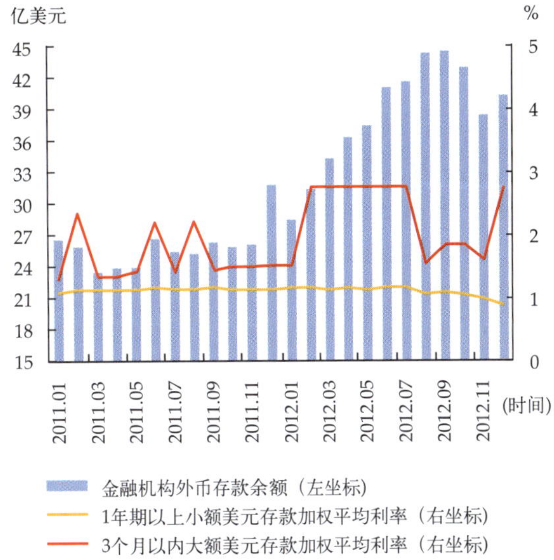

数据来源：中国人民银行武汉分行。

图4　2011～2012年湖北省金融机构外币存款余额及外币存款利率

扩股，汉口银行成功发行19亿元次级债和50亿元小微企业金融债，金融债规模居全国城市商业银行第二。

地方法人金融机构发展态势整体良好。实现利润81.5亿元，比上年增长50.1%，资产利润率较上年提高0.2个百分点，拨备覆盖率达194.1%，资本充足率为12.8%，较上年提高0.7个百分点。

未来银行业发展也可能面临着一些挑战，如金融脱媒冲击银行传统发展和盈利模式；大型周期性行业整体亏损及银行表外业务规模扩张带来潜在风险隐患；监管标准提高引致银行高资本消耗与规模扩张的发展模式难以为继等。

7. 跨境人民币业务向纵深推进，企业贸易投资便利化程度显著提升。2012年，湖北省进一步加大工作力度，不断扩展试点范围，丰富业务品种，做大业务规模，基本实现了人民币跨境结算市州全覆盖、跨境交易项目全覆盖和重点企业全覆盖。年末，全省有国际结算资格的27家金融机构中，开办人民币跨境业务的金融机构达到23家，结算的国家或地区由2011年的40个增加到79个。全年累计办理跨境人民币业务277亿元，增长27.1%。

（二）证券机构实力有所壮大，上市公司效益继续提高，资本市场建设成效显著

2012年，湖北省证券市场总体保持稳健运行态势。证券公司数量规模继续扩大，运营能力有所增强。上市公司运转良好，经营业绩稳中有升。市场体制机制改革加快推进，资本市场功能得到进一步发挥。

1. 证券机构网络不断扩大，创新业务加快发展。2012年，湖北省辖内2家法人证券公司（长江证券、天风证券）及5家异地券商（华泰证券、国信证券、中信建投证券、兴业证券和招商证券）均在省内设立分公司，加强了对湖北辖区营业部的整合管理。同时，在有效监管的前提下，各证券公司进一步加大业务和产品创新力度，积极为地方经济发展服务。2012年，长江证券、中信证券、海通证券和国信证券开展的股票约定式购回业务，已为湖北省中小企业提供融资近7 000万元；各证券机构通过承销发行城投债、金融债为地方经济筹集资金103亿元。

2. 上市公司经营质量提升，并购重组持续推进。2012年，尽管宏观经济增速继续放缓，但湖北省84家上市公司总体保持良好运转（见表3），经营业绩稳中有升，前三个季度营业总收入为2 896.5亿元，同比增长4.9%。全年共有5家上市公司通过定向增发完成重大资产重组，涉及金额达117.4亿元。

3. 多层次资本市场建设加快，直接融资比重持续提高。2012年，湖北省成为首批中小企业私募债发行试点省份，9家企业通过发行该类债券募集资金11亿元。武汉东湖高新区进入全国中小企业股份转让系统，10家企业进入系统挂牌。在全国IPO大幅放缓的同时，湖北省新增报会企业8家，其中，2家企业成功首发上市，募集资金14.7亿元。同时，多家上市公司利用资本市场平台开展再融资，全年8家企业通过发行公司债、配股、增发等募集资金187.6亿元。2012年，湖北省实现直接融资253.1亿元，同比上升16.2%，融资额居全国第六。

表3　2012年湖北省证券业基本情况

项目	数量
总部设在辖内的证券公司数（家）	2
总部设在辖内的基金公司数（家）	0
总部设在辖内的期货公司数（家）	2
年末国内上市公司数（家）	84
当年国内股票（A股）筹资（亿元）	104
当年发行H股筹资（亿元）	0
当年国内债券筹资（亿元）	717.4
其中：短期融资券筹资额（亿元）	235.4
中期票据筹资额（亿元）	329.0

数据来源：中国人民银行武汉分行、湖北证监局。

（三）保险业稳健发展，市场体系逐步健全，保障功能继续提升

2012年，湖北省保险业继续保持平稳发展态势，市场体系进一步完善，市场秩序基本稳定，保障领域不断拓宽，服务“三农”和小微企业水平明显提高。

1. 保险业务平稳健康发展。2012年，全省保险业全年累计保费收入比上年增长6.3%。其中，财产险公司实现保费收入比上年增长17.9%，增速高于全国平均水平2.5个百分点；人身险公司实现保费收入比上年增长2.8%。财产险中，家财险和保证保险同比增幅较大；人身险中，健康险业务发展较快。

2. 保险市场体系进一步完善。2012年，全省新增保险机构300家，其中省级分公司7家、中心支公司42家、支公司77家、营销服务部174家。全省保险专业中介机构比上年增加31家，其中，新增保险代理机构27家、保险经纪机构3家、保险公估机构1家。保险营销员13.2万人，较上年增加0.6万人（见表4）。

3.服务“三农”和小微企业水平明显提高。2012年，湖北省农业保险覆盖领域不断扩大。全年累计实现签单保费和赔款分别比上年增长14.1%和17.7%。其中，水稻保险、奶牛保险、能繁母猪保险、农房保险和油菜保险签单保费分别比上年增长7%、23%、58%、18%和1%。积极支持涉外小微企业“走出去”。全省出口信用保险全年累计服务支持客户473家，其中出口规模300万美元以下的小微企业322家；完成短期贸易险保额25

表4　2012年湖北省保险业基本情况

项目	数量
总部设在辖内的保险公司数（家）	2
其中：财产险经营主体（家）	1
人身险经营主体（家）	1
保险公司分支机构（家）	62
其中：财产险公司分支机构（家）	28
人身险公司分支机构（家）	34
保费收入（中外资，亿元）	533.3
其中：财产险保费收入（中外资，亿元）	135.3
人身保费收入（中外资，亿元）	398.1
各类赔款给付（中外资，亿元）	128.6
保险密度（元/人）	919.5
保险深度（%）	2.4

数据来源：湖北保监局。

亿美元、保费994万美元，比上年分别增长71%和40%。

（四）融资总量持续增长，结构进一步改善，金融市场活力继续增强

2012年，湖北省融资渠道继续拓宽，融资总量又上新台阶。金融市场较为繁荣，同业拆借市场、票据市场、外汇及黄金市场交易规模较快增长。

1. 非金融机构部门融资量持续增长，银行间债券市场融资取得突破性进展。2012年，湖北省贷款、债券、股票三种方式合计融资3 640.1亿元，同比多增202.4亿元，其中，贷款、债券融资同比分别多增276.7亿元和11.8亿元（见表5）。区域集优债务融资在全省实现“零突破”。中国人民银行武汉分行与湖北省人民政府、中国银行间市场交易商协会签署了借助银行间市场推进经济发展合作备忘录，并推动襄阳率先在全省推出区域集优中小企业集合票据。

2. 同业拆借市场和银行间债券市场交易量大幅增长，拆借利率整体下行，债券收益率震荡上移。2012年，湖北省金融机构同业拆借累计成交量同比增长114%，其中，股份制商业银行一级分行和证券公司拆借交易量同比分别增长59倍和5.3倍。银行间债券市场现券交易累计成交量同比增长48%，增速比上年加快22个百分点。

表5　2001～2012年湖北省非金融机构部门融资结构

单位：亿元、%

年份	融资量	比重		
		贷款	债券（含可转债）	股票
2001	342.8	88.7	0.0	11.3
2002	515.6	97.9	0.0	2.1
2003	688.9	99.7	0.0	0.3
2004	628.3	82.6	0.0	17.4
2005	794.9	86.7	7.3	6.0
2006	953.7	87.5	11.8	0.7
2007	1 370.9	79.1	18.0	2.9
2008	1 476.8	88.4	7.9	3.7
2009	3 638.1	90.8	6.2	3.0
2010	3 359.6	77.1	16.4	6.5
2011	3 437.7	74.0	20.5	5.5
2012	3 640.1	77.4	19.7	2.9

数据来源：中国人民银行武汉分行、湖北证监局、湖北省发展改革委。

3. 票据承兑贴现业务稳步增长，市场利率总体走低。2012年，湖北省商业汇票承兑余额及全年累计承兑金额同比分别增长29.6%和28.4%，分别比上年提高3.6个和6.4个百分点（见表6）。

表6　2012年湖北省金融机构票据业务量统计

单位：亿元

季度	银行承兑汇票承兑		贴现			
			银行承兑汇票		商业承兑汇票	
	余额	累计发生额	余额	累计发生额	余额	累计发生额
1	2 305.5	1 349.3	232.0	1 358.7	19.3	46.1
2	2 431.8	2 843.8	313.5	3 086.5	28.3	95.3
3	2 762.9	4 524.2	311.1	5 500.0	24.9	193.7
4	2 830.3	6 239.5	276.4	8 312.8	37.0	238.0

数据来源：中国人民银行武汉分行。

表7　2012年湖北省金融机构票据贴现、转贴现利率

单位：%

季度	贴现		转贴现	
	银行承兑汇票	商业承兑汇票	票据买断	票据回购
1	6.2946	8.0222	6.5506	6.4469
2	5.0341	5.5125	5.9603	5.6109
3	5.5854	6.7588	5.4146	6.2182
4	5.6240	6.7521	4.8760	6.8858

数据来源：中国人民银行武汉分行。

金融机构全年贴现余额及累计贴现同比分别增长8.9%和77%。受货币市场利率和票据市场供求变化等多种因素的影响，票据市场利率总体呈下行趋势。截至年底，贴现利率为5.7%，低于年初水平3.3个百分点（见表7）。

4. 外汇市场加快发展，黄金交易规模较快增长。2012年，湖北省银行间外汇市场累计成交金额同比增长54%，大大高于上年3.3%的增幅。即期交易为主要交易品种，累计成交金额占全部交易量的98%；外汇衍生品交易规模较小，无外汇掉期和期权交易。2012年，湖北省4家上海黄金交易所会员企业累计买卖黄金增长76%，其中，黄金代理交易量为2011年的4倍，成为推动整体交易规模较大幅度增长的主要力量。

5. 民间融资利率保持稳定，资金主要投向中小企业及“三农”。中国人民银行武汉分行对232家企业和177家民间融资中介机构的调查显示，第一至第四季度，湖北省企业民间融资月息维持在2分左右，波动幅度不超过1分，且呈逐季度下降趋势，七成以上融资期限在一年以内。发生民间借贷行为的企业中，近60%为中小工业企业及农林牧渔业企业。从用途看，融入资金主要用于弥补企业流动性不足。

（五）信用创建扎实推进，农村支付服务增效提质，金融生态环境建设开创新局面

2012年，湖北省继续开展“企业、社区、乡镇、区域”四大信用工程创建，完成金融信用市州县和金融安全区建设考核评估。全省已创建信用乡镇954个，评选信用农户643万户；培植A级信用企业25 575户；共有17个市（州）、74个县（区）被评为金融信用市、州、县。积极搭建政银企三方合作平台，疏通信贷供需对接渠道。年内，各种银企对接活动签订授信协议3 679亿元，已落实1 769亿元；贷款合同464亿元，已发放397亿元。金融消费权益保护工作试点范围稳步扩大。年内，已覆盖全省12个市（州）、28个县，累计受理申诉1 326件。

农村支付体系建设走向深入。推广“三公里”金融服务圈、“村级金融服务站”等创新服务模式，加快普及现代支付机具和大小额支付系统。截至2012年年末，全省ATM、POS机乡镇覆盖面分别为88%和75%，电子机具乡镇覆盖率达100%，行政村覆盖率达74%；加入大、小额支付系统银行网点2 895个，覆盖率达65%。

二、经济运行情况

2012年，湖北省有效克服内外环境变化对经济发展带来的不利影响，投资、消费对经济增长的拉动作用进一步发挥，产业结构继续朝合理化方向迈进，经济保持平稳较快发展。初步核算，湖北省全年地区生产总值达到22 250亿元，扣除价格因素，比上年增长11.3%，连续九年保持两位数增长（见图5）。

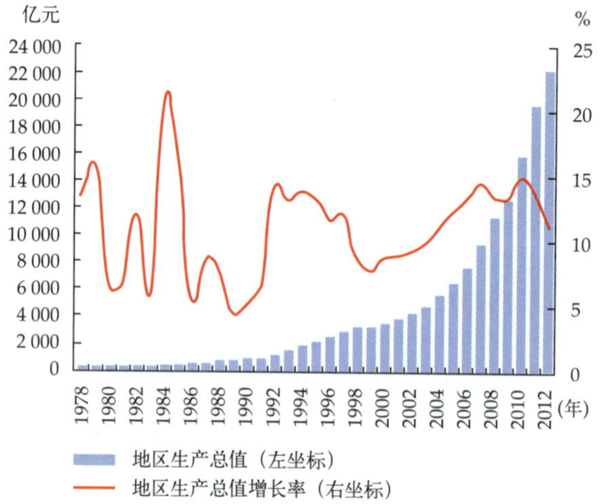

数据来源：湖北省统计局。

图5　1978～2012年湖北省地区生产总值及其增长率

（一）内需拉动作用增大，外贸进出口放缓

2012年，湖北省经济增长动力发生积极变化，投资支撑作用提升，消费贡献增强，内需对经济的拉动作用明显。

1. 固定资产投资增速较快，结构不断优化。在新开工重大项目的强力支撑下，湖北省固定资产投资保持平稳较快增长态势。2012年，湖北省亿元以上新开工项目个数比上年增长90%，增幅

高于上年47.2个百分点。全年累计完成全社会固定资产投资16 504亿元，比上年增长27.6%，增速与上年基本持平（见图6）。其中，民间投资带动作用强劲。全年累计完成民间投资占全省投资的比重为66%，占比较上年提高8.3个百分点。高新技术产业投资加快增长。全省高新技术产业投资增速达70.5%，高于全省平均水平42.9个百分点。

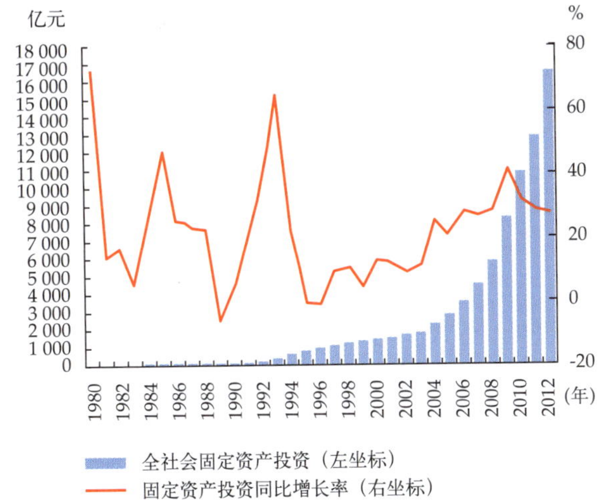

数据来源：湖北省统计局。

图6　1980～2012年湖北省固定资产投资及其增长率

2. 城乡居民持续增收，消费需求较为强劲，无店铺零售销售火暴。2012年，扣除价格因素，湖北省城镇居民人均可支配收入、农村居民人均纯收入比上年分别增长10.3%和10.5%，农村居民收入增长已连续三年“跑赢”城镇居民。在城乡居民收入增长带动下，消费品市场活跃度较高。2012年，湖北省全社会消费品零售总额增长16%（见图7），其中，化妆品、玩具、电子出版物及音响类商品、中西药品、金银珠宝增幅最快，分别增长46%、36%、34.8%、30.6%和27.7%。同时，随着网络消费的兴起，无店铺零售形式逐渐被大众接受并得到快速发展，全省11家限额以上无店铺零售企业全年累计实现零售额40.1亿元，增长2.5倍。

3. 外贸进出口下滑，外商直接投资和境外投资保持增长。2012年，全省进出口总额比上年下降4.8%，其中，受发达经济体需求疲软、国

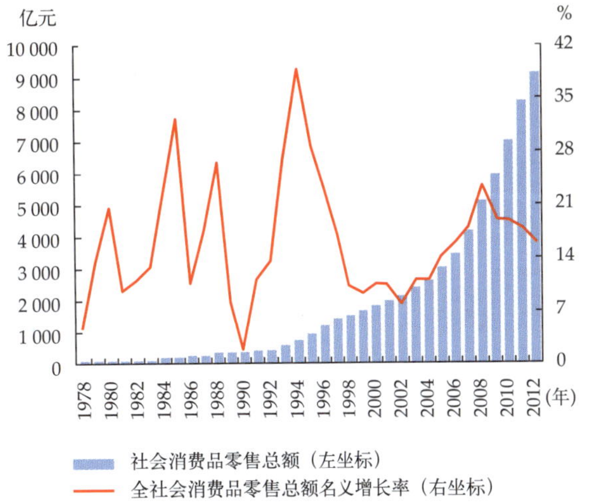

数据来源：湖北省统计局。

图7　1978～2012年湖北省社会消费品零售总额及其增长率

内生产要素价格上涨等多重因素影响，出口下降0.6%；由于居民消费需求减弱，国际大宗商品价格下降等原因，进口出现较大幅度跌落，比上年下降10.6%（见图8）。全省外商直接投资较快增长，实际利用外资比上年增长21.7%（见图9）。境外投资比上年增长9.7%，投资项目涉及矿产资源开发、专业设备制造、物流、农业、建筑、服务、通信行业等领域。

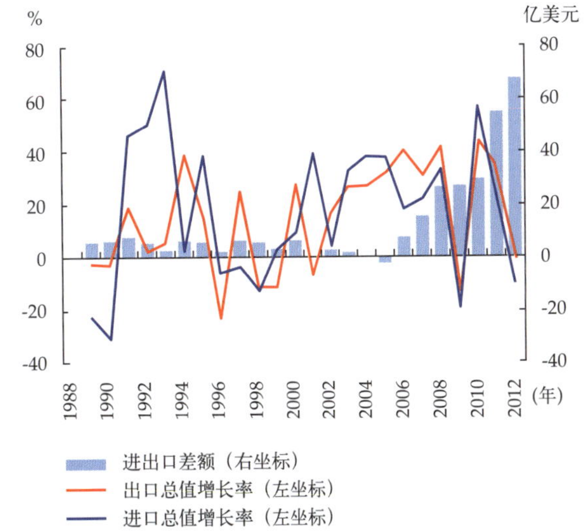

数据来源：湖北省统计局。

图8　1988～2012年湖北省外贸进出口变动情况

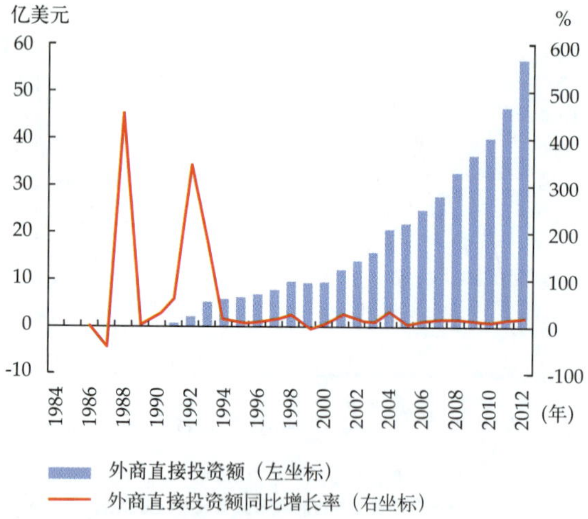

数据来源：湖北省统计局。

图9　1984～2012年湖北省外商直接投资额及其增长率

（二）三次产业发展势头良好，结构调整迈出新步伐

2012年，湖北省第一、第二、第三产业完成增加值分别增长4.7%、13.2%、10.8%，三次产业结构由上年13.1：50.1：36.8调整为12.8：50.3：36.9，农业生产再获丰收，工业转型升级加快，现代服务业发展提速。

1. 农村经济稳定发展，农业大省地位巩固加强。2012年，湖北省继续深化农业结构调整，全面落实各项惠农政策，不断加大农业科技投入，加快发展产业化经营，全省农业在高起点上再创佳绩。2012年全省粮食实现“九连增”，总产量增长2.2%。棉花、油料、茶叶大获丰收，分别增产0.11%、4.9%和16.1%。农产品加工业发展实现新突破，全年农产品加工业增长25%以上，产值突破9 000亿元，食品工业成为全省第一大支柱产业，农产品加工产值与农业总产值之比由1.6：1提高到1.9：1。

2. 工业生产缓中趋稳，发展质量继续提升。2012年，湖北省规模以上工业增加值比上年增长14.6%，增幅低于上年5.9个百分点（见图10）。全省41个大类行业中，39个行业实现正增长。工业结构继续改善。轻工业完成增加值比上年增长20.1%，快于重工业增速8.1个百分点。高新技术产业增加值比上年增长19.0%，占规模以上工业增加值比重达28.3%，生物产业产值即将突破千亿元。非公有工业产值增速高于全省平均水平约10个百分点。汽车、电子信息、装备制造等支柱行业实现销售产值超千亿元。工业产销率为98.3%，与上年基本持平。

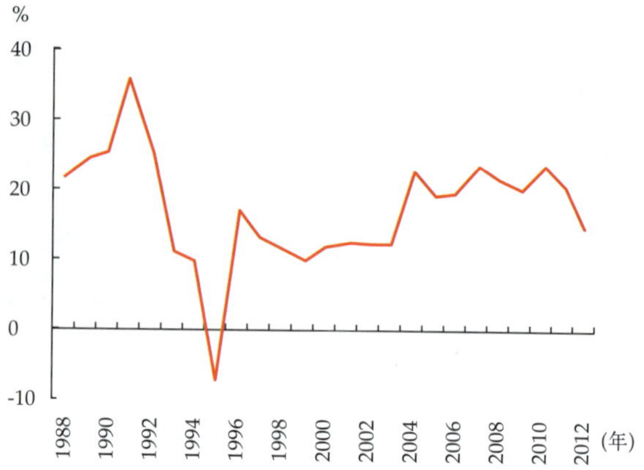

数据来源：湖北省统计局。

图10　1988～2012年湖北省规模以上工业增加值同比增长率

3. 服务业增长平稳，现代服务业发展迅速。2012年，湖北省第三产业完成增加值增长10.8%。其中，交通运输仓储和邮政业、批发和零售业、住宿和餐饮业、金融业、营利性服务业及非营利性服务业均保持稳定发展，分别增长9.5%、8.7%、7.2%、26.1%、14.3%和17.1%。现代物流、金融、信息、现代商务、旅游、文化六大现代服务业加快发展，服务业结构调整升级特征继续显现。

（三）主要价格指标涨幅回落，通胀压力有所缓解

2012年以来，随着国内经济增速回落和稳健的货币政策实施效果进一步显现，物价水平总体呈下行走势。湖北省居民消费价格涨幅从年初的5.8%下降至10月的年内低点1.9%，年末有所回升，11月、12月分别增长2.4%和2.9%，全年涨幅2.9%，比上年回落2.9个百分点。全省工业经济仍

处于去库存或去产能的阶段，工业生产者价格低位运行，工业生产者出厂价格上涨0.3%，工业生产者购进价格下降1.1%（见图11）。

资源性产品价格改革逐步推进。居民阶梯电价在全省实施，阶梯水价在宜昌等部分城市开始推行。

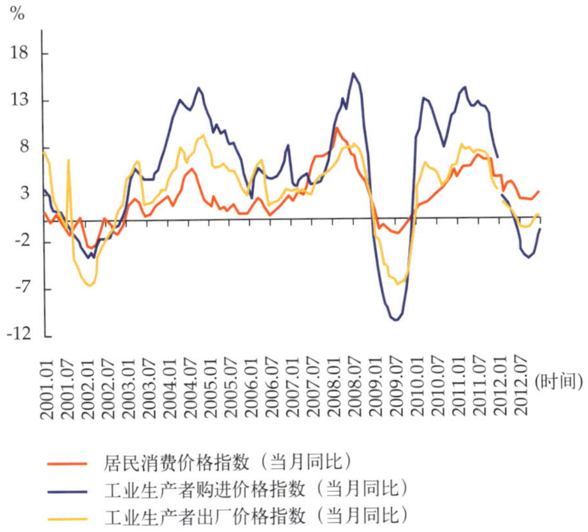

数据来源：湖北省统计局。

图11　2001～2012年湖北省居民消费价格和生产者价格变动趋势

（四）财政收入增速出现较大回落，支出均衡性进一步增强

2012年，湖北省公共财政预算收入比上年增长19.4%，增幅比上年低26个百分点（见图12）。其中，地方税收收入、非税收入分别增长24.1%和8.4%，增幅分别比上年低12.9个和64.6个百分点。财政收入增幅下降的主要原因包括：一是经济增长放缓和结构性减税叠加效应，导致增值税增长乏力。二是受价格下行、成本上升以及市场需求减弱等因素影响，企业所得税增速回落。三是2011年财政部规定将预算外资金纳入预算内管理，拉动非税收入增长97%，但该项政策仅为一次性调整，导致2012年非税收入增速回归常态。全省财政支出不断向教育、医疗、就业、住房保障等民生领域倾斜，民生类支出比重达75%，较上年提高0.6个百分点，财政支出结构优化调整趋势继续显现。

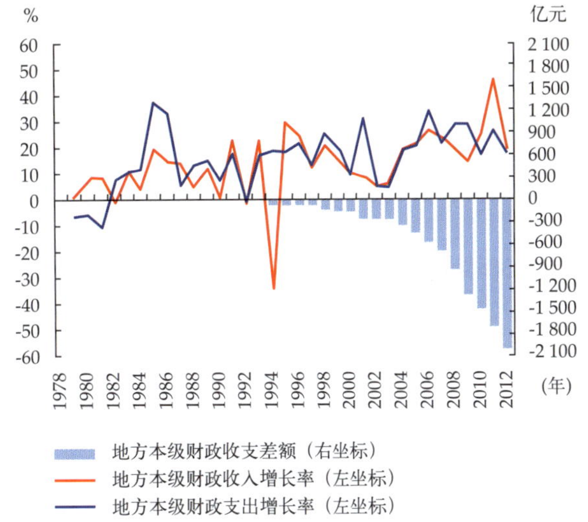

数据来源：湖北省统计局。

图12　1978～2012年湖北省财政收支状况

（五）低碳经济稳步发展，生态文明建设呈现亮点

2012年，湖北省坚持以“两型”社会理念为引领，积极建设“美丽湖北”。重点整合开发鄂西地区生态、文化等旅游资源，发展各具特色、富有活力的旅游经济带，打造灵秀湖北；大力发展生态工业，构建循环产业链条，着力打造特色制造业基地，全省生态支撑进一步增强。2012年，单位GDP能耗下降3.5%以上，四项主要污染物排放量均完成国家下达任务。主要河流断面和主要湖库水质稳中有升。17个重点城市空气质量优良率达92%，比上年提高0.8个百分点。环境污染事件和环境投诉案件数量实现“双降”。

（六）房地产调控效应继续显现，市场运行总体平稳

2012年，在限购、差别化住房信贷等调控政策的作用下，湖北省房地产市场及房地产金融运行均出现积极变化，房地产开发投资增长趋缓，房价走势平稳，投资投机性购房需求下降，保障性安居工程建设持续推进，房地产市场运行总体符合预期调控方向。

1. 房地产开发投资增长进一步放缓。2012年，湖北省完成房地产投资比上年增长2.9%，增幅较上年下降4.6个百分点。从开发投资地区结构看，武汉市占比略有下降，中小城市增长较快。在房地产开发资金来源中，银行贷款占比为15.2%，较上年回落1.0个百分点，自筹资金和定金及预收款占比上升。

2. 商品房销售情况基本平稳。2012年，湖北省商品房销售额比上年增长8.4%，增速较上年回落34.2个百分点；商品房销售面积比上年减少3.6%，增速较上年回落22.9个百分点（见图13）。自2012年下半年以来，部分城市商品房销售出现回暖迹象，销售额及销售面积增速有所提高。商品房价格依然保持平稳，武汉市房价基本稳定（见图14）。

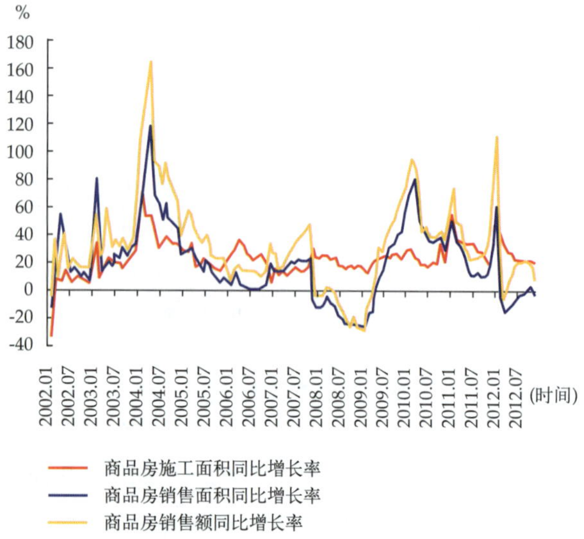

数据来源：湖北省统计局。

图13 2002～2012年湖北省商品房施工和销售变动趋势

3. 投资投机性购房需求受到明显抑制。据中国人民银行武汉分行监测，自2012年6月以来，武汉市金融机构当月发放的个人住房贷款中九成以上为首套房贷款，主要用于满足居民首套、自住、普通商品房贷款需求，投资投机性购房需求受到明显抑制，差别化住房信贷政策实施效果较好。

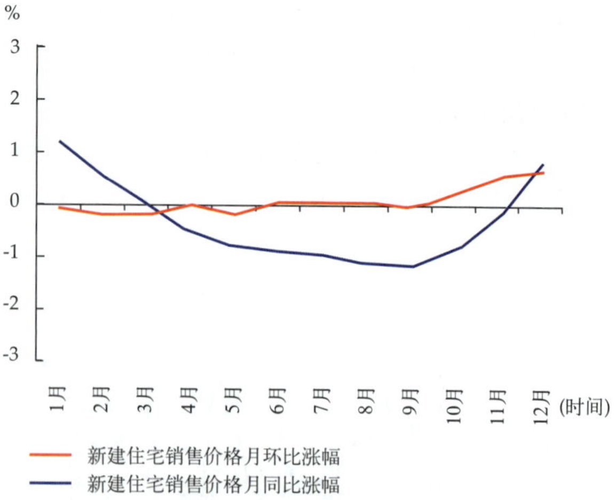

数据来源：湖北省统计局。

图14 2012年武汉市新建住宅销售价格变动趋势

4. 保障房建设和金融支持力度持续加大。2012年，湖北省保障房实物建房开工33.43万套，占实物建房任务目标的101.2%。金融机构积极调整和优化信贷资源配置，探索创新金融产品和服务方式，不断加大对全省保障性安居工程建设的信贷投入力度。全年累计发放保障房贷款142亿元，贷款余额达到215亿元，比年初增加70亿元，增长48.3%，增速高于商品房开发贷款39.3个百分点。

（七）多点支撑的区域经济发展格局逐步形成，配套金融服务成效显著

2012年，湖北省“两圈一带”发展提速，“一主两副”带动明显，4个集中连片特困地区扶贫开发扎实推进，竞相发展、多极增长的区域经济新格局正逐步形成。武汉城市圈综合配套改革试点深入拓展，率先在全国省域范围内实现绿色电力调度制度。东湖国家自主创新示范区综合排名居全国第4位，并获批全国“新三板”试点。襄阳、宜昌两个省域副中心城市经济保持较快增速，GDP增幅超全省平均水平。荆州国家级承接产业转移示范区获批设立，城市辐射带动功能提升。革命老区、民族地区基础设施建设步伐加快，发展后劲增强。湖北省联合湖南、江西两省

共同推动长江中游城市群建设上升为国家战略，其开放、联动效应正逐步释放。

金融部门支持区域经济发展成效显著。“一主两副”中心城市全年新增贷款1 844亿元，同比多增101亿元；武汉城市圈新增贷款1 888亿元，同比多增77亿元；东湖示范区贷款余额增幅高于武汉市全部贷款增幅。在武陵山、大别山、秦巴山等扶贫攻坚重点地区，信贷资源倾斜、权限下放、金融创新、机构设立等方面取得实质性进展。中国人民银行武汉分行抓住湖北省设立武陵山区“龙山来凤经济协作示范区”的政策优势，组织辖区相关人民银行分支机构，研究制定金融支持政策、支付结算、跨区域信贷联动机制等工作方案，力促“龙凤示范区”金融一体化建设，金融支持连片特困地区的深度和广度进一步拓宽。

专栏2　金融支持湖北武陵山少数民族经济社会发展试验区建设取得积极进展

武陵山区位于渝、鄂、湘、黔四省（市）交界处，是跨省交界面积大、少数民族聚集多、贫困人口分布广的连片特困地区。2011年2月，湖北省委、省政府在四省（市）中率先启动湖北武陵山少数民族经济社会发展试验区[①]（以下简称试验区）建设。2011年10月，国务院批复《武陵山片区区域发展与扶贫攻坚规划（2011～2012年）》（国函[2011]125号批复），标志着试验区建设纳入国家战略。为发挥金融在支持试验区经济社会发展中的重要作用，中国人民银行武汉分行近年来采取多项措施，引导金融机构在改进试验区金融服务方面进行了积极探索。

一是发挥中央银行引领作用，强化对试验区发展的金融政策支撑。在深入调研的基础上，先后出台《关于金融支持武陵山少数民族经济社会发展的意见》（鄂金办发[2012]22号）、《关于金融支持“616”工程建设促进民族地区经济发展的指导意见》（武银[2010]140号）等文件，从鼓励新设金融机构、创新体制机制、增加金融资金投入等方面提出激励引导政策，推动区域金融一体化发展。同时，综合运用支农再贷款、再贴现、利率等货币政策工具，引导金融机构加大对试验区的信贷倾斜。2012年，累计向试验区发放支农再贷款9 700万元；年末试验区享受民贸民品企业贷款贴息优惠政策的企业达498家，贷款余额34亿元，全年累计贴息7 301万元。

二是加快金融改革创新，推动金融组织与产品的丰富和完善。以农村金融服务全覆盖为抓手，积极推动全国性和股份制银行“下沉”机构重心，深入推进农村信用社、中国农业银行“三农金融事业部”、中国邮政储蓄银行改革，稳步发展村镇银行、小额贷款公司等农村金融组织，进一步健全试验区金融服务组织体系。加大金融产品和服务方式创新力度，针对试验区旅游、烟叶、林业、民族文化等特色产业发展的需要，先后推出各类新型金融产品和服务方式40余种，重点推广了农户联保贷款、林权抵押贷款、农村青年诚信创业贷款、应收账款质押贷款、“协会+联保基金+银行信贷”、“产业合作+资金互助”等融资模式和产品。

三是搭建银企对接平台，促进更多信贷资源向试验区聚集。近年来先后组织开展金融支持试验区推进会、恩施金融发展银企签约会、股份制银行走进恩施等活动，促成省级、市级金融机构与当地企业签约163亿元，重点支持试验区特色农业、新型工业、生态旅游产业、民族文化产业的发展，以及纳入国家规划的公路、铁路等基础设施项目的建设。到2012年年末，试验区金融机构各项贷款余额为492亿

①包括恩施土家族苗族自治州8县市和宜昌市五峰、长阳、秭归3个县。

元，同比增长28.5%，增幅高于同期全省贷款平均增幅11.3个百分点。

四是探索区域金融合作，推进试验区与毗邻地区金融服务融合。利用国家设立武陵山龙山来凤经济协作示范区①的政策优势，组织中国人民银行长沙中心支行、中国人民银行恩施州以及湘西州中心支行，探索建立示范区金融联席会议制度，研究制定支付结算同城化、跨区域信贷联动机制、现金调拨和反假货币协作等方面的具体工作方案，协调解决示范区面临的跨县金融交易成本较高、基础金融服务供给不足等问题，力促示范区金融一体化。

五是开展信用创建工作，营造有利于试验区发展的金融生态环境。在试验区持续开展"企业、社区、乡镇、区域"四大信用工程创建、农户信用体系建设和农村青年信用示范户创建活动。到2012年年末，试验区累计评定信用乡镇114个，信用农户99.95万户，A级以上企业1 131家，农村青年信用示范户6 228户，试验区涉及的11个县市全部被湖北省政府评为"金融信用县（市）"，恩施州被评为"金融信用州"。

下一阶段，应继续做好金融支持试验区发展的有关工作：一是进一步完善金融服务体系，积极推进国有商业银行县域网点恢复营业，鼓励股份制商业银行在试验区中心城市设立分支机构，支持试验区地方性商业银行通过引进战略投资者、吸收知名工商企业投资等方式实施增资扩股，做大做强；二是适度增加对试验区的信贷投入，通过运用货币政策工具、开展融资产品和模式创新、持续推进银企对接等方式，引导金融机构依据试验区产业特色及资源禀赋等情况，有选择性地加大对试验区的信贷投入；三是继续改善支付结算服务环境，推动农村信用社继续做好龙凤示范区支付结算一体化的系统改造工作，鼓励中国工商银行、中国农业银行和中国邮政储蓄银行湖北省分行在龙山、来凤两地探索实施优化异地手续费等措施。

三、预测与展望

今后一段时期，世界经济形势依然错综复杂、充满变数，国内发展不平衡、不协调、不可持续的问题依然突出，但支撑经济增长的因素依然较多，经济社会发展基本面长期趋好。世界经济进入深度转型调整期，中国经济进入中速增长期，区域发展进入格局转换期，湖北发展进入黄金增长期，"四期并存"给湖北发展创造了新优势，也带来新挑战。综合判断，2013年，在"一元多层次"战略体系的实施带动下，湖北经济持续向好、快速推进的良好态势将会延续，预计全年地区生产总值增长10%以上。

从投资看，湖北省将进一步拓宽投资渠道、加大重大项目建设力度，预计2013年固定资产投资增长20%以上。投资结构将继续调整。高新技术产业、战略性新兴产业以及先进制造业投资增速加快，民间投资支撑作用进一步增强，水利、交通、农村电网等重大项目建设接续，信息基础设施建设提速，"两高"和产能过剩行业投资控制更加严格。从消费看，随着国家节能产品惠民、汽车以旧换新、降低流通费用等政策落实，新能源产品进入公共设施和家庭、普及宽带、光纤入户等扩大消费政策正式实施，文化旅游、家政养老、休闲健身、节能环保产品等消费热度不断提高，湖北省消费需求将继续扩大，消费品市场运行稳定，预计2013年全省实现社会消费品零售总额增长15%左右。从物价走势看，受总需求回升、外部输入性通胀压力以及劳动力和资源价格趋势性上涨等因素叠加影响，物价可能重回上

①湖南省龙山县和湖北省来凤县地处武陵山区，是全国县城间毗邻最近的两个县，2011年国务院批复两县共同设立武陵山龙山来凤经济协作示范区，简称"龙凤示范区"。

行周期。但国家继续实行稳健的货币政策，主要农产品依然保持稳定增长，有助于物价涨幅总体温和，控制在合理范围内，预计2013年湖北省物价呈缓慢上涨趋势，全年CPI涨幅在4%以内。

展望未来金融形势，湖北省正积极稳妥推进各项金融改革创新进程，金融发展的有利条件进一步增多，金融业正步入健康快速的发展轨道。2013年，中国人民银行武汉分行将着眼服务宏观调控和科学发展的大局，合理运用多种政策手段，引导全省金融机构继续落实好稳健的货币政策，保持信贷总量和社会融资规模平稳适度增长；完善信贷政策导向效果评估，创新政策实施载体和平台，引导各金融机构继续加强“三农”和小微企业金融服务，加大对低碳经济支持力度，切实执行就业、创业、助学、扶贫等专项信贷政策，以信贷结构调整促进发展方式的转变；继续深化金融改革，在创新与规范中加快发展金融市场，牢牢守住不发生系统性和区域性金融风险底线，努力为全省经济发展提供更为强大的金融支撑。

中国人民银行武汉分行货币政策分析小组
总　纂：殷兴山　赵　军　谢晓炳
统　稿：王佑元　张　剑　刘克珍　熊川伟　田湘龙
执　笔：王一飞　张　朋　胡云飞　潘　晶　段　鹏　高文丽　吴　莹　姚　熹　陈斯瀚　李作峰
提供材料的还有：杜蔚虹　胡小芳　胡红菊　陈　翔　刘　军　王　岗　高晓波　熊艳春　涂德君
潘　荣　施　韬　陈　波　陈宏卫　刘　丽　孙　妍　王　莉　贾　晟　邓　晓

附录

（一）2012年湖北省经济金融大事记

1月，湖北省政府建立融资性担保业务监管联席会议机制。

2月，湖北省政府先后在荆州市、荆门市、孝感市、宜昌市、十堰市、黄石市、鄂州市、随州市八市组织开展了金融支持地方经济发展“早春行”活动。

4月17日，全省资本市场建设工作会议在武汉召开。

8月3日，中国证监会正式对外通报国务院批准的“新三板”扩大试点方案有关情况。东湖高新区成为首批扩大试点的三个园区之一。

8月27日，国务院出台《关于大力实施促进中部地区崛起战略的若干意见》，明确提出支持武汉加快金融改革和金融创新。

9月14日，湖北省政府办公厅转发中国人民银行武汉分行等部门制定的《关于实施金融支持县域经济发展“五个一工程”的意见》。

9月14日，中国人民银行武汉分行与湖北省人民政府、中国银行间市场交易商协会在武汉签署《借助银行间市场助推湖北省经济发展合作备忘录》。

11月7日，全国清理整顿交易场所部际联席会议批复浙江、湖北等八省（区、市）清理整顿各类交易场所工作通过国家检查验收，湖北省是中部唯一省份。

11月27日至29日，2012中国·武汉金融博览会暨中部（湖北）创业投资大会在武汉举行。

12月1日，湖北省启动营业税改增值税试点工作。

（二）2012年湖北省主要经济金融指标

表1 2012年湖北省主要存贷款指标

		1月	2月	3月	4月	5月	6月	7月	8月	9月	10月	11月	12月
本外币	金融机构各项存款余额（亿元）	24 555.3	25 039.1	25 999.0	25 465.5	25 806.1	26 966.6	26 839.7	27 202.8	27 802.4	27 631.2	27 896.2	28 257.9
	其中：储蓄存款	12 258.4	12 350.3	12 803.4	12 445.1	12 533.6	13 026.3	12 833.7	12 935.5	13 284.2	13 118.0	13 252.5	13 476.6
	单位存款	10 405.4	10 766.6	11 301.1	11 059.3	11 218.9	12 003.4	11 937.7	12 133.8	12 431.9	12 309.8	12 240.3	12 684.0
	各项存款余额比上月增加（亿元）	407.7	483.8	959.9	-533.4	340.5	1 160.6	-126.9	363.1	599.6	-171.2	265.0	361.7
	金融机构各项存款同比增长（%）	16.2	14.8	15.7	14.3	15.0	17.0	18.0	17.9	18.7	18.6	18.4	17.0
	金融机构各项贷款余额（亿元）	16 620.5	16 817.9	17 052.4	17 283.1	17 554.5	17 953.9	18 076.5	18 318.1	18 602.2	18 803.3	18 956.3	19 032.2
	其中：短期	5 381.8	5 521.3	5 638.6	5 661.6	5 733.4	5 964.6	5 997.8	5 886.0	6 175.6	6 316.9	6 415.4	6 448.6
	中长期	10 558.6	10 632.2	10 765.9	10 915.5	11 057.5	11 193.0	11 250.8	11 515.9	11 600.7	11 664.6	11 692.4	11 717.0
	票据融资	306.5	293.1	270.9	318.2	371.7	397.6	429.3	431.4	340.4	331.4	350.9	314.6
	各项贷款余额比上月增加（亿元）	295.3	197.4	234.5	230.8	271.4	399.3	122.6	241.6	284.1	201.1	153.0	75.9
	其中：短期	104.7	139.6	117.3	23.0	71.8	231.2	33.3	-111.9	289.6	141.3	98.5	33.2
	中长期	158.2	73.7	133.7	149.6	142.0	135.5	57.8	265.1	84.8	63.9	27.8	28.3
	票据融资	19.9	-13.4	-22.2	47.3	53.5	25.9	31.7	2.1	-91.0	-9.0	19.5	-36.4
	金融机构各项贷款同比增长（%）	17.7	17.7	17.4	17.3	18.2	19.6	19.6	19.8	19.9	19.3	19.0	17.2
	其中：短期	25.2	26.3	27.7	27.1	27.5	28.7	27.3	23.6	25.3	24.5	24.2	24.0
	中长期	12.6	12.0	11.5	11.3	11.8	12.4	12.6	14.5	14.7	14.2	13.9	12.7
	票据融资	-4.4	0.5	-1.5	12.1	34.2	54.7	80.7	73.7	39.6	37.1	32.7	9.8
	建筑业贷款余额（亿元）	717.3	706.1	735.2	756.2	778.7	842.7	857.8	866.7	881.4	880.7	895.7	892.0
	房地产业贷款余额（亿元）	1 224.6	1 274.6	1 270.7	1 313.0	1 321.6	1 321.5	1 321.6	1 338.6	1 352.4	1 375.6	1 366.5	1 386.7
	建筑业贷款同比增长（%）	50.2	42.6	43.3	38.6	39.3	47.2	51.7	50.4	48.8	42.0	39.3	37.5
	房地产业贷款同比增长（%）	15.6	18.5	18.2	21.3	21.6	20.2	20.4	20.8	19.8	20.6	19.4	18.5
人民币	金融机构各项存款余额（亿元）	24 376.4	24 842.5	25 783.8	25 238.8	25 569.7	26 707.2	26 577.2	26 922.1	27 521.4	27 361.2	27 655.1	28 006.4
	其中：储蓄存款	12 207.9	12 301.4	12 752.8	12 394.3	12 480.1	12 972.4	12 780.5	12 883.1	13 231.7	13 063.6	13 197.3	13 419.7
	单位存款	10 284.5	10 627.0	11 144.8	10 890.3	11 045.9	11 806.0	11 736.6	11 912.4	12 210.0	12 102.1	12 062.4	12 497.5
	各项存款余额比上月增加（亿元）	427.9	466.1	941.3	-545.0	330.9	1 137.5	-129.9	344.9	599.3	-160.2	293.9	351.3
	其中：储蓄存款	916.4	96.4	451.4	-358.6	85.9	492.3	-191.9	102.5	348.6	-168.1	133.8	222.4
	单位存款	-541.5	342.6	517.8	-254.5	155.6	760.1	-69.3	175.8	297.6	-108.0	-39.7	435.0
	各项存款同比增长（%）	16.3	14.8	15.6	14.1	14.8	16.8	17.7	17.5	18.3	18.2	18.2	16.9
	其中：储蓄存款	16.1	15.3	15.9	15.5	16.2	17.5	18.3	18.7	19.1	20.0	20.2	18.8
	单位存款	11.4	11.3	11.6	8.7	9.1	12.8	15.9	15.7	16.5	16.5	14.0	15.4
	金融机构各项贷款余额（亿元）	15 910.8	16 099.8	16 325.6	16 512.4	16 762.5	17 154.6	17 301.1	17 453.2	17 705.7	17 895.6	18 052.3	18 004.5
	其中：个人消费贷款	2 254.2	2 277.4	2 315.5	2 322.1	2 350.3	2 390.7	2 423.6	2 466.5	2 511.0	2 529.9	2 569.5	2 588.9
	票据融资	306.5	293.1	270.9	318.2	371.7	397.6	429.3	431.4	340.4	331.4	350.9	314.6
	各项贷款余额比上月增加（亿元）	318.5	189.0	225.9	186.7	250.1	392.1	146.5	152.0	252.5	189.9	156.7	-47.8
	其中：个人消费贷款	39.0	23.3	38.1	6.6	28.2	40.4	32.9	42.9	44.5	18.9	39.6	19.4
	票据融资	19.9	-13.4	-22.2	47.3	53.5	25.9	31.7	2.1	-91.0	-9.0	19.5	-36.4
	金融机构各项贷款同比增长（%）	16.5	16.5	15.9	15.6	16.4	17.7	18.0	18.0	18.1	17.5	17.3	16.1
	其中：个人消费贷款	19.2	19.4	17.9	16.3	16.1	15.9	16.1	16.7	17.6	17.1	16.9	16.9
	票据融资	-4.4	0.5	-1.5	12.1	34.2	54.7	80.7	73.7	39.6	37.1	32.7	9.8
外币	金融机构外币存款余额（亿美元）	28.3	31.2	34.2	36.1	37.3	41.0	41.5	44.2	44.3	42.9	38.3	40.0
	金融机构外币存款同比增长（%）	7.5	21.2	45.5	51.0	56.2	55.1	63.6	75.8	68.8	65.9	47.9	26.6
	金融机构外币贷款余额（亿美元）	112.5	114.1	115.5	122.8	125.0	126.4	122.5	136.3	141.4	144.1	143.7	163.5
	金融机构外币贷款同比增长（%）	60.4	61.8	73.5	78.5	81.2	82.0	72.7	77.4	69.4	70.6	69.5	40.6

数据来源：中国人民银行武汉分行。

表2　2001～2012年湖北省各类价格指数

单位：%

年/月	居民消费价格指数		农业生产资料价格指数		工业生产者购进价格指数		工业生产者出厂价格指数	
	当月同比	累计同比	当月同比	累计同比	当月同比	累计同比	当月同比	累计同比
2001	—	-1.0	—	-2.6	—	5.8	—	3.1
2002	—	0.3	—	0.7	—	-4.8	—	-2.7
2003	—	2.2	—	0.8	—	8.2	—	3.5
2004	—	4.9	—	11.3	—	13.1	—	5.7
2005	—	2.9	—	15.1	—	7.0	—	4.5
2006	—	1.6	—	1.4	—	4.9	—	2.9
2007	—	4.8	—	8.0	—	4.5	—	3.9
2008	—	6.3	—	27.2	—	10.9	—	6.1
2009	—	-0.4	—	-1.1	—	-6.6	—	-4.4
2010	—	2.9	—	1.9	—	10.4	—	4.9
2011	—	5.8	—	13.5	—	11.5	—	6.6
2012	—	2.9	—	7.2	—	-1.1	—	0.3
2011　1	5.0	5.0	7.0	7.0	13.2	13.2	7.2	7.2
2	5.7	5.3	8.1	7.7	13.7	13.5	8.0	7.6
3	5.7	5.4	10.0	8.5	14.0	13.7	7.3	7.5
4	5.7	5.5	11.2	9.2	12.1	13.3	7.5	7.5
5	5.8	5.6	11.2	9.9	12.0	13.0	6.9	7.4
6	6.8	5.8	16.5	11.0	12.2	12.9	7.3	7.4
7	6.7	5.9	17.8	12.0	12.4	12.8	7.3	7.4
8	6.3	5.9	17.9	12.7	12.0	12.7	7.3	7.4
9	6.6	6.0	17.6	13.3	11.8	12.6	7.1	7.3
10	6.1	6.0	16.6	13.6	10.6	12.4	5.9	7.2
11	4.5	5.9	13.1	13.6	8.3	12.0	3.8	6.9
12	4.4	5.8	12.5	13.5	6.6	11.5	3.2	6.6
2012　1	4.8	4.8	–	–	–	–	–	–
2	2.9	3.8	11.5	11.5	2.6	3.3	1.9	2.1
3	3.8	3.8	5.4	5.3	1.4	2.7	1.5	1.9
4	3.9	3.8	8.6	10.0	1.0	2.2	1.0	1.7
5	3.5	3.8	7.9	9.6	-0.1	1.8	0.4	1.4
6	2.4	3.6	4.6	4.8	-1.9	1.1	-0.5	1.1
7	2.1	3.3	4.6	4.8	-3.1	0.5	-0.8	0.8
8	2.2	3.2	2.6	4.2	-3.9	0.0	-0.9	0.6
9	2.1	3.1	5.2	7.7	-4.1	-0.5	-0.9	0.4
10	1.9	3.0	5.6	7.5	-3.8	-0.8	-0.5	0.4
11	2.4	2.9	6.0	7.3	-3.0	-1.0	0.2	0.3
12	2.9	2.9	5.9	7.2	-2.2	-1.1	0.3	0.3

数据来源：《中国经济景气月报》。

表3 2012年湖北省主要经济指标

	1月	2月	3月	4月	5月	6月	7月	8月	9月	10月	11月	12月
						绝对值（自年初累计）						
地区生产总值(亿元)	—	—	4 233.9	—	—	9 885.4	—	—	15 390.0	—	—	22 250.2
第一产业	—	—	383.0	—	—	826.0	—	—	2 010.4	—	—	2 848.8
第二产业	—	—	2 309.7	—	—	5 101.5	—	—	7 489.0	—	—	11 190.5
第三产业	—	—	1 541.2	—	—	3 957.9	—	—	5 890.6	—	—	8 210.9
工业增加值(亿元)	697.7	1 417.6	2 253.0	2 931.5	3 496.7	4 372.5	5 143.9	5 923.9	6 744.1	7 563.7	8 534.9	9 552.4
固定资产投资(亿元)	—	797.7	2 405.5	3 653.1	5 145.5	7 649.4	8 781.6	9 973.6	11 349.7	12 636.8	14 169.3	16 504.2
房地产开发投资	—	158.0	408.3	581.3	782.3	1 159.7	1 342.6	1 556.8	1 768.8	1 981.9	2 223.2	2 539.5
社会消费品零售总额(亿元)	—	1 517.8	2 158.0	2 871.9	3 614.6	4 367.1	5 079.3	5 796.0	6 611.6	7 478.3	8 301.2	9 196.8
外贸进出口总额(万美元)	245 200	456 300	714 100	944 500	1 221 000	1 507 700	1 798 500	2 081 300	2 383 000	2 684 000	2 914 900	3 195 900
进口	90 500	193 200	310 500	391 400	505 900	608 600	722 200	842 900	961 400	1 077 000	1 154 900	1 255 900
出口	154 700	263 100	403 600	553 500	715 100	899 100	1 076 300	1 238 400	1 421 600	1 607 000	1 760 000	1 940 100
进出口差额(出口−进口)	64 200	69 900	93 100	162 100	209 200	290 500	354 100	395 500	460 200	530 000	605 100	684 200
外商实际直接投资(万美元)	—	85 100	139 700	185 100	234 800	299 100	322 800	377 900	445 300	478 000	532 400	566 600
地方财政收支差额(亿元)	-67.2	-143.1	-252.2	-429.1	-576.6	-738.6	-873.7	-1 018.9	-1 195.4	-1 336.6	-1 527.8	-1 978.7
地方财政收入	142.2	257.3	430.7	573.0	721.4	917.0	1 049.9	1 163.7	1 299.6	1 435.3	1 555.7	1 823.1
地方财政支出	209.4	400.4	682.9	1 002.1	1 298.0	1 655.6	1 923.6	2 182.6	2 495.0	2 771.9	3 083.5	3 801.8
城镇登记失业率(%)（季度）	—	—	4.1	—	—	4.1	—	—	3.9	—	—	3.9
						同比累计增长率（%）						
地区生产总值	—	—	12.4	—	—	11.7	—	—	11.2	—	—	11.3
第一产业	—	—	4.0	—	—	5.5	—	—	4.0	—	—	4.7
第二产业	—	—	15.4	—	—	13.8	—	—	13.2	—	—	13.2
第三产业	—	—	10.0	—	—	10.4	—	—	10.8	—	—	10.8
工业增加值	—	17.6	17.3	16.3	15.5	15.6	15.3	15.0	14.6	14.6	14.6	14.6
固定资产投资	—	31.8	30.2	27.4	27.7	28.1	28.0	28.1	28.6	28.8	28.9	27.6
房地产开发投资	—	27.6	19.8	19.1	23.5	24.1	24.9	25.0	24.9	24.7	25.9	22.9
社会消费品零售总额	—	15.8	16.0	15.7	15.6	15.9	15.6	15.5	15.8	15.9	15.9	16.0
外贸进出口总额	-12.2	-0.5	1.1	-2.7	-3.2	-1.3	-3.7	-4.5	-4.2	-2.4	-4.7	-4.8
进口	-29.7	-7.9	-2.6	-10.1	-10.3	-11.2	-11.5	-10.9	-10.5	-8.6	-11.4	-10.6
出口	2.8	5.7	4.1	3.3	2.5	6.7	2.3	0.5	0.6	2.1	0.3	-0.6
外商实际直接投资	—	34.5	25.8	30.1	33.8	30.5	22.0	26.3	30.4	27.5	27.3	21.7
地方财政收入	18.0	20.5	22.4	21.1	20.4	20.8	20.6	20.0	20.9	22.1	22.0	19.4
地方财政支出	58.2	80.7	60.0	58.6	35.0	31.1	33.0	29.2	29.6	24.2	20.7	18.3

数据来源：湖北省统计局。

2012年湖南省金融运行报告

中国人民银行长沙中心支行货币政策分析小组

[内容摘要] 2012年，湖南省金融业积极应对复杂的国内外经济形势，努力克服经济下行压力加大等各种不利因素影响，紧紧围绕省委、省政府“四化两型①”、“四个湖南②”发展战略，认真贯彻落实稳健的货币政策和各项“稳增长”政策，全年金融运行态势良好，为地方经济企稳回升提供了有力支撑。银行业规模持续扩大，改革有序推进，效益稳步提升，信贷增长平稳适度；证券业稳健发展，债券融资快速增长；保险业保费收入稳步增长，社会保障功能不断增强。全省经济实力再上新台阶，地区生产总值超过2万亿元，同比增长11.3%，连续9年保持两位数增长；经济增长方式逐步转变，产业结构不断优化，地区生态文明建设有序推进。2013年，湖南省将深入贯彻落实“十八大”精神，围绕“两个加快③”、“两个率先④”战略目标，努力深化改革，加快推进新型城镇化，扩大有效投资，增强消费对经济的拉动作用，稳定外贸出口，保障改善民生，力促全省经济平稳较快发展，续写“十二五”发展新篇章。

一、金融运行情况

2012年，湖南省金融机构围绕“四化两型”发展战略，认真贯彻落实国家稳健的货币政策，加大金融支持力度，为实现“稳增长”创造了良好的金融环境。全年金融运行平稳，机构体系不断完善，市场功能有所强化，金融生态继续优化。

（一）银行业经营稳健，信贷增长平稳适度

1. 银行机构规模效益稳步提升，市场服务主体更加丰富。2012年，全省银行业机构实现盈利同比增加89.4亿元，不良贷款实现“双降”。机构体系不断完善，市场服务主体更加丰富和多元，年内新增2家外资银行。村镇银行新增16家，小额贷款公司发展迅速，新增43家，新设融资性担保机构29家，农村金融市场竞争格局进一步完善（见表1）。

表1　2012年湖南省银行业金融机构情况

机构类别	营业网点			法人机构（个）
	机构个数（个）	从业人数（人）	资产总额（亿元）	
一、大型商业银行	2 407	50 687	12 272.0	0
二、国家开发银行和政策性银行	116	2 872	3 191.5	0
三、股份制商业银行	145	5 783	4 026.4	0
四、城市商业银行	215	5 906	3 248.9	2
五、城市信用社	0	0	0	0
六、小型农村金融机构	4 080	38 144	4 520.6	134
七、财务公司	4	104	89.0	3
八、信托公司	1	92	16.5	1
九、邮政储蓄银行	2 137	7 401	2 207.6	0
十、外资银行	5	169	45.8	0
十一、新型农村金融机构	39	793	150.1	29
十二、其他	15	915	144.4	1
合　计	9 164	112 866	29 912.9	170

注：营业网点不包括国家开发银行和政策性银行、大型商业银行、股份制银行等金融机构总部数据；大型商业银行包括中国工商银行、中国农业银行、中国银行、中国建设银行和交通银行；国家开发银行和政策性银行包括国家开发银行、中国农业发展银行和中国进出口银行。股份制商业银行包括中信银行、招商银行、兴业银行、上海浦东发展银行、中国民生银行、中国光大银行、广东发展银行、华夏银行、北京银行、渤海银行、东莞银行、南粤银行；小型农村金融机构包括农村商业银行、农村合作银行和农村信用社；新型农村金融机构包括村镇银行、贷款公司和农村资金互助社三类机构；“其他”包括金融租赁公司、汽车金融公司、货币金融公司、消费金融公司等。

数据来源：中国人民银行长沙中心支行、湖南银监局。

2. 存款增速平稳回升，季节性波动明显。2012年，全省金融机构存款平稳增长，年末本外币存款增速为19.1%，较上年同期提高2个百分

① “四化两型”指新型工业化、农业现代化、新型城镇化与信息化，环境友好型和资源节约型。

② “四个湖南”指“绿色湖南”、“创新型湖南”、“数字湖南”、“法治湖南”。

③ “两个加快”指加快建设全面小康、加快建设“两型”社会。

④ “两个率先”指努力在中部地区率先实现全面小康目标、在全国率先走出一条“两型”社会建设的路子。

点。全年新增存款3 703.9亿元，同比多增860.6亿元。单月新增存款低开高走，总体呈“年初少增、年末回升”的走势（见图1）。第三季度后在经济缓中趋稳、企业经营状况好转、盈利能力增强等因素带动下，单位存款回升态势明显，全年新增单位存款1 465.6亿元，同比多增242.9亿元。全年居民储蓄存款先增后减，年末最后两个月持续同比少增，主要与经济回升，房市、股市回暖，居民投资信心增强有关。

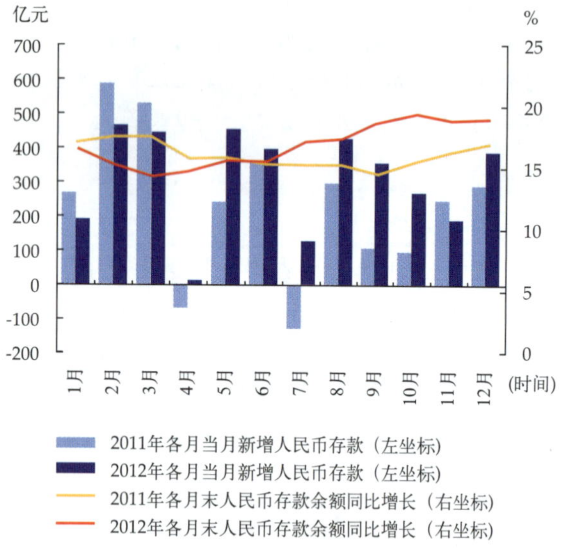

数据来源：中国人民银行长沙中心支行。

图1　2011～2012年湖南省金融机构人民币存款增长

3. 信贷增长平稳适度，支持重点较为突出。2012年，全省金融机构本外币贷款增长16.2%，同比回落1.9个百分点。全年新增贷款2 184.5亿元，同比多增103.7亿元，其中，法人金融机构新增贷款占比较上年提高4.2个百分点（见图2、图3）。从投放节奏看，各季度新增贷款之比为2.8 : 3.0 : 2.7 : 1.5，前三个季度投放较多，第四季度投放较少，主要是为了实现稳增长，货币政策适时适度预调微调，在信贷总量不变的前提下，投放节奏适当前移。分期限看，中长期贷款同比少增较多，一方面是企业经营状况不佳，扩大投资的意愿不强，对长期信贷资金需求不旺；另一方面是政府融资平台、房地产、“两高一剩”行业贷款等少增较多。短期贷款和票据融资分别同比多增103.6亿元和90.6亿元，为企业经营性资金提供了有力支持。

信贷资源配置进一步优化。一是重点领域支持有力。2012年全年交通运输、仓储和邮政业贷款同比多增269.1亿元。二是薄弱环节重点扶持。

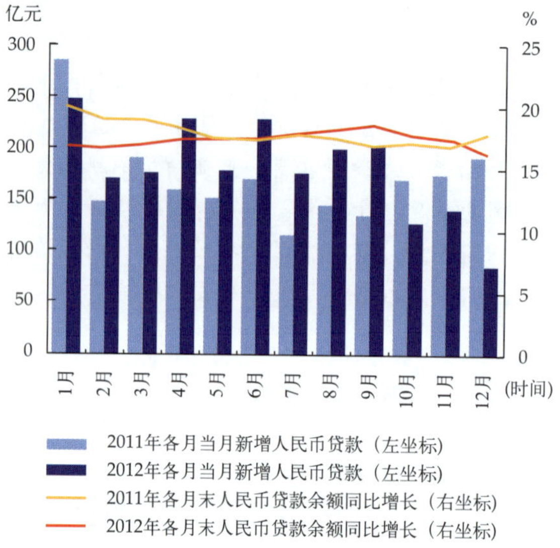

数据来源：中国人民银行长沙中心支行。

图2　2011～2012年湖南省金融机构人民币贷款增长

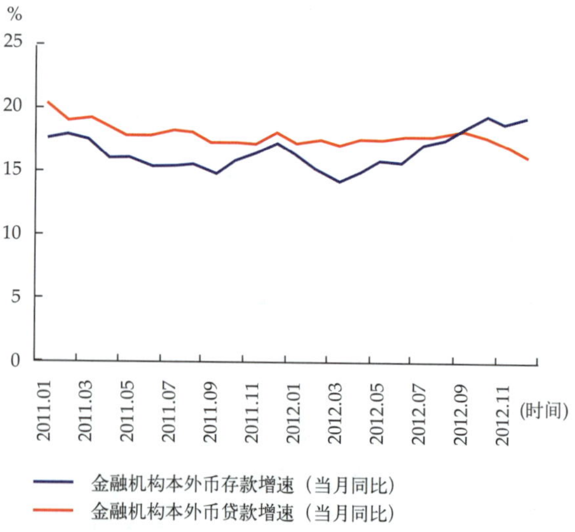

数据来源：中国人民银行长沙中心支行。

图3　2011～2012年湖南省金融机构本外币存、贷款增速

全年新增小微企业贷款占全部新增企业贷款的37.4%；县域贷款同比多增112.1亿元。三是民生领域贷款明显改善。卫生和社会工作领域、保障性住房开发贷款增速分别高于同期全部贷款平均增速10.3个和15.1个百分点。四是重点调控领域有效控制。全年“两高一剩”行业贷款较年初净减少127.4亿元；新增房地产贷款占比同比下降0.9个百分点。

4. 表外业务加速增长，融资类业务大幅多增。2012年湖南省表外业务增长较快，其中，信托贷款、委托贷款分别同比多增128.4亿元和27.1亿元。融资类表外业务的快速发展，一定程度上缓解了经济社会发展中的资金供需矛盾，但也可能带来一定的风险。

5. 贷款利率总体平稳，浮动重心逐季度下移。受2012年下半年贷款基准利率两次下调的影响，市场贷款利率呈“前高后低”走势，全年贷款加权平均利率总体趋于平稳，较上年微升8个基点。分期限看，1～3年期贷款平均利率居于各期限贷款利率之首，年末达8.6%，较上年提升13个基点（见表2）。分企业类型看，政策性银行贷款平均利率最低，地方性法人金融机构利率相对较高，小额贷款公司贷款利率居各类机构之首，达16.9%。从利率浮动情况看，全年浮动重心逐季度下移，第四季度执行下浮利率的贷款占比较第一季度提高6.6个百分点。个人住房贷款和民间借贷平均利率微升，分别较上年提高4个和18个基点。中国人民银行长沙中心支行在全国率先制定《湖南省法人金融机构利率定价能力评估指引（试行）》，全面推开法人金融机构利率定价能力评估工作。从外币存款利率浮动情况看，一年期以上小额美元存款加权平均利率走势较平稳；3个月以内大额美元存款加权平均利率5月后下行幅度较大（见图4）。

6. 银行业改革持续深化，农村金融改革纵深推进。全省银行机构一方面努力适应《巴塞尔协议Ⅲ》新资本监管要求，强化经济资本管理；另一方面，着力调整经营战略，加大对中小企业和“三农”支持力度，加速县域机构布局。农村金融机构改革纵深推进，农村商业银行组建有序开

表2　2012年湖南省金融机构人民币贷款各利率区间占比

单位：%

月份		1月	2月	3月	4月	5月	6月
合计		100.0	100.0	100.0	100.0	100.0	100.0
[0.9，1.0)		1.3	1.3	1.2	2.0	1.3	2.3
1.0		25.2	27.3	30.1	22.9	24.0	28.9
上浮水平	小计	73.5	71.5	68.7	75.1	74.8	68.9
	(1.0，1.1]	27.7	26.7	23.0	24.5	24.2	20.3
	(1.1，1.3]	18.5	17.7	15.9	19.0	20.8	20.1
	(1.3，1.5]	11.0	10.8	12.7	15.1	13.4	14.3
	(1.5，2.0]	11.3	10.5	12.5	11.4	11.4	10.0
	2.0以上	5.0	5.8	4.6	5.1	5.1	4.2
月份		7月	8月	9月	10月	11月	12月
合计		100.0	100.0	100.0	100.0	100.0	100.0
[0.9，1.0)		2.1	4.1	5.2	8.1	7.6	7.9
1.0		34.5	32.5	29.1	33.7	32.3	30.6
上浮水平	小计	63.4	63.4	65.7	58.2	60.1	61.6
	(1.0，1.1]	18.9	16.4	18.0	17.3	14.4	14.5
	(1.1，1.3]	16.7	19.5	19.7	17.2	19.5	19.0
	(1.3，1.5]	13.8	12.0	12.3	10.0	11.0	11.4
	(1.5，2.0]	9.3	10.2	9.7	8.8	9.9	11.0
	2.0以上	4.6	5.2	6.0	4.9	5.5	5.7

注：2012年8～12月统计数据的下浮区间为[0.7，1.0)。

数据来源：中国人民银行长沙中心支行。

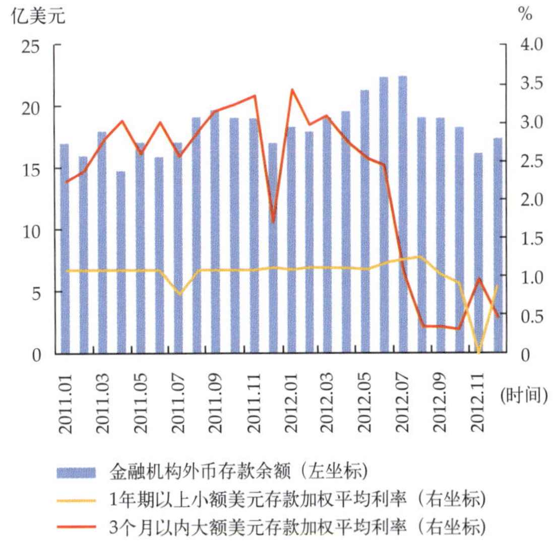

数据来源：中国人民银行长沙中心支行。

图4　2011～2012年湖南省金融机构外币存款余额及外币存款利率

展。2012年全年共有8家农商行经改组顺利挂牌开业，全省农村商业银行达18家。股权改造力度加大，全省65家县级行社已全部取消资格股，资格股比重由2009年末的55%下降至16.5%。

7. 跨境人民币业务快速发展，参与主体及业务覆盖面进一步扩展。2012年6月，湖南省出口货物贸易人民币结算正式启动，跨境贸易人民币结算业务全面铺开。全年省内15家银行为211家企业共计办理跨境人民币业务115.4亿元，与湖南省发生人民币实际收付业务的境外企业所在国家和地区达46个。跨境货物贸易结算61亿元，占同期海关货物进出口总额的4.5%。同时，资本项下跨境人民币结算业务全面推进，全年结算45.6亿元，其中，共20家外商投资企业从境外借入人民币33.4亿元，占比达73.2%。非居民机构人民币境外机构境内外汇账户（NRA账户）从上年的1个增加至29个，年末账户余额达13.7亿元。

专栏1　湖南省理财产品发展特点及其影响分析

近年来，银行理财产品发展日益多元化、表外化，通过银行理财产品所募集资金的投向也日趋复杂。理财产品的快速发展与创新，犹如一柄“双刃剑”，在为银行以及投资者带来收益的同时，也带来了一定的潜在风险。

调查显示，当前湖南省理财产品发展主要呈现以下特点：一是总量持续增长，增速有所下降，表外业务扩张。2012年，全省主要银行机构共发行6 707款理财产品，募集资金3 558.4亿元，同比分别增长15.3%和45.4%。据调查，银行一般将保证收益和保本浮动收益产品放入表内，非保本浮动收益产品在表外管理，2012年，主要银行机构表外业务占比升至52.7%，较上年同期提高4.6个百分点。二是短期产品仍是主力，超短期产品有效遏制。2012年，期限3个月以内理财产品募集资金同比增长18.9%，占总募集资金的56.7%；1个月以内的超短期产品占比为18.4%，较上年同期大幅下降30.6个百分点。三是产品收益率走低，定价更加市场化与差别化。据调查，湖南省银行机构自主发行理财产品收益率自2011年第四季度始逐季下降，2012年第四季度加权收益率较2011年第三季度峰值下降1.2个百分点。四是资金投向更趋稳健，债券和货币市场成主流。调查表明，湖南省银行机构自主发行的理财产品大部分募集资金都流向货币和债券市场等流动性好、风险低的领域。2012年，债券和货币市场工具类占比达72.1%。

理财产品的发展，对银行而言，是其获取资金的重要手段和促进业务转型的动力；对投资者而言，可以增加利息收入，拓宽投资渠道；对金融市场而言，有利于银行存款价格向市场均衡价格回归，推进利率市场化进程。但是，理财产品的快速发展与创新，也对金融宏观调控、金融市场等带来了一定的潜在风险：一是可能导致M2统计失真，加大存款准备金管理难度，对货币政策有效性造成冲击。按现行金融统计制度，人民币表外理财产品不纳入货币统计范围，由此带来“货币失踪”，导致M2统计失真和货币监测难度加大。此外，存款准备金按旬考核，短期理财产品发行使商业银行日间存款波动加大，增加了商业银行应缴存款准备金的计算难度。二是跨机构、跨市场合作不断创新，监管套利形式翻新。2012年，银行、信托和证券三方合作成为市场新现象，不少银行将理财资金通过证券公司购买信托公司集合信托投资计划，最终融资给企业，绕开银信合作监管限制与信贷调控，且资金往往流向房地产、地方融资平台等受调控领域。三是银行存款波动，加大流动性风险。通过发行理财产品，银行在获取存款时间、资金规模上具备一定自主权，资金的流动迁移增加，银行存款出现波动，从而导致银行流动性管理难度加大。四是银行隐匿理财产品资金投向，蕴含风险。银行理财产品说明书大多没有表述明确的资金用途，尤其是结构化（挂钩型）产品和组合投资产品，前者只标明产品付息的挂钩标的，募集资金作为自有资金运用，不与特定资产匹配；后者只注明宽泛的范围和模糊的资金比例，其募集资金类型和实际流向不一致。同时，各银行总行统一管理分行上缴的理财产品资金，"资产池"资金流向复杂，基层监管部门难以掌握具体信息。

在发挥好银行理财业务积极作用的同时，从防范系统性风险的角度出发，需要引导商业银行审慎、规范推进理财业务创新。未来，规范理财产品发展可从以下几个方面着手：一是完善信息披露制度，提高理财产品透明度；二是加强部门合作，建立理财产品协调监管机制；三是银行加强风险管理，提高产品质量和服务水平。

（二）证券业持续稳步发展，首发融资增速放缓

1. 证券机构持续稳步发展，期货业发展提速。2012年，全省证券机构进一步强化合规管理、加快经纪业务的提质转型与收入结构的多元化转变，全省3家法人证券公司在手续费收入下降26.3%的情况下，营业收入和净利润分别较上年增长6%和10%，业务收入结构和盈利模式显著改善。期货市场加速发展，机构投资者参与度明显提高，全年机构客户数量、客户权益、成交量分别同比增长24%、23.4%和57.6%。全省增设4家期货交割库，交割库数量达13家。

2. 首发融资增速放缓，再融资渠道更加优化。2012年，受宏观经济增速放缓和股市持续低迷影响，湖南资本市场直接融资规模呈明显下滑趋势，其中，首发融资33.9亿元，同比减少69.8%。再融资渠道更加优化，全年通过定向增发、公司债等渠道实现再融资54.3亿元。截至年末，全省境内外上市公司总数达91家，其中，境内上市公司数76家（见表3）。

表3　2012年湖南省证券业基本情况

项目	数量
总部设在辖内的证券公司数（家）	3
总部设在辖内的基金公司数（家）	0
总部设在辖内的期货公司数（家）	4
年末国内上市公司数（家）	76
当年国内股票（A股）筹资（亿元）	88.2
当年发行H股筹资（亿元）	0
当年国内债券筹资（亿元）	590.5
其中：短期融资券筹资额（亿元）	90.0
中期票据筹资额（亿元）	152.8

数据来源：湖南证监局、中国人民银行长沙中心支行。

（三）保险业健康运行，社会保障功能不断增强

1. 保险市场稳步发展。截至2012年年末，全省共有法人保险公司1家，省级保险分公司44家，较年初增加1家。全年实现保费收入465.1亿元，增长4.9%，其中，财产险保费收入增长17.7%。各项保险赔付支出增长26.9%；上缴营业税金及附加增长11.9%。全省保险深度同比下降0.2个百分点，保险密度较上年增加25.3元（见表4）。

2. 保险产品加快创新，社会保障功能不断增强。农险业务和责任保险保持较快增长，2012年实现保费收入分别同比增长17.3%和20.9%；特殊风险保险和信用险实现翻番，分别同比增长136.5%和108.6%。同时，大力推动职业院校学生

表4　2012年湖南省保险业基本情况

项目	数量
总部设在辖内的保险公司数（家）	1
其中：财产险经营主体（家）	0
人身险经营主体（家）	1
保险公司分支机构（家）	44
其中：财产险公司分支机构（家）	21
人身险公司分支机构（家）	23
保费收入（中外资，亿元）	465.1
其中：财产险保费收入（中外资，亿元）	145.0
人身险保费收入（中外资，亿元）	320.2
各类赔款给付（中外资，亿元）	142.7
保险密度（元/人）	700.6
保险深度（%）	2.1

数据来源：湖南保监局。

实习责任险，在长沙、株洲等8地（市）开展火灾公众责任保险试点。对外贸易保险服务发展迅速，全年为28.8亿美元的出口和投资提供收汇保障。

（四）债券融资快速增长，货币市场交投活跃

1. 贷款占比继续下降，债券融资快速增长。2012年，全省新增社会融资规模3 275.5亿元，同比增长16.6%。从构成看，融资方式多元发展，融资结构趋于优化。其中，本外币贷款新增额占比较上年下降7.3个百分点，为历史最低水平。企业债券融资快速发展，从贷款、债券、股票三类融资的比重看，债券融资占比达20.6%，其中短期融资券、中期票据同比增长66.6%；中小企业集合票据、非公开定向票据等三项创新产品实现“零”的突破，银行间债券市场融资功能得到进一步发挥（见表5）。

表5　2001～2012年湖南省非金融机构部门融资结构

单位：亿元、%

年份	融资量	比重		
		贷款	债券（含可转债）	股票
2001	454.4	81.9	11.3	6.8
2002	492.0	86.3	7.6	6.1
2003	646.2	91.2	5.8	3.0
2004	636.1	86.9	8.1	5.0
2005	564.5	96.0	3.6	0.4
2006	796.2	81.8	11.9	6.4
2007	1 058.7	84.4	6.1	9.5
2008	1 461.9	87.9	8.2	3.9
2009	3 047.3	82.9	8.2	8.9
2010	2 652.2	75.6	11.6	12.8
2011	2 584.3	80.5	12.4	7.0
2012	2 863.2	76.3	20.6	3.1

数据来源：中国人民银行长沙中心支行、湖南省发展改革委、湖南证监局。

2. 货币市场交投活跃，成交利率整体下行。2012年，湖南省金融机构加大资金营运力度，不断规范市场交易行为，货币市场业务保持良好发展势头。债券回购交易稳步增长，全年实现回购交易同比增长16.9%，其中，正回购交易占回购总量的62.6%。同业拆借业务较快增长，短期化趋势明显，全年成交同比增长2.3倍，其中7天以内拆借成交占比较上年提高12.7个百分点。从交易利率看，债券回购和同业拆借加权平均利率同比分别下行0.4个和1.2个百分点。

3. 票据业务较快增长，利率快速下降。受企业资金链趋紧，采用银行承兑汇票结算方式增多以及票据融资利率走低，企业贴现意愿增强等因素影响，票据承兑和贴现业务实现较快增长，2012年全年票据承兑和票据贴现累计发生额分别同比多增908.9亿元和3 468亿元（见表6）。票据市场利率则呈快速下降态势，总体呈现“量升价跌”的格局。全年票据融资平均利率为5.25%，较上年下降139个基点（见表7）。

表6　2012年湖南省金融机构票据业务量统计

单位：亿元

季度	银行承兑汇票承兑		贴现			
			银行承兑汇票		商业承兑汇票	
	余额	累计发生额	余额	累计发生额	余额	累计发生额
1	1 124.5	695.8	203.8	803.7	3.4	0.4
2	1 252.5	1 382.3	315.6	2 387.8	2.1	2.1
3	1 388.4	2 075.7	342.3	3 877.6	2.3	3.6
4	1 369.0	2 827.4	289.5	5 861.2	2.4	7.4

数据来源：中国人民银行长沙中心支行。

表7　2012年湖南省金融机构票据贴现、转贴现利率

单位：%

季度	贴现		转贴现	
	银行承兑汇票	商业承兑汇票	票据买断	票据回购
1	7.46	9.10	7.42	5.65
2	5.40	6.74	5.17	4.40
3	5.41	5.66	4.99	4.47
4	5.78	6.72	4.98	4.85

数据来源：中国人民银行长沙中心支行。

（五）征信系统建设与运用继续深化，金融生态环境进一步改善

征信系统建设与运用继续深化。2012年，湖南省继续优化征信系统建设与服务，进一步深化中小企业和农村信用体系建设，截至年末，全省企业和个人征信系统信息覆盖量分别比上年增长

4.3%和4.1%；累计建立中小企业信用档案5.3万户，农户信用档案722.1万户，建成1个国家级、10个省级中小企业信用体系建设示范园区。同时，全面推进机构信用代码应用工作，共为39.4万户机构建立了完整的“经济身份信息档案”，成功搭建起机构各类信用信息共享的桥梁。

金融生态环境建设扎实推进。中国人民银行长沙中心支行与湖南大学合作，开展2011年度全省金融生态评估工作，并首次通过新闻通气会的形式对外发布综合排名前3位的市（州）和前30位的县（市），引起社会强烈反响，区域金融生态评估工作取得突破性进展。金融生态良好城市创建试点和金融安全区创建工作有序推进，截至2012年年末，共有省级金融安全区17个、市级金融安全区51个。

支付结算环境更加优化。以金融标准IC卡为重点，非现金支付业务大力推进，截至2012年年末，全省使用非现金支付工具办理业务笔数和金额同比分别增长27.8%、13.1%。全省累计发展助农取款服务点44 183个，村级覆盖率达87.6%，全年共办理各项业务629万笔，金额达61.1亿元，农民取款、支付更加便捷。

二、经济运行情况

2012年，湖南省沉着应对持续低迷的国际经济形势，努力克服经济下行、能源紧缺等多重困难，全省经济呈现企稳回升的发展态势。全年地区生产总值超过2万亿元，达22 154.2亿元，增长11.3%，人均地区生产总值超过3万元，达33 480元（见图5）。

（一）三大需求协同拉动，经济增长方式更趋优化

1. 投资保持较快增长，结构不断改善。2012年，全省固定资产投资缓中趋稳，全年完成投资同比增长27.5%，较上年仅回落0.4个百分点（见图6）。投资结构不断优化，技改、生态、高新技术产业投资占全省投资的比重较上年分别提高2.4个、0.5个和3.5个百分点。交通运输业得到重点支持，全年交通建设完成投资812.9亿元，为年计划

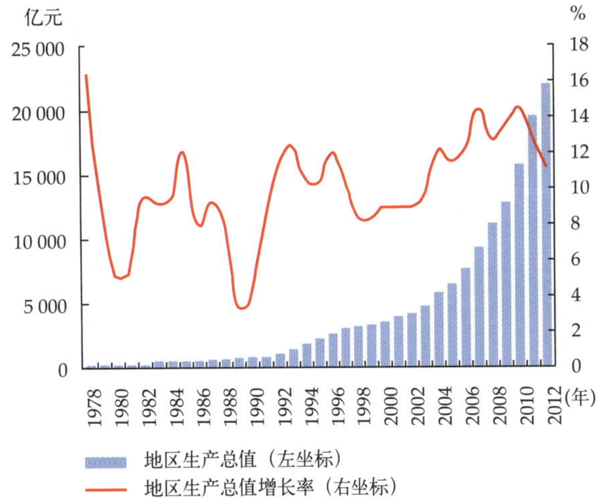

数据来源：湖南省统计局。

图5　1978～2012年湖南省地区生产总值及其增长率

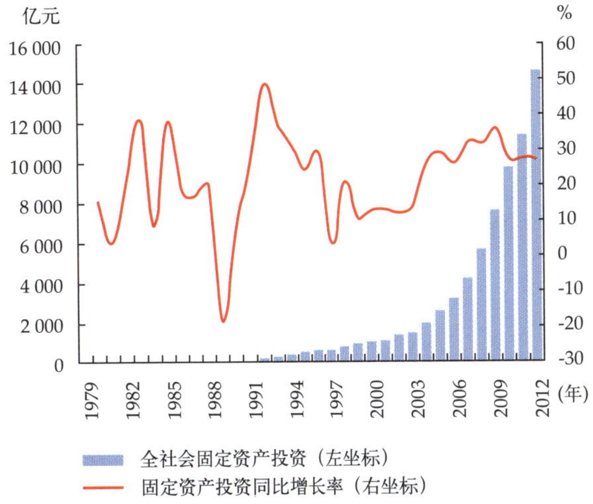

数据来源：湖南省统计局。

图6　1979～2012年湖南省固定资产投资及其增长率

投资的108.4%，占全省基础设施重点工程计划投资的54.2%。从投资主体看，民间投资活跃，同比增长24.5%，占全省投资的比重达60.6%。

2. 城乡居民收入稳步增长，消费升级加快。在各项“惠民生”政策持续实施作用下，2012年，湖南省城镇居民人均可支配收入和农村居民人均纯收入分别增长13.1%和13.3%，农村居民收入增速继续高于城镇居民，城乡收入差距进一步缩小。农村居民工资性收入占纯收入的比重首次

超过50%，成为农民收入的第一来源。随着收入总量的增长与结构的改善，城乡居民消费支出稳步增长，全年社会消费品零售总额增长15.4%（见图7），居民八大类消费支出全面增加，发展与享受型消费增长较快，城镇居民人均用于培训、旅游、互联网消费的支出分别比上年增长33%、14%、22%。

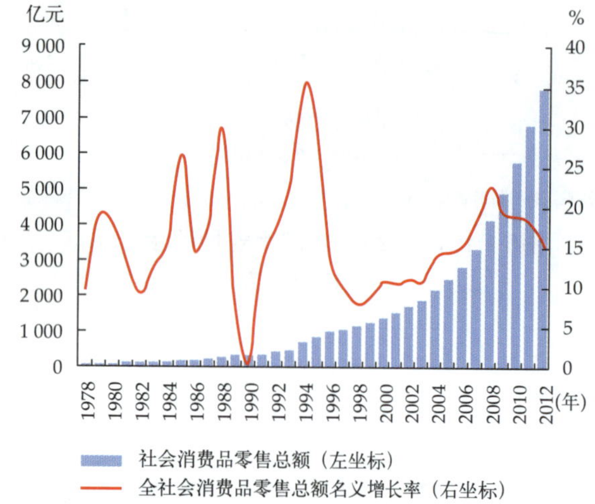

数据来源：湖南省统计局。

图7　1978～2012年湖南省社会消费品零售总额及其增长率

3. 进出口额创新高，对外合作取得新突破。2012年，全省进出口总值为219.4亿美元，其中，出口总值和进口总值分别为126亿美元和93.4亿美元，三项指标均创新高（见图8）。进出口结构不断优化，机电产品、加工贸易出口占比不断提高，钢铁等“两高一资”类产品占比下降。积极拓展新兴市场出口，2012年对非洲、东盟、中东等新兴市场出口增速均在30%以上。全省实际利用外商直接投资同比增长18.4%，较上年小幅回落0.2个百分点（见图9）。年内引进9家世界500强企业，在湘投资的世界500强企业达127家。全省对外直接投资创历史新高，同比增长73.9%。

（二）三次产业协调推进，现代服务业加快发展

2012年，湖南省继续加快产业结构调整和发展方式转变，三次产业结构调整为13.6：47.4：39.0，

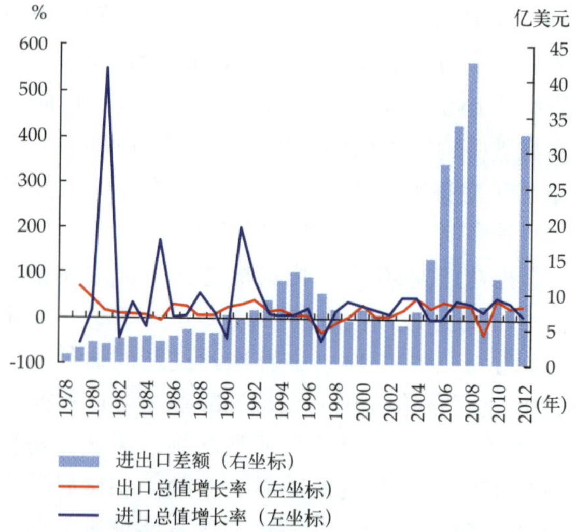

数据来源：湖南省统计局。

图8　1978～2012年湖南省外贸进出口变动情况

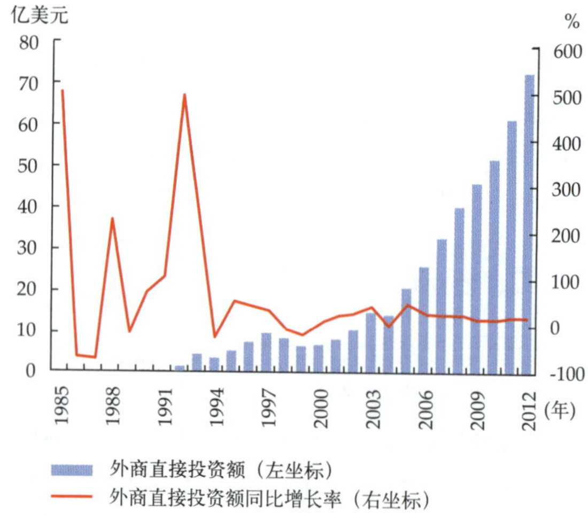

数据来源：湖南省统计局。

图9　1985～2012年湖南省外商直接投资额及其增长率

对经济增长的贡献率分别为3.6%、54%和42.4%，其中，第三产业比重和对经济增长的贡献率分别较上年提高0.4个和8.3个百分点。

1. 粮食生产再创新高，现代农业发展提速。2012年，全省粮食总产量为601.3亿斤，增长2.3%，再创历史新高，实现“九连增”。生猪、油料、茶叶、蔬菜、烟叶、棉花等农产品稳定增长。农业产业化提质增速，农产品加工企业实现

销售收入增长23%，利润增长15.7%；粮油加工"千亿元"工程目标提前实现；休闲农业企业经营收入增长25%。农业规模化、机械化水平进一步提高，农业科技贡献率达53%。新农村建设稳步推进，新增省政府授牌示范村33个；完成5 085座各类水库的除险加固。金融支农力度不断加大，全年新增涉农贷款745.4亿元，增长18.9%，快于全部贷款增速2.7个百分点。

2. 新型工业化有序推进，运行质量稳步提升。2012年以来，受国内外需求增长趋缓、产能过剩等多重因素的影响，全省工业运行困难加大。全年规模以上工业增加值同比增长14.6%，较上年回落5.5个百分点（见图10）。工业结构继续改善，高加工度工业和高技术产业增加值占规模工业的比重，分别同比提高0.9个和2.2个百分点；六大高耗能行业增加值的比重同比降低3.5个百分点。企业创新及成果产业化持续加快，全省规模工业新产品产值占规模工业总产值的比重同比提高0.5个百分点。企业利润保持增长，全年规模工业企业实现利润增长10.5%，较上半年提高7.2个百分点。

3. 现代服务业加快发展，企业效益不断提升。2012年，全省第三产业实现增加值8 643.6亿元，同比增长12.2%，快于地区生产总值增速0.9个百分点。生产性服务业增加值占地区生产总值的比重达17.3%，旅游、文化创意等新兴服务业发展势头强劲，其中，旅游产业总收入达2 234.1亿元，在2009年首次超过千亿元的基础上实现三年翻番；文化创意产业增加值同比增长15.9%，占地区生产总值的比重达5.2%。衡阳综合保税区已经国务院批准设立，张家界国家旅游综合改革试点稳步推进。

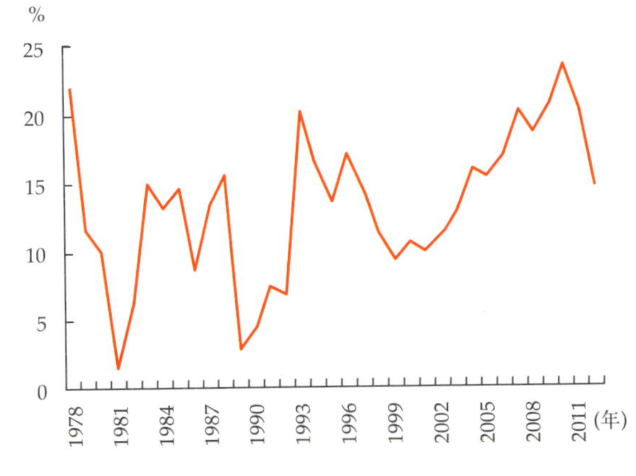

数据来源：湖南省统计局。

图10　1978～2012年湖南省规模以上工业增加值同比增长率

（三）主要价格指数平稳回落，劳动力、资源品价格持续上涨

1. 居民消费价格前高后低，食品、居住类价格领涨。2012 年，全省居民消费价格指数(CPI)月同比涨幅呈"前高后低"的走势，全年累计同比上涨2.0%，低于全国水平0.6个百分点（见图11）。分类看，食品和居住仍是拉动CPI快速上涨的主要动力，但贡献率较上年下降19个百分点。非食品类价格、服务类价格累计均上涨1.4%。

2. 生产价格持续回落，但降幅年末有所收窄。2012年，全省工业生产者出厂价格指数(PPI)月同比当年5月开始下降，连续8个月回落，但年末降幅有所收窄，全年累计下降0.9%，比上年回落9.4个百分点；工业生产者购进价格指数月同比当年7月开始下降，连续4个月回落，全年累计上

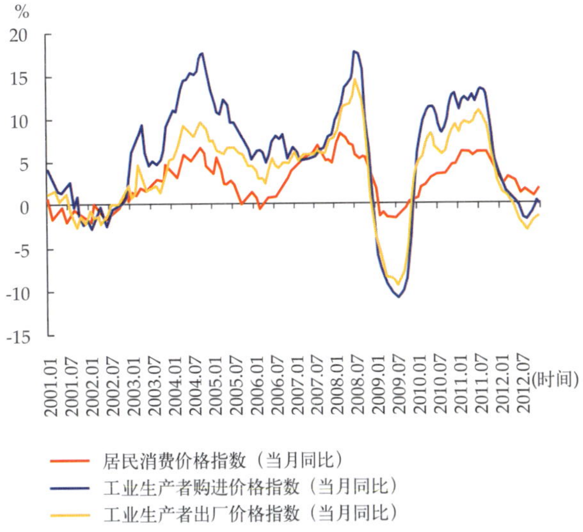

数据来源：湖南省统计局。

图11　2001～2012年湖南省居民消费价格和生产者价格变动趋势

涨0.1%，比上年回落10.7个百分点。农业生产资料价格指数累计上涨4.7%，比上年回落6.2个百分点。农产品生产者价格指数微幅上涨，全年累计上涨0.2%。

3. 劳动力成本继续上升，农民工务工收入增加。2012年，在经济下行压力较大的背景下，湖南并没有出现农民工集中返乡的现象，全省外出农民工比上年增长3.7%；外出农民工月均务工收入增长17.2%。主要是由于人口红利逐渐消退，人工成本不断攀升，加之全省最低工资收入再度上调，最高档由上年的1 020元/月调整为1 160元/月。

4. 资源品价格改革推进，阶梯价格陆续实施。2012年7月1日，湖南省正式实施阶梯电价方案，将每月用电量分为三档，一档执行基础价格，二档、三档分别在基础价格上加收0.05元/度和0.3元/度。12月1日，在长株潭试点阶梯气价，年购气量600立方米以上的，每立方米加收0.55元。同时，阶梯水价也将在2013年开始实施。

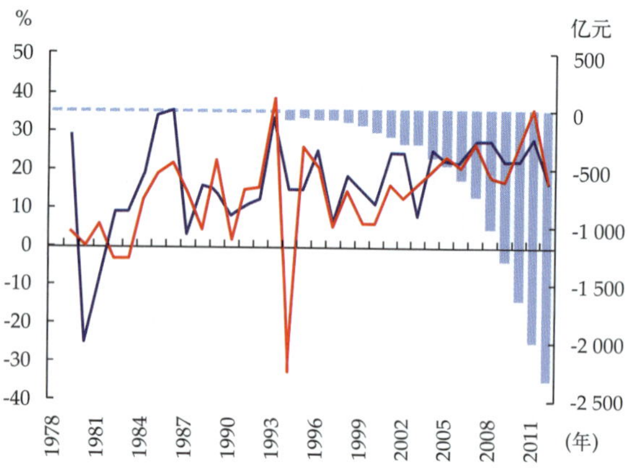

数据来源：湖南省统计局。

图12　1978～2012年湖南省财政收支状况

（四）财政增收主要依靠县域拉动，财政支出继续向民生倾斜

2012年，受全省经济增速放缓、价格水平总体回落及结构性减税政策等因素的影响，地方财政收入同比增长17.1%，回落18.4个百分点（见图12），其中，县乡级收入增收贡献率达82.5%。非税收入增势疲软，同比仅增长10.6%，较税收收入低10.7个百分点。地方财政支出同比增长16.1%，民生领域支出增长较快，全年涉及民生的支出占财政支出的比重达66%，比上年提高0.4个百分点。

（五）节能减排力度不断加大，地区生态文明建设有序推进

2012年，湖南省在加大产业结构调整的同时，不断深化节能减排目标考核、强化环境执法和应急管理，地区生态文明建设取得实质进展。单位地区生产总值能耗较2007年下降20.4%；14个市（州）空气质量全部达到国家二级标准；长株潭3市及常德、岳阳等地相继启动PM2.5试点监测。生态建设取得积极进展，全年造林602万亩，完成退耕还林94.2万亩，森林覆盖率较上年提高0.4个百分点。居民生活环境持续改善，污水、垃圾处理设施实现县以上城镇全覆盖；农村饮水安全工程解决1 460万名农民的饮水安全。循环经济加快发展，岳阳市、东安县等2市5县被列为国家可再生能源示范市县。国内第一部流域立法——《湘江保护条例》已于2013年4月1日正式实施。

专栏2　湖南省CPI变化特点及2013年物价形势预测

湖南是农业大省，水稻产量、生猪年调出量、油茶产量和烤烟产量均居全国第一。受农业经济特征影响，湖南CPI与全国相比特征明显。

2012年，湖南省CPI累计上涨2.0%，全年走势呈“前高后低、上涨种类多和食品价格涨幅小”等三大特征。受上年翘尾因素影响，第一季度湖南省物价涨幅仍然较高，累计涨幅为2.9%。从4月起，随着翘尾因素影响逐步减弱，加之猪肉价格处于下跌周期，物价涨幅稳

步回落，12月受极端天气影响，涨幅有所抬头；从结构上看，除交通和通信类下跌0.1%以外，其余七大类均有不同程度上涨；从食品价格看，全省食品类价格全年累计上涨3.3%。涨幅同比下降6.3个百分点。从与全国的对比看，湖南CPI变化呈现上涨快、下跌快的特点。2012年，湖南CPI累计涨幅比全国低0.6个百分点。这是因为湖南作为农产品的原产地，农产品流通中间环节相对较少，由于缺乏中间环节来消化，因此湖南农产品价格的波动幅度往往比全国平均水平要大；反映在CPI上，则是湖南的食品类价格涨得快，跌得也快，2012年湖南食品类价格涨幅比全国平均水平低1.5个百分点。由于食品类价格在CPI所占权重最高，导致湖南CPI涨跌幅度均大于全国平均水平。

展望2013年，国内劳动力价格上涨、货币存量大以及国外通胀输入等诸多因素可能对物价上涨带来一定压力，但也有诸多因素制约物价上涨，预计2013年湖南物价涨幅有限。一方面，猪肉价格涨幅仍将处于低位或为负数。猪肉价格变化周期通常为36个月，其中上涨18个月，下跌18个月。本轮猪肉价格同比涨幅为负始于2012年5月，到2013年4月才持续了12个月。预计生猪价格或将在7月、8月见底，10月才能彻底回暖。另一方面，粮食价格变动的预警指标尚未出现。“粮为百价之基”，粮食价格的带动作用较强，因此其对CPI的间接影响很大。研究发现，粮食价格变动对通货膨胀具有预警作用，在发生通货膨胀的前一年末两个月，粮食价格都出现过跳跃式上涨。2012年11月和12月，湖南省粮食价格环比涨幅仅分别为0.2%和0.3%，并没出现跳跃式上涨。综合多种因素，预计2013年湖南省全年物价将呈“前低后高”走势，CPI涨幅为2.5%～3%，尽管物价总体涨幅有限，但仍需注意潜在的通胀压力。

（六）房地产业运行平稳，有色金属行业优势凸显

1. 房地产市场运行总体平稳，主要指标增幅“前低后高”。

（1）房地产开发投资增速回稳。2012年，全省房地产开发投资同比增长13.7%，比上年同期回落15.4个百分点。全省房地产开发投资同比增速自8月起明显回升，12月完成商品房投资279.5亿元，为全年的单月最高值。

（2）商品房新开工面积持续下降，保障性安居工程建设目标提前完成。2012年，全省商品房施工面积、竣工面积稳中有升，分别增长5%、7.5%，新开工面积同比下降9.4%，已连续9个月同比下降，但第四季度后降幅逐月收窄（见图13）。全年保障性安居工程完成投资384.1亿元，新开工42.8万套，基本建成35.1万套，并于2012年10月提前完成全年计划目标。

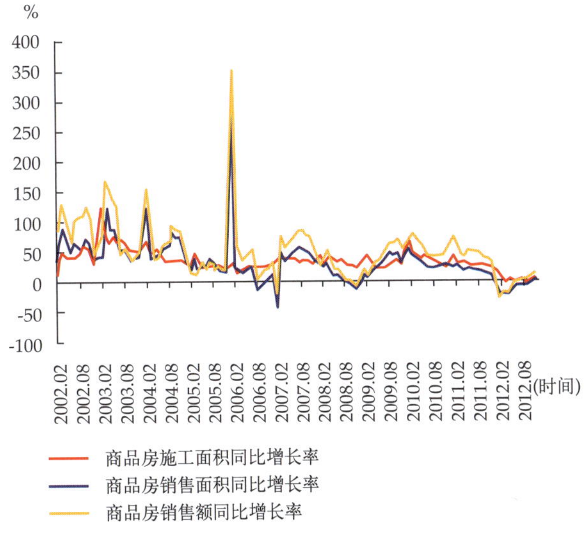

数据来源：湖南省统计局。

图13　2002～2012年湖南省商品房施工和销售变动趋势

（3）商品房销售先抑后扬，创下新高。2012年，全省商品房累计销售面积同比增长5.1%，比上年同期回落4个百分点。全年商品房销售面积创下历年来的新高，其中，长沙市商品房销售面积

增长1.2%，较上年同期提高11.9个百分点，为自2011年10月以来首次出现正增长情况。

（4）房价总体保持稳定。2012年全省商品住宅均价为3 670元/平方米，同比上涨0.2%（见图14）。其中，长沙市、常德市与岳阳市新建商品住宅均价同比涨幅分别0.7%、0.3%和-0.1%，三市全年的房价指数走势均较为稳定，并未出现大起大落的波动。

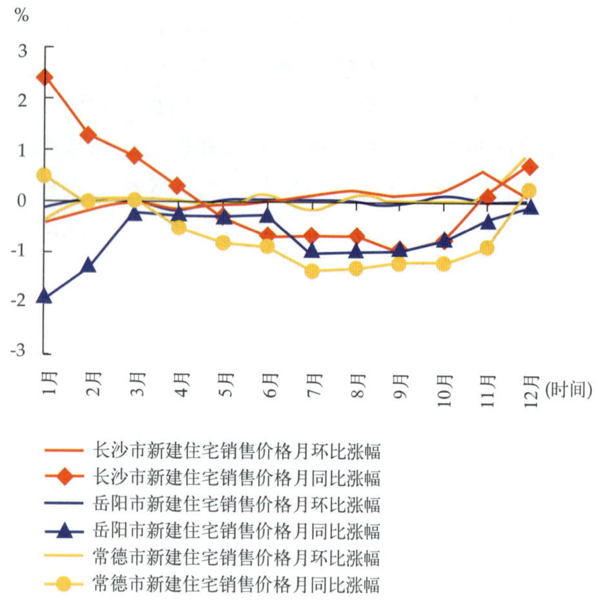

数据来源：湖南省统计局。

图14　2012年长沙、岳阳、常德新建住宅销售价格变动趋势

（5）房地产贷款增速保持稳定，贷款结构不断优化。2012年，全省房地产贷款增长20.9%，同比回落5个百分点。贷款投向结构逐步优化，保障性住房贷款占全部开发贷款的比重较上年提高1.8个百分点。差别化住房信贷政策执行情况较好，年末，全部银行机构首套房贷占比达93.6%，首套房贷执行下浮利率的占比为20.6%。

2. 有色金属行业优势显著，支柱产业地位稳固。有色金属产业是湖南省具有显著比较优势的产业，也是湖南省着力培育发展的支柱产业。2012年，受全球宏观经济环境总体偏弱的影响，有色金属市场需求减弱，主要指标有所回落，但总体运行平稳，行业优势稳固。全年完成十种有色金属产量276.2万吨；完成工业总产值2 673.6亿元；实现主营业务收入2 812.2亿元；实现利税238.4亿元。

湖南有色金属产业发展呈现以下特点：一是资源品种多、储量大。湖南省已发现有色金属矿产51种，占全国已发现矿种数的91%。其中，钨、铋、锑储量分别占世界储量的34.8%、37.2%和9.3%，居全国第一；铅、锌、锡等储量居全国前五。二是产业体系较为完整。已形成勘察、科研、设计、采选、冶炼、深加工等比较完整的有色产业体系，处于全国领先水平。三是技术研发水平较高。有以中南大学为龙头的科研创新平台，以一批院士为领军人物的强大科研团队，整体研发水平居全国前列。先后获国家科技进步奖、国家发明奖10余项。四是循环经济成为产业亮点。已形成株冶和汨罗、永兴、郴州、益阳、衡东大浦等“一企五园”循环经济产业，其中，株冶和汨罗、永兴已列入国家循环经济试点。

（七）“两型”社会建设持续深入，区域经济发展提质增速

2012年，全省以“两型”社会建设作为发展的重要引擎，注重区域协调发展，形成全省协调、联动的良好发展态势。

长株潭试验区第二阶段改革建设全面铺开，面对经济下行压力，逆势而上，充分彰显对全省经济的核心支撑作用。资源性产品价格形成机制等十大重点领域改革全面推进；湘江流域重金属污染治理等十大环保工程全面实施。2012年长株潭地区生产总值同比增长12.7%，比全省平均水平高1.4个百分点；占全省经济总量的比重较上年提高0.4个百分点。

环洞庭湖生态经济圈建设加快推进，粮食产量稳步提高。湖南省政府编制《洞庭湖生态经济区规划》，已通过专家评审，进一步推进纳入国家战略层面。环洞庭湖农田项目规模化推进，基本农田建设重大工程全面展开，粮食产量稳步提高。国家统计局湖南调查总队抽样显示，2012年环洞庭湖片区粮食产量为867.1万吨。

大湘南承接产业转移示范区建设初见成效，

加工贸易风生水起。2012年湘南示范区三市承接产业转移项目占全省的比重，较上年提高2.7个百分点；三市加工贸易进出口额同比增长268.9%，高出全省平均增幅133.3个百分点，占全省的比重达47.1%。

大湘西重大项目建设紧锣密鼓，扶贫开发加速推进。2012年湖南武陵山片区共有100多个重点建设项目相继启动，总投资超过1 000亿元。吉首至茶峒高速公路全线通车，大湘西融入全省4小时经济圈。大湘西旅游产业蓬勃发展，2012年，湘西旅游收入首次超过百亿元，张家界旅游收入超过200亿元。

三、预测与展望

纵观国际、国内形势，2013年全省经济发展的机遇与挑战并存。一方面，有利条件将进一步扩大。投资方面，随着新型城镇化的加速推进以及全省加快实施“三个一”项目进度，再加上政府换届、“稳增长”政策延续等因素，固定资产投资有望继续保持平稳增长。消费方面，随着“居民收入倍增计划”的逐步实施，居民收入有望进一步提高，消费结构升级、物价水平稳定等因素都将推动居民消费需求继续保持旺盛。进出口方面，随着美国经济复苏势头进一步巩固、财政悬崖问题暂时缓解以及美、欧、日等继续实施量化宽松政策，全省外需形势或将继续好转，物价方面，受各种内外部因素影响，2013年下半年CPI上行压力可能会有所加大，但全年涨幅可控。另一方面，经济发展中的不确定、不均衡、不可持续的因素仍然较多。世界经济全面复苏仍面临诸多不确定性；国内“转方式、调结构”的任务依然艰巨；省内产业转型压力大、城市与工业带动力不强、统筹城乡发展难度大等问题仍然存在。综合以上分析，总体上看，全省经济有望延续2012年第三季度以来的企稳回升态势，但中速增长将成为常态，预计全年地区生产总值增速为10%左右。

2013年国家将继续实施稳健的货币政策，总体上湖南省金融将继续保持平稳运行，但信贷供求结构性矛盾、地方政府融资平台，房地产与落后产能行业潜在信贷风险问题仍不容忽视。中国人民银行长沙中心支行将认真贯彻落实中央经济工作会议精神，根据中国人民银行总行统一部署，牢牢把握“稳中求进”的工作总基调，引导全省金融机构保持货币信贷总量和社会融资规模平稳适度增长，为实体经济发展提供有力支撑；紧紧围绕湖南“四化两型”、“新型城镇化发展规划”、“农业现代化”、“消费升级”等发展战略，加大金融创新力度，提升重点领域和薄弱环节金融服务水平，更好地服务地方经济发展和经济结构调整大局。

中国人民银行长沙中心支行货币政策分析小组
总　纂：马天禄　肖　杰
统　稿：廖鹤琳　罗雪飞
执　笔：李远航　曾宪冬　罗　栋　向　柳　司马亚玺　李志刚　郭　卉　姜　超　丁锐夫　曾得利
提供材料的还有：许均平　刘孟飞　肖灯峰　覃兆勇　王　玥　赵　晶　邓建丰　彭于彪　黄　河
张炎涛

附录

（一）2012年湖南省经济金融大事记

6月18日，长沙市成功发行2012年度第一期中小企业集合票据。这是湖南第一笔成功发行的一笔集合票据业务。

8月28日，中华人民共和国社会保障卡湖南首发仪式在株洲举行。这标志着湖南率先实现了社保卡“一卡多用，全国通用”。

9月10日，中国银行间市场交易商协会、湖南省政府金融工作办公室、中国人民银行长沙中心支行在长沙共同签署了《借助银行间市场助推湖南省经济发展合作备忘录》。

9月21日，首家注册地和总部均设在湖南的保险公司——吉祥人寿保险股份有限公司在长沙开业，其具有独立企业法人资格，成功填补了湖南本土保险法人机构的空白。

9月25日，湖南省召开全省农村金融工作会议，全面总结了近五年来全省农村金融工作。

10月25日，国务院正式批复同意设立衡阳综合保税区。这也是湖南省第一家综合保税区。

11月1日，湖南省价格监督检查与反垄断局挂牌成立，这是全国第一家挂牌成立的省级价格监督检查与反垄断机构，旨在强化价格监督检查和反垄断执法。

12月5日，湖南股权登记管理中心暨湖南股权交易所首批企业挂牌仪式在长沙举行。这标志着湖南省区域性股权交易市场正式起航。

2012年，湖南省农村金融组织取得跨越式发展，年内新增16家村镇银行，18家县级农村信用社改制为农村商业银行。

（二）2012年湖南省主要经济金融指标

表1 2012年湖南省主要存贷款指标

		1月	2月	3月	4月	5月	6月	7月	8月	9月	10月	11月	12月
本外币	金融机构各项存款余额（亿元）	19 639.6	20 105.2	20 558.1	20 572.4	21 035.4	21 433.0	21 557.0	21 963.4	22 314.2	22 577.1	22 752.3	23 147.2
	其中：储蓄存款	11 565.9	11 742.6	11 902.6	11 813.6	11 913.3	12 182.2	12 172.0	12 245.4	12 484.9	12 423.8	12 488.4	12 705.1
	单位存款	7 294.2	7 522.6	7 861.9	7 879.6	8 185.0	8 366.9	8 367.6	8 516.9	8 643.9	8 869.3	9 000.8	9 461.3
	各项存款余额比上月增加（亿元）	196.3	465.6	452.9	14.4	462.9	397.6	124.0	406.4	350.8	262.9	175.2	394.9
	金融机构各项存款同比增长（%）	16.3	15.1	14.2	14.8	15.8	15.6	17.1	17.4	18.5	19.4	18.7	19.1
	金融机构各项贷款余额（亿元）	13 711.3	13 897.1	14 065.2	14 312.2	14 502.2	14 728.6	14 901.1	15 098.7	15 317.2	15 433.4	15 546.4	15 648.6
	其中：短期	4 178.8	4 242.6	4 256.9	4 298.6	4 347.9	4 428.6	4 426.3	4 525.7	4 641.6	4 673.9	4 710.9	4 771.8
	中长期	9 345.8	9 455.0	9 591.8	9 722.6	9 824.9	9 947.0	10 097.2	10 172.5	10 296.8	10 384.2	10 476.4	10 539.3
	票据融资	178.9	191.5	207.2	263.9	301.4	317.6	342.6	366.0	344.6	341.2	324.9	291.9
	各项贷款余额比上月增加（亿元）	247.2	185.9	168.0	247.0	190.0	226.4	172.5	197.7	218.4	116.3	113.0	102.2
	其中：短期	87.1	63.8	14.3	41.8	49.3	80.7	-2.3	99.4	115.9	32.3	37.0	60.9
	中长期	180.9	109.3	136.8	130.7	102.3	122.1	150.2	75.4	124.3	87.3	92.2	62.9
	票据融资	-21.0	12.6	15.6	56.8	37.5	16.2	25.0	23.5	-21.5	-3.4	-16.3	-33.0
	金融机构各项贷款同比增长（%）	17.4	17.5	17.0	17.5	17.6	17.7	17.9	18.1	18.3	17.8	17.0	16.2
	其中：短期	15.6	14.5	12.9	13.4	14.3	13.3	13.0	16.0	17.8	17.7	16.3	16.5
	中长期	18.7	19.1	18.8	18.6	17.9	18.3	18.4	17.1	16.7	15.9	15.9	15.1
	票据融资	-6.1	9.4	23.6	44.8	58.8	71.8	88.3	92.6	91.0	101.8	72.7	46.0
	建筑业贷款余额（亿元）	386.6	398.1	412.1	436.3	444.7	454.4	456.3	458.7	463.0	468.0	480.5	492.4
	房地产业贷款余额（亿元）	2 715.6	2 751.5	2 778.9	2 811.7	2 855.2	2 921.6	2 966.3	3 018.3	3 066.8	3 103.3	3 161.1	3 251.9
	建筑业贷款同比增长（%）	-3.7	21.2	22.4	30.4	29.1	32.6	17.9	21.9	25.1	30.6	32.3	30.6
	房地产业贷款同比增长（%）	18.8	18.5	18.0	17.4	16.8	17.5	18.8	19.0	19.3	19.0	19.0	20.9
人民币	金融机构各项存款余额（亿元）	19 523.7	19 992.3	20 438.5	20 447.9	20 900.0	21 291.7	21 415.8	21 842.6	22 193.5	22 461.6	22 649.6	23 037.1
	其中：储蓄存款	11 526.9	11 705.5	11 863.4	11 773.9	11 872.1	12 140.7	12 131.0	12 205.5	12 445.4	12 383.1	12 447.2	12 662.7
	单位存款	7 220.1	7 450.3	7 784.6	7 797.5	8 093.1	8 270.9	8 269.6	8 437.9	8 565.4	8 796.4	8 942.6	9 395.0
	各项存款余额比上月增加（亿元）	189.8	468.6	446.2	9.4	452.1	391.7	124.1	426.8	351.0	268.1	188.1	388.4
	其中：储蓄存款	914.1	178.6	157.9	-89.6	98.2	268.6	-9.8	74.6	239.9	-62.4	64.2	215.4
	单位存款	-708.3	230.1	334.3	12.9	295.6	177.8	-1.2	168.3	127.4	231.1	146.2	452.4
	各项存款同比增长（%）	16.4	15.1	14.2	14.7	15.7	15.5	17.0	17.5	18.7	19.5	18.9	19.2
	其中：储蓄存款	19.2	17.3	17.1	17.6	18.1	17.9	18.8	19.0	19.7	20.2	20.1	19.3
	单位存款	11.7	13.1	10.6	11.9	12.9	14.1	15.3	14.4	15.4	17.3	16.4	18.3
	金融机构各项贷款余额（亿元）	13 432.6	13 602.0	13 778.1	14 005.1	14 183.1	14 411.3	14 586.8	14 785.2	14 987.8	15 114.1	15 252.5	15 336.5
	其中：个人消费贷款	1 859.8	1 876.3	1 904.8	1 920.7	1 946.8	1 985.6	2 011.5	2 055.8	2 093.0	2 121.3	2 157.8	2 200.4
	票据融资	178.9	191.5	207.2	263.9	301.4	317.6	342.6	366.0	344.6	341.2	324.9	291.9
	各项贷款余额比上月增加（亿元）	244.3	169.5	176.1	227.0	178.1	228.2	175.5	198.4	202.6	126.3	138.4	84.0
	其中：个人消费贷款	42.4	16.5	28.5	15.9	26.0	38.8	26.0	44.2	37.0	28.5	36.5	42.6
	票据融资	-21.0	12.6	15.6	56.8	37.5	16.2	25.0	23.5	-21.5	-3.4	-16.3	-33.0
	金融机构各项贷款同比增长（%）	16.7	16.7	16.9	17.3	17.3	17.5	17.9	18.1	18.5	17.9	17.4	16.3
	其中：个人消费贷款	29.9	29.9	27.9	26.0	24.2	22.3	22.2	22.2	22.8	22.1	21.5	21.1
	票据融资	-6.1	9.4	23.6	44.8	58.8	71.8	88.3	92.6	91.0	101.8	72.7	46.0
外币	金融机构外币存款余额（亿美元）	18.4	17.9	19.0	19.8	21.4	22.3	22.3	19.0	19.0	18.3	16.3	17.5
	金融机构外币存款同比增长（%）	8.2	12.4	8.4	34.4	28.4	37.1	28.1	2.1	-6.9	-1.0	-13.4	0.9
	金融机构外币贷款余额（亿美元）	44.2	46.9	45.6	48.9	50.4	50.2	49.6	49.4	51.9	50.7	46.7	49.7
	金融机构外币贷款同比增长（%）	28.2	35.8	26.9	34.8	33.4	28.5	22.4	19.5	13.1	14.2	3.4	13.4

数据来源：中国人民银行长沙中心支行。

表2 2001～2012年湖南省各类价格指数

单位:%

年/月		居民消费价格指数		农业生产资料价格指数		工业生产者购进价格指数		工业生产者出厂价格指数	
		当月同比	累计同比	当月同比	累计同比	当月同比	累计同比	当月同比	累计同比
2001		—	-0.9	—	-1.6	—	1.1	—	-0.2
2002		—	-0.5	—	-2.0	—	-0.7	—	-0.8
2003		—	2.4	—	2.6	—	6.7	—	2.6
2004		—	5.1	—	12.1	—	14.4	—	8.0
2005		—	2.3	—	11.2	—	9.4	—	6.0
2006		—	1.4	—	0.7	—	6.5	—	4.3
2007		—	5.6	—	13.0	—	6.1	—	6.1
2008		—	6.0	—	26.5	—	12.0	—	9.3
2009		—	-0.4	—	-5.0	—	-7.4	—	-5.7
2010		—	3.1	—	1.4	—	10.0	—	6.9
2011		—	5.5	—	10.9	—	10.8	—	8.5
2012		—	2.0	—	4.7	—	0.1	—	-0.9
2011	1	5.6	5.6	6.3	6.3	11.1	11.1	8.4	8.4
	2	6.1	5.9	5.9	6.1	12.0	11.6	9.3	8.9
	3	6.0	5.9	7.6	6.6	12.2	11.8	9.5	9.1
	4	6.0	5.9	10.0	7.4	11.9	11.8	9.3	9.1
	5	5.6	5.9	11.6	8.3	12.5	11.9	9.4	9.2
	6	5.9	5.9	13.3	9.1	11.9	11.9	10.5	9.4
	7	6.0	5.9	15.4	10.0	13.3	12.1	10.8	9.6
	8	6.0	5.9	15.9	10.7	13.3	12.3	10.1	9.7
	9	6.0	5.9	15.0	11.2	12.5	12.3	9.5	9.6
	10	5.4	5.9	13.6	11.5	9.7	12.0	7.6	9.4
	11	4.3	5.7	8.6	11.2	5.8	11.5	4.9	9.0
	12	3.6	5.5	7.9	10.9	4.2	10.8	3.0	8.5
2012	1	3.7	3.7	7.4	7.4	3.0	3.0	2.2	2.2
	2	2.1	2.9	8.9	8.1	2.1	2.6	1.3	1.8
	3	3.0	2.9	8.4	8.2	1.1	2.1	0.9	1.5
	4	2.9	2.9	7.5	8.0	0.7	1.7	0.4	1.2
	5	2.9	2.9	6.5	7.7	0.3	1.4	-0.5	0.9
	6	2.0	2.8	4.6	7.2	0.1	1.2	-1.6	0.4
	7	1.2	2.6	2.9	6.6	-1.2	0.9	-2.3	0.0
	8	1.4	2.4	1.7	5.9	-2.0	0.5	-3.1	-0.4
	9	1.2	2.3	1.9	5.5	-2.0	0.2	-3.1	-0.7
	10	1.0	2.1	1.9	5.1	-1.1	0.1	-2.3	-0.8
	11	1.1	2.0	2.7	4.9	0.2	0.1	-1.7	-0.9
	12	1.7	2.0	3.4	4.7	-0.2	0.1	-1.4	-0.9

数据来源：湖南省统计局。

表3 2012年湖南省主要经济指标

	1月	2月	3月	4月	5月	6月	7月	8月	9月	10月	11月	12月
绝对值（自年初累计）												
地区生产总值(亿元)	—	—	4 219.0	—	—	9 909.4	—	—	15 339.2	—	—	22 154.2
第一产业	—	—	411.3	—	—	1 014.4	—	—	1 964.3	—	—	3 004.2
第二产业	—	—	2 087.2	—	—	4 901.1	—	—	7 365.1	—	—	10 506.4
第三产业	—	—	1 720.5	—	—	3 993.9	—	—	6 009.8	—	—	8 643.6
固定资产投资(亿元)	—	754.9	1 711.3	2 850.1	4 064.9	5 476.7	6 555.0	7 880.3	9 303.4	10 633.6	12 233.8	13 966.3
房地产开发投资	—	178.2	369.3	523.4	694.7	913.7	1 071.7	1 264.5	1 486.4	1 684.4	1 931.0	2 210.5
社会消费品零售总额(亿元)	631.6	1 243.9	1 794.7	2 334.9	2 968.2	3 632.9	4 266.0	4 884.3	5 571.5	6 312.8	7 026.9	7 854.9
外贸进出口总额(亿美元)	15.2	28.4	46.1	60.5	81.6	97.1	112.6	128.6	145.1	159.2	184.8	219.4
进口	5.8	13.1	21.4	27.5	37.1	43.7	50.5	58.3	65.3	70.6	81.0	93.4
出口	9.4	15.3	24.7	33.0	44.5	53.4	62.1	70.3	79.8	88.6	103.8	126.0
进出口差额(出口−进口)	3.6	2.3	3.3	5.6	7.4	9.7	11.6	12.0	14.5	18.0	22.8	32.6
外商实际直接投资(万美元)	63 800.0	119 400.0	180 700.0	230 900.0	296 000.0	380 200.0	432 000.0	473 200.0	546 200.0	622 500.0	686 580.0	728 000.0
地方财政收支差额(亿元)	-205.3	-326.0	-457.7	-585.6	-733.3	-841.2	-975.5	-1 097.2	-1 273.8	-1 378.7	-1 615.4	-2 309.9
地方财政收入	151.0	249.2	415.4	538.5	679.7	946.3	1 055.8	1 162.0	1 330.8	1 414.1	1 559.7	1 776.0
地方财政支出	356.4	575.2	873.1	1 124.1	1 413.0	1 787.5	2 031.3	2 259.2	2 604.6	2 792.8	3 175.1	4 085.9
城镇登记失业率(%)（季度）	—	—	4.3	—	—	4.3	—	—	4.3	—	—	4.3
同比累计增长率（%）												
地区生产总值	—	—	11.9	—	—	11.5	—	—	11.2	—	—	11.3
第一产业	—	—	4.0	—	—	4.0	—	—	3.6	—	—	3.0
第二产业	—	—	15.3	—	—	13.8	—	—	13.1	—	—	12.8
第三产业	—	—	9.6	—	—	10.3	—	—	10.8	—	—	12.2
工业增加值	—	17.9	17.0	15.9	15.3	15.4	15.2	14.9	14.6	14.6	14.6	14.6
固定资产投资	—	29.6	26.6	24.1	24.0	24.2	24.2	24.3	24.1	24.2	24.5	25.0
房地产开发投资	—	29.1	20.8	17.1	14.1	12.8	10.2	10.6	12.3	11.4	14.8	13.7
社会消费品零售总额	15.3	15.6	15.5	15.4	15.4	15.5	15.2	15.1	15.0	15.1	15.2	15.4
外贸进出口总额	-3.9	8.1	11.1	5.4	12.2	7.6	6.6	4.2	4.0	3.1	8.0	15.8
进口	-28.9	-4.8	3.5	-3.4	2.5	-3.1	-3.4	-5.1	-5.3	-6.7	-2.0	3.3
出口	22.9	22.3	18.7	13.9	21.8	18.4	16.6	13.3	13.0	12.6	17.3	27.2
外商实际直接投资	16.0	24.4	17.3	7.9	7.0	10.5	17.7	17.1	18.8	17.6	18.3	18.4
地方财政收入	16.8	21.5	27.2	20.9	21.5	29.1	25.7	24.2	27.4	21.8	24.2	17.1
地方财政支出	-0.2	40.1	37.9	31.0	26.0	28.4	26.8	22.1	23.0	19.7	22.8	16.1

数据来源：湖南省统计局。

2012年广东省金融运行报告

中国人民银行广州分行货币政策分析小组

[内容摘要] 2012年，广东省全面贯彻落实国家宏观调控政策，着力稳增长、扩内需、调结构、促改革、惠民生，各项工作取得新进展。经济保持平稳发展，外经贸转型升级加快，区域发展趋向协调，物价涨幅回落，民生支出加大，自主创新能力提高，资源节约和环境保护成效明显。

广东省金融部门认真贯彻执行稳健的货币政策，积极开展金融创新，不断改善金融服务，扎实推进金融改革，有力地促进了实体经济企稳回升。银行业运行稳健，证券业规模扩大，保险业结构改善，融资总量稳步增长，金融市场交易活跃，金融生态环境持续改善。

2013年，广东省将坚持稳中求进，深化改革开放，加快结构调整，强化创新驱动，增强经济发展的内生活力和动力。金融部门将继续贯彻稳健的货币政策，保持货币信贷和社会融资规模平稳适度增长，提高金融服务水平，优化金融生态环境，促进广东经济又好又快发展。

一、金融运行情况

2012年，广东省金融部门认真贯彻执行稳健的货币政策，积极开展金融创新，不断完善金融服务，扎实推进金融改革，有效改善金融生态环境，金融业发展取得新的成绩，有力地促进了实体经济企稳回升。

（一）银行业运行稳健，货币信贷适度增长

1. 银行业机构稳健发展，规模效益继续提升。2012年，广东省银行业金融机构资产规模和利润持续增加，年末资产总额同比增长17.9%，全年净利润同比提高9.4%；不良贷款实现“双降”目标；机构个数和从业人员稳步增加（见表1）。外资银行加快发展，意大利裕信银行、韩亚银行广州分行开业；韩国国民银行广州分行改制为韩国国民银行（中国）有限公司广州分行；港资银行异地支行网络不断延伸，在粤东、粤西、粤北地区8地市新设异地支行9家。新型农村金融机构发展迅速，截至2012年年末，村镇银行数量达到30家。

表1　2012年广东省银行业金融机构情况

机构类别	营业网点			法人机构（个）
	机构个数（个）	从业人数（人）	资产总额（亿元）	
一、大型商业银行	6 113	144 884	66 173.6	0
二、国家开发银行和政策性银行	82	2 376	5 923.7	0
三、股份制商业银行	1 188	52 185	34 527.1	3
四、城市商业银行	358	11 653	9 066.6	5
五、小型农村金融机构	5 704	69 468	15 795.8	99
六、财务公司	18	598	1 052.2	13
七、信托公司	5	1 395	325.1	5
八、邮政储蓄银行	2 015	24 037	3 323.3	1
九、外资银行	221	9 128	4 749.3	22
十、新型农村金融机构	55	1 552	317.5	30
十一、其他	3	906	1 489.3	3
合　计	15 762	318 182	142 743.4	181

注：营业网点不包括国家开发银行和政策性银行、大型商业银行、股份制银行等金融机构总部数据；大型商业银行包括中国工商银行、中国农业银行、中国银行、中国建设银行和交通银行；小型农村金融机构包括农村商业银行、农村信用社、农村合作银行；新型农村金融机构指村镇银行；外资银行法人机构个数含外国银行在华分行；“其他”包含金融租赁公司、汽车金融公司、货币金融公司。

数据来源：广东银监局、深圳银监局。

2. 存款增速显著回升，季节性波动明显。2012年，广东省存款呈现前低后高、波动增长态势。当年各项存款同比增长14.8%，增速较上年提高3.0个百分点（见图1、图3）。1～8月，存款增速低位徘徊，9月以后随着经济形势止跌企稳、企业经营情况趋于稳定和翘尾因素减弱，存款增速逐步回升。受时点考核机制等因素影响，社会资金在银行存款与理财产品、基金、信托间大规模迁徙，存款季节性波动特征仍较突出。在经济增

长放缓背景下，企业投资意愿下降，活期存款逐步向定期存款转化，全年单位定期存款新增量是活期的2.7倍。外币存款先增后减。前7个月，企业多采取“外币保证金+海外代付”模式获得海外美元贷款，带动外币存款快速增长；8月以来，受同业代付并入表内贸易融资项下影响，外币存款增长明显放缓。

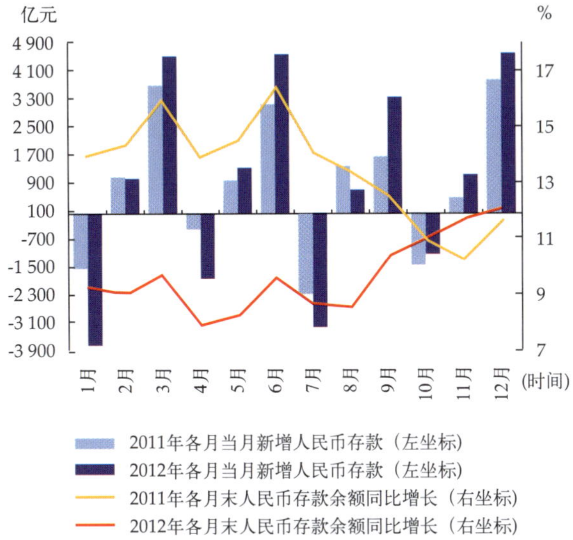

数据来源：中国人民银行广州分行。

图1　2011～2012年广东省金融机构人民币存款增长

3. 贷款增长先扬后抑，稳健的货币政策效果明显。2012年年末，广东省本外币各项贷款余额同比增长14.4%，增速较上年提高1.0个百分点。人民币贷款增速由升趋稳（见图2、图3）。前三个季度，受经济下行影响，信贷需求偏弱，导致票据融资增加和投放节奏后移。第一至第三季度广东省新增人民币贷款占比分别为31.3%、31.6%和22.5%；第四季度，受资本约束等因素的影响，贷款增长放缓。企业在经营环境不确定及资金周转效率降低等影响下，对短期贷款需求增加。同时金融机构出于防范风险考虑，也倾向于增加短期贷款。年末，人民币短期贷款余额同比增长24.2%，增速连续15个月保持在20%之上。第二季度以来，个人中长期贷款需求加大，带动中长期贷款增速止跌趋稳。受人民币汇率变动和同业代付入表等影响，外币贷款由缓变快，增速在4月降

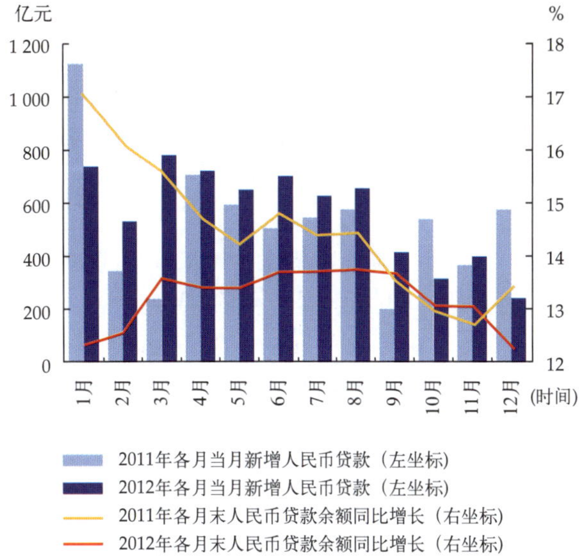

数据来源：中国人民银行广州分行。

图2　2011～2012年广东省金融机构人民币贷款增长

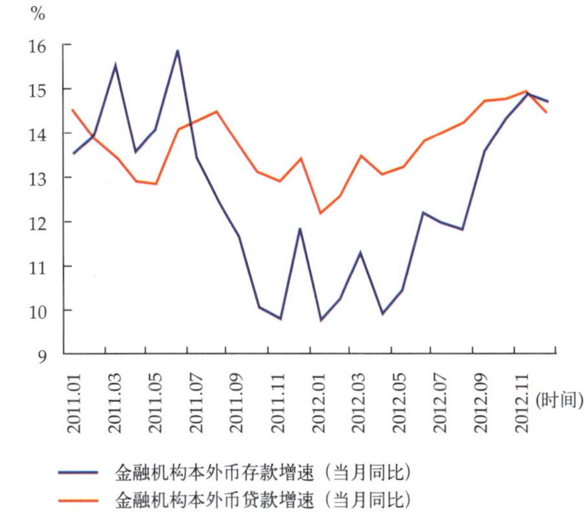

数据来源：中国人民银行广州分行。

图3　2011～2012年广东省金融机构本外币存、贷款增速

至年内最低点后逐月回升。

信贷投向进一步优化，有力地支持广东省经济转型升级。2012年，中国人民银行广州分行出台《金融支持广东稳增长调结构惠民生的指导意见》，引导金融机构着力优化信贷结构，加大对实体经济的支持力度。年末，批发零售业和制造业贷款余额同比分别增长40.9%和22.9%，小微企

业贷款增速快于大型企业7.0个百分点，现代产业体系、非珠三角地区、县域、涉农贷款余额同比增速分别比全省水平快5.6个、4.3个、4.4个和4.4个百分点。同时，积极运用再贴现、再贷款等货币政策工具，加大对“三农”、中小微企业等领域的金融支持。2012年累计办理再贴现65.6亿元，其中，解决中小微企业需求占比72.0%；累计发放支农再贷款18.6亿元，是上年的2.3倍。

4. 表外业务稳步发展，融资量总体同比少增。2012年，在利率市场化、金融市场开放加快及信贷总量调控等背景下，广东金融机构表外业务继续稳步发展。从融资角度看，信托贷款大幅增长，全年新增924.0亿元，同比多增518.5亿元，与信托计划资产规模的高速扩张相吻合；委托贷款下行明显，全年新增781.6亿元，同比少增558.3亿元，主要是受到房地产、地方融资平台等监管趋紧的影响；未贴现的银行承兑汇票受票据贴现的影响，波动较为明显，全年新增727.2亿元，同比少增102.6亿元。

5. 金融机构存贷款利率总体下行，风险定价能力稳步提升。2012年，受人民币存贷款基准利率下调及宏观审慎政策等的影响，辖内金融机构贷款利率水平总体下降，12月，贷款加权平均利率为6.55%，比年初下降0.87个百分点。金融机构下浮利率贷款占比提高，上浮利率和基准利率贷款占比下降（见表2）。

受境内外汇资金供求变化等因素的影响，美元存贷款利率震荡下行（见图4）。存款利率浮动区间扩大后，辖内金融机构存款利率并没有全部“一浮到顶”，而是体现出差异化、精细化定价特征；贷款利率虽下浮压力加大，但仍保持理性。

6. 金融改革创新步伐加快，农村信用社法人治理结构不断完善。2012年，国内最大金融并购案——深圳发展银行和平安银行成功合并，新银行定名为平安银行。金融平台建设取得新突破，新组建广州股权交易中心、广州碳排放交易所等区域性市场平台，在全国首创广州民间金融街。金融功能区建设取得新进展，广州启动国际金融城建设，深圳前海、珠海横琴、广东金融高新技术服务区建设迅速推进。9家农村商业银行挂牌开

表2　2012年广东省金融机构人民币贷款各利率区间占比

单位：%

月份		1月	2月	3月	4月	5月	6月
合计		100.0	100.0	100.0	100.0	100.0	100.0
[0.9，1.0)		7.7	6.0	6.7	5.2	6.1	7.0
1.0		18.4	19.7	18.8	18.7	17.8	20.6
上浮水平	小计	73.9	74.3	74.5	76.1	76.1	72.4
	(1.0，1.1]	30.3	34.4	28.6	25.5	24.3	25.1
	(1.1，1.3]	37.7	35.4	38.9	43.0	43.5	40.3
	(1.3，1.5]	4.7	3.6	5.1	5.5	5.9	5.2
	(1.5，2.0]	1.0	0.8	1.3	1.1	1.2	1.2
	2.0以上	0.2	0.1	0.5	0.9	1.2	0.5
月份		7月	8月	9月	10月	11月	12月
合计		100.0	100.0	100.0	100.0	100.0	100.0
[0.9，1.0)		8.6	9.9	12.2	9.5	16.6	15.6
1.0		24.8	24.8	25.5	24.3	24.7	26.5
上浮水平	小计	66.6	65.3	62.3	66.2	58.8	57.9
	(1.0，1.1]	24.8	25.9	27.1	26.3	25.2	26.9
	(1.1，1.3]	35.5	34.8	31.5	35.9	28.8	27.2
	(1.3，1.5]	4.4	3.3	2.5	2.8	2.8	2.5
	(1.5，2.0]	1.2	0.9	0.8	0.8	1.0	0.9
	2.0以上	0.7	0.5	0.3	0.4	0.9	0.5

注：2012年8～12月统计数据的下浮区间为[0.7，1.0)。
数据来源：中国人民银行广州分行。

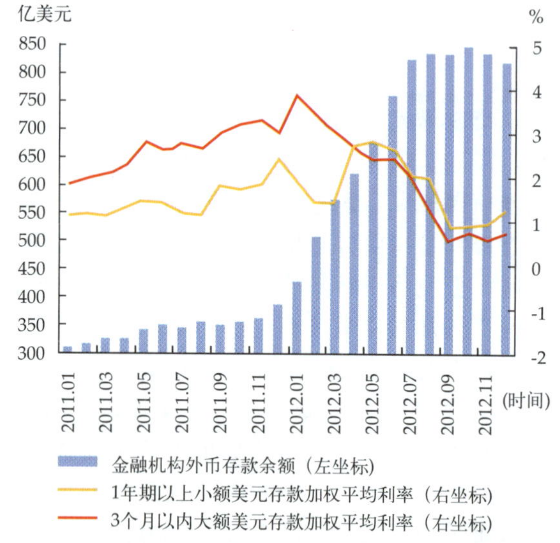

数据来源：中国人民银行广州分行。

图4　2011～2012年广东省金融机构外币存款余额及外币存款利率

业，28家农村信用社完成股权改造，2家发达地区农村合作金融机构对3家困难农村信用社实施了战

略入股，农作合作金融机构经营稳健性增强、效益向好。

7. 创新发展跨境人民币业务，进一步扩大人民币跨境使用。2012年，广东率先开展经常项目下个人跨境人民币双向业务，积极探索跨境人民币投融资业务，深圳前海获准开办跨境人民币贷款。全年累计办理个人跨境人民币汇款16.6亿元，与境外39个国家和地区发生业务往来。备案粤港跨境人民币融资项目23个、金额93.2亿元。截至2012年年末，广东累计办理跨境人民币结算2.03万亿元，约占全国的三成，连续三年保持全国各省（市、区）首位。其中，2012年办理1.15万亿元，占跨境人民币业务开办以来结算金额的56.7%。

专栏1　云浮、梅州农村金融改革创新的实践与启示

近年来，广东云浮、梅州市积极探索农村金融改革创新，把信用体系建设、金融产品创新与社会管理等有机结合，促进了农业加快发展、农村社会和谐、农民安居乐业，其创新的实践经验具有重大现实意义。

一、以信用建设创新夯实农村金融发展微观基础

一是搭建征信平台，形成金字塔式的农村信用管理共建体系。云浮市郁南县成立全国第一家县级征信中心；梅州市率先建立地市、县（市）征信分中心和乡村金融服务站。二是开发信息查询与评价系统，打破部门间各自为政的“信息孤岛”。云浮市开发的企业系统覆盖全市所有企业和个体户，农户系统2012年年末信息采集人数占全市农村人口的79.2%。梅州市自主研发集信息录入、评级、查询、共享、产品创新、社会管理六大功能于一体的农户诚信信息服务系统，信息采集覆盖全部行政村。三是开展信用村（镇、户）创建活动，重塑农村良好信用环境。

二、以政策工具创新引领农村金融改革发展方向

在国家一系列规划战略的指引下，中国人民银行广州分行联合广东银监局、证监局、保监局等部门制定《关于全面推进农村金融产品和服务方式创新的实施意见》，指导辖内金融机构因地制宜地开展农村金融服务工作；创新推出“支农再贷款+信用户”、村镇银行发起人担保等运作模式，充分发挥支农再贷款资金杠杆作用，2010～2012年累计分别向云浮、梅州发放支农再贷款13亿元和6 500万元。

三、以支付体系创新疏通农村金融发展流动血脉

大力推广银行卡助农取款服务和非现金支付工具应用，不断改善农村支付服务水平。截至2012年年末，云浮市847个行政村设立服务点893个；梅州市设立服务点2 694个，消灭取款空白行政村1 720个，实现了农村支付服务行政村全覆盖。

四、以金融产品创新激发农村金融发展活力

一是探索抵押创新，盘活农村金融资源。云浮市郁南县以“一本三有”（本地户口、有“较好”以上等级信用、有50%以上建房基础、有可流转抵押物）为前提，试点“农村建房抵押贷款”，截至2012年年末，共为115户农户授信278.2万元。二是加大产品创新，构建“造血式”扶贫。推出油茶宝、慈橙宝等特色涉农信贷产品，建立“担保基金+金融机构+专业合作社+农业龙头企业”等融资模式，解决农户无担保、无抵押问题，实现由生活性帮扶向生产性帮扶转变。三是健全基金保险，构筑农业风险屏障。梅州市推动各县（市、区）政府建立风险担保基金，形成采集、授信、评级、贷款、风险补偿“五位一体”良性循环机制。

五、以金融服务创新推动农村金融环境有效提升

创新金融知识宣传服务方式，在乡村金融服务站开设宣传栏，组织编印、发放涉农金融服务刊物。打造“一站式”业务平台，截至

2012年年末梅州市共开展金融业务下乡4 800多场次，累计授信农户10.4万户，发放贷款54.8亿元。发挥征信服务的社会管理功能，将信用行为、邻里关系、计划生育、赌博等社会信息纳入征信系统。

通过金融改革创新，有力地推动了农村经济、政治、社会、文化和生态文明建设。一是使土地等生产要素盘活和信贷资源回流“三农”，推动了农业产业化和现代化。二是依靠党组织开展信用村、户创建工作，使农村基层党组织找到了工作抓手，增强了凝聚力。三是通过征信建设与社会管理有机结合，运用利益引导的办法让群众遵纪守法，改进了乡村治理模式。四是通过构建“讲信用有激励、不讲信用受约束”的激励约束网，增强了农民信用和金融意识。五是盘活了以土地为核心的农村金融要素，促进了新型农业经营体系建立，破解了土地集约化难题。

下一步，应按照“先行先试、以点带面、立足长远”的原则，坚持中国人民银行的指导督促作用、地方政府的统筹协调作用、金融机构的创新主体作用、土地要素改革的基础支撑作用，推进信用信息的金融化、社会化和金融基础设施建设，建立健全服务“三农”的投融资体系和农村土地金融市场，全面推进农村金融改革发展。

（二）证券业规模扩大，市场成交量和筹资额减少

1. 证券业规模稳步扩大，证券机构改革继续推进。2012年年末，广东法人证券公司、期货公司家数同比持平；法人基金公司同比增加1家（见表3）；证券业总资产同比增长10.3%，基金规模同比增长16.9%；全年净利润大幅减少，同比下降29.6%。面对市场压力，广东省积极推进证券公司治理结构和业务发展改革创新。广州证券完成增资扩股，联讯证券完成股权转让，广发证券完成75亿元短期融资券发行并第一批获得转融通业务试点资格；易方达基金公司成功发行市场首只跨境ETF和2只RQFII产品，募集资金54.3亿元。

表3　2012年广东省证券业基本情况

项目	数量
总部设在辖内的证券公司数（家）	22
总部设在辖内的基金公司数（家）	21
总部设在辖内的期货公司数（家）	24
年末国内上市公司数（家）	369
当年国内股票（A股）筹资（亿元）	659.0
当年发行H股筹资（亿元）	—
当年国内债券筹资（亿元）	1 678.0
其中：短期融资券筹资额（亿元）	652.4
中期票据筹资额（亿元）	511.3

注：国内债券筹资为非金融企业债券融资数据。

数据来源：广东证监局、深圳证监局。

2. 市场成交量和筹资额减少，上市公司数量继续增加。2012年，在资本市场震荡下行背景下，广东省证券公司股票基金交易金额同比下降32.9%，上市公司融资总额同比下降41.1%。期货公司交易快速增加，全年代理交易额同比增长34.6%。广东大力推动优质企业改制上市，全年有30家企业上市，其中，主板3家，中小企业板和创业板分别为13家和14家；年末，上市公司总市值为27 743亿元，同比增长16.4%。

（三）保险业结构改善，服务水平有效提升

1. 保险机构数量增加，业务结构继续改善。2012年，总部设在广东的保险公司新增2家，达到18家（见表4）；年末，保险公司总资产达到4 684.9亿元，同比增长17.1%。保险业务结构不断改善。财产险成为业务增长的主要动力，占总体业务的33.8%，同比提高1.6个百分点。产险公司中，非车险业务占比为29.4%，同比提高0.5个百分点。寿险公司保障功能较强的意外健康险、普通寿险占比较上年提高1.8个百分点。

2. 经营效益保持稳定，服务水平有效提升。2012年，广东保险业实现保费收入同比增长7.2%；承保利润31.0亿元。保险保障功能继续强

化，与促发展、惠民生、保稳定密切相关的农业保险、保证保险、责任保险等险种保持快速发展。全年各类财产险累计保障风险金额47.5万亿元，同比增长31.7%；共承担各类责任保险保障金额3万亿元，同比增长31.6%；合计为604.5万农户提供农业风险保障267.8亿元，同比增长73.9%；人身险有效承保2.2亿人次，健康险新增服务1.4亿人次。

表4　2012年广东省保险业基本情况

项目	数量
总部设在辖内的保险公司数（家）	18*
其中：财产险经营主体（家）	10
人身险经营主体（家）	6
保险公司分支机构（家）	82
其中：财产险公司分支机构（家）	39
人身险公司分支机构（家）	43
保费收入（中外资，亿元）	1 692.1
其中：财产险保费收入（中外资，亿元）	571.3
人身险保费收入（中外资，亿元）	1 120.8
各类赔款给付（中外资，亿元）	485.0
保险密度（元/人）	1 597.1
保险深度（%）	3.0

注：* 另两家保险公司为集团控股公司。
数据来源：广东保监局、深圳保监局。

（四）融资总量稳步增长，金融市场交易活跃

1. 融资总量稳步增加，融资结构有所调整。2012年，广东省金融部门积极应对市场变化，调整优化业务结构，合理增加信贷投放，大力拓展信托贷款、票据承兑、信用证、保函等表外融资，切实支持企业通过银行间债券市场融资，全年非金融部门贷款、债券和股票三者合计融资量较2011年增长13.0%（见表5），满足了广东经济发展的资金需求。其中，贷款和债券在融资总量中的比重分别较2011年提高6.1个和1.3个百分点，股票融资占比下降7.4个百分点。

2. 货币市场交易活跃，利率水平震荡下行。2012年，广东省金融机构同业拆借累计成交10.2万亿元，同比增长27.5%，占全国交易总量的10.9%；回购交易累计成交31.6万亿元，同比增长31.6%，占全国交易总量的11.2%；现券交易累计成交21.0万亿元，同比增长52.6%，占全国成交总量的14.0%。从交易特征看，拆借、回购交易主要集中在短期品种；从资金流向看，全国性大型商业银行多为净融出，地方性商业银行多为净融入。受国际金融市场波动及宏观调控等因素的影响，货币市场利率震荡下行。

3. 票据市场业务量波动上升，利率水平明显下降。2012年，广东金融机构银行承兑汇票余额较快增长，股份制商业银行仍是承兑业务主体。票据贴现交易重新进入活跃期，贴现余额和单月发生额均创历史新高，年末，随着信贷总量调控加强，金融机构持票意愿降低，增势放缓（见表

表5　2001～2012年广东省非金融机构部门融资结构

单位：亿元、%

年份	融资量	比重		
		贷款	债券（含可转债）	股票
2001	1 392.9	97.4	0.0	2.6
2002	2 681.1	99.5	0.0	0.5
2003	3 677.9	98.2	0.0	1.8
2004	2 591.1	97.1	0.0	2.9
2005	2 208.5	99.2	0.7	0.1
2006	3 484.3	88.2	3.5	8.3
2007	6 151.8	76.6	3.7	19.7
2008	4 856.7	82.3	8.4	9.3
2009	12 069.7	89.1	5.9	5.0
2010	9 463.3	77.0	8.6	14.4
2011	9 253.9	74.9	14.7	10.4
2012	10 454.6	81.0	16.0	3.0

数据来源：中国人民银行广州分行、广东证监局、深圳证监局。

表6　2012年广东省金融机构票据业务量统计

单位：亿元

季度	银行承兑汇票承兑		贴现			
			银行承兑汇票		商业承兑汇票	
	余额	累计发生额	余额	累计发生额	余额	累计发生额
1	5 760.6	3 266.3	1 649.1	5 227.5	176.2	343.3
2	6 467.4	7 408.5	2 436.1	15 944.8	242.5	1 344.9
3	6 638.8	11 456.1	2 446.4	26 544.2	249.3	2 118.8
4	6 892.8	14 616.4	1 631.8	36 363.3	140.3	3 123.1

数据来源：中国人民银行广州分行。

6）。贴现业务市场格局逐步优化，国有商业银行、农村金融机构份额占比提升。在中国人民银行大力推动及再贴现政策的有效扶持下，粤东地区票据业务发展提速，汕头市实现商业承兑汇票业务“零”的突破。受票据市场资金充足、金融机构贴现热情较高的影响，贴现、转贴现利率水平明显回落，利差收窄（见表7）。

表7　2012年广东省金融机构票据贴现、转贴现利率

单位：%

季度	贴现		转贴现	
	银行承兑汇票	商业承兑汇票	票据买断	票据回购
1	7.5069	9.0802	6.7856	5.7242
2	5.4077	6.4446	5.4538	4.5622
3	5.3134	6.0947	4.8864	4.4782
4	5.7832	6.3186	4.9358	4.7429

数据来源：中国人民银行广州分行。

4. 民间借贷总体稳定，利率水平有所下降。据中国人民银行广州分行利率样本监测数据显示，2012年，广东民间借贷活动总体保持稳定，样本监测点户均借贷额大部分在7万～9万元，借贷利率总体较上年有所下降。主要特点有：期限结构呈现两极分化，较长期限资金需求显现；主体呈现多元化特征，民营企业、个体工商户、农村种养业大户和城乡居民个人等是民间借贷的活跃群体；方式灵活多样，主要以赊销、搭桥贷款和中介担保为主；目的主要用于解决生产经营中的流动资金不足等。

5.外汇交易略有下滑，黄金投资增速放缓。2012年，广东省银行间外汇市场即期交易量同比略降3.1%，其中，买入外汇同比微升1.6%，卖出外汇同比下降7.1%。从市场结构看，市场高度集中的状态未变，在美元交易和询价交易中，广州和深圳市场仍占主导地位。在黄金价格高位震荡背景下，黄金投资增速下降，市场成交总量有所回落。商业银行黄金业务稳步发展，开办业务的银行数量和市场规模扩大。

（五）金融基础设施建设不断优化，金融生态环境持续改善

2012年，广东省深入推进金融生态环境建设。设立金融消费权益保护中心，发布《关于加强广东省金融消费者保护工作的意见》，举办公益宣传活动，优化金融消费法制环境。以“三打两建”①工作为契机，制订广东省社会信用体系建设工作方案、开展信贷行业信用体系建设试点；云浮、梅州、茂名等地探索出农村征信体系建设新模式，取得良好社会效果。成功上线运行粤港集中代收付系统，建成共享式村镇银行结算业务系统；银行卡助农取款服务提前一年实现全覆盖；金融IC卡跨行业应用日益广泛，全省发行量累计超过1 000万张。加快推进电子缴税入库系统建设，国库业务信息化水平提高。深入开展人民币“净化工程”、“放心工程”建设，人民币流通质量改善。严厉打击制贩假币、洗钱及外汇违法违规行为，成功破获洗钱案件29宗、地下钱庄非法买卖外汇案件30宗，有力地维护了金融市场秩序。创办中国（广州）金融交易·博览会，不断强化金融交流与合作力度。大力实施金融知识、业务、服务、征信“四下乡”惠农工程，有效改善农村金融发展环境。

二、经济运行情况

2012年，广东省全面贯彻国家宏观调控政策，着力稳增长、扩内需、调结构、促改革、惠民生，各项工作取得新进展。全年地区生产总值达57 067.9亿元，同比增长8.2%（见图5）；人均地区生产总值突破8 500美元大关。

（一）经济发展倚重内需特征明显，外经贸转型升级加快

1. 固定资产投资回升，结构优化。2012年，广东完成固定资产投资19 307.5亿元，同比增长15.5%（见图6）。其中，第一、第二、第三产业

①2012年1月6日，广东在全国率先开展“三打两建”活动，“三打”即打击欺行霸市、打击制假售假、打击商业贿赂，“两建”即建设社会信用体系、建设市场监管体系。

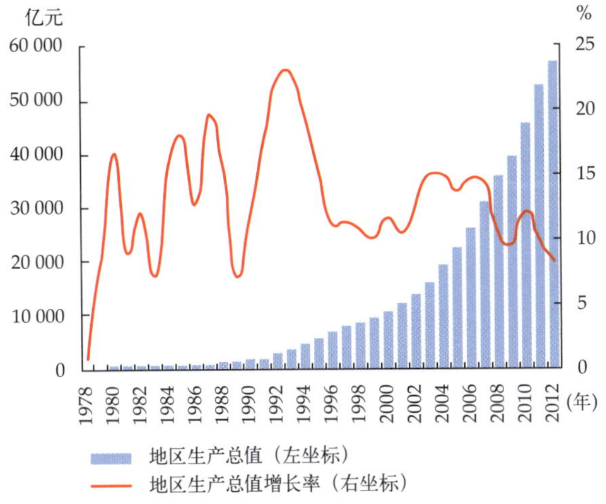

数据来源：广东省统计局。

图5　1978～2012年广东省地区生产总值及其增长率

投资分别增长29.4%、19.1%和13.4%。投资结构持续优化，民间投资总量突破万亿元，达到10 177.3亿元，同比增长22.5%，比整体投资增速快7.0个百分点；工业投资增速上扬，高出整体投资增速3.5个百分点；房地产开发投资增速放缓，同比增长11.3%，低于整体投资4.2个百分点。

2. 居民收入稳步增长，消费热点不断涌现。2012年广东城镇居民可支配收入和农村居民人均纯收入分别达30 226.7元和10 542.8元，实际同比

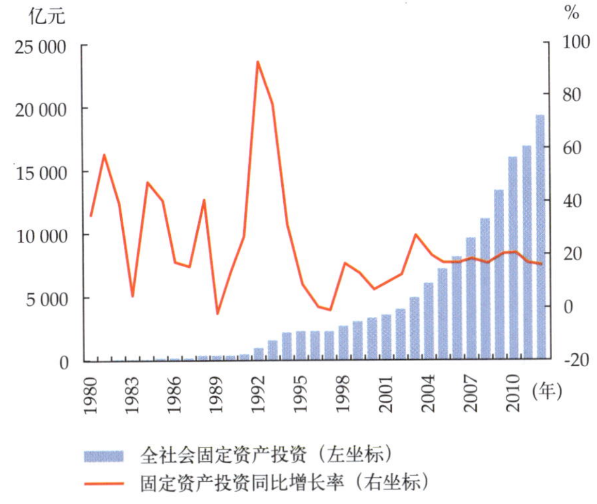

数据来源：广东省统计局。

图6　1980～2012年广东省固定资产投资及其增长率

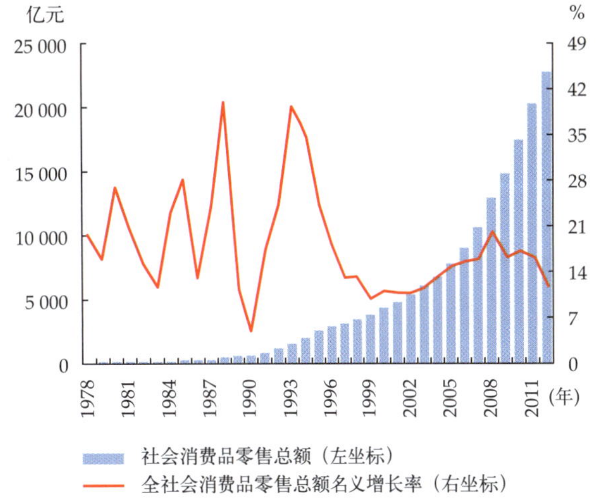

数据来源：广东省统计局。

图7　1978～2012年广东省社会消费品零售总额及其增长率

增长均为9.3%，比GDP增幅高出1.1个百分点。在收入增加带动下，消费稳定增长，热点不断涌现。全年广东实现社会消费品零售总额22 677.1亿元，同比增长12.0%（见图7）。从消费内容看，生活必需品增长较快，汽车消费增速明显放缓，仅增长2.5%，保值增值、娱乐、保健类消费成为亮点，全年金银首饰、通讯器材、体育娱乐用品消费增速均超过35%。网购持续火暴，逐步成为消费新时尚，2012年限额以上网上销售企业实现零售额195.3亿元，同比大幅增长192%。

3. 外经贸转型升级加快推进，对外开放合作取得新成效。2012年，广东认定294家加工贸易转型升级示范企业，“委托设计＋自主品牌”生产方式出口占加工贸易出口总额比重达54.7%。出台实施《支持企业开展跨国经营加快培育本土跨国公司的指导意见》，企业“走出去”步伐加快。全年境外投资新设企业833家，中方协议投资额增长49.6%。粤港澳合作深化，编制共建优质生活圈和基础设施建设合作专向规划。全年广东进出口总额达9 838.2亿美元，同比增长7.7%（见图8）。其中，机电产品、高新技术产品出口分别增长9.3%和12.3%；私营企业进出口增长23.3%；对香港、韩国、非洲进出口分别增长17.8%、21.2%和37.7%，均高于全省平均水平。

利用外资质量提升。全年实际利用外商直接

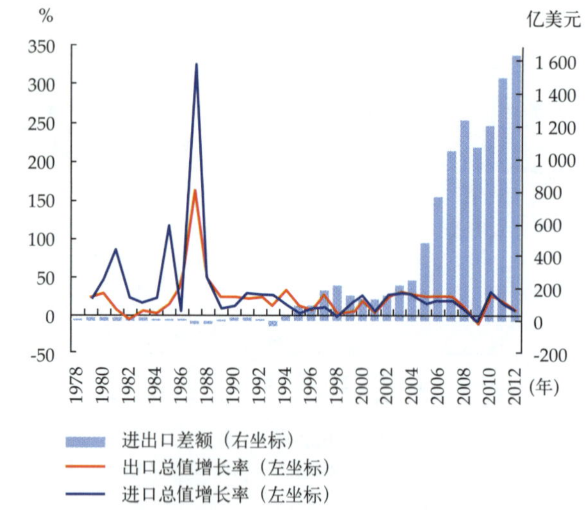

数据来源：广东省统计局。

图8　1978～2012年广东省外贸进出口变动情况

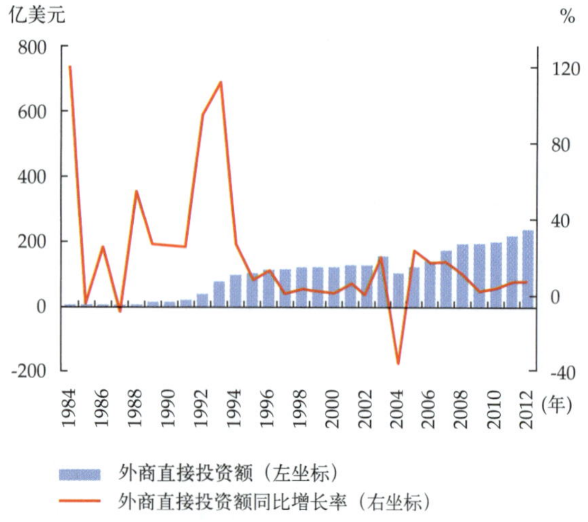

数据来源：广东省统计局。

图9　1984～2012年广东省外商直接投资额及其增长率

投资235.5亿美元，同比增长8.0%（见图9）。投资超千万美元的外资项目合同额占比达66.2%。世界500强企业新设和增资项目投资总额95.6亿美元。

（二）自主创新能力明显提高，产业转型升级取得新进展

1. 农业保持稳定发展，产业化水平明显提高。2012年，广东农林牧渔业总产值为4 655.9亿元，增加值为2 848.9亿元，分别比上年增长3.7%和3.9%。粮食产量实现了自1998年以来首次四年连续增产，全年总产量为1 396.3万吨，同比增长2.6%。农业产业化水平提升显著，2012年全省有农业龙头企业2 500家（其中，省级以上354家，国家级56家），销售收入突破2 200亿元，实现利润150亿元，带动农户400多万户。

2. 工业生产稳步上行，高端制造业发展加快。2012年，广东规模以上工业完成增加值21 988.1亿元，同比增长8.4%（见图10）。工业发展呈现"主导产业稳步上升、新兴产业较快发展、传统产业加快升级"的特点。全年战略性新兴产业增加值占全省工业比重达12.1%，高技术、先进制造业增加值占比分别提高1.4个和0.2个百分点；纺织服装、食品饮料、建筑材料三大优势传统产业较快发展。工业企业利润下降局面在第四季度出现扭转，全年同比增长2.4%。

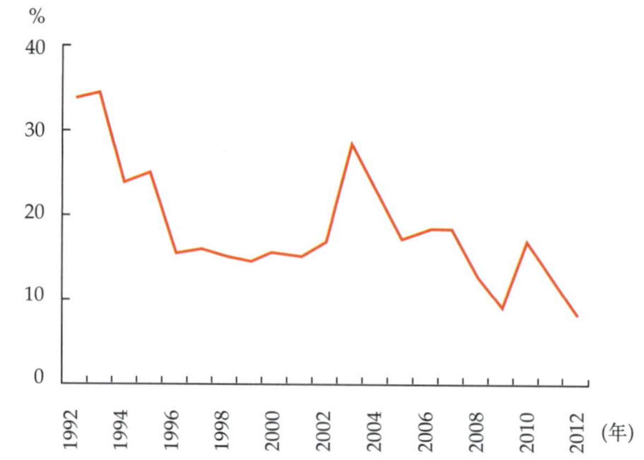

数据来源：广东省统计局。

图10　1992～2012年广东省规模以上工业增加值同比增长率

自主创新能力继续增强。全年科学研究与试验发展支出占生产总值比重达2.1%，同比提高0.3个百分点；国际专利授理量占全国的50.8%；新增国家级创新平台16家、省级工程中心76家；形成新型显示、软件、生物医药、新材料、新一代通信和半导体照明六个产值超千亿元的新兴产业集群。

3. 第三产业比重提高，现代服务业发展较

快。在交通运输、金融等产业较快发展的带动下，2012年广东第三产业增速快于第二产业1.6个百分点，对经济增长的贡献率为50.7%，比第二产业高3.6个百分点。新型服务业态快速发展，快递业务保持旺盛势头，业务量同比增长53.0%；3G移动电话用户同比增长66.9%。现代服务业保持较快发展，全年实现增加值15 036.7亿元，同比增长9.5%，占GDP的比重达到26.3%。

（三）各项价格涨幅回落，通胀压力有所缓解

1. 居民消费价格涨幅逐步回落。2012年广东积极推进蔬菜大棚、冷藏设施、平价商店“三项建设”，新建平价商店2 292家，认真落实低收入群体临时价格补贴与价格上涨联动机制，全年居民消费价格指数累计上涨2.8%，同比下降2.5个百分点。粮食、猪肉、鸡蛋等食品价格保持平稳。

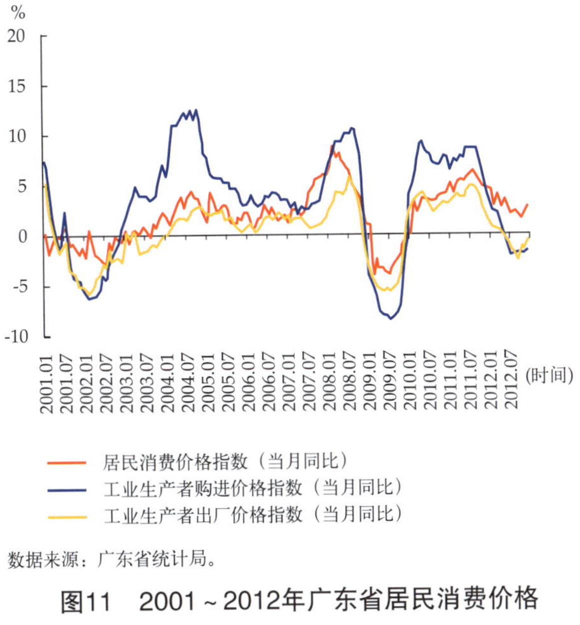

数据来源：广东省统计局。

图11　2001～2012年广东省居民消费价格和生产者价格变动趋势

2. 生产价格大幅下行。2012年，国际大宗商品价格持续震荡下行，带动国内进出口商品增速下降。在此背景下，广东工业生产者购进、出厂价格双双回落，全年均下降0.5%，同比分别回落7.8个和4.2个百分点（见图11）；两者“剪刀差”逐月缩小，到年末基本消除，有利于削减企业经营困难压力。

3. 劳动力成本持续上涨。2012年，广东新农合和城镇居民医保补助标准提高到每年240元/人以上，同比增长20%。从2013年5月1日起，全省企业职工最低工资标准平均提高19%。

4. 居民生活用电试行阶梯电价。为理顺电价关系，引导居民合理节约用电，广东自2012年6月起对居民生活用电开始试行阶梯电价，实际运行效果良好，居民基本用电需求费用未见明显上涨，非必需用电需求部分下降。

（四）财政收入增长放缓，民生支出得到切实保障和改善

2012年，广东完成地方公共财政预算收入6 228.2亿元，同比增长13.0%；地方公共财政预算支出7 267.7亿元，同比增长8.2%（见图12）。民生支持力度不断加大，用于保障和改善民生的支出达4 781.2亿元，同比增长12.8%，占支出总额的比重上升到65.8%。社会保障水平进一步提高，企业职工养老、新型农村社会养老和城镇居民养老保险制度实现全覆盖。

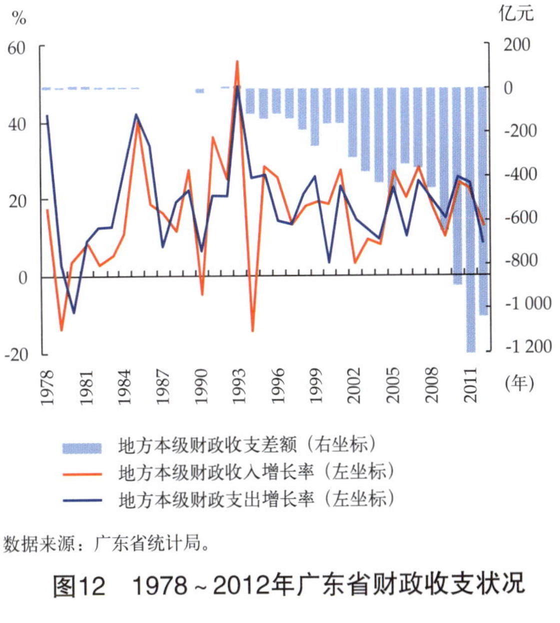

数据来源：广东省统计局。

图12　1978～2012年广东省财政收支状况

（五）资源节约和环境保护扎实推进，节能减排成效明显

2012年，广东认真推进生态文明建设，在节

能减排、污染防治、生态建设方面取得了较大进展。推进能源需求管理，实施火电、水泥等重点行业降氮脱硝以及规模化畜禽养殖业污染治理等工程，新增污水日处理能力105万吨。单位生产总值能耗超额完成下降3.99%的年度目标，化学需氧量、氨氮、二氧化硫和氮氧化物排放量均出现3%～5%的下降。推进生态景观林带、森林碳汇、森林进城围城三大重点生态核心工程，构筑南粤区域生态安全体系，建设生态景观林带2 720公里，完成造林作业面积298万亩。碳排放交易试点工作全面启动，广州和深圳碳排放权交易所正式揭牌，全年单位生产总值二氧化碳排放量下降5.9%。省内金融机构积极开展“绿色信贷”等特色业务，支持节能减排和淘汰落后产能。

专栏2 金融支持电子商务发展，助推广东经济转型升级

电子商务是重要的战略性新兴产业，更是典型的“三高两低”产业，科技含量高、人员素质高、附加价值高，物资资源消耗低、污染排放低，发展前景广阔。统计显示，2012年，广东电子商务交易规模占GDP的比重超过20%，远高于全国水平。为此，中国人民银行广州分行积极采取多种措施，加大对电子商务发展的金融支持，推动广东经济转型升级。

一、把电子商务作为科技金融与产业金融对接融合的重要平台产业来支持，着重从融资、信用、支付三个方面提供金融服务。通过货币政策工具、信贷市场、票据市场、银行间市场、外汇市场加大对电子商务发展的融资支持；通过建立并完善守信激励机制和失信惩戒机制，为电子商务发展营造良好的信用环境；通过完善全国性支付系统和广东区域性支付系统，形成支持社会资金运转的“高速公路”网络，为电子商务的资金流高效运转提供基础平台。

二、立足电子商务特点，在全国率先制定《关于加大金融支持力度 促进广东电子商务加快发展的指导意见》（以下简称《意见》）。《意见》着眼于发挥金融“软力量”，引导金融机构积极开展金融产品和服务创新，改善对电子商务公共平台、网络零售业、电子商务物流和技术服务企业的金融服务；支持第三方支付机构加快发展，提高网络支付服务水平；加强电子商务信用环境建设，为电子商务发展营造良好的金融服务环境。在《意见》的指引下，金融机构利用特有的综合性优势，在信贷产品和服务创新、资金结算和信息咨询等方面，为电子商务企业提供多种金融服务，涌现了网络银行“e贷通”等众多创新型产品。

三、搭建协调沟通平台，推动“广货网上行”战略合作金融机构成功签约。2012年11月20日，中国人民银行广州分行联合广东省经济和信息化委员会共同举办“金融支持电子商务发展 助推广东经济转型升级——广货网上行战略合作金融机构签约仪式”，“广货网上行”活动组委会办公室与中国工商银行、中国农业银行、中国银行、中国建设银行广东省分行签订了战略合作框架协议书，约定在加快广东省电子商务发展上进行深入广泛的合作。数据显示，2012年9～11月，参与活动的电商平台、网上商城和广货网店实现销售额1 197亿元，同比增长约26%，比全省社会消费品零售总额增速快10多个百分点。其中，广货成交额为770亿元，占比约为65%。目前，制造业云集的广州、深圳、中山、佛山、江门、惠州等地市企业，已纷纷申请参与“广货网上行”遴选，力求接入电商企业展销平台，加快自身转型发展。

（六）房地产市场需求回升，文化产业快速发展

1. 房地产市场平稳发展，刚性需求带动市场销售有所回升。

（1）房地产开发投资增速触底回升，资金来源结构优化。2012年，广东省完成房地产开发投

资5 352.8亿元，同比增长11.3%。从全年走势来看，在经济筑底企稳和商品房销售市场回暖带动下，投资增速于7月企稳并小幅回升。房地产开发企业资金来源结构优化，其他资金和自筹资金占比提高较为明显，资金相对充裕。

（2）房地产市场供给放缓，保障房建设进展顺利。2012年，广东省商品房新开工面积10 615.7万平方米，同比下降11.6%；购置土地面积1 805.4万平方米，同比下降25.9%。截至2012年年末，广东省新开工保障性安居工程17.14万套，完成年度总目标任务的108.8%；竣工7.21万套，完成比例达218.4%。

（3）商品房销售面积增加，价格小幅上升。2012年广东省商品房销售市场呈先抑后扬走势。上半年，市场观望情绪浓厚，销售形势严峻；下半年，在政策微调等多重因素刺激下，刚需逐渐释放，市场复苏，销售面积和价格同步上行。全年商品房销售面积和均价分别为7 899.0万平方米和8 112.0元/平方米，同比分别提高6.3%和3.0%（见图13）。其中，广州市商品房销售均价达14 044元/平方米，同比提高4.8%（见图14），粤西、粤北多个地区房价增幅超过20%。

（4）房地产贷款平稳增长，金融支持保障房创新发展。2012年年末广东省本外币房地产贷款

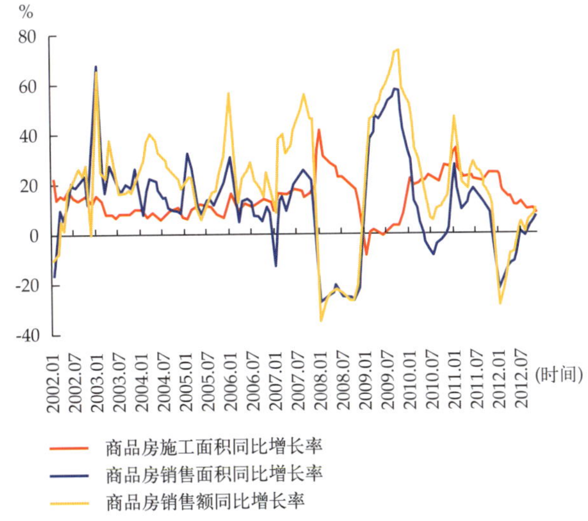

数据来源：广东省统计局。

图13　2002～2012年广东省商品房施工和销售变动趋势

余额为16 733.5亿元，同比增长8.1%。其中，房地产开发贷款余额为4 557.9亿元，同比增长3.5%；个人住房贷款余额为11 251.9亿元，同比增长8.6%。全年金融机构累计发放保障性安居工程建设贷款198.8亿元，占工程全部资金投入的76.5%。广州开发区国有资产投资公司发行25亿元企业债券，用于广州知识城等保障性住房安居工程。江门等部分城市成为国家“利用住房公积金贷款支持保障性住房建设试点城市”，将50%以内的住房公积金结余资金用于发放公租房建设贷款。

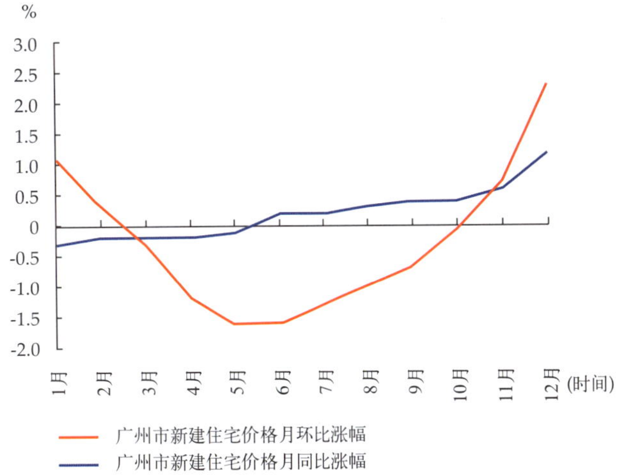

数据来源：《中国经济景气月报》、广州市统计局。

图14　2012年广州市新建住宅销售价格变动趋势

2. 文化产业快速发展，金融支持力度加大。自2010年广东正式提出建设“文化强省”战略以来，文化产业建设取得明显成效：一是产业发展迅速，产值规模不断扩大。2012年广东文化产业增加值约占全国1/4。其中，网络文化及相关数字互动游戏产业年收入居全国第一；动漫产值占全国三成以上。二是成功搭建多种平台，促进文化项目交易对接。成立深圳文交所和广东省南方文交所，供各类资本挑选文化产业项目，征集项目超过4 000个；创立深圳文博会、广州艺博会、中国（广州）演交会等大型展会平台，畅通文化产品流通渠道，累计成交金额达5 025多亿元。三是公共文化服务取得新突破。开展实施广播电视村村通、文化信息资源共享、乡镇和社区综合文化

站、农家书屋、外来工文化服务等重点文化惠民工程。

广东省财政金融系统为文化产业建设提供了大量资金和渠道支持。2011年和2012年扶持文化产业发展的专项资金均超过1亿元。广东省委宣传部、中国人民银行广州分行在全国率先出台《关于金融支持广东省文化产业振兴和发展繁荣的实施意见》，广东省文资办等文化单位分别与中国工商银行广东省分行等四家银行签订“广东文化与金融战略合作协议”，签订文化产业授信总规模达1 340亿元。各金融机构结合文化产业特点，开发版权收入质押、现金流质押等多种间接融资产品，并以产业基金、股权投资、债券（票据）发行承销及融资租赁等多种手段支持文化产业直接融资。

三、预测与展望

2013年，广东省经济发展仍面临诸多潜在风险和不确定因素。从国际看，全球经济形势依然复杂多变，复苏进程曲折缓慢，主权债务危机风险仍存，通货膨胀压力增加，国际贸易保护主义抬头。从国内看，需求增长动力不足，经济结构调整和生态文明建设任务紧迫。但整体来看，广东省仍处于推动科学发展可以大有作为的重要战略机遇期。一是宏观政策环境和经济建设周期有利于投资继续保持较快增长；二是收入分配制度改革推进和基本公共服务均等化有利于消费稳定增长；三是政府引导的产业转型升级和市场倒逼机制形成合力，企业应对挑战和困难的主动性和能力增强。预计2013年广东省经济仍将保持平稳较快发展。

从物价走势看，一方面，经济增长稳定、粮食连续增产、工业生产供给充足等有利于物价保持稳定。另一方面，在发达经济体实行宽松货币政策并不断加码的背景下，输入性通胀压力可能增加；受劳动力成本上升和价格改革影响，非贸易品和资源品价格可能上升。预计全年价格涨幅将稳中略升。

从金融运行看，受新型城镇化发展等影响，投资进度将会加快，贷款需求将上升。在稳健的货币政策等作用下，贷款供给将基本稳定，贷款供需将趋向平衡。社会融资继续多元化发展，直接融资比重将进一步提高。随着金融市场化发展和居民投资保值意识增强，理财产品等投资渠道仍会对存款产生重要影响。

2013年，中国人民银行广州分行将按照总行的统一部署，以提高经济增长质量和效益为中心，认真贯彻落实稳健的货币政策，努力提高传导和执行稳健的货币政策的前瞻性、针对性和灵活性，继续完善宏观审慎政策框架和差别准备金动态调整机制，引导货币信贷和社会融资规模平稳适度增长，引导金融机构盘活好存量信贷资产，支持广东省经济又好又快发展。

中国人民银行广州分行货币政策分析小组

总　纂：王景武　李思敏

统　稿：张清山　李　敏　韦婵娜

执　笔：汤克明　贾　茜　李健斌

提供材料的还有：周俊英　张　皓　谢青华　史　琳　叶俊华　黄载良　许建勋　陈　宇　黄　珊　吴国兵　崔国岳　邹　炜　汪义荣　朱珊珊　黄桂良　李美洲

附录

（一）2012年广东省经济金融大事记

5月9日，广东省第十一次党代会召开，会议总结了第十次党代会以来的工作，明确了未来五年广东科学发展的总体要求和战略部署。

5月9日，广东省首个金融服务全覆盖活动揭牌仪式暨佛山市推进农村金融服务现场会在佛山市高明区官山村拉开帷幕。

6月25日，中国人民银行广州分行联合中国银联广东分公司举行“金融服务民生 银行卡走进‘芯’时代——2012广东地区金融IC卡宣传周活动启动仪式”。

6月26日，首届“中国(广州)国际金融交易博览会”在广州琶洲广交会会馆举行。与此同时，广东省金融工作会议也在广交会会馆召开。

7月16日，由中国人民银行广州分行、香港金融管理局牵头，联合粤港两地银行机构共同打造的粤港代收付系统（“粤港跨境缴费通”）顺利开通。

9月1日，《中共广东省委广东省人民政府关于全面推进金融强省建设若干问题的决定》正式发布。

9月12日，“广东省金融消费权益保护中心”正式成立。

11月20日，中国人民银行广州分行联合广东省经济和信息化委员会举行“金融支持电子商务发展 助推广东经济转型升级——广货网上行战略合作金融机构签约仪式”，并正式发布《关于加大金融支持力度 促进广东电子商务加快发展的指导意见》。

11月28日，中国人民银行广州分行与广东证监局签署《关于加强证券期货业监管、共同维护金融稳定的合作备忘录》。

12月17日，中国人民银行批复深圳前海开展跨境人民币贷款业务。

（二）2012年广东省主要经济金融指标

表1　2012年广东省主要存贷款指标

		1月	2月	3月	4月	5月	6月	7月	8月	9月	10月	11月	12月
本外币	金融机构各项存款余额（亿元）	88 022.0	89 602.2	94 553.5	92 946.5	94 606.9	99 669.5	96 805.0	97 339.0	100 705.0	99 640.8	100 676.8	105 099.6
	其中：储蓄存款	40 167.7	40 350.3	42 258.6	41 229.5	41 914.7	44 262.2	42 767.6	43 147.8	44 671.9	43 860.9	44 151.6	46 265.6
	单位存款	41 870.0	42 960.8	45 573.5	44 846.4	45 491.5	47 828.0	46 820.8	47 124.9	48 556.1	48 224.6	48 799.1	51 192.8
	各项存款余额比上月增加（亿元）	-3 565.7	1 500.4	4 951.4	-1 607.0	1 660.3	5 062.6	-2 814.5	534.0	3 366.0	-1 064.2	1 036.1	4 422.7
	金融机构各项存款同比增长（%）	9.7	10.2	11.3	9.9	10.5	12.2	12.0	11.8	13.6	14.3	14.8	14.8
	金融机构各项贷款余额（亿元）	59 334.5	60 044.9	60 974.6	61 620.8	62 480.0	63 447.0	64 227.4	65 018.9	65 584.4	66 144.5	66 698.8	67 077.1
	其中：短期	16 761.2	17 070.3	17 595.5	17 634.2	18 021.3	18 694.7	18 985.4	19 374.1	19 995.0	20 653.6	21 184.7	21 647.4
	中长期	38 848.2	38 995.1	39 275.5	39 390.1	39 612.5	39 821.9	39 925.2	40 139.0	40 467.0	40 631.5	40 841.7	40 987.0
	票据融资	1 591.6	1 713.7	1 778.0	2 267.5	2 498.4	2 549.9	2 898.3	3 070.2	2 686.3	2 440.0	255.6	2 003.7
	各项贷款余额比上月增加（亿元）	720.3	710.5	929.7	646.2	859.2	967.0	780.3	791.5	560.5	565.2	554.3	378.3
	其中：短期	206.5	309.1	525.2	38.7	384.1	673.4	290.8	388.7	858.0	663.6	531.1	462.7
	中长期	405.6	146.9	280.4	114.6	221.6	198.3	103.3	213.9	328.0	164.5	210.2	145.3
	票据融资	93.2	122.1	64.3	489.5	230.9	51.5	348.4	171.8	-384.0	-246.2	-184.4	-252.0
	金融机构各项贷款同比增长（%）	12.2	12.6	13.5	13.1	13.2	13.8	14.0	14.3	14.7	14.8	15.0	14.4
	其中：短期	18.0	20.4	22.6	20.2	21.3	23.5	24.6	25.2	26.3	28.6	30.2	29.8
	中长期	9.7	8.6	8.2	7.3	7.0	6.9	6.4	6.7	7.2	7.0	7.0	7.2
	票据融资	4.3	21.6	52.2	81.8	80.4	91.9	90.5	74.1	68.6	51.4	47.1	33.7
	建筑业贷款余额（亿元）	1 190.7	1 225.1	1 281.5	1 307.2	1 360.2	1 398.8	1 418.0	1 432.3	1 460.8	1 491.1	1 513.6	1 523.0
	房地产业贷款余额（亿元）	15 933.9	15 965.4	16 028.9	16 065.9	16 176.7	16 389.7	16 356.4	16 552.4	16 699.2	16 911.0	17 085.2	17 103.2
	建筑业贷款同比增长（%）	16.8	18.2	23.4	22.8	24.7	27.1	27.8	28.2	23.1	26.2	25.1	23.0
	房地产业贷款同比增长（%）	7.4	6.1	5.4	4.8	5.1	5.9	5.3	6.4	7.0	7.9	8.4	8.3
人民币	金融机构各项存款余额（亿元）	85 358.2	86 402.5	90 912.8	89 054.1	90 329.0	94 876.6	91 577.4	92 026.8	95 405.4	94 304.9	95 412.0	99 934.6
	其中：储蓄存款	39 516.2	39 707.5	41 597.0	40 564.6	41 231.0	43 573.7	42 080.5	42 465.8	43 983.5	43 152.5	43 440.0	45 533.8
	单位存款	39 957.1	40 530.6	42 717.0	41 726.9	42 001.7	43 826.7	42 387.8	42 612.5	44 043.7	43 719.8	44 417.4	46 863.6
	各项存款余额比上月增加（亿元）	-3 808.9	964.6	4 510.3	-1 858.7	1 274.9	4 547.6	-3 249.3	449.4	3 379.0	-1 100.5	1 107.1	4 522.6
	其中：储蓄存款	-888.6	206.6	1 889.5	-1 032.4	666.5	2 342.6	-1 493.2	385.3	1 517.7	-830.9	287.5	2 093.8
	单位存款	-3 320.0	573.5	2 186.4	-990.1	274.8	1 825.0	-1 388.8	224.7	1 431.2	-323.9	697.6	2 446.2
	各项存款同比增长（%）	9.2	9.1	9.7	8.0	8.3	9.7	8.7	8.6	10.4	11.0	11.8	12.1
	其中：储蓄存款	8.7	9.5	9.5	8.6	9.6	11.3	10.9	11.8	11.9	13.1	13.6	12.7
	单位存款	6.7	6.3	6.5	4.3	3.4	3.8	3.3	2.4	5.4	6.5	7.3	8.4
	金融机构各项贷款余额（亿元）	54 152.3	54 681.5	55 462.7	56 181.4	56 835.1	57 536.4	58 168.6	58 831.8	59 016.6	59 326.4	59 725.7	59 967.3
	其中：个人消费贷款	12 460.2	12 456.9	12 552.7	12 617.6	12 759.9	12 931.3	13 102.3	13 314.1	13 293.3	15 528.6	13 594.0	13 741.4
	票据融资	1 591.6	1 713.7	1 777.9	2 267.4	2 498.4	2 549.9	2 898.3	3 070.1	2 686.2	2 440.0	2 255.6	2 003.6
	各项贷款余额比上月增加（亿元）	741.6	529.2	781.2	718.7	653.7	701.3	632.2	663.3	179.7	314.8	399.3	241.6
	其中：个人消费贷款	87.2	-3.3	95.9	64.9	142.4	171.4	171.1	211.7	-20.8	143.3	185.8	147.3
	票据融资	93.2	122.1	64.2	489.5	230.9	51.6	348.4	171.8	-384.0	-246.2	-184.4	-252.0
	金融机构各项贷款同比增长（%）	12.3	12.6	13.6	13.4	13.4	13.7	13.8	13.8	13.7	13.1	13.1	12.3
	其中：个人消费贷款	10.7	11.1	10.5	9.8	10.0	10.5	11.1	11.9	10.4	27.8	10.9	11.0
	票据融资	4.4	22.0	52.7	82.2	80.4	86.4	90.5	74.2	68.6	51.4	47.1	33.7
外币	金融机构外币存款余额（亿美元）	422.1	508.5	578.4	619.9	675.2	757.8	825.6	837.2	835.8	846.9	837.1	821.7
	金融机构外币存款同比增长（%）	36.3	61.8	80.6	92.8	99.5	115.2	140.6	135.8	141.8	139.4	130.9	113.9
	金融机构外币贷款余额（亿美元）	821.1	852.4	875.7	866.3	891.0	934.5	956.9	975.1	1 035.8	1 082.2	1 108.7	1 131.2
	金融机构外币贷款同比增长（%）	15.6	18.2	17.4	13.4	14.2	17.4	18.9	20.0	25.2	32.4	35.4	37.0

数据来源：中国人民银行广州分行。

表2 2001～2012年广东省各类价格指数

单位：%

年/月		居民消费价格指数		农业生产资料价格指数		工业生产者购进价格指数		工业生产者出厂价格指数	
		当月同比	累计同比	当月同比	累计同比	当月同比	累计同比	当月同比	累计同比
2001		—	-0.7	—	-2.9	—	-0.9	—	-1.5
2002		—	-1.4	—	-1.6	—	-3.7	—	-3.5
2003		—	0.6	—	-0.4	—	4.1	—	-0.7
2004		—	3.0	—	9.4	—	10.6	—	1.7
2005		—	2.3	—	5.8	—	5.0	—	1.5
2006		—	1.8	—	2.6	—	3.6	—	1.4
2007		—	3.7	—	5.8	—	3.3	—	1.3
2008		—	5.6	—	14.5	—	7.9	—	3.1
2009		—	-2.3	—	-1.8	—	-6.2	—	-4.2
2010		—	3.1	—	1.7	—	7.3	—	3.2
2011		—	5.3	—	9.6	—	7.3	—	3.7
2012		—	2.8	—	4.0	—	-0.5	—	-0.5
2011	1	5.1	5.1	4.7	4.7	6.6	6.6	3.3	3.3
	2	4.2	4.6	5.2	4.9	7.5	7.1	3.6	3.4
	3	5.3	4.9	6.7	5.5	7.1	7.1	3.9	3.6
	4	5.5	5.0	8.1	6.1	7.8	7.3	3.7	3.6
	5	5.3	5.1	8.8	6.7	7.7	7.4	3.8	3.6
	6	5.6	5.2	10.5	7.3	8.5	7.6	4.3	3.8
	7	6.1	5.3	13.4	8.2	8.5	7.7	4.7	3.9
	8	6.2	5.4	13.8	8.9	8.4	7.8	4.7	4.0
	9	5.9	5.5	3.8	9.4	8.7	7.9	4.4	4.0
	10	5.3	5.5	12.1	9.7	7.2	7.8	3.6	4.0
	11	4.8	5.4	10.0	9.7	5.5	7.6	2.5	3.8
	12	4.5	5.3	8.9	9.6	4.1	7.3	1.6	3.7
2012	1	4.6	4.6	8.4	8.4	3.0	3.0	0.9	0.9
	2	2.7	3.6	9.0	8.7	2.4	2.7	0.7	0.8
	3	4.0	3.7	7.5	8.3	2.2	2.6	0.5	0.7
	4	3.6	3.7	6.8	7.9	0.9	2.1	0.2	0.6
	5	3.5	3.7	6.0	7.5	-0.2	1.6	-0.2	0.4
	6	2.7	3.5	4.7	7.1	-1.4	1.1	-0.8	0.2
	7	1.9	3.3	1.8	6.3	-1.9	0.7	-1.5	0.0
	8	2.2	3.1	1.1	5.6	-1.8	-0.3	-2.1	0.3
	9	2.0	3.0	0.8	5.0	-2.5	0.0	-1.7	-0.4
	10	1.6	2.9	0.4	4.6	-1.8	-0.2	-1.0	-0.5
	11	2.2	2.8	1.0	4.2	-1.9	-0.3	-0.7	-0.5
	12	2.9	2.8	1.3	4.0	-1.7	-0.5	-0.5	-0.5

数据来源：广东省统计局。

表3 2012年广东省主要经济指标

	1月	2月	3月	4月	5月	6月	7月	8月	9月	10月	11月	12月
绝对值（自年初累计）												
地区生产总值（亿元）	—	—	11 510.8	—	—	26 200.9	—	—	51 185.3	—	—	57 067.9
第一产业	—	—	561.2	—	—	1 174.5	—	—	2 556.5	—	—	2 848.9
第二产业	—	—	5 476.3	—	—	13 216.8	—	—	25 205.7	—	—	27 825.3
第三产业	—	—	5 473.3	—	—	11 809.7	—	—	23 423.2	—	—	26 393.7
工业增加值（亿元）	1 579.9	2 966.8	4 809.6	6 563.0	9 298.9	10 048.7	11 868.9	13 769.7	15 775.4	17 670.8	19 798.9	21 988.1
固定资产投资（亿元）	701.3	1 438.0	2 750.1	3 983.8	5 624.7	7 697.5	9 120.2	10 842.8	12 888.0	14 709.1	16 674.5	19 307.5
房地产开发投资	199.3	523.1	945.1	1 276.2	1 708.8	2 193.4	2 593.9	3 143.0	3 672.1	4 133.0	4 745.2	5 352.8
社会消费品零售总额（亿元）	1 940.0	3 668.2	5 365.3	7 108.5	8 971.3	10 857.8	12 684.4	14 548.6	16 526.4	18 580.3	20 595.1	22 677.1
外贸进出口总额（亿美元）	618.1	1 268.3	2 099.5	2 884.0	3 745.3	4 572.2	5 391.9	6 261.0	7 156.2	7 984.5	8 834.3	9 838.2
进口	227.6	533.8	886.7	1 197.9	1 560.1	1 895.9	2 235.0	2 610.7	2 985.5	3 320.8	3 695.2	4 096.8
出口	390.5	734.6	1 212.8	1 686.1	2 185.2	2 676.3	3 156.8	3 650.3	4 170.7	4 663.7	5 139.1	5 741.4
进出口差额(出口－进口)	162.9	200.8	326.2	488.1	625.1	780.4	921.8	1 039.6	1 185.2	1 342.9	1 443.9	1 644.6
外商实际直接投资（亿美元）	13.2	27.2	46.9	68.5	94.7	120.1	142.4	165.5	187.0	204.5	220.6	235.5
地方财政收支差额（亿元）	146.3	174.3	9.8	173.2	198.7	135.4	-249.9	-256.4	-403.0	-278.3	-484.6	-1 039.5
地方财政收入	619.2	999.4	1 392.3	1 965.0	2 428.0	2 994.3	3 597.0	4 047.9	4 543.7	5 186.9	5 640.1	6 228.2
地方财政支出	472.9	825.2	1 382.5	1 791.8	2 229.4	2 858.9	3 847.0	4 304.3	4 946.7	5 465.2	6 124.6	7 267.7
城镇登记失业率(%)(季度)	—	—	2.4	—	—	2.4	—	—	2.6	—	—	2.5
同比累计增长率（%）												
地区生产总值	—	—	7.2	—	—	7.4	—	—	8.3	—	—	8.2
第一产业	—	—	3.6	—	—	3.8	—	—	3.7	—	—	3.9
第二产业	—	—	7.1	—	—	6.9	—	—	7.8	—	—	7.6
第三产业	—	—	7.6	—	—	8.2	—	—	9.4	—	—	9.2
工业增加值	2.4	5.0	6.7	6.7	6.9	7.0	7.3	7.3	7.6	7.9	8.1	8.4
固定资产投资	11.3	12.8	13.0	10.2	9.0	10.1	10.7	12.9	13.9	14.4	15.2	15.5
房地产开发投资	11.4	33.9	23.9	15.1	13.8	10.0	8.7	11.3	12.1	10.8	14.0	11.3
社会消费品零售总额	16.8	10.4	10.8	10.9	11.1	11.6	11.3	11.2	11.5	11.6	11.9	12.0
外贸进出口总额	-16.7	1.1	4.3	3.3	5.0	5.0	5.0	5.3	6.1	6.9	6.4	7.7
进口	-27.2	1.6	2.8	0.3	2.4	2.7	3.3	4.7	5.7	6.0	6.1	7.4
出口	-9.2	0.7	5.4	5.5	6.9	6.8	6.2	5.8	6.4	7.5	6.6	7.9
外商实际直接投资	8.5	15.0	9.9	13.8	16.7	10.2	13.0	11.5	8.9	8.4	7.8	8.0
地方财政收入	7.7	9.6	9.7	7.4	7.5	8.6	9.1	10.0	11.1	11.6	12.3	13.0
地方财政支出	-2.7	14.7	23.1	17.6	15.7	11.1	29.2	24.3	21.8	21.1	14.7	8.2

数据来源：广东省统计局、广东省人力资源和社会保障厅。

2012年深圳市金融运行报告

中国人民银行深圳市中心支行货币政策分析小组

[内容摘要] 2012年，面临复杂严峻的国内外经济形势，深圳市以科学发展观为指导，加快转变经济发展方式，坚持稳增长与调结构相结合，不断加强对经济运行的调节，积极化解经济下行压力。深圳市经济保持了良好的发展势头，发展质量也进一步提升。

2012年，深圳市金融业认真落实稳健的货币政策，不断推进产品创新，提升服务实体经济的能力。银行业贷款稳步增长，信贷结构不断优化，盈利水平有所提升；证券业资产规模不断壮大，抵御风险能力进一步增强；保险业平稳发展，经营效益持续向好。金融机构加大对实体经济的支持力度，为深圳市社会经济发展创造了良好的金融环境。

2013年，深圳市金融业将认真贯彻落实稳健的货币政策的各项要求，合理安排和把握信贷投放的总量、节奏、结构，努力提高自身管理水平，不断丰富企业融资方式，切实服务实体经济发展，为深圳市实现有质量的稳定增长和可持续的全面发展提供多层次的金融支持。

一、金融运行情况

2012年，深圳经济在严峻复杂的外部形势下保持平稳上升的发展势头。为支持地方经济转型发展，深圳市金融业认真贯彻稳健的货币政策，努力创造良好的金融环境。全年金融业发展稳健，银行业资产规模和利润水平稳步上升，各项贷款稳步增长，信贷结构持续优化；证券业资产规模稳步增长，抵御风险能力逐步增强；保险业整体平稳发展，经营效益持续向好。

（一）银行业健康平稳发展

2012年，深圳市各类法人银行业金融机构共23家，较上年增加2家；营业网点1 488个，较上年增加61个；从业人员63 145人，较上年增加6 560人（见表1）。年末，深圳市银行业金融机构总资产为45 875.0亿元，同比增长19.0%；年累计税前利润为621.8亿元，同比增长3.9%。

表1　2012年深圳市银行业金融机构情况

机构类别	营业网点			法人机构（个）
	机构个数（个）	从业人数（人）	资产总额（亿元）	
一、大型商业银行	564	22 626	18 568.4	0
二、国家开发银行和政策性银行	3	263	2 962.8	0
三、股份制商业银行	423	25 864	14 569.2	2
四、城市商业银行	55	2 862	3 126.7	0
五、小型农村金融机构	198	2 192	1 172.3	1
六、财务公司	7	290	420.4	7
七、信托公司	2	1 122	279.2	2
八、邮政储蓄银行	136	1 582	384.9	0
九、外资银行	88	5 511	2 826.9	4
十、新型农村金融机构	11	599	155.6	6
十一、其他	1	234	1 408.9	1
合　计	1 488	63 145	45 875.4	23

注：营业网点不包括总部；小型农村金融机构含农村商业银行、农村信用社、农村合作银行；新型农村金融机构包括村镇银行、贷款公司和农村资金互助社三类机构；“其他”包含金融租赁公司、汽车金融公司、货币金融公司、消费金融公司等。

数据来源：深圳市银监局。

1. 本币存款震荡增长，外币存款显著增长。2012年年末，深圳市金融机构本外币存款余额为29 662.4亿元，较年初增加4 566.7亿元，同比增长18.2%，增速较上年提高3.8个百分点（见图3）。其中，人民币存款余额为27 378.6亿元，较年初增加3 297.7亿元，同比增长13.7%，增速同比略降0.5个百分点。随着年内两次下调存贷款基准利率并扩大利率浮动区间上下限，人民币存款增长波动明显。分月份看，存款季节性波动特征明显，人民币存款在季首月份均为负增长，而在季末月份又显著正增长（见图1）。分结构看，受地区经济企稳回升及上浮存款利率上限等因素影响，年末，单位定期存款较年初增加1 065.1亿元，同比多增454.3亿元；单位活期存款较年初增加227.1亿元，同比少增298.7亿元；居民储蓄存款平稳增加900.2亿元，同比多增15.6亿元。年末，外币存款余额为363.3亿美元，较年初增加202.3亿美元，同比增长125.6%。

2. 各项贷款稳步增长，信贷结构不断优化。2012年年末，深圳市金融机构本外币贷款余额为21 808.3亿元，较年初增加2 560.3亿元，同比增长13.3%，增速较上年下降1.2个百分点。

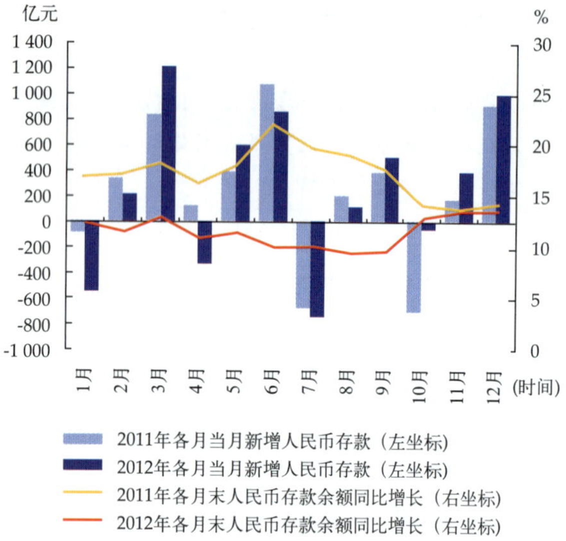

数据来源：中国人民银行深圳市中心支行。

图1　2011～2012年深圳市金融机构人民币存款增长

其中，人民币贷款余额为18 020.1亿元，较年初增加1 661.0亿元，同比增长10.2%，增速较上年下降4.4个百分点（见图2）。信贷投放节奏平稳，金融机构较好地执行稳健的货币政策，各项贷款稳步增长。由于9月平安银行与深圳发展银行合并报表，原平安银行总行信用卡业务数据不再纳入深圳地区统计口径，从而造成当月人民币贷款余额突然下降。在贷款期限方面，中长期贷款在新增人民币贷款中的占比为40.5%，同比下降18.2个百分点，这与房地产市场调控政策持续推进有关。在放款主体方面，在全部新增人民币贷款中，全国性大型银行依然是贷款投放的主力，占比50.5%，市场份额同比提高2.8个百分点；全国性中小型银行占比24.2%，市场份额同比下降13.9个百分点；区域性中小型银行占比11.2%，市场份额同比提高7.1个百分点。在贷款投向方面，新增贷款主要集中在制造业、租赁业、商务服务业、交通运输、仓储和邮政业六大行业，占所有行业新增贷款的九成以上。深圳金融机构积极优化信贷结构，年末，对小微企业人民币贷款余额达2 109.9亿元，同比增长13.2%，高于全部金融机构平均贷款增速3.0个百分点，较年初增加672.1亿元，同比多增108.1亿元，顺利实现小微企业贷款“两个不低于”的目标。票据融资稳步增长，年末，余额达到747.8亿元，较年初增加228.1亿元。2012年，深圳市地方法人金融机构全年新增人民币贷款348.6亿元，同比多增47亿元。

受贸易融资需求旺盛的带动，外币贷款保持较快增长，年末，余额达到602.7亿美元，同比增长11.5%，较年初增加144.2亿美元，同比多增68亿美元。

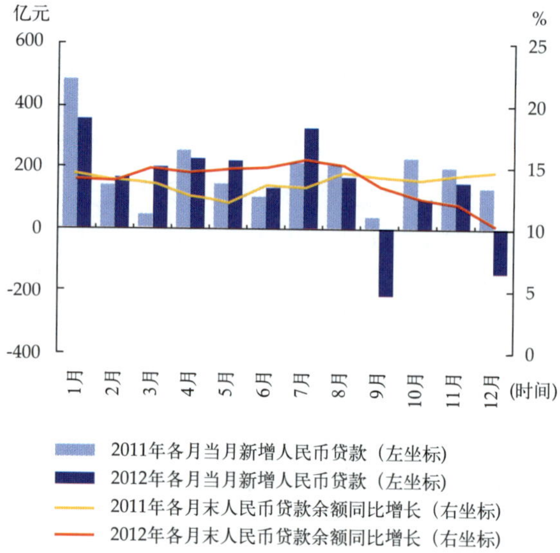

数据来源：中国人民银行深圳市中心支行。

图2　2011～2012年深圳市金融机构人民币贷款增长

3. 人民币贷款利率水平有所上升，美元存款利率呈下行趋势，金融机构市场化定价能力不断提高。2012年，深圳金融机构新发放人民币贷款利率水平整体较上年提高，其中，新发放1年以内（含1年）人民币贷款的加权平均利率为

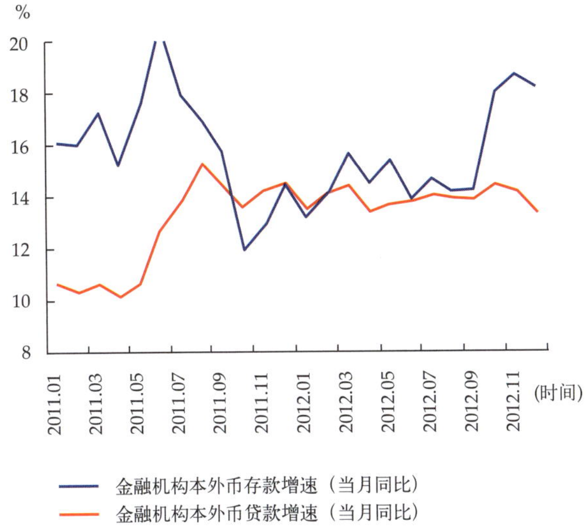

数据来源：中国人民银行深圳市中心支行。

图3　2011～2012年深圳市金融机构本外币存、贷款增速

6.7968%，较上年提高368个基点；新发放1～3年（含3年）人民币贷款加权平均利率为7.5533%，较上年提高4 654个基点；其他期限新发放贷款的加权平均利率均同比有所提高。在利率浮动方面，随着经济形势预期下半年有所好转、中央银行两次下调存贷款基准利率并扩大利率浮动区间上下限，新发放人民币贷款中执行上浮利率的金额占比从1月的69.9%逐渐下降至12月的53.8%（见表2）。受房地产市场回暖的影响，12月新发放个人住房贷款执行下浮利率的金额占比达85.9%，同比大幅提高78.7个百分点。

在外币利率方面，受主要发达国家宽松货币政策和人民币升值预期的影响，深圳金融机构美元存款利率整体呈下行趋势（见图4）。至年底时，3个月以内和1年期以上的美元存款加权平均利率已较年初时下降了2个百分点左右。

在利率定价能力方面，实力雄厚的大型中资法人银行拥有较为完善的利率制度和管理系统，利率定价能力较强，其次是外资银行。地方性小银行由于业务规模相对较小，往往按照市场行情灵活定价，利率自主定价能力有待提高。

4. 银行业金融机构改革稳步推进。2012年，深圳市银行业新增1家外资银行分行、2家财务公

表2　2012年深圳市金融机构人民币贷款各利率区间占比

单位：%

月份		1月	2月	3月	4月	5月	6月
	合计	100.0	100.0	100.0	100.0	100.0	100.0
	[0.9，1.0)	14.4	7.2	7.3	7.1	8.6	11.9
	1.0	15.7	16.6	14.8	16.2	16.7	19.6
上浮水平	小计	69.9	76.2	78.0	76.7	74.7	68.4
	(1.0，1.1]	32.6	36.4	31.8	32.5	26.6	27.1
	(1.1，1.3]	32.7	35.6	39.5	38.0	41.4	35.7
	(1.3，1.5]	3.7	3.5	4.5	3.9	3.8	4.0
	(1.5，2.0]	0.6	0.4	0.8	0.7	0.7	0.9
	2.0以上	0.3	0.3	1.3	1.7	2.2	0.8
月份		7月	8月	9月	10月	11月	12月
	合计	100.0	100.0	100.0	100.0	100.0	100.0
	[0.9，1.0)	13.8	15.1	15.5	12.6	17.3	23.8
	1.0	21.0	20.1	24.5	26.7	22.5	22.4
上浮水平	小计	65.1	64.7	60.0	60.7	60.2	53.8
	(1.0，1.1]	28.0	26.6	25.0	26.1	22.1	22.6
	(1.1，1.3]	32.7	33.4	30.7	29.7	33.1	26.5
	(1.3，1.5]	2.9	2.6	2.5	3.1	2.6	2.3
	(1.5，2.0]	0.9	1.0	1.0	1.1	1.4	1.5
	2.0以上	0.7	1.0	0.8	0.6	1.0	1.0

注：2012年8～12月统计数据的下浮区间为[0.7，1.0)。

数据来源：中国人民银行深圳市中心支行。

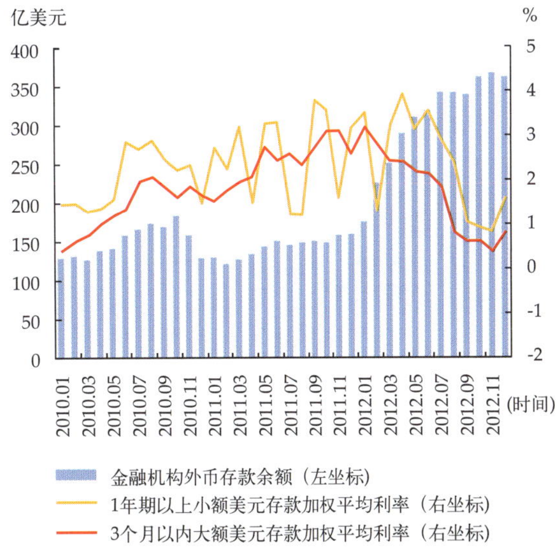

数据来源：中国人民银行深圳市中心支行。

图4　2010～2012年深圳市金融机构外币存款余额及外币存款利率

司、1家村镇银行，金融业结构更加完善，服务实体经济能力不断增强。辖内银行业金融机构不断推进制度改革，优化业务流程，提高资金运用效率，提升风险管理水平。辖内法人银行业金融机构切实贯彻稳健货币政策要求，着重通过提高资本实力来增强抵御金融风险的能力：2012年深圳有1家外资银行和1家村镇银行实现增资。

5. 跨境人民币业务快速发展。2012年，随着相关政策落实到位，深圳市金融机构跨境人民币业务继续快速发展。全年深圳市银行累计办理跨境人民币业务30 901笔，金额合计5 272.4亿元，同比增长60.3%。从境外地域看，自跨境人民币业务试点开始至2012年年末，与深圳发生跨境人民币实际收付业务的境外国家和地区已达83个。2012年全市银行共办理经常项目跨境人民币业务28 951笔，金额4 175.0亿元；其中，货物贸易结算金额为3 700.5亿元；服务贸易及其他经常项目结算金额为474.5亿元。2012年全市银行累计办理资本项目跨境人民币业务1 950笔、金额1 097.4亿元。境外银行和机构开立人民币账户持续增长。截至2012年年末，全市银行累计为境外参加银行共开立人民币同业往来账户130个、账户余额合计800.1亿元；累计为境外机构开立人民币结算账户1 312个、账户余额合计106.5亿元。

专栏1　深圳市外商直接投资人民币结算量全国领先

近年来，中国人民银行深圳市中心支行和地方政府部门大力宣传跨境人民币业务，积极引导外国投资者使用境外人民币对内投资。2012年，深圳市外商直接投资（FDI）人民币结算量居全国第2位。

一、人民币已成为深圳市FDI结算重要币种

2012年，深圳市FDI项下实际利用外资金额69.2亿美元（本外币合计），同比增长53.8%，高于全国平均增速58.6个百分点。其中，人民币结算26.2亿美元，占全年深圳市FDI总额的38%，占全国FDI项下跨境人民币结算的16.7%，居全国第2位，仅次于广东省（不含深圳市）。

二、原因分析

第一，国家相关政策出台明确境外人民币回流渠道。2011年10月，中国人民银行、商务部分别发布《外商直接投资人民币结算业务管理办法》和《关于跨境人民币直接投资有关问题的通知》，明确了外商直接投资人民币结算的程序和路径，加大了境外人民币境内投资的便利程度。

第二，香港离岸人民币中心的角色有利于拓展跨境人民币业务。2012年，深圳78.5%的外资来源于香港，香港是跨境人民币回流的主要来源地，离岸人民币交易中心的角色有利于拓展人民币业务。在2012年全国FDI项下跨境人民币流入总额中，深圳市和广东省共占33.7%。

第三，以跨境人民币形式出资有利于境外企业降低投资成本。首先，有效地帮助企业规避了因境内外人民币汇率倒挂而可能导致的财务风险，从而提振了境外企业投资内地的意愿。其次，对于金额较大、期限较长的投资项目，用跨境人民币直接投资可以更好地节省汇兑成本，也更加方便快捷。

（二）证券业资产规模稳步增长，抵御风险能力增强

2012年，沪深股指大幅震荡，全年整体萎缩下跌，年末急速拉升。受传统业务萎缩和管理费用增长等因素影响，深圳市证券公司营业收入和净利润均大幅下降。然而，深圳市证券业资产规模却整体保持稳步增长态势，各项风险准备不断加强，稳健经营和抵御风险能力也进一步提高。

1. 证券公司盈利能力明显下滑。2012年，受传统业务持续萎缩的影响，深圳市证券公司全年股票和基金交易额为10.9万亿元，同比下降27.5%；全年营业收入为288.9亿元，同比下降

26.6%；净利润为87.0亿元，同比下降39.1%。同期，深圳市证券公司实现代理买卖证券业务净收入、承销业务净收入和自营业务收入分别同比下降32.7%、32.4%、38.1%。

2. 证券业资产规模稳步增长。2012年，深圳市证券公司总资产、净资产分别为3 990.6亿元、1 682.0亿元，同比分别增长6.5%、3.1%。证券公司资产管理业务异军突起，年末，资产管理规模达4 633亿元，同比增长425%。基金公司管理基金总份额为9 519.3亿份、总净值为8 380.2亿元，同比分别增长15.2%、23.7%；期货公司总资产、净资产分别为256.7亿元、47.4亿元，同比分别增长31.1%、41.4%，期货公司客户保证金总额为205.2亿元，同比增长31%。

3. 上市公司平稳增加，融资规模大幅下降。2012年，深圳证券交易所（以下简称深交所）新上市公司129家，其中，创业板74家，中小板55家。2012年，深交所累计股票筹资额为2 046.4亿元，同比下降54.4%。其中，IPO筹资额为700.8亿元，同比下降61.3%。

4. 证券业金融机构抵御风险能力不断增强。2012年年末，深圳市证券公司净资本总额为1 056.2亿元，各项风险准备之和为233.5亿元，同比增长8.6%；第一至第四季度，深圳市证券公司净资本与净资产之比分别为67%、65%、62%和63%，均显著高于监管标准。深圳市期货公司可用于应对市场风险的计提准备合计为0.5亿元，同比增长96.2%，进一步提高了证券行业抵御风险的能力。

表3　2012年深圳市证券业基本情况

项目	数量
总部设在辖内的证券公司数（家）	17
总部设在辖内的基金公司数（家）	18
总部设在辖内的期货公司数（家）	13
年末国内上市公司数（家）	184
当年国内股票（A股）筹资（亿元）	96.0
当年发行H股筹资（亿元）	—
当年国内债券筹资（亿元）	261.9
其中：短期融资券筹资额（亿元）	-25.3
中期票据筹资额（亿元）	159.8

数据来源：中国人民银行深圳市中心支行、深圳证监局。

（三）保险业整体平稳发展

2012年，深圳保险业整体运行平稳，市场经营主体不断增加，保费收入增速先降后升，盈利面不断扩大，退保率保持低位，经营效益继续向好。

1. 保险业机构数量稳步增长。2012年，深圳新增法人保险公司4家、保险分公司8家。截至年末，深圳法人保险公司共17家（总家数居全国第三），其中，3家保险集团、8家财产险公司、4家寿险公司、2家保险资产管理公司。保险分公司家数达到66家（见表4）。

2. 保费收入增速先降后升，高于全国平均水平。2012年，深圳保险市场走势先抑后扬，保费收入同比增幅由年初的-2.2%逐月回升，全年最终实现两位数增长。截至2012年年末，深圳保险市场累计实现保费收入401.3亿元，同比增长11.5%，高出全国平均水平3.5个百分点。其中，产险公司保费154.5亿元，同比增长10.5%；寿险公司保费211.2亿元，同比增长10.9%。

3. 盈利水平不断提高，退保率保持低位。2012年，深圳产险市场共实现承保利润8亿元，承保利润率为6.8%，较全国水平高出4个百分点，车险、货运险、责任险、信用险等超过七成的险种均实现了盈利，盈利面不断扩大。2012年，深圳人身险市场退保率为2.2%，较全国水平低0.6个百分点，退保率保持较低水平；满期给付金额同比

表4　2012年深圳市保险业基本情况

项目	数量
总部设在辖内的保险公司数（家）	17
其中：财产险经营主体（家）	8
人身险经营主体（家）	4
保险公司分支机构（家）	66
其中：财产险公司分支机构（家）	32
人身险公司分支机构（家）	32
保费收入（中外资，亿元）	401.3
其中：财产险保费收入（中外资，亿元）	154.5
人身险保费收入（中外资，亿元）	246.8
各类赔款给付（中外资，亿元）	107.0
保险密度（元/人）	3 831.0
保险深度（%）	3.0

数据来源：深圳保监局。

下降14.5%，给付压力持续下降。

（四）金融市场总体运行平稳

1. 直接融资比重有所下降。2012年，深圳市非金融机构融资总量为2 928.6亿元，同比下降9.9%。其中，银行贷款新增2 570.8亿元，在融资总量中占比为87.8%，同比上升5.8个百分点；各类债券（含短期融资券、中期票据、公司债、企业债、可转债等）融资新增261.9亿元，在融资总量中占比为8.9%，同比下降1个百分点；股票市场融资新增96.0亿元，在融资总量中占比3.3%，同比下降4.8个百分点。总体上看，直接融资比重同比下降5.8个百分点（见表5）。

表5　2008～2012年深圳市非金融机构部门融资结构

单位：亿元、%

年份	融资量	比重		
		贷款	债券（含可转债）	股票
2008	1 548.2	76.3	10.2	13.5
2009	4 224.9	85.1	6.4	8.5
2010	2 609.9	77.6	3.9	18.5
2011	3 250.3	82.0	9.9	8.1
2012	2 928.6	87.8	8.9	3.3

数据来源：中国人民银行深圳市中心支行、深圳市发展改革委、深圳证监局、深圳证券交易所。

2. 银行间货币市场和债券市场交投活跃，资金利率回落低位。2012年，随着中央银行逐渐将公开市场操作作为调节市场流动性的主要手段，银行间市场流动性较为宽松。深圳金融机构积极参与市场交易，银行间货币市场和债券市场合计成交29.9万亿元，同比增长15.8%。

在货币市场方面，总成交20.8万亿元，同比增长15.8%。其中，信用拆借合计成交5.5万亿元，同比增长7.9%；质押回购合计成交14.4万亿元，同比增长16.0%；买断式回购合计成交0.9万亿元，同比增长108.1%。在债券市场方面，总成交9.1万亿元，同比增长15.8%，逆转了2011年债券交易量大幅下降的势头，呈现恢复性增长。其中，现券买入量为4.6万亿元，同比增长15.7%；现券卖出量为4.5万亿元，同比增长15.8%。银行间货币市场资金总体宽裕，资金利率低位运行。隔夜拆借利率（月度加权）1月冲至最高4.2081%，5月跌至最低2.1306%，年末收于3.8901%，同比下降113个基点。7天Shibor利率1月升至7.900%的高点，5月降至2.1375%的低点，年末收于4.5800%，同比下降175个基点。

3. 票据贴现量大幅下降，贴现利率逐渐回落。2012年年末，深圳市银行承兑汇票承兑余额为1 689.0亿元，同比增长8.2%（见表6）。银行承兑汇票累计贴现额2 546.3亿元，同比大幅下降60.3%。2012年，金融机构流动性较为宽裕，票据贴现利率从第一季度开始逐渐回落低位（见表7）。其中，第四季度银行承兑汇票贴现加权平均利率为5.5543%，远低于上年同期水平11.9601%；第四季度买断式转贴现加权平均利率为4.8924%，也远低于上年同期水平8.0596%。

4. 交易所股票成交量下滑，债券交易量显著增长，IPO筹资额大幅减少。2012年深证成指小幅上涨197.7点。深圳市证券市场股票累计成交额为15.0万亿元，同比下跌18.5%；基金累计成交额为4 952.5亿元，同比上涨43.0%。深市股票总市值上涨8.0%，平均市盈率下降4.7%。其中，中小板成交额为61 891.5亿元，同比下跌10.3%；创业

表6　2012年深圳市金融机构票据业务量统计

单位：亿元

季度	银行承兑汇票承兑		贴现			
			银行承兑汇票		商业承兑汇票	
	余额	累计发生额	余额	累计发生额	余额	累计发生额
1	1 557.2	944.7	567.3	477.5	70.9	18.8
2	1 736.2	1 991.9	840.9	1 155.0	82.6	53.1
3	1 702.5	3 373.4	962.3	1 921.5	109.9	106.0
4	1 689.0	3 626.3	677.9	2 546.3	69.9	173.1

数据来源：中国人民银行深圳市中心支行。

表7　2012年深圳市金融机构票据贴现、转贴现利率

单位：%

季度	贴现		转贴现	
	银行承兑汇票	商业承兑汇票	票据买断	票据回购
1	7.3881	7.7167	6.6579	5.7805
2	5.3273	6.3540	5.5659	4.5059
3	5.2737	5.8030	4.8570	4.4845
4	5.5543	5.6354	4.8924	4.7667

数据来源：中国人民银行深圳市中心支行。

板成交额为23 304.6亿元，同比增长23.4%。交易所债券交易大幅增长，全年累计成交额为2.4万亿元，同比大增318.6%。全年通过深圳证券交易所IPO上市的公司有129家，同比减少114家，筹资额为700.8亿元，同比大幅减少1 109.7亿元。

5. 跨境收支顺收和结售汇顺差保持增长，人民币汇率衍生品交易活跃。2012年，跨境收支和银行结售汇规模均保持增长并呈持续顺差态势。深圳跨境收入2 758.0亿美元，同比增长12.2%；支出2 125.6亿美元，同比增长19.7%；跨境收支顺收632.4亿美元，同比下降7.2%。从银行结售汇看，结汇1 217.7亿美元，同比下降3.4%；售汇769.3亿美元，同比增长19.4%；顺差为448.4亿美元，同比下降27.2%。

2012年，人民币汇率呈现阶段性双向波动，深圳银行间人民币外汇即期市场交易量同比下降23.0%。其中，买入交易量同比下降17.5%；卖出交易量同比下降27.7%；卖差（卖出–买入）同比下降105.0%。市场主体的汇率避险需求明显增加，深圳银行间人民币汇率衍生品市场交易总量同比增长29.9%，超过即期交易总量，是2012年深圳外汇市场交易量增长的主要原因。

6. 黄金市场交易量和交易额均有所下降。2012年，国际黄金市场金价走势温和震荡，交投活动较为清淡。全年深圳黄金夜市交易量为11.3万吨，同比下降19.0%，占上海黄金交易所交易量的52.7%，同比下降2.3个百分点；深圳黄金夜市交易额为1.2万亿元，同比下降31.0%，占上海黄金交易所交易额的32.9%，同比下降5.1个百分点。

（五）金融生态环境建设多方位推进

2012年深圳金融基础设施进一步完善，金融生态环境建设全面提升。一是金融业综合统计试点工作进展顺利，目前已定期收集深圳辖内63家证券、保险、基金与期货公司的财务报表。二是支付系统建设成绩斐然，组织开展联调测试，做好二代支付系统上线准备；上线深圳金融结算系统，为商业银行降低运营成本、开展支付创新提供坚实平台；开通粤港跨境代收付业务，深港支付合作取得新进展；推进存量个人银行账户身份信息真实性核实工作，扩大和完善了中小商户银行卡业务联合共建机制，深圳原关外地区银行卡受理覆盖率得到明显改善。三是金融科技建设步伐加快，进一步推进金融IC卡受理环境建设（见专栏2），全市96.9%的ATM完成了IC卡受理改造，全市100%的POS终端完成了IC卡受理改造。完善了深圳金融网功能，搭建了Execl报表平台，为金融机构报送信息提供新的渠道。开展了信息安全等级保护、分级保护和专项治理工作，圆满完成“两会”、十八大期间信息安保工作。四是国库现代化服务不断完善，在国内率先上线运行财税库关行横向联网MIS刷卡缴税系统，大大便利了企业缴税，降低了征税时间和成本。五是非金融支付业务创新不断，跨境电子外汇支付管理试点工作进展顺利，深圳财付通公司成为深圳首家、国内第二家开展跨境业务的支付机构，非金融支付业务的发展有效地推动了深圳市电子商务交易快速发展。

专栏2　深圳加大金融基础设施投入，金融IC卡发卡量大幅增长

2012年，在中国人民银行深圳市中心支行和有关政府部门的宣传和指导下，深圳市金融机构不断加大对金融基础设施的投入力度，实现金融IC卡发卡量大幅增长，并切实改善了深圳市金融IC卡的受理环境，不仅提高了居民金融交易的便捷和安全程度，而且巩固和拓展了金融机构的业务领域。

一、深圳金融IC卡发卡量显著增长

截至2012年年末，全市金融机构已发行金融IC卡约232万张，较年初增加181万张，新增发卡量较上年增长354%，为近四年来的最高增速。截至目前，已有14家商业银行发行金融IC卡，今年新增发卡银行8家。刷卡交易主要集中在房地产、普通批发和汽车销售类等行业。

二、深圳市金融IC卡受理环境大幅改善

2012年，全市共有14万台POS终端完成改造，其中4.8万台POS终端可受理非接触式交易（拍卡）；全市共有1.2万台ATM完成改造。深圳市已基本建成较为全面的金融IC卡受理环境，为客户资金结算提供了安全保障，节约了交易成本。

三、金融IC卡基本实现多行业应用

深圳市金融机构凭借存量银行卡客户资源，通过多种宣传和营销手段，不断提升金融IC卡受理服务水平，同时通过多行业应用扩展业务范围。截至2012年年末，深圳辖区金融IC卡已在公共交通、医疗健康、零售行业、企业管理多个领域展开行业合作尝试。例如，广深铁路自助乘车项目得到有关领导部门的充分肯定和市场的广泛好评；华为园区一卡通项目成功运营，被评为全国企业园区的样板工程。

二、经济运行情况

2012年，面对世界经济复苏明显放缓和国内经济下行压力加大的严峻形势，深圳市紧紧围绕科学发展主题和加快转变经济发展方式主线，始终坚持有质量地稳定增长和可持续地全面发展，基本完成全年经济发展主要目标。初步核算，全年实现地区生产总值为12 950.1亿元，同比增长10.0%（见图5）。其中，第一产业增加值为5.6亿元，下降18.2%；第二产业增加值为5 737.6亿元，增长7.3%；第三产业增加值为7 206.9亿元，增长12.3%。三次产业比重为0：44.3：55.7。

（一）投资、消费继续引领经济增长，外贸需求有所扩大

2012年，投资和消费保持较快速度增长，继续引领深圳经济，成为推动经济增长的主要引擎。外贸需求有所扩大，结构进一步优化。

1. 投资需求增长平稳。全社会固定资产投资2 314.4亿元，增长12.3%（见图6）。其中，房地产开发项目投资736.8亿元，同比增长43.1%；非房地产开发项目投资1 577.6亿元，同比增长2.0%；改建和更新改造投资225.2亿元，同比减少21.4%。

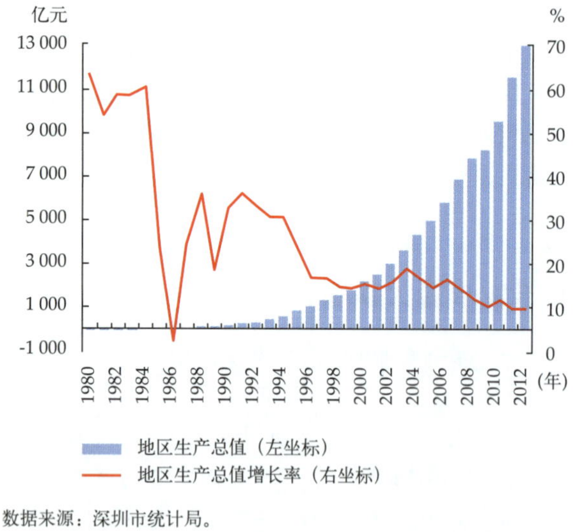

数据来源：深圳市统计局。

图5 1980～2012年深圳市地区生产总值及其增长率

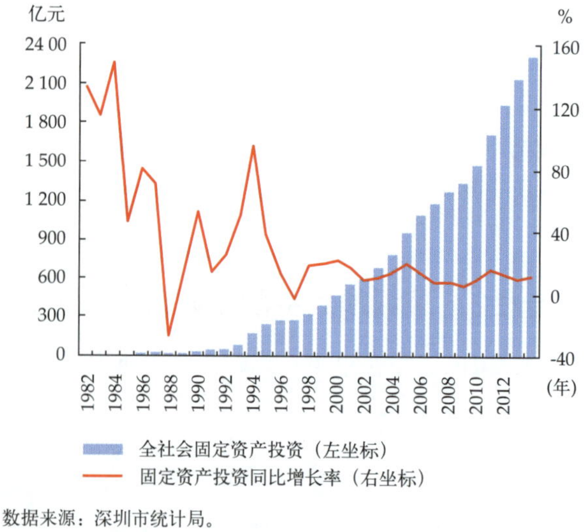

数据来源：深圳市统计局。

图6 1982～2012年深圳市固定资产投资及其增长率

2. 消费对经济增长贡献不断提高。2012年，深圳居民人均可支配收入40 741.9元，同比增长11.6%，增速比上年下降1.1个百分点；居民消费性支出为26 727.7元，增长11.0%。全年累计实现社会消费品零售总额为4 008.8亿元，同比增长16.5%（见图7），增速高出同期地区生产总值增速6.5个百分点。从商品销售种类看，在主要商品销售类别中，文化办公用品类、日用品类和通讯器材类增长较大，分别增长62.6%、39.4%和36.4%；书报杂志类、汽车类和家用电器和音响器材类有所回落，分别下降7.1%、4.6%和1.7%。

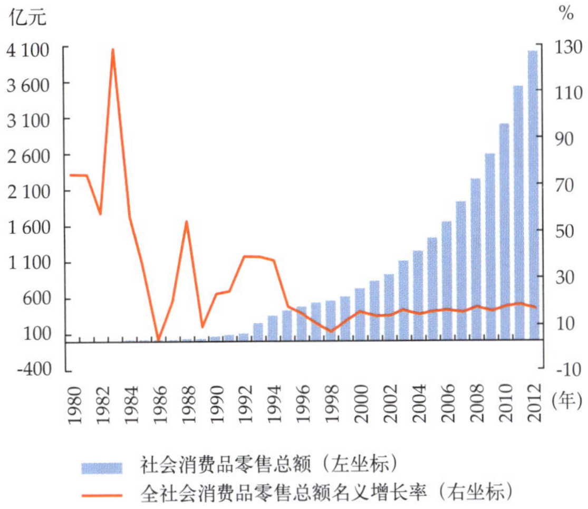

数据来源：深圳市统计局。

图7 1980～2012年深圳市社会消费品零售总额及其增长率

3. 外贸进出口有所好转，结构进一步优化。2012年，深圳努力推动外贸有质量地稳定增长和可持续地全面发展，外贸进出口保持趋稳向好的态势（见图8）。全年进出口总额为4 667.9亿美元，增长12.7%，增速比上年下降6.7个百分点。其中，出口总额为2 713.7亿美元，增长10.5%，增速同比下降9.7个百分点；进口总额为1 954.2亿美元，增长15.9%，增速同比下降2.3个百分点。全年外贸出口总额占全国比重为13.2%。深圳进出口贸易总额和出口总额继续保持全国领先地位。2012年，深圳外贸结构不断优化，高新技术产品出口占外贸出口比重为52.0%，同比提高1.2个百分点，服务贸易出口增长37.6%，是整体出口增速的3.5倍。

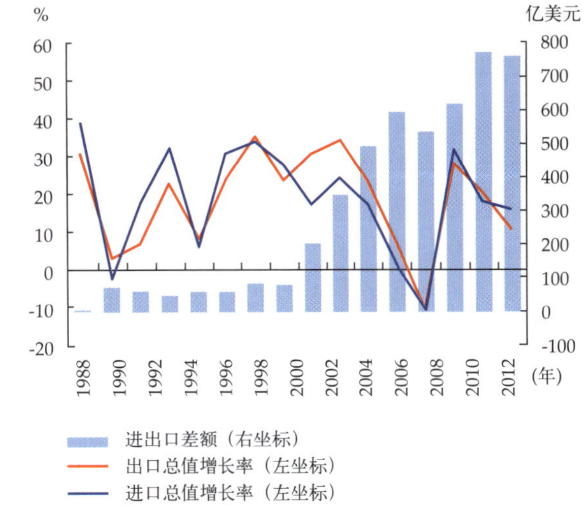

数据来源：深圳市统计局。

图8 1988～2012年深圳市外贸进出口变动情况

2012年全市外商直接投资有所增长。实际利用外资累计52.3亿美元，增长13.7%（见图9）。在四大投资来源地中，香港仍然是最大的外商投资来源地，投资额同比增长17.1%，占全部外商投资的比重达72.5%。美国外商投资的增长较大，涨幅247.3%。台湾外商投资同比增长142.1%，日本外商投资同比下降51.3%。

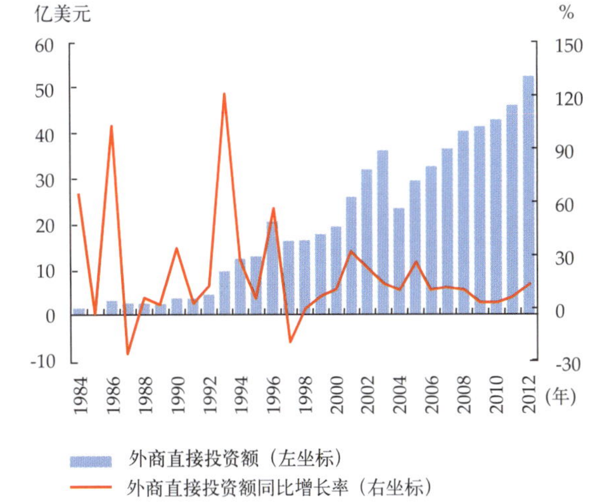

数据来源：深圳市统计局。

图9 1984～2012年深圳市外商直接投资额及其增长率

（二）工业增长呈前低后稳态势，经济效益有所回落

1. 工业规模保持增长，走势前低后稳。2012年，全市规模以上（下同）工业企业实现增加值5 091.4亿元，增长7.3%，增幅同比下降5.3个百分点（见图10）。其中，受外部需求下降等因素影响，2012年外商及港澳台投资企业增加值同比增速回落。全年外商及港澳台投资企业实现增加值2 372.7亿元，增长0.1%。股份制企业实现增加值2 426.7亿元，增长15.7%。工业产品外销份额有所扩大，全年工业产品实现销售产值20 570.9亿元，其中外销产品产值占比约为51.9%，同比提高1.5个百分点。

2. 工业经济效益有所回落。2012年，全市工业经济效益综合指数为187.1%。其中，总资产贡献率为9.96%，下降0.96个百分点；资本保值增值率为102.9%，下降14.3个百分点；产品销售率为98.5%，下降0.46个百分点；资产负债率为60.6%，增长0.5个百分点。主营业务收入增长1.6%，实现利税减少2.6%，利润减少5.2%。

3. 企业景气指数和企业家信心指数年末有所回升。2012年深圳企业景气指数和企业家信心指数逐步回落，年底有所回升。企业景气指数由第一季度的149.0下降至第三季度的121.8，第四季度回升至123.4，企业家信心指数由第一季度的127.8下降至第三季度的111.2，第四季度回升至118.2。

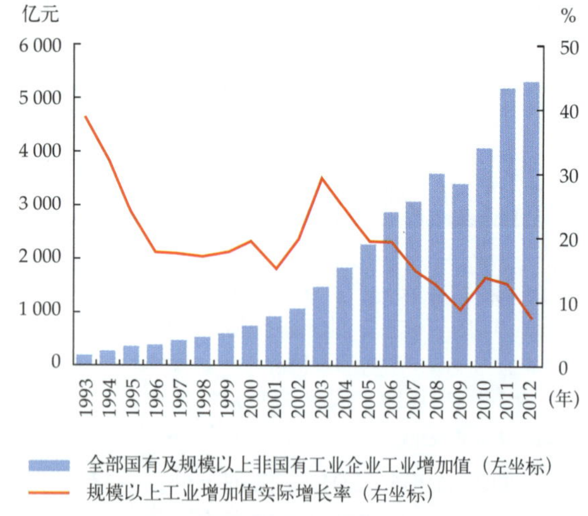

数据来源：深圳市统计局。

图10　1993～2012年深圳市规模以上工业增加值同比增长率

4. 服务行业平稳增长。2012年，深圳货运量3.0亿吨，增长5.0%；货物周转量为2 018.9亿吨公里，增长3.2%。客运量为18.5亿人，增长9.8%；旅客周转量为780.1亿人公里，增长12.5%。机场货邮吞吐量为85.5万吨，增长3.2%；机场旅客吞吐量为2 957.0万人次，增长4.7%。深圳港港口货物吞吐量为22 807.0万吨，增长2.2%，其中，集装箱吞吐量为2 294.1万标箱，增长1.6%。

（三）居民消费价格涨幅回落，原材料价格和工业品价格呈下降趋势

2012年，深圳居民消费价格总体走势向下。工业生产者购进价格和出厂价格有回稳迹象。

1. 物价涨幅收窄，各类价格涨幅有所不同。

2012年，深圳市居民消费价格全年累计上涨2.8%，涨幅下降2.6个百分点（见图11）。其中，食品类价格上涨4.5%，烟酒类上涨3.7%，衣着类价格上涨5.0%，家庭设备用品及维修服务价格上涨3.2%，医疗保健及个人用品类价格上涨3.0%，交通和通信类价格下降0.1%，娱乐教育文化用品及服务类价格上涨2.0%，居住类价格上涨1.6%。

2. 工业生产者购进价格和工业生产者出厂价格有回稳迹象。2012年深圳市工业生产者购进价

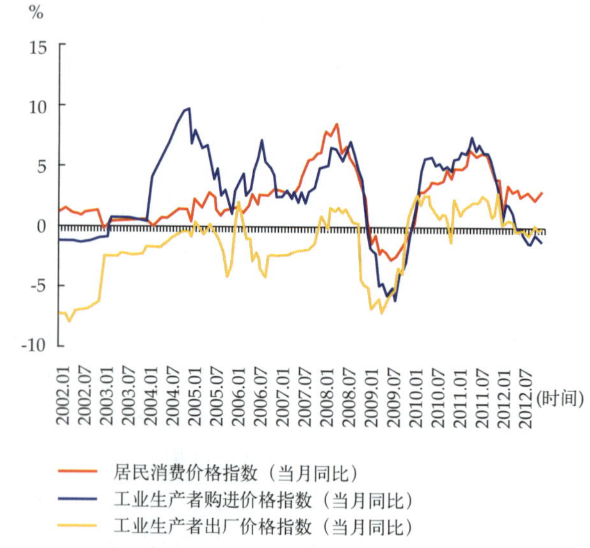

数据来源：深圳市统计局。

图11　2002～2012年深圳市居民消费价格和生产者价格变动趋势

格指数自2月开始持续回落，9月降幅达1.5%，之后在低位徘徊，年末小幅回升。工业生产者出厂价格指数自3月开始回落，8月跌幅达0.7%，之后开始回升，12月回升至0。

（四）财政收入稳步增长，职工报酬有所提高

2012年，深圳市地方财政一般预算收入累计为1 482.1亿元，增长10.6%（见图12）；地方财政一般预算支出为1 565.7亿元，下降1.6%。截至2012年第三季度末，深圳市在岗职工人数为268.3万人，增长5.3%，增幅比上年年末下降8.1个百分点；在岗职工工资总额为1 104.0亿元，增长14.0%，增幅比上年年末下降7.2个百分点；在岗职工月平均工资为4 667.0元，同比增长9.5%。

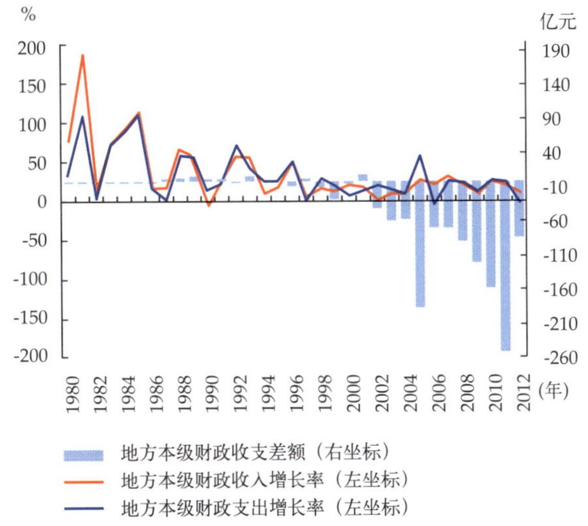

数据来源：深圳市统计局。

图12　1980～2012年深圳市财政收支状况

（五）地区生态文明建设成效明显

作为首个国家创新型城市，深圳现代产业体系框架基本形成，战略性新兴产业高速发展，经济转型升级成效显著。2012年，深圳产业结构优化创造“三个新高”：第三产业增加值占GDP比重达到55%，六大战略性新兴产业增加值比重超过25%，现代服务产业增加值占服务业比重达到68%，均为历史最高水平；资源消耗实现“三个总量下降”：总供水量下降0.61%，汽柴油销售量下降1.79%，制造业用电量下降1.06%。

（六）房地产市场平稳发展

2012年，深圳市房地产开发投资稳步增长；土地及商品房供应互有增减；商品房销售量增加，销售均价降幅缩小；房地产贷款适度增长，利率下浮占比大幅增加，贷款质量良好；银行业支持保障房建设力度加大。

1. 房地产开发投资稳步增长。2012年，深圳市完成房地产开发投资736.8亿元，同比增长24.8%。其中，住宅开发投资474.6亿元，增长20.7%。新建商品住房新开工面积为561.9万平方米，增长34.6%；新建商品住房施工面积为2 107.6万平方米，增长0.85%；新建商品住房竣工面积为289.4万平方米，增长17.0%。

2. 土地供给及商品房供应互有增减。2012年，深圳市居住用地出让面积为4.6万平方米，同比下降92.2%；总建筑面积为28.3万平方米，同比下降82.6%；成交金额为17.7亿元，同比下降68.3%；楼面地价为6 264元/平方米，同比增长八成多。同期商品房批准预售面积为648.8万平方米，同比增长47.4%，其中，新批准商品住房预售面积为502.8万平方米，增长32.2%；年末，可售商品房面积为324.1万平方米，下降17.2%，其中，商品住房可售面积为258万平方米，下降2.7%。

3. 商品房销售面积微增。由于市场流动性改善、刚性需求逐步释放等因素影响，商品房销售小幅增加（见图13）。全年商品房销售面积为995.8万平方米，增长0.9%，其中，新建商品住房销售面积为361.7万平方米，增长33.5%，二手住房成交面积为468.4万平方米，下降8.4%。

4. 商品住房销售均价小幅下滑。根据深圳规划和国土资源委员会数据，2012年深圳市新建商品住房成交均价为18 847.7元/平方米，较上年下降1.0%，降幅较上年缩小近2个百分点（见图14）。上半年新建商品住房成交均价均为环比下跌，7月止跌，此后4个月连续保持环比增长，12月环比微跌0.5个百分点。

5. 房地产贷款适度增长，贷款质量良好。一

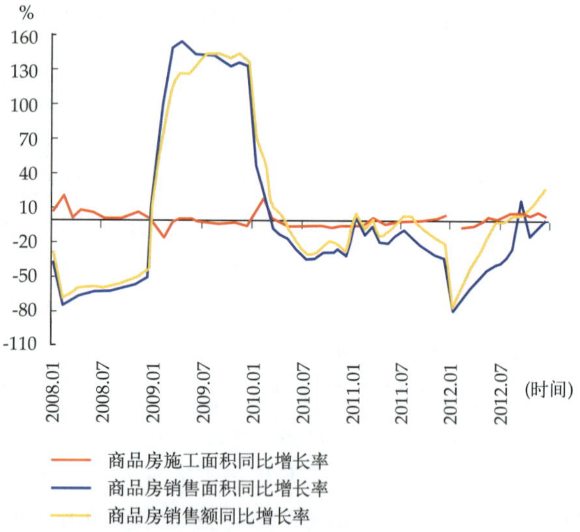

数据来源：深圳市规划和国土资源委员会。

图13　2008～2012年深圳市商品房施工和销售变动趋势

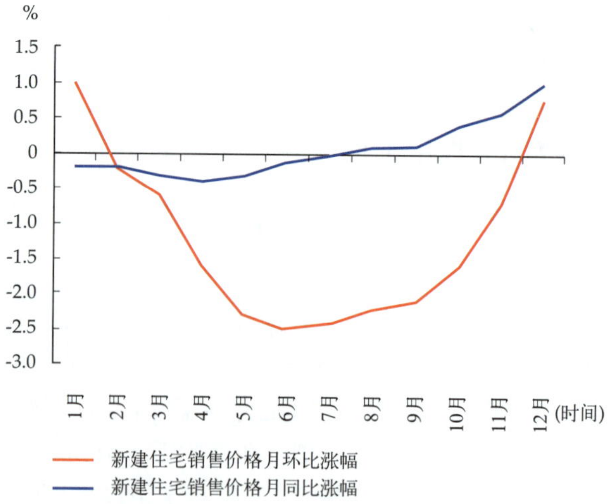

数据来源：国家发展改革委。

图14　2012年深圳市房屋销售价格指数变动趋势

是房地产贷款适度增长。2012年年末，深圳市房地产贷款余额为6 293.0亿元，增长5.7%。其中，房地产开发贷款余额为1 542.1亿元，增长4.2%；个人住房贷款余额为4 379.3亿元，增长5.4%。12月执行下浮利率的个人住房贷款金额占全部个人住房贷款的85.9%，较上年占比增加78.7个百分点；保障房开发贷款余额为124.1亿元，同比增长2倍。二是房地产贷款质量良好。2012年年末，房地产贷款不良率为0.4%，比年初下降0.04个百分点。其中，房产开发贷款不良率为0.28%，比年初下降0.16个百分点，个人住房贷款不良率为0.37%，与年初持平。

三、预测与展望

2013年是“十二五”时期的重要一年，国际经济政治形势依然复杂严峻，国内通胀压力仍然存在，宏观经济运行仍存在不稳定因素，但支持中国经济长期增长的基本面并未发生根本变化。深圳市正处在转型发展的重要时期，如何化解经济运行中的不利因素，将稳增长和调结构相结合，做到质量和速度相统一，需要统筹运作、不懈探索。

展望2013年，深圳经济有望继续保持平稳发展的基本态势，但仍将受到外贸依存度高、国际市场不确定性较大、劳动力成本攀升、本地消费市场有限等因素制约。为促使深圳经济继续健康快速发展，深圳市金融机构将以科学发展观为指导，切实贯彻落实稳健的货币政策，合理适度投放贷款，不断优化信贷结构，以创新为推动力加强对小微企业、战略性新兴产业、重点民生工程等的支持力度，为深圳经济发展、产业升级、民生幸福提供有力的金融保障。

中国人民银行深圳市中心支行货币政策分析小组
总　纂：张建军　崔　瑜
统　稿：舒幼冬　邹　颖　管　高
执　笔：管　高　孟　浩　王建党　吴劲军　赵　灵　彭兆波
提供材料的还有：曾伟强　姜丽丽　李伟珍　王　伟　匡耀东　刘亚洲　刘艺雯　韦　刚　周　玮

附录

（一）2012年深圳市经济金融大事记

3月1日，《深圳市金融业发展“十二五”规划》正式对外发布。到规划期末，深圳市金融业增加值达到2 250亿元，比2010年增加76%，金融业增加值占GDP比重达到15%左右；金融业资产规模达到7.5万亿元，比2010年增加76%；金融机构税前利润达到1 500亿元，比2010年增加85%。

3月15日，根据“七不准”禁止性规定和“四公开”原则，国内银行同业公会组织深圳市37家国内银行共同签署《深圳银行业规范经营承诺书》，强化规范经营的自觉性和自律性。

4月12日，深圳市政府常务会议原则通过《关于加强和改善金融服务支持实体经济发展的若干意见》，在国家金融政策的要求和总体框架下，对深圳金融支持实体经济发展的经验和做法进行了总结梳理，并在此基础上进行了政策创新，从8个方面提出金融支持实体经济发展的24项举措。

4月，深圳市印发了《深圳市促进知识产权质押融资若干措施》，明确由深圳市场监督管理局（知识产权局）牵头，从机制建设、价值评估、融资平台等8个方面助推知识产权质押融资工作，探索建立公平可信的知识产权价值评估体系。

5月15日，前海股权交易中心揭牌，首批39家深圳企业与该中心签订了挂牌意向协议。

5月29日，深圳市首只中小企业集合中票成功发行，这是继深圳市2010年度第一期中小企业集合票据后，深圳市成功发行的第二只中小企业集合票据。

6月8日，深圳市科技金融服务中心正式挂牌。中心负责开展科技金融对接的日常工作，建立企业信息库，打造科技企业和资本对接的“舞台”，促进企业和银行、创投、引导基金对接。同时，中心还负责创新科技投入方式，放大政府资金，吸引社会资金源源不断投入科技创新。

7月3日，《国务院关于支持深圳前海深港现代服务业合作区开发开放有关政策的批复》正式出台，支持前海在金融改革创新方面先行先试，建设我国金融业对外开放试验示范窗口。其中，金融领域的优惠政策有8条，包括：允许前海探索拓宽境外人民币资金回流渠道，构建跨境人民币业务创新试验区；支持设立在前海的银行机构发放境外项目人民币贷款；积极研究香港银行机构对设立在前海的企业和项目发放人民币贷款；支持在前海注册、符合条件的企业和金融机构在国务院批准的额度范围内在香港发行人民币债券，用于支持前海开发建设。

12月27日，中国人民银行深圳市中心支行发布实施《前海跨境人民币贷款管理暂行办法》，标志着深圳前海地区跨境人民币贷款业务正式启动。

（二）2012年深圳市主要经济金融指标

表1　2012年深圳市主要存贷款指标

		1月	2月	3月	4月	5月	6月	7月	8月	9月	10月	11月	12月
本外币	金融机构各项存款余额（亿元）	24 640.8	25 175.1	26 569.0	26 486.3	27 238.9	28 174.6	27 564.5	27 677.8	28 177.1	28 260.3	28 683.0	29 662.4
	其中：储蓄存款	7 819.5	7 931.6	8 307.5	8 078.2	8 276.9	8 748.9	8 474.2	8 559.9	8 755.5	8 606.4	8 699.3	8 911.0
	单位存款	14 771.3	15 142.6	15 946.8	15 974.0	16 262.2	16 834.3	16 457.9	16 450.6	16 695.2	16 889.3	17 176.5	17 824.9
	各项存款余额比上月增加（亿元）	-454.9	534.4	1 393.8	-82.7	752.6	935.8	-610.2	113.3	499.3	83.2	422.7	979.4
	金融机构各项存款同比增长（%）	13.1	14.0	15.7	14.5	15.4	13.9	14.7	14.1	14.2	18.0	18.8	18.2
	金融机构各项贷款余额（亿元）	19 564.5	19 837.2	20 082.8	20 227.2	20 510.8	20 716.1	21 032.2	21 246.8	21 222.1	21 507.1	21 747.9	21 808.3
	其中：短期	4 796.2	4 857.8	4 955.6	4 858.7	4 956.7	5 087.3	5 164.8	5 256.4	5 302.1	5 592.7	5 851.4	5 995.2
	中长期	12 324.8	12 361.0	12 478.0	12 526.4	12 630.5	12 647.6	12 647.2	12 684.5	12 743.2	12 841.6	12 905.2	12 945.0
	票据融资	620.0	664.4	638.2	835.4	909.0	923.4	1 127.7	1 200.2	1 072.2	988.8	898.5	747.8
	各项贷款余额比上月增加（亿元）	316.4	272.7	245.6	144.4	283.7	205.2	316.1	214.6	-24.7	285.1	240.7	60.5
	其中：短期	59.6	61.7	97.8	-96.8	98.0	130.5	77.5	91.6	45.7	290.6	258.7	143.7
	中长期	145.2	36.2	117.0	48.4	104.1	17.1	-0.4	37.3	58.7	98.4	63.6	39.8
	票据融资	100.3	44.4	-26.2	197.2	73.6	14.4	204.2	72.5	-127.9	-83.5	-90.3	-150.6
	金融机构各项贷款同比增长（%）	13.6	13.9	14.4	13.4	13.7	13.8	14.0	13.9	13.9	14.4	14.2	13.3
	其中：短期	10.9	12.7	13.7	8.5	9.5	11.1	12.3	13.6	14.6	20.3	24.4	25.0
	中长期	12.4	10.3	10.0	9.2	9.3	8.8	7.5	7.1	7.0	7.4	7.2	6.8
	票据融资	21.6	49.0	96.7	132.3	144.9	172.5	195.2	153.7	160.2	96.7	61.0	43.9
	建筑业贷款余额（亿元）	339.4	349.5	374.3	390.6	396.1	424.8	426.1	425.4	441.8	457.2	464.8	473.3
	房地产业贷款余额（亿元）	1 967.9	1 983.2	1 989.0	2 011.7	2 056.5	2 028.8	2 019.3	2 028.2	2 033.4	2 056.5	2 068.0	2 040.1
	建筑业贷款同比增长（%）	13.9	15.1	23.0	26.9	23.2	31.8	34.0	39.8	46.8	51.3	46.7	46.0
	房地产业贷款同比增长（%）	11.9	11.1	10.4	10.4	11.2	9.5	8.5	8.6	11.3	11.7	12.1	11.1
人民币	金融机构各项存款余额（亿元）	23 536.6	23 755.7	24 971.1	24 653.7	25 263.1	26 134.9	25 394.3	25 506.2	26 019.7	25 962.7	26 365.4	27 378.6
	其中：储蓄存款	7 613.6	7 722.6	8 090.8	7 858.8	8 049.4	8 518.1	8 242.4	8 327.3	8 519.5	8 364.7	8 455.7	8 661.0
	单位存款	13 915.3	13 987.5	14 640.1	14 420.1	14 559.3	15 071.4	14 570.6	14 568.3	14 827.1	14 905.4	15 217.6	15 858.3
	各项存款余额比上月增加（亿元）	-544.4	219.2	1 215.4	-317.5	609.4	871.9	-740.7	111.9	513.6	-57.0	402.7	1 013.2
	其中：储蓄存款	-147.3	109.1	368.2	-232.0	190.6	468.7	-275.7	84.8	192.3	-154.9	91.0	205.3
	单位存款	-594.7	72.2	652.6	-219.9	139.2	512.1	-500.8	-2.3	258.8	78.3	312.2	640.7
	各项存款同比增长（%）	12.5	11.7	12.9	10.8	11.5	10.0	10.0	9.5	9.8	12.9	13.9	13.7
	其中：储蓄存款	9.4	12.4	11.5	10.0	11.3	11.4	12.1	12.4	10.5	13.6	14.3	11.6
	单位存款	12.1	10.2	11.3	9.5	8.1	7.0	5.7	4.1	5.5	9.1	10.5	9.4
	金融机构各项贷款余额（亿元）	16 707.6	16 871.2	17 066.4	17 289.6	17 508.9	17 645.3	17 969.6	18 134.9	17 915.0	18 013.5	18 162.5	18 020.1
	其中：个人消费贷款	4 588.7	4 575.0	4 594.4	4 592.3	4 638.1	4 684.8	4 738.5	4 809.0	4 616.8	4 643.3	4 680.4	4 699.7
	票据融资	620.0	664.4	638.2	835.4	909.0	923.4	1 127.7	1 200.2	1 072.2	988.8	898.5	747.8
	各项贷款余额比上月增加（亿元）	348.6	163.5	195.3	223.2	219.3	136.3	324.3	165.2	-219.8	98.5	149.0	-142.4
	其中：个人消费贷款	12.0	-13.6	19.4	-2.1	45.8	46.7	53.7	70.5	-192.2	26.5	37.1	19.3
	票据融资	100.3	44.4	-26.2	197.2	73.6	14.4	204.2	72.5	-127.9	-83.5	-90.3	-150.7
	金融机构各项贷款同比增长（%）	13.9	13.8	14.8	14.4	14.7	14.9	15.6	15.1	13.4	12.4	12.0	10.1
	其中：个人消费贷款	6.6	5.2	5.0	4.4	5.1	5.9	6.3	7.6	2.2	2.3	2.7	2.6
	票据融资	21.6	49.9	98.3	134.0	144.9	172.5	195.2	153.7	160.2	96.7	61.0	43.9
外币	金融机构外币存款余额（亿美元）	1 749 526.3	2 255 910.3	2 538 517.8	2 918 822.6	3 118 624.9	3 224 857.7	3 427 337.4	3 422 568.0	3 402 224.7	3 646 799.3	3 684 946.5	3 633 382.5
	金融机构外币存款同比增长（%）	33.8	82.2	97.1	115.3	114.6	112.1	132.0	129.9	124.2	144.7	133.8	125.6
	金融机构外币贷款余额（亿美元）	4 526 447.8	4 714 076.0	4 792 245.3	4 678 571.7	4 738 192.4	4 855 095.2	4 836 647.5	4 904 584.1	5 215 305.7	5 545 265.9	5 700 878.8	6 026 928.9
	金融机构外币贷款同比增长（%）	16.5	19.2	16.6	11.7	10.5	10.4	7.7	8.3	16.4	26.6	28.3	31.4

数据来源：中国人民银行深圳市中心支行。

表2 2001～2012年深圳市各类价格指数

单位:%

年/月	居民消费价格指数		农业生产资料价格指数		工业生产者购进价格指数		工业生产者出厂价格指数	
	当月同比	累计同比	当月同比	累计同比	当月同比	累计同比	当月同比	累计同比
2001	—	-2.2	—	—	—	0.2	—	-3.7
2002	—	1.2	—	—	—	-1	—	-6.2
2003	—	0.7	—	—	—	0.5	—	-2.3
2004	—	1.3	—	—	—	9.7	—	-0.5
2005	—	1.6	—	—	—	5.1	—	-1.3
2006	—	2.2	—	—	—	4.2	—	-1.8
2007	—	4.1	—	—	—	2.93	—	-1.59
2008	—	5.9	—	—	—	5.3	—	-0.4
2009	—	-1.3	—	—	—	-3.7	—	-4.7
2010	—	3.5	—	—	—	4.7	—	1.6
2011 1	—	—	—	—	—	—	—	—
2	4.8	5.0	—	—	6.2	6.1	1.1	1.0
3	4.9	5.0	—	—	6.0	6.1	1.5	1.2
4	6.4	5.4	—	—	6.3	6.1	1.8	1.3
5	6.2	5.5	—	—	7.4	6.4	2.0	1.5
6	5.9	5.6	—	—	6.5	6.4	2.1	1.6
7	5.9	5.6	—	—	6.9	6.5	2.1	1.7
8	6.1	5.7	—	—	6.3	6.4	2.6	1.8
9	6.0	5.7	—	—	6.2	6.4	2.3	1.8
10	4.8	5.6	—	—	5.4	6.3	1.0	1.7
11	4.1	5.5	—	—	4.2	6.1	1.0	1.7
12	4.0	5.4	—	—	3.1	5.9	2.9	1.8
2012 1	—	—	—	—	—	—	—	—
2	2.2	3.0	—	—	1.9	2.0	0.4	0.2
3	3.5	3.2	—	—				
4	2.9	3.1	—	—	1.0	1.7	0.3	0.3
5	3.1	3.1	—	—	-0.1	1.4	-0.4	0.2
6	2.4	3.0	—	—	-0.1	1.1	-0.3	0.1
7	2.6	2.9	—	—	-0.6	0.9	-0.3	0.0
8	2.9	2.9	—	—	-1.2	0.6	-0.7	-0.1
9	2.6	2.9	—	—	-1.5	0.4	-0.6	-0.1
10	2.2	2.8	—	—	-0.6	0.3	0.1	-0.1
11	2.4	2.8	—	—	-0.9	0.2	-0.3	-0.1
12	3.0	2.8	—	—	-1.2	0.0	0.0	-0.1

数据来源：深圳市统计局。

表3 2012年深圳市主要经济指标

	1月	2月	3月	4月	5月	6月	7月	8月	9月	10月	11月	12月
	绝对值（自年初累计）											
地区生产总值（亿元）	—	—	2 507.4	—	—	5 474.1	—	—	9 123.4	—	—	12 950.1
第一产业	—	—	1.0	—	—	2.6	—	—	3.2	—	—	5.6
第二产业	—	—	1 109.8	—	—	2 489.6	—	—	4 248.6	—	—	5 737.6
第三产业	—	—	1 396.6	—	—	2 982.0	—	—	4 871.6	—	—	7 206.9
工业增加值（亿元）	—	—	1 037.1	—	—	2 332.6	—	—	3 970.6	—	—	5 091.4
固定资产投资（亿元）	—	185.7	326.0	494.2	703.2	919.1	1 111.4	1 317.6	1 573.4	1 802.7	2 077.5	2 314.4
房地产开发投资	—	70.6	112.9	160.6	215.9	270.7	320.7	406.2	487.6	565.7	667.7	736.8
社会消费品零售总额（亿元）	—	646.8	922.1	1 219.1	1 541.5	1 878.3	2 210.8	2 552.9	2 895.8	3 260.7	3 620.1	4 008.8
外贸进出口总额（亿美元）	—	562.9	950.2	1 333.0	1 736.5	2 118.6	2 501.0	2 908.9	3 325.7	3 721.9	4 148.2	4 667.9
进口	—	235.9	399.4	548.6	718.9	874.5	1 033.4	1 216.3	1 398.4	1 561.6	1 745.1	1 954.2
出口	—	327.0	550.8	784.5	1 017.6	1 244.1	1 467.7	1 692.3	1 927.3	2 160.3	2 403.0	2 713.7
进出口差额(出口－进口)	—	91.1	151.4	235.9	298.6	369.7	434.4	476.0	528.8	598.6	657.9	759.6
外商实际直接投资（亿美元）	—	54 191.0	83 537.0	140 834.0	206 527.0	249 894.0	301 367.0	341 376.0	391 693.0	460 207.0	489 470.0	4 008.8
地方财政收支差额（亿元）	—	88.0	58.8	165.5	175.0	91.7	88.3	91.1	71.4	154.0	77.0	-83.6
地方财政收入	—	272.7	370.1	550.7	662.9	769.9	925.5	1 021.5	1 130.1	1 314.9	1 395.5	1 482.1
地方财政支出	—	184.7	311.3	385.2	488.0	678.2	837.2	930.5	1 058.7	1 160.9	1 318.5	1 565.7
城镇登记失业率 (%)(季度)	—	—	—	—	—	—	—	—	—	—	—	—
	同比累计增长率（%）											
地区生产总值	—	—	5.8	—	—	8	—	—	9	—	—	10
第一产业	—	—	-25.8	—	—	-5.9	—	—	-24.5	—	—	-18.2
第二产业	—	—	3.9	—	—	5	—	—	5.5	—	—	7.3
第三产业	—	—	7.3	—	—	10.5	—	—	12.1	—	—	12.3
工业增加值	—	—	3.3	—	—	4.6	—	—	5.5	—	—	7.3
固定资产投资	—	10.2	10.6	8.5	9.8	11.1	12.1	12.2	12.3	12.1	12.2	12.3
房地产开发投资	—	31.6	31.2	27.2	26.8	24.6	17.5	29.3	32.1	31.5	31.9	43.1
社会消费品零售总额	—	11.5	12.8	13	14.1	15.5	15.4	15.5	15.5	15.7	15.8	16.5
外贸进出口总额	—	-3.5	2.9	3.3	5.3	5.4	6.1	7.3	9	10.4	10.5	12.7
进口	—	0.3	3.7	1.6	4	4.2	6	9.2	12.1	13.1	13.3	15.9
出口	—	-6	2.4	4.5	6.3	6.3	6.1	6	6.9	8.5	8.6	10.5
外商实际直接投资	—	46.4	28.7	37.1	41.7	20.3	21.1	11.4	5.2	8.8	9.1	16.5
地方财政收入	—	15.4	13.3	7.6	7.6	7.7	8.1	8.6	9	9.2	9.7	10.6
地方财政支出	—	7.7	20.8	9.4	8.8	11.3	21.5	16.1	11.5	8.4	5.3	-1.6

数据来源：深圳市统计局。

2012年广西壮族自治区金融运行报告

中国人民银行南宁中心支行货币政策分析小组

[内容摘要] 2012年，面对复杂的国内外经济形势，广西社会各界深入贯彻科学发展观，认真落实中央各项决策部署，按照稳中求进的工作总基调，统筹推进工业化、城镇化、农业现代化建设，加快转变经济发展方式，全区保持了平稳较快发展势头，呈现出经济增长较快、投资持续活跃、消费稳步扩大、外贸快速增长、物价明显回落、民生显著改善的良好局面。广西金融业平稳健康运行，存款保持较快增长，贷款结构不断优化，银行资产质量持续改善，表外融资快速发展，金融供给体系趋于多元化，证券业、保险业服务功能不断增强，金融生态环境日益改善。

展望2013年，全区经济发展仍面临不少困难和挑战，广西金融机构将继续执行稳健的货币政策，深入贯彻党的十八大精神，保持信贷平稳适度增长，积极盘活存量资金，进一步优化信贷资源配置，加大对重点领域和薄弱环节的支持力度，全面提升金融服务水平，为广西经济健康快速发展提供强大的金融支撑。

一、金融运行情况

2012年，广西金融业努力构建多元化供给体系，社会融资规模合理增长，金融生态环境继续改善，有力地支持了地方经济平稳健康发展。

（一）银行业稳健发展，信贷资源配置逐步优化

2012年，广西银行业认真贯彻落实稳健的货币政策，贷款总量适度增长，信贷资源配置逐步优化，金融支持民生领域取得较大突破。

1. 银行利润增速趋缓，信贷资产质量持续改善。截至2012年年末，广西银行业金融机构资产总额为21 544.2亿元，同比增长20.2%。由于经济增长放缓导致企业效益不断下滑，利率市场化加快使银行存贷利差逐渐收窄，金融脱媒导致银行议价能力出现下降，多种因素叠加影响，广西银行业利润增速趋缓，全年全部金融机构账面利润增速同比下降9.3个百分点。不良贷款实现双降，2012年年末不良贷款余额和不良贷款率分别较年初减少78亿元和下降0.3个百分点。非银行金融机构发展取得突破，新增的北部湾金融租赁有限公司为广西区内首家全国性金融租赁有限公司（见表1）。

表1　2012年广西壮族自治区银行业金融机构情况

机构类别	营业网点			法人机构（个）
	机构个数（个）	从业人数（人）	资产总额（亿元）	
一、大型商业银行	1 995	39 094	8 897.5	0
二、国家开发银行和政策性银行	64	1 712	2 452.4	0
三、股份制商业银行	69	2 827	1 824.4	0
四、城市商业银行	168	5 100	2 441.0	3
五、城市信用社	0	0	0	0
六、小型农村金融机构	2 293	23 248	4 622.3	94
七、财务公司	1	13	35.7	0
八、信托公司	0	0	0	0
九、邮政储蓄银行	995	11 265	1 112.2	0
十、外资银行	2	60	24.0	0
十一、新型农村金融机构	75	1 365	122.9	35
十二、其他	1	52	10.9	1
合　计	5 663	84 736	21 544.2	133

注：营业网点不包括国家开发银行和政策性银行、大型商业银行、股份制银行等金融机构总部数据；大型商业银行包括中国工商银行、中国农业银行、中国银行、中国建设银行和交通银行；小型农村金融机构包括农村商业银行、农村信用社、农村合作银行；新型农村金融机构包括村镇银行、贷款公司和农村资金互助社；"其他"包含金融租赁公司、汽车金融公司、货币金融公司、消费金融公司等。

数据来源：中国人民银行南宁中心支行、广西银监局。

2. 存款增速较快，季末波幅加大。2012年年末，广西本外币存款余额为15 966.7亿元，同比增长18.0%，增速同比提高3.5个百分点（见图1）。受投资渠道较少等因素的影响，企业和居民都倾向于通过定期存款获得稳定收益，拉动全年存款

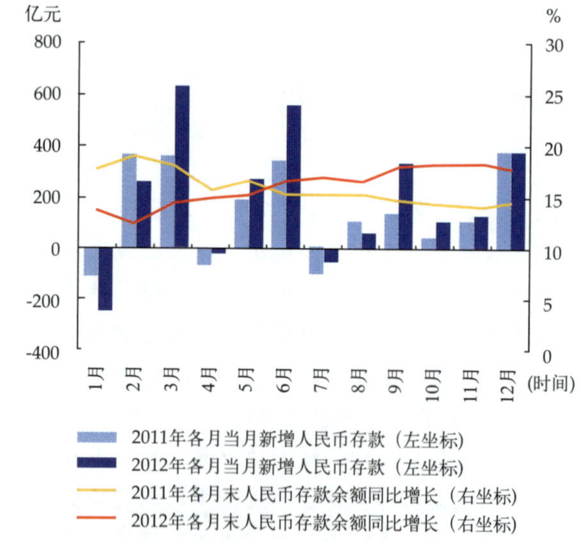

数据来源：中国人民银行南宁中心支行。

图1　2011～2012年广西壮族自治区金融机构人民币存款增长

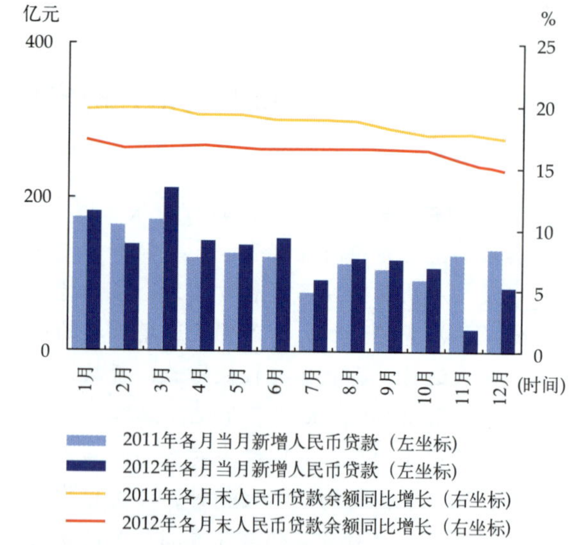

数据来源：中国人民银行南宁中心支行。

图2　2011～2012年广西壮族自治区金融机构人民币贷款增长

同比大幅多增。各项存款增量波动性加大，“季末冲高，季初回落”的特征更加明显，季初当月人民币存款合计净减少217.1亿元，季末当月人民币存款合计净增加19 08.9亿元，占全年新增存款的79.4%。受人民币汇率双向波动加剧的影响，企业避险情绪上升，带动全区外汇存款同比多增4.1亿元（见图3）。

3.贷款增速放缓。2012年年末，广西本外币贷款余额为12 355.5亿元，同比增长16.1%，增速同比回落2.5个百分点（见图2），这主要是受固定资产贷款增速放缓、工业企业贷款需求减少、企业债券融资快速增长等因素影响。外汇资金需求旺盛，全年外汇贷款增加28.1亿美元（见图3）。

信贷投向结构持续优化。重点支持传统优势和重点产业，全年九成新增贷款投向制造、交通运输、批发零售、电力和建筑等支柱产业。加大薄弱领域支持力度，小微企业和涉农贷款余额同比增速分别高于各项贷款增速11.4个和7.6个百分点。积极满足实体经济贷款需求，全年四成新增贷款用于满足旺盛的企业和个人经营性资金需求。

信贷期限结构明显改善。新增短期贷款占全部新增贷款的比重同比提高10.2个百分点，而新增中长期贷款占比下降15.4个百分点。

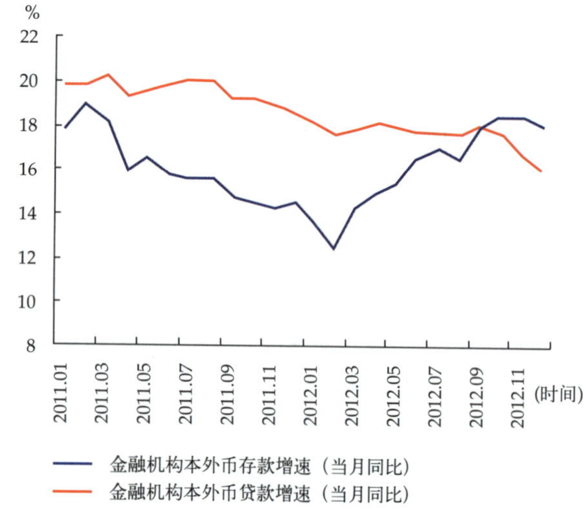

数据来源：中国人民银行南宁中心支行。

图3　2011～2012年广西壮族自治区金融机构本外币存、贷款增速

4. 表外融资快速发展。全年新增委托贷款141.7亿元，未贴现的银行承兑汇票390.8亿元，合计新增532.4亿元，同比多增85.6亿元。此外，银行业还积极利用债券、信托、保理、融资租赁等为企业提供融资服务。

5. 存款利率呈差异化，贷款利率先扬后抑。2012年下半年，降息和扩大存贷款利率浮动区间的政策效应逐步显现，各类金融机构存款利率呈差异化格局。全国性大型商业银行[①]的存款利率适度上浮，基本与调息前一致；股份制银行的短期存款利率上浮到顶，长期存款维持基准；地方法人金融机构的存款利率普遍一浮到顶。2012年，广西金融机构贷款加权平均利率为7.6%，同比小幅提高0.2个百分点。分月度看，前5个月，金融机构贷款加权平均利率逐月上扬，5月提高至2009年以来的最高点8.1%；而后逐步下降至12月的7.2%，为2011年4月以来的最低点，贷款利率上浮占比震荡下行（见表2）。年末，受银行信贷额度收紧的影响，民间借贷需求快速增加，借贷利率走高。

表2　2012年广西壮族自治区金融机构人民币贷款各利率区间占比

单位：%

月份		1月	2月	3月	4月	5月	6月
	合计	100.0	100.0	100.0	100.0	100.0	100.0
	[0.9，1.0)	4.0	1.7	2.5	2.6	1.5	6.9
	1.0	32.7	27.5	33.2	25.1	31.1	28.0
上浮水平	小计	63.3	70.8	64.4	72.4	67.4	65.1
	(1.0，1.1]	22.0	25.6	20.2	23.2	15.7	28.9
	(1.1，1.3]	22.9	25.5	24.4	27.2	27.8	15.0
	(1.3，1.5]	15.1	15.1	15.0	17.2	18.2	15.9
	(1.5，2.0]	1.5	2.5	2.8	2.7	3.2	2.7
	2.0以上	1.8	2.1	2.0	2.0	2.6	2.5
月份		7月	8月	9月	10月	11月	12月
	合计	100.0	100.0	100.0	100.0	100.0	100.0
	[0.9，1.0)	3.6	7.7	9.5	5.6	7.0	5.8
	1.0	31.9	24.0	22.8	30.9	27.6	34.1
上浮水平	小计	64.6	68.3	67.6	63.5	65.4	60.0
	(1.0，1.1]	12.0	15.1	18.4	19.2	28.5	17.4
	(1.1，1.3]	29.4	30.6	28.2	25.9	19.4	26.9
	(1.3，1.5]	16.7	17.1	16.4	14.3	12.9	12.0
	(1.5，2.0]	3.2	2.3	1.9	1.6	1.5	1.2
	2.0以上	3.2	3.3	2.7	2.5	3.1	2.5

注：2012年8～12月统计数据的下浮区间为[0.7，1.0）。

数据来源：中国人民银行南宁中心支行。

6. 金融机构改革继续深入推进。已改制大型商业银行广西分支机构继续深化内部改革，资产负债规模平稳增长，整体利润水平持续提高，经营更为稳健。辖区中国农业银行进一步深化“三农金融事业部制”改革试点工作，积极推进“三农”金融服务创新，促进“三农”和县域业务全面发展。地方法人金融机构发展速度加快，2012年年末，广西共有125家银行业法人金融机构，包括3家城市商业银行、10家农村商业银行、21家农村合作银行、59家农村信用社和32家村镇银行，其中，2012年新增村镇银行9家。

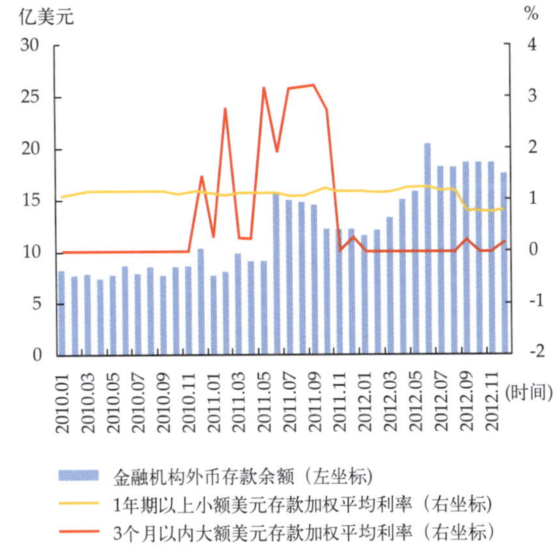

数据来源：中国人民银行南宁中心支行。

图4　2010～2012年广西壮族自治区金融机构外币存款余额及外币存款利率

7. 跨境人民币业务快速发展。目前境外地域已覆盖57个国家和地区，业务呈现良好发展势头。2012年，广西跨境人民币结算金额为656.4亿元，同比增长81%，其中，经常项下跨境人民币结算量为638.4亿元，居全国第九，西部十二省（区）、全国八个边境省（区）第一；资本项下跨境人民币业务开展了包括对外直接投资、外商直接投资、境外项目贷款、跨境担保等多个业务种类，累计结算量约18亿元。辖区4家银行机构开展了人民币兑越南盾柜台挂牌工作，2012年兑换量为13.18亿元。

①全国性大型商业银行指国家开发银行、中国农业发展银行、中国工商银行、中国农业银行、中国银行、中国建设银行、交通银行、中国邮政储蓄银行。

专栏1 做好民生金融文章 助推广西经济发展

2012年，中国人民银行南宁中心支行紧密围绕民生金融，积极创新手段，重点启动“三大工程”，充分发挥金融在保障和改善民生方面的积极作用，助推广西经济发展取得显著成效。

一、出台系列金融惠民指导性文件

代自治区政府起草并发布《广西“民生金融富民强桂”工程实施方案》、《广西小额担保贷款工作协调领导小组实施方案》、《广西壮族自治区人民政府关于金融支持实体经济发展的若干意见》等系列指导性文件，牵头成立广西“民生金融”工作领导小组，促进政府各有关部门、金融管理部门、各金融机构联合，加强产业政策、货币信贷政策、财政政策的统筹协调，充分发挥金融保障和改善民生的积极作用。

二、开拓思维、勇于创新，成功启动“万家成长型小企业信贷扶持工程”

联合自治区工信委启动“万家成长型小企业信贷扶持工程”，拟在三至五年间推动万家成长型小企业梯度发展和做大做强。2012年已选定并公布1 335家成长型小企业进入首批名录库。在该工程的带动下，广西各银行业金融机构注重信贷产品创新，陆续推出了“北部湾微贷”、“POS商户贷”、“茧商贷”、“八桂贷”及“石材贷”等系列产品，有效地缓解了有市场、有发展前景小微企业的融资难题。2012年全区小微企业贷款新增473.9亿元，占全部企业贷款增量的44.5%，较年初提高14.5个百分点。由于金融服务小微企业成绩显著，广西北部湾银行、柳州银行、桂林银行先后荣获中国银监会表彰。

三、积极作为、建言献策，稳步推进“民生金融支少工程”

成功争取改制后成立的农村合作银行及农村商业银行承办民贸民品贷款资格，目前有承办资格的广西农村合作金融机构在原来基础上增加三成。积极开展广西“十二五”期间全国民族特需商品定点生产企业的申报审核工作。广西共132家企业入选名录库，获批家数仅次于新疆位居全国第二，较“十一五”期间增加13家，占全国新增家数的31%。2012年，广西民贸民品贷款贴息业务取得历史突破。共有49个县（区）、213家民贸民品企业享受优惠政策，同比分别增长9%和25%。年末，民贸民品优惠贷款余额同比增长58.8%，增速同比提高24.0个百分点；全年贴息额1.4亿元，同比增长32.2%。2010～2012年，广西民贸民品优惠贷款累计贴息额突破3亿元。

四、加强协调、多次沟通，积极组建“万人创业金融扶持工程”

牵头修订《广西小额担保贷款实施管理办法》，起草《广西金融机构小额担保贷款业务管理暂行办法》，有效理顺广西小额担保贷款管理机制。着手组织构建“万人创业金融扶持工程”，整合并落实各部门现有各项金融、财政支持政策，完善创业金融扶持体系。建立金融扶持创业工作的激励约束机制，引导各银行业金融机构每年通过贴息贷款扶持上万贫困人群创业，以支持创业带动更多人实现就业或再就业。

（二）证券业规模扩大，业务品种不断增多

1. 证券期货业规模稳步扩大。2012年年末，广西共有1家证券公司，1家基金管理公司，100家证券营业部，31家期货营业部，11家具有证券、期货相关业务许可证的证券中介服务机构。全区证券营业创新转型取得突破，有31家证券营业部取得债券质押式报价回购业务资格并开展业务；有18家证券营业部取得约定购回证券交易资格，已有1家证券营业部开展业务。

2. 上市公司融资结构不断优化。截至2012年年末，广西共有境内上市公司30家，上市公司总股本达183.9亿股，同比增长15.6%；总市值为1 276.9亿元，同比增长6.3%；2012年，广西上市公司通过资本市场融资56.1亿元，其中，百洋股份在深圳证券交易所挂牌上市，募集资金5.3亿元，债券筹资额为50.8亿元，上市公司融资结构不断优化。

表3　2012年广西壮族自治区证券业基本情况

项目	数量
总部设在辖内的证券公司数（家）	1
总部设在辖内的基金公司数（家）	1
总部设在辖内的期货公司数（家）	0
年末国内上市公司数（家）	30
当年国内股票（A股）筹资（亿元）	5.3
当年发行H股筹资（亿元）	0
当年国内债券筹资（亿元）	323.3
其中：短期融资券筹资额（亿元）	8.4
中期票据筹资额（亿元）	124.6

数据来源：广西证监局。

3. 股票交易有所萎缩。2012年年末，广西证券经营机构证券交易总额为7 551.4亿元，同比减少15.5%，证券交易额占全国的比重为0.9%。证券投资者开户数191.7万户，同比增长5.3%。

（三）保险业平稳发展，保障范围稳步扩大

1. 业务平稳增长。2012年年末，广西累计实现原保险保费收入为238.3亿元，同比增长12.0%。保险赔付支出为74.4亿元，同比增长26.5%，其中，财产险赔付支出为46.5亿元，人身险赔付支出27.9亿元。保险密度为516.7元/人，同比增长12.9%；保险深度为1.8%，与上年持平。

2. 市场体系进一步健全。2012年，广西保险公司分支机构33家，比上年新增2家；保险从业人员7.3万人，其中营销员5.5万人；保险业总资产达到494.7亿元，同比增长18.5%。

3. 为“三农”提供风险保障。2012年，广西农业保险共提供风险保障99亿元，对各级财政和农民自缴保费放大效应分别高达104倍和283倍，支付农业、林业灾害损失赔款达9 500多万元。

表4　2012年广西壮族自治区保险业基本情况

项目	数量
总部设在辖内的保险公司数（家）	0
其中：财产险经营主体（家）	0
人身险经营主体（家）	0
保险公司分支机构（家）	33
其中：财产险公司分支机构（家）	19
人身险公司分支机构（家）	14
保费收入（中外资，亿元）	238.3
其中：财产险保费收入（中外资，亿元）	92.3
人身险保费收入（中外资，亿元）	146.0
各类赔款给付（中外资，亿元）	74.4
保险密度（元/人）	516.7
保险深度（%）	1.8

数据来源：广西保监局。

（四）金融市场总体平稳，融资结构明显改善

1. 直接融资规模再上新台阶。2012年，广西社会融资规模为2 683.9亿元，同比多增239.6亿元。直接融资快速增长，全年新增323.3亿元。其中，非金融企业新增债券融资达320亿元，创历史新高。直接融资新增额占比由第一季度的9.8%提高到第四季度的12.1%，社会融资规模呈现多元化发展趋势。

表5　2001～2012年广西壮族自治区非金融机构融资结构

单位：亿元、%

年份	融资量	比重		
		贷款	债券（含可转债）	股票
2001	151.1	93.4	0.0	6.6
2002	216.1	97.3	0.0	2.7
2003	450.6	94.9	1.8	3.4
2004	546.8	97.3	0.0	2.7
2005	478.6	97.9	2.1	0.0
2006	557.0	97.0	2.3	0.6
2007	743.0	95.0	1.4	3.6
2008	975.3	97.1	2.9	0.0
2009	2 271.4	99.0	0.6	0.4
2010	1 821.9	88.9	6.3	4.9
2011	1 913.8	86.9	9.0	4.1
2012	2 037.0	83.9	15.9	0.3

数据来源：中国人民银行南宁中心支行。

2. 货币市场交易量价回落。2012年，广西银行间债券市场成员债券回购交易金额同比增长15.9%，增速同比大幅回落188个百分点；现券交易金额同比减少15.7%；信用拆借交易金额同比减少84亿元。信用拆借加权平均利率4.6%，高于全国平均水平2.0个百分点，主要是因为广西信用拆借以拆入7天为主，而全国拆借市场期限以1天为主。

3. 票据融资量涨价跌。2012年，在稳健的货币政策背景下，票据融资再度成为广西金融机构合理匹配资产流动性和收益率的重要工具，市场交易异常活跃，承兑、贴现规模迅速扩大，市场利率应声回落。全年票据累计签发量同比多增1.3倍，贴现余额同比增长56%；贴现、转贴现加权平均利率分别由年初的8.9%、7.5%回落至年末的5.6%、4.9%。但受买断式再贴现业务停办影响，再贴现业务需求大幅减少，全年共投放再贴现13.5亿元，引导金融机构支持中小企业和涉农行业发展。

4. 黄金业务交易活跃。2012年，广西主要黄金生产企业产金量为2 049千克，同比增长4.5%。广西共有11家银行业金融机构开办黄金交易业务。由于国际金价的双向急剧波动，黄金市场短期投资机会大增，商业银行黄金业务交易活跃，全年各类黄金业务累计成交37.5吨，成交额达128.1亿元，其中，账户金仍是交易量最大的品种，实物黄金由于长期走势看涨，交易量增长较快。

表6 2012年广西壮族自治区金融机构票据业务量统计

单位：亿元

季度	银行承兑汇票承兑		贴现			
			银行承兑汇票		商业承兑汇票	
	余额	累计发生额	余额	累计发生额	余额	累计发生额
1	860.4	488.8	102.1	401.0	7.2	20.0
2	986.6	682.4	191.4	879.3	2.6	73.5
3	1 188.88	585.1	238.3	845.4	2.2	24.2
4	1 156.58	687.2	143.0	691.6	5.8	46.4

数据来源：中国人民银行南宁中心支行。

表7 2012年广西壮族自治区金融机构票据贴现、转贴现利率

单位：%

季度	贴现		转贴现	
	银行承兑汇票	商业承兑汇票	票据买断	票据回购
1	7.2221	9.4500	7.1064	5.9904
2	9.7263	5.6801	5.7869	5.2525
3	5.2883	6.0809	5.3448	4.5900
4	5.6635	6.2268	4.7956	4.9044

数据来源：中国人民银行南宁中心支行。

专栏2 多措并举 区域债券融资取得新突破

2012年，中国人民银行南宁中心支行主动作为、真抓实干，通过“三个通道、一个文件”搭建广西债券融资交流平台，取得显著成效。

一是畅通债券融资政策信息传输。依托金融市场联席会议制度，有效实现金融机构、企业与政府部门债券融资业务“无缝对接”。先后五次举办或组织面向多层次的、广覆盖的债券融资工具培训和座谈；向自治区政府报送141期《金融情况专报》，及时传达债券融资创新产品和经济金融最新发展情况的信息，有效地提高了各方对债券市场的认知度。二是建立大三方合作制度。2012年2月29日，成功促成广西区政府、中国银行间市场交易商协会和中国人民银行南宁中心支行在南宁签署《借助银行间市场助推广西“两区一带”发展合作备忘录》（以下简称大三方协议）。广西成为全国第8家与中国银行间市场交易商协会签署大三方协议的省份，也是首个签署大三方协议的民族自治地区，债券融资省级制度化的高层沟通合作交流平台成功构建，为广西企业通过银行间市场融资开辟了快车道。三是促成小三方合作制度，促进中小企业融资发展。2012年8月20日，成功促成中债公司与柳州市人民政府、中国人民银行柳州市中心支行签署广西首个《区域集优直接债务融资合作框架协议》

（以下简称小三方协议），成为全国第9个与中债公司签署小三方协议的省份；在广西构建首个地市层面债券融资合作机制，为解决中小企业直接债务融资难题开辟新篇章。四是着力优化债券融资政策环境。牵头协助自治区政府出台广西首部债券市场指导意见——《进一步加快推进广西企业利用债券市场融资的意见》，明确了推动企业利用债券融资的组织机构、工作措施和相关优惠政策，确保广西企业利用债券市场融资平稳较快增长。

在多方共同努力下，2012年广西债券融资总量增长较快，行业和地区分布更广，债券品种更为丰富。全年全区企业发行债券累计融资达437.9亿元，同比多发198.3亿元。二十多家广西区、市国资企业通过债券市场融资近300亿元，募集资金主要投向广西重大产业或基础设施建设项目。债券融资已成为稳增长背景下，助推投资、拉动广西经济的重要力量。受广西与中国银行间市场交易商协会签署合作备忘录利好的影响，广西在中国银行间市场交易商协会平台成功实现定向债务融资工具和资产支持票据两个融资券种零的突破，累计融资27亿元。7月20日，广西国有高峰林场成功发行4亿元中期票据，成为全国首家发行中期票据融资的国有林场。百色、来宾、防城港等市实现首发，目前，广西14个地市中已有9个地市的企业成功发行债券融资。

（五）金融生态不断优化，信用体系建设日益完善

2012年，广西信用体系建设日益完善，金融生态环境建设向更广层次推进。9月成功举办第四届中国—东盟金融合作与发展领袖论坛——中国—东盟征信市场专题，使金融生态环境建设向更广阔的区域推进。启动广西金融业诚信统一建设，保护金融消费者权益。中小企业和农村金融生态环境进一步改善，全年11 375户中小企业获得银行1 333亿元信贷支持，289万户已建立信用档案的农户获得银行发放贷款。金融机构通过信用体系有效防范了信贷风险，全年全区金融机构查询企业征信系统共拒绝发放贷款15亿元；月均查询个人征信系统超过40万次，共拒绝潜在风险的信贷业务申请7.6万笔、85亿元。

二、经济运行情况

2012年，按照稳中求进的工作总基调，广西着力稳增长、促转型、扩内需、惠民生，全区经济保持平稳较快发展，实现地区生产总值13 031.0亿元，同比增长11.3%（见图5）。内外需对经济增长保持较强拉动力，三次产业协同发展，物价水平明显回落，经济运行总体稳中有进。

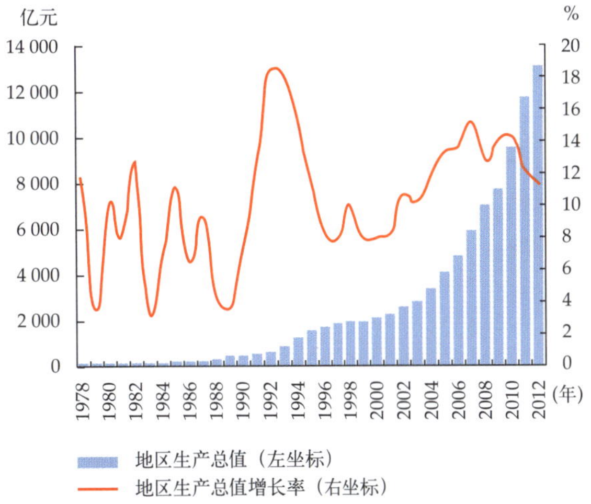

数据来源：广西壮族自治区统计局。

图5　1978～2012年广西壮族自治区地区生产总值及其增长率

（一）内需保持稳定增长，对外贸易增长较快

2012年，受宏观环境和政策因素影响，广西投资增速有所放缓；得益于居民收入稳步提高，城乡消费持续扩大；外贸呈现良好的发展态势，东盟仍为广西第一大贸易伙伴。

1. 投资增长有所放缓，民间投资持续活跃。2012年，广西投资快速增长的势头有所减弱，全

年全社会固定资产投资增速同比下滑5.3个百分点（见图6）；技改投资成突出亮点，增长39.4%；房地产投资增速明显回落，全年仅增长2.5%，同比回落21.9个百分点。分产业看，三次产业投资额分别比上年增长40.5%、30.0%和 20.4%。投资资金到位情况良好，民间投资持续活跃，增长31.7%，占固定资产投资的比重为60.7%，国有投资增长16.6%。

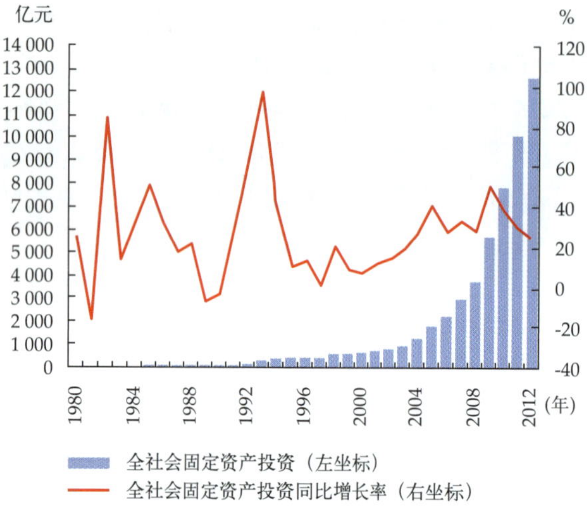

数据来源：广西壮族自治区统计局。

图6　1980～2012年广西壮族自治区固定资产投资及其增长率

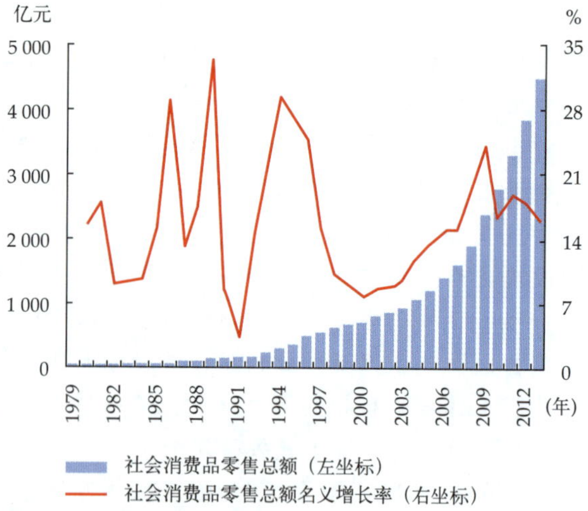

数据来源：广西壮族自治区统计局。

图7　1979～2012年广西壮族自治区社会消费品零售总额及其增长率

2. 城乡消费稳步扩大，消费意愿趋于谨慎。2012年，广西城镇居民人均可支配收入和农村居民纯收入分别同比增长9.2%和11.2%。得益于城乡居民收入的稳定增长，全年实现社会消费品零售总额为4 474.6 亿元，同比增长15.9%。中国人民银行南宁中心支行定点城市储户问卷调查显示，第四季度居民物价感受指数和就业形势指数分别比上个季度下降5.8个和1.9个百分点。但居民未来消费意愿有所下滑，选择“更多地消费”的受访者占比比上个季度下降4.3个百分点。

3. 外贸进出口快速增长，实际利用外商直接投资有所下降。2012年，广西外贸进出口总额为294.7亿美元，同比增长26.2%。出口总额和进口总额同比分别增长24.2%和28.5%，进出口顺差同比下降7.76%（见图8）。东盟继续保持广西第一大贸易伙伴地位，全年广西对东盟进出口占全区进出口总值的40.9%，其中对越进出口占80.7%。出口商品结构继续优化，高新技术产品出口同比增长43.6%，机电产品出口增长18.8%。2012年广西共批准设立外商投资企业109家，合同利用外资金额同比下降11.6%，实际利用外商直接投资金额同比下降26.2%（见图9）。外资投向仍以制造业为主，投向租赁和商业服务业的占比显著提高，同比上升18个百分点。

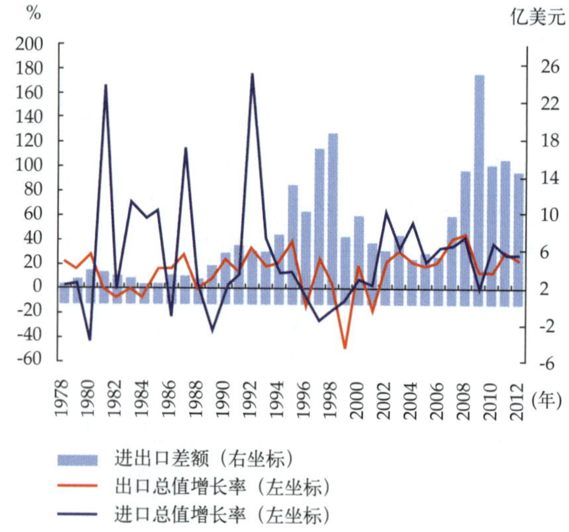

数据来源：南宁海关。

图8　1978～2012年广西壮族自治区外贸进出口变动情况

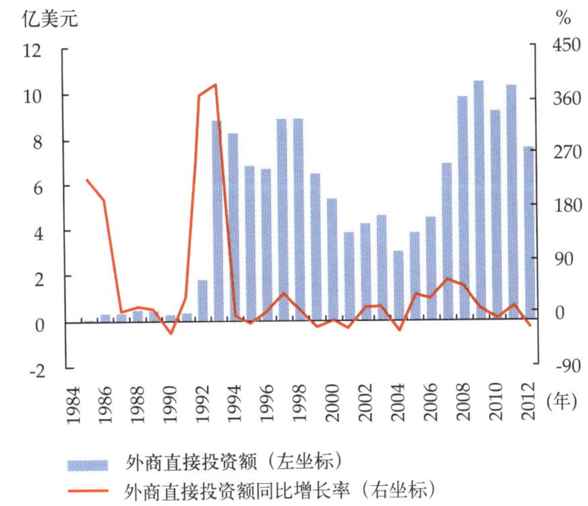

数据来源：广西壮族自治区商务厅。

图9　1984～2012年广西壮族自治区外商直接投资额及其增长率

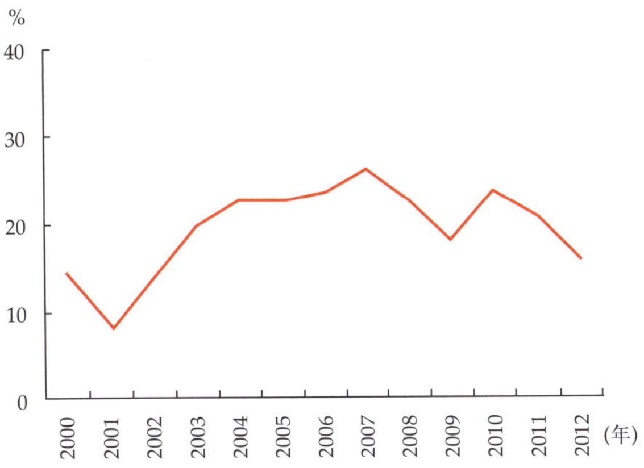

数据来源：广西壮族自治区统计局。

图10　2000～2012年广西壮族自治区规模以上工业增加值同比增长率

（二）三次产业协同发展，产业结构持续优化

2012年，广西三次产业结构由2011年的17.5∶48.4∶34.1调整为16.7∶48.6∶34.7，第二、第三产业占比有所提高，产业结构持续优化；三次产业对经济增长的贡献率分别为8.9%、62.5%和29.4%，工业发展占据主导。

1. 粮食产量创新高，优势农产品全面增产。2012年，广西实施"千万亩超级稻示范推广行动计划"，大力发展特色优势农产品生产，粮食产量创七年来最高，优势农产品全面增产，蚕茧产量和水果产量创历史最好水平。

2. 工业生产缓中趋稳，部分行业较快发展。2012年，受需求下降、成本上升双重挤压，广西工业企业生产经营面临较大困难，工业增幅减缓，全年工业增加值增长14%，其中规模以上工业增加值增长15.9%，同比下降4.9个百分点（见图10）。电子信息、石化、冶金、有色金属、食品和建材等部分重点行业保持较快发展。第四季度工业企业盈利状况好转，全年规模以上工业企业利润总额增长8.8%，工业产品产销率为95.4%，与上年持平。

3. 第三产业发展良好，旅游业表现活跃。2012年，广西第三产业发展状况良好，同比增长9.5%，对经济增长的贡献率为29.4%，同比提高2.2个百分点。金融业、营利性服务业、批发零售和交通运输、仓储和邮政业等行业加快发展，金融业增加值同比增长22.1%，比上年同期加快16.8个百分点，客货运输周转量增长17.0%，民航旅客吞吐量超过1 400万人次。旅游品牌战略不断推进，泛北部湾经济合作、中国—东盟自贸区等平台有效助推商务旅游交流，旅游业发展较快。

（三）物价稳中有降，总体运行平稳

1. 居民消费价格涨幅高于全国。在各级政府积极调控下，2012年广西CPI在2.6%～4.1%震荡（见图 11）。全年累计同比上涨3.2%，比上年下降2.7个百分点。从CPI构成结构看，八大类商品及服务价格全面上涨，食品是推动CPI上涨的重要因素。2012年食品价格涨幅达到5.2%，首先是食品中鲜菜价格涨幅巨大，达到19.0%，其次为油脂，涨幅达到8.2%。

2. 生产价格全面走低。2012年工业生产者出厂价格同比下降2.2%，比上年回落10.7个百分点，降幅高于全国平均水平0.5个百分点。工业生产者购进价格同比下降0.8%，比上年回落10.8个百分点，降幅低于全国平均水平1个百分点。全年农业生产资料价格累计同比上涨3.9%，涨幅低于上年8.3个百分点。全球经济增长乏力，外需疲软是工业生产价格全年趋降的主要因素。

3. 劳动力成本继续增加。2012年，广西居民

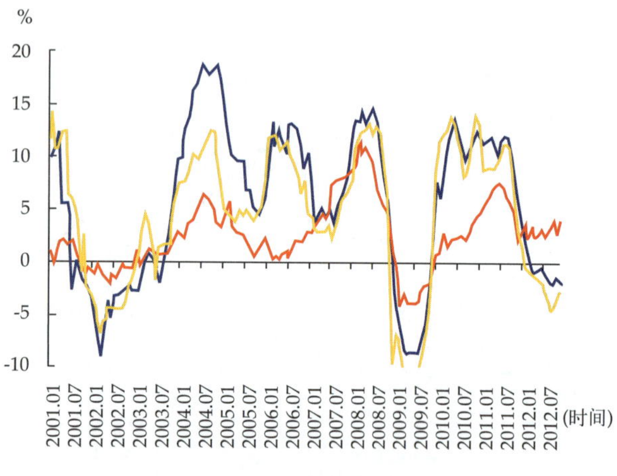

数据来源：广西壮族自治区统计局。

图11　2001～2012年广西壮族自治区居民消费价格和生产者价格变动趋势

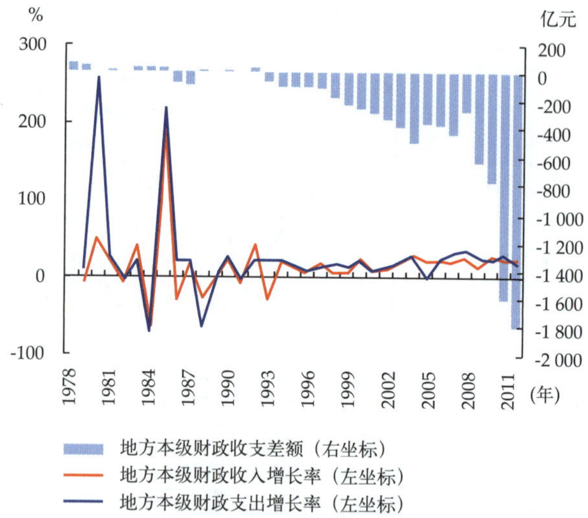

数据来源：广西壮族自治区统计局。

图12　1978～2012年广西壮族自治区财政收支状况

人均工资性收入持续增长，其中，城镇居民人均工资性收入和农村居民人均工资性收入分别增长8.4%和23.4%，主要受益于企业分配制度的改革以及就业渠道的不断拓宽。

4. 资源价格改革不断深化。自2012年7月1日起，正式实施居民阶梯电价，改革的正效应已显现。天然气价格形成机制改革仍在不断完善，但价格涨势渐趋明朗。居民用水阶梯价格改革进一步推进，兼顾资源可持续利用和基本消费保障。油价改革正在探索，以期形成调价周期更短、与国际油价紧密接轨的新机制。

（四）财政收入稳定增长，保障性支出达历年最好水平

2012年，受经济下行压力增大的影响，广西各级政府主动作为，正确面对严峻的财政经济形势，实现了财政收入稳步增长，年内全区财政收入总量达到1 810.1亿元，同比增长17.4%（见图12）。其中地方公共财政预算收入同比增长23%。全区公共财政预算支出为2 965.2亿元，同比增长16.5%。其中，全区财政民生投入占全区财政支出比重76%，实现了历年最好水平，教育、医疗、社保等民生领域支出得到切实保障。

（五）节能减排目标任务全面完成，可持续发展能力增强

2012年，广西深入开展以环境倒逼机制推动产业转型升级攻坚战，建成制糖、造纸、水泥、火电、钢铁、冶炼、酒精、淀粉等重点行业企业节能减排工程，城镇污水处理率和生活垃圾无害化处理率分别由2007年的37.5%和38%提高到2012年的77%和89%。推进重点行业企业清洁生产，淘汰落后产能，发展循环经济，实施农村环境连片整治示范项目。实施“绿满八桂”造林绿化、“北部湾绿色生态屏障”和“西江千里绿色走廊”等工程。全区14个设区市环境空气质量全部达到二级以上标准，优良天数比例由96.5%提高到98.8%；39条主要河流水质量达标率由91.9%提高到97.2%。近岸海域水质保持稳定，“山清水秀生态美”成为广西优势品牌。

（六）房地产业整体趋稳，旅游业迅猛发展

1. 广西房地产业平稳发展。2012年，广西房地产市场发展基本延续了上年回调态势，下半年伴随住房成交回暖，市场投资、价格、土地成交等指标出现企稳回升迹象。房地产贷款保持稳步

适度增长，优先满足保障性住房开发和个人首套房贷融资需求，符合宏观调控预期。

投资增长低位企稳，融资结构小幅调整。2012年，广西房地产开发投资额同比增长3.6%，同比回落20.8个百分点。年末资金到位速度有所加快，同比提高1.9个百分点。其中，国内贷款占比下降1.2个百分点，而自筹资金、定金及预付款占63.2%，仍为房地产开发的主要资金来源。

市场供给稳定增长，保障房目标超额完成。受市场不景气影响，开发商建设速度进一步放缓，全年房屋新开工面积同比下降0.5%（见图13）；但在保障性住房供给加大的支撑下，竣工面积保持了6.9%的增长速度。其中，保障性住房开工率达106.4%，竣工率达141.7%，超额完成目标任务。

房屋销售降幅收窄，年末消化速度加快。2012年全区商品房销售面积同比减少6.9%，降幅较上半年下降7个百分点。其中，桂林市销售面积保持小幅增长，而南宁、北海降幅收窄。随着第三季度以来销售速度的加快，年末全区待售面积增幅较上半年回落了46.6个百分点。

房价总体稳步上涨，热点城市房价降幅收窄。2012年全区商品房平均售价同比上涨11.9%，

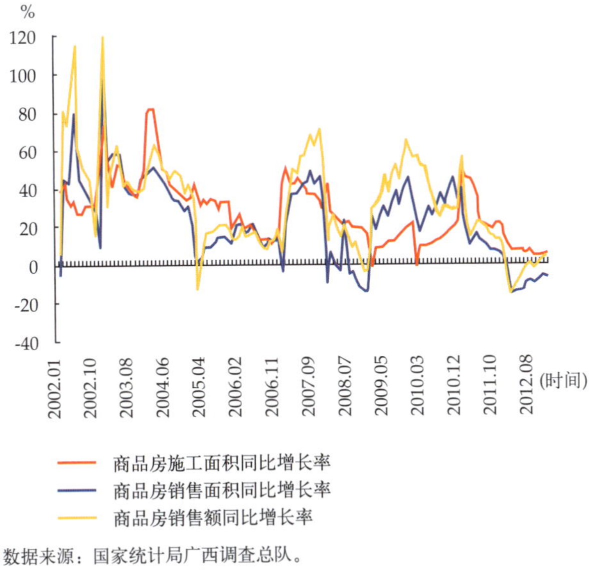

数据来源：国家统计局广西调查总队。

图13　2002～2012年广西壮族自治区商品房施工和销售变动趋势

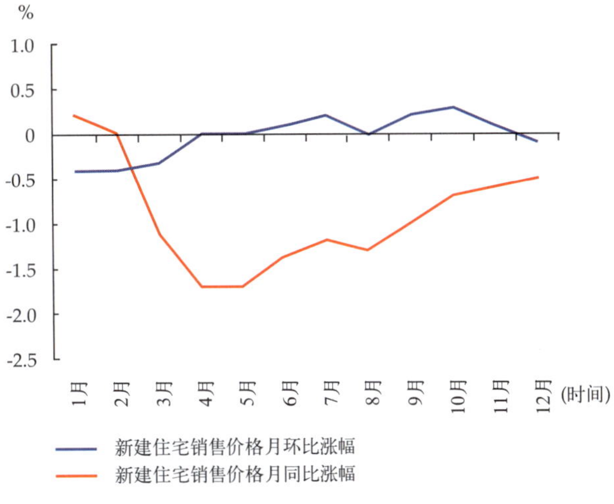

数据来源：国家统计局广西调查总队。

图14　2012年广西壮族自治区南宁市新建住宅销售价格变动趋势

涨幅同比提高5.5个百分点。其中，南宁、桂林、北海新建房价同比持续下降，第三季度以来降幅逐月收窄（见图14）；南宁市二手房价从8月开始止跌回升，桂林、北海二手房价依然没有走出下跌行情。

房地产贷款适度增长，差别化房贷政策效果进一步显现。2012年年末，全区房地产贷款余额同比增长11.1%，全年贷款增量高于上年。其中，在保障房开发贷款逐步放量的拉动下，开发贷款增速自6月开始止跌回升；而个人购房贷款增速同比仍回落2.8个百分点。首套房贷占比进一步扩大，2012年占比达94.5%，高于上年3.1个百分点；银行差别化定价能力提高， 12月执行下浮利率贷款、基准利率贷款分别占29.4%、37.6%，比1月分别提高28.4个、11.9个百分点。

金融支持保障房建设步伐加快，项目直接融资渠道取得新突破。2012年年末，全区保障性住房开发贷款、个人贷款余额同比分别增长96.8%和2.3倍。2012年保障房项目通过债券融资额16.4亿元、信托融资1亿元，南宁、百色、柳州列入公积金贷款支持保障性住房建设试点城市，获得4.42亿元的贷款额度。

2. 广西旅游业迅猛发展，已成为全区国民经济重要支柱产业。经过多年的科学筹划和形象宣

传，逐步形成以桂林山水为代表的自然山水风光、以刘三姐文化为代表的特色民族风情、以百色起义纪念公园为代表的红色文化等多元化旅游品牌。2008 年以来，旅游产业增速较快，全区游客总人数年均增长16.6%，旅游总收入年均增长25.4%，增幅均高于全国旅游业平均增速。2012年实现旅游总收入1 628亿元，占全区生产总值和第三产业总量的比重分别为12.5%、36.0%，较2008年分别提高了5个、16个百分点。同时，积极发挥旅游业扶贫帮困的带动引领作用，大力发展农家乐。现广西共有乡村旅游点1 000多个，农家乐3 000多家，精品线路15条，全区休闲农业景点接待游客3 890万人次，产业总收入达108.9亿元，农民增收50多亿元。

各金融机构紧紧抓住广西打造旅游强区的机遇，加大对主要景区景点、旅游饭店酒店建设的支持力度。2009～2012年，广西旅游业贷款余额年均增速高达29.4%，2012年年末，旅游业贷款余额为71.2亿元，同比增长63.7%。同时，正确引导企业通过直接融资方式降低融资成本，帮助区内唯一一家上市旅游企业——桂林旅游股份有限公司承销5亿元短期融资券，实现股票融资10.3亿元。并且根据旅游业发展特点，采用门票收入权质押、特定资产收费权质押、政府回购协议质押等新型担保方式，通过银团贷款和资产收益权类理财产品等多渠道为旅游企业提供投融资服务，解决旅游企业抵押担保难问题。

（七）着力统筹兼顾，促进“两区一带”[①]协调发展

2012年，广西继续实施“两区一带”战略，为区域协调发展注入强大的动力和活力。北部湾经济区继续发挥“龙头”作用，充分利用园区吸引大型项目和重点产业入驻，推进沿海沿江率先发展，生产总值增速高于全区2.2个百分点；在全球航运市场持续低迷的背景下，北部湾港吞吐量逆势上扬，全年完成吞吐量17 437万吨，同比增长13.8%，实现了历史性突破；我国第三个由两国政府合作的项目——中马产业园区建设步伐加快，首期5个项目已签约入园，建成达产后总产值将近100亿元。西江经济带充分发挥“动脉”优势，亿吨黄金水道建设目标基本实现，开启江海联动发展的“双核时代”；逐步形成汽车、机械、冶金、高新技术及建材等产业布局，承接东部产业转移势头迅猛，全年固定资产投资增速高于全区4.6个百分点，位居三大板块之首。桂西资源富集区强化“腹地”支撑作用，依托资源优势加快发展，以有色金属产业为主导，以铝、糖、锰、农产品加工等为骨干的产业体系逐步发展壮大；利用丰富的旅游资源积极探索产业发展模式带动群众脱贫致富。

三、预测与展望

2013年是全面深入贯彻落实党的十八大精神的开局之年，是实施“十二五”规划承前启后的关键一年，广西经济发展面临异常复杂的形势。从国际看，欧债危机持续发酵，发达经济体普遍面临高失业率、高财政赤字和高主权债务的“三高”难题，新兴经济体受外需持续疲弱和内部结构性问题的双重困扰，世界经济将维持低速增长。从国内看，经济内生增长动力不足，发展中不平衡、不协调的问题较多，经济增长下行压力仍然存在。从区内看，产业结构不合理、企业竞争力较弱、创新能力不足等问题仍较为突出。同时，也存在一些有利因素。随着中央对西部地区、民族地区和边疆地区扶持力度加大，中国—东盟经贸关系进一步深化，广西后发优势将明显增强，并且作为城镇化、工业化推进的主攻地区，投资和消费拉动经济增长后劲较强。总体而言，预计2013年全区生产总值增速仍高于全国水平3～4个百分点，全社会固定资产投资增长20%以上，社会零售品总额增长15%左右。

从物价走势看，虽然当前广西物价上涨过快的势头已逐步得到缓解，但面临劳动力成本上升、资源品价格上涨等通胀因素，总体来看，2013年全区物价调控压力仍然较大。

从金融形势看，2013年广西金融机构将继续

① “两区一带”指北部湾经济区、桂西资源富集区和西江经济带。

贯彻落实稳健的货币政策，保持信贷平稳适度增长，积极盘活存量资金。进一步优化信贷资源配置，加大对重点领域和薄弱环节的支持力度。积极参与民生金融工作，加快构建多层次、广覆盖、可持续的“民生金融扶弱”服务体系。着力扩大社会融资规模，利用企业债券融资平台成功搭建契机，推动债券市场快速发展。同时，做好政府融资平台贷款、表外业务等潜在的风险管理和缓释工作，全面提升金融服务水平，为广西经济健康快速发展提供强大支持。

中国人民银行南宁中心支行货币政策分析小组
总　纂：杨小平　关守科
统　稿：袁朝霞　谢　艳　杨　涛
执　笔：李　根　邓蒂妮　安立波　蓝日德　朱燕宇　陈　普　易庆玲　辛悦玲　夏梦迪
提供材料的还有：覃　琪　秦义春　罗冬泉　杨喜孙　钱　琳　董志汇　邱　海

附录

（一）2012年广西壮族自治区经济金融大事记

2月29日，中国银行间市场交易商协会与中国人民银行南宁中心支行、广西壮族自治区金融办在南宁共同签署《借助银行间市场助推广西“两区一带”发展合作备忘录》，广西成为第8个与中国银行间市场交易商协会签署合作备忘录的地区。

3月14日，全区金融工作会议在南宁召开。

4月26日，广西金融业诚信建设共同宣言暨金融业保护金融消费者权益自律公约签订仪式在南宁举行。

5月21日，中国人民银行南宁中心支行联合广西壮族自治区工信委在南宁举行广西万家成长型小企业信贷扶持工程启动仪式。

8月20日，中债信用增进投资股份有限公司与广西柳州市人民政府、中国人民银行柳州市中心支行在柳州成功签署《区域集优直接债务融资合作框架协议》，广西成为第9个与中债信用增进投资股份有限公司签署此类协议的省份。

8月30日，广西北部湾沿海经济区（钦州、北海、防城港沿海三市）社会信用体系建设启动仪式在钦州市举行，这是广西乃至全国第一个跨区域共建社会信用体系建设的示范区域。

9月17日，广西首批第三方支付业务许可证颁发仪式在南宁举行。

9月22日，第四届中国—东盟金融合作与发展领袖论坛暨中国—东盟征信市场专题在南宁召开。

12月21日至23日，2012首届中国—东盟金融博览会在南宁举办。

12月28日，中国人民银行东兴市支行挂牌成立，这是1998年中国人民银行管理体制调整以来总行在全国范围内第二个批准筹建的县级支行。

（二）2012年广西壮族自治区主要经济金融指标

表1　2012年广西壮族自治区主要存贷款指标

		1月	2月	3月	4月	5月	6月	7月	8月	9月	10月	11月	12月
本外币	金融机构各项存款余额（亿元）	13 278.3	13 542.8	14 182.3	14 171.9	14 445.0	15 033.8	14 964.1	15 022.1	15 358.8	15 467.2	15 588.8	15 966.6
	其中：储蓄存款	6 905.4	6 987.0	7 266.3	7 162.5	7 234.3	7 461.3	7 397.4	7 445.9	7 652.8	7 565.4	7 617.5	7 931.3
	单位存款	5 851.7	5 964.8	6 438.8	6 475.5	6 515.0	6 900.0	6 810.3	6 952.5	7 135.3	7 228.8	7 305.9	7 464.3
	各项存款余额比上月增加（亿元）	-249.3	264.5	639.5	-10.4	273.2	588.8	-69.7	58.0	336.7	108.4	121.6	377.8
	金融机构各项存款同比增长（%）	13.7	12.5	14.3	15.0	15.5	16.6	17.0	16.5	18.0	18.5	18.5	18.0
	金融机构各项贷款余额（亿元）	10 832.8	10 988.0	11 227.6	11 380.5	11 531.7	11 732.6	11 828.3	11 944.9	12 107.2	12 231.2	12 272.7	12 355.5
	其中：短期	2 633.5	2 746.0	2 923.0	2 988.5	3 021.6	3 095.2	3 112.1	3 167.8	3 287.7	3 352.0	3 391.5	3 467.8
	中长期	7 984.5	8 025.2	8 067.4	8 113.7	8 184.6	8 277.0	8 306.3	8 337.2	8 395.3	8 473.4	8 497.5	8 537.7
	票据融资	112.4	109.8	119.7	155.6	193.9	209.1	246.1	277.2	252.4	236.2	214.4	167.5
	各项贷款余额比上月增加（亿元）	185.6	155.2	239.6	152.9	151.2	200.9	95.7	116.6	162.2	124.0	41.5	82.8
	其中：短期	113.9	112.5	177.0	65.5	33.1	73.6	16.9	55.7	119.9	64.3	39.5	76.3
	中长期	70.7	40.7	42.2	46.3	70.9	92.4	29.3	31.0	58.0	78.1	24.1	40.3
	票据融资	-5.5	-2.7	9.9	35.9	38.3	15.2	37.1	31.0	-24.8	-16.2	-21.8	-46.9
	金融机构各项贷款同比增长（%）	18.2	17.6	18.0	18.2	18.0	17.7	17.7	17.6	18.1	17.8	16.8	16.1
	其中：短期	42.4	41.2	43.5	43.1	40.5	42.0	41.2	42.1	44.0	42.4	40.2	37.6
	中长期	11.4	10.4	9.5	9.1	9.1	8.4	8.3	7.7	7.9	8.4	7.9	7.9
	票据融资	-14.9	3.6	35.0	93.1	120.3	143.3	122.9	131.4	90.6	91.3	74.2	42.1
	建筑业贷款余额（亿元）	197.9	198.7	205.2	215.3	231.6	235.7	238.1	244.5	251.7	254.0	253.1	243.3
	房地产业贷款余额（亿元）	502.0	508.9	514.6	507.6	502.7	508.2	505.7	499.7	496.9	497.8	494.6	510.2
	建筑业贷款同比增长（%）	19.5	18.2	17.0	18.5	21.1	17.7	18.4	22.9	23.8	21.3	18.1	9.8
	房地产业贷款同比增长（%）	-0.5	0.0	2.0	2.2	2.5	4.5	4.1	1.7	1.7	2.3	0.2	1.3
人民币	金融机构各项存款余额（亿元）	13 205.9	13 467.8	14 098.4	14 077.2	14 345.2	14 905.0	14 848.1	14 906.9	15 241.1	15 349.0	15 471.4	15 856.0
	其中：储蓄存款	6 877.6	6 960.6	7 238.4	7 134.3	7 205.0	7 432.2	7 368.8	7 418.2	7 625.4	7 536.5	7 588.5	7 900.8
	单位存款	5 809.2	5 918.3	6 384.9	6 410.7	6 449.3	6 802.2	6 725.1	6 866.5	7 047.0	7 141.3	7 219.0	7 385.7
	各项存款余额比上月增加（亿元）	-246.9	261.9	630.6	-21.2	268.0	559.8	-56.9	58.8	334.2	107.9	122.4	384.6
	其中：储蓄存款	223.6	83.1	277.7	-104.1	70.7	227.3	-63.4	49.4	207.3	-88.9	52.0	312.3
	单位存款	-613.6	109.1	466.6	25.8	38.5	353.0	-77.2	141.4	180.5	94.3	77.6	166.8
	各项存款同比增长（%）	13.6	12.4	14.3	14.8	15.2	16.5	17.0	16.5	17.9	18.3	18.3	17.9
	其中：储蓄存款	17.8	15.4	15.5	15.2	15.7	16.5	16.9	17.5	18.6	18.7	18.5	18.7
	单位存款	9.6	9.5	13.0	15.2	13.8	15.6	15.2	16.4	17.2	17.5	16.8	15.0
	金融机构各项贷款余额（亿元）	10 593.1	10 732.8	10 944.8	11 089.7	11 228.6	11 376.9	11 471.9	11 595.7	11 717.3	11 828.5	11 857.9	11 941.4
	其中：个人消费贷款	1 994.6	2 007.2	2 031.2	2 046.3	2 060.4	2 073.1	2 092.3	2 116.6	2 146.7	2 179.1	2 216.2	2 246.9
	票据融资	112.4	109.8	119.7	155.6	193.9	209.1	246.1	277.2	252.4	236.2	214.4	167.5
	各项贷款余额比上月增加（亿元）	183.8	139.8	211.9	145.0	138.9	148.3	95.0	123.8	121.6	111.2	29.4	83.5
	其中：个人消费贷款	29.2	12.6	24.0	15.1	14.1	12.7	19.2	24.3	30.1	32.4	37.1	30.7
	票据融资	-5.5	-2.7	9.9	35.9	38.3	15.2	37.1	31.0	-24.8	-16.2	-21.8	-46.9
	金融机构各项贷款同比增长（%）	17.1	16.5	16.7	16.7	16.5	16.6	16.6	16.6	16.5	16.5	15.4	14.7
	其中：个人消费贷款	17.8	16.9	16.1	14.8	14.1	13.2	13.2	13.1	13.4	13.3	13.7	14.3
	票据融资	-14.9	3.7	35.1	93.2	120.4	143.5	122.9	131.4	90.6	91.3	74.2	42.1
外币	金融机构外币存款余额（亿美元）	11.5	11.9	13.3	15.1	15.8	20.4	18.3	18.2	18.6	18.8	18.7	17.6
	金融机构外币存款同比增长（%）	47.9	45.4	33.0	65.8	73.2	28.0	21.4	23.2	28.4	51.6	53.5	48.3
	金融机构外币贷款余额（亿美元）	38.0	40.6	44.9	46.3	47.8	56.2	56.3	55.0	61.5	63.9	66.0	65.9
	金融机构外币贷款同比增长（%）	109.9	102.2	117.4	138.7	125.9	75.8	71.1	72.0	95.8	74.2	83.3	74.5

数据来源：中国人民银行南宁中心支行。

表2 2001～2012年广西壮族自治区各类价格指数

单位：%

年/月		居民消费价格指数		农业生产资料价格指数		工业生产者购进价格指数		工业生产者出厂价格指数	
		当月同比	累计同比	当月同比	累计同比	当月同比	累计同比	当月同比	累计同比
2001		—	0.6	—	-2.3	—	3.7	—	6.3
2002		—	-0.9	—	-1.8	—	-4.4	—	-4.4
2003		—	1.1	—	2.4	—	1.2	—	2.8
2004		—	4.4	—	15.3	—	16.3	—	9.7
2005		—	2.4	—	10.5	—	8.2	—	4.9
2006		—	1.3	—	1.0	—	11.4	—	9.6
2007		—	6.1	—	14.4	—	6.1	—	4.5
2008		—	7.8	—	24.0	—	10.6	—	9.0
2009		—	-2.1	—	-5.8	—	-4.9	—	-6.5
2010		—	3.0	—	1.9	—	11.2	—	12.0
2011		—	5.9	—	12.2	—	10.0	—	8.5
2012		—	3.2	—	3.9	—	-0.8	—	-2.2
2011	1	5.8	5.8	6.4	6.4	11.5	11.5	9.0	9.0
	2	6.0	5.9	7.8	7.1	11.8	11.6	9.3	9.1
	3	6.8	6.2	9.5	7.9	12.0	11.7	9.4	9.2
	4	7.6	6.5	12.1	9.0	11.7	11.7	9.1	9.2
	5	7.7	6.8	14.4	10.0	10.4	11.5	9.9	9.3
	6	7.7	6.9	16.3	11.1	11.8	11.5	10.2	9.5
	7	7.4	7.0	16.1	11.8	12.1	11.6	11.3	9.7
	8	6.6	6.9	15.6	12.3	12.1	11.6	11.7	11.0
	9	5.8	6.8	15.7	12.7	10.1	11.5	10.0	10.0
	10	5.2	6.6	15.7	12.7	7.8	11.1	7.1	9.7
	11	2.7	6.3	10.4	12.4	5.8	10.6	3.6	9.1
	12	1.9	5.9	9.4	12.2	4.1	10.0	1.9	8.5
2012	1	3.7	3.7	9.6	9.6	2.0	2.0	0.2	0.2
	2	2.6	3.1	10.3	10.0	0.8	1.4	-0.8	-0.3
	3	3.4	3.2	8.7	9.5	-0.3	0.8	-1.1	-0.6
	4	2.6	3.0	7.3	9.0	-1.2	0.3	-1.4	-0.8
	5	3.0	3.0	4.4	8.0	-0.6	0.1	-1.4	-0.9
	6	3.0	3.0	2.9	7.1	-0.5	0	-2.0	-1.1
	7	2.6	3.0	1.2	6.2	-1.1	-0.1	-2.9	-1.4
	8	3.4	3.0	0.5	5.5	-1.7	-0.3	-4.2	-1.7
	9	3.9	3.1	0.4	4.9	-2.0	-0.5	-4.6	-2
	10	2.8	3.1	1.0	4.5	-1.5	-0.6	-3.3	-2.2
	11	3.9	3.2	1.2	4.2	-1.9	-0.7	-2.7	-2.2
	12	4.1	3.2	1.3	3.9	-1.9	-0.8	-2.1	-2.2

数据来源：国家统计局广西调查总队。

表3　2012年广西壮族自治区主要经济指标

	1月	2月	3月	4月	5月	6月	7月	8月	9月	10月	11月	12月
绝对值（自年初累计）												
地区生产总值（亿元）	—	—	2 546.7	—	—	5 329.5	—	—	8 296.0	—	—	13 031.0
第一产业	—	—	285.6	—	—	617.7	—	—	1 185.9	—	—	2 172.4
第二产业	—	—	1 351.3	—	—	2 755.2	—	—	4 227.1	—	—	6 333.1
第三产业	—	—	909.8	—	—	1 956.7	—	—	2 883.1	—	—	4 525.6
工业增加值（亿元）	—	—	—	—	—	—	—	—	—	—	—	—
固定资产投资（亿元）	—	688.5	1 727.8	2 600.4	3615.2	5 395.5	6 202.4	7 018.9	8 172.1	9 287.2	10 712.3	12 171.8
房地产开发投资	—	149.5	307.3	406.1	547.4	769.9	863.3	970.8	1 083.4	1 229.9	1 383.4	1 554.9
社会消费品零售总额（亿元）	—	—	1 052.6	—	—	2 111.9	—	—	3 234.7	—	—	4 474.6
外贸进出口总额（万美元）	—	400 300.0	635 400.0	864 000.0	1 108 200.0	1 314 000.0	1 503 200.0	1 701 500.0	1 927 300.0	2 294 800.0	2 633 400.0	2 947 400.0
进口	—	221 400.0	325 000.0	447 500.0	574 000.0	686 500.0	785 700.0	884 300.0	1 000 300.0	1 123 600.0	1 270 500.0	1 400 500.0
出口	—	178 900.0	310 400.0	416 500.0	534 300.0	627 500.0	717 500.0	817 100.0	927 000.0	1 171 200.0	1 363 000.0	1 546 800.0
进出口差额(出口－进口)	—	-42 500.0	-14 600.0	-31 000.0	-39 700.0	-59 000.0	-68 200.0	-67 200.0	-73 300.0	47 600.0	92 500.0	146 300.0
外商实际直接投资（万美元）	—	6 520.0	22 210.0	26 200.0	32 900.0	45 000.0	46 279.0	49 700.0	54 100.0	56 500.0	65 400.0	74 900.0
地方财政收支差额（亿元）	—	-122.0	-277.3	-357.2	-473.3	-609.6	-691.6	-880.3	-1 197.0	-1 270.6	-1 436.8	-1 799.2
地方财政收入	—	159.9	279.8	344.8	428.1	601.4	666.3	728.9	839.4	921.4	1 005.8	1 166.0
地方财政支出	—	282.0	557.1	702.0	901.3	1 211.1	1 357.9	1 609.2	2 036.4	2 192.0	2 442.6	2 965.2
城镇登记失业率(%)(季度)	—	—	3.4	—	—	3.4	—	—	3.4	—	—	3.4
同比累计增长率（%）												
地区生产总值	—	—	11.5	—	—	11.4	—	—	11.2	—	—	11.3
第一产业	—	—	4.7	—	—	5.8	—	—	5.6	—	—	5.6
第二产业	—	—	14.8	—	—	14.0	—	—	14.1	—	—	14.4
第三产业	—	—	8.8	—	—	9.4	—	—	9.1	—	—	9.5
工业增加值	—	16.0	17.0	17.0	16.9	16.7	16.3	16.1	16.0	16.0	15.9	15.9
固定资产投资	—	28.6	28.9	28.8	29.6	29.7	27.5	25.3	25.9	26.2	25.8	24.8
房地产开发投资	—	29.2	23.4	13.3	13.8	14.3	9.3	6.7	2.8	2.8	2.2	2.5
社会消费品零售总额	—	—	16.5	—	—	15.7	—	—	15.6	—	—	15.9
外贸进出口总额	—	38.2	36.7	34.4	32.0	28.0	21.3	15.9	13.7	21.8	26.6	26.2
进口	—	37.8	32.7	39.6	42.0	40.4	35.8	30.2	26.9	25.6	26.7	28.5
出口	—	38.7	41.2	29.3	22.7	16.8	8.6	3.7	2.2	18.4	26.5	24.2
外商实际直接投资	—	-56.2	-14.1	-16.4	-10.9	-13.2	-25.0	-29.1	-33.7	-35.2	-30.3	-26.2
地方财政收入	—	14.9	23.3	16.8	17.9	21.6	18.9	18.4	21.7	20.7	20.0	23.0
地方财政支出	—	41.3	41.8	39.9	36.9	27.4	22.1	22.8	27.0	21.5	12.8	16.5

数据来源：广西壮族自治区统计局。

2012年海南省金融运行报告

中国人民银行海口中心支行货币政策分析小组

[内容摘要] 2012年，海南省深入贯彻科学发展观，按照“项目建设年”的工作要求，落实国际旅游岛建设各项政策，加快经济增长方式转变，推进经济结构优化升级。投资增长强劲，消费稳步增长，三次产业日趋协调发展，经济运行呈现“增长趋稳、结构优化、价格回落、民生改善”的良好态势。海南省金融机构积极支持实体经济发展，加快金融产品创新，丰富金融服务手段，加大重点项目和薄弱领域支持力度。多家银行、保险机构进驻，多个新型农村金融机构组建开业，金融组织体系逐步完善。银行业运行效益和质量稳步提升，证券业融资功能有效发挥，保险业运行稳中有进，金融市场交易活跃，金融生态环境建设成效明显。金融业的快速发展丰富了海南省现代服务业的内涵，有力地支持了海南省经济社会发展。

2013年，海南省将以转变发展方式、实现绿色崛起为主线，坚持“抓统筹、促协调、惠民生”，实现经济社会协调发展。海南省金融机构将继续贯彻落实稳健的货币政策，保持社会融资规模合理增长，着力优化信贷结构，提升金融运行效率，逐步建立与国际旅游岛相适应的现代金融服务体系。

一、金融运行情况

2012年，海南省金融业保持健康发展态势，银行业规模、质量、效益持续提升，证券和保险业平稳运行，金融市场交易活跃，金融生态环境明显改善。

（一）银行业经营稳健，机构体系逐步健全

1. 经营效益不断提高，机构体系进一步健全。2012年，海南省银行业经营管理进一步改善，资产规模和利润增长较快，增速分别达到17.6%和14.2%。资产质量持续改善，不良贷款余额和比例呈现“双降”态势。中信银行、招商银行进驻开业，中国民生银行三亚分行、上海浦发银行海口分行获批筹建，结束了海南省十五年来没有银行分支机构入驻的局面（见表1）。

2. 存款较快增长，增量同比提升。2012年年末，海南省本外币存款余额为5 109.7亿元，同比增长13.3%；比年初增加599.7亿元，同比多增

表1　2012年海南省银行业金融机构情况

机构类别	营业网点			法人机构（个）
	机构个数（个）	从业人数（人）	资产总额（亿元）	
一、大型商业银行	502	11 844	3 414.1	0
二、国家开发银行和政策性银行	19	591	1 937.3	0
三、股份制商业银行	25	1 025	453.3	0
四、城市商业银行	0	0	0	0
五、城市信用社	0	0	0	0
六、小型农村金融机构	406	4 080	995.7	20
七、财务公司	3	115	64.2	3
八、信托公司	0	0	0	0
九、邮政储蓄银行	346	1 480	387.4	0
十、外资银行	1	33	13.8	0
十一、新型农村金融机构	12	179	17.1	12
十二、其他	0	0	0	0
合　计	1 314	19 347	7 282.9	35

注：营业网点不包括国家开发银行和政策性银行、大型商业银行、股份制银行等金融机构总部数据；大型商业银行包括中国工商银行、中国农业银行、中国银行、中国建设银行和交通银行；小型农村金融机构包括农村商业银行、农村合作银行和农村信用社；新型农村金融机构包括村镇银行、贷款公司和农村资金互助社。

数据来源：中国人民银行海口中心支行。

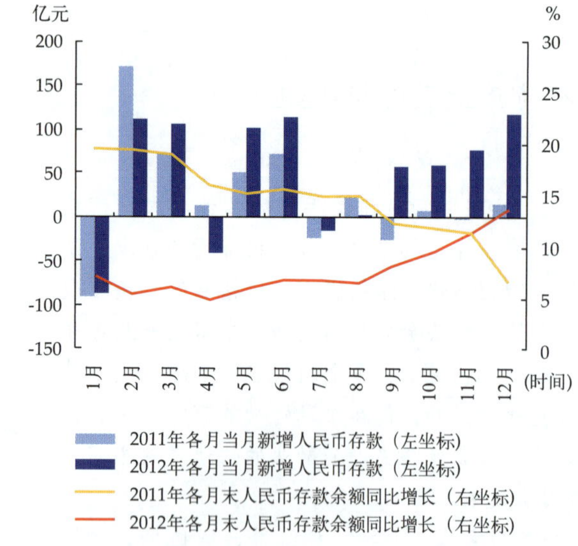

数据来源：中国人民银行海口中心支行。

图1　2011～2012年海南省金融机构人民币存款增长

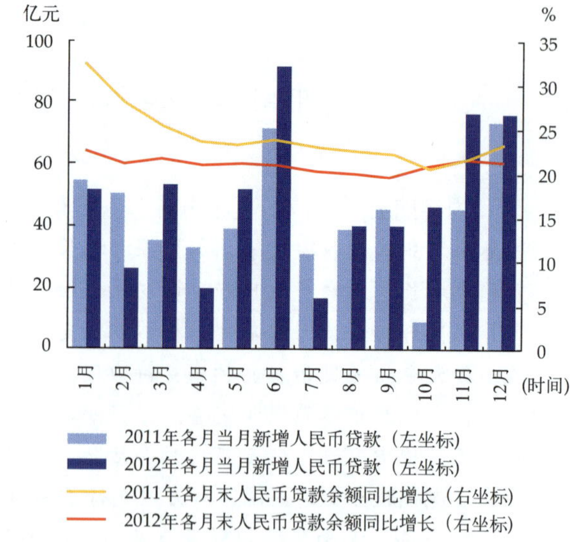

数据来源：中国人民银行海口中心支行。

图2　2011～2012年海南省金融机构人民币贷款增长

312.3亿元（见图1）。其中，储蓄存款和单位存款分别同比增长15.8%和11.7%。存款的较快增长主要得益于全省经济基本面的好转，对岛外资金的吸引力增强，全年银行业机构跨省资金净流入159.0亿元。同时，银行机构的密集进驻在一定程度上也起到了积聚资金的作用。

3. 贷款增速趋稳，投放结构更趋合理。随着“项目建设年”的扎实推进，项目投资进程加快，有力地拉动了全省信贷资金需求。2012年年末，海南省本外币贷款余额为3 889.6亿元，同比增长21.7%；比年初增加694.7亿元 (见图2、图3)。

信贷结构不断改善，助推经济转型升级和社会协调发展。一是信贷投放区域分布更趋均衡。海口、三亚以外的其他县市新增贷款比重明显提升，同比提高10.3个百分点。二是信贷投放重点突出。从行业投向看，基础设施和房地产行业新增贷款明显下降，合计增量占比下降18.8个百分点；服务业贷款较快增长，住宿和餐饮业、租赁和商务服务业新增贷款合计占比提高6.4个百分点。三是金融支持经济薄弱环节力度有所加大。涉农贷款增速高于本外币贷款增速9.6个百分点，小额担保贷款余额同比大幅增长53.4%。

4. 贷款利率下行，存款利率差别化格局逐步形成。2012年，受两次降息和两次下调存款准备

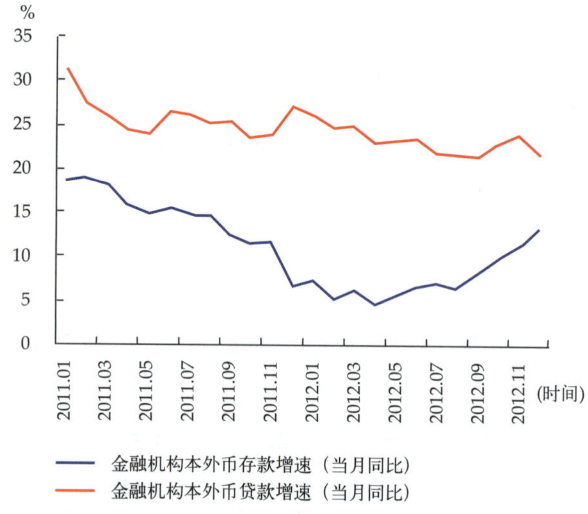

数据来源：中国人民银行海口中心支行。

图3　2011～2012年海南省金融机构本外币存、贷款增速

金率的综合影响，海南省金融机构人民币贷款加权平均利率在第二季度达到高点后，下半年出现下降。银行议价能力明显增强，全年利率上浮贷款占比同比提高8.3个百分点（见表2）。2012年6月，存款利率的浮动上限调整为基准利率的1.1倍。海南省存款利率差别化的格局逐步形成，商业银行存款利率浮动各异，而地方法人金融机构存款利率基本上浮到顶。

表2 2012年海南省金融机构人民币贷款各利率区间占比

单位：%

月份		1月	2月	3月	4月	5月	6月
	合计	100.0	100.0	100.0	100.0	100.0	100.0
	[0.9，1.0)	0.7	4.3	0.4	7.3	15.8	8.2
	1.0	50.2	67.5	56.3	46.7	50.0	50.3
上浮水平	小计	49.1	28.3	43.3	46.3	34.2	41.5
	(1.0，1.1]	27.3	16.8	21.2	26.4	11.0	16.7
	(1.1，1.3]	17.8	9.8	17.6	16.9	20.1	19.4
	(1.3，1.5]	3.8	1.7	3.5	2.5	2.2	5.4
	(1.5，2.0]	0.2	0	0.9	0.4	0.9	0
	2.0以上	0	0	0	0.1	0	0
月份		7月	8月	9月	10月	11月	12月
	合计	100.0	100.0	100.0	100.0	100.0	100.0
	[0.9，1.0)	9.0	11.0	17.4	17.3	20.9	11.6
	1.0	54.3	37.6	38.3	37.6	33.1	38.2
上浮水平	小计	36.7	51.4	44.3	45.1	46.0	50.2
	(1.0，1.1]	13.5	23.2	19.5	23.7	23.2	26.3
	(1.1，1.3]	18.5	22.5	20.1	19.0	16.3	14.8
	(1.3，1.5]	4.7	4.6	3.7	2.1	5.2	5.5
	(1.5，2.0]	0.1	1.0	1.0	0.2	1.3	3.5
	2.0以上	0	0	0	0	0	0

注：2012年8~12月统计数据的下浮区间为[0.7，1.0)。

数据来源：中国人民银行海口中心支行。

5. 地方金融机构改革成效明显，农村金融服务持续改善。2012年，农村信用社改革进展顺利，全省农村信用社的20.96亿元专项票据全部兑付完毕；经营状况明显改善，与上年相比，拨备覆盖率上升55.0个百分点，成本收入比下降4.2个百分点，净利润提升47.5%；狮子岭信用社成功改制为海口联合农村商业银行，金牌城市信用社重组改制工作稳步推进。9家小额贷款公司、1家村镇银行获批开业。

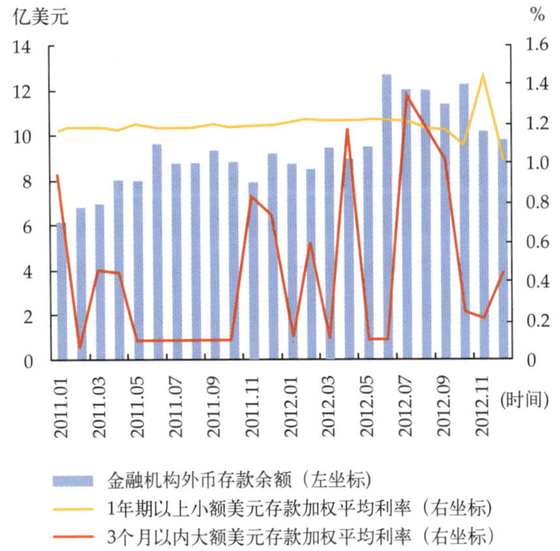

数据来源：中国人民银行海口中心支行。

图4 2011～2012年海南省金融机构外币存款余额及外币存款利率

6. 跨境人民币业务稳步推进，服务国际旅游岛建设能力增强。2012年，海南省累计发生跨境人民币业务95.9亿元。市场主体参与意愿继续加强，办理跨境人民币业务的银行和企业分别增至9家和257家。其中，办理跨境人民币业务的旅游业企业新增68家，同比增长47.8%，旅游相关产业跨境贸易和境外收入人民币结算金额分别同比增长11.9倍和2.9倍。国际邮轮补给服务、帆船游艇服务、国际论坛会费及免税商品跨境采购等人民币结算业务取得突破。

专栏1 积极推进三沙市支付体系建设 金融服务环境明显改善

2012年6月三沙市成立以来，为改变该地区支付结算手段单一、金融服务相对滞后的状况，中国人民银行海口中心支行切实履行中央银行职责，加强三沙市金融基础设施建设，积极改善支付服务环境，取得明显成效。

一、开通大小额支付系统，改善支付服务环境

2012年7月27日，中国人民银行海口中心支行组织协调中国工商银行西沙群岛、南沙群岛、中沙群岛支行（以下简称“三沙工行”）开通大、小额支付系统。系统开通后，可提供实时到账的跨行转账服务，满足岛上军民的即时支付需求，结束了三沙市不能直接办理个人跨行汇兑的历史。同时，还提供成本更低、与百姓生活密切相关的支付服务，如代发工资、公用事业收费、税款缴纳等，有效地改善了当地的支付服务环境。截至2012年年末，已办理跨行汇款业务1 829笔、金额935万元。

二、增加机具投放，提高银行卡服务水平

为充分发挥银行卡的安全便捷功能，中国人民银行海口中心支行积极鼓励、引导收单机构到三沙市布放POS机，并协调对三沙市银行卡特约商户予以优惠的手续费扣率。截至2012年年末，中国工商银行、中国邮政储蓄银行在三沙市首府永兴岛的超市、宾馆、酒店、海鲜排档等布放银行卡POS机10台，三沙市通过银行卡POS交易272笔、金额8.2万元，有效地改变了三沙市银行卡配套服务设施少、银行卡使用率较低的局面。

三、丰富支付服务手段，拓宽支付结算渠道

工行三沙分行积极开办网上银行、手机银行等新型支付业务，并在网点加装自助服务终端设备，引导客户通过网上银行或网点自助终端办理转账汇款等业务，减轻因办理业务时间集中造成的柜台排队压力，使三沙市军民基本能享受与内陆相同的金融支付服务。截至2012年年末，通过自助服务终端汇款1 835笔、金额996万元；网上银行交易924笔、金额18 973.1万元；手机银行交易304笔、金额971.1万元。

四、规范账户办理流程，缩短账户核准时间

2012年9月，中国人民银行支付结算司下发《关于支持海南省三沙市支付结算服务加快发展的复函》，批准中国人民银行海口中心支行依据工行三沙分行传真的相关资料办理核准类业务，对核准类人民币银行结算账户业务流程予以优化、规范，有效缩短核准类账户的办理时间，满足存款人办理人民币银行结算账户业务的需要。

（二）证券市场运行平稳，后备上市企业数量明显增加

2012年，海南省证券业平稳发展，经营机构数量稳步增加，资本市场融资功能有效发挥。

1. 证券期货经营机构数量增加，经营状况呈现分化格局。2012年，海南省证券期货经营机构内部控制、风险管理和客户服务水平进一步提升。全年新增3家证券营业部和2家期货营业部（见表3）。证券期货经营机构盈利水平明显分化，全省法人证券公司净利润同比增长2.5倍，期货公司净利润同比增长2.7倍，但证券营业部净利润同比下降59.2%。

表3 2012年海南省证券业基本情况

项目	数量
总部设在辖内的证券公司数（家）	2
总部设在辖内的基金公司数（家）	0
总部设在辖内的期货公司数（家）	4
年末国内上市公司数（家）	26
当年国内股票（A股）筹资（亿元）	99.3
当年发行H股筹资（亿元）	0
当年国内债券筹资（亿元）	107.5
其中：短期融资券筹资额（亿元）	5.0
中期票据筹资额（亿元）	29.0

数据来源：海南证监局。

2. 证券市场融资功能持续发挥，后备上市资源培育工作有效推进。2012年，海南省上市公司增至26家，共募集资金104.3亿元，年末总市值同比增长17.7%；后备上市资源库企业达103家，同比增长13.2%，涵盖旅游、制药、工业、渔业等多个行业。

（三）保险业体系渐趋完善，农业险保障功能增强

2012年，海南省保险业发展呈现稳中有进的态势，市场组织体系逐步完善，阳光人寿保险公司总部落户三亚，华安财险海南分公司开业。全省保险公司资产规模和保费收入持续增长，增幅分别达到19.5%和12.1%（见表4）；经营效益良好，财险公司账面净利润同比增长62.4%。政策性农业保险试点进展顺利，险种和覆盖面继续扩大。2012年，海南省农业保险新增森林保险和甘蔗保险2个险种，试点险种增至13个，农业保险保费收入同比增长68.5%。11月，海南省遭受“山神”台风等重大自然灾害影响，保险业及时查勘理赔，对经济的保障补偿功能得到有效发挥。

表4　2012年海南省保险业基本情况

项目	数量
总部设在辖内的保险公司数（家）	1
其中：财产险经营主体（家）	0
人身险经营主体（家）	1
保险公司分支机构（家）	23
其中：财产险公司分支机构（家）	12
人身险公司分支机构（家）	11
保费收入（中外资，亿元）	60.3
其中：财产险保费收入（中外资，亿元）	25.1
人身险保费收入（中外资，亿元）	35.1
各类赔款给付（中外资，亿元）	18.2
保险密度（元/人）	680.0
保险深度（%）	2.1

数据来源：海南保监局。

（四）金融市场交易日趋活跃，直接融资功能逐步发挥

1. 区域融资规模稳步增长，结构有所优化。2012年，海南省非金融机构通过贷款、债券、股票三种融资方式融入资金901.5亿元，同比增长9.2%。银行信贷仍是融资主渠道，但随着金融市场的发展，直接融资快速增长，增速达到42.6%；债券和股票合计占比同比提高5.3个百分点，达到近五年来的最高水平（见表5）。

表5　2001～2012年海南省非金融机构部门融资结构

单位：亿元、%

年份	融资量	比重		
		贷款	债券（含可转债）	股票
2001	14.2	100.0	0.0	0.0
2002	75.3	90.3	0.0	9.7
2003	125.6	90.8	0.0	9.2
2004	124.5	100.0	0.0	0.0
2005	98.0	100.0	0.0	0.0
2006	210.8	60.3	6.2	33.5
2007	158.0	63.6	27.7	8.7
2008	320.9	87.0	12.2	0.8
2009	581.5	95.5	2.2	2.3
2010	713.8	79.7	3.2	17.1
2011	825.6	82.4	9.2	8.4
2012	901.5	77.1	11.9	11.0

数据来源：中国人民银行海口中心支行、海南证监局。

2. 货币市场交易品种增加，市场交易更加活跃。2012年海马财务有限公司加入银行间债券市场，打破了长期以来市场参与主体均为银行机构的交易格局。全年现券交易融入、融出同比分别增长113.2%和68.4%；质押式回购融出同比增长131.3%；累计完成信用拆入3.3亿元。

3. 票据市场稳步发展，交易品种日益丰富。2012年，海南省金融机构累计签发银行承兑汇票90.2亿元，累计实现企业直贴102.7亿元，买断式转贴202.5亿元，买入返售票据1 097.5亿元，票据贴现业务已成为金融机构优化信贷资产结构的重要工具（见表6）。在市场流动性充裕的背景下，第二季度票据市场利率明显回落，随着稳健的货币政策有效执行，下半年票据市场利率水平趋稳（见表7）。

表6　2012年海南省金融机构票据业务量统计

单位：亿元

季度	银行承兑汇票承兑		贴现			
			银行承兑汇票		商业承兑汇票	
	余额	累计发生额	余额	累计发生额	余额	累计发生额
1	93.7	118.0	35.4	156.3	30.6	5.2
2	45.2	65.9	96.2	260.4	1.7	2.2
3	36.1	64.9	101.8	246.9	2.2	6.4
4	72.0	15.3	64.4	246.9	1.6	6.4

数据来源：中国人民银行海口中心支行。

表7　2012年海南省金融机构票据贴现、转贴现利率

单位：%

季度	贴现		转贴现	
	银行承兑汇票	商业承兑汇票	票据买断	票据回购
1	8.0216	0	6.4143	5.7000
2	4.9427	5.4921	5.0941	4.7209
3	5.7633	5.4000	4.9801	4.5625
4	5.7908	6.0317	5.1435	4.8237

数据来源：中国人民银行海口中心支行。

4. 贵金属衍生品交易明显增长。2012年，海南省金融机构逐步开展多元化的贵金属衍生品交易，相关品种已经成为重要的投资工具。全省实现个人账户铂金交易6 075笔，同比增长14.3%。受黄金价格持续走高的影响，实现代理上海黄金交易所原始金交易51.5亿元，同比增长4.3倍。

（五）金融生态建设扎实推进，社会信用环境有效改善

2012年，海南省扎实推进信用体系建设，加快金融服务创新，金融生态环境建设取得明显成效。一是积极推动中小企业和农村信用体系建设，截至2012年年末，为7 159家中小企业和74 016户农户建立信用档案。二是出台金融消费者权益保护办法，并在三亚、琼海两市开展金融消费者权益保护试点工作。三是将银行卡POS终端、点菜系统、价格显示终端与综合支付平台对接，探索出一条金融服务创新与政府信息化监管有效结合之路。2012年中秋、“十一”黄金周期间，三亚海鲜排档未发生客户投诉欺客宰客事件。

二、经济运行情况

2012年，海南省大力推进“项目建设年”各项工作，“调结构、转方式、惠民生”取得新进展。全年实现地区生产总值2 855.3亿元，同比增长9.1%（见图5），高于全国水平1.3个百分点。人均地区生产总值达32 374元，首次突破5 000美元。

（一）三大需求保持较快增长，内部结构继续优化

2012年，海南省三大需求结构逐步优化，投资成为拉动经济发展的重要引擎，消费需求稳步提升，外贸平稳增长。

1. 投资快速增长，结构持续改善。2012年，海南省稳步推进“项目建设年”，投资持续快速增长，固定资产投资同比增长27.9%（见图6）。其中，265个重点项目投资同比增长77.9%，完成年度计划投资的117.8%。投资结构明显改善，一是第一产业投资明显提速，同比增长1.6倍；二是区域投资结构优化，中、西部市县投资分别增长39.7%和53.7%，明显高于东部市县；三是保障性住房投资力度不断增大，全年城镇开工建设保障性住房套数比年度计划数高出11.4%。

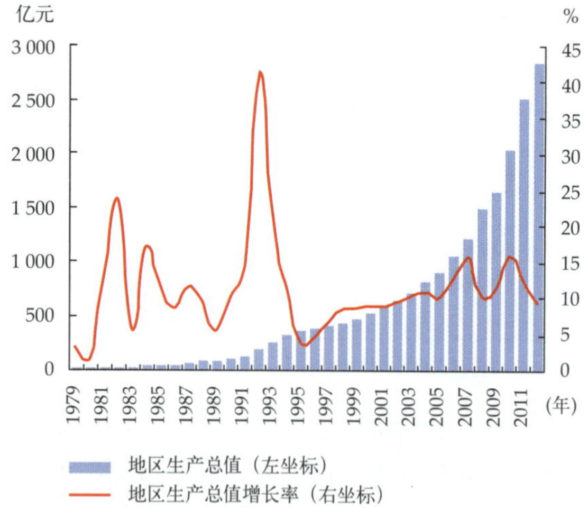

数据来源：海南省统计局。

图5　1979～2012年海南省地区生产总值及其增长率

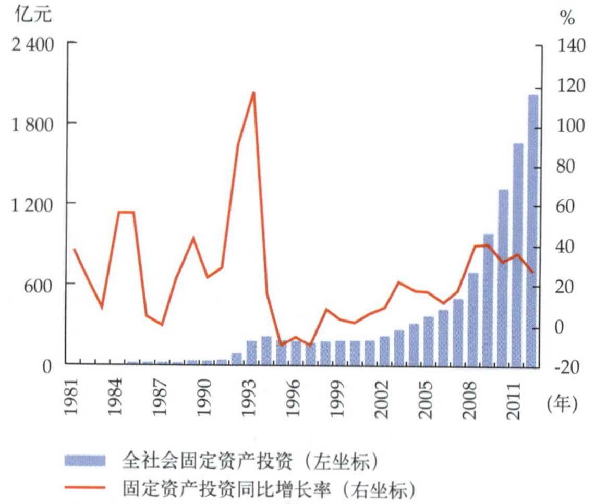

数据来源：海南省统计局。

图6　1981～2012年海南省固定资产投资及其增长率

2. 居民收入快速增长，消费需求稳步提升。2012年，海南省积极促进就业，提升社会保障水平，加大转移支付及支农惠农政策力度，城镇居民人均可支配收入和农村居民人均纯收入分别同比增长13.9%和14.9%。在城乡居民消费能力增强的同时，海南省继续执行家电、汽车、农资下乡政策，举办旅游、汽车、数码、美食、水产等一系列促销活动，推广节庆、会展消费，推动了消费的稳步增长，全年消费品零售额同比增长15.0%（见图7）。此外，海南省切实保护旅游消费者权益，调整放宽离岛免税政策，全年旅游过夜人数

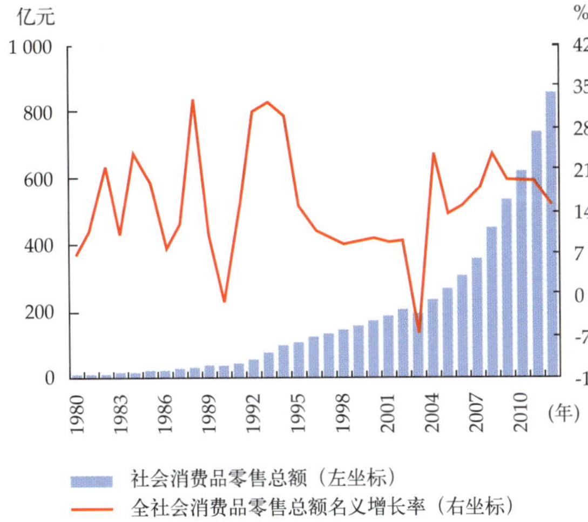

数据来源：海南省统计局。

图7　1980～2012年海南省社会消费品零售总额及其增长率

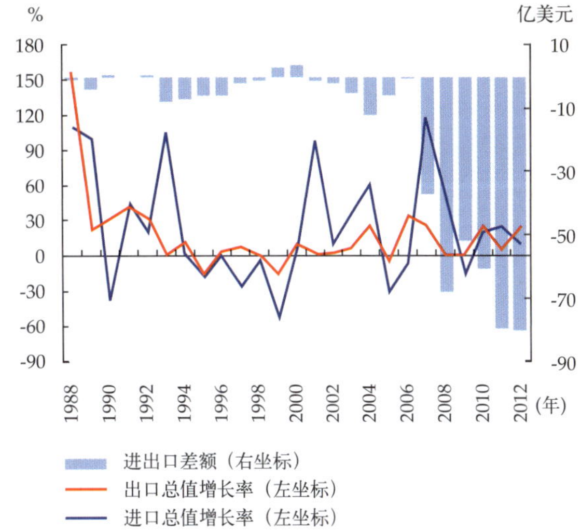

数据来源：海南省统计局。

图8　1988～2012年海南省外贸进出口变动情况

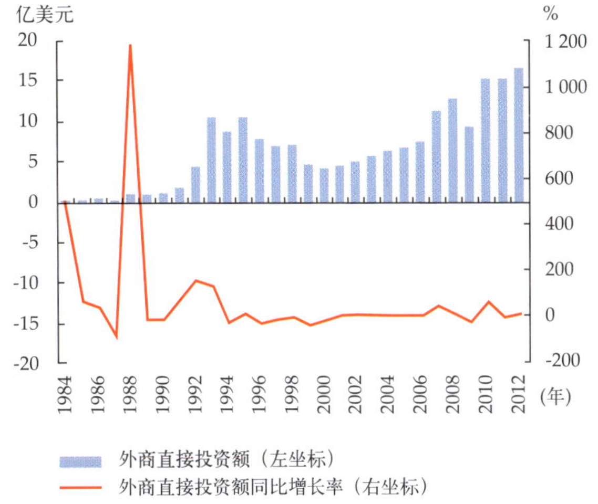

数据来源：海南省统计局。

图9　1984～2012年海南省外商直接投资额及其增长率

和旅游总收入保持两位数以上的增长，免税商品零售额同比增长1.2倍。

3. 外贸结构优化升级，外资利用平稳增长。2012年，海南省从商务、海关、财税、检验检疫、港口物流等方面着手，综合采取三十三项措施，克服了国际油价起伏、美国光伏太阳能电池“双反”调查、水产品国际市场价格下降等不利因素影响，促进外贸稳步发展，进出口总额同比增长12.3%（见图8）。外贸结构持续优化，高新技术产品出口份额同比提升3.3个百分点；贸易对象趋向多元化，对东盟、非洲、中东等新兴市场出口份额同比提升6.8个百分点。海南省把握国际旅游岛建设契机，加大吸引和利用外资力度，全年实际利用外商直接投资同比增长7.8%，协议合同外商投资同比增长68.0%（见图9）。

（二）三次产业协调发展，结构调整取得进展

2012年，海南省加大财政税收扶持力度，有效推进产业结构调整和发展方式转变，产业发展协调性有所增强，三次产业比例由上年的26.2∶28.4∶45.4调整为24.9∶28.2∶46.9，第三产业主导地位日益提升。

1. 农业生产平稳增长，特色农业加快发展。2012年，海南省继续加大强农惠农政策力度，积极稳妥推进国家“五地一区”①热带现代农业基地建设，农业增加值同比增长6.3%，连续十六年保持6.0%以上的增长势头。热带特色高效农业

① “五地一区”指国家冬季瓜菜生产基地、热带水果基地、南繁育制种基地、渔业储存加工出口基地、天然橡胶基地和无规定动物疫病区。

加快发展，蔬菜、水果、干胶产量分别同比增长6.8%、7.1%和7.5%；深海捕捞能力不断增强，深水网箱养殖规模亚洲最大，罗非鱼及其制品出口量全国第一；“无疫区”品牌效应推动畜牧业较快发展，“澶牛鸡”获批省内首个通过国家审定认证的畜禽配套系新品种。

2.工业结构优化，企业效益有所下滑。2012年，海南省通过建设英利及汉能太阳能电池、中航特玻、海口药谷、生态软件园和创意产业园区等项目，逐步构建以新能源、新材料、生物医药、高端装备制造和信息为代表的战略性新兴产业群，推动全省工业实现较快增长，规模以上工业增加值同比增长8.9%（见图10）。受国际、国内市场低迷的影响，工业企业经济效益下滑，利润总额同比下降9.6%。

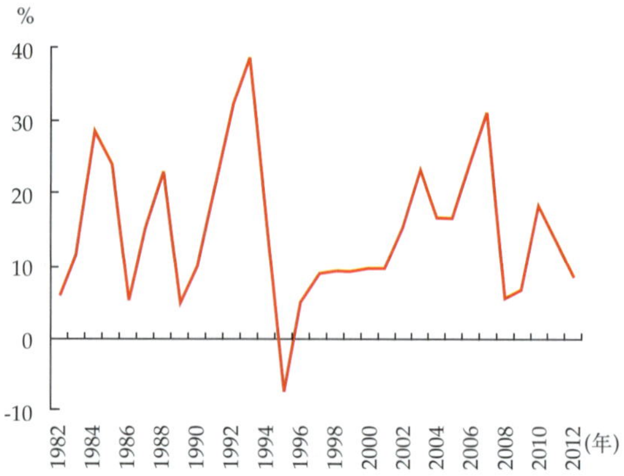

数据来源：海南省统计局。

图10　1982~2012年海南省规模以上工业增加值同比增长率

3. 服务业稳步增长，旅游业健康发展。2012年，海南省服务业增加值同比增长9.4%，对经济增长的贡献率为48.8%。随着国际旅游岛建设的推进，海南省进一步整顿和规范旅游市场秩序，严格执行旅游酒店重大节假日限价政策，启动国际旅游岛全国推广活动，举办多项重大体育赛事和会议，推动旅游业持续较快发展，全年接待旅游过夜人数为3 320.4万人次，同比增长10.6%；旅游总收入为379.1亿元，同比增长17.0%。

（三）物价涨幅回落，劳动力报酬稳步提升

1. 居民消费价格涨幅趋缓。2012年，海南省加强物价调控，落实物价补贴联动机制，积极建设平价商店，推动农超对接，居民消费价格上涨势头得到有效抑制。全年CPI累计上涨3.2%，涨幅同比回落2.9个百分点，低于年初预期调控目标1.8个百分点。

2. 生产价格回落势头明显。2012年，受国际大宗商品价格持续走低影响，海南省生产价格指数明显回落，工业生产者购进价格和工业生产者出厂价格分别有8个月和5个月出现同比负增长（见图11）。全年工业生产者购进价格指数累计下降0.4%；工业生产者出厂价格指数累计上涨0.8%，涨幅同比回落8.0个百分点；农业生产资料价格累计上涨4.3%，涨幅同比回落11.3个百分点。

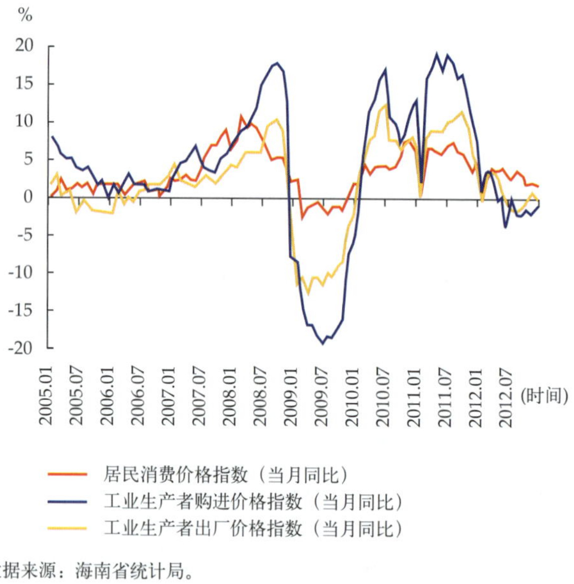

数据来源：海南省统计局。

图11　2005~2012年海南省居民消费价格和生产者价格变动趋势

3. 劳动力报酬稳步提高，就业形势趋好。2012年，海南省着力提高中低收入者收入水平，全省月最低工资标准上调220元。全年城镇新增就

业人数9.7万人，同比增长2.1%；农村劳动力转移9.3万人，同比增长1.1%；年末城镇登记失业率为2%，继续保持在较低水平。

（四）财政收入稳健增长，重点保障民生支出

2012年，得益于经济较快恢复、税收清缴力度加大，海南省地方公共财政收入增势稳健，同比增长20.4%（见图12）。财政支出结构进一步优化，继续向保重点、保民生、保稳定方向倾斜。地方公共财政支出同比增长17.9%，其中，教育、城乡社区事务、住房保障、医疗卫生支出增幅分别高于地方财政支出9.4个、8.8个、7.6个、3.0个百分点，重点民生领域得到有效保障。

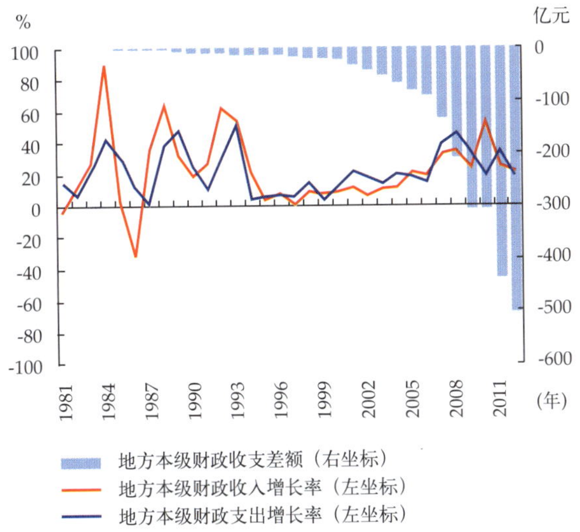

数据来源：海南省统计局。

图12 1981～2012年海南省财政收支状况

（五）生态省建设有效推进，环境保护成效明显

2012年，海南省继续推进生态省建设。一是推进生态循环经济园区建设，抓好再生资源回收利用体系试点，积极发展海洋生态产业。二是推进节能减排工程，提高城镇生活污水和生活垃圾无害化处理能力，继续实施沼气利用工程。三是提升饮用水安全保障水平，加快推进南渡江、万泉河、昌化江三大流域水污染防治，建立城乡饮用水水源污染应急预警体系。四是积极开展“绿化宝岛”行动，提高公益林管护补偿标准，组织实施海南岛中部山区热带雨林水源地保护工程。五是大力推进生态乡镇、示范村建设，新建文明生态村631个、小康环保示范村34个。

节能减排和环境保护措施取得明显成效。全省万元规模以上工业增加值能耗同比下降4.3%；化学需氧量（COD）、二氧化硫（SO_2）排放量分别同比下降8.3%和11.3%；城镇生活污水集中处理率同比提高3个百分点，生活垃圾无害化处理率达100%；城镇环境空气质量优良天数比例为100%，96.4%的监测日环境空气质量符合国家一级标准；地表水环境质量总体为优，绝大部分近岸海域处于清洁状态；森林覆盖率达61.5%，同比提高1.0个百分点。

专栏2 海南省海洋经济发展全面提速

海南省是我国海洋面积最大的省份，授权管辖海域面积为200万平方公里，为陆地面积的60多倍，发展海洋经济优势得天独厚。近年来，在多重政策措施推动下，海南省海洋经济发展方向日趋明确，发展海洋经济正成为优化区域产业结构、拓展发展空间和推进可持续发展的重要抓手。

一、海洋经济发展的政策优势逐步体现

《国务院关于推进海南国际旅游岛建设发展的若干意见》中明确指出，将海南建设成为“南海资源开发和服务基地”、“世界一流的海岛休闲度假旅游目的地”。2012年6月，国家批准设立三沙市，正式启动南海开发开放，为海南发展海洋经济注入强大的动力。2012年7月，国家海洋局针对海南提出包括大力支持发展新兴海洋产业、重点支持发展海洋先进制造业和海洋现代服务业等在内的8项支持措施。2012年11月，国务院发布《关于海南省海洋功

能区划（2011～2020年）的批复》。在此基础上，海南省结合自身实际出台支持海洋经济发展的政策，以建设海洋经济强省为目标，通过科学制订和实施海洋经济发展规划，加快南海资源开发，推动海洋经济跨越式发展。

二、海洋经济发展的产业基础逐步夯实

海南省渔业、旅游、矿产资源丰富，南海石油地质储量约占全国油气总资源量的1/3，海洋渔业、滨海旅游业、海洋交通运输业、海洋油气业将成为海洋经济的四大支柱产业。2012年，海南省渔业产值176.1亿元，占第一产业增加值的24.7%；接待旅游过夜人数3 320.4万人次，为2007年的1.8倍；旅游收入379.1亿元，为2007年的2.2倍。海洋基础设施不断完善，全省已有沿岸港湾84个、港口码头总泊位143个、万吨级以上深水泊位34个，港口货物吞吐量突破1亿吨，形成了北有海口港、南有三亚港、西有洋浦港和八所港、东有清澜港的"四方五港"格局。其中，洋浦港是规划建设中的区域国际航运枢纽和物流中心，清澜港将成为重要的支线补充港和国家航天发射基地的主要海运枢纽。

三、海洋经济成为区域经济的重要增长点

近年来，海洋经济成为海南省经济的重要组成部分，并持续保持快速增长势头。2012年，全省海洋生产总值达到2007年的2.2倍，对地区生产总值的贡献率达到28.6%；近五年全省海洋生产总值年均增速达17.4%，高于同期GDP年均增速5.8个百分点；13个沿海市县生产总值占全省比重高达91.8%。根据海南省政府关于加快建设海洋强省的目标，到2015年，海南省海洋生产总值占GDP的比重达30%左右，到2020年达到35%以上，海洋经济综合实力和核心竞争力不断提升。

四、金融支持海洋经济发展的力度加大

一是银行信贷支持力度加大。以渔业为例，2012年年末，全省金融机构对渔业部门贷款余额为20.7亿元，同比增长39.8%，明显高于同期各项贷款增速。金融机构与海洋管理部门的合作加强，对海洋经济项目的银团贷款、渔船抵押贷款等信贷模式和产品创新增多。2009年，农业发展银行海南省分行和海南省海洋与渔业厅签署战略合作协议，计划五年内向海洋经济重点项目新增授信135亿元。二是保险业对海洋经济的保障力度加大。2012年前三个季度，全省共有2.9万余名渔民参加海上人身意外伤害保险，参加渔船保险的船只3 392艘，理赔金额为422万元。政策性渔业保险为渔民灾后恢复生产提供充分保障，促进了海南省海洋渔业发展。三是涉海企业通过证券市场获得融资。截至2012年年末，海峡股份、中海海盛等4家涉海上市企业发行融资和再融资规模总计约20亿元。

（六）房地产市场平稳运行，金融业快速发展

1. 房地产调控成效显现，房地产金融平稳运行。房地产市场"以价换量"，楼市交易小幅回升。2012年，海南省房地产市场呈现"前低后高"的运行态势，自6月起，岛内刚性需求释放，岛外需求回升，市场预期趋好，"以价换量"促销效果显现，房地产销售逐步回暖。全省房屋销售面积为931.8万平方米，同比增长4.9%，增幅同比提高1个百分点（见图13、图14）。

房地产投资稳步增长，保障性住房建设提速。2012年，海南省房地产投资同比增长36.2%，高于全国水平20.0个百分点。保障性住房建设进度明显加快。全年城镇保障性安居工程开工建设8.4万套，占计划开工套数的111.4%；其中，竣工7.2万套、595.6万平方米，分别同比增长46.9%和54.8%，超额完成全年任务。

房地产贷款增速放缓，金融风险可控。2012年年末，全省房地产贷款余额同比增长13.2%，增幅同比下降18.3个百分点。部分金融机构对房地产行业贷款持审慎态度，房地产开发贷款增速明显回调，增幅同比回落49.9个百分点。受益于岛内住

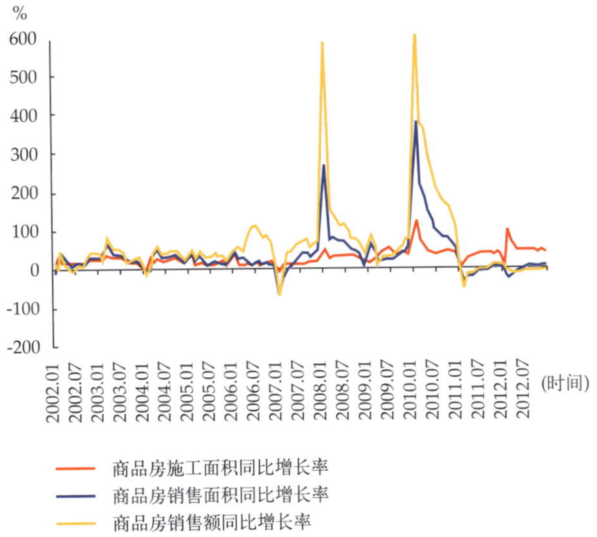

数据来源：海南省统计局。

图13　2002～2012年海南省商品房施工和销售变动趋势

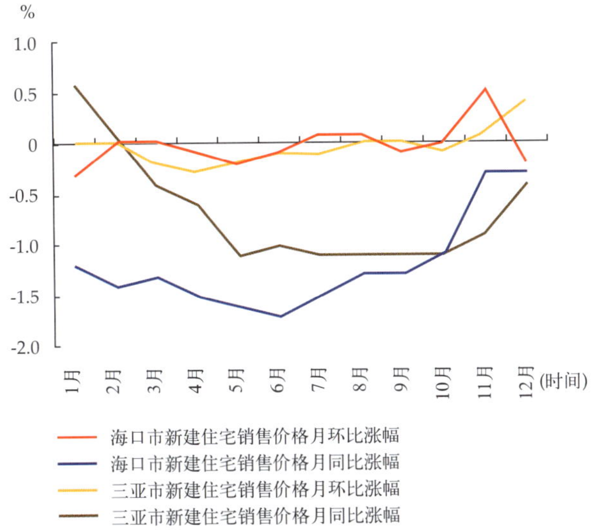

数据来源：海南省统计局。

图14　2012年海口市、三亚市新建住宅销售价格变动趋势

房刚性需求的稳步入市，个人住房贷款同比增长2.7%，增幅同比提高1.9个百分点，连续8个月保持加快势头。全省房地产贷款不良率较低，仅为0.4%，同比下降0.1个百分点，低于全国水平0.8个百分点。

2.金融业发展加速，经济贡献度提升。近年来，海南省以支持实体经济为导向，以金融“五个一工程”①为总抓手，有序推进金融业快速发展。2012年，全省实现金融业增加值131.0亿元，同比增长21.3%，增速远高于其他产业。与2007年相比，全省金融业增加值增长4.8倍，在地区生产总值中的占比提高了2.8个百分点。

三、预测与展望

2013年，国际经济环境依然复杂多变，欧元区经济前景仍不容乐观，但美国多项经济数据逐步好转，大部分新兴经济体保持较强的增长动力，全球经济复苏形势趋好。随着我国党政换届交接完成，稳增长、转方式与调结构的政策组合效应发挥，国内经济平稳较快发展态势进一步稳固。2013年是“十二五”规划中期评估年，海南省正处于国际旅游岛建设政策效应释放的黄金期，国际旅游岛建设聚集的动能可望加速释放，海南经济将继续保持较快增长，金融支持经济发展能力将进一步提升。

投资方面，全省继续推进“项目建设年”活动，2013年安排省重点项目349个，年度计划投资1 505亿元，一批重要产业项目、基础设施项目、民生项目的加快建设将为全省投资快速增长提供有力保障。消费方面，随着居民收入较快增长，扩大消费需求措施实施，大型批发零售企业入驻，离岛免税购物限额提高效应进一步释放，全省消费将继续保持稳定增长态势。2013年，海南省将大力扶持一批外向型优势企业和出口基地，依托洋浦保税港区，实施启运港退税、离岸金融等政策试点，有利于稳定出口增长。初步预计，2013年全省经济增长10%左右。

金融方面，随着宏观经济基本面的持续好转，海南省金融将继续保持健康平稳的运行态势，金融机构对实体经济、重点领域和薄弱环节

①2011年8月，海南省政府提出了实施金融业“五个一工程”的目标要求，即用三年左右的时间，设立一家海南的地方法人银行、一家面向全国的股份制商业银行、一家总部位于海南的保险公司、一家海南的信托公司、一家海南的大宗商品期货交易中心。

的支持力度将进一步加强。2013年，中国人民银行海口中心支行将认真贯彻落实稳健的货币政策，综合运用窗口指导、信贷政策导向效果评估、差别存款准备金率、再贷款、再贴现等政策工具，合理调控信贷投放，进一步优化信贷结构，推进金融改革创新，防范化解金融风险，提升金融服务水平，全力支持海南国际旅游岛建设。

中国人民银行海口中心支行货币政策分析小组
总　纂：吴盼文　曹协和
统　稿：吴竞择　何志强　潘　琪　林　昕
执　笔：石海峰　戴鸿广　金为华　郭　雁　鄢　斗　王　艳　范　静　邹　炜　陈太玉　符瑞武
黄　辉　陈琼蓉　陈　波　邓　昕　黄翠玲
提供材料的还有：黄静慧　吴　帆　吴志贵　洪传尧

附录

（一）2012年海南省经济金融大事记

2月22日，中国保险监督管理委员会批复同意阳光人寿保险股份有限公司变更营业场所(住所)，由北京迁址三亚。

4月24日，亚洲金融合作联盟在三亚举行启动仪式，并永久落户三亚。

5月4日，2012年全省金融工作会议在海口召开，会上银证企合作签约29个项目，签约金额达到1 559亿元。

5月29日，中信银行海口分行正式挂牌成立，结束了海南省十五年来没有金融机构入驻的局面。

10月22日，财政部发布《关于调整海南离岛旅客免税购物政策的公告》，将免税商品品种扩大至21种，旅客每人每次免税购物限额提高至人民币8 000元。

10月25日，海南省海洋工作会议在海口召开，会议确定了举全省之力加快建设海洋经济强省，为海南科学发展、绿色崛起提供强有力的海洋产业支持的工作目标。

11月1日至2日，中国人民银行与泛美开发银行联合在海口市举办“中国拉美微型金融与小额信贷国际研讨会”。来自拉美及加勒比地区、中国国内微型金融与小额信贷领域的专家学者共200多人出席研讨会。

11月23日，招商银行海口分行正式挂牌开业。

11月28日至12月2日，第八届泛珠三角区域合作与发展论坛暨经贸洽谈会在海口召开，会上集中签约202个项目，项目投资总额为2 772亿元。

12月19日，海南大宗商品交易中心正式挂牌营业，标志着海南大宗商品交易从实物交易进入标准化、电子化、信息化、金融化的新时代。

（二）2012年海南省主要经济金融指标

表1　2012年海南省主要存贷款指标

		1月	2月	3月	4月	5月	6月	7月	8月	9月	10月	11月	12月
本外币	金融机构各项存款余额（亿元）	4 419.9	4 528.6	4 642.5	4 594.6	4 700.8	4 833.4	4 810.6	4 813.0	4 865.1	4 929.9	4 994.3	5 109.7
	其中：储蓄存款	1 950.2	1 971.4	2 026.6	2 027.4	2 053.5	2 098.8	2 061.2	2 073.9	2 111.5	2 094.0	2 131.9	2 186.8
	单位存款	2 197.1	2 284.5	2 389.8	2 323.2	2 365.0	2 483.1	2 459.1	2 448.4	2 486.4	2 543.0	2 586.2	2 646.8
	各项存款余额比上月增加（亿元）	-90.1	108.7	113.9	-48.0	106.3	132.5	-22.7	2.3	52.2	64.8	64.4	115.4
	金融机构各项存款同比增长（%）	7.3	5.4	6.2	4.7	5.9	6.9	7.1	6.6	8.4	9.7	11.4	13.3
	金融机构各项贷款余额（亿元）	3 252.4	3 283.6	3 342.4	3 350.8	3 410.6	3 553.0	3 569.6	3 615.1	3 662.4	3 714.8	3 799.8	3 889.6
	其中：短期	453.0	429.3	427.5	409.0	407.2	449.5	441.0	437.8	448.1	461.1	491.3	515.2
	中长期	2 619.2	2 662.7	2 725.8	2 739.7	2 782.2	2 855.0	2 871.1	2 908.0	2 956.1	3 007.8	3 060.4	3 137.0
	票据融资	65.9	67.8	66.0	80.7	96.4	97.8	106.6	116.3	104.0	92.0	87.2	65.3
	各项贷款余额比上月增加（亿元）	57.4	31.2	58.8	8.4	59.7	142.4	16.7	45.4	47.4	52.3	85.0	89.8
	其中：短期	0.0	-23.7	-1.8	-18.5	-1.8	42.3	-8.5	-3.2	10.3	13.0	30.3	23.9
	中长期	50.9	43.5	63.1	13.8	42.6	72.8	16.1	36.9	48.1	51.7	52.6	76.6
	票据融资	1.8	1.9	-1.8	14.7	15.7	1.5	8.8	9.7	-12.3	-12.0	-4.9	-21.9
	金融机构各项贷款同比增长（%）	26.1	24.6	24.8	22.9	23.2	23.4	21.8	21.6	21.4	22.9	23.9	21.7
	其中：短期	19.0	5.9	0.8	-8.1	-5.4	1.1	-4.1	-6.8	-4.4	-0.5	6.5	13.6
	中长期	24.5	24.9	25.9	24.8	24.2	23.5	24.1	24.0	23.3	24.8	24.7	22.2
	票据融资	63.3	62.6	104.4	168.5	135.3	106.6	81.9	108.4	107.6	95.2	82.1	1.9
	建筑业贷款余额（亿元）	43.8	45.1	48.4	46.3	49.5	60.2	64.2	65.9	69.2	73.4	81.1	83.8
	房地产业贷款余额（亿元）	374.5	387.0	399.5	401.1	409.3	431.2	425.5	431.8	438.8	444.7	460.9	483.1
	建筑业贷款同比增长（%）	123.5	123.5	93.1	60.8	70.7	75.7	76.8	82.2	84.3	95.3	109.1	115.2
	房地产业贷款同比增长（%）	48.0	48.2	52.2	45.4	32.0	32.4	28.5	29.6	28.2	28.8	30.5	32.2
人民币	金融机构各项存款余额（亿元）	4 364.8	4 475.1	4 582.4	4 538.4	4 640.8	4 753.0	4 734.9	4 736.1	4 793.0	4 852.3	4 930.1	5 048.1
	其中：储蓄存款	1 937.0	1 958.7	2 013.5	2 014.1	2 040.0	2 085.3	2 047.9	2 060.7	2 098.5	2 080.4	2 118.1	2 172.7
	单位存款	2 155.9	2 244.6	2 343.8	2 281.1	2 319.4	2 417.5	2 399.3	2 385.7	2 429.2	2 480.3	2 537.5	2 600.2
	各项存款余额比上月增加（亿元）	-87.6	110.3	107.3	-44.0	102.5	112.2	-18.1	1.2	56.9	59.3	77.8	118.0
	其中：储蓄存款	61.9	21.7	54.8	0.6	25.9	45.3	-37.4	12.8	37.8	-18.1	37.7	54.6
	单位存款	-176.7	88.7	99.2	-62.6	38.2	98.1	-18.2	-13.6	43.5	51.1	57.1	62.7
	各项存款同比增长（%）	7.0	5.3	6.0	4.6	5.8	6.6	6.7	6.3	8.2	9.4	11.2	13.5
	其中：储蓄存款	13.3	12.9	12.5	12.1	12.6	12.6	12.7	13.0	13.7	15.7	16.3	15.9
	单位存款	-0.2	-1.4	-0.4	-1.2	-1.0	0.4	1.2	0.0	3.1	4.4	6.3	11.7
	金融机构各项贷款余额（亿元）	2 849.9	2 875.9	2 929.3	2 949.5	3 001.8	3 093.6	3 110.3	3 150.7	3 191.1	3 237.7	3 313.7	3 390.1
	其中：个人消费贷款	311.7	309.5	309.8	308.7	309.6	312.2	313.8	317.9	320.7	322.6	328.3	331.1
	票据融资	65.9	67.8	66.0	80.7	96.4	97.8	106.6	116.3	104.0	92.0	87.2	65.3
	各项贷款余额比上月增加（亿元）	51.8	26.0	53.4	20.2	52.3	91.9	16.7	40.4	40.4	46.6	76.1	76.3
	其中：个人消费贷款	0.5	-2.2	0.3	-1.1	0.9	2.6	1.5	4.2	2.7	1.9	5.7	2.8
	票据融资	1.8	1.9	-1.8	14.7	15.7	1.5	8.8	9.7	-12.3	-12.0	-4.9	-21.6
	金融机构各项贷款同比增长（%）	22.6	21.1	21.6	20.8	21.0	20.8	20.3	20.1	19.6	20.9	21.6	21.2
	其中：个人消费贷款	5.5	5.4	4.8	4.3	1.4	1.8	2.5	3.3	3.5	4.4	6.2	6.4
	票据融资	63.3	62.6	104.4	168.5	113.2	106.5	81.9	108.4	107.6	95.2	82.1	1.9
外币	金融机构外币存款余额（亿美元）	8.7	8.5	9.5	8.9	9.5	12.7	12.0	12.1	11.4	12.3	10.2	9.8
	金融机构外币存款同比增长（%）	41.4	26.4	37.6	11.9	18.0	32.0	36.1	37.6	21.4	39.6	29.9	7.1
	金融机构外币贷款余额（亿美元）	63.8	64.8	65.6	63.9	64.5	72.6	72.5	73.2	74.3	75.7	77.3	79.4
	金融机构外币贷款同比增长（%）	64.7	63.2	60.8	46.7	45.9	44.7	35.1	34.2	35.5	39.2	42.9	26.0

数据来源：中国人民银行海口中心支行。

表2　2001～2012年海南省各类价格指数

单位：%

年/月	居民消费价格指数		农业生产资料价格指数		工业生产者购进价格指数		工业生产者出厂价格指数	
	当月同比	累计同比	当月同比	累计同比	当月同比	累计同比	当月同比	累计同比
2001	—	-1.5	—	-0.5	—	—	—	—
2002	—	-0.5	—	1.7	—	5.0	—	0.4
2003	—	0.1	—	4.8	—	2.2	—	-0.5
2004	—	4.4	—	11.3	—	5.9	—	0
2005	—	1.5	—	8.9	—	4.2	—	-0.5
2006	—	1.5	—	0.7	—	1.5	—	0.8
2007	—	5.0	—	7.1	—	5.0	—	2.7
2008	—	6.9	—	14.8	—	11.6	—	4.5
2009	—	-0.7	—	-6.0	—	-14.7	—	-9.4
2010	—	4.8	—	7.3	—	10.3	—	7.7
2011	—	6.1	—	15.6	—	15.3	—	8.8
2012	—	3.2	—	4.3	—	-0.4	—	0.8
2011　1	—	—	—	—	—	—	—	—
2	6.4	6.6	11.5	10.0	15.9	15.7	8.1	7.7
3	6.8	6.7	12.4	10.8	17.3	16.3	8.9	8.1
4	6.5	6.6	12.5	11.2	19.3	17.0	9.0	8.3
5	6.1	6.5	12.9	11.6	17.2	17.1	9.1	8.5
6	6.9	6.6	16.3	12.4	19.2	17.4	10.2	8.8
7	7.4	6.7	19.4	13.4	18.3	17.6	10.4	9.0
8	6.4	6.7	20.4	14.3	16.1	17.4	11.0	9.3
9	6.0	6.6	19.9	14.9	16.4	17.3	11.6	9.5
10	4.7	6.4	19.6	15.4	12.9	16.8	9.6	9.5
11	3.9	6.2	18.1	15.6	10.1	16.2	6.0	9.2
12	5.0	6.1	15.5	15.6	7.7	15.3	4.7	8.8
2012　1	—	—	—	—	—	—	—	—
2	2.8	3.8	11.0	12.4	3.7	4.1	2.9	2.9
3	4.0	3.9	9.4	11.4	3.4	3.8	3.6	3.1
4	3.8	3.9	8.4	10.6	-0.1	2.8	3.3	3.2
5	4.1	3.9	7.4	10.0	0.3	2.3	1.4	2.8
6	3.5	3.8	4.8	9.1	-3.5	1.3	-0.3	2.3
7	2.9	3.7	1.6	8.0	—	—	-1.3	1.7
8	3.8	3.7	-0.3	6.9	-1.9	0.2	-1.8	1.3
9	3.2	3.7	-0.1	6.0	-2.1	-0.1	-1.2	1.0
10	1.9	3.5	-0.3	5.4	-1.5	-0.2	-0.4	0.9
11	2.0	3.3	-1.0	4.8	-1.9	-0.4	0.8	0.9
12	1.8	3.2	-0.9	4.3	-0.8	-0.4	0.1	0.8

数据来源：国家统计局和海南省统计局。

表3　2012年海南省主要经济指标

	1月	2月	3月	4月	5月	6月	7月	8月	9月	10月	11月	12月
绝对值（自年初累计）												
地区生产总值（亿元）	—	—	652.6	—	—	1 370.9	—	—	2 026.4	—	—	2 855.3
第一产业	—	—	161.1	—	—	357.4	—	—	511.8	—	—	711.5
第二产业	—	—	163.0	—	—	375.5	—	—	574.8	—	—	803.7
第三产业	—	—	328.5	—	—	638.0	—	—	939.8	—	—	1 340.1
工业增加值（亿元）	—	73.7	112.3	150.9	187.7	225.9	260.4	295.2	335.4	379.4	424.9	482.1
固定资产投资（亿元）	—	196.8	357.8	521.7	726.4	955.8	1 133.0	1 296.8	1 494.7	1 685.4	1 892.7	2 045.4
房地产开发投资	—	91.9	153.2	212.1	298.1	387.4	447.4	538.9	621.9	696.6	799.2	886.6
社会消费品零售总额（亿元）	—	148.9	216.1	283.8	355.1	417.1	482.4	548.9	620.2	695.3	771.6	852.3
外贸进出口总额（万美元）	89 326.0	193 046.0	317 916.0	408 964.0	547 341.0	668 141.0	795 130.0	898 516.0	1 035 783.0	1 130 165.0	1 287 563.0	1 432 965.0
进口	74 986.0	151 754.0	252 083.0	318 014.0	431 048.0	527 091.0	630 911.0	714 429.0	826 239.0	896 709.0	1 010 680.0	1 118 651.0
出口	14 340.0	41 292.0	65 833.0	90 950.0	116 293.0	141 050.0	164 219.0	184 087.0	209 544.0	233 455.0	276 883.0	314 314.0
进出口差额(出口－进口)	-60 646.0	-110 462.0	-186 250.0	-227 064.0	-314 755.0	-386 041.0	-466 692.0	-530 342.0	-616 695.0	-663 254.0	-733 797.0	-804 337.0
外商实际直接投资（万美元）	—	10 138.0	11 240.0	19 089.0	21 282.0	45 873.0	60 509.0	86 058.0	114 960.0	154 060.0	156 593.0	164 119.0
地方财政收支差额（亿元）	—	-13.3	-56.3	-81.8	-99.8	-154.5	-174.6	-216.1	-281.8	-350.0	-413.6	-509.1
地方财政收入	—	74.5	109.5	146.0	184.0	217.4	251.5	281.3	308.1	344.3	377.1	409.4
地方财政支出	—	87.9	165.8	227.8	283.8	371.9	426.1	497.4	589.9	694.3	790.7	918.6
城镇登记失业率(%)(季度)	—	—	1.7	—	—	2.2	—	—	1.9	—	—	2.0
同比累计增长率（%）												
地区生产总值	—	—	8.0	—	—	8.1	—	—	8.4	—	—	9.1
第一产业	—	—	6.6	—	—	6.7	—	—	6.1	—	—	6.3
第二产业	—	—	12.8	—	—	9.5	—	—	9.3	—	—	10.9
第三产业	—	—	6.3	—	—	7.9	—	—	8.9	—	—	9.4
工业增加值	—	9.6	9.8	8.0	6.5	6.7	6.0	5.5	5.8	7.1	8.3	8.9
固定资产投资	—	9.7	24.0	31.0	40.4	43.0	39.7	38.9	37.6	36.1	34.3	27.9
房地产开发投资	—	21.8	19.7	20.5	31.7	34.8	27.3	33.2	33.8	33.0	36.4	36.2
社会消费品零售总额	—	15.5	16.6	16.0	15.4	14.8	14.7	14.6	14.6	14.6	14.7	15.0
外贸进出口总额	-13.3	5.4	11.8	8.0	13.8	16.0	17.1	8.3	11.9	8.4	11.5	12.3
进口	-6.0	0.6	10.3	5.6	12.0	14.3	16.1	6.8	10.9	7.0	8.9	9.5
出口	-38.3	27.3	17.5	17.4	21.4	23.0	21.1	14.8	15.9	14.3	21.8	23.7
外商实际直接投资	—	-27.4	-62.2	-50.7	—	-22.5	-2.6	35.4	74.2	87.9	29.6	7.8
地方财政收入	—	21.5	21.1	18.4	17.3	17.1	16.3	18.1	18.6	20.0	20.4	20.4
地方财政支出	—	35.3	35.7	44.4	23.6	18.8	16.6	17.3	21.3	29.4	25.8	17.9

注：地方财政收入是指地方财政一般预算收入，地方财政支出是指地方财政一般预算支出。

数据来源：《中国经济景气月报》、海南省统计局。

2012年重庆市金融运行报告

中国人民银行重庆营业管理部货币政策分析小组

[内容摘要] 2012年，面对投资、工业增长放缓的经济下行压力，重庆市积极转方式、调结构、惠民生，经济运行缓中企稳、稳中求进，消费和出口对经济增长的贡献提高，以服务业为主体的第三产业占比提升，电子信息产业的崛起促使工业升级步伐不断加快，财政收入和企业利润增幅回升，城乡居民收入增速持续高于全国水平。

金融业积极服务实体经济发展，融资结构多元化、直接融资占比提升，贷款投放向制造业、服务业和民生领域倾斜，期限、行业、企业规模结构继续优化。证券业、保险业在创新服务实体经济的同时稳健发展。金融改革加快推进，金融风险有效防范，金融生态环境进一步改善。

2013年，重庆将紧紧围绕“科学发展、富民兴渝”总任务，加快推进“三中心两集群一高地”①建设，以改革开放和结构调整促进经济持续健康快速发展。金融业将认真落实稳健的货币政策，保持社会融资规模适度增长，优化信贷结构，扩大直接融资，加强金融风险防范，进一步改进和加强对实体经济的金融服务。

一、金融运行情况

2012年，重庆金融业稳中求进、迎难而上，在支持实体经济企稳回升、又好又快发展的同时，保持了持续稳健运行的良好态势。

（一）银行业稳健运行，信贷投向契合实体经济需求

2012年，重庆银行业认真落实稳健的货币政策，存贷款增速随经济走势先降后升，信贷投向持续优化，对实体经济和薄弱环节支持力度加大。

1. 银行业资产规模扩大，经营保持稳健。2012年，重庆市银行业资产总额同比增长21%，金融脱媒环境下债券投资、买入返售等非信贷资产占比上升。资产质量持续改善，不良贷款率降至0.47%。风险覆盖能力持续提升，拨备覆盖率大幅提高。受存贷款利差收窄、规范收费等因素影响，利润增速同比下降23个百分点。新增2家外资银行和5家村镇银行（见表1），西部首家汽车金融公司在渝开业，市级机构总数达到79家。

表1　2012年重庆市银行业金融机构情况

机构类别	营业网点			法人机构（个）
	机构个数（个）	从业人数（人）	资产总额（亿元）	
一、大型商业银行	1 306	26 755	9 451.7	0
二、国家开发银行和政策性银行	39	1 113	2 453.8	0
三、股份制商业银行	167	6 202	6 703.6	0
四、城市商业银行	122	4 779	2 848.4	2
五、小型农村金融机构	1 765	15 877	4 328.2	1
六、财务公司	1	24	59.4	1
七、信托公司	2	656	127.3	2
八、邮政储蓄银行	1 705	4 104	1 454.4	0
九、外资银行	28	892	169.8	0
十、新型农村金融机构	39	1 056	119.2	27
十一、其他	2	67	366.0	2
合　计	5 176	61 525	28 081.9	35

注：小型农村金融机构含重庆农村商业银行；新型农村金融机构包括村镇银行、贷款公司和农村资金互助社三类机构；“其他”包含1家金融租赁公司、1家汽车金融公司。

数据来源：中国人民银行重庆营业管理部。

① “三中心两集群一高地”是指长江上游金融中心、商贸物流中心、科技教育中心、产业集群、城镇集群以及内陆开放高地。

2. 存款增速回升，结构变化明显。2012年年末，重庆本外币存款增长20.4%，同比上升2个百分点。本、外币存款走势分化（见图1、图3、图4）。外币存款增速上半年加快后逐月回落，主要受人民币汇率预期变化和外币存款利率走低等影响。企业存款增长变化是导致人民币存款增速先缓后升的主要原因。随着下半年企业贷款需求回升带动派生存款增加，以及货款回笼和盈利水平好转，企业存款大幅增加。个人存款增长平稳，全年保持21%左右的增速。企业和居民投资意愿下降使定期存款同比增长31%。随着存款竞争策略及利率上浮幅度的差异化，存款行间转移迹象明显，中小银行与大型银行的存款增量之比由上年的0.8∶1调整为1.7∶1。

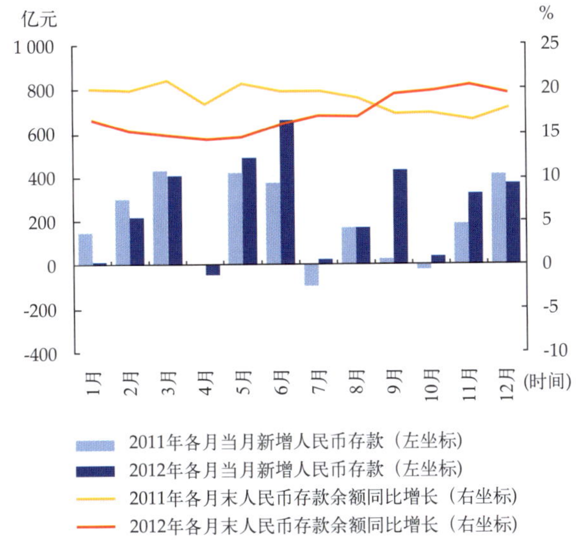

数据来源：中国人民银行重庆营业管理部。

图1　2011～2012年重庆市金融机构人民币存款增长

3. 贷款结构优化，契合实体经济需求。2012年，重庆市人民币贷款增量与上年持平，增速回落3个百分点，主要受到制造业固定资产投资需求减弱、房地产等行业调控、直接融资分流等影响。企业流动资金需求增加和银行主动调整期限结构规避风险共同推动短期贷款快速增长，短期与中长期贷款的增量之比由2011年的0.7∶1改善为1.2∶1。信贷节奏趋于均衡，新增贷款季度占比分别为30%、25%、29%和16%。差别准备金动态调控效果显著，地方法人贷款进度适当微调，支持全市贷款平稳增长。受笔记本电脑企业贸易融资快速发展、同业代付转表内以及境内外币利率下降等带动，外币贷款大幅增长1.4倍。

信贷投向稳增长、惠民生领域。银团贷款稳步增长，保障了重点在建项目资金需求。制造业、建筑业和批发零售业新增贷款占对公贷款的

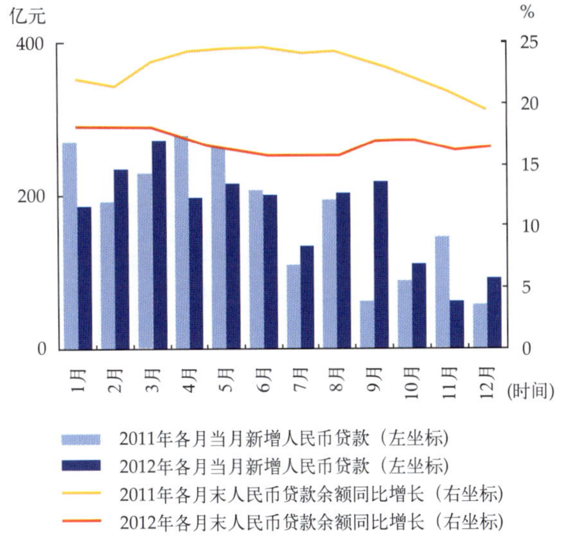

数据来源：中国人民银行重庆营业管理部。

图2　2011～2012年重庆市金融机构人民币贷款增长

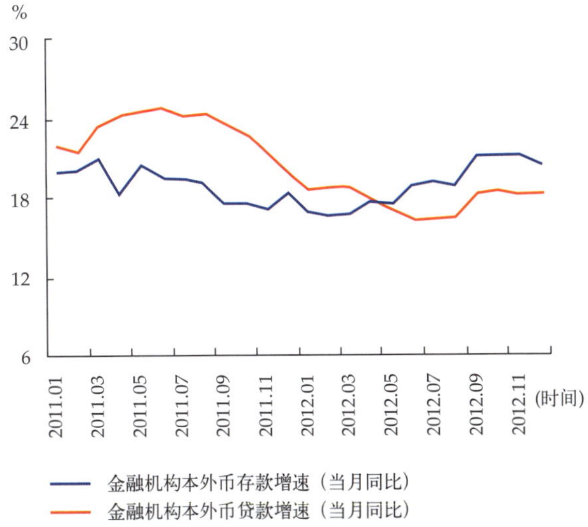

数据来源：中国人民银行重庆营业管理部。

图3　2011～2012年重庆市金融机构本外币存、贷款增速

七成。供应链融资模式得到推广，有力地支持了制造业集群化发展。民营经济贷款快速增长，贸易融资余额翻番，个人经营性贷款增长53%，中小微企业贷款增量为大企业的2.4倍。民生金融加快发展，小额担保贷款发放额和支持人数居全国创业型城市之首，秦巴山和武陵山扶贫开发重庆片区贷款增速分别高于全市15.6个和2.8个百分点。中国人民银行重庆营业管理部联合市扶贫办出台《关于做好金融支持扶贫开发工作的指导意见》，系统提升金融扶贫水平。

专栏1 供应链金融支持重庆汽摩产业转型升级取得成效

汽摩产业既是我国十大产业振兴规划中的产业，也是重庆市最主要的传统支柱产业和当前转型升级最紧迫的产业之一。近年来，中国人民银行重庆营业管理部加强政策引导，鼓励金融机构完善“供应链金融”支持模式，支持整车制造企业技术升级，围绕核心整车企业支持上下游中小企业融资，助推整个产业链升级取得成效。

一是加大政策引导力度。中国人民银行重庆营业管理部出台信贷投向指引，明确要求金融机构围绕汽车、材料等传统支柱产业，加强对支柱产业上下游供应链的金融服务。将支持传统产业技术升级纳入信贷政策导向效果评估，并将评估结果作为对金融机构实施分类管理和提供综合服务的重要依据。开展金融支持重庆市工业支柱产业专项统计，涉及月度统计指标51个，及时反馈政策执行情况。在政策引导下，重庆市金融机构积极顺应市场需求创新，辖区29家中资银行中，已有18家建立供应链融资机制，17家开展供应链融资。

二是多渠道支持汽摩整车制造企业转型升级。16家中资银行明确对汽摩龙头和整车制造企业转型升级项目给予倾斜性信贷支持，11家银行组建专门服务团队，优化工作流程，创建授信、审批绿色通道。有的银行为汽摩整车制造企业创新“预审批”和“直通车”审批制度，将授信、贷款审批时间节约一半以上。有的执行优惠利率，推出“开立国内信用证+议付”等新产品替换融资成本较高的流动资金贷款，降低企业融资成本。金融机构还积极拓宽汽摩企业的融资渠道，提供股票、债券融资、融资租赁、理财信托等多种信用结构的金融服务满足企业在技术研发、设备升级、新型生产线建设等方面的资金需求。

三是结合上下游企业特点创新提供金融产品和服务。对给整车制造企业提供零部件的上游企业，开展供应链融资的17家中资银行均提供应收账款质押、订单融资、保理等融资服务，支持上游企业同步升级。有的银行规定，凭近两年与名单内车企供货合同，供应商即可获信用贷款；有的银行为长安汽车新生产线供货的订单融资额度，可比传统订单融资额度高10%。针对下游经销商实力偏弱、抵押不足值、信用等级偏低等融资难题，银行对整车制造企业实施专项授信，在授信额度内，只要是整车制造企业认可、诚实守信的经销商，都可凭采购合同，直接开具银行承兑汇票，无需再提供担保。若经销商最终还款出现困难，则票据由整车制造企业差额回购。2012年，依托该项融资产品，长安汽车全国范围内的自主品牌汽车经销商，累计获得140亿元融资支持，约为长安汽车自主品牌汽车全年销售额的45%。

在供应链金融的大力支持下，重庆汽摩产业市场竞争力增强。2012年，汽车产、销保持两位数增长，超过全国平均增速6.9个和8.4个百分点。整车企业技术水平显著提高，拥有多个国际化高标准实验室，推出自主品牌的新车型，本地产汽车整车产销在全国占比首次超过10%。摩托车企业加大高附加值新品推出力度，单车平均价值比2011年提高11%。零部件企业同步实施改造，加大研发和设备升级投入，产值增速高于整车企业7.5个百分点。金融机构依托供应链金融稳定了高端客户，迅速完成上下游中小企业批量开发，助推供应链资金流、信息流的有效衔接，实现银企合作深入化和供应链总成本的降低。

4. 利率水平总体下降，市场化程度提高。受基准利率下调和浮动区间扩大影响，人民币贷款加权平均利率走低，12月为6.82%，同比下降0.59个百分点。第二季度以来，上浮利率贷款占比逐步下降（见表2），企业融资成本降低。

金融机构利率定价能力提升。不同规模的银行根据客户基础等条件选择了差异化的存款利率上浮幅度，有的还根据客户存款金额等给予差别价格。地方法人以大型银行为参考，结合自身经营状况、同业竞争情况调整存款定价。贷款利率定价以客户信用评级、信贷导向等因素为参考，客户综合贡献定价法逐渐得到普及，银行议价能力较强的中小企业贷款投放增多。

表2　2012年重庆市金融机构人民币贷款各利率区间占比

单位：%

月份		1月	2月	3月	4月	5月	6月
合计		100.0	100.0	100.0	100.0	100.0	100.0
[0.9，1.0)		3.2	1.5	2.1	6.6	1.6	4.8
1.0		41.8	38.5	30.7	30.9	34.7	32.4
上浮水平	小计	55.0	60.0	67.2	62.5	63.7	62.8
	(1.0，1.1]	25.3	27.0	22.6	21.8	25.8	22.9
	(1.1，1.3]	20.7	22.0	30.6	26.9	25.2	28.0
	(1.3，1.5]	5.4	6.9	10.2	9.9	9.2	8.1
	(1.5，2.0]	2.9	3.5	3.2	3.3	3.0	3.3
	2.0以上	0.7	0.6	0.6	0.6	0.5	0.5
月份		7月	8月	9月	10月	11月	12月
合计		100.0	100.0	100.0	100.0	100.0	100.0
[0.9，1.0)		7.9	3.9	6.3	2.1	5.4	8.1
1.0		28.5	29.6	30.6	37.5	32.8	36.5
上浮水平	小计	63.6	66.5	63.1	60.4	61.8	55.4
	(1.0，1.1]	22.1	21.5	20.7	20.7	22.3	20.4
	(1.1，1.3]	26.7	30.0	24.9	26.2	25.9	23.0
	(1.3，1.5]	10.3	11.7	11.0	8.9	8.4	7.5
	(1.5，2.0]	3.8	2.7	5.7	4.1	4.5	4.0
	2.0以上	0.7	0.6	0.8	0.6	0.7	0.5

注：2012年8～12月统计数据的下浮区间为[0.7，1.0)。

数据来源：中国人民银行重庆营业管理部。

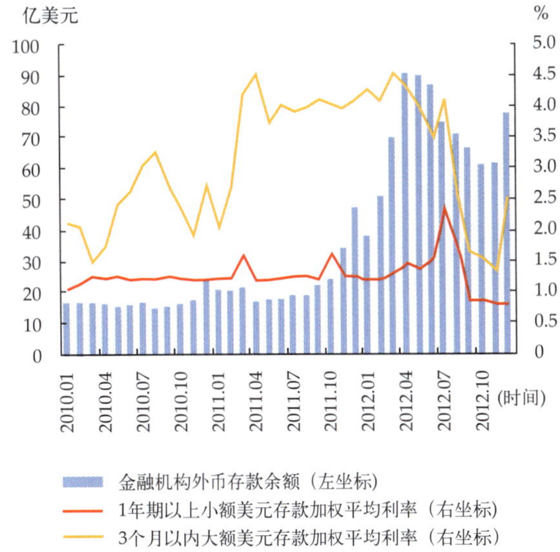

数据来源：中国人民银行重庆营业管理部。

图4　2010～2012年重庆市金融机构外币存款余额及外币存款利率

5. 多层次农村金融体系逐步完善，金融服务水平进一步提升。国家开发银行重庆市分行深化开发性金融合作，创新城镇化融资模式。中国农业银行重庆市分行正式启动汽车移动金融服务，完成三年布放1万台具备小额取款功能的“惠农通”信息机的目标。重庆农村商业银行积极推广手机银行。村镇银行在乡镇设立支行12家，成为县域金融服务的重要补充力量。银行营业网点乡镇覆盖率提高到99.4%，偏远地区金融渠道薄弱问题得到改善。农村农房、林权、土地经营权等“三权”抵押贷款发放额翻倍，农家乐、冻库收储贷款等产品创新增多。村镇银行贷款增长83.8%，因吸收存款主要用于当地而获中国人民银行支农再贷款奖励的家数同比增长150%。

6. 跨境人民币结算业务迈上新台阶。2012年重庆市跨境人民币结算额为625.3亿元，同比增长3.4倍。在笔记本电脑出口人民币结算快速增长的带动下，货物贸易结算量增长近2倍，占同期外贸进出口总额的8.1%，同比提高4.1个百分点；资本交易结算额增长6倍，对外直接投资人民币结算实现零的突破。开展人民币结算的银行和企业数量增长33%和87%，便利了对外经贸往来。

（二）证券业发展平稳，创新服务实体经济见成效

1. 市场交易活跃度下降，证券期货机构发展稳健。全年股票和期货交易额均同比下降一成。法人机构运营平稳，西南证券自营业务收入和利润大幅增长，终止对国都证券的吸收合并，控股重庆股权转让中心。期货公司盈利状况有所改善，2家公司的监管评级上调。新华基金创新采用发起式设立债券基金，管理基金数量和规模较快增长。

表3 2012年重庆市证券业基本情况

项目	数量
总部设在辖内的证券公司数（家）	1
总部设在辖内的基金公司数（家）	1
总部设在辖内的期货公司数（家）	4
年末国内上市公司数（家）	37
当年国内股票（A股）筹资（亿元）	30.0
当年发行H股筹资（亿元）	0
当年国内债券筹资（亿元）	556.4
其中：短期融资券筹资额（亿元）	88.1
中期票据筹资额（亿元）	150.2

数据来源：重庆证监局、中国人民银行重庆营业管理部。

2. 证券业积极服务实体经济。2012年，受市场不景气影响，重庆企业股票融资额同比下降81%（见表3）。但证券期货机构创新意识增强、举措增多。公司债发行稳步推进，中小企业私募债首批试点发行。部分券商向综合服务平台和财富管理中心转型，资产管理业务快速发展。西南证券完成市场上首例资产重组及配套融资项目。*ST朝华重大资产重组获批，初步化解公司退市风险。首批通过国家清理整顿交易场所验收，区域性OTC市场规范发展，累计帮助挂牌企业融资79亿元。

（三）保险业发展总体向好，服务民生力度加大

1. 市场主体继续增加，业务结构有所变化。新增3家省级保险分公司（见表4），行业总资产规模较年初增长17%，从业人员8.5万人，与上年相比保持稳定。经营效益持续改善，财产险公司承保利润率高于全国平均水平，人身险公司短期承保利润保持平稳。全市保费收入增长6.2%，同比下降3.7个百分点，主要由于分红险保费收入增速和占比下降。

2. 服务民生作用增强。全年保险赔付额增长24.1%，风险保障额和保障人数分别增长24.3%和27.4%，覆盖养老、医疗、农业、社会管理等领域。小额贷款保证保险启动，支持小微企业贷款1.1亿元。秀山土鸡养殖、黔江自然灾害公众责任保险等地方特色险种稳步推进，农业保险总规模达到39亿元，生猪、奶牛、柑橘保险实现全覆盖。

表4 2012年重庆市保险业基本情况

项目	数量
总部设在辖内的保险公司数（家）	3
其中：财产险经营主体（家）	2
人身险经营主体（家）	1
保险公司分支机构（家）	41
其中：财产险公司分支机构（家）	22
人身险公司分支机构（家）	19
保费收入（中外资，亿元）	331.0
其中：财产险保费收入（中外资，亿元）	95.2
人身险保费收入（中外资，亿元）	235.8
各类赔款给付（中外资，亿元）	91.8
保险密度（元/人）	1 124.0
保险深度（%）	2.9

数据来源：重庆保监局。

（四）融资结构多元发展，金融市场交易活跃

2012年，重庆市直接融资比重进一步提升，金融市场交易量大幅增长，长江上游区域性金融中心建设稳步推进。

1. 债券融资大幅增长，融资结构多元发展。2012年，受债券融资大幅增长带动，重庆市非金融企业直接融资额快速增长，直接融资占比同比提升3.5个百分点，创直辖以来新高（见表5）。企业通过银行间债券市场融资取得新突破，制造、文化、能源等行业的22家企业发行债务融资工具238.3亿元，同比增长39.9%，5家中小企业在西部首单发行区域集优集合票据3.5亿元。

表5 2001～2012年重庆市非金融机构部门融资结构

单位：亿元、%

年份	融资量	比重		
		贷款	债券（含可转债）	股票
2001	245.8	96.4	0.0	3.6
2002	325.6	94.4	4.6	1.0
2003	587.8	99.4	0.0	0.6
2004	564.2	94.2	3.1	2.8
2005	549.9	97.0	3.0	0.0
2006	678.9	92.9	7.1	0.0
2007	904.7	94.9	2.2	2.9
2008	1 352.9	94.6	4.6	0.8
2009	2 843.6	91.6	4.7	3.7
2010	2 477.6	86.5	6.6	6.8
2011	2 616.9	83.9	10.0	6.1
2012	2 987.5	80.4	18.6	1.0

数据来源：重庆市发展改革委、中国人民银行重庆营业管理部、重庆证监局。

2. 票据市场交易大幅增长，贴现利率全面走低。年初以来，在中长期贷款需求偏弱、资金面逐步宽松、中小银行吸收保证金存款的需求增加等影响下，票据贴现利率快速下行，带动企业开票意愿增强，全年银行承兑汇票承兑和贴现发生额同比增长37%和22.6%（见表6、表7）。批发零售业、制造业、建筑业企业签发的票据共占84%，中小微型企业签发的占74%。第四季度的银行承兑汇票直贴和买断式转贴加权利率分别比第一季度下降31%和32%，企业票据融资成本降低。

3. 货币市场成交额大幅增长，市场利率下行趋稳。2012年，流动性整体宽松以及债券品种增多推动银行间债券回购交易额同比增长105.9%。由于地方法人存款增长良好，资金趋于宽松，参与货币市场交易净融入额同比下降3%。同业拆借成交额受债券结算代理业务收缩影响小幅下降。货币市场利率在经历年初以来近5个月波动下行后趋于稳定，12月的同业拆借和债券回购加权平均利率同比分别下降9个和105个基点。

表6 2012年重庆市金融机构票据业务量统计

单位：亿元

季度	银行承兑汇票承兑		贴现			
			银行承兑汇票		商业承兑汇票	
	余额	累计发生额	余额	累计发生额	余额	累计发生额
1	1 478.5	855.0	412.6	4 869.4	37.5	200.1
2	1 851.7	1 220.2	566.2	7 367.3	36.4	128.5
3	2 007.2	1 023.3	523.2	5 396.6	7.9	118.7
4	2 181.8	1 327.4	348.9	5 331.1	6.5	58.9

数据来源：中国人民银行重庆营业管理部。

表7 2012年重庆市金融机构票据贴现、转贴现利率

单位：%

季度	贴现		转贴现	
	银行承兑汇票	商业承兑汇票	票据买断	票据回购
1	7.75	7.63	7.19	5.79
2	5.34	6.57	5.79	4.86
3	5.22	6.56	5.46	4.78
4	5.31	5.75	4.88	4.99

数据来源：中国人民银行重庆营业管理部。

4. 银行结售汇稳步增长，黄金交易增长放缓。2012年，伴随进出口贸易持续快速增长，银行结售汇同比增长39.4%。由于人民币汇率双向波动特征明显，部分市场主体持汇意愿增强，全年结售汇额近十年来首次出现逆差。外汇交易趋于活跃，参与银行间外汇市场交易额同比增长85%，成交币种有7个，新增卢布、加拿大元两个币种。1家民营企业直接进入银行间市场买卖外汇，有效地降低了汇兑成本。由于国际金价波动加大、投资者趋于谨慎，黄金市场成交量增速大幅放缓。黄金交易进一步清理规范后，代理上海黄金交易所交易额占比提升、主渠道作用发挥，黄金租赁、远期等新业务保持较快增长。

5. 民间融资规模和利率整体回落。中国人民银行重庆营业管理部的监测数据显示，2012年监测样本的民间融资规模和利率保持平稳回落态势，第四季度因贷款投放放缓、资金季节性需求增加导致民间借贷“量价”小幅齐升。借贷期限以短期为主，主要用于解决企业的流动资金不足，涉及行业集中在制造业、建筑业、商贸流通和房地产业。

6. 区域性金融中心建设深入推进，金融创新步伐加快。2012年重庆市金融业增加值增长20.8%，占地区生产总值的比重达8%，同比提高1个百分点。金融后援服务中心项目奠基形成新的金融聚集区，金融城功能不断完善。交通银行太平洋信用卡重庆分中心获批筹建，银行区域性运营中心达到14家。惠普离岸结算量增长1.1倍，占惠普全球结算量的1/6。新台币现钞双向兑换试点和电子商务跨境外汇收支试点有序推进，累计获批第三方支付牌照数量位居西部省市前列，结算型中心建设加快。金融IC卡发行量居全国首位，跨行业应用试点取得突破。外资PE试点引进数量稳步增长。金融机构开展网点延时服务、发行小额快速支付卡等，推动辖区金融服务创新快速发展。

（五）以防范区域性金融风险和服务民生为重点推进金融生态环境建设

2012年，重庆市建立全市金融工作协调联席会制度，完善金融监管部门协同监管机制；建立市、区县两级联动的创新型机构监管制度；强化担保、小贷、私募股权投资基金等行业协会自律监管。中国人民银行重庆营业管理部建立与金融机构共同防范区域金融风险工作机制，督促加强融资平台、房地产和产能过剩行业贷款风险防范；开展交叉性金融业务制度性调查和金融机构稳健性评估；探索开展金融机构利率市场化承受力评估，扩大区县金融生态环境评估影响力。通过征信服务、权益保护、金融教育等改善民生金融生态环境。首创互联网平台架构、商誉积累和多功能信用培育模式，开发建设了重庆市企业信用培育系统，填补现有企业征信系统的空白。建立西南首个、全国第五个农村征信系统，开拓信用村镇建设新途径，通过财政贴息、利率优惠等政策，提升农村信用环境。金融消费者权益保护工作试点扩大到库区等7区县。开展“金融消费者权益保护宣传周”、“防范非法黄金交易风险及投资者教育宣传月”等活动，提升居民金融意识。

二、经济运行情况

2012年，重庆经济运行缓中企稳、稳中有进，全年地区生产总值同比增长13.6%，同比下降2.8个百分点。第二、第三季度总需求下滑局面在第四季度得到缓解、企业生产有所恢复。全年人均地区生产总值超过6 000美元，直辖以来首次超过全国平均水平。经济增长的需求、供给结构趋于优化，内生动力不断增强，就业保持较快增长，生态环境持续改善，发展的质量和效益继续提升。

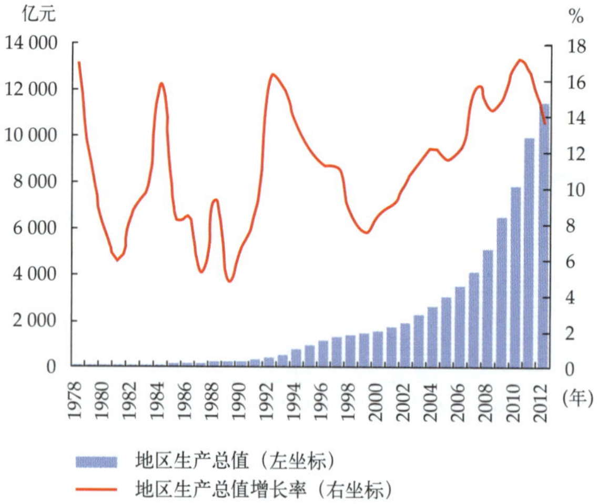

数据来源：重庆市统计局。

图5　1978～2012年重庆市地区生产总值及其增长率

（一）三大需求结构趋于优化

2012年，重庆经济运行结构性变化明显，投资贡献率下降，消费和出口平稳较快增长，三大需求更趋协调。

1. 投资增速放缓，结构改善。2012年，重庆固定资产投资增速创近十年最低，工业投资增速同比回落12.3个百分点，资本形成对经济增长的贡献率降到50%以下。第一、第三产业投资占比分别提升0.2个和3.4个百分点。农村投资、居民服务、文化、体育和娱乐业投资持续快速增长。在民营经济发展政策带动下，民间投资增速高于国有投资4.6个百分点，民营企业技术改造投资增长31%。投资资金来源中，贷款和预算资金占比继续下降，发债、信托等其他筹资渠道拓宽。区县积极承接主城区传统产业转移，打造新兴产业配套基地，市内区域产业布局优化。

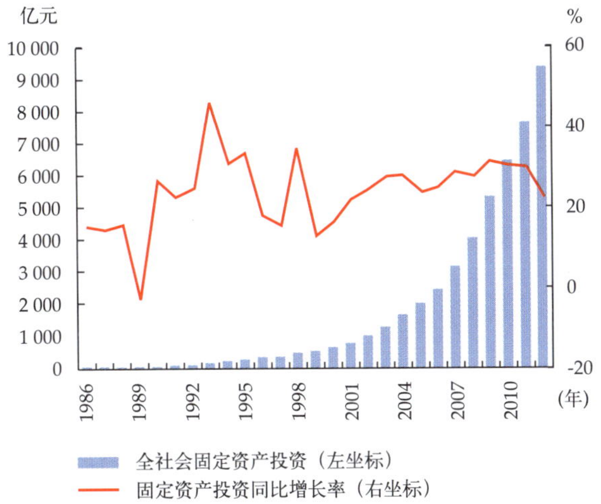

数据来源：重庆市统计局。

图6　1986~2012年重庆市固定资产投资及其增长率

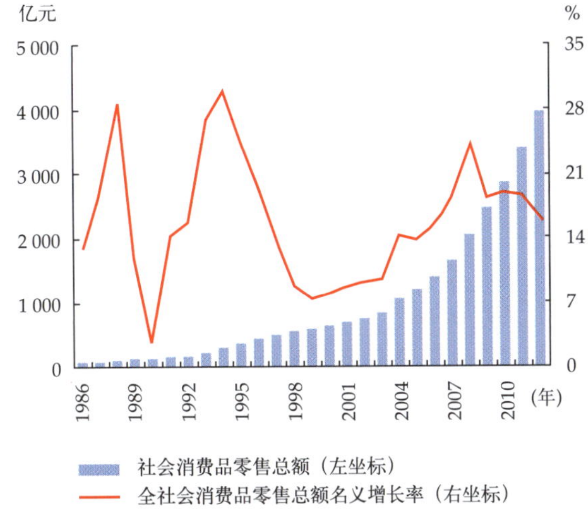

数据来源：重庆市统计局。

图7　1986~2012年重庆市社会消费品零售总额及其增长率

2. 消费稳定增长，城乡协调发展。2012年，在城乡居民收入增速持续高于全国水平、消费环境持续改善以及假日和旅游经济活跃等有利因素作用下，重庆市社会消费品零售额增速继续高于全国。汽车及住房相关类热点消费有所回暖；文化、旅游和时尚类消费升级加快。受家电惠民、汽车惠农等政策拉动，农村消费增长较快，城乡

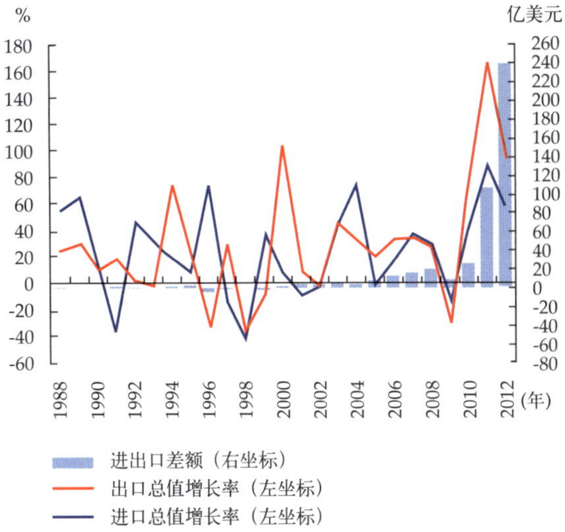

数据来源：重庆市统计局。

图8　1988~2012年重庆市外贸进出口变动情况

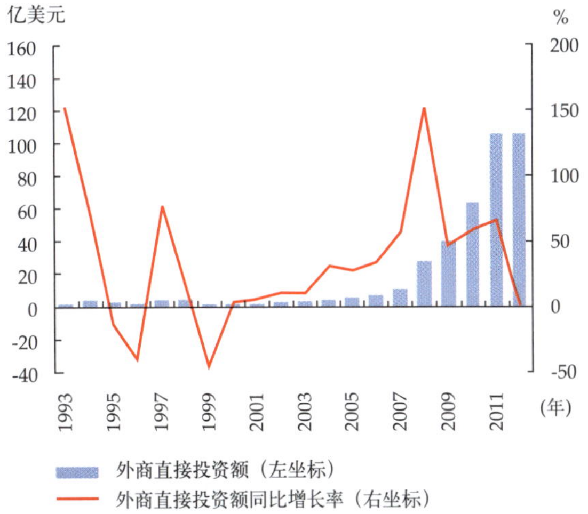

数据来源：重庆市统计局。

图9　1993~2012年重庆市外商直接投资额及其增长率

消费增速差距同比缩小，协调发展趋势增强。

3. 对外贸易再创新高，对外投资大幅增长。全年进出口额增速高于全国76个百分点，出口和进口总额分列西部第1位和第2位。加工贸易和笔记本电脑产业的高速发展支撑全市进出口强势增长。利用外资连续两年破百亿元，引资结构逐渐从房地产业向制造业转移。企业“走出去”步伐加快，境外投资大幅增长66%，投向矿产资源、装备制造、农业等多个领域。

专栏2 汇率形成机制改革以来重庆出口企业承受力分析

2012年，中国人民银行将银行间外汇市场人民币兑美元交易价浮动幅度由0.5%扩大至1%，继续推进人民币汇率形成机制改革，汇率弹性明显增强。中国人民银行重庆营业管理部在持续监测基础上，对2005年汇改以来重庆市出口企业承受力情况进行了评估。

在利润最大化假设下，出口盈利是企业面对各种外部冲击的缓冲空间，选用出口利润率衡量出口企业承受力。对2005年第三季度以来30个季度、1 733个企业数据样本（样本企业出口额合计占全市出口总额的35.7%）的分析显示，重庆市出口企业总体能适应汇率波动带来的影响。虽然汇改以来人民币总体升值，但样本企业出口利润率在25个季度中为正值，其中22个季度出口利润率落在2%～5%区间。2008年第三季度至2010年第一季度、2011年第一季度至2012年第四季度两个时间段内，受次贷危机、欧债危机等综合影响，出口利润率有所下降。2012年第四季度，出口利润率为-0.6%，较2011年第一季度下降3个百分点，较第二季度的历史低点回升了0.7个百分点，出口企业经营状况企稳但总体不容乐观。构建VAR模型和随机效应模型对企业承受力的影响因素进行实证分析表明，世界需求对出口企业承受力影响最大，世界需求下降1个百分点，会导致出口利润率减少2.13个百分点；出口退税率增长1个百分点，会导致出口利润率增长0.61个百分点，部分收益通过价格调整等途径输出给国外进口商；汇率每变动1个百分点，引起出口利润率变动0.48个百分点，小于上述两个因素影响。在长期内，出口企业具有较强动态调整能力，汇率波动对出口利润率的不利影响“先增后减”，汇率波动在中长期内可刺激企业改善生产经营、提升应对能力。

近年来，重庆市出口企业采取多种措施积极应对汇率波动。一是实施产品和销售市场多元化战略，通过开发差异化产品提高生产附加值，增强出口竞争优势。如某汽摩企业在摩托车市场竞争激烈、利润空间收窄的背景下，转向发展汽车制造，并开发东南亚市场，带动出口销售额快速增长。二是积极运用金融工具管理汇率风险。有的企业通过进入银行间外汇市场交易，降低结售汇成本；有的企业采用提前锁定应收账款结算汇率、提高应收账款回款速度等方式，确保出口收益；有的企业通过远期结售汇、人民币与外币掉期等金融衍生品，提前锁定结售汇汇率。2012年汇率双向波动加大后，出口企业以人民币结算的意愿进一步增强，办理跨境人民币结算的企业数量和金额同比增长87%和3.4倍。此外，企业还采取了提高出口产品价格、扩大进口等措施抵消人民币升值损失，但面临出口议价能力较弱、进口产品价格上升等制约。问卷调查显示，68%的样本企业采用成本加成定价法，出口量增价跌现象较突出；仅有25%的企业采用当地市场销售价格定价法，具备一定的定价能力。从效果看，有利于提升核心竞争力的措施才能有效提升承受能力，单纯价格竞争效果有限。

2013年，重庆主要出口市场美国、德国和日本的经济需求总体仍然疲弱，出口企业利润增长压力较大，应坚持出口市场多元化和以质取胜战略，努力提升出口产品技术水平。金融部门要加大对企业创新升级的资金支持，积极开发汇率避险产品，推广跨境人民币结算，帮助企业提升汇率风险管理能力。

（二）三次产业协调发展，转型升级步伐加快

2012年，重庆三次产业比例由上年的8.4：55.4：36.2调整为8.2：53.9：37.9，以服务业为主体的第三产业占比提高。

1. 农业稳定发展、效益提升。重庆加大农业投入，出台政策扶持现代农业和特色产业加快发展，粮食产量连续五年高产，油料播种面积、总产、单产均实现“六连增”，特色效益粮油产品亩收益提高，主要畜禽产量全面增长。现代农业综合示范工程启动，农业增加值增长加快，农业机械化水平和科技投入不断提升，农村专业合作组织数量和农民参合率稳步增加，农民人均纯收入增速继续高于全国水平。

2. 工业生产缓中趋稳，产业集群发展和结构调整成效显著。2012年，全市工业运行呈低位回升、逐步趋稳态势，规模以上工业增加值增速同比明显回落（见图10），但仍大幅高于全国水平，主要由于重庆工业正处于提档升级、产能释放的发展阶段。中国人民银行重庆营业管理部工业企业调查显示，受国内外需求好转及稳增长政策显效影响，第四季度企业经营状况景气指数5个季度来首次环比上涨，主营业务收入、产销率等主要指标向好。全年规模以上工业企业利润增长10.4%，扭转了前期利润连续下滑的局面。

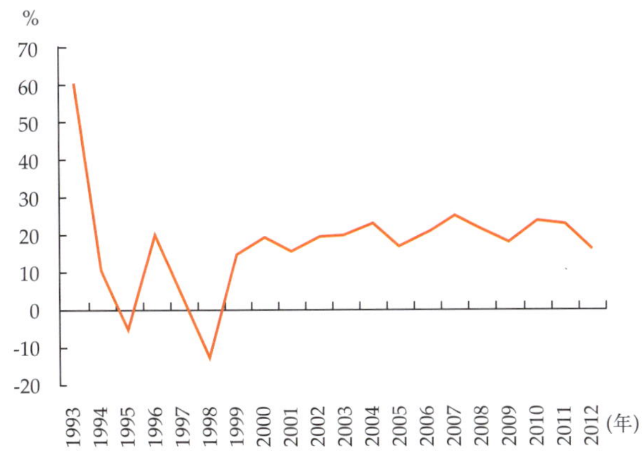

数据来源：重庆市统计局。

图10　1993～2012年重庆市规模以上工业增加值同比增长率

全市“1+2+7+36”[①]工业园区和产业集群发展加快，园区产值占全市工业总产值的比重进一步提高。电子信息产业崛起促使工业升级步伐加快，带动高技术产业产值占比提升。电子、汽车、装备、化工、材料、能源和消费品制造等“6+1”多元化支柱产业结构形成，对工业增长的贡献度高达七成。企业技术创新投入加大，工业企业新产品产值和全员劳动生产率分别增长30%和11.4%。

3. 现代服务业加快发展。两江新区现代服务业综合试点获国家批准，着力建设电子商务、信息服务等生产性服务业，与渝中区形成两大服务业集聚区。商贸、餐饮等生活性服务业持续快速发展，物流、金融、文化、旅游等重点行业发展势头强劲。国内首个网商产业园落户重庆，助推全市电子商务交易额增长四成，渝新欧铁路联运稳定化、常态化运行推动国际物流能力提升。

（三）物价涨幅得到有效控制，就业保持较快增长

1. 居民消费价格高位回落。年初以来，随着肉类和蔬菜等食品供应增加、交通和通信费用降低，CPI从高位逐步回落，8月触底后受天气和季节性因素影响，呈小幅回升态势（见图11）。全年CPI上涨2.6%，较上年下降2.7个百分点。食品和居住类价格仍是拉动CPI上涨的主要原因，但其拉动作用明显减弱。

2. 生产价格下行趋稳。受能源和大宗商品价格回落、国内经济放缓和企业去库存化等因素影响，年内工业生产者购进价格指数和出厂价格指数逐月回落，第四季度随着国内需求上升、大宗商品价格回升、国际粮价高位运行而逐步企稳。

3. 就业保持较快增长，劳动力价格上涨放缓。2012年，电子信息企业需求旺盛和微型企业创业活跃带动全市新增就业人数同比增长19%。但受经济增速和企业盈利能力下降等影响，工资涨幅放缓。城镇职工平均工资和农民工资性收入增幅同比下降1.7个和6.5个百分点，技工、高端人

①包括两江新区、两路寸滩保税港区、西永综合保税区、7个国家级和市级开发区以及36个特色工业园区。

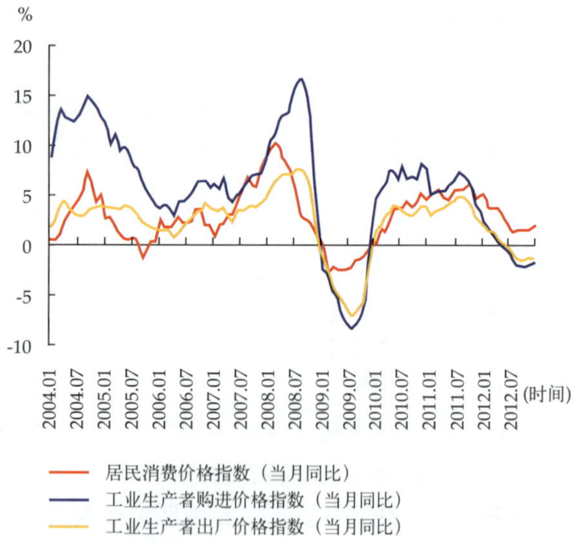

数据来源：《重庆统计年鉴》、重庆市统计局。

图11　2004～2012年重庆市居民消费价格和生产者价格变动趋势

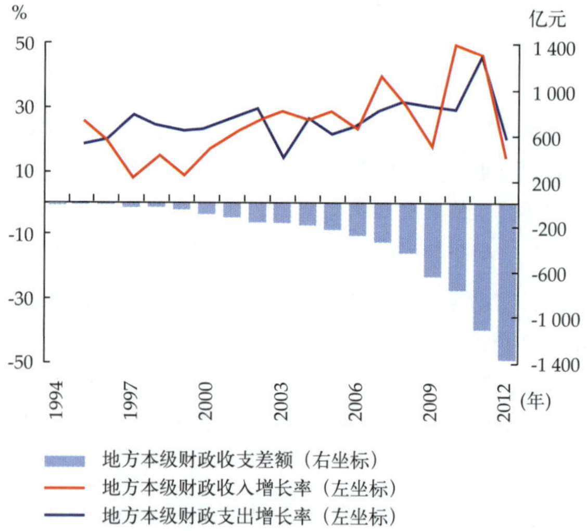

数据来源：《重庆统计年鉴》、重庆市统计局。

图12　1994～2012年重庆市财政收支状况

才工资增长较快。

（四）财政收入增速大幅放缓，支出着力改善民生和提振经济

2012年，重庆市一般预算收入增速大幅回落（见图12）。因企业利润下滑和个人所得税起征点调高等结构性减税措施的实施，税收收入增速回落36.1个百分点。一般预算支出占地区生产总值的比重提高近1个百分点，稳增长、调结构成效明显。民生支出占52.6%，教育、就业、卫生和“三农”领域支出增长较快；对基础设施建设、改善城乡消费环境和扶持民营经济的投入加大。一般预算收支缺口继续扩大，但差额增幅明显放缓。

（五）节能减排与环境保护成效明显，金融支持力度加大

2012年，重庆市节能减排和环境保护工作取得良好成效。全市单位生产总值能耗下降5%，工业固体废弃物综合利用率达到80%以上。主城区空气质量优良天数创历史最好水平；长江、嘉陵江和乌江水质保持稳定；主城区创建国家环境保护模范城市工作通过国家验收，建成国家生态示范区和环境优美乡镇8个，民众环境满意度上升。稳步推进主要污染物排放权交易，新设再生资源交易中心，加强废弃资源回收再利用。金融机构与环保部门构建联动机制，从严把控污染超标企业、产能过剩行业的信贷审批权，加强对节能环保行业和环保基础设施建设的支持力度，绿色信贷增速同比提高3.7个百分点。

（六）房地产市场平稳运行，电子信息产业迅速崛起

1. 房地产市场运行总体平稳，差别化房贷政策效应显现。2012年，在房地产调控政策持续影响下，重庆商品房消费继续向理性回归，投机性购房现象减少，全年销售面积同比下降0.2%、商品房交易均价低于2011年。但随着累积的刚性需求释放、居民房价上涨预期增强，第四季度商品房销售增速回升较快，二手房交易有所回暖，新建住宅销售价格同比涨幅由负转正（见图13、图14）。

房地产开发投资增速触底回升。受房屋销售逐渐回暖、开发企业资金链趋于正常及未来预期日趋乐观等因素影响，房地产开发投资增速在年中触及低点后逐步回升，商品房新开工面积降幅收窄，施工、竣工面积平稳增长。保障性住房建设由大规模开工阶段进入在建工程推进阶段，保障性住房投资增速放缓。

房地产信贷调控政策得到严格执行。在银行实行严格名单制管理的情况下，房地产开发贷款

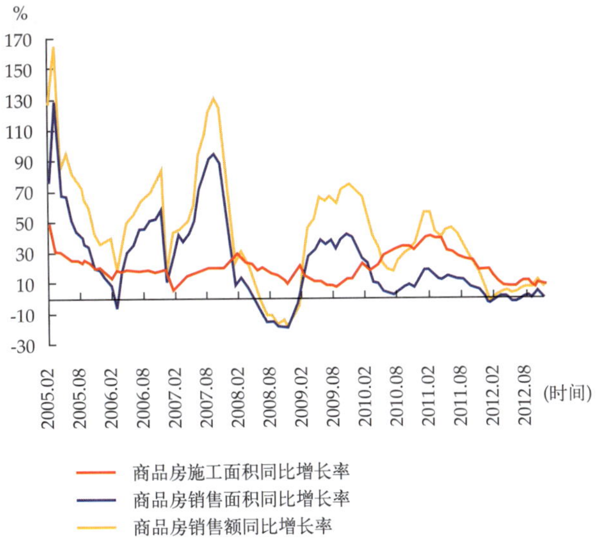

数据来源：重庆市统计局。

图13 2005～2012年重庆市商品房施工和销售变动趋势

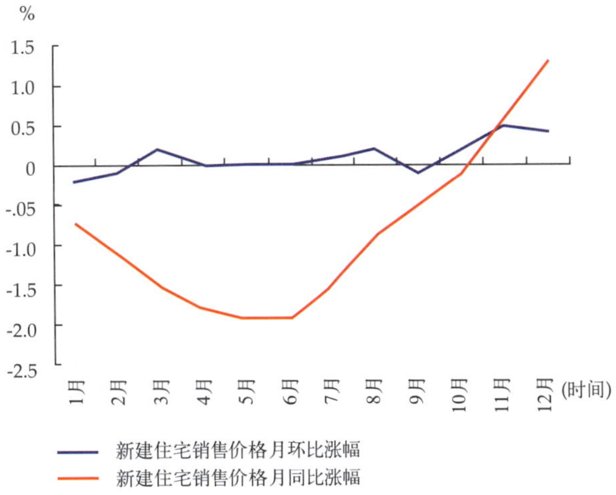

数据来源：重庆市统计局。

图14 2012年重庆市新建住宅销售价格变动趋势

增速处于历史低位。在房地产市场成交好转带动下，个人按揭贷款增长下半年有所加快，但公积金贷款分流作用明显，个人住房贷款年末增速同比回落。差别化住房信贷政策有效执行，个人首套房贷款占比达97.2%，执行基准及以下利率贷款占比提高，全年平均利率比上年回落1.36个百分点。二套房首付比例和利率上浮规定得到严格执行。公租房建设贷款余额居全国第一，但增速有所放缓。

2. 电子信息产业迅速崛起，金融服务针对性强。近年来，重庆主动承接东部产业转移，通过吸引惠普、宏碁等五大电脑商和广达、富士康等六大代工企业以及500余家零部件配套企业落户，引进惠普、华硕等结算中心和惠普、宏碁研发中心等机构，形成了“品牌+代工+配套”和“研发+制造+结算”的产业体系，推动电子信息产业迅速崛起。2012年，重庆电子信息产业产值占工业的比重达20%，成为仅次于汽摩的第二大支柱产业。规模电子产业销售产值增长64%，拉动工业增长8个百分点，成为工业增长第一驱动力；出口交货值占工业的71%，笔记本电脑出口同比增长1.4倍，重庆成为继上海、江苏之后全国第三大笔记本电脑生产和出口基地。国际离岸云计算试验区和国际电子商务结算中心建设不断推进，太平洋电信数据中心竣工投入运营，各类网商达到7万户，全年软件和信息服务业实现主营业务收入同比增长71%。随着外需好转和企业降本增效，电子行业由年初亏损转为盈利，全年利润增长14.1%，对工业效益提升起到了重要作用。

金融支持电子信息产业针对性强。金融机构以扶持性的授信政策为支撑，以电子信息产业园区支行和网点为依托，设立专业团队和绿色通道，通过基建贷款、技援贷款等方式支持生产基地建设；采用信用证、押汇等国际贸易融资和保理、货押等产业链融资方式，创新出“跨境结汇通”等境内外行联动产品和银企直连、集团结算中心等现金管理服务，积极对接电子信息企业的融资和结算需求，提升金融服务水平。2012年年末，重庆电子信息产业本外币贷款余额为264亿元，同比增长219%，外币贷款余额占八成，契合了大型企业全球资金运营、控制融资成本的需要，推动行业财务费用同比下降32%。

三、预测与展望

2013年，重庆处于工业化、城镇化的快速推进期，民营经济和农业现代化加快发展，内陆大开放的综合环境向好，将持续激发经济发展潜力，经济有望保持较快增长。

固定资产投资平稳增长。重庆加快“三中心

两集群一高地”建设，高科技制造业、服务业、“三农”及民生领域投资力度将加大，非重复性的基础设施建设和房地产投资将有所回升。

居民消费将实现较快增长。经济温和复苏对就业和收入增长构成支撑。社保体系和消费环境的改善有助于消费增长。住宅相关行业、汽车及石油消费将周期性回暖。但食品价格和整体通胀水平提高可能对居民的实际消费产生一定压力。

进出口保持较快增长。随着世界经济的缓慢复苏和重庆电子信息产业发展壮大、国际贸易通道运输能力提升，预计外贸增长仍处于较高水平。但考虑到基数影响，增速将有所下降。

物价上涨压力依然存在。随着猪粮比跌至较低水平以及基数效应逐渐消退，2013年食品价格可能步入上升周期。受新一轮全球性宽松货币政策影响，可能出现阶段性的资本流入，潜在的输入性通胀压力需要关注。国内劳动力成本、资源价格的趋势性上涨也可能继续推高CPI。

2013年，重庆金融业将继续认真贯彻稳健的货币政策，处理好稳增长、调结构、控物价和防风险的关系，保持贷款总量合理平稳增长，加强信贷政策与产业政策的协调配合，加大对小微企业、“三农”和民生的信贷支持。进一步改善融资结构，提升直接融资占比，适度扩大社会融资规模。积极发挥银行、保险、证券、担保、小贷、基金等各类型金融机构和创新型融资组织的优势，多渠道满足实体经济多样化的融资需求。强化宏观审慎管理、新资本管理规定等导向，加强房地产、融资平台贷款、跨机构合作、银行体系外融资等重点领域的风险防范，及时化解潜在风险，维护金融稳定运行。

中国人民银行重庆营业管理部货币政策分析小组
总　纂：白鹤祥　王江渝
统　稿：陈振祥　张晓昱　江泓洁
执　笔：王　红　董晓亮　罗　杰　刘　炼　钟　升　易　娟　熊　波　李高亮　孔文佳　王　睿
提供材料的还有：卢满生　岑　露　韩淑媛　邓翊平　卜醉瑶

附录

（一）2012年重庆市经济金融大事记

2月，重庆市积极落实全国第四次金融工作会议、中央经济工作会议精神，制定《关于提振实体经济促进经济平稳较快发展的意见》，引导金融资金投向实体民生。

4月，重庆地产集团发行企业债券50亿元，是全国规模最大的用于公租房建设的企业债券。

5月，重庆市启动小额贷款保证保险试点。

6月，重庆市召开民营经济发展大会，出台大力发展民营经济45条政策。

6月，重庆市第四次党代会确立“一统三化两转变”发展战略，随后相继发布全市新型工业化、新型城镇化、农业现代化3个指导意见，进一步推进经济发展方式转变。

6月，重庆市成为首批中小企业私募债试点省市；12月，在两江新区、綦江区注册首批3.5亿元区域集优债，中小企业融资渠道进一步拓展。

8月，重庆两江新区现代服务业综合试点获国家批准。

8月，重庆汽车金融公司挂牌成立。

9月，重庆市政府组织建立起金融工作协调季度联席会制度，该机制成为全市金融改革发展和风险防控的重要协作平台。

（二）2012年重庆市主要经济金融指标

表1 2012年重庆市主要存贷款指标

		1月	2月	3月	4月	5月	6月	7月	8月	9月	10月	11月	12月
本外币	金融机构各项存款余额（亿元）	16 079.5	16 377.8	16 908.7	16 999.6	17 488.1	18 124.2	18 074.3	18 220.0	18 628.7	18 625.9	18 955.7	19 423.9
	其中：储蓄存款	7 504.4	7 500.1	7 621.7	7 540.2	7 658.1	7 931.1	7 861.5	7 939.0	8 122.6	8 060.1	8 134.2	8 385.0
	单位存款	7 830.9	8 092.5	8 510.5	8 659.8	8 981.9	9 381.4	9 311.1	9 379.5	9 684.9	9 651.8	9 846.4	10 306.8
	各项存款余额比上月增加（亿元）	-45.9	298.3	530.9	90.9	488.5	636.2	-50.0	145.7	408.7	-2.8	329.8	468.2
	金融机构各项存款同比增长（%）	17.0	16.6	16.7	17.6	17.5	18.8	19.2	18.8	21.1	21.1	21.2	20.4
	金融机构各项贷款余额（亿元）	13 368.3	13 609.5	13 912.3	14 143.4	14 345.3	14 521.3	14 665.4	14 894.7	15 223.1	15 387.6	15 506.1	15 594.2
	其中：短期	2 692.1	2 793.3	2 922.3	2 963.1	3 019.3	3 166.6	3 232.0	3 358.2	3 587.5	3 714.8	3 866.3	4 028.6
	中长期	10 164.4	10 245.2	10 345.4	10 403.5	10 481.6	10 543.2	10 604.5	10 680.6	10 825.6	10 908.9	10 992.9	10 976.9
	票据融资	335.0	349.3	412.6	546.2	611.3	566.2	578.0	602.6	523.2	477.8	395.1	348.9
	各项贷款余额比上月增加（亿元）	175.2	241.2	302.7	231.1	201.9	176.0	144.0	229.4	328.3	164.5	118.6	88.0
	其中：短期	34.2	101.2	129.1	40.7	56.1	147.3	65.5	126.2	229.3	127.3	151.5	162.4
	中长期	137.3	80.8	100.2	58.1	78.1	61.7	61.2	76.2	144.9	83.3	84.0	-16.0
	票据融资	-11.2	14.3	63.3	133.6	65.2	-45.2	11.8	24.7	-79.5	-45.4	-82.6	-46.3
	金融机构各项贷款同比增长（%）	18.5	18.6	18.7	17.9	17.0	16.3	16.4	16.4	18.2	18.5	18.1	18.2
	其中：短期	48.8	51.5	51.0	49.0	47.6	46.2	48.8	47.7	51.1	50.0	50.8	50.9
	中长期	13.3	12.7	11.8	10.6	10.3	9.9	9.6	9.6	10.5	10.4	10.4	9.6
	票据融资	-15.2	-17.8	0.3	19.1	6.4	-3.7	-2.0	-3.4	-6.8	2.2	-7.0	0.8
	建筑业贷款余额（亿元）	831.0	837.3	841.0	842.2	849.0	881.3	926.9	957.6	988.1	998.7	1 015.4	1 015.4
	房地产业贷款余额（亿元）	1 139.5	1 158.6	1 165.2	1 172.8	1 206.9	1 255.1	1 245.0	1 258.6	1 273.4	1 295.3	1 315.0	1 315.0
	建筑业贷款同比增长（%）	68.1	65.1	61.0	53.4	50.6	35.2	39.1	37.0	39.5	37.0	37.5	35.1
	房地产业贷款同比增长（%）	5.4	8.5	7.1	7.1	9.7	11.5	11.4	11.7	11.2	12.9	12.8	11.3
人民币	金融机构各项存款余额（亿元）	15 839.4	16 059.8	16 470.9	16 430.9	16 917.9	17 575.1	17 600.7	17 769.2	18 206.8	18 244.8	18 568.4	18 934.8
	其中：储蓄存款	7 483.4	7 480.1	7 600.9	7 519.0	7 636.1	7 909.0	7 839.5	7 917.5	8 101.0	8 037.8	8 111.4	8 361.6
	单位存款	7 620.1	7 802.4	8 100.9	8 127.8	8 444.3	8 867.4	8 872.5	8 957.7	9 292.0	9 300.7	9 490.7	9 851.1
	各项存款余额比上月增加（亿元）	8.8	220.4	411.1	-40.0	487.0	657.2	25.5	168.5	437.6	38.1	323.6	366.4
	其中：储蓄存款	493.2	-0.7	120.9	-81.9	117.1	272.9	-69.5	78.1	183.5	-63.2	73.6	250.2
	单位存款	-637.2	182.3	298.5	26.8	316.6	423.0	5.1	85.3	334.3	8.7	190.0	360.4
	各项存款同比增长（%）	16.4	15.4	14.8	14.5	14.6	16.1	17.0	16.8	19.5	19.8	20.4	19.6
	其中：储蓄存款	21.5	19.7	19.1	19.3	20.0	20.6	20.9	20.7	21.2	21.8	21.3	19.6
	单位存款	10.0	12.5	10.2	10.0	11.3	11.8	15.2	13.6	17.7	19.1	19.5	19.3
	金融机构各项贷款余额（亿元）	13 185.3	13 417.6	13 692.0	13 890.3	14 105.4	14 305.9	14 441.0	14 644.0	14 862.8	14 976.7	15 038.2	15 131.2
	其中：个人消费贷款	2 797.2	2 805.4	2 844.8	2 867.9	2 905.9	2 950.3	2 987.1	3 028.9	3 077.4	3 119.7	3 167.4	3 207.6
	票据融资	335.0	349.3	412.6	546.2	611.3	566.2	578.0	602.6	523.2	477.8	395.1	348.9
	各项贷款余额比上月增加（亿元）	186.0	232.3	274.4	198.3	215.0	200.5	135.2	203.0	218.8	113.9	61.5	93.0
	其中：个人消费贷款	32.8	8.2	39.4	23.3	38.1	44.4	36.8	41.8	48.6	42.3	47.7	40.2
	票据融资	-11.2	14.3	63.3	133.6	65.2	-45.2	11.8	24.7	-79.5	-45.4	-82.6	-46.3
	金融机构各项贷款同比增长（%）	18.1	18.2	18.2	17.1	16.3	15.9	16.0	15.8	17.0	17.1	16.2	16.4
	其中：个人消费贷款	22.2	20.1	18.7	17.0	15.9	15.5	14.9	15.2	15.9	15.9	16.1	16.0
	票据融资	-15.2	-17.8	0.3	19.1	6.4	-3.7	-2.0	-3.4	-6.8	2.2	-7.0	0.8
外币	金融机构外币存款余额（亿美元）	38.0	50.5	69.6	90.6	90.0	86.8	74.8	71.0	66.5	60.5	61.6	77.8
	金融机构外币存款同比增长（%）	82.3	146.1	224.1	432.8	404.7	394.0	291.1	274.7	199.9	151.8	81.5	65.6
	金融机构外币贷款余额（亿美元）	29.0	30.5	35.0	40.3	37.9	34.1	35.4	39.5	56.8	65.2	74.4	73.7
	金融机构外币贷款同比增长（%）	63.9	68.3	75.7	99.7	87.6	53.6	55.4	63.6	99.3	114.9	149.2	139.5

数据来源：中国人民银行重庆营业管理部。

表2　2001～2012年重庆市各类价格指数

单位：%

年/月	居民消费价格指数		农业生产资料价格指数		工业生产者购进价格指数		工业生产者出厂价格指数	
	当月同比	累计同比	当月同比	累计同比	当月同比	累计同比	当月同比	累计同比
2001	—	1.7	—	—	—	—	—	-1.9
2002	—	-0.4	—	—	—	-0.9	—	-2.4
2003	—	0.6	—	—	—	4.9	—	0.6
2004	—	3.7	—	—	—	12.9	—	3.9
2005	—	0.8	—	—	—	8.2	—	3.0
2006	—	2.4	—	—	—	4.8	—	2.2
2007	—	4.7	—	—	—	6.2	—	3.5
2008	—	5.6	—	—	—	12.2	—	5.8
2009	—	-1.6	—	—	—	-5.0	—	-4.5
2010	—	3.2	—	—	—	6.9	—	3.1
2011	—	5.3	—	—	—	5.7	—	3.8
2012	—	2.6	—	—	—	-0.5	—	-0.1
2011　1	5.0	5.0	—	—	5.2	5.2	3.0	3.0
2	5.4	5.2	—	—	5.2	5.2	3.3	3.2
3	5.5	5.3	—	—	5.5	5.3	3.5	3.3
4	4.8	5.2	—	—	5.4	5.3	3.7	3.4
5	4.6	5.1	—	—	6.0	5.4	4.1	3.5
6	5.5	5.1	—	—	6.6	5.6	4.4	3.7
7	5.6	5.2	—	—	7.3	5.9	4.8	3.8
8	5.7	5.3	—	—	7.2	6.0	4.8	3.9
9	6.1	5.3	—	—	6.7	6.1	4.6	4.0
10	5.8	5.4	—	—	5.9	6.1	4.0	4.0
11	4.8	5.3	—	—	4.2	5.9	2.8	3.9
12	4.9	5.3	—	—	3.3	5.7	2.4	3.8
2012　1	5.0	5.0	—	—	2.2	2.2	2.0	2.0
2	3.6	4.3	—	—	1.6	1.9	1.6	1.8
3	3.6	4.1	—	—	0.9	1.6	1.3	1.6
4	3.8	4.0	—	—	0.4	1.3	0.9	1.5
5	3.3	3.9	—	—	-0.1	1.0	0.3	1.2
6	2.2	3.6	—	—	-0.5	0.8	0.0	1.0
7	1.6	3.3	—	—	-1.1	0.5	-0.4	0.8
8	1.3	3.0	—	—	-1.7	0.2	-1.0	0.6
9	1.5	2.9	—	—	-2.2	-0.1	-1.5	0.3
10	1.6	2.7	—	—	-2.2	-0.3	-1.6	0.1
11	1.6	2.6	—	—	-1.9	-0.4	-1.4	0.0
12	2.0	2.6	—	—	-1.7	-0.5	-1.4	-0.1

数据来源：重庆市统计局。

表3 2012年重庆市主要经济指标

	1月	2月	3月	4月	5月	6月	7月	8月	9月	10月	11月	12月
绝对值（自年初累计）												
地区生产总值（亿元）	—	—	2 523.9	—	—	5 307.2	—	—	8 158.0	—	—	11 459.0
第一产业	—	—	104.5	—	—	273.3	—	—	628.9	—	—	940.0
第二产业	—	—	1 498.9	—	—	3 049.9	—	—	4 482.9	—	—	6 172.3
第三产业	—	—	920.4	—	—	1 984.0	—	—	3 046.3	—	—	4 346.7
工业增加值（亿元）	—	—	—	—	—	—	—	—	—	—	—	—
固定资产投资（亿元）	—	726.7	1 402.1	2 065.3	2 842.2	3 735.1	4 509.7	5 350.0	6 325.0	7 267.8	8 264.3	9 380.0
房地产开发投资	—	247.6	436.6	584.0	783.3	996.2	1 218.9	1 454.3	1 751.4	1 949.3	2 203.0	2 508.4
社会消费品零售总额（亿元）	—	667.6	972.6	1 267.3	1 604.9	1 929.8	2 240.5	2 556.4	2 889.0	3 244.2	3 594.4	3 961.2
外贸进出口总额（亿美元）	27.7	53.6	89.9	135.3	196.7	250.4	302.4	352.7	403.6	453.2	490.8	532.0
进口	8.7	18.9	31.5	42.1	57.4	69.0	80.0	93.3	109.9	120.8	133.0	146.3
出口	19.0	34.8	58.4	93.2	139.3	181.5	222.4	259.5	293.7	332.4	357.8	385.7
进出口差额(出口－进口)	10.3	15.9	27.0	51.1	81.8	112.5	142.4	166.2	183.9	211.6	224.8	239.4
外商实际直接投资（亿美元）	4.6	10.5	17.7	21.2	26.3	35.1	40.2	45.2	60.2	70.2	80.1	105.3
地方财政收支差额（亿元）	34.4	20.0	-73.7	-101.4	-171.2	-367.4	-508.0	-623.1	-741.4	-792.5	-1 028.6	-1 351.7
地方财政收入	147.2	237.4	350.2	509.3	658.0	826.1	974.5	1 078.2	1 181.7	1 319.4	1 448.6	1 703.5
地方财政支出	112.8	217.4	423.9	610.7	829.3	1 193.6	1 482.4	1 701.4	1 923.2	2 111.9	2 477.2	3 055.2
城镇登记失业率 (%)(季度)	—	—	3.4	—	—	3.4	—	—	3.4	—	—	3.3
同比累计增长率（%）												
地区生产总值	—	—	14.4	—	—	14.0	—	—	13.8	—	—	13.6
第一产业	—	—	3.9	—	—	4.7	—	—	4.9	—	—	5.3
第二产业	—	—	16.2	—	—	15.7	—	—	15.7	—	—	15.6
第三产业	—	—	12.2	—	—	12.3	—	—	12.2	—	—	12.0
工业增加值	—	16.1	16.3	16.4	16.4	16.5	16.0	16.1	16.2	16.3	16.3	16.3
固定资产投资	—	20.4	22.7	20.1	20.7	23.1	21.1	22.6	23.7	23.1	23.2	22.0
房地产开发投资	—	28.1	31.5	19.7	20.1	19.7	21.5	21.6	26.8	22.3	24.1	24.5
社会消费品零售总额	—	16.8	16.7	16.2	15.9	15.9	15.7	15.6	15.7	15.8	15.9	16.0
外贸进出口总额	73.8	112.0	121.6	141.3	165.9	174.0	153.3	132.9	119.7	112.4	92.8	82.2
进口	26.3	79.6	79.2	76.9	78.5	77.4	72.1	67.6	69.0	63.2	59.1	56.1
出口	110.2	135.1	153.9	188.6	233.1	245.4	205.1	170.9	147.6	138.6	109.2	94.5
外商实际直接投资	88.8	52.0	38.6	35.1	41.1	20.1	17.9	27.0	42.0	37.9	13.5	0.0
地方财政收入	8.7	10.5	16.4	17.7	20.3	18.4	15.8	15.6	15.4	15.4	15.6	14.5
地方财政支出	23.6	35.6	59.6	24.4	24.8	33.8	41.0	39.4	29.7	25.6	27.6	19.9

数据来源：重庆市统计局。

2012年四川省金融运行报告

中国人民银行成都分行货币政策分析小组

[内容摘要] 2012年，面对世界经济疲软和国内经济增速放缓的复杂内外部环境，四川省通过强化投资拉动和产业支撑，经济继续保持较快增长。工业主导作用持续增强，投资规模继续扩大，消费需求逐步回升，进出口贸易平稳增长，开放合作成效显著，价格运行整体平稳。

四川金融运行总体平稳。银行业信贷投放合理均衡增长，信贷结构不断优化，跨境人民币业务和银行间市场直接融资不断拓展，服务实体经济能力进一步增强。证券业和保险业进一步规范，整体质量继续提高。

2013年是落实党的十八大精神的开局之年，在成渝经济区规划和天府新区建设等发展战略带动下，预计四川省经济仍将保持平稳较快发展态势，但经济内生增长动力不足、开放型经济发展形势较为严峻、部分金融领域存在潜在风险等问题需要密切关注。四川省金融机构将继续贯彻落实稳健的货币政策，支持实体经济持续健康发展。

一、金融运行情况

2012年，四川省金融机构认真贯彻执行稳健的货币政策，货币信贷合理均衡增长，信贷结构进一步优化，金融服务不断改进，金融运行整体平稳，金融支持经济能力进一步增强。

（一）银行业运行良好，信贷投放合理均衡

1. 银行业金融机构资产规模持续扩大。截至2012年年末，四川省银行业金融机构资产总额为52 603.5亿元，同比增长22.6%，增速比上年同期提高3.3个百分点。不良贷款额和不良贷款率分别同比下降80.66亿元和0.7个百分点。营业网点13 218个，较上年增加284个。2012年全年实现利润717.2亿元，同比增长17.7%。

表1　2012年四川省银行业金融机构情况

机构类别	营业网点			法人机构（个）
	机构个数（个）	从业人数（人）	资产总额（亿元）	
一、大型商业银行	3 306	92 422	21 986.6	0
二、国家开发银行和政策性银行	113	3 776	3 982.2	0
三、股份制商业银行	195	8 030	6 918.1	0
四、城市商业银行	579	14 460	6 970.3	13
五、小型农村金融机构	5 788	63 188	8 816.1	144
六、财务公司	4	212	235.7	3
七、信托公司	2	649	63.4	2
八、邮政储蓄银行	3 092	22 069	3 019.6	0
九、外资银行	24	938	312.1	0
十、新型农村金融机构	114	1 691	296.1	39
十一、其他	1	125	3.3	1
合　计	13 218	207 560	52 603.5	202

注：营业网点不包括总部；小型农村金融机构包括农村商业银行、农村信用社、农村合作银行；新型农村金融机构包括村镇银行、贷款公司和农村资金互助社三类机构；“其他”包含金融租赁公司、汽车金融公司、货币金融公司、消费金融公司等。

数据来源：四川银监局。

2. 各项存款稳步回升，季度波动性较大。截至2012年年末，四川省金融机构本外币各项存款余额为4 1576.8亿元，比年初增加6 607.4亿元，同比增长18.9%。其中，人民币各项存款余额为41 130.8亿元，比年初增加6 397.9亿元，同比增长18.4%；外汇各项存款余额为71.0亿美元，比年初增加33.4亿美元，同比增长89.0%。受居民收入较快增长和储蓄意愿较强等因素的推动，2012年年末四川省本外币个人存款比年初增加3 384.7亿元。受企业内生性投资谨慎等因素的影响，2012年年末四川省本外币单位存款比年初仅增加2 812.6亿元。受存贷比、内部绩效考核等因素的影响，金融机构存款“季初回落、季末冲高”特征突出，其中3月、6月、9月、12月四个月合计新增存款占全年存款增量的52.2%，相反1月、4月、

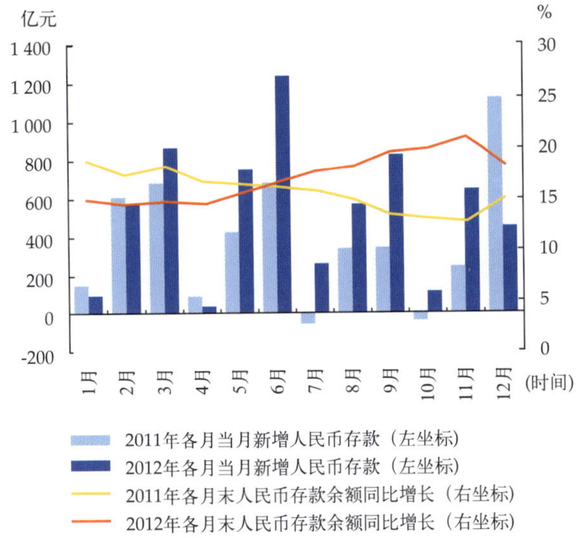

数据来源：中国人民银行成都分行。

图1 2011～2012年四川省金融机构人民币存款增长

7月、10月四个月合计新增存款仅占全年存款增量的9.2%。

3. 信贷投放合理均衡增长，信贷期限结构进一步优化。截至2012年年末，四川省金融机构本外币各项贷款余额为26 163.3亿元，比年初增加3 652.4亿元，同比增长16.2%。其中，人民币各项贷款余额为25 560.4亿元，比年初增加3 530.5亿元，同比增长16.0%；外汇各项贷款余额为95.9亿美元，比年初增加19.586亿美元，同比增长25.7%。在各项宏观调控政策叠加效应影响下，金融机构着力调整信贷期限结构，2012年年末四川省本外币境内中长期贷款比年初增加1 429.8亿元，同比少增621.9亿元，而短期贷款比年初增加2 088.2亿元，同比多增967.9亿元。

信贷结构不断优化。截至2012年年末，四川省制造业、批发和零售业等实体经济领域的本外币贷款比年初增加1 215.3亿元，占同期全部行业贷款新增额的34.5%，同比提高9.4个百分点。与政府融资平台相关的基础设施行业的本外币贷款比年初增加591.0亿元，占同期全部行业贷款新增额的16.8%，同比回落5.2个百分点。涉农贷款和中小微企业本外币贷款分别比年初增加1 581.8亿元和1 690.5亿元，余额同比分别增长23.2%和22.1%。

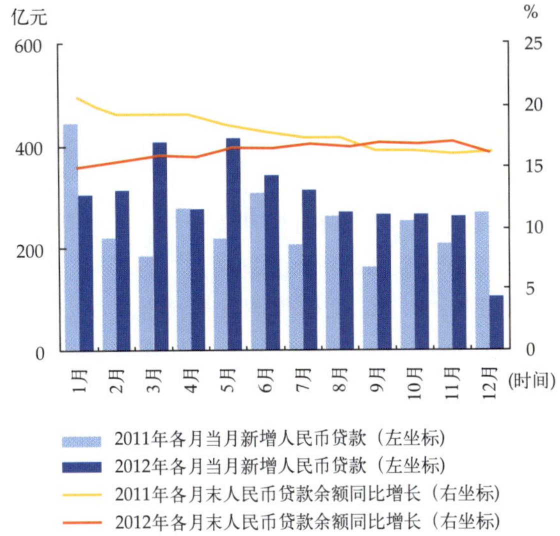

数据来源：中国人民银行成都分行。

图2 2011～2012年四川省金融机构人民币贷款增长

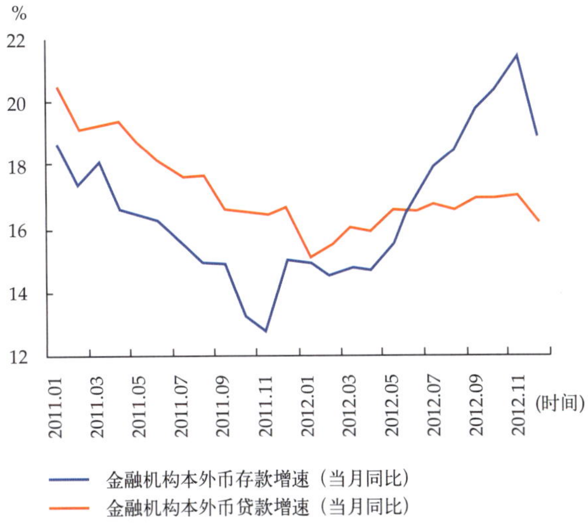

数据来源：中国人民银行成都分行。

图3 2011～2012年四川省金融机构本外币存、贷款增速

4. 金融机构利率定价更加合理，地方法人金融机构净息差缩小。2012年，受中央银行下调存贷款基准利率等因素影响，贷款实际执行利率大体呈现逐月下降趋势，由年初8.23%下降至年末的7.84%。四川金融机构以Shibor为基准的金融产品开发与创新不断取得进展，利率定价能力进一步提高。四川金融机构执行上浮利率的贷款占比同比提高9.75个百分点。地方法人金融机构活期存款和整存整取定期存款利率全部上浮1.1倍，贷款利率上浮幅度不及存款利率，在一定程度上降低了地方法人金融机构净息差。受境内外汇资金供求变化和国际金融市场利率波动影响，辖内3个月以内大额美元存款利率和1年期美元贷款利率同比分别下降了1.55个和2.71个百分点。

5. 银行业金融机构改革发展情况良好。国家开发银行四川省分行综合经营工作实现新突破。中国农业发展银行四川省分行“两轮驱动”业务格局渐趋稳固。中国进出口银行成都分行适时采取有力措施稳定其辖区外贸增长。中国农业银行四川省分行“三农金融事业部”改革深入推进。四川城市商业银行及新型农村金融机构公司治理不断改进，盈利能力提高。

6. 跨境人民币业务快速增长，资本项下结算占比上升。2012年，四川省31家金融机构累计办理跨境人民币业务307.4亿元，同比增长1.2倍。经

表2　2012年四川省金融机构人民币贷款各利率区间占比

单位：%

月份		1月	2月	3月	4月	5月	6月
合计		100.0	100.0	100.0	100.0	100.0	100.0
[0.9，1.0)		2.6	3.9	2.5	1.6	2.5	4.3
1.0		24.8	25.6	23.6	25.7	27.1	24.5
上浮水平	小计	72.6	70.5	73.6	72.7	70.3	71.2
	(1.0，1.1]	17.4	21.0	18.1	17.4	20.0	20.9
	(1.1，1.3]	21.2	21.5	22.9	23.6	23.8	23.9
	(1.3，1.5]	11.4	9.6	11.1	12.7	10.7	10.0
	(1.5，2.0]	19.7	14.7	18.2	14.7	11.7	12.6
	2.0以上	3.0	3.7	3.6	4.3	4.1	3.8
月份		7月	8月	9月	10月	11月	12月
合计		100.0	100.0	100.0	100.0	100.0	100.0
[0.9，1.0)		5.7	4.7	3.3	3.5	4.5	5.8
1.0		20.1	21.8	21.9	24.8	19.9	22.4
上浮水平	小计	74.2	73.5	74.8	71.7	75.6	71.8
	(1.0，1.1]	18.8	17.5	19.4	17.0	20.1	18.4
	(1.1，1.3]	26.4	26.6	27.4	26.5	27.5	25.0
	(1.3，1.5]	9.6	10.7	9.9	9.2	9.9	9.8
	(1.5，2.0]	15.9	13.9	13.1	13.6	13.3	14.2
	2.0以上	3.5	4.9	5.1	5.4	4.7	4.4

注：2012年8～12月统计数据的下浮区间为[0.7，1.0)。

数据来源：中国人民银行成都分行。

常项下结算157.5亿元，其中服务贸易增速最快，同比增长7.1倍。资本项下结算149.8亿元，占四川省业务总量的比例较上年提高1.9个百分点。境外项目人民币贷款实现零突破，合同金额为0.5亿元，已放贷金额为0.4亿元。

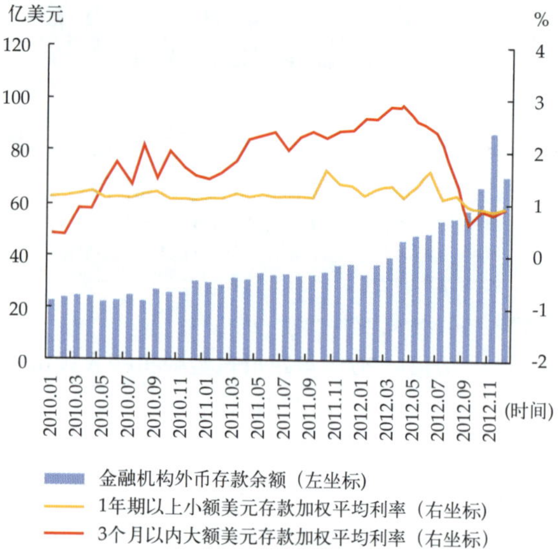

数据来源：中国人民银行成都分行。

图4　2010～2012年四川省金融机构外币存款余额及外币存款利率

（二）证券期货业稳健发展，融资规模稳中有降

1. 证券业总体稳健发展。截至2012年年末，四川省有证券公司4家、期货公司3家，证券期货经营机构243家，基金公司分公司11家，证券投资咨询公司3家。其中，4家法人证券公司净资本与净资产的比例为81%、净资本与负债的比例为62.8%、净资产与负债的比例为77.6%，风险控制较好。3家法人期货公司综合实力进一步增强，资产总额较上年增加6.5亿元，净资本合计较上年增加1.5亿元，全年共实现利润总额0.7亿元。

2. 市场交易稳中有降。2012年，四川省16家上市公司在股票市场筹资252.5亿元，同比下降24.2%。A股上市公司数量90家，其中，主板60家，中小板23家，创业板7家；总股本625亿股，总市值为5 929亿元。股票投资者开户数为747.3万户，比上年增加19.8万户。证券市场交易额为2.4

万亿元，同比下降27.6%。期货投资者开户数为3.1万户，同比下降14.8%。但期货交易额同比大幅增长54.0%，达7.7万亿元。

表3　2012年四川省证券业基本情况

项目	数量
总部设在辖内的证券公司数（家）	4
总部设在辖内的基金公司数（家）	0
总部设在辖内的期货公司数（家）	3
年末国内上市公司数（家）	90
当年国内股票（A股）筹资（亿元）	252.5
当年发行H股筹资（亿元）	0
当年国内债券筹资（亿元）	873.5
其中：短期融资券筹资额（亿元）	200.0
中期票据筹资额（亿元）	333.0

数据来源：四川证监局。

（三）保险业稳步发展，服务经济作用增强

1. 保险市场主体多元化特征明显。截至2012年年末，四川省共有各类保险公司69家。其中，按险种类别分，产险公司30家、寿险公司34家、养老险公司3家和健康险公司2家；按资本国别分，中资公司55家、外资公司14家。四川省共有专业保险中介机构132家，其中法人中介机构85家。保险业从业人员18.2万人。四川产险和寿险市场上最大公司——人保股份和中国人寿的市场份额连续五年下降，截至2012年年末，分别为37.1%和30.3%。

2. 保险业服务地方经济社会发展作用增强。2012年，四川省保险密度为1 014.7元/人，保险深度为3.4%。实现原保险保费收入819.5亿元，同比增长5.2%。赔付支出232.9亿元，同比增长21.9%。保险业承担风险总额共计19.1万亿元，同比增长9.3%，为全社会提供了日益充分的保障。其中，农业保险保费规模突破20亿元，达到23.2亿元，同比增长35.1%。

（四）金融市场运行平稳，融资结构持续优化

2012年，中国银行间市场交易商协会、四川

表4　2012年四川省保险业基本情况

项目	数量
总部设在辖内的保险公司数（家）	3
其中：财产险经营主体（家）	2
人身险经营主体（家）	1
保险公司分支机构（家）	69
其中：财产险公司分支机构（家）	30
人身险公司分支机构（家）	39
保费收入（中外资，亿元）	819.5
其中：财产险保费收入（中外资，亿元）	271.5
人身险保费收入（中外资，亿元）	548.0
各类赔款给付（中外资，亿元）	232.9
保险密度（元/人）	1 014.7
保险深度（%）	3.4

数据来源：四川保监局。

省人民政府与中国人民银行成都分行签署《借助银行间市场助推四川省经济发展合作备忘录》，引导债券市场资源更好地服务实体经济，推动金融市场发展，加大对地方经济的金融支持力度。

1. 债券融资在社会融资体系中的占比不断提高。2012年，四川省发行债券873.5亿元，同比增长155.0%。银行间市场债务融资工具发行量创历年新高，共有47家企业在银行间市场发行债券626.5亿元，同比增长160.7%。其中，发行中期票据333亿元，短期融资券200亿元，定向债务融资工具93.5亿元。21家企业发行企业债199亿元，5家企业发行可转债和公司债48亿元。债券融资已成为四川引进省外资金、扩大社会融资规模、拓宽企业融资渠道的重要途径，占融资量的比重上升至18.5%，同比提高9.6个百分点。

2. 货币市场资金由净流出转为净流入，货币市场利率下降。四川货币市场2012年同业拆借、债券回购和债券现券交易量累计成交117 237亿元，累计净融入资金为19 714亿元，而2011年货币市场累计净融出资金为10 493亿元。2012年年末，同业拆借和债券回购利率水平分别比年初下降54.8个和37.9个基点。

3. 金融机构票据签发和贴现增长较快，票据市场利率总体下降。2012年，四川省金融机构累计签发商业承兑汇票157.2亿元，同比增长153.1%；累计签发银行承兑汇票7 153.8亿元，同

表5　2001～2012年四川省非金融机构部门融资结构

单位：亿元、%

年份	融资量	比重		
		贷款	债券（含可转债）	股票
2001	505.6	88.1	0.0	11.9
2002	652.3	98.6	0.0	1.4
2003	784.1	97.1	2.0	0.9
2004	645.4	98.3	0.0	1.7
2005	580.0	96.5	3.5	0.0
2006	1 216.7	91.4	8.3	0.3
2007	1 604.7	88.1	2.2	9.7
2008	2 559.9	92.5	2.1	5.4
2009	4 946.9	92.2	4.0	3.8
2010	4 068.3	87.8	7.0	5.2
2011	3 843.8	83.2	8.9	7.9
2012	4 730.4	77.2	18.5	4.3

数据来源：中国人民银行成都分行。

比增长33.2%；累计办理票据贴现业务7 661.3亿元，同比增长22.2%。贴现、转贴现利率前三个季度呈下降态势，年末略有回升。辖内金融机构票据贴现年末加权平均利率为6.06%，较第三季度末略升26个基点，较年初最高点下降308个基点；转贴现年末加权平均利率为5.10%，较第三季度末略升38个基点，较年初最高点下降218个基点。

4. 外汇交易量同比下降。2012年，四川省银行间外汇市场成交8.2亿美元，同比下降21.4%。其中，买入量为1.9亿美元，同比下降19.8%，卖出量为6.3亿美元，同比下降21.9%。

5. 商业银行黄金业务稳步增长。截至2012年年末，四川省共有21家银行业金融机构开办黄金

表6　2012年四川省金融机构票据业务量统计

单位：亿元

季度	银行承兑汇票承兑		贴现			
			银行承兑汇票		商业承兑汇票	
	余额	累计发生额	余额	累计发生额	余额	累计发生额
1	2 700.3	1 405.8	292.4	1 082.5	22.0	125.9
2	3 272.3	3 488.2	303.6	2 741.9	25.2	456.5
3	3 606.0	5 219.6	386.5	4 532.5	28.6	641.4
4	3 479.1	7 153.8	359.1	6 637.4	26.9	1 023.9

数据来源：中国人民银行成都分行。

表7　2012年四川省金融机构票据贴现、转贴现利率

单位：%

季度	贴现		转贴现	
	银行承兑汇票	商业承兑汇票	票据买断	票据回购
1	7.62	8.07	7.08	6.03
2	5.76	6.69	6.13	4.77
3	5.31	5.61	4.07	3.75
4	5.83	6.57	5.03	4.88

数据来源：中国人民银行成都分行。

市场业务，累计黄金交易量为132 250.2千克，同比增长80.5%，黄金交易金额为445.6亿元，同比增长81.8%。其中，上海黄金交易所自营和代理交易84 611.5千克，交易金额为285.4亿元，交易价格为337.3元/克；其他境内黄金交易47 639.7千克，交易金额为163.6亿元，交易价格为343.4元/克。

6. 民间借贷活跃，融资利率上升。2012年，四川省企业民间融资活跃指数及民间融资总规模均于第四季度达到全年最高点，分别为63.2%和1 307.6亿元，分别较第三季度提高13.9个和18.7个百分点。企业民间融资加权平均利率也在第四季度上升到27.6%，较第三季度提高5.3个百分点。其中，企业内部民间融资加权平均利率为11.8%，较第三季度提高1.6个百分点；外部民间融资加权平均利率为33.1%，较第三季度提高3.6个百分点。

（五）金融生态环境建设取得实效

2012年，随着四川省深入推进金融生态环境建设，辖内信用环境和司法环境持续改善，社会信用意识不断增强，金融基础服务水平进一步提高。中国人民银行成都分行进一步完善了“金融生态环境建设考评指标体系”，继续强力推进金融生态示范县（区、市）争创工作，截至2012年年末，四川省共有16个县（区、市）获得“金融生态环境示范县（区、市）”称号。四川辖内人民银行各级分支机构、银行业金融机构与地方政府司法机关建立联席制度，对逃废债等的打击力度不断加大，司法环境持续改善。信用体系建设

进一步加强，征信系统在四川省实现60万户企事业单位和5 612万个自然人的征信信息入库和更新，评定信用农户171万户、信用村2 024个。农村支付环境积极改善，截至2012年年末，四川省农村地区已经发展银行卡助农取款服务点8.6万个，消除支付服务空白乡镇739个，消除空白村3.5万个。

专栏1　四川省金融业蓬勃发展

2010年，四川省制定出台《西部金融中心建设规划（2010～2012年）》（川府发[2010]8号）。截至2012年年末，成都市金融业全年实现增加值741亿元，占服务业增加值的比重达18.5%，占地区生产总值的比重达9.1%，超额完成规划目标。

金融机构不断聚集并发展壮大。一是省外金融机构不断落户成都。2012年，台湾第一金租赁（成都）有限公司、西部首家韩资银行——友利银行成都分行和西部首家台资保险公司——台湾国泰财险四川分公司先后落户成都。截至2012年年末，成都市共有银行机构60家，证券期货公司57家，保险机构69家。二是地方金融机构快速发展。成都银行上市工作取得重大进展，成都投资控股集团、成都中小企业信用担保公司和成都小企业融资担保公司海外上市工作有序推进，成都农商银行、成都银行总资产均突破两千亿元大关。截至2012年末，成都市共有地方法人银行机构14家，证券期货公司7家，保险机构3家；其中，地方法人银行机构新增3家。三是新兴金融机构蓬勃发展。截至2012年年末，获批筹建的98家小额贷款公司，贷款余额为165亿元；158家融资性担保公司在保余额为1 400亿元；各类投资基金数量超过150家，管理资金规模近250亿元。

金融市场和交易规模不断扩大。一是直接融资中心快速发展。企业上市步伐加快推进，2012年成都市新增上市公司2家，境内外上市企业52家，企业股票市场融资70亿元。高新区“新三板”试点园区工作稳步推进，目前已储备新三板后备企业55家。银行间债券市场融资发展迅速，2012年成都市企业实现银行间市场债券直接融资468亿元，同比大幅增长280%。二是票据市场及跨境贸易结算业务持续发展。2012年成都市金融机构累计签发商业汇票5 503.3亿元，累计办理贴现5 937.9亿元，分别占四川省的92.4%和66.9%，同比分别提高30.7%和16.6%。跨境人民币结算量达201.7亿元，同比增长1.1倍。三是区域性保险中心初见成效。2012年，成都市保险业共实现原保险保费收入369亿元，同比增长12.9%，保险深度为4.5%，保险密度为2 603元。四是区域性要素交易市场体系初具雏形。四川省上报国务院交易场所清理整顿部际联席会议的11家交易所全部保留。2012年11家交易场所共实现交易额593.3亿元，较上年增加439.3亿元，增幅达285.3%。

金融基础设施及载体建设步伐加快。一是农村地区支付结算环境改善。截至2012年年末，四川省银行卡助农取款服务点的乡镇覆盖率达94.5%，行政村覆盖率为86%。二是中小企业信用体系建设不断深化，农村信用体系建设取得积极进展，征信与评级管理不断加强，机构信用代码发码推广工作全面完成。三是成都金融总部商务区建设实现突破性进展。截至2012年年末，成都金融总部商务区已竣工项目11个，在建项目20个，投入使用面积约150万平方米。区域内金融及其配套机构数量达到100家，区域金融业增加值超过100亿元，成为金融服务外包、金融高端后台等金融配套产业发展的载体。

二、经济运行情况

2012年，在世界经济复苏明显放缓和国内经济下行压力不断加大的严峻形势下，四川省深入实施“两化”互动、统筹城乡总体战略，着力强化投资拉动和产业支撑，经济呈现平稳较快发展态势。2012年，四川省实现地区生产总值23 849.8亿元，同比增长12.6%（见图5）。

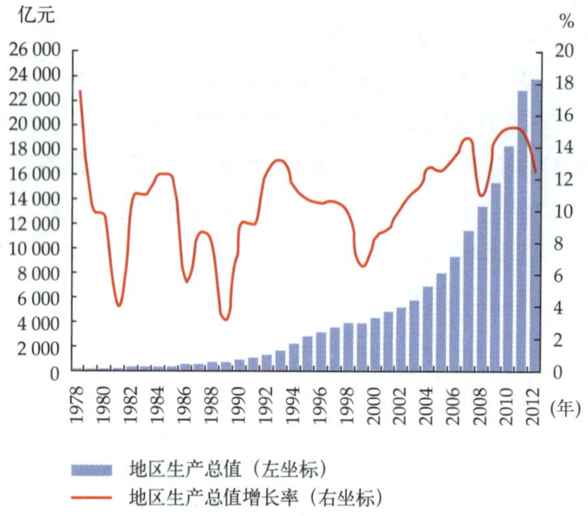

数据来源：四川省统计局。

图5　1978～2012年四川省地区生产总值及其增长率

（一）社会总需求继续扩张，投资主导地位强化

2012年，四川在成渝经济区规划和天府新区建设等发展战略带动下，投资主导地位增强，消费需求和进出口平稳增长，社会总需求继续扩张。

1. 投资结构进一步调整，规模持续扩大。2012年，四川省全社会固定资产投资18 038.9亿元，同比增长19.3%（见图6），对经济增长的贡献率超过50%。其中，第三产业投资占比达61.0%，较上年提升1.1个百分点，产业投资结构更加符合四川省产业发展需求。基础设施、产业发展、民生及社会事业三大重点领域共完成投资14 362亿元，同比增长21.1%，占全社会固定资产投资的9.6%，重点领域和薄弱环节投入继续加

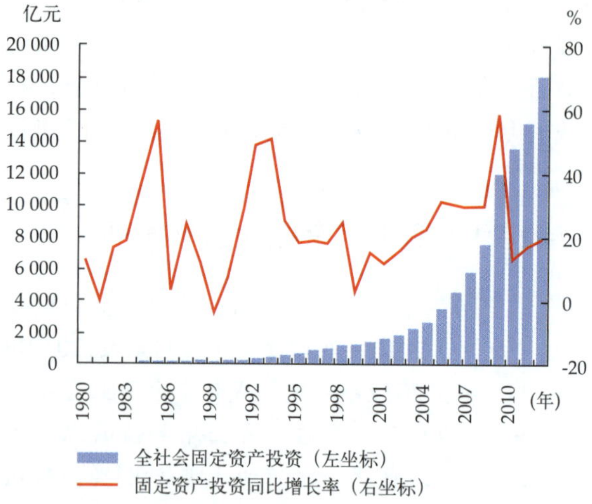

数据来源：四川省统计局。

图6　1980～2012年四川省固定资产投资及其增长率

大。民间投资9 644亿元，同比增长20.4%，对四川省投资增长的贡献率达60%。

2. 消费需求平稳增长。2012年，受国家启动内需等政策效应逐步显现、网络购物降低消费成本、城乡居民收入持续增长和城镇化进程加快等因素叠加影响，四川省消费总体保持平稳增长。2012年，四川省实现社会消费品零售总额累计完成9 087.9亿元，同比增长16.0%(见图7)。城镇消

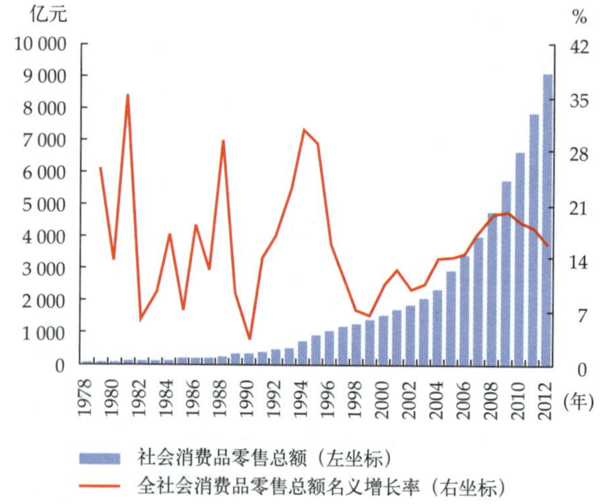

数据来源：四川省统计局。

图7　1978～2012年四川省社会消费品零售总额及其增长率

费品零售额为7 316.2亿元，同比增长16.3%；乡村消费品零售额为1 771.7亿元，同比增长14.4%，城镇市场增速快于乡村市场1.9个百分点，较上年扩大1.3个百分点。2012年，四川限额以上企业实现消费品零售额4 466.5亿元，必需品类消费增长较快，粮油、食品、饮料及烟酒类同比增长32.1%，服装、鞋帽、针纺织品类同比增长21.2%。

3. 对外贸易和利用外资水平持续提高。2012年，四川省外贸进出口总额为591.3亿美元，同比增长23.9%。其中，出口额为384.6亿美元，同比增长32.5%；进口额为206.7亿美元，同比增长10.5%（见图8）。由于承接大量产业转移，四川加工贸易进出口额增长到287亿美元，超过一般贸易进出口额。四川前二十位出口企业出口集中度进一步提高，占四川出口总额的51.9%，同比上升6.3%。四川前二十位进口企业进口集中度稍有下降，占四川进口总额的68.7%，同比下降2.8%。

2012年，四川省外商投资实际到位资金98.7亿美元，同比增长3.6%，实际利用外资46.3亿美元，同比增长7.9%。其中，房地产业为外商直接投资主要行业，2012年实际利用外资17.6亿美元。2012年，四川全年新登记境外投资企业68家，登记中方协议投资总额为8.1亿美元，同比增长1.9倍；境外投资企业变更登记（含增资、外转中）

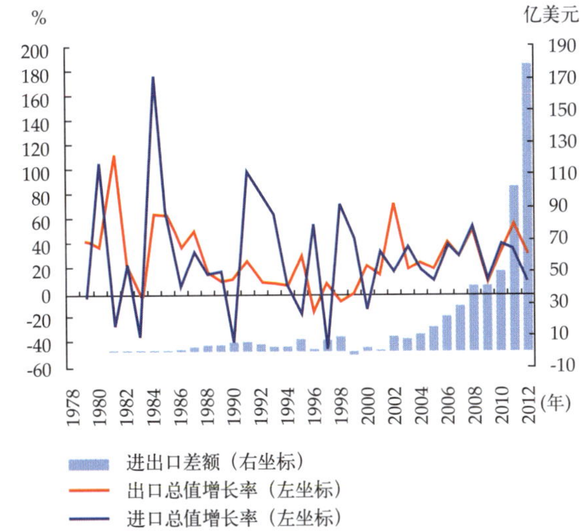

数据来源：成都海关。

图8 1978～2012年四川省外贸进出口变动情况

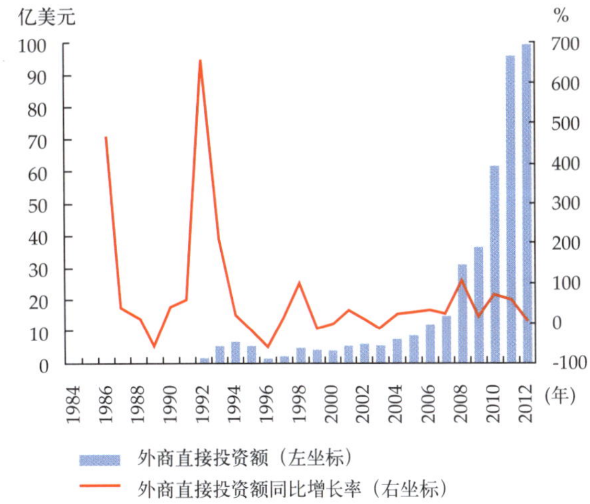

数据来源：四川省统计局、商务厅。

图9 1984～2012年四川省外商直接投资额及其增长率

增加中方协议投资总额19.4亿美元，同比增长27倍。境外投资主要特征为民营企业积极参与国外矿产资源开发，资金主要投入能源资源项目。

（二）三次产业保持较快增长，推动经济健康发展

2012年，四川省农业基础地位持续增强，工业行业结构继续优化，服务业快速发展，有力推动辖内经济健康发展。

1. 农业转变发展方式成效明显。2012年，四川省实现第一产业增加值3 297.2亿元，同比增长4.5%。农业基础条件继续改善，新增有效灌溉面积134万亩。农业产业化经营步伐加快，现代农业产业基地面积累计2 950万亩，各类农业产业化龙头企业8 238家，农民专业合作经济组织28 677个。

2. 工业生产突破万亿元大关。2012年，四川省通过加快发展“7+3”产业，培育发展战略性新兴产业，全年规模以上工业增加值同比增长16.1%（见图10）。工业行业结构继续优化，酒、饮料和精制茶制造业，计算机、通信和其他电子设备制造业，汽车制造业等行业比重较去年均有较大提升。实施重大科技成果转化241项，新认定1个国家级工程实验室、5个国家地方联合工程实验室和5个企业技术中心。

数据来源：四川省统计局。

图10　1999～2012年四川省规模以上工业增加值同比增长率

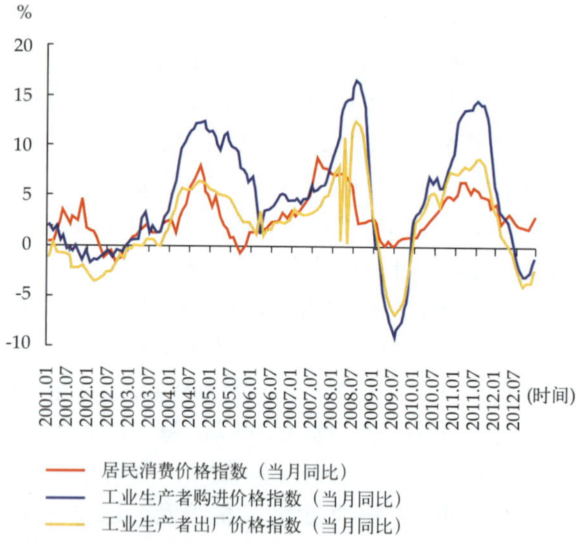

数据来源：四川省统计局。

图11　2001～2012年四川省居民消费价格和生产者价格变动趋势

3. 现代服务业加快发展。2012年，四川省第三产业实现增加值7 964.8亿元，同比增长11.2%。其中物流、商贸、金融、电子商务、旅游等行业发展较快。其中，电子商务市场交易规模突破5 000亿元，同比增长60%。近年来服务业合同外资及实际到位外资均占全省吸引外资总和的一半以上，全球服务外包前100强企业中，有21户落户成都，服务业已成四川利用外资主导产业。

（三）价格调控效应显现，物价总体运行平稳

2012年，受全球经济持续低迷及各项调控政策出台等因素的影响，四川省物价涨幅整体回落。

1. 劳动力价格上涨。2012年，四川省农民工月平均收入为2 999元，同比增长12.6%。劳动力成本上涨会对食品类价格造成明显冲击，进而直接抬高CPI波动的中枢线，并表现出食品类拉动的结构性上涨特征。根据“十二五”规划纲要以及党的十八大提出的未来劳动力工资、居民收入的量化增长目标，劳动力成本的上涨将是长期趋势。

2. 资源性产品价格市场化改革加速推进。四川省已制订出台全省居民阶梯电价方案，并先行推进天然气价格形成机制改革，实行天然气综合价格。资源性产品价格改革最终将通过交通居住类的直接传导、上下游产业链的间接传导以及加剧居民通胀预期等途径对CPI造成上行影响。

（四）财政收入增速放缓，财政支出规模持续扩大

受经济增长放缓、物价水平回落、房地产调控政策以及基数效应等多种因素影响，四川省财政收入增速放缓。2012年，四川省地方公共财政收入为2 421.3亿元，同比增长18.4%，增速较上年回落12.5个百分点。受社会保障扩面提标、偿债高峰到来以及中央投入地方配套等民生保障因素影响，四川省财政支出规模持续扩大。2012年，四川省地方公共财政支出为5 431.1亿元，同比增长16.2%，增速较上年提高6.4个百分点。

（五）节能减排目标完成，生态环境持续改善

2012年，四川省单位国内生产总值能耗下降6%，单位二氧化碳排放量下降4.7%，万元工业增加值耗水量、化学需氧量、二氧化硫、氨氮、氮氧化物排放量完成年度目标。组织全省989户单位开展节能低碳行动，955个高效节能产品列

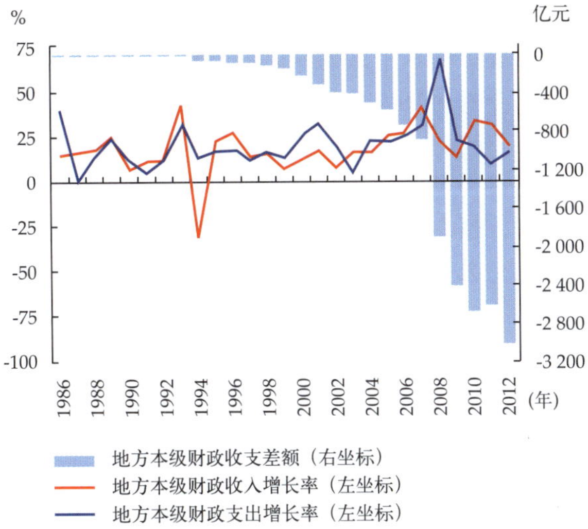

数据来源：四川省统计局。

图12　1986～2012年四川省财政收支状况

入国家节能产品惠民工程推广目录。纳入年度目标的433户企业淘汰落后产能任务圆满完成。管护国有林面积为18 252万亩，巩固退耕还林成果为1 336万亩，治理水土流失面积为2 380平方公里。森林覆盖率达到35.3%。新增城市污水日处理能力43万吨，设市城市生活垃圾无害化处理率、生活污水处理率分别达到91%、80.5%。20个省控城市环境空气质量达到国家二级标准，2个城市达到国家一级标准。6个出川断面水质均达标。

专栏2　四川省农民工务工情况分析

2013年初，中国人民银行成都分行对四川省19个省级劳务开发基地县及省级外派劳务基地县的675户农民工家庭开展了“农民工就业和收入情况问卷调查”。受调查的样本农民工家庭中，有75.4%的家庭劳动力外出务工。初中及以上文化程度占28.6%，“接受过当地政府或用工单位培训”和“自费的培训”的分别占19.4%和19.3%，就业途径主要通过“亲友介绍”，占比为65.8%。

农民工就业情况。一是就业难度增加。被调查农民工中，认为2012年找工作“困难”的占31.7%，同比上升9.2个百分点；认为找工作“容易”的占19.6%，同比下降18.5个百分点。二是外出务工稳定性总体较好。被调查农民工外出务工年限在三年以上的占74.7%。分类看，务工年限在五年以上的农民工中，呈现出男性占比高于女性、41～50岁的中年人高于其他年龄段、文化程度越低相对越稳定的特征。三是跨省务工占主导地位，省内就业比例回升。被调查农民工在省外务工的占58.1%。选择省内就业农民工占41.9%，同比回升1.4个百分点。四是就业行业集中度较高。从事行业为建筑业、制造业和住宿餐饮娱乐业的农民工合计占比达85%。农民工在制造行业务工的主要分布在纺织、服装、鞋帽制造业和电子设备制造业，占比分别为38%和28%。五是农民工继续外出务工意愿较强。被调查农民工表示还会外出务工的占86.8%，选择不会外出务工的占5.3%。在2013年不外出务工和不确定是否外出的农民工中，有16.9%的人打算回家务农，27%打算回家创业。

农民工工资收入情况。一是工资收入增速放缓，收入分布区间重心明显上移。受调查农民工2012年月均工资收入为2 999元，较2011年增加336元，年均增速为12.6%，低于前五年平均增速6个百分点。2012年月均工资超过3 000元的农民工占47.1%，比2011年大幅提高16.2个百分点；而月均工资在2 000元以下的仅占15%，比2011年下降7.5个百分点。二是工资水平与性别、学历和技能等人力资本状况密切相关。男性月均工资收入为3 168元，比女性高619元；高中及以上学历的农民工月均工资收入为3 211元，比高中以下学历多333元；接受过培训的农民工月均工资收入为3 135元，比未接受过培训的多226元。三是务工工资收入区域差距缩小。2012年，省内和省外务工收入分别为2 743元和3 183元，分别比2011年增长18.4%和8.6%，省内外工资收入差距为440元，比2011年缩小176元。四是采掘业务工收入最高，农林牧副渔和交通运输业收入增长最快。采掘业由于劳动强度大、风险性高，务工平均收入居各行业之首，达3 361元；而农林牧副渔业和交通运输业收入增长最快，增速均高达29.8%。五是务工收入在家庭收入中居主导地位。外出务工收入占家庭总收入的比重达七成及以上的占52.9%，在五成及以上的占79%，在二成及以下的仅占6.5%。

值得关注的问题。一是权益保障问题较为突出。农民工工资发放"及时"的占比为67.6%，同比下降3.6个百分点。"没有办理任何保险"和"不知道用工单位是否缴纳"的农民工共占44.2%，同比上升4.2个百分点。每周工作时间超过40小时的占比为76.6%，同比下降5.7个百分点。二是收入预期趋于保守。农民工对目前工资水平感觉"满意"或"过得去"的占比分别为18.1%和56.1%，同比下降3.2个和7.2个百分点。受调查农民工预计2013年务工工资"增长"的占49.1%，同比下降20.7个百分点，预期收入"不变"、"下降"和"工资不稳定无法预期"的分别占28%、1.1%和21.8%。三是保险和贷款等金融需求满足程度有待提高。认为"适合农民工的保险需求"、"回乡创业贷款需求"和"城市购房贷款需求"无法得到满足的农民工分别占39.7%、35.6%和28.6%；另各有两成多农民工的异地创业贷款、家人就医贷款、上学贷款等无法得到满足。四是收支不匹配等问题影响农民工城市定居意愿。受调查农民工希望在务工城市居住下来的仅占19.6%，打算务工几年后回到农村居住的占45.8%。在回答"影响农民工决定是否住在务工城市的主要因素"时，选择房租高、养老问题、工资低和子女入学难的分别占58.5%、53.5%、43.6%和41.8%。

（六）房地产市场平稳运行，旅游业跨越式发展

1. 2012年，在国家房地产调控政策的影响下，四川省房地产市场保持平稳运行。

（1）房地产开发投资增速回落。2012年，四川省房地产开发投资3 266.4亿元，同比增长15.9%，增速较上年回落13.4个百分点，比全省固定资产投资增速低3.4个百分点。

（2）商品房供给保持平稳，保障房建设超额完成任务。截至2012年年末，四川省商品房施工面积为29 864.1万平方米，同比增长10.1%，同比增速连续15个月下滑（见图13）。2012年，四川省保障性安居工程开工约30万套，是国家下达任务的107%；基本建成超过20万套，是国家下达任务的125%。

（3）商品房销售触底回升。2012年1月，四川省商品房销售面积同比下降27.2%，此后降幅

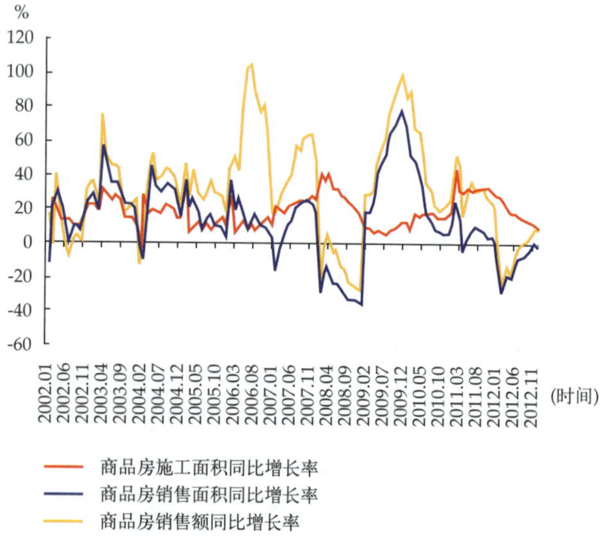

数据来源：四川省统计局。

图13 2002～2012年四川省商品房施工和销售变动趋势

逐月收窄，至2012年年末，四川省全年商品房销售面积为6 455.9万平方米，同比下降1.3%，降幅比年初收窄25.9个百分点。商品房销售额情况类似，2012年1月，四川省商品房销售额同比下降24.5%，此后降幅逐月收窄，于8月实现正增长，同比增长率为0.9%，至2012年年末，四川省全年商品房销售额为3 517.6亿元，同比增长9.3%，增幅较年初上升33.8个百分点。

（4）重点城市商品房价格稳中微升。根据国家统计局对70个大中城市的监测数据，2012年年末，泸州市同比上涨1.5%，环比上涨0.5%；南充市同比上升1.3%，环比上升0.7%；成都市同比上涨0.4%，环比上涨0.4%（见图14）。成都市商品住宅、二手住宅涨幅在全国35个大中城市中分别排名第24位、第29位，上涨幅度相对温和。2012年，成都市商品住宅成交均价为6 195元/平方米，同比上涨0.6%，较上年涨幅低6.4个百分点。

（5）房地产贷款保持平稳。截至2012年年末，四川省房地产贷款余额为5 455.6亿元，同比增长15.9%，比四川省本外币各项贷款增速低0.3个百分点。房地产开发贷款余额为1 356.4亿元，同比增长13.4%，增速较上年提高11.4个百分点，

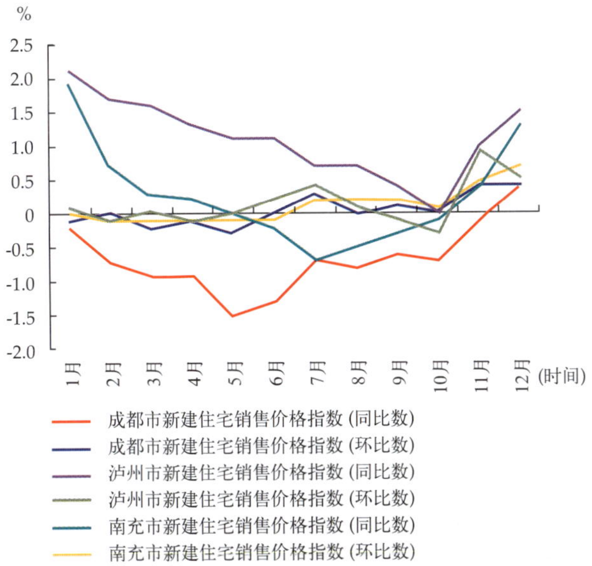

数据来源：国家发展改革委、国家统计局网站。

图14　2012年四川省主要城市新建住宅销售价格变动趋势

其中，保障性安居工程贷款为223.4亿元，同比增长190.9%。个人住房贷款余额为3 854.2亿元，同比增长14.3%，增速较上年回落5.4个百分点，其中，90平方米以下住房贷款金额占比为41.4%，较上年提高2.9个百分点。由于降息以及各金融机构加强对居民购买首套普通自住住房贷款的支持力度，个人住房贷款利率同比下降，四川省个人住房贷款年平均利率水平为6.71%，比上年同期低102个基点，是基准利率的1.02倍。

2. 旅游业对经济增长的贡献度不断提高。近年来，四川省旅游业呈现出跨越式发展的态势，2012年实现旅游总收入3 280.3亿元，同比增长33.9%。在2009～2012年三年间，四川省旅游业总收入增速均保持在28%以上，接待旅游人数增速均高于25%，旅游业增加值占GDP的比例提高了1.3个百分点，占第三产业的比例提高了4.4个百分点，对经济增长的贡献作用不断提高。

（七）四大主要城市群城镇化进程有序推进

目前，四川省规划形成了成都平原、川南、川东北和攀西四大主要城市群，并以此为重点加速推进城镇化进程。2012年城市建成区面积新增150平方公里，城镇化率提高到43.5%，较上年提高1.7个百分点。目前，成都平原城市群已经具备大型城市群的一般特征，川南仍处于向大型城市群过渡阶段，川东北处于大型城市群的发育阶段，攀西处于大型城市群的雏形阶段。2012年，成都平原群的增长极作用进一步发挥，成都特大中心城市的集聚和扩散功能明显，成都地区生产总值达到8 139亿元，占四川地区生产总值的34.1%。成都平原城市群的绵阳、德阳、乐山，川南城市群的宜宾、自贡，川东北城市群的南充、达州，攀西城市群的凉山地区生产总值均已突破千亿元大关。

三、预测与展望

2013年，四川经济继续保持较快增长具有较多有利因素：一是四川经济保持较快发展面临良

好政策机遇。西部大开发战略在中国区域发展战略中的优先地位进一步确立，西部内陆开放高地加快建设，国家对革命老区、民族地区、贫困地区的政策扶持力度继续加大，四川城镇化建设、城乡统筹积极稳妥推进，国内外产业加速向四川转移，成渝经济区区域规划深入实施，天府新区建设稳步推进。二是近年来四川更加注重科学发展和可持续发展，为经济发展方式转变、产业结构升级、经济发展提速提供了条件。四川新型工业化进一步推动，特色优势产业大力发展，战略性新兴产业积极培育，现代服务业和现代农业加速发展。三是当前处于国家深入实施扩大内需战略，地方政府换届后抢抓机遇的良好开局时期。四川省委经济工作会议提出了2013年“科学发展、加快发展”的工作基调，作出了“构建多点多极支撑”的重大部署，提出要以提高经济增长质量和效益为中心，实施“两化”互动、统筹城乡总体战略，突出投资拉动和产业支撑，加快构建现代产业体系，大力推进新型城镇化，四川经济面临良好发展机遇。

但同时四川经济发展也面临诸多挑战，包括经济企稳回升的基础还不牢固，经济内生增长动力不足，开放型经济发展形势较为严峻，部分产能相对过剩行业和地方政府融资平台特别是县级平台等领域潜在金融风险隐患需要密切关注。

综合上述因素，预计2013年四川经济仍将保持平稳较快发展势头。在继续实施稳健的货币政策的背景下，四川金融机构将进一步促进货币信贷和社会融资规模合理适度增长，不断调整优化信贷结构，提升金融服务水平，坚守住不发生系统性和区域性金融风险的底线，为区域经济发展创造良好的货币金融环境。

中国人民银行成都分行货币政策分析小组

总　纂：周晓强　李　铀

统　稿：方　昕　刘本定　肖　丹　廖继伟　凌嘉忠

执　笔：王鲁滨　王越子　廖梓汐

提供材料的还有：曾　好　王　龙　辜晓川　文　青　胡红燕　龙阅新　郑敏闽　石　慧　陈　倩　杨华强　陈　鹏　王大波　沈丁丁　左　桃

附录

（一）2012年四川省经济金融大事记

3月6日，中国人民银行成都分行印发《金融支持四川实体经济发展的指导意见》（成银发[2012]36号），进一步发挥金融资源配置对实体经济发展的引导和促进作用，推动实现全省金融与实体经济良性互动、共生发展。

4月1日，四川省人民政府公布金融支持、税收优惠、拨付资金、人才引进、便捷交通等十条支持成都天府新区发展的具体政策措施。

6月26日，中国银行间市场交易商协会、四川省人民政府与中国人民银行成都分行签署《借助银行间市场助推四川省经济发展合作备忘录》。截至2012年年末，成都等12市与中债信用增进投资股份有限公司签署《区域集优直接债务融资合作框架协议》，进一步推动辖区金融资源梯度配置的实现。

7月4日，四川省人民政府与中国长城资产管理公司签署《战略合作协议》。

8月1日，四川省货物贸易外汇管理制度改革正式推广实施。

8月1日、9月23日，新版个人信用报告和新版企业信用报告分别正式上线运行，有效促进社会信用活动的规范，有助于维持现代市场经济的正常运行。

9月29日，四川省人民政府公布金沙江下游沿江经济带的五年发展规划。

10月19日，中国人民银行成都分行启动第二批中小企业信用体系试验区建设，推广遂宁试验区建设模式，进一步增强金融机构在支持小微企业、促进就业等方面的积极性，加大支持地方经济发展的动力。

11月8日，四川省财政厅与中国人民银行成都分行联合印发了《进一步加强财政金融配合更好促进地方经济发展实施方案》（川财金[2012]41号），确定了对小微企业等实体经济重点行业贷款增量奖励等支持措施。

11月23日，四川省人民政府印发《四川省人民政府关于大力扶持小型微型企业发展的实施意见》（川府发[2012]39号），明确财税支持、缓解融资困难等八条扶持小微企业发展的具体政策措施。

（二）2012年四川省主要经济金融指标

表1　2012年四川省主要存贷款指标

		1月	2月	3月	4月	5月	6月	7月	8月	9月	10月	11月	12月
本外币	金融机构各项存款余额（亿元）	35 049.2	35 636.4	36 513.3	36 589.1	37 349.1	38 594.5	38 873.9	39 446.7	40 290.2	40 461.0	41 094.9	41 576.8
	其中：储蓄存款	17 415.2	17 500.0	17 888.4	17 728.7	17 907.9	18 360.2	18 385.0	18 653.0	19 041.2	18 902.3	19 115.5	19 497.6
	单位存款	15 399.8	15 748.1	16 452.4	16 598.5	17 119.4	17 836.3	17 907.6	18 196.2	18 655.6	18 819.4	19 292.7	19 648.0
	各项存款余额比上月增加（亿元）	79.9	587.1	876.9	75.8	760.0	1 245.4	279.4	572.8	843.5	170.8	633.9	481.9
	金融机构各项存款同比增长（%）	14.9	14.5	14.8	14.7	15.5	16.9	17.9	18.5	19.8	20.4	21.4	18.9
	金融机构各项贷款余额（亿元）	22 793.2	23 111.8	23 524.9	23 810.1	24 229.5	24 594.7	24 898.8	25 170.8	25 452.0	25 732.7	26 006.6	26 163.3
	其中：短期	6 145.0	6 284.5	6 526.4	6 669.7	6 868.4	7 170.3	7 313.1	7 442.3	7 620.0	7 768.2	7 988.1	8 152.8
	中长期	16 298.4	16 423.7	16 578.1	16 694.5	16 905.5	16 993.0	17 117.2	17 213.3	17 334.8	17 429.1	17 493.4	17 542.1
	票据融资	288.1	342.4	369.6	395.3	404.7	379.7	415.5	460.2	442.4	479.5	470.1	403.9
	各项贷款余额比上月增加（亿元）	282.2	318.7	413.1	285.2	419.5	365.1	304.2	272.0	281.1	280.7	273.9	156.6
	其中：短期	80.3	139.6	241.9	143.3	198.8	301.8	142.9	129.2	177.7	148.2	219.9	164.8
	中长期	186.1	125.3	154.4	116.4	211.0	87.4	124.2	96.1	121.5	94.3	64.3	48.8
	票据融资	18.3	54.4	27.2	25.7	9.4	-25.0	35.8	44.7	-17.8	37.1	-9.3	-66.2
	金融机构各项贷款同比增长（%）	15.2	15.4	16.1	15.9	16.6	16.5	16.8	16.6	17.0	16.9	17.1	16.2
	其中：短期	22.3	25.1	28.4	28.8	29.9	32.2	33.3	33.4	34.2	33.9	35.4	34.4
	中长期	12.7	11.8	11.2	10.5	10.8	10.2	10.0	9.6	9.9	9.6	9.2	8.9
	票据融资	5.3	25.4	59.6	79.3	93.6	71.5	81.4	73.9	63.2	75.6	80.5	49.7
	建筑业贷款余额（亿元）	986.7	1 015.4	1 055.6	1 066.2	1 119.4	1 140.5	1 156.5	1 179.1	1 182.6	1 203.0	1 217.6	1 224.2
	房地产业贷款余额（亿元）	1 264.4	1 281.9	1 292.0	1 296.2	1 297.8	1 309.4	1 316.8	1 306.5	1 314.9	1 306.6	1 301.5	1 298.5
	建筑业贷款同比增长（%）	41.7	41.9	42.3	40.4	41.0	39.1	39.7	38.0	35.3	34.5	36.1	31.5
	房地产业贷款同比增长（%）	4.6	3.0	4.7	4.5	5.4	7.5	10.6	9.6	11.8	11.8	10.6	9.4
人民币	金融机构各项存款余额（亿元）	34 835.8	35 403.9	36 264.6	36 298.4	37 046.2	38 284.2	38 532.0	39 100.5	39 919.4	40 037.3	40 677.8	41 130.8
	其中：储蓄存款	17 362.8	17 450.3	17 836.5	17 676.2	17 853.2	18 304.8	18 330.0	18 598.2	18 987.0	18 846.0	19 058.5	19 438.3
	单位存款	15 244.6	15 573.3	16 260.5	16 365.7	16 875.6	17 590.2	17 625.6	17 910.2	18 342.9	18 458.0	18 937.8	19 264.2
	各项存款余额比上月增加（亿元）	103.0	568.1	860.7	33.9	747.8	1 237.9	247.9	568.5	818.8	117.9	640.6	452.9
	其中：储蓄存款	1 215.4	87.5	386.2	-160.3	177.0	451.6	25.4	268.2	388.7	-141.0	212.5	379.8
	单位存款	-1 416.6	328.7	687.2	105.2	509.9	714.6	35.4	284.6	432.6	115.1	479.8	326.4
	各项存款同比增长（%）	14.9	14.5	14.8	14.5	15.3	16.7	17.7	18.2	19.4	19.9	21.0	18.4
	其中：储蓄存款	19.5	18.0	19.2	19.1	19.3	20.1	20.2	21.0	20.6	21.8	22.0	20.4
	单位存款	9.5	10.4	10.2	9.9	11.3	13.0	15.5	15.9	17.8	18.5	19.3	15.6
	金融机构各项贷款余额（亿元）	22 332.5	22 647.3	23 053.3	23 332.2	23 747.1	24 084.9	24 401.1	24 668.3	24 932.5	25 197.9	25 457.3	25 560.4
	其中：个人消费贷款	4 022.0	4 052.9	4 100.6	4 139.5	4 182.3	4 222.0	4 277.0	4 333.3	4 378.8	4 428.3	4 480.8	4 527.6
	票据融资	287.1	341.5	368.7	394.4	403.7	378.8	414.5	459.2	441.4	478.5	470.1	403.9
	各项贷款余额比上月增加（亿元）	302.6	314.9	406.0	278.9	414.9	337.8	316.2	267.2	264.2	265.4	259.4	103.0
	其中：个人消费贷款	57.7	30.9	47.7	54.0	42.8	39.6	55.0	56.3	45.5	49.5	52.5	46.8
	票据融资	18.3	54.4	27.2	25.7	9.3	-25.0	35.8	44.7	-17.8	37.1	-8.4	-66.2
	金融机构各项贷款同比增长（%）	15.0	15.3	15.9	15.7	16.5	16.4	16.8	16.7	17.0	16.9	17.0	16.0
	其中：个人消费贷款	18.6	18.0	16.9	15.8	15.0	14.3	14.0	14.0	13.8	13.7	13.9	14.2
	票据融资	5.4	25.6	59.9	79.7	94.1	71.9	81.8	74.1	63.4	75.9	81.1	50.3
外币	金融机构外币存款余额（亿美元）	33.8	36.9	39.5	46.3	47.8	49.1	54.0	54.6	58.5	67.3	66.3	71.0
	金融机构外币存款同比增长（%）	12.3	25.8	23.2	47.1	41.2	48.1	60.8	67.7	76.2	94.4	78.0	89.0
	金融机构外币贷款余额（亿美元）	73.0	73.8	74.9	76.1	76.1	80.6	78.6	79.2	81.9	84.9	87.3	95.9
	金融机构外币贷款同比增长（%）	30.4	28.5	28.0	27.2	21.0	23.5	17.4	15.3	15.3	18.7	21.5	25.6

数据来源：中国人民银行成都分行。

表2　2001～2012年四川省各类价格指数

单位：%

年/月	居民消费价格指数		农业生产资料价格指数		工业生产者购进价格指数		工业生产者出厂价格指数	
	当月同比	累计同比	当月同比	累计同比	当月同比	累计同比	当月同比	累计同比
2001	—	2.1	—	-2.2	—	—	—	-1.5
2002	—	-0.3	—	4.1	—	-0.8	—	-2.3
2003	—	1.7	—	0.8	—	1.8	—	0.4
2004	—	4.9	—	10.9	—	10.3	—	5.4
2005	—	1.7	—	7.2	—	9.3	—	4.0
2006	—	2.3	—	3.3	—	4.5	—	1.9
2007	—	5.9	—	9.0	—	5.7	—	3.9
2008	—	5.1	—	16.6	—	12.4	—	9.3
2009	—	0.8	—	1.2	—	-4.7	—	-3.5
2010	—	3.2	—	3.6	—	6.1	—	5.0
2011	—	5.3	—	12.4	—	12.6	—	7.3
2012	—	2.5	—	4.7	—	0.0	—	-1.4
2011　1	5.4	5.4	6.0	6.0	12.3	12.3	7.2	7.2
2	6.5	6.0	7.1	6.6	13.0	12.7	7.7	7.5
3	6.6	6.2	9.8	7.7	13.7	13.0	8.0	7.6
4	5.9	6.1	10.9	8.5	13.6	13.2	7.9	7.7
5	5.5	6.0	11.8	9.1	13.8	13.3	8.1	7.8
6	5.9	6.0	14.8	10.1	14.2	13.4	8.1	7.8
7	5.7	5.9	16.0	10.9	14.5	13.6	8.7	8.0
8	5.3	5.9	16.6	11.6	14.1	13.7	8.8	8.1
9	4.9	5.7	16.3	12.2	14.2	13.7	8.2	8.1
10	4.8	5.7	15.4	12.5	12.9	13.6	6.9	7.9
11	4.0	5.5	13.2	12.6	9.3	13.2	5.2	7.7
12	3.7	5.3	11.1	12.4	6.0	12.6	3.6	7.3
2012　1	4.2	4.2	—	—	5.0	5.0	2.7	2.7
2	2.3	3.2	9.6	10.0	3.5	4.2	1.5	2.1
3	2.7	3.1	7.3	9.1	2.9	3.8	0.6	1.6
4	3.2	3.1	6.9	8.5	2.1	3.3	0.1	1.2
5	3.0	3.1	6.7	8.2	1.1	2.9	-0.6	0.8
6	2.5	3.0	4.5	7.5	-0.4	2.3	-1.6	0.4
7	2.1	2.8	2.3	6.8	-1.9	1.7	-2.5	0.0
8	1.8	2.7	0.8	6.0	-2.6	1.2	-3.5	-0.4
9	1.9	2.6	1.2	5.4	-3.0	0.7	-3.9	-0.8
10	1.6	2.5	1.4	5.0	-2.7	0.3	-3.5	-1.1
11	2.4	2.5	2.7	4.8	-1.8	0.2	-3.5	-1.4
12	2.8	2.5	3.3	4.7	-1.2	0.0	-2.4	-1.4

数据来源：四川省统计局。

表3 2012年四川省主要经济指标

	1月	2月	3月	4月	5月	6月	7月	8月	9月	10月	11月	12月
绝对值（自年初累计）												
地区生产总值（亿元）	—	—	4 943.3	—	—	10 603.9	—	—	17 536.5	—	—	23 849.8
第一产业	—	—	490.4	—	—	1 236.9	—	—	2 551.9	—	—	3 297.2
第二产业	—	—	2 806.2	—	—	5 991.4	—	—	9 313.7	—	—	12 587.8
第三产业	—	—	1 646.7	—	—	3 375.5	—	—	5 670.9	—	—	7 964.8
固定资产投资（亿元）	—	1 865.3	3 685.6	5 046.1	6 743.0	8 639.0	10 168.4	11 746.3	13 478.7	14 945.2	16 479.2	18 038.9
房地产开发投资	—	345.7	665.3	911.8	1 194.0	1 551.5	1 823.1	2 074.4	2 352.6	2 644.6	2 940.2	3 266.4
社会消费品零售总额（亿元）	—	1 376.7	2 092.6	2 807.0	3 568.1	4 298.2	5 027.0	5 748.4	6 527.8	7 377.3	8 170.1	9 087.9
外贸进出口总额（亿美元）	35.1	65.6	105.8	159.3	233.6	280.9	329.8	380.5	430.4	480.1	536.5	591.3
进口	12.2	27.5	43.3	57.3	75.9	92.8	111.9	131.4	151.2	169.0	188.2	206.6
出口	22.9	38.1	62.5	102.0	147.8	188.1	217.9	249.1	279.2	311.1	348.3	384.6
进出口差额(出口－进口)	10.7	10.6	19.2	44.7	71.9	95.2	106.1	117.7	127.9	142.1	160.2	178.0
外商实际直接投资（亿美元）	—	13.4	25.3	31.9	39.8	52.5	57.1	64.0	74.8	84.0	90.3	98.7
地方财政收支差额（亿元）	-50.1	-119.2	-307.8	-445.6	-626.8	-1 061.7	-1 222.9	-1 417.7	-1 754.5	-1 949.9	-2 275.2	-3 009.8
地方财政收入	253.4	397.9	650.7	821.8	1 017.6	1 294.6	1 461.9	1 601.6	1 766.3	1 961.1	2 152.1	2 421.3
地方财政支出	303.5	517.1	958.6	1 267.4	1 644.4	2 356.3	2 684.8	3 019.2	3 520.8	3 911.0	4 427.3	5 431.1
城镇登记失业率(%)(季度)	—	—	—	—	—	—	—	—	—	—	—	4.1
同比累计增长率（%）												
地区生产总值	—	—	13.1	—	—	13.0	—	—	12.8	—	—	12.6
第一产业	—	—	3.9	—	—	4.3	—	—	4.5	—	—	4.5
第二产业	—	—	17.1	—	—	16.1	—	—	15.9	—	—	15.4
第三产业	—	—	9.1	—	—	10.5	—	—	11.3	—	—	11.2
规模以上工业增加值	—	17.7	17.8	17.3	16.9	16.6	16.4	16.2	16.1	16.1	16.1	16.1
固定资产投资	—	28.2	24.4	22.3	21.6	20.5	20.5	20.5	20.3	20.2	19.9	19.3
房地产开发投资	—	21.0	22.2	19.8	14.0	16.4	18.4	17.5	16.1	16.5	16.0	15.9
社会消费品零售总额	—	16.8	16.7	16.2	15.9	15.9	15.7	15.5	15.5	15.7	15.8	16.0
外贸进出口总额	10.6	16.8	19.1	35.4	46.0	44.6	36.6	31.2	28.2	28.2	25.3	23.9
进口	-13.8	10.9	4.4	4.2	7.6	7.2	9.1	8.2	7.8	10.7	10.7	10.5
出口	30.2	21.4	31.9	52.8	78.7	74.7	56.9	47.8	42.8	40.2	34.8	32.5
外商实际直接投资	—	16.9	28.5	28.9	24.0	26.5	22.4	23.5	14.4	16.6	17.3	3.6
地方财政收入	8.5	11.6	22.2	15.6	14.9	17.8	16.0	15.1	16.0	17.3	18.1	18.4
地方财政支出	43.9	24.9	33.0	29.7	23.2	35.0	34.7	29.3	22.8	21.5	18.4	16.2

数据来源：四川省统计局。

2012年贵州省金融运行报告

中国人民银行贵阳中心支行货币政策分析小组

[内容摘要] 2012年，贵州省以《国务院关于进一步促进贵州经济社会又好又快发展的若干意见》（国发[2012]2号）文件出台为契机，坚持"稳中求进、提速转型"的总基调，经济运行总体呈现总量扩大、增速加快、持续向好的良好态势，多项经济指标位居全国前列，综合经济实力大幅提升，粮食实现恢复性增产，工业经济较快增长，服务业稳步发展，对外贸易加快发展，人民生活进一步改善。

金融业对经济发展的贡献度提升，正逐渐成为贵州省现代服务业的支柱产业。稳健的货币政策得到有效落实，货币信贷保持合理适度增长，信贷结构持续优化。证券市场平稳运行，上市公司质量提升。保险服务能力持续增强，农业保险覆盖面逐步扩大。金融市场较快发展，市场参与度明显提高。金融生态环境建设持续推进。

2013年，贵州省经济将继续保持加快发展的良好态势，金融机构将继续贯彻落实稳健的货币政策，合理投放信贷，优化信贷结构，大力发展直接融资，努力提升金融服务水平，在促进贵州省科学发展、后发赶超、同步小康中贡献金融业的力量。

一、金融运行情况

2012年，贵州省金融业继续呈现良好发展态势，对经济增长贡献度进一步提升。稳健货币政策有效贯彻落实，货币信贷保持合理适度增长，证券市场运行平稳，保险业服务能力增强，金融市场参与度持续提升，金融生态环境建设有序推进。

（一）银行业组织体系进一步完善，货币信贷总量实现历史性突破

银行业机构数量继续增多，存贷款保持合理适度增长，银行业改革有序推进，跨境人民币业务屡创新高。

1. 组织体系不断完善，市场竞争更趋充分。银行业机构资产规模持续增加，质量继续改善，利润稳步上升。贵州省大力实施"引金入黔"工程，在黔设立分支机构的全国性银行业金融机构继续增多，地方金融机构建设取得积极进展，新型农村金融机构组建进程加快（见表1）。

2. 存款保持增长，总量取得突破。存款余额超过1万亿元，2012年年末人民币存款余额同比增长20.6%（见图1）。企业存款增长较快，居民储蓄意愿较强，受存款季末考核和理财产品快速发展等因素影响，存款余额季末前后波动较大。外币存款利率普遍走低，外币存款余额不增反降（见图4）。

表1　2012年贵州省银行业金融机构情况

机构类别	营业网点			法人机构（个）
	机构个数（个）	从业人数（人）	资产总额（亿元）	
一、大型商业银行	1 054	18 101	5 700.7	0
二、国家开发银行和政策性银行	67	1 306	1 650.5	0
三、股份制商业银行	12	515	725.7	0
四、城市商业银行	194	4 300	1 971.0	2
五、小型农村金融机构	2 118	21 643	2 728.2	85
六、财务公司	3	48	87.9	1
七、信托公司	1	172	37.3	1
八、邮政储蓄银行	924	1 387	606.9	0
九、外资银行	1	39	3.1	0
十、新型农村金融机构	26	669	51.8	20
合　计	4 400	48 180	13 563.0	109

注：营业网点不包括国家开发银行和政策性银行、大型商业银行、股份制银行等金融机构总部数据；大型商业银行包括中国工商银行、中国农业银行、中国银行、中国建设银行和交通银行；小型农村金融机构包括农村商业银行、农村合作银行和农村信用社；新型农村金融机构包括村镇银行。
数据来源：中国人民银行贵阳中心支行、各金融机构。

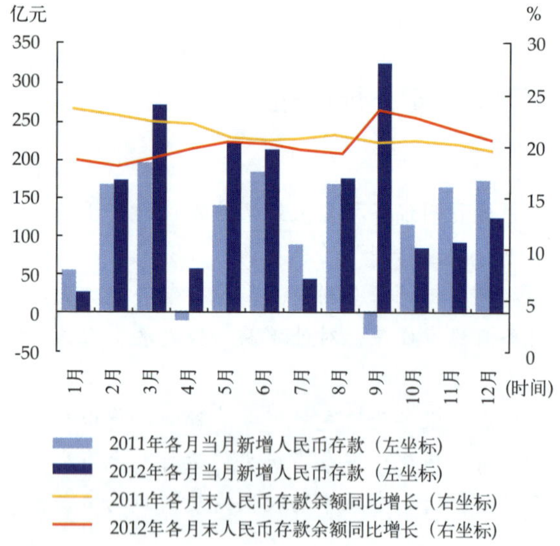

数据来源：中国人民银行贵阳中心支行。

图1　2011～2012年贵州省金融机构人民币存款增长

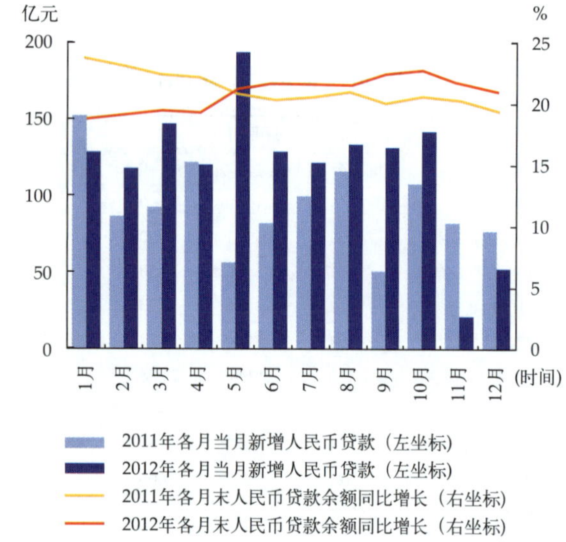

数据来源：中国人民银行贵阳中心支行。

图2　2011～2012年贵州省金融机构人民币贷款增长

3. 贷款合理适度增长，信贷结构持续优化。贷款余额超过8 000亿元，2012年年末人民币贷款余额同比增长20.9%（见图2）。中长期贷款余额占比有所下降，外币贷款余额大幅提升，主要金融机构信贷稳步增长。全年共有212个重大工程和重点项目获得信贷支持，涉农贷款和中小微型企业贷款余额增幅高于全省各项贷款余额增幅，就业、扶贫、助学、保障房建设等民生领域信贷投放持续加大。支农再贷款、再贴现余额及发放额均保持较快增长，电子汇票再贴现业务实现零突破。

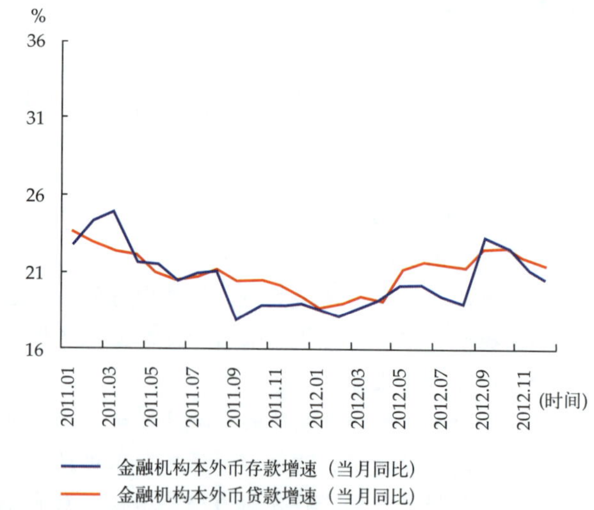

数据来源：中国人民银行贵阳中心支行。

图3　2011～2012年贵州省金融机构本外币存、贷款增速

表2　2012年贵州省金融机构人民币贷款各利率区间占比

单位：%

月份		1月	2月	3月	4月	5月	6月
合计		100.0	100.0	100.0	100.0	100.0	100.0
[0.9，1.0)		7.9	8.6	6.0	7.8	7.0	17.1
1.0		44.2	31.1	40.7	41.1	48.1	21.2
上浮水平	小计	48.0	60.3	53.3	51.2	44.9	61.7
	(1.0，1.1]	19.8	31.0	29.3	14.5	16.5	25.2
	(1.1，1.3]	13.5	10.9	13.6	18.5	13.5	19.6
	(1.3，1.5]	9.3	7.4	7.7	6.5	6.5	7.4
	(1.5，2.0]	5.2	10.3	2.3	10.6	7.9	8.9
	2.0以上	0.2	0.6	0.4	1.1	0.5	0.6
月份		7月	8月	9月	10月	11月	12月
合计		100.0	100.0	100.0	100.0	100.0	100.0
[0.9，1.0)		14.0	8.1	2.6	4.0	6.3	7.9
1.0		26.5	25.1	27.7	28.4	27.2	28.8
上浮水平	小计	59.5	66.9	69.7	67.6	66.5	63.3
	(1.0，1.1]	17.7	22.9	19.2	20.9	15.8	21.5
	(1.1，1.3]	22.0	21.2	26.2	21.6	25.0	21.7
	(1.3，1.5]	7.4	8.6	7.8	7.9	7.4	5.3
	(1.5，2.0]	11.7	12.7	14.8	15.6	16.1	13.1
	2.0以上	0.7	1.5	1.6	1.6	2.2	1.5

注：2012年8～12月统计数据的下浮区间为[0.7，1.0)。

数据来源：中国人民银行贵阳中心支行。

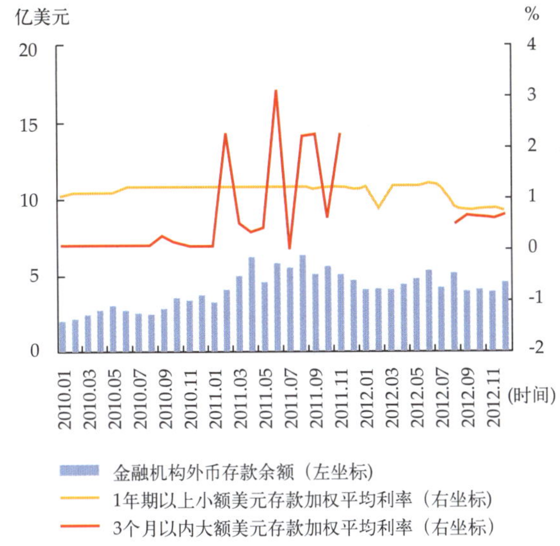

数据来源：中国人民银行贵阳中心支行。

图4 2010~2012年贵州省金融机构外币存款余额及外币存款利率

4. 表外业务大幅增长。2012年年末金融机构表外业务余额较年初增长34.6%，其中，承兑汇票新增量占比达99.3%，融资性保函出现减少，跟单信用证新增量占比为7.3%。

5. 利率浮动加大，整体运行平稳。地方法人金融机构各期限档次人民币存款利率均按基准利率的1.1倍执行。人民币贷款利率水平微幅下降，各月贷款加权平均利率在7.8632%~8.5364%波动，向上浮动的贷款占比逐步增多（见表2）。金融机构利率定价能力进一步增强。2012年年末民间借贷利率较年初有所下降。

6. 银行业机构改革持续推进。银行业机构经营稳健性进一步增强，拨备覆盖率提高，不良贷款率下降，但不良贷款余额略有上升；地方金融机构改革发展步伐加快，贵阳银行成功发行12亿元次级债，贵州银行正式开业，2家财务公司获批筹建，2家农村商业银行正式挂牌开业，村镇银行资产总额增长134.3%，小额贷款公司县域覆盖率达到90%以上。

7. 跨境人民币业务快速发展。在跨境信贷融资推动下，2012年跨境人民币业务实际结算金额达150.4亿元；省内结算地域范围实现全覆盖；业务品种不断丰富，基本涵盖经常项目和资本项目结算。

专栏1 贵州省创新运用“存单质押”方式发放支农再贷款

2012年，贵州省人民银行系统结合村镇银行资本实力弱、资产规模小、不满足信用方式发放支农再贷款的条件等问题，首次创新运用“存单质押”方式对其发放支农再贷款，推动其发挥支持“三农”作用，取得了较好效果。

一、积极创新，探索支农再贷款发放新模式

一是谨慎试点，盘活资源。对全省村镇银行经营情况、主要业务品种、资产负债构成等情况深入调研，针对村镇银行资产结构中存放同业金额较大、债券等投资为0、固定资产规模很小的现状，在全省20家村镇银行中选取2家支农作用发挥较好、内部管理规范、资金缺口较大的村镇银行，开展存单质押再贷款试点，创造性地把村镇银行在其他商业银行的定期同业存放作为支农再贷款的质押品。

二是引入保证，确保安全。针对存单可能出现被挂失或提前支取的情况，加强与村镇银行及其存单第三方金融机构之间的沟通协调，引入第三方金融机构为其开户证实的协议承诺，即中国人民银行在收到村镇银行提出存单质押申请支农再贷款后，向第三方金融机构发出“单位定期存单确认函”，要求第三方金融机构出具“单位定期存单确认书”，并承诺承担因质押物失效导致支农再贷款可能出现的损失，确保质押存单与支农再贷款金额、期限等相匹配。

三是完善制度，规范管理。及时修订完善《中国人民银行贵阳中心支行支农再贷款管理实施细则》，对申请存单质押再贷款的村镇银行，建立“事前综合评估—事中监测检查—事后考核评价”机制，规范支农再贷款管理。

二、促进共赢，引导村镇银行支农服务取得实效

一是保障了中国人民银行债权的安全。引入支农再贷款的担保机制，确保了中国人民银行债权的安全，同时由于存单质押方式符合村镇银行的资产结构特点，具有很强的可复制性和可操作性，愿意使用存单质押方式申请支农再贷款的村镇银行越来越多。

二是盘活了村镇银行的资产。以存单质押方式发放支农再贷款解决了村镇银行由于存贷比不达标制约信贷投放和存放同业款项居高不下造成的资金“脱农化”和“非贷化”问题，盘活了村镇银行的资产，有效引导村镇银行加大对实体经济的支持。2012年年末，使用支农再贷款的村镇银行各项贷款余额占全部资金运用的45.4%，同比提高4.3个百分点，且高于全省村镇银行平均水平4.4 个百分点。

三是提高了村镇银行的支农服务水平。2012年，使用支农再贷款的村镇银行新增涉农贷款占其全部新增贷款的比例达到93.1%，高于全省村镇银行平均水平6.2个百分点。

三、完善机制，推动村镇银行扩大涉农信贷投放

下一步，中国人民银行贵阳中心支行将进一步完善支农再贷款的抵（质）押担保机制，探索拓宽支农再贷款抵（质）押物范围，对符合条件的村镇银行及时给予支农再贷款支持，引导村镇银行将更多信贷资金投向“三农”领域，进一步提高村镇银行的支农服务水平。

（二）证券市场运行平稳，上市公司质量提升

证券业机构经营总体平稳，法人类机构可持续发展能力进一步增强，市场有效性和规范性不断提高，上市公司业绩良好。

1. 证券机构经营稳健。2012年年末证券公司营业部50家，期货公司营业部8家。各证券公司营业部开户数同比增长5%；客户资产总额同比增长26%，证券交易额同比减少9%。各期货公司营业部开户数同比增长13%，期货成交额同比增长50%。法人类机构积极创新，加速转型，整体抗风险能力提高。

2.上市公司质量提升。2012年新增A股上市公司1家，A股上市公司总市值同比增长10%，总股本同比增长9%，实现利润总额同比增长38.1%。1家公司首发募集资金3亿元，2家公司增发募集资金17.8亿元，1家公司发行公司债募集资金10亿元（见表3）。

表3　2012年贵州省证券业基本情况

项目	数量
总部设在辖内的证券公司数（家）	1
总部设在辖内的基金公司数（家）	0
总部设在辖内的期货公司数（家）	0
年末国内上市公司数（家）	21
当年国内股票（A股）筹资（亿元）	20.8
当年发行H股筹资（亿元）	0
当年国内债券筹资（亿元）	304.0
其中：短期融资券筹资额（亿元）	21.0
中期票据筹资额（亿元）	29.0

数据来源：中国人民银行贵阳中心支行、贵州证监局、贵州省发展改革委。

（三）保险服务能力持续增强，农业保险覆盖面逐步扩大

保险业发展平稳，市场体系持续完善，农业保险覆盖面扩大，支农效果增强。

1. 保险服务能力持续增强。2012年年末保险经营主体23家（见表4），其中，财产险公司14家，人身险公司9家，较年初增加1家。专业保险中介机构增至27家，保险业从业人员4.6万人。保险公司账面总资产252.6亿元，较年初增长16.3%。

2. 保险业务发展平稳。2012年保费收入150.2亿元，同比增长14.0%（见表4）。受银保新政及退保潮等因素影响，赔款支出同比增长40.0%，增速大于保费收入增速。农业保险覆盖面逐步扩

表4　2012年贵州省保险业基本情况

项目	数量
总部设在辖内的保险公司数（家）	0
其中：财产险经营主体（家）	0
人身险经营主体（家）	0
保险公司分支机构（家）	23
其中：财产险公司分支机构（家）	14
人身险公司分支机构（家）	9
保费收入（中外资，亿元）	150.2
其中：财产险保费收入（中外资，亿元）	70.4
人身险保费收入（中外资，亿元）	79.8
各类赔款给付（中外资，亿元）	55.3
保险密度（元/人）	431.2
保险深度（%）	2.2

数据来源：贵州保监局、贵州省统计局。

大，全年承保能繁母猪约58万头，森林761.8万亩、烤烟111.3万亩，农房保险提供风险保障100亿元。

（四）金融市场发展较快，市场参与度明显提高

债券融资迅速发展，本地金融机构市场参与度明显提高。

1. 债券融资成为企业融资的重要渠道之一。2012年，贵州省债券融资量达到304亿元（见表5），占非金融机构部门融资量的比重达16.9%，较上年提高11个百分点。同时，非金融企业债券融资成本普遍较同期贷款基准利率低5%～26%，企业直接融资意识不断增强，受益企业覆盖范围进一步扩大。

2. 金融机构货币市场参与程度明显提高。2012年市场成员回购累计成交10 282.0亿元，同比增长19.0%；现券交易同比增长190.5%，信用拆借业务同比增长778.0%。

3. 票据市场融资功能明显增强。2012年，贵州省银行承兑汇票累计签发量、累计贴现额均较上年大幅增长（见表6），市场加权平均利率总体震荡走低，年末有所回升（见表7）。

表5　2001～2012年贵州省非金融机构部门融资结构

单位：亿元、%

年份	融资量	比重		
		贷款	债券（含可转债）	股票
2001	184.3	80.0	0.0	20.0
2002	203.6	100.0	0.0	0.0
2003	313.3	99.3	0.0	0.7
2004	319.5	96.1	0.0	3.9
2005	339.7	99.1	0.0	0.9
2006	397.9	98.5	1.5	0.0
2007	479.3	91.0	1.8	7.2
2008	562.9	96.2	2.7	1.1
2009	1 120.4	97.2	0.9	1.9
2010	1 242.7	88.6	7.0	4.4
2011	1 210.8	92.9	5.9	1.3
2012	1 795.3	81.9	16.9	1.2

数据来源：中国人民银行贵阳中心支行、贵州证监局、贵州省发展改革委。

表6　2012年贵州省金融机构票据业务量统计

单位：亿元

季度	银行承兑汇票承兑		贴现			
			银行承兑汇票		商业承兑汇票	
	余额	累计发生额	余额	累计发生额	余额	累计发生额
1	374.2	194.4	99.4	73.9	2.0	1.2
2	432.3	273.7	111.4	92.6	2.0	1.3
3	495.0	259.5	156.9	115.3	1.8	1.4
4	553.8	339.1	120.1	124.8	1.7	1.2

数据来源：中国人民银行贵阳中心支行。

专栏2　“三项举措”助推贵州省企业债券融资开创新局面

为持续优化贵州省融资结构，提高直接融资比例，中国人民银行贵阳中心支行与相关部门共同努力，采取“三项举措”积极推动贵州省企业从银行间债券市场融资，全省债券融资工作呈现出“工作机制不断完善、融资总量不断提高、承销机构积极参与、企业融资意识增强”的良好新局面。

一、积极完善各项工作机制，营造债券融资良好氛围

一是“完善制度”打造良好市场环境。根据相关法规，并结合贵州省实际，制定《贵州省银行间债券市场备案实施细则（试行）》、《贵州省结算代理人初审和备案实施细则（试行）》等规范性文件，在规范和完善贵州省金融市场管理的基础上，促进贵州省金融市场健康良性发展。并通过电视电话和现场交流等方式，对人民银行系统、金融机构承销商加强金融市场新政策、新法规和中国人民银行制定的各项办法、实施细则等文件的宣传解释和培训。

二是“搭建平台”畅通企业融资渠道。与中国银行间市场交易商协会、贵州省政府金融办签订了《借助银行间市场助力贵州省经济发展合作备忘录》，建立了政策沟通、数据交流、项目申报跟踪与协作等工作机制，畅通了省内企业融资渠道；积极配合贵州省政府金融办建立了符合发债和上市条件的企业库，并按月编写《贵州金融市场简报》作为沟通各级政府部门、金融机构和企业的平台工具，作为宣传金融市场知识的载体，为推动债务融资工作打下基础。

三是“加强推介”增强企业融资意识。联合相关部门或单独召开金融机构直接融资工作会议4次，召开大型推介暨签约会2次，开展直接融资业务培训3次，搭建为企业债务融资提供金融服务的交流平台，并借助《贵州日报》等新闻媒体对非金融企业直接债务融资工具进行了较为广泛的宣传。

二、债券融资工作成效明显，总量保持快速发展势头

在多方的共同努力下，贵州省企业在银行间债券市场的融资量屡创新高，债券融资总量实现快速增长。2012 年，贵州省23家企业通过银行间市场融入资金294 亿元，同比增长394.1%。其中，通过企业债券融入资金225亿元、中期票据29亿元、短期融资券21亿元、定向工具19亿元。另有7家企业的43亿元非金融企业债务融资工具通过了中国银行间交易商协会注册，可随时进行融资。在债券融资高速增长的带动下，贵州省融资结构持续优化，债券和股票融资占融资量（含信贷、债券和股票融资）的比重提高到18.1%，较2011年提高10.9个百分点。

三、加强监管与指导，进一步推动贵州省债券融资良好发展

下一步，中国人民银行贵阳中心支行将进一步完善金融市场制度建设，切实履行中国人民银行对银行间债券市场监督管理职能，防范金融风险；继续加强业务指导和培训，加强与各方沟通协调，解决实际工作难题；加强工作对接，推动保障性住房承建企业通过银行间市场筹集建设资金，推动有意向、有条件的市州签订“区域集优债务融资合作框架协议”，改善省内融资结构，助推贵州省经济发展。

表7　2012年贵州省金融机构票据贴现、转贴现利率

单位：%

季度	贴现		转贴现	
	银行承兑汇票	商业承兑汇票	票据买断	票据回购
1	8.0565	9.2587	6.3677	5.3596
2	5.8091	7.8416	4.6636	4.0377
3	5.5696	6.2752	4.9407	4.3836
4	5.8370	6.8028	5.3325	5.0354

数据来源：中国人民银行贵阳中心支行。

4. 黄金交易稳步增长，外汇交易大幅减少。2012年贵州省黄金交易量达到18 611.3公斤，同比增长4.2%；交易金额为62.9亿元，同比增长7.0%；纸黄金和实物黄金价格微幅上涨。外汇市场成员外汇交易同比减少21.5%，美元交易量占总成交量的92.9%。

5. 理财业务活跃。2012年金融机构累计发行了封闭式银行理财产品4 971期，累计募集资金5 964.1亿元；2012年年末存续开放式理财产品74期、余额40.9亿元。其中，地方法人金融机构共发行非资产池类封闭式理财产品93期，累计募集资金77.3亿元。

（五）金融服务设施建设取得新进展，金融生态环境不断改善

2012年，企业和个人征信系统日益完善，企业征信系统和个人征信系统共收录贵州省8.3万户企业组织和1 899.6万个自然人的信用信息。机构信用代码推广应用，应收账款质押公示系统在促进中小企业拓宽融资担保渠道中的作用得到有效发挥，“农户信用建档+评定信用等级+小额信用贷款”的农村信用体系建设模式成效显著，“农户信用信息综合服务系统”试点工作深入开展，“中小企业信用信息综合服务系统”试点运行，信用评级市场有序发展。现代支付清算系统进一步推进和运用，助农取款“村村通”工程有序推进，“不出村、低成本、低风险”的普惠金融服务覆盖面进一步提高。

二、经济运行情况

2012年，贵州省经济继续保持持续向好态势，地区生产总值增长13.6%（见图5），人均地区生产总值接近2万元，产业结构不断优化，工业对经济增长的贡献率继续提升，行业创新和转型步伐持续加快。

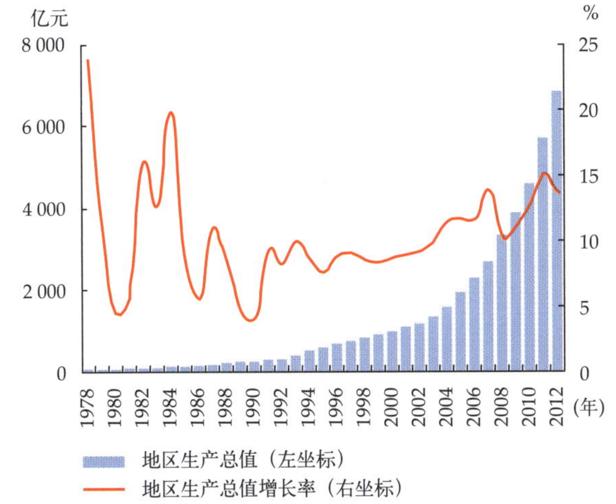

数据来源：贵州省统计局。

图5　1978～2012年贵州省地区生产总值及其增长率

（一）投资、对外贸易大幅增长，消费增速回落

固定资产投资增速继续保持高位运行，社会消费品市场快速增长但增速继续回落，对外贸易加快发展。

1. 固定资产投资高速增长。2012年，贵州省固定资产投资累计完成7 809.1亿元，比上年增长53.1%（见图6）。以交通运输、水利环境为重点的基础设施建设和房地产开发仍是拉动固定资产投资增长的主要力量。投资资金来源中自筹部分占比继续提高，跨区投资项目占比较低并有所下降。

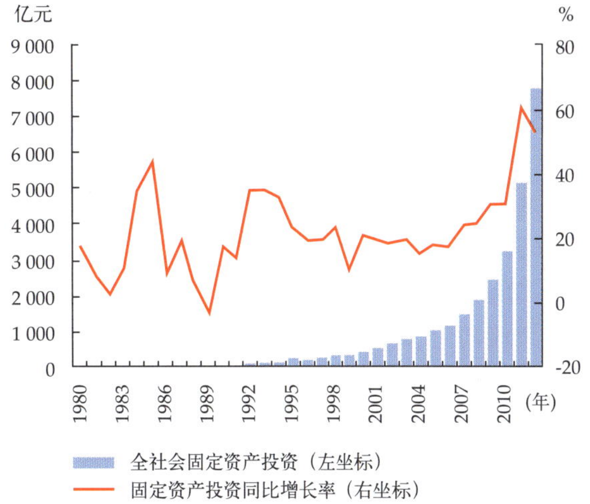

数据来源：贵州省统计局。

图6　1980～2012年贵州省固定资产投资及其增长率

2. 社会消费品市场快速发展但增速继续回落。2012年，农村居民人均纯收入增速比城镇居民人均可支配收入高1.3个百分点，城乡收入差距呈缩小趋势。社会消费品零售总额比上年增长16.0%（见图7），受居民对经济形势不确定预期等因素影响，增速较上年有所下降。城乡居民消费性支出占收入的比例下降。农村人均消费支出增速高于城镇。食品支出占全部消费支出的比重下降，衣着、交通通讯等提升生活品质的支出比重上升，城乡居民恩格尔系数分别下降了0.5个和3个百分点。

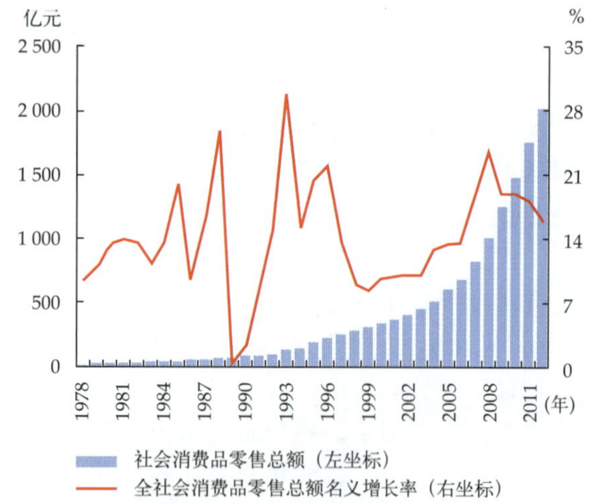

数据来源：贵州省统计局。

图7　1978～2012年贵州省社会消费品零售总额及其增长率

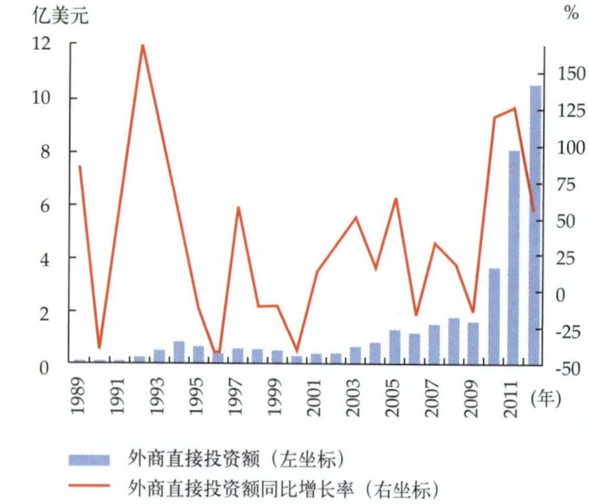

数据来源：贵州省统计局。

图9　1989～2012年贵州省外商直接投资额及其增长率

3. 对外贸易和实际利用外资保持快速增长。2012年，对外贸易在地方性政策推动下大幅增长，进出口总额比上年增长35.7%，其中出口总额增长65.9%，进口总额受资源性产品国际市场价格下跌等因素影响，下降11.7%（见图8）；货物贸易资金流动主要集中在磷化工、橡胶、烟酒以及钢铁行业。2012年实际利用外资总额突破10亿美元，增长55.4%（见图9），亚洲各国（地区）仍是外商直接投资的主要来源，外商直接投资实际到位资金主要进入第三产业。

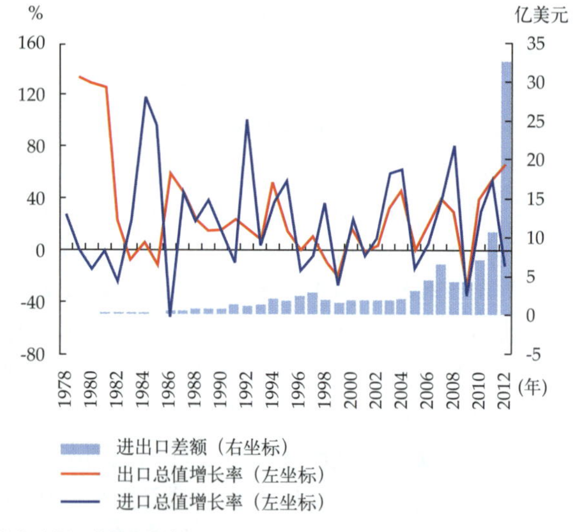

数据来源：贵州省统计局。

图8　1978～2012年贵州省外贸进出口变动情况

（二）经济运行保持良好态势，第二产业带动力不断增强

贵州省三次产业结构比例为13.1：39.0：47.9。第二产业对经济的贡献度不断提高。

1. 农业生产形势较好，生产结构持续优化。粮食实现恢复性增产，粮油肉菜等主要农产品全面丰收，油菜籽产量创历史最高水平，畜牧业稳步发展，粮经作物种植比例调整到51：49，农村基础设施不断改善，金融支农力度持续提高。

2. 工业保持较快增长，投资力度不断加大。在“工业强省”战略推动下，2012年规模以上工业增加值首次突破2 000亿元大关，比上年增长21.3%（见图10）。绝大多数重点监测行业实现两位数增长，大部分工业品产量实现不同程度增长。工业投资不断加大，产业园区建设取得重大突破。

3. 务业稳步发展，层次结构继续改善。2012年，第三产业增加值突破3 000亿元，比上年增长12.1%。旅游业继续发挥龙头作用，批发和零售业增加值增长12.9%，营利性服务业和非营利性服务业增加值均增长10%以上。金融业在服务业中的占比提高，逐渐成为服务业的新兴支柱产业。

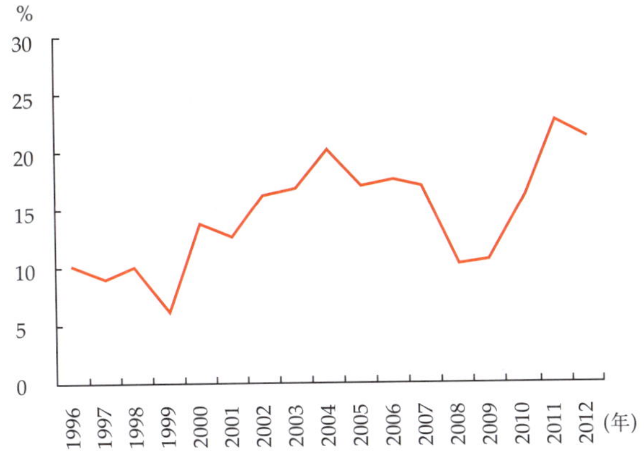

注：规模以上工业统计口径为全部年主营业务收入500万元及以上的工业企业。

数据来源：贵州省统计局。

图10　1996～2012年贵州省规模以上工业增加值同比增长率

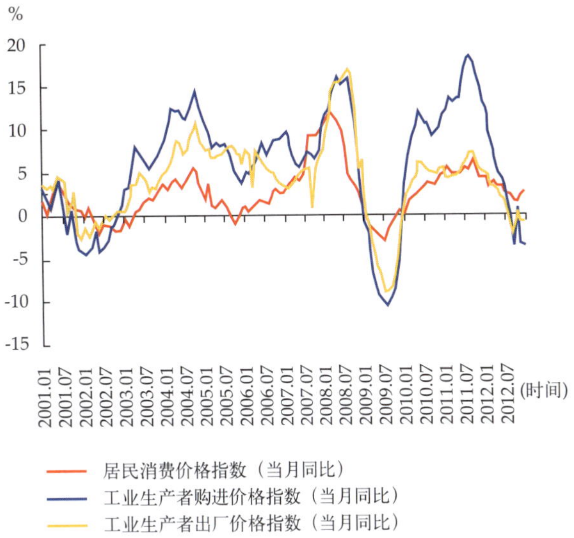

数据来源：贵州省统计局。

图11　2001～2012年贵州省居民消费价格和生产者价格变动趋势

（三）各类价格涨幅下降，劳动力成本涨幅上升

2012年初，贵州省物价涨幅较高，全年总体呈逐渐回落态势，劳动力成本涨幅有所上升。

1. 居民消费价格涨幅总体回落。2012年年初，受翘尾因素影响，居民消费价格涨幅较高，随后受食品价格涨幅下降的影响，开始持续回落，10月同比涨幅达年内最低点1.5%，年末有所回升（见图11）。2012年居民消费价格比上年上涨2.7%，涨幅较上年回落2.4个百分点。

2. 生产价格涨幅大幅下降。在生产资料、生活资料、资源性产品等价格涨幅回落的推动下，生产价格涨幅不断下跌，后期涨幅有所回升。其中，农业生产资料价格与工业生产者购进价格涨幅下降较为明显，分别下降10.4个和12.7个百分点。

3. 劳动力成本涨幅同比有所上升。单位从业人员平均劳动报酬增长19.9%，高于全国平均水平7.9个百分点。各类型单位从业人员平均劳动报酬差距继续扩大，国有单位平均劳动报酬增长较快。基本养老金、最低工资标准、最低生活保障水平不断提高。农民工返乡就业创业发展迅速，各项扶持政策成效显著。

4. 公共性资源产品价格调整。各类资源性产品价格涨幅有所回落，电力、自来水、煤、成品油、矿产资源、交通等进行价格调整，矿产资源配置机制改革和居民阶梯电价改革逐步推进，煤炭与成品油价格下调，高速公路重大节假日实行免费通行。

（四）财政收入增长较快，支出倾向民生领域

2012年贵州省财政总收入为1 644.5亿元，较上年增长23.6%（见图12），其中县乡级收入增长较快。营业税及与固定资产投资、房地产相关的税收增速均高于30%，新兴产业和金融业税收快速增长，“高污染、高能耗、高排放”产业税收增速明显减缓。行政事业性收费纳入预算内管理，非税收入增速达30.4%。支出方面着重保障和改善民生，一般公共服务、教育、农林水事务、社会保障和就业、医疗卫生方面的支出占财政总支出的62.5%。

（五）生态环境建设持续推进，配套措施不断完善

资源节约和环境保护不断增强，新增耕地124万亩，单位地区生产总值能耗下降14.2%，县级以

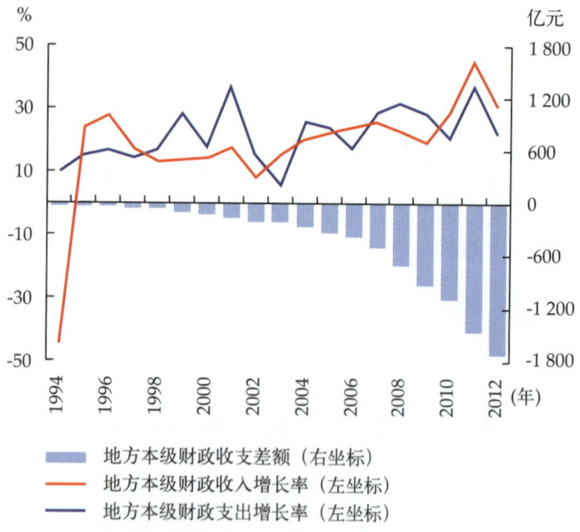

数据来源：贵州省统计局。

图12　1994～2012年贵州省财政收支状况

上污水处理厂全面建成，完成造林1 800多万亩，治理石漠化4 800多平方公里，森林覆盖率提高到42.5%。“两江”上游生态屏障基本形成。扶贫生态移民工程大力实施，深山区、石山区、生态环境脆弱地区、三个集中连片特困地区和民族地区的农村贫困农户生存发展环境得到有效改善。淘汰落后产能和“两高一剩”贷款继续减少，节能减排和循环经济贷款余额稳步增长。

第四届“生态文明贵阳会议”在贵阳召开，会议通过《2012贵阳共识》并成立生态文明贵阳国际论坛，是中国目前唯一以生态文明为主题的国家级国际性论坛。

（六）房地产调控效果显现，旅游业加快发展

1. 房地产调控效果逐步显现。房地产投资力度持续增强，房价过快增长势头有效抑制，保障性住房建设有序推进。

（1）房地产投资加快增长。2012年房地产开发投资完成额1 467.6亿元，比上年增长68.0%，增速较上年提高18.1个百分点。从资金来源构成看，其他资金、自筹资金和银行贷款仍然是房地产开发投资的主要资金来源。

（2）土地市场供给增长缓慢，保障性住房建设有序推进。2012年土地购置面积、土地成交价款比上年分别下降7.8%和19.9%。房屋施工面积增长29.1%，新开工面积增长31.3%，竣工面积同比小幅下降2.6%。城镇保障性安居工程实际新开工住房套数10.2万套，超额完成全年新开工10.0万套的目标。

（3）房地产销售持续活跃。商品房销售面积和销售额增长在经历了第二季度短期回落之后，继续保持稳步增长（见图13）。限购政策继续实施，商品房销售涨幅较上年有所收窄。

（4）新建住宅销售价格稳中有升。超“千万方”大盘的入市，拉低了贵阳市整体房价。各月贵阳市新建住宅销售价格月环比涨幅基本保持稳定，涨幅均未超过0.2%（见图14）；新建住宅销售价格月同比涨幅逐步回落至较低水平，并保持稳定（见图14）。

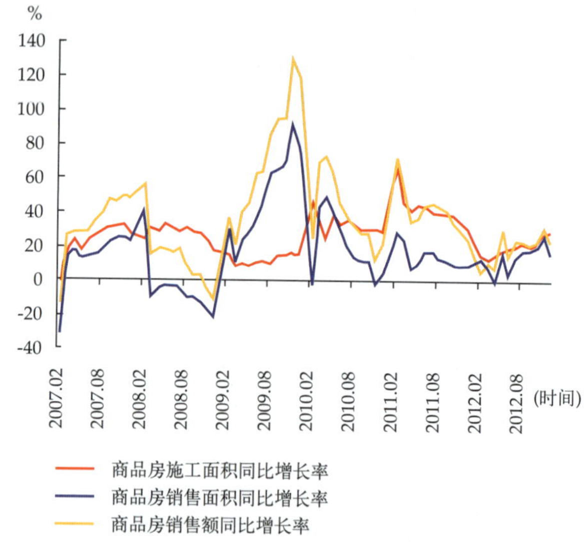

数据来源：贵州省统计局。

图13　2007～2012年贵州省商品房施工和销售变动趋势

（5）房地产贷款保持增长，结构持续优化。2012年年末房地产贷款余额同比增长24.0%。其中，房地产开发贷款增长16.1%；个人住房贷款增长25.1%，余额占房地产贷款余额比重较上年提高0.5个百分点。个人住房贷款抵借比为59.7%，较上年下降0.3个百分点。保障性住房开发贷款余额

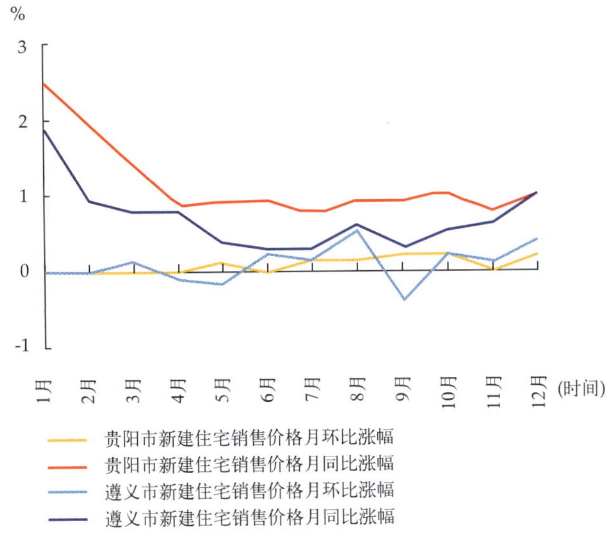

数据来源：贵州省统计局。

图14　2012年贵州省主要城市新建住宅销售价格变动趋势

增长57.6%，共支持贵州省101个保障性安居工程建设。

2. 旅游业发展质量效益提高，对经济增长拉动力增强。贵州“文化旅游发展创新区”建设为旅游业迎来良好的发展契机。“多彩贵州”等旅游品牌逐步成型，旅游产品体系不断完善，旅游精品逐步呈现，旅游环境继续优化。2012年旅游总收入达1 860.2亿元，较上年增长30.1%，连续九年年均增速在30%以上；旅游接待人数2.1亿人次，增长25.8%。旅游业增加值占地区生产总值的比重提高到7.5%左右，占第三产业的比重从2010年的14%提高到2012年的17%。

与旅游业密切相关的旅游商品加工和餐饮、运输、信息等第二、第三产业加快发展。旅游直接就业和带动就业人数达到108万人左右，受益人数超过300余万人。

三、预测与展望

2013年是全面深入贯彻落实党的十八大精神的开局之年，是实施“十二五”规划承前启后的关键一年。贵州省确定了“稳中求进、提速转型”的总基调、总目标，提出了“好中求快、快中保好，能快则快、又好又快”的总要求。贵州省经济社会发展已经站在了一个新的起点上，正处在重要战略机遇期、经济发展加速期和社会矛盾凸显期。

贵州省经济发展的主要预期目标是：地区生产总值增长14%，全社会固定资产投资增长30%，社会消费品零售总额增长18%，进出口总额增长20%，居民消费价格指数控制在国家调控目标范围内。各金融机构的存贷款将继续保持合理适度增长，经济社会的加速发展引致的巨大资金需求，需要通过多渠道融资体系来解决，债券融资等直接融资渠道对经济的支持作用将进一步增强。

2013年，中国人民银行贵阳中心支行将继续贯彻落实稳健的货币政策，着力提高调控的前瞻性、针对性和灵活性，贵州省金融机构将积极做好金融服务工作，在提高贵州省经济增长的质量和效益、促进贵州省经济持续稳定健康发展中贡献金融业的力量。

中国人民银行贵阳中心支行货币政策分析小组
总　纂：王　平　卢　钦
统　稿：王凯明　李家鸽　封明川
执　笔：白庆菊　欧阳斌　李晶彦　杨　丽　刘　爽　赵　鑫
提供材料的还有：潘　琳　黄　蓉　曾嵘欣　岳晶晶　陈　曦　路　音　孙学栋

附录

（一）2012年贵州省经济金融大事记

1月12日，国务院颁布《国务院关于进一步促进贵州经济社会又好又快发展的若干意见》。2012年40多个国家部委出台支持贵州省发展的政策性文件或与贵州省签署战略合作协议。

3月2日，贵州省委、省政府在北京召开支持贵州又好又快发展金融座谈会。2012年16家中央金融机构与贵州省签署战略合作协议。

5月25日，贵州省政府召开新世纪第一次全省金融工作会议。

6月28日，国务院扶贫开发领导小组在贵州省黔西南州召开滇桂黔石漠化片区区域发展与扶贫攻坚启动会。

8月8日，《借助银行间市场助推贵州经济发展合作备忘录》签约仪式在贵阳举行。

8月9日，贵州省首届金融博览会暨投资理财节在贵阳开幕。

8月12日，国家发展改革委正式批复同意实施《黔中经济区发展规划》。

9月9日，第二届中国（贵州）国际酒类博览会开幕式暨签约仪式在贵阳开幕。

10月11日，贵州银行开业。

（二）2012年贵州省主要经济金融指标

表1　2012年贵州省主要存贷款指标

		1月	2月	3月	4月	5月	6月	7月	8月	9月	10月	11月	12月
本外币	金融机构各项存款余额（亿元）	8 796.4	8 967.5	9 238.6	9 296.2	9 517.5	9 729.6	9 767.8	9 949.7	10 265.6	10 349.8	10 440.8	10 567.8
	其中：储蓄存款	4 224.1	4 235.3	4 315.1	4 285.2	4 327.0	4 422.7	4 453.2	4 524.0	4 652.5	4 631.8	4 677.6	4 815.8
	单位存款	3 974.3	4 120.6	4 468.1	4 464.8	4 608.8	4 737.5	4 704.7	4 785.1	4 912.3	4 971.1	5 033.2	5 237.3
	各项存款余额比上月增加（亿元）	25.7	171.1	271.1	57.6	221.3	212.1	38.2	181.8	315.9	84.2	91.0	127.0
	金融机构各项存款同比增长（%）	18.5	18.1	18.6	19.4	20.3	20.1	19.3	19.0	23.3	22.6	21.4	20.5
	金融机构各项贷款余额（亿元）	7 006.9	7 128.2	7 277.9	7 394.7	7 589.8	7 722.9	7 835.2	7 966.1	8 100.8	8 243.6	8 275.3	8 350.2
	其中：短期	1 344.9	1 389.8	1 441.9	1 474.8	1 518.4	1 560.6	1 603.6	1 643.5	1 679.5	1 730.3	1 748.8	1 802.5
	中长期	5 548.4	5 619.4	5 725.2	5 809.1	5 951.8	6 032.0	6 093.5	6 165.8	6 245.6	6 347.2	6 386.6	6 406.1
	票据融资	104.2	109.6	101.5	101.6	110.0	113.4	121.2	139.9	158.7	148.2	120.1	121.8
	各项贷款余额比上月增加（亿元）	127.3	121.3	149.7	116.9	195.1	133.1	112.3	130.9	134.7	142.8	31.8	74.8
	其中：短期	25.6	45.0	52.1	32.9	43.6	42.1	43.0	39.9	36.0	50.9	18.5	53.7
	中长期	104.5	70.9	105.9	83.9	142.7	80.2	61.5	72.3	79.8	101.6	39.5	19.4
	票据融资	-3.9	5.4	-8.1	0.1	8.4	3.4	7.8	18.7	18.8	-10.4	-28.2	1.7
	金融机构各项贷款同比增长（%）	18.7	19.0	19.5	19.1	21.2	21.7	21.5	21.4	22.5	22.7	21.8	21.5
	其中：短期	25.3	25.9	29.1	27.3	30.9	32.2	32.2	33.4	34.5	34.9	35.3	36.6
	中长期	18.1	17.8	17.7	17.5	18.9	19.3	19.0	18.2	18.7	19.0	18.4	17.8
	票据融资	-17.7	-89.9	-2.0	-0.3	16.3	7.6	11.5	27.7	60.9	59.5	17.8	12.7
	建筑业贷款余额（亿元）	316.5	316.4	330.4	334.3	344.0	345.0	351.2	348.7	356.4	363.9	368.8	360.7
	房地产业贷款余额（亿元）	347.8	350.8	361.9	357.6	364.1	367.6	359.4	361.7	368.9	377.0	369.3	375.9
	建筑业贷款同比增长（%）	11.2	9.2	12.6	12.2	14.4	13.8	14.2	11.3	13.0	13.5	14.0	9.9
	房地产业贷款同比增长（%）	5.5	4.3	9.5	9.4	11.8	12.6	9.1	10.1	11.6	13.6	11.4	13.4
人民币	金融机构各项存款余额（亿元）	8 770.7	8 942.5	9 212.9	9 269.3	9 487.2	9 696.5	9 741.1	9 917.3	10 240.9	10 324.3	10 415.9	10 540.1
	其中：储蓄存款	4 215.0	4 226.9	4 305.9	4 275.8	4 317.1	4 412.7	4 443.6	4 514.8	4 643.9	4 622.8	4 668.6	4 806.1
	单位存款	3 958.3	4 104.5	4 452.1	4 447.7	4 589.0	4 714.8	4 688.2	4 762.6	4 897.1	4 955.4	5 017.9	5 219.9
	各项存款余额比上月增加（亿元）	28.5	171.8	270.4	56.4	217.9	209.2	44.6	176.2	323.6	83.4	91.6	124.1
	其中：储蓄存款	280.5	11.9	79.0	-30.1	41.2	95.6	30.8	71.3	129.0	-21.1	45.8	137.5
	单位存款	-347.9	146.2	347.6	-4.4	141.3	125.8	-26.6	74.4	134.5	58.3	62.5	202.0
	各项存款同比增长（%）	18.5	18.2	18.7	19.7	20.3	20.2	19.5	19.2	23.5	22.8	21.6	20.6
	其中：储蓄存款	22.0	21.1	21.4	20.6	20.5	20.8	21.0	21.8	22.9	23.4	23.2	22.2
	单位存款	14.7	16.7	19.3	19.2	20.3	21.9	19.5	18.2	24.3	22.7	20.0	21.2
	金融机构各项贷款余额（亿元）	6 973.0	7 089.7	7 235.5	7 355.0	7 548.6	7 675.7	7 796.6	7 929.4	8 059.7	8 201.5	8 222.8	8 274.8
	其中：个人消费贷款	1 079.2	1 098.4	1 129.6	1 161.4	1 187.7	1 225.1	1 247.5	1 276.6	1 301.1	1 333.2	1 366.8	1 380.6
	票据融资	104.2	109.6	101.5	101.6	110.0	113.4	121.2	139.9	158.7	148.2	120.1	121.8
	各项贷款余额比上月增加（亿元）	127.1	116.7	145.8	119.5	193.6	127.1	120.9	132.8	130.3	141.8	21.3	52.0
	其中：个人消费贷款	19.3	19.2	31.3	31.8	26.3	37.3	22.4	29.2	24.5	32.1	33.6	13.7
	票据融资	-3.9	5.4	-8.1	0.1	8.4	3.4	7.8	18.7	18.8	-10.4	-28.2	1.7
	金融机构各项贷款同比增长（%）	18.6	18.9	19.5	19.1	21.1	21.6	21.6	21.5	22.5	22.7	21.5	20.9
	其中：个人消费贷款	28.3	28.8	28.6	28.4	28.1	29.2	29.0	29.9	29.7	30.3	31.2	30.2
	票据融资	-17.7	1.5	-2.0	-0.3	16.3	7.6	11.5	27.7	60.9	59.5	17.8	12.7
外币	金融机构外币存款余额（亿美元）	4.1	4.0	4.1	4.3	4.8	5.2	4.2	5.1	3.9	4.0	4.0	4.4
	金融机构外币存款同比增长（%）	28.9	0.6	-15.6	-29.5	8.4	-7.5	-22.1	-18.5	-21.6	-26.6	-21.1	-2.5
	金融机构外币贷款余额（亿美元）	5.4	6.1	6.7	6.3	6.5	7.5	6.1	5.8	6.5	6.7	8.3	12.0
	金融机构外币贷款同比增长（%）	41.5	63.5	32.0	29.5	28.1	37.7	10.5	5.4	20.5	33.0	81.5	124.2

数据来源：中国人民银行贵阳中心支行。

表2　2001～2012年贵州省各类价格指数

单位：%

年/月		居民消费价格指数		农业生产资料价格指数		工业生产者购进价格指数		工业生产者出厂价格指数	
		当月同比	累计同比	当月同比	累计同比	当月同比	累计同比	当月同比	累计同比
2001		—	1.8	—	-0.6	—	0.2	—	2.2
2002		—	-1.0	—	0.6	—	-2.4	—	-1.1
2003		—	1.2	—	4.1	—	6.0	—	3.4
2004		—	4.0	—	9.0	—	12.0	—	8.0
2005		—	1.0	—	10.2	—	7.4	—	7.2
2006		—	1.7	—	5.4	—	7.3	—	4.3
2007		—	6.4	—	5.1	—	7.5	—	5.0
2008		—	7.6	—	13.4	—	12.5	—	12.4
2009		—	-1.3	—	-3.8	—	-6.5	—	-4.9
2010		—	2.9	—	1.1	—	9.8	—	4.7
2011		—	5.1	—	11.1	—	15.0	—	5.4
2012		—	2.7	—	0.7	—	2.3	—	1.0
2011	1	5.4	5.4	3.1	3.1	12.0	12.0	4.3	4.3
	2	5.4	5.4	4.7	3.9	13.6	12.8	4.2	4.3
	3	4.5	5.1	10.8	6.2	13.1	12.9	4.6	4.4
	4	4.7	5.0	12.3	7.7	13.5	13.1	4.4	4.4
	5	4.7	5.0	13.4	8.9	13.5	13.1	4.9	4.5
	6	5.2	5.0	13.7	9.6	14.9	13.4	5.7	4.7
	7	5.5	5.1	17.0	10.7	17.6	14.0	6.1	4.9
	8	5.3	5.1	14.3	11.2	18.6	14.6	7.1	5.2
	9	6.2	5.2	14.6	11.6	18.0	15.0	7.3	5.4
	10	6.2	5.3	12.5	11.6	16.5	15.1	6.3	5.5
	11	4.4	5.2	8.1	11.3	15.2	15.1	5.2	5.5
	12	4.3	5.1	8.8	11.1	13.2	15.0	5.0	5.4
2012	1	4.2	4.2	10.7	10.7	11.8	11.8	4.5	4.5
	2	3.2	3.7	9.2	9.9	8.8	10.3	3.8	4.2
	3	3.8	3.8	3.7	7.8	7.8	9.5	3.2	3.8
	4	3.2	3.6	1.8	6.2	5.4	8.4	2.9	3.6
	5	3.3	3.6	2.9	5.5	4.6	7.6	2.1	3.3
	6	2.8	3.4	0.1	4.6	3.5	6.9	1.5	3.0
	7	2.3	3.3	-3.4	3.4	1.7	6.1	0.1	2.6
	8	2.2	3.1	-3.0	2.6	-0.6	5.3	-1.1	2.1
	9	1.6	3.0	-4.7	1.7	-3.7	4.2	-1.8	1.7
	10	1.5	2.8	-3.7	1.2	0.8	3.5	0.0	1.4
	11	2.0	2.7	-1.7	0.9	-3.4	2.8	-0.9	1.2
	12	2.5	2.7	-1.7	0.7	-3.6	2.3	-0.8	1.0

数据来源：贵州省统计局。

表3 2012年贵州省主要经济指标

	1月	2月	3月	4月	5月	6月	7月	8月	9月	10月	11月	12月
绝对值（自年初累计）												
地区生产总值（亿元）	—	—	1 071.3	—	—	2 790.9	—	—	4 400.1	—	—	6 802.2
第一产业	—	—	130.1	—	—	285.2	—	—	533.0	—	—	890.0
第二产业	—	—	552.4	—	—	1 186.1	—	—	1 828.5	—	—	2 655.4
第三产业	—	—	388.8	—	—	1 319.6	—	—	2 038.5	—	—	3 256.8
工业增加值（亿元）	154.0	327.8	480.7	625.2	790.1	989.1	1 166.0	1 375.1	1 596.9	1 805.8	2 027.7	2 254.2
固定资产投资（亿元）	—	643.1	1 332.0	1 877.3	2 332.3	3 463.8	3 968.5	4 552.4	5 330.1	5 920.2	6 653.5	7 596.2
房地产开发投资	—	81.5	219.8	322.2	436.6	574.8	699.2	832.6	1 000.3	1 139.8	1 329.1	1 467.6
社会消费品零售总额（亿元）	—	—	462.5	—	—	920.8	—	—	1 420.0	—	—	2 005.3
外贸进出口总额（亿美元）	3.4	6.1	9.5	12.6	16.2	20.6	34.9	41.2	46.9	52.0	57.2	66.3
进口	1.9	3.1	4.5	5.9	7.5	9.1	10.7	11.8	13.0	13.6	14.9	16.8
出口	1.6	3.0	5.0	6.7	8.7	11.4	24.3	29.4	33.9	38.4	42.3	49.5
进出口差额(出口－进口)	-0.3	-0.1	0.5	0.8	1.3	2.3	13.6	17.6	21.0	24.8	27.5	32.7
外商实际直接投资（万美元）	6 890.6	14 824.3	23 013.4	34 708.9	40 987.2	56 257.2	57 821.2	64 680.5	73 552.5	82 479.9	92 406.3	104 582.0
地方财政收支差额（亿元）	-53.0	-121.2	-331.0	-399.7	-495.9	-629.0	-739.9	-822.0	-1 005.4	-1 099.9	-1 327.6	-1 738.9
地方财政收入	97.7	153.2	260.9	326.2	402.1	533.8	589.8	664.5	752.9	835.2	923.7	1 014.1
地方财政支出	150.7	274.4	591.9	725.9	898.0	1 162.8	1 329.7	1 486.5	1 758.3	1 935.1	2 251.4	2 752.9
城镇登记失业率 (%)(季度)	—	—	3.5	—	—	3.4	—	—	3.4	—	—	3.3
同比累计增长率（%）												
地区生产总值	—	—	14.7	—	—	14.0	—	—	13.8	—	—	13.6
第一产业	—	—	8.0	—	—	6.6	—	—	8.2	—	—	8.5
第二产业	—	—	17.7	—	—	16.8	—	—	16.6	—	—	16.8
第三产业	—	—	12.8	—	—	13.1	—	—	12.7	—	—	12.1
工业增加值	21.0	18.3	20.3	20.1	20.0	20.8	20.6	20.8	21.0	21.0	21.3	21.3
固定资产投资	—	63.9	66.7	66.1	65.7	60.0	57.8	57.8	57.9	56.8	53.1	55.3
房地产开发投资	—	46.1	43.0	41.4	44.0	48.7	54.7	50.6	54.5	58.0	66.5	68.0
社会消费品零售总额	—	—	16.7	—	—	16.0	—	—	15.8	—	—	16.0
外贸进出口总额	-19.6	12.2	2.9	6.7	8.4	8.5	49.2	40.8	38.5	33.3	30.2	35.7
进口	-19.7	15.0	0.1	3.6	6.2	4.1	-0.4	-1.4	-5.8	-11.3	-12.6	-11.7
出口	-19.5	9.5	5.6	9.6	10.3	12.2	91.2	69.9	68.9	62.3	57.3	65.9
外商实际直接投资	102.7	292.8	211.1	249.3	168.1	112.9	110.6	58.7	61.2	61.9	46.9	55.4
地方财政收入	26.1	33.7	52.0	42.2	36.9	36.4	32.5	33.0	33.9	33.7	35.6	31.2
地方财政支出	-4.5	29.2	65.4	53.9	41.2	45.7	32.2	27.4	28.4	25.5	29.6	22.4

数据来源：贵州省统计局、贵州省人力资源和社会保障厅。

2012年云南省金融运行报告

中国人民银行昆明中心支行货币政策分析小组

[内容摘要] 2012年，面对复杂严峻的国内外经济形势，云南省积极应对各种挑战，采取一系列强有力措施，全力以赴“稳增长、冲万亿、促跨越”，全省经济持续较快发展，地区生产总值实现从千亿元到万亿元重大突破。全年内外需求均保持活跃，生产形势稳定向好，结构调整取得积极进展，人民生活不断改善，国民经济运行和社会发展呈现良好态势。

金融机构贯彻稳健的货币政策成效显著，金融运行总体平稳；银行业稳健发展，货币信贷合理适度增长；证券业创新加快，融资能力有效提升；保险业较快发展，保障服务功能进一步强化；金融生态环境建设深入推进，金融对经济社会发展的支撑作用显著增强。

云南省正处于跨越发展的关键时期。2013年，云南省发展面临的政策环境和形势总体向好，在积极推进结构调整和方式转变的同时，国民经济仍将保持较快发展。金融机构将继续认真贯彻落实稳健的货币政策，改进和提高金融服务水平，保持信贷总量平稳适度增长，满足实体经济发展的合理资金需求。

一、金融运行情况

2012年，云南省金融业保持良好发展趋势，主要金融指标均实现平稳较快增长，金融改革创新深入推进，金融市场稳步发展，金融生态环境持续改善，金融与经济发展的协调性显著增强。

（一）银行业稳健发展，货币信贷适度增长

2012年，云南省银行业金融机构贯彻落实稳健的货币政策成效显著，全年信贷合理适度增长，结构继续改善，支持实体经济和社会薄弱环节发展力度明显增强，银行业金融机构运行稳健，经营效益和风险管控能力有效提升。

1. 综合实力不断增强，服务体系日益完善。2012年，云南省银行业金融机构数量、从业人员均有所增加，资产规模较快增长，不良贷款明显下降。年末，全省银行业金融机构数量、从业人员同比分别增加92个和4 597人，资产总额同比增长21.3%，不良贷款余额和不良贷款率比年初分别减少34.4亿元和下降0.4个百分点。年内，东亚银行昆明分行设立，成为云南省第4家外资银行；新型农村金融机构快速发展，村镇银行数量增加到26家，营业网点增至42个，资产规模扩大到84.5亿元（见表1）。此外，服务于农村和小微企业发展的非银行业地方金融组织数量较快增长，至年末全省已批准成立小额贷款公司484家，其中已挂牌营业430家。

表1　2012年云南省银行业金融机构情况

机构类别	营业网点			法人机构（个）
	机构个数（个）	从业人数（人）	资产总额（亿元）	
一、大型商业银行	1 584	35 088	9 766.0	0
二、国家开发银行和政策性银行	88	2 030	2 541.8	0
三、股份制商业银行	163	5 611	3 897.8	0
四、城市商业银行	149	3 335	1 326.0	3
五、小型农村金融机构	2 382	20 699	4 742.8	133
六、财务公司	2	38	61.4	1
七、信托公司	1	82	12.8	1
八、邮政储蓄银行	851	2 864	588.3	0
九、外资银行	4	98	33.5	1
十、新型农村金融机构	42	635	84.5	26
十一、其他	0	0	0	0
合　计	5 266	70 480	23 054.7	165

注：营业网点不包括总部；小型农村金融机构包括农村商业银行、农村信用社、农村合作银行；新型农村金融机构包括村镇银行、贷款公司和农村资金互助社三类机构；“其他”包含金融租赁公司、汽车金融公司、货币金融公司、消费金融公司等。

数据来源：云南银监局。

2. 各项存款增速加快，新增存款波动幅度增

大。2012年，受企业投资意愿下降及引入省外资金力度加大等因素的影响，云南省存款增速有所加快（见图1、图3）。年末，全省银行业金融机构本外币存款余额同比增长17.1%，比上年末提高2.6个百分点，其中单位存款同比增长18.1%，比上年末大幅提高5.5个百分点。近年来，由于理财产品快速发展对个人存款的替代作用增强及单位存款存在季末冲时现象，年内全省月度间新增存款波动幅度明显增大。全年季初月份和季末月份新增存款占全年存款新增总额比重同比分别下降18.6个和提高10.8个百分点。

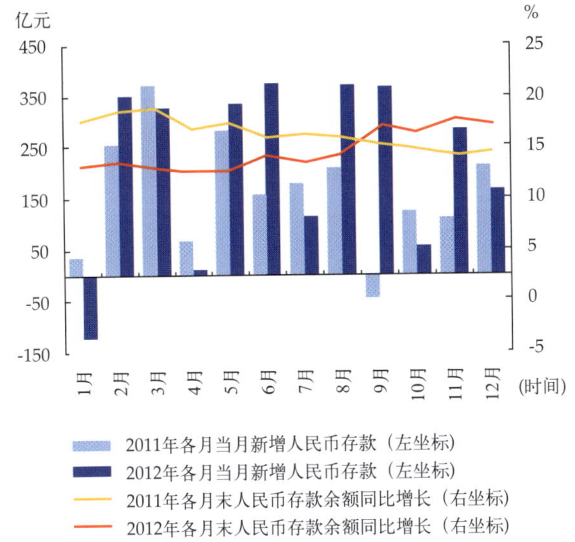

数据来源：中国人民银行昆明中心支行。

图1　2011～2012年云南省金融机构人民币存款增长

3. 各项贷款平稳增长，信贷支持重点突出。全年云南省信贷保持均衡稳定增长（见图2、图3），年末全省银行业金融机构本外币各项贷款余额同比增长14.8%，比上年年末略低0.6个百分点。其中，因人民币升值预期减弱，外币贷款增速显著回落，年末，全省外币贷款余额同比增长37.8%，比上年年末大幅下降31.4个百分点。年末全省中长期贷款余额和短期贷款余额占全部贷款余额的比重由上年同期的72.2∶25.7调整为68.1∶29.1。在确保"稳增长、扩内需"重大项目信贷资金需求的同时，全省银行业金融机构积极调整信贷投向结构，不断增大对涉农、中小微型企业及民生改善的信贷投入。中国人民银行昆明中心支行通过运用支农再贷款、再贴现等货币政策工具，引导金融机构加大对涉农、中小微型企业的信贷投入。2012年，云南省实现涉农和中小微型企业信贷增量高于上年水平、增速高于各项贷款增速的目标任务。年末，全省小额担保贷款余额为146.8亿元，增长65.2%；个人消费贷款余

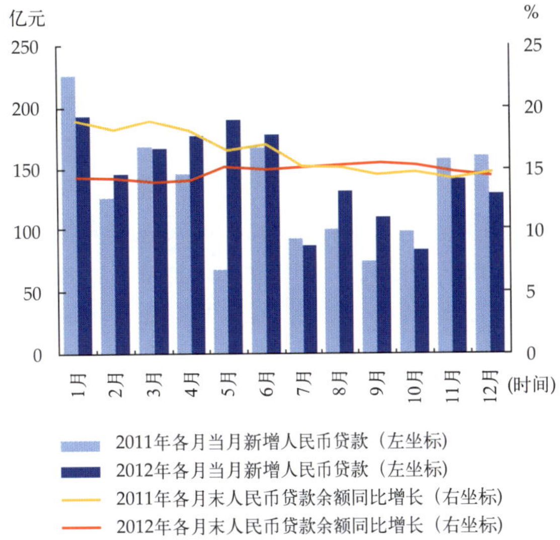

数据来源：中国人民银行昆明中心支行。

图2　2011～2012年云南省金融机构人民币贷款增长

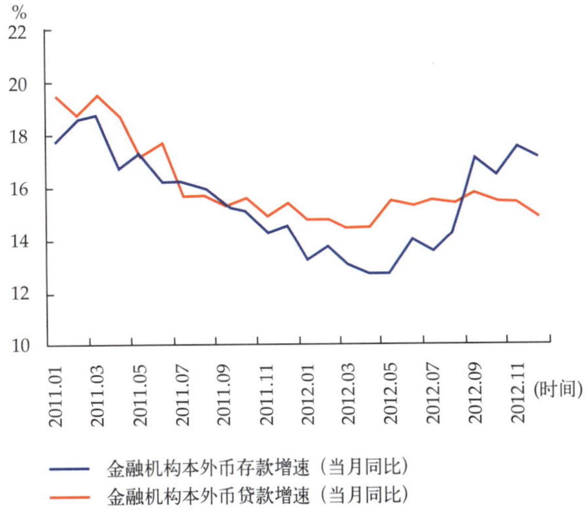

数据来源：中国人民银行昆明中心支行。

图3　2011～2012年云南省金融机构本外币存、贷款增速

额为1 856.3亿元，增长16.9%，个人消费贷款增速企稳回升。

4. 表外业务较快发展，金融创新力度加大。2012年，全省银行业金融机构不断加大金融创新力度，银行体系表外融资业务较快发展。年末，全省委托贷款、信托贷款和银行承兑汇票余额同比分别增长23.4%、9.5倍和26.1%；全年委托贷款、信托贷款和未贴现的银行承兑汇票合计新增751.4亿元，同比多增454.3亿元。

5. 贷款利率总体下行，差异化定价格局逐渐形成。2012年，云南省金融机构积极应对利率市场化改革带来的挑战和机遇，努力提高资产负债管理能力，完善定价机制建设，并根据自身发展基础、经营定位和客户资源状况实施差异化定价策略，利率市场化改革的效果逐步显现，企业融资成本有所下降。从存款看，利率在基准利率及其1.1倍区间内浮动。从贷款看，在年内两次下调基准利率和浮动区间下移的共同作用下，利率水平总体不断走低，上浮贷款比重持续下降（见表2）。12月，全省银行业金融机构人民币贷款加权平均利率为7.22%，同比下降73个基点；上浮利率贷款比重为66.2%，比上年同期低8.9个百分点。全年样本监测民间借贷加权平均利率同比下降1.4个百分点。

表2 2012年云南省金融机构人民币贷款各利率区间占比

单位：%

月份		1月	2月	3月	4月	5月	6月
合计		100.0	100.0	100.0	100.0	100.0	100.0
[0.9，1.0)		2.7	5.7	2.7	3.4	2.8	2.7
1.0		22.9	23.8	18.6	22.8	24.8	26.3
上浮水平	小计	74.4	70.5	78.7	73.7	72.3	71.0
	(1.0，1.1]	22.4	21.5	20.2	20.5	17.6	16.7
	(1.1，1.3]	21.6	20.3	29.6	26.5	29.4	25.1
	(1.3，1.5]	14.4	13.7	14.4	12.7	13.1	16.8
	(1.5，2.0]	15.0	14.1	13.3	13.3	11.5	11.7
	2.0以上	1.0	0.8	1.3	0.8	0.7	0.7
月份		7月	8月	9月	10月	11月	12月
合计		100.0	100.0	100.0	100.0	100.0	100.0
[0.9，1.0)		3.1	7.2	5.1	5.2	6.6	6.3
1.0		24.2	22.1	23.3	21.8	26.7	27.5
上浮水平	小计	72.7	70.7	71.6	73.0	66.7	66.2
	(1.0，1.1]	17.4	20.9	18.9	19.7	16.4	19.9
	(1.1，1.3]	24.4	23.9	26.0	24.7	25.8	23.3
	(1.3，1.5]	16.9	14.1	14.0	14.9	13.6	12.6
	(1.5，2.0]	13.3	11.1	11.8	13.0	10.0	9.7
	2.0以上	0.7	0.8	1.0	0.8	0.9	0.7

注：2012年8～12月统计数据的下浮区间为[0.7，1.0)。

数据来源：中国人民银行昆明中心支行。

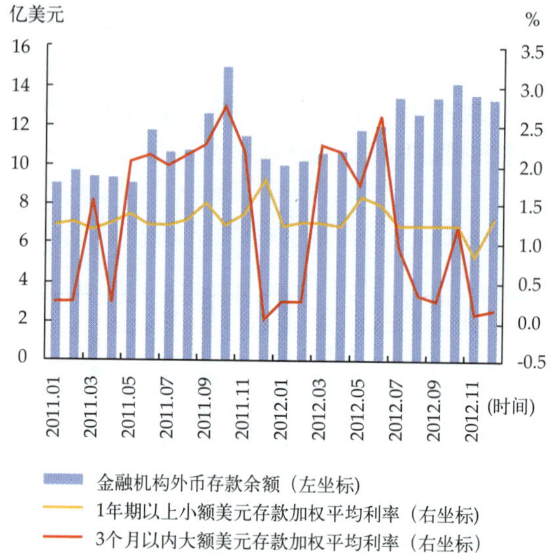

数据来源：中国人民银行昆明中心支行。

图4 2011～2012年云南省金融机构外币存款余额及外币存款利率

6. 银行业金融机构改革稳步推进，运行良好。省内大型商业银行公司治理结构不断完善，风险管控能力进一步增强，经营效益有所提升，年末资产拨备覆盖率、不良贷款率和资产利润率比年初分别提高59.8个、下降0.6个和提高0.1个百分点。中国农业银行云南省分行“三农金融事业部”改革取得重要进展，支持“三农”和县域经济能力显著增强，年末不良贷款率比年初下降1.0个百分点。地方法人金融机构治理与经营体制机制改革继续深化，不良贷款率持续下降，流动性比率、资产利润率及资本充足率指标明显改善，实现了经营管理能力和盈利能力的同步提高。

7. 跨境人民币业务快速发展。2012年，全省银行累计办理跨境人民币结算业务460.9亿元，比上年增长84.2%。其中，资本项下结算175.5亿元，增长1.2倍；贸易项下结算247.1亿元，结算额占同期全省外贸总额的18.6%，比全国平均水平高10.2个百分点。跨境人民币结算地域均衡性显著提升，境外地域从上年的26个国家和地区扩展至47个，省内从边境州市发展为各州市均有业务发生。

专栏1　金融助推云南省工业园区加快发展

工业是云南经济的重要支撑，是实体经济发展的重要基础；工业园区是工业集聚的代表，是推进新型工业化发展的重要平台。2012年年初，云南省委、省政府提出了打响园区经济、县域经济和民营经济的“三大战役”，其中园区经济是“三大战役”的核心和关键。3月17日，云南省委、省政府印发了《关于推动工业跨越发展的决定》（云发[2012]5号），云南工业发展再度奏响强音。围绕“工业兴省、工业富省”目标，结合加快工业园区发展战略，全省银行业金融机构采取有力措施，不断加大金融对工业园区发展的支持力度。2012年，云南省银行业金融机构累计向工业园区发放贷款443.7亿元，其中向园区中小微型企业发放贷款232.2亿元，占比达52.3%。在金融的有力支持下，云南省园区经济发展取得显著成效。2012年，云南省工业园区工业总产值、工业销售收入、规模以上工业增加值同比分别增长26.4%、25.5%和31.3%，继续保持了较快的发展势头。

一是深入调研，强化窗口指导。年初，中国人民银行昆明中心支行组织云南省各级人民银行对全省119个工业园区建设发展、金融服务情况开展了专题调查，摸清了当前金融支持云南省工业园区发展的基本情况，深入分析了金融支持工业园区发展存在的问题，找准了金融支持工业园区发展的结合点，形成了《云南省金融支持工业园区发展调查报告》。在此基础上，代省政府起草了《云南省金融支持工业园区发展指导意见》，省政府办公厅以云政办发[2012]194号文印发全省执行，首次在全省明确了金融支持工业园区发展的措施及保障机制。

二是完善机制，促进金融服务水平提高。为促进银行业金融机构加大金融对工业园区发展的支持力度，建立了省级银行业金融机构联络员制度，加强沟通协调；建立了金融支持工业园区发展情况的专项监测制度，动态掌握银行业金融机构支持工业园区发展的情况及成效，分析存在的问题，研究解决措施；建立了工业园区信贷政策导向效果评估制度，引导银行业金融机构进一步优化园区信贷结构。

三是加强创新，促进工业园区加快发展。各银行业金融机构紧抓工业园区发展的有利时机，针对园区发展特色，通过完善信贷管理制度、设立园区专营机构、创新金融产品和服务方式、强化“银政园企”合作等有效途径，不断加大对工业园区发展的支持力度。交通银行云南省分行建立了园区贷款审批绿色通道，在贷款条件满足的情况下与借款人签订借款合同，按计划尽快发放贷款。中国农业银行云南省分行针对园区内小企业无足额有效房产抵押，但具有存货或设备的情况，推出了“四方一体”的金融创新产品，由担保公司提供担保，依托园区管委会对小企业的经营情况进行管理监测，为园区内优质、可持续发展的小企业提供信贷支持。富滇银行在昆明高新技术开发区成立了科技创新金融服务中心，针对科技创新企业不同发展阶段设计了19项产品，积极支持园区内中小科技型企业发展。上海浦发银行昆明分行推出了“银元宝”合作模式，分别与西山工业园区、杨林工业园区签署了“战略合作协议”，向园区企业提供各类贷款、票据承兑和贴现、保理、信用证等各种融资服务。

（二）证券业创新加快，资本市场融资发展态势良好

2012年，云南省证券业积极推动业务创新发展，扩大融资规模，资本市场服务实体经济发展的能力不断提高。

1. 市场主体业绩下滑，创新发展加速推进。2012年，云南省82家证券经营机构新增A股投资者开户数9.1万户，比上年增长4.9%。受市场持续震荡调整影响，证券市场交易规模、收入水平和盈利能力均出现不同程度下滑，全年云南省证券市场A股、基金总成交金额同比下降26.5%，两家法人券商营业收入和资产利润率分别比上年下降22.4%和1.8个百分点。年内，两家法人券商公司业务创新发展加速推进，新三板主办券商业务、融资融券业务、基金代销业务资格获批，分别成立了直投子公司及发起设立了3个定向资产管理产品，证券经营机构盈利模式进一步优化。

2. 企业上市步伐加快，直接融资态势良好。年末，全省28家上市公司总市值同比减少2.1%，降幅较上年大幅收窄。2012年，云南省积极推动企业上市和再融资，全年新增6家上市辅导备案企业，鸿翔一心堂首次公开发行股票已获证监会审核通过。全年新增再融资及拟融资110.2亿元，其中公司债融资10亿元，定向增发融资0.7亿元（见表3），3家上市公司待发拟融资99.5亿元，资本市场直接融资呈现良好发展势头。

表3　2012年云南省证券业基本情况

项目	数量
总部设在辖内的证券公司数（家）	2
总部设在辖内的基金公司数（家）	0
总部设在辖内的期货公司数（家）	2
年末国内上市公司数（家）	28
当年国内股票（A股）筹资（亿元）	0.7
当年发行H股筹资（亿元）	0
当年国内债券筹资（亿元）	292.1
其中：短期融资券筹资额（亿元）	-6.1
中期票据筹资额（亿元）	109.0

数据来源：中国人民银行昆明中心支行、云南证监局。

（三）保险业较快发展，保障服务功能显著增强

2012年，云南省保险业平稳较快发展，保险覆盖面不断扩大，服务地方经济发展和经济补偿功能作用有效发挥。

1. 保险业规模平稳增长，投资业务较快发展。年末，云南省保险公司分支机构达到32家（见表4），较上年增加1家；保险业资产总额为441.2亿元，同比增长15.9%。保险业金融机构积极支持服务云南经济发展，全年新增保险机构融资100亿元，其中平安集团保险资金债权和华泰保险公司债权分别投资华能澜沧江项目、云南投资集团项目50亿元和46亿元。

2.保险业务稳步发展，涉农服务力度加大。2012年，云南省保险业经济补偿功能作用有效发挥，赔付支出首次突破百亿元，比上年增长25.3%；全年实现保费收入增长12.5%，其中人身险增速低于财产险1.2个百分点。保险密度和保险深度一升一降，分别比上年提高65.2元/人和下降0.1个百分点，保险业发展水平逐年提升。全年云南省保险业共提供涉农风险保障1 303.2亿元，比上年增加128.9亿元；农业保险赔付支出4.1亿元，同比增长44.1%，受益农户达44.1万户，农业保险品种已基本覆盖全省主要农业支柱产业。

表4　2012年云南省保险业基本情况

项目	数量
总部设在辖内的保险公司数（家）	1
其中：财产险经营主体（家）	1
人身险经营主体（家）	0
保险公司分支机构（家）	32
其中：财产险公司分支机构（家）	20
人身险公司分支机构（家）	12
保费收入（中外资，亿元）	271.3
其中：财产险保费收入（中外资，亿元）	123.5
人身险保费收入（中外资，亿元）	147.8
各类赔款给付（中外资，亿元）	100.1
保险密度（元/人）	585.8
保险深度（%）	2.6

数据来源：云南保监局。

（四）融资结构有所调整，金融市场平稳发展

2012年，云南省直接融资总量增加、比重上升，金融机构参与货币市场活跃度有所提升，票据融资业务快速增长，市场利率整体回落。

1. 直接融资比重上升。2012年，云南省贷款、债券、股票融资总量有所增加，结构变化较为明显。其中，企业债券净融资占三项融资总量的比重较上年大幅提高10.2个百分点（见表5）。

表5　2001～2012年云南省非金融机构部门融资结构

单位：亿元、%

年份	融资量	比重		
		贷款	债券（含可转债）	股票
2001	195.4	96.2	0.0	3.8
2002	257.8	97.3	0.0	2.7
2003	564.1	98.8	0.7	0.5
2004	439.2	98.1	0.0	1.9
2005	669.4	98.8	1.2	0.0
2006	878.8	93.3	4.6	2.2
2007	963.7	91.6	-0.4	8.8
2008	1 226.1	88.5	6.5	5.0
2009	2 320.1	95.0	1.5	3.5
2010	2 190.9	84.4	13.1	2.6
2011	1 782.5	92.2	3.7	4.1
2012	2 107.7	86.1	13.9	0.0

数据来源：中国人民银行昆明中心支行、云南证监局。

2. 货币市场交易量有所增加，资金呈现融出态势。2012年，云南省金融机构参与货币市场交易活跃度有所提升，全年拆借、回购、现券买卖累计成交15 878.6亿元，同比增长8.8%，其中融出资金占比55.6%，比上年提高12.6个百分点。受全年市场资金面逐步宽松的影响，全省金融机构货币市场交易利率震荡下行，12月拆借、回购交易加权平均利率比年初分别下降1.5个和2.1个百分点。

3. 票据融资快速增长，利率水平整体回落。2012年，云南省金融机构运用票据业务加强信贷总量控制及结构调整，票据融资规模快速增长（见表6）。全年表外票据承兑额增长24.1%，表内票据贴现额大幅增长101.6%；年末，表外票据余额增长26.1%，表内贴现余额增长48.2%。受货币市场利率及票据市场供求变化影响，全年云南省票据贴现、转贴现利率整体较快回落，但在下半年金融机构压缩贴现资产的情况下，票据利率略有回升（见表7）。

表6　2012年云南省金融机构票据业务量统计

单位：亿元

季度	银行承兑汇票承兑		贴现			
			银行承兑汇票		商业承兑汇票	
	余额	累计发生额	余额	累计发生额	余额	累计发生额
1	1 015.4	561.9	193.1	502.0	1.6	37.7
2	1 130.8	1 261.2	258.2	1 517.5	5.5	170.8
3	1 203.4	1 866.1	214.3	2 612.3	12.6	233.1
4	1 219.1	2 585.2	214.0	3 781.1	5.3	222.9

数据来源：中国人民银行昆明中心支行。

表7　2012年云南省金融机构票据贴现、转贴现利率

单位：%

季度	贴现		转贴现	
	银行承兑汇票	商业承兑汇票	票据买断	票据回购
1	7.1392	7.8139	6.9679	5.6918
2	5.1862	6.0669	5.1322	4.6581
3	5.0814	6.3951	5.1861	4.7075
4	5.6142	6.7354	5.0048	4.9867

数据来源：中国人民银行昆明中心支行。

（五）金融基础设施建设取得新成效，生态环境持续改善

支付系统建设不断完善，完成支付结算综合业务系统在全省的推广使用，实现辖内、同城间银行资金划转的实时到账。非现金支付工具推广使用取得明显进展，全年新建18条县域刷卡无障碍示范街（区），新增惠农卡117万张，已累计建成10 463个惠农支付服务点，行政村覆盖面达到82.9%，县域及农村地区银行卡受理环境和支付环境有效改善；中国人民银行昆明中心支行联合云南省财政厅、教育厅等部门加快推进公务卡制度改革，全面推行普通高中学生资助卡，银行卡产品种类和服务更趋丰富。财税库银横向联网建设取得重大突破，完成全省全面覆盖的任务目标，

在全国首家实现国有资本经营预算收益金收入通过横向联网系统收缴。

信用体系建设步伐加快，首次将法院执行案件信息、担保公司代偿信息采集纳入征信系统。加快中小企业信用体系试验区建设，为2.1万户中小企业建立了信用档案，其中5 576户获得信贷支持。加强对征信市场的培育和监管，累计完成对428家担保机构和90家借款企业的信用评级。农村信用体系建设试点工作全力推进，为300.6万户农户建立了纸质信用档案，占试点县所辖农户的76.2%，评定信用农户149.5万户，信用村1 245个。

二、经济运行情况

2012年，面对复杂严峻的国内外经济形势，云南省积极应对各种挑战，采取一系列强有力措施，全力以赴“稳增长、冲万亿、促跨越”。全年云南省经济逆势而上，地区生产总值实现从千亿元到万亿元重大突破，增长13.0%（见图5），人均地区生产总值达到22 195元。

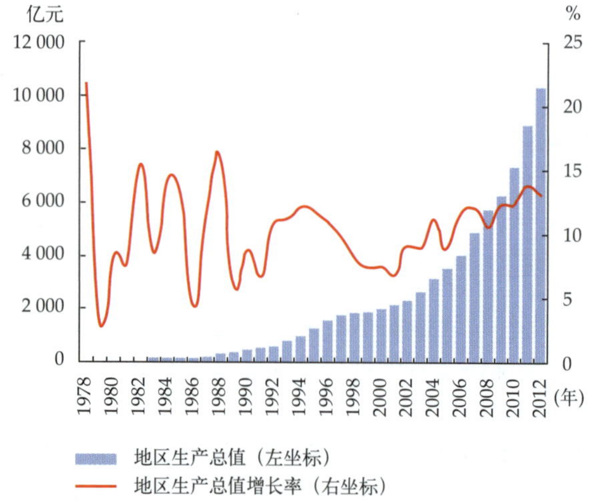

数据来源：云南省统计局。

图5　1978～2012年云南省地区生产总值及其增长率

（一）内外需求保持活跃，经济增长动力强劲

2012年，云南省固定资产投资保持高位运行，成为拉动全年经济持续较快增长的最主要动力，消费市场持续活跃，对经济增长的贡献度有所提高，对外贸易快速回升，均衡性增强。

1. 投资保持较快增长，民间投资活力增强。2012年，云南省全社会固定资产投资完成7 828.5亿元，增长26.6%（见图6），其中固定资产投资（不含农户）完成7 553.5亿元，增长27.3%，投资对经济增长的拉动作用显著。三次产业投资全面较快增长，投资结构有所变动，第一产业投资

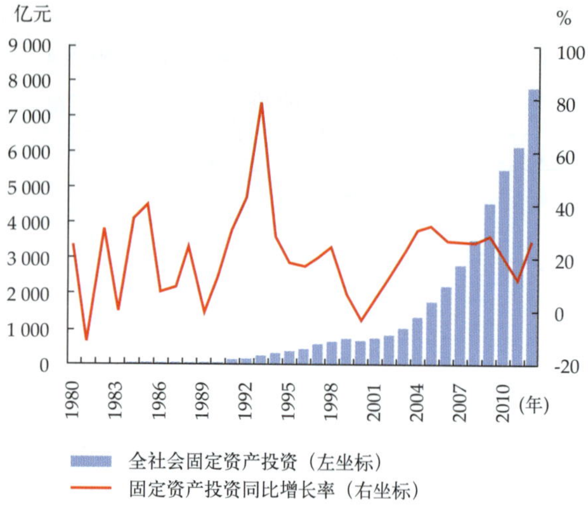

数据来源：云南省统计局。

图6　1980～2012年云南省固定资产投资及其增长率

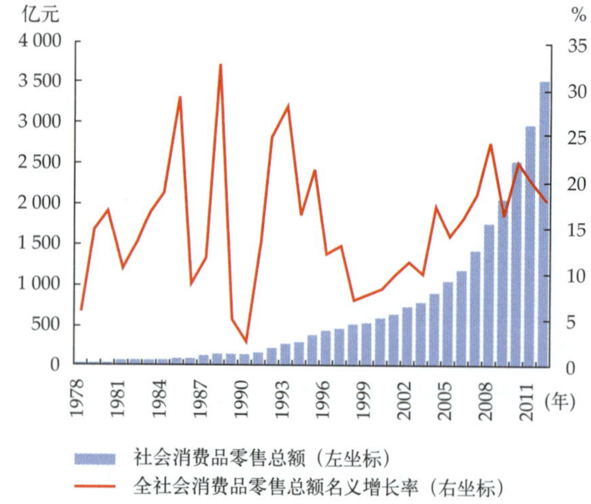

数据来源：云南省统计局。

图7　1978～2012年云南省社会消费品零售总额及其增长率

比重下降0.7个百分点。投资向重点行业集聚趋势明显，全年电力、水利、房地产、教育、公路运输五大重点行业投资占全部固定资产投资比重达56.1%。非公经济和民间投资活力增强，非公经济投资增速快于公有经济投资5.2个百分点，全年民间投资完成4 123亿元，占总投资比重比上年提高2.0个百分点。

2. 居民收入稳步提升，消费市场持续活跃。2012年，在国家调高退休人员补助标准待遇、提高个税起征点及就业形势良好的作用下，全省城乡居民收入稳定增长，其中城镇居民人均可支配收入增长13.5%，农村居民人均纯收入增长14.7%。消费市场持续活跃，全年社会消费品零售总额实现3 541.6亿元，增长18.0%，已连续三年净增500亿元以上（见图7），消费对经济增长的贡献明显提高，其中，假日经济和旅游经济成为推动消费市场快速发展的重要力量。受农村居民收入提高及新一轮家电、节能产品下乡政策刺激，农村消费市场增速加快，城乡市场增幅差距较上年收窄2.8个百分点，但城镇市场仍为消费主力，全年对社会消费品零售总额增长的贡献率达81.2%。

3. 对外贸易快速增长，利用外资能力增强。2012年，云南省在紧抓内需的同时，坚持抓外需不放松。全年在国际需求持续萎缩的情况下，进、出口贸易额双双破百亿美元，实现进出口总额210.1亿美元，增长31.0%。其中，出口增长5.8%，进口增长67.6%，进出口逆差为9.7亿美元（见图8）。从出口商品结构看，贵金属成为全省最大出口品种，比上年激增7倍，机电产品及磷化工等传统主要出口商品均有不同程度的减少；国内产业链转移带动加工贸易迅猛增长，全年加工贸易进出口总额68.8亿美元，增长8.1倍。传统贸易伙伴得以巩固，拉美等新兴市场开拓有力，全年对东盟贸易总额66.8亿美元，占全省贸易总额的31.8%。

2012年，云南省抢抓桥头堡建设的发展机遇，利用区位优势，积极加大吸引利用外资力度。全年共批准外商投资项目121个，实际利用外商直接投资21.9亿美元，增长26.0%（见图9）。

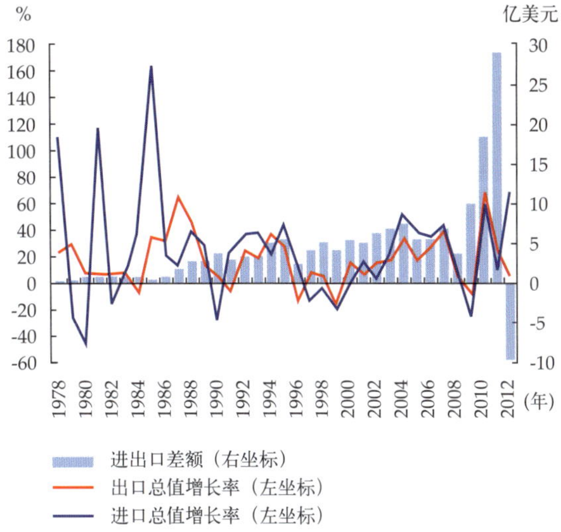

数据来源：云南省统计局、云南省商务厅。

图8　1978～2012年云南省外贸进出口变动情况

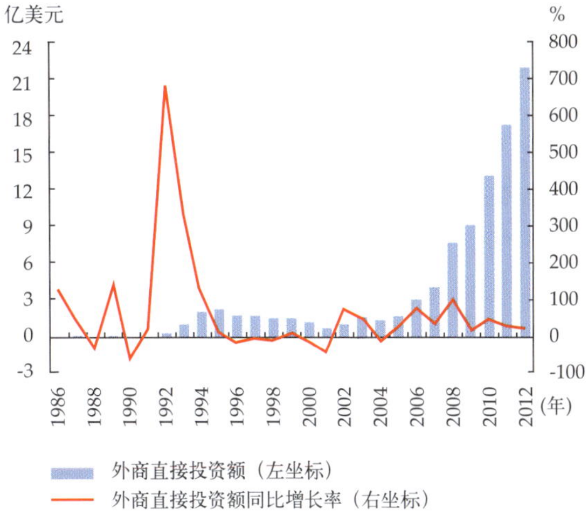

数据来源：云南省统计局、云南省商务厅。

图9　1986～2012年云南省外商直接投资额及其增长率

第三产业成为外商投资主要产业，投资额占实际利用外资总额的近七成。香港仍是云南外商投资主要来源地，全年实际到位资金17.5亿美元。企业“走出去”步伐加快，全年新批境外投资企业63家，对外实际投资7.1亿美元，增长24.5%。对外投资行业逐渐多元化，全年对外投资共分布在矿业、电力、制造业、建筑业等14个国民经济行业大类。

（二）生产形势稳定向好，结构调整取得进展

2012年，云南省农业基础地位作用进一步稳固，工业生产快速恢复，经济效益逐步好转，服务业发展速度加快，结构调整取得进展，三次产业比重调整为16.0：42.9：41.1。

1. 农业生产再获丰收，高原特色农业发展加快。2012年，云南省强化强农惠农政策落实，积极推进农业结构调整和产业化经营进程，农业发展呈现出新局面。全年农业增加值达1 654.6亿元，增长6.7%；粮食总产量为1 827.8万吨，增产4.5%，实现粮食产量十连增。农业高原特色产业快速发展，种植结构不断优化，特色经济作物增效显著，咖啡、橡胶、茶叶、烟叶、甘蔗等作物的种植面积和产量均居全国前列，高原农业正逐渐成为云南品牌，全年农产品出口为20.4亿美元，增长16.1%。面对连续干旱，云南省加快推进农田水利建设，金融支持力度增强，年末全省农田水利贷款余额为261.7亿元，增长16.6%。全省金融机构以“一创两建”为平台，努力提升金融服务“三农”水平，全年新增涉农贷款706.5亿元，比上年多增159.4亿元。

2. 工业增速稳步提高，运行质量明显改善。2012年，云南省加快实施“工业兴省、工业富省”战略，出台了《中共云南省委云南省人民政府关于推动工业跨越发展的决定》，工业经济在需求不足、价格下滑等不利情况下保持了较快增长，增速呈逐月回升态势。全年规模以上工业增加值增长15.6%（见图10），比1～2月提高5.5个百分点。重点行业支撑作用明显，工业结构调整稳步推进，全年烟草、化工、有色等传统支柱行业对全省工业增长的贡献率达46.0%，但食品、医药、装备制造业等工业增加值增势强劲，增速显著快于全省工业平均水平。工业运行质量明显改善，规模以上工业企业主营业务收入增长14.8%，增速逐季度提高；利润总额下降10.6%，降幅逐季度收窄。

3. 服务业发展水平提高，新兴服务业不断壮大。2012年，云南省在加快交通运输、邮政等传统服务业升级改造的同时，大力培育信息技术服务、新兴电信、租赁商务服务、现代物流、现代金融等新兴服务业，全年服务业增加值达4 236.1亿元，增长11.4%。据全省11个行业门类1 752户大中小型服务业企业统计结果显示，2012年全省服务业企业营业收入为3 012.2亿元，增长25.6%，其中金融业、仓储运输和邮政业、租赁和商务服务业、信息传输软件和信息技术服务业4个行业门类的营业收入占比为95.5%；营业利润为444.9亿元，增长13.9%，其中盈利最多的行业为金融业、信息传输、计算机服务和软件业。

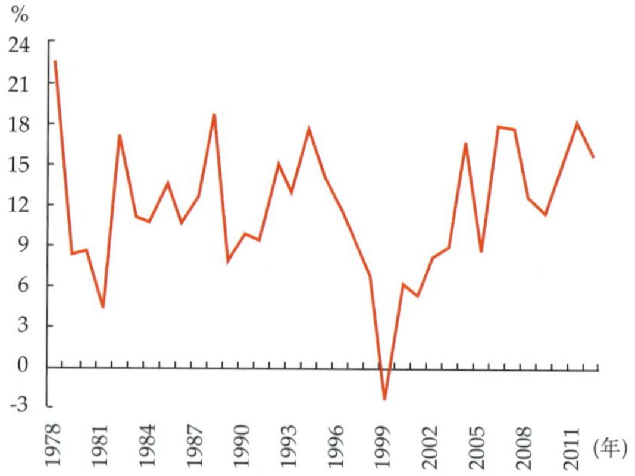

数据来源：云南省统计局。

图10　1978～2012年云南省规模以上工业增加值同比增长率

（三）价格上涨趋势得到控制，潜在压力值得关注

2012年，云南省主要物价指标持续走低，物价上涨趋势得到有效控制，但受主要经济体量化宽松货币政策及季节性因素影响，第四季度居民消费价格涨幅有所反弹（见图11），潜在通胀压力值得关注。

1. CPI呈“U”形变动，食品价格仍是主要推手。2012年，云南省居民消费价格总水平同比累计上涨2.7%，前8个月CPI逐月走低，8月达到0.9%的最低点后逐月回升，12月升至2.7%。食品价格仍是推动居民消费价格总水平上涨的最主要因素，受第四季度蔬菜价格快速上涨影响，全年食品价格上涨6.2%，拉动价格总水平上涨约1.9个百分点。

2. 生产者价格持续下降，生产资料价格涨幅收窄。2012年，受国内外需求放缓影响，云南省工业生产者购进价格、出厂价格同比分别从4月和3月开始下降，但购进价格降幅持续低于出厂价格降幅，二者倒挂现象严重，全年分别下降0.7个和2.1个百分点。全年农业生产资料价格同比累计上涨4.6%，其中化肥、农具价格涨幅降低带动农业生产资料价格涨幅收窄，12月农业生产资料价格同比上涨1.6%，比年初大幅下降6.8个百分点。

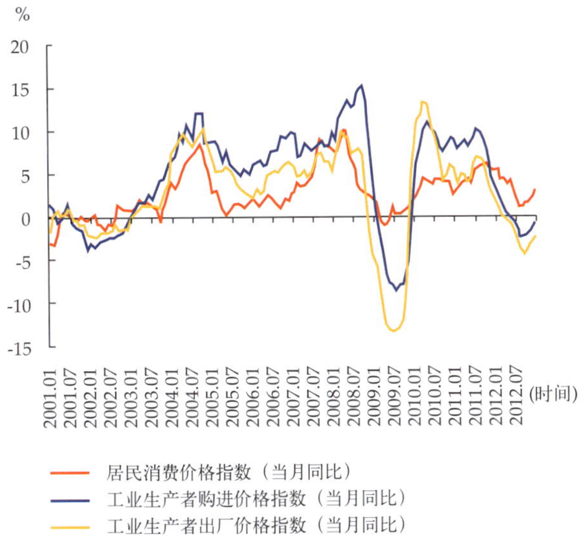

数据来源：国家统计局云南调查总队。

图11　2001～2012年云南省居民消费价格和工业生产者价格变动趋势

3. 劳动力成本上升，转移就业形势良好。近年来，受政府调高最低工资标准、劳动者素质不断提高等因素的影响，全省工资性收入持续较快上涨。2012年，全省城镇居民和农村居民人均工资性收入同比分别增长16.0%和26.1%，均高于各自人均总收入增速。2012年，云南省继续推进“农村劳动力转移就业特别行动计划”，农村劳动力转移就业工作呈现良好发展态势，全年新增转移农村劳动力115万人，开展农村劳动力转移培训54万人。

4. 资源性产品价格改革加快推进。2012年，云南省继续推进电价、水价、成品油价格改革，形成了云南省电价改革试点方案，出台丰枯差别居民阶梯电价政策，调整完善发电企业和工商企业丰枯电价政策，启动用电大户与发电企业直购电试点，建立价格调节基金，积极推进云南电网输配电价格改革试点等。

（四）财政收入较快增长，支出结构不断优化

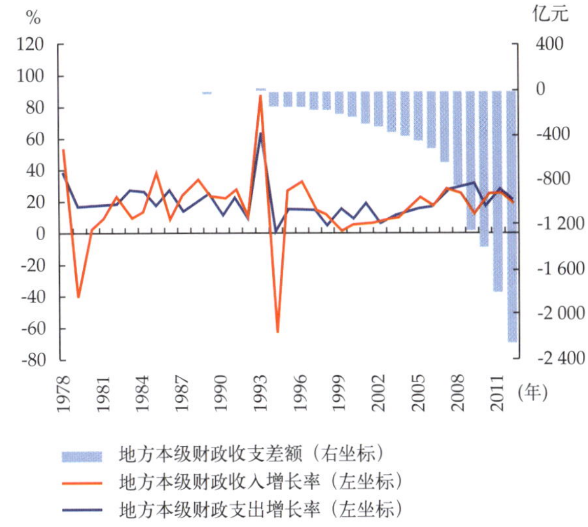

数据来源：云南省统计局、云南省财政厅。

图12　1978～2012年云南省财政收支状况

2012年，云南省经济持续较快增长确保了财政收入预算目标顺利完成。全年实现财政总收入2 624.2亿元，增长16.2%，占GDP的比重为25.5%；地方财政一般预算收入为1 338亿元，增长20.4%，其中税收收入完成占比为79.5%；地方财政一般预算支出为3 537.4亿元，增长22.0%，占GDP的比重为34.3%（见图12）。财政支出对民生的保障作用更加突出，其中，教育、社会保障和就业、农林水事务、医疗卫生支出均保持快速增长，支出额占全部支出的53.1%，财政支出结构不断优化，公共财政职能进一步彰显。

（五）节能降耗取得实效，生态文明建设加快推进

2012年，云南省通过淘汰落后产能，加大工业经济结构调整力度、推进节能技改等措施，能源加工转换效率有所提升，节能降耗取得实效，

全年规模以上工业单位工业增加值能耗同比下降3.2%，其中六大高耗能行业下降1.3%。为实现节能降耗目标，云南省结合自身特色和优势，重点发展以生物资源为基础的生物产业、生物制药、生物食品工业以及风能、太阳能发电等循环经济和低碳经济。

生态文明建设加快推进。“七彩云南”保护行动和森林云南建设深入实施，绿色经济强省迈出新步伐。以滇池为重点的九大高原湖泊水污染综合治理取得新进展，洱海保护成为全国湖泊治理典范。相继启动乌蒙山区、怒江及藏区等生态脆弱地区陡坡地生态治理工程，推进石漠化生态治理工程。加快集体林权制度改革，生态环境得到有效保护和改善，年末森林覆盖率超过53.0%。

专栏2　云南省金融支持城镇保障性安居工程建设的实践与探索

2012年，为确保完成云南省城镇保障性住房任务，加快推进城镇保障性住房建设融资工作，云南省成立了城镇保障性住房建设融资工作协调领导小组，中国人民银行昆明中心支行出台了《云南省金融支持城镇保障性安居工程建设的指导意见》（昆银发[2012]71号），与云南省银监局联合下发了《2012年云南省城镇保障性安居工程新增贷款计划的通知》（昆银发[2012]101号），组织召开省级金融机构保障性住房融资工作座谈会，督促银行业金融机构加大信贷投放力度。

一、公共租赁住房和廉租住房新开工套数列全国第一

2012年，国家下达云南省城镇保障性住房建设任务30.3万套，其中公共租赁住房和廉租住房27.5万套。全年云南省城镇保障性住房新开工30.4万套，其中公共租赁住房和廉租住房新开工27.5万套，占国家下达任务的100.1%，“两租房”新开工套数位列全国第一。

二、公共租赁住房和廉租住房贷款余额和发生额居全国第三

截至2012年年末，云南省金融机构城镇保障性住房贷款余额为170.2亿元，其中公共租赁住房和廉租住房贷款余额为83.3亿元。全年云南省金融机构累计发放城镇保障性安居工程贷款90.4亿元，其中向公共租赁住房和廉租住房建设发放54.7亿元。2012年云南省“两租房”贷款余额和发生额均居全国第三。国家开发银行云南省分行和四大国有商业银行云南省分行是全省金融支持城镇保障性安居工程建设的主力军，贷款余额占比超过七成。

三、云南省金融支持城镇保障性安居工程建设的模式

一是融资平台模式。昆明市和临沧市通过土地划拨、资本金注入相继成立了昆明市公共租赁住房开发建设管理有限公司和临沧市城市建设投资公司等融资平台，负责市级保障性住房的建设和运营管理工作。两平台按照公司化经营、市场化原则建立了资金筹措和偿还机制，以项目用地和房屋为抵押分别从国家开发银行云南省分行获得38.6亿元和27.8亿元贷款。

二是BT模式，即建设—移交模式。昆明市官渡区房产管理局通过公开招投标，引进昆明未来城开发有限公司对官渡区方旺片区保障性住房项目进行投资建设。双方通过签订合同，约定由昆明未来城开发有限公司负责项目的土地征用、投资建设以及销售，昆明市官渡区房产管理局在工程验收合格后的约定时间内，向昆明未来城开发有限公司支付投资款及一定比例的项目开发利润、投资回报费。

三是信托产品模式。中国民生银行昆明分行委托其总行通过发行信托产品，为昆明市拓东路片区拆迁户改造项目筹集资金32.1亿元；国家开发银行云南省分行通过提供融资担保，为昆明市官渡区方旺片区保障性住房项目引入8亿元的信托资金。

四是住房公积金委托贷款模式。2010年8月，国家住房和城乡建设部批准昆明市成为首批运用公积金贷款支持保障性住房建设的试点城市，目前昆明市公积金管理中心已委托中国建设银行云南省分行分别对昆明市子君村、昆明市五华区经济适用住房发放公积金贷款3.1亿元和1.4亿元。

五是银团贷款模式。2012年，为加大对云南省城乡建设投资有限公司承建的省级公共租赁住房建设项目的支持力度，以国家开发银行云南省分行为牵头行，中国工商银行、中国农业银行、中国建设银行云南省分行为成员行组成银团贷款，各行分别承贷30亿元，共计120亿元。目前各行已达成意向，相关工作正在推进中。

（六）房地产调控效果明显，文化产业发展增速加快

1. 房地产市场运行稳健，政策调控效应显现。2012年，在国家继续实施住房限购、限贷等房地产调控政策的作用下，云南省商品房销售面积和销售额增速均大幅下降，重点城市房价总体趋稳，房地产市场呈现平稳健康发展态势。

（1）房地产开发投资快速增长，自筹资金和其他资金仍为主要资金来源。2012年，云南省房地产开发投资完成1 782.1亿元，同比增长39.2%，高于全省固定资产投资增速11.9个百分点，继续保持快速增长态势。全年房地产开发投资资金来源为2 134亿元，增长25.4%，其中国内贷款为216.1亿元，增长47.4%，比上年提高56.9个百分点，自筹资金和其他资金仍为主要资金来源，比重分别高达45.7%和44.2%。

（2）商品房供应较快增长、结构改善，保障性住房各项目标全面完成。全年云南省商品房施工面积、新开工面积、竣工面积、批准预售面积同比分别增长30.4%、23.0%、17.8%、12.9%，受房地产调控政策影响，中小户型住房供给力度显著加大，全年90平方米及以下住宅施工面积、新开工面积及竣工面积增速分别高于全部住宅32.3个、42.2个和31.1个百分点。全年云南省城镇保障性住房开工30.4万套，基本建成19.9万套，分别占国家下达计划的100.2%和101.2%。

（3）商品房销售总体低迷，但年底有所回暖。2012年，云南省商品房销售面积和销售额同比分别增长0.5%和16.3%（见图13），比上年下降8.4个和9.1个百分点；年末全省商品房待售面积同比增长53.1%，比上年年末提高33.1个百分点。第四季度，商品房销售面积和销售额增速较前三个季度均有所提高。

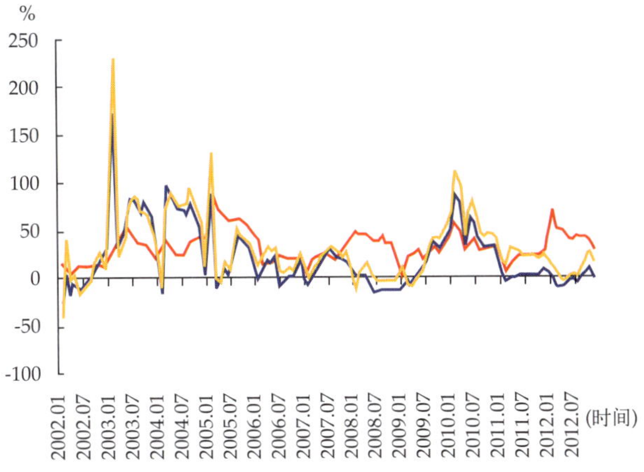

数据来源：云南省统计局。

图13　2002～2012年云南省商品房施工和销售变动趋势

（4）重点城市房价总体趋稳，房价调控收到成效。2012年，云南省昆明市、大理市新建住宅销售价格同比涨幅较上年均有所收窄，部分月份销售价格出现同比下降。从环比来看，全年昆明市、大理市分别有8个和9个月的销售价格环比涨幅为零或负。受年末全国性房地产市场预期变化影响，11月、12月昆明市新建住宅销售价格同比和环比涨幅均有所反弹，但涨幅总体较小，保持温和上涨（见图14）。

（5）房地产贷款增速趋稳回升，金融机构积极支持保障房建设。年末，全省房地产贷款余额同比增长18.9%，自3月以来呈趋稳回升态势。其中，受房地产企业土地购置费用大幅增加影响，房地产开发贷款增速显著回升，年末余额增速同

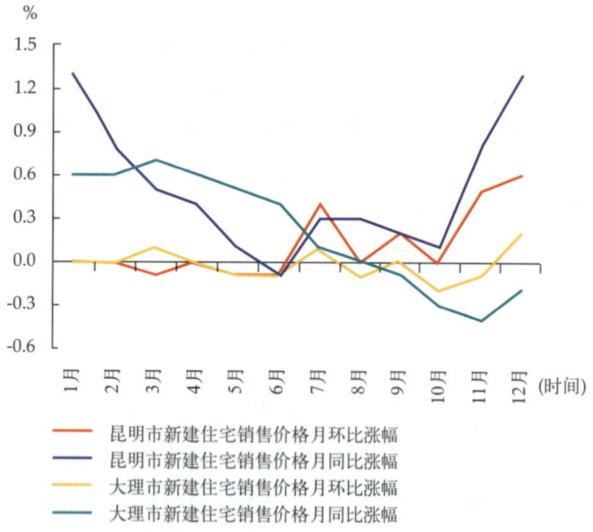

数据来源：云南省统计局。

图14　2012年昆明市、大理市新建住宅销售价格变动情况

比提高27.0个百分点；个人住房贷款增速有所回落，年末余额同比增长9.7%，比上年年末下降3.8个百分点。全省金融机构积极支持保障性安居工程建设，全年累计发放保障性住房开发贷款90.4亿元，年末全省保障房贷款余额达171亿元，均居全国前列。

2. 文化产业发展成效明显，金融支持力度增大。文化产业是云南省重点发展的战略性支柱产业，近年来，云南省委、省政府依托云南得天独厚的自然资源、浓郁的民族气息、深厚的历史文化积淀，积极探索云南文化产业发展的新规律、新路子、新方法，深入实施大项目拉动、大集团牵动、大园区带动、大品牌驱动、大开放促动战略，着力推进文化与旅游、文化与体育、文化与科技的深度结合，文化产业发展取得了显著成效，被媒体称为“云南模式”。2012年，云南省文化产业增加值达640亿元，比上年增长19.9%，占全省GDP的6.2%，比上年提高0.2个百分点。

近年来，虽然云南省文化产业发展增速加快，对全省经济增长的贡献不断提高，但全省文化产业发展仍面临较多问题。主要表现在资本积累规律与文化产业投入、文化产业的创意本质与人才缺乏、生产要素聚合规律与市场发育滞后、产品实现与需求制约、文化产业的高技术性与科技落后、区位优势与文化同构的矛盾。

全省银行业金融机构认真贯彻落实中国人民银行等九部委《关于金融支持文化产业振兴和发展繁荣的指导意见》（银发[2010]94号）和云南省委、省政府办公厅《关于金融支持文化产业发展的意见》（云办发[2012]1号）等文件精神，积极加大金融对文化产业发展的支持力度。年末，全省文化产业贷款余额为37.1亿元，增长24.9%，高于各项贷款增速10.1个百分点；涉及户数297户，比上年增加150户。

三、预测与展望

2013年，国内外经济形势仍将错综复杂，充满变数，不确定性依然较大，云南经济发展面临的形势同样如此，但挑战与机遇并存，困难与希望同在。一方面，云南省经济总量仍然偏小，产业层次仍然较低，转方式、促发展任重道远；城乡和区域发展不平衡问题仍然突出，县域经济发展滞后，扶贫攻坚任务十分繁重，一些地方生态环境压力较大。另一方面，国家实施新一轮西部大开发战略、支持云南桥头堡建设、推进集中连片特困地区区域发展与扶贫攻坚等一系列政策效应的释放，为云南加快发展提供了宝贵机遇；桥头堡战略加快实施、中国—东盟自由贸易区建设深入推进、中国—南亚博览会落户昆明，云南在我国对外开放中的战略地位更加突出；园区经济、县域经济、民营经济“三大战役”全面打响，滇中产业新区建设加快推进，加之云南已迈入城镇化加速发展阶段，全省上下思富求变，具备较长时期内实现经济持续健康较快发展的基础和条件。

2013年是全面贯彻落实党的十八大精神的第一年，是第十二届省人民政府履职的开局之年，是为全面建成小康社会奠定坚实基础的重要一年，总的来看全年经济发展面临的机遇大于挑战，经济持续较快增长的可能性仍然很大。综合考虑各方面因素，预计云南省全年GDP增长12%以上，CPI控制在3.5%左右。

2013年，云南省金融机构将继续认真贯彻落实稳健的货币政策，保持信贷总量和社会融资规模合理适度增长；继续改进和提升金融服务水平，加大金融对实体经济发展和民生改善的支持力度；继续加强风险监测排查，切实守住不发生系统性、区域性金融风险的底线；继续推动金融改革和创新，进一步增强金融对地方经济社会发展的支撑作用。

中国人民银行昆明中心支行货币政策分析小组
总　纂：周振海　于　华
统　稿：雷一忠　杨　杰　夏祥谦
执　笔：夏祥谦　字　军　沈姗姗
提供材料的还有：王　勤　段云波　段一群　张　屿　胡维金　董　娴　朱兆虎　杨百昕　朱健明
陆凌骏　李耀玉

附录

（一）2012年云南省经济金融大事记

1月19日，云南省首家法人保险公司——诚泰财产保险股份有限公司在昆明揭牌成立，填补了云南金融体系无法人保险机构的空白。

3月17日，《中共云南省委云南省人民政府关于推动工业跨越发展的决定》下发执行。

4月1日，财税库银横向联网实现在全省各州市级的全覆盖。

5月19日，瑞丽次区域跨境人民币金融服务中心在德宏傣族景颇族自治州正式启动，随后两家本外币特许兑换机构正式对外挂牌办理人民币与缅币现钞兑换业务，中缅本币直接兑换成为现实。

6月29日，云南省人民政府印发《关于切实做好当前经济工作努力保持经济平稳较快发展的意见》，为全年全省GDP冲万亿元奠定了坚实基础。

8月9日，《泛珠三角区域地方金融战略合作备忘录》在海口签订，该协议将进一步加快东部闲置资金向云贵川等西部省份流动。

10月31日，《云南省加快建设面向西南开放重要桥头堡总体规划》获国务院批准。

12月3日，东亚银行（中国）有限公司昆明分行正式开业，云南省外资法人银行分支机构达到三家。

12月12日，中国人民银行昆明中心支行、云南省人民政府（授权金融办公室）、中国银行间市场交易商协会三方签署《借助银行间市场助推云南国家桥头堡建设合作备忘录》。

（二）2012年云南省主要经济金融指标

表1　2012年云南省主要存贷款指标

		1月	2月	3月	4月	5月	6月	7月	8月	9月	10月	11月	12月
本外币	金融机构各项存款余额（亿元）	15 303.3	15 654.0	15 982.1	15 991.3	16 330.1	16 705.2	16 825.8	17 190.6	17 559.6	17 615.2	17 896.9	18 061.5
	其中：储蓄存款	6 853.0	6 882.6	7 041.6	6 998.6	7 098.6	7 316.7	7 254.1	7 298.1	7 565.3	7 512.6	7 529.3	7 775.2
	单位存款	7 585.9	7 803.5	8 129.4	8 117.6	8 271.1	8 467.9	8 566.0	8 743.6	9 061.3	8 987.3	9 205.9	9 490.0
	各项存款余额比上月增加（亿元）	-124.9	350.8	328.0	9.2	338.8	375.1	120.7	364.7	369.1	55.5	281.7	164.6
	金融机构各项存款同比增长（%）	13.3	13.7	13.0	12.6	12.7	14.0	13.5	14.3	17.1	16.4	17.5	17.1
	金融机构各项贷款余额（亿元）	12 548.4	12 708.3	12 881.5	13 053.9	13 246.3	13 427.0	13 514.2	13 636.7	13 772.9	13 876.7	14 049.7	14 169.0
	其中：短期	3 231.3	3 310.2	3 399.1	3 448.7	3 503.4	3 597.5	3 646.0	3 698.4	3 798.1	3 852.8	4 002.2	4 126.5
	中长期	9 038.7	9 103.9	9 148.2	9 226.1	9 316.3	9 401.7	9 447.6	9 504.2	9 565.2	9 613.5	9 633.5	9 644.4
	票据融资	168.9	176.1	212.4	251.1	295.9	288.7	272.6	280.7	244.6	240.1	237.2	232.8
	各项贷款余额比上月增加（亿元）	194.2	159.9	173.2	172.3	192.4	180.7	87.2	122.5	136.2	103.8	173.0	119.2
	其中：短期	52.9	78.9	88.9	49.6	54.7	94.1	48.5	52.4	99.7	54.8	149.4	124.3
	中长期	121.0	65.2	44.3	77.9	90.2	85.3	45.9	56.7	61.0	48.2	20.0	10.9
	票据融资	11.8	7.1	36.4	38.7	44.7	-7.2	-16.1	8.2	-36.2	-4.5	-2.9	-4.4
	金融机构各项贷款同比增长（%）	14.7	14.7	14.5	14.5	15.5	15.3	15.5	15.4	15.8	15.5	15.4	14.8
	其中：短期	15.2	16.2	16.3	18.1	19.8	20.5	23.1	24.0	25.5	25.5	28.9	30.1
	中长期	14.1	13.5	12.5	11.3	11.5	11.8	11.1	10.7	10.9	10.4	9.3	8.2
	票据融资	1.7	15.9	50.3	86.7	128.7	54.3	63.8	67.9	50.8	62.0	52.4	48.2
	建筑业贷款余额（亿元）	705.3	732.6	746.5	756.0	776.1	786.9	783.6	807.6	817.1	817.3	821.7	824.7
	房地产业贷款余额（亿元）	463.1	489.1	491.9	502.1	508.4	517.0	535.2	548.7	553.3	570.9	573.9	572.5
	建筑业贷款同比增长（%）	94.4	93.8	95.7	89.2	97.1	91.3	87.8	88.3	85.8	81.7	78.6	73.5
	房地产业贷款同比增长（%）	6.8	11.2	10.9	14.2	12.4	13.8	20.4	22.4	25.8	31.8	29.0	25.0
人民币	金融机构各项存款余额（亿元）	15 240.4	15 590.1	15 915.1	15 924.7	16 255.8	16 629.5	16 740.9	17 111.3	17 474.6	17 526.2	17 811.7	17 978.2
	其中：储蓄存款	6 824.9	6 856.4	7 013.6	6 970.3	7 069.1	7 287.4	7 225.3	7 270.1	7 538.0	7 483.9	7 500.4	7 744.7
	单位存款	7 555.1	7 768.4	8 094.0	8 083.6	8 229.5	8 424.4	8 516.6	8 695.8	9 006.9	8 930.1	9 152.2	9 440.1
	各项存款余额比上月增加（亿元）	-122.6	349.6	325.0	9.6	331.1	373.7	111.4	370.4	363.3	51.6	285.5	166.6
	其中：储蓄存款	168.9	31.5	157.2	-43.4	98.8	218.4	-62.1	44.7	268.0	-54.2	16.5	244.3
	单位存款	-448.6	213.3	325.6	-10.5	145.9	194.9	92.2	179.3	311.0	-76.8	222.1	287.9
	各项存款同比增长（%）	13.3	13.7	13.1	12.6	12.7	14.1	13.4	14.3	17.1	16.5	17.6	17.0
	其中：储蓄存款	15.4	14.5	14.0	13.0	13.6	15.2	14.5	14.7	16.2	16.6	16.5	16.4
	单位存款	10.9	13.1	13.2	12.9	12.7	14.2	14.4	14.8	20.8	19.0	19.3	17.9
	金融机构各项贷款余额（亿元）	12 329.0	12 475.7	12 642.4	12 819.1	13 009.3	13 186.6	13 274.0	13 404.9	13 516.4	13 600.2	13 740.4	13 869.8
	其中：个人消费贷款	1 609.6	1 616.8	1 639.9	1 663.6	1 698.7	1 719.8	1 747.0	1 766.1	1 795.6	1 812.1	1 840.9	1 856.3
	票据融资	168.9	176.1	212.4	251.1	295.9	288.7	272.6	280.7	244.6	240.1	237.2	232.8
	各项贷款余额比上月增加（亿元）	192.6	146.7	166.7	176.8	190.1	177.3	87.4	130.9	111.4	83.9	140.2	129.3
	其中：个人消费贷款	21.8	7.2	23.1	23.7	35.1	21.1	27.1	19.2	29.4	16.6	28.8	15.4
	票据融资	11.8	7.1	36.4	38.7	44.7	-7.2	-16.1	8.2	-36.2	-4.5	-2.9	-4.4
	金融机构各项贷款同比增长（%）	14.2	14.2	14.0	14.1	15.1	14.9	15.1	15.3	15.5	15.2	14.8	14.3
	其中：个人消费贷款	17.2	17.0	16.1	15.7	16.9	16.7	17.4	17.2	17.6	17.1	17.0	16.9
	票据融资	1.7	15.9	50.3	86.7	128.7	54.3	63.8	67.9	50.8	62.0	52.4	48.2
外币	金融机构外币存款余额（亿美元）	10.0	10.2	10.6	10.6	11.7	12.0	13.4	12.5	13.4	14.1	13.6	13.2
	金融机构外币存款同比增长（%）	10.4	4.9	13.1	14.3	30.4	2.5	26.7	16.8	6.1	-5.5	18.0	28.2
	金融机构外币贷款余额（亿美元）	34.8	37.0	38.0	37.4	37.4	38.0	37.9	36.5	40.5	43.9	49.2	47.6
	金融机构外币贷款同比增长（%）	55.5	56.2	57.4	46.8	45.6	41.8	42.3	26.8	35.3	35.5	53.0	37.8

数据来源：中国人民银行昆明中心支行。

表2 2001～2012年云南省各类价格指数

单位：%

年/月	居民消费价格指数		农业生产资料价格指数		工业生产者购进价格指数		工业生产者出厂价格指数	
	当月同比	累计同比	当月同比	累计同比	当月同比	累计同比	当月同比	累计同比
2001	—	-0.9	—	-3.4	—	-0.6	—	-0.1
2002	—	-0.2	—	0.4	—	-2.4	—	-1.8
2003	—	1.2	—	1.9	—	2.7	—	1.4
2004	—	6.0	—	6.3	—	9.6	—	8.8
2005	—	1.4	—	5.9	—	6.5	—	4.5
2006	—	1.9	—	2.8	—	7.6	—	4.6
2007	—	5.9	—	7.0	—	8.2	—	5.7
2008	—	5.7	—	16.6	—	11.6	—	5.8
2009	—	0.4	—	-0.7	—	-5.0	—	-8.5
2010	—	3.7	—	1.4	—	9.0	—	8.8
2011	—	4.9	—	8.3	—	8.0	—	4.7
2012	—	2.7	—	4.6	—	-0.7	—	-2.1
2011 1	3.2	3.2	4.2	4.2	7.9	7.9	4.0	4.0
2	3.7	3.4	4.6	4.4	8.4	8.1	4.8	4.4
3	3.8	3.6	6.1	5.0	8.8	8.4	4.8	4.5
4	4.2	3.7	7.6	5.6	8.2	8.3	4.0	4.4
5	4.1	3.8	7.6	6.0	8.8	8.4	4.4	4.4
6	5.1	4.0	9.5	6.6	9.1	8.5	5.7	4.6
7	5.5	4.2	10.5	7.2	10.1	8.7	6.7	4.9
8	5.9	4.4	11.0	7.6	9.9	8.9	6.5	5.1
9	6.1	4.6	11.1	8.0	8.9	8.9	6.2	5.2
10	6.0	4.8	10.0	8.2	7.3	8.7	4.5	5.1
11	5.3	4.8	8.8	8.3	4.9	8.4	3.1	5.0
12	5.3	4.9	8.5	8.3	3.6	8.0	2.1	4.7
2012 1	5.3	5.3	8.4	8.4	2.6	2.6	0.9	0.9
2	4.2	4.7	7.4	7.9	2.0	2.3	0.3	0.6
3	4.2	4.6	7.3	7.7	0.6	1.7	-0.4	0.3
4	3.7	4.4	6.9	7.5	-0.1	1.2	-0.8	0.0
5	3.9	4.3	7.0	7.4	-0.6	0.9	-1.3	-0.3
6	2.3	3.9	5.6	7.1	-1.1	0.5	-2.3	-0.6
7	1.2	3.6	3.6	6.6	-1.8	0.2	-3.1	-1.0
8	0.9	3.2	2.9	6.1	-2.5	-0.1	-4.2	-1.4
9	1.4	3.0	2.0	5.6	-2.4	-0.4	-4.6	-1.7
10	1.4	2.8	2.0	5.2	-2.1	-0.6	-3.5	-1.9
11	1.8	2.7	1.7	4.9	-1.5	-0.6	-3.3	-2.0
12	2.7	2.7	1.6	4.6	-1.0	-0.7	-2.5	-2.1

数据来源：国家统计局云南调查总队。

表3　2012年云南省主要经济指标

	1月	2月	3月	4月	5月	6月	7月	8月	9月	10月	11月	12月
绝对值（自年初累计）												
地区生产总值(亿元)	—	—	1 991.6	—	—	4 165.7	—	—	6 700.3	—	—	10 309.8
第一产业	—	—	181.1	—	—	424.8	—	—	874.3	—	—	1 654.6
第二产业	—	—	992.2	—	—	1 996.0	—	—	2 928.8	—	—	4 419.1
第三产业	—	—	818.3	—	—	1 745.0	—	—	2 897.2	—	—	4 236.1
固定资产投资(亿元)	—	552.1	1 165.4	1 850.8	2 469.0	3 146.1	3 807.1	4 459.6	5 195.1	6 044.7	6 743.0	7 553.5
房地产开发投资	—	150.8	289.6	431.5	585.1	792.3	923.2	1 061.6	1 247.0	1 385.4	1 573.4	1 782.1
社会消费品零售总额(亿元)	—	506.3	767.2	1 023.0	1 281.2	1 556.5	1 830.4	2 107.7	2 390.4	2 687.9	2 980.9	3 541.6
外贸进出口总额(万美元)	91 044	191 917	308 985	424 141	578 821	734 630	959 188	1 203 248	1 412 107	1 587 643	1 881 423	2 100 471
进口	47 774	113 371	180 494	253 385	334 486	411 235	520 589	632 903	740 889	826 208	988 554	1 098 686
出口	43 270	78 546	128 491	170 756	244 335	323 395	438 599	570 345	671 218	761 435	892 869	1 001 785
进出口差额(出口−进口)	-4 505	-34 825	-52 003	-82 629	-90 151	-87 840	-81 990	-62 558	-69 671	-64 773	-95 685	-96 901
外商实际直接投资(万美元)	21 722	24 457	58 528	65 055	70 683	96 602	98 769	104 628	138 232	163 724	189 193	218 896
地方财政收支差额(亿元)	—	-132.3	-365.2	-442.7	-538.9	-778.5	-863.7	-1 030.2	-1 257.8	-1 360.1	-1 576.05	-2 235.4
地方财政收入	—	201.1	280.5	388.8	499.8	647.8	741.7	834.5	950.3	1 099.5	1 212.7	1 338.0
地方财政支出	—	333.4	645.7	831.5	1 038.7	1 426.3	1 605.4	1 864.7	2 208.1	2 459.6	2 788.7	3 573.4
城镇登记失业率(%)（季度）	—	—	—	—	—	—	—	—	4.0	—	—	4.1
同比累计增长率（%）												
地区生产总值	—	—	10.8	—	—	11.7	—	—	12.6	—	—	13.0
第一产业	—	—	3.4	—	—	5.3	—	—	6.5	—	—	6.7
第二产业	—	—	13.5	—	—	13.5	—	—	14.7	—	—	16.2
第三产业	—	—	9.0	—	—	10.8	—	—	12.0	—	—	11.4
工业增加值	—	10.1	12.7	12.8	12.9	13.1	13.3	13.5	13.9	14.5	14.9	15.6
固定资产投资	—	30.2	27.0	25.1	22.4	23.0	23.5	23.3	24.0	27.2	26.8	27.3
房地产开发投资	—	42.0	49.9	45.3	45.4	52.6	48.9	48.4	47.7	44.4	44.7	39.2
社会消费品零售总额	—	15.5	16.0	15.7	15.6	15.7	15.5	15.5	15.7	15.8	15.9	18.0
外贸进出口总额	-30.8	-6.1	-10.8	-10.4	-2.6	3.7	13.8	22.4	17.8	20.2	30.0	31.0
进口	2.9	41.1	37.8	34.2	32.6	36.4	45.8	54.7	58.7	60.9	72.2	67.6
出口	-49.2	-36.7	-40.3	-39.9	-28.5	-20.5	-9.7	-0.7	-8.3	-5.7	2.3	5.8
外商实际直接投资	297.3	51.4	91.2	88.2	58.1	48.4	49.4	48.7	71.5	83.0	25.7	26.0
地方财政收入	—	17.7	16.1	14.5	15.8	16.9	14.2	15.5	18.0	20.3	21.9	20.4
地方财政支出	—	38.7	43.6	42.7	33.1	38.7	32.5	26.9	26.8	25.6	22.8	22.0

数据来源：云南省统计局、云南省商务厅。

2012年西藏自治区金融运行报告

中国人民银行拉萨中心支行货币政策分析小组

[内容摘要] 2012年是实施“十二五”规划的关键之年。西藏全区上下深入贯彻落实中央第五次西藏工作座谈会精神，紧紧围绕科学发展的主题和加快转变经济发展方式的主线，大力实施“提升一产、壮大二产、做强三产”的经济发展思路。全区经济运行呈现出“经济总量迈上新台阶、主要指标实现新突破、落实投资取得新进展、人民生活得到新改善”的特点，保持并巩固了跨越式发展的良好势头。

西藏金融机构认真贯彻落实各项金融政策，全面提升金融服务水平，着力改进信贷政策实施方式，加大信贷投入力度，优化信贷结构，积极推动西藏经济社会跨越式发展。全区金融运行平稳，存贷款快速增长，信贷结构进一步优化。

在西藏经济发展环境不断向好的有利形势下，全区将全力推进经济社会实现跨越式发展。预计2013年西藏经济将继续保持快速增长的良好势头，金融业将继续健康平稳运行。

一、金融运行情况

2012年，西藏金融机构认真执行稳健的货币政策和中央赋予西藏的特殊优惠金融政策，金融业继续保持平稳健康发展。银行业运行平稳，证券业、保险业稳步发展，金融体系更加完善，金融生态环境不断改善。

（一）银行业运行平稳，存贷款增长较快

2012年，西藏银行业运行平稳，存贷款增长较快，信贷结构进一步优化；金融机构体系建设稳步推进，风险防控能力、盈利能力不断增强。

1. 银行业金融机构体系不断完善，资产质量继续提高。2012年，西藏继续推进银行业金融机构体系建设，西藏银行正式对外营业，中国农业发展银行西藏自治区分行揭牌成立，金融服务体系不断丰富完善。截至2012年年末，银行业金融机构网点636个，从业人员7 125人，分别比上年增加5个和671人（见表1）。银行业资产总额快速增长，增幅达39.7%；不良贷款余额和不良贷款率实现“双降”，分别较年初下降3.3亿元和1.2个百分点。

表1　2012年西藏自治区银行业金融机构情况

机构类别	营业网点			法人机构（个）
	机构个数（个）	从业人数（人）	资产总额（亿元）	
一、大型商业银行	557	6 621	1 881.0	0
二、国家开发银行和政策性银行	2	65	30.4	0
三、城市商业银行	1	124	82.2	1
四、信托公司	1	23	6.9	1
五、邮政储蓄银行	75	292	169.7	0
合　计	636	7 125	2 170.3	2

数据来源：西藏银监局。

2. 存款快速增长，机关团体存款和住户存款增长较快。截至2012年年末，西藏金融机构本外币各项存款余额为2 054.2亿元，同比增加391.8亿元，增长23.6%，增幅比上年降低4.6个百分点（见图3）。其中，人民币各项存款余额为2 050.6亿元，同比增长23.4%（见图1）。存款快速增长主要是由于中央转移支付力度加大，投资项目资金到位率高；城乡居民收入增加，投资渠道相对较窄。储蓄存款依然是城乡居民投资主渠道，机关团体存款和住户存款大幅增长，余额分别是1 195.8亿元和404.0亿元，同比分别增长31.2%和26.7%。

3. 贷款增长较快，结构进一步优化。截至2012年年末，西藏金融机构本外币各项贷款余额为664.0亿元，同比增加255.0亿元，增长62.3%，增量和增幅分别高出上年147.8亿元和26.8个百分

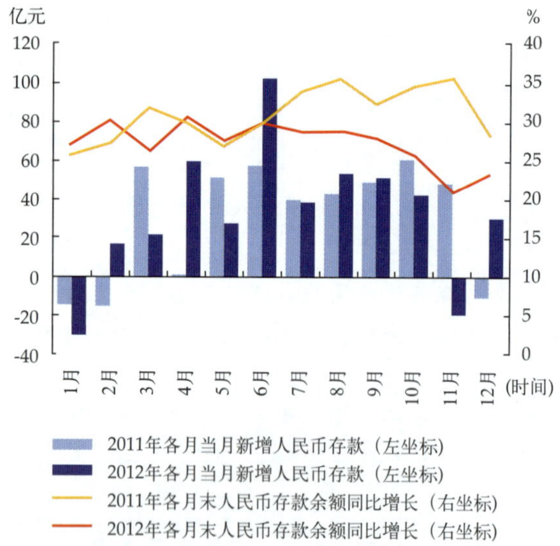

数据来源：《西藏自治区金融统计月报》。

图1　2011～2012年西藏自治区金融机构人民币存款增长

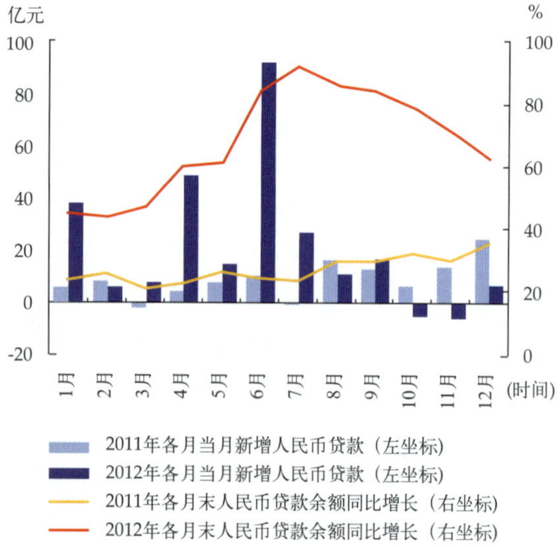

数据来源：《西藏自治区金融统计月报》。

图2　2011～2012年西藏自治区金融机构人民币贷款增长

点（见图3）。其中，人民币各项贷款余额为663.8亿元，同比增长62.4%（见图2）。

贷款结构进一步优化，重点投向了农牧区、中小企业和基本建设项目等领域及票据融资。截至2012年年末，涉农贷款余额为88.6亿元，同比增长13.0 %；中小企业贷款余额为193.1亿元，同比增长63.7%；基本建设项目及前期费用贷款余额为

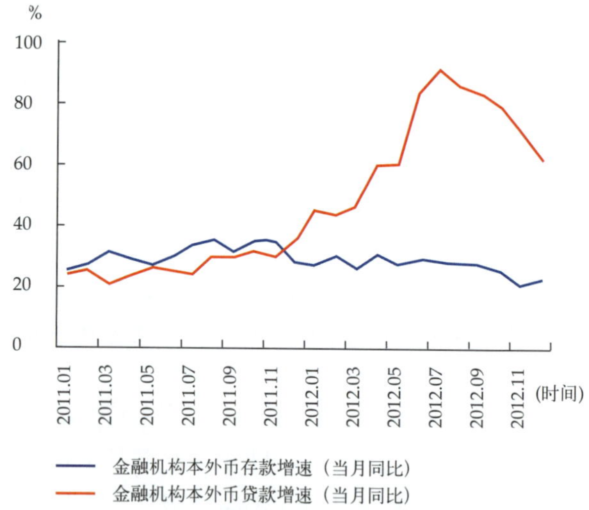

数据来源：《西藏自治区金融统计月报》。

图3　2011～2012年西藏自治区金融机构本外币存、贷款增速

166.1亿元，同比增长83.9%；票据融资余额为72.6亿元，同比增长23.8%。

4. 继续执行贷款优惠利率政策，利率水平保持平稳。2012年，西藏银行业金融机构继续执行中央赋予西藏的贷款优惠利率政策，除居民购买第二套及以上住房贷款执行西藏贷款优惠利率的1.1倍外，各银行机构其他贷款利率均未浮动。存款利率政策与全国保持同步，除西藏银行各期限存款利率均上浮至1.1倍外，其他在藏银行业金融机构存款利率均按各自总行要求的浮动水平执行。金融机构定价能力还需进一步提升。

2012年，西藏民间借贷利率走势保持平稳，加权平均利率为9.88%，较上年下降0.8个百分点。

西藏辖区各商业银行机构对美元、欧元、港元、日元4种币种的活期、7天通知和1年（含1年）以内定期存款利率，均执行中国人民银行公布的基准利率上限，其他档次和币种按各自总行规定的利率执行。2012年，大部分币种小额存款利率年内保持不变，全区仅发生1笔大额存款业务。截至2012年年末，西藏金融机构外汇各项存款余额为5 836.6万美元，同比增长192.8%。

5. 经营效益稳步提高，风险防控能力增强。西藏银行业金融机构加大营销力度，经营效益不

表2　2012年西藏自治区金融机构人民币贷款各利率区间占比

单位：%

月份		1月	2月	3月	4月	5月	6月
合计		100.0	100.0	100.0	100.0	100.0	100.0
[0.9，1.0)		—	—	—	—	—	—
1.0		100.0	100.0	100.0	100.0	100.0	100.0
上浮水平	小计	0.0	0.0	0.0	0.0	0.0	0.0
	(1.0，1.1]	0.0	0.0	0.0	0.0	0.0	0.0
	(1.1，1.3]	—	—	—	—	—	—
	(1.3，1.5]	—	—	—	—	—	—
	(1.5，2.0]	—	—	—	—	—	—
	2.0以上	—	—	—	—	—	—
月份		7月	8月	9月	10月	11月	12月
合计		100.0	100.0	100.0	100.0	100.0	100.0
[0.9，1.0)		—	—	—	—	—	—
1.0		100.0	100.0	100.0	99.9	99.9	99.9
上浮水平	小计	0.0	0.0	0.0	0.1	0.1	0.1
	(1.0，1.1]	0.0	0.0	0.0	0.1	0.1	0.1
	(1.1，1.3]	—	—	—	—	—	—
	(1.3，1.5]	—	—	—	—	—	—
	(1.5，2.0]	—	—	—	—	—	—
	2.0以上	—	—	—	—	—	—

注：2012年8～12月统计数据的下浮区间为[0.7，1.0)。

数据来源：各商业银行西藏自治区分行。

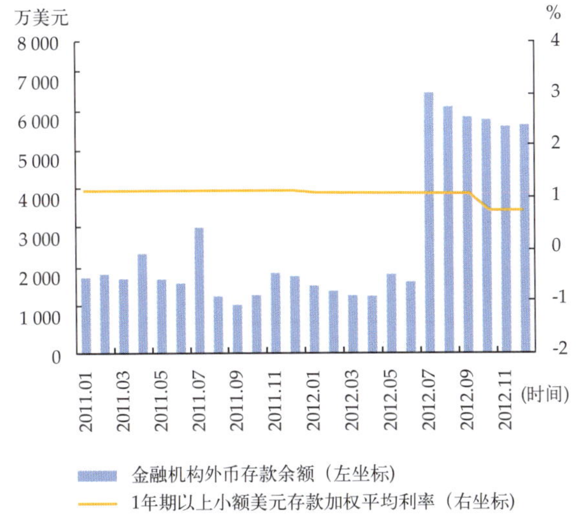

数据来源：各商业银行西藏自治区分行。

图4　2011～2012年西藏自治区金融机构外币存款余额及外币存款利率

断提高。2012年，西藏银行业金融机构实现账面利润总额为14.0亿元，同比增长15.1%。资产利润率为1.7%，比上年提高0.5个百分点。同时，加强贷款管理和风险管控，保持经营运行的稳健性。截至2012年年末，西藏银行业金融机构不良贷款率为0.7%，比年初下降1.2个百分点。辖区法人银行机构核心资本充足率为41.2%。

6. 跨境贸易人民币结算业务稳步推进，持续快速增长。2012年，全区累计办理跨境人民币结算业务75.5亿元，同比增加39.1亿元，增长1.1倍。其中，货物贸易出口结算金额为75.3亿元，占全部结算总额的99.6%；货物进口结算金额为0.2亿元；服务贸易和其他经常项目进出口业务结算金额为0.1亿元。人民币结算地域范围不断扩大，除尼泊尔、中国香港外，还包括日本、丹麦、意大利等国家和地区。

（二）证券业稳步发展，上市公司经营状况良好

2012年，西藏证券业稳步发展，经营效益提高。上市公司数量增加，经营状况保持良好。

1. 证券业经营效益提高。截至2012年年末，西藏辖区有1家证券公司，即西藏同信证券有限责任公司；证券营业部5家，其中，拉萨市3家、山南和林芝地区各1家。证券业资产总额和业务规模不断扩大。截至2012年年末，法人证券机构资产总额为30.9亿元，同比增长17.2%。实现营业收入

表3　2012年西藏自治区证券业基本情况

项目	数量
总部设在辖内的证券公司数（家）	1
总部设在辖内的基金公司数（家）	0
总部设在辖内的期货公司数（家）	0
年末国内上市公司数（家）	10
当年国内股票（A股）筹资（亿元）	7.4
当年发行H股筹资（亿元）	0
当年国内债券筹资（亿元）	0
其中：短期融资券筹资额（亿元）	0
中期票据筹资额（亿元）	0

数据来源：西藏证监局。

3.2亿元，同比增长33.9%。辖内证券市场交易额为120.4亿元。

2. 上市公司经营状况保持良好。截至2012年年末，西藏共有11家上市公司，同比增加1家。其中，境内上市10家，香港上市1家。10家境内上市公司通过股票市场募集资金7.4亿元（见表3）；总市值为572.3亿元，占西藏地区生产总值的81.6%。

（三）保险业健康发展，保费收入和赔付支出快速增长

2012年，西藏保险业总体运行良好，资产规模稳步扩大，保费收入和赔付支出快速增长，经济补偿功能不断增强。

1. 保险业资产规模稳步扩大。截至2012年年末，西藏保险市场共有省级分公司5家，其中财产险分公司4家，人身险分公司1家（见表4）。保险业总资产为4.6亿元，同比增长32.4%；从业人员达881人。

2. 保费收入快速增长，赔付能力不断增强。2012年，保险业实现保费收入9.5亿元，同比增长25.5%，较全国平均水平高出17.5个百分点。其中，财产险实现保费收入6.5亿元，同比增长13.7%；人身险实现保费收入3.0亿元，同比增长61.6%。经济补偿能力不断增强。2012年，保险业赔付支出4.1亿元，同比增长21.2%。保险深度、保险密度分别较上年提高0.1个百分点和59.2元/人（见表4）。

表4　2012年西藏自治区保险业基本情况

项目	数量
总部设在辖内的保险公司数（家）	0
其中：财产险经营主体（家）	0
人身险经营主体（家）	0
保险公司分支机构（家）	5
其中：财产险公司分支机构（家）	4
人身险公司分支机构（家）	1
保费收入（中外资，亿元）	9.5
其中：财产险保费收入（中外资，亿元）	6.5
人身险保费收入（中外资，亿元）	3.0
各类赔款给付（中外资，亿元）	4.1
保险密度（元/人）	309.7
保险深度（%）	1.4

数据来源：西藏保监局。

（四）非金融机构部门融资量大幅增长，金融市场交易活跃

2012年，西藏金融市场健康发展，非金融机构部门融资量大幅增长，票据融资持续增加，黄金投资性交易活跃。

1. 非金融机构部门融资量大幅增长。2012年，西藏非金融机构部门融资总额达262.4亿元，同比增长83.4%。在融资结构中，贷款融资仍占据主导地位，占融资总额的97.2%，高于上年22.3个百分点；股票融资规模有所下降，占融资总额的2.8%（见表5）。

表5　2001～2012年西藏自治区非金融机构部门融资结构

单位：亿元、%

年份	融资量	比重		
		贷款	债券（含可转债）	股票
2001	15.9	85.9	0.0	14.1
2002	24.5	100.0	0.0	0.0
2003	23.3	100.0	0.0	0.0
2004	30.6	100.0	0.0	0.0
2005	10.9	100.0	0.0	0.0
2006	25.0	100.0	0.0	0.0
2007	19.7	100.0	0.0	0.0
2008	25.8	100.0	0.0	0.0
2009	36.2	86.7	0.0	13.3
2010	111.4	48.0	0.0	52.0
2011	143.1	74.9	7.0	18.1
2012	262.4	97.2	0.0	2.8

数据来源：《西藏自治区金融统计月报》、西藏证监局。

2. 票据业务稳步发展。票据融资增长较快，仍以转贴现为主，且均为与内地金融机构间的融资。截至2012年年末，银行承兑汇票余额为4.2亿元，同比增加3.1亿元，全年累计发生6.5亿元，同比增加3.1亿元。票据融资余额为72.6亿元，同比增加14.0亿元（见表6）。其中，买断式转贴现余额为72.6亿元，同比增长68.1%。全年累计办理转贴现660.4亿元。

表6 2012年西藏自治区金融机构票据业务量统计

单位：亿元

季度	银行承兑汇票承兑		贴现			
			银行承兑汇票		商业承兑汇票	
	余额	累计发生额	余额	累计发生额	余额	累计发生额
1	1.2	0.7	85.9	89.6	0	0
2	1.4	1.8	126.5	256.5	0	0
3	1.5	2.8	129.7	375.1	0	0
4	4.2	6.5	72.6	666.3	0	0

数据来源：各商业银行西藏自治区分行。

表7 2012年西藏自治区金融机构票据贴现、转贴现利率

单位：%

季度	贴现		转贴现	
	银行承兑汇票	商业承兑汇票	票据买断	票据回购
1	6.26	0	7.44	0
2	4.84	0	4.77	0
3	4.86	0	5.07	4.47
4	5.45	0	4.85	4.98

数据来源：各商业银行西藏自治区分行。

3. 黄金投资性交易继续保持上升态势。受股市震荡走低、房地产市场调控等因素的影响，以实物黄金、纸黄金为主的投资性交易呈逐渐上升趋势。2012年，共销售实物黄金242.8千克，同比增长117.6%，实现销售金额9 080.6万元，同比增长127.4%。全区仅中国建设银行西藏自治区分行开办了“账户金”业务。2012年，“账户金”成交量589.1千克，成交金额达20 081.3万元。

4. 涉外收支和结售汇业务继续增长。2012年，在跨境人民币结算业务大幅增长的拉动下，全区涉外收支总额达到17.6亿美元，同比增长97.4%。跨境外汇收支顺差额为2.1亿美元，同比增长6.2%。银行代客结售汇总额继续增长并仍呈现顺差格局，顺收额有所收窄。2012年，辖区银行结售汇总额为4.7亿美元，同比增长15.6%。银行结售汇顺收额为1.7亿美元，同比减少31.7%。

（五）金融基础设施逐步完善，生态环境不断优化

2012年，西藏金融生态环境建设稳步推进，金融业发展环境不断优化。一是社会信用体系建设工作全面推进。继续采集和完善全区住房公积金缴存、企业环境违法、拖欠工资等非银行信息，加快征信系统建设。截至2012年年末，企业征信系统共收录全区企事业单位及其他经济组织6 473户，同比增长3.9%；个人征信系统收录全区自然人约104.8万人，同比增长9.9%。继续加快农牧区信用体系建设，优化农牧区信用环境。全年评定信用乡（镇）251个、信用村2 214个。二是支付结算系统建设稳步推进。2012年，全区大小额支付系统处理支付业务144.9万笔、金额20 012.0亿元，比上年分别增长42.3%和39.5%。网上支付、电话支付、移动支付等新兴支付工具的发展进一步提升了西藏支付结算服务水平。三是金融法制环境进一步完善。严厉打击破坏金融秩序、骗取银行贷款、逃废金融债务的行为，切实维护金融债权的合法权益。开展“9·16平安西藏”、“12·4法制宣传日”等活动，广泛宣传金融法律法规和金融安全知识，营造良好的金融法制氛围。

二、经济运行情况

2012年，西藏全区充分利用财税、金融等手段加强经济调控，全区经济运行呈现出“经济总量迈上新台阶、主要指标实现新突破、落实投资

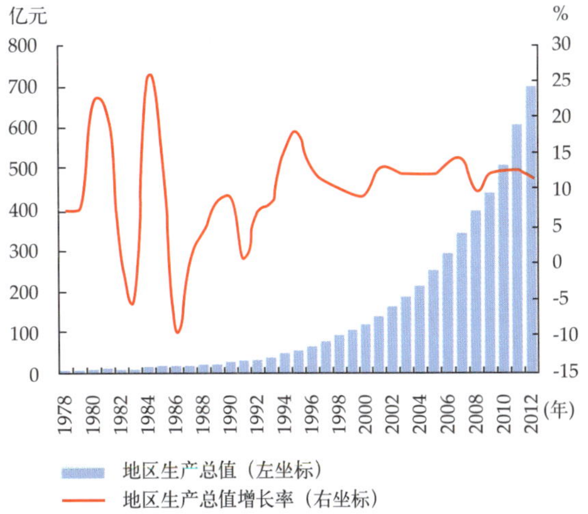

数据来源：西藏自治区统计局。

图5 1978～2012年西藏自治区地区生产总值及其增长率

取得新进展、人民生活得到新改善”的特点，保持并巩固了跨越式发展的良好势头。全年完成地区生产总值701.0亿元，增长11.8%（见图5）。

（一）总需求持续扩大，投资消费并驾齐驱的格局进一步巩固

2012年，西藏自治区坚持基础先行，狠抓投资消费双拉动，固定资产投资、城乡消费、外贸进出口均实现大幅增长。

1. 投资规模增长较快，基础设施继续改善。2012年，西藏不断优化投资环境，努力拓宽投资渠道，累计完成固定资产投资710.0亿元，同比增长29.3%，增速比上年上升10.7个百分点（见图6）。从投资主体看，政府投资比例有所下降，全年完成489.2亿元，占投资总额的68.9%，同比下降7.7个百分点。全年完成援藏投资项目1 095个，落实援藏资金39.5亿元。在投资的有力保障下，拉萨市城市供暖工程顺利开工，“十二五”规划180个项目投入建设。

2. 市场持续活跃，城乡消费齐头并进的良好态势进一步巩固。2012年全区社会消费品零售总额为254.6亿元，同比增长16.3%（见图7）。其中，城镇和乡村社会商品零售总额分别为211.8亿元、42.9亿元，分别增长18.3%、7.2%。城乡市场体系和商品流通网络不断完善，城乡消费齐头并进的良好态势进一步巩固。

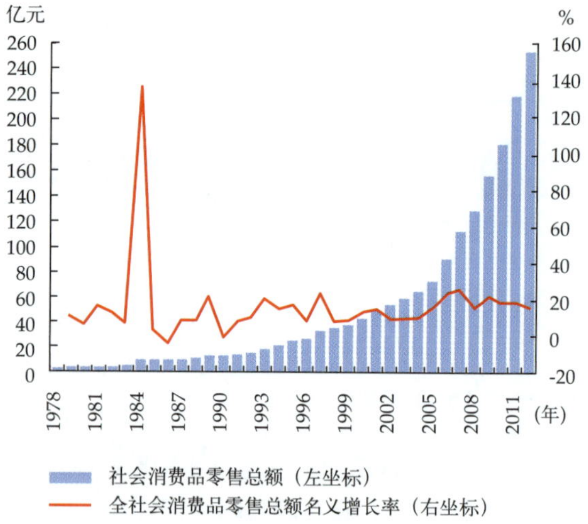

数据来源：西藏自治区统计局。

图7 1978～2012年西藏自治区社会消费品零售总额及其增长率

3. 外贸总量实现新突破，实际利用外资大幅增长。2012年，西藏外贸进出口总额达34.2亿美元，同比增长1.5倍。其中，贸易出口为33.6亿美元，同比增长1.8倍，进口为0.7亿美元，同比下降60.7%（见图8）。全年贸易顺差32.9亿美元，同比增长226.1%。矿泉水、啤酒、青稞酒、藏毯等主要贸易产品出口形势较好。

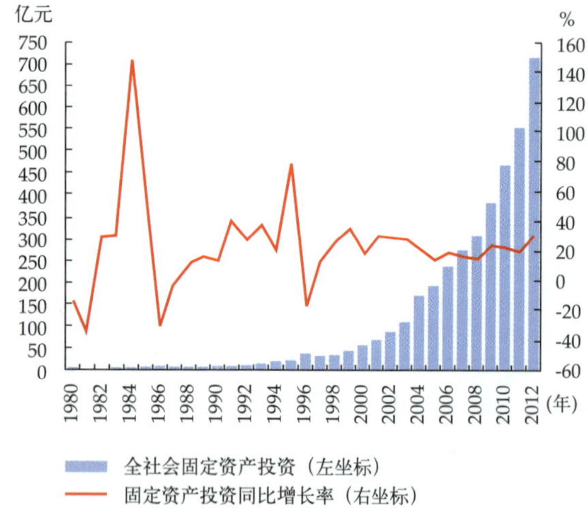

数据来源：西藏自治区统计局。

图6 1980～2012年西藏自治区固定资产投资及其增长率

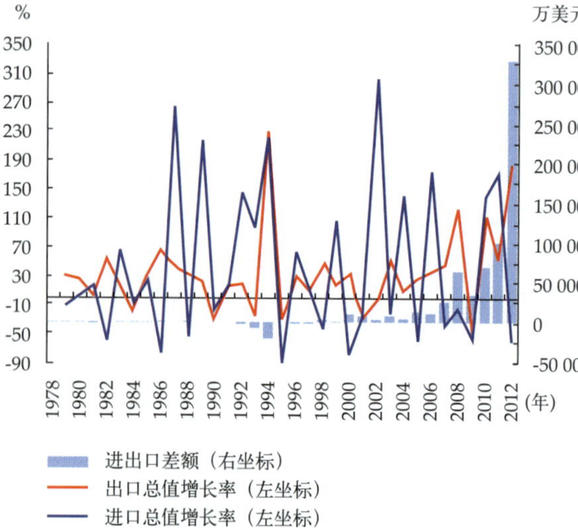

数据来源：西藏自治区统计局。

图8 1978～2012年西藏自治区外贸进出口变动情况

招商引资不断加强，全年落实招商引资项目502个，实际到位资金125.7亿元，主要涉及旅游服务业、特色产品加工、新能源、矿产开发、水电开发、商贸物流等领域。2012年合同利用外商直接投资3.9亿美元，同比下降41.7%，实际利用外商直接投资1.7亿美元，同比增长1.7倍，全年审批利用外商直接投资项目2家（见图9）。

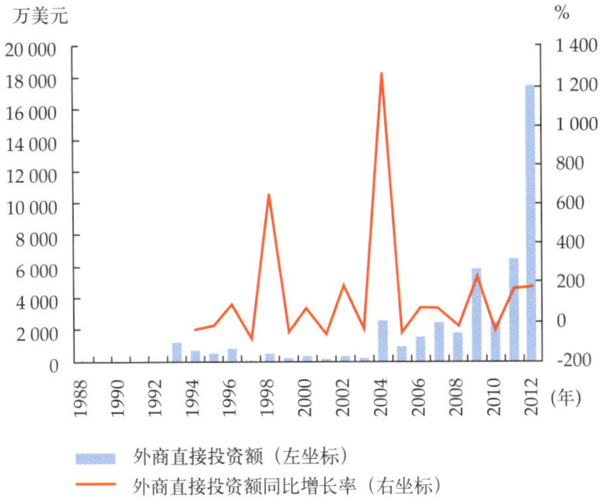

数据来源：西藏自治区统计局。

图9　1988～2012年西藏自治区外商直接投资额及其增长率

（二）三次产业继续稳步发展，产业结构不断改善

2012年，西藏自治区三次产业稳步发展，增加值分别为80.4亿元、241.7亿元、379.0亿元，同比分别增长3.4%、14.4%和12.0%。产业结构进一步调整，第一产业比重比上年下降0.8个百分点，第二产业比重与上年持平，第三产业比重比上年提高0.8个百分点。

1. 农业生产稳步提高，农业基础设施建设取得新进展。主要农产品生产取得显著成效，2012年，粮食总产量达94.9万吨，同比增长1.2%；全年肉产量为29.0万吨、奶类产量为31.7万吨，同比分别增长4.6%和1.1%。农业基础设施建设进一步改善。全区特色农牧业生产基地达到250个，带动了150万农牧民；大力实施“八到农家”工程，解决了30万农牧民饮水安全问题、411个建制村通公路和15个乡镇通油路问题、36.9万多户住房条件较差农牧民的安居问题、52万无电人口的基本用电问题，完成了1 000个行政村的农村人居环境建设和环境综合整治工作。

2. 工业生产快速增长。2012年，西藏工业增加值完成55.1亿元，同比增长14.7%。其中，规模以上工业增加值完成42.8亿元，同比增长15.1%（见图10）。主要工业品产销两旺，全年工业累计销售产值为86.6亿元，同比增长17.1%，销售率为102.2%，同比提高4.8个百分点。

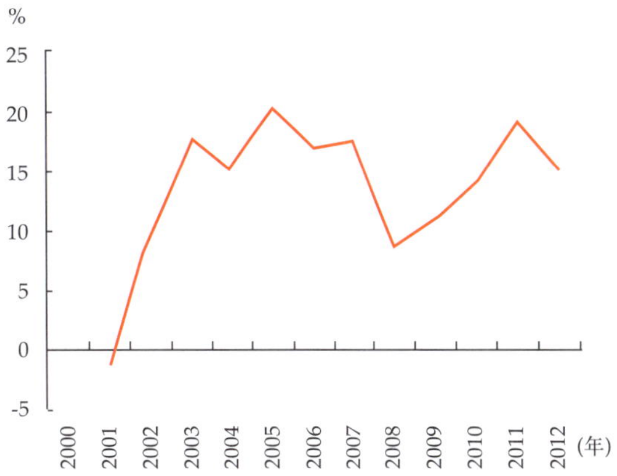

数据来源：西藏自治区统计局。

图10　2000～2012年西藏自治区规模以上工业增加值同比增长率

3. 旅游业不断升温，经济效益不断提高。2012年，全区旅游业产业链条不断拉长，规模逐渐扩大，经济效益不断提高。全年共接待国内外游客1 058.4万人次，同比增长21.7%。其中，接待国内游客1 038.9万人次，同比增长23.3%。实现旅游总收入126.5亿元，同比增长30.3%，占西藏地区生产总值的18.0%，比上年提高2.0个百分点。

（三）价格涨幅回落，通货膨胀压力有所缓解

2012年，西藏自治区重点强化对生活必需品价格的监测预警，严厉打击各种扰乱市场秩序的不良行为，物价过快上涨的势头得到有效遏制。

1. 居民消费价格涨幅有所回落。2012年，西藏居民消费价格上涨3.5%，同比下降1.5个百分点

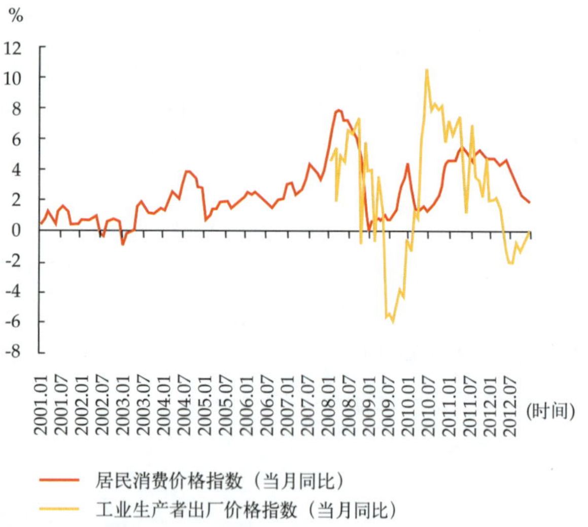

数据来源：西藏自治区统计局。

图11　2001～2012年西藏自治区居民消费价格和生产者价格变动趋势

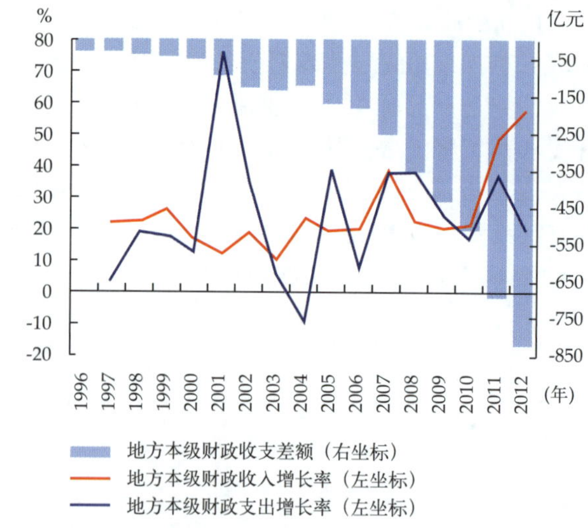

数据来源：西藏自治区统计局。

图12　1996～2012年西藏自治区财政收支状况

（见图11）。八大类商品价格同比全部上涨，涨幅最高的仍为食品类价格，全年上涨6.9%，同比下降2.2个百分点；其次是衣着类价格，全年上涨4.3%，同比上升1.5个百分点；其他类价格温和上涨。

2. 生产资料价格涨幅回落。2012年，农业生产资料价格上涨1.6%，同比下降1个百分点；工业生产者出厂价格下跌0.3 %，同比下降4.6个百分点。

3. 上调最低工作标准。2012年9月，西藏自治区上调最低工作标准，从现行的950元、900元、850元三个档次，调整为每月1 200元、1 150元两个档次。同时，将小时最低工资标准由现行的8.5元、8.0元、7.5元三个档次，调整为11.0元、10.5元两个档次。调整幅度为历年最大，有效改善低收入者生活水平。以高校毕业生、农牧区富余劳动力、就业困难群体为重点，健全和落实各项扶持政策，提高转移就业的培训规模和组织化程度，努力扩大和创造就业。

（四）财政收支规模持续扩大，自给率稳步提高

2012年，西藏地方财政一般预算收入完成86.6亿元，增长58.1%，增速比上年提高8.7个百分点。其中，各项税收达到70.1亿元，增长52.9%，税收规模再创历史新高。地方财政一般预算支出达到905.3亿元，增长19.4%，增速比上年下降18.2个百分点（见图12）。财政自给率为9.6%，比上年提高2.4个百分点，连续四年提高。财政支出继续向民生领域倾斜，结构进一步优化，各项重点支出得到有效保障。

（五）生态环境建设扎实推进，节能减排进一步强化

2012年，西藏把生态文明建设放在更加突出的地位，扎实推进湿地、湖泊和生态功能保护区项目建设。全年实现植树造林和封山育林108.6万亩，其中植树造林56.8万亩，封山育林51.8万亩；完成2011年国家下达的36.8万亩森林抚育试点任务和2.5万亩造林补贴试点计划；完成防沙护林体系建设、防沙治沙等15个项目的申报编制工作。森林、草原生态保护补偿奖励得到及时足额兑现，集体林权改革试点主体工作基本完成。强化节能减排，严格控制“两高一资”项目，加快淘汰落后产能，大力发展可再生能源，节能减排顺利通过国家考核。

专栏　西藏银行卡助农取款服务初显成效

西藏农牧区人口居住分散，受道路交通、电力、通信条件的制约，农牧区金融网点少、金融基础设施薄弱。特别是近年来国家出台的各类支农补贴等惠农政策主要依托银行卡进行资金发放。农牧民为支取补贴资金，频繁往返县、乡金融网点，费用成本较高。为有效解决农牧民办理存取款等金融业务难的问题，辖区金融机构以推广银行卡助农取款服务为突破口，推动农牧区金融支付环境建设，加大金融对农牧区发展的支持力度。

一、主要做法

一是加强调研与宣传力度。根据《中国人民银行关于推广银行卡助农取款服务的通知》精神，中国人民银行拉萨中心支行派工作组赴农牧区深入开展调研，并组织协调各银行业金融机构召开助农取款金融联席会议，了解银行卡助农取款服务工作开展情况和存在的问题以及困难。同时，通过印制藏汉双语宣传品和大屏幕宣传等方式在全区开展宣传，大力推广银行卡助农取款服务。

二是着力推进银行卡助农取款服务试点工作。自2012年3月以来，中国银行西藏自治区分行、中国农业银行西藏自治区分行和中国邮政储蓄银行西藏自治区分行先后开展了银行卡助农取款服务。该三家试点银行加紧系统改造，着力宣传银行卡助农取款服务知识，促使助农取款服务在辖内顺利开展，为农牧民群众提供了方便快捷的金融服务。

三是大力推广惠农卡。在中国人民银行拉萨中心支行和中国银联西藏分公司联合指导下，中国农业银行西藏自治区分行在林芝地区启动了农牧民财政补助资金代理试点工作，通过银政合作，以户为单位为广大农牧民办理惠农卡，将中央惠农惠牧补贴通过惠农卡发放，并在农牧区设置助农取款服务点，积极开展银行卡助农取款服务工作。

二、取得的成效

西藏全辖投入大量人力、物力开展银行卡助农取款服务，为农牧民群众提供了便利的金融服务，实现国家涉农补贴款项直接发放到农牧民手中，而且将银行金融服务延伸到乡村服务点，进一步完善农牧区金融服务体系。2012年，西藏金融机构在拉萨、林芝及日喀则地区有条件的村镇共布放受理终端115台，受理取款交易笔数979笔、查询交易笔数475笔，交易金额达233 293元。其中，中国农业银行西藏自治区分行新发放惠农卡47 724张，设立银行卡助农取款服务点102个，交易金额达167 938元。

三、政策建议

下一步，西藏各金融机构将进一步推动全区助农取款服务工作，使这项服务落实到全区金融空白乡镇，切实服务“三农”。一是加大宣传力度，普及用卡知识。积极向农牧区开展惠农补贴政策、助农取款、银行卡办理和风险防范等知识的宣传，帮助农牧民了解助农取款查询、取现等业务的操作流程，增强农牧民使用银行卡意识。二是加强对业务人员及特约商户的培训和管理，提高金融服务水平和效率。积极采取有效措施，做好POS终端机具的安装和维护工作，并不断提升助农取款服务的功能，切实满足农牧区群众的金融需求。

（六）房地产市场总体平稳，政策性房地产金融支持力度增强

2012年，西藏房地产投资规模和销售面积增长较快，房地产销售价格同比回落，政策性房地产金融支持力度增强。

1. 房地产投资规模增长。2012年，西藏房地产开发投资累计完成6.9亿元，同比增长33.9%，投资额占全区固定资产投资总量的1.0%。

2. 房地产施工面积减少。2012年，西藏商品房施工面积达47.3万平方米，同比下降2.9%（见

图13）；新开工面积为22.7万平方米，同比上升4%。

3. 房地产销售增长较快。全年商品房累计销售面积完成22.5万平方米，同比增长18.5%；全年销售额累计完成7.4亿元，同比增长10.7%（见图13）。

4. 房地产价格下降。按照商品房销售额与销售面积计算，2012年西藏商品房销售均价为3 269元/平方米，同比下降5.4%。

5. 政策性房地产金融支持力度增强。截至2012年年末，西藏房地产贷款余额为40.5亿元，同比下降1.0%，占金融机构人民币各项贷款余额的6.1%，比2011年年末下降3.9个百分点。在房地产贷款总量减少的情况下，政策性房地产贷款逆势上涨。截至2012年年末，西藏政策性住房贷款余额22.7亿元，同比增长9.0%。

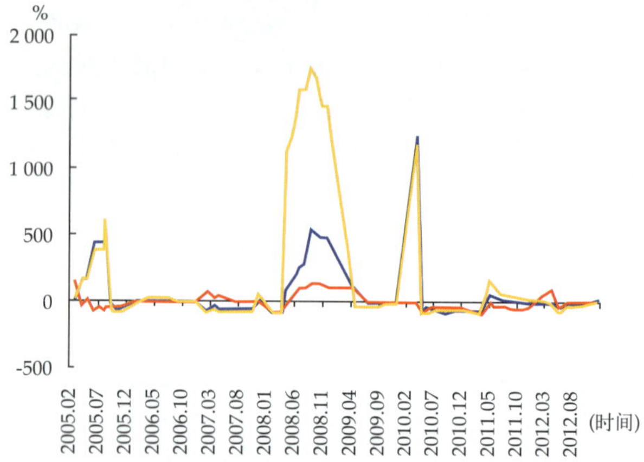

数据来源：西藏自治区统计局。

图13　2005～2012年西藏自治区商品房施工和销售变动趋势

三、预测与展望

西藏经济连续二十年保持快速增长，发展势头强劲，产业结构进一步优化，项目建设加快推进，特色产业加速培育，经济发展环境不断向好，但也存在经济增长主要依赖国家投资、经济结构总体较为单一、消费内生动力不足等问题。总体来看，2013年西藏经济发展机遇大于挑战，经济将继续保持快速增长的良好势头。预计2013年西藏地区生产总值增长12%以上，社会消费品零售总额增长18%以上，农牧民人均纯收入增长13%以上，居民消费价格指数控制在3.5%左右。

2013年，西藏金融机构将以党的十八大精神为指导，认真执行中央的宏观经济政策，以科学发展为主题，以加快转变经济发展方式为主线，坚持稳中求进的工作总基调，坚持"区别对待、有保有压"的信贷原则，全面贯彻落实好稳健的货币政策和中央赋予西藏的特殊优惠金融政策，把握好信贷投放的重点、力度和节奏，促进信贷合理适度增长，进一步优化信贷结构，着力改进对实体经济的金融服务，支持实体经济发展。

中国人民银行拉萨中心支行货币政策分析小组
总　纂：郭振海　张　伟　单　曲
统　稿：李玉福　何俊斌　索　珍　泽仁央宗　邓丽姬
执　笔：邓丽姬
提供材料的还有：佟　亮　杨　伟　郭大昊　德　吉　蒋建军　曾茂娟　杨富彬　次仁顿珠　达瓦萨珍　彭志坚　肖　筱　德吉央宗　唐静俐

附录

（一）2012年西藏自治区经济金融大事记

1月17日，西藏自治区人民政府与四川省人民政府签署《西藏自治区人民政府 四川省人民政府战略合作框架协议》。

3月12日，林芝银信投资担保有限公司在西藏林芝地区挂牌成立，这是林芝地区首家融资性担保机构，填补了西藏各地区及县域无融资性担保机构的空白。

4月24日至28日，由中国人民银行拉萨中心支行牵头、各商业银行区分行为成员的西藏自治区银行业调研组，赴昌都地区开展调研工作。

5月22日，西藏银行在拉萨市举行开业典礼，正式对外营业。

8月8日，西藏首家政策性银行——中国农业发展银行西藏自治区分行在拉萨正式揭牌成立。

8月31日，中国建设银行西藏自治区分行联合自治区住房和城乡建设厅率先推出以金融IC卡为载体的公积金龙卡，这是西藏自治区银行业金融机构发行的第一张IC卡，填补了西藏无IC卡的空白。

9月25日至26日，西藏牧区工作会议在拉萨召开。

10月15日，西藏自治区党委、政府在拉萨召开昌都工作会议，全力支持昌都跨越式发展和长治久安。

12月16日，中国工商银行林芝支行举办开业典礼，标志着林芝地区已初步形成由四大国有商业银行为主体，证券、保险、担保公司并存的金融体系。

12月25日，中国建设银行西藏自治区分行第一家县域机构芒康县支行正式开业运营。

（二）2012年西藏自治区主要经济金融指标

表1 2012年西藏自治区主要存贷款指标

		1月	2月	3月	4月	5月	6月	7月	8月	9月	10月	11月	12月
本外币	金融机构各项存款余额（亿元）	1 631.5	1 647.8	1 670.3	1 730.5	1 756.9	1 858.3	1 899.7	1 952.4	2 003.6	2 045.6	2 024.5	2 054.2
	其中：储蓄存款	320.9	315.8	322	320.7	325	331.3	339.3	349	366.6	369.4	388.8	404.3
	单位存款	1 115.7	1 158.6	1 244.7	1 234.2	1 275.5	1 319.7	1 327.4	1 351.2	1 392.3	1 406.8	1 395.1	1 477.6
	各项存款余额比上月增加（亿元）	-31	16.3	22.5	60.1	26.4	101.4	41.4	52.7	51.2	42	-21.1	29.7
	金融机构各项存款同比增长（%）	27.2	30	26.2	30.6	27.7	29.6	28.8	28.8	28.1	25.9	21	23.6
	金融机构各项贷款余额（亿元）	446.6	452.6	460.2	508.5	523.1	615	641.5	651.8	669	663.8	657.6	664
	其中：短期	73.9	78.1	84.5	89.3	94.2	97.9	106.1	106.7	110.8	119.4	127.1	126.8
	中长期	284.7	291.4	289.9	332.5	342.8	390.6	396.3	407.9	428.4	439.9	449.1	464.7
	票据融资	88	83	85.9	86.6	86	126.5	139.1	137.2	129.7	104.6	81.4	72.6
	各项贷款余额比上月增加（亿元）	37.6	5.9	7.6	48.3	14.6	92	26.5	10.3	17.2	-5.2	-6.3	6.5
	其中：短期	-0.4	4.2	6.3	4.8	4.9	3.7	8.2	0.6	4.1	8.5	7.8	-0.4
	中长期	8.6	6.7	-1.5	42.6	10.4	47.8	5.7	11.6	20.5	11.5	9.2	15.6
	票据融资	29.4	-5	2.8	0.7	-0.5	40.4	12.6	-1.9	-7.5	-25.1	-23.2	-8.8
	金融机构各项贷款同比增长（%）	45.3	43.3	46.8	60.1	60.8	83.6	91.7	85.8	84	79.2	71	62.3
	其中：短期	17.3	23.3	41.3	42.7	40.8	41.3	59.9	60.5	70.8	76.7	93.4	70.6
	中长期	32.9	35.5	32.2	51.3	55.1	71.9	75	72.6	72.8	74.6	68.7	68.3
	票据融资	192.6	121.9	149.4	145.1	131.3	228.9	232.6	186.5	155.1	105.2	54.7	23.8
	建筑业贷款余额（亿元）	56.8	60.8	61.7	72.8	79.7	83.9	86.4	93.7	103.2	111	114.8	114.3
	房地产业贷款余额（亿元）	2.7	4.7	4.6	4.6	4.6	4.8	5.1	5.1	6.6	8.8	8.9	9.4
	建筑业贷款同比增长（%）	104.3	118.7	125	176.4	203.7	208.6	234.6	180.1	146.4	148.7	114.6	113.9
	房地产业贷款同比增长（%）	-26.8	27.9	27.3	28.6	29	36.5	66.9	71	122.3	223.9	329.8	301
人民币	金融机构各项存款余额（亿元）	1 630.4	1 646.8	1 669.4	1 729.5	1 755.6	1 857.1	1 895.5	1 948.4	1 999.7	2 041.8	2 020.8	2 050.6
	其中：储蓄存款	320.5	315.3	321.6	320.3	324.6	330.8	338.9	348.6	366.2	369	388.3	403.9
	单位存款	1 115.0	1 158.1	1 244.2	1 233.8	1 274.8	1 319.0	1 323.7	1 347.8	1 389.0	1 403.6	1 392.0	1 474.5
	各项存款余额比上月增加（亿元）	-30.8	16.4	22.6	60.2	26.1	101.5	38.3	52.9	51.4	42.1	-21	29.7
	其中：储蓄存款	1.6	-5.1	6.3	-1.3	4.3	6.3	8.1	9.7	17.6	2.8	19.4	15.6
	单位存款	-36.2	43	86.2	-10.4	41	44.3	4.7	24.1	41.3	14.6	-11.6	82.5
	各项存款同比增长（%）	27.2	30.1	26.3	30.7	27.7	29.6	28.7	28.6	27.9	25.7	20.8	23.4
	其中：储蓄存款	18.8	20.9	23.5	22.7	23.5	22	21.6	22.1	24.1	25	27.3	26.7
	单位存款	30.8	34.7	40.7	37.4	41	34.4	31.5	31.6	36.2	33.9	29.6	28.1
	金融机构各项贷款余额（亿元）	446.3	452.3	459.9	508.2	522.8	614.7	641.2	651.5	668.7	663.6	657.3	663.8
	其中：个人消费贷款	68.6	69.4	71.4	71.5	72.6	73.3	74.1	74.6	76.1	76.3	77	77.9
	票据融资	88	83	85.9	86.6	86	126.5	139.1	137.2	129.7	104.6	81.4	72.6
	各项贷款余额比上月增加（亿元）	37.6	5.9	7.6	48.3	14.6	92	26.5	10.3	17.2	-5.2	-6.3	6.5
	其中：个人消费贷款	0.1	0.8	2	0.1	1.1	0.7	0.8	0.6	1.5	0.1	0.7	0.9
	票据融资	29.4	-5	2.8	0.7	-0.5	40.4	12.6	-1.9	-7.5	-25.1	-23.2	-8.8
	金融机构各项贷款同比增长（%）	45.3	43.3	46.8	60.1	60.9	83.7	91.8	85.9	84	79.3	71.1	62.4
	其中：个人消费贷款	-13	-10	-5.5	-6.2	-5.8	-4.7	-1.5	0.2	2.3	3.8	5	13.7
	票据融资	192.6	121.9	149.4	145.1	131.3	228.9	232.6	186.5	155.1	105.2	54.7	23.8
外币	金融机构外币存款余额（亿美元）	0.2	0.2	0.1	0.1	0.2	0.2	0.7	0.6	0.6	0.6	0.6	0.6
	金融机构外币存款同比增长（%）	-7.8	-17.9	-23.1	-43.7	5.7	-1.1	106.8	319.1	391.8	293.0	185.9	192.8
	金融机构外币贷款余额（亿美元）	0.0	0.0	0.0	0.0	0.0	0.0	0.0	0.0	0.0	0.0	0.0	0.0
	金融机构外币贷款同比增长（%）	-4.0	-4.0	-4.7	-5.0	-3.9	-3.8	-3.9	-3.6	-3.8	-3.7	-3.8	-4.3

数据来源：《西藏自治区金融统计月报》、《西藏金融统计专项报表》。

表2　2001～2012年西藏自治区各类价格指数

单位：%

年/月		居民消费价格指数		农业生产资料价格指数		工业生产者购进价格指数		工业生产者出厂价格指数	
		当月同比	累计同比	当月同比	累计同比	当月同比	累计同比	当月同比	累计同比
2001		—	0.2	—	—	—	—	—	—
2002		—	0.4	—	—	—	—	—	—
2003		—	0.9	—	2.8	—	—	—	—
2004		—	2.7	—	1.3	—	—	—	—
2005		—	1.5	—	1.0	—	—	—	—
2006		—	2.0	—	0.4	—	—	—	—
2007		—	3.4	—	1.1	—	—	—	—
2008		—	5.7	—	3.2	—	—	—	5.6
2009		—	1.4	—	-0.9	—	—	—	-1.8
2010		—	2.2	—	0.6	—	—	—	5.8
2011		—	5.0	—	2.6	—	—	—	4.3
2012		—	3.5	—	1.6	—	—	—	-0.3
2011	1	4.5	4.5	0.8	0.8	—	—	6.2	6.2
	2	4.6	4.5	0.8	0.8	—	—	6.5	6.5
	3	5.3	4.8	1.0	0.9	—	—	7.4	6.8
	4	5.4	4.9	1.5	1.0	—	—	4.3	6.2
	5	5.1	5.0	1.9	1.2	—	—	1.2	5.8
	6	5.0	5.0	1.9	1.3	—	—	3.1	5.3
	7	4.5	4.8	1.4	1.1	—	—	6.9	6.0
	8	5.1	5.0	6.8	6.7	—	—	3.4	4.9
	9	5.2	5.0	3.2	2.0	—	—	3.2	4.7
	10	5.0	5.0	2.8	2.6	—	—	2.2	4.4
	11	4.8	5.0	2.8	2.6	—	—	4.5	4.4
	12	4.8	5.0	2.6	2.6	—	—	2.0	4.3
2012	1	—	—	—	—	—	—	—	—
	2	4.6	4.7	2.4	2.5	—	—	2.1	2.1
	3	4.3	4.5	1.5	2.2	—	—	1.6	1.9
	4	4.4	4.5	1.7	2.0	—	—	0.3	1.5
	5	4.6	4.5	1.9	2.0	—	—	-1.1	1.0
	6	4.0	4.4	1.6	1.9	—	—	-2.0	0.5
	7	3.6	4.3	1.4	1.9	—	—	-2.1	0.1
	8	3.0	4.2	1.4	1.8	—	—	-0.7	0.0
	9	2.6	4.0	1.4	1.8	—	—	-1.4	-0.2
	10	2.3	3.8	1.3	1.7	—	—	-1.1	-0.3
	11	2.1	3.7	1.3	1.7	—	—	-0.6	-0.3
	12	1.9	3.5	1.3	1.6	—	—	—	-0.3

数据来源：西藏自治区统计局。

表3 2012年西藏自治区主要经济指标

	1月	2月	3月	4月	5月	6月	7月	8月	9月	10月	11月	12月
绝对值（自年初累计）												
地区生产总值（亿元）	—	—	132.7	—	—	287.2	—	—	498.7	—	—	701.0
第一产业	—	—	10.9	—	—	30.8	—	—	56.1	—	—	80.4
第二产业	—	—	15.6	—	—	75.9	—	—	160.8	—	—	241.7
第三产业	—	—	106.2	—	—	180.6	—	—	281.8	—	—	379.0
工业增加值（亿元）	—	—	7.2	—	—	20.6	—	—	33.8	—	—	55.1
固定资产投资（亿元）	—	6.2	30.1	71.7	123.8	228.3	324.1	399.7	496.6	589.0	643.6	710.0
房地产开发投资	—	0.0	0.5	0.9	1.2	2.2	3.1	4.0	4.7	5.3	6.3	6.9
社会消费品零售总额（亿元）	—	40.3	56.7	74.0	94.0	113.9	134.0	155.2	180.4	204.8	223.9	254.6
外贸进出口总额（万美元）	—	13 956	25 506	45 978	72 514	101 580	159 959	195 286	248 134	289 264	317 948	342 397
进口	—	262	413	623	856	1 049	1 185	5 631	6 367	6 523	6 704	6 896
出口	—	13 694	25 093	45 355	71 658	100 531	158 774	189 655	241 767	282 741	311 243	335 501
进出口差额(出口－进口)	—	13 432	24 680	44 732	70 802	99 482	157 589	184 024	235 400	276 218	304 539	328 605
外商实际直接投资（万美元）	—	—	—	—	—	—	—	—	—	—	—	17 402
地方财政收支差额（亿元）	—	-86.6	-154.2	-191.8	-256.7	-319.7	-380.7	-474.4	-546.1	-587.6	-699.4	-818.8
地方财政收入	—	7.7	12.2	16.6	20.5	27.4	33.7	38.0	44.3	51.0	74.0	86.6
地方财政支出	—	94.4	166.4	208.4	277.3	347.1	414.4	512.5	590.4	638.6	773.4	905.3
城镇登记失业率(%)(季度)	—	—	—	—	—	—	—	—	—	—	—	—
同比累计增长率（%）												
地区生产总值	—	—	11.4	—	—	11.3	—	—	11.4	—	—	11.8
第一产业	—	—	2.7	—	—	3.0	—	—	3.0	—	—	3.4
第二产业	—	—	17.3	—	—	15.4	—	—	12.9	—	—	14.4
第三产业	—	—	11.6	—	—	11.2	—	—	12.3	—	—	12.0
工业增加值	—	—	9.5	—	—	12.7	—	—	13.8	—	—	14.7
固定资产投资	—	150.0	44.0	19.7	24.0	25.1	31.6	28.6	25.4	27.6	32.1	29.3
房地产开发投资	—	–	-55.1	-31.6	-52.4	-15.1	14.2	8.6	9.0	39.4	47.2	33.9
社会消费品零售总额	—	13.9	14.3	14.4	14.4	14.6	14.8	14.9	15.5	16.3	16.4	16.3
外贸进出口总额	—	13.4	52.3	117.2	154.1	170.3	217.9	183.1	196.0	209.6	170.0	150.0
进口	—	-58.5	-44.6	-31.1	-25.9	-58.4	-83.3	-51.4	-45.9	-49.1	-60.9	-60.7
出口	—	17.3	56.8	123.7	161.7	186.7	267.5	230.4	235.5	250.7	210.0	180.0
外商实际直接投资	—	—	—	—	—	—	—	—	—	—	—	169.4
地方财政收入	—	20.2	20.1	20.0	14.4	17.2	17.9	14.7	16.2	17.1	51.7	58.1
地方财政支出	—	50.1	64.1	56.0	60.8	29.7	25.4	33.4	29.2	16.9	22.1	19.4

数据来源：西藏自治区统计局。

2012年陕西省金融运行报告

中国人民银行西安分行货币政策分析小组

[内容摘要] 2012年，陕西省认真贯彻落实国家宏观调控政策，始终把稳增长放在更加突出的位置，科学统筹工业化、信息化、城镇化、农业现代化同步发展，全面实施富民强省工程，着力推进创新驱动发展，经济呈现出“发展趋稳、稳中向好”的发展态势。

全省金融业主动适应政策调整，适时加大预调微调力度，合理把握金融工作的力度、节奏和重点，宏观调控成效显著。存贷款稳定增长，服务实体经济方式更趋灵活；资本市场融资功能凸显，创新步伐全面提速；保险业务平缓发展，结构调整继续深化。

2013年，陕西省将围绕全面建成小康社会目标，紧扣关天经济区、陕甘宁革命老区、晋陕豫黄河金三角和呼包银榆经济区等国家战略规划，充分发挥区位枢纽优势，稳步推进新型城镇化建设，深入实施科技资源统筹创新工程，着实提高经济增长质量与水平。全省金融机构将积极落实稳健的货币政策，妥善处理支持地方经济发展与防范金融风险的关系，保持经济金融健康可持续发展。

一、金融运行情况

2012年，陕西省金融业认真贯彻落实稳健的货币政策，始终把稳增长放在更加突出的位置，科学把握信贷投放的节奏与方向，积极防范和化解系统性金融风险，稳步拓宽金融服务广度与深度，“稳增长”效应不断显现，资产质量与盈利水平显著提升，金融业总体保持了平稳健康运行态势，有力地支持了全省经济健康可持续发展。

（一）银行业稳健发展，金融服务质量不断提升

1. 银行业资产规模扩大，财务状况不断改善。2012年，陕西省银行业金融机构资产总额达3.0万亿元，增长19.9%，净利润增长28.3%，资产利润率升至1.3%（见表1）。银行业稳健性显著提升，不良贷款额与不良贷款率继续“双降”，拨备覆盖率大幅提升，资本充足率不断提高，审慎性管理指标全面改善。其中，小型农村金融机构不良贷款率6.3%，下降2.6个百分点，拨备覆盖率与资本充足率分别较上年提高28.8个和2.4个百分点。

表1　2012年陕西省银行业金融机构情况

机构类别	营业网点			法人机构（个）
	机构个数（个）	从业人数（人）	资产总额（亿元）	
一、大型商业银行	1 857	41 241	12 273.2	0
二、国家开发银行和政策性银行	81	2 110	2 622.7	0
三、股份制商业银行	142	6 588	5 209.7	0
四、城市商业银行	207	5 026	3 020.0	2
五、小型农村金融机构	2 934	23 687	4 690.5	108
六、财务公司	5	232	293.0	2
七、信托公司	3	598	79.2	3
八、邮政储蓄银行	1 259	7 624	1 041.0	0
九、外资银行	11	331	109.5	0
十、新型农村金融机构	12	240	19.9	9
合　计	6 511	87 677	29 958.4	124

注：营业网点不包括总部；小型农村金融机构包括农村商业银行、农村合作银行和农村信用社；新型农村金融机构仅有村镇银行。
数据来源：陕西银监局。

2. 存款波动加大，差异化竞争格局显现。年末，全省人民币各项存款余额同比增长17.8%，高于上年1.0个百分点（见图1、图3）。受存款考核与存贷比指标监管影响，存款“季末增加，季初回落”特征更加突出，全年有三个季度初月存款减少。在股市低迷环境下，居民储蓄意愿增强，全年个人存款同比多增额占各项存款同比多增额

的比例达72.9%，为近五年的峰值。金融机构存款竞争策略更趋差异化，中资全国性大型银行巩固个人存款成效明显，新增个人存款占比为53.4%，同比提高6.8个百分点；中资全国性中小型银行拓展单位存款力度空前，新增单位存款占比高达67.7%，但协议性存款同比多增较多，稳定性有待加强；区域性中小银行及农村信用社新增存款中单位与个人占比较为均衡。

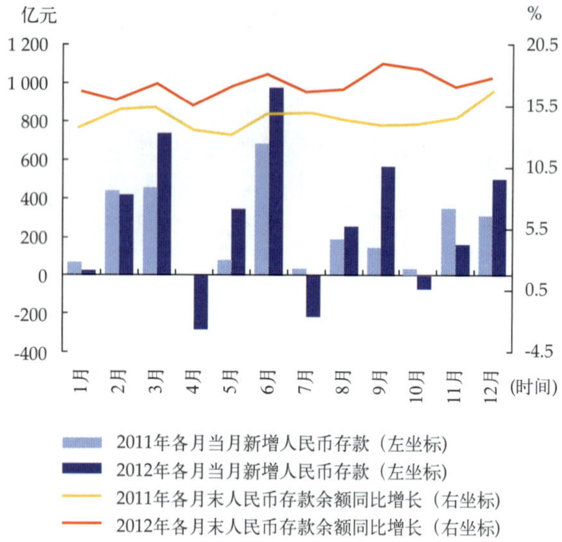

数据来源：中国人民银行西安分行。

图1　2011～2012年陕西省金融机构人民币存款增长

3. 贷款平稳增长，“稳增长”成效更加突出。年末，全省人民币各项贷款余额同比增长16.9%，高出全国1.9个百分点。月度虽呈“季末冲高”态势，但较往年更趋均衡，各季度末月新增贷款占全季比重分别为55.7%、44.4%、39.5%和19.5%，逐季回落（见图2、图3）。受经济增长回落和票据融资占比提高等因素影响，信贷融资短期化明显，全年短期贷款新增占比同比提高11.1个百分点。

信贷结构优化，经济提质增效明显。随着房地产成交回暖，基建项目审批放松，在建续建项目提速，新增中长期贷款占比自7月持续回升。围绕“稳投资、保工业、促就业”目标，新增贷款集中投向生产型、就业型行业，其中，居民服务类和文娱类贷款分别增长128.5%和58.5%，产业升级特征明显。企业中长期经营贷款走出低迷，在11月、12月大幅新增，呈现出积极变化。开展民生金融督导点创建活动，推出民生金融主办行制度，组织拓宽支农再贷款适用范围试点，再贷款、再贴现累放额成倍增长，民生信贷取得新进展。全年微型企业贷款增长54.3%，分别高于大、中、小型企业40.6个、27.9个和31.9个百分点；涉农贷款、小额担保贷款和助学贷款分别增长23.2%、175.9%和22.8%，均高于全国水平。

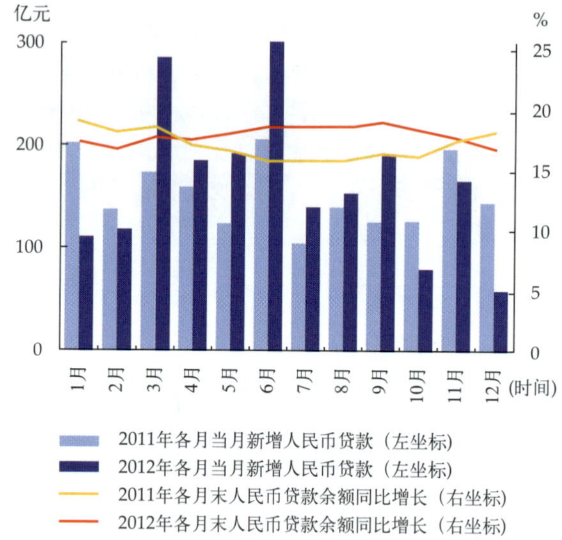

数据来源：中国人民银行西安分行。

图2　2011～2012年陕西省金融机构人民币贷款增长

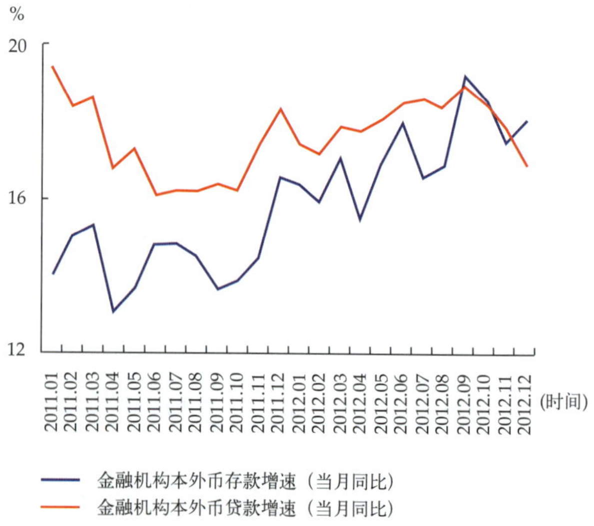

数据来源：中国人民银行西安分行。

图3　2011～2012年陕西省金融机构本外币存、贷款增速

专栏1 “订单+金融”支持现代农业加快发展

随着我国现代农业发展，订单农业成为重要而有效的农业生产组织方式。2012年，中国人民银行西安分行启动“订单+金融”试点工作，以服务现代农业为目标，围绕农业订单做强供应链金融，选取汉中、安康、商洛、杨凌四地，引导金融机构开展制度、机制与产品创新，探索金融支持现代农业的有效模式。试点以来，在担保方式、定价机制、履约激励和财政配套等方面取得创新突破，为进一步在全省推广奠定了坚实基础。

一是规范订单合同为有效抵押物，捆绑订单企业担保农户贷款。聘请法律专家，规范订单企业所出具的订单合同，明确双方权责，增强订单法律效力；农村信用社制定《订单农业贷款管理暂行办法》，严明贷款条件、用途、额度、期限、利率等要件，完善审批、发放和管理等制度；订单企业必须与农村信用社签订“订单农业贷款承诺书”，农村信用社才可通过贷款调查、贷款审查等法定程序完成贷款发放。二是论证订单农业深加工产品前景，开展省内商品融资业务。金融机构组织县级分支机构摸底辖内农业订单企业深加工产品，论证是否具有广阔市场前景，是否满足及时变现等要求；筛选满足条件者编制内部商品融资目录，制定评级、授信、质押品评估操作准则，合理设计各级管理权限；省级机构建立备案制度，严格风险防控。三是运用农产品远期交易合理定价，避免订单价格的市场冲击。订单上游企业核定成本利润确定远期合约交易价格，远期合约到期时，根据价格上涨或下跌情况，成交远期合约或弥补期货市场损失；根据远期合约交易价格，订单上游企业与订单收购企业签订收购价格，订单收购企业根据收购价格确定与农户的收购价格。四是履约率与信用体系建设相结合，切实提高订单农户履约率。金融机构将订单农户履约情况作为信用评定因素之一，将评定结果作为信贷支持及贷款定价的重要参考。一般情况下，订单农户信用等级分为三档：优秀、较好、一般，分别可获得5万元、3万元和2万元的信用贷款额度，贷款利率均低于一般小额信用贷款利率，但优惠幅度有所差异。五是争取地方政府配套支持政策，实现财政金融政策的有效融合。积极推动地方政府制定出台贷款贴息、免息和保费补贴等配套财政政策，推广“农户+财政+保险+银行”的全方位联动模式，发挥财政与金融政策合力，增强了金融支持效果。

至年末，陕西省试点地累计发放订单抵押贷款324笔、1 986万元，扶持养殖户310户，占订单养殖总户数的69%；对1.1万户订单农户进行了信用评级，并将其加入征信系统，记录了2 000笔订单合同，发放小额信用贷款2.8亿元。

4. 表外业务发展较快，资金营运更趋多元化。2012年，在金融脱媒、利率市场化加速的背景下，表外、同业、理财等非传统业务不断融合，信托贷款、债权与资产受益权等新型表外业务融资额成倍增长。其中，中国工商银行陕西省分行向陕煤集团发放股权信托融资110亿元，成为同业同类中单笔规模最大创新型投行业务。买入返售、卖出回购和同业代付等业务按监管要求逐步规范，增速明显回落。

5. 利率水平总体上升，机构定价能力提升。2012年，人民币贷款加权平均利率8.2 %，较上年上升0.2个百分点。从浮动区间看，商业银行既需维持优质客户，又要主动利用价格工具，妥善处理“融资贵”和“融资难”的问题，贷款定价有所分化。执行下浮和上浮利率贷款占比分别较上年提高0.4个和5.3个百分点（见表2）。受境内外汇资金供求影响，辖内美元存款利率震荡下行（见图4）。民间融资市场持续活跃，借贷利率有

表2　2012年陕西省金融机构人民币贷款各利率区间占比

单位：%

月份		1月	2月	3月	4月	5月	6月
合计		100.0	100.0	100.0	100.0	100.0	100.0
[0.9，1.0)		1.9	2.3	2.8	2.5	1.6	9.0
1.0		31.5	27.8	22.6	30.6	27.0	21.7
上浮水平	小计	66.6	70.0	74.6	66.9	71.4	69.3
	(1.0，1.1]	18.6	20.1	22.4	19.7	20.7	26.0
	(1.1，1.3]	21.4	17.0	20.4	18.3	16.8	17.6
	(1.3，1.5]	4.6	4.8	5.9	5.9	7.2	5.7
	(1.5，2.0]	9.7	14.0	14.2	11.7	15.0	11.9
	2.0以上	12.5	14.1	11.6	11.4	11.8	8.1
月份		7月	8月	9月	10月	11月	12月
合计		100.0	100.0	100.0	100.0	100.0	100.0
[0.9，1.0)		7.3	9.2	10.3	11.8	13.2	7.9
1.0		25.9	18.6	19.2	19.2	25.0	24.5
上浮水平	小计	66.8	72.1	70.5	69.0	61.8	67.6
	(1.0，1.1]	17.3	17.3	24.1	17.1	13.6	19.7
	(1.1，1.3]	16.2	20.1	17.5	23.9	17.9	18.4
	(1.3，1.5]	6.4	6.9	6.1	5.2	5.8	5.8
	(1.5，2.0]	15.2	14.8	12.5	13.0	12.8	12.9
	2.0以上	11.8	13.1	10.3	9.8	11.7	10.8

注：2012年8～12月统计数据的下浮区间为[0.7，1.0)。

数据来源：中国人民银行西安分行。

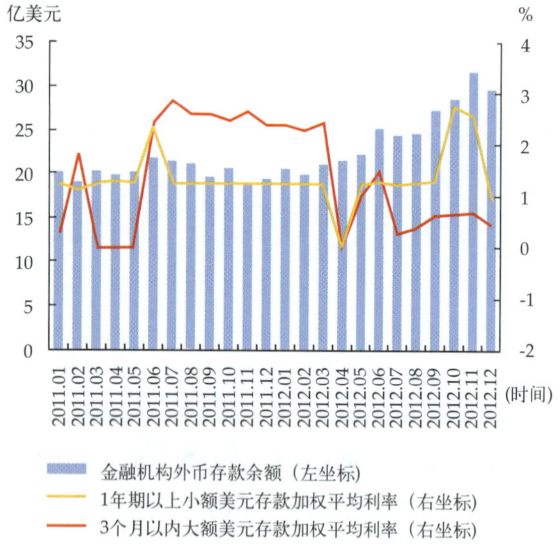

数据来源：中国人民银行西安分行。

图4　2011～2012年陕西省金融机构外币存款余额及外币存款利率

所上升。金融机构风险定价能力增强，存款利率浮动区间扩大后，存款定价灵活度提高，体现出差异化和精细化特征。

6. 银行改革持续深化，自主创新力度加大。2012年，全省银行业更加重视消费者权益保护，利用“秦风热线”广播栏目开展专题宣传，积极实践投诉上会、限时响应、微博答复等处理机制。农村金融改革继续深化，全年新增农村商业银行与村镇银行各2家；小额贷款公司新增32家，累放额翻倍，资本利润率提高至4.5%。组建全国最大涉农担保公司之一的杨凌现代农业担保公司，试点开展了“集合担保贷款”。小微企业金融服务方式不断创新，中国民生银行西安分行全力做强小微企业商业合作社，渣打银行西安分行与西安市中小企业局联合发布“中国中小企业信心指数”，并试点“中小企业无抵押小额贷款”。重点风险化解取得阶段性成效，融资平台贷款完成增信与整改，现金流全覆盖贷款占比为98.0%；3家信托公司尝试跨部门信托项目兑付管理模式，全年顺利兑付到期信托计划646个。

7. 跨境人民币业务稳步开展。2012年，全省20家银行为222户企业办理跨境人民币结算金额190亿元，自6月起明显放量，其中，服务贸易及其他经常项目人民币结算额占比近六成。清算行模式仍是跨境人民币结算主要渠道。跨境人民币资本流动逐步活跃，交易品种不断丰富，从外商投资企业人民币增资发展到人民币股权收购、外商投资企业人民币外债和人民币出口代付等业务。目前全省跨境人民币境外结算区域已涉及31个国家和地区，香港结算额占比超八成。

（二）证券业创新提速，资本市场融资成效显著

2012年，陕西证券业转变发展方式，加快创新步伐，继续保持稳定发展势头；上市公司整体质量提升，资本融资进展迅速，服务地方经济发展能力日渐突出。

1. 证券业营业收入和净利润双降，创新发展成效明显。2012年，证券二级市场低迷，券商经纪与投行业务不振，虽能把握债市机遇加强自营

业务，但全省证券业营业收入仍下降20.8%，净利润下降46.6%。西部证券首发上市，成为西北第2家上市券商；开源证券引入4家战略投资者，加快向全国综合型券商转变；中邮证券启动第二轮增资扩股，抗风险能力显著增强。全省3家券商均获融资融券业务资格，西部证券直投业务、开源证券另类投资子公司、前海基金管理公司获批筹建，西部证券也已开展中小企业私募债承销业务，创新步伐全面提速。

2. 上市公司加快重组，资本市场融资取得新进展。2012年，全省上市公司资本市场融资额增长2.4倍，股票总市值增长14.4%，其中，隆基硅、西部证券首发融资33.2亿元，利用资本市场促进地方经济发展取得新成效（见表3）。上市公司重组步伐加快，2家暂停上市公司化解重大退市风险，5家成功摘帽ST，2家公司推出股权激励方案，上市公司整体质量显著提升。全省上市后备资源充足，共有32家拟重点上市企业，其中，陕煤股份、秦宝牧业、天和防务已通过中国证监会发行审核，秦宝牧业也将成为陕西首家农业类上市公司，上市公司的培育、储备和整合力度空前。

表3　2012年陕西省证券业基本情况

项目	数量
总部设在辖内的证券公司数（家）	3
总部设在辖内的基金公司数（家）	0
总部设在辖内的期货公司数（家）	3
年末国内上市公司数（家）	39
当年国内股票（A股）筹资（亿元）	64.1
当年发行H股筹资（亿元）	0
当年国内债券筹资（亿元）	590.8
其中：短期融资券筹资额（亿元）	196.0
中期票据筹资额（亿元）	103.0

数据来源：陕西证监局、中国人民银行西安分行、陕西省发展改革委。

（三）保险业稳步发展，社会保障功能充分发挥

2012年，经济下行压力对保险业传导效应显现，陕西保险业努力克服外部环境影响，保险市场保持了平稳发展态势，市场秩序基本稳定，服务经济社会发展能力明显提升。

1. 保险业务稳步增长，市场结构深度调整。2012年，全省保险业保费收入同比增长6.3%，增速首次降至个位，与以往高增长反差明显（见表4）。其中，寿险销售误导治理力度加大，银行代理业务大幅缩水，人身险保费收入增速放缓；商业车险投保意愿下降，企业投保转方式降成本，产险保费收入有所回落。偿付能力风险与资金运用风险控制良好，偿付能力不达标公司由3家减为1家。保险专业中介机构数目减少，规模化、集团化转型加快。开展提升保险服务质量年活动，保障保险消费者权益，退保情况基本稳定。

2. 经济补偿功能增强，发展质量明显改善。2012年，全省保险业累计赔付支出同比增长20.7%，保障功能有力发挥。农业保险覆盖面稳步扩大，试点品种由9种扩大至16种，农机具互助保险纳入财政补贴，试点农村供水工程保险，筹建西北首家外资农业保险公司——法国安盟农业保险，全年提供苹果种植风险保障12亿元，森林保险承保面积突破400万亩，农业保险赔付额同比增长2倍，均创历史新高。组建省级出口企业贸易融资平台，出口信用保险支持贸易出口12.4亿美元。试水环境污染责任保险，在全国率先出台大病保险实施方案，保险服务社会经济能力稳步提升。

表4　2012年陕西省保险业基本情况

项目	数量
总部设在辖内的保险公司数（家）	1
其中：财产险经营主体（家）	1
人身险经营主体（家）	0
保险公司分支机构（家）	48
其中：财产险公司分支机构（家）	23
人身险公司分支机构（家）	25
保费收入（中外资，亿元）	365.3
其中：财产险保费收入（中外资，亿元）	115.8
人身险保费收入（中外资，亿元）	249.5
各类赔款给付（中外资，亿元）	104.4
保险密度（元/人）	973.4
保险深度（%）	2.5

数据来源：陕西保监局。

（四）金融市场交易活跃，融资结构持续优化

1. 债券融资势头良好。2012年，双推双增融资工程[①]深入推进，陕西省企业通过债券、股票等直接融资方式融资额同比增长71.4%，有力地促进了全省企业融资方式的转变和融资结构的调整优化。其中，债券融资占比创历年新高，达到22.0%，较上年提高5.6个百分点；而贷款融资额占比75.6%，创历史新低（见表5），大企业融资债券化趋势明显。

表5　2001～2012年陕西省非金融机构部门融资结构

单位：亿元、%

年份	融资量	比重		
		贷款	债券（含可转债）	股票
2001	355.0	98.9	0	1.1
2002	394.9	98.5	0	1.5
2003	620.2	99.6	0	0.4
2004	415.3	98.9	0	1.1
2005	396.3	99.7	0	0.3
2006	552.8	94.0	3.0	3.0
2007	767.5	86.7	9.3	4.0
2008	1 547.0	79.1	10.1	10.8
2009	2 499.9	90.4	7.7	1.9
2010	2 209.3	79.0	12.4	8.6
2011	2 280.2	83.2	16.4	0.3
2012	2 685.8	75.6	22.0	2.4

数据来源：中国人民银行西安分行、陕西省发展改革委、陕西证监局。

2. 货币市场结构优化。2012年，全省同业拆借交易额下降39.2%，债券回购交易额增长38.4%。在回购交易中，隔夜品种最为活跃，成为替代同业拆借业务的主要头寸调节工具。受经济下行压力、宏观调控政策操作等因素的影响，货币市场利率整体保持震荡下行趋势。

3. 票据市场总体量升价跌。2012年，市场流动性相对宽松，票据作为信贷总量调节器的作用凸显，签发及贴现量大幅增长。至年末，全省商业汇票承兑余额同比增长46.7%。全年票据贴现发生额同比增长34.0%（见表6）。受存款准备金率及利率下调的影响，贴现利率总体下行，直贴与转贴加权平均利率分别较上年下降4.0个和2.0个百分点（见表7）。但进入第四季度，“稳增长”政策效应显现，票据市场量减价升。

表6　2012年陕西省金融机构票据业务量统计

单位：亿元

季度	银行承兑汇票承兑		贴现			
			银行承兑汇票		商业承兑汇票	
	余额	累计发生额	余额	累计发生额	余额	累计发生额
1	569.7	231.4	529.3	1 246.1	8.7	3.1
2	627.9	344.5	550.2	1 580.1	8.1	5.0
3	720.3	396.1	563.7	1 406.8	10.2	6.4
4	812.1	483.1	432.1	1 091.1	10.3	7.0

数据来源：中国人民银行西安分行。

表7　2012年陕西省金融机构票据贴现、转贴现利率

单位：%

季度	贴现		转贴现	
	银行承兑汇票	商业承兑汇票	票据买断	票据回购
1	7.1710	9.1311	7.0585	6.0066
2	5.3634	6.3576	6.1080	4.9128
3	5.3125	5.6084	5.3262	4.5773
4	5.7765	6.3965	4.8139	4.8279

数据来源：中国人民银行西安分行。

4. 产权交易有所回落。2012年，受公共资源交易平台推进、产权交易市场规范整顿的影响，陕西省产权交易有所回落。全年西部产权交易所交易额同比降低27.1%；产权交易增值率较上年降低19.5%；竞价率为41.3%，与上年持平。产权交易市场价格发现功能日益凸显，西部产权交易所被陕西省高级人民法院确定为全省法院司法拍卖的第三方交易机构；公路收费经营权转让项目也首次现身产权交易市场。特别是陕西省艺术品交易所更名为陕西文化产权交易所，成为陕西省文化与资本融合的重大举措。

① 2011年，中国人民银行西安分行联合陕西省金融办、发展改革委等5家单位开展的“推介金融市场产品，增强直接融资能力，推进融资方式创新，增大社会融资规模”融资工程。

5. 黄金业务快速发展。2012年，受国际货币环境、居民资产选择偏好的影响，国内黄金价格延续牛市行情，黄金生产及交易量大幅攀升。全省黄金总产量同比增长48.6%；13家银行业机构开办黄金业务，较上年增加3家，累计成交金额达230.9亿元，同比增长84.2%。其中，纸黄金业务累计成交200.7亿元，同比增长96.4%。具有黄金交易所上市交易资格的西安一得国际珠宝公司和陕西黄金集团西安秦金有限责任公司全年买卖各类金品17.9吨，同比增长121.4%。

（五）金融生态环境优化，信用体系建设深化

2012年，陕西省金融生态环境评价体系逐步完善，初步建立县域金融生态环境评价体系。《陕西省公共信用信息条例》正式实施，公共信息征集、使用、披露和共享步入法制化轨道。全省4个县试点开展农村信用体系实验区建设，探索农村信用融资新模式。信用系统建设取得长足进展，全年新增6.4万个农户信用档案，评定信用户1.2万户，全省84%的企业和53%的个人信息已纳入征信系统。征信系统利用率显著提高，全年企业和个人征信系统累计查询量分别增长25.4%和9.2%。

农村支付环境进一步改善。全省农村地区银行机构网点电子支付通汇率达98.8%，支付结算渠道更加通畅。银行卡助农取款服务网点建设提速，累计建成18 025个网点，覆盖所有乡镇和70%以上的行政村。陕西省信用联社成功发行具有金融功能的社保IC卡，成为全国首家取得金融社保IC卡发行资格的省级农村合作金融机构。

二、经济运行情况

2012年，面对复杂严峻的国内外环境，陕西省紧扣科学发展主题与转方式主线，始终把稳增长放在更加突出的位置，坚持创新驱动与内生增长，全省经济呈现出“发展趋稳、稳中向好”的发展态势，实现了经济总量和增长速度的双进位。全年实现生产总值14 451.2亿元，同比增长12.9%（见图5）；首现“千亿县”（神木县）和

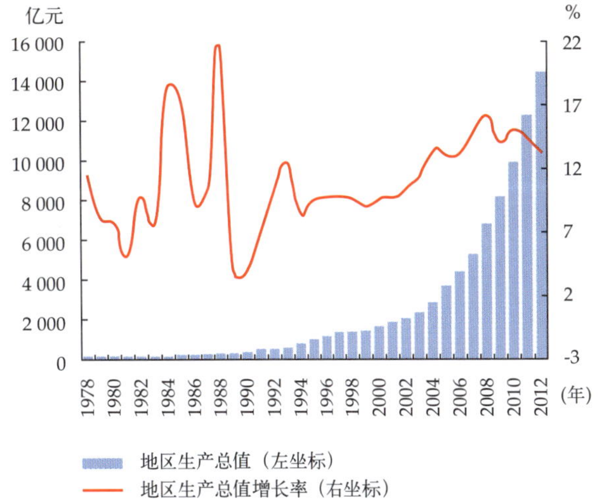

数据来源：《陕西统计年鉴》、陕西省统计局。

图5 1978～2012年陕西省地区生产总值及其增长率

“百亿镇”（龙门镇与交口河镇）；人均GDP实现38 557元，约折合6 110美元，首次超过全国平均水平。

（一）投资发挥关键作用，内需增长动力强劲

2012年，陕西省投资活力增强，消费市场保持稳健，对外贸易降幅缩窄，三大需求结构基本稳定，投资成为经济稳增长主要动力。

1. 投资企稳回升，结构逐步优化。2012年，全社会固定资产投资增长28.1%（见图6），自5月起逐月回升，位居全国第9位，对经济增长贡献率超过70%。坚持重大项目引领投资增长，开展央企民企进陕、秦商故乡行和长三角、环渤海等专题推介活动，与37家央企、600家省外民企签订投资项目847个，投资规模达1.26万亿元。发挥区位枢纽优势，稳步扩大铁路、公路及城市基础设施投资，高铁网一日交通圈成型，西部机场集团成为全国第6个3 000万吨量级机场，填补西北空白。投资结构持续优化，新能源、新一代信息技术、生物、新材料等战略性新兴产业投资分别增长38.1%、81.7%、26.9%和93%，产业转型提档加速；水利投资189亿元，增长19.6%，创历史最好纪录；民间投资增长32.3%，高于全省水平3.4个百分点，为“稳增长”提供了持续动力。

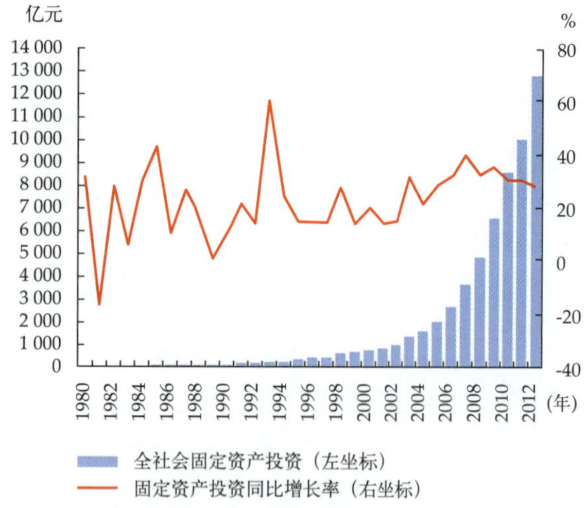

数据来源：《陕西统计年鉴》、陕西省统计局。

图6　1980～2012年陕西省全社会固定资产投资及其增长率

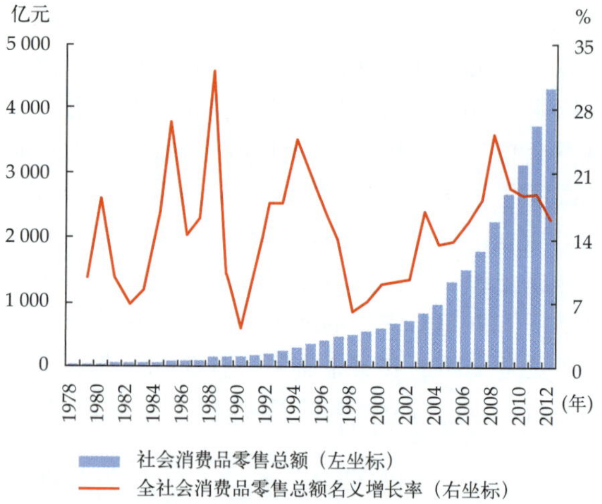

数据来源：《陕西统计年鉴》、陕西省统计局。

图7　1978～2012年陕西省社会消费品零售总额及其增长率

2. 城乡居民稳步增收，消费市场稳健运行。2012年，陕西调增最低工资标准，完善城乡社保体系，城乡居民收入实现较快增长，名义增速分别达13.6%和14.6%，均高于全省GDP增速，农村居民人均纯收入增速连续六年超全国平均水平。深入推进避灾扶贫搬迁工程，全面建设31个重点示范镇，统筹城乡协调发展，全省城镇化率超50%，城乡居民收入比达3.6：1，较上年有所提升。充分发挥"后世园"效应，积极实施家政服务工程，推广车载市场进社区，兴办网上产销对接平台，深挖传统消费项目，着力开发休闲、文娱等新兴消费，激发假日消费市场潜力，全省消费品市场保持了稳定增长态势，全年社会消费品零售总额增幅达16 %（见图7），居全国第2位，高于全国水平1.7个百分点。

3. 对外贸易有所好转，利用外资势头强劲。2012年，受外需下滑、成本上升等因素影响，全省对外贸易低位增长，实现进出口总值148.0亿美元，同比增长1.0%（见图8），扭转了2012年年初以来的持续负增长局面。机电和轻工产品出口增速高于全省平均水平，高附加值产品出口表现良好。杨凌、延安、安康等地进出口增速居前，外向型经济区域布局逐步优化。

利用外资保持强劲势头。全省合同利用外资成倍增长，外商直接投资同比增长24.7%（见图9），继续保持旺盛态势。成功引入环普科技等三个超亿美元投资项目，创历年新高。中国香港、韩国、维尔京群岛、新加坡等4个地区和国家投资占全省实际利用外资近八成。外商独资企业规模呈现扩大态势。第二、第三产业成为利用外资重点领域，外商投资房地产行业增幅高达45%。发挥产业比较优势，全省对外直接投资汇出资金首次超过5亿美元。

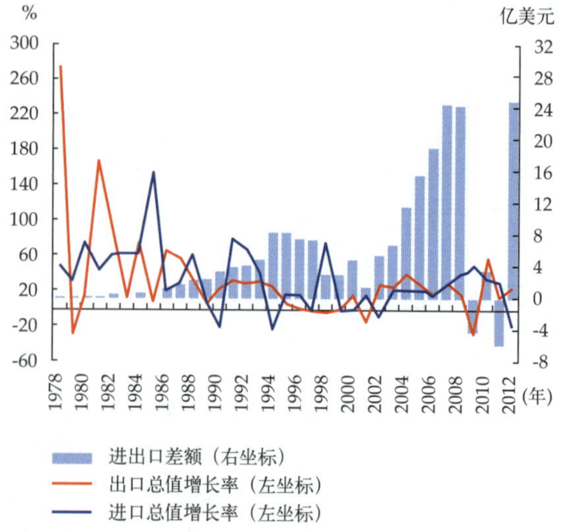

数据来源：《陕西统计年鉴》、陕西省统计局。

图8　1978～2012年陕西省外贸进出口变动情况

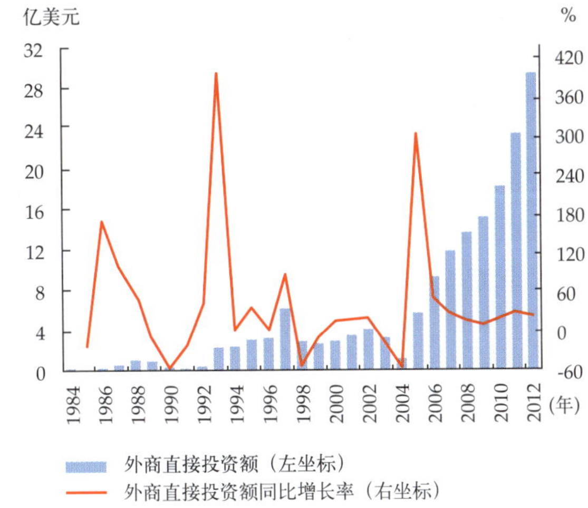

数据来源：《陕西统计年鉴》、陕西省统计局。

图9　1984～2012年陕西省外商直接投资额及其增长率

（二）三次产业协同发展，工业主导地位增强

2012年，陕西省大力推进西部强省建设，保工业稳增长，三次产业布局调整为9.5：55.9：34.6，第二产业比重比上年提高0.6个百分点，工业主导地位显著增强。

1. 农业持续向好，现代化水平日益提升。2012年，陕西省继续强化支农强农惠农政策落实力度，农业增产增效成绩显著，粮食产量“九连丰”，水果产量“十三连增”，奠定了经济稳定发展基础。农业现代化水平有所突破，主要农作物耕种收综合机械化水平达57%；果蔬百库工程建设顺利推进，共建成1 000吨以上果（蔬）冷藏库152座；现代农业园区成为全省现代农业亮点，已建设农业园区1 300多个，占全省耕地总面积的5.3%，省级奖补资金达6亿元，园区内农民人均纯收入高出全省平均水平60%，“四化”实现同步发展。

2. 工业逆势前行，产业优势日渐显现。2012年，全省规模以上工业增加值增长16.6%（见图10）。工业结构持续优化，轻工业产值增速高于重工业5.5个百分点，非能源工业增速高于能源工业5.1个百分点，规模以上中小工业销售产值超过7 000亿元，增长30%。创新驱动发展走在全国前列，技术合同交易额突破310亿元，增长43.9%。西安—咸阳两化融合试验区信息化建设继续保持西部领先。省属国有企业资产总额突破万亿元大关，经营业绩步入全国第一方阵。军民结合双百工程稳步推进，48个项目建成投产，新增销售收入114亿元，军民融合发展迈上新台阶。

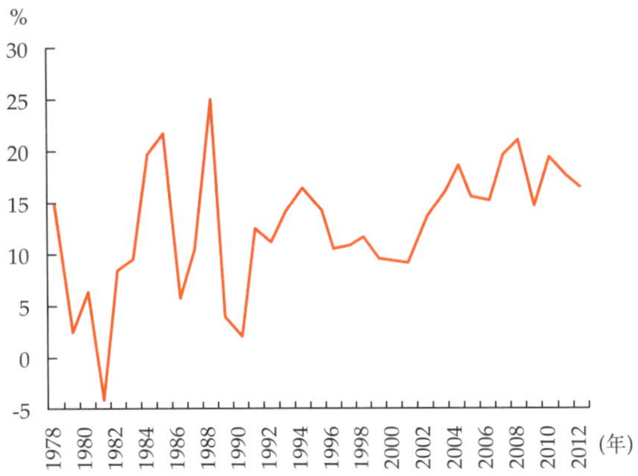

数据来源：《陕西统计年鉴》、陕西省统计局。

图10　1978～2012年陕西省工业增长变动情况

3. 服务业快速发展，新型门类日趋完善。2012年，全省服务业增加值增长11.5%，高于全国3.4个百分点。其中，旅游业再创新高，总收入增长29.3%，成为服务业增长主要支撑。陕西文投艺术品投资基金成立，曲江文化娱乐商业中心建设顺利，国际文化创意产业园区入驻率提升，文化产业已成为全省最具优势、最具潜力的服务行业。西安国际港务区物流产业聚集，已覆盖医药、机电、出版物等十余个门类。浐灞生态区金融商务产业充分发挥正能量，家庭服务业成为发展新亮点，推进速度和覆盖范围均居全国前列，全省服务业正从“体力经济”向“智力经济”转变。

（三）物价涨幅平稳回落，价格改革取得进展

1. 居民消费价格温和上涨。2012年，陕西CPI上涨2.8%，同比回落2.9个百分点（见图11）。食品、衣着、居住、医疗保健四类价格对全年CPI影

响程度达到93%。月度环比震荡特点明显，节日消费特征突出。新涨价因素影响占四成，其中，鲜蛋、鲜菜和牛羊肉成为食品价格上涨主因，人力及材料成本上升推高服装价格，中药材与中成药价格上涨拉高医疗保健价格。

2. 生产价格同比降幅收窄。2012年，全省工业生产者出厂价格同比上涨0.7%，购进价格同比持平，进出涨幅差较上年收窄，工业生产企稳回升迹象明显。从行业看，轻工业产品价格上涨，重工业产品价格略降；生活资料价格小幅上涨，生产资料价格微降；初级产品和最终产品出厂价格上涨，中间产品出厂价格下降。

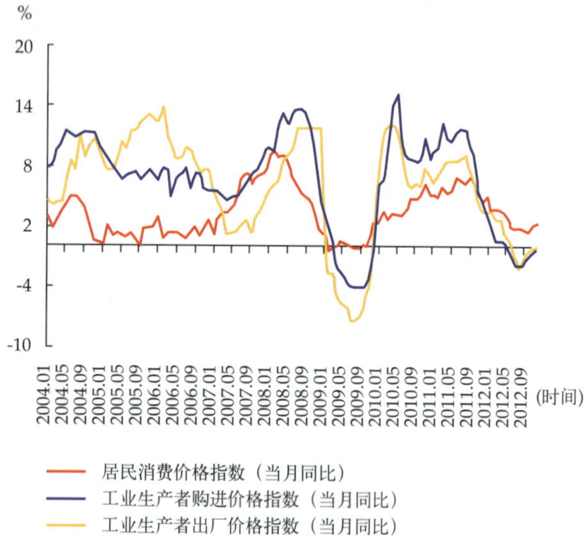

数据来源：《陕西统计年鉴》、陕西省统计局。

图11　2004～2012年陕西省居民消费价格和生产者价格变动趋势

3. 价格改革取得新进展。全面试行居民生活阶梯电价，出台陕西省城市供水价格改革指导意见，完善成品油价格形成机制。推动药品价格改革，部分药品最高零售价格平均降幅17%。取消政府还贷二级公路收费，年减轻车主负担60亿元。

（四）财政收入稳定增长，财政支出给力民生

2012年，面对经济下行压力和结构性减税政策的实施，陕西强化重点非税收入征收管理，地方财政收入实现稳定增长，全年同比增长24.9%（见图12）。其中，增值税增长7.6%，个人所得税下降5.3%。积极落实国家结构性减税政策，全省共减免税款235亿元。财政支出同比增长13.5%，其中，财政民生支出占比连续三年超80%，全面支持了教育、文化、科技、医疗卫生、社会保障、农业、水利、保障性住房、移民搬迁等重点项目建设。

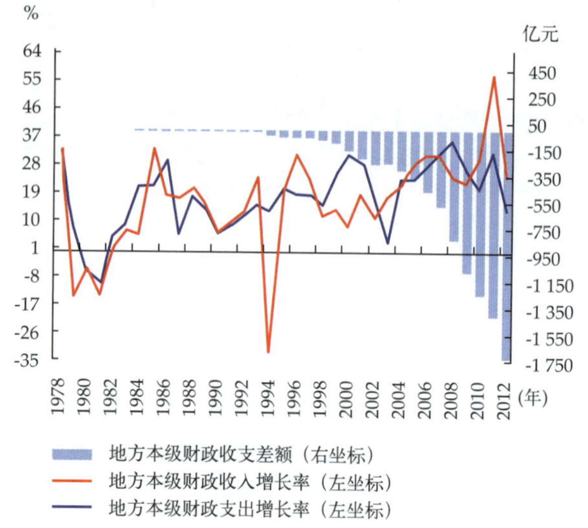

数据来源：《陕西统计年鉴》、陕西省统计局。

图12　1978～2012年陕西省财政收支状况

（五）节能减排扎实推进，科学发展迈上台阶

2012年，陕西以“生态美”为目标，启动工业污染源防治等五项工程，首次开展化学需氧量和氨氮排污权竞买交易，成立环境保护执法局，狠抓节能降耗，全年关闭小煤矿66座，淘汰落后产能423万吨，全省万元GDP能耗下降3.5%，化学需氧量、氨氮、二氧化硫和氮氧化物排放量分别削减2.1%、1.5%、2.3%和1%。试点探索排污权质押模式，绿色金融取得初步成效。

全面加强生态建设和环境保护。全省森林覆盖率提升至41.4%，北部沙区每年沙尘暴天数下降为24天。森林面积和森林蓄积实现双增长，成为全国防沙治沙和退耕还林典范、林权改革先锋、“生态美”和古树名木保护创新省份。

（六）房地产业回归稳健，高新技术创新发展

1. 房地产市场发展趋于理性。2012年，全省房地产开发投资持续增长，保障性安居工程建设成效显著，差别化住房信贷政策有效实施，房地产价格更趋合理。

房地产开发投资持续增长。2012年，全省房地产开发投资同比增长30.1%，较上年提高7.6个百分点。其中，保障性住房建设力度较大，实际开工41.8万套，超额完成全年40.5万套的目标任务；累计完成投资784.7亿元，占全省房地产开发投资的42.7%。资金来源中，国内贷款占比下降2.1个百分点，自筹资金占比上升3.2个百分点。

房地产成交量下滑幅度收窄，销售价格回归理性。2012年，全省房屋施工面积同比增长26.1%（见图13），较上年提高3.7个百分点。待售面积同比增长超1倍，去库存周期有所延长。全省商品房销售面积与销售额同比分别下降9.7%和5.9%（见图13），限购、限贷、限利政策效果突出。从月度看，上半年积累的刚性需求逐渐入市、首次购房信贷环境有所改善，下半年市场热度明显回升。重点城市监测表明，全年西安市新建商品住宅价格先抑后扬，住宅价格上涨动力明显趋缓（见图14）。

房地产贷款增速回落趋稳。2012年，全省房地产贷款增速高位回落，同比增长22.8%，较上年回落7.5个百分点。但保障性安居工程建设贷款强劲增长，贷款余额达223亿元，同比增长54.8%。其中，保障性住房开发贷款余额为208.2亿元，同比增长57.7%，占全部保障性住房贷款余额的93.3%。

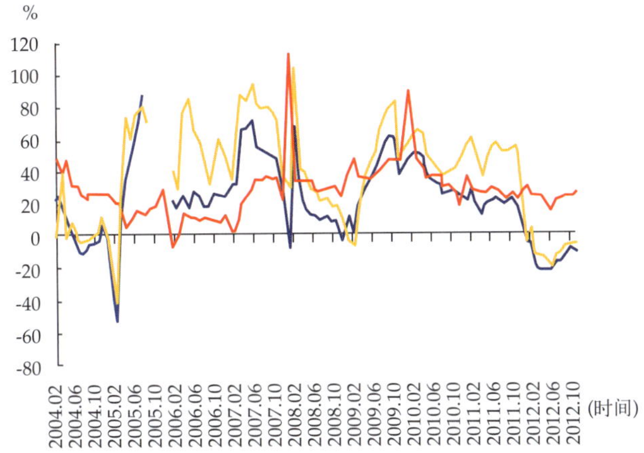

数据来源：《中国经济景气月报》、陕西省统计局。

图13　2004～2012年陕西省商品房施工和销售变动趋势

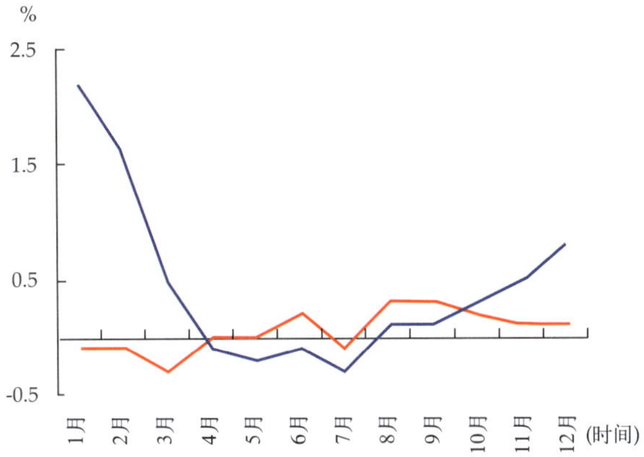

数据来源：《中国经济景气月报》、陕西省统计局。

图14　2012年西安市新建住宅销售价格变动趋势

专栏2　保障性住房融资的“陕西模式”日益完善

大力推进保障性住房建设是党中央、国务院近年来出台的重大民生举措，对于保持房地产价格稳定，改善人民群众居住条件，促进经济结构调整，构建社会主义和谐社会具有深远意义。2011年以来，陕西省积极推进保障性住房建设，保障性住房开工率连续两年位居全国第一。全省金融机构对保障性住房建设有重点、有策略的积极介入，初步形成了卓有成效

的保障性住房融资“陕西模式”。

一是银行信贷模式。适用于经济适用房、限价房、棚户区（城中村）改造项目。这几类住房开发商业模式清晰，项目销售可有效覆盖贷款本息，金融机构贷款满足率较高。2012年，全省金融机构共授信保障房开发融资额度172.9亿元，其中，经济适用房44.5亿元，限价房4.8亿元。国家开发银行陕西省分行以开发贷款为载体，向西安市棚户区改造项目贷款60亿元，与中国邮政储蓄银行联合发放银团贷款，先后两期为陕西省保障房建设引入邮政储蓄资金24.9亿元；陕西省农村信用联社采用股权质押担保方式介入城中村改造项目，至年末，对西安市27个城中村改造项目贷款余额达38.4亿元。

二是融资平台模式。专注于解决公租、廉租住房融资能力较弱问题。2011年，陕西省成立全国第一家省级保障房融资平台——陕西保障性住房建设工程有限公司，由省财政厅、延长石油集团和陕西有色集团出资组建，以保障房公司为借款主体，向省内金融机构融资。至年末，该平台已从省内金融机构获得综合授信113亿元，并与全省10个市、89个县区签订保障房融资项目117个，建设保障房11.3万套，其中，80%的项目为公租和廉租住房建设，占全省保障房建设总量的1/4。

三是社保基金模式。2012年，国家开发银行与全国社保基金理事会达成协议，分别向西安市棚户区改造项目、陕西煤业集团铜川矿务局棚户区改造项目引入社保资金10亿元、11亿元。社保基金期限长、利率低，适合于保障性住房建设，对有效缓解保障性住房建设资金紧张局面意义重大。

四是公积金贷款模式。2010年6月，陕西省将西安市作为全国首批公积金贷款试点城市，对7个保障房项目授予贷款额度35.3亿元。2012年，陕西省重新筛选6个保障房项目申请贷款额度37.3亿元，并将试点城市扩大至延安、汉中和咸阳三市，支持保障性住房项目19个，申请贷款额度78.2亿元。

五是债券融资模式。2011年，西安曲江建设集团有限公司等12家公司联合发行集合债，募集资金21.5亿元，期限5年，用于西安市高新区、经开区、蓝田县等12个县区的保障性住房开发建设。2012年7月，铜川市开发投资有限公司通过发行企业债券，募集资金8亿元，期限7年，重点用于铜川市城市转型、保障房开发等领域。

六是国企增信模式。充分利用国企，特别是国有大型企业的整体信用优势，为保障房建设提供融资担保，以方便融资。陕西省保障性住房建设工程有限公司项目贷款由大股东陕西延长石油（集团）有限责任公司提供100亿元担保；在铜川市棚户区改造项目中，陕煤化集团被作为棚户区改造项目发起人和协调人，为该项目项下贷款提供第三方连带责任保证担保，有效地推动了国有矿区改造。

2. 高新技术产业创新前行。近年来，陕西省以统筹科技资源改革为主线，积极实施“科技资源统筹创新工程”战略，高新技术产业蓬勃发展。2012年，全省高新技术产业生产总值近6 000亿元，自“十一五”以来，年均增长20%以上，成为全省经济新增长点和创新驱动发展的支柱产业。

当前，陕西高新技术产业发展呈现以下特点：一是园区优势逐渐显现。2012年，咸阳与榆林高新技术产业开发区升级为国家级高新区，全省国家级高新区达6个，仅次于广东、江苏和山东。二是创新驱动能力增强。拥有国家级企业技术中心17个，位居西部第二，组织实施省级产学研联合开发项目55项，9项达到国际先进水平，全省科技技术贡献率达53.3%。三是新兴产业快速成长。航空航天、生物医药、软件服务外包和新材料成为推动高新技术产业发展的主导力量；以大功率半导体激光器、钛及钛合金材料、组织工程等一批具有自主知识产权的成果实现产业化。四是外商投资积极参与。2012年，国内最大电子类外商投资高新技术产业项目——三星高端存储芯片项目落户陕西，一期投资70亿美元，加快了电子信息产业成为陕西工业支柱产业的步伐。

金融与科技融合，有效地催化了高新技术产业创新效能与效益。2012年，全省科技型中小微企业贷款同比增长62.1%，其中，知识产权质押贷款突破10亿元。长安银行成立西北首家科技支行，并托管陕西省科技型中小微企业贷款风险补偿基金。杨凌现代农业集团成功发行西部规模最大的农业企业债，融资15亿元。各金融机构探索推出了园区互助贷、“股权质押+创投公司承诺购买”、“M+1+N”供应链金融等产品与服务方式，组建陕西省科技金融产品研究开发中心开展论证，为推动全省高新技术产业快速发展提供了强有力的资金支持和服务支撑。

三、预测与展望

2013年是全面深入贯彻落实党的十八大精神的开局之年，也是为陕西全面建成小康社会奠定坚实基础的重要一年。尽管国内外形势依然严峻，全省经济发展面临不少风险与挑战，但未来一段时期，陕西仍处于发展的重要战略机遇期。省内各区域全面上升到国家战略规划，区位枢纽地位更加牢固，内陆型经济更能多享扩内需之机，多年积累也已打开经济发展上升通道。总体来看，2013年全省经济仍可保持健康可持续发展态势，预计全年地区生产总值增长12.5%左右。

从经济运行情况看，在投资层面，随着国家基础设施建设提速，陕西省有望新开工一批铁路、公路、轨道交通及重大水利工程，扭转基础设施投资下降局面；北斗卫星导航产业基地、华为和爱立信全球技术交换中心等重大项目落地，势必带动云计算、物联网和智慧城市等战略新兴产业投资；重点县、重点示范镇、文化旅游古镇以及新型农村示范社区建设稳步推进，进一步加大了城镇化建设投资，预计全年投资增长25%左右。

在消费层面，居民收入分配制度改革步伐加快，全省富民强省工程稳健实施，住房、汽车等消费热点回暖，以及陕西文化产业优势对消费升级的带动作用增强，使全省消费有望继续保持平稳增长态势。

在出口层面，虽然全球经济复苏乏力、国际市场需求不振，在我国汇率灵活性加大及国内削减关税的作用下，全省出口增速将小幅反弹。

在物价方面，全球流动性宽松加剧大宗商品价格波动，也使我国面临阶段性流动性过剩局面，劳动力成本、资源性产品和部分不可贸易品趋势性上涨，房价上涨预期不断增强，物价存在反弹压力，预计消费价格水平将控制在4%以内。

2013年，中国人民银行西安分行将紧紧围绕主题主线，以提高经济增长质量与效益为中心，坚持稳中求进的工作总基调，继续实施稳健的货币政策，加大政策预调微调力度，保持货币信贷合理适度增长；准确把握金融服务实体经济的本质要求，着力优化信贷结构；积极拓展融资渠道，引导社会融资平稳适度增长，为陕西经济持续健康发展提供有力的金融支撑。

中国人民银行西安分行货币政策分析小组

总　纂：郭新明　袁庆春

统　稿：李学武　师树松

执　笔：李卫林　陈　涛　连太平　张　炜　石　球

提供材料的还有：赵　斐　骆昭东　赵　阳　王　玮　宋　星　李　娟　孙　薇　李玉辉　张宏亮　秦鸿文　包　琼　刘社芳　李亚凤　梁　红　关　伟　苏振兴

附录

（一）2012年陕西省经济金融大事记

4月27日，陕西省政府与国资委在北京举行合作备忘录签字暨央企进陕发展活动启动仪式。签约项目206个，涉及能源化工、军工、装备制造、电子信息、有色冶金、轻工纺织、基础设施7大类，新增投资7 000多亿元。

5月7日至11日，陕西省第十二次党代会召开，提出全面建设“三强一富一美”（经济强、科教强、文化强、百姓富、生态美）西部强省的奋斗目标。

5月29日，国家开发银行在西安召开开发性金融支持陕西“十二五”发展综合金融服务座谈会及签约仪式。

6月15日，中国银行间市场交易商协会、陕西省政府（授权省金融办）、中国人民银行西安分行签署《借助银行间市场助推陕西省实施双推双增融资工程合作备忘录》。

7月3日，陕西省政府与中国建设银行股份有限公司签订战略合作协议。

7月3日，陕西煤业化工集团财务公司设立。

7月25日，陕西省政府与中国农业银行签署金融支持陕西“十二五”经济又好又快发展战略合作备忘录。

7月26日，陕西钱币博物馆开馆。

9月12日，国内最大的电子类外商投资高新技术产业项目——一期投资70亿美元的三星（中国）半导体有限公司高端存储芯片项目在西安高新区开工奠基。

11月20日至24日，第十九届中国杨凌农业高新科技成果博览会在杨凌国家农业高新技术产业示范区举办。

（二）2012年陕西省主要经济金融指标

表1　2012年陕西省主要存贷款指标

		1月	2月	3月	4月	5月	6月	7月	8月	9月	10月	11月	12月
本外币	金融机构各项存款余额（亿元）	19 372.8	19 790.7	20 533.5	20 254.6	20 606.8	21 604.1	21 379.4	21 640.2	22 231.5	22 176.3	22 361.1	22 843.4
	其中：储蓄存款	9 640.3	9 708.8	9 947.1	9 783.4	9 927.0	10 255.4	10 156.3	10 260.3	10 552.0	10 406.5	10 518.3	10 820.5
	单位存款	9 070.5	9 304.1	9 860.7	9 700.6	9 823.3	10 448.7	10 224.2	10 500.0	10 828.2	10 830.9	10 926.6	11 232.8
	各项存款余额比上月增加（亿元）	27.1	417.9	742.8	-279.0	352.3	997.3	-224.7	260.7	591.3	-62.2	184.8	482.3
	金融机构各项存款同比增长（%）	16.4	15.9	17.1	15.5	17.0	18.0	16.6	16.9	19.2	18.6	17.5	18.1
	金融机构各项贷款余额（亿元）	12 214.5	12 344.4	12 631.4	12 808.4	12 997.1	13 301.3	13 436.6	13 585.8	13 793.6	13 887.1	14 063.7	14 138.2
	其中：短期	3 203.4	3 239.4	3 381.0	3 434.4	3 484.4	3 631.4	3 680.0	3 712.0	3 829.9	3 894.5	3 966.4	4 060.7
	中长期	8 530.4	8 608.0	8 683.3	8 800.7	8 911.5	9 054.4	9 105.8	9 199.4	9 283.5	9 340.0	9 433.1	9 539.7
	票据融资	457.0	473.3	543.3	549.2	576.9	591.2	626.7	650.3	656.3	628.7	640.1	512.8
	各项贷款余额比上月增加（亿元）	107.1	129.9	287.0	177.0	188.7	304.2	135.4	149.2	207.8	93.4	176.7	74.5
	其中：短期	85.3	36.0	141.6	53.4	50.0	147.0	48.5	32.0	118.0	64.6	71.9	94.3
	中长期	43.1	77.6	75.3	117.3	110.8	142.9	51.4	93.5	84.1	56.5	93.1	106.6
	票据融资	-21.3	16.3	70.0	5.9	27.7	14.3	35.6	23.6	6.0	-27.6	11.4	-127.3
	金融机构各项贷款同比增长（%）	17.4	17.2	17.9	17.8	18.1	18.5	18.6	18.4	19.0	18.5	17.9	16.9
	其中：短期	27.5	25.2	28.0	26.2	27.2	28.9	28.3	26.6	26.8	27.2	27.8	30.2
	中长期	13.2	13.1	11.9	11.9	12.3	13.2	12.8	13.4	13.9	12.9	12.5	12.5
	票据融资	33.2	43.5	80.4	94.0	82.9	51.6	68.8	58.3	61.7	70.3	51.9	7.2
	建筑业贷款余额（亿元）	279.6	285.0	295.8	304.2	312.0	319.9	326.8	329.3	343.0	342.3	347.0	351.0
	房地产业贷款余额（亿元）	463.6	468.9	468.5	469.8	463.0	471.5	468.0	475.9	496.8	505.0	527.4	536.7
	建筑业贷款同比增长（%）	65.4	60.4	56.2	46.9	45.1	43.1	43.0	41.0	41.8	38.4	36.1	35.6
	房地产业贷款同比增长（%）	13.0	14.5	13.0	12.0	10.8	13.4	12.2	15.1	21.3	23.5	29.4	30.6
人民币	金融机构各项存款余额（亿元）	19 243.1	19 665.4	20 401.7	20 119.4	20 466.4	21 446.3	21 225.7	21 485.0	22 058.9	21 997.8	22 162.9	22 657.7
	其中：储蓄存款	9 585.8	9 658.1	9 895.9	9 723.5	9 867.9	10 199.0	10 100.4	10 204.7	10 501.4	10 348.2	10 459.6	10 770.0
	单位存款	9 000.8	9 234.3	9 784.7	9 630.9	9 748.6	10 352.8	10 133.3	10 405.8	10 710.8	10 716.7	10 791.9	11 103.2
	各项存款余额比上月增加（亿元）	19.0	422.3	736.3	-282.4	347.1	979.8	-220.6	259.3	573.9	-68.1	165.1	494.8
	其中：储蓄存款	413.7	79.6	237.9	-172.4	144.3	331.1	-98.7	104.4	296.7	-153.2	111.4	310.4
	单位存款	-541.3	233.6	550.4	-153.9	117.8	604.2	-219.5	272.4	305.1	5.8	75.3	311.3
	各项存款同比增长（%）	16.6	16.0	17.3	15.6	17.1	18.1	16.7	16.9	19.0	18.5	17.2	17.8
	其中：储蓄存款	14.6	14.1	14.8	14.3	15.4	16.3	16.9	17.1	17.9	18.5	18.3	17.4
	单位存款	19.0	18.2	19.7	16.9	18.5	22.0	19.3	20.5	19.5	18.7	16.3	16.4
	金融机构各项贷款余额（亿元）	11 986.9	12 104.5	12 392.5	12 576.2	12 769.9	13 071.0	13 211.6	13 365.1	13 556.9	13 638.4	13 805.3	13 865.6
	其中：个人消费贷款	1 778.8	1 792.7	1 824.2	1 849.4	1 878.3	1 907.1	1 931.1	1 967.3	2 006.3	2 032.7	2 085.9	2 113.0
	票据融资	456.9	473.2	543.2	549.1	576.9	591.2	626.7	650.3	656.3	628.7	640.1	512.8
	各项贷款余额比上月增加（亿元）	111.6	117.6	288.0	183.8	193.7	301.1	140.6	153.5	191.8	81.6	166.8	60.3
	其中：个人消费贷款	29.8	13.8	31.6	25.2	28.9	28.8	24.0	36.2	38.9	26.4	53.3	27.1
	票据融资	-21.3	16.3	70.0	5.9	27.8	14.3	35.6	23.6	6.0	-27.6	11.4	-127.3
	金融机构各项贷款同比增长（%）	17.4	16.9	17.7	17.6	18.1	18.6	18.7	18.6	19.0	18.4	17.8	16.9
	其中：个人消费贷款	27.9	25.9	24.0	22.9	22.4	21.9	21.1	21.6	22.1	21.2	21.3	20.8
外币	金融机构外币存款余额（亿美元）	20.6	19.9	20.9	21.5	22.2	25.0	24.3	24.5	27.2	28.3	31.5	29.5
	金融机构外币存款同比增长（%）	2.1	5.2	3.4	9.8	9.8	13.9	13.4	15.8	39.2	37.4	66.3	53.1
	金融机构外币贷款余额（亿美元）	36.1	38.1	38.0	37.0	35.9	36.4	35.5	34.8	37.3	39.5	41.1	43.4
	金融机构外币贷款同比增长（%）	-7.1	48.1	51.4	38.3	19.9	-0.8	-15.5	-20.1	40.2	66.4	75.1	48.3

数据来源：中国人民银行西安分行。

表2　2001～2012年陕西省各类价格指数

单位：%

年/月		居民消费价格指数		农业生产资料价格指数		工业生产者购进价格指数		工业生产者出厂价格指数	
		当月同比	累计同比	当月同比	累计同比	当月同比	累计同比	当月同比	累计同比
2001		—	1.0	—	1.9	—	0.5	—	0.4
2002		—	-1.1	—	0.8	—	-1.2	—	0.7
2003		—	1.7	—	2.3	—	4.8	—	5.7
2004		—	3.1	—	11.6	—	10.4	—	7.3
2005		—	1.2	—	7.2	—	7.5	—	10.4
2006		—	1.5	—	0.7	—	6.7	—	9.6
2007		—	5.1	—	8.3	—	6.3	—	2.9
2008		—	6.4	—	22.0	—	11.2	—	8.4
2009		—	0.5	—	-4.2	—	-1.6	—	-3.9
2010		—	4.0	—	5.3	—	9.7	—	8.7
2011		—	5.7	—	10.3	—	9.6	—	7.2
2012		—	2.8	—	5.4	—	0	—	0.7
2011	1	5.3	5.3	5.5	5.5	9.3	9.3	6.3	6.3
	2	4.9	5.1	6.5	6.0	9.7	9.5	7.1	6.7
	3	5.8	5.3	9.0	7.0	12.1	10.4	7.8	7.1
	4	5.3	5.3	9.7	7.7	10.8	10.5	8.4	7.4
	5	5.4	5.4	10.5	8.2	10.4	10.5	8.4	7.6
	6	6.7	5.6	11.5	8.8	11.2	10.6	8.5	7.8
	7	6.5	5.7	13.6	9.5	11.7	10.8	8.8	7.9
	8	6.3	5.8	13.5	10.0	11.6	10.9	9.0	8.0
	9	6.7	5.9	13.4	10.4	10.2	10.8	7.7	8.0
	10	6.3	5.9	12.8	10.6	8.7	10.6	6.6	7.9
	11	4.5	5.8	9.8	10.5	5.4	10.1	4.4	7.5
	12	4.6	5.7	7.9	10.3	4.6	9.6	3.7	7.2
2012	1	5.1	5.1	8.3	8.3	3.1	3.1	3.4	3.4
	2	3.7	4.4	8.2	8.3	2.2	2.7	3.5	3.4
	3	3.9	4.2	7.0	7.8	0.6	2.0	2.9	3.3
	4	3.7	4.1	7.5	7.8	0.7	1.6	2.6	3.1
	5	3.3	3.9	6.7	7.5	0.4	1.4	1.4	2.8
	6	2.2	3.6	5.5	7.2	-0.7	1	0.4	2.3
	7	1.9	3.4	3.6	6.7	-1.6	0.6	-0.9	1.9
	8	1.9	3.2	3.6	6.3	-2.0	0.3	-2.0	1.4
	9	1.7	3	3.5	6.0	-1.7	0.1	-1.5	1.1
	10	1.6	2.9	3.8	5.8	-0.8	0	-0.5	0.9
	11	2.1	2.8	3.7	5.6	-0.4	0	-0.2	0.8
	12	2.4	2.8	3.8	5.4	0	0	0	0.7

数据来源：《中国经济景气月报》、陕西省物价局、国家统计局陕西调查总队。

表3　2012年陕西省主要经济指标

	1月	2月	3月	4月	5月	6月	7月	8月	9月	10月	11月	12月
绝对值（自年初累计）												
地区生产总值(亿元)	—	—	2 755.7	—	—	6 116.0	—	—	9 568.3	—	—	14 451.2
第一产业	—	—	119.2	—	—	363.2	—	—	650.7	—	—	1 370.2
第二产业	—	—	1 547.4	—	—	3 471.1	—	—	5 368.5	—	—	8 075.4
第三产业	—	—	1 089.1	—	—	2 281.8	—	—	3 549.2	—	—	5 005.6
固定资产投资(亿元)	—	462.2	1 285.6	2 215.6	3 473.0	5 005.1	6 232.1	7 297.3	8 592.7	9 881.9	11 262.6	12 840.1
房地产开发投资	—	119.4	224.7	335.1	506.7	734.9	856.1	1 019.1	1 226.4	1 408.4	1 636.2	1 835.9
社会消费品零售总额(亿元)	—	366.6	1 040.2	742.8	945.6	2 038.5	1 371.8	1 595.6	3 098.2	2 098.3	2 382.5	4 330.8
外贸进出口总额(万美元)	—	198 400	312 700	421 700	544 200	655 200	769 600	897 600	1 018 700	1 122 800	1 302 400	1 479 900
进口	—	91 600	144 600	190 700	243 800	295 500	348 100	406 500	462 400	511 200	563 100	614 700
出口	—	106 700	168 200	231 000	300 300	359 600	421 500	491 100	556 400	611 600	739 300	865 200
进出口差额(出口−进口)	—	15 100	23 600	40 300	56 500	64 100	73 400	84 600	94 000	100 400	176 200	250 500
外商实际直接投资(万美元)	—	37 300	51 000	62 100	83 400	149 400	153 500	164 500	189 000	207 800	236 800	293 600
地方财政收支差额(亿元)	—	-51.9	-225.3	-304.7	-464.0	-770.6	-851.9	-1 032.1	-1 295.0	-1 367.8	-1 538.1	-1 726.2
地方财政收入	—	220.8	346.4	486.6	608.9	793.3	893.8	977.3	1 084.3	1 219.1	1 324.8	1 600.7
地方财政支出	—	272.7	571.7	791.3	1 072.9	1 563.9	1 745.7	2 009.3	2 379.3	2 586.9	2 862.9	3 326.9
城镇登记失业率(%)（季度）	—	—	3.5	—	—	3.5	—	—	3.5	—	—	3.2
同比累计增长率（%）												
地区生产总值	—	—	13.0	—	—	13.0	—	—	12.7	—	—	12.9
第一产业	—	—	5.1	—	—	5.5	—	—	4.6	—	—	6.0
第二产业	—	—	16.0	—	—	15.1	—	—	14.8	—	—	14.9
第三产业	—	—	9.7	—	—	11.0	—	—	11.0	—	—	11.5
工业增加值	—	17.3	17.0	17.0	17.0	17.0	16.6	16.4	16.4	16.5	16.6	16.6
固定资产投资	—	28.6	27.0	26.1	27.1	27.3	27.6	27.7	28.4	28.4	28.2	28.1
房地产开发投资	—	24.8	30.4	22.8	24.2	19.2	13.2	15.7	20.3	23.3	29.6	30.1
社会消费品零售总额	—	20.2	16.3	17.3	17.1	15.9	17.5	17.5	15.7	18.1	18.4	16.0
外贸进出口总额	—	-5.4	-7.6	-7.9	-6.8	-7.0	-6.1	-6.0	-5.6	-4.6	-0.5	1.0
进口	—	-18.0	-14.0	-16.8	-19.1	-18.5	-17.0	-17.3	-17.5	-16.2	-16.6	-19.3
出口	—	8.8	-1.3	1.1	6.2	5.2	5.3	6.1	7.4	8.0	16.5	23.0
外商实际直接投资	—	86.4	-16.0	-15.5	-3.8	24.2	18.8	22.5	14.6	13.0	15.9	24.7
地方财政收入	—	30.0	29.6	28.4	23.2	26.6	23.9	23.6	22.3	21.7	22.7	24.9
地方财政支出	—	35.3	40.5	41.1	30.5	21.7	18.9	23.9	19.5	20.5	16.9	13.5

数据来源：陕西省统计局《经济要情》、陕西省商务厅。

2012年甘肃省金融运行报告

中国人民银行兰州中心支行货币政策分析小组

[内容摘要] 2012年，面对全球经济复杂多变、国内经济下行压力加大的严峻形势，甘肃省牢牢把握稳中求进、好中求快的总基调，把稳增长放在更加重要的位置，在保持经济平稳较快发展的同时促进经济结构调整，全省呈现经济逆势走强、民生显著改善、物价基本稳定的良好态势。全省金融系统紧紧围绕甘肃经济发展战略，认真执行稳健的货币政策，不断优化信贷结构，努力提升服务水平，有效地满足了实体经济发展的金融需求。

2013年是全面贯彻落实十八大精神的开局之年，甘肃省将深入实施“3341”项目工程，大力推进兰州新区、华夏文明传承创新区建设，全省经济有望继续保持平稳较快增长。全省金融机构将认真贯彻落实金融宏观调控政策，加大对实体经济和民生领域的金融支持力度，为甘肃经济社会转型跨越发展提供良好的金融服务。

一、金融运行情况

2012年，甘肃省金融业保持良好运行态势，货币信贷合理增长，银行业资产规模稳步提高；证券机构实力不断增强，股票市场融资取得新进展；保险业平稳发展，保障能力进一步提升。

（一）银行业健康发展，货币信贷合理增长

1. 银行业金融机构资产规模稳步增长，经营效益和资产质量明显提升。2012年，全省银行业金融机构资产规模同比增长22.6%（见表1），利润总额同比增长61.7%，不良贷款率较年初下降0.7个百分点。随着甘肃经济持续快速发展，银行业金融机构加快在甘肃布局，中国光大银行成功入驻甘肃，银行业总体实力进一步增强。

2. 存款保持较快增长，定期化趋势有所增强。2012年年末，全省金融机构本外币存款余额为10 129.7亿元，是全省第一个过万亿元的经济金融指标，较年初增加1 668.8亿元，同比增长19.7%。全省金融机构存款波动明显，呈现出“季末冲高”的特点，3月、6月、9月、12月存款大幅增加，这四个月存款增加额占全年增加额的48.0%（见图1、图3）。从期限看，存款定期化趋势明显，全年全省新增定期存款占全部新增存款的49.4%，同比提高10.1个百分点。

表1　2012年甘肃省银行业金融机构情况

机构类别	营业网点			法人机构（个）
	机构个数（个）	从业人数（人）	资产总额（亿元）	
一、大型商业银行	1 379	28 797	6 136.7	0
二、国家开发银行和政策性银行	59	1 577	1 823.3	0
三、股份制商业银行	39	1 165	951.0	0
四、城市商业银行	156	3 652	1 227.4	2
五、城市信用社	0	0	0	0
六、小型农村金融机构	2 184	16 453	2 689.0	89
七、财务公司	2	65	88.6	2
八、信托公司	1	65	13.9	1
九、邮政储蓄银行	596	5 035	465.7	0
十、外资银行	0	0	0	0
十一、新型农村金融机构	19	404	39.6	16
十二、其他	4	271	201.9	1
合　计	4 436	57 484	13 646.0	111

注：营业网点不包括国家开发银行和政策性银行、大型商业银行、股份制银行等金融机构总部数据；大型商业银行包括中国工商银行、中国农业银行、中国银行、中国建设银行和交通银行；小型农村金融机构包括农村商业银行、农村合作银行和农村信用社；新型农村金融机构包括村镇银行、贷款公司和农村资金互助社；“其他”包含金融租赁公司、汽车金融公司、货币金融公司、消费金融公司等。

数据来源：甘肃银监局。

3. 贷款均衡增长，结构明显优化。2012年年末，全省金融机构本外币贷款余额为7 196.6亿元，较年初增加1 457.4亿元，同比增长25.5%。从贷款投放节奏来看，四个季度贷款基本按照3：3：2：2的比例投放，投放节奏更趋均衡（见

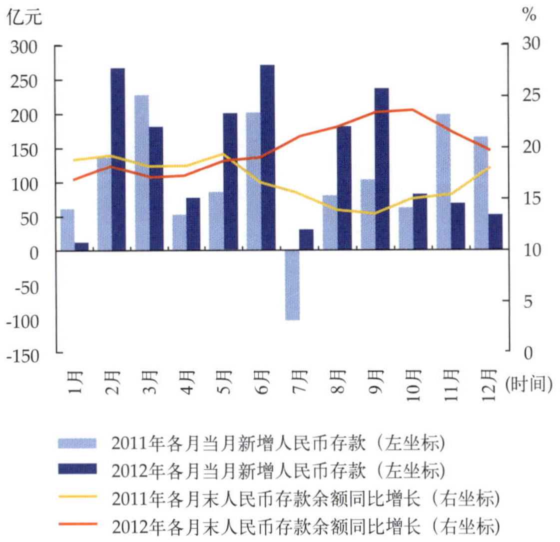

数据来源：中国人民银行兰州中心支行。

图1　2011～2012年甘肃省金融机构人民币存款增长

图2、图3）。从贷款期限来看，短期贷款增势强劲，全省短期贷款余额同比增长28.2%，较中长期贷款增幅高8.0个百分点。从贷款结构来看，民生领域信贷支持力度进一步加大，各项民生贷款增幅均高于全省贷款增幅，年末全省涉农贷款余额为2 640.3亿元，同比增长27.7%；助学贷款余额28.7亿元，同比增长25.6%；妇女小额担保贷款余

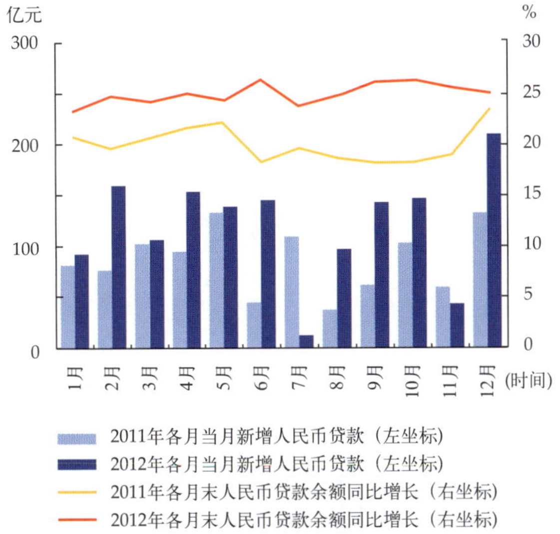

数据来源：中国人民银行兰州中心支行。

图2　2011～2012年甘肃省金融机构人民币贷款增长

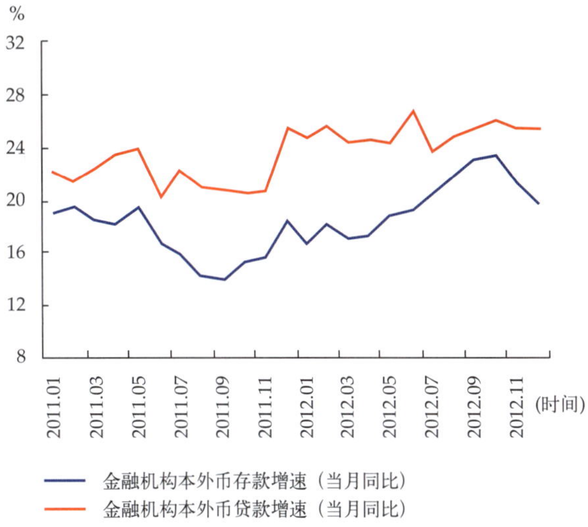

数据来源：中国人民银行兰州中心支行。

图3　2011～2012年甘肃省金融机构本外币存、贷款增速

额为192.3亿元，同比增长103.1%，规模位居全国第一。

4. 表外业务迅速发展，业务品种不断丰富。随着实体经济金融需求的多元化，金融机构主动调整结构，积极发展表外业务，全省银行业金融机构表外业务规模迅速扩大。据调查，2012年全省银行承兑汇票、贷款承诺、保函和信用证等表外业务增长71.5%。

5. 贷款利率水平前高后低，美元存款利率下降明显。2012年上半年，全省金融机构贷款利率稳步攀升，4月达到8.7844%的全年高点，下半年利率水平呈阶梯状回落，全年全省金融机构人民币贷款加权平均利率为8.7110%，同比提高0.7537个百分点（见表2）。受境内外汇资金供求变化等因素的影响，美元存款利率呈下降趋势，其中1年期以上小额美元存款加权平均利率为0.9511%，同比下降0.0919个百分点（见图4）。

6. 金融改革深入推进，农村金融机构体系进一步健全。全国性大型商业银行持续巩固改革成效，金融创新能力、风险管理能力和经营稳健性不断提升。中国农业银行甘肃省分行“三农金融事业部”改革取得阶段性成果，事业部管理架构不断完善，可持续发展能力显著增强，“三农”金融服务水平进一步提高。地方法人金融机构改

表2 2012年甘肃省金融机构人民币贷款各利率浮动区间占比

单位：%

月份		1月	2月	3月	4月	5月	6月
合计		100.0	100.0	100.0	100.0	100.0	100.0
[0.9，1.0)		4.6	20.3	20.2	6.1	3.0	5.5
1.0		38.1	26.4	23.3	26.4	29.5	28.9
上浮水平	小计	57.3	53.2	56.5	67.5	67.6	65.6
	(1.0，1.1]	8.9	6.4	12.0	6.0	9.3	8.6
	(1.1，1.3]	14.7	11.7	12.9	15.5	18.5	18.5
	(1.3，1.5]	14.1	13.8	15.1	17.8	19.2	14.4
	(1.5，2.0]	17.7	18.9	15.3	25.2	19.4	21.7
	2.0以上	1.9	2.5	1.2	3.0	1.1	2.4
月份		7月	8月	9月	10月	11月	12月
合计		100.0	100.0	100.0	100.0	100.0	100.0
[0.9，1.0)		8.4	11.2	5.7	4.9	8.0	13.3
1.0		30.2	28.5	31.6	33.4	33.1	34.2
上浮水平	小计	61.4	60.3	62.7	61.8	58.9	52.5
	(1.0，1.1]	10.5	5.9	6.8	6.9	10.2	8.5
	(1.1，1.3]	17.5	16.1	16.7	16.7	17.1	14.8
	(1.3，1.5]	12.0	15.3	12.7	14.7	13.0	9.2
	(1.5，2.0]	18.4	19.9	20.9	20.2	17.1	19.3
	2.0以上	3.0	3.1	5.6	3.2	1.5	0.7

注：2012年8～12月统计数据的下浮区间为[0.7，1.0)。

数据来源：中国人民银行兰州中心支行。

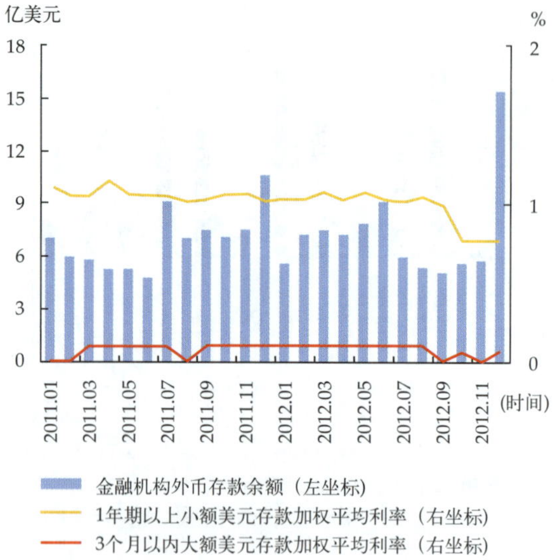

数据来源：中国人民银行兰州中心支行。

图4 2011～2012年甘肃省金融机构外币存款余额及外币存款利率

革取得新进展。两家农村合作银行改制成立农村商业银行，标志着全省农村信用社体制改革和机制创新迈上了新台阶。甘肃省农村信用社联合社管理体制改革不断深化，在全国率先撤销11家办事处和1家管理部，设立6个区域稽核审计中心。2012年，全省新开业4家村镇银行，为服务“三农”和县域经济发展、促进农村金融竞争注入了新的力量。

7. 跨境人民币业务快速发展，覆盖面持续扩大。2012年，甘肃省跨境人民币业务实现实际收付34.8亿元，比2011年增长7.5倍。业务种类不断拓宽，涵盖了全部经常项目业务以及外商直接投资、跨境融资等资本项目业务。与甘肃省发生跨境人民币交易的国家和地区达到23个，其中，与香港地区、法国和智利发生的跨境人民币结算业务量占全省的80.1%。

专栏1 搭建支农“四大平台”，构建农村金融服务创新“甘肃模式”

近年来，中国人民银行兰州中心支行立足甘肃省情、农情，通过搭建“四大平台”，形成了“人行主导、政府支持、合力推进、三农受益”的农村金融服务创新“甘肃模式”，走出了一条金融支持“三农”发展的新路子。甘肃农村金融工作在中国人民银行工作会议上进行了经验交流，《金融时报》在头版头条以“甘肃模式”为重点对甘肃省农村金融服务创新工作进行了系列报道，甘肃省委、省政府相关领导充分肯定了甘肃农村金融工作取得的成绩。

全力搭建信贷创新平台，推动信贷惠农。解决“三农”融资难问题是甘肃农村金融创新的核心内容。2011年以来，中国人民银行兰州中心支行在全省开展了农村金融服务创新综合实验县创建工作，印发创建方案和多项指导意见，引导和鼓励金融机构以创新农村信贷产品和担保方式为切入点，引入林权、农村土地承包经营权、存货等多种元素为“三农”增信，因地制宜推动涉农金融产品创新，并形成了有影响力和推动力的品牌效应。中国建设银行甘肃省分行的“农耕文明”涉农个贷系列产品已成功向国家工商总局申请商标注册；中国邮政储蓄银行甘肃省分行的“中药材特色优势农业贷款”被中国邮政储蓄银行总行确定为甘肃省特色农业贷款。截至2012年年末，全省银行业金融机构共推出农村金融创新产品和服务方式30个，受益企业达638家，直接受益和间接受益农户达157.8万户，带动全省涉农贷款余额达到2 640.3亿元，占全省各项贷款余额的36.7%。

全力搭建支付畅通平台，推进服务便农。针对甘肃农村支付服务环境薄弱的实际情况，中国人民银行兰州中心支行按照“一县一策、市场先行、整体推进”的工作思路，围绕专业市场、中心乡镇、特色产业和强农惠农政策实施，采取快速延伸现代化支付系统、优化推广先进支付工具、建立科学评价机制等有效措施，使农村支付环境建设驶上了快车道。截至2012年年末，甘肃省农村地区各类现代化支付机具比2009年翻了一番以上，支付系统覆盖面扩大了5.7倍，助农取款服务点覆盖全省97.5%的有固话网络的行政村，彻底消除了支付服务空白乡镇，使越来越多的农民足不出村就能享受到高效率、低成本的现代化支付服务。

全力搭建信用提升平台，推进信用强农。信用体系建设是改善农村金融服务环境的重要内容。近年来，中国人民银行兰州中心支行组织涉农金融机构建立农户电子信用档案，开展农户信用评价和农村信用体系实验区建设工作，规范创建“信用户、信用村、信用乡镇”。金融机构对信用农户在同等条件下实行贷款优先、额度放宽、手续简化，使农户享受到信用环境改善带来的实实在在的好处。目前，全省已形成了改善和维护农村信用环境的共识，基层政府、农户的信用意识明显提高，涉农贷款还款率明显上升，中国人民银行兰州中心支行主导的信用环境建设打造了农村“信用高地”，使信用成为促进“三农”发展的强大驱动力。

全力搭建协同联动平台，推进合力助农。部门协作是农村金融服务创新的有力保障。2012年，中国人民银行兰州中心支行成立了由行长任组长的农村金融服务创新工作领导小组，先后组织召开了全省农村支付服务环境建设现场会、全省农村金融服务创新经验交流暨推进会，举办了全省农口部门领导干部农村金融知识培训班，营造了银政合作推动农村金融服务创新的良好氛围。在中国人民银行兰州中心支行的全力推动下，甘肃省政府在财力非常有限的情况下，筹措7.8亿元财政资金，在58个集中连片特困地区建立了县级担保机构，对在金融服务网点空白乡镇设立物理网点和引入“三农”支付终端的金融机构给予一定的财政补贴。在多方努力下，“人行牵头、多方协同、联动推进”的农村金融服务创新工作机制不断健全、完善。

（二）证券业稳健运行，资本市场融资作用进一步发挥

1. 证券业整体运行平稳，法人机构实力不断增强。2012年年末，甘肃省有1家法人证券公司，62家证券营业部，有1家法人期货公司，6家期货营业部（见表3），全年新增3家证券营业部。全年全省证券营业部累计实现证券交易额3 075.6亿元，同比下降17.4%；累计实现营业收入5.9亿元，同比下降25.5%。辖内法人证券公司华龙证券有限责任公司先后获批开展融资融券业务、直投业务，综合实力和区域影响力明显增强，2012年年末总资产达到96.7亿元，同比增长103.0%。辖内法人期货机构陇达期货经纪有限公司资产总额同比增长55.5%，公司客户同比增长212.1%，客户保证金同比增长144.2%，整体经营实力明显增强。

2. 资本市场融资取得新进展，上市后备资源培育实现新突破。2012年年末，甘肃辖内共有24家上市公司。全年甘肃上市公司通过资本市场实现直接融资118.5亿元，同比增长8.7%，与全国资本市场直接融资额同比下降21.0%形成鲜明对比。通过长期培育，甘肃上市后备资源匮乏的状况有所改善，2012年年末，甘肃辖区共有12家拟上市公司。

表3　2012年甘肃省证券业基本情况

项目	数量
总部设在辖内的证券公司数（家）	1
总部设在辖内的基金公司数（家）	0
总部设在辖内的期货公司数（家）	1
年末国内上市公司数（家）	24
当年国内股票（A股）筹资（亿元）	88.5
当年发行H股筹资（亿元）	0
当年国内债券筹资（亿元）	267
其中：短期融资券筹资额（亿元）	95
中期票据筹资额（亿元）	69.0

数据来源：中国人民银行兰州中心支行、甘肃证监局。

（三）保险业运行良好，保障功能不断增强

1. 保险业平稳发展，行业综合实力不断增强。全省保险市场稳步增长，截至2012年年末，全省共有23家保险市场主体，保险业总资产达398.1亿元，同比增长17.3%。全年累计实现原保险保费收入158.8亿元，同比增长12.7%；累计发生赔付支出48.2亿元，同比增长26.1%，保险业经济补偿和风险分散作用充分发挥（见表4）。

表4　2012年甘肃省保险业基本情况

项目	数量
总部设在辖内的保险公司数（家）	0
其中：财产险经营主体（家）	0
人身险经营主体（家）	0
保险公司分支机构（家）	23
其中：财产险公司分支机构（家）	12
人身险公司分支机构（家）	11
保费收入（中外资，亿元）	158.8
其中：财产险保费收入（中外资，亿元）	57.6
人身险保费收入（中外资，亿元）	101.2
各类赔款给付（中外资，亿元）	48.2
保险密度（元/人）	616.0
保险深度（%）	2.8

数据来源：甘肃保监局。

2. 农业保险成效显著，保险保障民生功能进一步增强。2012年，甘肃省政策性农业保险新开办马铃薯保险、森林保险两个品种。农业保险累计为210.3万户次农民提供141.3亿元的风险保障。藏区农业保险实现保费收入1.2亿元，同比增长51.2%。牦牛、藏系羊、青稞3个特色品种的承保覆盖面和保障服务水平全国领先。

（四）金融市场交易活跃，直接融资规模持续扩大

1. 直接融资规模不断扩大，小型微型企业贷款专项金融债实现首发。甘肃省企业直接融资意识不断增强，积极通过银行间债券市场进行融资，全省非金融企业债券融资规模进一步扩大。2012年，全省非金融企业发行债券267.3亿元，同比增加5.3亿元。省内首只专项用于小微企业的金融债成功发行，首期30亿元资金已募集到位。2012年，全省贷款、债券、股票融资量占比为80.4：14.7：4.9（见表5）。

表5　2001～2012年甘肃省非金融机构部门融资结构

单位：亿元、%

年份	融资量	比重		
		贷款	债券（含可转债）	股票
2001	105.9	90.6	0	9.4
2002	197.0	97.5	0	2.5
2003	254.8	100.0	0	0
2004	226.4	91.7	0	8.3
2005	120.0	100.0	0	0
2006	240.3	79.0	15.0	6.1
2007	332.4	87.7	5.4	6.9
2008	516.4	89.5	4.9	5.6
2009	1 230.0	74.5	12.0	13.5
2010	902.7	86.8	12.6	0.6
2011	1 495.8	77.5	17.5	5.0
2012	1 813.2	80.4	14.7	4.9

数据来源：中国人民银行兰州中心支行、甘肃证监局。

2. 货币市场运行平稳，交易量大幅增加。2012年，甘肃省同业拆借业务平稳发展，市场成员信用拆借量为3.5亿元，全部为拆出业务。为提高资产流动性，甘肃省债券回购交易规模不断扩大，交易量同比增长52.8%，其中隔夜品种交易最为活跃，交易量占比达到73.2%。

3. 票据业务规模迅速扩张，贴现利率下行企稳。2012年，甘肃省票据交易活跃，承兑发生额和余额快速增长，其中贴现业务增长最为明显，全年累计发生额为1 631.8亿元，同比增长89.7%（见表6）。再贴现办理量创历史新高，累计办理再贴现73.3亿元。上半年，票据贴现利率呈现下行趋势；下半年，随着市场预期趋稳，贴现利率保持基本稳定（见表7）。

表6　2012年甘肃省金融机构票据业务量统计

单位：亿元

季度	银行承兑汇票承兑		贴现			
			银行承兑汇票		商业承兑汇票	
	余额	累计发生额	余额	累计发生额	余额	累计发生额
1	299.1	144.4	172.9	253.3	23.7	11.4
2	387.3	472.9	234.3	602.3	15.8	70.3
3	463.2	707.3	246.8	991.4	15.5	89.4
4	491.7	1 011.4	221.5	1 531.6	13.4	100.2

数据来源：中国人民银行兰州中心支行。

表7　2012年甘肃省金融机构票据贴现、转贴现利率

单位：%

季度	贴现		转贴现	
	银行承兑汇票	商业承兑汇票	票据买断	票据回购
1	7.4168	8.6428	6.7696	5.6756
2	5.5197	5.9969	5.3516	4.5320
3	5.4907	5.5113	4.8451	4.2666
4	5.6809	6.5117	4.9451	4.8308

数据来源：中国人民银行兰州中心支行。

4. 黄金市场和外汇市场交易量下滑。黄金市场参与主体不断扩大，交易种类不断丰富。目前，参与主体涵盖金融机构、企业和个人，交易种类扩展到黄金延期、黄金积存、黄金定投等业务，但受2012年商业银行纸黄金业务交易量下降的影响，全年全省黄金交易量同比减少44.1%。外汇市场交易规模有所下降，全年交易量同比减少359万美元。外汇交易全部为即期交易，交易方式以询价为主。

（五）信用体系建设稳步推进，农村金融基础设施不断完善

2012年，中国人民银行兰州中心支行按照“以金融征信为重点，经济领域征信为基础，辐射社会诚信建设”的征信工作定位，从甘肃实际出发，深入推进中小企业和农村信用体系建设，全省信用环境进一步改善。全年共为省内2.8万户中小企业和351.7万农户建立了信用档案，共有1.5万户中小企业和255.8万农户获得银行信贷资金，金额分别为798.3亿元和631.3亿元。

2012年，中国人民银行兰州中心支行坚持“一县一策、市场先行、整体推进”的工作思路，积极组织辖内涉农金融机构加强农村支付基础设施建设，大力推广银行卡助农取款服务，做实做细重点市场、重点产业支付工具的推广应用工作，全力推动农村支付环境持续改善。全省农村地区布放ATM3 917台、POS机34 238台、转账电话31 781台，彻底消除了金融服务空白乡镇。

二、经济运行情况

2012年，甘肃经济发展呈现出生产总值增速跃居全国前列、投资保持高位运行、社会消费快速增长、财政收支运行平稳、进出口增速放缓、居民收入增势强劲、物价基本稳定的良好态势。全年实现生产总值5 650.2亿元，比上年增长12.6%（见图5）。

（一）投资、消费快速增长，外贸进出口增势放缓

1. 项目建设全面推进，投资保持高速增长。2012年，根据经济社会发展实际情况，甘肃省充分利用政策叠加优势，启动实施“3341”项目工程[①]，大力推进项目建设，全年新开工项目数量和

① “3341”项目工程，即打造三大战略平台、实施三大基础建设、瞄准四大产业方向，确保到2016年甘肃省固定资产投资规模超过1万亿元。

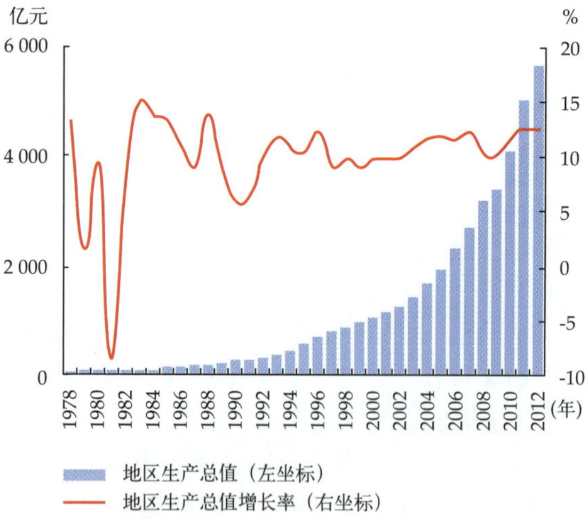

数据来源：甘肃省统计局。

图5　1978～2012年甘肃省地区生产总值及其增长率

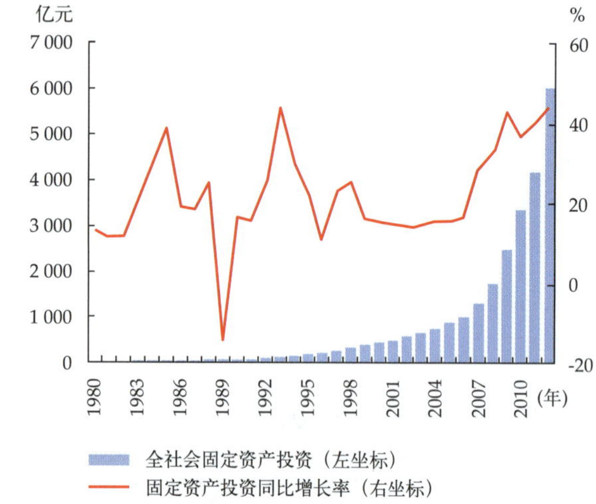

数据来源：甘肃省统计局。

图6　1980～2012年甘肃省固定资产投资及其增长率

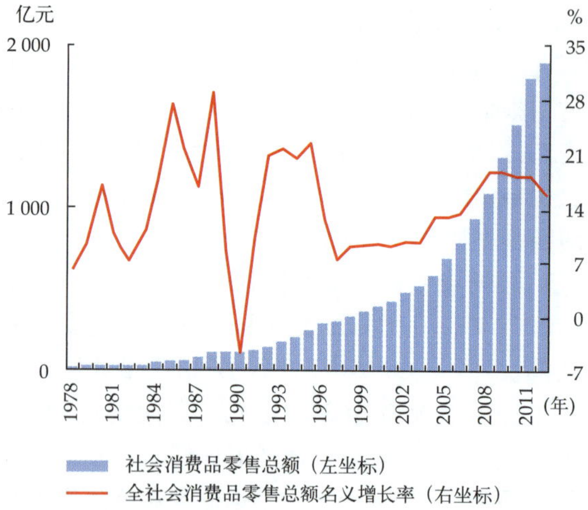

数据来源：甘肃省统计局。

图7　1978～2012年甘肃省社会消费品零售总额及其增长率

投资额大幅增加，项目投资快速增长。全年完成固定资产投资6 013.4亿元，比上年增长43.9%（见图6）。

2. 居民收入增势强劲，带动社会消费快速增长。2012年，全省加大城乡民生保障力度，严格落实强农惠农富农政策，全力推动城乡居民收入增长，全年城镇居民人均可支配收入为17 156.9元，比上年增长14.5%；农村居民人均纯收入为4 506.7元，比上年增长15.3%。在居民收入快速增长的推动下，全省消费市场平稳较快增长，全年实现社会消费品零售总额1 877.0亿元，比上年增长16.0%（见图7）。

3. 外贸进出口总体放缓，境外投资实现跨越式发展。2012年，甘肃省外贸呈现出口大幅增长、进口有所下降的态势，全年进出口总值同比增长2.0%（见图8），比2011年回落16.6个百分点。其中，机电产品出口大幅增长带动全省出口总值同比增长65.5%，进口矿产品量价齐跌导致全省进口总值同比下降18.9%。

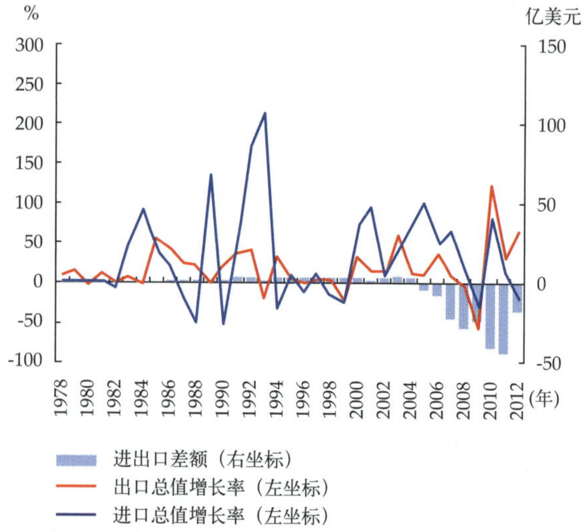

数据来源：甘肃省统计局。

图8　1978～2012年甘肃省外贸进出口变动情况

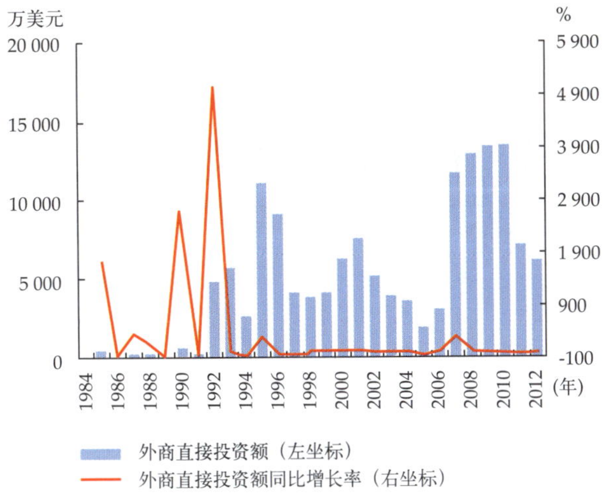

数据来源：甘肃省统计局。

图9 1984～2012年甘肃省外商直接投资额及其增长率

甘肃省外商直接投资继续下降，但降幅有所收窄。2012年，全省实际利用外商直接投资额降幅较2011年缩小35.1个百分点（见图9）。同时，全省主要涉外企业通过境外投融资取得产品包销权、协议收购、要约收购和认购新股的方式与外国企业进行合作，实现境外投资12.9亿美元，同比增长103.2%，创历史最高水平。

（二）三次产业协调发展，社会供给能力增强

2012年，甘肃省三次产业全面协调发展，产业结构进一步优化，三次产业比例由2011年的13.5：47.4：39.1调整为13.8：46.0：40.2。

1. 农业生产形势良好。2012年，全省粮食产量再创历史新高，达到1 109.7万吨，同比增长9.4%，全省粮食产量连续两年突破1 000万吨，有力地保证了粮食安全。甘肃省充分发挥独特的气候资源优势，做大做强蔬菜、瓜果、中药材等优势产业，进一步调整种植业内部结构，粮、经、饲结构由2011年的69.7：27.9：2.4调整为2012年的69.0：28.6：2.4。

2. 工业生产较快增长。2012年，甘肃省工业生产开局良好，2月规模以上工业企业增加值增速达到21.7%，之后受国内外经济环境影响，规模以上工业企业增加值增速下滑至4月的7.1%。此后，

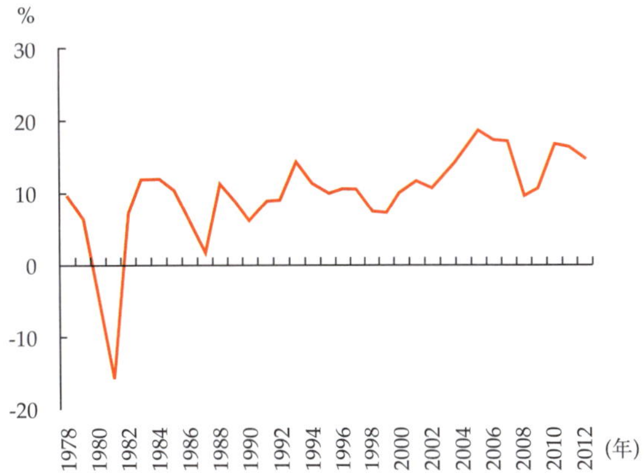

数据来源：甘肃省统计局。

图10 1978～2012年甘肃省规模以上工业增加值同比增长率

在国家稳增长政策的作用下，工业生产企稳回升。全年规模以上工业企业完成工业增加值1 931.4亿元，同比增长14.6%（见图10）。

3. 服务业快速增长。2012年，在物流、金融、旅游、文化等服务业快速发展的带动下，甘肃省服务业整体保持较快增长，第三产业增加值为2 269.2亿元，增长12.5%，其中金融保险业增加值为184.4亿元，增长24.2%。

（三）居民消费价格涨幅整体回落，工业生产者价格有所下降

1. 居民消费价格水平低位运行。2012年，全省居民消费价格水平呈“两头高、中间低”的态势，上半年全省居民消费价格涨幅基本在3%左右，7月和8月涨幅下降至2%以下，随后缓慢回升，全年涨幅为2.7%，比2011年回落3.2个百分点（见图11）。

2. 工业生产者价格水平呈下降态势。2012年，全省工业生产者出厂价格总水平同比下降3.2%；工业生产者购进价格总水平同比下降1.3%。2月开始全省工业生产者出厂价格呈现下降趋势，尤其是7月和8月降幅明显扩大，分别下降7.4%和8.5%，此后降幅逐步收窄（见图11）。

3. 劳动力成本持续上升。受城镇职工、农民工工资上涨预期增强影响，全省企业劳动力成本持续上升。2012年，甘肃省大幅提高了最低工资标准，

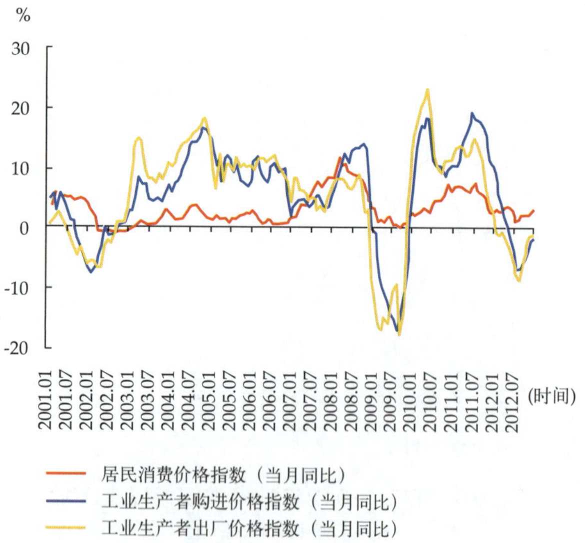

数据来源：甘肃省统计局。

图11　2001～2012年甘肃省居民消费价格和生产者价格变动趋势

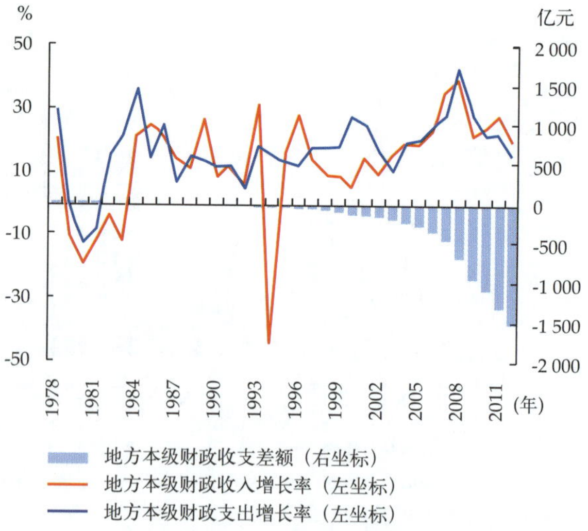

数据来源：甘肃省统计局。

图12　1978～2012年甘肃省财政收支状况

平均涨幅超过30%，进一步提高了企业用工成本。

（四）财政收支快速增长，支出结构进一步优化

2012年，在增值税、营业税、企业所得税等税收收入快速增长的带动下，全省财政收入增势强劲。全年全省大口径财政收入和地方财政收入分别迈上1 000亿元、500亿元的新台阶，达到1 080.4亿元和520.9亿元，同比增长17.3%和19.7%（见图12）。

2012年，全省财政支出继续保持快速增长，首次超过2 000亿元，达到2 063.4亿元，同比增长15.2%。同时，财政支出结构进一步优化，社会保障、医疗卫生、教育等领域得到重点保障，全年全省财政涉及民生支出占比达到75%。

（五）循环经济加快发展，节能减排工作有序推进

2012年，甘肃省积极实施《甘肃省循环经济促进条例》，着力推进七大循环经济基地规划和13个开发区循环化改造，以打造五大工业循环经济基地为重点，促进产业集聚发展。实施了农业和农村能源建设、农业种养殖废弃物再利用、农村环境整治等重点工程，循环型农业体系建设步伐加快。

2012年，全省实施节能项目91个，酒钢、金川、兰铝等重点用能单位合同能源管理项目成效明显。重点节能领域深入推进，工业、建筑、公共机构节能有序开展，交通、农村、商业节能逐步加强。落实了差别电价、惩罚性电价等价格政策，完成了单位地区生产总值二氧化碳排放目标任务。

专栏2　用好政策　发挥合力　促进就业

近年来，中国人民银行兰州中心支行立足省情、开拓创新，通过完善“一项机制”，突出“两个重点”，发挥“三个作用”，推动下岗失业人员小额担保贷款和妇女小额担保贷款发放量双双位居全国前列。中国人民银行兰州中心支行在促进就业方面做的工作、提出的政策建议得到党和国家有关领导人的关注和批示，被国务院授予“全国就业先进工作单位”荣誉称号，并多次获得中国人民银行总行金融支持就业工作优秀奖。

完善一项机制，凝聚金融支持就业工作合力。伴随每次国家金融支持就业政策的出台与完善，中国人民银行兰州中心支行充分发挥金融协调和政策优势，积极配合相关部门制定实施细则、研究配套措施、举办业务培训、开展政策宣传，先后制定了包括《关于金融支持全省全民创业行动的意见》等在内的十余项金融支持就业政策措施意见。目前，甘肃省已将符合就业创业实际的“家庭装修、种植养殖、农副产品加工”等纳入小额担保贷款微利项目范围，相继将农村妇女、大学生“村官”、返乡农民工、自主择业军转干部纳入金融支持就业范围，形成了全方位、多层次的金融支持体系。

突出两个重点，破解金融支持就业瓶颈问题。健全担保体系和建立长效机制是甘肃金融支持就业工作的两个重点。面对全省担保基金筹集难和贷款担保需求大之间的突出矛盾，中国人民银行兰州中心支行协调相关部门，建立健全了省市县三级担保基金体系，有效打开了工作局面。为促进金融支持就业工作顺利开展，探索建立“小额担保贷款+创业培训+信用社区建设”的长效机制，创新提出了“贴近社区助创建、借鉴经验促创建、以点带面推创建、通力协作抓创建”的工作思路，依托信用社区创建，完善了贷款风险防范和管理措施，促进了小额担保贷款工作可持续发展。

发挥三个作用，确保金融支持就业取得实效。中国人民银行兰州中心支行始终坚持“落实政策、力求实效”的工作原则，牢牢把握“政策扶持、市场运作”的政策内涵，紧紧围绕甘肃省就业矛盾突出、就业形势严峻的省情，充分发挥“窗口指导”、政策引导和参谋助手作用，使每一项金融支持政策真正成为推动就业、改善民生的惠民工程。2008年下岗失业人员小额担保贷款新政策出台后，及时召开金融机构小额担保贷款协调会，在全省推广设立专门贷款服务中心、明确首问责任制、提供一站式服务以及金融机构与担保机构共同审贷等创新做法，推动全省下岗失业人员小额担保贷款成倍增长，贷款办理效率大幅提升，深受下岗职工好评。截至2012年年末，全省下岗失业人员小额担保贷款余额达到36亿元，支持了10万多名城镇就业困难人员实现了自主创业。2009年妇女小额担保贷款政策实施以来，引导妇女创业金融支持与服务工作深入开展，首次将金融支持就业政策拓展到广大农村地区。截至2012年年末，妇女小额担保贷款余额接近200亿元，支持了60多万名农村妇女创业致富，被誉为“小贷款、好项目、大发展”。同时，率先研究建立了妇女小额担保贷款统计制度和重点联系行监测制度，全面、及时反映政策执行情况，为上级行和相关部门完善政策提供了有价值的参考。

（六）行业分析

1. 房地产市场和房地产金融运行平稳，保障性住房建设进度加快。

（1）房价总体平稳，成交量大幅回升。2012年，兰州新建住宅价格比较稳定，环比涨幅除3月、4月、10月三个月小幅下降、11月份上涨0.4%外，其他8个月均持平（见图14）。受法定存贷款基准利率两次下调、大量楼盘入市等因素影响，全省房地产成交量大幅回升（见图13）。全年全省商品房销售面积达978.4万平方米，增长19.9%。

（2）保障房建设任务超额完成，带动房地产投资快速增长。2012年，甘肃省加快保障房建设，超额完成目标任务，建设进度位居全国前列。2012年，全省新开工建设保障性住房12.5万套，开工率达105%；历年结转项目竣工20.0万套，达到竣工任务的115%。保障房建设的大力推进带动房地产投资的快速增长，全年全省完成房地产开发投资561.0亿元，同比增长54.6%。

（3）房地产金融运行平稳，差别化住房信贷政策执行效果明显。2012年，甘肃省房地产金融市场呈现以下几个方面的特点：一是房地产开发

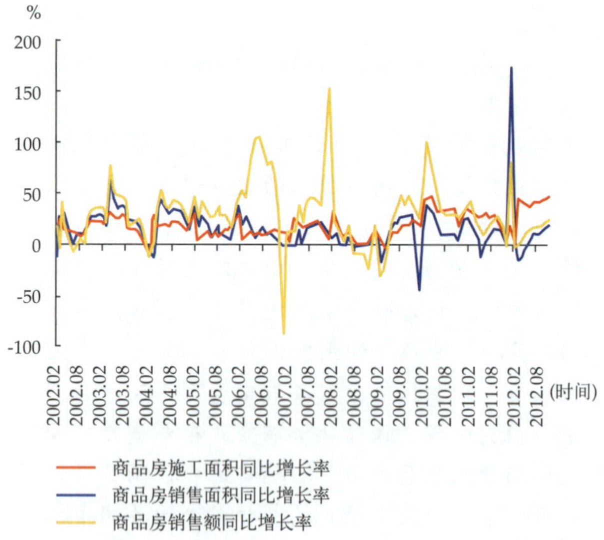

数据来源：甘肃省统计局。

图13　2002～2012年甘肃省商品房施工和销售变动趋势

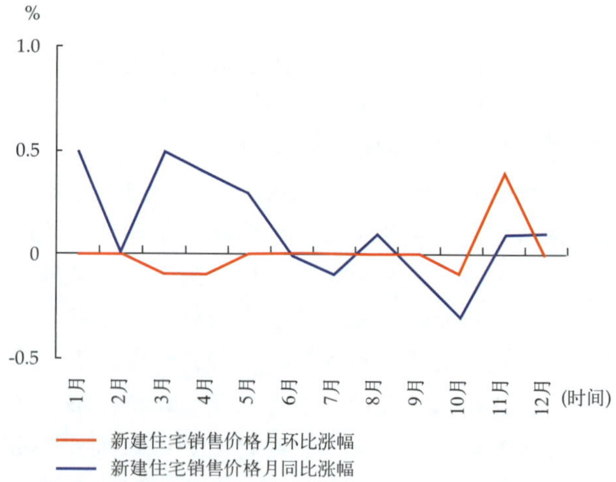

数据来源：甘肃省统计局。

图14　2012年兰州市新建住宅销售价格变动趋势

贷款增速持续回升，全年全省房地产开发贷款增长28.2%。二是受楼市回暖影响，个人住房贷款出现回升势头，全年全省个人住房贷款增长18.6%，增幅逐月回升。三是差别化住房信贷政策落到实处，成效显著，全省金融机构发放的首套个人住房贷款占比超过90%，其中执行基准利率和下浮利率的贷款比重在80%以上。

2. 旅游业快速发展，金融支持力度明显加大。

甘肃省属于旅游资源富集省份，许多旅游资源具有重大的开发利用价值，对国内外游客有着强烈的吸引力。近年来，甘肃省旅游业持续快速发展。2012年，全省旅游业直接从业人数达到30万人，旅游综合收入接近500亿元，对全省生产总值的贡献率超过8%，在刺激消费、促进就业和拉动经济增长等方面发挥了积极作用。

甘肃省金融机构把支持旅游业发展与自身发展紧密结合起来，积极探索金融支持旅游业发展的模式，不断创新产品和服务方式，努力提升金融服务水平。兰州银行与省内旅游企业联名发行“敦煌旅游卡”，以中国首届旅游日为契机，举办了“旅游节”主题活动。国家开发银行甘肃省分行通过创新融资模式，大力支持旅游项目建设。据调查，2012年甘肃省旅游业融资113.7亿元，同比增加31.8亿元。

三、预测与展望

2013年，国内外经济环境仍将十分复杂，甘肃经济社会发展面临的机遇和挑战并存。一方面，随着国家新一轮西部大开发和扶贫攻坚计划的深入实施，国内外产业加快向中西部地区梯度转移，甘肃省“3341”项目工程大力推进，兰州新区、华夏文明传承创新区等一大批具有爆发性增长潜力的重点建设项目相继启动，甘肃经济社会发展面临巨大的机遇。另一方面，甘肃省经济发展面临不少困难和挑战。从外部看，世界经济低速增长态势还在延续，外需可能继续疲弱；从内部看，全省产业结构不合理、企业创新能力不足等问题依然存在，保持全省经济持续、快速、健康发展的任务十分艰巨。总体上看，机遇大于挑战，甘肃经济仍将保持平稳较快发展，预计全年经济增速继续保持在12%以上，居民消费价格涨幅控制在3.5%左右。

2013年，甘肃省金融机构将继续认真贯彻落实稳健的货币政策，优化调整信贷结构，拓展直接融资渠道，更好地满足实体经济发展的融资需求。同时，深入推进金融改革，切实防范区域金融风险，不断加强金融消费者权益保护，进一步改善金融生态环境，为甘肃省经济转型跨越发展提供良好的金融环境。

中国人民银行兰州中心支行货币政策分析小组
总　纂：罗玉冰　李文瑞
统　稿：冯宗敬　王晓红　刘　刚
执　笔：杨召举　常　晔　冯　丽　王　曼
提供材料的还有：聂　蕾　张　颖　李　静　弓　晶　景文宏　陈宇峰　姚　敏　王　昊　谢晓娜
谢　欣　陈　涛　田震坤　任墨香　于加鹏　王　博　张　锋　李育峰　陈　全

附录

（一）2012年甘肃省经济金融大事记

2月13日，全省金融工作会议在兰州召开。会议强调，要切实把握方向，聚焦重点，破解难题，让金融更有力地支撑甘肃转型跨越。

4月10日，全省金融支持经济社会发展项目对接会在兰州举行。会上，共669个项目与金融机构成功对接。

7月6日至10日，第十八届中国兰州投资贸易洽谈会在兰州成功举办，共签约省外引资项目752个，签约金额达4 610.1亿元。

8月20日，国务院以国函[2012]104号文件印发了《国务院关于同意设立兰州新区的批复》，同意设立兰州新区。兰州新区成为继上海浦东新区、天津滨海新区、重庆两江新区、浙江舟山群岛新区之后，国务院批复的第五个国家级新区。

8月27日，中国银行间市场交易商协会与省政府金融办、中国人民银行兰州中心支行“借助银行间市场助推甘肃省经济发展合作备忘录”签署仪式在兰州举行。这标志着甘肃省与中国银行间市场交易协会的合作掀开了新的一页。

10月10日，全省农村金融服务创新暨经验交流推进会在定西市陇西县召开。

10月23日，61名中央金融机构干部来甘挂职欢迎会在兰州举行。这标志着甘肃与中央金融机构开展深度战略合作。

11月6日，全省第二次银政企项目对接会在兰州召开。会上，17家银行机构与甘肃省1 810家企业就2 150个项目达成3 600亿元贷款意向。

12月20日，中国光大银行兰州分行在兰州开业。

12月24日，甘肃省委十二届四次全委扩大会议暨全省经济工作会议在兰州召开。

（二）2012年甘肃省主要经济金融指标

表1　2012年甘肃省主要存贷款指标

		1月	2月	3月	4月	5月	6月	7月	8月	9月	10月	11月	12月
本外币	金融机构各项存款余额（亿元）	8 440.4	8 714.3	8 893.5	8 968.6	9 172.3	9 450.7	9 459.5	9 635.7	9 869.8	9 951.2	10 021.0	10 129.7
	其中：储蓄存款	4 343.0	4 402.2	4 508.3	4 474.5	4 524.6	4 645.8	4 641.6	4 718.9	4 814.3	4 822.4	4 910.7	5 070.2
	单位存款	3 690.1	3 878.9	4 062.4	4 103.4	4 189.6	4 369.9	4 314.6	4 458.2	4 594.1	4 631.2	4 656.5	4 729.1
	各项存款余额比上月增加（亿元）	-20.5	274.0	179.2	75.0	203.7	278.4	8.8	176.2	234.0	81.5	69.7	108.7
	金融机构各项存款同比增长（%）	16.7	18.3	17.2	17.4	18.8	19.3	20.5	21.8	23.1	23.2	21.1	19.7
	金融机构各项贷款余额（亿元）	5 856.4	6 009.3	6 104.9	6 248.3	6 398.7	6 572.4	6 581.7	6 670.4	6 805.8	6 956.5	6 987.3	7 196.6
	其中：短期	1 985.0	2 028.9	2 054.3	2 104.2	2 140.5	2 204.0	2 196.7	2 217.2	2 291.0	2 393.3	2 388.2	2 527.0
	中长期	3 623.2	3 725.3	3 756.2	3 830.5	3 919.3	4 007.5	4 014.2	4 068.4	4 106.4	4 174.9	4 203.4	4 220.7
	票据融资	147.5	155.1	196.6	212.0	235.9	250.1	257.5	251.8	262.3	236.8	227.7	234.9
	各项贷款余额比上月增加（亿元）	117.2	153.0	95.6	143.4	150.5	173.7	9.3	88.7	135.5	150.6	30.9	209.3
	其中：短期	14.4	43.9	25.4	49.9	36.4	63.5	-7.3	20.6	73.8	102.3	-5.1	138.8
	中长期	108.8	102.2	30.8	74.3	88.8	88.2	6.7	54.1	38.1	68.5	28.5	17.3
	票据融资	-4.4	7.6	41.5	15.4	23.9	14.2	7.4	-5.7	10.6	-25.5	-9.1	7.2
	金融机构各项贷款同比增长（%）	24.8	25.6	24.4	24.6	24.4	26.6	23.7	24.7	25.5	26.1	25.4	25.5
	其中：短期	12.4	12.8	11.2	13.3	13.5	16.8	13.5	16.5	18.1	23.7	22.1	28.2
	中长期	28.4	29.1	26.3	25.2	24.1	25.3	22.8	22.5	23.3	21.6	21.0	20.2
	票据融资	111.5	136.7	258.6	285.8	345.9	308.7	342.3	287.7	202.2	183.4	173.0	54.6
	建筑业贷款余额（亿元）	123.4	130.6	126.7	129.9	137.7	144.6	148.1	154.9	165.9	183.6	189.7	198.4
	房地产业贷款余额（亿元）	105.8	113.1	114.4	113.6	116.9	121.5	119.8	125.8	131.6	135.5	141.8	155.0
	建筑业贷款同比增长（%）	27.9	28.8	15.4	11.0	25.9	27.0	27.4	32.8	35.9	45.4	49.6	63.2
	房地产业贷款同比增长（%）	-6.7	-1.5	4.5	2.0	5.8	13.8	3.9	12.9	16.9	21.3	29.4	43.1
人民币	金融机构各项存款余额（亿元）	8 404.9	8 668.4	8 846.6	8 922.8	9 122.1	9 392.8	9 421.7	9 601.6	9 837.1	9 915.8	9 984.9	10 033.4
	其中：储蓄存款	4 325.2	4 385.8	4 489.9	4 455.4	4 504.6	4 626.2	4 622.6	4 701.0	4 797.2	4 804.0	4 892.5	5 050.1
	单位存款	3 671.3	3 848.0	4 034.7	4 075.9	4 158.3	4 331.7	4 294.6	4 441.4	4 578.1	4 613.8	4 638.9	4 652.8
	各项存款余额比上月增加（亿元）	10.9	263.5	178.2	76.2	199.4	270.7	28.9	179.9	235.5	78.7	69.1	48.5
	其中：储蓄存款	93.8	60.6	104.0	-34.5	49.3	121.6	-3.6	78.3	96.3	6.8	88.5	157.6
	单位存款	-221.3	176.6	186.7	41.2	82.5	173.4	-37.1	146.7	136.8	35.7	25.1	13.9
	各项存款同比增长（%）	16.9	18.3	17.1	17.4	18.6	19.0	21.0	22.0	23.4	23.5	21.3	19.5
	其中：储蓄存款	15.4	16.2	16.9	16.8	17.2	18.0	18.7	20.1	20.8	21.7	21.5	19.4
	单位存款	18.0	20.5	19.2	16.8	18.9	20.7	23.0	25.4	27.0	27.6	24.3	19.5
	金融机构各项贷款余额（亿元）	5 563.7	5 722.8	5 829.1	5 981.6	6 119.4	6 264.6	6 277.7	6 373.2	6 516.7	6 663.8	6 706.2	6 829.4
	其中：个人消费贷款	389.3	390.5	402.1	414.3	434.3	444.8	446.0	455.2	465.2	471.1	488.9	490.6
	票据融资	147.5	155.1	196.6	212.0	235.9	250.1	257.5	251.8	262.3	236.8	227.7	234.9
	各项贷款余额比上月增加（亿元）	91.9	159.1	106.3	152.5	137.9	145.2	13.0	95.5	143.5	147.1	42.4	123.2
	其中：个人消费贷款	5.0	1.2	11.6	12.2	20.0	10.5	1.2	9.2	10.0	5.8	17.8	1.7
	票据融资	-4.4	7.6	41.5	15.4	23.9	14.2	7.4	-5.7	10.6	-25.5	-9.1	7.2
	金融机构各项贷款同比增长（%）	23.2	24.7	24.2	24.9	24.3	26.2	23.8	24.7	26.0	26.3	25.7	24.9
	其中：个人消费贷款	28.9	27.9	28.3	28.2	28.8	30.9	29.1	28.1	28.7	27.7	28.1	27.7
	票据融资	111.5	136.7	258.6	285.8	345.9	308.7	342.3	287.7	202.2	183.4	173.0	54.6
外币	金融机构外币存款余额（亿美元）	5.6	7.3	7.5	7.3	7.9	9.2	6.0	5.4	5.2	5.6	5.7	15.3
	金融机构外币存款同比增长（%）	-19.0	23.1	29.7	40.2	51.7	93.5	-34.5	-22.8	-31.3	-20.8	22.9	44.3
	金融机构外币贷款余额（亿美元）	46.4	45.5	43.8	42.5	44.1	48.7	48.0	46.8	45.6	46.5	44.7	58.4
	金融机构外币贷款同比增长（%）	73.0	53.9	33.4	22.6	29.4	38.9	23.7	26.0	16.4	23.1	19.6	37.7

数据来源：中国人民银行兰州中心支行。

表2　2001～2012年甘肃省各类价格指数

单位：%

年/月		居民消费价格指数		农业生产资料价格指数		工业生产者购进价格指数		工业生产者出厂价格指数	
		当月同比	累计同比	当月同比	累计同比	当月同比	累计同比	当月同比	累计同比
2001		—	4.0	—	-1.4	—	1.4	—	-1.5
2002		—	0.0	—	0.4	—	-1.6	—	-2.1
2003		—	1.1	—	1.8	—	5.6	—	10.0
2004		—	2.3	—	7.4	—	12.5	—	14.3
2005		—	1.7	—	9.0	—	9.9	—	9.6
2006		—	1.3	—	4.4	—	8.8	—	9.5
2007		—	5.5	—	7.1	—	4.3	—	5.5
2008		—	8.2	—	14.7	—	10.2	—	4.9
2009		—	1.3	—	-1.0	—	-8.9	—	-9.0
2010		—	4.1	—	1.7	—	14.4	—	15.0
2011		—	5.9	—	7.6	—	15.1	—	11.0
2012		—	2.7	—	5.2	—	-1.3	—	-3.2
2011	1	7.0	7.0	5.2	5.2	10.4	10.4	12.9	12.9
	2	7.0	7.0	6.4	5.8	11.4	10.9	13.7	13.3
	3	6.8	6.9	6.8	6.1	14.2	12.0	13.5	13.3
	4	6.5	6.8	8.0	6.6	15.9	13.0	12.0	13.0
	5	6.0	6.7	8.4	6.9	17.1	13.9	12.4	12.9
	6	6.9	6.7	8.5	7.2	19.0	14.7	14.1	13.1
	7	7.3	6.8	9.3	7.5	18.3	15.3	14.9	13.3
	8	6.2	6.7	8.4	7.6	17.9	15.8	13.1	13.3
	9	5.7	6.6	8.9	7.8	17.2	16.0	11.3	13.1
	10	5.1	6.5	7.9	7.8	16.0	16.0	7.7	12.5
	11	3.2	6.1	6.8	7.7	11.3	15.6	4.0	11.7
	12	2.9	5.9	6.1	7.6	10.5	15.1	2.7	11.0
2012	1	3.1	3.1	5.8	5.8	8.7	8.7	0.2	0.2
	2	2.9	3.0	4.8	5.3	5.3	7.0	-0.9	-0.4
	3	3.3	3.1	4.2	5.0	3.3	5.7	-0.8	-0.5
	4	3.5	3.2	6.6	5.4	1.5	4.6	-1.4	-0.7
	5	3.5	3.2	6.6	5.6	-1.6	3.3	-3.5	-1.3
	6	2.7	3.1	6.8	5.8	-3.8	2.0	-4.9	-1.9
	7	1.5	2.9	5.0	5.7	-6.4	0.7	-7.4	-2.7
	8	1.8	2.8	4.8	5.6	-6.3	-0.2	-8.5	-3.4
	9	2.3	2.7	4.5	5.5	-5.4	-0.8	-6.0	-3.7
	10	2.4	2.7	4.5	5.4	-4.4	-1.2	-2.3	-3.6
	11	2.3	2.7	4.3	5.3	-2.3	-1.3	-1.3	-3.4
	12	3.1	2.7	4.2	5.2	-1.6	-1.3	-1.1	-3.2

数据来源：甘肃省统计局。

表3　2012年甘肃省主要经济指标

	1月	2月	3月	4月	5月	6月	7月	8月	9月	10月	11月	12月
绝对值（自年初累计）												
地区生产总值（亿元）	—	—	1 013.0	—	—	2 152.5	—	—	3 804.3	—	—	5 650.2
第一产业	—	—	73.3	—	—	170.4	—	—	584.5	—	—	780.4
第二产业	—	—	578.9	—	—	1 171.2	—	—	1 942.9	—	—	2 600.6
第三产业	—	—	360.8	—	—	810.9	—	—	1 276.9	—	—	2 269.2
工业增加值（亿元）	—	250.9	414.9	563.7	696.3	918.3	1 081.4	1 236.7	1 414.7	1 570.0	1 756.3	2 074.2
固定资产投资（亿元）	—	137.7	450.1	964.9	1 698.0	2 351.1	3 404.6	4 014.5	4 767.2	5 382.6	5 781.6	6 013.4
房地产开发投资	—	16.1	48.9	89.2	146.9	221.6	278.8	341.1	416.3	477.1	528.5	561.0
社会消费品零售总额（亿元）	—	294.8	443.4	580.3	735.8	897.4	1 047.7	1 203.5	1 370.6	1 540.2	1 707.1	1 877.0
外贸进出口总额（万美元）	68 792	127 298	187 263	270 021	468 979	560 426	614 894	677 373	731 434	789 298	841 801	890 442
进口	34 751	75 023	122 789	179 947	227 219	277 083	319 961	372 123	412 748	457 282	497 652	533 064
出口	34 041	52 275	64 473	90 074	241 759	283 343	294 933	305 250	318 686	332 016	344 149	357 378
进出口差额(出口－进口)	-710	-22 748	-58 316	-89 873	14 540	6 260	-25 028	66 873	-94 062	-125 266	-153 503	-175 686
外商实际直接投资（万美元）	473.0	473.0	721.0	725.0	1 044.0	1 049.0	1 741.0	1 308.0	3 682.0	3 812.0	4 717.0	6 110.0
地方财政收支差额（亿元）	—	-89.3	-268.7	-330.5	-446.0	-592.5	-676.8	-797.0	-969.4	-1 068.9	-1 246.5	-1 542.6
地方财政收入	—	92.0	131.7	169.0	214.9	291.1	325.1	357.9	394.6	431.2	470.1	520.9
地方财政支出	—	181.3	400.4	499.5	660.9	883.6	1 001.9	1 154.6	1 364.0	1 500.1	1 716.6	2 063.4
城镇登记失业率(%)(季度)	—	—	2.9	—	—	2.9	—	—	2.8	—	—	2.7
同比累计增长率（%）												
地区生产总值	—	—	12.5	—	—	12.3	—	—	12.3	—	—	12.6
第一产业	—	—	4.5	—	—	5.5	—	—	6.5	—	—	6.8
第二产业	—	—	16.3	—	—	14.6	—	—	14.7	—	—	14.2
第三产业	—	—	8.6	—	—	10.0	—	—	10.8	—	—	12.5
工业增加值	—	16.7	17.6	15.0	14.2	18.0	14.6	14.5	14.4	14.2	14.4	14.5
固定资产投资	—	50.8	55.6	51.0	48.6	33.2	44.3	44.3	44.8	45.4	44.5	43.9
房地产开发投资	—	223.8	67.6	60.6	53.5	45.6	40.6	42.5	47.6	52.4	56.3	54.6
社会消费品零售总额	—	16.5	18.1	16.5	15.8	15.9	15.7	15.7	15.8	15.9	16.0	16.0
外贸进出口总额	-31.5	-18.9	-24.5	-18.2	12.5	13.6	8.7	6.3	5.0	6.5	4.4	2.0
进口	-54.5	-38.8	-35.0	-24.6	-23.2	-21.5	-22.3	-20.9	-20.6	-17.9	-18.0	-18.9
出口	41.3	52.6	9.2	-1.6	99.7	102.4	91.1	83.4	80.2	80.0	72.9	65.5
外商实际直接投资	715.5	-4.8	-4.4	-19.1	16.0	-14.4	-37.3	-35.0	63.3	43.4	1.2	-13.0
地方财政收入	—	64.2	36.2	30.3	30.2	22.9	21.3	22.6	24.3	22.7	22.2	19.7
地方财政支出	—	25.9	54.0	40.9	40.8	33.7	33.9	28.2	28.5	27.3	19.9	15.2

数据来源：甘肃省统计局。

2012年青海省金融运行报告

中国人民银行西宁中心支行货币政策分析小组

[内容摘要] 2012年，青海省全面贯彻中央加强和改善宏观调控的各项政策措施，全省经济金融保持平稳较快增长。在不确定因素依然较多、工业利润收窄的压力下，地区经济建设紧抓国家区域统筹发展的战略契机，不断优化产业链组合，增强优势行业的辐射带动能力，地区生产总值、城乡居民收入等主要经济指标处于高位运行区间，经济社会快速发展的势头不减。金融部门不断提升服务水平，优化信贷结构和拓宽融资渠道，支持实体经济发展，金融业自身也在深化改革的过程中不断提升管理水平，盈利能力和抗风险能力显著增强。2013年，青海省经济金融部门将继续按照党的十八大关于全面建成小康社会的总体部署，深化改革、调整结构，不断增强内生性增长动力，切实提高经济社会发展质量和人民生活水平。

一、金融运行情况

2012年青海省金融业认真贯彻稳健的货币政策，银行、证券、保险协调发展，服务能力持续提升，全年金融运行态势良好。

（一）银行业健康发展，存贷款保持合理增长

1. 经营实力提升，网点布局优化。2012年，青海省银行业金融机构资产规模不断扩大，资产质量稳步提高，抗风险能力进一步增强，经营效益保持较好水平。2012年资产总额较上年增长29.8%，不良贷款率下降1.6个百分点，资产利润率同比提高0.2个百分点。全年新增各类网点机构10个，多分布于农村地区，城乡网点布局更趋合理，网点建设对促进城乡统筹发展发挥了积极作用。

2. 存款增速回升，月度波动较大。2012年青海省存款增速逐步回升，人民币存款同比增长从年初的不足20%上升到年末的25.1%，扭转了2011年以来银行存款增速放缓的势头。与上年相比，新增单位存款是同期的1.5倍，带动存款增速整体回升。2012年青海省金融机构月平均新增存款为58亿元，新增存款最高月份与最低月份的差额达到200亿元。

表1 2012年青海省银行业金融机构情况

机构类别	营业网点			法人机构（个）
	机构个数（个）	从业人数（人）	资产总额（亿元）	
一、大型商业银行	411	9 541	2 399	0
二、国家开发银行和政策性银行	27	609	1 136	0
三、股份制商业银行	2	135	165	0
四、城市商业银行	52	1 101	365	1
五、城市信用社	0	0	0	0
六、主要农村金融机构	363	3 416	535	31
七、财务公司	1	26	45	1
八、信托公司	1	210	21	1
九、邮政储蓄银行	170	905	166	0
十、外资银行	0	0	0	0
十一、新型农村金融机构	3	42	8	3
十二、其他	0	0	0	0
合　计	1 030	15 985	4 839	37

注：营业网点不包括国家开发银行和政策性银行、大型商业银行、股份制银行等金融机构总部数据；大型商业银行包括中国工商银行、中国农业银行、中国银行、中国建设银行和交通银行；小型农村金融机构包括农村商业银行、农村合作银行、农村信用社；新型农村金融机构包括村镇银行、贷款公司和农村资金互助社；“其他”包含金融租赁公司、汽车金融公司、货币金融公司、消费金融公司等。

数据来源：青海银监局。

3. 贷款平稳增长，结构进一步优化。2012年，青海省人民币各项贷款同比增长25.1%，与上年同期相比，贷款增速小幅上升了2.7个百分点，与地区生产总值和固定资产投资增速基本相适应。第一产业贷款同比增长55.8%，高于各项贷款

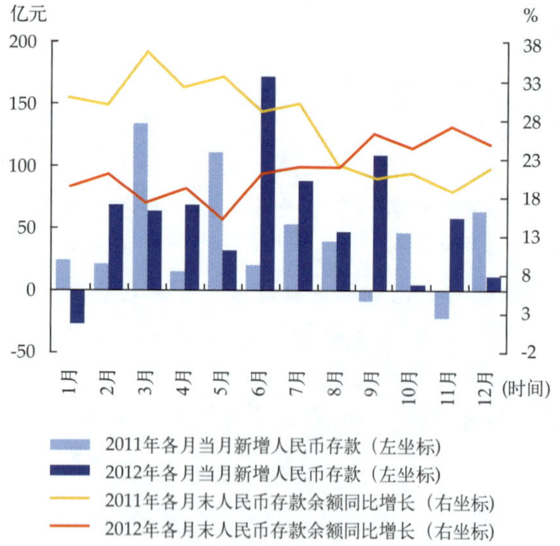

数据来源：中国人民银行西宁中心支行。

图1 2011～2012年青海省金融机构人民币存款增长

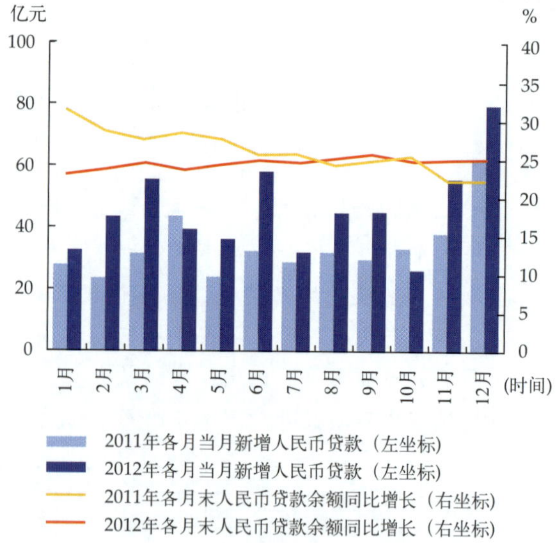

数据来源：中国人民银行西宁中心支行。

图2 2011～2012年青海省金融机构人民币贷款增长

增速31个百分点，第二产业和第三产业贷款增速与上年基本持平。

从行业分布来看，新兴增长点得到了重点支持。与上年同期相比，交通运输业、采矿业贷款增速分别下降了90个和25个百分点；信息技术行业、教育业、科学研究行业贷款增速分别上升了334个、98个和11个百分点。

从政策引导情况来看，薄弱环节贷款大幅增加。辖内农村合作金融机构涉农贷款占比达81.2%，较上年同期提高6个百分点；中小微企业贷款同比增长61.8%，高于平均水平37个百分点；民贸贴息贷款同比增长86.2%；下岗失业人员小额担保贷款满足率达到91%；各类助学贷款帮助2.9万名困难学生解决了就学问题；累计发放妇女创业贷款1.3亿元，支持了1.5万人创业。

4. 中间业务稳步增长，金融机构业务呈现多元化发展趋势。2012年，全省金融机构累计实现中间业务收入8.4亿元，同比增长15.4%。结算性中间业务收入、担保行性中间业务收入、管理性中间业务收入、投资银行业务收入、其他中间业务收入分别增长12.7%、20.5%、15.0%、5.2%和42.6%。

5. 利率走势平稳，金融机构定价能力进一步

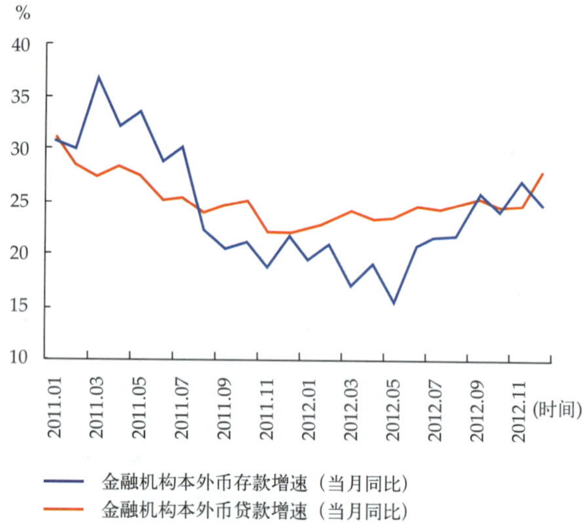

数据来源：中国人民银行西宁中心支行。

图3 2011～2012年青海省金融机构本外币存、贷款增速

提升。1～12月，各期限品种贷款加权平均利率波动幅度在0.2%左右。从各期限贷款利率浮动情况来看，执行基准利率的贷款超过五成，上浮利率和下浮利率贷款占比各月变化较大，显示贷款利率定价与市场资金供求密切相关。同时，各机构之间的定价策略也呈现各自特色，全国性大型商业银行上浮利率贷款占比显著低于地方法人金融

机构，大型商业银行的规模效应和小型商业银行的灵活性得到了充分体现，形成了多元化、分梯次的科学定价结构。

此外，民间借贷利率定价也呈现更加理性化趋势。样本监测显示，6个月至1年期品种是民间借贷的主要构成部分，加权平均利率水平较上年下降3～5个百分点。从借贷方式看，民间借贷活动逐步抛弃原有口头、借条等信用方式，转而采取了与农村金融机构信贷手续相仿的抵押、担保契约等更加规范的形式。

表2　2012年青海省金融机构人民币贷款各利率区间占比

单位：%

月份		1月	2月	3月	4月	5月	6月
	合计	62.2	59.5	61.1	59.7	59.7	56.7
	[0.9，1.0)	1.9	1.4	7.0	7.7	7.4	6.4
	1.0	60.2	58.1	54.1	51.9	52.3	50.3
上浮水平	小计	38.4	40.5	38.9	40.3	40.3	43.3
	(1.0，1.1]	19.3	23.6	13.1	15.2	12.7	18.5
	(1.1，1.3]	14.6	12.1	16.9	20.0	17.0	18.3
	(1.3，1.5]	2.2	2.1	5.2	1.9	6.8	4.3
	(1.5，2.0]	1.6	2.1	3.1	3.0	3.1	2.0
	2.0以上	0.6	0.6	0.7	0.2	0.6	0.2
月份		7月	8月	9月	10月	11月	12月
	合计	58.1	45.6	40.5	46.1	57.4	64.8
	[0.9，1.0)	2.6	0.6	1.7	4.2	6.8	8.5
	1.0	55.5	45.0	38.8	41.9	50.6	56.3
上浮水平	小计	41.9	54.4	59.5	53.9	42.6	35.2
	(1.0，1.1]	19.6	22.9	30.2	24.5	20.1	14.0
	(1.1，1.3]	14.6	25.3	21.5	22.0	15.5	16.4
	(1.3，1.5]	4.5	2.6	3.9	2.3	3.2	2.6
	(1.5，2.0]	3.2	3.2	3.5	4.9	3.8	2.2
	2.0以上	0.0	0.4	0.5	0.2	0.1	0.1

注：2012年8～12月统计数据的浮动区间为[0.7，1.0)。

数据来源：中国人民银行西宁中心支行。

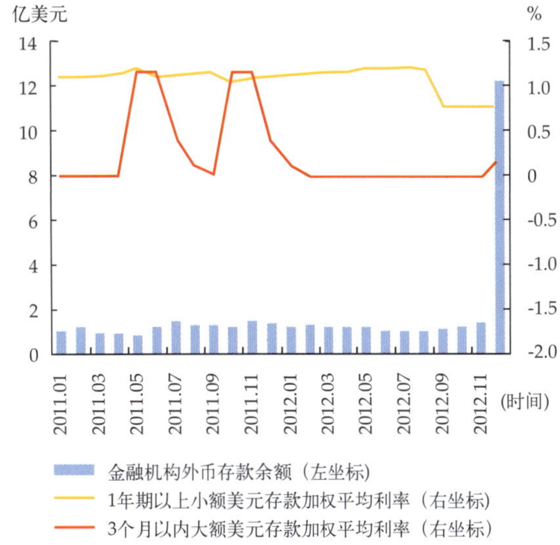

数据来源：中国人民银行西宁中心支行。

图4　2011～2012年青海省金融机构外币存款余额及外币存款利率

6. 银行业改革稳步推进，金融体系不断完善。农村信用社股权改造加快推进，2012年全省农村信用社投资股占比为94.1%，法人股占比为42.8%，股权结构日趋合理。年内1家农村商业银行正式筹建、1家农村商业银行筹建申请通过中国银监会审核。浦发银行西宁分行、招商银行西宁分行、信达资产管理公司青海分公司相继开业运营，中信银行西宁分行获批筹建，地区金融市场活力显著增强。

7. 跨境人民币业务积极推进，业务量稳步增长。2012年，青海省跨境人民币业务按照“顺应市场、合理引导、有效服务、大力推进”的原则，研究制定了《关于促进全省跨境人民币结算业务发展意见》，促进了辖区跨境人民币业务健康有序发展。年内全省跨境人民币累计结算量达到19.1亿元，同比增长171.0%。

专栏1　加快金融市场发展　多元化融资助推青海经济发展

对于青海省这样一个处于快速发展阶段的后发地区，加快金融市场发展、拓宽直接融资渠道比其他地区有更强的紧迫感。2012年青海省金融市场工作以“政策支持为前提、制度完善为保障、统筹协调为关键、服务经济为根本”为思路，创新机制、多措并举，多元化融资实现新突破。

一、创新机制，多元化融资能力提升

2012年青海省建立了以债务融资工作领导小组为核心的服务平台，通过统筹安排、整合协调，各相关部门之间形成了良好的分工协作机制，从信息集约、政策衔接、配套管理等多个方面提供服务，充分调动了企业应用债务融资工具的积极性，切实提高了债务融资工作效率。

二、支持有力，直接融资规模持续扩增

2012年是青海省金融市场加快发展的关键年。金融市场助推青海经济发展座谈会在西宁召开，部署了促进我省金融市场发展的总体工作思路；青海省政府、银行间市场交易商协会、中国人民银行西宁中心支行三方备忘录签署，为青海省企业借助银行间市场融资创造了良好条件。在一系列政策推动下，青海省金融市场加快发展，涵盖股票发行、上市公司再融资、企业债、中期票据、定向票据、短期融资券等在内的多元化直接融资体系进一步完善。全年实现直接融资212.2亿元，占社会融资规模的比重由上年的13%上升到21.6%，有力地支持了保障房、基础设施等一批急需资金的项目，为地方经济发展起到了切实有效的推动作用。

三、发掘资源，银行间市场成为新的“助力器”

2012年青海省首期保障房私募债成功发行，募集资金50亿元，惠及12.8万户中低收入家庭，开创了西部省份应用非公开定向债务融资工具的先河；6家企业通过短期融资券、中期票据和定向票据等融资工具在银行间债券市场累计募集资金169亿元，占直接融资的80%。银行间市场债务融资工具应用范围从国有企业扩展到民营企业，融资企业数量从最初的1家扩展到12家，累计融资量达297亿元，实现了青海与全国金融市场的有效融合，使银行间市场成为青海省经济发展的新“助力器”。

四、创新思路，“一行一品”工作取得新进展

青海省按照市场导向与政策激励相结合、全面发展与重点推进相结合、提升增量与扩充存量相结合、结构优化与多方共赢相结合的指导思想，制订推进银行间债券市场债务融资工作实施方案，对债务融资发行对象实施“发行一批、培养一批、储备一批”，“一家银行一个品种、一个机构一只债券”的工作思路，积极开展企业与金融机构的对接。形成了政府主管部门筛选推荐企业、金融机构提供中介服务、领导小组搭建平台的工作机制，有效地提高了企业应用债务融资工具的积极性和工作效率。目前，中国建设银行青海省分行100亿元中期票据发行前期筹备工作进入实质实施阶段，通过制度建设推动青海直接融资再上新台阶。

五、加大力度，资本市场培育成效显著

2012年，青海省上市后备企业由上年的75家扩展至103家，青海弘川新能源实业股份有限公司3月份向中国证监会正式上报在创业板上市的申请材料；青海齐鑫地质矿产勘查股份有限公司在天津股权交易所挂牌上市，青海省首家科技型企业进入国内最大的场外交易市场融资；青海省首家民间投融资综合服务中心建设在西宁启动。上市公司数量少、股票融资额度小的现状正在得到改善。

（二）证券业平稳发展，上市公司培育步伐加快

2012年，青海省证券机构经营稳定，上市公司培育力度进一步加大，证券业继续保持稳健发展态势。但受股市大盘调整影响，股票交易量呈现下降趋势。

1. 股票交易量持续下降，期货机构经营稳定。2012年青海省证券经营机构累计交易量为1 156.9亿元（含天源证券异地机构），同比下降8.3个百分点，已是连续第三年下降。累计期货交易额为871.2亿元，期货投资者开户数373户。省内仅有1家法人期货公司——财富期货总资产为9.9亿元，净资本为2.05亿元，各项风险指标达到监管标

准，发展稳定。

2. 上市企业培育工作取得进展，企业证券市场融资能力得到提升。截至2012年年末，青海省上市公司10家，总市值为991.44亿元，上市公司数量与上年保持一致，市值同比下降8.9%。

年内进一步完善了上市梯次培育工作机制，上市后备企业由2011年的75家扩展至103家，其中有4家企业进入辅导程序，4家企业与保荐机构签订了辅导协议，1家企业向中国证监会上报了创业板股票发行申请材料。此外，1家地质矿业勘察公司在天津股权交易所挂牌上市，成为青海省进入国内最大场外交易市场融资的首家科技型企业。

表3　2012年青海省证券业基本情况

项目	数量
总部设在辖内的证券公司数（家）	1
总部设在辖内的基金公司数（家）	0
总部设在辖内的期货公司数（家）	1
年末国内上市公司数（家）	10
当年国内股票（A股）筹资（亿元）	3.4
当年发行H股筹资（亿元）	0
当年国内债券筹资（亿元）	199
其中：短期融资券筹资额（亿元）	30
中期票据筹资额（亿元）	139

数据来源：青海证监局。

（三）保险业加速发展，保障能力稳步提升

1. 保险机构稳健经营，保险覆盖面继续扩大。2012年青海省新设县域保险机构21家，实现了县级区域保险机构的全覆盖。旅行社责任保险全部覆盖省内200多家旅行社；道路运输承运人责任保险实现全省统保；校方责任保险学生（幼儿）参保率达到88%，教职工参保率达到47.4%。在两个试点县域启动了商业保险机构经办城乡居民医保服务试点工作；在全省启动了城乡居民大病医疗保险工作，社会保障能力建设向纵深推进。

2. 保险业务量快速增长，农业保险稳步推进。2012年青海省实现原保险保费收入32.4亿元，同比增长16.2%；全省保险密度为565.3元/人，同比增长15.1%。2012年青海省农业保险承保数量和各级财政补贴金额均有大幅提高，其中，马铃薯、小麦承保面积同比提高25%，油菜承保面积同比提高35%，青稞承保面积同比提高629%，农业保险总计划补贴同比提高10%。同时，加快完善农业保险服务网络，在各级乡镇新设立“三农”保险营销服务部10家、保险服务站（点）46家。

表4　2012年青海省保险业基本情况

项目	数量
总部设在辖内的保险公司数（家）	0
其中：财产险经营主体（家）	0
人身险经营主体（家）	0
保险公司分支机构（家）	12
其中：财产险公司分支机构（家）	6
人身险公司分支机构（家）	6
保费收入（中外资，亿元）	32.4
其中：财产险保费收入（中外资，亿元）	16.2
人身险保费收入（中外资，亿元）	16.3
各类赔款给付（中外资，亿元）	10.9
保险密度（元/人）	565.3
保险深度（%）	1.7

数据来源：青海保监局。

（四）金融市场加快发展，融资结构显著优化

1. 债务融资工具应用扩大，融资结构进一步优化。截至2012年年末，青海省企业共发行12只各类型债务融资工具，累计募集资金169亿元。直接融资占比较上年提高3个百分点。特别是，青海省首期保障房私募债成功发行，募集资金50亿元，开创了非公开定向债务融资工具这一创新融资手段在青海省应用的先河，为辖区保障房建设提供了有力的资金支持，有效地缓解了后发地区保障房建设资金来源不足的矛盾。

2. 货币市场交易略有回落，交易主体扩大。2012年青海省三家地方法人金融机构累计发生货币市场交易1 245笔、交易量2 099.2亿元，同比降低3.4%。随着宏观调控成效显现，价格总体水平回落，债券收益率持续走低，货币市场交易较上年略有下降。2012年西宁农村商业银行正式加入同业拆借市场和银行间债券市场，地方法人金融

表5　2001～2012年青海省非金融机构部门融资结构

单位：亿元、%

年份	融资量	比重		
		贷款	债券（含可转债）	股票
2001	57.5	96.7	0.0	3.3
2002	60.1	93.0	0.0	7.0
2003	88.7	94.5	5.5	0.0
2004	64.0	100.0	0.0	0.0
2005	68.0	100.0	0.0	0.0
2006	95.5	93.0	7.0	0.0
2007	233.3	65.3	8.1	26.6
2008	220.3	95.5	4.5	0.0
2009	392.0	95.4	4.6	0.0
2010	552.7	76.6	19.4	4.0
2011	521.7	78.4	13.0	8.6
2012	822.8	75.4	24.2	0.4

数据来源：中国人民银行西宁中心支行。

机构在银行间市场的参与面进一步拓宽。

3. 票据融资大幅增长，有效地缓解了中小企业资金周转矛盾。为缓解中小企业资金矛盾，中国人民银行西宁中心支行利用再贴现导向工具、窗口指导等一系列手段，着力引导辖区金融机构加大了对中小企业票据贴现的支持力度。全年新增票据融资62.9亿元、余额146.5亿元，同比增长75.2%，较上年加快70个百分点，为中小企业加快资金周转提供了有力支持。

表6　2012年青海省金融机构票据业务量统计

单位：亿元

季度	银行承兑汇票承兑		贴现			
			银行承兑汇票		商业承兑汇票	
	余额	累计发生额	余额	累计发生额	余额	累计发生额
1	52.52	10.94	282.65	15.29	0	0
2	61.02	13.38	342.95	18.20	0	0
3	65.44	10.78	410.60	32.59	0	0
4	64.29	49.76	470.62	-3.21	0	0

数据来源：中国人民银行西宁中心支行。

表7　2012年青海省金融机构票据贴现、转贴现利率

单位：%

季度	贴现		转贴现	
	银行承兑汇票	商业承兑汇票	票据买断	票据回购
1	6.431	0	5.529	0
2	5.259	0	4.457	0
3	5.284	0	5.483	0
4	5.493	0	5.488	0

数据来源：中国人民银行西宁中心支行。

（五）金融生态环境持续改善

2012年青海省建立健全政府、金融监管部门和金融机构协调联动的金融风险防范处置机制，推动和实施“信用工程”，信用体系建设覆盖经济社会的各个领域。中国人民银行西宁中心支行与25家单位签署非银行信用信息采集协议，企业和个人征信系统为全省1.9万户企业和356.3万个自然人建立信用档案。农户信用档案建档面超过51.8%，评定信用户21万户，建立信用村1 001个，信用乡镇56个，信用县1个。

此外，截至2012年年末共设立178个助农取款服务点，少数民族地区占84.8%，其中海拔4 000米以上的服务点9个，涉及4个藏族自治州、1个蒙古族藏族自治州和3个回族自治县。2012年全省助农取款服务点业务笔数和金额同比分别增长807%和1 130%。有效破解了偏远牧区“取款难”问题，新农保、新农合等惠农政策得到快速落实，实现了金融服务民生与履行社会责任的有机结合。

二、经济运行情况

2012年青海省全力稳增长、调结构、抓改革、促民生，全年完成地区生产总值为1 884.5亿元，比上年增长12.3%。其中，第一产业增加值为176.8亿元，增长5.2%；第二产业增加值为1 092.0亿元，增长14.1%；第三产业增加值为615.75亿元，增长11.1%。经济呈现稳中有进的态势。

（一）投资消费协同拉动，推动经济稳步增长

1.固定资产投资强劲增长。2012年完成全社会固定资产投资1 920亿元，同比增长33.9%。其中：第二产业完成投资891.6亿元，同比增长33.4%；第三产业完成投资945.5亿元，同比增长40.1%。全省完成民间投资799.1亿元，同比增长42.9%，高于全社会固定资产投资增速9.0个百分点；完成

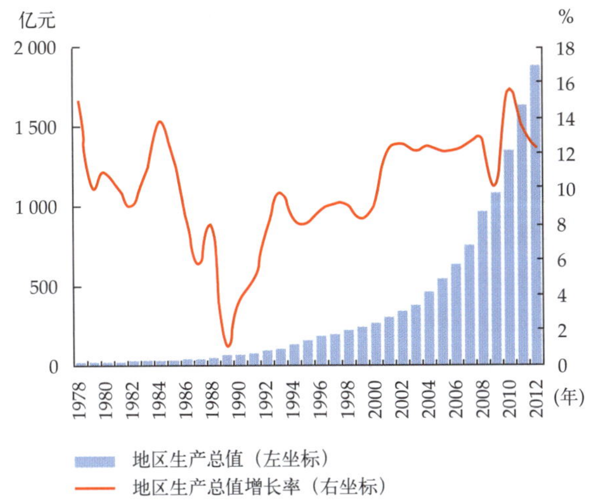

数据来源：青海省统计局。

图5　1978~2012年青海省地区生产总值及其增长率

基础设施投资540.4亿元，同比增长44.6%，对全社会固定资产投资的贡献率达34.3%，比上年提高9.8个百分点；亿元以上施工项目546个，拉动全社会固定资产投资增长22.3个百分点。

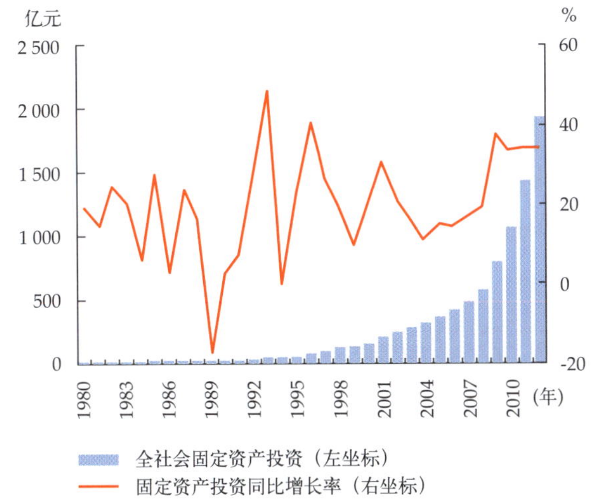

数据来源：青海省统计局。

图6　1980~2012年青海省固定资产投资及其增长率

2. 消费需求进一步释放。2012年青海省城镇居民人均可支配收入为17 566.3元，增长12.6%；农牧民家庭人均纯收入为5 364.4元，增长16.4%。城乡居民收入的增加，带动消费市场活跃。2012年青海省实现社会消费品零售总额469.9亿元，增长16.1%。分类看，粮油食品类零售额增长21.1%，服装、鞋帽、针纺织品类增长44.0%，化妆品类增长22.4%，金银珠宝类增长20.9%，日用品类增长13.9%，电子出版物及音像制品类增长49.4%，家用电器和音像器材类增长33.1%，通讯器材类增长2.0倍，石油及其制品类增长31.9%；煤炭及其制品类下降21.9%。

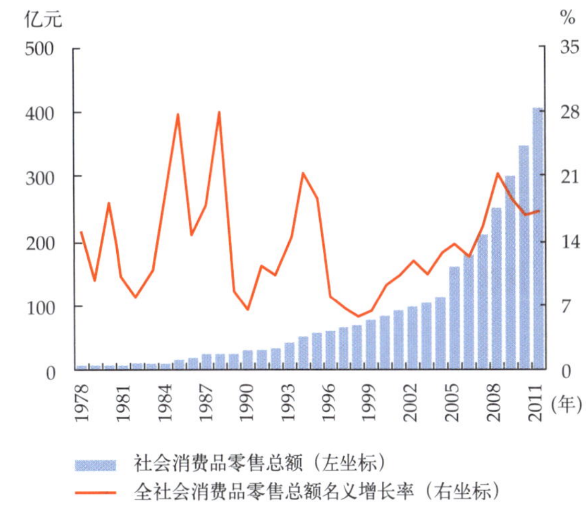

数据来源：青海省统计局。

图7　1978~2012年青海省社会消费品零售总额及其增长率

3. 对外贸易市场回暖。2012年，青海省进出口总值为11.6亿美元，增长25.6%，其中，出口总值为7.3亿美元，增长10.3%；进口总值为4.3亿美元，增长64.2%。外贸进出口以一般贸易为主，占全年进出口总值的95.7%。私营企业对外贸易总值7.5亿美元，占全省进出口总值的65%。外贸商品以硅铁、纺织纱线织物、铝及铝材品出口和氧化铝、煤、铝矿砂进口为主。

对外开放水平进一步提升。绿色经济投资贸易洽谈会、藏毯博览会、清真食品节等重大经贸活动向市场化、专业化、国际化方向迈进。2012年青海实际使用外商直接投资金额2.1亿美元，增长21.8%。

（二）产业协调发展，结构明显改善

青海省坚持稳增长和调结构并举，加快产业项目建设，培育形成了一批新的经济增长点。

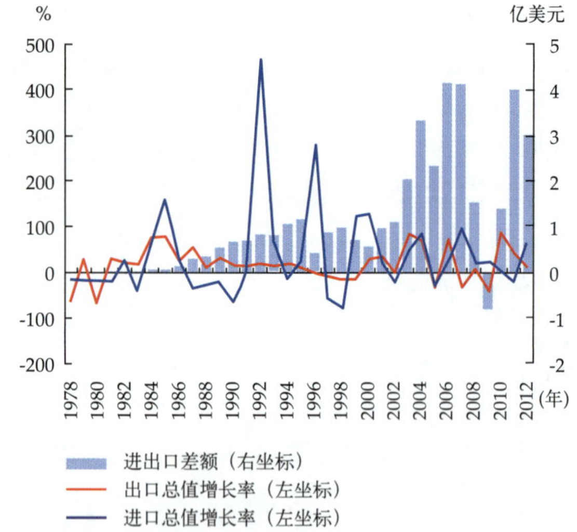

数据来源：青海省统计局。

图8 1978～2012年青海省外贸进出口变动情况

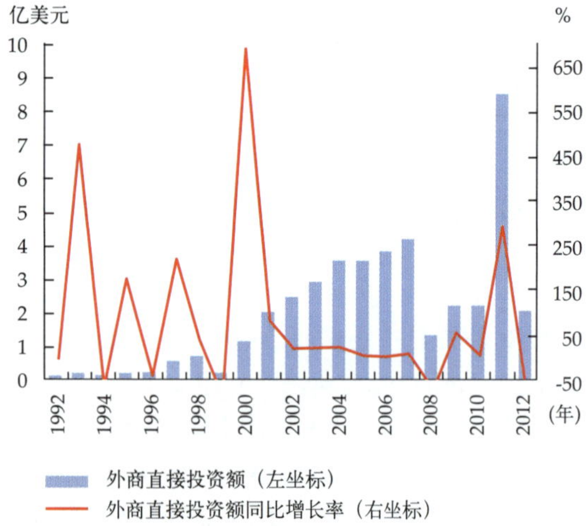

数据来源：青海省统计局。

图9 1992～2012年青海省外商直接投资情况

2012年完成生产总值1 884.5亿元，增长12.3%，三次产业结构为9.4：57.9：32.7。

1. 农牧业生产形势稳定。2012年，青海省积极调整农牧业生产结构，大力推动特色农牧业产业生产建设，重点打造西宁大通县、海东地区、海南州、海北州、黄南州5个重点农牧业示范区，县级以上示范区发展到20个，入驻企业339家。2012年第一产业增加值为176.8亿元，增长5.2%；粮食总产量达到101.5万吨；油料产量为35.22万吨；蔬菜产量为158.8万吨，增长10.6%；肉类总产量为30.57万吨，增长6.0%；牛奶产量为27.6万吨，增长2.2%。

2. 工业结构不断优化。2012年，青海省积极落实支持工业企业发展十项举措、支持小微企业60条政策措施，开展“帮企业、稳增长、调结构”活动，战略新兴产业快速发展、“双百”项目进展加快、循环经济发展取得成效。规模以上工业完成增加值897.2亿元，按可比价格计算，增长15.0%。原煤、原盐、纯碱、铁合金、水泥、焦炭、电解铝、单晶硅、钾肥、乳制品等规模以上工业主要产品产量增速均保持两位数增长。

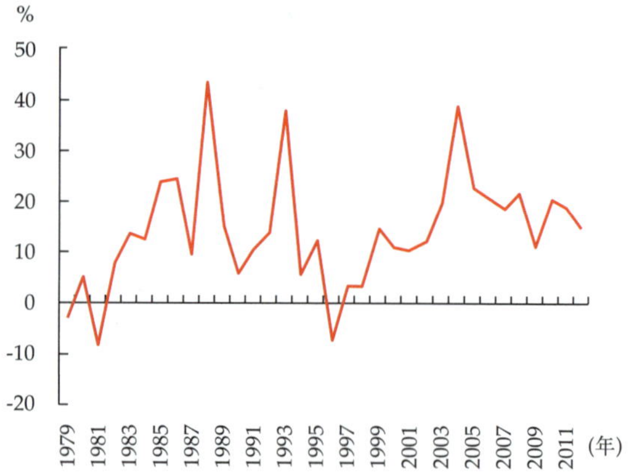

数据来源：青海省统计局。

图10 1979～2012年青海省规模以上工业增加值同比增长率

3. 服务业稳步增长。2012年，青海省强化经营性服务业政策支持，现代物流业发展迅速，西宁市朝阳物流园区已具备生产资料专业市场、生活资料储配送和铁路运输三大功能，西宁市曹家堡保税物流中心等项目建设进度加快，旅游“倍增计划”等得到落实。第三产业增加值为615.8亿元，增长11.1%。青海省道路运输完成客运量1.21亿人次，旅客周转量为59.5亿人公里，分别增长7%和6.9%，货物运输量为13 484.4万吨，增长7.1%。国内旅游呈现较快增长态势，接待国内外游客1 581.48万人次，增长12.0%；实现旅游总收入123.75亿元，增长34.1%。

（三）价格走势回落，劳动力成本上升

1. 居民消费价格涨幅总体回落。2012年，全省居民消费价格总体呈小幅上涨态势，与上年相比涨幅总体回落。全年居民消费价格上涨3.1%，比上年回落3.0个百分点。八大类商品及服务价格呈“五升三降”，其中食品类上涨6.6%、居住类上涨5.0%，衣着类下降1.6%。

2. 工业生产者出厂价格指数降幅收窄。2012年，全省工业生产者出厂价格指数同比呈下降态势。但从9月开始，月同比降幅逐月收窄。全年工业生产者出厂价格指数下降3.1%。工业生产者购进价格指数下降1.4%。

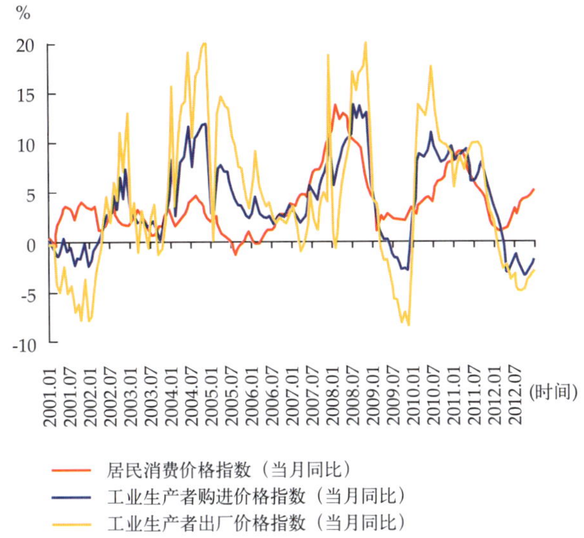

数据来源：青海省统计局。

图11　2001～2012年青海省居民消费价格和生产者价格变动趋势

3. 劳动力成本普遍增加。2012年企业退休人员基本养老金月人均增加251元，63.1万城乡居民纳入低保，农牧区义务教育阶段寄宿生生活补助标准提高到200元/人年，城市和农村低保标准达到每人每月310元和160元，分别提高75元和45元，实际补助水平提高20元和15元。城镇人均工资性收入为12 614.4元，增长10.6%；农牧民人均工资性收入为1 989.7元，增长12.1%。

（四）财政收支双增，民生支出加大

2012年青海省公共财政预算收入为319.7亿元，增长18.2%。其中，地方公共财政预算收入为186.4亿元，增长22.8%；中央公共财政预算收入为133.3亿元，增长12.4%。从主要税种看，增值税增长14.0%、营业税增长29.6%、资源税增长19.2%、企业所得税增长16.5%、消费税增长8.6%、个人所得税下降20.1%。

2012年青海省公共财政预算支出为1 188.0亿元，增长22.8%。其中，教育支出增长32.1%；文化体育与传媒支出增长32.1%；社会保障与就业支出增长9.7%；医疗卫生支出增长26.7%；城乡社区事务支出增长1.1倍；农林水事务支出增长28.3%；支持中小企业发展和管理支出增长55.9%；旅游业管理与服务支出增长26.8%。民生领域财政支出显著增加，财政收支结构进一步优化。

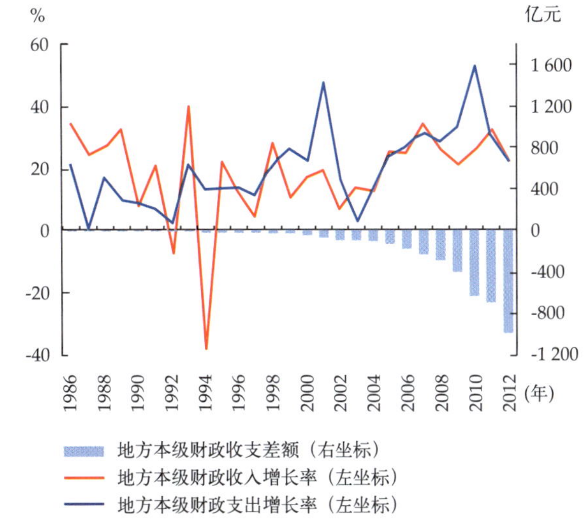

数据来源：青海省统计局。

图12　1986～2012年青海省财政收支状况

（五）生态建设提速，节能减排工作扎实推进

2012年《三江源国家生态保护综合试验区总体方案》获得国务院批准实施，正式上升为国家战略。三江源一期工程完成年度投资15.4亿元，

沙化土地治理等八项工程全部完成；进一步完善生态补偿机制，全年下达补偿资金4.6亿元，落实草原生态保护补奖资金20.1亿元；三江源生态保护基金会正式成立，青海湖流域生态保护与治理、退牧还草、退耕还林、三北防护林、天然林保护等重点工程有序推进。全年完成退牧还草禁牧围栏915万亩、人工造林75.5万亩、封山育林80.3万亩、黑土滩治理200万亩、鼠虫害防治50.9万亩、治理水土流失面积42.6平方公里。

2012年，青海省严格控制高耗能、高排放项目违规建设。化学需氧量、氨氮、二氧化硫、氮氧化物四项主要污染物总量分别控制在10.8万吨、1.0万吨、16.6万吨和13.16万吨，完成年度目标任务。

专栏2 金融“五落实”助推玉树重建家园有序推进

金融在玉树灾后重建工作中发挥了重要推手作用。两年来，金融机构累计向玉树发放灾后重建贷款近百亿元，到2012年贷款余额达60亿元，是灾前贷款额的17倍。金融政策、金融责任、扶持目标、金融产品、金融担保及时落实到位，信贷资金有序跟进，保障了玉树灾后基础设施建设和工业生产恢复，家园重建工作稳步开展。

一、金融政策落实到位

青海省委、省政府，中国人民银行西宁中心支行依照玉树灾区实际，对玉树灾后恢复重建提出了七个方面26条金融政策建议，制定了有关信贷产品、信贷政策、操作流程等4个指导性文件，引导金融机构开辟灾后重建信贷绿色通道，保障救灾资金及时到位。灾后累计为玉树农村信用联社提供近10亿元支农再贷款；对居民购置自住房贷款利率和最低首付比例实行低于非灾地区的政策，保障因灾损毁住宅区、住宅楼重建和修复的信贷支持；金融机构对灾前已经发放、灾后不能按时偿还的上亿元各类贷款执行了不催收催缴、不罚息、不作不良记录、不影响借款人继续获得灾区其他救灾信贷支持的“四不政策”，保障了灾区生产生活能力的恢复，推动了重建工作顺利开展。

二、金融责任落实到位

青海各家金融机构牢固树立大局意识、服务意识和责任意识，以大力支持玉树灾后重建为己任，中国人民银行玉树州中心支行坚持特事特办、急事急办的原则，灾后第二天在简易帐篷中开办了资金调拨、支付结算等相关业务，同时加强对灾后重建现金需求监测，保障了灾区资金正常流通。各家金融机构建立了机制灵活、决策高效、办理快捷、服务优良的工作组，按照“程序不减、特事特办、简化手续、提高效率”的原则，设立服务专柜、配备专职客户经理、建立上门服务等制度，及时恢复个人储蓄、对公存贷款和结算业务，相应开办代发工资、信用卡、代缴代收等个人业务，金融服务功能逐步完善，截至2012年年末，布放了ATM的网点数量已占全部网点数量的76%，灾区不同层次的金融需求得到满足。

三、扶持目标落实到位

各家金融机构根据玉树灾后实际情况，及时开展对玉树灾后重建信贷市场调查和研究，金融部门明确把扶持玉树灾后重建作为统一目标，国有商业银行确定以基础设施建设、工业生产恢复为主，地方性金融机构则以住房重建、商铺经营、畜牧养殖为主，加大对灾后重建项目和城乡居民住房建设的信贷额度倾斜和投放比例。截至2012年年末，灾区公路保通工程贷款余额接近40亿元，工业生产贷款余额为12亿元，使灾区供排水、公共交通、基础设施、商业服务及旅游等产业等一批重建产业项目得到及时开工。地方金融机构在农牧民住房重建任务基本完成的情况下，金融支持重点转向城镇居民住房扩建、商铺建设以及院落风貌打造方面，筹备了超过5亿元的专项信贷资金，全面受理贷款申请和审核发放。

四、信贷产品落实到位

青海各家金融机构结合国家有关金融扶持灾后重建政策，先后出台从资源配置、行业准入、担保、信贷转授权、信贷产品等一系列支持灾区的特殊措施和创新性举措，除推出抵押、质押、担保三大块传统产品外，还开发专利权质押贷款、小额无抵押贷款、联保联贷等金融产品，有效地满足了不同群体的信贷需求。截至2012年年末，全州投放小微企业贷款占各项贷款总额的37.05%；涉农贷款同比增长66.17%，最大限度地满足了灾后重建的信贷产品需求。

五、金融担保落实到位

中国人民银行玉树州中心支行提出灾后重建贷款采取自行担保为主、担保平台担保为辅的担保机制被州政府采纳。在住房建设贷款担保方面，充分利用国家确定的80平方米重建住房进行担保贷款、对异地房产进行抵押贷款，对小微企业、商铺农牧户实行应收账款、农村经济组织股权质押贷款，对在职职工实行工资担保贷款、信用担保贷款。此外，积极推动小额担保公司的组建，由省财政厅注资5亿元组建了灾后重建贷款担保平台，对城乡居民按1∶5的比例提供补充担保，玉树灾后重建贷款“担保难”问题得到有效缓解。

（六）房地产平稳运行，科技事业全面发展

1. 房地产业整体运行平稳。在政策调控和市场驱动的双重作用下，2012年青海省房地产市场总体保持健康、平衡运行发展态势。

（1）房地产投资增速放缓。2012年青海省房地产开发投资为189.7亿元，增长31.0%，较上年下降2.8个百分点。省会西宁市房地产开发投资完成额为158.2亿元，增长34.9%，房地产开发投资占总投资额的22.6%，其中商品住宅完成投资额117.2亿元，增长72.1%。

（2）住房建设稳步增长。2012年青海省新开工房屋施工面积为772.9万平方米，增长45.2%，其中90平方米以下住宅施工面积增长2.9倍。省会西宁市新开工面积为633.8万平方米，增长82.4%，其中商品住宅新开工面积为493万平方米，增长72.7%；竣工面积为93.2万平方米，下降15.7%。

2012年，青海省把保障性安居工程建设作为改善民生、调整结构、稳定房价的重要举措，基本形成以政府为主，多渠道筹资建设的格局。建设城镇保障性住房27.7万套，竣工15.8万套，分配入住10.7万套，全省城镇保障性住房覆盖面积达到30%以上，全省农牧区人均居住面积提高到22.3平方米。

（3）商品房销售回落。2012年青海省商品房销售面积263.0万平方米，下降24.5%，其中90平方米以下住宅销售面积增长39.6%。实现商品房销售额106.5亿元，下降6.7%，其中90平方米以下住宅销售额增长60.8%。省会西宁市商品房销售面积和销售额分别下降35.2%和16.7%。

（4）商品房销售价格呈上升趋势。截至2012年年末，西宁市新建住宅销售价格为4 030元/平方

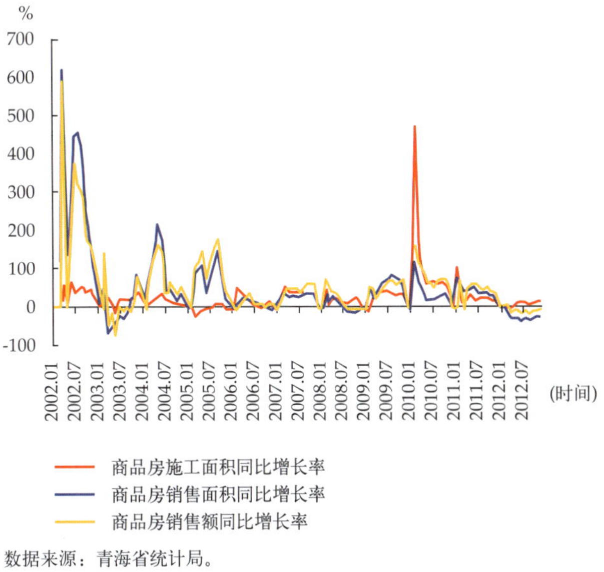

数据来源：青海省统计局。

图13 2002～2012年青海省商品房施工和销售变动趋势

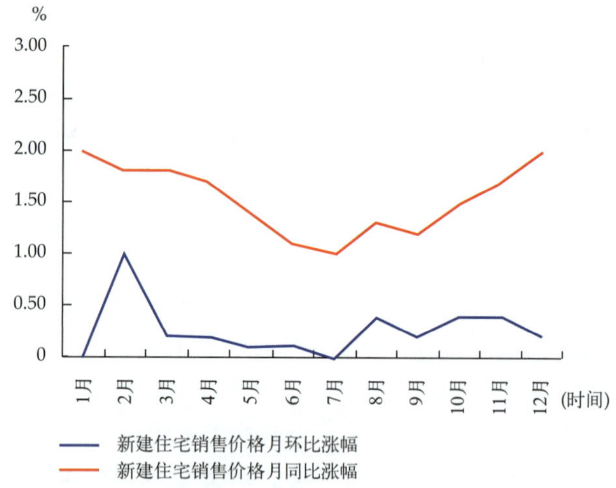

数据来源：青海省西宁市房产局。

图14　2012年西宁市新建住宅销售价格变动趋势

米，较去年同期增长12.6%，环比增长0.4%。西宁市新建住宅价格环比波动性较大，同比涨幅小幅上升。

（5）房地产贷款增长较快。2012年青海省房地产贷款为225.8亿元，增长51.7%。政府土地储备、保障性住房开发、个人购房成为拉动房地产贷款增长的主要因素，分别同比增长360.8%、100.6%和30.4%。

2. 科技成果向产业化发展。2012年青海省着力推动以绿色发展，组织升级科技计划380项，组织资金441.4亿元；签订技术合同645项，成交金额达21.1亿元，增长24.7%；登记各类科技成果319项，增长2.0%，其中达到国际领先水平的成果4项，达到国内领先水平的成果95项，达到国内先进水平的成果68项，达到国内一般水平的8项。

随着国家高新区、国家可持续发展实验区、创新型产业集群、省级以上农业科技园区、产业化基地等园区建设的加快发展，2012年青海省科技型企业已达到115家，科技进步对经济增长的贡献率进一步提高。

三、预测与展望

2013年青海省经济社会发展的总体要求是全面贯彻党的十八大、中央经济工作会议精神，坚持发展的主题主线和主要路径，以提高经济增长质量和效益为中心，稳中求进、好中求快，着力推进改革开放和创新驱动，优化经济结构和促进产业升级，推进生态保护和节能减排，改善民生和控制物价，确保经济持续健康发展和社会和谐稳定。经济社会发展的主要预期目标是：地区生产总值增长12%，全社会固定资产投资增长20%，社会消费品零售总额增长15%，进出口总额增长10%，城镇登记失业率控制在3.8%以内，居民消费价格涨幅控制在4%左右，进出口总额增长10%。

全省金融业将准确把握稳中求进总基调，处理好稳增长、调结构、控通胀、防风险的关系，保持合理的社会融资规模；着力优化信贷结构、着力改进对实体经济的金融服务、着力发展民生金融，促进经济持续健康发展。

中国人民银行西宁中心支行货币政策分析小组
总　纂：郑　锋
统　稿：贡伟宏　贾丽均
执　笔：邵　辉　马启军　许　琳
提供材料的还有：张昆霖　张亚玲　吴金昌　盖　建　李月梅　王小军　李　卿　翁惠俊　孙小丽
周　娜　江雯雯　常洪昌　张　新　徐　静　董梅娟

附录

（一）2012年青海省经济金融大事记

3月18日，青海省政府召开促进小微企业加快发展工作会议。

3月30日，上海浦发银行西宁分行开业。

4月13日，中国人民银行西宁中心支行、青海省金融工作办公室联合召开第一季度全省金融形势分析会。

6月10日，“2012中国·青海绿色经济投资贸易洽谈会”在西宁举行。

7月10日，中国人民银行总行党委委员、副行长刘士余在西宁召开金融市场支持青海经济发展座谈会，提出“一行一债、一地一品”工作要求。

7月11日，青海省人民政府、中国银行间市场交易商协会、中国人民银行西宁中心支行三方签署《借助银行间市场，助推青海省经济发展合作备忘录》。

7月26日，青海省委、省政府在西宁召开全省经济形势分析会，时任省委书记强卫主持会议。

8月16日，招商银行股份有限公司西宁分行开业。

8月31日，青海省发行总额50亿元保障房私募债，此债是全国发行的第二支保障房私募债。

12月27日，中共青海省委召开十二届三次会议，总结2012年全省经济工作，安排2013年全省经济工作。

（二）2012年青海省主要经济金融指标

表1　2012年青海省主要存贷款指标

		1月	2月	3月	4月	5月	6月	7月	8月	9月	10月	11月	12月
本外币	金融机构各项存款余额（亿元）	2 807.7	2 875.3	2 939.3	3 008.8	3 042.1	3 215.2	3 303.3	3 351.8	3 461.7	3 467.9	3 525.4	3 538.4
	其中：储蓄存款	1 084.9	1 071.0	1 088.6	1 081.5	1 101.9	1 134.2	1 148.0	1 170.6	1 213.2	1 210.6	1 239.4	1 280.8
	单位存款	1 484.5	1 534.7	1 602.0	1 628.5	1 649.8	1 785.9	1 803.5	1 819.2	1 890.6	1 893.0	1 876.7	1 990.6
	各项存款余额比上月增加（亿元）	-27.1	67.6	64.0	69.6	33.3	173.1	88.2	48.5	109.8	6.2	57.6	13.0
	金融机构各项存款同比增长（%）	19.4	21.1	17.2	19.2	15.5	21.0	21.8	21.8	26.1	24.3	27.2	24.8
	金融机构各项贷款余额（亿元）	2 281.1	2 325.1	2 380.4	2 420.2	2 456.4	2 513.7	2 546.1	2 591.2	2 637.7	2 664.9	2 720.7	2 868.4
	其中：短期	499.9	515.8	524.9	530.4	539.4	566.3	562.3	565.4	570.8	582.5	603.7	652.7
	中长期	1 688.6	1 712.7	1 753.7	1 782.8	1 791.9	1 825.6	1 854.3	1 884.3	1 911.7	1 922.3	1 939.7	1 994.2
	票据融资	89.9	93.9	98.9	104.1	121.8	117.1	124.6	136.4	149.7	153.5	170.6	146.5
	各项贷款余额比上月增加（亿元）	33.1	44.0	55.4	39.8	36.2	57.3	32.4	45.1	46.5	27.2	55.8	147.8
	其中：短期	3.2	15.9	9.1	5.6	9.0	26.8	-3.9	3.1	5.5	11.7	21.2	49.0
	中长期	23.6	24.1	40.9	29.1	9.1	33.7	28.8	30.0	27.4	10.6	17.4	54.5
	票据融资	6.4	3.9	5.0	5.2	17.8	-4.8	7.5	11.9	13.3	3.9	17.1	-24.2
	金融机构各项贷款同比增长（%）	22.5	23.3	24.2	23.5	23.8	24.7	24.5	24.8	25.2	24.5	25.0	28.1
	其中：短期	28.2	30.4	29.9	29.0	32.7	37.9	34.1	33.2	28.5	27.5	28.7	31.4
	中长期	20.8	20.4	21.2	21.5	19.8	19.4	20.2	20.3	21.0	19.3	19.1	20.4
	票据融资	23.7	43.4	55.2	30.9	53.3	59.5	55.0	65.6	90.1	123.7	123.2	75.2
	建筑业贷款余额（亿元）	34.8	34.8	36.5	41.0	42.3	46.2	47.5	53.3	57.2	58.3	59.7	74.9
	房地产业贷款余额（亿元）	150.5	157.7	165.5	163.0	167.0	174.9	176.4	189.3	200.6	210.4	215.0	225.8
	建筑业贷款同比增长（%）	50.7	50.7	55.6	69.8	74.0	69.0	61.5	87.5	96.9	74.6	88.6	118.6
	房地产业贷款同比增长（%）	25.4	31.1	37.5	28.1	31.3	36.9	37.9	40.2	49.7	53.1	54.9	51.7
人民币	金融机构各项存款余额（亿元）	2 800.1	2 869.4	2 932.8	3 002.7	3 035.5	3 206.4	3 295.0	3 342.8	3 452.8	3 457.8	3 516.1	3 528.4
	其中：储蓄存款	1 079.9	1 066.3	1 083.0	1 076.0	1 096.2	1 128.7	1 142.9	1 165.8	1 208.6	1 205.6	1 234.5	1 275.3
	单位存款	1 481.6	1 533.1	1 600.8	1 627.5	1 648.6	1 782.3	1 800.2	1 814.6	1 886.1	1 887.6	1 872.1	1 985.8
	各项存款余额比上月增加（亿元）	-25.8	69.3	63.5	69.8	32.9	170.9	88.5	47.8	110.0	5.0	58.3	12.3
	其中：储蓄存款	36.3	-13.6	16.7	-7.0	20.2	32.6	14.2	22.9	42.8	-3.0	28.9	40.8
	单位存款	-97.9	51.5	67.7	26.7	21.2	133.7	17.9	14.5	71.4	1.6	-15.6	113.7
	各项存款同比增长（%）	19.5	21.2	17.2	19.3	15.5	21.0	21.9	21.8	26.2	24.2	27.3	24.9
	其中：储蓄存款	20.5	20.2	20.2	20.1	21.8	22.3	22.4	22.8	24.1	22.9	23.5	22.2
	单位存款	17.7	20.1	22.2	21.4	13.2	24.1	22.0	22.0	27.8	24.1	24.8	25.7
	金融机构各项贷款余额（亿元）	2 273.6	2 317.2	2 372.6	2 412.5	2 448.7	2 507.3	2 539.6	2 584.8	2 630.6	2 657.1	2 711.9	2 791.7
	其中：个人消费贷款	74.5	75.2	77.7	79.1	81.9	84.7	86.5	88.8	91.1	93.0	96.0	97.6
	票据融资	89.9	93.9	98.9	104.1	121.8	117.1	124.6	136.4	149.7	153.5	170.6	146.5
	各项贷款余额比上月增加（亿元）	33.0	43.2	55.5	39.9	36.2	58.6	32.3	45.2	45.8	26.5	54.9	79.8
	其中：个人消费贷款	0.5	0.8	2.5	1.4	2.9	2.8	1.9	2.3	2.3	1.9	3.0	1.6
	票据融资	6.4	3.9	5.0	5.2	17.8	-4.8	7.5	11.9	13.3	3.9	17.1	-24.2
	金融机构各项贷款同比增长（%）	22.9	23.6	24.5	23.7	24.1	25.0	24.8	25.0	25.4	24.7	25.0	25.1
	其中：个人消费贷款	30.1	29.3	29.6	29.5	30.8	32.5	28.5	32.1	33.7	32.5	31.0	31.8
	票据融资	23.7	43.4	55.2	30.9	53.3	59.5	55.0	65.6	90.1	123.7	123.2	75.2
外币	金融机构外币存款余额（亿美元）	1.2	0.9	1.0	1.0	1.0	1.4	1.3	1.4	1.4	1.6	1.5	1.6
	金融机构外币存款同比增长（%）	14.3	-24.2	10.9	3.2	22.4	18.0	-8.3	6.8	10.2	37.1	2.8	11.2
	金融机构外币贷款余额（亿美元）	1.2	1.3	1.2	1.2	1.2	1.0	1.0	1.0	1.1	1.3	1.4	12.2
	金融机构外币贷款同比增长（%）	-27.9	-28.0	-25.8	-23.1	-18.1	-31.1	-29.7	-26.6	-16.3	-8.1	13.0	926.1

数据来源：中国人民银行西宁中心支行。

表2 2001～2012年青海省各类价格指数

单位：%

年/月	居民消费价格指数		农业生产资料价格指数		工业生产者购进价格指数		工业生产者出厂价格指数	
	当月同比	累计同比	当月同比	累计同比	当月同比	累计同比	当月同比	累计同比
2001	—	2.6	—	-0.4	—	-0.9	—	-6.3
2002	—	2.3	—	-0.2	—	2.7	—	-2.4
2003	—	2.0	—	1.1	—	1.8	—	5.5
2004	—	3.2	—	9.2	—	8.5	—	11.2
2005	—	0.8	—	6.5	—	5.3	—	10.2
2006	—	1.6	—	2.1	—	2.8	—	9.5
2007	—	6.6	—	8.1	—	4.4	—	4.2
2008	—	9.9	—	24.2	—	10.4	—	7.6
2009	—	2.6	—	0.4	—	-0.2	—	-8.7
2010	7.8	5.4	6.7	3.5	9.5	8.6	6.7	9.4
2011	—	6.1	—	12.4	—	7.0	—	7.4
2012	—	3.1	—	8.7	—	-1.4	—	-3.1
2011 1	8.2	0.0	8.4	0.0	8.4	0.0	5.6	0.0
2	9.1	8.6	9.9	9.1	8.3	8.4	7.9	6.8
3	9.2	8.8	12.0	10.1	8.4	8.4	8.4	7.3
4	8.8	8.8	12.5	10.7	9.4	8.7	7.4	7.3
5	7.4	8.5	13.0	11.2	8.0	8.5	8.9	7.7
6	6.5	8.2	13.9	11.6	6.2	8.1	9.8	8.0
7	6.0	7.9	14.1	12.0	6.0	7.8	9.7	8.3
8	5.4	7.6	13.7	12.2	7.1	7.7	10.1	8.5
9	5.0	7.3	13.9	12.4	7.7	7.7	9.2	8.6
10	4.3	7.0	13.6	12.5	6.2	7.6	6.4	8.3
11	2.8	6.6	12.1	12.5	5.2	7.4	3.7	7.9
12	1.5	6.1	11.3	12.4	3.7	7.0	2.4	7.4
2012 1								
2	1.0	1.6	8.2	9.4	1.9	2.8	-1.4	-0.6
3	1.0	1.4	7.8	8.9	0.3	1.9	-2.6	-1.3
4	1.4	1.4	8.3	8.7	-3.0	0.7	-2.4	-1.6
5	2.4	1.6	8.6	8.7	-2.5	0.0	-3.7	-2.0
6	3.2	1.9	8.3	8.6	-1.5	-0.2	-3.3	-2.2
7	2.8	2.0	8.7	8.6	-1.3	-0.4	-4.8	-2.6
8	4.0	2.3	9.3	8.7	-2.7	-0.7	-4.9	-2.9
9	4.4	2.5	8.9	8.7	-3.4	-1.0	-4.8	-3.1
10	4.6	2.7	8.9	8.7	-3.0	-1.2	-3.6	-3.1
11	4.5	2.9	8.8	8.7	-2.7	-1.3	-3.4	-3.2
12	5.3	3.1	8.7	8.7	-1.7	-1.4	-2.9	-3.1

数据来源：青海省统计局。

表3　2012年青海省主要经济指标

	1月	2月	3月	4月	5月	6月	7月	8月	9月	10月	11月	12月
绝对值（自年初累计）												
地区生产总值（亿元）	—	—	322.0	—	—	797.6	—	—	1 298.9	—	—	1 884.5
第一产业	—	—	11.8	—	—	27.8	—	—	92.2	—	—	176.8
第二产业	—	—	172.9	—	—	27.8	—	—	774.0	—	—	1 092.0
第三产业	—	—	137.3	—	—	27.8	—	—	432.7	—	—	615.8
工业增加值（亿元）	—	95.3	156.5	231.7	324.7	406.7	484.2	571.9	656.9	735.2	816.5	897.8
固定资产投资（亿元）	—	26.0	101.6	279.0	483.7	741.1	1 008.4	1 245.9	1 544.4	1 737.0	1 844.1	1 920.0
房地产开发投资	—	—	7.1	22.4	41.2	65.7	90.4	113.0	136.4	171.0	186.0	189.7
社会消费品零售总额（亿元）	—	70.5	103.3	136.7	176.7	213.5	250.6	289.9	339.9	382.8	420.5	469.9
外贸进出口总额（万美元）	—	10 767.0	18 553.0	26 388.0	32 378.0	42 212.0	51 176.0	61 900.0	70 837.0	79 649.0	95 195.0	116 016.0
进口	—	5 324.0	9 259.0	12 817.0	14 730.0	20 173.0	24 657.0	30 650.0	34 006.0	37 237.0	40 483.0	43 032.0
出口	—	5 443.0	9 294.0	13 571.0	17 648.0	22 039.0	26 519.0	31 250.0	36 831.0	42 412.0	54 712.0	72 984.0
进出口差额(出口－进口)	—	119.0	35.0	754.0	2 918.0	1 866.0	1 862.0	600.0	2 825.0	5 175.0	-14 229.0	29 952.0
外商实际直接投资（万美元）	—	—	—	—	—	—	—	—	—	—	—	20 600.0
地方财政收支差额（亿元）	—	-61.2	-117.5	-173.9	-259.9	-390.8	-474.3	-561.2	-668.9	-760.1	-851.9	-1 001.6
地方财政收入	—	30.7	46.1	64.7	79.5	99.4	116.2	129.4	144.1	159.7	173.0	186.4
地方财政支出	—	91.9	163.6	238.7	339.4	490.1	590.4	690.6	813.1	919.8	1 024.9	1 188.0
城镇登记失业率(%)(季度)	—	—	3.7	—	—	3.6	—	—	3.6	—	—	3.5
同比累计增长率（%）												
地区生产总值	—	—	11.4	—	—	12.3	—	—	12.3	—	—	12.3
第一产业	—	—	4.3	—	—	4.3	—	—	4.5	—	—	5.2
第二产业	—	—	10.7	—	—	14.2	—	—	13.8	—	—	14.1
第三产业	—	—	12.7	—	—	11.0	—	—	11.3	—	—	11.1
工业增加值	—	15.3	11.1	15.0	15.2	15.0	14.8	15.0	14.5	14.4	14.6	15.0
固定资产投资	—	38.1	37.1	36.1	35.5	35.7	36.1	33.1	36.3	34.6	34.3	33.9
房地产开发投资	—	-	42.5	29.7	23.7	18.1	7.2	4.9	12.4	27.9	29.6	31.0
社会消费品零售总额	—	16.2	16.2	14.7	14.3	14.5	14.7	14.8	15.3	15.4	15.5	16.1
外贸进出口总额	—	-18.3	-0.2	-2.3	-16.0	-14.9	-9.7	-1.7	3.7	9.6	17.8	25.6
进口	—	-18.3	19.7	37.3	21.4	40.4	55.2	76.2	91.2	94.9	82.0	64.2
出口	—	-18.2	-14.3	-23.2	-33.1	-37.4	-34.9	-31.5	-27.0	-20.8	-6.6	10.3
外商实际直接投资	—	—	—	—	—	—	—	—	—	—	—	21.8
地方财政收入	—	31.8	30.3	32.3	31.2	25.8	24.6	21.7	21.7	20.6	21.2	22.8
地方财政支出	—	43.6	36.7	38.4	26.4	33.2	29.4	27.7	28.7	27.4	27.7	22.8

数据来源：青海省统计局。

2012年宁夏回族自治区金融运行报告

中国人民银行银川中心支行货币政策分析小组

[内容摘要] 2012年，宁夏紧紧围绕科学发展主题和加快转变经济发展方式主线，把“稳增长”放在更加突出的位置，积极应对各种挑战和压力，抢抓国务院批准建立宁夏内陆开放型经济试验区、设立银川综合保税区的政策机遇，大力推进沿黄经济区发展和百万贫困人口扶贫攻坚“两大战略”实施，地区经济运行总体平稳。

宁夏金融运行稳健平稳，服务实体经济能力进一步增强。信贷总量合理增长，贷款投放结构持续优化，稳健的货币政策效应显现；证券期货市场运行稳定，市场融资功能有所增强；保险市场平稳运行，保险保障功能有效发挥；金融市场交易活跃，金融生态环境建设取得新进展。

2013年，宁夏将加快推进内陆开放型经济试验区、银川综合保税区建设，发挥“先行先试”的政策优势，强化特色产业竞争优势，地区经济有望继续保持平稳较快发展。金融业将继续发挥金融服务实体经济作用，加大对宁夏“两大战略”实施和“两区”建设的金融支持，为地区经济较快发展创造良好的货币金融环境。

一、金融运行情况

2012年，宁夏金融运行健康平稳，社会融资规模进一步扩大，信贷总量合理增长，信贷结构趋于优化，金融生态环境持续改善，金融服务实体经济发展的水平和质量不断提高。

（一）银行业稳健发展，信贷总量合理增长

2012年，宁夏银行业金融机构认真落实稳健的货币政策，信贷投放总量适度、结构优化，契合了地区实体经济发展的需要。

1. 资产规模稳步扩大，组织体系不断完善。2012年，得益于宁夏良好的经济基本面，银行业资产规模为4 991.2亿元，同比增长20.8%，增速连续五年保持在20%以上；全国性大型银行、城市商业银行、新型农村金融机构设点布局加快，全年新增13家大型银行分支行、12家城市商业银行分支行和2家村镇银行，市场主体进一步增加。

2. 存款较快增长，结构变化显著。2012年年末，宁夏银行业金融机构人民币存款余额为3 495.4亿元，同比增长17.8%，较上年提高2.6个百分点。全年新增人民币存款534.3亿元，创历史新高。储蓄存款加快增长，单位存款稳定增长，财政存款持续下降；存款的期限结构呈现定期化特征，非金融企业存款和储蓄存款中定期存款同比分别增长32.1%和28.9%，显著高于同期活期存款增速。

3. 贷款平稳增长，结构持续优化。2012年，

表1　2012年宁夏回族自治区银行业金融机构情况

机构类别	营业网点			法人机构（个）
	机构个数（个）	从业人数（人）	资产总额（亿元）	
一、大型商业银行	478	10 424	1 813.5	0
二、国家开发银行和政策性银行	16	501	808.9	0
三、股份制商业银行	11	428	182.6	0
四、城市商业银行	74	2 882	926.4	2
五、小型农村金融机构	383	5 344	1 076.0	20
六、邮政储蓄银行	195	920	135.2	0
七、新型农村金融机构	13	409	48.6	9
合　计	1 170	20 908	4 991.2	31

注：营业网点不包括总部；大型商业银行包括中国工商银行、中国农业银行、中国银行、中国建设银行和交通银行；小型农村金融机构包括农村商业银行、农村合作银行、农村信用社；新型农村金融机构包括村镇银行、贷款公司和农村资金互助社。

数据来源：中国人民银行银川中心支行、宁夏银监局。

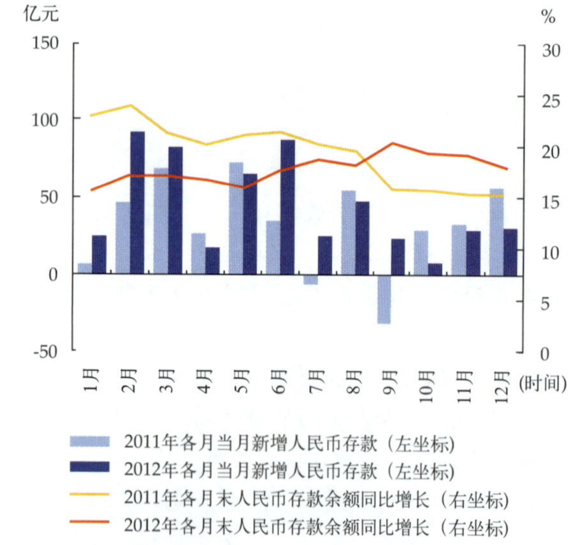

数据来源：中国人民银行银川中心支行。

图1　2011～2012年宁夏回族自治区金融机构人民币存款增长

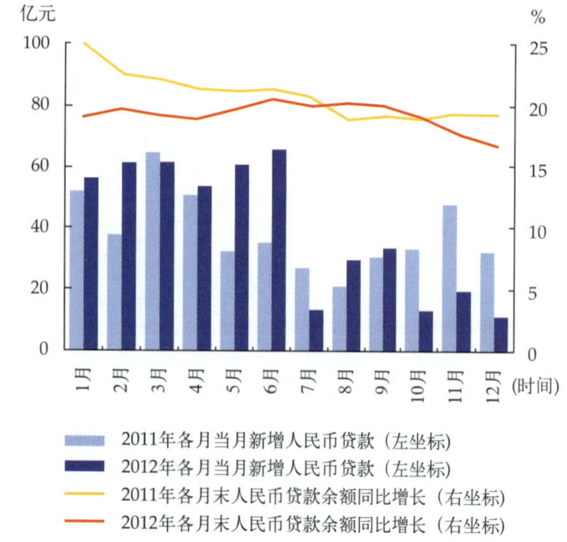

数据来源：中国人民银行银川中心支行。

图2　2011～2012年宁夏回族自治区金融机构人民币贷款增长

宁夏银行业金融机构结合区域经济发展战略重点，合理把握信贷投放节奏，信贷投放总量适度，支持重点突出。2012年年末，宁夏银行业金融机构人民币各项贷款余额为3 339.6亿元，同比增长16.8%，低于上年2.5个百分点；全年新增贷款479.1亿元，较上年多增17.0亿元。信贷投放节奏和进度基本适应区域经济发展需要。

2012年，宁夏信贷结构不断优化，特色优势行业、薄弱环节和民生工程成为信贷支持的重点领域。全年新增贷款的41.3%投向电力、制造业、采矿业、水利等优势行业和辐射带动作用强的领域；50.0%投向沿黄经济区、宁东能源化工基地等重点区域和项目；新增贷款的44.1%投入“三农”；新增企业贷款的77.4%投向中小微企业。2012年年末，宁夏小微企业贷款余额（含票据融资）和涉农贷款余额同比分别增长24.7%和22.3%，分别高于各项贷款增速7.9个和5.5个百分点。

信贷支持民族企业和弱势群体力度进一步加大。2012年年末，宁夏民贸民品优惠利率贷款余额同比增长40.4%，高于全部贷款增速23.3个百分点；年内累计办理民贸民品优惠利率贷款114.8亿元，同比多增40.9亿元。小额担保贷款余额和助学贷款余额同比分别增长66.1%和30%，受益人数同比分别增长54%和34%。

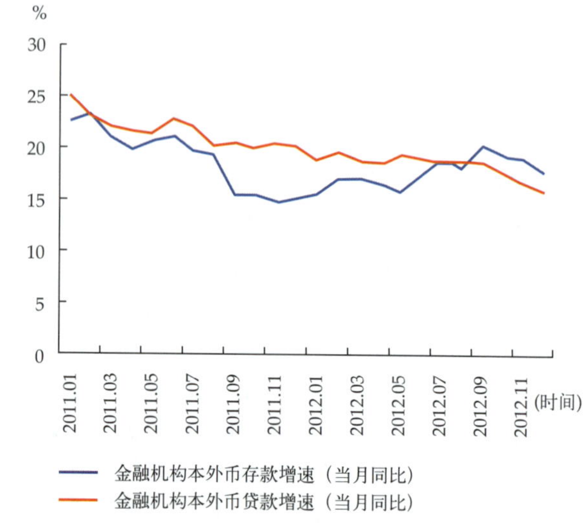

数据来源：中国人民银行银川中心支行。

图3　2011～2012年宁夏回族自治区金融机构本外币存、贷款增速

专栏1 市场主导与政府推动：宁夏农村土地产权抵押融资模式比较分析

扩大“三农”融资有效抵押担保范围是农村金融创新的重点和难点。近年来，中国人民银行银川中心支行充分发挥政策协调者、制度设计者和创新引导者作用，学习借鉴成功经验，搭建政府、金融机构及农户的对接平台，协助同心县和平罗县分别设立“农村土地承包经营流转合作社”和“农村土地经营管理制度改革服务中心”等配套组织体系，组织研究制定一系列规范性制度和配套机制，运用支农再贷款引导激励金融机构开展农村土地产权抵押贷款创新，推动宁夏“农村土地产权抵押融资”试点取得突破性进展，涌现出市场主导型“同心模式”和政府推动型“平罗模式”两种较为成熟的农村土地产权抵押融资模式。

从创新轨迹看：市场自发与政府推动。“同心模式”发轫于金融机构与农户自发开展的小范围产品创新，经当地政府和中国人民银行规范后得以大面积推广，累放贷款5.6亿元，惠及农户3.4万户；“平罗模式”得益于“国家级农村土地产权制度改革试验区”的政策机遇，2012年首批发放贷款453万元，具有较大发展潜力。由于农村土地产权抵押融资需以资产确权、评估、交易、处置等工作为基础，市场化运作是产品创新的关键，而政府政策支持是保障。

从支持重点看：小规模分散经营与大规模集约经营。同心县属六盘山集中连片特困区，经济发展滞后、信用环境差，农户对土地依赖性强，以小规模种养殖为主要农业生产业态，试点开办以来最大单户贷款额为5万元，小额反担保贷款更适应当地需求。平罗县是国家重要的商品粮基地县，农户小额资金需求基本可通过联保贷款满足，农村金融面临“做大做强”的需要，针对家庭农场、企业经营、股份合作三类主体的产品设计更符合当地实际。

从担保方式看：土地产权间接融资与直接融资。“同心模式”中土地承包经营权流转合作社承担担保中介职能，农户以土地承包经营权入股及反担保的形式，间接实现土地承包经营权的融资功能；“平罗模式”投入大量精力完善全套制度支持，体现了对国家赋予的改革先行先试权的充分利用，目的在于实现农村产权直接抵押融资。随着评估、交易市场逐步完善，土地产权间接融资需要向直接融资形式过渡。

从风险分担机制看：体内分担与体外分担。“同心模式”将信贷风险与农户失地风险控制在合作社内部，如果出现贷款违约，农户不会失地，失去的只是一段时间的使用权；“平罗模式”中，政府建立了1 000万元的风险防范基金，同时建立土地承包经营权收储兜底机制、农民自愿退出土地承包经营权补偿机制以及再次获得土地承包经营权保障机制等，以确保金融机构债权得以实现，也考虑了农户失去土地承包经营权后的各种可能性。

下阶段，中国人民银行银川中心支行将密切关注宁夏农村经济体制改革动向，加强对重大相关政策效应的研究分析，力争与辖区条件成熟的地方政府全面建立推动农村产权制度改革联合工作机制。按照先易后难、分类施策、稳步推进的原则，将平罗县和同心县的成熟模式嵌入不同县域地区，最大限度整合信贷资金、财政资金、保险资金等，加大对试点金融机构政策支持力度，引导金融机构继续完善创新产品办理程序，合理确定贷款利率水平，推动改革试点“扩面增量”，支持更多农民盘活农村产权资源。

4. 贷款利率水平下行，利率定价机制进一步完善。2012年，中国人民银行连续两次下调人民币存贷款基准利率和存款准备金率及扩大贷款利率下浮区间等政策效应显现，宁夏银行业金融机构人民币贷款利率走势稳中趋降，全年贷款加权平均利率为8.9%，比年初和上半年分别下降0.9个和0.5个百分点。在处理好贷款成本、风险控制、资金供求等关系的同时，金融机构合理确定贷款利率浮动水平，利率议价和差别化定价能力进一步增强，全年执行上浮利率的贷款占70.9%，同比提高4.0个百分点。地方法人金融机构利率定价能力稳步提高，风险评估体系扎实推进，利率定价的规范性、适应性和灵活性显著增强。

表2　2012年宁夏回族自治区金融机构各利率区间贷款占比

单位：%

月份		1月	2月	3月	4月	5月	6月
合计		100.0	100.0	100.0	100.0	100.0	100.0
[0.9，1.0)		0.9	0.5	5.4	0.5	1.9	7.1
1.0		18.9	25.8	20.8	28.0	27.5	24.0
上浮水平	小计	80.2	73.7	73.8	71.6	70.6	69.0
	(1.0，1.1]	11.9	12.4	8.0	7.5	10.9	9.6
	(1.1，1.3]	20.0	13.0	14.6	11.5	11.8	18.3
	(1.3，1.5]	12.3	10.1	13.9	17.0	19.2	15.9
	(1.5，2.0]	16.7	19.1	18.5	20.9	18.4	16.1
	2.0以上	19.4	19.1	18.7	14.7	10.3	9.1
月份		7月	8月	9月	10月	11月	12月
合计		100.0	100.0	100.0	100.0	100.0	100.0
[0.9，1.0)		2.1	1.4	3.5	4.2	7.1	6.7
1.0		22.5	31.4	20.8	25.1	29.0	31.1
上浮水平	小计	75.4	67.3	75.8	70.7	63.9	62.2
	(1.0，1.1]	8.0	12.3	12.6	9.8	9.1	4.6
	(1.1，1.3]	20.2	18.2	21.0	23.0	19.2	22.2
	(1.3，1.5]	15.0	12.6	14.6	13.5	13.4	11.0
	(1.5，2.0]	19.3	14.9	17.4	13.9	12.4	15.3
	2.0以上	13.0	9.1	10.1	10.5	9.9	9.1

注：2012年8～12月统计数据的下浮区间为[0.7，1.0)。
数据来源：中国人民银行银川中心支行。

5. 地方性银行机构改革步伐加快，农村金融服务体系进一步完善。宁夏银行积极开展增资扩股和引进战略投资者，持续增强资本补充能力。宁夏黄河农村商业银行稳步实施对全区农村信用社和农村商业银行控股战略，农村信用社改革步伐加快。新型农村金融组织稳步发展，全年新增村镇银行2家，总数达到9家；新增小额贷款公司16家，总数达127家；新增“贫困村村级发展互助资金”组织128个，总数达1 098个。

6. 跨境人民币业务加快发展，覆盖面和影响力持续扩大。2012年，宁夏以人民币结算的贸易量占比从上年的0.07%增加到1.2%；人民币跨境使用的业务范围从单一的货物、服务贸易扩展至对外直接投资、境外直接投资和项目贷款等资本项目领域；与区内企业发生跨境人民币结算业务的境外区域拓展至9个国家和地区。

（二）证券业稳步发展，市场融资功能增强

2012年，宁夏证券业规范稳步发展，国内4家证券机构相继在宁夏设立分支机构；证券新业务加快发展，资产管理业务、融资融券业务、IB业务等相继推出，运行平稳。

上市公司再融资取得新进展，2家上市公司实施股权融资23.5亿元，市场融资功能得到有效发挥。

表3　2012年宁夏回族自治区证券业基本情况

项目	数量
总部设在辖内的证券公司数（家）	0
总部设在辖内的基金公司数（家）	0
总部设在辖内的期货公司数（家）	0
年末国内上市公司数（家）	12
当年国内股票（A股）筹资（亿元）	23.5
当年发行H股筹资（亿元）	0
当年国内债券筹资（亿元）	9
其中：短期融资券筹资额（亿元）	3.0
中期票据筹资额（亿元）	13.0

数据来源：宁夏证监局。

（三）保险业平稳运行，农业保险发展加快

1. 市场主体不断增加。2012年，宁夏保险分公司数量达16家，各级分支机构数量较年初增加58家，初步形成了各类机构并存、各种经营互补的多层次市场体系；保险密度和深度持续稳步提高。

2. 农业保险加快发展。2012年，保险支持宁夏优质特色农业发展力度加大，枸杞、葡萄等种植业保险以及奶牛等养殖业保险承保面分别是上年的4.4倍和2.6倍，农业保险赔款及受益农户分别是上年的2.5倍和3.0倍。

表4　2012年宁夏回族自治区保险业基本情况

项目	数量
总部设在辖内的保险公司数（家）	0
其中：财产险经营主体（家）	0
人身险经营主体（家）	0
保险公司分支机构（家）	16
其中：财产险公司分支机构（家）	6
人身险公司分支机构（家）	10
保费收入（中外资，亿元）	62.7
其中：财产险保费收入（中外资，亿元）	26.5
人身险保费收入（中外资，亿元）	36.2
各类赔款给付（中外资，亿元）	20.0
保险密度（元/人）	968.6
保险深度（%）	2.7

数据来源：宁夏保监局。

（四）直接融资占比下降，银行间市场交易活跃

1. 直接融资占比下降，债券融资发展缓慢。2012年，宁夏非金融部门股票、债券、贷款融资量同比少增44.5亿元。债券融资、股票融资等直接融资额占比下降，较上年低3.2个百分点。其中，债券融资同比少增18亿元。

2. 拆借和债券回购交易活跃，市场利率震荡下行。2012年，宁夏同业拆借和债券回购交易规模稳步增长，成交量同比增长41.8%。市场成员有所增加，市场容量进一步扩大。货币市场利率波动较大，总体低于上年同期水平。

3. 债券市场交易量大幅增长，平均收益率有所上涨。2012年，银行间债券市场现券交易量大幅增长，交易金额同比增长60%。现券预期收益率继续保持上涨态势，年平均收益率较上年同期高33个基点。

4. 票据市场规模扩大，票据利率持续下行。2012年，宁夏商业汇票签发量和贴现量均大幅增加，增幅分别为19.7%和62.2%。票据市场利率总体呈下降趋势，贴现和转贴现年加权平均利率分别比上年低2.6个和1.6个百分点。

表5　2001～2012年宁夏回族自治区非金融机构部门融资结构

单位：亿元、%

年份	融资量	比重		
		贷款	债券（含可转债）	股票
2001	59.6	94.0	0.0	6.0
2002	81.8	100.0	0.0	0.0
2003	162.0	98.0	0.0	2.0
2004	93.1	100.0	0.0	0.0
2005	138.9	86.3	13.7	0.0
2006	153.3	100.0	0.0	0.0
2007	218.7	92.7	7.3	0.0
2008	276.2	95.1	2.2	2.7
2009	535.1	96.3	2.8	0.9
2010	510.1	96.0	2.0	2.0
2011	558.0	87.4	7.7	4.9
2012	513.5	90.5	4.9	4.6

数据来源：中国人民银行银川中心支行、宁夏回族自治区发展改革委、宁夏证监局。

表6　2012年宁夏回族自治区金融机构票据业务量统计

单位：亿元

季度	银行承兑汇票承兑		贴现			
			银行承兑汇票		商业承兑汇票	
	余额	累计发生额	余额	累计发生额	余额	累计发生额
1	301.1	199.0	160.9	202.9	0	0
2	396.5	200.1	157.0	282.8	0	0
3	374.1	178.9	141.6	340.4	0	0
4	380.2	189.4	107.4	392.9	0	0

数据来源：中国人民银行银川中心支行。

表7　2012年宁夏回族自治区金融机构票据贴现、转贴现利率

单位：%

季度	贴现		转贴现	
	银行承兑汇票	商业承兑汇票	票据买断	票据回购
1	8.6	—	6.5	6.2
2	5.9	—	5.5	4.5
3	6.0	—	5.2	4.4
4	6.5	—	5.0	5.0

数据来源：中国人民银行银川中心支行。

（五）金融生态环境持续优化，农村支付环境明显改善

2012年，中国人民银行银川中心支行组织开展“金融知识宣传早春行”系列宣传活动，进一步宣传普及金融知识。征信惠民工程和打造宁夏信用长廊工程扎实推进，企业和个人征信系统累计收录3万户企业和320.5万人的征信信息，发放机构信用代码证9.5万个，占宁夏基本存款账户数的99.7%。征信体系建设和服务水平进一步提高，新版信用报告、关联企业查询等的成功上线及机构信用代码系统的推广应用，为经济主体提供了更加优质的征信产品和服务。

农村支付环境建设取得明显成效。87%的农村地区银行网点开通大、小额支付系统，银行卡助农取款服务点覆盖宁夏所有乡镇，实现了农户取现汇款不离镇的阶段性目标。通过银行结算账户发放退耕还林、农资直补等各类补贴资金的意愿大幅提高。截至2012年年末，农村地区人均拥有个人银行结算账户2.1个。

二、经济运行情况

2012年，宁夏内陆开放型经济试验区和银川综合保税区获国务院批准建设，沿黄经济区发展和百万贫困人口扶贫攻坚战略加快实施，经济发展呈现出需求结构改善、区域协调性增强、节能减排成效明显、发展方式转变的良好局面。全年实现地区生产总值2 326.6亿元，同比增长11.5%，连续十三年保持两位数增长。

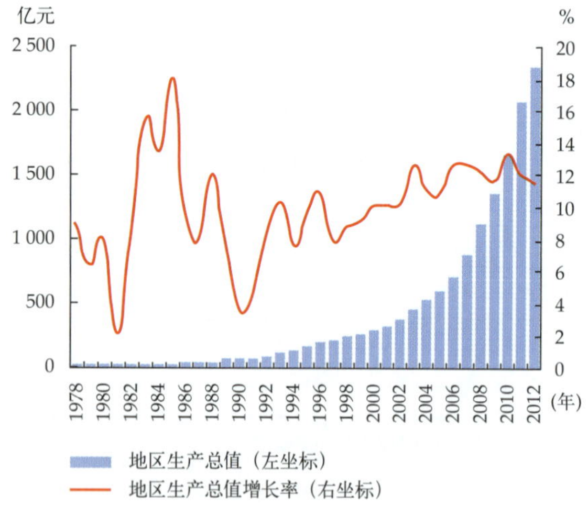

数据来源：《宁夏统计年鉴》、宁夏统计局。

图4　1978～2012年宁夏回族自治区地区生产总值及其增长率

（一）内需持续增长，外需小幅下降

1. 投资快速增长，民间投资增长强劲。宁夏全社会固定资产投资达2 109.5亿元，同比增长27.5%。重大项目建设加快推进，宁东能源基地、黄河金岸及宁南山区大县城建设等重点项目成为投资增长的重要支撑。其中，民间固定资产投资完成1 194.3亿元，同比增长51.2%，占宁夏全社会固定资产投资的56.6%，比上年提高8.8个百分点。

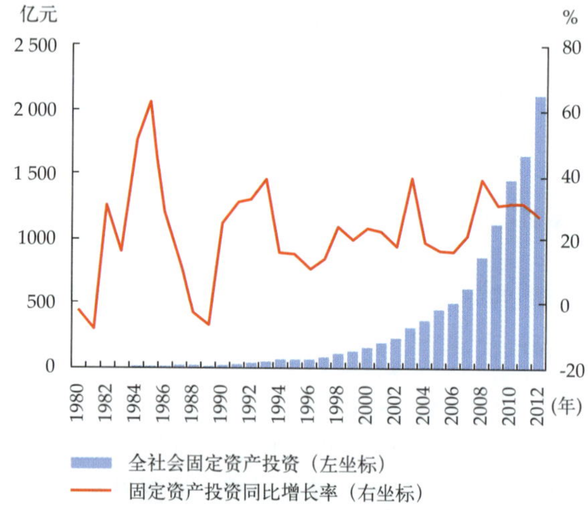

数据来源：《宁夏统计年鉴》、宁夏统计局。

图5　1980～2012年宁夏回族自治区固定资产投资及其增长率

2. 消费市场平稳增长，基本生活类商品增长较快。2012年，随着内需的逐步扩大、城乡居民收入提高以及社会保障制度的不断完善，消费市场规模保持稳定，宁夏社会消费品零售总额同比增长14.9%，增速较上年回落3.4个百分点。按消费形态分，餐饮收入同比增长21.6%；商品零售增长13.8%。

3. 对外贸易小幅下降，出口结构继续优化。2012年，宁夏外贸进出口总额同比下降3.0%。资源类产品出口下降，机电产品、羊绒制品等优势

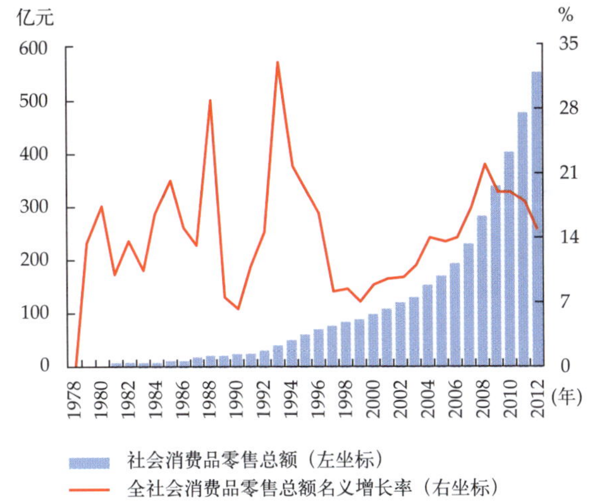

数据来源：《宁夏统计年鉴》、宁夏统计局。

图6　1978～2012年宁夏回族自治区社会消费品零售总额及其增长率

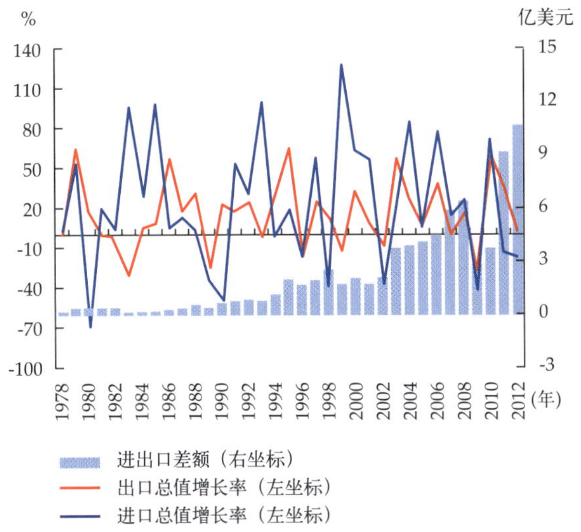

数据来源：《宁夏统计年鉴》、宁夏统计局。

图7　1978～2012年宁夏回族自治区外贸进出口变动情况

特色产品出口较快增长。宁夏充分利用回族自治区优势，大力拓展阿拉伯国家市场，对阿拉伯国家出口额增长35.1%。

（二）三次产业协调发展，工业主导作用增强

2012年，宁夏三次产业结构比重为8.6∶49.8∶41.6。三次产业对地区生产总值增长

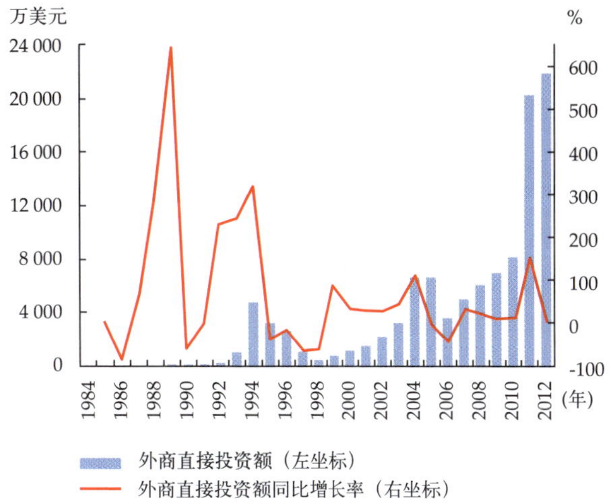

数据来源：《宁夏统计年鉴》、宁夏统计局。

图8　1984～2012年宁夏回族自治区外商直接投资情况

的贡献率分别为4.2%、59.8%、35.0%。工业经济筑底回升，总体保持平稳较快增长，对经济的拉动具有显著作用。

1. 农业发展加快。2012年，宁夏农业增加值同比增长5.7%，粮食生产实现“九连增”，总产再创历史新高。枸杞、葡萄和中药材等优势特色产业规模化和产业化发展水平显著提升；黄河金岸特色农业经济带、贺兰山东麓百万亩葡萄长廊建设初见成效；畜牧业养殖规模大幅提高。

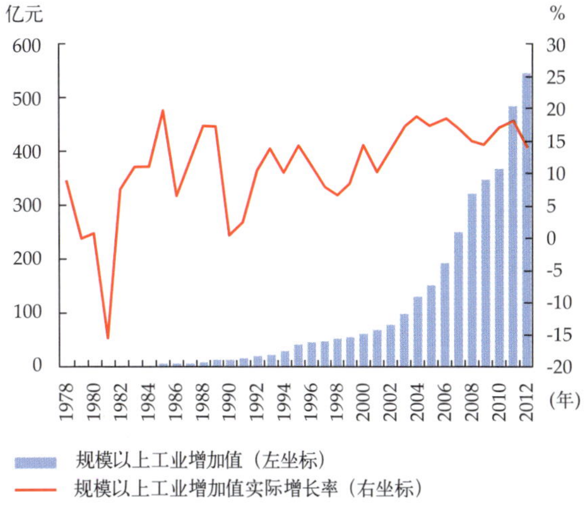

数据来源：《宁夏统计年鉴》、宁夏统计局。

图9　1978～2012年宁夏回族自治区工业增加值及其增长率

2. 工业支撑作用进一步增强，大中型工业拉动作用明显。2012年从第三季度开始宁夏工业经济呈现筑底回升、平稳运行的基本态势，全年工业增加值增长14.0%，其中重工业增加值增长14.8%，对规模以上工业增加值的贡献率达92.1%，拉动宁夏工业增长12.9个百分点。其中，大中型工业企业增加值同比增长12.4%，占规模以上工业增加值的79.6%，对规模以上工业增加值增长的贡献率为71.9%，拉动规模以上工业增长10.1个百分点。

3. 服务业平稳发展。2012年，宁夏服务业增加值增长9.7%。沿黄城市带特色商贸功能区、农产品批发市场、冷冻冷藏储备库等一批基础设施的建设运行，带动商贸流通快速发展。租赁和商务服务业、批发零售业、住宿餐饮业销售额大幅增长。交通运输体系逐步完善，客运量和货运量分别增长8.3%、14.1%。旅游基础设施建设加快，旅游业收入同比增长23.3%。

（三）物价走势总体平稳，工资水平稳步提高

1. 居民消费价格小幅上涨。2012年，宁夏居民消费价格同比上涨2.0%。八大类商品价格呈“六涨两降”态势，其中，食品类价格同比上涨4.5%，是拉动居民消费价格总水平上涨的主要因素，肉类价格上涨是拉动食品类价格上涨的主要动力。

2. 工业生产价格持续回落。受市场需求疲软、大宗商品价格波动等因素影响，宁夏主要行业产品价格不断走低。全年工业生产者出厂价格下降2.6%，比上年回落12.1个百分点；工业生产者购进价格下降0.5%，比上年回落13.3个百分点。

3. 劳动力价格稳步上升。2012年，宁夏城镇居民工资性收入增长12.7%，农村居民务工收入增长16.0%，连续三年保持两位数增长。受经济较快增长、最低工资标准和居民社会保障水平提高等因素影响，城镇居民收入保持较快增长，宁夏城镇居民人均可支配收入实际增长10.4%；农民人均纯收入为6 180.3元，实际增长12.3%。

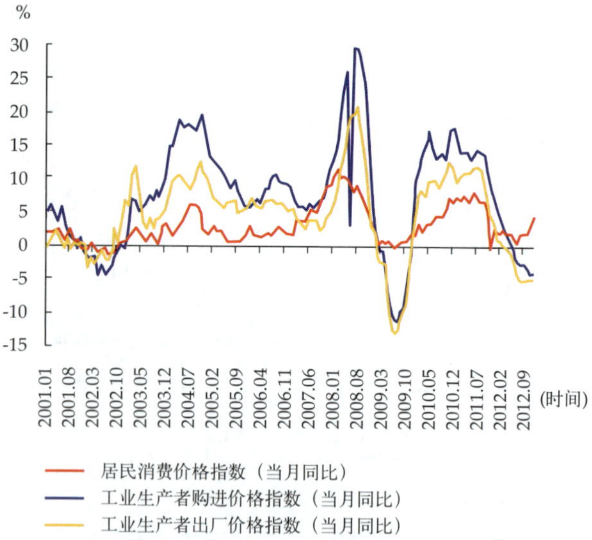

数据来源：《宁夏统计年鉴》、宁夏统计局。

图10　2001～2012年宁夏回族自治区居民消费价格和生产者价格变动趋势

（四）财政收入平稳增长，民生投入力度加大

2012年，宁夏公共财政预算总收入同比增长23.9%，完成地方公共财政预算收入264.0亿元，增长20.0%。税收占比继续提高，国内消费税收入快速增长。财政支出结构进一步优化，政府公

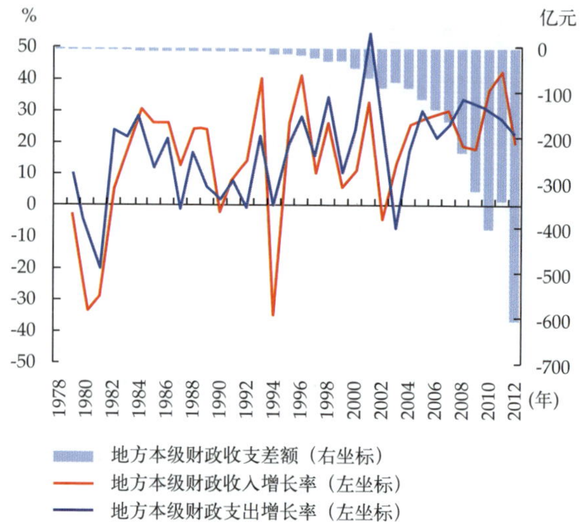

数据来源：《宁夏统计年鉴》、宁夏统计局。

图11　1978～2012年宁夏回族自治区财政收支状况

共投资不断扩大。全年公共财政预算支出872.2亿元，比上年增长22.7%。新增支出更多投向民生、社会事业发展的薄弱领域。

（五）能源消费量缓慢增长，综合能耗明显下降

2012年以来，受宏观经济增速趋缓、工业经济结构调整力度加大等因素影响，宁夏能源消费需求逐渐减弱，能源消费量缓慢增长，单位GDP能耗、单位工业增加值能耗和单位GDP电耗等主要节能降耗指标呈现全面下降的运行态势。全年能源消费量约4 570万吨标准煤，同比增长5.9%，单位GDP能耗下降5%左右。

专栏2 金融助力沙区特色产业稳步发展 宁夏实现从“防沙”到“用沙”的历史转变

宁夏是中国荒漠化最突出的地区之一，西北东部分别被腾格里沙漠、乌兰布和沙漠、毛乌素沙漠包围，荒漠化土地和沙化土地面积分别占总面积的43.7%和22.4%。宁夏高度重视防沙治沙工作，为治理“沙患”进行了不懈的努力，自创的“麦草方格”固沙模式攻克了“流动固沙”的世界性难题，率先在全国实现了“人进沙退”，被誉为“人类治沙史上的奇迹”。治沙成果被联合国环境规划署誉为“全球环境保护500佳”。

近年来，宁夏在巩固治沙成果的基础上，有序、稳妥地挖掘沙漠的经济价值，通过发展沙漠旅游、新能源、沙生中药材、沙区生态经济林和瓜果等特色产业，把沙区生态环境改善与经济发展、农户增收有机结合起来，由“防沙”向“用沙”转变。2012年，宁夏沙区特色产业实现产值逾39亿元。其中，沙区生态经济林经济收入连续五年保持12%以上的增速；沙生药材和硒砂瓜等特色农副产品种植面积超过300万亩；以沙湖和沙坡头为代表的沙漠旅游年接待游客200万人次以上。防沙治沙模式由政府主导向政府规划、企业和农户主动参与转变。2012年，宁夏治沙面积在100公顷以上的工业企业超过60家，投入资金逾10亿元，开发治理沙荒地2万多公顷。其中，宁夏中冶美利纸业股份有限公司实施林纸一体化项目，建造沙漠生态保护林10万亩。

中国人民银行银川中心支行灵活运用再贷款、再贴现等货币政策工具，引导银行业金融机构支持沙区特色产业做大做强。各银行业金融机构优化审批流程，及时为沙区特色产业企业开通办理贷款“绿色通道”，为4.4万户沙区特色产业农户发放了绿色信用证、授信卡、惠农卡，授信额度13.4亿元。优先为硒砂瓜、沙漠经果林等沙区特色产业规模较大的地区增设ATM、自助查询设备、转账电话、POS机等，方便沙区企业和农户资金划转。

下阶段，宁夏将以党和国家努力建设“美丽中国”为契机，加快推进生态文明建设，计划未来七年投资113亿元，对769万亩不同类型沙漠化土地，采取保护、治理、开发等措施进行综合治理。中国人民银行银川中心支行将进一步加强与自治区相关部门的协调配合，推动财政资金、扶贫资金和信贷资金形成“合力”，进一步加大对沙区特色产业的资金支持力度。推动沙区特色企业借助银行间市场，发行短期融资券、中期票据等融资工具，努力扩大债券融资规模。在引导和督促金融机构大力推广“企业+基地+协会+农牧民”、农户联保贷款等成熟信贷模式的基础上，积极推进防沙治沙和退耕还林还草土地抵押贷款试点工作，不断加强沙区特色产业金融支持力度。进一步优化沙区金融服务环境，为防沙治沙和发展沙产业提供优质的金融服务。

（六）房地产市场平稳运行，穆斯林产业加快升级

1. 房地产销售有所回暖，房地产金融平稳发展。2012年，宁夏房地产开发投资同比增长27.6%，增速比上年回落2.3个百分点。新开工建设各类保障性安居工程8.9万套。住宅供给结构明显优化，住宅竣工面积同比增长19.1%，其中中小户型面积占84.3%。商品房销售面积下降幅度较上年同期收窄4.9个百分点，商品房销售额同比增长0.5%。银川市新建住房价格呈现“U”形特征，上半年由1月的增长2.1%下降至6月的0.3%，下半年企稳回升至12月的1.6%。

房地产贷款增长放缓，普通住房贷款占比继续提高。2012年年末，宁夏房地产贷款余额同比增长12.3%，较上年同期回落9.9个百分点。其中，开发贷款余额同比下降7.6%。受下半年销售回暖的影响，个人住房贷款较快增长，2012年年末，个人住房贷款余额同比增长18.8%，较上年同期下降12.3个百分点，新增贷款的93%用于支持居民购买首套住房。金融支持保障性安居工程建设的渠道逐步多元化，银行贷款、公积金贷款、融资租赁等融资模式支持保障性安居工程项目的力度加大。

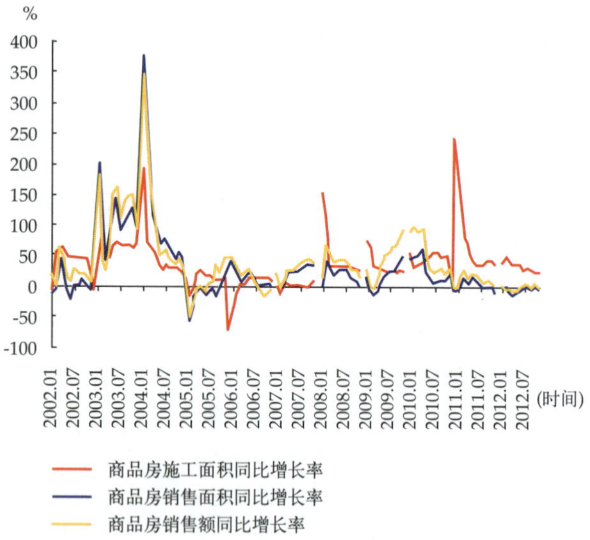

数据来源：《宁夏统计年鉴》、宁夏统计局。

图12 2002~2012年宁夏回族自治区商品房施工和销售变动趋势

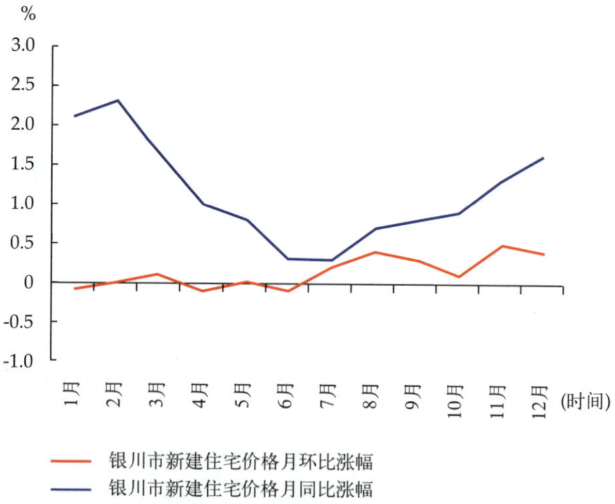

数据来源：银川市统计调查总队。

图13 2012年银川市新建住宅销售价格指数变动趋势

2. 穆斯林产业加快升级，金融支持力度持续加大。近年来，宁夏立足于回族自治区的优势，加快优化穆斯林产业布局，延长产业链条，产业发展呈现出新的特点：一是产业体系更加完善。已经形成了以清真食品、穆斯林用品为核心，以回族旅游、建筑等行业为新增长点的产业体系。二是产业园区初具规模。灵武羊绒产业园区被国务院确定为国家级高新技术产业园区，银川德胜工业园区清真食品工业园和吴忠金积工业园区清真食品穆斯林用品工业园具备了打造西部乃至全国有影响力、有知名度的国际清真产业园的基础。三是品牌效应提高。伴随着产业化龙头企业加快发展，产生了盐池滩羊肉、“兴唐”清真米业、汇川民族服装服饰、厚生记牌乡村豆等占据国内一定市场、具有一定影响力的品牌。四是对外贸易规模不断增加。清真牛羊肉、清真调味品、穆斯林用品已出口约旦、马来西亚、利比亚、中国香港、美国、埃及等国家和地区。五是从生产向设计、认证等升级。2012年，宁夏进一步加大行业标准的认证与推广力度。在《宁夏回族自治区清真食品认证通则》的基础上与其他四省区共同颁布了《清真食品认证通则》，已有60多家企业获得认证，并与泰国、马来西亚等7个国家的（HALAL）认证机构达成相互认可协议，为宁夏乃至全国清真食品出口阿拉伯国家创造了

便利的准入条件。近年来，金融支持穆斯林用品和清真食品企业力度进一步加大。截至2012年年末，宁夏享受民贸民品优惠利率贷款政策的企业有89家，占民贸民品企业总数的61%；民贸民品贴息贷款余额同比增长40.4%，累计发放民贸民品贴息贷款同比增加41亿元，累计办理贴息同比增长27%。

下阶段，宁夏将牢牢把握建设内陆开放型经济试验区的历史机遇，发挥“向西开放”战略高地、清真食品和穆斯林用品产业聚集区的作用，深化与世界穆斯林地区经贸合作，努力将宁夏建成国内清真食品和穆斯林用品设计、生产、认证、集散、博览“五大中心”。中国人民银行银川中心支行将引导辖区银行业金融机构在认真落实国家民贸民品优惠利率贷款政策的基础上，根据民族用品生产企业、回族旅游企业的特点，进一步开发适合当地穆斯林企业的信贷产品和服务，支持穆斯林产业持续快速发展。

三、预测与展望

2013年，宁夏将继续坚持稳中求进的总基调，大力实施沿黄经济区发展和百万贫困人口扶贫攻坚“两大战略”，以内陆开放型经济试验区建设为突破口，着力优化经济结构，统筹城乡发展，切实改善民生，进一步提升经济发展的内生动力。预计宁夏经济平稳较快发展，地区生产总值增长12%左右。随着煤制油、特高压直流输电、交通设施、农田水利、沿黄经济区等自治区重大项目的加快建设，将带动投资持续增长20%以上；南部山区大县城建设深入推进，区域发展的协调性继续增强，需求潜力将进一步得到释放，社会消费品零售总额预计增长16%；居民消费价格总水平预计涨幅3.5%左右；就业形势保持稳定。

2013年，宁夏金融业将继续贯彻落实各项金融调控政策，围绕区域经济发展战略重点，及时跟进“两大战略”实施和“两区”建设，大力支持现代农业提质增效，工业转型升级，现代服务业水平提升，重点领域和特色优势产业、中南部扶贫、新型城乡统筹发展、民生领域等的信贷投入将持续加大，对实体经济的服务水平不断提高。预计全年宁夏金融组织体系将进一步完善，金融市场主体有所增加，金融业运行保持健康平稳；金融产品和服务方式创新加快，信贷总量合理适度增长，信贷投向结构和期限结构将进一步调整优化，经济与金融的协调性增强。

中国人民银行银川中心支行货币政策分析小组
总　纂：胡文莲　刘　艳
统　稿：马建斌　王　青　刘　玲　梁非哲
执　笔：常军卫　何敬杰　李旭胜　韩银莹　马明霞　马俊鹏　王银昆　周金东　付　静　李　鹏
提供材料的还有：王　谦　王立军　曹洪强　王　浩　冯爱华　王永舵　马　康　刘　力　张　冀　周　豹　张晓宁　缪　纾

附录

（一）2012年宁夏回族自治区经济金融大事记

2月23日，中国人民银行银川中心支行组织的、为期两个月的宁夏“金融知识宣传早春行”活动正式启动。

3月28日，宁夏与中国平安保险集团公司签订战略合作框架协议。

5月7日，宁夏金融工作会议在银川召开。

7月18日，宁夏启动农村中小金融机构服务“三农”的“三大工程”。

8月28日，中国银行间市场交易商协会、中国人民银行银川中心支行、宁夏金融办联合在银川市签署了《借助银行间市场助推宁夏沿黄经济区发展合作备忘录》。

9月初，国务院批准宁夏建立内陆开放型经济试验区，设立银川综合保税区。

9月12日，宁洽会暨第三届中阿经贸论坛顺利召开，并从2013年起升格为中阿博览会。

9月14日，宁夏区政府办公厅转发中国人民银行银川中心支行关于进一步加强和改善金融服务支持实体经济平稳较快发展的意见。

9月16日，宁夏自治区政府发布“十二五”节能降耗考核及奖惩办法。

（二）2012年宁夏回族自治区主要经济金融指标

表1　2012年宁夏回族自治区主要存贷款指标

		1月	2月	3月	4月	5月	6月	7月	8月	9月	10月	11月	12月
本外币	金融机构各项存款余额（亿元）	2 996.5	3 090.5	3 172.1	3 191.0	3 257.3	3 343.9	3 368.5	3 415.8	3 438.6	3 447.2	3 476.6	3 507.2
	其中：储蓄存款	1 400.3	1 416.9	1 454.4	1 459.7	1 486.4	1 528.8	1 539.0	1 571.1	1 613.9	1 608.0	1 641.0	1 684.9
	单位存款	1 341.4	1 411.2	1 476.3	1 466.9	1 495.0	1 590.2	1 580.2	1 609.3	1 599.6	1 588.5	1 611.4	1 678.5
	各项存款余额比上月增加（亿元）	23.8	94.0	81.6	18.9	66.3	86.5	24.6	47.3	22.8	8.7	29.4	30.5
	金融机构各项存款同比增长（%）	15.7	17.2	17.1	16.6	15.9	17.6	18.8	18.2	20.3	19.4	19.1	17.8
	金融机构各项贷款余额（亿元）	2 938.0	2 999.1	3 061.3	3 114.6	3 175.8	3 240.6	3 253.0	3 282.5	3 318.1	3 332.6	3 352.2	3 372.1
	其中：短期	959.3	1 003.6	1 056.4	1 107.4	1 135.7	1 202.1	1 221.1	1 222.1	1 241.6	1 242.8	1 270.5	1 296.5
	中长期	1 826.4	1 830.5	1 838.6	1 840.6	1 861.2	1 875.7	1 879.3	1 902.1	1 928.7	1 939.1	1 944.7	1 960.8
	票据融资	146.9	159.7	160.9	161.3	173.0	157.0	146.6	152.3	141.7	142.7	129.5	107.4
	各项贷款余额比上月增加（亿元）	30.9	61.1	62.2	53.8	61.2	64.8	12.4	29.5	35.6	14.5	19.6	19.9
	其中：短期	9.4	44.2	52.9	51.0	28.3	66.4	19.0	1.0	19.5	1.2	27.7	26.0
	中长期	13.5	4.1	8.1	2.1	20.6	14.5	3.6	22.8	26.7	12.4	5.7	16.1
	票据融资	32.4	12.8	1.3	0.8	11.7	-16.0	-10.4	5.7	-10.5	0.9	-13.1	-22.1
	金融机构各项贷款同比增长（%）	18.9	19.5	18.9	18.6	19.5	19.3	18.6	18.8	18.7	17.8	16.5	16.0
	其中：短期	33.3	36.0	35.3	39.0	39.2	44.3	44.1	42.2	41.2	38.0	38.0	36.3
	中长期	10.6	9.2	7.5	5.8	6.1	6.1	5.5	6.8	7.8	7.6	7.7	8.2
	票据融资	47.2	71.0	94.0	78.9	97.7	78.7	67.8	61.6	45.8	48.0	7.6	-6.2
	建筑业贷款余额（亿元）	36.6	37.7	39.7	43.7	46.1	49.6	52.7	55.5	59.0	59.4	60.1	59.9
	房地产业贷款余额（亿元）	95.2	97.3	98.3	95.0	96.4	97.9	95.4	95.1	99.0	100.0	97.4	97.4
	建筑业贷款同比增长（%）	14.6	19.1	26.7	33.4	35.4	40.0	50.1	53.2	60.7	59.1	61.2	54.2
	房地产业贷款同比增长（%）	5.7	3.7	6.8	1.4	3.9	3.4	7.2	9.3	10.6	9.1	5.6	4.8
人民币	金融机构各项存款余额（亿元）	2 986.7	3 078.8	3 161.8	3 170.1	3 244.5	3 332.2	3 356.9	3 404.3	3 427.6	3 435.7	3 465.5	3 495.4
	其中：储蓄存款	1 395.7	1 412.5	1 449.5	1 454.8	1 481.2	1 523.6	1 533.9	1 566.2	1 609.1	1 602.8	1 635.9	1 679.4
	单位存款	1 336.6	1 404.1	1 471.1	1 460.5	1 487.6	1 584.1	1 573.9	1 603.0	1 593.7	1 582.5	1 605.6	1 672.4
	各项存款余额比上月增加（亿元）	25.6	92.0	83.0	17.3	65.4	87.6	24.7	47.4	23.3	8.1	29.8	29.9
	其中：储蓄存款	44.4	16.8	37.0	5.3	26.4	42.5	10.3	32.3	42.9	-6.3	33.1	43.5
	单位存款	-72.3	67.5	67.0	-10.6	27.1	96.5	-10.2	29.0	-9.3	-11.2	23.1	66.8
	各项存款同比增长（%）	15.7	17.1	17.2	16.6	15.9	17.6	18.8	18.2	20.3	19.4	19.1	17.8
	其中：储蓄存款	17.1	18.5	19.3	20.4	22.1	22.8	24.3	25.9	25.5	26.6	26.2	24.3
	单位存款	17.9	19.9	21.5	17.1	13.5	18.9	19.4	18.0	17.9	18.9	16.5	18.2
	金融机构各项贷款余额（亿元）	2 916.0	2 977.1	3 039.0	3 091.9	3 152.2	3 218.1	3 231.4	3 261.6	3 295.4	3 308.9	3 328.2	3 339.6
	其中：个人消费贷款	272.1	272.3	276.9	278.2	281.1	284.6	287.4	290.7	298.8	299.9	306.1	311.5
	票据融资	146.8	159.6	160.9	161.2	173.0	156.9	146.5	152.1	141.6	142.6	129.5	107.4
	各项贷款余额比上月增加（亿元）	55.6	61.1	61.9	53.4	60.2	66.0	13.3	30.2	33.7	13.5	19.4	11.4
	其中：个人消费贷款	3.9	0.2	4.6	1.3	2.9	3.5	2.8	3.3	8.1	1.1	6.2	5.4
	票据融资	32.4	12.8	1.3	0.8	11.8	-16.0	-10.4	5.6	-10.5	1.0	-13.1	-22.1
	金融机构各项贷款同比增长（%）	19.0	19.7	19.1	18.8	19.6	20.5	19.9	20.1	20.0	19.0	17.7	16.8
	其中：个人消费贷款	23.5	22.3	20.1	17.9	17.4	15.0	13.7	12.7	13.8	13.8	14.6	16.2
	票据融资	47.2	70.9	94.2	79.1	97.8	73.3	67.7	61.5	45.7	48.3	7.7	-6.1
外币	金融机构外币存款余额（亿美元）	1.5	1.9	1.6	1.9	2.0	1.9	1.8	1.8	1.7	1.8	1.8	1.9
	金融机构外币存款同比增长（%）	25.3	43.4	-7.5	-0.7	18.3	8.4	13.3	10.3	2.0	5.3	25.1	2.1
	金融机构外币贷款余额（亿美元）	3.5	3.5	3.5	3.6	3.7	3.6	3.4	3.3	3.6	3.8	3.8	5.2
	金融机构外币贷款同比增长（%）	11.6	8.7	6.8	2.7	5.1	-53.2	-54.5	-55.4	-53.3	-52.1	-50.3	-30.1

数据来源：中国人民银行银川中心支行。

表2　2001～2012年宁夏回族自治区各类价格指数

单位：%

年/月		居民消费价格指数		农业生产资料价格指数		工业生产者购进价格指数		工业生产者出厂价格指数	
		当月同比	累计同比	当月同比	累计同比	当月同比	累计同比	当月同比	累计同比
2001		—	1.6	—	2	—	2.5	—	0.3
2002		—	-0.6	—	3.5	—	-2.2	—	-0.3
2003		—	1.7	—	-0.6	—	6.8	—	5.6
2004		—	3.7	—	13.5	—	17.3	—	10
2005		—	1.5	—	9.3	—	9.7	—	6.2
2006		—	1.9	—	0.8	—	8.5	—	6.2
2007		—	5.4	—	12.2	—	7.1	—	3.7
2008		—	8.5	—	26.2	—	21.8	—	12.9
2009		—	0.7	—	-3.7	—	-5.3	—	-6.1
2010		—	4.1	—	4.4	—	14.1	—	9.1
2011		—	6.3	—	14.0	—	12.8	—	9.5
2012		—	2.0	—	7.6	—	-0.5	—	-2.6
2011	1	7.2	7.2	7.4	7.4	15.3	15.3	9.8	9.8
	2	6.8	7.0	9.3	8.4	14.1	14.7	10.2	10.0
	3	7.6	7.2	11.3	9.3	14.0	14.5	10.8	10.3
	4	7.0	7.1	14.0	10.5	13.9	14.3	10.9	10.4
	5	6.8	7.1	14.4	11.3	13.1	14.1	10.7	10.5
	6	7.7	7.2	16.2	12.1	13.6	14.0	11.4	10.6
	7	7.7	7.3	15.9	12.7	14.5	14.1	11.6	10.8
	8	6.8	7.2	15.9	13.1	13.9	14.0	11.8	13.8
	9	6.8	7.2	17.4	13.6	13.7	14.0	10.7	13.6
	10	6.0	7.0	18.0	14.0	11.7	13.8	7.7	10.6
	11	-0.2	6.7	-0.4	14.1	9.0	13.3	4.7	10.0
	12	2.3	6.3	13.3	14.0	7.2	12.8	4.0	9.5
2012	1	—	—	—	—	—	—	—	—
	2	1.9	2.1	12.3	12.3	4.1	4.5	0.8	0.9
	3	2.2	2.1	11.1	11.9	2.8	3.9	0.1	0.6
	4	2.1	2.1	11.2	11.7	1.5	3.3	-0.4	0.4
	5	2.1	2.1	11.3	11.6	0.6	2.8	-1.1	0.1
	6	1.0	1.9	7.7	11	-1	2.1	-2.4	-0.3
	7	0.6	1.7	5.4	10.1	-2.1	1.5	-3.8	-0.2
	8	1.7	1.7	5.1	9.5	-2.5	1.1	-4.8	-1.3
	9	1.8	1.7	4.2	8.9	-2.7	0.6	-5.2	-1.8
	10	2	1.8	3.3	8.3	-3.3	0.2	-5	-2.1
	11	2.6	1.8	3.6	7.9	-3.8	-0.2	-4.8	-2.3
	12	4.1	2.0	4.5	7.6	-3.9	-0.5	-4.9	-2.6

数据来源：《中国经济景气月报》、《宁夏主要经济指标》。

表3 2012年宁夏回族自治区主要经济指标

	1月	2月	3月	4月	5月	6月	7月	8月	9月	10月	11月	12月
	绝对值（自年初累计）											
地区生产总值(亿元)	—	—	385.9	—	—	930.5	—	—	1 605.8	—	—	2 326.6
第一产业	—	—	23.7	—	—	36.9	—	—	131.5	—	—	200.2
第二产业	—	—	207.7	—	—	507.3	—	—	826.3	—	—	1 158.6
第三产业	—	—	154.5	—	—	386.4	—	—	647.9	—	—	967.9
工业增加值(亿元)	—	126.3	193.8	263.2	316.0	382.4	441.9	508.0	575.6	647.5	738.3	818.2
固定资产投资(亿元)	—	30.1	135.9	292.5	480.1	738.6	950.7	1 190.3	1 469.2	1 687.9	1 830.0	2 109.5
房地产开发投资	—	1.0	20.8	53.3	93.9	142.2	188.2	235.7	292.6	343.9	398.8	429.2
社会消费品零售总额(亿元)	—	89.6	132.3	173.8	212.0	256.4	301.5	349.0	399.5	451.0	500.0	548.8
外贸进出口总额(万美元)	—	24 470	43 564	59 986	78 932	109 923	130 430	147 647	164 981	189 768	209 329	221 667
进口	—	6 971	14 475	19 337	26 529	30 236	36 168	40 932	46 886	51 594	54 836	57 551
出口	—	17 499	29 089	40 649	52 403	79 687	94 262	106 715	118 096	138 174	154 493	164 116
进出口差额(出口−进口)	—	10 528	14 614	21 312	25 874	49 451	58 094	65 783	71 210	86 580	99 657	106 565
外商实际直接投资(万美元)	—	2 646	6 819	6 819	8 789	11 852	12 846	14 227	16 579	16 739	16 935	21 820
地方财政收支差额(亿元)	—	-17.6	-52.7	-72.6	-103.1	-195.5	-248.7	-307.5	-381.0	-410.8	-474.5	-608.2
地方财政收入	—	47.0	64.3	89.7	109.2	135.2	158.0	176.9	195.9	220.5	239.3	264.0
地方财政支出	—	64.6	116.9	162.3	212.3	330.7	406.7	484.4	576.9	631.4	713.8	872.2
城镇登记失业率(%)(季度)	—	—	4.3	—	—	4.3	—	—	4.1	—	—	4.2
	同比累计增长率（%）											
地区生产总值	—	—	12.0	—	—	11.4	—	—	11.0	—	—	11.5
第一产业	—	—	3.3	—	—	3.1	—	—	4.7	—	—	5.6
第二产业	—	—	15.8	—	—	14.7	—	—	13.2	—	—	13.8
第三产业	—	—	8.5	—	—	7.8	—	—	9.1	—	—	9.7
工业增加值	—	17.5	16.5	15.9	15.1	14.5	13.5	13.0	12.6	13.1	13.5	14.0
固定资产投资	—	37.4	35.2	29.7	27.2	27.3	27.6	27.7	27.8	27.5	27.0	27.5
房地产开发投资	—	114.1	72.0	49.7	39.6	39.4	37.0	31.3	32.7	31.1	30.7	27.6
社会消费品零售总额	—	16.5	16.5	16.0	15.8	15.6	15.3	15.0	14.9	14.9	15.0	14.9
外贸进出口总额	—	-20.5	-15.2	-14.6	-14.6	-1.8	-0.8	-4.9	-4.3	1.0	0.3	-3.0
进口	—	-31.9	-16.5	-15.5	-17.3	-19.6	-18.1	-18.3	-13.8	-10.3	-14.3	-16.2
出口	—	-14.8	-14.5	-14.1	-13.2	7.3	8.0	1.5	0.1	6.0	6.7	2.6
外商实际直接投资	—	0.0	-44.8	-53.3	-41.6	-21.3	-31.9	-24.5	-15.6	-14.8	-13.8	8.0
地方财政收入	—	9.7	10.9	10.9	12.5	17.5	13.5	14.2	14.9	15.8	16.8	20.0
地方财政支出	—	27.5	44.9	46.3	34.7	54.8	56.5	45.3	32.9	29.1	24.2	22.7

数据来源：宁夏统计局、宁夏人力资源和社会保障厅。

2012年新疆维吾尔自治区金融运行报告

中国人民银行乌鲁木齐中心支行货币政策分析小组

[内容摘要] 2012年，在国际经济缓慢复苏和国内经济存在下行压力的形势下，新疆大力推进重大基础设施、基础产业和重点民生工程建设，经济先于全国企稳回升向好，多项指标增速高于全国平均水平。农业基础地位进一步巩固，新型工业化进程加快，投资强劲增长，对外贸易稳步增长，居民收入大幅提高，物价涨幅回落，经济发展基础更加牢固，增长质量和效益明显提升。

金融业保持健康平稳运行。银行业规模稳步扩大，资产质量提升，信贷快速增长，“保重点”和“惠民生”贷款力度加大；资本市场融资能力大幅提升，直接融资规模取得历史性突破；金融机构改革深入推进，金融风险防范有效加强，生态环境建设成效显著，新疆跨越式发展的金融保障能力和水平增强。

2013年，中央支持新疆发展各项政策效应将持续显现，新疆产业升级、基础设施和民生领域投资需求十分旺盛，经济增长内生动力依然强劲，经济总体有望保持较快发展态势，金融业将进一步加大对实体经济的支持力度。但新疆经济结构不平衡、资源环境约束等问题仍然突出，物价上涨潜在压力值得关注。

一、金融运行情况

2012年，新疆金融业加快发展，整体运行健康平稳，各项改革继续推进，多元化融资取得新进展，金融支持地方经济发展力度明显增强。

（一）银行业发展提速，信贷结构调整成效显著

1. 银行业效益快速提升，实力进一步增强。新疆经济的快速发展为银行业发展创造了历史性机遇，2012年新疆银行业金融机构资产规模继续保持高位增长，盈利能力快速提升，全年净利润同比增长39%；不良贷款率稳步下降，拨备覆盖率大幅提高，风险抵御能力不断增强。

2. 存款增速加快。2012年，新疆金融机构本外币各项存款增长19.0%，同比加快1.6个百分点。其中，单位存款增速先降后升。上半年天气转暖后，企业陆续开工，用款需求上升，单位存款有所下滑，5月以来，企业经营活跃，货款回笼加快，单位存款年末增速达到18.2%的全年最高点；个人存款增速企稳回升。随着城乡居民收入的加快增长、理财产品日益规范加之股市持续低迷对储蓄分流作用减弱，储蓄存款波动上行，年

表1　2012年新疆维吾尔自治区银行业金融机构情况

机构类别	营业网点			法人机构（个）
	机构个数（个）	从业人数（人）	资产总额（亿元）	
一、大型商业银行	1 296	30 554	7 230.5	0
二、国家开发银行和政策性银行	93	2 183	2 558.0	0
三、股份制商业银行	47	1 834	1 358.2	0
四、城市商业银行	164	4 172	2 634.8	5
五、城市信用社	0	0	0	0
六、小型农村金融机构	1 012	10 553	2 242.2	84
七、财务公司	1	13	7.2	0
八、信托公司	2	141	34.3	2
九、邮政储蓄银行	647	6 720	627.3	0
十、外资银行	2	91	34.5	0
十一、新型农村金融机构	17	416	62.2	8
十二、其他	3	223	233.3	1
合　计	3 284	56 880	17 022.4	100

注：营业网点不包括总部；大型商业银行包括中国工商银行、中国农业银行、中国银行、中国建设银行和交通银行；小型农村金融机构包括农村商业银行、农村合作银行、农村信用社；新型农村机构包括村镇银行、贷款公司和农村资金互助社；其他包含金融租赁公司、汽车金融公司、货币金融公司、消费金融公司等。

数据来源：中国人民银行乌鲁木齐中心支行、新疆银监局。

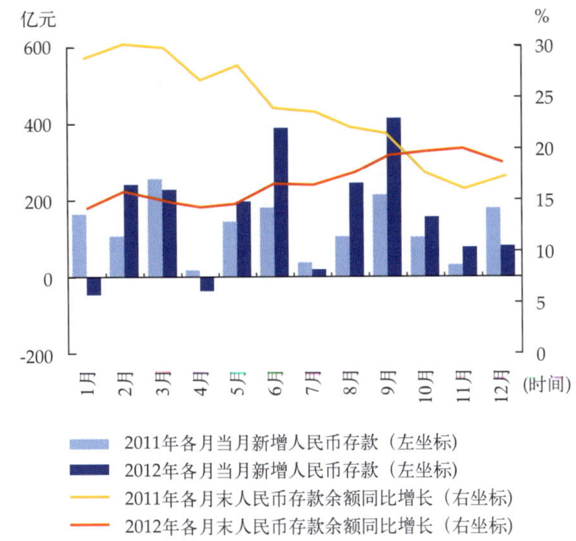

数据来源：中国人民银行乌鲁木齐中心支行。

图1　2011～2012年新疆维吾尔自治区金融机构人民币存款增长

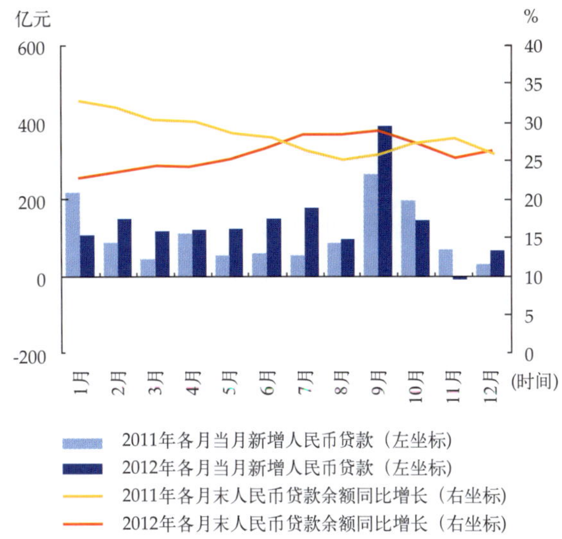

数据来源：中国人民银行乌鲁木齐中心支行。

图2　2011～2012年新疆维吾尔自治区金融机构人民币贷款增长

末增长19.7%。储蓄存款季末冲高特征明显，季末四个月合计新增储蓄占到全年增量的64.6%；受全区财政收入增长、中央对新疆重点项目投资力度加大、对口援疆拨付资金增多、地方政府发债收入增加等因素带动，财政性存款快速增长，增幅达19.1%。

3. 贷款保持较快增长，结构持续优化。2012年，新疆本外币贷款较年初增加1 779.7亿元，同比多增388亿元，增长27%，较好地体现了国家加快新疆发展的政策意图。其中，外币贷款同比增长42%，主要用于支持企业“走出去”。

信贷结构进一步优化。水、路、电、气等重点项目信贷资金需求得到切实保障；制造业、电力热力燃气及水的生产供应业、水利环境和公共设施管理业等行业新增贷款占比超过五成；欠发达的南疆三地州贷款快速增长，增速41.6%，高于自治区各项贷款增速14.6个百分点；民生领域金融服务明显改善。涉农贷款增长28.3%，高于自治区各项贷款增速1.3个百分点；中小微企业新增贷款占比为59.1%，较上年提高2.0个百分点；妇女小额担保贷款累放量和民贸民品贷款贴息额居全国前3位；“富民安居　定居兴牧”贷款惠及农牧民11.3万户。

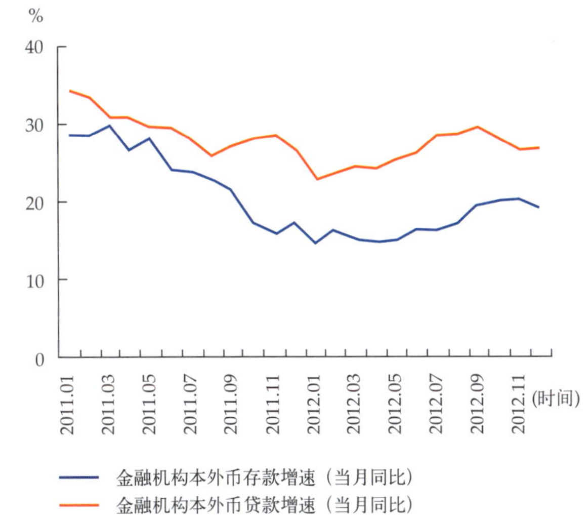

数据来源：中国人民银行乌鲁木齐中心支行。

图3　2011～2012年新疆维吾尔自治区金融机构本外币存、贷款增速

4. 银行表外融资增加较多。2012年，新疆以银行承兑汇票、委托贷款和信托贷款等表外方式融资1 060.6亿元，有力地支持了实体经济发展。

5. 贷款利率总体有所下行。在两次降息作用下，新疆各期限人民币贷款利率逐月回落，9月达到年内低点后趋于稳定，12月加权平均利率为7.26%，较年初回落0.7个百分点。从浮动情况看，下半年企业贷款上浮占比有所下降。从定价方式看，受复杂多变的市场环境的影响，金融机构固定利率贷款短期化、浮动利率贷款长期化特征显著。

存贷款利率浮动区间扩大后，不同类型金融机构反映差异显著。从存款情况看，全区金融机构存款利率水平均有不同程度的上浮，期限短的存款付息成本低，金融机构竞争激烈，上浮幅度较大，地方法人金融机构各期限档次存款利率则全部一浮到顶。从贷款情况看，贷款利率浮动区间扩大后，仅有个别银行贷款执行极少量下浮超过10%的利率。

表2　2012年新疆维吾尔自治区金融机构人民币贷款各利率区间占比

单位：%

月份		1月	2月	3月	4月	5月	6月
	合计	100.0	100.0	100.0	100.0	100.0	100.0
	[0.9，1.0)	1.7	2.5	6.7	3.0	4.8	7.8
	1.0	46.2	31.2	31.6	34.3	46.4	42.5
上浮水平	小计	52.1	66.4	61.6	62.7	48.9	49.6
	(1.0，1.1]	17.3	14.4	15.9	18.4	16.0	20.1
	(1.1，1.3]	10.6	11.5	11.1	13.4	12.5	11.8
	(1.3，1.5]	7.1	9.3	12.8	12.5	9.4	8.0
	(1.5，2.0]	14.8	28.1	19.3	16.0	10.3	9.1
	2.0以上	2.4	3.0	2.6	2.4	0.8	0.5
月份		7月	8月	9月	10月	11月	12月
	合计	100.0	100.0	100.0	100.0	100.0	100.0
	[0.9，1.0)	3.7	6.7	3.4	3.4	8.7	9.2
	1.0	55.3	48.8	64.3	68.4	53.6	40.6
上浮水平	小计	41.0	44.6	32.3	28.2	37.7	50.3
	(1.0，1.1]	12.9	14.8	7.9	8.7	10.5	10.9
	(1.1，1.3]	11.1	12.1	8.5	7.1	7.2	10.1
	(1.3，1.5]	6.9	6.3	6.7	5.4	7.4	9.7
	(1.5，2.0]	9.5	10.6	8.6	6.4	11.3	18.3
	2.0以上	0.5	0.6	0.6	0.6	1.1	1.3

注：2012年8～12月统计数据的下浮区间为[0.7，1.0)。

数据来源：中国人民银行乌鲁木齐中心支行。

民间借贷保持稳定。监测显示，2012年新疆民间借贷量价均呈"前高后低"走势，全年监测样本累计借贷发生额为2.3亿元，同比增长16.7%。受流动资金需求下降等因素影响，民间借贷利率在7月达到年内高点后回落，全年加权平均利率较上年基本持平。其中，期限在1年以内的借贷占92.7%。

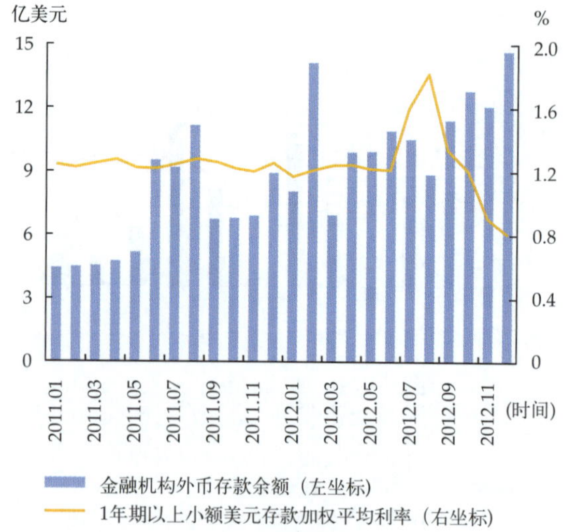

数据来源：中国人民银行乌鲁木齐中心支行。

图4　2011～2012年新疆维吾尔自治区金融机构外币存款余额及外币存款利率

6. 金融机构改革继续深化。2012年，广发银行入驻新疆，银行业分支机构新增369个。国家开发银行和政策性银行改革稳步推进，各项业务协同发展，服务广度和深度提升；国有商业银行资产规模扩大，服务地方经济发展能力增强；股份制银行加大业务创新，优化机构布局，完善金融服务，盈利能力明显提高；地方法人机构加大改革步伐，完善股权结构，各项业务稳健发展。其中，农村信用社资格股改革全面完成，募集股金18.9亿元，资本实力进一步增强。农村信用社改制进程加快，首批6家社通过了改制农村商业银行审核，天山农村商业银行获准筹建。村镇银行机构新增网点10个，服务能力进一步提升。

7.跨境人民币业务快速发展。人民币结算业务规模迅速扩大，人民币使用地域不断拓展。2012年，新疆已与哈萨克斯坦、中国香港等44个国家和地区开展了跨境人民币业务，境外地域较上年增加19个。跨境人民币结算量达550.5亿元，同比增长2倍。其中，货物贸易进出口人民币结算量占同期区内海关货物进出口总额的31%，高于全国平均水平23个百分点。

专栏1 新疆推动妇女小额担保贷款业务成效显著

近年来，新疆各级人民银行与当地妇联、财政部门紧密协作，把推广妇女小额担保贷款作为加强和改善民生金融服务的一项重要工作，加强政策引导，完善激励机制，创新担保方式，引导加大金融支持，贷款规模和增幅均居全国前列，有力推动城乡妇女创业增收。近三年，全区累计发放妇女小额担保贷款118.0亿元，支持35.4万名城乡妇女创业就业。

一是主动作为，争取党政领导支持。中央出台完善小额担保贷款财政贴息政策之后，中国人民银行会同自治区财政、妇联等相关部门，积极向政府汇报，引起党政领导高度重视，成立了由政府副主席任组长的领导小组，召开全疆县级以上电视电话会议，专门安排部署此项工作，并出台《关于进一步推进妇女小额担保贷款工作的实施意见》，为工作进一步开展奠定了坚实基础。

二是建立健全制度激励机制，确保政策规范有序运行。中国人民银行乌鲁木齐中心支行联合妇联下发《关于推动落实小额担保贷款财政贴息政策 推动妇女创业就业增收致富工作的通知》，全力打造"贷款+培训+项目指导+跟踪服务"一体化服务模式。联合自治区财政厅下发《新疆维吾尔自治区小额担保贷款工作奖励补助资金管理暂行办法》，对发放小额担保贷款成绩突出的经办银行、担保机构、妇联给予0.5%～5%的奖励补助，进一步激发和调动了相关部门的工作积极性和创造性。

三是大力开展政策宣传，提高社会认知度。深入全区13个地州、70多个县市开展摸底调研、政策宣传、协调推动工作，累计为1 000余名妇联干部开展了政策培训。中国人民银行喀什地区中心支行通过举办"妇女小额担保贷款执行能力培训班"，印发维汉双语政策宣传手册，不断扩大政策宣传面。调查显示，全区已有80%以上的村、社区妇代会主任知晓政策，90%以上的县妇联干部熟悉政策。

四是加强政策引导，鼓励金融机构加大支持力度。针对新疆妇女农村人口多、贫困人口多的特点，中国人民银行乌鲁木齐中心支行制定下发了《关于进一步改进和完善小额担保贷款工作的通知》，鼓励涉农金融机构积极加大妇女小额担保贷款投放。目前，全区95%以上的妇女小额担保贷款由涉农金融机构发放。同时，因地制宜，鼓励金融机构突破小额贷款由担保公司或公务员工资担保的制约，相继推出土地承包经营权抵押、组织信誉担保、县乡村三级政府连带保证、信贷+保险等贷款模式。

五是完善管理，保证信贷资金安全。确定了"统一审核、统一管理、统一监督、统一调控"的贷款原则。即由贷款妇女本人申请，乡村组织推荐、审核、公示，社保和担保机构审查。贷前要求妇女签订还款承诺书，贷后开展跟踪回访与服务。建立贷款妇女家庭挂牌制，由基层妇联组织按照10:1的比例进行跟踪回访，发现潜在贷款风险，及时通报金融部门迅速化解，确保了贷款"贷得出、用得好、还得上、有效益"。

（二）证券业稳健运行，资本市场融资能力提升

1. 证券公司综合实力稳步提升。2012年，证券市场持续低迷，证券交易量继续萎缩。新疆辖内唯一的证券公司——宏源证券资产管理业务不断拓展，固定收益稳步增加，实现利润11.9亿元，综合实力在全国109家证券公司中排名第15位，主要业务排在前10位以内。其他证券经营机构实现利润3.3亿元。法人期货公司2家，净资本和净资产均超过1亿元。

2. 上市公司加快发展。2012年，新疆浩源、天山生物首发上市，A股上市公司达39家，H股上市公司1家。A股上市公司总市值较年初增加287.2亿元，通过资本市场融资204.3亿元，同比增长1.3倍。其中，青松建化、宏源证券等增发融资118.6

表3　2012年新疆维吾尔自治区证券业基本情况

项目	数量
总部设在辖内的证券公司数（家）	1
总部设在辖内的基金公司数（家）	0
总部设在辖内的期货公司数（家）	2
年末国内上市公司数（家）	41
当年国内股票（A股）筹资（亿元）	204
当年发行H股筹资（亿元）	0
当年国内债券筹资（亿元）	415
其中：短期融资券筹资额（亿元）	130
中期票据筹资额（亿元）	28

数据来源：中国人民银行乌鲁木齐中心支行。

亿元，金风科技、中泰化学等公司债融资78.8亿元。新疆天宏、新农开发、天山纺织、西部建设4家上市公司加快重组，加强法人治理，内控管理和风险防御能力明显增强。

（三）保险业加快发展，社会保障功能明显增强

1. 保险规模迈上新台阶。2012年，新疆保险业总资产近500亿元，同比增长14.4%。全年新增1家省级寿险公司——泰康养老，营业网点遍布城乡，保险服务网络进一步健全完善。

2. 保障服务作用增强。2012年，新疆保费收入为235.6亿元，同比增长15.7%，增速居全国第3位。其中，财产险和人身险保险收入同比分别增长19.3%和13.4%。支付赔款和给付同比增长39.4%，充分发挥了保障补偿功能。保险密度和深度分别较上年提高120.9元和0.1个百分点。

表4　2012年新疆维吾尔自治区保险业基本情况

项目	数量
总部设在辖内的保险公司数（家）	0
其中：财产险经营主体（家）	0
人身险经营主体（家）	0
保险公司分支机构（家）	28
其中：财产险公司分支机构（家）	15
人身险公司分支机构（家）	13
保费收入（中外资，亿元）	236
其中：财产险保费收入（中外资，亿元）	94
人身险保费收入（中外资，亿元）	142
各类赔款给付（中外资，亿元）	80
保险密度（元/人）	1 055
保险深度（%）	3.2

数据来源：中国人民银行乌鲁木齐中心支行。

3. 政策性保险业务稳健发展。2012年，新疆在2个农区县、1个牧区县开展繁殖种畜及高品质肉用羊开展试点保险，正式启动政策性畜牧业保险试点工作。积极创新推动小额信贷保险，与农业保险、农村新型合作医疗保险共同构建多层次的农村保险网络。全年小额信贷保费收入同比增长46%，为39万人次农民提供风险保障，累计赔付2 500余万元。

（四）金融市场交易活跃，融资结构进一步优化

1. 直接融资快速增长，融资品种不断丰富。2012年，累计发行各类债券414.5亿元，直接融资占全部融资的17.9%，占比较上年提高3.7个百分点。其中，新疆32家企业在全国银行间市场累计注册发行各类债务融资工具345.9亿元，同比增长1.8倍。中小企业集合票据、非公开定向债务融资工具和区域集优票据注册发行实现新疆零的突破。

2. 市场主体积极参与，债券市场交易活跃。

表5　2001～2012年新疆维吾尔自治区非金融机构融资结构

单位：亿元、%

年份	融资量	比重		
		贷款	债券（含可转债）	股票
2001	242.9	75.2	16.2	8.6
2002	285.1	71.9	25.3	2.8
2003	387.7	95.9	19.6	4.5
2004	170.0	79.2	11.8	9.0
2005	184.9	73.2	25.1	1.7
2006	205.5	75.3	24.7	0.0
2007	414.7	68.9	3.9	27.2
2008	415.3	84.1	2.9	13.0
2009	1 105.7	93.4	3.5	3.0
2010	1 597.6	78.7	7.9	13.4
2011	1 732.3	80.4	14.0	5.6
2012	2 320.0	76.72	17.87	5.41

数据来源：中国人民银行乌鲁木齐中心支行。

2012年，新疆共有全国银行间债券市场成员66家，全年债券交易累计成交38 088.9亿元，同比增长74.9%，占全国银行间市场交易量的1.8%。其中，60%为质押式回购交易。从资金流向看，新疆在银行间市场交易的资金总体呈现出净流出态势。

3. 票据业务快速发展，利率维持低位。2012年，新疆金融机构累计签发银行承兑汇票同比增长38%，银行承兑汇票贴现和商业承兑汇票贴现发生额同比分别增长67%和4.8倍。受市场流动性较为充裕及利率下调等因素影响，贴现和转贴现加权平均利率分别较上年回落1.7个和1个百分点。

表6　2012年新疆维吾尔自治区金融机构票据业务量统计

单位：亿元

季度	银行承兑汇票承兑		贴现			
			银行承兑汇票		商业承兑汇票	
	余额	累计发生额	余额	累计发生额	余额	累计发生额
1	307.2	188.2	340.6	430.2	8.7	10.0
2	380.4	428.3	489.4	1 091.4	12.9	28.2
3	402.4	717.6	464.6	1 829.1	2.5	30.8
4	427.4	909.2	377.9	2 172.3	1.1	34.8

数据来源：中国人民银行乌鲁木齐中心支行。

表7　2012年新疆维吾尔自治区金融机构票据贴现、转贴现利率

单位：%

季度	贴现		转贴现	
	银行承兑汇票	商业承兑汇票	票据买断	票据回购
1	7.6172	7.2758	6.7939	5.2145
2	5.8265	5.7212	5.1648	4.2159
3	5.5059	5.4731	4.7319	4.4259
4	5.6915	5.5868	4.9478	4.8606

数据来源：中国人民银行乌鲁木齐中心支行。

（五）金融生态环境建设继续优化

2012年，自治区政府加大对金融知识的宣传培训，全区金融意识不断增强，部分地州先后制定了一系列支持金融发展的奖励政策。政府主导、监管机构及金融机构共同参与的“新疆企业金融服务信息网”正式上线运行。制定印发《2012年新疆中小企业信用体系建设实施意见》及《2012年新疆农村信用体系建设实施意见》，为全面推进新疆社会信用体系建设奠定坚实基础。截至2012年年末，新疆累计为未与银行发生信贷业务的2.9万户中小企业和223.7万户农户建立信用档案。区内933条保险业行政许可信息首次纳入征信系统，初步搭建了金融业统一征信平台框架。积极开展征信知识宣传教育活动，社会信用环境进一步优化。以推广非现金支付结算业务为重点突破口，大力推进农村支付服务环境建设，现代化支付系统覆盖到农村，自助服务机具布放至乡村，截至2012年年末，新疆县及县以下乡镇现代化系统接入率提高至85.6%。积极改善旅游景区支付环境，非现金支付工具应用范围进一步扩大。

二、经济运行情况

2012年，新疆经济先于全国企稳回升向好，主要指标实现历史最好水平，经济总体处在加快发展的上升阶段。全年新疆实现地区生产总值7 530.3亿元，同比增长12%。

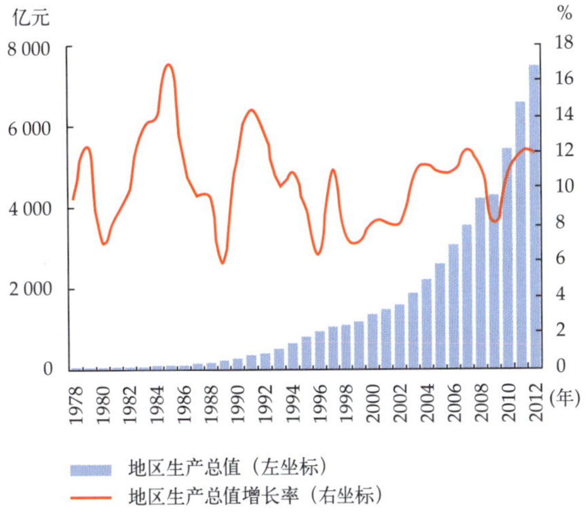

数据来源：新疆维吾尔自治区统计局。

图5　1978～2012年新疆维吾尔自治区地区生产总值及其增长率

（一）投资高速增长，消费市场平稳运行，进出口稳步增长

1. 投资增长较快。在中央新疆重点项目推进会和国家发展改革委《关于支持新疆产业健康发展的若干意见》等政策作用下，新疆加快推进一

大批重大基础设施、重要产业项目和重点民生工程建设，全年完成全社会固定资产投资6 258.4亿元，增长35.1%，增速创1994年以来新高。一是电力、交通、电信、水利、环境和公共设施管理业等基础设施和优势能源领域重点项目建设实现新进展。2012年，全区建成重点项目56项，新开工项目52项，投资总额达2 260亿元，占全社会固定资产投资的36.1%，重点项目对投资快速增长的带动作用进一步增强。二是制造业投资拉动作用加大，第二产业中，工业投资2 988.09亿元，增长33.0%，其中，制造业投资1 517.83亿元，增长41.0%。三是民间投资活力增强，在城镇投资中，民间投资2 268.8亿元，增长43.8%，民间投资已占到全部城镇投资的40.6%。

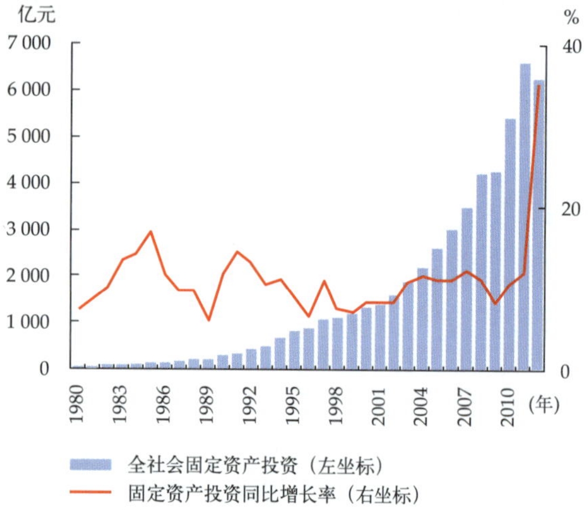

数据来源：新疆维吾尔自治区统计局。

图6　1980～2012年新疆维吾尔自治区固定资产投资及其增长率

2. 消费市场平稳运行。2012年，城乡居民收入大幅提高，社会保障范围和力度加大，扩内需、促消费政策效应显现，消费市场持续活跃。社会消费品零售总额达1 800亿元，同比增长15.5%，高出全国1.2个百分点。统筹城乡协调步伐加快，城乡市场消费品零售额增幅差距逐步缩小。消费结构加快升级，衣着、家居、文化娱乐等享受型消费需求增加。受旅游经济带动，限额以上企业住宿和餐饮业营业额保持强劲增势。

3. 外贸进出口及利用外资稳步增长。2012年，新疆以喀什、霍尔果斯两个经济开发区等19个国家级产业园区为载体，以中国—亚欧博览会和面向中亚的境外展览洽谈会为平台，加快向西开放步伐。全年实现进出口总值251.7亿美元，同比增长10.3%，高出全国4.1个百分点。其中，出口193.5亿美元，同比增长15%。贸易国别（地区）达193个，其中与哈萨克斯坦、吉尔吉斯斯坦、塔吉克斯坦三国贸易占新疆对外贸易额的66%。

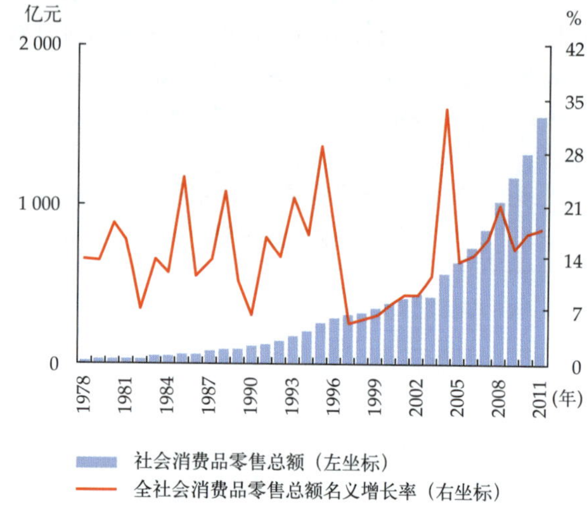

数据来源：新疆维吾尔自治区统计局。

图7　1978～2012年新疆维吾尔自治区社会消费品零售总额及其增长率

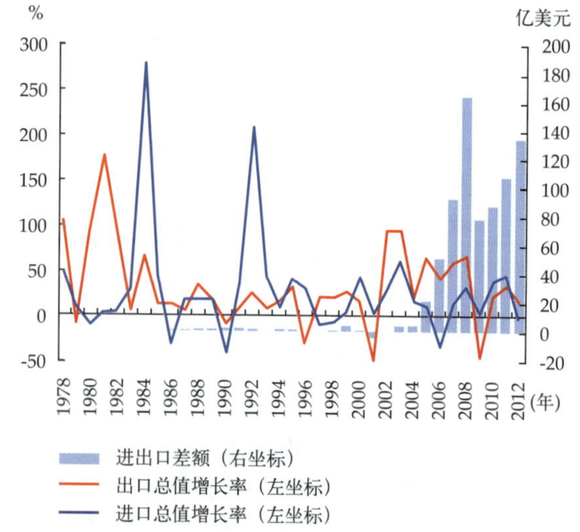

数据来源：新疆维吾尔自治区统计局。

图8　1978～2012年新疆维吾尔自治区外贸进出口变动情况

专栏2 加快喀什霍尔果斯经济开发区建设 助推新疆跨越式发展

2012年，为全面落实《国务院关于支持喀什霍尔果斯经济开发区建设的若干意见》，切实将两个经济开发区建成我国向西开放的重要窗口和新疆跨越式发展新的增长点，金融业加强政策倾斜，加大支持力度，助推开发区建设和发展，取得显著成效。

一是出台特殊金融支持政策。2012年9月，中国人民银行总行牵头金融监管部门出台《金融支持喀什霍尔果斯经济开发区建设的意见》，从拓宽融资渠道、促进贸易投资便利化、加快金融改革与创新、建立金融服务与监管长效机制等6个方面对开发区给予政策倾斜。2012年12月，新疆“一行三局”制定《贯彻落实〈关于金融支持喀什霍尔果斯经济开发区建设的意见〉的实施细则》，确保政策落到实处、取得实效。

二是签署金融支持战略合作协议。2013年2月，新疆“一行三局”与两个开发区所在地政府、兵团签署《金融支持喀什霍尔果斯经济开发区战略合作协议》，建立管理部门合作机制，搭建银政融资合作框架，推动金融支持工作向纵深发展。新疆多家金融机构与两地企业也分别签订了授信意向书，签约项目181项，授信总额达600亿元，重点支持基础设施建设、新农村建设、热电联产、水电站、煤制天然气等领域。

三是加强信贷政策与产业政策的配合。结合国家《关于支持新疆产业健康发展的若干意见》与开发区产业发展，银行对两个开发区实行更加灵活的授信政策，通过下放授信审批权限、采取差别化信贷政策等措施加大信贷投放力度，两个开发区贷款快速增长，截至2012年年末，贷款余额为265.3亿元，同比增长39.8%，高于全疆贷款增速13.6个百分点。

四是提高金融服务便利水平。在霍尔果斯口岸的金融机构实现了人民币与哈萨克斯坦坚戈挂牌，新疆成为全国第4个小币种区域挂牌省区。同时，将两个开发区纳入总行级的扶持范围，各金融机构在信贷、外汇、金融市场等产品和服务方面加大创新，切实满足企业多样化的金融需求。

五是加强金融组织体系建设。两个经济开发区政策实施以来，多家金融机构加快开发区内网点布局。2012年5月，中国人民银行霍尔果斯口岸支行建立，国家开发银行在伊犁筹备设立疆内首家二级分行，多家金融机构进行了网点扩建、改造和升级。上海浦发银行、乌鲁木齐市商业银行等入驻喀什市，喀什市共有各类金融网点219个，比上年增加99个；小额贷款公司从无到有，迅速发展至14家；首家创投公司成立，开发区金融支持体系不断健全。

在金融等多项政策作用下，2012年，喀什经济开发区实现生产总值134.7亿元，同比增长21%，霍尔果斯经济开发区实现生产总值133亿元，同比增长13.1%。两个开发区固定资产投资323.8亿元，同比增长41.3%；进出口额达135.3亿美元，同比增长50.3%。基础设施建设加速推进，喀什经济开发区综合保税区、深圳产业园及配套项目全面开工，实施援疆项目285个、投资38.8亿元；霍尔果斯经济开发区共筹划项目75项，总投资350.8亿元，2012年完成投资24.4亿元，开发区注册企业3 323户。

贸易结构进一步优化，一般贸易进出口占比为33.6%，同比提高5.2个百分点，其中，机电及高新技术产品出口占到出口总值的24.1%。边境贸易规模占全国的40.2%，连续九年位列全国陆路边境省区之首。

利用外资规模不断扩大，结构更趋优化。全年实际利用外商直接投资金额4.1亿美元，同比增长21.8%。利用外资领域逐步从传统投资领域向金融、高端制造领域拓展，利用外资结构中三次产业企业家数占比分别为7%、51%和42%。

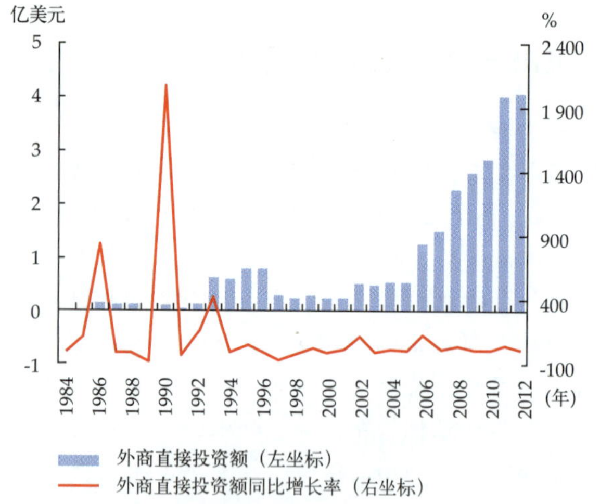

数据来源：新疆维吾尔自治区统计局。

图9　1984～2012年新疆维吾尔自治区外商直接投资情况

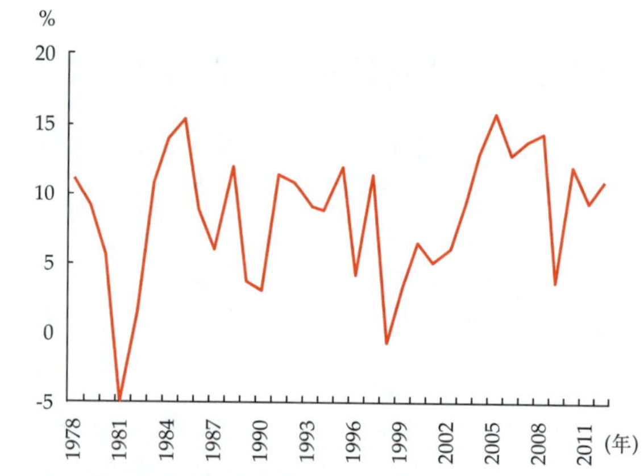

数据来源：新疆维吾尔自治区统计局。

图10　1978～2012年新疆维吾尔自治区规模以上工业增加值同比增长率

（二）产业支撑能力加强，三次产业协调发展

2012年，新疆加快推进新型工业化、农牧业现代化和新型城镇化进程，经济发展基础不断稳固，三次产业对经济增长的贡献率为11.1%、54.5%、34.4%，分别拉动经济增长1.3个、6.6个、4.1个百分点。

1. 全面推进农牧业现代化建设，农业基础地位进一步巩固。以“调粮、减棉、增经、扩草”为重点，加快农业结构调整，加大现代农牧业基地建设，不断提高科技支撑能力、加工转化能力和市场开拓能力，高产、优质、高效农牧业发展势头强劲。2012年，第一产业增加值增长7%，粮食总产量达1 273万吨，实现“五连丰”；棉花总产318万吨，增长6.4%，再创历史新高，棉花单产、总产连续二十年居全国首位。农民合作组织发展迅速，农业科技园区建设力度加大，主要农作物综合机械化率达到81%，农作物良种覆盖率达到95%。

2. 加快推进新型工业化进程，工业增长的动力和活力增强。2012年，新疆工业增速先于全国企稳向好，全年实现工业增加值2 804亿元，增长12.7%，同比加快1.3个百分点，高于全国2.7个百分点。

全区优势资源转换战略成效凸显，电力、化工、煤炭、有色等行业实现20%以上的增速，全年非石油工业完成增加值1 417.8亿元，增长21.8%，增加值占比历史性超出石油工业，达到50.6%。主要工业产品中，发电量、煤炭、钢材、水泥等产量快速增长。信息化与工业化融合不断推进，6个自治区级“两化”融合试验区和1 000家数字企业试点进展顺利。中小企业成长工程深入推进，小型企业增长加快。大型、中型、小型工业企业增加值同比分别增长9.2%、10.3%和31.5%，小型工业企业增幅高出全区工业增速18.8个百分点。从企业类型看，非公有制企业增长21%，高于公有制企业增速10.3个百分点，民营经济、地方企业对当地工业经济发展的带动能力增强。

3. 服务业迅速发展。第三产业增加值达2 608亿元，同比增长12.3%，以金融业和交通运输业为代表的生产性服务业成为推动第三产业增长的重要动力，旅游业和住宿餐饮业等生活性服务业迅速增长。2012年，全区实现金融业增加值364亿元，同比增长23.2%；旅游业总收入达576亿元，增长30%，占新疆GDP的7.7%，成为新疆新的战略支柱产业。

（三）物价涨幅可控，消费品价格涨幅相对较快

1. 居民消费价格涨幅回落。2012年，新疆CPI同比上涨3.8%，涨幅比上年回落2.1个百分点；但高于全国1.2个百分点，与全国涨幅差距较上年扩大0.7个百分点。食品、烟酒及日用品价格涨幅较大是新疆CPI涨幅与全国差距扩大的直接原因。

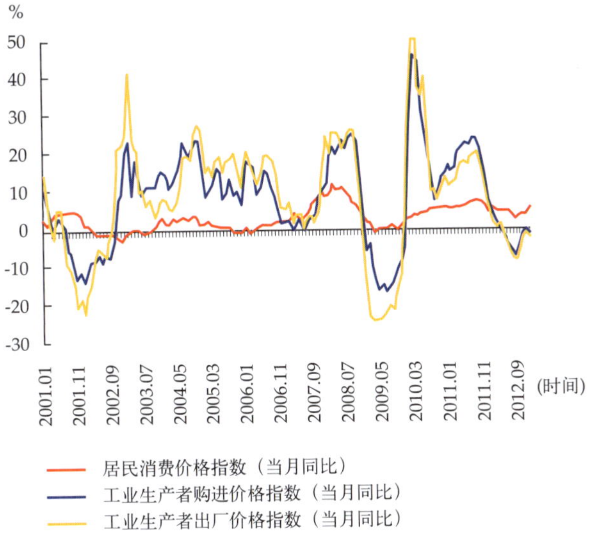

数据来源：新疆维吾尔自治区统计局。

图11　2001～2012年新疆维吾尔自治区居民消费价格和生产者价格变动趋势

2. 工业品价格小幅下降。受需求不足和产能过剩等因素影响，新疆工业生产者出厂价格和工业生产者购进价格同比分别下降3.1%和2.1%，增速比上年分别回落17.9个和26个百分点。5月开始，工业生产者出厂价格和工业生产者购进价格持续下降，9月以后，随着经济缓中趋稳势头进一步明显，两项价格指数降幅逐渐收窄。

3.劳动力成本持续上升。2012年，新疆城镇人均工资性收入稳定增长；企业最低工资标准由950元提高到1 130元，增长19%，劳务成本上升较为明显。

（四）财政收支保持稳定增长，增速有所回落

1. 财政收入快速增长。2012年，新疆实现地方级公共财政预算收入909.1亿元，较上年增长26.2%。地方公共预算收入增长的主要原因是新疆经济较快增长，带动增值税、营业税、企业所得税、资源税等快速增长，全区税收收入为698.9亿元，同比增长17.8%。在石油、天然气资源税从价计征改革作用下，新疆实现资源税收入69亿元，资源税成为地方第四大税种。此外，新疆积极探索煤炭资源有偿使用制度改革，首次实现整装煤田探矿权竞拍，新疆矿产资源专项收入增长两倍，拉动了非税收入增长。

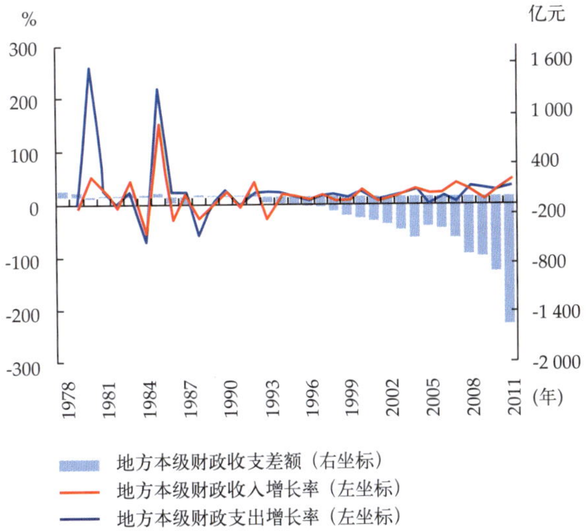

数据来源：新疆维吾尔自治区统计局。

图12　1978～2012年新疆维吾尔自治区财政收支状况

2. 财政支出稳定增长，支出结构进一步优化。全年实现地方公共财政预算支出2 719.7亿元，增长19.1%，较上年回落15.3个百分点。其中，用于民生领域的支出比重连续两年在70%以上，有力地支持了自治区富民安居、定居兴牧和南疆天然气利民工程等民生领域重点各项目建设。

（五）大力推进节能减排，生态环境持续优化

2012年，按照“环保优先、生态立区”和“两个可持续”①的发展要求，进一步加大生态建设和环境保护力度，修订颁布了《新疆维吾尔自治区环境保护条例》，编制印发了《自治区环境保护“十二五”规划》，提出了主要污染物减排、区域流域环境治理、生态保护、环境风险防范、环境监管基础能力建设五个方面、总投资500亿元的重点环保工程。全年争取国家资金11.39亿元支持节能减排和循环经济项目190多个；全年新增林地258万亩，退耕还草1 380万亩，绿洲生态环境不断改善；建成节能建筑1.65亿平方米，开工建设既有建筑节能改造4 380万平方米。

重点区域节能减排、环境治理成效显著。塔里木河流域结束了下游河道连续干枯三十年的历史，下游来水量创四十八年最大值，天然植被恢复105万亩，农业生产条件明显改善。乌鲁木齐市投入121亿元用于“煤改气”，全年达到或优于二级标准的天数连续两年增加，达到287天，比率为79%，较2010年提高21天和6个百分点，大气污染综合防治成效明显。

（六）主要行业分析

1. 房地产市场调控政策效应进一步显现，市场整体呈回落态势。房地产开发投资下降较快，商品房市场发展放缓。在房地产调控政策持续从紧的背景下，房地产开发投资增速比上年回落31.6个百分点。全区房地产新开工面积同比下降5.1%，回落41.7个百分点；施工、竣工面积同比分别增长28.8%和20.1%，较上年回落8.7个和27.6个百分点。保障性安居工程建设力度进一步加大，全年建成保障性住房1 274.5万平方米、18.2万套；完成投资293.7亿元，同比增长54.7%。

商品房销售同比下降。商品房销售面积、销售额持续下降，但降幅有所收窄，受销售不畅、集资建房等因素影响，商品房待售面积不断加

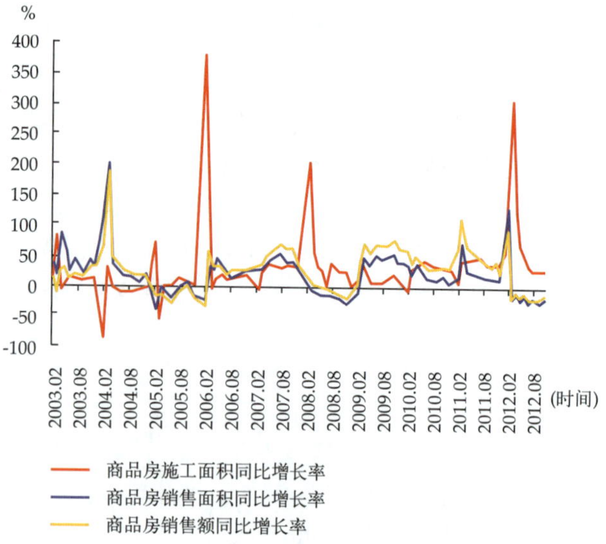

数据来源：中国人民银行乌鲁木齐中心支行。

图13　2003～2012年新疆维吾尔自治区商品房施工和销售变动趋势

大，同比增长26%。房价先抑后扬，上半年首府城市乌鲁木齐新建商品住宅价格同比、环比涨幅逐月下降；下半年，随着商品房刚性需求的释放，销售市场有所回暖，房价涨幅回升，11月和12月，乌鲁木齐新建住宅价格和新建商品住宅价格涨幅连续居全国首位。

房地产贷款平稳增长。在经历上年较快增长后，2012年新疆房地产贷款增速明显放缓，个人住房贷款同比增长26.1%，回落5.7个百分点；房地产开发贷款同比增长38.3%，回落23.7个百分点。保障性住房融资方式日趋多元化，全年通过银行贷款、企业债券、公积金贷款及信托等方式累计融资额101.2亿元。

2. 特色林果业发展初具规模，金融服务水平不断提升。新疆凭借得天独厚的光、热、水、土等自然条件，成为世界六大果品生产带之一，也是我国久负盛名的“瓜果之乡”。近些年，新疆加大特色林果基地建设力度，不断延伸产业链条，提升产业化发展水平，林果业已成为新疆农村经济发展和农民增收致富的重要支柱。2012

① 两个可持续——资源开发可持续、生态环境可持续。

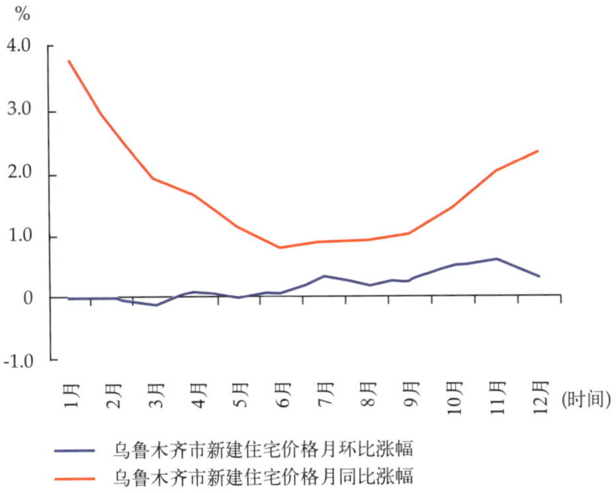

数据来源：中国人民银行乌鲁木齐中心支行。

图14　2012年乌鲁木齐市新建住宅销售价格变动趋势

年，全区特色林果总面积超过2 000万亩，产值350多亿元。农民人均林果业收入达1 000多元，占农民人均收入20%以上，林果业主产区达40%以上。

在打造特色林果业的整体布局中，新疆加快基地建设，形成了以南疆环塔里木盆地优势林果主产区、吐哈盆地优质高效林果基地、伊犁河谷和天山北坡特色林果产业带为主，葡萄、核桃、红枣三大主要品种的总体发展格局。为提高林果业综合效益，自治区实施特色农产品“走出去”战略，以北京、上海、广州等城市为中心建立了农产品外销平台；同时，积极拓展精深加工领域，目前全区果品贮藏保鲜与加工企业212家，中粮屯河、冠农果蔬、新天国际等30多家林果企业发展成为国家和自治区级农业产业化重点龙头企业，产业化经营水平明显提高；在产业化运作下，新疆葡萄酒生产能力在国内占有重要地位，天枣素、杏仁油精华素等产品凭借其高科技含量，处于国内领先地位，“库尔勒香梨”、“吐鲁番葡萄”、“和田玉枣”等一批特色林果品牌驰名中外，林果业综合经济效益显著提高。

近年来，新疆金融机构积极加大对林果业的支持。林果业各项贷款投放呈逐年上升趋势，2012年，新疆林果业贷款超过百亿元，近三年贷款年均增长30%以上。各家银行不断创新信贷产品，先后推出农户联保贷款、林权抵押贷款、“产品+土地经营权”等信贷模式，拓展金融服务领域。保险公司在南疆地区开展核桃、红枣等8个主栽品种的林果业保险试点，保险覆盖范围和保障水平不断提高。

三、预测与展望

2013年，国内外经济环境仍将十分复杂，但新疆经济有望继续保持平稳较快发展态势。按照党的十八大提出的发展目标，新疆八届四次党委扩大会议明确到2020年新疆GDP较2010年翻一番半的目标，新疆政府、社会等各层面推动经济加快发展的意愿较为强烈；从政策层面看，中央新疆重点项目推进会、《国家发展改革委支持新疆产业发展的若干意见》、国家支持喀什、霍尔果斯经济开发区、19省市对口援疆等一系列政策还将持续发挥作用，政策叠加效果将进一步显现；从具体层面看，中央新疆工作座谈会以来，新疆经济基础进一步牢固，产业布局已然形成，一大批高端项目建成投产，新型工业化、新型城镇化、农牧业现代化和“民生建设年”工作将继续推进。总体来看，新疆加快发展的政策环境更好、发展的动力更足，发展的基础更加稳固，新疆经济有望继续保持平稳较快增长，预计地区生产总值增长11%以上，全社会固定资产投资增长30%以上。但生态环境脆弱、经济总量小、人均水平低、贫困比例大仍是亟待解决的突出问题。

从价格走势看，受发达经济体量化宽松政策、劳动力短缺带动劳动报酬上涨、资源性价格改革等因素影响，推动新疆物价上涨的压力依然较大。但近些年粮食连年丰收，工业品总体仍供大于求，将对物价涨幅产生一定抑制。预计2013年新疆物价涨幅将控制在4%左右。

2013年，在跨越式发展的背景下，新疆资金需求依然旺盛。金融业将认真贯彻稳健的货币政策，正确处理支持地方经济发展与防范风险的关系，不断改进和提升服务实体经济发展的水平，进一步加大贷款投放，有效盘活存量贷款，优化信贷结构，大力发展资本市场，多渠道提高直接融资比重，为支持新疆经济发展提供有力金融保障。

中国人民银行乌鲁木齐中心支行货币政策分析小组
总　纂：朱苏荣　陶君道
统　稿：法尔哈提　靳　锐　颜　开　张丽亚　张志超　王力敏
执　笔：张　波　冯怀珠　李爱华　徐晓静　韩　莹
提供材料的还有：朱金惠　温　波　郭　海　杨长伟　李泽华　李扬俊　劳桂珍　邹兴军　马雅琼　邵峥嵘

附录

（一）2012年新疆维吾尔自治区经济金融大事记

2月，新疆首次有偿出让三塘湖特大整装煤田探矿权。7月，自治区人民政府、生产建设兵团与国家开发银行签署《矿权大额融资协议》，提供200亿元综合融资支持。

3月，中央召开新疆重点项目推进会，研究部署新疆水、路、电、气等重点项目建设。

4月，中国人民银行乌鲁木齐中心支行与新疆银监局、新疆证监局、新疆保监局联合出台《关于金融支持昌吉州跨越式发展的指导意见》，促成昌吉州人民政府与自治区19家金融机构签署战略合作协议，积极打造新疆首个区域金融服务品牌。

6月，国家发展改革委出台《关于支持新疆产业健康发展的若干意见》，对钢铁、电解铝、水泥、多晶硅、石油化工、煤炭等12个产业实施差别化政策，加大对新疆的支持和倾斜。

7月，中国银行间市场交易商协会、中国人民银行乌鲁木齐中心支行、自治区人民政府、生产建设兵团共同签署《借助银行间市场 助推新疆跨越式发展合作备忘录》。中国人民银行总行副行长刘士余主持召开“金融市场支持新疆经济发展座谈会”，提出《金融市场支持新疆经济发展的十条措施》。

7月，中国新疆华凌工贸（集团）有限公司收购格鲁吉亚Basis银行，成为中国首家控股海外银行的民营企业。

9月，中国人民银行、中国银监会、中国证监会、中国保监会联合出台《关于金融支持喀什霍尔果斯经济开发区建设的意见》（银发[2012]239号）。

9月，新疆正式启动中小企业私募债券试点。12月，成功注册西北地区首单区域集优债券。

11月，新疆生产建设兵团与深圳证券交易所共同签署《关于促进新疆生产建设兵团资本市场发展工作合作录》。

11月，国务院正式批复《天山北坡经济带发展规划》，加快推进新疆天山北坡经济带开发开放。

（二）2012年新疆维吾尔自治区主要经济金融指标

表1　2012年新疆维吾尔自治区主要存贷款指标

		1月	2月	3月	4月	5月	6月	7月	8月	9月	10月	11月	12月
本外币	金融机构各项存款余额（亿元）	10 393.0	10 673.1	10 850.0	10 830.9	11 025.6	11 419.2	11 435.4	11 667.5	12 094.2	12 258.2	12 326.7	12 423.5
	其中：储蓄存款	4 535.1	4 544.9	4 600.1	4 497.7	4 515.6	4 619.7	4 590.6	4 619.0	4 830.1	5 002.4	5 116.4	5 302.0
	单位存款	5 246.4	5 554.3	5 779.8	5 845.7	5 999.2	6 210.5	6 224.6	6 432.5	6 620.9	6 605.8	6 543.9	6 666.4
	各项存款余额比上月增加（亿元）		280.0	176.9	-19.1	194.7	393.6	16.2	232.1	426.7	164.0	68.5	96.8
	金融机构各项存款同比增长（%）	14.6	16.3	15.0	14.6	14.9	16.5	16.3	17.4	19.5	19.9	20.2	19.0
	金融机构各项贷款余额（亿元）	6 732.0	6 884.1	7 006.5	7 123.2	7 265.0	7 421.7	7 608.0	7 719.2	8 127.1	8 291.2	8 297.4	8 386.0
	其中：短期	2 270.0	2 353.8	2 371.0	2 378.2	2 379.9	2 403.8	2 462.0	2 474.8	2 783.2	2 816.4	2 737.3	2 787.7
	中长期	3 911.6	3 971.6	4 044.9	4 126.4	4 206.2	4 261.9	4 333.1	4 403.5	4 484.0	4 572.1	4 623.1	4 694.9
	票据融资	187.2	191.4	210.1	232.8	269.9	301.2	341.3	345.6	322.9	338.2	356.9	302.4
	各项贷款余额比上月增加（亿元）	125.8	152.0	122.5	116.7	141.8	156.7	186.3	111.2	407.9	164.1	6.2	88.6
	其中：短期	-7.7	83.9	17.2	7.1	1.7	23.9	58.2	12.7	308.4	33.2	-79.1	50.4
	中长期	98.1	60.0	73.3	81.5	79.8	55.7	71.2	70.5	80.5	88.1	51.0	71.7
	票据融资	19.2	4.2	18.8	22.7	37.1	31.3	40.0	4.3	-22.7	15.3	18.7	-54.5
	金融机构各项贷款同比增长（%）	23.0	23.6	24.6	24.1	25.3	26.3	28.3	28.6	29.5	28.0	26.5	27.0
	其中：短期	18.2	20.6	18.0	17.1	17.8	20.8	24.7	24.7	26.8	21.6	17.7	22.3
	中长期	26.0	24.5	24.6	23.9	23.9	22.0	22.1	21.9	22.7	23.0	22.7	23.2
	票据融资	12.0	30.0	129.0	159.5	204.0	232.7	230.4	194.0	165.4	170.0	160.5	80.0
	建筑业贷款余额（亿元）	138.9	145.4	151.5	155.8	156.2	157.4	164.7	167.2	168.5	167.3	173.3	178.5
	房地产业贷款余额（亿元）	129.5	129.2	126.2	126.3	129.5	126.0	129.0	133.7	142.5	144.9	150.5	154.9
	建筑业贷款同比增长（%）												
	房地产业贷款同比增长（%）												
人民币	金融机构各项存款余额（亿元）	10 341.9	10 584.1	10 806.3	10 768.7	10 963.1	11 350.2	11 368.2	11 610.9	12 022.0	12 177.6	12 250.5	12 330.9
	其中：储蓄存款	4 517.3	4 528.5	4 581.8	4 478.9	4 495.8	4 600.1	4 571.4	4 601.0	4 812.9	4 983.7	5 097.9	5 281.8
	单位存款	5 207.8	5 475.4	5 748.1	5 796.4	5 950.9	6 155.5	6 173.3	6 388.1	6 560.3	6 540.6	6 482.7	6 588.7
	各项存款余额比上月增加（亿元）	-45.3	242.2	222.3	-37.6	194.4	387.1	17.9	242.7	411.2	155.6	72.8	81.9
	其中：储蓄存款	94.8	11.3	53.3	-102.9	16.9	104.2	-28.6	29.6	211.8	170.8	114.2	183.9
	单位存款	-365.1	267.6	272.7	48.4	154.5	204.6	17.8	214.8	172.2	-19.6	-58.0	106.0
	各项存款同比增长（%）	14.4	15.7	14.9	14.3	14.7	16.6	16.4	17.6	19.3	19.6	20.0	18.7
	其中：储蓄存款	16.1	16.6	16.9	16.4	17.0	18.2	18.0	18.6	20.0	20.8	21.3	19.5
	单位存款	14.4	18.2	17.4	15.1	12.9	13.8	14.0	15.7	16.6	17.7	16.3	18.2
	金融机构各项贷款余额（亿元）	6 380.4	6 531.1	6 648.0	6 765.1	6 889.6	7 040.4	7 216.0	7 313.9	7 705.9	7 852.3	7 845.4	7 914.0
	其中：个人消费贷款	607.4	609.5	619.8	628.4	642.7	657.1	672.6	687.8	709.0	719.5	739.4	752.9
	票据融资	187.2	191.3	210.1	232.8	269.9	301.2	341.3	345.6	322.9	338.2	356.9	302.4
	各项贷款余额比上月增加（亿元）	107.3	150.8	116.9	117.3	124.5	150.9	175.5	98.0	392.0	146.4	-6.9	68.6
	其中：个人消费贷款	3.7	2.1	10.2	8.6	14.4	14.3	15.5	15.2	21.2	10.5	19.8	13.5
	票据融资	19.2	4.2	18.8	22.7	37.1	31.4	40.0	4.3	-22.7	15.3	18.7	-54.5
	金融机构各项贷款同比增长（%）	22.9	23.7	24.7	24.3	25.4	26.8	28.6	28.3	29.1	27.3	25.7	26.2
	其中：个人消费贷款	26.9	24.8	23.6	22.4	22.7	23.1	23.3	24.0	25.3	23.8	24.7	24.7
	票据融资	12.0	30.0	129.0	159.6	204.0	232.8	230.5	194.1	165.5	170.0	160.5	80.0
外币	金融机构外币存款余额（亿美元）	8.1	14.2	6.9	9.9	9.9	10.9	10.6	8.9	11.4	12.8	12.1	14.7
	金融机构外币存款同比增长（%）	82.2	221.2	54.6	111.4	95.7	14.4	15.5	-19.9	69.4	88.9	78.0	66.4
	金融机构外币贷款余额（亿美元）	55.7	56.1	57.0	57.0	59.3	60.3	61.9	63.9	66.4	69.7	71.9	75.1
	金融机构外币贷款同比增长（%）	29.8	28.3	27.1	25.7	26.9	20.8	25.3	35.8	39.1	43.6	43.1	42.0

数据来源：中国人民银行乌鲁木齐中心支行。

表2　2001～2012年新疆维吾尔自治区各类价格指数

单位：%

年/月		居民消费价格指数		农业生产资料价格指数		工业生产者购进价格指数		工业生产者出厂价格指数	
		当月同比	累计同比	当月同比	累计同比	当月同比	累计同比	当月同比	累计同比
2001		—	4	—	3.0	—	-1.0	—	-3.7
2002		—	-0.6	—	-0.4	—	-5.1	—	-2.7
2003		—	0.4	—	1.1	—	14.8	—	15.1
2004		—	2.7	—	7.3	—	18.2	—	16.4
2005		—	0.7	—	5.3	—	10.7	—	16.6
2006		—	1.3	—	2.5	—	11.1	—	14.4
2007		—	5.5	—	6.2	—	3.8	—	6.3
2008		—	8.1	—	2.3	—	17.8	—	16.4
2009		—	0.7	—	-0.5	—	-9.4	—	-14.5
2010		—	4.3	—	3.1	—	23.9	—	25.3
2011		—	5.9	—	6.6	—	17.8	—	14.8
2012		—	3.8	—		—		—	-3.1
2011	1	5.4	5.4	3.2	3.2	15.0	15.0	12.6	12.6
	2	4.9	5.1	3.4	3.3	16.1	15.5	13.1	12.8
	3	5.9	5.4	5.4	4.0	19.7	16.9	16.9	14.2
	4	5.8	5.5	6.9	4.7	21.2	18.0	17.4	15.0
	5	5.7	5.5	7.3	5.2	22.2	18.9	16.9	15.4
	6	6.3	5.7	7.6	5.6	16.9	15.7	16.9	15.7
	7	6.9	5.8	8.6	6.1	23.2	19.9	19.0	16.1
	8	6.9	6	8.3	6.3	24.0	20.4	19.9	16.6
	9	6.8	6.1	7.8	6.5	20.8	20.4	17.5	16.7
	10	6.6	6.1	7.3	6.6	15.9	20.0	14.7	16.5
	11	5.9	6.1	7.2	6.6	10.5	19.0	8.1	15.7
	12	4.1	5.9	6.6	6.6	5.7	17.8	5.7	14.8
2012	1	5.0	5	6.4	6.4	3.6	3.6	1.7	1.7
	2	4.7	4.9	6.8	6.6	1.9	2.7	0.4	1.0
	3	4.1	4.6	5.9	6.4	0.4	1.9	0.6	0.9
	4	3.8	4.4	6.6	6.4	0.2	1.5	0.3	0.7
	5	3.8	4.3	6.1	6.4	-3.4	0.5	-3.3	-0.1
	6	3.7	4.2	7.3	6.5	-5.0	-0.5	-5.3	-1.0
	7	3.0	4	5.6	6.4	-5.8	-1.3	-8.3	-2.1
	8	3.0	3.9	5.4	6.3	-7.3	-2.0	-8.9	-2.9
	9	3.1	3.8	6.6	6.3	-4.6	-2.3	-5.8	-3.3
	10	3.3	3.7	7.0	6.4	-2.3	-2.3	-3.5	-3.3
	11	3.2	3.7	4.9	6.2	-0.8	-2.2	-1.4	-3.1
	12	5.4	3.8	5.7	6.2	-1.8	-2.1	-2.7	-3.1

数据来源：新疆统计局。

表3 2012年新疆维吾尔自治区主要经济指标

	1月	2月	3月	4月	5月	6月	7月	8月	9月	10月	11月	12月
绝对值（自年初累计）												
地区生产总值（亿元）	—	—	1 143	—	—	2 601	—	—	5 022	—	—	7 530
第一产业	—	—	96	—	—	253	—	—	926	—	—	1 321
第二产业	—	—	682	—	—	1 459	—	—	2 410	—	—	3 561
第三产业	—	—	365	—	—	889	—	—	1 686	—	—	2 649
工业增加值（亿元）	201	401	637	873	1 063	1 250	1 456	1 680	1 913	2 151	2 414	2 804
固定资产投资（不含农户）（亿元）	—	69	240	548	1 060	1 778	2 429	3 099	3 869	4 489	5 089	5 858
房地产开发投资	—	4	17	54	113	180	245	330	411	481	570	606
社会消费品零售总额（亿元）	—	—	418	—	—	833	—	—	1 278	—	—	1 799
外贸进出口总额（万美元）	124 699	265 841	414 374	646 309	806 416	982 428	1 225 355	1 429 424	1 676 535	1 920 849	2 234 228	2 517 000
进口	23 290	88 209	110 938	208 280	233 624	253 881	283 525	305 653	326 831	426 842	534 058	582 000
出口	101 409	177 632	303 436	438 029	572 792	728 547	941 830	1 123 771	1 349 704	1 494 007	1 700 170	1 935 000
进出口差额（出口－进口）	78 119	89 423	192 498	229 749	339 168	474 666	658 305	818 119	1 022 873	1 067 165	1 166 112	1 353 000
外商实际直接投资（万美元）	3 343	7 978	11 944	20 160	23 041	25 845	26 013	28 152	28 787	34 098	39 647	40 800
地方财政收支差额（亿元）	7	-152	-327	-472	-601	-780	-923	-1 068	-1 229	-1 378	-1 510	-1 811
地方财政收入	78	123	174	249	319	391	488	567	632	718	795	909
地方财政支出	71	275	502	721	921	1 171	1 410	1 635	1 862	2 096	2 305	2 720
城镇登记失业率(%)(季度)	—	—	2.9	—	—	2.9	—	—	2.9	—	—	3.4
同比累计增长率（%）												
地区生产总值	—	—	11.2	—	—	10.7	—	—	11.5	—	—	12.0
第一产业	—	—	2.5	—	—	5.2	—	—	7.0	—	—	7.0
第二产业	—	—	12.8	—	—	11.8	—	—	13.5	—	—	13.7
第三产业	—	—	10.8	—	—	10.2	—	—	11.5	—	—	12.3
工业增加值	15.4	11.5	12.6	12.3	11.6	11.2	10.8	11.2	11.7	12.0	12.5	12.7
固定资产投资	—	25.8	28.7	32.4	33.7	34.2	35.4	35.3	35.2	35.1	34.9	35.0
房地产开发投资	—	110.0	-2.1	7.4	6.5	2.5	2.1	7.2	7.8	9.8	15.3	17.4
社会消费品零售总额	—	—	16	—	—	15	—	—	15	—	—	15.5
外贸进出口总额	-11.3	5.9	-7.6	3.3	6.5	9.2	7.9	7.3	8.7	10.8	10.8	10.3
进口	-46.3	-12.9	-41.1	-4.9	-7.0	-8.9	-24.1	-23.3	-22.5	-3.0	3.4	-2.8
出口	4.3	18.5	16.7	7.8	13.2	17.4	23.5	20.4	20.5	15.5	13.4	15.0
外商实际直接投资	9.9	52.1	130.0	18.7	35.6	9.9	10.7	19.7	18.7	40.6	30.8	21.8
地方财政收入	7.1	14.6	12.9	14.6	17.0	18.1	23.2	26.4	24.8	24.2	24.9	26.2
地方财政支出	4.3	98.3	84.8	53.7	19.3	17.0	17.1	18.4	20.2	21.7	19.3	19.1

注：1. 如无特殊说明，本表数字均为累计数。

2. 地方财政收入指地方财政公共财政预算收入，地方财政支出指地方财政公共财政预算支出。

数据来源：新疆统计局。